Vous faites confiance à Harrap's...
Nous aimerions mieux vous connaître.

Si vo
comp
Harra
Avec

MW01677976

Nom : ....
Prénom : ....
Adresse :...
.... Code postal : ....
Ville : ....

Sexe : ☐ M ☐ F
Age : ☐ 11/15 ans ☐ 16/18 ans ☐ 19/25 ans
☐ 26/35 ans ☐ 36/60 ans ☐ plus de 60 ans

Activité :
☐ collégien ☐ lycéen ☐ étudiant
☐ enseignant ☐ agriculteur ☐ employé
☐ ouvrier ☐ artisan, commerçant, chef d'entreprise
☐ cadre, profession libérale ☐ inactif
☐ profession intermédiaire ☐ retraité

Titre du dictionnaire dans lequel ce questionnaire est inséré :
....

Connaissiez-vous la marque Harrap's avant d'acheter ce dictionnaire ?
☐ Oui ☐ Non

Pour quel usage avez-vous acquis ce dictionnaire ?
☐ scolaire ☐ auto-apprentissage ☐ équipement familial
☐ voyage ☐ pour le bureau ☐ Autre.

S'il s'agit d'un usage scolaire : l'achat d'un dictionnaire bilingue (quelque soit l'éditeur) vous a-t-il été demandé par votre professeur ?
☐ Oui ☐ Non

Avez-vous consulté d'autres dictionnaires sur le lieu de vente ?
☐ Oui ☐ Non

Si oui, sur quel(s) critère(s) vous êtes-vous basé pour arrêter votre choix ?
☐ le prix ☐ la marque ☐ le contenu du dictionnaire
☐ le nombre de mots et expressions / le nombre de traductions
☐ la présentation du texte ☐ la nature des suppléments
☐ le descriptif de couverture ☐ le graphisme de la couverture
☐ la maniabilité du dictionnaire ☐ autre. Précisez : ....

Les couvertures des dictionnaires Harrap's viennent de changer. Appréciez-vous leur nouveau graphisme ?
☐ Oui, beaucoup ☐ Oui, plutôt
☐ Non, pas vraiment ☐ Non, pas du tout ☐ Sans opinion

Quels sont selon vous les adjectifs qui définissent le mieux la marque Harrap's ?
....
....

Mis à part le dictionnaire que vous venez d'acquérir, quand avez-vous acheté un dictionnaire bilingue pour la dernière fois ?
☐ moins d'un an ☐ de 1 à 2 ans ☐ de 2 à 5 ans
☐ de 5 à 8 ans ☐ il y a plus de 8 ans

Précisez l'éditeur du dictionnaire et la langue
....

Les informations qui vous concernent sont destinées à Harrap's. Nous pouvons être amenés à les réutiliser ultérieurement dans le cadre d'études ou d'opérations commerciales ou publi-promotionnelles. Si vous ne le souhaitez pas, cochez cette case : ☐
Vous disposez d'un droit d'accès, de modification, de rectification et de suppression des données qui vous concernent (art. 34 de la loi « Informatique et Libertés »). Pour l'exercer, adressez-vous à Harrap's – 21, rue du Montparnasse, 75006 Paris

HARRAP'S MINI PLUS DICTIONNAIRE

English-French/Français-Anglais

HARRAP

This edition published in Great Britain 2003
by Chambers Harrap Publishers Ltd
7 Hopetoun Crescent, Edinburgh EH7 4AY

Previous edition published 1999

© Chambers Harrap Publishers Ltd 2003

All rights reserved. No part of this publication may be reproduced in any form or by any means without the prior permission of Chambers Harrap Publishers Ltd.

ISBN 0245 60716 1 (UK)
ISBN 0245 50663 2 (France)

Reprinted 2005

Dépôt légal : décembre 2002

Designed and typeset by Chambers Harrap Publishers Ltd
Printed and bound in Italy by
La Tipografica Varese S.p.A.

Editors/Rédacteurs
Isabelle Elkaim
Stuart Fortey

with/avec
Rachel Skeet

Managing Editor/Coordination éditoriale
Anna Stevenson

Publishing Manager/Direction éditoriale
Patrick White

Prepress/Prépresse
David Reid

Contents

Table des matières

Preface

This new edition of the Harrap's Mini Dictionary aims to provide all students of French at beginner and intermediate level with a reliable, comprehensive and user-friendly dictionary in a compact form. The clear, systematic layout of information makes the dictionary an easy-to-use tool and its coverage of vocabulary should ensure that it becomes an invaluable resource.

With over 40,000 references, the Mini covers all essential words and phrases needed and packs a wealth of vocabulary into its pages. As in all Harrap dictionaries, colloquial and idiomatic language is well represented, as are words from a wide range of specialized fields, such as information technology, sport and finance.

Extra help is provided in the form of a useful supplement comprising information on French and English irregular verbs, plus sections on numbers, days, months and time, together with tables on English and French pronunciation at the beginning of the book.

The editors would like to acknowledge the contribution made to this dictionary by the editor of the previous edition, Michael Janes.

Préface

Cette nouvelle édition du Harrap's Mini Dictionnaire Anglais-Français/ Français-Anglais a pour but de fournir aux apprenants d'anglais d'un niveau débutant ou intermédiaire un dictionnaire fiable, complet et pratique sous forme compacte. La présentation claire et systématique des informations en fait un outil d'un usage facile, et grâce à son traitement du vocabulaire, il devrait s'avérer une aide très précieuse pour l'utilisateur.

Avec plus de 40 000 références, le Mini traite tous les termes essentiels et expressions utiles, et renferme un lexique important. Comme tous les dictionnaires Harrap, il contient un grand nombre de termes familiers et d'expressions idiomatiques, ainsi que des mots issus de domaines spécialisés très variés tels que la technologie de l'information, le sport ou la finance.

L'utilisateur trouvera également une aide supplémentaire constituée d'un supplément comprenant des informations sur les verbes irréguliers français et anglais, sur les nombres, les jours et les mois de l'année, ainsi qu'une section sur l'heure. En début d'ouvrage figurent des tableaux concernant la prononciation anglaise et française.

Les éditeurs tiennent à remercier Michael Janes, rédacteur de la précédente édition de cet ouvrage.

Abbreviations | Abréviations

gloss	=	glose
[introduces an explanation]		[introduit une explication]
cultural equivalent	≃	équivalent culturel
[introduces a translation which has a roughly equivalent status in the target language]		[introduit une traduction dont les connotations dans la langue cible sont comparables]
abbreviation	*abbr, abrév*	abréviation
adjective	*adj*	adjectif
adverb	*adv*	adverbe
agriculture	*Agr*	agriculture
American English	*Am*	anglais américain
anatomy	*Anat*	anatomie
architecture	*Archit*	architecture
slang	*Arg*	argot
astrology	*Astrol*	astrologie
cars	*Aut*	automobile
auxiliary	*aux*	auxiliaire
aviation	*Aviat*	aviation
Belgian French	*Belg*	belgicisme
biology	*Biol*	biologie
botany	*Bot*	botanique
British English	*Br*	anglais britannique
Canadian French	*Can*	canadianisme
chemistry	*Chem, Chim*	chimie
cinema	*Cin*	cinéma
commerce	*Com*	commerce
computing	*Comptr*	informatique
conjunction	*conj*	conjonction
cooking	*Culin*	cuisine
economics	*Econ, Écon*	économie
electricity, electronics	*El, Él*	électricité, électronique
exclamation	*exclam*	exclamation
feminine	*f*	féminin
familiar	*Fam*	familier
figurative	*Fig*	figuré
finance	*Fin*	finance
geography	*Geog, Géog*	géographie
geology	*Geol, Géol*	géologie
grammar	*Gram*	grammaire
gymnastics	*Gym*	gymnastique
history	*Hist*	histoire

humorous	*Hum*	humoristique
invariable	*inv*	invariable
journalism	*Journ*	journalisme
law	*Jur*	droit
linguistics	*Ling*	linguistique
masculine	*m*	masculin
mathematics	*Math*	mathématique
medicine	*Med, Méd*	médecine
military	*Mil*	militaire
music	*Mus*	musique
noun	*n*	nom
shipping	*Naut*	nautisme
feminine noun	*nf*	nom féminin
feminine plural noun	*nfpl*	nom féminin pluriel
masculine noun	*nm*	nom masculin
masculine and feminine noun	*nmf*	nom masculin et féminin
masculine plural noun	*nmpl*	nom masculin pluriel
plural noun	*npl*	nom pluriel
computing	*Ordinat*	ordinateurs, informatique
pejorative	*Pej, Péj*	péjoratif
philosophy	*Phil*	philosophie
photography	*Phot*	photographie
physics	*Phys*	physique
plural	*pl*	pluriel
politics	*Pol*	politique
past participle	*pp*	participe passé
prefix	*pref, préf*	préfixe
preposition	*prep, prép*	préposition
pronoun	*pron*	pronom
past tense	*pt*	prétérit
something	*qch*	quelque chose
registered trademark	®	marque déposée
rail	*Rail*	chemin de fer
religion	*Rel*	religion
somebody	*sb*	quelqu'un
school	*Sch, Scol*	domaine scolaire
Scottish English	*Scot*	anglais d'Écosse
singular	*sing*	singulier
something	*sth*	quelque chose
suffixe	*suff*	suffixe
technology	*Tech*	technologie
telecommunications	*Tel, Tél*	télécommunications
theatre	*Theat, Théât*	théâtre
television	*TV*	télévision

typography, printing	*Typ*	typographie, imprimerie
university	*Univ*	domaine universitaire
verb	*v*	verbe
intransitive verb	*vi*	verbe intransitif
reflexive verb	*vpr*	verbe pronominal
transitive verb	*vt*	verbe transitif
inseparable transitive verb	*vt insep*	verbe transitif à particule inséparable [par ex.: **he looks after the children** il s'occupe des enfants]
separable transitive verb	*vt sep*	verbe transitif à particule séparable [par ex.: **she sent the present back** *or* **she sent back the present** elle a rendu le cadeau]

All other labels are written in full.
Toutes les autres indications d'usage sont données en entier.

Prononciation de l'anglais

Pour indiquer la prononciation anglaise, nous avons utilisé dans ce dictionnaire les symboles de l'API (Alphabet phonétique international). Pour chaque son anglais, vous trouverez dans le tableau ci-dessous des exemples de mots anglais, suivis de mots français présentant un son similaire. Une explication est donnée lorsqu'il n'y a pas d'équivalent en français.

Caractère API	*Exemple en anglais*	*Exemple en français*
Consonnes		
[b]	**ba**b**b**le	**b**é**b**é
[d]	**d**ig	**d**ent
[dʒ]	**g**iant, **j**ig	**j**ean
[f]	**f**it, **ph**ysics	**f**ace
[g]	**g**rey, bi**g**	**g**a**g**
[h]	**h**appy	h aspiré : à quelques rares exceptions près, il est toujours prononcé en anglais
[j]	**y**ellow	**y**aourt
[k]	**c**lay, **k**ic**k**	**c**ar
[l]	**l**ip, pi**ll**	**l**i**l**as
[m]	**m**u**mm**y	**m**a**m**an
[n]	**n**ip, pi**n**	**n**é
[ŋ]	si**ng**	parki**ng**
[p]	**p**i**p**	**p**a**p**a
[r]	**r**ig, **wr**ite	Pas d'équivalent français : se prononce en plaçant le bout de la langue au milieu du palais
[(r)]		Seulement prononcé en cas de liaison avec la voyelle qui suit comme dans : fa**r** away; the ca**r** is blue
[s]	**s**ick, **sc**ience	**s**ilen**ce**
[ʃ]	**sh**ip, na**t**ion	**ch**èvre
[t]	**t**ip, bu**tt**	**t**ar**t**ine
[tʃ]	**ch**ip, ba**tch**	a**tch**oum
[θ]	**th**ick	Son proche du /s/ français, il se prononce en plaçant le bout de la langue entre les dents du haut et celles du bas

Caractère API	*Exemple en anglais*	*Exemple en français*
[ð]	**th**is	Son proche du /z/ français, il se prononce en plaçant le bout de la langue entre les dents du haut et celles du bas
[v]	**v**ague, gi**ve**	**v**ie
[w]	**w**it, **wh**y	**w**hisky
[z]	**z**ip, phy**s**ics	ro**s**e
[ʒ]	plea**s**ure	**j**e
[χ]	lo**ch**	Existe seulement dans certains mots écossais. Pas d'équivalent français: se prononce du fond de la gorge, comme Ba**ch** en allemand ou la '**j**ota' espagnole.

Voyelles

[æ]	r**a**g	n**a**tte
[ɑː]	l**ar**ge, h**al**f	p**â**te
[e]	s**e**t	/e/ moins ouvert que le [ɛ] français
[ɜː]	c**ur**tain, w**ere**	h**eu**re
[ə]	utt**er**	**che**val
[ɪ]	b**i**g, w**o**m**e**n	/i/ bref, à mi-chemin entre les sons [ɛ] et [i] français (plus proche de 'n**e**t' que de 'v**i**te')
[iː]	l**ea**k, w**ee**	/i/ plus long que le [i] français
[ɒ]	l**o**ck	b**o**nne – mais plus ouvert et prononcé au fond du palais
[ɔː]	w**a**ll, c**or**k	b**au**me – mais plus ouvert et prononcé au fond du palais
[ʊ]	p**u**t, l**oo**k	Son à mi-chemin entre un /ou/ bref et un /o/ ouvert
[uː]	m**oo**n	Son /ou/ prolongé
[ʌ]	c**u**p	À mi-chemin entre un /a/ et un /e/ ouverts

Diphtongues

Elles sont rares en français et sont la combinaison de deux sons.

[aɪ]	wh**y**, h**igh**, l**ie**	**aïe**
[aʊ]	h**ow**	mi**aou**, **aoû**tat – mais se prononce comme un seul son
[eə]	b**ear**, sh**are**, wh**ere**	fl**air**
[eɪ]	d**ay**, m**a**k**e**, m**ain**	merv**eille**
[əʊ]	sh**ow**, g**o**	Combinaison d'un /o/ fermé et d'un /ou/

[ɪə]	h**ere**, g**ear**	Combinaison d'un /i/ long suivi d'un /e/ ouvert bref
[ɔɪ]	b**oy**, s**oi**l	langue d'**oï**l
[ʊə]	s**ure**	Combinaison d'un son /ou/ suivi d'un /e/ ouvert bref

Prononciation de l'anglais américain

L'accent américain est différent de l'accent anglais : il est facile de le constater dans la prononciation du mot **tomato** qui se dit [tə'meɪtəʊ] en anglais américain et [tə'mɑːtəʊ] en anglais britannique. Le r, qui disparaît souvent en anglais, est toujours prononcé en américain : **mother** se dit ['mʌðər] aux États-Unis et ['mʌðə] en Grande-Bretagne.

Quelques exemples :

	Prononciation américaine	*Prononciation anglaise*
advertisement	[ædvə'taɪzmənt]	[əd'vɜːtɪsmənt]
clerk	[klɜːk]	[klɑːk]
derby	['dɜːbɪ]	['dɑːbɪ]
leisure	['liːʒər]	['leʒə]
privacy	['praɪvəsɪ]	['prɪvəsɪ]
schedule	['skedjʊl]	['ʃedjuːl]
tube	[tuːb]	[tjuːb]
vase	[veɪz]	[vɑːz]
z	[ziː]	[zed]

L'accent tonique est souvent différent : **distribute** se prononce [dɪs'trɪbjuːt] aux États-Unis et ['dɪstrɪbjuːt] en Grande-Bretagne ; **ballet** se dit [bæ'leɪ] en américain et ['bæleɪ] en anglais britannique.

Autres exemples :

	Prononciation américaine	*Prononciation anglaise*
Birmingham	[bɜːmɪŋ'hæm]	['bɜːmɪŋəm]
laboratory	['læbrətərɪ]	[lə'bɒrətərɪ]
fillet	[fɪ'leɪ]	['fɪlɪt]
garage	[gə'rɑːʒ]	['gærɪdʒ]
pecan	[pɪ'kæn]	['piːkæn]

French Pronunciation

French pronunciation is shown in this dictionary using the symbols of the IPA (International Phonetic Alphabet). In the table below, examples of French words using these sounds are given, followed by English words which have a similar sound. Where there is no equivalent in English, an explanation is given.

IPA symbol	*French example*	*English example*
Consonants		
[b]	**b**é**b**é	**b**ut
[d]	**d**onner	**d**oor
[f]	**f**orêt	**f**ire
[g]	**g**are	**g**et
[ʒ]	**j**our	plea**s**ure
[k]	**c**arte	**k**itten
[l]	**l**ire	**l**one**l**y
[m]	**m**a**m**an	**m**at
[n]	**n**i	**n**ow
[ŋ]	parki**ng**	si**ng**i**ng**
[ɲ]	campa**gn**e	ca**ny**on
[p]	**p**atte	**p**at
[r]	**r**a**r**e	Like an English /r/ but pronounced at the back of the throat
[s]	**s**oir	**s**it
[ʃ]	**ch**ose	**sh**am
[t]	**t**able	**t**ap
[v]	**v**aleur	**v**alue
[z]	**z**éro	**z**ero
Vowels		
[a]	ch**a**t	c**a**t
[ɑ]	**â**ge	g**a**sp
[e]	**é**t**é**	b**ay**
[ɛ]	p**è**re	b**e**d
[ə]	l**e**	**a**mend
[ø]	d**eu**x	Does not exist in English: [e] pronounced with the lips rounded

[œ]	se**u**l	c**ur**tain
[i]	v**i**te	b**ee** – not quite as long as the English [iː]
[ɔ]	d**o**nner	c**o**t – slightly more open than the English /o/
[o]	ch**au**d	d**au**ghter – but higher than its English equivalent
[u]	t**ou**t	y**ou** – but shorter than its English equivalent
[y]	voit**u**re	Does not exist in English: [i] with lips rounded
[ɑ̃]	enf**an**t	Nasal sound pronounced lower and further back in the mouth than [ɔ̃]

Vowels

[ɛ̃]	v**in**	Nasal sound: /a/ sound pronounced letting air pass through the nose
[ɔ̃]	b**on**jour	Nasal sound: closed /o/ sound pronounced letting air pass through the nose
[œ̃]	**un**	Nasal sound: like [ɛ̃] but with lips more rounded

Semi-vowels

[w]	v**oi**r	**w**eek
[j]	**y**oyo, pai**ll**e	**y**ard
[ɥ]	n**ui**t	Does not exist in English: the vowel [y] elided with the following vowel

ENGLISH-FRENCH

Aa

A, a[1] [eɪ] *n* (**a**) A, a *m inv*; **5A** *(in address, street number)* 5 bis; **to go from A to B** aller du point A au point B (**b**) *Sch (grade)* **to get an A in French** = avoir une très bonne note en français, ≃ avoir entre 16 et 20 en français (**c**) *(street atlas)* **an A to Z of London** un plan de Londres

A[2] [ə, *stressed* eɪ]

a devient **an** [ən, *stressed* æn] devant voyelle ou h muet.

indefinite article (**a**) *(in general)* un, une; **a man** un homme; **an apple** une pomme; **an hour** une heure
(**b**) *(definite article in French)* **60 pence a kilo** 60 pence le kilo; **50 km an hour** 50 km à l'heure; **I have a broken arm** j'ai le bras cassé
(**c**) *(article omitted in French)* **he's a doctor/a father** il est médecin/père; **Caen, a town in Normandy** Caen, ville de Normandie; **what a man!** quel homme!; **a hundred** cent
(**d**) *(a certain)* **a Mr Smith** un certain M. Smith
(**e**) *(time)* **twice a month** deux fois par mois

aback [ə'bæk] *adv* **taken a. (by)** déconcerté (par)
abandon [ə'bændən] **1** *n* abandon *m* **2** *vt* abandonner; **to a. ship** abandonner le navire
abbey ['æbɪ] (*pl* **-eys**) *n* abbaye *f*
abbreviate [ə'briːvɪeɪt] *vt* abréger ▪ **abbreviation** *n* abréviation *f*
abdicate ['æbdɪkeɪt] *vt & vi* abdiquer
abdomen ['æbdəmən] *n* abdomen *m*
abduct [æb'dʌkt] *vt (kidnap)* enlever ▪ **abduction** *n* enlèvement *m*, rapt *m*
ability [ə'bɪlətɪ] (*pl* **-ies**) *n* capacité *f* (**to do** de faire); **to the best of my a.** de mon mieux
ablaze [ə'bleɪz] *adj* en feu; *Fig* **a. with** *(light)* resplendissant de
able ['eɪbəl] *adj* capable; **to be a. to do sth** être capable de faire qch, pouvoir faire qch; **to be a. to swim/drive** savoir nager/conduire ▪ **able-bodied** *adj* robuste
abnormal [æb'nɔːməl] *adj* anormal
aboard [ə'bɔːd] **1** *adv (on ship, plane)* à bord; **to go a.** monter à bord **2** *prep* **a. the ship/plane** à bord du navire/de l'avion; **a. the train** dans le train
abolish [ə'bɒlɪʃ] *vt* abolir ▪ **abolition** [æbə'lɪʃən] *n* abolition *f*
abominable [ə'bɒmɪnəbəl] *adj* abominable
Aborigine [æbə'rɪdʒɪnɪ] *n* Aborigène *mf* (d'Australie)
abort [ə'bɔːt] **1** *vt (space flight, computer program)* avorter **2** *vi Med* faire une fausse couche ▪ **abortion** *n* avortement *m*; **to have an a.** se faire avorter

ABOUT [ə'baʊt] **1** *adv* (**a**) *(approximately)* à peu près, environ; **at a. two o'clock**
(**b**) *(here and there)* çà et là, ici et là; *Fig* **there's a lot of flu a. at the moment** il y a beaucoup de cas de grippe en ce moment; **there's a rumour a. (that...)** il y a une rumeur qui circule (selon laquelle...); **to look a.** regarder autour de soi; **to follow someone a.** suivre quelqu'un partout
2 *prep* (**a**) *(around)* **a. the garden** autour du jardin
(**b**) *(near to)* **a. here** par ici

(**c**) *(concerning)* au sujet de; **to talk a. sth** parler de qch; **a book a. sth** un livre sur qch; **what's it (all) a.?** de quoi s'agit-il?

(**d**) *(+ infinitive)* **a. to do** sur le point de faire; **I was a. to say...** j'étais sur le point de dire...

---

above [ə'bʌv] **1** *adv* au-dessus; *(in book)* ci-dessus; **from a.** d'en haut; **the floor a.** l'étage *m* du dessus

2 *prep* (**a**) *(in height, hierarchy)* au-dessus de; **he's a. me** *(in rank)* c'est mon supérieur; **she's not a. lying** elle n'est pas incapable de mentir; **he's not a. asking** il n'est pas trop fier pour demander; **a. all** surtout

(**b**) *(with numbers)* plus de ▪ **above-board 1** *adj* honnête **2** *adv* sans tricherie ▪ **above-mentioned** *adj* susmentionné

abreast [ə'brest] *adv* côte à côte, de front; **four a.** par rangs de quatre; **to keep a. of sth** se tenir au courant de qch

abroad [ə'brɔːd] *adv* à l'étranger; **from a.** de l'étranger

abrupt [ə'brʌpt] *adj (sudden)* brusque, soudain; *(rude)* brusque, abrupt; *(slope, style)* abrupt

abscess ['æbses] *n* abcès *m*

absence ['æbsəns] *n* absence *f*; **in the a. of** *(person)* en l'absence de; *(thing)* faute de

absent 1 ['æbsənt] *adj* absent (**from** de) **2** [æb'sent] *vt* **to a. oneself (from)** s'absenter (de) ▪ **absent-minded** *adj* distrait

absentee [æbsən'tiː] *n* absent, -e *mf*

absolute ['æbsəluːt] *adj* absolu; *(proof)* indiscutable; **he's an a. fool!** il est complètement idiot!; **it's an a. disgrace!** c'est une honte! ▪ **absolutely** *adv* absolument; **you're a. right** tu as tout à fait raison

absorb [əb'zɔːb] *vt (liquid)* absorber; *(shock)* amortir; **to be absorbed in sth** être plongé dans qch ▪ **absorbent** *adj* absorbant

abstain [əb'steɪn] *vi Pol* s'abstenir; **to a. from sth/from doing sth** s'abstenir de qch/de faire qch

abstract ['æbstrækt] **1** *adj* abstrait **2** *n* (**a**) *(notion)* **the a.** l'abstrait *m* (**b**) *(summary)* résumé *m*

absurd [əb'sɜːd] *adj* absurde, ridicule

abundant [ə'bʌndənt] *adj* abondant ▪ **abundantly** *adv* **a. clear** parfaitement clair

abuse 1 [ə'bjuːs] *n (of power)* abus *m* (**of** de); *(of child)* mauvais traitements *mpl*; *(insults)* injures *fpl* **2** [ə'bjuːz] *vt (misuse)* abuser de; *(ill-treat)* maltraiter; *(insult)* injurier ▪ **abusive** [ə'bjuːsɪv] *adj (person, language)* grossier, -ère

abysmal [ə'bɪzməl] *adj Fam (bad)* exécrable

academic [ækə'demɪk] **1** *adj* (**a**) *(year, diploma) (of school)* scolaire; *(of university)* universitaire (**b**) *(scholarly)* intellectuel, -elle (**c**) *(theoretical)* **the issue is of purely a. interest** cette question n'a d'intérêt que d'un point de vue théorique; **this is a. now** cela n'a plus d'importance **2** *n (teacher)* universitaire *mf*

academy [ə'kædəmɪ] (*pl* **-ies**) *n (society)* académie *f*; *(military)* école *f*

accelerate [ək'seləreɪt] **1** *vt* accélérer **2** *vi (of pace)* s'accélérer; *(of vehicle, driver)* accélérer ▪ **accelerator** *n* accélérateur *m*

accent ['æksənt] *n* accent *m*

accept [ək'sept] *vt* accepter ▪ **acceptable** *adj (worth accepting, tolerable)* acceptable; **to be a. to sb** convenir à qn

access ['ækses] **1** *n* accès *m* (**to sth** à qch; **to sb** auprès de qn); *Comptr* **a. provider** fournisseur *m* d'accès; **a. road** route *f* d'accès **2** *vt Comptr* accéder à ▪ **accessible** *adj* accessible

accessories [ək'sesərɪz] *npl (objects)* accessoires *mpl*

accessory [ək'sesərɪ] (*pl* **-ies**) *n Law (accomplice)* complice *mf* (**to** de)

accident ['æksɪdənt] *n* accident *m*; **by a.** accidentellement; *(by chance)* par hasard ■ **accidental** *adj* accidentel, -elle ■ **accidentally** *adv* accidentellement; *(by chance)* par hasard

acclaim [ə'kleɪm] **1** *n* **(critical) a.** éloges *mpl* **2** *vt (cheer)* acclamer; *(praise)* faire l'éloge de

acclimatize [ə'klaɪmətaɪz] *(Am* **acclimate** ['ækləmeɪt]) *vi* s'acclimater

accommodate [ə'kɒmədeɪt] *vt* (**a**) *(of house)* loger (**b**) *(oblige)* rendre service à ■ **accommodating** *adj* accommodant, obligeant

accommodation [əkɒmə'deɪʃən] *n* (*Am* **accommodations**) *(lodging)* logement *m*; *(rented room(s))* chambre(s) *f(pl)*

accompany [ə'kʌmpənɪ] (*pt & pp* **-ied**) *vt* accompagner

accomplice [ə'kʌmplɪs] *n* complice *mf*

accomplish [ə'kʌmplɪʃ] *vt (task, duty)* accomplir; *(aim)* atteindre ■ **accomplishment** *n (of task, duty)* accomplissement *m*; *(thing achieved)* réalisation *f*

accord [ə'kɔːd] **1** *n* accord *m*; **of my own a.** de mon plein gré **2** *vt (grant)* accorder ■ **accordance** *n* **in a. with** conformément à

according [ə'kɔːdɪŋ] **according to** *prep* selon, d'après ■ **accordingly** *adv* en conséquence

accordion [ə'kɔːdɪən] *n* accordéon *m*

accost [ə'kɒst] *vt* accoster, aborder

account [ə'kaʊnt] **1** *n* (**a**) *(with bank or company)* compte *m* (**b**) *(report)* compte rendu *m*; *(explanation)* explication *f* (**c**) *(expressions)* **by all accounts** au dire de tous; **on a. of** à cause de; **on no a.** en aucun cas; **to take sth into a.** tenir compte de qch **2** *vi* **to a. for** *(explain)* expliquer; *(give reckoning of)* rendre compte de; *(represent)* représenter ■ **accountable** *adj* responsable (**for/to** de/devant)

accountant [ə'kaʊntənt] *n* comptable *mf*

accounting [ə'kaʊntɪŋ] *n* comptabilité *f*

accumulate [ə'kjuːmjʊleɪt] **1** *vt* accumuler **2** *vi* s'accumuler

accuracy ['ækjʊrəsɪ] *n* exactitude *f*, précision *f*

accurate ['ækjʊrət] *adj* exact, précis

accuse [ə'kjuːz] *vt* **to a. sb (of sth/of doing sth)** accuser qn (de qch/de faire qch) ■ **accusation** *n* accusation *f*; **to make an a. against sb** lancer une accusation contre qn ■ **accused** *n Law* **the a.** l'accusé, -e *mf*

accustom [ə'kʌstəm] *vt* habituer, accoutumer ■ **accustomed** *adj* **to be a. to sth/to doing sth** être habitué à qch/à faire qch; **to get a. to sth/to doing sth** s'habituer à qch/à faire qch

ace [eɪs] *n* (**a**) *(card, person)* as *m* (**b**) *(at tennis)* ace *m*

ache [eɪk] **1** *n* douleur *f* **2** *vi* faire mal; **my head aches** j'ai mal à la tête

achieve [ə'tʃiːv] *vt (result)* obtenir; *(aim)* atteindre; *(ambition)* réaliser; *(victory)* remporter; **to a. success** réussir ■ **achievement** *n (success)* réussite *f*; *(of ambition)* réalisation *f*

aching [eɪkɪŋ] *adj* douloureux, -euse

acid ['æsɪd] *adj & n* acide *(m)*; **a. rain** pluies *fpl* acides

acknowledge [ək'nɒlɪdʒ] *vt* reconnaître (**as** pour); *(greeting)* répondre à ■ **acknowledg(e)ment** *n (of letter)* accusé *m* de réception; *(receipt)* reçu *m*; *(confession)* aveu *m* (**of** de)

acne ['æknɪ] *n* acné *f*

acoustics [ə'kuːstɪks] *npl* acoustique *f*

acquaint [ə'kweɪnt] *vt* **to be acquainted with** *(person)* connaître; *(fact)* savoir ■ **acquaintance** *n (person, knowledge)* connaissance *f*

acquire [ə'kwaɪə(r)] *vt* acquérir; *(taste)* prendre (**for** à); *(friends)* se faire

acquit [ə'kwɪt] *(pt & pp* **-tt-**) *vt* (**a**) *Law* **to a. sb (of a crime)** acquitter qn (**b**) **to a. oneself badly/well** mal/bien s'en tirer

acre ['eɪkə(r)] *n* ≃ demi-hectare *m*, acre *f*; *Fam* **acres of space** plein de place

acrimonious [ækrɪˈməʊnɪəs] *adj (person, remark)* acrimonieux, -euse, hargneux, -euse; *(attack, dispute)* virulent

acrobat [ˈækrəbæt] *n* acrobate *mf* ▪ **acrobatics** *npl* acrobaties *fpl*

acronym [ˈækrənɪm] *n* sigle *m*

across [əˈkrɒs] **1** *prep (from side to side of)* d'un côté à l'autre de; *(on the other side of)* de l'autre côté de; *(crossways)* en travers de; **a bridge a. the river** un pont sur la rivière; **to walk** *or* **go a.** *(street, lawn)* traverser; **to run/swim a.** traverser en courant/à la nage **2** *adv* **to be a kilometre a.** *(wide)* avoir un kilomètre de large; **to get sth a. to sb** faire comprendre qch à qn

acrylic [əˈkrɪlɪk] *adj (paint, fibre)* acrylique; *(garment)* en acrylique

act [ækt] **1** *n* (**a**) *(deed)* acte *m*; **a. (of parliament)** loi *f*; **caught in the a.** pris sur le fait

(**b**) *Theatre (part of play)* acte *m*; *(in circus, cabaret)* numéro *m*; *Fig* **to get one's a. together** se secouer; *Fam* **in on the a.** dans le coup

2 *vt (part)* jouer; **to a. the fool** faire l'idiot

3 *vi* (**a**) *(take action, behave)* agir; **it's time to a.** il est temps d'agir; **to a. as secretary**/*etc* faire office de secrétaire/*etc*; **to a. (up)on** *(affect)* agir sur; *(advice)* suivre; **to a. on behalf of sb** représenter qn; *Fam* **to a. up** *(of person, machine)* faire des siennes

(**b**) *(in play, film)* jouer; *(pretend)* jouer la comédie ▪ **acting 1** *adj (temporary)* intérimaire **2** *n (of play)* représentation *f*; *(art)* jeu *m*; *(career)* théâtre *m*

action [ˈækʃən] *n* action *f*; *(military)* combats *mpl*; *(legal)* procès *m*, action *f*; **to take a.** prendre des mesures; **to put into a.** *(plan)* exécuter; **out of a.** *(machine)* hors service; *(person)* hors de combat

active [ˈæktɪv] **1** *adj* actif, -ive; *(interest, dislike)* vif (*f* vive); *(volcano)* en activité **2** *n Gram* actif *m* ▪ **activity** (*pl* **-ies**) *n* activité *f*; *(in street)* animation *f*

actor [ˈæktə(r)] *n* acteur *m* ▪ **actress** *n* actrice *f*

actual [ˈæktʃʊəl] *adj* réel (*f* réelle); *(example)* concret, -ète; **the a. book** le livre même; **in a. fact** en réalité ▪ **actually** *adv (truly)* réellement; *(in fact)* en réalité, en fait

acupuncture [ˈækjʊpʌŋktʃə(r)] *n* acuponcture *f*

acute [əˈkjuːt] *adj (pain, angle)* aigu (*f* aiguë); *(anxiety, emotion)* vif (*f* vive); *(mind, observer)* perspicace; *(shortage)* grave ▪ **acutely** *adv (suffer, feel)* profondément; *(painful)* extrêmement

AD [eɪˈdiː] (*abbr* **anno Domini**) apr. J.-C.

ad [æd] *n Fam (on radio, TV)* pub *f*; *(private, in newspaper)* annonce *f*; *Br* **small ad,** *Am* **want ad** petite annonce *f*

adapt [əˈdæpt] **1** *vt* adapter (**to** à); **to a. oneself to sth** s'adapter à qch **2** *vi* s'adapter ▪ **adaptable** *adj (person)* souple; *(instrument)* adaptable ▪ **adapter, adaptor** *n (for use abroad)* adaptateur *m*; *(for several plugs)* prise *f* multiple

add [æd] **1** *vt* ajouter (**to/that** à/que); **to a. (up** *or* **together)** *(numbers)* additionner; **to a. in** inclure **2** *vi* **to a. to** *(increase)* augmenter; **to a. up to** *(total)* s'élever à; *(mean)* signifier; *(represent)* constituer

adder [ˈædə(r)] *n* vipère *f*

addict [ˈædɪkt] *n* **drug a.** toxicomane *mf*, drogué, -e *mf*; **TV a.** fana(tique) *mf* de la télé ▪ **addicted** *adj* **to be a. to drugs** être toxicomane; **to be a. to alcohol** être alcoolique; **to be a. to cigarettes** ne pas pouvoir se passer de tabac ▪ **addictive** *adj (drug, TV)* qui crée une dépendance

addition [əˈdɪʃən] *n* addition *f*; *(increase)* augmentation *f*; **in a.** de plus; **in a. to** en plus de ▪ **additional** *adj* supplémentaire

additive ['ædɪtɪv] *n* additif *m*

address [*Br* ə'dres, *Am* 'ædres] **1** *n (on letter, parcel)* adresse *f*; *(speech)* allocution *f* **2** [ə'dres] *vt (person, audience)* s'adresser à; *(words, speech)* adresser (**to** à); *(letter)* mettre l'adresse sur

adept [ə'dept] *adj* expert (**in** *or* **at** à)

adequate ['ædɪkwət] *adj (enough)* suffisant; *(acceptable)* convenable; *(performance)* acceptable ▪ **adequately** *adv (sufficiently)* suffisamment; *(acceptably)* convenablement

adhere [əd'hɪə(r)] *vi* **to a. to** adhérer à; *(decision, rule)* s'en tenir à ▪ **adhesive** [-'hi:sɪv] *adj & n* adhésif *(m)*

adjacent [ə'dʒeɪsənt] *adj (house, angle)* adjacent (**to** à)

adjective ['ædʒɪktɪv] *n* adjectif *m*

adjoin [ə'dʒɔɪn] *vt* être attenant à ▪ **adjoining** *adj* attenant

adjourn [ə'dʒɜ:n] **1** *vt (postpone)* ajourner; *(session)* suspendre **2** *vi* suspendre la séance

adjust [ə'dʒʌst] *vt (machine)* régler; *(machine part)* ajuster, régler; *(salaries, prices)* (r)ajuster; *(clothes)* rajuster; **to a. to sth** s'adapter à qch ▪ **adjustable** *adj (seat)* réglable

ad-lib [æd'lɪb] *vi* (*pt & pp* **-bb-**) improviser

administer [əd'mɪnɪstə(r)] *vt* administrer (**to** à) ▪ **administration** *n* administration *f*; *(government)* gouvernement *m* ▪ **administrator** *n* administrateur, -trice *mf*

admiral ['ædmərəl] *n* amiral *m*

admire [əd'maɪə(r)] *vt* admirer (**for sth** pour qch; **for doing sth** de faire qch) ▪ **admirable** *adj* admirable

admit [əd'mɪt] (*pt & pp* **-tt-**) **1** *vt (let in)* laisser entrer; *(to hospital, college)* admettre; *(acknowledge)* reconnaître, admettre (**that** que) **2** *vi* **to a. to sth** avouer qch; *(mistake)* reconnaître qch ▪ **admission** *n (to theatre)* entrée *f* (**to** à *ou* de); *(to club, school)* admission *f*; *(acknowledgement)* aveu *m*; **a. (charge)** (prix *m* d')entrée *f* ▪ **admittance** *n* entrée *f*; **'no a.'** 'entrée interdite' ▪ **admittedly** [-ɪdlɪ] *adv* de l'aveu général

adolescent [ædə'lesənt] *n* adolescent, -e *mf*

adopt [ə'dɒpt] *vt* adopter; *Pol (candidate)* choisir ▪ **adopted** *adj (child)* adopté; *(son, daughter)* adoptif, -ive; *(country)* d'adoption ▪ **adoptive** *adj (parent)* adoptif, -ive

adore [ə'dɔ:(r)] *vt* adorer (**doing** faire) ▪ **adorable** *adj* adorable

Adriatic [eɪdrɪ'ætɪk] *n* **the A.** l'Adriatique *f*

adult ['ædʌlt, ə'dʌlt] **1** *n* adulte *mf* **2** *adj (animal)* adulte; **a. class/film** classe *f*/film *m* pour adultes

adultery [ə'dʌltərɪ] *n* adultère *m*; **to commit a.** commettre l'adultère

advance [əd'vɑ:ns] **1** *n (movement, money)* avance *f*; *(of science)* progrès *mpl*; **advances** *(sexual)* avances *fpl*; **in a.** *(book, inform, apply)* à l'avance; *(pay)* d'avance; *(arrive)* en avance

2 *adj (payment)* anticipé; **a. booking** réservation *f*

3 *vt* (**a**) *(put forward)* faire avancer (**b**) *(science, one's work)* faire progresser; *(opinion)* avancer

4 *vi (go forward, progress)* avancer; **to a. towards sb** s'avancer *ou* avancer vers qn ▪ **advanced** *adj* avancé; *(studies, level)* supérieur; *(course)* de niveau supérieur; **a. in years** âgé

advantage [əd'vɑ:ntɪdʒ] *n* avantage *m* (**over** sur); **to take a. of** *(situation)* profiter de; *(person)* exploiter; *(woman)* séduire; **a. Hewitt** *(in tennis)* avantage Hewitt

advent ['ædvent] *n* arrivée *f*, avènement *m*; *Rel* **A.** l'Avent *m*

adventure [əd'ventʃə(r)] **1** *n* aventure *f* **2** *adj (film, story)* d'aventures ▪ **adventurous** *adj* aventureux, -euse

adverb ['ædvɜ:b] *n* adverbe *m*

adverse ['ædvɜ:s] *adj* défavorable; *(effect)* négatif, -ive

advert ['ædvɜ:t] *n Br* pub *f*; *(private, in newspaper)* annonce *f*

advertise ['ædvətaɪz] **1** *vt (commercially)* faire de la publicité pour; *(privately)* passer une annonce pour vendre **2** *vi* faire de la publicité; *(privately)* passer une annonce (**for** pour trouver) ▪ **advertising** *n* publicité *f*; **a. agency** agence *f* de publicité; **a. campaign** campagne *f* de publicité

advertisement [*Br* əd'vɜːtɪsmənt, *Am* ædvər'taɪzmənt] *n* publicité *f*; *(private or in newspaper)* annonce *f*; *(poster)* affiche *f*; *TV* **the advertisements** la publicité

advice [əd'vaɪs] *n* conseil(s) *m(pl)*; *Com (notification)* avis *m*; **a piece of a.** un conseil; **to ask sb's a.** demander conseil à qn; **to take sb's a.** suivre les conseils de qn

advise [əd'vaɪz] *vt* (**a**) *(counsel)* conseiller; *(recommend)* recommander; **to a. sb to do sth** conseiller à qn de faire qch; **to a. sb against doing sth** déconseiller à qn de faire qch (**b**) *(inform)* **to a. sb that...** aviser qn que... ▪ **advisable** *adj (action)* à conseiller; **it's a. to wait**/*etc* il est plus prudent d'attendre/*etc* ▪ **adviser, advisor** *n* conseiller, -ère *mf*

advocate 1 ['ædvəkət] *n (of cause)* défenseur *m*; *(lawyer)* avocat, -e *mf* **2** ['ædvəkeɪt] *vt* préconiser

aerial ['eərɪəl] **1** *n Br* antenne *f* **2** *adj (photo)* aérien, -enne

aerobics [eə'rəʊbɪks] *npl* aérobic *m*

aeroplane ['eərəpleɪn] *n Br* avion *m*

aerosol ['eərəsɒl] *n* aérosol *m*

aesthetic [*Br* iːs'θetɪk, *Am* es'θetɪk] *adj* esthétique

affair [ə'feə(r)] *n (matter, concern)* affaire *f*; **(love) a.** liaison *f*; **state of affairs** situation *f*

affect [ə'fekt] *vt (concern)* concerner; *(move, pretend to have)* affecter; *(harm)* nuire à; *(influence)* influer sur; **to be deeply affected by sth** être très affecté par qch ▪ **affected** *adj (manner)* affecté

affection [ə'fekʃən] *n* affection *f* (**for** pour) ▪ **affectionate** *adj* affectueux, -euse

affinity [ə'fɪnɪtɪ] (*pl* **-ies**) *n* affinité *f*

affirm [ə'fɜːm] *vt* affirmer ▪ **affirmative 1** *adj* affirmatif, -ive **2** *n* affirmative *f*; **to answer in the a.** répondre par l'affirmative

affix [ə'fɪks] *vt (stamp, signature)* apposer

afflict [ə'flɪkt] *vt* affliger (**with** de) ▪ **affliction** *n (misery)* affliction *f*; *(disability)* infirmité *f*

affluent ['æflʊənt] *adj* riche; **a. society** société *f* d'abondance

afford [ə'fɔːd] *vt (pay for)* **I can't a. it/a new car** je n'ai pas les moyens de l'acheter/d'acheter une nouvelle voiture; **he can't a. the time (to read it)** il n'a pas le temps (de le lire); **I can a. to wait** je peux me permettre d'attendre ▪ **affordable** *adj (price)* abordable

Afghanistan [æf'gænɪstɑːn] *n* l'Afghanistan *m*

afield [ə'fiːld] *adv* **further a.** plus loin

afloat [ə'fləʊt] *adv (ship, swimmer, business)* à flot; *(awash)* submergé; **to stay a.** *(of ship)* rester à flot; *(of business)* se maintenir à flot

afraid [ə'freɪd] *adj* **to be a.** avoir peur (**of** de); **to be a. to do** *or* **of doing sth** avoir peur de faire qch; **I'm a. (that) he'll fall** j'ai peur qu'il (ne) tombe; **I'm a. he's out** je regrette, il est sorti

afresh [ə'freʃ] *adv* de nouveau; **to start a.** recommencer

Africa ['æfrɪkə] *n* l'Afrique *f* ▪ **African 1** *adj* africain **2** *n* Africain, -e *mf*

after ['ɑːftə(r)] **1** *adv* après; **soon/long a.** peu/longtemps après; **the month a.** le mois d'après; **the day a.** le lendemain

2 *prep* après; **a. three days** au bout de trois jours; **the day a. the battle** le lendemain de la bataille; **a. eating** après avoir mangé; **day a. day** jour après jour; **a. all** après tout; **it's a. five** il est cinq heures passées; *Am* **ten a. four** quatre heures dix; **to be a. sb/sth** *(seek)* chercher qn/qch

3 *conj* après que; **a. he saw you** après qu'il t'a vu ▪ **after-effects** *npl* suites *fpl*, séquelles *fpl* ▪ **afterlife** *n* vie *f* après la mort ▪ **aftermath** *n* suites *fpl* ▪ **after-sales service** *n* service *m* après-vente ▪ **aftershave** *n* (lotion *f*) après-rasage *m*, after-shave *m inv* ▪ **afterthought** *n* réflexion *f* après coup; **to add/say sth as an a.** ajouter/dire qch après coup ▪ **afterward(s)** *adv* après, plus tard

afternoon [ɑːftə'nuːn] *n* après-midi *m ou f inv*; **in the a.** l'après-midi; **at three in the a.** à trois heures de l'après-midi; **every Monday a.** tous les lundis après-midi; **good a.!** bonjour!

again [ə'gen] *adv* de nouveau, encore une fois; *(furthermore)* en outre; **to go down/up a.** redescendre/remonter; **she won't do it a.** elle ne le fera plus; **never a.** plus jamais; **a. and a.** bien des fois; **what's his name a.?** comment s'appelle-t-il déjà?

against [ə'genst, ə'geɪnst] *prep* contre; **to lean a. sth** s'appuyer contre qch; **to go** *or* **be a. sth** s'opposer à qch; **a. the law** illégal; *Br* **a. the rules,** *Am* **a. the rule** interdit, contraire aux règlements; **the pound rose a. the dollar** la livre est en hausse par rapport au dollar

age [eɪdʒ] **1** *n* âge *m*; **(old) a.** vieillesse *f*; **what a. are you?, what's your a.?** quel âge as-tu?; **five years of a.** âgé de cinq ans; **under a.** trop jeune, mineur; *Fam* **to wait (for) ages** attendre une éternité; **a. gap** différence *f* d'âge; **a. limit** limite *f* d'âge

2 *vt & vi* (*pres p* **ag(e)ing**) vieillir ▪ **aged** *adj* (**a**) [eɪdʒd] **a. ten** âgé de dix ans (**b**) ['eɪdʒɪd] vieux (*f* vieille), âgé; **the a.** les personnes *fpl* âgées

agenda [ə'dʒendə] *n* ordre *m* du jour

agent ['eɪdʒənt] *n* agent *m*; *(car dealer)* concessionnaire *mf* ▪ **agency** *n* agence *f*

aggravate ['ægrəveɪt] *vt (make worse)* aggraver; *Fam (annoy)* exaspérer

aggregate ['ægrɪgət] **1** *adj* global **2** *n (total)* ensemble *m*; **on a.** au total

aggressive [ə'gresɪv] *adj* agressif, -ive

aggrieved [ə'griːvd] *adj (offended)* blessé, froissé; *(tone)* peiné

aghast [ə'gɑːst] *adj* horrifié (**at** par)

agile [*Br* 'ædʒaɪl, *Am* 'ædʒəl] *adj* agile

agitated ['ædʒɪteɪtɪd] *adj* agité

agnostic [æg'nɒstɪk] *adj & n* agnostique *(mf)*

ago [ə'gəʊ] *adv* **a year a.** il y a un an; **how long a.?** il y a combien de temps (de cela)?; **long a.** il y a longtemps; **a short time a.** il y a peu de temps

agonizing ['ægənaɪzɪŋ] *adj (pain)* atroce; *(situation)* angoissant

agony ['ægənɪ] (*pl* **-ies**) *n (pain)* douleur *f* atroce; *(anguish)* angoisse *f*; **to be in a.** être au supplice; **a. column** *(in newspaper)* courrier *m* du cœur

agree [ə'griː] **1** *vi (come to an agreement)* se mettre d'accord; *(be in agreement)* être d'accord (**with** avec); *(of facts, dates)* concorder; *(of verb)* s'accorder; **to a. (up)on** *(decide)* convenir de; **to a. to sth/to doing sth** consentir à qch/à faire qch

2 *vt (plan)* se mettre d'accord sur; *(date, price)* convenir de; *(approve)* approuver; **to a. to do sth** accepter de faire qch; **to a. that...** admettre que... ▪ **agreed** *adj (time, place)* convenu ▪ **agreement** *n (contract, assent) & Gram* accord *m* (**with** avec); **to be in a. with sb** être d'accord avec qn; **to come to an a.** se mettre d'accord

agreeable [ə'griːəbəl] *adj (pleasant)* agréable; **to be a.** *(agree)* être d'accord; **to be a. to sth** consentir à qch

agriculture ['ægrɪkʌltʃə(r)] *n* agriculture *f* ▪ **agricultural** *adj* agricole

aground [ə'graʊnd] *adv* **to run a.** *(of ship)* (s')échouer

ahead [ə'hed] *adv (in space)* en avant; *(leading)* en tête; *(in the future)* à l'avenir; **a. of** *(in space)* devant; *(in time)* avant; **one hour/***etc* **a. (of)** une heure/*etc* d'avance (sur); **to be a. of schedule** être en avance; **to go on a.**

partir devant; **to go a.** *(advance)* avancer; *(continue)* continuer; *(start)* commencer; **go a.!** allez-y!; **to think a.** prévoir

aid [eɪd] **1** *n (help)* aide *f*; *(device)* accessoire *m*; **with the a. of sb** avec l'aide de qn; **with the a. of sth** à l'aide de qch; **in a. of** *(charity)* au profit de **2** *vt* aider (**sb to do** qn à faire)

aide [eɪd] *n* collaborateur, -trice *mf*

AIDS [eɪdz] (*abbr* **Acquired Immune Deficiency Syndrome**) *n* SIDA *m*

ailing ['eɪlɪŋ] *adj (ill)* souffrant; *(company)* en difficulté ▪ **ailment** *n* affection *f*

aim [eɪm] **1** *n* but *m*; **to take a. (at)** viser; **with the a. of** dans le but de **2** *vt (gun)* braquer (**at** sur); *(stone)* lancer (**at** à *ou* vers); *(blow, remark)* décocher (**at** à) **3** *vi* viser; **to a. at sb** viser qn; **to a. to do sth** avoir l'intention de faire qch ▪ **aimless** *adj (existence)* sans but

air [eə(r)] **1** *n* (**a**) *(atmosphère)* air *m*; **in the open a.** en plein air; **by a.** *(travel)* en *ou* par avion; *(send letter, goods)* par avion; **to be** *or* **go on (the) a.** *(of person)* passer à l'antenne; *(of programme)* être diffusé; **to throw sth in(to) the a.** jeter qch en l'air; *Fig* **there's something in the a.** il se prépare quelque chose; *Aut* **a. bag** airbag *m*; **a. base** base *f* aérienne; **a. bed** matelas *m* pneumatique; **a. fare** prix *m* du billet d'avion; **a. force** armée *f* de l'air; **a. freshener** désodorisant *m* *(pour la maison)*

(**b**) *(appearance, tune)* air *m*; **to put on airs** se donner des airs; **with an a. of sadness** d'un air triste

2 *vt (room)* aérer; *(views)* exposer ▪ **air-conditioning** *n* climatisation *f* ▪ **aircraft** *n inv* avion *m*; **a. carrier** porte-avions *m inv* ▪ **airfield** *n* terrain *m* d'aviation ▪ **airgun** *n* carabine *f* à air comprimé ▪ **airlift** *vt* transporter par avion ▪ **airline** *n* compagnie *f* aérienne; **a. ticket** billet *m* d'avion ▪ **airmail** *n* poste *f* aérienne; **by a.** par avion ▪ **airplane** *n Am* avion *m* ▪ **airport** *n* aéroport *m* ▪ **air-raid shelter** *n* abri *m* antiaérien ▪ **airship** *n* dirigeable *m* ▪ **airtight** *adj* hermétique ▪ **air-traffic controller** *n* contrôleur *m* aérien, aiguilleur *m* du ciel

airy ['eərɪ] (**-ier, -iest**) *adj (room)* clair et spacieux, -euse; *Fig (manner)* désinvolte

aisle [aɪl] *n (in supermarket, cinema)* allée *f*; *(in plane)* couloir *m*; *(in church) (on side)* nef *f* latérale; *(central)* allée *f* centrale

ajar [ə'dʒɑː(r)] *adj & adv (door)* entrouvert

alarm [ə'lɑːm] **1** *n (warning, fear, device)* alarme *f*; *(mechanism)* sonnerie *f* (d'alarme); **false a.** fausse alerte *f*; **a. clock** réveil *m* **2** *vt (frighten)* alarmer; *(worry)* inquiéter; **they were alarmed at the news** la nouvelle les a beaucoup inquiétés

alas [ə'læs] *exclam* hélas!

Albania [æl'beɪnɪə] *n* l'Albanie *f* ▪ **Albanian 1** *adj* albanais **2** *n* Albanais, -e *mf*

album ['ælbəm] *n (book, record)* album *m*

alcohol ['ælkəhɒl] *n* alcool *m* ▪ **alcoholic 1** *adj (person)* alcoolique; **a. drink** boisson *f* alcoolisée **2** *n (person)* alcoolique *mf*

alcove ['ælkəʊv] *n* alcôve *f*

ale [eɪl] *n* bière *f*

alert [ə'lɜːt] **1** *adj (watchful)* vigilant; *(lively) (mind, baby)* éveillé **2** *n* alerte *f*; **on the a.** sur le qui-vive **3** *vt* alerter

A level ['eɪlevəl] *n Br (exam)* ≃ épreuve *f* de baccalauréat

algebra ['ældʒɪbrə] *n* algèbre *f*

Algeria [æl'dʒɪərɪə] *n* l'Algérie *f* ▪ **Algerian 1** *adj* algérien, -enne **2** *n* Algérien, -enne *mf*

alias ['eɪlɪəs] **1** *adv* alias **2** (*pl* **aliases**) *n* nom *m* d'emprunt

alibi ['ælɪbaɪ] *n* alibi *m*

alien ['eɪlɪən] **1** *adj* étranger, -ère (**to** à) **2** *n (from outer space)* extraterrestre *mf*; *Formal (foreigner)* étranger, -ère *mf*

▪ **alienate** *vt (friend, supporters, readers)* s'aliéner; **to feel alienated** se sentir exclu

alight[1] [ə'laɪt] *adj (fire)* allumé; *(building)* en feu; *(face)* éclairé; **to set sth a.** mettre le feu à qch

alight[2] [ə'laɪt] (*pt & pp* **alighted** *or* **alit**) *vi* (**a**) *Formal (from bus, train)* descendre (**from** de) (**b**) *(of bird)* se poser (**on** sur)

align [ə'laɪn] *vt* aligner

alike [ə'laɪk] **1** *adj (people, things)* semblables, pareils, -eilles; **to look** *or* **be a.** se ressembler **2** *adv* de la même manière; **summer and winter a.** été comme hiver

alimony [*Br* 'ælɪmənɪ, *Am* 'ælɪməʊnɪ] *n Law* pension *f* alimentaire

alit [ə'lɪt] *pt & pp of* **alight**[2]

alive [ə'laɪv] *adj* vivant, en vie; **to stay a.** survivre; **a. and well** bien portant; *Fam* **a. and kicking** plein de vie

---

ALL [ɔːl] **1** *adj* tout, toute, *pl* tous, toutes; **a. day** toute la journée; **a. men** tous les hommes; **a. the girls** toutes les filles; **a. four of them** tous les quatre; **for a. his wealth** malgré toute sa fortune

2 *pron (everyone)* tous *mpl*, toutes *fpl*; *(everything)* tout; **my sisters are a. here** toutes mes sœurs sont ici; **he ate it a., he ate a. of it** il a tout mangé; **take a. of it** prends (le) tout; **a. of us** nous tous; **a. together** tous ensemble; **a. (that) he has** tout ce qu'il a; **a. in a.** à tout prendre; **anything at a.** quoi que ce soit; **if there's any wind at a.** s'il y a le moindre vent; **nothing at a.** rien du tout; **not at a.** pas du tout; *(after 'thank you')* il n'y a pas de quoi

3 *adv* tout; **a. alone** tout seul; **a. bad** entièrement mauvais; **a. over** *(everywhere)* partout; *(finished)* fini; **a. too soon** bien trop tôt; *Sport* **six a.** six partout; *Fam* **not a. there** un peu fêlé ▪ **all-night** *adj (party)* qui dure toute la nuit; *(shop)* ouvert toute la nuit ▪ **all-out** *adj (effort)* acharné; *(war, strike)* tous azimuts ▪ **all-purpose** *adj (tool)* universel, -elle ▪ **all-round** *adj (knowledge)* approfondi; *(athlete)* complet, -ète ▪ **all-time** *adj (record)* jamais battu; **to reach an a. low/high** arriver à son point le plus bas/le plus haut

---

allegation [ælɪ'geɪʃən] *n* accusation *f*

allege [ə'ledʒ] *vt* prétendre (**that** que) ▪ **alleged** *adj (so-called) (crime, fact)* prétendu; *(author, culprit)* présumé; **he is a. to be...** on prétend qu'il est...

allegiance [ə'liːdʒəns] *n (to party, cause)* fidélité *f* (**to** à)

allergy ['ælədʒɪ] (*pl* **-ies**) *n* allergie *f* (**to** à) ▪ **allergic** [ə'lɜːdʒɪk] *adj* allergique (**to** à)

alleviate [ə'liːvɪeɪt] *vt (pain, suffering)* soulager; *(burden, task)* alléger; *(problem)* remédier à

alley ['ælɪ] (*pl* **-eys**) *n* ruelle *f*; *Fam* **that's (right) up my a.** c'est mon rayon

alliance [ə'laɪəns] *n* alliance *f*

allied ['ælaɪd] *adj (country)* allié; *(matters)* lié

alligator ['ælɪgeɪtə(r)] *n* alligator *m*

allocate ['æləkeɪt] *vt (assign)* affecter (**to** à); *(distribute)* répartir

allot [ə'lɒt] (*pt & pp* **-tt-**) *vt (assign)* attribuer (**to** à); *(distribute)* répartir; **in the allotted time** dans le temps imparti ▪ **allotment** *n Br (land)* jardin *m* ouvrier

allow [ə'laʊ] **1** *vt* permettre (**sb sth** qch à qn); *(give, grant)* accorder (**sb sth** qch à qn); *(request)* accéder à; **to a. sb to do** permettre à qn de faire; **to a. an hour/a metre/***etc* prévoir une heure/un mètre/*etc*; **it's not allowed** c'est interdit; **you're not allowed to go** on vous interdit de partir **2** *vi* **to a. for sth** tenir compte de qch ▪ **allowable** *adj (acceptable)* admissible; *(expense)* déductible

allowance [ə'laʊəns] *n* allocation *f*; *(for travel, housing, food)* indemnité *f*; *(tax-free amount)* abattement *m*; **to make allowances for** *(person)* être indulgent envers; *(thing)* tenir compte de

alloy ['ælɔɪ] *n* alliage *m*

all right [ɔːl'raɪt] **1** *adj (satisfactory)* bien *inv*; *(unharmed)* sain et sauf; *(undamaged)* intact; *(without worries)* tranquille; **it's a.** ça va; **are you a.?** ça va?; **I'm a.** *(healthy)* je vais bien; *(financially)* je m'en sors; **to be a. at maths** se débrouiller en maths; **the TV is a. now** *(fixed)* la télé marche maintenant **2** *adv (well)* bien; **a.!** *(in agreement)* d'accord!; **is it a. if I smoke?** ça ne vous dérange pas si je fume?

allude [ə'luːd] *vi* **to a. to** faire allusion à ▪ **allusion** *n* allusion *f*

ally 1 ['ælaɪ] *(pl* **-ies***)* *n* allié, -e *mf* **2** [ə'laɪ] *(pt & pp* **-ied***)* *vt* **to a. oneself with** s'allier à *ou* avec

almighty [ɔːl'maɪtɪ] **1** *adj* (**a**) *(powerful)* tout-puissant (*f* toute-puissante) (**b**) *Fam (enormous)* terrible, formidable **2** *n* **the A.** le Tout-Puissant

almond ['ɑːmənd] *n* amande *f*

almost ['ɔːlməʊst] *adv* presque; **he a. fell** il a failli tomber

alone [ə'ləʊn] *adj & adv* seul; **an expert a. can...** seul un expert peut...; **I did it (all) a.** je l'ai fait (tout) seul; **to leave** *or* **let a.** *(person)* laisser tranquille; *(thing)* ne pas toucher à; **I can't afford a bike, let a. a car!** je n'ai pas les moyens de m'acheter un vélo, encore moins une voiture

along [ə'lɒŋ] **1** *prep* **(all) a.** (tout) le long de; **to walk a. the shore** marcher le long du rivage; **to walk a. the street** marcher dans la rue; **a. here** par ici; *Fig* **somewhere a. the way** à un moment donné

2 *adv* **to move a.** avancer; **I'll be** *or* **come a. shortly** je viendrai tout à l'heure; **come a.!** venez donc!; **to bring sth a.** apporter qch; **to bring sb a.** amener qn; **all a.** *(all the time)* dès le début; *(all the way)* d'un bout à l'autre; **a. with** ainsi que

alongside [əlɒŋ'saɪd] *prep & adv* à côté (de); **a. the kerb** le long du trottoir

aloof [ə'luːf] **1** *adj* distant **2** *adv* à distance

aloud [ə'laʊd] *adv* à haute voix

alphabet ['ælfəbet] *n* alphabet *m* ▪ **alphabetical** *adj* alphabétique

Alps [ælps] *npl* **the A.** les Alpes *fpl* ▪ **Alpine** *adj (club, range)* alpin; *(scenery)* alpestre

already [ɔːl'redɪ] *adv* déjà

alright [ɔːl'raɪt] *adv Fam* = **all right**

Alsatian [æl'seɪʃən] *n (dog)* berger *m* allemand

also ['ɔːlsəʊ] *adv* aussi, également; *(moreover)* de plus

altar ['ɔːltə(r)] *n* autel *m*

alter ['ɔːltə(r)] **1** *vt* changer; *(clothing)* retoucher **2** *vi* changer ▪ **alteration** *n* changement *m* (**in** de); *(of clothing)* retouche *f*; **alterations** *(to building)* travaux *mpl*

alternate 1 [ɔːl'tɜːnət] *adj* alterné; **on a. days** tous les deux jours **2** ['ɔːltəneɪt] *vt* faire alterner **3** ['ɔːltəneɪt] *vi* alterner (**with** avec); *El* **alternating current** courant *m* alternatif

alternative [ɔːl'tɜːnətɪv] **1** *adj (other)* de remplacement; **an a. way** une autre façon; **a. medicine** médecine *f* douce **2** *n (choice)* alternative *f*; **she had no a. but to obey** elle n'a pas pu faire autrement que d'obéir ▪ **alternatively** *adv* **(or) a.** ou alors, ou bien

although [ɔːl'ðəʊ] *adv* bien que *(+ subjunctive)*

altitude ['æltɪtjuːd] *n* altitude *f*

altogether [ɔːltə'geðə(r)] *adv (completely)* tout à fait; *(on the whole)* somme toute; **how much a.?** combien en tout?

aluminium [*Br* æljʊ'mɪnɪəm] (*Am* **aluminum** [ə'luːmɪnəm]) *n* aluminium *m*

always ['ɔːlweɪz] *adv* toujours; **he's a. criticizing** il est toujours à critiquer; **as a.** comme toujours

am [æm, *unstressed* əm] *see* **be**

a.m. [eɪ'em] *adv* du matin

amalgamate [ə'mælgəmeɪt] *vt & vi* fusionner

amateur ['æmətə(r)] **1** *n* amateur *m* **2** *adj (interest, sports, performance)* d'amateur; **a. painter/actress** peintre *m*/actrice *f* amateur

amaze [ə'meɪz] *vt* stupéfier ■ **amazed** *adj* stupéfait (**at sth** de qch); *(filled with wonder)* émerveillé; **I was a. by his courage** son courage m'a stupéfié ■ **amazing** *adj (surprising)* stupéfiant; *(incredible)* extraordinaire

ambassador [æm'bæsədə(r)] *n* ambassadeur, -drice *mf*

amber ['æmbə(r)] *n* ambre *m*; **a. (light)** *(of traffic signal)* (feu *m*) orange *m*

ambiguous [æm'bɪgjʊəs] *adj* ambigu (*f* ambiguë)

ambition [æm'bɪʃən] *n* ambition *f* ■ **ambitious** *adj* ambitieux, -euse

ambivalent [æm'bɪvələnt] *adj* ambivalent

ambulance ['æmbjʊləns] *n* ambulance *f*; **a. driver** ambulancier, -ère *mf*

ambush ['æmbʊʃ] **1** *n* embuscade *f* **2** *vt* tendre une embuscade à; **to be ambushed** tomber dans une embuscade

amend [ə'mend] *vt (text)* modifier; *Pol (law)* amender

amends [ə'mendz] *npl* **to make a.** se racheter; **to make a. for sth** réparer qch

amenities [*Br* ə'mi:nɪtɪz, *Am* ə'menɪtɪz] *npl (of town)* aménagements *mpl*; *(shops)* commerces *mpl*

America [ə'merɪkə] *n* l'Amérique *f*; **North/South A.** l'Amérique *f* du Nord/du Sud ■ **American 1** *adj* américain **2** *n* Américain, -e *mf*

amiable ['eɪmɪəbəl] *adj* aimable

amicable ['æmɪkəbəl] *adj* amical

amid(st) [ə'mɪd(st)] *prep* au milieu de, parmi

amiss [ə'mɪs] *adv & adj* **something is a.** *(wrong)* quelque chose ne va pas; **that wouldn't go a.** ça ne ferait pas de mal

ammunition [æmjʊ'nɪʃən] *n* munitions *fpl*

among(st) [ə'mʌŋ(st)] *prep (amidst)* parmi; *(between)* entre; **a. the crowd/books/others/***etc* parmi la foule/les livres/les autres/*etc*; **a. friends** entre amis; **a. other things** entre autres (choses)

amoral [eɪ'mɒrəl] *adj* amoral

amount [ə'maʊnt] **1** *n* quantité *f*; *(sum of money)* somme *f*; *(total figure of invoice, debt)* montant *m*; *(scope, size)* importance *f* **2** *vi* **to a. to** *(bill)* s'élever à; *Fig* **it amounts to blackmail** ce n'est rien d'autre que du chantage; **it amounts to the same thing** ça revient au même

amp [æmp] *n (unit of electricity)* ampère *m*; *Br* **3-a. plug** prise *f* avec fusible de 3 ampères

ample ['æmpəl] *adj* (**a**) *(plentiful)* abondant (**b**) *(large) (woman, bosom)* fort (**c**) *(roomy) (garment)* large

amplify ['æmplɪfaɪ] (*pt & pp* **-ied**) *vt (essay, remarks)* développer; *(sound)* amplifier ■ **amplifier** *n* amplificateur *m*

amputate ['æmpjʊteɪt] *vt* amputer; **to a. sb's hand/***etc* amputer qn de la main/*etc*

amuse [ə'mju:z] *vt* amuser; **to keep sb amused** distraire qn ■ **amusement** *n* amusement *m*, divertissement *m*; *(pastime)* distraction *f*; **amusements** *(at fairground)* attractions *fpl*; *(gambling machines)* machines *fpl* à sous; **a. arcade** salle *f* de jeux; **a. park** parc *m* d'attractions

an [æn, *unstressed* ən] *see* **a**

an(a)emic [ə'ni:mɪk] *adj* anémique; **to become a.** faire de l'anémie

an(a)esthetic [ænəsθetɪk] *n (process)* anesthésie *f*; *(substance)* anesthésique *m*; **under a.** sous anesthésie; **general/local a.** anesthésie *f* générale/locale

analogy [ə'nælədʒɪ] (*pl* **-ies**) *n* analogie *f* (**with** avec)

analyse ['ænəlaɪz] *vt* analyser ■ **analysis** (*pl* **-yses** [-əsi:z]) *n* analyse *f* ■ **analyst** *n* analyste *mf*

anarchy ['ænəkɪ] *n* anarchie *f* ■ **anarchist** *n* anarchiste *mf*

anatomy [ə'nætəmɪ] *n* anatomie *f*
ancestor ['ænsestə(r)] *n* ancêtre *m*
anchor ['æŋkə(r)] **1** *n* ancre *f* **2** *vt (ship)* mettre à l'ancre **3** *vi* jeter l'ancre, mouiller
anchovy [*Br* 'æntʃəvɪ, *Am* æn'tʃəʊvɪ] *(pl* **-ies**) *n* anchois *m*
ancient ['eɪnʃənt] *adj* ancien, -enne; *(pre-medieval)* antique
and [ænd, *unstressed* ən(d)] *conj* et; **a knife a. fork** un couteau et une fourchette; **my mother a. father** mon père et ma mère; **two hundred a. two** deux cent deux; **four a. three quarters** quatre trois quarts; **nice a. warm** bien chaud; **better a. better** de mieux en mieux; **she can read a. write** elle sait lire et écrire; **go a. see** va voir; **I knocked a. knocked** j'ai frappé pendant un bon moment
anemic [ə'ni:mɪk] *adj* = **anaemic**
anesthetic [ænɪs'θetɪk] *n* = **anaesthetic**
angel ['eɪndʒəl] *n* ange *m* ▪ **angelic** *adj* angélique
anger ['æŋgə(r)] **1** *n* colère *f*; **in a., out of a.** sous le coup de la colère **2** *vt* mettre en colère
angina [æn'dʒaɪnə] *n* angine *f* de poitrine
angle¹ ['æŋgəl] *n* angle *m*; **at an a.** en biais
angle² ['æŋgəl] *vi (fish)* pêcher à la ligne; *Fig* **to a. for** *(compliments)* quêter ▪ **angler** *n* pêcheur, -euse *mf* à la ligne
Anglican ['æŋglɪkən] *adj & n* anglican, -e *(mf)*
Anglo- ['æŋgləʊ] *pref* anglo- ▪ **Anglo-Saxon** *adj & n* anglo-saxon, -onne *(mf)*
angry ['æŋgrɪ] (**-ier, -iest**) *adj (person)* en colère, fâché; *(look)* furieux, -euse; **an a. letter** une lettre indignée; **a. words** des paroles indignées; **to get a. (with)** se fâcher (contre)
anguish ['æŋgwɪʃ] *n* angoisse *f*
animal ['ænɪməl] *n* animal *m*
animated ['ænɪmeɪtɪd] *adj (lively)* animé; **to become a.** s'animer
animation [ænɪ'meɪʃən] *n (liveliness) & Cin* animation *f*
aniseed ['ænɪsi:d] *n (as flavouring)* anis *m*
ankle ['æŋkəl] *n* cheville *f*; **a. sock** socquette *f*
annex¹ [ə'neks] *vt* annexer
annex², *Br* **annexe** ['æneks] *n (building)* annexe *f*
anniversary [ænɪ'vɜ:sərɪ] *(pl* **-ies**) *n (of event)* anniversaire *m*
announce [ə'naʊns] *vt* annoncer; *(birth, marriage)* faire part de ▪ **announcement** *n (statement)* annonce *f*; *(notice of birth, marriage, death) (in newspaper)* avis *m*; *(private letter)* faire-part *m inv* ▪ **announcer** *n (on TV)* speaker, -ine *mf*
annoy [ə'nɔɪ] *vt (inconvenience)* ennuyer; *(irritate)* agacer ▪ **annoyed** *adj* fâché; **to get a. (with)** se fâcher (contre) ▪ **annoying** *adj* ennuyeux, -euse
annual ['ænjʊəl] **1** *adj* annuel, -elle **2** *n (yearbook)* annuaire *m*; *(children's)* album *m*; *(plant)* plante *f* annuelle ▪ **annually** *adv (every year)* tous les ans; *(per year)* par an
annul [ə'nʌl] *(pt & pp* **-ll-**) *vt (contract, marriage)* annuler
anoint [ə'nɔɪnt] *vt* oindre (**with** de)
anomalous [ə'nɒmələs] *adj* anormal ▪ **anomaly** *(pl* **-ies**) *n* anomalie *f*
anonymous [ə'nɒnɪməs] *adj* anonyme
anorak ['ænəræk] *n* anorak *m*
anorexia [ænə'reksɪə] *n* anorexie *f* ▪ **anorexic** *adj & n* anorexique *(mf)*
another [ə'nʌðə(r)] *adj & pron* un(e) autre; **a. man** *(different)* un autre homme; **a. month** *(additional)* encore un mois; **a. ten** encore dix; **one a.** l'un(e) l'autre, *pl* les un(e)s les autres; **they love one a.** ils s'aiment
answer ['ɑ:nsə(r)] **1** *n* réponse *f*; *(to problem, riddle) & Math* solution *f* (**to** de); *(reason)* explication *f*; **in a. to your letter** en réponse à votre lettre

2 *vt (person, question, letter)* répondre à; *(prayer, wish)* exaucer; **he answered yes** il a répondu oui; **to a. the door** ouvrir la porte; **to a. the phone** répondre au téléphone

3 *vi* répondre ■ **answering machine** *n* répondeur *m*

ant [ænt] *n* fourmi *f*

antagonize [æn'tægənaɪz] *vt* provoquer (l'hostilité de)

Antarctic [æn'tɑːktɪk] **1** *adj* antarctique **2** *n* **the A.** l'Antarctique *m*

antenatal [æntɪ'neɪtəl] *adj Br* prénatal; **a. classes** préparation *f* à l'accouchement

antenna[1] [æn'tenə] (*pl* **-ae** [-iː]) *n (of insect)* antenne *f*

antenna[2] [æn'tenə] (*pl* **-as**) *n Am (for TV, radio)* antenne *f*

anthem ['ænθəm] *n* **national a.** hymne *m* national

anthology [æn'θɒlədʒɪ] (*pl* **-ies**) *n* anthologie *f*

anti- [*Br* 'æntɪ, *Am* 'æntaɪ] *pref* anti- ■ **antibiotic** *adj & n* antibiotique *(m)* ■ **anticlimax** *n* déception *f* ■ **anticlockwise** *adv Br* dans le sens inverse des aiguilles d'une montre ■ **antidote** *n* antidote *m* ■ **antifreeze** *n (for vehicle)* antigel *m* ■ **antihistamine** *n (drug)* antihistaminique *m* ■ **antiperspirant** *n* déodorant *m* ■ **anti-Semitic** *adj* antisémite ■ **antiseptic** *adj & n* antiseptique *(m)* ■ **antisocial** *adj (unsociable)* peu sociable

anticipate [æn'tɪsɪpeɪt] *vt (foresee)* anticiper; *(expect)* s'attendre à, prévoir; *(forestall)* devancer ■ **anticipation** *n (expectation)* attente *f*; *(foresight)* prévision *f*; **in a. of** en prévision de; **in a.** *(thank, pay)* d'avance

antics ['æntɪks] *npl* singeries *fpl*; **he's up to his a. again** il a encore fait des siennes

antiquated ['æntɪkweɪtɪd] *adj (expression, custom)* vieillot, -otte; *(person)* vieux jeu *inv*; *(object, machine)* antédiluvien, -enne

antique [æn'tiːk] **1** *adj (furniture)* ancien, -enne; *(of Greek or Roman antiquity)* antique; **a. dealer** antiquaire *mf*; **a. shop** magasin *m* d'antiquités **2** *n* antiquité *f*, objet *m* d'époque

Antwerp ['æntwɜːp] *n* Anvers *m ou f*

anxiety [æŋ'zaɪətɪ] (*pl* **-ies**) *n (worry)* inquiétude *f* (**about** au sujet de); *(fear)* anxiété *f*; *(eagerness)* désir *m* (**to do** de faire; **for sth** de qch)

anxious ['æŋkʃəs] *adj (worried)* inquiet, -ète (**about** pour); *(troubled)* anxieux, -euse; *(causing worry)* angoissant; *(eager)* impatient (**to do** de faire)

ANY ['enɪ] **1** *adj* (**a**) *(in questions)* du, de la, des; **have you a. milk/tickets?** avez-vous du lait/des billets?

(**b**) *(in negatives)* de; *(the slightest)* aucun; **he hasn't got a. milk/tickets** il n'a pas de lait/de billets; **there isn't a. doubt/problem** il n'y a aucun doute/problème

(**c**) *(no matter which)* n'importe quel; **ask a. doctor** demande à n'importe quel médecin

(**d**) *(every)* tout; **at a. moment** à tout moment; **in a. case, at a. rate** de toute façon

2 *pron* (**a**) *(no matter which one)* n'importe lequel; *(somebody)* quelqu'un; **if a. of you...** si l'un d'entre vous..., si quelqu'un parmi vous...

(**b**) *(quantity)* en; **have you got a.?** en as-tu?; **I don't see a.** je n'en vois pas

3 *adv* **not a. further/happier** pas plus loin/plus heureux, -euse; **I don't see him a. more** je ne le vois plus; **a. more tea?** encore un peu de thé?; **I'm not a. better** je ne vais pas mieux

---

anybody ['enɪbɒdɪ] *pron* (**a**) *(somebody)* quelqu'un; **do you see a.?** tu vois quelqu'un?; **more than a.** plus que tout autre (**b**) *(in negatives)* personne; **he doesn't know a.** il ne connaît personne (**c**) *(no matter who)* n'importe qui; **a. would think that...** on croirait que...

anyhow ['enɪhaʊ] *adv (at any rate)* de

toute façon; *Fam (badly)* n'importe comment

anyone ['enɪwʌn] *pron* = **anybody**

anyplace ['enɪpleɪs] *adv Am* = **anywhere**

anything ['enɪθɪŋ] *pron* (**a**) *(something)* quelque chose; **can you see a.?** tu vois quelque chose?
(**b**) *(in negatives)* rien; **he doesn't do a.** il ne fait rien; **without a.** sans rien
(**c**) *(everything)* tout; **a. you like** tout ce que tu veux; *Fam* **like a.** *(work)* comme un fou
(**d**) *(no matter what)* **a. (at all)** n'importe quoi

anyway ['enɪweɪ] *adv (at any rate)* de toute façon

anywhere ['enɪweə(r)] *adv* (**a**) *(no matter where)* n'importe où
(**b**) *(everywhere)* partout; **a. you go** où que vous alliez, partout où vous allez; **a. you like** (là) où tu veux
(**c**) *(somewhere)* quelque part; **is he going a.?** va-t-il quelque part?
(**d**) *(in negatives)* nulle part; **he doesn't go a.** il ne va nulle part; **without a. to put it** sans un endroit où le/la mettre

apart [ə'pɑːt] *adv* (**a**) *(separated)* **we kept them a.** nous les tenions séparés; **two years a.** à deux ans d'intervalle; **they are a metre a.** ils se trouvent à un mètre l'un de l'autre; **to come a.** *(of two objects)* se séparer; **to tell two things/people a.** distinguer deux choses/personnes (l'une de l'autre)
(**b**) *(to pieces)* **to tear a.** mettre en pièces; **to take a.** démonter
(**c**) *(to one side)* à part; **joking a.** sans blague; **a. from** *(except for)* à part

apartment [ə'pɑːtmənt] *n* appartement *m*; *Am* **a. building, a. house** immeuble *m* (d'habitation)

apathy ['æpəθɪ] *n* apathie *f*

ape [eɪp] **1** *n* grand singe *m* **2** *vt (imitate)* singer

aperitif [əperɪ'tiːf] *n* apéritif *m*

aperture ['æpətʃʊə(r)] *n* ouverture *f*

apiece [ə'piːs] *adv* chacun; **£2 a.** 2 livres pièce *ou* chacun

apologetic [əpɒlə'dʒetɪk] *adj (letter)* plein d'excuses; *(smile)* d'excuse; **to be a. (about)** s'excuser (de)

apology [ə'pɒlədʒɪ] (*pl* **-ies**) *n* excuses *fpl* ▪ **apologize** *vi* s'excuser (**for** de); **he apologized for being late** il s'est excusé de son retard; **to a. to sb (for)** faire ses excuses à qn (pour)

apostle [ə'pɒsəl] *n* apôtre *m*

apostrophe [ə'pɒstrəfɪ] *n* apostrophe *f*

appal [ə'pɔːl] (*Am* **appall**) (*pt & pp* **-ll-**) *vt* consterner; **to be appalled (at)** être horrifié (par) ▪ **appalling** *adj* épouvantable

apparatus [æpə'reɪtəs] *n (equipment, organization)* appareil *m*; *Br (in gym)* agrès *mpl*

apparent [ə'pærənt] *adj (seeming)* apparent; *(obvious)* évident; **it's a. that...** il est clair que... ▪ **apparently** *adv* apparemment; **a. she's going to Venice** il paraît qu'elle va à Venise

appeal [ə'piːl] **1** *n (charm)* attrait *m*; *(interest)* intérêt *m*; *(call)* appel *m*; *(pleading)* supplication *f*; *(to a court)* appel *m* **2** *vt* (**a**) *(in court)* faire appel (**b**) **to a. to sb** *(attract)* plaire à qn; *(interest)* intéresser qn; *(ask for help)* faire appel à qn; **to a. to sb's generosity** faire appel à la générosité de qn; **to a. to sb for sth** demander qch à qn; **to a. to sb to do sth** supplier qn de faire qch ▪ **appealing** *adj (attractive) (offer, idea)* séduisant; *(begging) (look)* suppliant

appear [ə'pɪə(r)] *vi (become visible)* apparaître; *(seem, be published)* paraître; *(on stage, in film)* jouer; *(in court)* comparaître; **it appears that...** *(it seems that)* il semble que... *(+ subjunctive or indicative)*; *(it is rumoured that)* il paraît que... *(+ indicative)* ▪ **appearance** *n (act)* apparition *f*; *(look)* apparence *f*; *(of book)* parution *f*; **to put in an a.** faire acte de présence; **to keep up appearances** sauver les apparences

appendix [ə'pendɪks] (*pl* **-ixes** [-ɪksɪz] *or* **-ices** [-ɪsiːz]) *n (in book, body)* appendice *m*; **to have one's a. out** se faire opérer de l'appendicite ▪ **appendicitis** *n* appendicite *f*

appetite ['æpɪtaɪt] *n* appétit *m* ▪ **appetizer** *n (drink)* apéritif *m*; *(food)* amuse-gueule *m inv* ▪ **appetizing** *adj* appétissant

applaud [ə'plɔːd] **1** *vt (clap)* applaudir; *(approve of)* approuver, applaudir à **2** *vi* applaudir ▪ **applause** *n* applaudissements *mpl*

apple ['æpəl] *n* pomme *f*; *Br* **stewed apples** compote *f* de pommes; **cooking a.** pomme *f* à cuire; **eating a.** pomme *f* de dessert; **a. core** trognon *m* de pomme; **a. pie** tarte *f* aux pommes; **a. sauce** compote *f* de pommes; **a. tree** pommier *m*

appliance [ə'plaɪəns] *n* appareil *m*

applicable [ə'plɪkəbəl] *adj (rule)* applicable (**to** à); *(relevant)* pertinent (**to** à)

applicant ['æplɪkənt] *n* candidat, -e *mf* (**for** à)

application [æplɪ'keɪʃən] *n* (**a**) *(request)* demande *f* (**for** de); *(for job)* candidature *f* (**for** de); *(for membership)* demande *f* d'inscription; **a. (form)** *(for job)* formulaire *m* de candidature; *(for club)* formulaire *m* d'inscription (**b**) *(diligence)* application *f*

apply [ə'plaɪ] (*pt & pp* **-ied**) **1** *vt (put on, carry out)* appliquer; *(brake)* appuyer sur; **to a. oneself (to)** s'appliquer (à) **2** *vi (be relevant)* s'appliquer (**to** à); **to a. for** *(job)* poser sa candidature à; **to a. to sb (for)** *(ask)* s'adresser à qn (pour) ▪ **applied** *adj (maths, linguistics)* appliqué

appoint [ə'pɔɪnt] *vt (person)* nommer (**to a post** à un poste; **to do** pour faire); *(director, minister)* nommer; *(secretary, clerk)* engager; *(time, place)* fixer; **at the appointed time** à l'heure dite ▪ **appointment** *n* nomination *f*; *(meeting)* rendez-vous *m inv*; *(post)* situation *f*; **to make an a. with** prendre rendez-vous avec

appraise [ə'preɪz] *vt* évaluer ▪ **appraisal** *n* évaluation *f*

appreciate [ə'priːʃɪeɪt] **1** *vt (enjoy, value, assess)* apprécier; *(understand)* comprendre; *(be grateful for)* être reconnaissant de **2** *vi (of goods)* prendre de la valeur ▪ **appreciation** *n* (**a**) *(gratitude)* reconnaissance *f*; *(judgement)* appréciation *f* (**b**) *(rise in value)* augmentation *f* (de la valeur) ▪ **appreciative** *adj (grateful)* reconnaissant (**of** de); *(favourable)* élogieux, -euse; **to be a. of** *(enjoy)* apprécier

apprehend [æprɪ'hend] *vt (seize, arrest)* appréhender

apprehensive [æprɪ'hensɪv] *adj* inquiet, -ète (**about** de *ou* au sujet de); **to be a. of** appréhender

apprentice [ə'prentɪs] *n* apprenti, -e *mf* ▪ **apprenticeship** *n* apprentissage *m*

approach [ə'prəʊtʃ] **1** *n (method)* façon *f* de s'y prendre; *(path, route)* voie *f* d'accès; *(of winter, vehicle)* approche *f* **2** *vt (draw near to)* s'approcher de; *(go up to, tackle)* aborder; **to a. sb about sth** parler à qn de qch; **he's approaching forty** il va sur ses quarante ans **3** *vi (of person, vehicle)* s'approcher; *(of date)* approcher ▪ **approachable** *adj (person)* d'un abord facile

appropriate 1 [ə'prəʊprɪət] *adj (place, clothes, means)* approprié (**to** à); *(remark, time)* opportun; **a. to** *or* **for** qui convient à **2** [ə'prəʊprɪeɪt] *vt (steal)* s'approprier; *(set aside)* affecter (**for** à)

approve [ə'pruːv] *vt* approuver; **to a. of** *(conduct, decision, idea)* approuver; **I don't a. of him** il ne me plaît pas ▪ **approval** *n* approbation *f*; **on a.** *(goods)* à l'essai

approving [ə'pruːvɪŋ] *adj (look)* approbateur, -trice

approximate 1 [ə'prɒksɪmət] *adj* approximatif, -ive **2** [ə'prɒksɪmeɪt] *vi* **to**

a. to sth se rapprocher de qch
apricot ['eɪprɪkɒt] *n* abricot *m*
April ['eɪprəl] *n* avril *m*; **A. fool!** poisson d'avril!
apron ['eɪprən] *n (garment)* tablier *m*
apt [æpt] *adj (remark, reply, means)* qui convient; *(word, name)* bien choisi; **to be a. to do sth** avoir tendance à faire qch ▪ **aptly** *adv (described)* justement; *(chosen)* bien
aptitude ['æptɪtju:d] *n* aptitude *f* (**for** pour); *(of student)* don *m* (**for** pour)
aquarium [ə'kweərɪəm] *n* aquarium *m*
Aquarius [ə'kweərɪəs] *n (sign)* le Verseau
aquatic [ə'kwætɪk] *adj (plant)* aquatique; *(sport)* nautique
Arab ['ærəb] **1** *adj* arabe **2** *n* Arabe *mf* ▪ **Arabian** *adj* arabe ▪ **Arabic** *adj & n (language)* arabe *(m)*; **A. numerals** chiffres *mpl* arabes
arbitrary ['ɑ:bɪtrərɪ] *adj* arbitraire
arbitration [ɑ:bɪ'treɪʃən] *n* arbitrage *m*
arc [ɑ:k] *n (of circle)* arc *m*
arcade [ɑ:'keɪd] *n (for shops) (small)* passage *m* couvert; *(large)* galerie *f* marchande
arch [ɑ:tʃ] **1** *n (of bridge)* arche *f*; *(of building)* voûte *f*, arc *m*; *(of foot)* cambrure *f* **2** *vt* **to a. one's back** *(inwards)* se cambrer; *(outwards)* se voûter
arch- [ɑ:tʃ] *pref* **a.-enemy** ennemi *m* juré; **a.-rival** grand rival *m*
archaeology [ɑ:kɪ'ɒlədʒɪ] *n* archéologie *f* ▪ **archaeologist** *n* archéologue *mf*
archaic [ɑ:'keɪɪk] *adj* archaïque
archbishop [ɑ:tʃ'bɪʃəp] *n* archevêque *m*
archeologist [ɑ:kɪ'ɒlədʒɪst] *n* = **archaeologist**
archeology [ɑ:kɪ'ɒlədʒɪ] *n* = **archaeology**
archer ['ɑ:tʃə(r)] *n* archer *m*
archetype ['ɑ:kɪtaɪp] *n* archétype *m*
architect ['ɑ:kɪtekt] *n* architecte *mf* ▪ **architecture** *n* architecture *f*
archives ['ɑ:kaɪvz] *npl* archives *fpl*
archway ['ɑ:tʃweɪ] *n* voûte *f*
arctic ['ɑ:ktɪk] **1** *adj* arctique; *(weather)* polaire, glacial **2** *n* **the A.** l'Arctique *m*
ardent ['ɑ:dənt] *adj (supporter)* ardent, chaud
ardour ['ɑ:də(r)] *n* ardeur *f*
arduous ['ɑ:djʊəs] *adj* pénible, ardu
are [ɑ:(r)] *see* **be**
area ['eərɪə] *n (of country)* région *f*; *(of town)* quartier *m*; *Mil* zone *f*; *(surface)* superficie *f*; *Fig (of knowledge)* domaine *m*; **kitchen a.** coin-cuisine *m*; **play a.** aire *f* de jeux; *Am* **a. code** *(in phone number)* indicatif *m*
arena [ə'ri:nə] *n (for sports) & Fig* arène *f*
aren't [ɑ:nt] = **are not**
Argentina [ɑ:dʒən'ti:nə] *n* l'Argentine *f*
arguable ['ɑ:gjʊəbəl] *adj* discutable
argue ['ɑ:gju:] **1** *vt (matter)* discuter (de); *(position)* défendre; **to a. that...** soutenir que... **2** *vi (quarrel)* se disputer (**with/about** avec/au sujet de); *(reason)* raisonner (**with/about** avec/sur)
argument ['ɑ:gjʊmənt] *n (quarrel)* dispute *f*; *(debate)* discussion *f*; *(point)* argument *m*; **to have an a. with sb** *(quarrel)* se disputer avec qn ▪ **argumentative** *adj (person)* querelleur, -euse
Aries ['eəri:z] *n (sign)* le Bélier; **to be A.** être Bélier
arise [ə'raɪz] (*pt* **arose,** *pp* **arisen** [ə'rɪzən]) *vi (of problem, opportunity)* se présenter; *(of cry, objection)* s'élever; *(result)* provenir (**from** de)
aristocracy [ærɪ'stɒkrəsɪ] *n* aristocratie *f* ▪ **aristocrat** [*Br* 'ærɪstəkræt, *Am* ə'rɪstəkræt] *n* aristocrate *mf*
arithmetic [ə'rɪθmətɪk] *n* arithmétique *f*
ark [ɑ:k] *n* **Noah's a.** l'arche *f* de Noé
arm[1] [ɑ:m] *n* bras *m*; **a. in a.** bras dessus bras dessous; **with open arms** à bras ouverts ▪ **armband** *n* brassard

m ■ **armchair** *n* fauteuil *m* ■ **armpit** *n* aisselle *f*

arm² [ɑːm] *vt (with weapon)* armer (**with** de) ■ **armaments** *npl* armements *mpl*

armistice ['ɑːmɪstɪs] *n* armistice *m*

armour ['ɑːmə(r)] *n (of knight)* armure *f*; *(of tank)* blindage *m* ■ **armoured, armour-plated** ['ɑːməpleɪtɪd] *adj (car)* blindé

arms [ɑːmz] *npl (weapons)* armes *fpl*; **the a. race** la course aux armements

army ['ɑːmɪ] **1** (*pl* **-ies**) *n* armée *f*; **to join the a.** s'engager **2** *adj (uniform)* militaire

A road ['eɪrəʊd] *n Br* ≃ route *f* nationale

aroma [ə'rəʊmə] *n* arôme *m* ■ **aromatherapy** *n* aromathérapie *f* ■ **aromatic** [ærəʊ'mætɪk] *adj* aromatique

arose [ə'rəʊz] *pp of* **arise**

around [ə'raʊnd] **1** *prep* autour de; *(approximately)* environ; **to travel a. the world** faire le tour du monde **2** *adv* autour; **all a.** tout autour; **a. here** par ici; **to follow sb a.** suivre qn partout; **to rush a.** courir dans tous les sens; **is Jack a.?** est-ce que Jack est dans le coin?; **he's still a.** il est encore là; **there's a lot of flu a.** beaucoup de gens ont la grippe en ce moment

arouse [ə'raʊz] *vt (suspicion, anger, curiosity)* éveiller

arrange [ə'reɪndʒ] *vt* arranger; *(time, meeting)* fixer; **to a. to do sth** s'arranger pour faire qch ■ **arrangement** *n (layout, agreement, for music)* arrangement *m*; **arrangements** *(preparations)* préparatifs *mpl*; *(plans)* projets *mpl*; **to make arrangements to do sth** prendre des dispositions pour faire qch

arrears [ə'rɪəz] *npl (payment)* arriéré *m*; **to be in a.** avoir du retard dans ses paiements

arrest [ə'rest] **1** *vt (criminal, progress)* arrêter **2** *n (of criminal)* arrestation *f*; **under a.** en état d'arrestation

arrive [ə'raɪv] *vi* arriver; **to a. at** *(conclusion, decision)* arriver à, parvenir à ■ **arrival** *n* arrivée *f*; **on my a.** à mon arrivée; **new a.** nouveau venu *m*, nouvelle venue *f*; *(baby)* nouveau-né, -e *mf*

arrogant ['ærəgənt] *adj* arrogant ■ **arrogance** *n* arrogance *f*

arrow ['ærəʊ] *n* flèche *f*

arson ['ɑːsən] *n* incendie *m* criminel

art [ɑːt] *n* art *m*; **faculty of arts, arts faculty** faculté *f* des lettres; **arts degree** ≃ licence *f* ès lettres; **a. exhibition** exposition *f* d'œuvres d'art; **a. gallery** *(museum)* musée *m* d'art; *(shop)* galerie *f* d'art; **a. school** école *f* des beaux-arts

artery ['ɑːtərɪ] (*pl* **-ies**) *n* artère *f*

arthritis [ɑː'θraɪtɪs] *n* arthrite *f*

artichoke ['ɑːtɪtʃəʊk] *n* **(globe) a.** artichaut *m*; **Jerusalem a.** topinambour *m*

article ['ɑːtɪkəl] *n* article *m*; **a. of clothing** vêtement *m*; *Br* **articles** *(of lawyer)* contrat *m* de stage

articulate 1 [ɑː'tɪkjʊlət] *adj (person)* qui s'exprime clairement; *(speech)* clair **2** [ɑː'tɪkjʊleɪt] *vt & vi (speak)* articuler ■ **articulation** [-'leɪʃən] *n* articulation *f*

artificial [ɑːtɪ'fɪʃəl] *adj* artificiel, -elle

artillery [ɑː'tɪlərɪ] *n* artillerie *f*

artist ['ɑːtɪst] *n* artiste *mf* ■ **artiste** *n (singer, dancer)* artiste *mf* ■ **artistic** *adj (pattern, treasure)* artistique; *(person)* artiste

artless ['ɑːtləs] *adj* naturel, -elle

arty ['ɑːtɪ] *adj Pej* du genre artiste

AS [æz, *unstressed* əz] **1** *adv* (**a**) *(with manner)* comme; **as promised/planned** comme promis/prévu; **as you like** comme tu veux; **such as** comme, tel que; **as much as I can** (au)tant que je peux; **as it is** *(this being the case)* les choses étant ainsi; **to leave sth as it is** laisser qch comme ça *ou* tel quel; **it's late as it is** il est déjà tard; **as if, as though** comme si; **you look as if** *or* **as though you're tired** tu as l'air fatigué (**b**) *(comparison)* **as tall as you** aussi grand que vous; **as white as a sheet** blanc (*f* blanche) comme un linge; **as much as you** autant que vous; **as much money as** autant d'argent que; **as many people as** autant de gens que; **twice as big as** deux fois plus grand que; **the same as** le même que

2 *conj* (**a**) *(expressing time)* **as always** comme toujours; **as I was leaving, as I left** comme je partais; **as one grows older** à mesure que l'on vieillit; **as he slept** pendant qu'il dormait; **one day as...** un jour que...; **as from, as of** *(time)* à partir de

(**b**) *(expressing reason)* puisque, comme; **as it's late...** puisqu'il est tard..., comme il est tard...

(**c**) *(though)* **(as) clever as he is...** si intelligent qu'il soit...

(**d**) *(concerning)* **as for that** quant à cela

(**e**) *(+ infinitive)* **so as to...** de manière à...; **so stupid as to...** assez bête pour...

3 *prep* comme; **she works as a cashier** elle est caissière, elle travaille comme caissière; **dressed up as a clown** déguisé en clown; **as a teacher** en tant que professeur

---

asap [eɪesеɪ'piː] (*abbr* **as soon as possible**) dès que possible

ascend [ə'send] **1** *vt (throne)* accéder à; *(stairs, mountain)* gravir **2** *vi* monter ▪ **ascent** *n* ascension *f* (**of** de); *(slope)* côte *f*

ascertain [æsə'teɪn] *vt (discover)* établir; *(check)* s'assurer de; **to a. that...** s'assurer que...

ash [æʃ] *n* (**a**) *(of cigarette, fire)* cendre *f*; **A. Wednesday** mercredi *m* des Cendres (**b**) *(tree)* frêne *m* ▪ **ashtray** *n* cendrier *m*

ashamed [ə'ʃeɪmd] *adj* **to be/feel a. (of sb/sth)** avoir honte (de qn/qch); **to be a. of oneself** avoir honte; **to make sb a.** faire honte à qn

ashore [ə'ʃɔː(r)] *adv* à terre; **to go a.** débarquer

Asia ['eɪʃə, 'eɪʒə] *n* l'Asie *f* ▪ **Asian 1** *adj* asiatique; *Br (from Indian sub-continent)* = du sous-continent indien **2** *n* Asiatique *mf*; *Br (from Indian sub-continent)* = personne originaire du sous-continent indien

aside [ə'saɪd] **1** *adv* de côté; **to take** *or* **draw sb a.** prendre qn à part; **to step a.** s'écarter; *Am* **a. from** en dehors de **2** *n (in play, film)* aparté *m*

ask [ɑːsk] **1** *vt (request, inquire about)* demander; *(invite)* inviter (**to sth** à qch); **to a. sb sth** demander qch à qn; **to a. sb about sb/sth** interroger qn sur qn/qch; **to a. (sb) a question** poser une question (à qn); **to a. sb the time/way** demander l'heure/son chemin à qn; **to a. sb for sth** demander qch à qn; **to a. sb to do** *(request)* demander à qn de faire; *(invite)* inviter qn à faire; **to a. to leave**/*etc* demander à partir/*etc*

2 *vi (inquire)* se renseigner (**about** sur); *(request)* demander; **to a. for sb/sth** demander qn/qch; **to a. after** *or* **about sb** demander des nouvelles de qn; **the asking price** le prix demandé

askew [ə'skjuː] *adv* de travers

asleep [ə'sliːp] *adj* endormi; *(arm, leg)* engourdi; **to be a.** dormir; **to fall a.** s'endormir

asparagus [ə'spærəgəs] *n (plant)* asperge *f*; *(food)* asperges *fpl*

aspect ['æspekt] *n* aspect *m*; *(of house)* orientation *f*

asphyxiate [æs'fɪksɪeɪt] *vt* asphyxier

aspire [ə'spaɪə(r)] *vi* **to a. to** aspirer à ▪ **aspiration** [æspɪ'reɪʃən] *n* aspiration *f*

aspirin ['æsprɪn] *n* aspirine *f*

ass [æs] *n* âne *m*

assailant [ə'seɪlənt] *n* agresseur *m*

assassin [ə'sæsɪn] *n* assassin *m* ▪ **assassinate** *vt* assassiner ▪ **assassination** *n* assassinat *m*

assault [ə'sɔːlt] **1** *n (military)* assaut *m*; *(crime)* agression *f* **2** *vt (attack)* agresser; **to be sexually assaulted**

être victime d'une agression sexuelle

assemble [ə'sembəl] **1** *vt (objects, ideas)* assembler; *(people)* rassembler; *(machine)* monter **2** *vi* se rassembler ▪ **assembly** *n (meeting)* assemblée *f*; *(of machine)* montage *m*, assemblage *m*; *(in school)* rassemblement *m (avant les cours)*; **a. line** *(in factory)* chaîne *f* de montage

assent [ə'sent] **1** *n* assentiment *m* **2** *vi* consentir (**to** à)

assert [ə'sɜːt] *vt* affirmer (**that** que); *(rights)* faire valoir; **to a. oneself** s'affirmer ▪ **assertion** *n (statement)* affirmation *f*; *(of rights)* revendication *f* ▪ **assertive** *adj (forceful) (tone, person)* affirmatif, -ive; *(authoritarian)* autoritaire

assess [ə'ses] *vt (value, damage)* évaluer; *(situation)* analyser; *(decide amount of)* fixer le montant de; *(person)* juger ▪ **assessment** *n (of value, damage)* évaluation *f*; *(of situation)* analyse *f*; *(of person)* jugement *m*

asset ['æset] *n (advantage)* atout *m*; **assets** *(of business)* avoir *m*

assign [ə'saɪn] *vt (give)* attribuer; *(day, time)* fixer; *(appoint)* nommer; *(send, move)* affecter (**to** à) ▪ **assignment** *n (task)* mission *f*; *(for student)* devoir *m*

assimilate [ə'sɪmɪleɪt] **1** *vt (absorb)* assimiler **2** *vi (of immigrants)* s'assimiler

assist [ə'sɪst] *vt & vi* aider (**in doing** *or* **to do** à faire) ▪ **assistance** *n* aide *f*; **to be of a. to sb** aider qn ▪ **assistant 1** *n* assistant, -e *mf*; *Br (in shop)* vendeur, -euse *mf* **2** *adj* adjoint

associate 1 [ə'səʊʃɪeɪt] *vt* associer (**with sth** à *ou* avec qch; **with sb** à qn) **2** [ə'səʊʃɪeɪt] *vi* **to a. with sb** *(mix socially)* fréquenter qn **3** [ə'səʊʃɪət] *n & adj* associé, -e *(mf)* ▪ **association** [-'eɪʃən] *n* association *f*

assorted [ə'sɔːtɪd] *adj (different)* variés; *(foods)* assortis ▪ **assortment** *n* assortiment *m*; **an a. of people** des gens de toutes sortes

assume [ə'sjuːm] *vt* (**a**) *(suppose)* supposer (**that** que); **let us a. that...** supposons que... *(+ subjunctive)* (**b**) *(take on) (power, control)* prendre; *(responsibility, role)* assumer; *(attitude, name)* adopter ▪ **assumed** *adj (feigned)* faux (*f* fausse); **a. name** nom *m* d'emprunt ▪ **assumption** [ə'sʌmpʃən] *n (supposition)* supposition *f*; **on the a. that...** en supposant que... *(+ subjunctive)*

assure [ə'ʃʊə(r)] *vt* assurer ▪ **assurance** *n* (**a**) *(confidence, promise)* assurance *f* (**b**) *Br (insurance)* assurance *f*

asterisk ['æstərɪsk] *n* astérisque *m*

asthma [*Br* 'æsmə, *Am* 'æzmə] *n* asthme *m*

astonish [ə'stɒnɪʃ] *vt* étonner; **to be astonished (at sth)** s'étonner (de qch) ▪ **astonishing** *adj* étonnant ▪ **astonishment** *n* étonnement *m*

astound [ə'staʊnd] *vt* stupéfier ▪ **astounding** *adj* stupéfiant

astray [ə'streɪ] *adv* **to go a.** s'égarer; **to lead a.** détourner du droit chemin

astride [ə'straɪd] **1** *adv* à califourchon **2** *prep* à cheval sur

astrology [ə'strɒlədʒɪ] *n* astrologie *f*

astronaut ['æstrənɔːt] *n* astronaute *mf*

astronomy [ə'strɒnəmɪ] *n* astronomie *f* ▪ **astronomer** *n* astronome *mf*

astute [ə'stjuːt] *adj (crafty)* rusé; *(clever)* astucieux, -euse

asylum [ə'saɪləm] *n* asile *m*

AT [æt, *unstressed* ət] *prep* (**a**) à; **at the end** à la fin; **at school** à l'école; **at work** au travail; **at six (o'clock)** à six heures; **at Easter** à Pâques; **to drive at 10 mph** rouler à ≃ 15 km; **to buy/sell at 10 euros a kilo** acheter/vendre (à) 10 euros le kilo

(**b**) chez; **at the doctor's** chez le médecin; **at home** chez soi, à la maison

(**c**) en; **at sea** en mer; **at war** en guerre; **good at maths** fort en maths

(**d**) contre; **angry at** fâché contre

(**e**) sur; **to shoot at** tirer sur; **at my request** sur ma demande

(**f**) de; **to laugh at sb/sth** rire de qn/

qch; **surprised at sth** surpris de qch
(**g**) (au)près de; **at the window** près de la fenêtre
(**h**) par; **six at a time** six par six
(**i**) *(phrases)* **at night** la nuit; **to look at** regarder; **while you're at it** tant que tu y es

---

ate [eɪt] *pt of* **eat**
atheist [ˈeɪθɪɪst] *n* athée *mf*
Athens [ˈæθənz] *n* Athènes *m ou f*
athlete [ˈæθliːt] *n* athlète *mf*; **a.'s foot** *(disease)* mycose *f* ▪ **athletic** *adj* athlétique ▪ **athletics** *npl Br* athlétisme *m*; *Am* sport *m*
Atlantic [ətˈlæntɪk] **1** *adj (coast, ocean)* atlantique **2** *n* **the A.** l'Atlantique *m*
atlas [ˈætləs] *n* atlas *m*
atmosphere [ˈætməsfɪə(r)] *n* atmosphère *f* ▪ **atmospheric** [-ˈferɪk] *adj* atmosphérique
atom [ˈætəm] *n* atome *m*; **a. bomb** bombe *f* atomique ▪ **atomic** *adj* atomique
atrocious [əˈtrəʊʃəs] *adj* atroce ▪ **atrocity** *n (cruel action)* atrocité *f*
attach [əˈtætʃ] *vt* attacher (**to** à); *(document)* joindre (**to** à); **attached to sb** *(fond of)* attaché à qn ▪ **attachment** *n* (**a**) *(affection)* attachement *m* (**to sb** à qn) (**b**) *(tool)* accessoire *m* (**c**) *(to e-mail)* fichier *m* joint
attack [əˈtæk] **1** *n (military)* attaque *f* (**on** contre); *(on someone's life)* attentat *m*; *(of illness)* crise *f*; *(of fever)* accès *m* **2** *vt* attaquer; *(problem, plan)* s'attaquer à **3** *vi* attaquer ▪ **attacker** *n* agresseur *m*
attain [əˈteɪn] *vt (aim)* atteindre; *(goal, ambition)* réaliser; *(rank)* parvenir à
attempt [əˈtempt] **1** *n* tentative *f*; **to make an a. to do** tenter de faire **2** *vt* tenter; *(task)* entreprendre; **to a. to do** tenter de faire; **attempted murder** tentative *f* d'assassinat
attend [əˈtend] **1** *vt (meeting)* assister à; *(course)* suivre; *(school, church)* aller à **2** *vi* assister; **to a. to** *(take care of)* s'occuper de
attendance [əˈtendəns] *n* présence *f* (**at** à); *(people)* assistance *f*; **(school) a.** scolarité *f*; **in a.** de service ▪ **attendant** *n* employé, -e *mf*; *(in service station)* pompiste *mf*; *Br (in museum)* gardien, -enne *mf*
attention [əˈtenʃən] *n* attention *f*; **to pay a.** faire *ou* prêter attention (**to** à); **for the a. of** à l'attention de ▪ **attentive** *adj (heedful)* attentif, -ive (**to** à); *(thoughtful)* attentionné (**to** pour)
attest [əˈtest] **1** *vt (certify, confirm)* confirmer **2** *vi* **to a. to** témoigner de
attic [ˈætɪk] *n* grenier *m*
attitude [ˈætɪtjuːd] *n* attitude *f*
attorney [əˈtɜːnɪ] (*pl* **-eys**) *n Am (lawyer)* avocat *m*
attract [əˈtrækt] *vt* attirer ▪ **attraction** *n (charm, appeal)* attrait *m*; *(place, person)* attraction *f*; *(between people)* attirance *f*; *Phys* attraction *f* terrestre
attractive [əˈtræktɪv] *adj (house, room, person, car)* beau (*f* belle); *(price, offer)* intéressant; *(landscape)* attrayant
attribute 1 [ˈætrɪbjuːt] *n (quality)* attribut *m* **2** [əˈtrɪbjuːt] *vt (ascribe)* attribuer (**to** à)
aubergine [ˈəʊbəʒiːn] *n Br* aubergine *f*
auburn [ˈɔːbən] *adj (hair)* auburn *inv*
auction [ˈɔːkʃən] **1** *n* vente *f* aux enchères **2** *vt* **to a. (off)** vendre aux enchères ▪ **auctioneer** *n* commissaire-priseur *m*
audacity [ɔːˈdæsɪtɪ] *n* audace *f*
audible [ˈɔːdɪbəl] *adj (sound, words)* audible
audience [ˈɔːdɪəns] *n* (**a**) *(of speaker, musician, actor)* public *m*; *(of radio broadcast)* auditeurs *mpl*; **TV a.** téléspectateurs *mpl* (**b**) *(interview)* audience *f* (**with sb** avec qn)
audio [ˈɔːdɪəʊ] *adj (cassette, system)* audio *inv*; **a. tape** cassette *f* audio ▪ **audiotypist** *n* audiotypiste *mf* ▪ **audiovisual** *adj* audiovisuel, -elle
audit [ˈɔːdɪt] **1** *n* audit *m* **2** *vt (accounts)* vérifier

audition [ɔ:'dɪʃən] **1** *n* audition *f* **2** *vt & vi* auditionner

auditorium [ɔ:dɪ'tɔ:rɪəm] *n (of theatre, concert hall)* salle *f*

August ['ɔ:gəst] *n* août *m*

aunt [ɑ:nt] *n* tante *f* ▪ **auntie, aunty** (*pl* **-ies**) *n Fam* tata *f*

au pair [əʊ'peə(r)] *n* **a. (girl)** jeune fille *f* au pair

aura ['ɔ:rə] *n (of place)* atmosphère *f*; *(of person)* aura *f*

austere [ɔ:'stɪə(r)] *adj* austère ▪ **austerity** *n* austérité *f*

Australia [ɒ'streɪlɪə] *n* l'Australie *f* ▪ **Australian 1** *adj* australien, -enne **2** *n* Australien, -enne *mf*

Austria ['ɒstrɪə] *n* l'Autriche *f* ▪ **Austrian 1** *adj* autrichien, -enne **2** *n* Autrichien, -enne *mf*

authentic [ɔ:'θentɪk] *adj* authentique ▪ **authenticate** *vt* authentifier

author ['ɔ:θə(r)] *n* auteur *m*

authority [ɔ:'θɒrɪtɪ] (*pl* **-ies**) *n* autorité *f*; *(permission)* autorisation *f* (**to do** de faire); **to be in a.** *(in charge)* être responsable ▪ **authoritarian** *adj & n* autoritaire *(mf)* ▪ **authoritative** *adj (report, book)* qui fait autorité; *(tone, person)* autoritaire

authorize ['ɔ:θəraɪz] *vt* autoriser (**to do** à faire) ▪ **authorization** [-'zeɪʃən] *n* autorisation *f* (**to do** de faire)

autistic [ɔ:'tɪstɪk] *adj* autiste

auto ['ɔ:təʊ] (*pl* **-os**) *n Am* auto *f*

autobiography [ɔ:təʊbaɪ'ɒgrəfɪ] (*pl* **-ies**) *n* autobiographie *f*

autograph ['ɔ:təgrɑ:f] **1** *n* autographe *m*; **a. book** album *m* d'autographes **2** *vt* dédicacer (**for sb** à qn)

automatic [ɔ:tə'mætɪk] *adj* automatique

automobile ['ɔ:təməbi:l] *n Am* automobile *f*

autonomous [ɔ:'tɒnəməs] *adj* autonome ▪ **autonomy** *n* autonomie *f*

autopsy ['ɔ:tɒpsɪ] (*pl* **-ies**) *n* autopsie *f*

autumn ['ɔ:təm] *n* automne *m*; **in a.** en automne

auxiliary [ɔ:g'zɪljərɪ] (*pl* **-ies**) *adj & n* auxiliaire *(mf)*; **a. (verb)** (verbe *m*) auxiliaire *m*

avail [ə'veɪl] **1** *n* **to no a.** en vain **2** *vt* **to a. oneself of** profiter de ▪ **availability** *n (of object)* disponibilité *f*; *(of education)* accessibilité *f*

available [ə'veɪləbəl] *adj* disponible; **tickets are still a.** il reste des tickets; **this model is a. in black or green** ce modèle existe en noir et en vert

avalanche ['ævəlɑ:nʃ] *n* avalanche *f*

Ave (*abbr* **Avenue**) av.

avenge [ə'vendʒ] *vt* venger; **to a. oneself (on)** se venger (de)

avenue ['ævənju:] *n* avenue *f*; *Fig (possibility)* possibilité *f*

average ['ævərɪdʒ] **1** *n* moyenne *f*; **on a.** en moyenne; **above/below a.** au-dessus/au-dessous de la moyenne **2** *adj* moyen, -enne **3** *vt (do)* faire en moyenne; *(reach)* atteindre la moyenne de; *(figures)* faire la moyenne de

averse [ə'vɜ:s] *adj* **to be a. to doing** répugner à faire

aversion [ə'vɜ:ʃən] *n (dislike)* aversion *f*; **to have an a. to sth/to doing sth** avoir de la répugnance pour qch/à faire qch

avert [ə'vɜ:t] *vt (prevent)* éviter; **to a. one's eyes (from)** *(turn away)* détourner les yeux (de)

aviation [eɪvɪ'eɪʃən] *n* aviation *f*

avid ['ævɪd] *adj* avide (**for** de)

avocado [ævə'kɑ:dəʊ] (*pl* **-os**) *n* avocat *m*

avoid [ə'vɔɪd] *vt* éviter; **to a. doing** éviter de faire ▪ **avoidable** *adj* évitable

await [ə'weɪt] *vt* attendre

awake [ə'weɪk] **1** *adj* réveillé, éveillé; **he's still a.** il ne dort pas encore **2** (*pt* **awoke**, *pp* **awoken**) *vi* se réveiller **3** *vt* réveiller ▪ **awaken 1** *vi* se réveiller **2** *vt* réveiller

award [ə'wɔ:d] **1** *n (prize)* prix *m*, récompense *f*; *(scholarship)* bourse *f* **2** *vt (money)* attribuer; *(prize)* décerner; **to a. damages** *(of judge)* accorder des dommages-intérêts

aware [ə'weə(r)] *adj* **to be a. of** *(conscious)* être conscient de; *(informed)* être au courant de; *(realize)* se rendre compte de; **to become a. of/that** se rendre compte de/que ▪ **awareness** *n* conscience *f*

AWAY [ə'weɪ] *adv* (**a**) *(distant)* loin; **5 km a.** à 5 km (de distance)
(**b**) *(in time)* **ten days a.** dans dix jours
(**c**) *(absent, gone)* absent; **to drive a.** partir (en voiture); **to fade/melt a.** disparaître/fondre complètement
(**d**) *(to one side)* **to look** *or* **turn a.** détourner les yeux
(**e**) *(continuously)* **to work/talk a.** travailler/parler sans arrêt
(**f**) *Br* **to play a.** *(of team)* jouer à l'extérieur

awe [ɔː] *n* crainte *f* (mêlée de respect); **to be in a. of sb** éprouver pour qn une crainte mêlée de respect ▪ **awesome** *adj (impressive)* impressionnant; *(frightening)* effrayant; *Am Fam (excellent)* super *inv*

awful ['ɔːfəl] *adj* affreux, -euse; *(terrifying)* effroyable; *Fam* **an a. lot (of)** énormément (de); **I feel a. (about it)** j'ai vraiment honte ▪ **awfully** *adv (suffer)* affreusement; *(very) (good, pretty)* extrêmement; *(bad, late)* affreusement

awkward ['ɔːkwəd] *adj* (**a**) *(clumsy) (person, gesture)* maladroit (**b**) *(difficult)* difficile; *(cumbersome)* gênant; *(tool)* peu commode; *(time)* mal choisi; *(silence)* gêné ▪ **awkwardly** *adv (walk)* maladroitement; *(speak)* d'un ton gêné; *(placed, situated)* à un endroit peu pratique

awning ['ɔːnɪŋ] *n (of tent)* auvent *m*; *(over shop, window)* store *m*; *(canvas or glass canopy)* marquise *f*

awoke [ə'wəʊk] *pt of* **awake**

awoken [ə'wəʊkən] *pp of* **awake**

axe [æks] (*Am* **ax**) **1** *n* hache *f*; *Fig (reduction)* coupe *f* sombre; **to get the a.** *(of project)* être abandonné; *(of worker)* être mis à la porte; *Fig* **to have an a. to grind** agir dans un but intéressé **2** *vt (costs)* réduire; *(job)* supprimer; *(project)* abandonner

axis ['æksɪs] (*pl* **axes** ['æksiːz]) *n* axe *m*

axle ['æksəl] *n* essieu *m*

2 *vt* maintenir en équilibre (**on** sur); *(budget, account)* équilibrer; *(compare)* mettre en balance; **to b. (out)** *(compensate for)* compenser

3 *vi (of person)* se tenir en équilibre; *(of accounts)* être en équilibre, s'équilibrer; **to b. (out)** *(even out)* s'équilibrer

balcony ['bælkənɪ] *(pl* **-ies***)* *n* balcon *m*

bald [bɔːld] (**-er, -est**) *adj* chauve; *(statement)* brutal; *(tyre)* lisse; **b. patch** *or* **spot** tonsure *f*

balk [bɔːk] *vi* reculer (**at** devant)

Balkans ['bɔːlkənz] *npl* **the B.** les Balkans *fpl*

ball[1] [bɔːl] *n* balle *f*; *(inflated, for football, rugby)* ballon *m*; *(for snooker, pool)* bille *f*; *(of string, wool)* pelote *f*; *(sphere)* boule *f*; *(of meat, fish)* boulette *f*; *Fam* **to be on the b.** *(alert)* avoir de la présence d'esprit; *(knowledgeable)* connaître son affaire; **b. bearing** roulement *m* à billes; *Am* **b. game** match *m* de base-ball; *Fig* **it's a whole new b. game** c'est une tout autre affaire

ball[2] [bɔːl] *n (dance)* bal *m* *(pl* bals)

ballad ['bæləd] *n (poem)* ballade *f*; *(song)* romance *f*

ballast ['bæləst] **1** *n* lest *m* **2** *vt* lester

ballet ['bæleɪ] *n* ballet *m* ■ **ballerina** *n* ballerine *f*

balloon [bə'luːn] *n (toy, airship)* ballon *m*; *(in cartoon)* bulle *f*

ballot ['bælət] **1** *n (voting)* scrutin *m*; **b. paper** bulletin *m* de vote; **b. box** urne *f* **2** *vt (members)* consulter (par un scrutin)

ballpoint (pen) ['bɔːlpɔɪnt(pen)] *n* stylo *m* à bille

ballroom ['bɔːlruːm] *n* salle *f* de danse

Baltic ['bɔːltɪk] *n* **the B.** la Baltique

bamboo [bæm'buː] *n* bambou *m*; **b. shoots** pousses *fpl* de bambou

ban [bæn] **1** *n* interdiction *f*; **to impose a b. on sth** interdire qch **2** *(pt & pp* **-nn-***)* *vt* interdire; **to b. sb from doing sth** interdire à qn de faire qch; **to b. sb from** *(club)* exclure qn de

banal [bə'næl] *adj* banal *(mpl* -als)

banana [bə'nɑːnə] *n* banane *f*

band [bænd] **1** *n* (**a**) *(strip)* bande *f*; *(of hat)* ruban *m*; **rubber** *or* **elastic b.** élastique *m* (**b**) *(group of people)* bande *f*; *(of musicians)* (petit) orchestre *m*; *(pop group)* groupe *m* **2** *vi* **to b. together** se (re)grouper

bandage ['bændɪdʒ] **1** *n (strip)* bande *f*; *(dressing)* bandage *m* **2** *vt* **to b. (up)** *(arm, leg)* bander; *(wound)* mettre un bandage sur; **to b. sb's arm** bander le bras à qn

Band-aid® ['bændeɪd] *n Am* pansement *m* adhésif

B and B, B & B [biːənd'biː] *n* (*abbr* **bed and breakfast**) *(service)* ≃ chambre *f* avec petit déjeuner; **to stay at a B and B** ≃ prendre une chambre d'hôte

bandit ['bændɪt] *n* bandit *m*

bandwagon ['bændwægən] *n Fig* **to jump on the b.** prendre le train en marche

bandy[1] ['bændɪ] (**-ier, -iest**) *adj* **to have b. legs** avoir les jambes arquées

bandy[2] ['bændɪ] *(pt & pp* **-ied***)* *vt* **to b. about** *(story, rumour)* faire circuler

bang[1] [bæŋ] **1** *n (blow, noise)* coup *m* (violent); *(of gun)* détonation *f*; *(of door)* claquement *m*

2 *vt (hit)* cogner, frapper; *(door)* (faire) claquer; **to b. one's head** se cogner la tête

3 *vi* cogner, frapper; *(of door)* claquer; **to b. into sb/sth** heurter qn/qch

4 *exclam* vlan!, pan!; **to go b.** éclater

bang[2] [bæŋ] *adv Br Fam (exactly)* exactement; **b. in the middle** en plein milieu; **b. on six** à six heures tapantes

banger ['bæŋə(r)] *n Br* (**a**) *Fam (sausage)* saucisse *f* (**b**) *(firecracker)* pétard *m* (**c**) *Fam* **old b.** *(car)* vieille guimbarde *f*

bangle ['bæŋgəl] *n* bracelet *m*

bangs [bæŋz] *npl Am (of hair)* frange *f*

banish ['bænɪʃ] *vt* bannir

banister ['bænɪstə(r)] *n* **banister(s)** rampe *f* (d'escalier)

banjo ['bændʒəʊ] (*pl* **-os** *or* **-oes**) *n* banjo *m*

bank[1] [bæŋk] **1** *n (of river)* bord *m*, rive *f*; *(raised)* berge *f*; *(of earth)* talus *m*; *(of sand)* banc *m*; **the Left B.** *(in Paris)* la Rive gauche **2** *vt* **to b. (up)** *(earth)* amonceler; *(fire)* couvrir **3** *vi (of aircraft)* virer

bank[2] [bæŋk] **1** *n (for money)* banque *f*; **b. account** compte *m* en banque; **b. card** carte *f* d'identité bancaire; *Br* **b. holiday** jour *m* férié; *Br* **b. note** billet *m* de banque **2** *vt (money)* mettre à la banque **3** *vi* avoir un compte en banque (**with** à) ▪ **banker** *n* banquier, -ère *mf*; *Br* **b.'s card** carte *f* d'identité bancaire ▪ **banking 1** *adj (transaction)* bancaire **2** *n (activity, profession)* la banque

bank[3] [bæŋk] *vi* **to b. on sb/sth** *(rely on)* compter sur qn/qch

bankrupt ['bæŋkrʌpt] **1** *adj* **to go b.** faire faillite **2** *vt* mettre en faillite

banner ['bænə(r)] *n* banderole *f*; *(military flag) & Fig* bannière *f*

banns [bænz] *npl* bans *mpl*; **to put up the b.** publier les bans

banquet ['bæŋkwɪt] *n* banquet *m*

banter ['bæntə(r)] **1** *n* plaisanteries *fpl* **2** *vi* plaisanter

baptism ['bæptɪzəm] *n* baptême *m* ▪ **Baptist** *n & adj* baptiste *(mf)*

baptize [bæp'taɪz] *vt* baptiser

bar [bɑ:(r)] **1** *n* (**a**) *(of metal)* barre *f*; *(of gold)* lingot *m*; *(of chocolate)* tablette *f*; *(on window)* barreau *m*; **b. of soap** savonnette *f*; **behind bars** *(criminal)* sous les verrous; *Law* **the B.** le barreau; **b. code** *(on product)* code-barres *m*

(**b**) *(pub)* bar *m*; *(counter)* bar *m*, comptoir *m*

(**c**) *(group of musical notes)* mesure *f*

2 (*pt & pp* **-rr-**) *vt* (**a**) **to b. sb's way** barrer le passage à qn; **barred window** fenêtre *f* munie de barreaux

(**b**) *(prohibit)* interdire (**sb from doing** à qn de faire); *(exclude)* exclure (**from** à)

3 *prep (except)* sauf; **b. none** sans exception ▪ **barmaid** *n Br* serveuse *f* (de bar) ▪ **barman** (*pl* **-men**) *n Br* barman *m* ▪ **bartender** *n Am* barman *m*

Barbados [bɑ:'beɪdɒs] *n* la Barbade

barbaric [bɑ:'bærɪk] *adj* barbare

barbecue ['bɑ:bɪkju:] **1** *n* barbecue *m* **2** *vt* cuire au barbecue

barbed wire [bɑ:bd'waɪə(r)] *n* fil *m* de fer barbelé; *(fence)* barbelés *mpl*

barber ['bɑ:bə(r)] *n* coiffeur *m* pour hommes

bare [beə(r)] **1** (**-er, -est**) *adj* nu; *(tree, hill)* dénudé; *(room, cupboard)* vide; *(mere)* simple; **the b. necessities** le strict nécessaire; **with his b. hands** à mains nues **2** *vt (arm, wire)* dénuder ▪ **barefoot 1** *adv* nu-pieds **2** *adj* aux pieds nus

barely ['beəlɪ] *adv (scarcely)* à peine; **b. enough** tout juste assez

bargain ['bɑ:gɪn] **1** *n (deal)* marché *m*, affaire *f*; **a b.** *(good buy)* une occasion, une bonne affaire; **to make a b. (with sb)** faire un marché (avec qn); **into the b.** *(in addition)* par-dessus le marché; **b. price** prix *m* exceptionnel **2** *vi (negotiate)* négocier; *(haggle)* marchander; **to b. for** *or* **on sth** *(expect)* s'attendre à qch

barge [bɑ:dʒ] **1** *n* péniche *f* **2** *vi* **to b. in** *(enter room)* faire irruption; *(interrupt)* interrompre

bark[1] [bɑ:k] *n (of tree)* écorce *f*

bark[2] [bɑ:k] **1** *n* aboiement *m* **2** *vi* aboyer

barley ['bɑ:lɪ] *n* orge *f*; **b. sugar** sucre *m* d'orge

barn [bɑ:n] *n (for crops)* grange *f*; *(for horses)* écurie *f*; *(for cattle)* étable *f* ▪ **barnyard** *n* cour *f* de ferme

barometer [bə'rɒmɪtə(r)] *n* baromètre *m*

baron ['bærən] *n* baron *m*; *Fig (industrialist)* magnat *m*; **press/oil b.** magnat de la presse/du pétrole ▪ **baroness** *n* baronne *f*

barracks ['bærəks] *npl* caserne *f*

barrage [*Br* 'bærɑ:ʒ, *Am* bə'rɑ:ʒ] *n*

(across river) barrage *m*; *Fig* **a b. of questions** un feu roulant de questions

barrel ['bærəl] *n* (**a**) *(cask)* tonneau *m*; *(of oil)* baril *m* (**b**) *(of gun)* canon *m* (**c**) **b. organ** orgue *m* de Barbarie

barren ['bærən] *adj (land, woman, ideas)* stérile; *(style)* aride

barricade ['bærɪkeɪd] **1** *n* barricade *f* **2** *vt* barricader; **to b. oneself (in)** se barricader (dans)

barrier ['bærɪə(r)] *n also Fig* barrière *f*; *Br* **(ticket) b.** *(of station)* portillon *m*; **sound b.** mur *m* du son

barring ['bɑːrɪŋ] *prep* sauf

barrister ['bærɪstə(r)] *n Br* ≃ avocat *m*

barrow ['bærəʊ] *n (wheelbarrow)* brouette *f*; *(cart)* charrette *f ou* voiture *f* à bras

barter ['bɑːtə(r)] **1** *n* troc *m* **2** *vt* troquer (**for** contre)

base [beɪs] **1** *n* (**a**) *(bottom, main ingredient)* base *f*; *(of tree, lamp)* pied *m*; **b. rate** *(of bank)* taux *m* de base (**b**) *(military)* base *f* **2** *adj (dishonourable)* bas (*f* basse) **3** *vt* baser, fonder (**on** sur); **based in London** *(person, company)* basé à Londres

baseball ['beɪsbɔːl] *n* base-ball *m*

basement ['beɪsmənt] *n* sous-sol *m*

bash [bæʃ] **1** *n (bang)* coup *m*; *Br Fam* **to have a b.** *(try)* essayer un coup **2** *vt (hit)* cogner; **to b. (about)** *(ill-treat)* malmener; **to b. in** *or* **down** *(door, fence)* défoncer

bashful ['bæʃfəl] *adj* timide

basic ['beɪsɪk] **1** *adj* essentiel, -elle, de base; *(elementary)* élémentaire; *(pay, food)* de base; *(room, house, meal)* tout simple **2** *n* **the basics** l'essentiel *m* ▪ **basically** *adv (on the whole)* en gros; *(in fact)* en fait; *(fundamentally)* au fond

basil [*Br* 'bæzəl, *Am* 'beɪzəl] *n* basilic *m*

basin [*Br* 'beɪsən, *Am* 'beɪzən] *n* (**a**) *(made of plastic)* bassine *f*; *(for soup, food)* (grand) bol *m*; *(portable washbasin)* cuvette *f*; *(sink)* lavabo *m* (**b**) *(of river)* bassin *m*

basis ['beɪsɪs] (*pl* **-ses** [-siːz]) *n (for discussion)* base *f*; *(for opinion, accusation)* fondement *m*; *(of agreement)* bases *fpl*; **on the b. of** d'après; **on a weekly b.** chaque semaine

basket ['bɑːskɪt] *n* panier *m*; *(for bread, laundry, litter)* corbeille *f* ▪ **basketball** *n* basket(-ball) *m*

Basque [bæsk] **1** *adj* basque **2** *n* Basque *mf*

bass[1] [beɪs] **1** *n Mus* basse *f* **2** *adj (note, voice, instrument)* bas (*f* basse)

bass[2] [bæs] *n (sea fish)* bar *m*; *(freshwater fish)* perche *f*

bassoon [bə'suːn] *n* basson *m*

bat[1] [bæt] *n (animal)* chauve-souris *f*

bat[2] [bæt] **1** *n (for cricket, baseball)* batte *f*; *(for table-tennis)* raquette *f*; **off my own b.** de ma propre initiative **2** (*pt & pp* **-tt-**) *vt* (**a**) *(ball)* frapper (**b**) **she didn't b. an eyelid** elle n'a pas sourcillé

batch [bætʃ] *n (of people)* groupe *m*; *(of letters)* paquet *m*; *(of books)* lot *m*; *(of loaves)* fournée *f*; *(of papers)* liasse *f*

bath [bɑːθ] **1** (*pl* **baths** [bɑːðz]) *n* bain *m*; *(tub)* baignoire *f*; **to have** *or* **take a b.** prendre un bain; **b. towel** drap *m* de bain; *Br* **swimming baths** piscine *f* **2** *vt Br* baigner ▪ **bathrobe** *n Br* peignoir *m* de bain; *Am* robe *f* de chambre ▪ **bathroom** *n* salle *f* de bain(s); *Am (toilet)* toilettes *fpl* ▪ **bathtub** *n* baignoire *f*

bathe [beɪð] **1** *vt* baigner; *(wound)* laver **2** *vi (swim)* se baigner; *Am (have bath)* prendre un bain ▪ **bathing** *n* baignades *fpl*; **b. suit,** *Br* **b. costume** maillot *m* de bain

baton [*Br* 'bætən, *Am* bə'tɒn] *n (of conductor)* baguette *f*; *(of policeman)* matraque *f*; *(of soldier, drum majorette)* bâton *m*; *(in relay race)* témoin *m*

battalion [bə'tæljən] *n* bataillon *m*

batter ['bætə(r)] **1** *n* pâte *f* à frire **2** *vt (strike)* cogner sur; *(person)* frapper; *(town)* pilonner; **to b. down** *(door)* défoncer ▪ **battered** *adj (car, hat)* cabossé; *(house)* délabré; *(face)* meurtri; **b. child** enfant *m* martyr; **b. wife** femme *f* battue

battery ['bætərɪ] *(pl* **-ies**) *n (in vehicle, of guns, for hens)* batterie *f*; *(in radio, appliance)* pile *f*; **b. hen** poule *f* de batterie

battle ['bætəl] **1** *n* bataille *f*; *(struggle)* lutte *f*; *Fam* **that's half the b.** la partie est à moitié gagnée **2** *vi* se battre, lutter ▪ **battlefield** *n* champ *m* de bataille ▪ **battleship** *n* cuirassé *m*

bawl [bɔːl] *vt & vi* **to b. (out)** brailler; *Fam* **to b. sb out** engueuler qn

bay[1] [beɪ] **1** *n* (**a**) *(part of coastline)* baie *f* (**b**) *(in room)* renfoncement *m*; **b. window** bow-window *m*, oriel *m* (**c**) *Br (for loading)* aire *f* de chargement (**d**) **at b.** *(animal, criminal)* aux abois; **to keep** *or* **hold at b.** *(enemy, wild dog)* tenir en respect; *(disease)* juguler **2** *vi* aboyer **3** *adj (horse)* bai

bay[2] [beɪ] *n (tree)* laurier *m*; **b. leaf** feuille *f* de laurier

bayonet ['beɪənɪt] *n* baïonnette *f*

bazaar [bə'zɑː(r)] *n (market, shop)* bazar *m*; *(charity sale)* vente *f* de charité

BC [biː'siː] (*abbr* **before Christ**) av. J.-C.

BE [biː] *(present tense* **am, are, is;** *past tense* **was, were;** *pp* **been;** *pres p* **being**) **1** *vi* (**a**) *(gen)* être; **it is green/small/***etc* c'est vert/petit/*etc*; **he's a doctor** il est médecin; **he's an Englishman** c'est un Anglais; **it's him** c'est lui; **it's them** ce sont eux; **it's three (o'clock)** il est trois heures; **it's the sixth of May,** *Am* **it's May sixth** nous sommes le six mai; **to be hot/right/lucky** avoir chaud/raison/de la chance; **my feet are cold** j'ai froid aux pieds

(**b**) *(with age, height)* avoir; **to be twenty** *(age)* avoir vingt ans; **to be 2 metres high** avoir 2 m de haut; **to be 6 feet tall** ≃ mesurer 1,80 m

(**c**) *(with health)* aller; **how are you?** comment vas-tu?; **I'm well/not well** je vais bien/mal

(**d**) *(with place, situation)* se trouver, être; **she's in York** elle se trouve *ou* elle est à York

(**e**) *(exist)* être; **the best painter there is** le meilleur peintre qui soit

(**f**) *(go, come)* **I've been to see her** je suis allé la voir; **he's (already) been** il est (déjà) venu

(**g**) *(with weather, calculations)* faire; **it's nice** il fait beau; **it's foggy** il y a du brouillard; **2 and 2 are 4** 2 et 2 font 4

(**h**) *(cost)* coûter, faire; **it's 20 pence** ça coûte 20 pence; **how much is it?** ça fait combien?, c'est combien?

2 *v aux* (**a**) **I am going** je vais; **I was going** j'allais; **I'll be staying** je vais rester; **I'm listening to the radio** je suis en train d'écouter la radio; **what has she been doing?** qu'est-ce qu'elle a fait?; **she's been there some time** elle est là depuis un moment; **he was killed** il a été tué; **I've been waiting (for) two hours** j'attends depuis deux heures; **it is said** on dit

(**b**) *(in questions and answers)* **isn't it?/aren't you?/***etc* n'est-ce pas?, non?; **she's ill, is she?** *(in surprise)* alors, comme ça, elle est malade?; **he isn't English, is he?** il n'est pas anglais, si?

(**c**) *(+ infinitive)* **he is to come at once** *(must)* il doit venir tout de suite

(**d**) **there is/are** il y a; *(pointing)* voilà; **here is/are** voici; **there she is** la voilà; **here they are** les voici

beach [biːtʃ] *n* plage *f*

beacon ['biːkən] *n (for ship, aircraft)* balise *f*; *(lighthouse)* phare *m*

bead [biːd] *n (small sphere)* perle *f*; *(of rosary)* grain *m*; *(of sweat)* goutte *f*, gouttelette *f*; **(string of) beads** collier *m*

beak [biːk] *n* bec *m*

beaker ['biːkə(r)] *n* gobelet *m*

beam [biːm] **1** *n* (**a**) *(of wood)* poutre *f* (**b**) *(of light, sunlight)* rayon *m*; *(of headlight, flashlight)* faisceau *m* (lumineux) **2** *vi (of light)* rayonner; *(of sun, moon)* briller; *(smile broadly)* sourire largement; **to b. with pride/joy** rayonner de fierté/joie **3** *vt (signals, programme)* transmettre (**to** à)

bean [biːn] *n* haricot *m*; *(of coffee)* grain *m*; *Fam* **to be full of beans** être plein d'énergie

bear[1] [beə(r)] *n (animal)* ours *m*; **b. cub** ourson *m*

bear[2] [beə(r)] **1** *(pt* **bore,** *pp* **borne**) *vt (carry, show)* porter; *(endure)* supporter; *(resemblance)* offrir; **I can't b. him/it** je ne peux pas le supporter/supporter ça; **to b. sth in mind** *(remember)* se souvenir de qch; *(take into account)* tenir compte de qch **2** *vi* **to b. left/right** *(turn)* tourner à gauche/droite; **to b. up** tenir le coup; **b. up!** courage!

bearable ['beərəbəl] *adj* supportable

beard [bɪəd] *n* barbe *f*; **to have a b.** porter la barbe

bearing ['beərɪŋ] *n (relevance)* rapport *m* (**on** avec); *(posture, conduct)* port *m*; *(of ship, aircraft)* position *f*; **to get one's bearings** s'orienter

beast [biːst] *n* bête *f*; *Fam (person)* brute *f*

beat [biːt] **1** *n (of heart, drum)* battement *m*; *(of policeman)* ronde *f*; *(in music)* rythme *m* **2** *(pt* **beat,** *pp* **beaten** [biːtən]) *vt* battre; *Fam* **it beats me** ça me dépasse; *Fam* **b. it!** fiche le camp!; **to b. sb to it** devancer qn; **to b. down** *or* **in** *(door)* défoncer; **to b. sb up** tabasser qn **3** *vi* battre; *(at door)* frapper (**at** à); *Fam* **to b. about** *or* **around the bush** tourner autour du pot ▪ **beating** *n (blows, defeat)* raclée *f*; *(of heart, drums)* battement *m*

beater ['biːtə(r)] *n (whisk)* fouet *m*

beautician [bjuː'tɪʃən] *n* esthéticienne *f*

beautiful ['bjuːtɪfəl] *adj* (très) beau (*f* belle); *(superb)* merveilleux, -euse

beauty ['bjuːtɪ] *(pl* **-ies**) *n (quality, woman)* beauté *f*; **it's a b.!** *(car, house)* c'est une merveille!; **b. parlour** *or* **salon** institut *m* de beauté; **b. spot** *(on skin)* grain *m* de beauté; *Br (in countryside)* endroit *m* pittoresque

beaver ['biːvə(r)] **1** *n* castor *m* **2** *vi* **to b. away (at sth)** travailler dur (à qch)

became [bɪ'keɪm] *pt of* **become**

because [bɪ'kɒz] *conj* parce que; **b. of** à cause de

beckon ['bekən] *vt & vi* **to b. (to) sb (to do sth)** faire signe à qn (de faire qch)

become [bɪ'kʌm] *(pt* **became**, *pp* **become**) *vi* devenir; **to b. a painter** devenir peintre; **to b. thin** maigrir; **what has b. of her?** qu'est-elle devenue?

becoming [bɪ'kʌmɪŋ] *adj (clothes)* seyant; *(modesty)* bienséant

bed [bed] *n* lit *m*; *(flowerbed)* parterre *m*; *(of vegetables)* carré *m*; *(of sea)* fond *m*; *(of river)* lit *m*; *(of rock)* couche *f*; **to go to b.** (aller) se coucher; **to put sb to b.** coucher qn; **in b.** couché; **to get out of b.** se lever; **to make the b.** faire le lit; **b. and breakfast** *(in hotel)* chambre *f* avec petit déjeuner; **to stay in a b. and breakfast** ≃ prendre une chambre d'hôte; *Br* **b. settee** (canapé *m*) convertible *m* ▪ **bedclothes** *npl*, **bedding** *n* couvertures *fpl* et draps *mpl* ▪ **bedridden** *adj* alité ▪ **bedroom** *n* chambre *f* à coucher ▪ **bedside** *n* chevet *m*; **b. lamp/book/table** lampe *f*/livre *m*/table *f* de chevet ▪ **bedsit, bedsitter** ['bedsɪtə(r)] *n Br* chambre *f* meublée ▪ **bedspread** *n* dessus-de-lit *m inv* ▪ **bedtime** *n* heure *f* du coucher; **b. story** histoire *f (pour endormir les enfants)*

bedraggled [bɪ'drægəld] *adj (clothes, person)* débraillé et tout trempé

bee [biː] *n* abeille *f* ▪ **beehive** *n* ruche *f*

beech [biːtʃ] *n (tree, wood)* hêtre *m*

beef [biːf] *n* bœuf *m* ▪ **beefburger** *n* hamburger *m*

been [biːn] *pp of* **be**

beer [bɪə(r)] *n* bière *f*; **b. glass** chope *f*

beet [biːt] *n Am* betterave *f*

beetle ['biːtəl] *n* scarabée *m*

beetroot ['biːtruːt] *n Br* betterave *f*

before [bɪ'fɔː(r)] **1** *adv* avant; *(already)* déjà; *(in front)* devant; **the month b.** le mois d'avant *ou* précédent; **the day b.** la veille; **I've seen it b.** je l'ai déjà vu; **I've never done it b.** je ne l'ai (encore) jamais fait

2 *prep (time)* avant; *(place)* devant; **the year b. last** il y a deux ans; **b. my very eyes** sous mes yeux

3 *conj* avant que (ne) *(+ subjunctive)*, avant de *(+ infinitive)*; **b. he goes** avant qu'il (ne) parte; **b. going** avant de partir

befriend [bɪ'frend] *vt* **to b. sb** se prendre d'amitié pour qn

beg [beg] **1** *(pt & pp* **-gg-**) *vt* **to b. (for)** *(favour, help)* demander; *(bread, money)* mendier; **to b. sb to do sth** supplier qn de faire qch **2** *vi (in street)* mendier; *(ask earnestly)* supplier

began [bɪ'gæn] *pt of* **begin**

beggar ['begə(r)] *n* mendiant, -e *mf*; *Br Fam (person)* type *m*; **lucky b.** veinard, -e *mf*

begin [bɪ'gɪn] **1** (*pt* **began,** *pp* **begun,** *pres p* **beginning**) *vt* commencer; *(fashion, campaign)* lancer; *(bottle, sandwich)* entamer; *(conversation)* engager; **to b. doing** *or* **to do sth** commencer *ou* se mettre à faire qch; **he began laughing** il s'est mis à rire

2 *vi* commencer (**with** par; **by doing** par faire); **beginning from** à partir de; **to b. with** *(first of all)* d'abord ▪ **beginner** *n* débutant, -e *mf* ▪ **beginning** *n* commencement *m*, début *m*; **in** *or* **at the b.** au début, au commencement

begrudge [bɪ'grʌdʒ] *vt (envy)* envier (**sb sth** qch à qn); *(reproach)* reprocher (**sb sth** qch à qn); *(give unwillingly)* donner à contrecœur; **to b. doing sth** faire qch à contrecœur

begun [bɪ'gʌn] *pp of* **begin**

behalf [bɪ'hɑːf] *n* **on b. of sb, on sb's b.** *(representing)* au nom de qn, de la part de qn; *(in the interests of)* en faveur de qn

behave [bɪ'heɪv] *vi* se conduire; **to b. (oneself)** se tenir bien; *(of child)* être sage ▪ **behaviour** (*Am* **behavior**) *n* conduite *f*, comportement *m*; **to be on one's best b.** se tenir particulièrement bien

behind [bɪ'haɪnd] **1** *prep* derrière; *(in terms of progress)* en retard sur **2** *adv* derrière; *(late)* en retard; **to be b. with one's work** avoir du travail en retard **3** *n Fam (buttocks)* derrière *m*

beige [beɪʒ] *adj & n* beige *(m)*

Beijing [beɪ'dʒɪŋ] *n* Beijing *m ou f*

being ['biːɪŋ] *n (person, soul)* être *m*; **to come into b.** naître

belated [bɪ'leɪtɪd] *adj* tardif, -ive

belch [beltʃ] **1** *n* renvoi *m* **2** *vi (of person)* roter **3** *vt* **to b. (out)** *(smoke)* vomir

Belgium ['beldʒəm] *n* la Belgique ▪ **Belgian 1** *adj* belge **2** *n* Belge *mf*

belief [bɪ'liːf] *n (believing, thing believed)* croyance *f* (**in sb** en qn; **in sth** à *ou* en qch); *(trust)* confiance *f*, foi *f* (**in** en); *(religious faith)* foi *f*

believe [bɪ'liːv] **1** *vt* croire; **I don't b. it** c'est pas possible; **I b. I'm right** je crois avoir raison, je crois que j'ai raison

2 *vi* croire (**in sth** à qch); **to believe in God** croire en Dieu; **I b. so/not** je crois que oui/que non; **to b. in doing sth** croire qu'il faut faire qch ▪ **believable** *adj* crédible ▪ **believer** *n (religious)* croyant, -e *mf*; **to be a b. in sth** croire à qch

belittle [bɪ'lɪtəl] *vt* dénigrer

bell [bel] *n (large) (of church)* cloche *f*; *(small)* clochette *f*; *(in phone, mechanism, alarm)* sonnerie *f*; *(on door, bicycle)* sonnette *f*; **b. tower** clocher *m* ▪ **bellboy, bellhop** *n Am* groom *m*

bellow ['beləʊ] *vi* beugler, mugir

belly ['belɪ] (*pl* **-ies**) *n* ventre *m*; *Fam* **b. button** nombril *m*; **b. dancing** danse *f* du ventre

belong [bɪ'lɒŋ] *vi* appartenir (**to** à); **to b. to a club** être membre d'un club; **that book belongs to me** ce livre m'appartient *ou* est à moi; **the cup belongs here** cette tasse se range ici ▪ **belongings** *npl* affaires *fpl*

beloved [bɪ'lʌvɪd] *adj & n Literary* bien-aimé, -e *(mf)*

below [bɪ'ləʊ] **1** *prep (lower than)* au-dessous de; *(under)* sous; *(with numbers)* moins de; *Fig (unworthy of)* indigne de **2** *adv* en dessous; *(in text)* ci-dessous; **on the floor b.** à l'étage du dessous; **it's 10 degrees b.** il fait moins 10

belt [belt] **1** *n* ceinture *f*; *(in machine)* courroie *f*; *(area)* zone *f*, région *f* **2** *vi* **to b. up** *(fasten seat belt)* attacher sa ceinture; *Br Fam* **b. up!** *(shut up)* boucle-la! **3** *vt Fam (hit) (ball)* cogner dans; *(person)* flanquer un gnon à

bemused [bɪ'mju:zd] *adj* perplexe

bench [bentʃ] *n (seat)* banc *m*; *(work table)* établi *m*; *Law* **the B.** *(magistrates)* la magistrature (assise); *(court)* le tribunal; *Sport* **to be on the b.** être remplaçant, -e

bend [bend] **1** *n* courbe *f*; *(in river, pipe)* coude *m*; *(in road)* virage *m*; *Fam* **round the b.** *(mad)* cinglé **2** (*pt & pp* **bent**) *vt* courber; *(leg, arm)* plier; **to b. one's head** baisser la tête; **to b. the rules** faire une entorse au règlement **3** *vi (of branch)* plier; *(of road)* tourner; *(of river)* faire un coude; **to b. (down)** *(stoop)* se courber; **to b. (over** *or* **forward)** se pencher

beneath [bɪ'ni:θ] **1** *prep* sous; *(unworthy of)* indigne de **2** *adv* (au-)dessous

benefactor ['benɪfæktə(r)] *n* bienfaiteur *m* ▪ **benefactress** *n* bienfaitrice *f*

beneficial [benɪ'fɪʃəl] *adj* bénéfique

benefit ['benɪfɪt] **1** *n (advantage)* avantage *m*; *(money)* allocation *f*; **benefits** *(of science, education)* bienfaits *mpl*; **to sb's b.** dans l'intérêt de qn; **for your (own) b.** pour vous, pour votre bien; **to be of b. (to sb)** faire du bien (à qn); **b. concert** concert *m* de bienfaisance **2** *vt* faire du bien à; *(be useful to)* profiter à **3** *vi* **to b. from doing sth** gagner à faire qch

Benelux ['benɪlʌks] *n* Benelux *m*

benevolent [bɪ'nevələnt] *adj* bienveillant

benign [bɪ'naɪn] *adj (kind)* bienveillant; *(climate)* doux (*f* douce); **b. tumour** tumeur *f* bénigne

bent [bent] **1** *adj (nail, mind)* tordu; *Fam (dishonest)* pourri; **b. on doing sth** résolu à faire qch **2** *n (talent)* aptitude *f* (**for** pour); *(inclination, liking)* penchant *m*, goût *m* (**for** pour) **3** *pt & pp of* **bend**

bequeath [bɪ'kwi:ð] *vt Formal* léguer (**to** à)

bereaved [bɪ'ri:vd] **1** *adj* endeuillé **2** *npl* **the b.** la famille du défunt/de la défunte ▪ **bereavement** *n* deuil *m*

beret [*Br* 'bereɪ, *Am* bə'reɪ] *n* béret *m*

Berlin [bɜ:'lɪn] *n* Berlin *m ou f*

Bermuda [bə'mju:də] *n* les Bermudes *fpl*

berry ['berɪ] (*pl* **-ies**) *n* baie *f*

berserk [bə'zɜ:k] *adj* **to go b.** devenir fou furieux (*f* folle furieuse)

berth [bɜ:θ] **1** *n* (**a**) *(in ship, train)* couchette *f* (**b**) *(anchorage)* poste *m* à quai; *Fig* **to give sb a wide b.** éviter qn comme la peste **2** *vi (of ship)* aborder à quai

beset [bɪ'set] (*pt & pp* **beset,** *pres p* **besetting**) *vt* assaillir

beside [bɪ'saɪd] *prep* à côté de; **that's b. the point** ça n'a rien à voir

besides [bɪ'saɪdz] **1** *prep (in addition to)* en plus de; *(except)* excepté; **there are ten of us b. Paul** nous sommes dix sans compter Paul; **what else can you do b. singing?** que savez-vous faire à part chanter? **2** *adv (in addition)* en plus; *(moreover)* d'ailleurs

besiege [bɪ'si:dʒ] *vt (of soldiers, crowd)* assiéger; *Fig (annoy)* assaillir (**with** de)

besought [bɪ'sɔ:t] *pt & pp of* **beseech**

best [best] **1** *adj* meilleur; **my b. dress** ma plus belle robe; **the b. part of** *(most)* la plus grande partie de; **the b. thing is to accept** le mieux c'est d'accepter; **'b. before...'** *(on product)* 'à consommer avant...'; **b. man** *(at wedding)* témoin *m*

2 *n* **the b. (one)** le meilleur, la meilleure; **it's for the b.** c'est pour le mieux; **at b.** au mieux; **to do one's b.** faire de son mieux; **to look one's b., to be at one's b.** être à son avantage; **to the b. of my knowledge** autant que je sache; **to make the b. of sth** *(accept)* s'accommoder de qch; **to get the b. out of sth** tirer le meilleur parti de qch; **in one's Sunday b.** endimanché; **all the b.!** *(when leaving)* prends bien soin de toi!; *(good luck)* bonne chance!; *(in letter)* amicalement

3 *adv* **(the) b.** *(play, sing)* le mieux; **to like sb/sth (the) b.** aimer qn/qch le plus; **I think it b. to wait** je juge prudent d'attendre ▪ **best-seller** *n (book)* best-seller *m*

bet [bet] **1** *n* pari *m* **2** *(pt & pp* **bet** *or* **betted,** *pres p* **betting***) vt* parier (**on** sur; **that** que); *Fam* **you b.!** tu parles! ▪ **betting** *n* paris *mpl*; *Br* **b. shop** ≃ PMU *m*

betray [bɪ'treɪ] *vt (person, secret)* trahir ▪ **betrayal** *n (disloyalty)* trahison *f*; *(disclosure) (of secret)* révélation *f*

better ['betə(r)] **1** *adj* meilleur (**than** que); **I need a b. car** j'ai besoin d'une meilleure voiture; **that's b.** c'est mieux; **she's (much) b.** *(in health)* elle va (beaucoup) mieux; **to get b.** *(recover)* se remettre; *(improve)* s'améliorer; **it's b. to go** il vaut mieux partir; **the b. part of** *(most)* la plus grande partie de

2 *adv* mieux (**than** que); **b. dressed/known/***etc* mieux habillé/connu/*etc*; **to look b.** *(of ill person)* avoir meilleure mine; **b. and b.** de mieux en mieux; **so much the b., all the b.** tant mieux (**for** pour); **I'd b. go** il vaut mieux que je parte; **to be b. off** *(financially)* être plus à l'aise

3 *n* **to get the b. of sb** l'emporter sur qn; **to change for the b.** *(of person)* changer en bien; *(of situation)* s'améliorer; **one's betters** ses supérieurs *mpl*

4 *vt (improve)* améliorer; *(do better than)* dépasser; **to b. oneself** améliorer sa condition; **to b. sb's results/***etc* dépasser les résultats/*etc* de qn

between [bɪ'twi:n] **1** *prep* entre; **in b.** entre **2** *adv* **in b.** *(space)* au milieu; *(time)* dans l'intervalle

beware [bɪ'weə(r)] *vi* se méfier (**of** de); **b.!** attention!; **'b. of the dog!'** 'attention, chien méchant!'

bewilder [bɪ'wɪldə(r)] *vt* dérouter, laisser perplexe

beyond [bɪ'jɒnd] **1** *prep* (**a**) *(further than)* au-delà de; **b. reach/doubt** hors de portée/de doute; **b. belief** incroyable; **b. my/our/***etc* **means** au-dessus de mes/nos/*etc* moyens; **it's b. me** ça me dépasse (**b**) *(except)* sauf **2** *adv (further)* au-delà

bias ['baɪəs] **1** *n* (**a**) *(inclination)* penchant *m* (**towards** pour); *(prejudice)* préjugé *m*, parti pris *m* (**towards/against** en faveur de/contre) (**b**) **cut on the b.** *(fabric)* coupé dans le biais **2** *(pt & pp* **-ss-** *or* **-s-***) vt* influencer (**towards/against** en faveur de/contre) ▪ **bias(s)ed** *adj* partial; **to be b. against** avoir des préjugés contre

bib [bɪb] *n (for baby)* bavoir *m*

bible ['baɪbəl] *n* bible *f*; **the B.** la Bible ▪ **biblical** *adj* biblique

bibliography [bɪblɪ'ɒgrəfɪ] *(pl* **-ies***) n* bibliographie *f*

biceps ['baɪseps] *n inv (muscle)* biceps *m*

bicker ['bɪkə(r)] *vi* se chamailler

bicycle ['baɪsɪkəl] *n* bicyclette *f*; **by b.** à bicyclette

bid[1] [bɪd] **1** *n* (**a**) *(offer)* offre *f*; *(at auction)* enchère *f* (**for** pour) (**b**) *(attempt)* tentative *f* **2** *(pt & pp* **bid,** *pres p* **bidding***) vt (sum of money)* offrir; *(at auction)* faire une enchère de **3** *vi* faire une offre (**for** pour); *(at auction)* faire une enchère (**for** sur) ▪ **bidder** *n (at auction)* enchérisseur, -euse *mf*; **to the highest b.** au plus offrant

bid[2] [bɪd] *(pt* **bade,** *pp* **bidden** ['bɪdən] *or* **bid,** *pres p* **bidding***) vt Literary (command)* commander (**sb to do** à qn de faire); *(say, wish)* dire, souhaiter

bide [baɪd] *vt* **to b. one's time** attendre le bon moment

big [bɪg] (**bigger, biggest**) *adj (tall, large)* grand; *(fat)* gros (*f* grosse); *(drop, increase)* fort; **to get big(ger)**

(taller) grandir; *(fatter)* grossir; **my b. brother** mon grand frère; *Fam* **b. mouth** grande gueule *f*; **b. toe** gros orteil *m* ■ **bighead** *n Fam* crâneur, -euse *mf* ■ **bigshot, bigwig** *n Fam* gros bonnet *m*

bigot ['bɪgət] *n* sectaire *mf*; *(religious)* bigot, -e *mf* ■ **bigoted** *adj* sectaire; *(religious)* bigot

bike [baɪk] *n Fam* vélo *m*; *(motorbike)* moto *f*

bikini [bɪ'ki:nɪ] *n* Bikini® *m*; **b. briefs** mini-slip *m*

bilberry ['bɪlbərɪ] (*pl* **-ies**) *n* myrtille *f*

bilingual [baɪ'lɪŋgwəl] *adj* bilingue

bill[1] [bɪl] **1** *n* (**a**) *(invoice)* facture *f*; *(in restaurant)* addition *f*; *(in hotel)* note *f* (**b**) *Am (banknote)* billet *m* (**c**) *(bank draft)* effet *m* (**d**) *(notice)* affiche *f* (**e**) *Pol* projet *m* de loi; **B. of Rights** = les dix premiers amendements de la Constitution américaine

2 *vt* (**a**) **to b. sb** envoyer la facture à qn (**b**) *(publicize)* annoncer ■ **billboard** *n* panneau *m* d'affichage

bill[2] [bɪl] *n (of bird)* bec *m*

billiards ['bɪljədz] *n* billard *m*

billion ['bɪljən] *n* milliard *m* ■ **billionaire** *n* milliardaire *mf*

billow ['bɪləʊ] **1** *n (of smoke)* volute *f* **2** *vi (of smoke)* tourbillonner; *(of sea)* se soulever; *(of sail)* se gonfler

bimonthly [baɪ'mʌnθlɪ] *adj (every two weeks)* bimensuel, -elle; *(every two months)* bimestriel, -elle

bin [bɪn] **1** *n* boîte *f*; *(for litter)* poubelle *f* **2** (*pt & pp* **-nn-**) *vt Fam* mettre à la poubelle

binary ['baɪnərɪ] *adj* binaire

bind [baɪnd] **1** (*pt & pp* **bound**) *vt (fasten)* attacher; *(book)* relier; *(fabric, hem)* border; *(unite)* lier; **to b. sb hand and foot** ligoter qn; **to be bound by sth** être lié par qch **2** *n Fam (bore)* plaie *f* ■ **binding 1** *n (of book)* reliure *f* **2** *adj (contract)* qui lie; **to be b. on sb** *(legally)* lier qn

binder ['baɪndə(r)] *n (for papers)* classeur *m*

binge [bɪndʒ] *n Fam* **to go on a b.** *(drinking)* faire la bringue; *(eating)* se gaver

bingo ['bɪŋgəʊ] *n* ≃ loto *m*

binoculars [bɪ'nɒkjʊləz] *npl* jumelles *fpl*

biochemistry [baɪəʊ'kemɪstrɪ] *n* biochimie *f*

biodegradable [baɪəʊdɪ'greɪdəbəl] *adj* biodégradable

biography [baɪ'ɒgrəfɪ] (*pl* **-ies**) *n* biographie *f*

biology [baɪ'ɒlədʒɪ] *n* biologie *f* ■ **biological** *adj* biologique; **b. warfare** guerre *f* bactériologique

bird [bɜ:d] *n* (**a**) *(animal)* oiseau *m*; *(fowl)* volaille *f*; **b. of prey** oiseau *m* de proie; **b.'s-eye view** perspective *f* à vol d'oiseau; *Fig* vue *f* d'ensemble (**b**) *Br Fam (girl)* nana *f* ■ **birdseed** *n* graines *fpl* pour oiseaux

birth [bɜ:θ] *n* naissance *f*; **to give b. to** donner naissance à; **from b.** *(blind, deaf)* de naissance; **b. certificate** acte *m* de naissance; **b. control** limitation *f* des naissances; **b. rate** (taux *m* de) natalité *f* ■ **birthday** *n* anniversaire *m*; **happy b.!** joyeux anniversaire!; **b. party** fête *f* d'anniversaire; *Fig* **in one's b. suit** *(man)* en costume d'Adam; *(woman)* en costume d'Ève ■ **birthmark** *n* tache *f* de naissance ■ **birthplace** *n* lieu *m* de naissance; *(house)* maison *f* natale

biscuit ['bɪskɪt] *n Br* biscuit *m*, petit gâteau *m*; *Am* petit pain *m* au lait

bishop ['bɪʃəp] *n* évêque *m*; *(in chess)* fou *m*

bit[1] [bɪt] *n* (**a**) *(of string, time)* bout *m*; **a b.** *(a little)* un peu; **not a b.** pas du tout; **a b. of luck** une chance; **b. by b.** petit à petit; **in bits (and pieces)** en morceaux (**b**) *(coin)* pièce *f* (**c**) *(of horse)* mors *m* (**d**) *(of drill)* mèche *f* (**e**) *Comptr* bit *m*

bit[2] [bɪt] *pt of* **bite**

bitch [bɪtʃ] **1** *n (dog)* chienne *f*; *very Fam Pej (woman)* garce *f* **2** *vi Fam (complain)* râler (**about** après)

bite [baɪt] **1** *n* (**a**) *(wound)* morsure *f*; *(from insect)* piqûre *f*; *Fishing* touche *f* (**b**) *(mouthful)* bouchée *f*; **to have a b. to eat** manger un morceau **2** *(pt* **bit,** *pp* **bitten** ['bɪtən]) *vt* mordre; *(of insect)* piquer; **to b. one's nails** se ronger les ongles; **to b. sth off** arracher qch d'un coup de dents **3** *vi* mordre; *(of insect)* piquer; **to b. into sth** mordre dans qch ▪ **biting** *adj (cold)* mordant; *(wind)* cinglant

bitter ['bɪtə(r)] **1** *n Br (beer)* = bière anglaise brune **2** *adj (person, taste, irony)* amer, -ère; *(cold, wind)* glacial; *(criticism)* acerbe; *(shock, fate)* cruel (*f* cruelle); *(conflict)* violent; **to feel b. (about sth)** être plein d'amertume (à cause de qch) ▪ **bitterly** *adv* **to cry/ regret b.** pleurer/regretter amèrement; **b. disappointed** cruellement déçu; **it's b. cold** il fait un froid de canard ▪ **bittersweet** *adj* doux-amer (*f* douce-amère); *Am* **b. chocolate** chocolat *m* noir

bizarre [bɪ'zɑː(r)] *adj* bizarre

blab [blæb] *(pt & pp* **-bb-**) *vi* jaser

black [blæk] **1** (**-er, -est**) *adj* noir; **b. eye** œil *m* au beurre noir; **b. and blue** *(bruised)* couvert de bleus; *Aviat* **b. box** boîte *f* noire; *Br* **b. ice** verglas *m*; *Br* **b. pudding** boudin *m* noir; *Fig* **b. sheep** brebis *f* galeuse **2** *n (colour)* noir *m*; *(person)* Noir, -e *mf* ▪ **blackberry** *(pl* **-ies**) *n* mûre *f* ▪ **blackbird** *n* merle *m* (noir) ▪ **blackboard** *n* tableau *m* (noir) ▪ **blackcurrant** *n* cassis *m* ▪ **blacken** *vt & vi* noircir ▪ **blacklist 1** *n* liste *f* noire **2** *vt* mettre sur la liste noire ▪ **blackmail 1** *n* chantage *m* **2** *vt* faire chanter; **to b. sb into doing sth** faire chanter qn pour qu'il/elle fasse qch ▪ **blackout** *n* panne *f* d'électricité; *(during war)* black-out *m inv*; *(fainting fit)* évanouissement *m*; **(news) b.** black-out *m inv* ▪ **blacksmith** *n* forgeron *m*; *(working with horses)* maréchal-ferrant *m*

▸ **black out** *vi (faint)* s'évanouir

bladder ['blædə(r)] *n* vessie *f*

blade [bleɪd] *n* lame *f*; **b. of grass** brin *m* d'herbe

blame [bleɪm] **1** *n* responsabilité *f*; *(criticism)* blâme *m*; **to lay the b. (for sth) on sb** faire porter à qn la responsabilité (de qch); **to take the b. for sth** endosser la responsabilité de qch **2** *vt* rendre responsable, faire porter la responsabilité à (**for** de); **to b. sb for doing sth** reprocher à qn d'avoir fait qch; **you're to b.** c'est de ta faute ▪ **blameless** *adj* irréprochable

blanch [blɑːntʃ] **1** *vt (vegetables)* blanchir **2** *vi (turn pale)* blêmir

bland [blænd] (**-er, -est**) *adj (person)* terne; *(food)* insipide; *(remark, joke)* quelconque

blank [blæŋk] **1** *adj (paper, page)* blanc (*f* blanche), vierge; *(cheque)* en blanc; *(look, mind)* vide; **b. tape** cassette *f* vierge **2** *n (space)* blanc *m*; *(cartridge)* cartouche *f* à blanc; **to fire blanks** tirer à blanc; **my mind's a b.** j'ai un trou

blanket ['blæŋkɪt] **1** *n (on bed)* couverture *f*; *(of snow, leaves)* couche *f* **2** *adj (term, remark)* général

blankly ['blæŋklɪ] *adv* **to look b. at sb/sth** *(without expression)* regarder qn/qch, le visage inexpressif; *(without understanding)* regarder qn/qch sans comprendre

blare [bleə(r)] **1** *n (noise)* beuglements *mpl*; *(of trumpet)* sonnerie *f* **2** *vi* **to b. (out)** *(of radio)* beugler; *(of music, car horn)* retentir

blasé ['blɑːzeɪ] *adj* blasé

blasphemous ['blæsfəməs] *adj (text)* blasphématoire; *(person)* blasphémateur, -trice

blast [blɑːst] **1** *n* explosion *f*; *(air from explosion)* souffle *m*; *(of wind)* rafale *f*; *(of trumpet)* sonnerie *f*; **(at) full b.** *(loud)* à fond **2** *vt (hole, tunnel)* creuser *(en dynamitant)*; *Fam (criticize)* démolir **3** *exclam Br Fam* zut! ▪ **blasted** *adj Br Fam* fichu ▪ **blast-off** *n (of spacecraft)* mise *f* à feu

blatant ['bleɪtənt] *adj (obvious)* flagrant; *(shameless)* éhonté

blaze [bleɪz] **1** *n (fire)* feu *m*; *(large)* incendie *m*; *Fig (splendour)* éclat *m*; **a b. of colour** une explosion de couleurs; **b. of light** torrent *m* de lumière **2** *vi (of fire, sun)* flamboyer; *(of light, eyes)* être éclatant **3** *vt Fig* **to b. a trail** ouvrir la voie ▪ **blazing** *adj (burning)* en feu; *(sun)* brûlant; *Fig (argument)* violent

blazer ['bleɪzə(r)] *n* blazer *m*

bleach [bli:tʃ] **1** *n (household)* (eau *f* de) Javel *f*; *(for hair)* décolorant *m* **2** *vt (clothes)* passer à l'eau de Javel; *(hair)* décolorer

bleak [bli:k] (**-er, -est**) *adj (appearance, countryside, weather)* morne; *(outlook)* lugubre; *(prospect)* peu encourageant

bleat [bli:t] *vi* bêler

bleed [bli:d] (*pt & pp* **bled** [bled]) **1** *vi* saigner; **to b. to death** saigner à mort; **her nose is bleeding** elle saigne du nez **2** *vt (radiator)* purger

bleep [bli:p] **1** *n* bip *m* **2** *vt* appeler au bip **3** *vi* faire bip ▪ **bleeper** *n (pager)* bip *m*

blemish ['blemɪʃ] **1** *n (fault)* défaut *m*; *(mark)* marque *f* **2** *vt Fig (reputation)* entacher

blend [blend] **1** *n* mélange *m* **2** *vt* mélanger (**with** à *ou* avec) **3** *vi* se mélanger; *(of styles, colours)* se marier (**with** avec) ▪ **blender** *n* mixer *m*

bless [bles] *vt* bénir; **to be blessed with sth** être doté de qch; **b. you!** *(when sneezing)* à vos souhaits! ▪ **blessed** *adj* (**a**) *(holy)* béni (**b**) *Fam (blasted)* fichu ▪ **blessing** *n Rel* bénédiction *f*; *(benefit)* bienfait *m*; **it was a b. in disguise** finalement, ça a été une bonne chose

blew [blu:] *pt of* **blow**[2]

blind[1] [blaɪnd] **1** *adj* aveugle; **b. person** aveugle *mf*; **b. in one eye** borgne; *Fig* **to be b. to sth** ne pas voir qch; **b. alley** impasse *f*; **b. date** = rencontre arrangée avec quelqu'un qu'on ne connaît pas **2** *npl* **the b.** les aveugles *mpl* **3** *adv* **b. drunk** ivre mort **4** *vt (dazzle, make blind)* aveugler

blind[2] [blaɪnd] *n Br (on window)* store *m*

blindfold ['blaɪndfəʊld] **1** *n* bandeau *m* **2** *vt* bander les yeux à **3** *adv* les yeux bandés

blindly ['blaɪndlɪ] *adv Fig* aveuglément

blink [blɪŋk] **1** *n* clignement *m*; *Br Fam* **on the b.** *(machine)* détraqué **2** *vt* **to b. one's eyes** cligner des yeux **3** *vi (of person)* cligner des yeux; *(of eyes)* cligner; *(of light)* clignoter

blissful ['blɪsfʊl] *adj (wonderful)* merveilleux, -euse; *(very happy) (person)* aux anges ▪ **blissfully** *adv (happy)* merveilleusement; **to be b. unaware that…** ne pas se douter le moins du monde que…

blister ['blɪstə(r)] **1** *n (on skin)* ampoule *f* **2** *vi* se couvrir d'ampoules

blitz [blɪts] **1** *n (air attack)* raid *m* éclair; *(bombing)* bombardement *m* aérien; *Fam (onslaught)* offensive *f* **2** *vt* bombarder

blizzard ['blɪzəd] *n* tempête *f* de neige

bloated ['bləʊtɪd] *adj (swollen)* gonflé

blob [blɒb] *n (of ink, colour)* tache *f*

block [blɒk] **1** *n (of stone)* bloc *m*; *(of buildings)* pâté *m* de maisons; *(in pipe)* obstruction *f*; **b. of flats** immeuble *m*; *Am* **a b. away** une rue plus loin; **b. booking** réservation *f* de groupe; **b. capitals** *or* **letters** majuscules *fpl* **2** *vt (obstruct)* bloquer; *(pipe)* boucher; *(view)* cacher; **to b. up** *(pipe, hole)* boucher ▪ **blockage** *n* obstruction *f* ▪ **blockbuster** *n (film)* film *m* à grand spectacle

bloke [bləʊk] *n Br Fam* type *m*

blond [blɒnd] *adj & n* blond *(m)* ▪ **blonde** *adj & n* blonde *(f)*

blood [blʌd] *n* sang *m*; **b. bank** banque *f* du sang; **b. bath** bain *m* de sang; **b. donor** donneur, -euse *mf* de sang; **b. group** groupe *m* sanguin; **b. poisoning** empoisonnement *m* du sang; **b. pressure** tension *f* artérielle; **high b. pressure** hypertension *f*; **to**

have high b. pressure avoir de la tension; *Am* **b. sausage** boudin *m*; **b. test** prise *f* de sang ▪ **bloodshed** *n* effusion *f* de sang ▪ **bloodshot** *adj (eye)* injecté de sang ▪ **bloodstream** *n* sang *m* ▪ **bloodthirsty** *adj* sanguinaire

bloody ['blʌdɪ] **1** (**-ier, -iest**) *adj* (**a**) *(covered in blood)* ensanglanté (**b**) *Br very Fam* foutu; **a b. liar** un sale menteur; **you b. fool!** espèce de connard! **2** *adv Br Fam (very)* vachement; **it's b. hot!** il fait une putain de chaleur! ▪ **bloody-minded** *adj* pas commode

bloom [bluːm] **1** *n* fleur *f*; **in b.** *(tree)* en fleur(s); *(flower)* éclos **2** *vi (of tree, flower)* fleurir; *Fig (of person)* s'épanouir ▪ **blooming** *adj* (**a**) *(in bloom)* en fleur(s); *(person)* resplendissant; *(thriving)* florissant (**b**) *Br Fam (for emphasis)* sacré; **you b. idiot!** espèce d'idiot!

blossom ['blɒsəm] **1** *n* fleurs *fpl* **2** *vi* fleurir; **to b. (out)** *(of person)* s'épanouir

blot [blɒt] **1** *n* tache *f* **2** (*pt & pp* **-tt-**) *vt (stain)* tacher; *(dry)* sécher; **to b. sth out** *(obliterate)* effacer qch ▪ **blotting paper** *n* (papier *m*) buvard *m*

blotch [blɒtʃ] *n* tache *f* ▪ **blotchy** (**-ier, -iest**) *adj* couvert de taches; *(face, skin)* marbré

blouse [blaʊz] *n* chemisier *m*

blow¹ [bləʊ] *n (hit, setback)* coup *m*; **to come to blows** en venir aux mains

blow² [bləʊ] **1** (*pt* **blew**, *pp* **blown**) *vt (of wind)* pousser; *(of person) (smoke, glass)* souffler; *(bubbles)* faire; *(trumpet)* souffler dans; *(kiss)* envoyer (**to** à); *Br Fam (money)* claquer (**on sth** pour s'acheter qch); **to b. a fuse** faire sauter un plomb; **to b. one's nose** se moucher; **to b. a whistle** donner un coup de sifflet **2** *vi (of wind, person)* souffler; *(of fuse)* sauter; *(of papers) (in wind)* s'éparpiller

▸ **blow away 1** *vt sep (of wind)* emporter **2** *vi (of hat, paper)* s'envoler

▸ **blow down 1** *vt sep (chimney, fence)* faire tomber **2** *vi (fall)* tomber

▸ **blow off** *vt sep (hat)* emporter; *(arm)* arracher

▸ **blow out 1** *vt sep (candle)* souffler; *(cheeks)* gonfler **2** *vi (of light)* s'éteindre

▸ **blow over 1** *vt & vi* = **blow down 2** *vi (of quarrel)* se tasser

▸ **blow up 1** *vt sep (building)* faire sauter; *(pump up)* gonfler; *(photo)* agrandir **2** *vi (explode)* exploser

blow-dry ['bləʊdraɪ] **1** *n* brushing® *m* **2** *vt* **to b. sb's hair** faire un brushing® à qn

blown [bləʊn] *pp of* **blow**

blowout ['bləʊaʊt] *n* (**a**) *(tyre)* éclatement *m* (**b**) *Br Fam (meal)* gueuleton *m*

blowtorch ['bləʊtɔːtʃ] *n* chalumeau *m*

bludgeon ['blʌdʒən] **1** *n* gourdin *m* **2** *vt* matraquer

blue [bluː] **1** (**-er, -est**) *adj* bleu; *Fam* **to feel b.** avoir le cafard; *Fam* **b. movie** film *m* porno **2** *n* bleu *m*; **blues** *(music)* le blues; *Fam* **the blues** *(depression)* le cafard; **out of the b.** *(unexpectedly)* sans crier gare ▪ **bluebell** *n* jacinthe *f* des bois ▪ **blueberry** (*pl* **-ies**) *n* airelle *f* ▪ **bluebottle** *n* mouche *f* de la viande ▪ **blueprint** *n Fig* plan *m*

bluff [blʌf] **1** *n* bluff *m* **2** *vt & vi* bluffer

blunder ['blʌndə(r)] **1** *n (mistake)* gaffe *f* **2** *vi* faire une gaffe

blunt [blʌnt] **1** (**-er, -est**) *adj (edge)* émoussé; *(pencil)* mal taillé; *(question, statement)* direct; *(person)* brusque **2** *vt (blade)* émousser; *(pencil)* épointer

blur [blɜː(r)] **1** *n* tache *f* floue **2** (*pt & pp* **-rr-**) *vt (outline)* brouiller ▪ **blurred** *adj (image, outline)* flou

blurb [blɜːb] *n* notice *f* publicitaire

blurt [blɜːt] *vt* **to b. (out)** *(secret)* laisser échapper; *(excuse)* bredouiller

blush [blʌʃ] **1** *n* rougeur *f* **2** *vi* rougir (**with** de)

blustery ['blʌstərɪ] *adj (weather)* de grand vent; *(wind)* violent

boar [bɔː(r)] *n* **(wild) b.** sanglier *m*

board[1] [bɔːd] **1** *n (piece of wood)* planche *f*; *(for notices)* panneau *m*; *(for games)* tableau *m*; *(cardboard)* carton *m*; **on b. (a ship/plane)** à bord (d'un navire/avion) **2** *vt (ship, plane)* monter à bord de; *(bus, train)* monter dans; **to b. up** *(door)* condamner **3** *vi* **flight Z001 is now boarding** vol Z001, embarquement immédiat ■ **boarding** *n (of passengers)* embarquement *m*; **b. pass** carte *f* d'embarquement ■ **boardwalk** *n Am (on beach)* promenade *f*

board[2] [bɔːd] *n (committee)* conseil *m*; **b. (of directors)** conseil *m* d'administration; **b. (of examiners)** jury *m* (d'examen); **across the b.** *(pay increase)* global; *(apply)* globalement; **b. room** salle *f* du conseil

board[3] [bɔːd] **1** *n (food)* pension *f*; **b. and lodging,** *Br* **full b.** pension *f* complète; *Br* **half b.** demi-pension *f* **2** *vi (lodge)* être en pension (**with** chez); **boarding house** pension *f* de famille; **boarding school** pensionnat *m* ■ **boarder** *n* pensionnaire *mf*

boast [bəʊst] **1** *n* vantardise *f* **2** *vt* se glorifier de **3** *vi* se vanter (**about** *or* **of** de) ■ **boastful** *adj* vantard

boat [bəʊt] *n* bateau *m*; *(small)* canot *m*; *(liner)* paquebot *m*; **by b.** en bateau; *Fig* **in the same b.** logé à la même enseigne; **b. race** course *f* d'aviron

bode [bəʊd] *vi* **to b. well/ill (for)** être de bon/mauvais augure (pour)

bodily ['bɒdɪlɪ] **1** *adj (need)* physique **2** *adv (lift, seize)* à bras-le-corps; *(carry)* dans ses bras

body ['bɒdɪ] (*pl* **-ies**) *n* corps *m*; *(of car)* carrosserie *f*; *(quantity)* masse *f*; *(institution)* organisme *m*; **(dead) b.** cadavre *m*; **b. building** culturisme *m*; **b. warmer** gilet *m* matelassé ■ **bodyguard** *n* garde *m* du corps ■ **bodywork** *n* carrosserie *f*

bog [bɒg] **1** *n (swamp)* marécage *m* **2** *vt* **to get bogged down in** *(mud, work)* s'enliser (dans); *(details)* se perdre (dans)

bogus ['bəʊgəs] *adj* faux (*f* fausse)

boil[1] [bɔɪl] *n (pimple)* furoncle *m*

boil[2] [bɔɪl] **1** *n* **to come to the b.** bouillir; **to bring sth to the b.** amener qch à ébullition **2** *vt* **to b. (up)** faire bouillir; **to b. the kettle** mettre de l'eau à chauffer **3** *vi* bouillir; *Fig* **to b. down to** *(of situation, question)* revenir à; **to b. over** *(of milk)* déborder; *Fig (of situation)* empirer ■ **boiled** *adj* bouilli; **b. egg** œuf *m* à la coque ■ **boiling 1** *n* ébullition *f*; **to be at b. point** *(of liquid)* bouillir **2** *adj* **b. (hot)** bouillant; **it's b. (hot)** *(weather)* il fait une chaleur infernale

boiler ['bɔɪlə(r)] *n* chaudière *f*; *Br* **b. suit** bleus *mpl* de chauffe

boisterous ['bɔɪstərəs] *adj (noisy)* bruyant; *(child)* turbulent; *(meeting)* houleux, -euse

bold [bəʊld] (**-er, -est**) *adj* hardi

bolster ['bəʊlstə(r)] **1** *n (pillow)* traversin *m* **2** *vt (confidence, pride)* renforcer, consolider

bolt [bəʊlt] **1** *n* (**a**) *(on door)* verrou *m*; *(for nut)* boulon *m* (**b**) *(dash)* **to make a b. for the door** se précipiter vers la porte (**c**) **b. of lightning** éclair *m* **2** *adv* **b. upright** tout droit **3** *vt* (**a**) *(door)* verrouiller (**b**) *(food)* engloutir **4** *vi (dash)* se précipiter; *(run away)* détaler; *(of horse)* s'emballer

bomb [bɒm] **1** *n* bombe *f*; **b. scare** alerte *f* à la bombe **2** *vt (from the air)* bombarder; *(of terrorist)* faire sauter une bombe dans *ou* à ■ **bombshell** *n* **to come as a b.** faire l'effet d'une bombe ■ **bombsite** *n* zone *f* bombardée

bombard [bɒm'bɑːd] *vt (with bombs, questions)* bombarder (**with** de)

bona fide [bəʊnə'faɪdɪ] *adj* véritable

bond [bɒnd] **1** *n (link)* lien *m*; *(agreement)* engagement *m*; *Fin* obligation *f* **2** *vt (of glue)* coller (**to** à) **3** *vi (form attachment)* créer des liens affectifs (**with** avec)

bone [bəʊn] **1** *n* os *m*; *(of fish)* arête *f*; **b. china** porcelaine *f* tendre **2** *vt (meat)* désosser; *(fish)* ôter les arêtes de **3** *vi*

Fam **to b. up on** *(subject)* bûcher ▪ **bone-dry** *adj* complètement sec (*f* sèche) ▪ **bone-idle** *adj Br* paresseux, -euse

bonfire ['bɒnfaɪə(r)] *n (for celebration)* feu *m* de joie; *Br (for dead leaves)* feu *m* (de jardin)

bonkers ['bɒŋkəz] *adj Br Fam* dingue

bonnet ['bɒnɪt] *n (hat)* bonnet *m*; *Br (of vehicle)* capot *m*

bonus ['bəʊnəs] (*pl* **-uses** [-əsɪz]) *n* prime *f*; **no-claims b.** *(in motor insurance)* bonus *m*

boo [buː] **1** *exclam (to frighten)* hou! **2** *n* **boos** huées *fpl* **3** (*pt & pp* **booed**) *vt & vi* huer

boob [buːb] *Br Fam* **1** *n* (**a**) *(mistake)* gaffe *f* (**b**) **boobs** *(breasts)* nénés *mpl* **2** *vi* gaffer

booby-trap ['buːbɪtræp] **1** *n* engin *m* piégé **2** (*pt & pp* **-pp-**) *vt* piéger

book [bʊk] **1** *n* livre *m*; *(record)* registre *m*; *(of tickets)* carnet *m*; *(for exercises and notes)* cahier *m*; **books** *(accounts)* comptes *mpl*; **b. club** club *m* du livre

2 *vt (seat)* réserver; *Br* **to b. sb** *(for traffic offence)* dresser une contravention à qn; **fully booked** *(hotel)* complet, -ète; *(person)* pris

3 *vi* **to b. (up)** réserver des places; **to b. in** *(to hotel)* signer le registre; **to b. into a hotel** prendre une chambre dans un hôtel ▪ **bookcase** *n* bibliothèque *f* ▪ **bookend** *n* serre-livres *m inv* ▪ **bookie** *n Fam* bookmaker *m* ▪ **booking** *n* réservation *f*; **b. office** bureau *m* de location ▪ **bookkeeping** *n* comptabilité *f* ▪ **booklet** *n* brochure *f* ▪ **bookmaker** *n* bookmaker *m* ▪ **bookmark** *n* marque-page *m* ▪ **bookseller** *n* libraire *mf* ▪ **bookshelf** *n* étagère *f* ▪ **bookshop** (*Am* **bookstore**) *n* librairie *f* ▪ **bookstall** *n* kiosque *m* à journaux ▪ **bookworm** *n* passionné, -e *mf* de lecture

boom [buːm] **1** *n* (**a**) *(noise)* grondement *m* (**b**) *(economic)* boom *m* **2** *vi* (**a**) *(of thunder, gun)* gronder (**b**) *(of business, trade)* être florissant

boor [bʊə(r)] *n* rustre *m*

boost [buːst] **1** *n* **to give sb a b.** remonter le moral à qn **2** *vt (increase)* augmenter; *(economy)* stimuler; **to b. sb's morale** remonter le moral à qn ▪ **booster** *n* **b. (injection)** rappel *m*

boot¹ [buːt] **1** *n* (**a**) *(footwear)* botte *f*; **(ankle) b.** bottillon *m*; **(knee) b.** bottine *f*; *Fam* **to get the b.** être mis à la porte (**b**) *Br (of vehicle)* coffre *m* (**c**) **to b.** *(in addition)* en plus **2** *vt Fam (kick)* donner un coup/des coups de pied à; **to b. sb out** mettre qn à la porte

boot² [buːt] *Comptr* **1** *vt* amorcer **2** *vi* s'amorcer

booth [buːθ, buːð] *n (for phone, in language lab)* cabine *f*; *(at fair)* stand *m*; *(for voting)* isoloir *m*

booze [buːz] *Fam* **1** *n* alcool *m* **2** *vi* picoler ▪ **boozer** *n Fam (person)* poivrot, -e *mf*; *Br (pub)* pub *m*

border ['bɔːdə(r)] **1** *n (of country) & Fig* frontière *f*; *(edge)* bord *m*; *(of garden)* bordure *f* **2** *adj (town)* frontière *inv* **3** *vt (street)* border; **to b. (on)** *(country)* avoir une frontière commune avec; *(resemble, verge on)* être voisin de

bore¹ [bɔː(r)] **1** *vt (weary)* ennuyer; **to be bored** s'ennuyer **2** *n (person)* raseur, -euse *mf*; **it's a b.** c'est ennuyeux *ou* rasoir ▪ **boredom** *n* ennui *m* ▪ **boring** *adj* ennuyeux, -euse

bore² [bɔː(r)] **1** *n (of gun)* calibre *m* **2** *vt (hole)* percer; *(rock, well)* forer, creuser **3** *vi* forer

bore³ [bɔː(r)] *pt of* **bear²**

born [bɔːn] *adj* né; **to be b.** naître; **he was b. in Paris/in 1980** il est né à Paris/en 1980

borne [bɔːn] *pp of* **bear²**

borough ['bʌrə] *n* circonscription *f* électorale urbaine

borrow ['bɒrəʊ] *vt* emprunter (**from** à)

Bosnia ['bɒznɪə] *n* la Bosnie

bosom ['bʊzəm] *n (chest, breasts)* poitrine *f*; *(breast)* sein *m*; *Fig (heart, soul)* sein *m*

boss [bɒs] **1** *n* patron, -onne *mf* **2** *vt* **to b. sb around** *or* **about** donner des ordres à qn ▪ **bossy** (**-ier, -iest**) *adj Fam* autoritaire

botany ['bɒtənɪ] *n* botanique *f*

botch [bɒtʃ] *vt Fam* **to b. (up)** *(spoil)* bâcler; *(repair badly)* rafistoler

both [bəʊθ] **1** *adj* les deux; **b. brothers** les deux frères

2 *pron* tous/toutes (les) deux; **b. of the boys** les deux garçons; **b. of us** tous les deux; **b. of them died** ils sont morts tous les deux

3 *adv (at the same time)* à la fois; **b. in England and in France** en Angleterre comme en France; **b. you and I know that...** vous et moi, nous savons que...

bother ['bɒðə(r)] **1** *n (trouble)* ennui *m*; *(effort)* peine *f*; *(inconvenience)* dérangement *m* **2** *vt (annoy, worry)* ennuyer; *(disturb)* déranger; *(pester)* importuner; *(hurt, itch) (of foot, eye)* gêner; **to b. doing** *or* **to do sth** se donner la peine de faire qch; **I can't be bothered** ça ne me dit rien **3** *vi* **to b. about** *(worry about)* se préoccuper de; *(deal with)* s'occuper de; **don't b.!** ce n'est pas la peine!

bottle ['bɒtəl] **1** *n* bouteille *f*; *(for perfume)* flacon *m*; *(for baby)* biberon *m*; **b. bank** conteneur *m* pour verre usagé; **b. opener** ouvre-bouteilles *m inv* **2** *vt (milk, wine)* mettre en bouteilles; **to b. up** *(feeling)* refouler ▪ **bottle-feed** (*pt & pp* **-fed**) *vt* nourrir au biberon ▪ **bottleneck** *n (in road)* goulot *m* d'étranglement; *(in traffic)* bouchon *m*

bottom ['bɒtəm] **1** *n (of sea, box)* fond *m*; *(of page, hill)* bas *m*; *(of table)* bout *m*; *(buttocks)* derrière *m*; **to be (at the) b. of the class** être le dernier/la dernière de la classe

2 *adj (shelf)* inférieur, du bas; **b. floor** rez-de-chaussée *m*; **b. gear** première vitesse *f*; **b. part** *or* **half** partie *f* inférieure; *Fig* **the b. line is that...** le fait est que... ▪ **bottomless** *adj (funds)* inépuisable; **b. pit** gouffre *m*

bought [bɔːt] *pt & pp of* **buy**

boulder ['bəʊldə(r)] *n* rocher *m*

bounce [baʊns] **1** *n* rebond *m* **2** *vt (ball)* faire rebondir **3** *vi (of ball)* rebondir (**off** contre); *(of person)* faire des bonds; *Fam (of cheque)* être sans provision

bouncer ['baʊnsə(r)] *n Fam (doorman)* videur *m*

bound[1] [baʊnd] *adj* (**a**) **b. to do** *(obliged)* obligé de faire; *(certain)* sûr de faire; **it's b. to snow** il va sûrement neiger; **to be b. for** *(of person, ship)* être en route pour; *(of train, plane)* être à destination de (**b**) **b. up with** *(connected)* lié à

bound[2] [baʊnd] **1** *n (leap)* bond *m* **2** *vi* bondir

bound[3] [bæʊnd] *pt & pp of* **bind**

boundary ['baʊndərɪ] (*pl* **-ies**) *n* limite *f*

bounds [baʊndz] *npl* limites *fpl*; **out of b.** *(place)* interdit

bouquet [bəʊ'keɪ] *n (of flowers, wine)* bouquet *m*

bout [baʊt] *n (of fever, coughing, violence)* accès *m*; *(of asthma, malaria)* crise *f*; *(session)* séance *f*; *(period)* période *f*; *(in boxing)* combat *m*; **a b. of flu** une grippe

boutique [buː'tiːk] *n* boutique *f* (de mode)

bow[1] [bəʊ] *n (weapon)* arc *m*; *(of violin)* archet *m*; *(knot)* nœud *m*; **b. tie** nœud *m* papillon ▪ **bow-legged** *adj* aux jambes arquées

bow[2] [baʊ] **1** *n (with knees bent)* révérence *f*; *(nod)* salut *m* **2** *vt* **to b. one's head** incliner la tête **3** *vi* s'incliner (**to** devant); *(nod)* incliner la tête (**to** devant); **to b. down (to)** *(submit)* s'incliner (devant)

bow[3] [baʊ] *n (of ship)* proue *f*

bowels ['baʊəlz] *npl* intestins *mpl*

bowl[1] [bəʊl] *n (small dish)* bol *m*; *(for salad)* saladier *m*; *(for soup)* assiette *f* creuse; *(of toilet)* cuvette *f*

bowl[2] [bəʊl] **1** *n* **bowls** *(game)* boules

fpl **2** *vi (in cricket)* lancer la balle ■ **bowling** *n* **(tenpin) b.** bowling *m*; **b. alley** bowling *m;* **b. ball** boule *f* de bowling; **b. green** terrain *m* de boules

▸**bowl over** *vt sep (knock down)* renverser; *Fig (astound)* **to be bowled over by sth** être stupéfié par qch

box [bɒks] **1** *n* boîte *f*; *(larger)* caisse *f*; *(made of cardboard)* carton *m*; *(in theatre)* loge *f*; *(for horse, in stable)* box *m*; *Br Fam (television)* télé *f*; **b. office** bureau *m* de location; *Br* **b. room** *(for storage)* débarras *m*; *(bedroom)* petite chambre *f*
2 *vt* (**a**) **to b. (up)** mettre en boîte/caisse; **to b. in** *(enclose)* enfermer (**b**) **to b. sb's ears** gifler qn
3 *vi* boxer ■ **boxing** *n* (**a**) *(sport)* boxe *f*; **b. gloves/match** gants *mpl*/combat *m* de boxe; **b. ring** ring *m* (**b**) *Br* **B. Day** le lendemain de Noël

boxer ['bɒksə(r)] *n (fighter)* boxeur *m*; *(dog)* boxer *m*

boy [bɔɪ] *n* garçon *m* ■ **boyfriend** *n* petit ami *m*

boycott ['bɔɪkɒt] **1** *n* boycottage *m* **2** *vt* boycotter

bra [brɑː] *n* soutien-gorge *m*

brace [breɪs] **1** *n (dental)* appareil *m* dentaire; *(on leg, arm)* appareil *m* orthopédique; *(for fastening)* attache *f*; *Br* **braces** *(for trousers)* bretelles *fpl* **2** *vt* **to b. oneself for sth** *(news, shock)* se préparer à qch ■ **bracing** *adj (air)* vivifiant

bracelet ['breɪslɪt] *n* bracelet *m*

bracket ['brækɪt] **1** *n (for shelves)* équerre *f*; *(in writing)* parenthèse *f*; *(group)* groupe *m*; *(for tax)* tranche *f*; **in brackets** entre parenthèses **2** *vt* mettre entre parenthèses

brag [bræg] *(pt & pp* **-gg-***) vi* se vanter (**about** *or* **of sth** de qch; **about doing sth** de faire qch)

braid [breɪd] **1** *n (of hair)* tresse *f*; *(trimming)* galon *m* **2** *vt (hair)* tresser; *(trim)* galonner

Braille [breɪl] *n* braille *m*; **in B.** en braille

brain [breɪn] **1** *n* cerveau *m*; *(of animal, bird)* cervelle *f*; *Fam* **to have brains** être intelligent; *Fam* **to have sth on the b.** être obsédé par qch; **b. death** mort *f* cérébrale; **b. drain** fuite *f* des cerveaux **2** *vt Fam (hit)* assommer ■ **brainchild** *n* trouvaille *f* ■ **brainstorm** *n Am (brilliant idea)* idée *f* géniale; *Br (mental confusion)* aberration *f* ■ **brainwash** *vt* faire un lavage de cerveau à ■ **brainwave** *n* idée *f* géniale

brainy ['breɪnɪ] (**-ier, -iest**) *adj Fam* intelligent

brake [breɪk] **1** *n* frein *m*; **b. light** stop *m* **2** *vi* freiner

bran [bræn] *n* son *m*

branch [brɑːntʃ] **1** *n* branche *f*; *(of road)* embranchement *m*; *(of river)* bras *m*; *(of shop)* succursale *f*; *(of bank)* agence *f*; **b. office** succursale *f* **2** *vi* **to b. off** *(of road)* bifurquer; **to b. out** *(of company, person)* étendre ses activités; *(of family, tree)* se ramifier

brand [brænd] **1** *n (on product, on cattle)* marque *f*; *(type)* type *m*, style *m*; **b. name** marque *f* **2** *vt (mark)* marquer; *Fig* **to be branded as a liar/coward** avoir une réputation de menteur/lâche

brandish ['brændɪʃ] *vt* brandir

brand-new [brænd'njuː] *adj* tout neuf (*f* toute neuve)

brandy ['brændɪ] (*pl* **-ies**) *n* cognac *m*; *(made with fruit)* eau-de-vie *f*

brash [bræʃ] *adj* exubérant

brass [brɑːs] *n* cuivre *m*; *(instruments in orchestra)* cuivres *mpl*; *Fam* **b. band** fanfare *f*

brat [bræt] *n Pej (child)* morveux, -euse *mf*; *(badly behaved)* sale gosse *mf*

brave [breɪv] **1** (**-er, -est**) *adj* courageux, -euse **2** *n (native American)* brave *m* **3** *vt (danger)* braver ■ **bravery** *n* courage *m*

brawl [brɔːl] **1** *n (fight)* bagarre *f* **2** *vi* se bagarrer

Brazil [brə'zɪl] *n* le Brésil ■ **Brazilian 1**

adj brésilien, -enne **2** *n* Brésilien, -enne *mf*

breach [briːtʃ] **1** *n (of rule)* violation *f* (**of** de); **b. of contract** rupture *f* de contrat; **b. of trust** abus *m* de confiance **2** *vt (law, code)* enfreindre à; *(contract)* rompre

bread [bred] *n* pain *m*; *Fam (money)* blé *m*; **loaf of b.** pain *m*; **brown b.** pain *m* bis; **(slice** *or* **piece of) b. and butter** pain *m* beurré; **b. knife** couteau *m* à pain ▪ **breadbin** (*Am* **breadbox**) *n* boîte *f* à pain ▪ **breadboard** *n* planche *f* à pain ▪ **breadcrumb** *n* miette *f* de pain; **breadcrumbs** *(in cooking)* chapelure *f* ▪ **breaded** *adj* pané ▪ **breadline** *n* **on the b.** indigent ▪ **breadwinner** *n* **to be the b.** faire bouillir la marmite

breadth [bretθ] *n* largeur *f*

break [breɪk] **1** *n* cassure *f*; *(in bone)* fracture *f*; *(with person, group)* rupture *f*; *(in journey)* interruption *f*; *(rest)* repos *m*; *(in activity)* pause *f*; *(at school)* récréation *f*; *(holidays)* vacances *fpl*

2 (*pt* **broke**, *pp* **broken**) *vt* casser; *(into pieces, with force)* briser; *(silence, spell, vow)* rompre; *(strike, will, ice)* briser; *(agreement, promise)* manquer à; *(law)* violer; *(record)* battre; *(journey)* interrompre; *(news)* annoncer (**to** à); *(habit)* se débarrasser de; **to b. one's arm** se casser le bras; **to b. sb's heart** briser le cœur à qn; *Fam* **to b. the sound barrier** franchir le mur du son; **to b. a fall** amortir une chute

3 *vi* se casser; *(into pieces, of heart, of voice)* se briser; *(of boy's voice)* muer; *(of spell)* se rompre; *(of weather)* changer; *(of news)* éclater; *(of day)* se lever; *(stop work)* faire la pause; **to b. in two** se casser en deux; **to b. free** se libérer; **to b. loose** se détacher ▪ **breakable** *adj* fragile ▪ **breakage** *n* **were there any breakages?** est-ce qu'il y a eu de la casse? ▪ **breakdown** *n (of machine)* panne *f*; *(of argument, figures)* analyse *f*; *(of talks, negotiations)* échec *m*; *(of person)* dépression *f*; *Br* **b. lorry** *or* **van** dépanneuse *f*

▸**break away 1** *vi* se détacher **2** *vt sep* détacher

▸**break down 1** *vt sep (door)* enfoncer; *(resistance)* briser; *(argument, figures)* analyser **2** *vi (of machine)* tomber en panne; *(of talks, negotiations)* échouer; *(of person) (have nervous breakdown)* craquer; *(start crying)* éclater en sanglots

▸**break in 1** *vi (of burglar)* entrer par effraction; *(interrupt)* interrompre **2** *vt sep (door)* enfoncer; *(horse)* dresser

▸**break into** *vt insep (house)* entrer par effraction; *(safe)* forcer; **to b. into song/a run** se mettre à chanter/courir

▸**break off 1** *vt sep (detach) (twig, handle)* détacher; *(relations)* rompre **2** *vi (become detached)* se casser; *(stop)* s'arrêter; **to b. off with sb** rompre avec qn

▸**break out** *vi (of war, fire)* éclater; *(escape)* s'échapper (**of** de); **to b. out in a rash** se couvrir de boutons

▸**break through 1** *vi (of sun, army)* percer **2** *vt insep (defences)* percer; *(barrier)* forcer; *(wall)* faire une brèche dans

▸**break up 1** *vt sep (reduce to pieces)* mettre en morceaux; *(marriage)* briser; *(fight)* mettre fin à **2** *vi (end)* prendre fin; *(of group)* se disperser; *(of marriage)* se briser; *(from school)* partir en vacances

breakfast ['brekfəst] *n* petit déjeuner *m*; **to have b.** prendre le petit déjeuner; **b. TV** émissions *fpl* (télévisées) du matin

break-in ['breɪkɪn] *n* cambriolage *m*

breaking-point ['breɪkɪŋpɔɪnt] *n* **at b.** *(person, patience)* à bout; *(marriage)* au bord de la rupture

breakthrough ['breɪkθruː] *n (discovery)* découverte *f* fondamentale

breast [brest] *n (of woman)* sein *m*; *(chest)* poitrine *f*; *(of chicken)* blanc *m* ▪ **breastfeed** (*pt & pp* **-fed**) *vt* allaiter ▪ **breaststroke** *n (in swimming)* brasse *f*

breath [breθ] *n* souffle *m*; **bad b.** mauvaise haleine *f*; **out of b.** à bout de souffle; **to hold one's b.** retenir son souffle; **under one's b.** tout bas ■ **breathalyser®** *n* Alcotest® *m* ■ **breathless** *adj* hors d'haleine ■ **breathtaking** *adj* à couper le souffle

breathe [bri:ð] **1** *vi (of person, animal)* respirer; **to b. in** inhaler; **to b. out** expirer **2** *vt* respirer; **to b. a sigh of relief** pousser un soupir de soulagement ■ **breathing** *n* respiration *f*; *Fig* **b. space** moment *m* de repos

bred [bred] **1** *pt & pp of* **breed 2** *adj* **well-b.** bien élevé

breed [bri:d] **1** *n* race *f* **2** (*pt & pp* **bred**) *vt (animals)* élever; *Fig (hatred, violence)* engendrer **3** *vi (of animals)* se reproduire ■ **breeding** *n (of animals)* élevage *m*; *Fig (manners)* éducation *f*

breeze [bri:z] *n* brise *f* ■ **breezy** (**-ier, -iest**) *adj* (**a**) *(weather, day)* frais (*f* fraîche), venteux, -euse (**b**) *(cheerful)* jovial; *(relaxed)* décontracté

brew [bru:] **1** *n (drink)* breuvage *m*; *(of tea)* infusion *f* **2** *vt (beer)* brasser; *Fig (trouble, plot)* préparer **3** *vi (of beer)* fermenter; *(of tea)* infuser; *Fig (of storm)* se préparer ■ **brewery** (*pl* **-ies**) *n* brasserie *f*

bribe [braɪb] **1** *n* pot-de-vin *m* **2** *vt* acheter, soudoyer; **to b. sb into doing sth** soudoyer qn pour qu'il fasse qch ■ **bribery** *n* corruption *f*

brick [brɪk] *n* brique *f*; **b. wall** mur en briques ■ **bricklayer** *n* maçon *m*

bridal ['braɪdəl] *adj (ceremony, bed)* nuptial; **b. suite** *(in hotel)* suite *f* nuptiale

bride [braɪd] *n* mariée *f*; **the b. and groom** les mariés *mpl* ■ **bridegroom** *n* marié *m* ■ **bridesmaid** *n* demoiselle *f* d'honneur

bridge[1] [brɪdʒ] **1** *n* pont *m*; *(on ship)* passerelle *f*; *(of nose)* arête *f*; *(on teeth)* bridge *m* **2** *vt* **to b. a gap** combler une lacune

bridge[2] [brɪdʒ] *n (game)* bridge *m*

brief[1] [bri:f] (**-er, -est**) *adj* bref (*f* brève); **in b.** en résumé ■ **briefly** *adv (say)* brièvement; *(hesitate, smile)* un court instant

brief[2] [bri:f] **1** *n (instructions)* instructions *fpl*; *(legal)* dossier *m*; *Fig (task)* tâche *f* **2** *vt* donner des instructions à; *(inform)* mettre au courant (**on** de) ■ **briefing** *n (information)* instructions *fpl*; *(meeting)* briefing *m*

briefcase ['bri:fkeɪs] *n* serviette *f*

briefs [bri:fs] *npl (underwear)* slip *m*

brigade [brɪ'geɪd] *n* brigade *f*

bright [braɪt] **1** (**-er, -est**) *adj (star, eyes, situation)* brillant; *(light, colour)* vif (*f* vive); *(weather, room)* clair; *(clever)* intelligent; *(happy)* joyeux, -euse; *(future)* prometteur, -euse; *(idea)* génial **2** *adv* **b. and early** de bon matin ■ **brightly** *adv (shine)* avec éclat

brighten ['braɪtən] **1** *vt* **to b. (up)** *(room)* égayer **2** *vi* **to b. (up)** *(of weather)* s'éclaircir; *(of face)* s'éclairer; *(of person)* s'égayer

brilliant ['brɪljənt] *adj (light)* éclatant; *(person, idea, career)* brillant; *Br Fam (fantastic)* super *inv*

brim [brɪm] **1** *n (of hat, cup)* bord *m* **2** (*pt & pp* **-mm-**) *vi* **to b. over (with)** déborder (de)

bring [brɪŋ] (*pt & pp* **brought**) *vt (person, animal, car)* amener; *(object)* apporter; *(cause)* provoquer; **it has brought me great happiness** cela m'a procuré un grand bonheur; **to b. sth to sb's attention** attirer l'attention de qn sur qch; **to b. sth to an end** mettre fin à qch

▸**bring about** *vt sep* provoquer

▸**bring along** *vt sep (object)* apporter; *(person)* amener

▸**bring back** *vt sep (person)* ramener; *(object)* rapporter; *(memories)* rappeler

▸**bring down** *vt sep (object)* descendre; *(overthrow)* faire tomber; *(reduce)* réduire; *(shoot down) (plane)* abattre

▸**bring forward** *vt sep (in time or space)* avancer; *(witness)* produire

▸**bring in** *vt sep (object)* rentrer;

(person) faire entrer; *(introduce)* introduire; *(income)* rapporter

▸**bring off** *vt sep (task)* mener à bien

▸**bring out** *vt sep (object)* sortir; *(person)* faire sortir; *(meaning)* faire ressortir; *(book)* publier; *(product)* lancer

▸**bring round** *vt sep (revive)* ranimer; *(convert)* convaincre; **she brought him round to her point of view** elle a su le convaincre

▸**bring to** *vt sep* **to b. sb to** ranimer qn

▸**bring together** *vt sep (friends, members)* réunir; *(reconcile)* réconcilier; *(put in touch)* mettre en contact

▸**bring up** *vt sep (object)* monter; *(child)* élever; *(question)* soulever; *(subject)* mentionner; *(food)* rendre

brink [brɪŋk] *n* bord *m*; **on the b. of sth** au bord de qch

brisk [brɪsk] (**-er, -est**) *adj (lively)* vif (*f* vive); **at a b. pace** vite; **business is b.** les affaires marchent bien

bristle ['brɪsəl] **1** *n* poil *m* **2** *vi* se hérisser

Britain ['brɪtən] *n* la Grande-Bretagne ▪ **British 1** *adj* britannique; **the B. Isles** les îles *fpl* Britanniques; **B. Summer Time** heure *f* d'été *(en Grande-Bretagne)* **2** *npl* **the B.** les Britanniques *mpl* ▪ **Briton** *n* Britannique *mf*

Brittany ['brɪtənɪ] *n* la Bretagne

brittle ['brɪtəl] *adj* cassant

broad [brɔːd] (**-er, -est**) *adj (wide)* large; *(accent)* prononcé; **in b. daylight** en plein jour; **the b. outline of** *(plan)* les grandes lignes de; **b. bean** fève *f*; *Am Sport* **b. jump** saut *m* en longueur ▪ **broad-minded** *adj (person)* à l'esprit large; ▪ **broad-shouldered** *adj* large d'épaules ▪ **broaden 1** *vt* élargir **2** *vi* s'élargir ▪ **broadly** *adv* **b. (speaking)** en gros

broadcast ['brɔːdkɑːst] **1** *n* émission *f* **2** (*pt & pp* **broadcast**) *vt* diffuser **3** *vi (of station)* émettre; *(of person)* parler à la radio/à la télévision

broccoli ['brɒkəlɪ] *n inv (plant)* brocoli *m*; *(food)* brocolis *mpl*

brochure ['brəʊʃə(r)] *n* brochure *f*

broil [brɔɪl] *vt & vi Am* griller

broke [brəʊk] **1** *pt of* **break 2** *adj Fam (penniless)* fauché ▪ **broken 1** *pp of* **break 2** *adj (man, voice, line)* brisé; *(ground)* accidenté; *(spirit)* abattu; **in b. English** en mauvais anglais; **b. home** famille *f* désunie

broker ['brəʊkə(r)] *n (for shares, currency)* agent *m* de change; *(for goods, insurance)* courtier, -ère *mf*

bronchitis [brɒŋ'kaɪtɪs] *n* bronchite *f*

bronze [brɒnz] *n* bronze *m*; **b. statue** statue *f* en bronze

brooch [brəʊtʃ] *n (ornament)* broche *f*

brood [bruːd] **1** *n* couvée *f* **2** *vi (of bird)* couver; *Fig* **to b. over sth** *(of person)* ruminer qch ▪ **broody** (**-ier, -iest**) *adj (person) (sulky)* maussade; *(dreamy)* rêveur, -euse; *Br Fam (woman)* en mal d'enfant

broom [bruːm] *n* (**a**) *(for sweeping)* balai *m* (**b**) *(plant)* genêt *m*

broth [brɒθ] *n (thin)* bouillon *m*; *(thick)* potage *m*

brothel ['brɒθəl] *n* maison *f* close

brother ['brʌðə(r)] *n* frère *m* ▪ **brother-in-law** (*pl* **brothers-in-law**) *n* beau-frère *m*

brought [brɔːt] *pt & pp of* **bring**

brow [braʊ] *n* (**a**) *(forehead)* front *m* (**b**) *(of hill)* sommet *m*

brown [braʊn] **1** (**-er, -est**) *adj* marron *inv*; *(hair)* châtain; *(tanned)* bronzé **2** *n* marron *m* **3** *vt (food)* faire dorer **4** *vi (of food)* dorer

Brownie ['braʊnɪ] *n (girl scout)* ≃ jeannette *f*

brownie ['braʊnɪ] *n (cake)* brownie *m*

browse [braʊz] **1** *vt Comptr* **to b. the Web** naviguer sur le Web **2** *vi (in bookshop)* feuilleter des livres; *(in shop, supermarket)* regarder; **to b. through** *(book)* feuilleter

bruise [bruːz] **1** *n* bleu *m*; *(on fruit)* meurtrissure *f* **2** *vt* **to b. one's knee/hand** se faire un bleu au genou/à la main ▪ **bruised** *adj (covered in bruises)* couvert de bleus

brunch [brʌntʃ] *n* brunch *m*
brunette [bruːˈnet] *n* brunette *f*
brunt [brʌnt] *n* **to bear the b. of** *(attack, anger)* subir le plus gros de; *(expense)* assumer la plus grosse part de
brush [brʌʃ] **1** *n (tool)* brosse *f*; *(for shaving)* blaireau *m*; *(for sweeping)* balayette *f*; **to give sth a b.** donner un coup de brosse à qch
2 *vt (teeth, hair)* brosser; *(clothes)* donner un coup de brosse à; **to b. sb/sth aside** écarter qn/qch; **to b. sth away** *or* **off** enlever qch; **to b. up (on) one's French** se remettre au français **3** *vi* **to b. against sb/sth** effleurer qn/qch ▪ **brush-off** *n Fam* **to give sb the b.** envoyer promener qn
brusque [bruːsk] *adj* brusque
Brussels [ˈbrʌsəlz] *n* Bruxelles *m ou f*; **B. sprouts** choux *mpl* de Bruxelles
brutal [ˈbruːtəl] *adj* brutal; *(attack)* sauvage
brute [bruːt] **1** *n (animal)* bête *f*; *(person)* brute *f* **2** *adj* **by b. force** par la force
BSc [biːesˈsiː] (*Am* **BS** [biːˈes]) (*abbr* **Bachelor of Science**) *(person)* ≃ licencié, -e *mf* ès sciences; *(qualification)* ≃ licence *f* de sciences
BSE [biːesˈiː] (*abbr* **bovine spongiform encephalopathy**) *n* EBS *f*, maladie *f* de la vache folle
bubble [ˈbʌbəl] **1** *n (of air, soap)* bulle *f*; **b. bath** bain *m* moussant; **b. gum** chewing-gum *m* **2** *vi (of liquid)* bouillonner; **to b. over (with)** déborder (de)
bubbly [ˈbʌblɪ] **1** *adj (liquid)* plein de bulles; *(person, personality)* débordant de vitalité **2** *n Fam* champ *m*
buck [bʌk] **1** *n* (**a**) *Am Fam* dollar *m* (**b**) *(of rabbit)* mâle *m* **2** *vt Fam* **to b. sb up** remonter le moral à qn **3** *vi Fam* **to b. up** *(become livelier)* reprendre du poil de la bête; *(hurry)* se grouiller
bucket [ˈbʌkɪt] *n* seau *m*
buckle [ˈbʌkəl] **1** *n* boucle *f* **2** *vt* (**a**) *(fasten)* boucler (**b**) *(deform)* déformer **3** *vi (deform)* se déformer
bud [bʌd] **1** *n (on tree)* bourgeon *m*; *(on flower)* bouton *m* **2** *(pt & pp* **-dd-***) vi* bourgeonner; *(of flower)* pousser des boutons ▪ **budding** *adj (talent)* naissant; *(doctor)* en herbe
Buddhist [ˈbʊdɪst] *adj & n* bouddhiste *(mf)*
buddy [ˈbʌdɪ] (*pl* **-ies**) *n Am Fam* pote *m*
budge [bʌdʒ] **1** *vi* bouger **2** *vt* faire bouger
budgerigar [ˈbʌdʒərɪgɑː(r)] *n Br* perruche *f*
budget [ˈbʌdʒɪt] **1** *n* budget *m* **2** *vi* dresser un budget; **to b. for sth** inscrire qch au budget
budgie [ˈbʌdʒɪ] *n Br Fam* perruche *f*
buff [bʌf] **1** *adj* **b.(-coloured)** chamois *inv* **2** *n Fam* **jazz/film b.** fanatique *mf* de jazz/de cinéma
buffalo [ˈbʌfələʊ] (*pl* **-oes** *or* **-o**) *n* buffle *m*; **(American) b.** bison *m*
buffer [ˈbʌfə(r)] *n (on train)* tampon *m*; *(at end of track)* butoir *m*; *Fig (safeguard)* protection *f* (**against** contre)
buffet¹ [ˈbʊfeɪ] *n (meal, café)* buffet *m*; **cold b.** viandes *fpl* froides; *Br* **b. car** *(on train)* wagon-restaurant *m*
buffet² [ˈbʌfɪt] *vt (of waves)* secouer; *(of wind, rain)* cingler
bug¹ [bʌg] **1** *n* (**a**) *(insect)* bestiole *f*; *(bedbug)* punaise *f*; *Fam (germ)* microbe *m* (**b**) *(in machine)* défaut *m*; *Comptr* bogue *m* (**c**) *(listening device)* micro *m* **2** *(pt & pp* **-gg-***) vt (room)* installer des micros dans
bug² [bʌg] *(pt & pp* **-gg-***) vt Fam (nag)* embêter
buggy [ˈbʌgɪ] (*pl* **-ies**) *n Br* **(baby) b.** *(pushchair)* poussette *f*; *Am (pram)* landau *m*
build [bɪld] **1** *n (of person)* carrure *f* **2** *(pt & pp* **built** [bɪlt]*) vt* construire; **to b. sth up** *(increase)* augmenter qch; *(business)* monter qch **3** *vi* **to b. up** *(of tension, pressure)* augmenter; *(of dust, snow, interest)* s'accumuler; *(of traffic)* devenir dense ▪ **builder** *n (skilled)* maçon *m*; *(unskilled)* ouvrier *m*; *(contractor)* entrepreneur *m* ▪ **building** *n*

bâtiment *m*; *(flats, offices)* immeuble *m*; *(action)* construction *f*; **b. site** chantier *m*; *Br* **b. society** ≃ société *f* de crédit immobilier ▪ **build-up** *n (increase)* augmentation *f*; *(of dust)* accumulation *f*; *(for author, book)* publicité *f*

built-in [bɪlt'ɪn] *adj (cupboard)* encastré; *(part of machine)* incorporé; *Fig (innate)* inné

built-up ['bɪltʌp] *adj* urbanisé; **b. area** agglomération *f*

bulb [bʌlb] *n (of plant)* bulbe *m*; *(of lamp)* ampoule *f*

bulge [bʌldʒ] **1** *n* renflement *m* **2** *vi* **to b. (out)** bomber; *(of eyes)* sortir de la tête ▪ **bulging** *adj* bombé; *(eyes)* protubérant; **to be b. (with)** *(of bag, pocket)* être bourré (de)

bulimia [bʊ'lɪmɪə] *n* boulimie *f*

bulk [bʌlk] *n inv (of building, parcel)* volume *m*; *(of person)* grosseur *f*; **the b. of sth** la majeure partie de qch; **in b.** *(buy, sell)* en gros ▪ **bulky** (**-ier, -iest**) *adj* volumineux, -euse

bull [bʊl] *n* (**a**) *(animal)* taureau *m* (**b**) *very Fam (nonsense)* conneries *fpl* ▪ **bullfight** *n* corrida *f*

bulldozer ['bʊldəʊzə(r)] *n* bulldozer *m*

bullet ['bʊlɪt] *n* balle *f* ▪ **bulletproof** *adj (car)* blindé; **b. glass** vitre *f* blindée; *Br* **b. jacket,** *Am* **b. vest** gilet *m* pare-balles *inv*

bulletin ['bʊlətɪn] *n* bulletin *m*; *Am* **b. board** panneau *m* d'affichage

bullion ['bʊljən] *n* **gold b.** lingots *mpl* d'or

bull's-eye ['bʊlzaɪ] *n (of target)* centre *m*; **to hit the b.** mettre dans le mille

bully ['bʊlɪ] **1** (*pl* **-ies**) *n* terreur *f* **2** (*pt & pp* **-ied**) *vt (ill-treat)* maltraiter

bum [bʌm] *Fam* **1** *n* (**a**) *(loafer)* clochard, -e *mf*; *(good-for-nothing)* bon *m* à rien, bonne *f* à rien (**b**) *Br (buttocks)* derrière *m*; **b. bag** banane *f* **2** (*pt & pp* **-mm-**) *vi* **to b. (around)** *(be idle)* glander; *(travel)* vadrouiller **3** *vt* **to b. sth off sb** taxer qch à qn

bump [bʌmp] **1** *n (impact)* choc *m*; *(jerk)* secousse *f*; *(on road, body)* bosse *f* **2** *vt (of car)* heurter; **to b. one's head/knee** se cogner la tête/le genou; **to b. into** *(of person)* se cogner contre; *(of car)* rentrer dans; *(meet)* tomber sur ▪ **bumper 1** *n (of car)* pare-chocs *m inv* **2** *adj (crop, year)* exceptionnel, -elle

bumpy ['bʌmpɪ] (**-ier, -iest**) *adj (road, ride)* cahoteux, -euse

bun [bʌn] *n* (**a**) *(cake)* petit pain *m* au lait (**b**) *(of hair)* chignon *m*

bunch [bʌntʃ] *n (of flowers)* bouquet *m*; *(of keys)* trousseau *m*; *(of bananas)* régime *m*; *(of grapes)* grappe *f*; *(of people)* bande *f*

bundle ['bʌndəl] **1** *n* paquet *m*; *(of papers)* liasse *f*; *(of firewood)* fagot *m* **2** *vt (put)* fourrer (**into** dans); *(push)* pousser (**into** dans); **to b. up** *(newspapers, letters)* mettre en paquet **3** *vi* **to b. (oneself) up** (bien) se couvrir

bungalow ['bʌŋgələʊ] *n* pavillon *m* de plain-pied

bungle ['bʌŋgəl] **1** *vt* gâcher **2** *vi* se tromper

bunk [bʌŋk] *n (in ship, train)* couchette *f*; **b. beds** lits *mpl* superposés

bunker ['bʌŋkə(r)] *n Mil & Golf* bunker *m*; *(for coal)* coffre *m* à charbon

bunny ['bʌnɪ] (*pl* **-ies**) *n Fam* **b. (rabbit)** petit lapin *m*

buoy [bɔɪ] **1** *n* bouée *f* **2** *vt Fig* **to b. up** *(support)* soutenir

buoyant ['bɔɪənt] *adj (in water)* qui flotte; *Fig (economy, prices)* stable; *Fig (person, mood)* plein d'allant

burden ['bɜːdən] **1** *n* fardeau *m* **2** *vt* charger (**with** de); *Fig* accabler (**with** de)

bureau ['bjʊərəʊ] (*pl* **-eaux** [-əʊz]) *n (office)* bureau *m*; *Br (desk)* secrétaire *m*; *Am (chest of drawers)* commode *f*

bureaucracy [bjʊə'rɒkrəsɪ] *n* bureaucratie *f* ▪ **bureaucrat** *n* bureaucrate *mf*

burger ['bɜːgə(r)] *n* hamburger *m*

burglar ['bɜ:glə(r)] *n* cambrioleur, -euse *mf*; **b. alarm** alarme *f* antivol ▪ **burglarize** *vt Am* cambrioler ▪ **burgle** *vt Br* cambrioler

burial ['berɪəl] **1** *n* enterrement *m* **2** *adj (service)* funèbre; **b. ground** cimetière *m*

burn [bɜ:n] **1** *n* brûlure *f* **2** *(pt & pp* **burned** *or* **burnt***) vt* brûler; **to b. sth down** incendier qch **3** *vi* brûler; **to b. down** *(of house)* être détruit par les flammes; *(of fuse)* sauter ▪ **burning 1** *adj* en feu; *(fire)* allumé; *Fig (fever)* dévorant **2** *n* **a smell of b.** une odeur de brûlé

burner ['bɜ:nə(r)] *n (on stove)* brûleur *m*; *Fig* **to put sth on the back b.** remettre qch à plus tard

burp [bɜ:p] *Fam* **1** *n* rot *m* **2** *vi* roter

burrow ['bʌrəʊ] **1** *n (hole)* terrier *m* **2** *vt & vi* creuser

burst [bɜ:st] **1** *n (of shell)* éclatement *m*, explosion *f*; *(of laughter)* éclat *m*; *(of applause)* salve *f*; *(of thunder)* coup *m*; *(surge)* élan *m*

2 *(pt & pp* **burst***) vt (bubble, balloon, boil)* crever; *(tyre)* faire éclater; **to b. open** *(door)* ouvrir brusquement

3 *vi (of bubble, balloon, boil, tyre, cloud)* crever; *(with force) (of shell, boiler, tyre)* éclater; **to b. into a room** faire irruption dans une pièce; **to b. into flames** prendre feu; **to b. into tears** fondre en larmes; **to b. out laughing** éclater de rire; **to b. open** *(of door)* s'ouvrir brusquement

bury ['berɪ] *(pt & pp* **-ied***) vt (body)* enterrer; *(hide)* enfouir; *(plunge)* plonger (**in** dans); **buried in one's work** plongé dans son travail

bus [bʌs] *(pl* **buses** *or* **busses***) n* autobus *m*, bus *m*; *(long-distance)* autocar *m*, car *m*; **by b.** en bus/en car; **b. driver** chauffeur *m* de bus/car; **b. shelter** Abribus® *m*; **b. station** gare *f* routière; **b. stop** arrêt *m* de bus

bush [bʊʃ] *n* buisson *m*; **the b.** *(land)* la brousse ▪ **bushy** (**-ier, -iest**) *adj (hair, tail)* touffu

bushed [bʊʃt] *adj Fam (tired)* crevé

business ['bɪznɪs] **1** *n* affaires *fpl*, commerce *m*; *(shop)* commerce *m*; *(company, task, concern, matter)* affaire *f*; **the textile/construction b.** l'industrie *f* du textile/de la construction; **big b.** les grosses entreprises *fpl*; **to go out of b.** *(stop trading)* fermer; **that's none of your b.!, mind your own b.!** ça ne vous regarde pas!

2 *adj* commercial; *(meeting, trip, lunch)* d'affaires; **b. card** carte *f* de visite; **b. hours** *(office)* heures *fpl* de bureau; *(shop)* heures *fpl* d'ouverture; **b. school** école *f* de commerce ▪ **businessman** *(pl* **-men***) n* homme *m* d'affaires ▪ **businesswoman** *(pl* **-women***) n* femme *f* d'affaires

bust [bʌst] **1** *n (statue)* buste *m*; *(of woman)* poitrine *f* **2** *adj Fam (broken)* fichu; **to go b.** *(bankrupt)* faire faillite **3** *(pt & pp* **bust** *or* **busted***) vt Fam (break)* bousiller; *(arrest)* coffrer ▪ **bust-up** *n Fam (quarrel)* engueulade *f*; *(break-up)* rupture *f*

bustle ['bʌsəl] **1** *n* animation *f* **2** *vi* **to b. (about)** s'affairer

busy ['bɪzɪ] **1** (**-ier, -iest**) *adj* occupé; *(active)* actif, -ive; *(day)* chargé; *(street)* animé; *Am (phone, line)* occupé; **to be b. doing** *(in the process of)* être occupé à faire; **to keep oneself b.** s'occuper; **the shops were very b.** il y avait plein de monde dans les magasins; *Am* **b. signal** sonnerie *f* occupé **2** *vt* **to b. oneself** s'occuper (**with sth** à qch; **doing sth** à faire qch) ▪ **busybody** *(pl* **-ies***) n Fam* fouineur, -euse *mf*

but [bʌt, *unstressed* bət] **1** *conj* mais **2** *prep (except)* sauf; **b. for him** sans lui; **no one b. you** personne d'autre que toi; **the last b. one** l'avant-dernier, -ère *mf*

butcher ['bʊtʃə(r)] **1** *n* boucher *m*; **b.'s (shop)** boucherie *f* **2** *vt (people)* massacrer; *(animal)* abattre

butler ['bʌtlə(r)] *n* maître *m* d'hôtel

butt [bʌt] **1** *n (of cigarette)* mégot *m*; *(of*

gun) crosse *f*; *Am Fam (buttocks)* derrière *m* **2** *vt (with head)* donner un coup de tête à **3** *vi* **to b. in** intervenir

butter ['bʌtə(r)] **1** *n* beurre *m*; *Br* **b. bean** = gros haricot blanc; **b. dish** beurrier *m* **2** *vt* beurrer; *Fam* **to b. sb up** passer de la pommade à qn ▪ **butterscotch** *n* caramel *m* dur au beurre

butterfly ['bʌtəflaɪ] *(pl* **-ies**) *n* papillon *m*; *Fam* **to have butterflies** avoir l'estomac noué; **b. stroke** *(in swimming)* brasse *f* papillon

buttock ['bʌtək] *n* fesse *f*

button ['bʌtən] **1** *n* bouton *m*; *(of phone)* touche *f*; *Am (badge)* badge *m* **2** *vt* **to b. (up)** boutonner **3** *vi* **to b. (up)** *(of garment)* se boutonner ▪ **buttonhole 1** *n* boutonnière *f* **2** *vt Fam (person)* coincer

buy [baɪ] **1** *n* **a good b.** une bonne affaire **2** *(pt & pp* **bought**) *vt* (**a**) *(purchase)* acheter (**from sb** à qn; **for sb** à *ou* pour qn) (**b**) *Am Fam (believe)* avaler; **I'll b. that!** je veux bien le croire! ▪ **buyer** *n* acheteur, -euse *mf*

buzz [bʌz] **1** *n* (**a**) *(noise)* bourdonnement *m* (**b**) *Fam (phone call)* **to give sb a b.** passer un coup de fil à qn **2** *vt* **to b. sb** *(using buzzer)* appeler qn **3** *vi* bourdonner; *Fam* **to b. off** se tirer ▪ **buzzer** *n (internal phone)* Interphone® *m*; *(of bell, clock)* sonnerie *f*

BY [baɪ] **1** *prep* (**a**) *(agent)* par; de; **hit/chosen by** frappé/choisi par; **surrounded/followed by** entouré/suivi de; **a book/painting by...** un livre/tableau de...

(**b**) *(manner, means)* par; en; à; de; **by sea** par mer; **by mistake** par erreur; **by car/train** en voiture/train; **by bicycle** à bicyclette; **by moonlight** au clair de lune; **by doing** en faisant; **one by one** un à un; **day by day** de jour en jour; **by sight/day** de vue/jour; **(all) by oneself** tout seul

(**c**) *(next to)* à côté de; *(near)* près de; **by the lake/sea** au bord du lac/de la mer; **to go** *or* **pass by the bank/school** passer devant la banque/l'école

(**d**) *(before in time)* avant; **by Monday** avant lundi, d'ici lundi; **by now** à cette heure-ci; **by yesterday** (dès) hier

(**e**) *(amount, measurement)* à; **by the kilo** au kilo; **taller by a metre** plus grand d'un mètre; **paid by the hour** payé à l'heure

(**f**) *(according to)* à, d'après; **by my watch** à ma montre; **it's fine** *or* **OK** *or* **all right by me** je n'y vois pas d'objection

2 *adv* **close by** tout près; **to go** *or* **pass by** passer; **by and large** en gros

bye(-bye) ['baɪ('baɪ)] *exclam Fam* salut!, au revoir!

by-law ['baɪlɔː] *n* arrêté *m* (municipal)

bypass ['baɪpɑːs] **1** *n* rocade *f*; **(heart) b. operation** pontage *m* **2** *vt (town)* contourner; *Fig (ignore)* court-circuiter

bystander ['baɪstændə(r)] *n* passant, -e *mf*

byte [baɪt] *n Comptr* octet *m*

Cc

C, c[1] [siː] *n* C, c *m inv*
c[2] (*abbr* **cent(s)**) ct
cab [kæb] *n* taxi *m*; *(of lorry)* cabine *f*
cabaret ['kæbəreɪ] *n* cabaret *m*
cabbage ['kæbɪdʒ] *n* chou *m* (*pl* choux)
cabin ['kæbɪn] *n (on ship)* cabine *f*; *(hut)* cabane *f*; *Aviat* **c. crew** équipage *m*
cabinet[1] ['kæbɪnɪt] *n (cupboard)* armoire *f*; *(for display)* vitrine *f*; **(filing) c.** classeur *m (meuble)*
cabinet[2] ['kæbɪnɪt] *n (government ministers)* gouvernement *m*; **c. minister** ministre *m*
cable ['keɪbəl] **1** *n* câble *m*; **c. car** *(with overhead cable)* téléphérique *m*; **c. television** la télévision par câble **2** *vt (message)* câbler (**to** à)
cactus ['kæktəs] (*pl* **-ti** [-taɪ] *or* **-tuses** [-təsɪz]) *n* cactus *m*
caddie ['kædɪ] *n Golf* caddie *m*
cadet [kə'det] *n* élève *m* officier
cadge [kædʒ] *vt Fam* **to c. money from** *or* **off sb** taper qn
café ['kæfeɪ] *n* café *m*
caffeine ['kæfiːn] *n* caféine *f*
cage [keɪdʒ] **1** *n* cage *f* **2** *vt* **to c. (up)** mettre en cage
cajole [kə'dʒəʊl] *vt* enjôler
cake [keɪk] *n* gâteau *m*; *(small)* pâtisserie *f*
calamity [kə'læmɪtɪ] (*pl* **-ies**) *n* calamité *f*
calculate ['kælkjʊleɪt] *vti* calculer; **to c. that...** *(estimate)* calculer que... ▪ **calculated** *adj (deliberate)* délibéré; **a c. risk** un risque calculé ▪ **calculation** [-'leɪʃən] *n* calcul *m* ▪ **calculator** *n* calculatrice *f*
calendar ['kælɪndə(r)] *n* calendrier *m*; *Am (for engagements)* agenda *m*; **c. month** mois *m* civil
calf [kɑːf] (*pl* **calves**) *n* (**a**) *(animal)* veau *m* (**b**) *(part of leg)* mollet *m*
calibre ['kælɪbə(r)] (*Am* **caliber**) *n* calibre *m*
call [kɔːl] **1** *n (shout)* cri *m*; *(visit)* visite *f*; **(telephone) c.** appel *m* (téléphonique); **to make a c.** téléphoner (**to** à); **to give sb a c.** téléphoner à qn; *Br* **c. box** cabine *f* téléphonique; **c. centre** centre *m* d'appels
2 *vt (phone)* appeler; *(shout to)* crier; **he's called David** il s'appelle David; **to c. sb a liar** traiter qn de menteur
3 *vi* appeler; *(cry out)* crier; *(visit)* passer
▸**call back 1** *vt sep* rappeler **2** *vi* rappeler
▸**call by** *vi (visit)* passer
▸**call for** *vt insep (require)* demander; *(collect)* passer prendre
▸**call in 1** *vt sep (into room)* faire entrer; *(police)* appeler **2** *vi* **to c. in (on sb)** *(visit)* passer (chez qn)
▸**call off** *vt sep (cancel)* annuler; *(strike)* mettre fin à
▸**call on** *vt insep (visit)* passer voir; **to c. on sb to do** *(urge)* sommer qn de faire
▸**call out 1** *vt sep (shout)* crier; *(doctor)* appeler; *(workers)* donner une consigne de grève à **2** *vi (shout)* crier; **to c. out to sb** interpeller qn
▸**call round** *vi (visit)* passer

▸ **call up** *vt sep (phone)* appeler; *Mil (recruits)* appeler (sous les drapeaux)

caller ['kɔːlə(r)] *n* visiteur, -euse *mf*; *(on phone)* correspondant, -e *mf*

callous ['kæləs] *adj (cruel)* insensible

calm [kɑːm] **1** (**-er, -est**) *adj* calme, tranquille; **keep c.!** restez calme! **2** *n* calme *m* **3** *vt* **to c. (down)** calmer **4** *vi* **to c. down** se calmer ▪ **calmly** *adv* calmement

calorie ['kælərɪ] *n* calorie *f*

calves [kɑːvz] *pl of* **calf**

camcorder ['kæmkɔːdə(r)] *n* caméscope® *m*

came [keɪm] *pt of* **come**

camel ['kæməl] *n* chameau *m*

camera ['kæmrə] *n* appareil photo *m*; *(for film, video)* caméra *f*

camouflage ['kæməflɑːʒ] **1** *n* camouflage *m* **2** *vt also Fig* camoufler

camp¹ [kæmp] **1** *n* camp *m*, campement *m*; **c. bed** lit *m* de camp **2** *vi* **to c. (out)** camper ▪ **camper** *n (person)* campeur, -euse *mf*; *(vehicle)* camping-car *m* ▪ **camping** *n* camping *m*; **c. site** (terrain *m* de) camping *m* ▪ **campsite** *n* camping *m*

camp² [kæmp] *adj (effeminate)* efféminé

campaign [kæm'peɪn] **1** *n (political, military)* campagne *f*; **press/publicity c.** campagne *f* de presse/publicité **2** *vi* faire campagne (**for/against** pour/contre) ▪ **campaigner** *n* militant, -e *mf* (**for** pour)

campus ['kæmpəs] *n (of university)* campus *m*

CAN¹ [kæn, *unstressed* kən] (*pt* **could**)

> Le verbe **can** n'a ni infinitif, ni gérondif, ni participe. Pour exprimer l'infinitif ou le participe, on aura recours à la forme correspondante de **be able to** (he wanted to be able to speak English; she has always been able to swim). La forme négative est **can't**, qui s'écrit **cannot** dans la langue soutenue.

v aux (be able to) pouvoir; *(know how to)* savoir; **he couldn't help me** il ne pouvait pas m'aider; **she c. swim** elle sait nager; **he could do it tomorrow** il pourrait le faire demain; **he could have done it** il aurait pu le faire; **you could be wrong** *(possibility)* tu as peut-être tort; **he can't be dead** *(probability)* il ne peut pas être mort; **c. I come in?** *(permission)* puis-je entrer?; **yes, you c.!** oui!

---

can² [kæn] **1** *n (for food)* boîte *f*; *(for beer)* can(n)ette *f* **2** (*pt & pp* **-nn-**) *vt* mettre en boîte ▪ **canned** *adj* en boîte, en conserve; **c. beer** bière *f* en can(n)ette; **c. food** conserves *fpl* ▪ **can-opener** *n* ouvre-boîtes *m inv*

Canada ['kænədə] *n* le Canada ▪ **Canadian 1** *adj* canadien, -enne **2** *n* Canadien, -enne *mf*

canal [kə'næl] *n* canal *m*

canary [kə'neərɪ] (*pl* **-ies**) *n* canari *m*

cancel ['kænsəl] **1** (*Br* **-ll-**, *Am* **-l-**) *vt (flight, appointment)* annuler; *(goods, taxi)* décommander; *(train)* supprimer **2** *vi* se décommander ▪ **cancellation** [-'leɪʃən] *n* annulation *f*; *(of train)* suppression *f*

cancer ['kænsə(r)] *n* cancer *m*; **stomach/skin c.** cancer *m* de l'estomac/la peau

candid ['kændɪd] *adj* franc (*f* franche)

candidate ['kændɪdeɪt] *n* candidat, -e *mf* (**for** à)

candle ['kændəl] *n (made of wax)* bougie *f*; *(in church)* cierge *m* ▪ **candlelight** *n* **to have dinner by c.** dîner aux chandelles ▪ **candlestick** *n* bougeoir *m*; *(taller)* chandelier *m*

candy ['kændɪ] (*pl* **-ies**) *n Am* bonbon *m*; *(sweets)* bonbons *mpl*; **c. store** confiserie *f* ▪ **candyfloss** *n Br* barbe *f* à papa

cane [keɪn] **1** *n (stick)* canne *f*; *(for punishment)* baguette *f* **2** *vt (punish)* frapper avec une baguette

canine ['keɪnaɪn] *adj (tooth, race)* canin

canister ['kænɪstə(r)] *n* boîte *f* (en métal)

cannabis ['kænəbɪs] *n (drug)* cannabis *m*

cannon ['kænən] *(pl* **-s** *or* **cannon**) *n* canon *m*

cannot ['kænɒt] = **can not**

canoe [kə'nu:] *n* canoë *m*; *(dugout)* pirogue *f* ▪ **canoeing** *n* **to go c.** faire du canoë-kayak

canopy ['kænəpɪ] *(pl* **-ies**) *n (awning)* auvent *m*; *(made of glass)* marquise *f*

can't [kɑ:nt] = **can not**

canteen [kæn'ti:n] *n (in school, factory)* cantine *f*; *Br* **c. of cutlery** ménagère *f*

canvas ['kænvəs] *n* (**a**) *(cloth)* (grosse) toile *f*; *(for embroidery)* canevas *m* (**b**) *(painting)* toile *f*

canvass ['kænvəs] *vt (opinions)* sonder; **to c. sb** *(seek votes)* solliciter le suffrage de qn; *(seek orders)* solliciter des commandes de qn ▪ **canvassing** *n (for orders)* démarchage *m*; *(for votes)* démarchage *m* électoral

canyon ['kænjən] *n* cañon *m*, canyon *m*

cap¹ [kæp] *n* (**a**) *(hat)* casquette *f*; *(for shower, of sailor)* bonnet *m*; *(of soldier)* képi *m* (**b**) *(of tube, valve)* bouchon *m*; *(of bottle)* capsule *f*; *(of pen)* capuchon *m* (**c**) *(of child's gun)* amorce *f*

cap² [kæp] *(pt & pp* **-pp-**) *vt* (**a**) *(outdo)* surpasser (**b**) *Br (spending)* limiter

capable ['keɪpəbəl] *adj (person)* capable (**of sth** de qch; **of doing sth** de faire qch) ▪ **capability** *n* capacité *f*

capacity [kə'pæsətɪ] *(pl* **-ies**) *n (of container)* capacité *f*; *(ability)* aptitude *f*, capacité *f* (**for sth** pour qch; **for doing sth** à faire qch); *(output)* rendement *m*; **in my c. as a doctor** en ma qualité de médecin

cape [keɪp] *n (cloak)* cape *f*; *(of cyclist)* pèlerine *f*

capital ['kæpɪtəl] **1** *adj (letter, importance)* capital; **c. punishment** peine *f* capitale **2** *n* (**a**) **c. (city)** capitale *f*; **c. (letter)** majuscule *f* (**b**) *(money)* capital *m* ▪ **capitalism** *n* capitalisme *m* ▪ **capitalist** *adj & n* capitaliste *(mf)* ▪ **capitalize** *vi* **to c. on** tirer parti de

capsize [kæp'saɪz] **1** *vt* faire chavirer **2** *vi* chavirer

capsule [*Br* 'kæpsju:l, *Am* 'kæpsəl] *n (of medicine)* gélule *f*; **(space) c.** capsule *f* spatiale

captain ['kæptɪn] **1** *n* capitaine *m* **2** *vt (ship)* commander; *(team)* être le capitaine de

caption ['kæpʃən] *n (of illustration)* légende *f*; *(of film, article)* sous-titre *m*

captivate ['kæptɪveɪt] *vt* captiver

captive ['kæptɪv] *n* captif, -ive *mf* ▪ **captivity** *n* **in c.** en captivité

capture ['kæptʃə(r)] **1** *n* capture *f*; *(of town)* prise *f* **2** *vt (person, animal)* capturer; *(escaped prisoner or animal)* reprendre; *(town)* prendre; *Fig (mood)* rendre

car [kɑ:(r)] *n* voiture *f*, automobile *f*; *(train carriage)* wagon *m*, voiture *f*; **c. insurance/industry** assurance *f*/industrie *f* automobile; **the c. door** la portière de la voiture; **c. crash** accident *m* de voiture; **c. ferry** ferry *m*; *Br* **c. hire** location *f* de voitures; *Br* **c. park** parking *m*; **c. phone** téléphone *m* de voiture; **c. radio** autoradio *m*; **c. rental** location *f* de voitures; **c. wash** *(machine)* = station de lavage automatique pour voitures ▪ **carport** *n* abri *m* pour voiture

carafe [kə'ræf] *n* carafe *f*

caramel ['kærəməl] *n* caramel *m*

carat ['kærət] *n* carat *m*; **18-c. gold** or *m* (à) 18 carats

caravan ['kærəvæn] *n* caravane *f*; *(horse-drawn)* roulotte *f*; **c. site** camping *m* pour caravanes

carbohydrates [kɑ:bəʊ'haɪdreɪts] *npl* hydrates *mpl* de carbone; *(in food)* glucides *mpl*

carbon ['kɑ:bən] *n* carbone *m*; **c. dioxide** dioxyde *m* de carbone, gaz *m* carbonique

card [kɑ:d] *n* carte *f*; *(cardboard)* carton *m*; **(index) c.** fiche *f*; **to play cards** jouer aux cartes ▪ **cardboard** *n* carton *m*; **c. box** boîte *f* en carton, carton *m* ▪ **cardphone** *n* téléphone *m* à carte

cardigan ['kɑ:dɪgən] *n* cardigan *m*

cardinal ['kɑ:dɪnəl] *n Rel* cardinal *m*

care [keə(r)] **1** *n (attention)* soin *m*; *(protection)* soins *mpl*; *(worry)* souci *m*; **to take c. to do** veiller à faire; **to take c. not to do** faire attention à ne pas faire; **to take c. of sb/sth** s'occuper de qn/qch; **to take c. of oneself** *(manage)* savoir se débrouiller tout seul; *(keep healthy)* faire bien attention à soi; **take c.!** *(goodbye)* au revoir!; **'c. of'** *(on envelope)* 'chez'

2 *vt* **I don't c. what he says** peu m'importe ce qu'il en dit

3 *vi* **I don't c.** ça m'est égal; **who cares?** qu'est-ce que ça peut faire?; **to c. about** *(feel concern about)* se soucier de; **to c. about** *or* **for sb** *(be fond of)* avoir de la sympathie pour qn; **to c. for sb** *(look after)* soigner qn

career [kə'rɪə(r)] **1** *n* carrière *f* **2** *vi* **to c. along** aller à vive allure

carefree ['keəfriː] *adj* insouciant

careful ['keəfəl] *adj (exact, thorough)* soigneux, -euse (**about** de); *(cautious)* prudent; **to be c. of** *or* **with sth** faire attention à qch; **be c.!** (fais) attention! ▪ **carefully** *adv (thoroughly)* avec soin; *(cautiously)* prudemment

careless ['keələs] *adj* négligent; *(work)* peu soigné; **c. mistake** faute *f* d'étourderie ▪ **carelessness** *n* négligence *f*

carer ['keərə(r)] *n (relative)* = personne s'occupant d'un parent malade ou âgé

caress [kə'res] **1** *n* caresse *f* **2** *vt* caresser

caretaker ['keəteɪkə(r)] *n* gardien, -enne *mf*, concierge *mf*

cargo ['kɑːgəʊ] (*pl* **-oes** *or* **-os**) *n* cargaison *f*; **c. ship** cargo *m*

Caribbean [*Br* kærɪ'biːən, *Am* kə'rɪbɪən] **1** *adj* caraïbe **2** *n* **the C. (islands)** les Antilles *fpl*

caricature ['kærɪkətʃʊə(r)] **1** *n* caricature *f* **2** *vt* caricaturer

caring ['keərɪŋ] *adj (loving)* aimant; *(understanding)* très humain

carnation [kɑː'neɪʃən] *n* œillet *m*

carnival ['kɑːnɪvəl] *n* carnaval *m* (*pl* -als)

carol ['kærəl] *n* chant *m* de Noël

carp [kɑːp] **1** *n inv (fish)* carpe *f* **2** *vi* se plaindre (**at** de)

carpenter ['kɑːpɪntə(r)] *n (for house building)* charpentier *m*; *(for light woodwork)* menuisier *m* ▪ **carpentry** *n* charpenterie *f*; *(light woodwork)* menuiserie *f*

carpet ['kɑːpɪt] **1** *n (rug)* tapis *m*; *(fitted)* moquette *f* **2** *vt* recouvrir d'un tapis/d'une moquette

carriage ['kærɪdʒ] *n Br (of train)* voiture *f*; *(horse-drawn)* voiture *f*, équipage *m*; *Br (transport of goods)* transport *m*; *(cost)* frais *mpl*; *(of typewriter)* chariot *m* ▪ **carriageway** *n Br* chaussée *f*

carrier ['kærɪə(r)] *n (company, airline)* transporteur *m*; *Br* **c. (bag)** sac *m* en plastique

carrot ['kærət] *n* carotte *f*

carry ['kærɪ] (*pt & pp* **-ied**) **1** *vt* porter; *(goods, passengers)* transporter; *(gun, money)* avoir sur soi; *Math (in calculation)* retenir **2** *vi (of sound)* porter

▸ **carry away** *vt sep* emporter; **to be** *or* **get carried away** *(excited)* s'emballer

▸ **carry back** *vt sep (thing)* rapporter; *(person)* ramener

▸ **carry forward** *vt sep (in bookkeeping)* reporter

▸ **carry off** *vt sep (take away)* emporter

▸ **carry on 1** *vt sep (continue)* continuer (**doing** à faire); *(negotiations)* mener; *(conversation)* poursuivre **2** *vi (continue)* continuer; *Pej (behave badly)* se conduire mal; **to c. on with sth** continuer qch

▸ **carry out** *vt sep (plan, promise)* mettre à exécution; *(order)* exécuter; *(repair, reform)* effectuer; *(duty)* accomplir; *Am (meal)* emporter

▸ **carry through** *vt sep (plan)* mener à bien

carrycot ['kærɪkɒt] *n Br* porte-bébé *m inv*

cart [kɑːt] **1** *n (horse-drawn)* charrette

f; *(handcart)* voiture *f* à bras; *Am (in supermarket)* Caddie® *m* **2** *vt Fam* **to c. (around)** trimbaler

carton ['kɑːtən] *n (box)* carton *m*; *(of milk, fruit juice)* brique *f*; *(of cigarettes)* cartouche *f*; *(of cream)* pot *m*

cartoon [kɑː'tuːn] *n (in newspaper)* dessin *m* humoristique; *(film)* dessin *m* animé; **c. (strip)** bande *f* dessinée

cartridge ['kɑːtrɪdʒ] *n* cartouche *f*

carve [kɑːv] *vt (cut)* tailler (**out of** dans); *(name)* graver; *(sculpt)* sculpter; **to c. (up)** *(meat)* découper ■ **carving 1** *adj* **c. knife** couteau *m* à découper **2** *n* **(wood) c.** sculpture *f* sur bois

cascade [kæs'keɪd] *vi* tomber en cascade

case¹ [keɪs] *n (instance, situation) & Med* cas *m*; *Law* affaire *f*; *Fig (arguments)* arguments *mpl*; **in any c.** en tout cas; **in c. it rains** au cas où il pleuvrait; **in c. of** en cas de

case² [keɪs] *n (bag)* valise *f*; *(crate)* caisse *f*; *(for pen, glasses, camera, violin, cigarettes)* étui *m*; *(for jewels)* écrin *m*

cash [kæʃ] **1** *n (coins, banknotes)* liquide *m*; *Fam (money)* sous *mpl*; **to pay (in) c.** payer en liquide; **c. box** caisse *f*; *Br* **c. desk** caisse *f*; **c. dispenser** *or* **machine** distributeur *m* de billets; **c. price** prix *m* (au) comptant; **c. register** caisse *f* enregistreuse **2** *vt* **to c. a cheque** *or Am* **check** *(of person)* encaisser un chèque; *(of bank)* payer un chèque

cashew ['kæʃuː] *n* **c. (nut)** noix *f* de cajou

cashier [kæ'ʃɪə(r)] *n* caissier, -ère *mf*

casino [kə'siːnəʊ] (*pl* **-os**) *n* casino *m*

casket ['kɑːskɪt] *n (box)* coffret *m*; *(coffin)* cercueil *m*

casserole ['kæsərəʊl] *n (covered dish)* cocotte *f*; *(stew)* ragoût *m*

cassette [kə'set] *n (audio, video)* cassette *f*; *(for camera)* cartouche *f*; **c. player** lecteur *m* de cassettes; **c. recorder** magnétophone *m* à cassettes

cast [kɑːst] **1** *n (actors)* acteurs *mpl*; *(list of actors)* distribution *f*; *Med* **in a c.** dans le plâtre **2** (*pt & pp* **cast**) *vt (throw)* jeter; *(light, shadow)* projeter; *(glance)* jeter (**at** à *ou* sur); **to c. doubt on sth** jeter le doute sur qch; **c. iron** fonte *f* ■ **cast-iron** *adj (pan)* en fonte; *Fig (alibi, excuse)* en béton

caster ['kɑːstə(r)] *n (wheel)* roulette *f*; *Br* **c. sugar** sucre *m* en poudre

castle ['kɑːsəl] *n* château *m*; *(in chess)* tour *f*

castoffs ['kɑːstɒfs] *npl* vieux vêtements *mpl*

castrate [kæ'streɪt] *vt* châtrer

casual ['kæʒjʊəl] *adj (offhand) (remark, glance)* en passant; *(relaxed, informal)* décontracté; *(conversation)* à bâtons rompus; *(clothes)* sport *inv*; *(careless)* désinvolte; *(employment, worker)* temporaire ■ **casually** *adv (remark, glance)* en passant; *(informally)* avec décontraction; *(dress)* sport; *(carelessly)* avec désinvolture

casualty ['kæʒjʊəltɪ] (*pl* **-ies**) *n* victime *f*; *Br* **c. (department)** *(in hospital)* (service *m* des) urgences *fpl*

cat [kæt] *n* chat *m*; *(female)* chatte *f*

catalogue ['kætəlɒg] (*Am* **catalog**) **1** *n* catalogue *m* **2** *vt* cataloguer

catalyst ['kætəlɪst] *n Chem & Fig* catalyseur *m*

catapult ['kætəpʌlt] **1** *n (toy)* lance-pierres *m inv* **2** *vt* catapulter

catastrophe [kə'tæstrəfɪ] *n* catastrophe *f*

catch [kætʃ] **1** *n (in fishing)* prise *f*; *(of a whole day)* pêche *f*; *(difficulty)* piège *m*; *(on door)* loquet *m*

2 (*pt & pp* **caught**) *vt (ball, thief, illness)* attraper; *(fish, train, bus)* prendre; *(grab)* prendre, saisir; *(surprise)* surprendre; *(understand)* saisir; *(garment)* accrocher (**on** à); **to c. sb's eye** *or* **attention** attirer l'attention de qn; **to c. sight of sb/sth** apercevoir qn/qch; **to c. fire** prendre feu; **to c. sb doing** surprendre qn à faire; **to c. sb out** prendre qn en défaut; **to c. sb up** rattraper qn

3 *vi* **her skirt (got) caught in the door** sa jupe s'est prise dans la porte; **to c. up with sb** rattraper qn ▪ **catching** *adj (illness)* contagieux, -euse

catchy ['kætʃɪ] (**-ier, -iest**) *adj (tune, slogan)* facile à retenir

category ['kætɪgərɪ] (*pl* **-ies**) *n* catégorie *f* ▪ **categorical** *adj* catégorique

cater ['keɪtə(r)] *vi (provide food)* s'occuper des repas (**for** pour); **to c. to,** *Br* **to c. for** *(need, taste)* satisfaire ▪ **caterer** *n* traiteur *m* ▪ **catering** *n* restauration *f*; **to do the c.** s'occuper des repas

caterpillar ['kætəpɪlə(r)] *n* chenille *f*

cathedral [kə'θiːdrəl] *n* cathédrale *f*

Catholic ['kæθlɪk] *adj & n* catholique *(mf)*

cattle ['kætəl] *npl* bétail *m*

caught [kɔːt] *pt & pp of* **catch**

cauliflower ['kɒlɪflaʊə(r)] *n* chou-fleur *m*

cause [kɔːz] **1** *n (origin, ideal) & Law* cause *f*; *(reason)* raison *f*, motif *m* (**of** de) **2** *vt* causer, occasionner; **to c. trouble for sb** créer *ou* causer des ennuis à qn

caution ['kɔːʃən] **1** *n (care)* prudence *f*; *(warning)* avertissement *m* **2** *vt (warn)* avertir; *Sport* donner un avertissement à ▪ **cautious** *adj* prudent

cavalry ['kævəlrɪ] *n* cavalerie *f*

cave [keɪv] **1** *n* grotte *f* **2** *vi* **to c. in** *(of ceiling)* s'effondrer; *(of floor)* s'affaisser

cavern ['kævən] *n* caverne *f*

cavity ['kævɪtɪ] (*pl* **-ies**) *n* cavité *f*

CD [siː'diː] (*abbr* **compact disc**) *n* CD *m*; **CD player** lecteur *m* de CD

CD-ROM [siːdiː'rɒm] (*abbr* **compact disc read-only memory**) *n Comptr* CD-ROM *m inv*

cease [siːs] **1** *vt* cesser (**doing** de faire) **2** *vi* cesser ▪ **cease-fire** *n* cessez-le-feu *m inv* ▪ **ceaseless** *adj* incessant

cedar ['siːdə(r)] *n (tree, wood)* cèdre *m*

ceiling ['siːlɪŋ] *n (of room) & Fig (limit)* plafond *m*

celebrate ['selɪbreɪt] **1** *vt (event)* célébrer, fêter; *(mass)* célébrer **2** *vi* faire la fête ▪ **celebration** [-'breɪʃən] *n (event)* fête *f*; **the celebrations** les festivités *fpl*

celebrity [sə'lebrətɪ] (*pl* **-ies**) *n* célébrité *f*

celery ['selərɪ] *n* céleri *m*

celibate ['selɪbət] *adj* **to be c.** ne pas avoir de rapports sexuels; *(by choice)* être chaste

cell [sel] *n* cellule *f*; *El* élément *m*

cellar ['selə(r)] *n* cave *f*

cello ['tʃeləʊ] (*pl* **-os**) *n* violoncelle *m*

cellophane® ['seləfeɪn] *n* Cellophane® *f*

cellphone ['selfəʊn] *n Am* (téléphone *m*) portable *m*

cellular ['seljʊlə(r)] *adj* cellulaire; **c. phone** téléphone *m* cellulaire

Celsius ['selsɪəs] *adj* Celsius *inv*

cement [sɪ'ment] **1** *n* ciment *m*; **c. mixer** bétonnière *f* **2** *vt also Fig* cimenter

cemetery ['semətrɪ] (*pl* **-ies**) *n* cimetière *m*

censor ['sensə(r)] **1** *n* censeur *m* **2** *vt* censurer ▪ **censorship** *n* censure *f*

census ['sensəs] *n* recensement *m*

cent [sent] *n (coin)* cent *m*

centenary [*Br* sen'tiːnərɪ, *Am* sen'tenərɪ] (*pl* **-ies**) *n* centenaire *m*

center ['sentə(r)] *n Am* = **centre**

centigrade ['sentɪgreɪd] *adj* centigrade

centimetre ['sentɪmiːtə(r)] *n* centimètre *m*

central ['sentrəl] *adj* central; **C. London** le centre de Londres; **c. heating** chauffage *m* central ▪ **centralize** *vt* centraliser

centre ['sentə(r)] (*Am* **center**) **1** *n* centre *m*; *Football* **c. forward** avant-centre *m* **2** *vt (attention, interest)* concentrer (**on** sur)

century ['sentʃərɪ] (*pl* **-ies**) *n* siècle *m*; **in the twenty-first c.** au vingt et unième siècle

ceramic [sə'ræmɪk] *adj (tile)* en céramique

cereal ['sɪərɪəl] *n* céréale *f*; **(breakfast) c.** céréales *fpl (pour le petit déjeuner)*

ceremony ['serɪmənɪ] (*pl* **-ies**) *n (event)* cérémonie *f*

certain ['sɜːtən] *adj* (**a**) *(sure)* certain (**that** que); **she's c. to come, she'll come for c.** c'est certain qu'elle viendra; **to be c. of sth** être certain *ou* sûr de qch; **for c.** *(say, know)* avec certitude (**b**) *(particular, some)* certain; **c. people** certaines personnes ■ **certainly** *adv (undoubtedly)* certainement; *(yes)* bien sûr ■ **certainty** (*pl* **-ies**) *n* certitude *f*

certificate [sə'tɪfɪkɪt] *n* certificat *m*; *(from university)* diplôme *m*

certify ['sɜːtɪfaɪ] (*pt & pp* **-ied**) *vt (document, signature)* certifier; *Am* **certified letter** ≃ lettre *f* recommandée; *Am* **certified public accountant** expert-comptable *m*

chain [tʃeɪn] **1** *n (of rings, mountains)* chaîne *f*; *(of events)* suite *f*; *(of lavatory)* chasse *f* d'eau; **c. reaction** réaction *f* en chaîne; **c. saw** tronçonneuse *f*; **c. store** magasin *m* à succursales multiples **2** *vt* **to c. (up)** *(dog)* mettre à l'attache ■ **chain-smoker** *n* **to be a c.** fumer cigarette sur cigarette

chair [tʃeə(r)] **1** *n* chaise *f*; *(armchair)* fauteuil *m*; *Univ (of professor)* chaire *f*; **the c.** *(office of chairperson)* la présidence; **c. lift** télésiège *m* **2** *vt (meeting)* présider ■ **chairman** (*pl* **-men**), ■ **chairperson** *n* président, -e *mf*

chalet ['ʃæleɪ] *n* chalet *m*

chalk [tʃɔːk] **1** *n* craie *f* **2** *vt* marquer à la craie

challenge ['tʃælɪndʒ] **1** *n* défi *m*; *(task)* challenge *m*, gageure *f* **2** *vt* défier (**sb to do** qn de faire); *(question, dispute)* contester ■ **challenger** *n Sport* challenger *m*

chamber ['tʃeɪmbə(r)] *n (room, assembly, of gun)* chambre *f*; **c. music/orchestra** musique *f*/orchestre *m* de chambre ■ **chambermaid** *n* femme *f* de chambre

champagne [ʃæm'peɪn] *n* champagne *m*

champion ['tʃæmpɪən] **1** *n* champion, -onne *mf*; **c. skier, skiing c.** champion, -onne *mf* de ski **2** *vt (support)* se faire le champion de ■ **championship** *n* championnat *m*

chance [tʃɑːns] **1** *n (luck)* hasard *m*; *(possibility)* chance *f*; *(opportunity)* occasion *f*; *(risk)* risque *m*; **by c.** par hasard; **to have the c. to do sth** *or* **of doing sth** avoir l'occasion de faire qch; **to give sb a c.** donner une chance à qn; **to take a c.** tenter le coup **2** *adj (remark)* fait au hasard **3** *vt* **to c. it** risquer le coup

chancellor ['tʃɑːnsələ(r)] *n Pol* chancelier *m*

chandelier [ʃændə'lɪə(r)] *n* lustre *m*

change [tʃeɪndʒ] **1** *n* changement *m*; *(money)* monnaie *f*; **for a c.** pour changer; **a c. of clothes** des vêtements de rechange

2 *vt (modify)* changer; *(exchange)* échanger (**for** pour *ou* contre); *(money)* changer (**into** en); *(transform)* changer, transformer (**into** en); **to c. trains/colour/one's skirt** changer de train/de couleur/de jupe; **to c. gear** *(in vehicle)* changer de vitesse; **to c. the subject** changer de sujet; **to get changed** *(put on other clothes)* se changer

3 *vi (alter)* changer; *(change clothes)* se changer; **to c. into sth** *(be transformed)* se changer *ou* se transformer en qch; **she changed into a dress** elle a mis une robe; **to c. over** passer (**from** de; **to** à) ■ **changeable** *adj (weather, mood)* changeant ■ **changeover** *n* passage *m* (**from** de; **to** à)

changing ['tʃeɪndʒɪŋ] *n* **c. room** vestiaire *m*; *(in shop)* cabine *f* d'essayage

channel ['tʃænəl] **1** *n (on television)* chaîne *f*; *(for boats)* chenal *m*; *(groove)* rainure *f*; *(of communication, distribution)* canal *m*; *Geog* **the C.** la Manche; **the C. Islands** les îles Anglo-Normandes; **the C. Tunnel** le tunnel sous la Manche **2** (*Br* **-ll-**, *Am* **-l-**) *vt (energies, crowd, money)* canaliser (**into** vers)

chant [tʃɑːnt] **1** *vt (slogan)* scander **2** *vi (of demonstrators)* scander des slogans

chaos ['keɪɒs] *n* chaos *m* ▪ **chaotic** *adj (situation, scene)* chaotique

chapel ['tʃæpəl] *n* chapelle *f*; *(nonconformist church)* temple *m*

chaplain ['tʃæplɪn] *n* aumônier *m*

chapped ['tʃæpt] *adj (hands, lips)* gercé

chapter ['tʃæptə(r)] *n* chapitre *m*

character ['kærɪktə(r)] *n* (**a**) *(of person, place)* caractère *m*; *(in book, film)* personnage *m*; *(person)* individu *m*; *(unusual person)* personnage *m* (**b**) *(letter)* caractère *m* ▪ **characteristic** *adj & n* caractéristique *(f)*

charcoal ['tʃɑːkəʊl] *n Art* fusain *m*

charge[1] [tʃɑːdʒ] **1** *n (in battle)* charge *f*; *Law* chef *m* d'accusation; *(care)* garde *f*; **to take c. of sth** prendre qch en charge; **to be in c. of** être responsable de **2** *vt (battery, soldiers)* charger; *Law (accuse)* inculper (**with** de) **3** *vi (rush)* se précipiter; *(soldiers)* charger ▪ **charger** *n (for battery)* chargeur *m*

charge[2] [tʃɑːdʒ] **1** *n (cost)* prix *m*; **charges** *(expenses)* frais *mpl* **2** *vt (amount)* demander (**for** pour); **to c. sb** faire payer qn

charity ['tʃærɪtɪ] (*pl* **-ies**) *n (kindness, alms)* charité *f*; *(society)* œuvre *f* de charité

charm [tʃɑːm] **1** *n (attractiveness)* charme *m*; *(trinket)* breloque *f* **2** *vt* charmer ▪ **charming** *adj* charmant

chart [tʃɑːt] *n (map)* carte *f*; *(table)* tableau *m*; *(graph)* graphique *m*; **(pop) charts** hit-parade *m*

charter ['tʃɑːtə(r)] *n (aircraft)* charter *m*; **c. flight** vol *m* charter ▪ **chartered accountant** *n Br* expert-comptable *m*

chase [tʃeɪs] **1** *n* poursuite *f* **2** *vt* poursuivre; **to c. sb away** *or* **off** chasser qn **3** *vi* **to c. after sb/sth** courir après qn/qch

chasm ['kæzəm] *n also Fig* abîme *m*, gouffre *m*

chassis ['ʃæsɪ] *n (of vehicle)* châssis *m*

chaste [tʃeɪst] *adj* chaste

chat [tʃæt] **1** *n* petite conversation *f*; *Comptr* bavardage *m*; **to have a c.** causer (**with** avec); *Comptr* **c. room** site *m* de bavardage **2** (*pt & pp* **-tt-**) *vi* causer (**with** avec); *Comptr* bavarder **3** *vt Br Fam* **to c. sb up** draguer qn

chatter ['tʃætə(r)] **1** *n* bavardage *m* **2** *vi (of person)* bavarder; **his teeth were chattering** il claquait des dents

chatty ['tʃætɪ] (**-ier, -iest**) *adj (person)* bavard; *(letter)* plein de détails

chauffeur ['ʃəʊfə(r)] *n* chauffeur *m*

chauvinist ['ʃəʊvɪnɪst] *n Pej* **(male) c.** macho *m*, phallocrate *m*

cheap [tʃiːp] **1** (**-er, -est**) *adj* bon marché *inv*, pas cher (*f* pas chère); *(rate, fare)* réduit; *(worthless)* sans valeur; *(vulgar)* de mauvais goût; **cheaper** meilleur marché *inv*, moins cher (*f* moins chère) **2** *adv (buy)* (à) bon marché, au rabais ▪ **cheaply** *adv* (à) bon marché

cheat [tʃiːt] **1** *n (at games)* tricheur, -euse *mf*; *(crook)* escroc *m* **2** *vt (deceive)* tromper; *(defraud)* frauder; **to c. sb out of sth** escroquer qch à qn **3** *vi (at games)* tricher

check[1] [tʃek] *n* **c. (pattern)** carreaux *mpl* ▪ **checked** *adj (patterned)* à carreaux

check[2] [tʃek] **1** *n* vérification *f* (**on** de); *(inspection)* contrôle *m*; *(in chess)* échec *m*; *Am (tick)* ≃ croix *f*; *Am (receipt)* reçu *m*; *Am (restaurant bill)* addition *f*; *Am (cheque)* chèque *m*; **to keep a c. on sth** contrôler qch

2 *vt (examine)* vérifier; *(inspect)* contrôler; *(mark off)* cocher; *Am (baggage)* mettre à la consigne

3 *vi* vérifier; **to c. on sth** vérifier qch; **to c. on sb** surveiller qn ▪ **checkbook** *n Am* carnet *m* de chèques ▪ **check-in** *n (at airport)* enregistrement *m* (des bagages) ▪ **checklist** *n* liste *f* de contrôle; *Aviat* check-list *f* ▪ **checkout** *n (in supermarket)* caisse *f* ▪ **checkpoint** *n* poste *m* de contrôle ▪ **checkroom** *n Am* vestiaire *m*; *Am (left-luggage office)* consigne *f* ▪ **checkup** *n (medical)* bilan *m* de santé; **to have a c.** faire un bilan de santé

▸**check in 1** *vt sep (luggage)* enregistrer **2** *vi (arrive)* arriver; *(sign in)* signer le registre; *(at airport)* se présenter à l'enregistrement

▸**check out 1** *vt sep (confirm)* confirmer **2** *vi (at hotel)* régler sa note

▸**check up** *vi* vérifier

checkers ['tʃekərz] *npl Am* jeu *m* de dames

cheddar ['tʃedə(r)] *n* cheddar *m (fromage)*

cheek [tʃi:k] *n* joue *f*; *Br (impudence)* culot *m* ▪ **cheeky** (**-ier, -iest**) *adj Br (person, reply)* insolent

cheer [tʃɪə(r)] **1** *n* **cheers** *(shouts)* acclamations *fpl*; *Fam* **cheers!** *(when drinking)* à votre santé!; *(thanks)* merci! **2** *vt (applaud)* acclamer; **to c. sb up** *(comfort)* remonter le moral à qn; *(amuse)* faire sourire qn **3** *vi* applaudir; **to c. up** reprendre courage; **c. up!** (du) courage! ▪ **cheering** *n (shouts)* acclamations *fpl*

cheerful ['tʃɪəfəl] *adj* gai

cheerio [tʃɪərɪ'əʊ] *exclam Br* salut!, au revoir!

cheese [tʃi:z] *n* fromage *m* ▪ **cheeseburger** *n* cheeseburger *m* ▪ **cheesecake** *n* cheesecake *m*, tarte *f* au fromage blanc

chef [ʃef] *n* chef *m* (cuisinier)

chemical 1 *adj* chimique **2** *n* produit *m* chimique

chemist ['kemɪst] *n Br (pharmacist)* pharmacien, -enne *mf*; *(scientist)* chimiste *mf*; *Br* **c.'s (shop)** pharmacie *f* ▪ **chemistry** *n* chimie *f*

cheque [tʃek] *n Br* chèque *m*; **c. card** carte *f* d'identité bancaire *(sans laquelle un chéquier n'est pas valable)* ▪ **chequebook** *n Br* carnet *m* de chèques

cherry ['tʃerɪ] (*pl* **-ies**) *n* cerise *f*

chess [tʃes] *n* échecs *mpl* ▪ **chessboard** *n* échiquier *m*

chest [tʃest] *n* (**a**) *(part of body)* poitrine *f*; *Fig* **to get it off one's c.** dire ce qu'on a sur le cœur (**b**) *(box)* coffre *m*; **c. of drawers** commode *f*

chestnut ['tʃestnʌt] **1** *n (nut)* châtaigne *f*; *(cooked)* marron *m* **2** *adj (hair)* châtain

chew [tʃu:] **1** *vt* **to c. (up)** mâcher **2** *vi* mastiquer; **chewing gum** chewing-gum *m*

chewy ['tʃu:ɪ] *adj (meat)* caoutchouteux, -euse; *(sweet)* mou (*f* molle)

chick [tʃɪk] *n (chicken)* poussin *m*

chicken ['tʃɪkɪn] **1** *n* poulet *m* **2** *vi Fam* **to c. out** se dégonfler ▪ **chickenpox** *n* varicelle *f*

chickpea ['tʃɪkpi:] *n* pois *m* chiche

chief [tʃi:f] **1** *n* chef *m*; *Fam (boss)* patron *m* **2** *adj (most important)* principal; *Com* **c. executive** directeur *m* général ▪ **chiefly** *adv* principalement, surtout

chilblain ['tʃɪlbleɪn] *n* engelure *f*

child [tʃaɪld] (*pl* **children**) *n* enfant *mf*; **c. abuse** mauvais traitements *mpl* à enfant, maltraitance *f*; **c. care** *(for working parents)* crèches *fpl* et garderies *fpl*; *Br* **c. minder** assistante *f* maternelle ▪ **childhood** *n* enfance *f* ▪ **childish** *adj* puéril ▪ **childlike** *adj* enfantin ▪ **childproof** *adj (lock, bottle)* que les enfants ne peuvent pas ouvrir

children ['tʃɪldrən] *pl of* **child**

chill [tʃɪl] **1** *n* froid *m*; *(illness)* refroidissement *m*; **to catch a c.** prendre froid **2** *vt (wine, melon)* mettre au frais; *(meat)* réfrigérer

chilli ['tʃɪlɪ] (*pl* **-is** *or* **-ies**) *n (vegetable)* piment *m*; *(dish)* chili *m* con carne; **c. powder** ≃ chili *m*

chilly ['tʃɪlɪ] (**-ier, -iest**) *adj* froid; **it's c.** il fait (un peu) froid

chime [tʃaɪm] *vi (of bell)* carillonner; *(of clock)* sonner

chimney ['tʃɪmnɪ] (*pl* **-eys**) *n* cheminée *f*

chimpanzee [tʃɪmpæn'ziː] *n* chimpanzé *m*
chin [tʃɪn] *n* menton *m*
China ['tʃaɪnə] *n* la Chine ■ **Chinese 1** *adj* chinois **2** *n inv (person)* Chinois, -e *mf*; *(language)* chinois *m*
china ['tʃaɪnə] **1** *n inv* porcelaine *f* **2** *adj* en porcelaine
chink [tʃɪŋk] **1** *n (slit)* fente *f* **2** *vt* faire tinter
chip [tʃɪp] **1** *n (splinter)* éclat *m*; *(break)* ébréchure *f*; *(counter)* jeton *m*; *Comptr* puce *f*; **chips** *Br (French fries)* frites *fpl*; *Am (crisps)* chips *fpl*; *Br* **c. shop** = boutique où l'on vend du poisson pané et des frites **2** (*pt & pp* **-pp-**) *vt (cup)* ébrécher; *(paint)* écailler
chiropodist [kɪ'rɒpədɪst] *n Br* pédicure *mf*
chirp [tʃɜːp] *vi (of bird)* pépier
chisel ['tʃɪzəl] **1** *n* ciseau *m* **2** (*Br* **-ll-**, *Am* **-l-**) *vt* ciseler
chives [tʃaɪvz] *npl* ciboulette *f*
chlorine ['klɒriːn] *n Chem* chlore *m*
choc-ice ['tʃɒkaɪs] *n Br* = glace individuelle enrobée de chocolat
chocolate ['tʃɒklɪt] **1** *n* chocolat *m*; **hot c.** chocolat *m* chaud; **plain c.** chocolat *m* à croquer **2** *adj (made of chocolate)* en chocolat; *(chocolate-flavoured)* au chocolat
choice [tʃɔɪs] *n* choix *m*; **to make a c.** choisir
choir ['kwaɪə(r)] *n* chœur *m* ■ **choirboy** *n* jeune choriste *m*
choke [tʃəʊk] **1** *n (of car)* starter *m* **2** *vt (strangle)* étrangler; *(clog)* boucher **3** *vi* **she choked on a fishbone** elle a failli s'étouffer avec une arête
cholesterol [kə'lestərɒl] *n* cholestérol *m*
choose [tʃuːz] **1** (*pt* **chose**, *pp* **chosen**) *vt* choisir; **to c. to do sth** choisir de faire qch **2** *vi* choisir ■ **choos(e)y** (**choosier, choosiest**) *adj Fam* difficile (**about** sur)
chop [tʃɒp] **1** *n (of lamb, pork)* côtelette *f* **2** (*pt & pp* **-pp-**) *vt (wood)* couper (à la hache); *(food)* couper en morceaux; *(finely)* hacher; **to c. down** *(tree)* abattre; **to c. off** *(branch, finger)* couper; **to c. up** couper en morceaux
choppy ['tʃɒpɪ] (**-ier, -iest**) *adj (sea)* agité
chopsticks ['tʃɒpstɪks] *npl* baguettes *fpl (pour manger)*
choral ['kɔːrəl] *adj* choral
chord [kɔːd] *n Mus* accord *m*
chore [tʃɔː(r)] *n* corvée *f*; **(household) chores** travaux *mpl* du ménage
chorus ['kɔːrəs] *n (of song)* refrain *m*; *(singers)* chœur *m*; *(dancers)* troupe *f*
chose [tʃəʊz] *pt of* **choose**
chosen ['tʃəʊzən] *pp of* **choose**
Christ [kraɪst] *n* le Christ ■ **Christian** *adj & n* chrétien, -enne *(mf)*; **C. name** prénom *m* ■ **Christianity** *n* christianisme *m*
christen ['krɪsən] *vt (person, ship)* baptiser ■ **christening** *n* baptême *m*
Christmas ['krɪsməs] **1** *n* Noël *m*; **at C. (time)** à Noël; **Merry** *or* **Happy C.!** Joyeux Noël! **2** *adj (tree, card, Day, party)* de Noël; **C. Eve** la veille de Noël
chrome [krəʊm], **chromium** ['krəʊmɪəm] *n* chrome *m*
chronic ['krɒnɪk] *adj (disease, state)* chronique
chronological [krɒnə'lɒdʒɪkəl] *adj* chronologique; **in c. order** par ordre chronologique
chubby ['tʃʌbɪ] (**-ier, -iest**) *adj (person, hands)* potelé; *(cheeks)* rebondi
chuck [tʃʌk] *vt Fam (throw)* lancer; *(boyfriend, girlfriend)* plaquer; *Br* **to c. (in** *or* **up)** *(give up)* laisser tomber; **to c. out** *(throw away)* balancer; *(from house, school, club)* vider
chuckle ['tʃʌkəl] *vi* rire tout bas
chug [tʃʌg] (*pt & pp* **-gg-**) *vi* **to c. along** *(of vehicle)* avancer lentement; *(of train)* haleter
chum [tʃʌm] *n Fam* copain *m*, copine *f*
chunk [tʃʌŋk] *n* (gros) morceau *m*
church [tʃɜːtʃ] *n* église *f*; **to go to c.** aller à l'église; **c. hall** salle *f* paroissiale ■ **churchyard** *n* cimetière *m*
churn [tʃɜːn] *vt Pej* **to c. out** *(books)*

pondre (en série); *(goods)* produire en série
chute [ʃu:t] *n Br (in pool, playground)* toboggan *m*; *(for rubbish)* vide-ordures *m inv*
CID [si:aɪ'di:] *(abbr* **Criminal Investigation Department**) *n Br* ≃ PJ *f*
cider ['saɪdə(r)] *n* cidre *m*
cigar [sɪ'gɑ:(r)] *n* cigare *m*
cigarette [sɪgə'ret] *n* cigarette *f*; **c. end** mégot *m*
cinder ['sɪndə(r)] *n* cendre *f*
cinema ['sɪnəmə] *n (art)* cinéma *m*; *Br (place)* cinéma; *Br* **to go to the c.** aller au cinéma ▪ **cinemagoer** *n Br* cinéphile *mf*
cinnamon ['sɪnəmən] *n* cannelle *f*
circle ['sɜ:kəl] **1** *n (shape, group, range)* cercle *m*; *Theatre* balcon *m* **2** *vt (move round)* tourner autour de; *(surround)* entourer (**with** de) **3** *vi (of aircraft, bird)* décrire des cercles
circuit ['sɜ:kɪt] *n (electrical path, journey, for motor racing)* circuit *m*; *El* **c. breaker** disjoncteur *m*
circular ['sɜ:kjʊlə(r)] **1** *adj* circulaire **2** *n (letter)* circulaire *f*; *(advertisement)* prospectus *m*
circulate ['sɜ:kjʊleɪt] **1** *vt* faire circuler **2** *vi* circuler ▪ **circulation** [-'leɪʃən] *n (of air, blood, money)* circulation *f*; *(of newspaper)* tirage *m*
circumcised ['sɜ:kəmsaɪzd] *adj* circoncis
circumference [sɜ:'kʌmfərəns] *n* circonférence *f*
circumstance ['sɜ:kəmstæns] *n* circonstance *f*; **circumstances** *(financial)* situation *f* financière; **in** *or* **under the circumstances** étant donné les circonstances; **in** *or* **under no circumstances** en aucun cas
circus ['sɜ:kəs] *n* cirque *m*
citizen ['sɪtɪzən] *n* citoyen, -enne *mf*; *(of city)* habitant, -e *mf*
citrus ['sɪtrəs] *adj* **c. fruit(s)** agrumes *mpl*
city ['sɪtɪ] *(pl* **-ies**) *n* (grande) ville *f*, cité *f*; *Br* **the C.** la City *(quartier des affaires de Londres)*; **c. centre** centre-ville *m*; *Am* **c. hall** hôtel *m* de ville
civil ['sɪvəl] *adj* (**a**) *(rights, war, marriage)* civil; **c. servant** fonctionnaire *mf*; **c. service** fonction *f* publique (**b**) *(polite)* civil
civilian [sɪ'vɪljən] *adj & n* civil, -e *(mf)*
civilize ['sɪvɪlaɪz] *vt* civiliser ▪ **civilization** [-'zeɪʃən] *n* civilisation *f*
claim [kleɪm] **1** *n (demand) (for damages, compensation)* demande *f* d'indemnisation; *(as a right)* revendication *f*; *(statement)* affirmation *f*; *(right)* droit *m* (**to** à); **(insurance) c.** demande *f* d'indemnité
2 *vt (as a right)* réclamer, revendiquer; *(payment, benefit, reduction)* demander à bénéficier de; **to c. damages (from sb)** réclamer des dommages et intérêts (à qn); **to c. that...** *(assert)* prétendre que... ▪ **claimant** *n Br (for social benefits, insurance)* demandeur, -euse *mf*
clam [klæm] *n* palourde *f*
clamber ['klæmbə(r)] *vi* **to c. up** grimper
clamour ['klæmə(r)] *(Am* **clamor**) **1** *n* clameur *f* **2** *vi* **to c. for sth** demander qch à grands cris
clamp [klæmp] **1** *n (clip-like)* pince *f*; **(wheel) c.** *(for vehicle)* sabot *m* (de Denver) **2** *vt* serrer; *(vehicle)* mettre un sabot à **3** *vi* **to c. down on** sévir contre ▪ **clampdown** *n* coup *m* d'arrêt (**on** à)
clan [klæn] *n also Fig* clan *m*
clang [klæŋ] *n* son *m* métallique
clap [klæp] *(pt & pp* **-pp-**) *vti (applaud)* applaudir; **to c. (one's hands)** applaudir; *(once)* frapper dans ses mains ▪ **clapping** *n* applaudissements *mpl*
claret ['klærət] *n (wine)* bordeaux *m* rouge
clarify ['klærɪfaɪ] *(pt & pp* **-ied**) *vt* clarifier ▪ **clarification** [-ɪ'keɪʃən] *n* clarification *f*
clarinet [klærɪ'net] *n* clarinette *f*
clarity ['klærətɪ] *n (of expression, argument)* clarté *f*; *(of sound)* pureté *f*

clash [klæʃ] **1** *n (of interests)* conflit *m*; *(of events)* coïncidence *f* **2** *vi (of objects)* s'entrechoquer; *(of interests, armies)* s'affronter; *(of colours)* jurer (**with** avec); *(coincide)* tomber en même temps (**with** que)

clasp [klɑːsp] **1** *n (fastener)* fermoir *m*; *(of belt)* boucle *f* **2** *vt (hold)* serrer; **to c. one's hands** joindre les mains

class [klɑːs] **1** *n* classe *f*; *(lesson)* cours *m* **2** *vt* classer (**as** comme) ▪ **classmate** *n* camarade *mf* de classe ▪ **classroom** *n* (salle *f* de) classe *f*

classic ['klæsɪk] **1** *adj* classique **2** *n (writer, work)* classique *m* ▪ **classical** *adj* classique

classify ['klæsɪfaɪ] (*pt & pp* **-ied**) *vt* classer ▪ **classification** *n* classification *f* ▪ **classified** *adj (information, document)* confidentiel, -elle; **c. advertisement** petite annonce *f*

classy ['klɑːsɪ] (**-ier, -iest**) *adj Fam* chic *inv*

clatter ['klætə(r)] *n* fracas *m*

clause [klɔːz] *n (in sentence)* proposition *f*; *(in legal document)* clause *f*

claustrophobic [klɔːstrə'fəʊbɪk] *adj (person)* claustrophobe; *(room, atmosphere)* oppressant

claw [klɔː] **1** *n (of lobster)* pince *f*; *(of cat, sparrow)* griffe *f*; *(of eagle)* serre *f* **2** *vt (scratch)* griffer

clay [kleɪ] *n* argile *f*

clean [kliːn] **1** (**-er, -est**) *adj* propre; *(clear-cut)* net (*f* nette); *(joke)* pour toutes les oreilles; *(game, fight)* dans les règles; **to come c.** tout avouer
2 *adv (utterly)* complètement
3 *n* **to give sth a c.** nettoyer qch
4 *vt* nettoyer; *(wash)* laver; **to c. one's teeth** se brosser *ou* se laver les dents; **to c. out** *(room)* nettoyer à fond; *(empty)* vider; **to c. up** *(room)* nettoyer; *Fig (reform)* épurer
5 *vi* **to c. (up)** faire le nettoyage ▪ **cleaner** *n (in home)* femme *f* de ménage; **(dry) c.** teinturier, -ère *mf* ▪ **cleaning** *n* nettoyage *m*; *(housework)* ménage *m*; **c. woman** femme *f* de ménage ▪ **cleanly** *adv (break, cut)* net ▪ **clean-shaven** *adj (with no beard or moustache)* glabre; *(closely shaven)* rasé de près

cleanse [klenz] *vt (wound)* nettoyer; **cleansing cream** crème *f* démaquillante

clear [klɪə(r)] **1** (**-er, -est**) *adj (sky, water, sound, thought)* clair; *(glass)* transparent; *(outline, photo, skin, majority)* net (*f* nette); *(road)* libre; *(winner)* incontesté; *(obvious)* évident, clair; *(certain)* certain; **to make oneself c.** se faire comprendre; **it is c. that...** il est évident *ou* clair que...
2 *adv* **to keep** *or* **steer c. of** se tenir à l'écart de; **to get c. of** *(away from)* s'éloigner de
3 *vt (table)* débarrasser; *(road, area)* dégager; *(accused person)* disculper; *(cheque)* compenser; *(debts)* liquider; *(through customs)* dédouaner; *(for security)* autoriser; **to c. one's throat** s'éclaircir la gorge
4 *vi (of weather)* s'éclaircir; *(of fog)* se dissiper ▪ **clearing** *n (in woods)* clairière *f* ▪ **clearly** *adv (explain, write)* clairement; *(see, understand)* bien; *(obviously)* évidemment

▸ **clear away** *vt sep (remove)* enlever

▸ **clear off** *vi Fam (leave)* filer

▸ **clear out** *vt sep (empty)* vider; *(remove)* enlever

▸ **clear up 1** *vt sep (mystery)* éclaircir; *(room)* ranger **2** *vi (of weather)* s'éclaircir; *(tidy)* ranger

clearance ['klɪərəns] *n (sale)* liquidation *f*; *(space)* dégagement *m*; *(permission)* autorisation *f*

clear-cut [klɪə'kʌt] *adj* net (*f* nette)

clef [klef] *n Mus* clef *f*

clench [klentʃ] *vt* **to c. one's fist/teeth** serrer le poing/les dents

clergy ['klɜːdʒɪ] *n* clergé *m* ▪ **clergyman** (*pl* **-men**) *n* ecclésiastique *m*

clerical ['klerɪkəl] *adj (job)* d'employé; *(work)* de bureau

clerk [*Br* klɑːk, *Am* klɜːk] *n* employé, -e

mf de bureau; *Am (in store)* vendeur, -euse *mf*

clever ['klevə(r)] (**-er, -est**) *adj* intelligent; *(smart, shrewd)* astucieux, -euse; *(skilful)* habile (**at sth** à qch; **at doing** à faire); *(ingenious) (machine, plan)* ingénieux, -euse; *(gifted)* doué; **c. with one's hands** adroit de ses mains ▪ **cleverly** *adv* intelligemment; *(ingeniously)* astucieusement; *(skilfully)* habilement

cliché ['kli:ʃeɪ] *n* cliché *m*

click [klɪk] **1** *n* bruit *m* sec **2** *vi* faire un bruit sec; *Fam* **it suddenly clicked** ça a fait tilt

client ['klaɪənt] *n* client, -e *mf* ▪ **clientele** *n* clientèle *f*

cliff [klɪf] *n* falaise *f*

climate ['klaɪmɪt] *n (weather) & Fig (conditions)* climat *m*

climax ['klaɪmæks] *n* point *m* culminant; *(sexual)* orgasme *m*

climb [klaɪm] **1** *n* montée *f* **2** *vt* **to c. (up)** *(steps, hill)* gravir; *(mountain)* faire l'ascension de; *(tree, ladder)* grimper à; **to c. (over)** *(wall)* escalader; **to c. down (from)** *(wall, tree)* descendre de; *(hill)* descendre **3** *vi (of plant)* grimper; **to c. (up)** *(steps, tree, hill)* monter; **to c. down** descendre; *Fig (back down)* revenir sur sa décision ▪ **climber** *n (mountaineer)* alpiniste *mf*; *(on rocks)* varappeur, -euse *mf*; *(plant)* plante *f* grimpante ▪ **climbing** *n* **(mountain) c.** alpinisme *m*; **(rock-)c.** varappe *f*

climb-down ['klaɪmdaʊn] *n* reculade *f*

clinch [klɪntʃ] *vt (deal)* conclure

cling [klɪŋ] (*pt & pp* **clung**) *vi* s'accrocher (**to** à); *(stick)* adhérer (**to** à)

clinic ['klɪnɪk] *n Br (private)* clinique *f*; *(part of hospital)* service *m* ▪ **clinical** *adj Med* clinique

clink [klɪŋk] **1** *vt* faire tinter **2** *vi* tinter

clip [klɪp] **1** *n* (**a**) *(for paper)* trombone *m*; *(fastener)* attache *f*; *(of brooch, of cyclist, for hair)* pince *f* (**b**) *(of film)* extrait *m* **2** (*pt & pp* **-pp-**) *vt (paper)* attacher *(avec un trombone)*; *(cut)* couper; *(hedge)* tailler; *(ticket)* poinçonner; **to c. (on)** *(attach)* attacher (**to** à) **3** *vi* **to c. together** s'emboîter ▪ **clippers** *npl (for hair)* tondeuse *f*; *(for fingernails)* coupe-ongles *m inv* ▪ **clipping** *n Am (from newspaper)* coupure *f*

clique [kli:k] *n Pej* clique *f*

cloak [kləʊk] *n* cape *f* ▪ **cloakroom** *n* vestiaire *m*; *Br (lavatory)* toilettes *fpl*

clock [klɒk] *n (large)* horloge *f*; *(small)* pendule *f*; *Br Fam (mileometer)* compteur *m*; **round the c.** vingt-quatre heures sur vingt-quatre; **to put the clocks forward/back** *(in spring, autumn)* avancer/retarder les pendules; **c. radio** radioréveil *m*; **c. tower** clocher *m* ▪ **clockwise** *adv* dans le sens des aiguilles d'une montre ▪ **clockwork 1** *adj (toy)* mécanique **2** *n* **to go like c.** marcher comme sur des roulettes

clog [klɒg] **1** *n (shoe)* sabot *m* **2** (*pt & pp* **-gg-**) *vt* **to c. (up)** *(obstruct)* boucher

cloister ['klɔɪstə(r)] *n* cloître *m*

close[1] [kləʊs] **1** (**-er, -est**) *adj (in distance, time, relationship)* proche; *(collaboration, resemblance, connection)* étroit; *(friend)* intime; *(contest)* serré; *(study)* rigoureux, -euse; *Br* **it's c.** *(of weather)* il fait lourd; **c. to** *(near)* près de, proche de; **that was a c. shave** *or* **call** il s'en est fallu de peu

2 *adv* **c. (by), c. at hand** tout près; **we stood/sat c. together** nous étions debout/assis serrés les uns contre les autres; **to follow c. behind** suivre de près ▪ **close-fitting** *adj (clothes)* ajusté ▪ **closing 1** *n* fermeture *f* **2** *adj (remarks)* dernier, -ère; **c. date** *(for application)* date *f* limite; **c. time** heure *f* de fermeture ▪ **close-up** *n* gros plan *m*

close[2] [kləʊz] **1** *n (end)* fin *f* **2** *vt (door, shop, account, book, eye)* fermer; *(road)* barrer; *(gap)* réduire; *(deal)* conclure **3** *vi (of door)* se fermer; *(of shop)* fermer ▪ **closed** *adj (door, shop)* fermé; **c.-circuit television** télévision *f* en circuit fermé ▪ **closure** *n (of business, factory)* fermeture *f* (définitive)

▸ **close down 1** *vt sep (business, factory)* fermer (définitivement) **2** *vi (of TV channel)* terminer les émissions; *(of business, factory)* fermer (définitivement)

▸ **close in** *vi (approach)* approcher; **to c. in on sb** se rapprocher de qn

▸ **close up 1** *vt sep* fermer **2** *vi (of shopkeeper)* fermer; *(of wound)* se refermer; *(of line of people)* se resserrer

closet ['klɒzɪt] *n Am (cupboard)* placard *m*; *(wardrobe)* penderie *f*

clot [klɒt] **1** *n (of blood)* caillot *m* **2** (*pt & pp* **-tt-**) *vi (of blood)* (se) coaguler

cloth [klɒθ] *n* tissu *m*; *(for dusting)* chiffon *m*; *(for dishes)* torchon *m*; *(tablecloth)* nappe *f* ▪ **clothing** *n (clothes)* vêtements *mpl*

clothes [kləʊðz] *npl* vêtements *mpl*; **to put one's c. on** s'habiller; **to take one's c. off** se déshabiller; **c. line** corde *f* à linge; *Br* **c. peg,** *Am* **c. pin** pince *f* à linge; **c. shop** magasin *m* de vêtements

cloud [klaʊd] **1** *n* nuage *m* **2** *vi* **to c. over** *(of sky)* se couvrir ▪ **cloudy** (**-ier, -iest**) *adj (weather, sky)* nuageux, -euse; *(liquid)* trouble

clove [kləʊv] *n (spice)* clou *m* de girofle; **c. of garlic** gousse *f* d'ail

clover ['kləʊvə(r)] *n* trèfle *m*

clown [klaʊn] **1** *n* clown *m* **2** *vi* **to c. around** *or* **about** faire le clown

club [klʌb] **1** *n* (**a**) *(society)* club *m* (**b**) *(nightclub)* boîte *f* de nuit (**c**) *(weapon)* massue *f*; *(in golf)* club *m* (**d**) **clubs** *(in cards)* trèfle *m* **2** (*pt & pp* **-bb-**) *vi Br* **to c. together** se cotiser (**to buy sth** pour acheter qch)

clue [kluː] *n* indice *m*; *(of crossword)* définition *f*; *Fam* **I don't have a c.** je n'en ai pas la moindre idée

clump [klʌmp] *n (of flowers, trees)* massif *m*

clumsy ['klʌmzɪ] (**-ier, -iest**) *adj* maladroit

clung [klʌŋ] *pt & pp of* **cling**

cluster ['klʌstə(r)] **1** *n* groupe *m* **2** *vi* se grouper

clutch [klʌtʃ] **1** *n (in car)* embrayage *m*; *(pedal)* pédale *f* d'embrayage **2** *vt* tenir fermement **3** *vi* **to c. at** essayer de saisir

clutter ['klʌtə(r)] **1** *n (objects)* désordre *m* **2** *vt* **to c. (up)** *(room, table)* encombrer (**with** de)

cm (*abbr* **centimetre(s)**) cm

Co (*abbr* **company**) Cie

co- [kəʊ] *pref* co-

c/o (*abbr* **care of**) *(on envelope)* chez

coach [kəʊtʃ] **1** *n* (**a**) *Br (train carriage)* voiture *f*, wagon *m*; *Br (bus)* car *m*; *(horse-drawn)* carrosse *m* (**b**) *(for sports)* entraîneur, -euse *mf* **2** *vt (sportsman, team)* entraîner

coal [kəʊl] **1** *n* charbon *m* **2** *adj (fire)* de charbon; **c. industry** industrie *f* houillère ▪ **coalmine** *n* mine *f* de charbon

coalition [kəʊə'lɪʃən] *n* coalition *f*

coarse [kɔːs] (**-er, -est**) *adj (person, manners)* grossier, -ère, vulgaire; *(surface, fabric)* grossier, -ère

coast [kəʊst] *n* côte *f*

coaster ['kəʊstə(r)] *n (for glass)* dessous-de-verre *m inv*

coat [kəʊt] **1** *n* manteau *m*; *(overcoat)* pardessus *m*; *(jacket)* veste *f*; *(of animal)* pelage *m*; *(of paint)* couche *f*; **c. hanger** cintre *m* **2** *vt* couvrir (**with** de); *(with chocolate, sugar)* enrober (**with** de) ▪ **coating** *n* couche *f*

coax [kəʊks] *vt* **to c. sb to do** *or* **into doing sth** amener qn à faire qch par des cajoleries

cob [kɒb] *n (of corn)* épi *m*

cobbled ['kɒbəld] *adj (street)* pavé

cobweb ['kɒbweb] *n* toile *f* d'araignée

Coca-Cola® [kəʊkə'kəʊlə] *n* Coca-Cola® *m*

cocaine [kəʊ'keɪn] *n* cocaïne *f*

cock [kɒk] *n (rooster)* coq *m*

cockerel ['kɒkərəl] *n* jeune coq *m*

cockney ['kɒknɪ] *adj & n* cockney *(mf)* *(natif des quartiers est de Londres)*

cockpit ['kɒkpɪt] *n (of aircraft)* poste *m* de pilotage

cockroach ['kɒkrəʊtʃ] *n* cafard *m*
cocktail ['kɒkteɪl] *n* cocktail *m*; **fruit c.** macédoine *f* de fruits; **c. party** cocktail *m*
cocky ['kɒkɪ] (**-ier, -iest**) *adj Fam* culotté
cocoa ['kəʊkəʊ] *n* cacao *m*
coconut ['kəʊkənʌt] *n* noix *f* de coco
COD [siːəʊ'diː] (*abbr* **cash on delivery**) *n Br Com* paiement *m* à la livraison
cod [kɒd] *n* morue *f*; *(as food)* cabillaud *m*
code [kəʊd] *n* code *m*; **in c.** *(letter, message)* codé; **c. word** code
co-educational [kəʊedjʊ'keɪʃənəl] *adj (school, teaching)* mixte
coerce [kəʊ'ɜːs] *vt* contraindre (**sb into doing** qn à faire)
coexist [kəʊɪg'zɪst] *vi* coexister
coffee ['kɒfɪ] *n* café *m*; **c. with milk,** *Br* **white c.** café *m* au lait; **black c.** café *m* noir; *Br* **c. bar, c. house** café *m*; **c. break** pause-café *f*; **c. pot** cafetière *f*; **c. table** table *f* basse
coffin ['kɒfɪn] *n* cercueil *m*
cog [kɒg] *n* dent *f*
cognac ['kɒnjæk] *n* cognac *m*
cohabit [kəʊ'hæbɪt] *vi* vivre en concubinage (**with** avec)
coherent [kəʊ'hɪərənt] *adj (logical)* cohérent; *(way of speaking)* compréhensible, intelligible
coil [kɔɪl] *n (of wire, rope)* rouleau *m*; *(contraceptive)* stérilet *m*
coin [kɔɪn] *n* pièce *f* (de monnaie)
coincide [kəʊɪn'saɪd] *vi* coïncider (**with** avec) ■ **coincidence** *n* coïncidence *f*
coke [kəʊk] *n (fuel)* coke *m*; *(Coca-Cola®)* Coca® *m inv*
colander ['kʌləndə(r)] *n (for vegetables)* passoire *f*
cold [kəʊld] **1** (**-er, -est**) *adj* froid; **to be** *or* **feel c.** *(of person)* avoir froid; **my hands are c.** j'ai froid aux mains; **it's c.** *(of weather)* il fait froid; **to get c.** *(of weather)* se refroidir; *(of food)* refroidir; *Fam* **to get c. feet** se dégonfler; *Br* **c. meats,** *Am* **c. cuts** viandes *fpl* froides **2** *n* (**a**) *(temperature)* froid *m* (**b**) *(illness)* rhume *m*; **to have a c.** être enrhumé; **to catch a c.** attraper un rhume; **to get a c.** s'enrhumer ■ **coldness** *n* froideur *f*
coleslaw ['kəʊlslɔː] *n* = salade de chou cru à la mayonnaise
collaborate [kə'læbəreɪt] *vi* collaborer (**on** à) ■ **collaboration** [-'reɪʃən] *n* collaboration *f*
collage ['kɒlɑːʒ] *n (picture)* collage *m*
collapse [kə'læps] **1** *n* effondrement *m*; *(of government)* chute *f* **2** *vi (of person, building)* s'effondrer; *(faint)* se trouver mal; *(of government)* tomber
collar ['kɒlə(r)] *n (on garment)* col *m*; *(of dog)* collier *m*
colleague ['kɒliːg] *n* collègue *mf*
collect [kə'lekt] **1** *vt (pick up)* ramasser; *(gather)* rassembler; *(information)* recueillir; *(stamps)* collectionner; **to c. money** *(in street, church)* quêter; **to c. sb** *(pick up)* passer prendre qn **2** *vi (in street, church)* quêter (**for** pour) **3** *adv Am* **to call** *or* **phone sb c.** téléphoner à qn en PCV
collection [kə'lekʃən] *n (of objects, stamps)* collection *f*; *(of poems)* recueil *m*; *(of money for church)* quête *f*; *(of mail)* levée *f*
collector [kə'lektə(r)] *n (of stamps)* collectionneur, -euse *mf*
college ['kɒlɪdʒ] *n Br (of further education)* établissement *m* d'enseignement supérieur; *Am (university)* université *f*; **to be at c.** être étudiant
collide [kə'laɪd] *vi* entrer en collision (**with** avec) ■ **collision** *n* collision *f*
colloquial [kə'ləʊkwɪəl] *adj* familier, -ère
colon ['kəʊlən] *n* (**a**) *(punctuation mark)* deux-points *m* (**b**) *Anat* côlon *m*
colonel ['kɜːnəl] *n* colonel *m*
colonial [kə'ləʊnɪəl] *adj* colonial
colony ['kɒlənɪ] (*pl* **-ies**) *n* colonie *f*
colossal [kə'lɒsəl] *adj* colosse
colour ['kʌlə(r)] (*Am* **color**) **1** *n* couleur *f* **2** *adj (photo, television)* en couleurs; *(television set)* couleur *inv* **3** *vt*

colorer; **to c. (in)** *(drawing)* colorier ▪ **coloured** *adj (person, pencil)* de couleur; *(glass)* coloré ▪ **colouring** *n (in food)* colorant *m*; *(shade, effect)* coloris *m*; **c. book** album *m* de coloriages

colour-blind ['kʌləblaɪnd] *adj* daltonien, -enne

colourful ['kʌləfəl] *adj (crowd, story)* coloré; *(person)* pittoresque

column ['kɒləm] *n* colonne *f*; *(newspaper feature)* rubrique *f*

coma ['kəʊmə] *n* **in a c.** dans le coma

comb [kəʊm] **1** *n* peigne *m* **2** *vt Fig (search)* ratisser, passer au peigne fin; **to c. one's hair** se peigner

combat ['kɒmbæt] *n* combat *m*

combination [kɒmbɪ'neɪʃən] *n* combinaison *f*; **in c. with** en association avec; **c. lock** serrure *f* à combinaison

combine [kəm'baɪn] *vt (activities, qualities, elements, sounds)* combiner; *(efforts)* joindre, unir

combustion [kəm'bʌstʃən] *n* combustion *f*

COME [kʌm] *(pt* **came**, *pp* **come**) *vi* venir (**from** de; **to** à); **to c. home** rentrer (à la maison); **to c. first** *(in race, exam)* se classer premier; **c. and see me** viens me voir; **to c. near** *or* **close to doing sth** faillir faire qch; **in the years to c.** dans les années à venir

▸ **come about** *vi (happen)* arriver

▸ **come across 1** *vi* **to c. across well/badly** bien/mal passer **2** *vt insep (find)* tomber sur

▸ **come along** *vi* venir (**with** avec); *(progress) (of work)* avancer; *(of student)* progresser

▸ **come away** *vi (leave, come off)* partir (**from** de); **to c. away from sb/sth** *(step or move back from)* s'écarter de qn/qch

▸ **come back** *vi* revenir; *(return home)* rentrer

▸ **come by** *vt insep (obtain)* obtenir; *(find)* trouver

▸ **come down 1** *vi* descendre; *(of rain, temperature, price)* tomber; *(of building)* être démoli **2** *vt insep (stairs, hill)* descendre

▸ **come down with** *vt insep (illness)* attraper

▸ **come for** *vt insep* venir chercher

▸ **come forward** *vi (make oneself known, volunteer)* se présenter

▸ **come in** *vi (enter)* entrer; *(of train)* arriver; *(of money)* rentrer; **to c. in useful** être bien utile

▸ **come in for** *vt insep* **to c. in for criticism** faire l'objet de critiques

▸ **come into** *vt insep (room)* entrer dans; *(money)* hériter de

▸ **come off 1** *vi (of button)* se détacher; *(succeed)* réussir **2** *vt insep (fall from)* tomber de; *(get down from)* descendre de

▸ **come on** *vi (make progress) (of work)* avancer; *(of student)* progresser; **c. on!** allez!

▸ **come out** *vi* sortir; *(of sun, book)* paraître; *(of stain)* s'enlever, partir; *(of photo)* réussir; *(of homosexual)* révéler son homosexualité; **to c. out (on strike)** se mettre en grève

▸ **come over** *vi (visit)* passer (**to** chez); **to c. over to** *(approach)* s'approcher de

▸ **come round** *vi (visit)* passer (**to** chez); *(regain consciousness)* revenir à soi

▸ **come through 1** *vi (survive)* s'en tirer **2** *vt insep (crisis)* sortir indemne de

▸ **come to 1** *vi (regain consciousness)* revenir à soi **2** *vt insep (amount to)* revenir à; **to c. to a conclusion** arriver à une conclusion; **to c. to a decision** se décider

▸ **come under** *vt insep (heading)* être classé sous

▸ **come up 1** *vi (rise)* monter; *(of question, job)* se présenter **2** *vt insep (stairs)* monter

▸ **come up against** *vt insep (problem)* se heurter à

▸ **come upon** *vt insep (book, reference)* tomber sur

▸**come up to** *vt insep (reach)* arriver jusqu'à; *(approach)* s'approcher de
▸**come up with** *vt insep (idea, money)* trouver

---

comeback ['kʌmbæk] *n* **to make a c.** *(of actor, athlete)* faire un come-back
comedy ['kɒmɪdɪ] *(pl* **-ies**) *n* comédie *f* ▪ **comedian** *n* comique *mf*
comet ['kɒmɪt] *n* comète *f*
comfort ['kʌmfət] **1** *n (ease)* confort *m*; *(consolation)* réconfort *m*, consolation *f* **2** *vt* consoler ▪ **comfortable** *adj (chair, house)* confortable; *(rich)* aisé
comfortably ['kʌmftəblɪ] *adv (sit)* confortablement; *(win)* facilement; **c. off** *(rich)* à l'aise financièrement
comic ['kɒmɪk] **1** *adj* comique **2** *n Br (magazine)* bande *f* dessinée, BD *f*; **c. strip** bande *f* dessinée ▪ **comical** *adj* comique
coming ['kʌmɪŋ] **1** *adj (future) (years, election)* à venir; **the c. days** les prochains jours **2** *n* **comings and goings** allées *fpl* et venues *fpl*
comma ['kɒmə] *n* virgule *f*
command [kə'mɑːnd] **1** *n (order)* ordre *m*; *(authority)* commandement *m*; *(mastery)* maîtrise *f* (**of** de); *Comptr* commande *f* **2** *vt (order)* commander (**sb to do** à qn de faire) ▪ **commander** *n Mil* commandant *m* ▪ **commanding** *adj (authoritative)* imposant; *(position)* dominant; **c. officer** commandant *m*
commandment [kə'mɑːndmənt] *n Rel* commandement *m*
commemorate [kə'meməreɪt] *vt* commémorer ▪ **commemoration** [-'reɪʃən] *n* commémoration *f*
commence [kə'mens] *vti Formal* commencer (**doing** à faire)
commend [kə'mend] *vt (praise)* louer ▪ **commendable** *adj* louable
comment ['kɒment] **1** *n* commentaire *m* (**on** sur) **2** *vi* faire des commentaires (**on** sur); **to c. on** *(text, event, news item)* commenter; **to c. that...** remarquer que... ▪ **commentary** *(pl* **-ies**) *n* commentaire *m*; **live c.** *(on TV or radio)* reportage *m* en direct ▪ **commentator** *n* commentateur, -trice *mf* (**on** de)
commerce ['kɒmɜːs] *n* commerce *m* ▪ **commercial** [kə'mɜːʃəl] **1** *adj* commercial **2** *n (advertisement)* publicité *f*; **the commercials** la publicité
commercialize [kə'mɜːʃəlaɪz] *vt Pej (event)* transformer en une affaire de gros sous
commiserate [kə'mɪzəreɪt] *vi* **to c. with sb** être désolé pour qn
commission [kə'mɪʃən] **1** *n (fee, group)* commission *f*; *(order for work)* commande *f* **2** *vt (artist)* passer une commande à; *(book)* commander; **to c. sb to do sth** charger qn de faire qch ▪ **commissioner** *n Br* **(police) c.** commissaire *m* de police
commit [kə'mɪt] *(pt & pp* **-tt-**) *vt (crime)* commettre; *(bind)* engager; *(devote)* consacrer; **to c. suicide** se suicider; **to c. oneself** *(make a promise)* s'engager (**to** à) ▪ **commitment** *n (duty, responsibility)* obligation *f*; *(promise)* engagement *m*; *(devotion)* dévouement *m* (**to** à)
committee [kə'mɪtɪ] *n* comité *m*
commodity [kə'mɒdɪtɪ] *(pl* **-ies**) *n Econ* marchandise *f*, produit *m*
common ['kɒmən] (**-er, -est**) *adj (shared, vulgar)* commun; *(frequent)* courant, commun; **in c.** *(shared)* en commun (**with** avec); **to have nothing in c.** n'avoir rien de commun (**with** avec); **c. room** *(for students)* salle *f* commune; *(for teachers)* salle *f* des professeurs; **c. sense** sens *m* commun, bon sens *m* ▪ **commonly** *adv* communément
commonplace ['kɒmənpleɪs] *adj* courant
Commonwealth ['kɒmənwelθ] *n Br* **the C.** le Commonwealth
commotion [kə'məʊʃən] *n (disruption)* agitation *f*
communal [kə'mjuːnəl] *adj (shared) (bathroom, kitchen)* commun; *(of the community)* communautaire
commune ['kɒmjuːn] *n (district)*

commune *f*; *(group)* communauté *f*

communicate [kə'mju:nɪkeɪt] **1** *vt* communiquer **2** *vi (of person)* communiquer (**with** avec) ▪ **communication** [-'keɪʃən] *n* communication *f*; *Br* **c. cord** *(on train)* signal *m* d'alarme

Communion [kə'mju:njən] *n* **(Holy) C.** communion; **to take C.** communier

communism ['kɒmjʊnɪzəm] *n* communisme *m* ▪ **communist** *adj & n* communiste *(mf)*

community [kə'mju:nɪtɪ] **1** *(pl* **-ies***) n* communauté *f*; **the student c.** les étudiants *mpl* **2** *adj (life, spirit)* communautaire; **c. centre** centre *m* socioculturel

commute [kə'mju:t] *vi* **to c. (to work)** faire la navette entre son domicile et son travail ▪ **commuter** *n* banlieusard, -e *mf*; **c. train** train *m* de banlieue

compact[1] [kəm'pækt] *adj (car, crowd, substance)* compact; **c. disc** ['kɒmpækt] disque *m* compact

compact[2] ['kɒmpækt] *n (for face powder)* poudrier *m*

companion [kəm'pænjən] *n (person)* compagnon *m*, compagne *f*

company ['kʌmpənɪ] *(pl* **-ies***) n (companionship)* compagnie *f*; *(guests)* invités *mpl*, -es *fpl*; *(business)* société *f*, compagnie *f*; **(theatre) c.** compagnie *f* (théâtrale); **to keep sb c.** tenir compagnie à qn; **c. car** voiture *f* de société

comparable ['kɒmpərəbəl] *adj* comparable (**with** *or* **to** à)

comparative [kəm'pærətɪv] *adj (relative) (costs, comfort)* relatif, -ive ▪ **comparatively** *adv* relativement

compare [kəm'peə(r)] **1** *vt* comparer (**with** *or* **to** à); **compared to** *or* **with** en comparaison de **2** *vi* être comparable (**with** à) ▪ **comparison** [kəm'pærɪsən] *n* comparaison *f* (**between** entre; **with** avec); **by** *or* **in c.** en comparaison

compartment [kəm'pɑ:tmənt] *n* compartiment *m*

compass ['kʌmpəs] *n* (**a**) *(for finding direction)* boussole *f* (**b**) **(pair of) compasses** compas *m*

compassion [kəm'pæʃən] *n* compassion *f*

compatible [kəm'pætɪbəl] *adj* compatible

compatriot [kəm'pætrɪət, kəm'peɪtrɪət] *n* compatriote *mf*

compel [kəm'pel] *(pt & pp* **-ll-***) vt* forcer, obliger; **to c. sb to do sth** forcer qn à faire qch ▪ **compelling** *adj (argument)* convaincant

compensate ['kɒmpənseɪt] **1** *vt* **to c. sb** *(with payment, reward)* dédommager qn (**for** de) **2** *vi* compenser; **to c. for sth** *(make up for)* compenser qch ▪ **compensation** [-'seɪʃən] *n (financial)* dédommagement *m*; *(consolation)* compensation *f*

compère ['kɒmpeə(r)] *n* animateur, -trice *mf*

compete [kəm'pi:t] *vi (take part in race)* concourir (**in** à); **to c. (with sb)** rivaliser (avec qn); *(in business)* faire concurrence (à qn); **to c. for sth** se disputer qch

competent ['kɒmpɪtənt] *adj (capable)* compétent (**to do** pour faire) ▪ **competently** *adv* avec compétence

competition [kɒmpə'tɪʃən] *n* (**a**) *(rivalry)* rivalité *f*; *(between companies)* concurrence *f* (**b**) *(contest)* concours *m*; *(in sport)* compétition *f*

competitive [kəm'petɪtɪv] *adj (price, market)* compétitif, -ive; *(person)* qui a l'esprit de compétition ▪ **competitor** *n* concurrent, -e *mf*

compile [kəm'paɪl] *vt (list, catalogue)* dresser; *(documents)* compiler

complacent [kəm'pleɪsənt] *adj* content de soi

complain [kəm'pleɪn] *vi* se plaindre (**to sb** à qn; **of** *or* **about sb/sth** de qn/qch; **that** que) ▪ **complaint** *n* plainte *f*; *(in shop)* réclamation *f*; *(illness)* maladie *f*

complement ['kɒmplɪment] *vt* compléter

complete [kəm'pli:t] **1** *adj (whole)* complet, -ète; *(utter)* total; *(finished)* achevé **2** *vt (finish)* achever; *(form)* compléter ▪ **completely** *adv* complètement

complex ['kɒmpleks] **1** *adj* complexe **2** *n (feeling, buildings)* complexe *m* ▪ **complexion** [kəm'plekʃən] *n (of face)* teint *m*

complicate ['kɒmplɪkeɪt] *vt* compliquer ▪ **complication** *n* complication *f*

compliment **1** ['kɒmplɪmənt] *n* compliment *m*; **to pay sb a c.** faire un compliment à qn **2** ['kɒmplɪment] *vt* **to c. sb on sth** *(bravery)* féliciter qn de qch; *(dress, haircut)* faire des compliments à qn sur qch ▪ **complimentary** [-'mentərɪ] *adj* (**a**) *(praising)* élogieux, -euse (**b**) *(free)* gratuit; **c. ticket** billet *m* de faveur

comply [kəm'plaɪ] (*pt & pp* **-ied**) *vi* **to c. with** *(order)* obéir à; *(request)* accéder à

component [kəm'pəʊnənt] *n (of structure, furniture)* élément *m*; *(of machine)* pièce *f*

compose [kəm'pəʊz] *vt* composer; **to c. oneself** se calmer ▪ **composed** *adj* calme ▪ **composer** *n (of music)* compositeur, -trice *mf* ▪ **composition** [kɒmpə'zɪʃən] *n (in music, art, chemistry)* composition *f*

compost ['kɒmpɒst] *n* compost *m*

composure [kəm'pəʊʒə(r)] *n* sang-froid *m*

compound ['kɒmpaʊnd] **1** *n (word) & Chem (substance)* composé *m*; *(area)* enclos *m* **2** *adj (word, substance) & Fin (interest)* composé

comprehend [kɒmprɪ'hend] *vt* comprendre

comprehensive [kɒmprɪ'hensɪv] **1** *adj* complet, -ète; *(study)* exhaustif, -ive; *(knowledge)* étendu; *(insurance)* tous risques *inv* **2** *adj & n Br* **c. (school)** ≃ établissement *m* d'enseignement secondaire *(n'opérant pas de sélection à l'entrée)*

compress [kəm'pres] *vt (gas, air)* comprimer

comprise [kəm'praɪz] *vt (consist of)* comprendre; *(make up)* constituer

compromise ['kɒmprəmaɪz] **1** *n* compromis *m* **2** *vt (person, security)* compromettre **3** *vi* transiger (**on** sur)

compulsion [kəm'pʌlʃən] *n (urge)* besoin *m*; *(obligation)* contrainte *f* ▪ **compulsive** *adj (smoker, gambler, liar)* invétéré

compulsory [kəm'pʌlsərɪ] *adj* obligatoire

computer [kəm'pju:tə(r)] **1** *n* ordinateur *m* **2** *adj (program, system, network)* informatique; *(course, firm)* d'informatique; **c. game** jeu *m* électronique; **c. science** informatique *f* ▪ **computerized** *adj* informatisé

computing [kəm'pju:tɪŋ] *n* informatique *f*

con [kɒn] *Fam* **1** *n* arnaque *f*; **c. man** arnaqueur *m* **2** (*pt & pp* **-nn-**) *vt* arnaquer; **to be conned** se faire arnaquer

conceal [kən'si:l] *vt (hide) (object)* dissimuler (**from sb** à qn); *(plan, news)* cacher (**from sb** à qn)

concede [kən'si:d] **1** *vt* concéder (**to** à; **that** que) **2** *vi* s'incliner

conceited [kən'si:tɪd] *adj* vaniteux, -euse

conceive [kən'si:v] **1** *vt (idea, child)* concevoir **2** *vi (of woman)* concevoir; **to c. of sth** concevoir qch ▪ **conceivable** *adj* concevable; **it's c. that...** il est concevable que... (+ *subjunctive*)

concentrate ['kɒnsəntreɪt] **1** *vt* concentrer (**on** sur) **2** *vi* se concentrer (**on** sur); **to c. on doing sth** s'appliquer à faire qch ▪ **concentration** [-'treɪʃən] *n* concentration *f*; **c. camp** camp *m* de concentration

concept ['kɒnsept] *n* concept *m*

concern [kən'sɜ:n] **1** *n (matter)* affaire *f*; *(worry)* inquiétude *f*; **his c. for** son souci de; **(business) c.** entreprise *f* **2** *vt* concerner; **to be concerned about** *(be worried)* s'inquiéter de; **as far as I'm concerned...** en ce qui me concerne... ▪ **concerned** *adj (anxious)* inquiet, -ète (**about/at** au sujet de); **the person c.** *(in question)* la personne dont il s'agit; *(involved)* la personne concernée ▪ **concerning** *prep* en ce qui concerne

concert ['kɒnsət] *n* concert *m*; **c. hall** salle *f* de concert

concerto [kən'tʃɜːtəʊ] (*pl* **-os**) *n* concerto *m*; **piano c.** concerto *m* pour piano

concession [kən'seʃən] *n* concession *f* (**to** à)

conciliatory [kən'sɪlɪətərɪ, *Am* -tɔːrɪ] *adj (tone, person)* conciliant

concise [kən'saɪs] *adj* concis

conclude [kən'kluːd] **1** *vt (end, settle)* conclure; **to c. that...** *(infer)* conclure que... **2** *vi (of event)* se terminer (**with** par); *(of speaker)* conclure ▪ **conclusion** *n* conclusion *f* ▪ **conclusive** *adj* concluant

concoct [kən'kɒkt] *vt (dish, scheme)* concocter ▪ **concoction** *n (dish, drink)* mixture *f*

concourse ['kɒŋkɔːs] *n (in airport, train station)* hall *m*

concrete ['kɒŋkriːt] **1** *n* béton *m*; **c. wall** mur *m* en béton **2** *adj (ideas, example)* concret, -ète

concur [kən'kɜː(r)] (*pt & pp* **-rr-**) *vi (agree)* être d'accord (**with** avec)

concurrently [kən'kʌrəntlɪ] *adv* simultanément

concussion [kən'kʌʃən] *n (injury)* commotion *f* cérébrale

condemn [kən'dem] *vt* condamner (**to** à); *(building)* déclarer inhabitable

condense [kən'dens] *vt* condenser ▪ **condensation** [kɒnden'seɪʃən] *n (mist)* buée *f*

condescend [kɒndɪ'send] *vi* condescendre (**to do** à faire)

condition [kən'dɪʃən] *n (stipulation, circumstance)* condition *f*; *(state)* état *m*, condition *f*; *(disease)* maladie *f*; **on the c. that...** à la condition que... *(+ subjunctive)*; **in good c.** en bon état; **in/out of c.** en bonne/mauvaise forme ▪ **conditional** *adj* conditionnel, -elle

conditioner [kən'dɪʃənə(r)] *n* **(hair) c.** après-shampooing *m*

condo ['kɒndəʊ] (*pl* **-os**) *n Am* = **condominium**

condolences [kən'dəʊlənsɪz] *npl* condoléances *fpl*

condom ['kɒndɒm] *n* préservatif *m*

condominium [kɒndə'mɪnɪəm] *n Am (building)* immeuble *m* en copropriété; *(apartment)* appartement *m* en copropriété

condone [kən'dəʊn] *vt (overlook)* fermer les yeux sur; *(forgive)* excuser

conducive [kən'djuːsɪv] *adj* **to be c. to** être favorable à

conduct 1 ['kɒndʌkt] *n (behaviour, directing)* conduite *f* **2** [kən'dʌkt] *vt (campaign, inquiry, experiment)* mener; *(orchestra)* diriger; *(electricity, heat)* conduire; **to c. oneself** se conduire; **conducted tour** *(of building, region)* visite *f* guidée

conductor [kən'dʌktə(r)] *n (of orchestra)* chef *m* d'orchestre; *Br (on bus)* receveur *m*; *Am (on train)* chef *m* de train

cone [kəʊn] *n* cône *m*; *(for ice cream)* cornet *m*; **pine** *or* **fir c.** pomme *f* de pin; *Br* **traffic c.** cône de chantier

confectionery [kən'fekʃənərɪ] *n (sweets)* confiserie *f*; *(cakes)* pâtisserie *f*

confederation [kənfedə'reɪʃən] *n* confédération *f*

confer [kən'fɜː(r)] (*pt & pp* **-rr-**) **1** *vt (grant)* octroyer (**on** à) **2** *vi (talk together)* se consulter (**on** *or* **about** sur); **to c. with sb** consulter qn

conference ['kɒnfərəns] *n* conférence *f*; *(scientific, academic)* congrès *m*; **press** *or* **news c.** conférence *f* de presse

confess [kən'fes] **1** *vt* avouer, confesser (**that** que; **to sb** à qn); *Rel* confesser **2** *vi* avouer; *Rel* se confesser; **to c. to sth** *(crime)* avouer *ou* confesser qch ▪ **confession** *n* aveu *m*, confession *f*; *Rel* confession *f*; **to go to c.** aller à confesse

confetti [kən'fetɪ] *n* confettis *mpl*

confide [kən'faɪd] **1** *vt* confier (**to** à; **that** que) **2** *vi* **to c. in sb** se confier à qn

confidence ['kɒnfɪdəns] *n (trust)* confiance *f* (**in** en); **(self-)c.** confiance *f* en soi; **in c.** en confidence; **c. trick** escroquerie *f* ■ **confident** *adj (smile, exterior)* confiant; **(self-)c.** sûr de soi ■ **confidently** *adv* avec confiance

confidential [kɒnfɪ'denʃəl] *adj* confidentiel, -elle ■ **confidentially** *adv* en confidence

confine [kən'faɪn] *vt* (**a**) *(limit)* limiter (**to** à); **to c. oneself to doing sth** se limiter à faire qch (**b**) *(keep prisoner)* enfermer (**to/in** dans) ■ **confined** *adj (space)* réduit; **c. to bed** alité; **c. to one's room** obligé de garder la chambre

confirm [kən'fɜːm] *vt* confirmer (**that** que) ■ **confirmation** [kɒnfə'meɪʃən] *n also Rel* confirmation *f* ■ **confirmed** *adj (bachelor)* endurci; *(smoker)* invétéré

confiscate ['kɒnfɪskeɪt] *vt* confisquer (**from** à)

conflict 1 ['kɒnflɪkt] *n* conflit *m* **2** [kən'flɪkt] *vi (of statement)* être en contradiction (**with** avec); *(of dates, events, programmes)* tomber en même temps (**with** que) ■ **conflicting** *adj (views, theories, evidence)* contradictoire; *(dates)* incompatible

conform [kən'fɔːm] *vi (of person)* se conformer (**to** *or* **with** à); *(of ideas, actions)* être en conformité (**to** with); *(of product)* être conforme (**to** *or* **with** à)

confront [kən'frʌnt] *vt (danger)* affronter; *(problem)* faire face à; **to c. sb** *(be face to face with)* se trouver en face de qn; *(oppose)* s'opposer à qn; **to c. sb with sth** mettre qn en face de qch ■ **confrontation** [kɒnfrʌn'teɪʃən] *n* confrontation *f*

confuse [kən'fjuːz] *vt (make unsure)* embrouiller; **to c. sb/sth with** *(mistake for)* confondre qn/qch avec; **to c. matters** *or* **the issue** embrouiller la question ■ **confused** *adj (situation, noises, idea)* confus; **to get c.** s'embrouiller ■ **confusing** *adj* déroutant ■ **confusion** [-ʒən] *n (bewilderment)* perplexité *f*; *(disorder, lack of clarity)* confusion *f*

congested [kən'dʒestɪd] *adj (street, town, lungs)* congestionné; *(nose)* bouché ■ **congestion** [-tʃən] *n (traffic)* encombrements *mpl*; *(overcrowding)* surpeuplement *m*

congratulate [kən'grætʃʊleɪt] *vt* féliciter (**sb on sth** qn de qch; **sb on doing sth** qn d'avoir fait qch) ■ **congratulations** [-'leɪʃənz] *npl* félicitations *fpl* (**on** pour)

congregate ['kɒŋgrɪgeɪt] *vi* se rassembler ■ **congregation** [-'geɪʃən] *n (worshippers)* fidèles *mpl*

Congress ['kɒŋgres] *n Am Pol* le Congrès *(assemblée législative américaine)*

conifer ['kɒnɪfə(r)] *n* conifère *m*

conjunction [kən'dʒʌŋkʃən] *n* **in c. with** conjointement avec

connect [kə'nekt] **1** *vt* relier (**with** *or* **to** à); *(telephone, washing machine)* brancher; **to c. sb with sb** *(on phone)* mettre qn en communication avec qn; **to c. sb/sth with sb/sth** établir un lien entre qn/qch et qn/qch
2 *vi* **to c. with** *(of train, bus)* assurer la correspondance avec ■ **connected** *adj (facts, events)* lié; **to be c. with** *(have to do with, relate to)* avoir un lien avec

connection [kə'nekʃən] *n (link)* rapport *m*, lien *m* (**with** avec); *(train, bus)* correspondance *f*; *(phone call)* communication *f*; *(between electrical wires)* contact *m*; **connections** *(contacts)* relations *fpl*; **to have no c. with** n'avoir aucun rapport avec; **in c. with** à propos de

connive [kə'naɪv] *vi* **to c. with sb** être de connivence avec qn

connoisseur [kɒnə'sɜː(r)] *n* connaisseur *m*

connotation [kɒnə'teɪʃən] *n* connotation *f*

conquer ['kɒŋkə(r)] *vt (country)* conquérir; *(enemy, habit, difficulty)* vaincre ▪ **conquest** *n* conquête *f*

cons [kɒnz] *npl* **the pros and (the) c.** le pour et le contre

conscience ['kɒnʃəns] *n* conscience *f*; **to have sth on one's c.** avoir qch sur la conscience

conscientious [kɒnʃɪ'enʃəs] *adj* consciencieux, -euse; **c. objector** objecteur *m* de conscience

conscious ['kɒnʃəs] *adj (awake)* conscient; **to make a c. effort to do sth** faire un effort particulier pour faire qch; **c. of sth** *(aware)* conscient de qch ▪ **consciously** *adv (knowingly)* consciemment ▪ **consciousness** *n* **to lose/regain c.** perdre/reprendre connaissance

conscript 1 ['kɒnskrɪpt] *n (soldier)* conscrit *m* **2** [kən'skrɪpt] *vt* enrôler ▪ **conscription** [kən'skrɪpʃən] *n* conscription *f*

consecutive [kən'sekjʊtɪv] *adj* consécutif, -ive

consensus [kən'sensəs] *n* consensus *m*

consent [kən'sent] **1** *n* consentement *m* **2** *vi* consentir (**to** à)

consequence ['kɒnsɪkwəns] *n (result)* conséquence *f* ▪ **consequently** *adv* par conséquent

conservative [kən'sɜːvətɪv] **1** *adj (estimate)* modeste; *(view, attitude)* traditionnel, -elle; *(person)* traditionaliste; *Br Pol* conservateur, -trice **2** *n Br Pol* conservateur, -trice *mf*

conservatory [kən'sɜːvətrɪ] (*pl* **-ies**) *n Br (room)* véranda *f*

conserve [kən'sɜːv] *vt (energy, water, electricity)* faire des économies de ▪ **conservation** [kɒnsə'veɪʃən] *n (of energy)* économies *fpl*; *(of nature)* protection *f* de l'environnement

consider [kən'sɪdə(r)] *vt (think over)* considérer; *(take into account)* tenir compte de; *(an offer)* étudier; **to c. doing sth** envisager de faire qch; **to c. that...** considérer que...; **I c. her (as) a friend** je la considère comme une amie; **all things considered** tout bien considéré

considerable [kən'sɪdərəbəl] *adj (large)* considérable; *(much)* beaucoup de ▪ **considerably** *adv* considérablement

considerate [kən'sɪdərət] *adj* attentionné (**to** à l'égard de)

consideration [kənsɪdə'reɪʃən] *n* considération *f*; **to take sth into c.** prendre qch en considération

considering [kən'sɪdərɪŋ] **1** *prep* étant donné **2** *conj* **c. (that)** étant donné que

consignment [kən'saɪnmənt] *n (goods)* envoi *m*

consist [kən'sɪst] *vi* consister (**of** en; **in** en; **in doing** à faire)

consistent [kən'sɪstənt] *adj (unchanging) (quality, results)* constant ▪ **consistency** *n (of substance, liquid)* consistance *f* ▪ **consistently** *adv (always)* constamment; *(regularly)* régulièrement

console[1] [kən'səʊl] *vt* consoler ▪ **consolation** *n* consolation *f*; **c. prize** lot *m* de consolation

console[2] ['kɒnsəʊl] *n (control desk)* console *f*

consolidate [kən'sɒlɪdeɪt] *vt* consolider

consonant ['kɒnsənənt] *n* consonne *f*

conspicuous [kən'spɪkjʊəs] *adj (noticeable)* bien visible; *(striking)* manifeste; *(showy)* voyant

conspiracy [kən'spɪrəsɪ] (*pl* **-ies**) *n* conspiration *f*

conspire [kən'spaɪə(r)] *vi* conspirer (**against** contre); **to c. to do sth** comploter de faire qch

constable ['kɒnstəbəl] *n Br* **(police) c.** agent *m* de police

constant ['kɒnstənt] *adj (frequent)* incessant; *(unchanging)* constant ▪ **constantly** *adv* constamment, sans cesse

constellation [kɒnstə'leɪʃən] *n* constellation *f*

constipated ['kɒnstɪpeɪtɪd] *adj* constipé

constituent [kən'stɪtjʊənt] *n Pol (voter)* électeur, -trice *mf* ▪ **constituency** (*pl* **-ies**) *n* circonscription *f* électorale; *(voters)* électeurs *mpl*

constitute ['kɒnstɪtjuːt] *vt* constituer ▪ **constitution** *n* constitution *f*

constraint [kən'streɪnt] *n* contrainte *f*

construct [kən'strʌkt] *vt* construire ▪ **construction** *n (building, structure, in grammar)* construction *f*; **under c.** en construction; **c. site** chantier *m* ▪ **constructive** *adj* constructif, -ive

consul ['kɒnsəl] *n* consul *m* ▪ **consulate** [-sjʊlət] *n* consulat *m*

consult [kən'sʌlt] **1** *vt* consulter **2** *vi* **to c. with sb** discuter avec qn; *Br* **consulting room** *(of doctor)* cabinet *m* de consultation ▪ **consultation** [kɒnsəl'teɪʃən] *n* consultation *f*

consultancy [kən'sʌltənsɪ] (*pl* **-ies**) *n* **c. (firm)** cabinet-conseil *m* ▪ **consultant** *n Br (doctor)* spécialiste *mf*; *(adviser)* consultant *m*

consume [kən'sjuːm] *vt (food, supplies)* consommer; *(of fire)* consumer; *(of grief, hate)* dévorer ▪ **consumer** *n* consommateur, -trice *mf* ▪ **consumption** [-'sʌmpʃən] *n* consommation *f*

contact ['kɒntækt] **1** *n (act of touching)* contact *m*; *(person)* relation *f*; **in c. with** en contact avec; **c. lenses** lentilles *fpl* de contact **2** *vt* contacter

contagious [kən'teɪdʒəs] *adj (disease)* contagieux, -euse

contain [kən'teɪn] *vt (enclose, hold back)* contenir ▪ **container** *n (box, jar)* récipient *m*; *(for transporting goods)* conteneur *m*

contaminate [kən'tæmɪneɪt] *vt* contaminer

contemplate ['kɒntəmpleɪt] *vt (look at)* contempler; *(consider)* envisager (**doing** de faire)

contemporary [kən'tempərərɪ] **1** *adj* contemporain (**with** de); *(style)* moderne **2** (*pl* **-ies**) *n (person)* contemporain, -e *mf*

contempt [kən'tempt] *n* mépris *m*; **to hold sb/sth in c.** mépriser qn/qch ▪ **contemptible** *adj* méprisable ▪ **contemptuous** *adj* méprisant; **to be c. of sth** mépriser qch

contend [kən'tend] *vi* **to c. with** *(problem)* faire face à ▪ **contender** *n (in sport)* concurrent, -e *mf*; *(in election, for job)* candidat, -e *mf*

content[1] [kən'tent] *adj (happy)* satisfait (**with** de) ▪ **contented** *adj* satisfait ▪ **contentment** *n* contentement *m*

content[2] ['kɒntent] *n (of book, text, film) (subject matter)* contenu *m*; **contents** contenu *m*; *(in book)* table *f* des matières; **alcoholic/iron c.** teneur *f* en alcool/fer

contest **1** ['kɒntest] *n (competition)* concours *m*; *(fight)* lutte *f*; *(in boxing)* combat *m* **2** [kən'test] *vt (dispute)* contester ▪ **contestant** [kən'testənt] *n* concurrent, -e *mf*; *(in fight)* adversaire *mf*

context ['kɒntekst] *n* contexte *m*; **in/out of c.** en/hors contexte

continent ['kɒntɪnənt] *n* continent *m*; **the C.** l'Europe *f* continentale; **on the C.** en Europe ▪ **continental** [-'nentəl] *adj (of Europe)* européen, -enne; **c. breakfast** petit déjeuner *m* à la française

contingent [kən'tɪndʒənt] *n (group)* contingent *m* ▪ **contingency** (*pl* **-ies**) *n* éventualité *f*; **c. plan** plan *m* d'urgence

continual [kən'tɪnjʊəl] *adj* continuel, -elle

continue [kən'tɪnjuː] **1** *vt* continuer (**to do** *or* **doing** à *ou* de faire); **to c. (with)** *(work, speech)* poursuivre; *(resume)* reprendre **2** *vi* continuer; *(resume)* reprendre

continuous [kən'tɪnjʊəs] *adj* continu; *Sch & Univ* **c. assessment** contrôle *m* continu des connaissances ▪ **continuously** *adv* sans interruption

contour ['kɒntʊə(r)] *n* contour *m*

contraception [kɒntrə'sepʃən] *n*

contraception *f* ■ **contraceptive** *n* contraceptif *m*

contract[1] ['kɒntrækt] **1** *n* contrat *m*; **to be under c.** être sous contrat; **c. work** travail *m* en sous-traitance **2** *vt* **to c. work out** sous-traiter du travail ■ **contractor** *n* entrepreneur *m*

contract[2] [kən'trækt] **1** *vt (illness)* contracter **2** *vi (shrink)* se contracter

contradict [kɒntrə'dɪkt] *vt (person, statement)* contredire; *(deny)* démentir; **to c. oneself** se contredire ■ **contradictory** *adj* contradictoire

contraption [kən'træpʃən] *n Fam* machin *m*

contrary ['kɒntrərɪ] **1** *adj (opposite)* contraire (**to** à) **2** *adv* **c. to** contrairement à **3** *n* contraire *m*; **on the c.** au contraire; **unless you/I/***etc* **hear to the c.** sauf avis contraire

contrast 1 ['kɒntrɑːst] *n* contraste *m*; **in c. to** par opposition à **2** [kən'trɑːst] *vt* mettre en contraste **3** [kən'trɑːst] *vi* contraster (**with** avec)

contravention [kɒntrə'venʃən] *n* **in c. of a treaty** en violation d'un traité

contribute [kən'trɪbjuːt] **1** *vt (time, clothes)* donner (**to** à); *(article)* écrire (**to** pour); **to c. money to** verser de l'argent à **2** *vi* **to c. to** contribuer à; *(publication)* collaborer à; *(discussion)* prendre part à; *(charity)* donner à ■ **contribution** [kɒntrɪ'bjuːʃən] *n* contribution *f* ■ **contributor** *n (to newspaper)* collaborateur, -trice *mf*; *(of money)* donateur, -trice *mf*

contrive [kən'traɪv] *vt* **to c. to do sth** trouver moyen de faire qch

contrived [kən'traɪvd] *adj* qui manque de naturel

control [kən'trəʊl] **1** *n* contrôle *m*; *(authority)* autorité *f* (**over** sur); **(self-)c.** la maîtrise (de soi); **the situation** *or* **everything is under c.** je/il/*etc* contrôle la situation; **to lose c. of** *(situation, vehicle)* perdre le contrôle de; **out of c.** *(situation, crowd)* difficilement maîtrisable; *Comptr* **c. key** touche *f* de contrôle; **c. panel** tableau *m* de bord **2** *(pt & pp* **-ll-***) vt (business, organization)* diriger; *(prices, quality)* contrôler; *(emotion, reaction)* maîtriser; *(disease)* enrayer; **to c. oneself** se contrôler

controversy ['kɒntrəvɜːsɪ] *(pl* **-ies***) n* controverse *f* ■ **controversial** [-'vɜːʃəl] *adj* controversé

convalesce [kɒnvə'les] *vi (rest)* être en convalescence

convenience [kən'viːnɪəns] *n* commodité *f*; *Br* **(public) conveniences** toilettes *fpl*; **c. food(s)** plats *mpl* tout préparés; **c. store** magasin *m* de proximité

convenient [kən'viːnɪənt] *adj* commode, pratique; **to be c. (for)** *(suit)* convenir (à) ■ **conveniently** *adv* **c. situated** bien situé

convention [kən'venʃən] *n (custom)* usage *m*; *(agreement)* convention *f*; *(conference)* convention *f*, congrès *m* ■ **conventional** *adj* conventionnel, -elle

converge [kən'vɜːdʒ] *vi* converger (**on** sur)

conversation [kɒnvə'seɪʃən] *n* conversation *f* (**with** avec)

convert [kən'vɜːt] **1** ['kɒnvɜːt] *n* converti, -e *mf* **2** *vt (change)* convertir (**into** *or* **to** en); *(building)* aménager (**into, to** en); *Rel* **to c. sb** convertir qn (**to** à) **3** *vi (change religion)* se convertir (**to** à) ■ **conversion** *n* conversion *f*; *(of building)* aménagement *m*

convertible [kən'vɜːtəbəl] **1** *adj (sofa)* convertible **2** *n (car)* décapotable *f*

convey [kən'veɪ] *vt (transport)* transporter; *(communicate)* transmettre ■ **conveyor belt** *n* tapis *m* roulant

convict 1 ['kɒnvɪkt] *n* détenu *m* **2** [kən'vɪkt] *vt* déclarer coupable (**of** de) ■ **conviction** [kən'vɪkʃən] *n (for crime)* condamnation *f*; *(belief)* conviction *f* (**that** que)

convince [kən'vɪns] *vt* convaincre (**of sth** de qch; **sb to do sth** qn de faire qch) ■ **convincing** *adj (argument,* *person)* convaincant

convoy ['kɒnvɔɪ] *n* convoi *m*

cook [kʊk] **1** *n (person)* cuisinier, -ère *mf* **2** *vt (meal)* préparer; *(food)* (faire) cuire **3** *vi (of food)* cuire; *(of person)* faire la cuisine ■ **cookbook** *n* livre *m* de cuisine ■ **cooker** *n Br (stove)* cuisinière *f* ■ **cookery** *n* cuisine *f*; *Br* **c. book** livre *m* de cuisine ■ **cooking** *n (activity, food)* cuisine *f*; *(process)* cuisson *f*; **to do the c.** faire la cuisine; **c. apple** pomme *f* à cuire

cookie ['kʊkɪ] *n Am* gâteau *m* sec

cool [ku:l] **1** (**-er, -est**) *adj (weather, place, wind)* frais (*f* fraîche); *(tea, soup)* tiède; *(calm)* calme; *(unfriendly)* froid; *Fam (good)* cool *inv*; *Fam (fashionable)* branché; **a (nice) c. drink** une boisson (bien) fraîche; **the weather is c., it's c.** il fait frais; **to keep sth c.** tenir qch au frais

2 *n* **to keep/lose one's c.** garder/perdre son sang-froid

3 *vt* **to c. (down)** refroidir, rafraîchir

4 *vi* **to c. (down** *or* **off)** *(of hot liquid)* refroidir; *(of enthusiasm)* se refroidir; *(of angry person)* se calmer; **to c. off** *(by drinking, swimming)* se rafraîchir ■ **cooler** *n (for food)* glacière *f*

coop [ku:p] *vt* **to c. up** *(person, animal)* enfermer

co-op ['kəʊɒp] *n* coopérative *f*

cooperate [kəʊ'ɒpəreɪt] *vi* coopérer (**in** à; **with** avec) ■ **cooperation** *n* coopération *f*

coordinate [kəʊ'ɔ:dɪneɪt] *vt* coordonner ■ **coordination** [-'neɪʃən] *n* coordination *f*

cop [kɒp] *n Fam (policeman)* flic *m*

cope [kəʊp] *vi* **to c. with** *(problem, demand)* faire face à

copier ['kɒpɪə(r)] *n (photocopier)* photocopieuse *f*

copper ['kɒpə(r)] *n (metal)* cuivre *m*; *Br* **coppers** *(coins)* petite monnaie *f*

copy ['kɒpɪ] **1** (*pl* **-ies**) *n (of letter, document)* copie *f*; *(of book, magazine)* exemplaire *m*; *(of photo)* épreuve *f* **2** (*pt & pp* **-ied**) *vt* copier; **to c. out** *or* **down** *(text, letter)* copier **3** *vi* copier

coral ['kɒrəl] *n* corail *m*

cord [kɔ:d] *n* (**a**) *(of curtain, bell, pyjamas)* cordon *m*; *(electrical)* cordon électrique (**b**) **cords** *(trousers)* pantalon *m* en velours côtelé

cordial ['kɔ:dɪəl] **1** *adj (friendly)* cordial **2** *n Br* **(fruit) c.** sirop *m*

cordless ['kɔ:dləs] *adj* **c. phone** téléphone *m* sans fil

cordon ['kɔ:dən] **1** *n* cordon *m* **2** *vt* **to c. off** *(road)* barrer; *(area)* boucler

corduroy ['kɔ:dərɔɪ] *n* velours *m* côtelé

core [kɔ:(r)] *n (of apple)* trognon *m*; *(of problem)* cœur *m*; *(group of people)* noyau *m*

cork [kɔ:k] **1** *n (material)* liège *m*; *(stopper)* bouchon *m* **2** *vt (bottle)* boucher ■ **corkscrew** *n* tire-bouchon *m*

corn[1] [kɔ:n] *n Br (wheat)* blé *m*; *Am (maize)* maïs *m*; **c. on the cob** maïs *m* en épi, *Can* blé *m* en Inde

corn[2] [kɔ:n] *n (on foot)* cor *m*

corner ['kɔ:nə(r)] **1** *n (of street, room, page, screen)* coin *m*; *(bend in road)* virage *m*; *(in football)* corner *m*; **it's just round the c.** c'est juste au coin; **c. shop** épicerie *f* du coin **2** *vt (person, animal)* acculer

cornet ['kɔ:nɪt] *n Br (of ice cream)* cornet *m*

cornflakes ['kɔ:nfleɪks] *npl* corn flakes *mpl*

corny ['kɔ:nɪ] (**-ier, -iest**) *adj Fam (joke)* nul (*f* nulle); *(film)* tarte

coronary ['kɒrənərɪ] (*pl* **-ies**) *n Med* infarctus *m*

coronation [kɒrə'neɪʃən] *n* couronnement *m*

corporal[1] ['kɔ:pərəl] *n (in army)* caporal-chef *m*

corporal[2] ['kɔ:pərəl] *adj* **c. punishment** châtiment *m* corporel

corporate ['kɔ:pərət] *adj (decision)* collectif, -ive

corporation [kɔ:pə'reɪʃən] *n (business)* société *f*

corps [kɔ:(r), *pl* kɔ:z] *n inv Mil & Pol*

corps *m*; **the press c.** les journalistes *mpl*

corpse [kɔːps] *n* cadavre *m*

correct [kə'rekt] **1** *adj (accurate)* exact; *(proper)* correct; **he's c.** il a raison; **the c. time** l'heure exacte **2** *vt* corriger ▪ **correction** *n* correction *f*

correspond [kɒrɪ'spɒnd] *vi* correspondre ▪ **corresponding** *adj (matching)* correspondant; *(similar)* semblable

correspondence [kɒrɪ'spɒndəns] *n* correspondance *f*; **c. course** cours *m* par correspondance

corridor ['kɒrɪdɔː(r)] *n* couloir *m*, corridor *m*

corrosion [kə'rəʊʒən] *n* corrosion *f*

corrugated ['kɒrəgeɪtɪd] *adj* ondulé

corrupt [kə'rʌpt] **1** *adj* corrompu **2** *vt* corrompre ▪ **corruption** *n* corruption *f*

Corsica ['kɔːsɪkə] *n* la Corse

cosmetic [kɒz'metɪk] **1** *adj* **c. surgery** chirurgie *f* esthétique **2** *n* produit *m* de beauté

cosmopolitan [kɒzmə'pɒlɪtən] *adj* cosmopolite

cost [kɒst] **1** *n* coût *m*; **the c. of living** le coût de la vie; **at any c., at all costs** à tout prix

2 (*pt & pp* **cost**) *vti* coûter; **how much does it c.?** ça coûte combien? ▪ **costly** (**-ier, -iest**) *adj (expensive) (car, trip)* coûteux, -euse

costume ['kɒstjuːm] *n* costume *m*; *Br* **(swimming) c.** maillot *m* de bain

cosy ['kəʊzɪ] **1** (**-ier, -iest**) *adj Br (house)* douillet, -ette; *(atmosphere)* intime **2** *n* **(tea) c.** couvre-théière *m*

cot [kɒt] *n Br (for child)* lit *m* d'enfant; *Am (camp bed)* lit *m* de camp

cottage ['kɒtɪdʒ] *n* petite maison *f* de campagne; **(thatched) c.** chaumière *f*; **c. cheese** fromage *m* blanc (maigre)

cotton ['kɒtən] *n* coton *m*; *(yarn)* fil *m* de coton; *Br* **c. wool,** *Am* **absorbent c.** coton *m* hydrophile, ouate *f*; **c. shirt** chemise *f* en coton; *Am* **c. candy** barbe *f* à papa

couch [kaʊtʃ] *n (sofa)* canapé *m*; *(for doctor's patient)* lit *m*

couchette [kuː'ʃet] *n Br (on train)* couchette *f*

cough [kɒf] **1** *n* toux *f*; **c. syrup** *or* **medicine,** *Br* **c. mixture** sirop *m* pour la toux **2** *vt* **to c. up** *(blood)* cracher **3** *vi* tousser

could [kʊd, *unstressed* kəd] *pt of* **can**[1]

couldn't ['kʊdənt] = **could not**

council ['kaʊnsəl] *n* **(town/city) c.** conseil *m* municipal; *Br* **c. flat/house** ≃ HLM *f*; *Br* **c. tax** = impôt regroupant taxe d'habitation et impôts locaux ▪ **councillor** *n* **(town) c.** conseiller *m* municipal

counselling ['kaʊnsəlɪŋ] (*Am* **counseling**) *n* assistance *f* psychosociale

count[1] [kaʊnt] **1** *n (calculation)* compte *m*; **to keep c. of sth** tenir le compte de qch

2 *vt (find number of, include)* compter; *(consider)* considérer; **c. me in!** j'en suis!; **c. me out!** ne compte pas sur moi!

3 *vi* compter; **to c. against sb** jouer contre qn; **to c. on sb/sth** *(rely on)* compter sur qn/qch; **to c. on doing sth** compter faire qch ▪ **countdown** *n* compte *m* à rebours

count[2] [kaʊnt] *n (title)* comte *m*

counter ['kaʊntə(r)] **1** *n* (**a**) *(in shop, bar)* comptoir *m*; *(in bank)* guichet *m* (**b**) *(in games)* jeton *m* (**c**) *(counting device)* compteur *m* **2** *adv* **c. to** contrairement à **3** *vt (threat)* répondre à; *(effects)* neutraliser **4** *vi* riposter (**with** par)

counter- ['kaʊntə(r)] *pref* contre-

counterattack ['kaʊntərətæk] **1** *n* contre-attaque *f* **2** *vti* contre-attaquer

counterclockwise [kaʊntə'klɒkwaɪz] *adj & adv Am* dans le sens inverse des aiguilles d'une montre

counterfeit ['kaʊntəfɪt] **1** *adj* faux (*f* fausse) **2** *vt* contrefaire

counterpart ['kaʊntəpɑːt] *n (thing)* équivalent *m*; *(person)* homologue *mf*

countless ['kaʊntlɪs] *adj* innombrable

country ['kʌntrɪ] (*pl* **-ies**) **1** *n* pays *m*; *(opposed to town)* campagne *f*; **in the c.** à la campagne **2** *adj (house, road)* de campagne; **c. and western music** country *f* ▪ **countryman** (*pl* **-men**) *n* **(fellow) c.** compatriote *m* ▪ **countryside** *n* campagne *f*; **in the c.** à la campagne

county ['kaʊntɪ] (*pl* **-ies**) *n* comté *m*

coup [kuː, *pl* kuːz] *n Pol* coup *m* d'État

couple ['kʌpəl] **1** *n (of people)* couple *m*; **a c. of** deux ou trois; *(a few)* quelques **2** *vt (connect)* accoupler

coupon ['kuːpɒn] *n (for discount)* bon *m*; *(form)* coupon *m*

courage ['kʌrɪdʒ] *n* courage *m* ▪ **courageous** [kə'reɪdʒəs] *adj* courageux, -euse

courgette [kʊə'ʒet] *n Br* courgette *f*

courier ['kʊrɪə(r)] *n (for tourists)* guide *mf*; *(messenger)* messager *m*

course [kɔːs] **1** *n* (**a**) *(of river, time, events)* cours *m*; *(of ship)* route *f*; **c. of action** ligne *f* de conduite; **in the c. of** au cours de; **in due c.** en temps utile (**b**) *(lessons)* cours *m* (**c**) *Med* **c. of treatment** traitement *m* (**d**) *(of meal)* plat *m*; **first c.** entrée *f* (**e**) *(for race)* parcours *m*; *(for horseracing)* champ *m* de courses; *(for golf)* terrain *m* **2** *adv* **of c.!** bien sûr!; **of c. not!** bien sûr que non!

court[1] [kɔːt] *n (of king)* cour *f*; *(for trials)* cour *f*, tribunal *m*; *(for tennis)* court *m*; **to go to c.** aller en justice; **to take sb to c.** poursuivre qn en justice ▪ **courthouse** *n Am* palais *m* de justice ▪ **courtroom** *n Law* salle *f* d'audience ▪ **courtyard** *n* cour *f*

court[2] [kɔːt] **1** *vt (woman)* faire la cour à; *(danger)* aller au-devant de **2** *vi* **to be courting** *(of couple)* se fréquenter

courteous ['kɜːtɪəs] *adj* poli, courtois ▪ **courtesy** [-təsɪ] (*pl* **-ies**) *n* politesse *f*, courtoisie *f*; **c. car** = voiture mise à la disposition d'un client par un hôtel, un garage etc

cousin ['kʌzən] *n* cousin, -e *mf*

cover ['kʌvə(r)] **1** *n (lid)* couvercle *m*; *(of book)* couverture *f*; *(for furniture, typewriter)* housse *f*; **to take c.** se mettre à l'abri; **under c.** *(sheltered)* à l'abri; **c. charge** *(in restaurant)* couvert *m* **2** *vt* couvrir (**with** *or* **in** de); *(include)* englober; *(treat)* traiter; *(distance)* parcourir; *(event) (in newspaper, on TV)* couvrir; *(insure)* assurer (**against** contre); **to c. up** recouvrir; *(truth, tracks)* dissimuler; *(scandal)* étouffer **3** *vi* **to c. for sb** *(of colleague)* remplacer qn; **to c. up for sb** cacher la vérité pour protéger qn ▪ **cover-up** *n* **there was a c.** on a étouffé l'affaire

coverage ['kʌvərɪdʒ] *n (on TV, in newspaper)* couverture *f* médiatique

covering ['kʌvərɪŋ] *n (wrapping)* enveloppe *f*; *(layer)* couche *f*; **c. letter** lettre *f* jointe

cow [kaʊ] *n* vache *f*; *very Fam (nasty woman)* peau *f* de vache ▪ **cowboy** *n* cow-boy *m*; *Br Fam Pej (workman)* rigolo *m*

coward ['kaʊəd] *n* lâche *mf*

cower ['kaʊə(r)] *vi (with fear)* trembler

cozy ['kəʊzɪ] *adj Am* = **cosy**

crab [kræb] *n (crustacean)* crabe *m*

crack[1] [kræk] **1** *n (split)* fente *f*; *(in glass, china, bone)* fêlure *f*; *(noise)* craquement *m* **2** *vt (glass, ice)* fêler; *(nut)* casser; *(whip)* faire claquer; *(problem)* résoudre; *(code)* déchiffrer; *Fam (joke)* raconter **3** *vi* se fêler; *(of branch, wood)* craquer; **to c. down on** prendre des mesures énergiques en matière de

crack[2] [kræk] *adj (first-rate) (driver, skier)* d'élite; **c. shot** fin tireur *m*

crack[3] [kræk] *n (drug)* crack *m*

cracker ['krækə(r)] *n* (**a**) *(biscuit)* biscuit *m* salé (**b**) *(firework)* pétard *m*; **Christmas c.** diablotin *m*

crackle ['krækəl] *vi (of fire)* crépiter; *(of frying)* grésiller; *(of radio)* crachoter

cradle ['kreɪdəl] **1** *n* berceau *m* **2** *vt* bercer

craft [krɑːft] **1** *n (skill)* art *m*; *(job)* métier *m* **2** *vt* façonner ▪ **craftsman** (*pl*

-men) *n* artisan *m* ▪ **craftsmanship** *n* *(skill)* art *m*

crafty ['krɑːftɪ] (**-ier, -iest**) *adj* astucieux, -euse; *Pej* rusé

cram [kræm] (*pt & pp* **-mm-**) **1** *vt* **to c. sth into** *(force)* fourrer qch dans; **to c. with** *(fill)* bourrer de **2** *vi* **to c. into** *(of people)* s'entasser dans; **to c. (for an exam)** bûcher

cramp [kræmp] *n (pain)* crampe *f* (**in** à)

cramped [kræmpt] *adj (surroundings)* exigu (*f* exiguë)

crane [kreɪn] **1** *n (machine, bird)* grue *f* **2** *vt* **to c. one's neck** tendre le cou

crank[1] [kræŋk] *n (handle)* manivelle *f*

crank[2] [kræŋk] *n Fam (person)* excentrique *mf*; *(fanatic)* fanatique *mf*

crash [kræʃ] **1** *n (accident)* accident *m*; *(collapse of firm)* faillite *f*; *(noise)* fracas *m*; **c. course/diet** cours *m*/régime *m* intensif; **c. barrier** *(on road)* glissière *f* de sécurité; **c. helmet** casque *m*; **c. landing** atterrissage *m* en catastrophe **2** *exclam (of fallen object)* patatras! **3** *vt (car)* avoir un accident avec; **to c. one's car into sth** rentrer dans qch (avec sa voiture) **4** *vi (of car, plane)* s'écraser; **to c. into** rentrer dans

crate [kreɪt] *n (large)* caisse *f*; *(small)* cageot *m*; *(for bottles)* casier *m*

crater ['kreɪtə(r)] *n* cratère *m*; **(bomb) c.** entonnoir *m*

craving ['kreɪvɪŋ] *n* envie *f* (**for** de)

crawl [krɔːl] **1** *n (swimming stroke)* crawl *m* **2** *vi (of snake, animal)* ramper; *(of child)* marcher à quatre pattes; *(of vehicle)* avancer au pas; **to be crawling with** grouiller de

crayon ['kreɪən] *n (wax)* crayon *m* gras

craze [kreɪz] *n* engouement *m* (**for** pour)

crazy ['kreɪzɪ] (**-ier, -iest**) *adj* fou (*f* folle) (**about** de); **to drive sb c.** rendre qn fou; **to run/work like c.** courir/travailler comme un fou

creak [kriːk] *vi (of hinge)* grincer; *(of floor, timber)* craquer

cream [kriːm] *n (of milk, lotion)* crème *f*; **c. of tomato soup** crème *f* de tomates; **c. cake** gâteau *m* à la crème; **c. cheese** fromage *m* à tartiner

creamy ['kriːmɪ] (**-ier, -iest**) *adj* crémeux, -euse

crease [kriːs] **1** *n* pli *m* **2** *vt* froisser **3** *vi* se froisser

create [kriːˈeɪt] *vt* créer ▪ **creation** *n* création *f* ▪ **creative** *adj (person, activity)* créatif, -ive ▪ **creator** *n* créateur, -trice *mf*

creature ['kriːtʃə(r)] *n (animal)* bête *f*; *(person)* créature *f*

crèche [kreʃ] *n Br (nursery)* crèche *f*

credentials [krɪ'denʃəlz] *npl (proof of ability)* références *fpl*

credible ['kredɪbəl] *adj* crédible ▪ **credibility** *n* crédibilité *f*

credit ['kredɪt] **1** *n (financial)* crédit *m*; *(merit)* mérite *m*; *(from university)* unité *f* de valeur; **credits** *(of film)* générique *m*; **to buy sth on c.** acheter qch à crédit; **to be in c.** *(of account)* être créditeur; *(of person)* avoir un solde positif; **to her c., she refused** c'est tout à son honneur d'avoir refusé; **c. card** carte *f* de crédit **2** *vt (of bank)* créditer (**sb with sth** qn de qch); *(believe)* croire

credulous ['kredjʊləs] *adj* crédule

creek [kriːk] *n (bay)* crique *f*; *Am (stream)* ruisseau *m*

creep [kriːp] **1** *n Fam* **it gives me the creeps** ça me fait froid dans le dos **2** (*pt & pp* **crept**) *vi* ramper; *(silently)* se glisser (furtivement); *(slowly)* avancer lentement ▪ **creepy** (**-ier, -iest**) *adj Fam* sinistre

cremate [krɪ'meɪt] *vt* incinérer ▪ **cremation** *n* crémation *f*

crematorium [kremə'tɔːrɪəm] (*pl* **-ia** [-ɪə]) (*Am* **crematory** ['kriːmətɔːrɪ]) *n* crématorium *m*

crept [krept] *pt & pp of* **creep**

crescent ['kresənt] *n (shape)* croissant *m*; *Br Fig (street)* rue *f* en demi-lune

crest [krest] *n (of wave, mountain, bird)* crête *f*; *(of hill)* sommet *m*; *(on seal, letters)* armoiries *fpl*

Crete [kri:t] *n* la Crète

crevice ['krevɪs] *n (crack)* fente *f*

crew [kru:] *n (of ship, plane)* équipage *m*; *Fam (gang)* équipe *f*; **c. cut** coupe *f* en brosse

crib [krɪb] **1** *n Am (cot)* lit *m* d'enfant; *(cradle)* berceau *m* **2** (*pt & pp* **-bb-**) *vti Fam* pomper

cricket[1] ['krɪkɪt] *n (game)* cricket *m*

cricket[2] ['krɪkɪt] *n (insect)* grillon *m*

crime [kraɪm] *n* crime *m*; *Law* délit *m*; *(criminal activity)* criminalité *f*

criminal ['krɪmɪnəl] *adj & n* criminel, -elle *(mf)*; **c. offence** *(minor)* délit *m*; *(serious)* crime *m*; **c. record** casier *m* judiciaire

crimson ['krɪmzən] *adj & n* cramoisi *(m)*

cringe [krɪndʒ] *vi (show fear)* avoir un mouvement de recul; *(be embarrassed)* avoir envie de rentrer sous terre

crinkle ['krɪŋkəl] **1** *n (in paper, fabric)* pli *m* **2** *vt (paper, fabric)* froisser

cripple ['krɪpəl] **1** *n (lame)* estropié, -e *mf*; *(disabled)* infirme *mf* **2** *vt (disable)* rendre infirme; *Fig (nation, system)* paralyser

crisis ['kraɪsɪs] (*pl* **crises** ['kraɪsi:z]) *n* crise *f*

crisp [krɪsp] **1** (**-er, -est**) *adj (biscuit)* croustillant; *(apple, vegetables)* croquant **2** *npl Br* **(potato) crisps** chips *fpl* ■ **crispbread** *n* pain *m* suédois

criterion [kraɪ'tɪərɪən] (*pl* **-ia** [-ɪə]) *n* critère *m*

critic ['krɪtɪk] *n (reviewer)* critique *mf*; *(opponent)* détracteur, -trice *mf* ■ **critical** *adj* critique ■ **critically** *adv (examine)* en critique; **to be c. ill** être dans un état critique ■ **criticism** [-sɪzəm] *n* critique *f* ■ **criticize** [-saɪz] *vti* critiquer

croak [krəʊk] *vi (of frog)* croasser

Croatia [krəʊ'eɪʃə] *n* la Croatie

crockery ['krɒkərɪ] *n* vaisselle *f*

crocodile ['krɒkədaɪl] *n* crocodile *m*

crocus ['krəʊkəs] (*pl* **-uses** [-əsɪz]) *n* crocus *m*

crook [krʊk] *n (thief)* escroc *m*

crooked ['krʊkɪd] *adj (hat, picture)* de travers; *(deal, person)* malhonnête

crop [krɒp] **1** *n (harvest)* récolte *f*; *(produce)* culture *f* **2** (*pt & pp* **-pp-**) *vt (hair)* couper ras **3** *vi* **to c. up** *(of issue)* survenir; *(of opportunity)* se présenter; *(of name)* être mentionné

cross[1] [krɒs] **1** *n* croix *f*; **a c. between** *(animal)* un croisement entre; *Fig* **it's a c. between a car and a van** c'est un compromis entre une voiture et une camionnette **2** *vt (street, room)* traverser; *(barrier, threshold)* franchir; *(legs, animals)* croiser; *(cheque)* barrer; **to c. off** *or* **out** *(word, name)* rayer; **to c. over** *(road)* traverser **3** *vi (of paths)* se croiser; **to c. over** traverser

cross[2] [krɒs] *adj (angry)* fâché (**with** contre); **to get c.** se fâcher (**with** contre) ■ **cross-country** *adj* **c. race** cross *m*; **c. runner** coureur, -euse *mf* de fond ■ **cross-legged** *adj & adv* **to sit c.** être assis en tailleur ■ **crossroads** *n* carrefour *m* ■ **cross-section** *n* coupe *f* transversale; *(sample)* échantillon *m* représentatif ■ **crossword (puzzle)** *n* mots *mpl* croisés

crossing ['krɒsɪŋ] *n (of sea, river)* traversée *f*; *Br* **(pedestrian) c.** passage *m* clouté

crotch [krɒtʃ] *n (of garment, person)* entrejambe *m*

crouch [kraʊtʃ] *vi* **to c. (down)** *(of person)* s'accroupir; *(of animal)* se tapir

crow [krəʊ] **1** *n* corbeau *m*; **as the c. flies** à vol d'oiseau **2** *vi (of cock)* chanter; *Fig (boast)* se vanter (**about** de)

crowbar ['krəʊbɑ:(r)] *n* levier *m*

crowd [kraʊd] **1** *n* foule *f*; *Fam (group of people)* bande *f*; **there was quite a c.** il y avait beaucoup de monde **2** *vt (street)* envahir; **to c. people/objects into** entasser des gens/des objets dans **3** *vi* **to c. into** *(of people)* s'entasser dans; **to c. round sb/sth** se presser autour de qn/qch; **to c. together** se serrer ■ **crowded** *adj* plein (**with**

de); *(train, room)* bondé; *(city)* surpeuplé; **it's very c.** il y a beaucoup de monde

crown [kraʊn] **1** *n (of king)* couronne *f*; *(of head, hill)* sommet *m*; **the C.** *(monarchy)* la Couronne **2** *vt* couronner

crucial ['kru:ʃəl] *adj* crucial

crucify ['kru:sɪfaɪ] (*pt & pp* **-ied**) *vt* crucifier ▪ **crucifix** [-fɪks] *n* crucifix *m*

crude [kru:d] (**-er, -est**) *adj (manners, person, language)* grossier, -ère; *(painting, work)* rudimentaire; **c. oil** pétrole *m* brut

cruel [krʊəl] (**crueller, cruellest**) *adj* cruel, -elle ▪ **cruelty** *n* cruauté *f*

cruise [kru:z] **1** *n* croisière *f*; **to go on a c.** partir en croisière; **c. ship** bateau *m* de croisière **2** *vi (of ship)* croiser; *(of vehicle)* rouler; *(of taxi)* marauder; *(of tourists)* faire une croisière

crumb [krʌm] *n* miette *f*

crumble ['krʌmbəl] **1** *vt (bread)* émietter **2** *vi (of bread)* s'émietter; *(collapse) (of resistance)* s'effondrer; **to c. (away)** *(in small pieces)* s'effriter

crumpet ['krʌmpɪt] *n Br* = petite crêpe grillée servie beurrée

crumple ['krʌmpəl] **1** *vt* froisser **2** *vi* se froisser

crunch [krʌntʃ] *vt (food)* croquer

crusade [kru:'seɪd] *n Hist & Fig* croisade *f*

crush [krʌʃ] **1** *n (crowd)* foule *f*; *(rush)* bousculade *f*; *Fam* **to have a c. on sb** en pincer pour qn **2** *vt* écraser; *(clothes)* froisser; *(cram)* entasser (**into** dans)

crust [krʌst] *n* croûte *f* ▪ **crusty** (**-ier, -iest**) *n (bread)* croustillant

crutch [krʌtʃ] *n* (**a**) *(of invalid)* béquille *f* (**b**) *(crotch)* entrejambe *m*

cry [kraɪ] **1** (*pl* **cries**) *n (shout)* cri *m* **2** (*pt & pp* **cried**) *vt* **to c. (out)** *(shout)* crier **3** *vi (weep)* pleurer; **to c. (out)** pousser un cri; **to c. for help** appeler au secours; **to c. over sb/sth** pleurer qn/qch ▪ **crying** *n (weeping)* pleurs *mpl*

crypt [krɪpt] *n* crypte *f*

crystal ['krɪstəl] *n* cristal *m*; **c. vase** vase *m* en cristal

cub [kʌb] *n* (**a**) *(of animal)* petit *m* (**b**) *(scout)* louveteau *m*

Cuba ['kju:bə] *n* Cuba *f*

cube [kju:b] *n* cube *m*; *(of meat, vegetables)* dé *m*; *(of sugar)* morceau *m* ▪ **cubic** *adj* **c. capacity** volume *m*; *(of engine)* cylindrée *f*; **c. metre** mètre *m* cube

cubicle ['kju:bɪkəl] *n (for changing clothes)* cabine *f*

cuckoo ['kʊku:] (*pl* **-oos**) *n (bird)* coucou *m*

cucumber ['kju:kʌmbə(r)] *n* concombre *m*

cuddle ['kʌdəl] **1** *n* câlin *m*; **to give sb a c.** faire un câlin à qn **2** *vt (hug)* serrer dans ses bras; *(caress)* câliner **3** *vi (of lovers)* se faire des câlins ▪ **cuddly** (**-ier, -iest**) *adj (person)* mignon, -onne à croquer; **c. toy** peluche *f*

cue[1] [kju:] *n (in theatre)* réplique *f*; *(signal)* signal *m*

cue[2] [kju:] *n* **(billiard) c.** queue *f* de billard

cuff [kʌf] *n (of shirt)* poignet *m*; *Am (of trousers)* revers *m*; **off the c.** *(remark)* impromptu; **c. link** bouton *m* de manchette

cul-de-sac ['kʌldəsæk] *n Br* impasse *f*

culinary ['kʌlɪnərɪ] *adj* culinaire

culminate ['kʌlmɪneɪt] *vi* **to c. in** aboutir à

culprit ['kʌlprɪt] *n* coupable *mf*

cult [kʌlt] *n* culte *m*; **c. film** film *m* culte

cultivate ['kʌltɪveɪt] *vt (land, mind)* cultiver ▪ **cultivated** *adj* cultivé

culture ['kʌltʃə(r)] *n* culture *f* ▪ **cultural** *adj* culturel, -elle ▪ **cultured** *adj (person, mind)* cultivé

cumbersome ['kʌmbəsəm] *adj* encombrant

cunning ['kʌnɪŋ] **1** *adj (ingenious)* astucieux, -euse; *(devious)* rusé **2** *n* astuce *f*; *Pej* ruse *f*

cup [kʌp] *n* tasse *f*; *(prize)* coupe *f*; **c. final** *(in football)* finale *f* de la coupe

cupboard ['kʌbəd] *n Br* armoire *f*;

(built into wall) placard *m*
curable ['kjʊərəbəl] *adj* guérissable
curate ['kjʊərɪt] *n* vicaire *m*
curb [kɜ:b] **1** *n* (**a**) *(limit)* **to put a c. on** mettre un frein à (**b**) *Am (kerb)* bord *m* du trottoir **2** *vt (feelings)* refréner; *(ambitions)* modérer; *(expenses)* réduire
cure ['kjʊə(r)] **1** *n* remède *m* (**for** contre) **2** *vt* (**a**) *(person, illness)* guérir; **to c. sb of** guérir qn de (**b**) *(meat, fish)* *(smoke)* fumer; *(salt)* saler; *(dry)* sécher
curious ['kjʊərɪəs] *adj* curieux, -euse (**about** de); **to be c. to know/see** être curieux de savoir/voir ■ **curiosity** (*pl* **-ies**) *n* curiosité *f* (**about** de)
curl [kɜ:l] **1** *n (in hair)* boucle *f* **2** *vti (hair)* boucler; *(with small, tight curls)* friser **3** *vi* **to c. up** *(shrivel)* se racornir ■ **curler** *n* bigoudi *m* ■ **curly** (**-ier, -iest**) *adj (hair)* bouclé; *(having many tight curls)* frisé
currant ['kʌrənt] *n (dried grape)* raisin *m* de Corinthe
currency ['kʌrənsɪ] (*pl* **-ies**) *n (money)* monnaie *f*; **(foreign) c.** devises *fpl* (étrangères)
current ['kʌrənt] **1** *adj (fashion, trend)* actuel, -elle; *(opinion, use)* courant; *(year, month)* en cours; **c. account** *(in bank)* compte *m* courant; **c. affairs** questions *fpl* d'actualité **2** *n (of river, air, electricity)* courant *m* ■ **currently** *adv* actuellement
curriculum [kə'rɪkjʊləm] (*pl* **-la** [-lə]) *n* programme *m* scolaire; *Br* **c. vitae** curriculum vitae *m inv*
curry ['kʌrɪ] (*pl* **-ies**) *n (dish)* curry *m*, cari *m*
curse [kɜ:s] **1** *n* malédiction *f*; *(swearword)* juron *m*; *(scourge)* fléau *m* **2** *vt* maudire; **cursed with sth** affligé de qch **3** *vi (swear)* jurer
cursor ['kɜ:sə(r)] *n Comptr* curseur *m*
cursory ['kɜ:sərɪ] *adj* superficiel, -elle
curt [kɜ:t] *adj* brusque
curtail [kɜ:'teɪl] *vt (visit)* écourter
curtain ['kɜ:tən] *n* rideau *m*; **to draw the curtains** *(close)* tirer les rideaux
curts(e)y ['kɜ:tsɪ] **1** (*pl* **-ies** *or* **-eys**) *n* révérence *f* **2** (*pt & pp* **-ied**) *vi* faire une révérence (**to** à)
curve [kɜ:v] **1** *n* courbe *f*; *(in road)* virage *m* **2** *vt* courber **3** *vi* se courber; *(of road)* faire une courbe ■ **curved** *adj (line)* courbe
cushion ['kʊʃən] **1** *n* coussin *m* **2** *vt (shock)* amortir
cushy ['kʊʃɪ] (**-ier, -iest**) *adj Fam (job, life)* pépère
custard ['kʌstəd] *n* crème *f* anglaise; *(when set)* crème *f* renversée
custody ['kʌstədɪ] *n (of child, important papers)* garde *f*
custom ['kʌstəm] *n* coutume *f*; *(of individual)* habitude *f*; *(customers)* clientèle *f* ■ **customary** *adj* habituel, -elle; **it is c. to...** il est d'usage de...
customer ['kʌstəmə(r)] *n* client, -e *mf*; *Pej (individual)* individu *m*
customs ['kʌstəmz] *npl* **(the) c.** la douane; **to go through c.** passer la douane; **c. officer** douanier *m*
cut [kʌt] **1** *n (mark)* coupure *f*; *(stroke)* coup *m*; *(of clothes, hair)* coupe *f*; *(in salary, prices)* réduction *f*; *(of meat)* morceau *m*
2 (*pt & pp* **cut**, *pres p* **cutting**) *vt* couper; *(meat, chicken)* découper; *(glass, diamond, tree)* tailler; *(salary, prices, profits)* réduire; **to c. sb's hair** couper les cheveux à qn; **to c. sth open** ouvrir qch avec un couteau/des ciseaux/*etc*; **to c. sth short** *(visit)* écourter qch
3 *vi (of knife, scissors)* couper
▸**cut back** *vt sep & vi* réduire ■ **cutback** *n* réduction *f*
▸**cut down 1** *vt sep* (**a**) *(tree)* abattre (**b**) *(reduce)* réduire **2** *vi* réduire
▸**cut in** *vi (interrupt)* interrompre; *(in vehicle)* faire une queue de poisson (**on sb** à qn)
▸**cut off** *vt sep (piece, limb, hair)* couper; *(isolate)* isoler
▸**cut out 1** *vt sep (article)* découper; *(remove)* enlever; *(eliminate)* supprimer; **to c. out drinking** s'arrêter de

boire; *Fam* **c. it out!** ça suffit!; **c. out to be a doctor** fait pour être médecin **2** *vi (of car engine)* caler

▸ **cut up** *vt sep* couper en morceaux; *(meat, chicken)* découper; **to be very c. up about sth** *(upset)* être complètement chamboulé par qch

cute [kjuːt] (**-er, -est**) *adj Fam (pretty)* mignon, -onne

cutlery ['kʌtlərɪ] *n* couverts *mpl*

cutlet ['kʌtlɪt] *n* côtelette *f*

cut-price [kʌt'praɪs] *adj* à prix réduit

cutting ['kʌtɪŋ] **1** *n (from newspaper)* coupure *f*; *(plant)* bouture *f* **2** *adj (wind, remark)* cinglant

CV [siː'viː] (*abbr* **curriculum vitae**) *n Br* CV *m*

cybercafé [saɪbə'kæfeɪ] *n* cybercafé *m*

cyberspace ['saɪbəspeɪs] *n Comptr* cyberespace *m*

cycle[1] ['saɪkəl] **1** *n (bicycle)* bicyclette *f*; **c. lane** voie *f* réservée aux vélos; **c. path** piste *f* cyclable **2** *vi* aller à bicyclette (**to** à); *(as activity)* faire de la bicyclette ▪ **cycling** *n* cyclisme *m* ▪ **cyclist** *n* cycliste *mf*

cycle[2] ['saɪkəl] *n (series, period)* cycle *m*

cylinder ['sɪlɪndə(r)] *n* cylindre *m*

cymbal ['sɪmbəl] *n* cymbale *f*

cynical ['sɪnɪkəl] *adj* cynique

Cyprus ['saɪprəs] *n* Chypre *f*

cyst [sɪst] *n Med* kyste *m*

Czech [tʃek] **1** *adj* tchèque; **the C. Republic** la République tchèque **2** *n (person)* Tchèque *mf*; *(language)* tchèque *m*

Dd

D, d [diː] *n* D, d *m inv*
dab [dæb] **1** *n* **a d. of** un petit peu de **2** (*pt & pp* **-bb-**) *vt (wound, brow)* tamponner; **to d. sth on sth** appliquer qch (à petits coups) sur qch
dabble [ˈdæbəl] *vi* **to d. in politics/journalism** faire vaguement de la politique/du journalisme
dad [dæd] *n Fam* papa *m* ▪ **daddy** (*pl* **-ies**) *n Fam* papa *m*
daffodil [ˈdæfədɪl] *n* jonquille *f*
daft [dɑːft] (**-er, -est**) *adj Fam* bête
dagger [ˈdægə(r)] *n* dague *f*
daily [ˈdeɪlɪ] **1** *adj* quotidien, -enne; *(wage)* journalier, -ère; **d. paper** quotidien *m* **2** *adv* chaque jour, quotidiennement; **twice d.** deux fois par jour **3** (*pl* **-ies**) *n (newspaper)* quotidien *m*
dainty [ˈdeɪntɪ] (**-ier, -iest**) *adj* délicat
dairy [ˈdeərɪ] **1** (*pl* **-ies**) *n (factory)* laiterie *f*; *(shop)* crémerie *f* **2** *adj* laitier, -ère; **d. produce** produits *mpl* laitiers
daisy [ˈdeɪzɪ] (*pl* **-ies**) *n* pâquerette *f*; *(bigger)* marguerite *f*
dam [dæm] *n (wall)* barrage *m*
damage [ˈdæmɪdʒ] **1** *n* dégâts *mpl*; *(harm)* préjudice *m*; **damages** *(in court)* dommages-intérêts *mpl* **2** *vt (object)* endommager, abîmer; *(health)* nuire à; *(eyesight)* abîmer; *(plans, reputation)* compromettre ▪ **damaging** *adj (harmful)* préjudiciable (**to** à)
damn [dæm] **1** *n Fam* **he doesn't care** *or* **give a d.** il s'en fiche pas mal **2** *adj Fam* fichu **3** *adv Fam (very)* vachement **4** *vt (condemn, doom)* condamner; *(curse)* maudire; *Fam* **d. him!** qu'il aille se faire voir! **5** *exclam Fam* **d. (it)!** mince! ▪ **damned** *Fam* **1** *adj (awful)* fichu **2** *adv* vachement
damp [dæmp] **1** (**-er, -est**) *adj* humide; *(skin)* moite **2** *n* humidité *f* ▪ **damp(en)** *vt* humecter; **to d. (down)** *(enthusiasm, zeal)* refroidir
damson [ˈdæmzən] *n* prune *f* de Damas
dance [dɑːns] **1** *n* danse *f*; *(social event)* bal *m* (*pl* bals); **d. hall** dancing *m* **2** *vt (waltz, tango)* danser **3** *vi* danser ▪ **dancing** *n* danse *f*
dandelion [ˈdændɪlaɪən] *n* pissenlit *m*
dandruff [ˈdændrʌf] *n* pellicules *fpl*
Dane [deɪn] *n* Danois, -e *mf*
danger [ˈdeɪndʒə(r)] *n* danger *m* (**to** pour); **in d.** en danger; **out of d.** hors de danger; **to be in d. of doing sth** risquer de faire qch ▪ **dangerous** *adj* dangereux, -euse (**to** pour)
dangle [ˈdæŋgəl] **1** *vt* balancer **2** *vi (hang)* pendre; *(swing)* se balancer
Danish [ˈdeɪnɪʃ] **1** *adj* danois **2** *n (language)* danois *m*
dare [deə(r)] *vt* **to d. (to) do sth** oser faire qch; **I d. say he tried** il a essayé, c'est bien possible; **to d. sb to do sth** défier qn de faire qch ▪ **daring 1** *adj* audacieux, -euse **2** *n* audace *f*
dark [dɑːk] **1** (**-er, -est**) *adj (room, night)* & *Fig* sombre; *(colour, skin, hair, eyes)* foncé; **it's d. at six** il fait nuit à six heures; **d. glasses** lunettes *fpl* noires **2** *n* obscurité *f*; **after d.** une fois la nuit tombée; *Fig* **to keep sb in the d.** laisser qn dans l'ignorance (**about** de)

■ **dark-haired** *adj* aux cheveux bruns ■ **dark-skinned** *adj (person)* à peau brune

darken ['dɑːkən] **1** *vt* assombrir; *(colour)* foncer **2** *vi* s'assombrir; *(of colour)* foncer

darkness ['dɑːknəs] *n* obscurité *f*

darkroom ['dɑːkruːm] *n (for photography)* chambre *f* noire

darling ['dɑːlɪŋ] *n (favourite)* chouchou, -oute *mf*; **(my) d.** (mon) chéri/(ma) chérie

darn [dɑːn] *vt (mend)* repriser

dart [dɑːt] **1** *n (in game)* fléchette *f*; **darts** *(game)* fléchettes *fpl* **2** *vi (dash)* se précipiter (**for** vers)

dash [dæʃ] **1** *n* (**a**) *(run, rush)* ruée *f*; **to make a d. for sth** se ruer vers qch (**b**) **a d. of sth** un petit peu de qch (**c**) *(handwritten stroke)* trait *m*; *(punctuation sign)* tiret *m* **2** *vt (throw)* jeter; **to d. off** *(letter)* écrire en vitesse **3** *vi (rush)* se précipiter; **to d. in/out** entrer/sortir en vitesse; **to d. off** *or* **away** filer ■ **dashboard** *n (of vehicle)* tableau *m* de bord

data ['deɪtə] *npl* informations *fpl*; *Comptr* données *fpl*; **d. base** base *f* de données; **d. processing** informatique *f*

date¹ [deɪt] **1** *n (day)* date *f*; *Fam (meeting)* rendez-vous *m inv*; *Fam (person)* ami, -e *mf*; **d. of birth** date *f* de naissance; **up to d.** *(in fashion)* à la mode; *(information)* à jour; *(well-informed)* au courant (**on** de); **out of d.** *(old-fashioned)* démodé; *(expired)* périmé **2** *vt (letter)* dater; *Fam (girl, boy)* sortir avec **3** *vi (go out of fashion)* dater; **to d. back to, to d. from** dater de

date² [deɪt] *n (fruit)* datte *f*

dated ['deɪtɪd] *adj* démodé

daughter ['dɔːtə(r)] *n* fille *f* ■ **daughter-in-law** (*pl* **daughters-in-law**) *n* belle-fille *f*

dawdle ['dɔːdəl] *vi* traînasser

dawn [dɔːn] **1** *n* aube *f*; **at d.** à l'aube **2** *vi (of day)* se lever; **it dawned on him that…** il s'est rendu compte que…

day [deɪ] *n (period of daylight, 24 hours)* jour *m*; *(referring to duration)* journée *f*; **all d. (long)** toute la journée; **what d. is it?** quel jour sommes-nous?; **the following** *or* **next d.** le lendemain; **the d. before** la veille; **the d. before yesterday** *or* **before last** avant-hier; **the d. after tomorrow** après-demain; **in those days** en ce temps-là; **these days** de nos jours ■ **daybreak** *n* point *m* du jour ■ **daydream 1** *n* rêverie *f* **2** *vi* rêvasser ■ **daylight** *n* (lumière *f* du) jour *m* ■ **daytime** *n* journée *f*, jour *m*

daze [deɪz] **1** *n* **in a d.** étourdi; *(because of drugs)* hébété; *(astonished)* ahuri **2** *vt (by blow)* étourdir

dazzle ['dæzəl] *vt* éblouir

dead [ded] **1** *adj* mort; *(numb) (limb)* engourdi; **the phone's d.** il n'y a pas de tonalité; **d. end** *(street) & Fig* impasse *f*; **a d. stop** un arrêt complet **2** *npl* **the d.** les morts *mpl* **3** *adv (completely)* totalement; *Fam (very)* très; **to stop d.** s'arrêter net

deaden ['dedən] *vt (shock)* amortir; *(pain)* calmer

deadline ['dedlaɪn] *n* date *f* limite; *(hour)* heure *f* limite

deadlock ['dedlɒk] *n Fig* impasse *f*

deadly ['dedlɪ] **1** (**-ier, -iest**) *adj (poison, blow, enemy)* mortel, -elle; **d. weapon** arme *f* meurtrière **2** *adv (pale, boring)* mortellement

deaf [def] **1** *adj* sourd; **d. and dumb** sourd-muet (*f* sourde-muette) **2** *npl* **the d.** les sourds *mpl* ■ **deafen** *vt* assourdir

deal¹ [diːl] *n* **a good** *or* **great d. (of)** *(a lot)* beaucoup (de)

deal² [diːl] *n* **1** *(in business)* marché *m*, affaire *f*; *(in card games)* donne *f*; **to make** *or* **do a d. (with sb)** conclure un marché (avec qn); **it's a d.!** d'accord!; *Ironic* **big d.!** la belle affaire! **2** (*pt & pp* **dealt**) *vt* **to d. (out)** *(cards, money)* distribuer **3** *vi (trade)* traiter (**with sb** avec qn); **to d. in** faire le commerce de; **to d. with** *(take care* *of)* s'occuper de; *(concern) (of book)* traiter de, parler de ▪ **dealer** *n* marchand, -e *mf* (**in** de); *(for cars)* concessionnaire *mf*; *(in drugs)* revendeur, -euse *mf*; *(in card games)* donneur, -euse *mf* ▪ **dealings** *npl* relations *fpl* (**with** avec); *(in business)* transactions *fpl*

dealt [delt] *pt & pp of* **deal**

dear [dɪə(r)] **1** (**-er, -est**) *adj (loved, precious, expensive)* cher (*f* chère); **D. Madam** *(in letter)* Madame; **D. Sir** Monsieur; **D. Jane** chère Jane; **oh d.!** oh là là! **2** *n* **(my) d.** *(darling)* (mon) chéri/(ma) chérie; *(friend)* mon cher/ma chère **3** *adv (cost, pay)* cher

dearly ['dɪəlɪ] *adv (love)* tendrement; *(very much)* beaucoup; **to pay d. for sth** payer qch cher

death [deθ] *n* mort *f*; **to be bored to d.** s'ennuyer à mourir; **to be scared to d.** être mort de peur; **to be sick to d.** en avoir vraiment marre (**of** de); **d. certificate** acte *m* de décès; **d. penalty** peine *f* de mort; **d. sentence** condamnation *f* à mort ▪ **deathly** *adj (silence, paleness)* de mort

debate [dɪ'beɪt] **1** *n* débat *m* **2** *vti* discuter ▪ **debatable** *adj* **it's d. whether she will succeed** il est difficile de dire si elle réussira

debit ['debɪt] **1** *n* débit *m*; **in d.** *(account)* débiteur **2** *vt* débiter (**sb with sth** qn de qch)

debris ['debri:] *n (of building)* décombres *mpl*; *(of plane, car)* débris *mpl*

debt [det] *n* dette *f*; **to be in d.** avoir des dettes; **to run** *or* **get into d.** faire des dettes ▪ **debtor** *n* débiteur, -trice *mf*

debut ['debju:] *n (on stage)* début *m*; **to make one's d.** faire ses débuts

decade ['dekeɪd] *n* décennie *f*

decadent ['dekədənt] *adj* décadent

decaffeinated [di:'kæfɪneɪtɪd] *adj* décaféiné

decanter [dɪ'kæntə(r)] *n* carafe *f*

decay [dɪ'keɪ] **1** *n (rot)* pourriture *f*; *(of tooth)* carie *f*; **to fall into d.** *(of building)* tomber en ruine **2** *vi (go bad)* se gâter; *(rot)* pourrir; *(of tooth)* se carier

deceased [dɪ'si:st] **1** *adj* décédé **2** *n* **the d.** le défunt/la défunte

deceit [dɪ'si:t] *n* tromperie *f* ▪ **deceitful** *adj (person)* fourbe; *(behaviour)* malhonnête

deceive [dɪ'si:v] *vti* tromper; **to d. oneself** se faire des illusions

December [dɪ'sembə(r)] *n* décembre *m*

decent ['di:sənt] *adj (respectable)* convenable; *(good)* bon (*f* bonne); *(kind)* gentil, -ille ▪ **decency** *n* décence *f*; *(kindness)* gentillesse *f*

deception [dɪ'sepʃən] *n* tromperie *f* ▪ **deceptive** *adj* trompeur, -euse

decide [dɪ'saɪd] **1** *vt (outcome, future)* décider de; *(question, matter)* régler; **to d. to do sth** décider de faire qch; **to d. that...** décider que... **2** *vi (make decisions)* décider; *(make up one's mind)* se décider (**on doing** à faire); **to d. on sth** décider de qch; *(choose)* choisir qch

decimal ['desɪməl] **1** *adj* décimal; **d. point** virgule *f* **2** *n* décimale *f*

decipher [dɪ'saɪfə(r)] *vt* déchiffrer

decision [dɪ'sɪʒən] *n* décision *f*

decisive [dɪ'saɪsɪv] *adj (action, event, tone)* décisif, -ive; *(person)* résolu

deck [dek] **1** *n* (**a**) *(of ship)* pont *m*; **top d.** *(of bus)* impériale *f* (**b**) **d. of cards** jeu *m* de cartes (**c**) *(of record player)* platine *f* **2** *vt* **to d. (out)** *(adorn)* orner ▪ **deckchair** *n* chaise *f* longue

declare [dɪ'kleə(r)] *vt* déclarer (**that** que); *(result)* proclamer ▪ **declaration** *n* déclaration *f*

decline [dɪ'klaɪn] **1** *n* déclin *m*; *(fall)* baisse *f* **2** *vt (offer)* décliner; **to d. to do sth** refuser de faire qch **3** *vi (become less) (of popularity, birthrate)* être en baisse; *(deteriorate) (of health, strength)* décliner; *(refuse)* refuser

decode [di:'kəʊd] *vt (message)* décoder ▪ **decoder** *n Comptr & TV* décodeur *m*

decompose [di:kəm'pəʊz] *vi (rot)* se décomposer

decor ['deɪkɔ:(r)] *n* décor *m*

decorate ['dekəreɪt] *vt (cake, house, soldier)* décorer (**with** de); *(hat, skirt)* orner (**with** de); *(paint)* peindre; *(wallpaper)* tapisser ▪ **decoration** *n* décoration *f* ▪ **decorative** *adj* décoratif, -ive ▪ **decorator** *n Br (house painter)* peintre *m* décorateur; **(interior) d.** décorateur, -trice *mf*

decrease 1 ['di:kri:s] *n* diminution *f* (**in** de) **2** [dɪ'kri:s] *vti* diminuer

decree [dɪ'kri:] **1** *n (by court)* jugement *m*; *(municipal)* arrêté *m* **2** (*pt & pp* **-eed**) *vt* décréter (**that** que)

decrepit [dɪ'krepɪt] *adj (building)* en ruine; *(person)* décrépit

dedicate ['dedɪkeɪt] *vt (devote)* consacrer (**to** à); *(book)* dédier (**to** à); **to d. oneself to sth** se consacrer à qch ▪ **dedicated** *adj (teacher)* consciencieux, -euse ▪ **dedication** *n (in book)* dédicace *f*; *(devotion)* dévouement *m*

deduce [dɪ'dju:s] *vt (conclude)* déduire (**from** de; **that** que)

deduct [dɪ'dʌkt] *vt* déduire (**from** de) ▪ **deductible** *adj (from income) (expenses)* déductible ▪ **deduction** *n (subtraction, conclusion)* déduction *f*

deed [di:d] *n* action *f*, acte *m*; *(feat)* exploit *m*; *(legal document)* acte *m* notarié

deep [di:p] **1** (**-er, -est**) *adj* profond; *(snow)* épais (*f* épaisse); *(voice)* grave; *(musical note)* bas (*f* basse); **to be 6 metres d.** avoir 6 mètres de profondeur; **d. in thought** plongé dans ses pensées; **d. red** rouge foncé **2** *adv* profondément ▪ **deeply** *adv* profondément

deepen ['di:pən] **1** *vt (increase)* augmenter; *(canal, knowledge)* approfondir **2** *vi (of river)* devenir plus profond; *(of mystery)* s'épaissir; *(of voice)* devenir plus grave

deep-freeze [di:p'fri:z] **1** *n* congélateur *m* **2** *vt* surgeler

deer [dɪə(r)] *n inv* cerf *m*

deface [dɪ'feɪs] *vt (damage)* dégrader; *(daub)* barbouiller

default [dɪ'fɔ:lt] *n* **by d.** par défaut; **to win by d.** gagner par forfait

defeat [dɪ'fi:t] **1** *n* défaite *f* **2** *vt (opponent, army)* vaincre; **that defeats the purpose** *or* **object** ça va à l'encontre du but recherché

defect¹ ['di:fekt] *n* défaut *m*

defect² [dɪ'fekt] *vi (of party member, soldier)* déserter

defective [dɪ'fektɪv] *adj (machine)* défectueux, -euse

defence [dɪ'fens] (*Am* **defense**) *n* défense *f* (**against** contre); **in his d.** à sa décharge

defend [dɪ'fend] *vti* défendre ▪ **defendant** *n (accused)* prévenu, -e *mf* ▪ **defender** *n* défenseur *m*; *(of sports title)* tenant, -e *mf*

defense [dɪ'fens] *n Am* = **defence**

defensive [dɪ'fensɪv] **1** *adj* défensif, -ive; **to be d.** être sur la défensive **2** *n* **on the d.** sur la défensive

defer [dɪ'fɜ:(r)] (*pt & pp* **-rr-**) *vt (postpone)* différer

defiant [dɪ'faɪənt] *adj (person)* provocant ▪ **defiance** *n (resistance)* défi *m* (**of** à)

deficient [dɪ'fɪʃənt] *adj (not adequate)* insuffisant; *(faulty)* défectueux, -euse; **to be d. in** manquer de ▪ **deficiency** (*pl* **-ies**) *n (shortage)* manque *m*; *(in vitamins, minerals)* carence *f* (**in** de); *(flaw)* défaut *m*

deficit ['defɪsɪt] *n* déficit *m*

define [dɪ'faɪn] *vt* définir

definite ['defɪnɪt] *adj (exact) (date, plan, answer)* précis; *(clear) (improvement, advantage)* net (*f* nette); *(firm) (offer, order)* ferme; *(certain)* certain; **he was quite d.** il a été tout à fait formel; **d. article** *(in grammar)* article *m* défini ▪ **definitely** *adv* certainement; *(improved, superior)* nettement; *(say)* catégoriquement

definition [defɪ'nɪʃən] *n* définition *f*

deflect [dɪ'flekt] *vt (bullet)* faire dévier

deformed [dɪ'fɔːmd] *adj (body)* difforme

defraud [dɪ'frɔːd] *vt (customs, State)* frauder; **to d. sb of sth** escroquer qch à qn

defrost [diː'frɒst] *vt (fridge)* dégivrer; *(food)* décongeler

defuse [diː'fjuːz] *vt (bomb, conflict)* désamorcer

defy [dɪ'faɪ] (*pt & pp* **-ied**) *vt (person, death, logic)* défier; *(efforts)* résister à; **to d. sb to do sth** défier qn de faire qch

degenerate **1** [dɪ'dʒenerət] *adj & n* dégénéré, -e *(mf)* **2** [dɪ'dʒenəreɪt] *vi* dégénérer (**into** en)

degrading [dɪ'greɪdɪŋ] *adj* dégradant

degree [dɪ'griː] *n* (**a**) *(of angle, temperature, extent)* degré *m*; **it's 20 degrees** *(temperature)* il fait 20 degrés; **to some d., to a certain d.** jusqu'à un certain point; **to such a d.** à tel point (**that** que) (**b**) *(from university)* diplôme *m*; *(Bachelor's)* ≃ licence *f*; *(Master's)* ≃ maîtrise *f*; *(PhD)* ≃ doctorat *m*

dehydrated [diːhaɪ'dreɪtɪd] *adj* déshydraté; **to get d.** se déshydrater

de-ice [diː'aɪs] *vt (car window)* dégivrer

dejected [dɪ'dʒektɪd] *adj* abattu

delay [dɪ'leɪ] **1** *n (lateness)* retard *m*; *(waiting period)* délai *m*; **without d.** sans tarder **2** *vt* retarder; *(payment)* différer; **to d. doing sth** tarder à faire qch; **to be delayed** avoir du retard **3** *vi (be slow)* tarder (**in doing** à faire)

delegate **1** ['delɪgət] *n* délégué, -e *mf* **2** ['delɪgeɪt] *vt* déléguer (**to** à) ▪ **delegation** *n* délégation *f*

delete [dɪ'liːt] *vt* supprimer

deliberate [dɪ'lɪbərət] *adj (intentional)* délibéré; *(slow)* mesuré ▪ **deliberately** *adv (intentionally)* délibérément

delicate ['delɪkət] *adj* délicat ▪ **delicacy** (*pl* **-ies**) *n (quality)* délicatesse *f*; *(food)* mets *m* délicat

delicatessen [delɪkə'tesən] *n (shop)* épicerie *f* fine

delicious [dɪ'lɪʃəs] *adj* délicieux, -euse

delight [dɪ'laɪt] **1** *n (pleasure)* plaisir *m*, joie *f* **2** *vt* ravir **3** *vi* **to d. in doing sth** prendre plaisir à faire qch ▪ **delighted** *adj* ravi (**with sth** de qch; **to do** de faire; **that** que)

delightful [dɪ'laɪtfəl] *adj* charmant; *(meal, perfume, sensation)* délicieux, -euse

delinquent [dɪ'lɪŋkwənt] *adj & n* délinquant, -e *(mf)*

delirious [dɪ'lɪrɪəs] *adj* délirant; **to be d.** délirer

deliver [dɪ'lɪvə(r)] *vt* (**a**) *(goods)* livrer; *(letters)* distribuer; *(hand over)* remettre (**to** à) (**b**) *(rescue)* délivrer (**from** de) (**c**) **to d. a woman's baby** accoucher une femme (**d**) *(speech)* prononcer; *(warning, ultimatum)* lancer

delivery [dɪ'lɪvərɪ] (*pl* **-ies**) *n* (**a**) *(of goods)* livraison *f*; *(of letters)* distribution *f* (**b**) *(birth)* accouchement *m* (**c**) *(speaking)* débit *m*

delude [dɪ'luːd] *vt* tromper; **to d. oneself** se faire des illusions ▪ **delusion** *n* illusion *f*; *(in mental illness)* aberration *f* mentale

de luxe [dɪ'lʌks] *adj* de luxe

demand [dɪ'mɑːnd] **1** *n* exigence *f*; *(claim)* revendication *f*; *(for goods)* demande *f* (**for** pour); **to be in (great) d.** être très demandé; **to make demands on sb** exiger beaucoup de qn **2** *vt* exiger (**sth from sb** qch de qn); *(rights, more pay)* revendiquer; **to d. that...** exiger que... ▪ **demanding** *adj* exigeant

demeaning [dɪ'miːnɪŋ] *adj* dégradant

demeanour [dɪ'miːnə(r)] (*Am* **demeanor**) *n (behaviour)* comportement *m*

demo ['deməʊ] (*pl* **-os**) *n Fam (demonstration)* manif *f*

democracy [dɪ'mɒkrəsɪ] (*pl* **-ies**) *n*

démocratie *f* ▪ **democratic** *adj (institution)* démocratique; *(person)* démocrate
demolish [dɪ'mɒlɪʃ] *vt* démolir
demon ['di:mən] *n* démon *m*
demonstrate ['demənstreɪt] **1** *vt* démontrer; *(machine)* faire une démonstration de; **to d. how to do sth** montrer comment faire qch **2** *vi (protest)* manifester ▪ **demonstration** [-'streɪʃən] *n* démonstration *f*; *(protest)* manifestation *f* ▪ **demonstrator** *n (protester)* manifestant, -e *mf*
demoralize [dɪ'mɒrəlaɪz] *vt* démoraliser
demote [dɪ'məʊt] *vt* rétrograder
den [den] *n (of lion, person)* antre *m*
denial [dɪ'naɪəl] *n (of rumour, allegation)* démenti *m*
denigrate ['denɪgreɪt] *vt* dénigrer
denim ['denɪm] *n* denim *m*; **denims** *(jeans)* jean *m*
Denmark ['denmɑ:k] *n* le Danemark
denomination [dɪnɒmɪ'neɪʃən] *n (religion)* confession *f*; *(of coin, banknote)* valeur *f*
denote [dɪ'nəʊt] *vt* dénoter
denounce [dɪ'naʊns] *vt (person, injustice)* dénoncer (**to** à)
dense [dens] (**-er, -est**) *adj* dense; *Fam (stupid)* lourd ▪ **densely** *adv* **d. populated** très peuplé
dent [dent] **1** *n (in car, metal)* bosse *f* **2** *vt* cabosser
dental ['dentəl] *adj* dentaire; **d. appointment** rendez-vous *m inv* chez le dentiste
dentist ['dentɪst] *n* dentiste *mf*; **to go to the d.** aller chez le dentiste
dentures ['dentʃəz] *npl* dentier *m*
deny [dɪ'naɪ] (*pt & pp* **-ied**) *vt* nier (**doing** avoir fait; **that** que); *(rumour)* démentir; **to d. sb sth** refuser qch à qn
deodorant [di:'əʊdərənt] *n* déodorant *m*
depart [dɪ'pɑ:t] *vi* partir; *(deviate)* s'écarter (**from** de)
department [dɪ'pɑ:tmənt] *n* département *m*; *(in office)* service *m*; *(in shop)* rayon *m*; *(of government)* ministère *m*; **d. store** grand magasin *m*
departure [dɪ'pɑ:tʃə(r)] *n* départ *m*; **d. lounge** *(in airport)* salle *f* d'embarquement
depend [dɪ'pend] *vi* dépendre (**on** *or* **upon** de); **to d. (up)on** *(rely on)* compter sur (**for sth** pour qch) ▪ **dependant** *n* personne *f* à charge ▪ **dependent** *adj (relative, child)* à charge; **to be d. (up)on** dépendre de; **to be d. on sb** *(financially)* être à la charge de qn
depict [dɪ'pɪkt] *vt (describe)* décrire; *(in pictures)* représenter
deplorable [dɪ'plɔ:rəbəl] *adj* déplorable
deploy [dɪ'plɔɪ] *vt (troops)* déployer
deport [dɪ'pɔ:t] *vt (foreigner, criminal)* expulser
deposit [dɪ'pɒzɪt] **1** *n* (**a**) *(in bank)* dépôt *m*; *(part payment)* acompte *m*; *(returnable)* caution *f* (**b**) *(sediment)* dépôt *m*; *(of gold, oil)* gisement *m* **2** *vt (object, money)* déposer
depot [*Br* 'depəʊ, *Am* 'di:pəʊ] *n (for goods)* dépôt *m*; *Am (railroad station)* gare *f*; *Am* **(bus) d.** gare *f* routière
depraved [dɪ'preɪvd] *adj* dépravé
depreciate [dɪ'pri:ʃɪeɪt] *vi (fall in value)* se déprécier
depress [dɪ'pres] *vt (discourage)* déprimer ▪ **depressed** *adj (person, market)* déprimé; **to get d.** se décourager ▪ **depression** *n* dépression *f*
deprive [dɪ'praɪv] *vt* priver (**of** de) ▪ **deprived** *adj (child)* défavorisé
depth [depθ] *n* profondeur *f*; **in the depths of** *(forest, despair)* au plus profond de; *(winter)* au cœur de; **in d.** en profondeur
deputy ['depjʊtɪ] (*pl* **-ies**) *n (replacement)* remplaçant, -e *mf*; *(assistant)* adjoint, -e *mf*
derailed [dɪ'reɪld] *adj* **to be d.** *(of train)* dérailler
derelict ['derɪlɪkt] *adj (building)* abandonné

derision [dɪ'rɪʒən] *n* dérision *f*

derisory [dɪ'raɪsərɪ] *adj (amount)* dérisoire

derive [dɪ'raɪv] **1** *vt* provenir (**from** de); **to be derived from** provenir de **2** *vi* **to d. from** provenir de ▪ **derivation** *n Ling* dérivation *f*

descend [dɪ'send] **1** *vt (stairs, hill)* descendre; **to be descended from** descendre de **2** *vi* descendre (**from** de); **to d. upon** *(of tourists)* envahir; *(attack)* faire une descente sur; **in descending order** en ordre décroissant ▪ **descendant** *n* descendant, -e *mf*

descent [dɪ'sent] *n* (**a**) *(of aircraft)* descente *f* (**b**) *(ancestry)* origine *f*; **to be of Norman d.** être d'origine normande

describe [dɪ'skraɪb] *vt* décrire ▪ **description** *n* description *f*

desert[1] ['dezət] *n* désert *m*; **d. island** île *f* déserte

desert[2] [dɪ'zɜ:t] **1** *vt (person)* abandonner; *(place, cause)* déserter **2** *vi (of soldier)* déserter ▪ **deserted** *adj* désert

deserve [dɪ'zɜ:v] *vt* mériter (**to do** de faire) ▪ **deserving** *adj (person)* méritant; *(action, cause)* méritoire

design [dɪ'zaɪn] **1** *n* (**a**) *(pattern)* motif *m*; *(sketch)* plan *m*; *(of dress, car, furniture)* modèle *m* (**b**) *(aim)* dessein *m*; **to have designs on** avoir des vues sur **2** *vt (car, building)* concevoir; *(dress)* créer; **designed to do sth/for sth** conçu pour faire qch/pour qch ▪ **designer** *n (artistic)* dessinateur, -trice *mf*; *(industrial)* concepteur-dessinateur *m*; *(of clothes)* styliste *mf*; *(well-known)* couturier *m*; **d. clothes** vêtements *mpl* de marque

designate ['dezɪgneɪt] *vt* désigner

desire [dɪ'zaɪə(r)] **1** *n* désir *m* **2** *vt* désirer (**to do** faire) ▪ **desirable** *adj* désirable

desk [desk] *n (in school)* table *f*; *(in office)* bureau *m*; *Br (in shop)* caisse *f*; **(reception) d.** *(in hotel)* réception *f*; *Am* **d. clerk** *(in hotel)* réceptionniste *mf*

desktop ['desktɒp] *n Comptr* bureau *m*; **d. computer** ordinateur *m* de bureau; **d. publishing** publication *f* assistée par ordinateur

desolate ['desələt] *adj (deserted)* désolé; *(dreary, bleak)* morne, triste

despair [dɪ'speə(r)] **1** *n* désespoir *m*; **to be in d.** être au désespoir **2** *vi* désespérer (**of sb** de qn; **of doing** de faire)

despatch [dɪ'spætʃ] *n & vt* = **dispatch**

desperate ['despərət] *adj* désespéré; **to be d. for** *(money, love)* avoir désespérément besoin de; *(cigarette, baby)* mourir d'envie d'avoir ▪ **desperately** *adv (ill)* gravement

despicable [dɪ'spɪkəbəl] *adj* méprisable

despise [dɪ'spaɪz] *vt* mépriser

despite [dɪ'spaɪt] *prep* malgré

despondent [dɪ'spɒndənt] *adj* abattu

dessert [dɪ'zɜ:t] *n* dessert *m* ▪ **dessertspoon** *n Br* cuillère *f* à dessert

destination [destɪ'neɪʃən] *n* destination *f*

destine ['destɪn] *vt* destiner (**for** à; **to do** à faire)

destiny ['destɪnɪ] (*pl* **-ies**) *n* destin *m*, destinée *f*

destitute ['destɪtju:t] *adj (poor)* indigent

destroy [dɪ'strɔɪ] *vt* détruire; *(cat, dog)* faire piquer

destruction [dɪ'strʌkʃən] *n* destruction *f* ▪ **destructive** *adj (person, war)* destructeur, -trice

detach [dɪ'tætʃ] *vt* détacher (**from** de) ▪ **detached** *adj Br* **d. house** maison *f* individuelle

detachable [dɪ'tætʃəbəl] *adj* amovible

detail ['di:teɪl] *n (item of information)* détail *m*; **in d.** en détail; **to go into d.** entrer dans les détails ▪ **detailed** *adj (account)* détaillé

detain [dɪ'teɪn] *vt (delay)* retenir; *(prisoner)* placer en détention; *(in hospital)* garder ▪ **detention** *n (at school)* retenue *f*

detect [dɪ'tekt] *vt* détecter
detective [dɪ'tektɪv] *n (police officer)* ≃ inspecteur *m* de police; *(private)* détective *m* privé; **d. film/novel** film *m*/roman *m* policier
detector [dɪ'tektə(r)] *n* détecteur *m*
deter [dɪ'tɜː(r)] *(pt & pp* **-rr-**) *vt* **to d. sb** dissuader qn (**from doing** de faire)
detergent [dɪ'tɜːdʒənt] *n* détergent *m*
deteriorate [dɪ'tɪərɪəreɪt] *vi* se détériorer
determine [dɪ'tɜːmɪn] *vt (cause, date)* déterminer; **to d. to do sth** décider de faire qch ▪ **determined** *adj (look, person)* déterminé; **to be d. to do sth** être décidé à faire qch
deterrent [dɪ'terənt] *n* **to be a d., to act as a d.** être dissuasif, -ive
detest [dɪ'test] *vt* détester (**doing** faire)
detonate ['detəneɪt] **1** *vt* faire exploser **2** *vi* exploser
detour ['diːtʊə(r)] *n* détour *m*; **to make a d.** faire un détour
detract [dɪ'trækt] *vi* **to d. from** *(make less)* diminuer
detriment ['detrɪmənt] *n* **to the d. of** au détriment de ▪ **detrimental** *adj* préjudiciable (**to** à)
devaluation [diːvæljʊ'eɪʃən] *n (of money)* dévaluation *f*
devastate ['devəsteɪt] *vt (crop, village)* dévaster; *(person)* anéantir ▪ **devastating** *adj (news, results)* accablant
develop [dɪ'veləp] **1** *vt (theory, argument)* développer; *(area, land)* mettre en valeur; *(habit)* contracter; *(photo)* développer **2** *vi (grow)* se développer; *(of event, crisis)* se produire; *(of talent, illness)* se manifester; **to d. into** devenir ▪ **developing** *adj* **d. country** pays *m* en voie de développement
developer [dɪ'veləpə(r)] *n* **(property) d.** promoteur *m*
development [dɪ'veləpmənt] *n (growth, progress)* développement *m*; **(housing) d.** lotissement *m*; *(large)* grand ensemble *m*; **a (new) d.** *(in situation)* un fait nouveau
deviate ['diːvɪeɪt] *vi* dévier (**from** de)
device [dɪ'vaɪs] *n (instrument, gadget)* dispositif *m*; *(scheme)* procédé *m*; **explosive d.** engin *m* explosif; **left to one's own devices** livré à soi-même
devil ['devəl] *n* diable *m*; *Fam* **what/where/why the d....?** que/où/pourquoi diable...?
devious ['diːvɪəs] *adj (mind, behaviour)* tortueux, -euse
devise [dɪ'vaɪz] *vt* imaginer; *(plot)* ourdir
devoid [dɪ'vɔɪd] *adj* **d. of** dénué *ou* dépourvu de
devote [dɪ'vəʊt] *vt* consacrer (**to** à) ▪ **devoted** *adj* dévoué; *(admirer)* fervent
devotion [dɪ'vəʊʃən] *n (to friend, family, cause)* dévouement *m* (**to sb** à qn); *(religious)* dévotion *f*
devour [dɪ'vaʊə(r)] *vt (eat, engulf, read)* dévorer
devout [dɪ'vaʊt] *adj (person)* dévot
dew [djuː] *n* rosée *f*
diabetes [daɪə'biːtiːz] *n* diabète *m* ▪ **diabetic** [-'betɪk] **1** *adj* diabétique **2** *n* diabétique *mf*
diagnose [daɪəg'nəʊz] *vt* diagnostiquer ▪ **diagnosis** [-'nəʊsɪs] (*pl* **-oses** [-əʊsiːz]) *n* diagnostic *m*
diagonal [daɪ'ægənəl] **1** *adj* diagonal **2** *n* diagonale *f* ▪ **diagonally** *adv* en diagonale
diagram ['daɪəgræm] *n* schéma *m*
dial ['daɪəl] **1** *n* cadran *m*; *Am* **d. tone** tonalité *f* **2** (*Br* **-ll-**, *Am* **-l-**) *vt (phone number)* composer; *(person)* appeler ▪ **dialling** *n Br* **d. code** indicatif *m*; *Br* **d. tone** tonalité *f*
dialect ['daɪəlekt] *n* dialecte *m*
dialogue ['daɪəlɒg] (*Am* **dialog**) *n* dialogue *m*
diameter [daɪ'æmɪtə(r)] *n* diamètre *m*
diamond ['daɪəmənd] *n* (**a**) *(stone)* diamant *m*; *(shape)* losange *m*; **d. necklace** rivière *f* de diamants (**b**) **diamond(s)** *(in card games)* carreau *m*
diaper ['daɪpər] *n Am* couche *f*
diarrh(o)ea [daɪə'riːə] *n* diarrhée *f*;

to have d. avoir la diarrhée

diary ['daɪərɪ] (*pl* **-ies**) *n Br (for appointments)* agenda *m*; *(private)* journal *m* (intime)

dice [daɪs] *n inv* dé *m*

dictate [dɪk'teɪt] **1** *vt (letter, conditions)* dicter (**to** à) **2** *vi* dicter qn ■ **dictation** *n* dictée *f*

dictator [dɪk'teɪtə(r)] *n* dictateur *m*

dictionary ['dɪkʃənərɪ] (*pl* **-ies**) *n* dictionnaire *m*

did [dɪd] *pt of* **do**

die [daɪ] (*pt & pp* **died,** *pres p* **dying**) *vi* mourir (**of** *or* **from** de); *Fig* **to be dying to do sth** mourir d'envie de faire qch; **to be dying for sth** avoir une envie folle de qch; **to d. away** *(of noise)* mourir; **to d. down** *(of storm)* se calmer; **to d. out** *(of custom)* mourir

diesel ['di:zəl] *adj & n* **d. (engine)** (moteur *m*) diesel *m*; **d. (oil)** gazole *m*

diet ['daɪət] **1** *n (usual food)* alimentation *f*; *(restricted food)* régime *m*; **to go on a d.** faire un régime **2** *vi* être au régime

differ ['dɪfə(r)] *vi* différer (**from** de); *(disagree)* ne pas être d'accord (**from** avec)

difference ['dɪfərəns] *n* différence *f* (**in** de); **d. of opinion** différend *m*; **it makes no d.** ça n'a pas d'importance

different ['dɪfərənt] *adj* différent (**from** de); *(another)* autre; *(various)* divers

differentiate [dɪfə'renʃɪeɪt] **1** *vt* différencier (**from** de) **2** *vi* faire la différence (**between** entre) ■ **differently** *adv* différemment (**from** de)

difficult ['dɪfɪkəlt] *adj* difficile (**to do** à faire)

difficulty ['dɪfɪkəltɪ] (*pl* **-ies**) *n* difficulté *f*; **to have d. doing sth** avoir du mal à faire qch;

dig [dɪg] **1** *n (with elbow)* coup de coude; *Fam (remark)* pique *f* **2** (*pt & pp* **dug,** *pres p* **digging**) *vt (ground, garden)* bêcher; *(hole, grave)* creuser; **to d. sth into sth** *(push)* planter qch dans qch; **to d. out** *(from ground)* déterrer; *Fam (find)* dénicher; **to d. up** *(from ground)* déterrer; *(road)* excaver **3** *vi (dig a hole)* creuser

digest [daɪ'dʒest] *vti* digérer ■ **digestion** *n* digestion *f*

digit ['dɪdʒɪt] *n (number)* chiffre *m* ■ **digital** *adj* numérique; *(tape, recording)* audionumérique

dignified ['dɪgnɪfaɪd] *adj* digne ■ **dignity** *n* dignité *f*

digress [daɪ'gres] *vi* faire une digression

dilapidated [dɪ'læpɪdeɪtɪd] *adj (house)* délabré

dilemma [daɪ'lemə] *n* dilemme *m*

diligent ['dɪlɪdʒənt] *adj* appliqué

dilute [daɪ'lu:t] *vt* diluer

dim [dɪm] **1** (**dimmer, dimmest**) *adj (light)* faible; *(room)* sombre; *(memory)* vague; *(person)* stupide **2** (*pt & pp* **-mm-**) *vt (light)* baisser; *Am* **to d. one's headlights** se mettre en code

dime [daɪm] *n Am* (pièce *f* de) dix cents *mpl*

dimension [daɪ'menʃən] *n* dimension *f*

diminish [dɪ'mɪnɪʃ] *vti* diminuer

dimple ['dɪmpəl] *n* fossette *f*

din [dɪn] *n (noise)* vacarme *m*

dine [daɪn] *vi* dîner (**on** *or* **off** de); **to d. out** aller dîner au restaurant ■ **diner** *n (person)* dîneur, -euse *mf*; *Am (restaurant)* petit restaurant *m* ■ **dining** *n* **d. car** *(on train)* wagon-restaurant *m*; **d. room** salle *f* à manger

dinghy ['dɪŋgɪ] (*pl* **-ies**) *n* petit canot *m*; **(rubber) d.** canot *m* pneumatique

dingy ['dɪndʒɪ] (**-ier, -iest**) *adj (room)* minable; *(colour)* terne

dinner ['dɪnə(r)] *n (evening meal)* dîner *m*; *(lunch)* déjeuner *m*; **to have d.** dîner; **d. jacket** smoking *m*; **d. party** dîner *m*; **d. plate** grande assiette *f*; **d. service, d. set** service *m* de table

dinosaur ['daɪnəsɔ:(r)] *n* dinosaure *m*

dip [dɪp] **1** *n (in road)* petit creux *m*; **to go for a d.** *(swim)* faire trempette **2** (*pt & pp* **-pp-**) *vt* plonger; *Br* **to d. one's headlights** se mettre en code **3** *vi (of* *road)* plonger; **to d. into** *(pocket, savings)* puiser dans; *(book)* feuilleter

diploma [dɪ'pləʊmə] *n* diplôme *m*

diplomat ['dɪpləmæt] *n* diplomate *mf* ▪ **diplomatic** *adj* diplomatique

dire ['daɪə(r)] *adj (situation)* affreux, -euse; *(consequences)* tragique; *(poverty, need)* extrême; **to be in d. straits** être dans une mauvaise passe

direct [daɪ'rekt] **1** *adj (result, flight, person)* direct; *Br* **d. debit** prélèvement *m* automatique

2 *adv* directement

3 *vt (gaze, light, attention)* diriger (**at** sur); *(traffic)* régler; *(letter, remark)* adresser (**to** à); *(film)* réaliser; *(play)* mettre en scène; **to d. sb to** *(place)* indiquer à qn le chemin de; **to d. sb to do sth** charger qn de faire qch

direction [daɪ'rekʃən] *n* direction *f*, sens *m*; **directions** *(orders)* indications *fpl*; **directions (for use)** mode *m* d'emploi

directly [daɪ'rektlɪ] *adv (without detour)* directement; *(exactly)* juste; *(at once)* tout de suite; **d. in front** juste devant

director [daɪ'rektə(r)] *n* directeur, -trice *mf*; *(board member)* administrateur, -trice *mf*; *(of film)* réalisateur, -trice *mf*; *(of play)* metteur *m* en scène

directory [daɪ'rektərɪ] (*pl* **-ies**) *n (phone book)* annuaire *m*; *(of addresses) & Comptr* répertoire *m*; **telephone d.** annuaire *m* du téléphone; *Br* **d. enquiries** renseignements *mpl* téléphoniques

dirt [dɜːt] *n* saleté *f*; *(mud)* boue *f*; *(earth)* terre *f*; *Fam* **d. cheap** très bon marché

dirty ['dɜːtɪ] **1** (**-ier, -iest**) *adj* sale; *(job)* salissant; *(word)* grossier, -ère; **to get d.** se salir; **to get sth d.** salir qch; **a d. joke** une histoire cochonne; **a d. trick** un sale tour **2** *vt* salir

disability [dɪsə'bɪlɪtɪ] (*pl* **-ies**) *n (injury)* infirmité *f*; *(condition)* invalidité *f*; *Fig* désavantage *m*

disabled [dɪ'seɪbəld] **1** *adj* handicapé **2** *npl* **the d.** les handicapés *mpl*

disadvantage [dɪsəd'vɑːntɪdʒ] **1** *n* désavantage *m* **2** *vt* désavantager

disagree [dɪsə'griː] *vi* ne pas être d'accord (**with** avec); **to d. with sb** *(of food, climate, medicine)* ne pas réussir à qn ▪ **disagreement** *n* désaccord *m*; *(quarrel)* différend *m*

disagreeable [dɪsə'griːəbəl] *adj* désagréable

disappear [dɪsə'pɪə(r)] *vi* disparaître ▪ **disappearance** *n* disparition *f*

disappoint [dɪsə'pɔɪnt] *vt* décevoir ▪ **disappointing** *adj* décevant ▪ **disappointment** *n* déception *f*

disapproval [dɪsə'pruːvəl] *n* désapprobation *f*

disapprove [dɪsə'pruːv] *vi* **to d. of sb/sth** désapprouver qn/qch

disarray [dɪsə'reɪ] *n* **in d.** *(army, political party)* en plein désarroi; *(clothes, hair)* en désordre

disaster [dɪ'zɑːstə(r)] *n* désastre *m*, catastrophe *f*; **d. area** région *f* sinistrée ▪ **disastrous** *adj* désastreux, -euse

disband [dɪs'bænd] **1** *vt* dissoudre **2** *vi* se dissoudre

disbelief [dɪsbə'liːf] *n* incrédulité *f*

disc [dɪsk] (*Am* **disk**) *n* disque *m*; **d. jockey** disc-jockey *m*

discard [dɪs'kɑːd] *vt (get rid of)* se débarrasser de; *(plan)* abandonner

discern [dɪ'sɜːn] *vt* discerner ▪ **discerning** *adj (person)* averti

discernible [dɪ'sɜːnəbəl] *adj* perceptible

discharge **1** ['dɪstʃɑːdʒ] *n (of gun, electricity)* décharge *f*; *(dismissal)* renvoi *m*; *(freeing)* libération *f* **2** [dɪs'tʃɑːdʒ] *vt (patient)* laisser sortir; *(employee)* renvoyer; *(soldier, prisoner)* libérer; *(gun)* décharger

disciple [dɪ'saɪpəl] *n* disciple *m*

discipline ['dɪsɪplɪn] **1** *n (behaviour, subject)* discipline *f* **2** *vt (control)* discipliner; *(punish)* punir

disclose [dɪs'kləʊz] *vt* révéler ▪ **disclosure** [-ʒə(r)] *n* révélation *f*

disco ['dɪskəʊ] (*pl* **-os**) *n* discothèque *f*
discolour [dɪs'kʌlə(r)] (*Am* **discolor**) *vt* décolorer; *(teeth)* jaunir
discomfort [dɪs'kʌmfət] *n (physical)* petite douleur *f*; *(mental)* malaise *m*
disconcerting [dɪskən'sɜːtɪŋ] *adj* déconcertant
disconnect [dɪskə'nekt] *vt (unfasten)* détacher; *(unplug)* débrancher; *(gas, telephone, electricity)* couper
discontented [dɪskən'tentɪd] *adj* mécontent (**with** de)
discord ['dɪskɔːd] *n (disagreement)* discorde *f*
discotheque ['dɪskətek] *n (club)* discothèque *f*
discount 1 ['dɪskaʊnt] *n (on article)* réduction *f*; *(on account paid early)* escompte *m*; **d. store** solderie *f* **2** [dɪs'kaʊnt] *vt (story)* ne pas tenir compte de
discourage [dɪs'kʌrɪdʒ] *vt* décourager (**sb from doing** qn de faire)
discover [dɪs'kʌvə(r)] *vt* découvrir (**that** que) ▪ **discovery** (*pl* **-ies**) *n* découverte *f*
discredit [dɪs'kredɪt] *vt (cast slur on)* discréditer
discreet [dɪ'skriːt] *adj* discret, -ète
discrepancy [dɪ'skrepənsɪ] (*pl* **-ies**) *n* décalage *m* (**between** entre)
discretion [dɪ'skreʃən] *n (tact)* discrétion *f*
discriminate [dɪ'skrɪmɪneɪt] *vi* **to d. against** faire de la discrimination envers; **to d. between** distinguer entre ▪ **discrimination** [-'neɪʃən] *n (bias)* discrimination *f*
discus ['dɪskəs] *n Sport* disque *m*
discuss [dɪ'skʌs] *vt* discuter de ▪ **discussion** *n* discussion *f*
disdain [dɪs'deɪn] *n* dédain *m*
disease [dɪ'ziːz] *n* maladie *f*
disembark [dɪsɪm'bɑːk] *vti* débarquer
disenchanted [dɪsɪn'tʃɑːntɪd] *adj* désenchanté
disfigured [dɪs'fɪgə(r)] *adj* défiguré
disgrace [dɪs'greɪs] **1** *n (shame)* honte *f* (**to** à) **2** *vt* déshonorer ▪ **disgraceful** *adj* honteux, -euse
disgruntled [dɪs'grʌntəld] *adj* mécontent
disguise [dɪs'gaɪz] **1** *n* déguisement *m*; **in d.** déguisé **2** *vt* déguiser (**as** en)
disgust [dɪs'gʌst] **1** *n* dégoût *m* (**for** *or* **at** *or* **with** de) **2** *vt* dégoûter ▪ **disgusted** *adj* dégoûté (**at** *or* **by** *or* **with** de); **to be d. with sb** *(annoyed)* être fâché contre qn ▪ **disgusting** *adj* dégoûtant
dish [dɪʃ] **1** *n (container, food)* plat *m*; **to do the dishes** faire la vaisselle **2** *vt* **to d. out** *or* **up** *(food)* servir ▪ **dishcloth** *n (for washing)* lavette *f*; *(for drying)* torchon *m* ▪ **dishtowel** *n* torchon *m* (à vaisselle) ▪ **dishwasher** *n (machine)* lave-vaisselle *m inv*
dishevelled [dɪ'ʃevəld] (*Am* **disheveled**) *adj (person, hair)* ébouriffé
dishonest [dɪs'ɒnɪst] *adj* malhonnête ▪ **dishonesty** *n* malhonnêteté *f*
dishonourable [dɪs'ɒnərəbəl] (*Am* **dishonorable**) *adj* déshonorant
disillusion [dɪsɪ'luːʒən] *vt* décevoir; **to be disillusioned** être déçu (**with** de)
disinclined [dɪsɪŋ'klaɪnd] *adj* peu disposé (**to do** à faire)
disinfect [dɪsɪn'fekt] *vt* désinfecter ▪ **disinfectant** *n* désinfectant *m*
disinherit [dɪsɪn'herɪt] *vt* déshériter
disintegrate [dɪs'ɪntɪgreɪt] *vi* se désintégrer
disinterested [dɪs'ɪntrɪstɪd] *adj (impartial)* désintéressé
disjointed [dɪs'dʒɔɪntɪd] *adj (words, style)* décousu
disk [dɪsk] *n* (**a**) *Am* = **disc** (**b**) *Comptr* disque *m*; *(floppy)* disquette *f*; **on d.** sur disque; **d. drive** unité *f* de disques ▪ **diskette** *n Comptr* disquette *f*
dislike [dɪs'laɪk] **1** *n* aversion *f* (**for** *or* **of** pour); **to take a d. to sb/sth** prendre qn/qch en grippe **2** *vt* ne pas aimer (**doing** faire)
dislocate ['dɪsləkeɪt] *vt (limb)* démettre; **to d. one's shoulder** se démettre l'épaule

dislodge [dɪs'lɒdʒ] *vt* faire bouger, déplacer; *(enemy)* déloger

disloyal [dɪs'lɔɪəl] *adj* déloyal

dismal ['dɪzməl] *adj* lugubre ▪ **dismally** *adv (fail, behave)* lamentablement

dismantle [dɪs'mæntəl] *vt (machine)* démonter; *(organization)* démanteler

dismay [dɪs'meɪ] **1** *n* consternation *f* **2** *vt* consterner

dismiss [dɪs'mɪs] *vt (from job)* renvoyer (**from** de); *(official)* destituer; *(thought, suggestion)* écarter; **to d. a case** *(of judge)* classer une affaire ▪ **dismissal** *n* renvoi *m*; *(of official)* destitution *f*

dismount [dɪs'maʊnt] *vi (of person)* descendre (**from** de)

disobedient [dɪsə'biːdɪənt] *adj* désobéissant

disobey [dɪsə'beɪ] **1** *vt* désobéir à **2** *vi* désobéir

disorder [dɪs'ɔːdə(r)] *n (confusion)* désordre *m*; *(illness, riots)* troubles *mpl* ▪ **disorderly** *adj (behaviour)* désordonné; *(meeting, crowd)* houleux, -euse

disorganized [dɪs'ɔːgənaɪzd] *adj* désorganisé

disorientate [dɪs'ɔːrɪənteɪt] (*Am* **disorient** [dɪs'ɔːrɪənt]) *vt* désorienter

disown [dɪs'əʊn] *vt* renier

disparaging [dɪs'pærɪdʒɪŋ] *adj (remark)* désobligeant

dispatch [dɪ'spætʃ] **1** *n (sending)* expédition *f* (**of** de); *(message)* dépêche *f* **2** *vt (send, finish off)* expédier; *(troops, messenger)* envoyer

dispel [dɪ'spel] (*pt & pp* **-ll-**) *vt* dissiper

dispensary [dɪ'spensərɪ] (*pl* **-ies**) *n (in chemist's shop)* officine *f*

dispense [dɪ'spens] **1** *vt (give out)* distribuer; *(medicine)* préparer **2** *vi* **to d. with** *(do without)* se passer de ▪ **dispenser** *n (device)* distributeur *m*

disperse [dɪ'spɜːs] **1** *vt* disperser **2** *vi* se disperser

displace [dɪs'pleɪs] *vt (shift)* déplacer; *(replace)* supplanter

display [dɪ'spleɪ] **1** *n (in shop)* étalage *m*; *(of paintings, handicrafts)* exposition *f*; **d. (unit)** *(of computer)* moniteur *m*; **on d.** exposé **2** *vt (goods)* exposer; *(sign, notice)* afficher; *(emotion)* manifester; *(talent, concern, ignorance)* faire preuve de

displeased [dɪs'pliːzd] *adj* mécontent (**with** de)

disposable [dɪ'spəʊzəbəl] *adj Br (plate, nappy)* jetable; *(income)* disponible

disposal [dɪ'spəʊzəl] *n (of waste)* évacuation *f*; **at sb's d.** à la disposition de qn

dispose[1] [dɪ'spəʊz] *vi* **to d. of** *(get rid of)* se débarrasser de; *(throw away)* jeter; *(matter, problem)* régler

dispose[2] [dɪ'spəʊz] *vt* **to be disposed to do** être disposé à faire; **well-disposed towards** bien disposé envers

disposition [dɪspə'zɪʃən] *n (character)* tempérament *m*

dispossess [dɪspə'zes] *vt* déposséder (**of** de)

disproportionate [dɪsprə'pɔːʃənət] *adj* disproportionné

disprove [dɪs'pruːv] (*pp* **disproved,** *Law* **disproven** [-'prəʊvən]) *vt* réfuter

dispute [dɪ'spjuːt] **1** *n (quarrel)* dispute *f*; *(legal)* litige *m*; **(industrial) d.** conflit *m* social **2** *vt (claim, will)* contester

disqualify [dɪs'kwɒlɪfaɪ] (*pt & pp* **-ied**) *vt (make unfit)* rendre inapte (**from** à); *Sport* disqualifier; **to d. sb from driving** retirer son permis à qn ▪ **disqualification** *n Sport* disqualification *f*

disregard [dɪsrɪ'gɑːd] **1** *n* mépris *m* (**for** de) **2** *vt* ne tenir aucun compte de

disrepair [dɪsrɪ'peə(r)] *n* **in (a state of) d.** délabré

disreputable [dɪs'repjʊtəbəl] *adj* peu recommandable; *(behaviour)* honteux, -euse

disrepute [dɪsrɪ'pjuːt] *n* **to bring sb/sth into d.** discréditer qn/qch

disrespectful [dɪsrɪ'spektfʊl] *adj*

irrespectueux, -euse (**to** envers)

disrupt [dɪs'rʌpt] *vt (traffic, class)* perturber; *(communications)* interrompre; *(plan)* déranger ▪ **disruption** *n* perturbation *f*

disruptive [dɪs'rʌptɪv] *adj* perturbateur, -trice

dissatisfied [dɪ'sætɪsfaɪd] *adj* mécontent (**with** de) ▪ **dissatisfaction** [-'fækʃən] *n* mécontentement *m* (**with** devant)

dissent [dɪ'sent] **1** *n* désaccord *m* **2** *vi* être en désaccord (**from** avec)

dissertation [dɪsə'teɪʃən] *n* mémoire *m*

dissident ['dɪsɪdənt] *adj & n* dissident, -e *(mf)*

dissimilar [dɪ'sɪmɪlə(r)] *adj* différent (**to** de)

dissipate ['dɪsɪpeɪt] *vt (fog, fears)* dissiper; *(energy, fortune)* gaspiller

dissociate [dɪ'səʊʃɪeɪt] *vt* dissocier (**from** de)

dissolute ['dɪsəlu:t] *adj* dissolu

dissolve [dɪ'zɒlv] **1** *vt* dissoudre **2** *vi* se dissoudre

dissuade [dɪ'sweɪd] *vt* dissuader (**from doing** de faire)

distance ['dɪstəns] *n* distance *f*; **in the d.** au loin; **from a d.** de loin; **to keep one's d.** garder ses distances

distant ['dɪstənt] *adj* lointain; *(relative)* éloigné; *(reserved)* distant

distasteful [dɪs'teɪstfʊl] *adj* déplaisant

distil [dɪ'stɪl] *(pt & pp* **-ll-***)* *vt* distiller; **distilled water** eau *f* déminéralisée

distinct [dɪ'stɪŋkt] *adj* (**a**) *(clear)* clair; *(preference, improvement, difference)* net *(f* nette) (**b**) *(different)* distinct (**from** de) ▪ **distinctly** *adv (see, hear)* distinctement; *(remember)* très bien; *(better, easier)* nettement

distinction [dɪ'stɪŋkʃən] *n* distinction *f*; *(in exam)* mention *f* bien

distinctive [dɪ'stɪŋktɪv] *adj* distinctif, -ive

distinguish [dɪ'stɪŋgwɪʃ] *vti* distinguer (**from** de; **between** entre); **to d. oneself** se distinguer (**as** en tant que)

distinguished [dɪs'tɪŋgwɪʃd] *adj* distingué

distort [dɪ'stɔ:t] *vt* déformer ▪ **distortion** *n (of features, sound)* distorsion *f*; *(of truth)* déformation *f*

distract [dɪ'strækt] *vt* distraire (**from** de) ▪ **distracted** *adj* préoccupé

distraction [dɪ'strækʃən] *n* distraction *f*

distraught [dɪ'strɔ:t] *adj* éperdu

distress [dɪ'stres] **1** *n (mental)* détresse *f*; *(physical)* douleur *f* **2** *vt* bouleverser ▪ **distressing** *adj* bouleversant

distribute [dɪ'strɪbju:t] *vt (give out) & Com (supply)* distribuer; *(spread evenly)* répartir ▪ **distribution** [-'bju:ʃən] *n* distribution *f*

distributor [dɪs'trɪbjʊtə(r)] *n (in car, of films)* distributeur *m*

district ['dɪstrɪkt] *n* région *f*; *(of town)* quartier *m*; *(administrative)* district *m*

distrust [dɪs'trʌst] **1** *n* méfiance *f* (**of** à l'égard de) **2** *vt* se méfier de

disturb [dɪ'stɜ:b] *vt (sleep, water)* troubler; *(papers, belongings)* déranger; **to d. sb** *(bother)* déranger qn; *(worry, alarm)* troubler qn ▪ **disturbing** *adj (worrying)* inquiétant; *(annoying, irksome)* gênant

disturbance [dɪ'stɜ:bəns] *n (noise)* tapage *m*; **disturbances** *(riots)* troubles *mpl*

disunity [dɪs'ju:nɪtɪ] *n* désunion *f*

disuse [dɪs'ju:s] *n* **to fall into d.** tomber en désuétude ▪ **disused** *adj (building)* désaffecté

ditch [dɪtʃ] **1** *n* fossé *m* **2** *vt Fam (get rid of)* se débarrasser de; *(plan)* laisser tomber

ditto ['dɪtəʊ] *adv* idem

dive [daɪv] **1** *n (of swimmer, goalkeeper)* plongeon *m*; *(of aircraft)* piqué *m* **2** *(pt* **dived,** *Am* **dove***)* *vi* plonger; *(of plane)* piquer ▪ **diver** *n* plongeur, -euse *mf*; *(deep-sea)* scaphandrier *m*

diverge [daɪ'vɜ:dʒ] *vi* diverger (**from** de)

diverse [daɪ'vɜːs] *adj* divers ■ **diversity** *n* diversité *f* ■ **diversify** (*pt & pp* **-ied**) *vi (of firm)* se diversifier

diversion [daɪ'vɜːʃən] *n Br (on road)* déviation *f*; *(amusement)* distraction *f*; **to create a d.** faire diversion

divert [daɪ'vɜːt] *vt (attention, suspicions, river, plane)* détourner; *Br (traffic)* dévier; *(amuse)* divertir

divide [dɪ'vaɪd] *vt Math* diviser (**into** en; **by** par); *(food, money, time)* partager (**between** *or* **among** entre); **to d. sth (off) (from sth)** séparer qch (de qch); **to d. sth up** *(share out)* partager qch

divine [dɪ'vaɪn] *adj* divin

diving ['daɪvɪŋ] *n (underwater)* plongée *f* sous-marine; **d. board** plongeoir *m*

division [dɪ'vɪʒən] *n* division *f*; *(distribution)* partage *m*; *Sport* **first d.** première division

divorce [dɪ'vɔːs] **1** *n* divorce *m* **2** *vt (husband, wife)* divorcer de; *Fig (idea)* séparer (**from** de) **3** *vi* divorcer ■ **divorced** *adj* divorcé (**from** de); **to get d.** divorcer ■ **divorcee** [dɪvɔː'siː, *Am* dɪvɔːr'seɪ] *n* divorcé, -e *mf*

divulge [dɪ'vʌldʒ] *vt* divulguer

DIY [diːaɪ'waɪ] (*abbr* **do-it-yourself**) *n Br* bricolage *m*

dizzy ['dɪzɪ] (**-ier, -iest**) *adj* **to be** *or* **feel d.** avoir le vertige; **to make sb (feel) d.** donner le vertige à qn

DJ ['diːdʒeɪ] (*abbr* **disc-jockey**) *n* disc-jockey *m*

DO [duː]

> Les formes négatives sont **don't/doesn't** et **didn't**, qui deviennent **do not/does not** et **did not** dans un style plus soutenu.

1 (*3rd person sing present tense* **does,** *pt* **did,** *pp* **done,** *pres p* **doing**) *v aux* **do you know?** savez-vous?, est-ce que vous savez?; **I do not** *or* **don't see** je ne vois pas; **he did say so** *(emphasis)* il l'a bien dit; **do stay** reste donc; **you know him, don't you?** tu le connais, n'est-ce pas?; **better than I do** mieux que je ne le fais; **so do I** moi aussi; **don't!** non!

2 *vt* faire; **what does she do?** *(in general)* qu'est-ce qu'elle fait?, que fait-elle?; **what is she doing?** *(now)* qu'est-ce qu'elle fait?, que fait-elle?; **what have you done (with...)?** qu'as-tu fait (de...)?; **well done** *(congratulations)* bravo!; *(steak)* bien cuit; **it's over and done (with)** c'est fini; **that'll do me** *(suit)* ça m'ira; *Br Fam* **I've been done** *(cheated)* je me suis fait avoir; **to do sb out of sth** escroquer qch à qn; *Fam* **I'm done (in)** *(tired)* je suis claqué; **to do out** *(clean)* nettoyer; **to do over** *(redecorate)* refaire; **to do up** *(coat, buttons)* boutonner; *(zip)* fermer; *(house)* refaire; *(goods)* emballer

3 *vi* **do as you're told** fais ce qu'on te dit; **that will do** *(be OK)* ça ira; *(be enough)* ça suffit; **have you done?** vous avez fini?; **to do well/badly** *(of person)* bien/mal se débrouiller; **business is doing well** les affaires marchent bien; **how are you doing?** (comment) ça va?; **how do you do** *(introduction)* enchanté; *(greeting)* bonjour; **to make do** se débrouiller; **to do away with sb/sth** supprimer qn/qch; **I could do with a coffee** *(need, want)* je prendrais bien un café; **it has to do with...** *(relates to)* cela a à voir avec...; *(concerns)* cela concerne...

4 *n* (*pl* **dos**) *Br Fam (party)* fête *f*

docile ['dəʊsaɪl] *adj* docile

dock [dɒk] **1** *n* (**a**) *(for ship)* dock *m* (**b**) *(in court)* banc *m* des accusés **2** *vi (of ship) (at quayside)* accoster; *(in port)* relâcher

doctor ['dɒktə(r)] **1** *n (medical)* médecin *m*, docteur *m*; *(having doctor's degree)* docteur *m* **2** *vt (text, food)* altérer; *Br (cat)* châtrer ■ **doctorate** *n* doctorat *m* (**in** ès/en)

document ['dɒkjʊmənt] *n* document *m* ■ **documentary** [-'mentərɪ] (*pl* **-ies**) *n (film)* documentaire *m*

dodge [dɒdʒ] **1** *n (trick)* truc *m* **2** *vt (question)* esquiver; *(person)* éviter;

(pursuer) échapper à; *(tax)* éviter de payer **3** *vi (to one side)* faire un saut de côté; **to d. through** *(crowd)* se faufiler dans

Dodgems® ['dɒdʒəmz] *npl* autos *fpl* tamponneuses

dodgy ['dɒdʒɪ] (**-ier, -iest**) *adj Fam (suspect)* louche; *(not working properly)* en mauvais état; *(risky)* risqué

does [dʌz] *see* **do**

doesn't ['dʌzənt] = **does not**

dog¹ [dɒg] *n* chien *m*; *(female)* chienne *f*

dog² [dɒg] *(pt & pp* **-gg-**) *vt (follow)* suivre de près

doggedly ['dɒgɪdlɪ] *adv* obstinément

doing ['du:ɪŋ] *n* **that's your d.** c'est toi qui as fait ça

do-it-yourself [du:ɪtjə'self] *n Br* bricolage *m*; **d. store/book** magasin *m*/ livre *m* de bricolage

dole [dəʊl] *n Br* **d. (money)** allocation *f* de chômage; **to go on the d.** s'inscrire au chômage

doll [dɒl] *n* poupée *f*; *Br* **doll's house,** *Am* **dollhouse** maison *f* de poupée

dollar ['dɒlə(r)] *n* dollar *m*

dollop ['dɒləp] *n (of cream, purée)* grosse cuillerée *f*

dolphin ['dɒlfɪn] *n* dauphin *m*

domain [dəʊ'meɪn] *n (land, sphere)* domaine *m*

dome [dəʊm] *n* dôme *m*

domestic [də'mestɪk] *adj (appliance, use, tasks)* ménager, -ère; *(animal)* domestique; *(policy, flight, affairs)* intérieur

dominant ['dɒmɪnənt] *adj* dominant; *(person)* dominateur, -trice

dominate ['dɒmɪneɪt] *vti* dominer

domineering [dɒmɪ'nɪərɪŋ] *adj (person, character)* dominateur, -trice

domino ['dɒmɪnəʊ] (*pl* **-oes**) *n* domino *m*; **dominoes** *(game)* dominos *mpl*

donate [dəʊ'neɪt] **1** *vt* faire don de; *(blood)* donner **2** *vi* donner ▪ **donation** *n* don *m*

done [dʌn] *pp of* **do**

donkey ['dɒŋkɪ] (*pl* **-eys**) *n* âne *m*

donor ['dəʊnə(r)] *n* donneur, -euse *mf*

don't [dəʊnt] = **do not**

donut ['dəʊnʌt] *n Am* beignet *m*

doom [du:m] **1** *n (fate)* destin *m* **2** *vt* condamner (**to** à); **to be doomed (to failure)** *(of project)* être voué à l'échec

door [dɔ:(r)] *n* porte *f*; *(of vehicle, train)* portière *f*; **d. handle** poignée *f* de porte ▪ **doorbell** *n* sonnette *f* ▪ **doorknob** *n* bouton *m* de porte ▪ **doorman** (*pl* **-men**) *n (of hotel)* portier *m* ▪ **doormat** *n* paillasson *m* ▪ **doorstep** *n* seuil *m* ▪ **door-to-door** *adj* **d. salesman** démarcheur *m* ▪ **doorway** *n* **in the d.** dans l'embrasure de la porte

dope [dəʊp] *n Fam* (**a**) *(drugs)* drogue *f* (**b**) *(idiot)* andouille *f*

dormitory [*Br* 'dɔ:mɪtrɪ, *Am* 'dɔ:rmɪtɔ:rɪ] (*pl* **-ies**) *n* dortoir *m*; *Am (university residence)* résidence *f* universitaire

dosage ['dəʊsɪdʒ] *n (amount)* dose *f*

dose [dəʊs] *n* dose *f*; **a d. of flu** une grippe

dossier ['dɒsɪeɪ] *n (papers)* dossier *m*

dot [dɒt] **1** *n* point *m*; *Fam* **on the d.** à l'heure pile **2** (*pt & pp* **-tt-**) *vt (letter)* mettre un point sur; **dotted with** parsemé de; **dotted line** pointillé *m*

dote [dəʊt] *vt* **to d. on** adorer

dot-matrix [dɒt'meɪtrɪks] *n Comptr* **d. printer** imprimante *f* matricielle

double ['dʌbəl] **1** *adj* double; **a d. bed** un grand lit; **a d. room** une chambre pour deux personnes; **d. 's'** deux 's'; **d. three four two** *(phone number)* trente-trois quarante-deux

2 *adv (twice)* deux fois; *(fold)* en deux; **he earns d. what I do** il gagne le double de moi

3 *n* double *m*; *(person)* double *m*, sosie *m*; *(stand-in in film)* doublure *f*

4 *vt* doubler; **to d. sth back** *or* **over** *(fold)* replier qch; **to be doubled up with pain/laughter** être plié (en deux) de douleur/rire

5 *vi* doubler; **to d. back** *(of person)* revenir en arrière ▪ **double-bass** *n Br (instrument)* contrebasse *f* ▪ **double-check** *vti* revérifier ▪ **double-cross** *vt* doubler ▪ **double-decker** *n* **d. (bus)** autobus *m* à impériale ▪ **double-glazing** *n (window)* double vitrage *m*

doubt [daʊt] **1** *n* doute *m*; **I have no d. about it** je n'en doute pas; **no d.** *(probably)* sans doute; **in d.** *(result, career)* dans la balance **2** *vt* douter de; **to d. whether** *or* **that** *or* **if…** douter que… *(+ subjunctive)*

doubtful ['daʊtfəl] *adj (person, future, success)* incertain; **to be d. (about sth)** avoir des doutes (sur qch); **it's d. whether** *or* **that** *or* **if…** il n'est pas certain que… *(+ subjunctive)* ▪ **doubtless** *adv* sans doute

dough [dəʊ] *n* pâte *f*; *Fam (money)* blé *m*

doughnut ['dəʊnʌt] *n* beignet *m*

dove[1] [dʌv] *n* colombe *f*

dove[2] [dəʊv] *Am pt of* **dive**

Dover ['dəʊvə(r)] *n* Douvres *m ou f*

dowdy ['daʊdɪ] (**-ier, -iest**) *adj* peu élégant

DOWN [daʊn] **1** *adj* **d. payment** acompte *m*

2 *adv* en bas; *(to the ground)* à terre; **d. there** *or* **here** en bas; *Fam* **to feel d.** *(depressed)* avoir le cafard; **d. to** *(in series, numbers, dates)* jusqu'à; **d. under** aux antipodes, en Australie

3 *prep (at bottom of)* en bas de; *(from top to bottom of)* du haut en bas de; *(along)* le long de; **to go d.** *(hill, street, stairs)* descendre; **to live d. the street** habiter plus loin dans la rue

4 *vt* **to d. a drink** vider un verre ▪ **down-and-out 1** *adj* sur le pavé **2** *n* clochard, -e *mf* ▪ **downcast** *adj* découragé ▪ **downfall** *n* chute *f* ▪ **down-hearted** *adj* découragé ▪ **downhill** *adv* en pente; **to go d.** descendre; *(of sick person, business)* aller de plus en plus mal ▪ **downmarket** *adj Br (car, furniture)* bas de gamme *inv*; *(neighbourhood)* populaire ▪ **downpour** *n* averse *f* ▪ **downright 1** *adj (rogue)* véritable; *(refusal)* catégorique **2** *adv (rude, disagreeable)* franchement ▪ **downstairs 1** ['daʊnsteəz] *adj (room, neighbours) (below)* d'en bas; *(on the ground floor)* du rez-de-chaussée **2** [daʊn'steəz] *adv* en bas; *(to the ground floor)* au rez-de-chaussée; **to come** *or* **go d.** descendre l'escalier ▪ **down-to-earth** *adj* terre-à-terre *inv* ▪ **downtown** *adv Am* en ville; **d. Chicago** le centre de Chicago ▪ **downward** *adj* vers le bas; *(path)* qui descend; *(trend)* à la baisse ▪ **downward(s)** *adv* vers le bas

doze [dəʊz] **1** *n* petit somme *m* **2** *vi* sommeiller; **to d. off** s'assoupir

dozen ['dʌzən] *n* douzaine *f*; **a d. books/eggs** une douzaine de livres/d'œufs; *Fig* **dozens of** des dizaines de

Dr (*abbr* **Doctor**) Docteur

drab [dræb] *adj* terne; *(weather)* gris

draft[1] [drɑ:ft] **1** *n* (**a**) *(outline)* ébauche *f*; *(of letter)* brouillon *m* (**b**) *Am (military)* conscription *f* **2** *vt* (**a**) **to d. (out)** *(sketch out)* faire le brouillon de; *(write out)* rédiger (**b**) *Am (conscript)* appeler sous les drapeaux

draft[2] [drɑ:ft] *n Am* = **draught**

drafty ['drɑ:ftɪ] (**-ier, -iest**) *adj Am* = **draughty**

drag [dræg] **1** *n Fam* **it's a d.!** *(boring)* c'est la barbe! **2** (*pt & pp* **-gg-**) *vt* traîner; **to d. sb/sth along** (en)traîner qn/qch; **to d. sb away from** arracher qn à; **to d. sb into** entraîner qn dans **3** *vi* traîner; **to d. on** *or* **out** *(of film, day)* traîner en longueur

dragon ['drægən] *n* dragon *m*

dragonfly ['drægənflaɪ] (*pl* **-ies**) *n* libellule *f*

drain [dreɪn] **1** *n (sewer)* égout *m*; *(in street)* bouche *f* d'égout **2** *vt (glass, tank)* vider; *(vegetables)* égoutter; **to d. (off)** *(liquid)* faire écouler; **to feel drained** être épuisé **3** *vi* **to d. (off)** *(of liquid)* s'écouler ▪ **draining** *n* **d. board** paillasse *f*

drainpipe ['dreɪnpaɪp] *n* tuyau *m*

d'évacuation

drama ['drɑːmə] *n (event)* drame *m*; *(dramatic art)* théâtre *m*

dramatic [drə'mætɪk] *adj* dramatique; *(very great, striking)* spectaculaire

dramatize ['dræmətaɪz] *vt (exaggerate)* dramatiser; *(novel)* adapter pour la scène/l'écran

drank [dræŋk] *pt of* **drink**

drape [dreɪp] *vt (person, shoulders)* draper (**with** de) ■ **drapes** *npl Am (curtains)* rideaux *mpl*

drastic ['dræstɪk] *adj (change, measure)* radical; *(remedy)* puissant

draught [drɑːft] (*Am* **draft**) *n* (**a**) *(wind)* courant *m* d'air (**b**) *Br* **draughts** *(game)* dames *fpl* (**c**) **d. beer** bière *f* (à la) pression

draughty ['drɑːftɪ] (*Am* **drafty**) (**-ier, -iest**) *adj (room)* plein de courants d'air

draw[1] [drɔː] **1** *n Sport* match *m* nul; *(of lottery)* tirage *m* au sort; *(attraction)* attraction *f*

2 (*pt* **drew**, *pp* **drawn**) *vt* (**a**) *(pull)* tirer; *(pass, move)* passer (**over** sur; **into** dans); **to d. up** *(chair)* approcher; *(contract, list, plan)* dresser, rédiger

(**b**) *(extract)* retirer; *(pistol, sword)* dégainer; *Fig (strength, comfort)* retirer, puiser (**from** de)

(**c**) *(attract)* attirer

3 *vi Sport* faire match nul; **to d. near (to)** s'approcher (de); *(of time)* approcher (de); **to d. back** *(go backwards)* reculer; **to d. up** *(of vehicle)* s'arrêter

draw[2] [drɔː] **1** (*pt* **drew**, *pp* **drawn**) *vt (picture)* dessiner; *(circle)* tracer; *Fig (parallel, distinction)* faire (**between** entre) **2** *vi (as artist)* dessiner

drawback ['drɔːbæk] *n* inconvénient *m*

drawer [drɔː(r)] *n (in furniture)* tiroir *m*

drawing ['drɔːɪŋ] *n* dessin *m*; *Br* **d. pin** punaise *f*; **d. room** salon *m*

drawl [drɔːl] *n* voix *f* traînante

drawn [drɔːn] **1** *pp of* **draw[1,2]** **2** *adj* **d. match** *or* **game** match *m* nul

dread [dred] **1** *n* terreur *f* **2** *vt (exam)* appréhender; **to d. doing sth** appréhender de faire qch

dreadful ['dredfəl] *adj* épouvantable; *(child)* insupportable; **I feel d.** *(ill)* je ne me sens vraiment pas bien; **I feel d. about it** j'ai vraiment honte ■ **dreadfully** *adv* terriblement; **to be d. sorry** regretter infiniment

dream [driːm] **1** *n* rêve *m*; **to have a d.** faire un rêve (**about** de); **a d. world** un monde imaginaire **2** (*pt & pp* **dreamed** *or* **dreamt** [dremt]) *vt* rêver (**that** que); **I never dreamt that...** *(imagined)* je n'aurais jamais songé que...; **to d. sth up** imaginer qch **3** *vi* rêver (**of** *or* **about sb/sth** de qn/qch; **of** *or* **about doing** de faire)

dreary ['drɪərɪ] (**-ier, -iest**) *adj* morne

drench [drentʃ] *vt* tremper; **to get drenched** se faire tremper (jusqu'aux os)

dress [dres] **1** *n (garment)* robe *f*; *(style of dressing)* tenue *f*; *Br* **d. circle** *(in theatre)* premier balcon *m*; **d. rehearsal** *(in theatre)* (répétition *f*) générale *f*

2 *vt (person)* habiller; *(wound)* panser; *(salad)* assaisonner; **to get dressed** s'habiller

3 *vi* s'habiller; **to d. up** *(smartly)* bien s'habiller; *(in disguise)* se déguiser (**as** en)

dressing ['dresɪŋ] *n (for wound)* pansement *m*; *(seasoning)* assaisonnement *m*; *Br* **d. gown** robe *f* de chambre; **d. room** *(in theatre)* loge *f*; *(in shop)* cabine *f* d'essayage; **d. table** coiffeuse *f*

drew [druː] *pt of* **draw[1,2]**

dribble ['drɪbəl] *vi* (**a**) *(of baby)* baver; *(of liquid)* tomber goutte à goutte (**b**) *(of footballer)* dribbler

dribs [drɪbz] *npl* **in d. and drabs** par petites quantités; *(arrive)* par petits groupes

dried [draɪd] *adj (fruit)* sec (*f* sèche); *(milk, eggs)* en poudre; *(flowers)* séché

drier ['draɪə(r)] *n* = **dryer**

drift [drɪft] **1** *n (movement)* mouvement *m*; *(of snow)* congère *f*; *(meaning)* sens *m* général **2** *vi (through air)* être emporté par le vent; *(on water)* être emporté par le courant; *(of ship)* dériver; *Fig (of person, nation)* aller à la dérive

drill [drɪl] **1** *n* (**a**) *(tool)* perceuse *f*; *(bit)* mèche *f*; *(pneumatic)* marteau *m* piqueur; *(dentist's)* roulette *f* (**b**) *(exercise)* exercice *m*; *(correct procedure)* marche *f* à suivre **2** *vt (wood)* percer; *(tooth)* fraiser **3** *vi* **to d. for oil** faire de la recherche pétrolière

drily ['draɪlɪ] *adv (remark)* sèchement, d'un ton sec

drink [drɪŋk] **1** *n* boisson *f*; **to have a d.** boire quelque chose; *(alcoholic)* prendre un verre
2 (*pt* **drank,** *pp* **drunk**) *vt* boire **3** *vi* boire (**out of** dans); **to d. up** finir son verre ■ **drink-driving** *n Br* conduite *f* en état d'ivresse ■ **drinking** *n* **d. chocolate** chocolat *m* en poudre; **d. water** eau *f* potable

drinkable ['drɪŋkəbəl] *adj (fit for drinking)* potable; *(not unpleasant)* buvable

drip [drɪp] **1** *n (drop)* goutte *f*; *(sound)* bruit *m* de l'eau qui goutte; *Med* **to be on a d.** être sous perfusion **2** *(pt & pp* **-pp-**) *vt (paint)* laisser tomber goutte à goutte; **you're dripping water everywhere!** tu mets de l'eau partout! **3** *vi (of water, rain)* goutter; *(of tap)* fuir

drive [draɪv] **1** *n (in car)* promenade *f* en voiture; *(road to private house)* allée *f*; *(energy)* énergie *f*; *(campaign)* campagne *f*; *Comptr* lecteur *m*; **an hour's d.** une heure de voiture
2 (*pt* **drove,** *pp* **driven**) *vt (vehicle, train, passenger)* conduire (**to** à); *(machine)* actionner; **to d. sb to do sth** pousser qn à faire qch; **to d. sb mad** *or* **crazy** rendre qn fou/folle; **he drives a Ford** il a une Ford
3 *vi (drive a car)* conduire; *(go by car)* rouler; **to d. on the left** rouler à gauche; **to d. to Paris** aller en voiture à Paris; **to d. to work** aller au travail en voiture; *Fig* **what are you driving at?** où veux-tu en venir?

▸**drive along** *vi (in car)* rouler

▸**drive away 1** *vt sep (chase away)* chasser **2** *vi (in car)* partir en voiture

▸**drive back 1** *vt sep (passenger)* ramener (en voiture); *(enemy)* repousser **2** *vi (in car)* revenir (en voiture)

▸**drive in** *vt sep (nail)* enfoncer

▸**drive off** *vi (in car)* partir (en voiture)

▸**drive on** *vi (in car)* continuer sa route

▸**drive out** *vt sep (chase away)* chasser

▸**drive up** *vi (in car)* arriver (en voiture)

drive-in ['draɪvɪn] *adj Am* **d. (movie theater)** drive-in *m inv*; **d. (restaurant)** = restaurant où l'on est servi dans sa voiture

drivel ['drɪvəl] *n* idioties *fpl*

driven ['drɪvən] *pp of* **drive**

driver ['draɪvə(r)] *n (of car)* conducteur, -trice *mf*; *(of taxi, truck)* chauffeur *m*; **(train** *or* **engine) d.** mécanicien *m*; **she's a good d.** elle conduit bien; *Am* **d.'s license** permis *m* de conduire

driveway ['draɪvweɪ] *n (road to house)* allée *f*

driving ['draɪvɪŋ] *n (in car)* conduite *f*; **d. lesson** leçon *f* de conduite; *Br* **d. licence** permis *m* de conduire; **d. school** auto-école *f*; **d. test** examen *m* du permis de conduire

drizzle ['drɪzəl] *vi* bruiner

droop [dru:p] *vi (of flower)* se faner; *(of head)* pencher; *(of eyelids, shoulders)* tomber

drop [drɒp] **1** *n* (**a**) *(of liquid)* goutte *f*; **eye/nose drops** gouttes *fpl* pour les yeux/le nez
(**b**) *(fall)* baisse *f*, chute *f* (**in** de); *(distance of fall)* hauteur *f* de chute; *(slope)* descente *f*
2 *(pt & pp* **-pp-**) *vt* laisser tomber; *(price, voice)* baisser; *(bomb)* larguer; *(passenger, goods from vehicle)* déposer; *(leave out)* faire sauter, omettre;

(get rid of) supprimer; *(team member)* écarter; **to d. sb off** *(from vehicle)* déposer qn; **to d. sb a line** écrire un petit mot à qn; **to d. a hint that...** laisser entendre que...

3 *vi (fall)* tomber; *(of person)* se laisser tomber; *(of price)* baisser; **to d. back** *or* **behind** rester en arrière; **to d. by** *or* **in** *(visit sb)* passer; **to d. off** *(fall asleep)* s'endormir; *(fall off)* tomber; *(of interest, sales)* diminuer; **to d. out** *(fall out)* tomber; *(withdraw)* se retirer; *(of student)* laisser tomber ses études; **to d. round** *(visit sb)* passer

dropout ['drɒpaʊt] *n* marginal, -e *mf*; *(student)* étudiant, -e *mf* qui abandonne ses études

droppings ['drɒpɪŋz] *npl (of animal)* crottes *fpl*; *(of bird)* fiente *f*

drought [draʊt] *n* sécheresse *f*

drove [drəʊv] *pt of* **drive**

drown [draʊn] **1** *vt* noyer; **to d. oneself, to be drowned** se noyer **2** *vi* se noyer

drowsy ['draʊzɪ] (**-ier, -iest**) *adj* **to be** *or* **feel d.** avoir sommeil

drudgery ['drʌdʒərɪ] *n* corvée *f*

drug [drʌg] **1** *n (against illness)* médicament *m*; *(narcotic)* drogue *f*; **drugs** *(narcotics in general)* la drogue; **to be on drugs, to take drugs** se droguer; **d. addict** drogué, -e *mf*; **d. dealer** *(large-scale)* trafiquant *m* de drogue; *(small-scale)* petit trafiquant *m* de drogue, dealer *m* **2** (*pt & pp* **-gg-**) *vt* droguer

druggist ['drʌgɪst] *n Am* pharmacien, -enne *mf*

drugstore ['drʌgstɔːr] *n Am* drugstore *m*

drum [drʌm] **1** *n Mus* tambour *m*; *(for oil)* bidon *m*; **the drums** *(of rock group)* la batterie **2** (*pt & pp* **-mm-**) *vt* **to d. sth into sb** enfoncer qch dans la tête de qn; **to d. up** *(support, interest)* rechercher ▪ **drummer** *n* tambour *m*; *(in rock group)* batteur *m* ▪ **drumstick** *n (for drum)* baguette *f* de tambour; *(of chicken)* pilon *m*

drunk [drʌŋk] **1** *pp of* **drink 2** *adj* ivre; **to get d.** s'enivrer **3** *n* ivrogne *mf* ▪ **drunkard** *n* ivrogne *mf* ▪ **drunken** *adj (person) (regularly)* ivrogne; *(driver)* ivre; *(quarrel, brawl)* d'ivrogne

dry [draɪ] **1** (**drier, driest**) *adj* sec (*f* sèche); *(well, river)* à sec; *(day)* sans pluie; *(subject, book)* aride; **to wipe sth d.** essuyer qch

2 *vt* sécher; *(by wiping)* essuyer; *(clothes)* faire sécher; **to d. the dishes** essuyer la vaisselle; **to d. sth off** *or* **up** sécher qch

3 *vi* sécher; **to d. off** sécher; **to d. up** sécher; *(dry the dishes)* essuyer la vaisselle; *(of stream)* se tarir ▪ **dryer** *n (for hair, clothes)* séchoir *m*

dry-clean [draɪ'kliːn] *vt* nettoyer à sec ▪ **dry-cleaner** *n* **the d.'s** *(shop)* le pressing, la teinturerie

dual ['djuːəl] *adj* double; *Br* **d. carriageway** route *f* à deux voies

dub [dʌb] (*pt & pp* **-bb-**) *vt (film)* doubler (**into** en)

dubious ['djuːbɪəs] *adj (offer, person)* douteux, -euse; **I'm d. about going** *or* **about whether to go** je me demande si je dois y aller

duchess ['dʌtʃɪs] *n* duchesse *f*

duck [dʌk] **1** *n* canard *m* **2** *vt (head)* baisser subitement **3** *vi* se baisser ▪ **duckling** *n* caneton *m*

due [djuː] *adj (money, sum)* dû (*f* due) (**to** à); *(rent, bill)* à payer; *(fitting, proper)* qui convient; **he's d. (to arrive)** il doit arriver d'un moment à l'autre; **in d. course** *(when appropriate)* en temps voulu; *(eventually)* le moment venu; **d. to** par suite de, en raison de

duel ['djuːəl] **1** *n* duel *m* **2** (*Br* **-ll-**, *Am* **-l-**) *vi* se battre en duel

duet [djuː'et] *n* duo *m*

duffel, duffle ['dʌfəl] *adj* **d. coat** duffel-coat *m*

dug [dʌg] *pt & pp of* **dig**

duke [djuːk] *n* duc *m*

dull [dʌl] **1** (**-er, -est**) *adj (boring)* ennuyeux, -euse; *(colour, character)* terne; *(weather)* maussade; *(sound,* *ache)* sourd; *(edge, blade)* émoussé **2** *vt (pain)* endormir

duly ['dju:lɪ] *adv (properly)* dûment; *(as expected)* comme prévu

dumb [dʌm] (**-er, -est**) *adj* muet (*f* muette); *Fam (stupid)* bête

dumbfound [dʌm'faʊnd] *vt* sidérer

dummy ['dʌmɪ] **1** (*pl* **-ies**) *n Br (of baby)* tétine *f*; *(for displaying clothes)* mannequin *m*; *(of ventriloquist)* pantin *m* **2** *adj* factice

dump [dʌmp] **1** *n (for refuse)* décharge *f*; *Fam Pej (town)* trou *m*; *Fam Pej (house)* baraque *f* **2** *vt (rubbish)* déposer; *Fam* **to d. sb** plaquer qn

dumpling ['dʌmplɪŋ] *n (in stew)* boulette *f* de pâte

dune [dju:n] *n* **(sand) d.** dune *f*

dung [dʌŋ] *n (of horse)* crottin *m*; *(of cattle)* bouse *f*; *(manure)* fumier *m*

dungarees [dʌŋgə'ri:z] *npl (of child, workman)* salopette *f*; *Am (jeans)* jean *m*

dunk [dʌŋk] *vt* tremper

dupe [dju:p] *vt* duper

duplex ['du:pleks] *n Am (apartment)* duplex *m*

duplicate 1 ['dju:plɪkət] *n* double *m*; **in d.** en deux exemplaires **2** ['dju:plɪkeɪt] *vt (key, map)* faire un double de; *(on machine)* photocopier

durable ['djʊərəbəl] *adj (material, shoes)* résistant

duration [djʊə'reɪʃən] *n* durée *f*

duress [djʊ'res] *n* **under d.** sous la contrainte

during ['djʊərɪŋ] *prep* pendant, durant

dusk [dʌsk] *n (twilight)* crépuscule *m*

dust [dʌst] **1** *n* poussière *f*; **d. cover** *or* **sheet** *(for furniture)* housse *f*; **d. cover** *or* **jacket** *(for book)* jaquette *f* **2** *vt (furniture)* dépoussiérer **3** *vi* faire la poussière ▪ **dustbin** *n Br* poubelle *f* ▪ **dustman** (*pl* **-men**) *n Br* éboueur *m* ▪ **dustpan** *n* pelle *f* (à poussière) ▪ **dusty** (**-ier, -iest**) *adj* poussiéreux, -euse

duster ['dʌstə(r)] *n* chiffon *m*

Dutch [dʌtʃ] **1** *adj* hollandais **2** *n* (**a**) **the D.** *(people)* les Hollandais *mpl* (**b**) *(language)* hollandais *m*

duty ['dju:tɪ] (*pl* **-ies**) *n* devoir *m*; *(tax)* droit *m*; **duties** *(responsibilities)* fonctions *fpl*; **to be on/off d.** être/ne pas être de service

duty-free ['dju:tɪ'fri:] *adj (goods, shop)* hors taxe *inv*

duvet ['du:veɪ] *n Br* couette *f*

DVD [di:vi:'di:] (*abbr* **Digital Versatile Disk, Digital Video Disk**) *n Comptr* DVD *m inv*, disque *m* vidéo numérique

dwarf [dwɔ:f] *n* nain, -e *mf*

dwell [dwel] (*pt & pp* **dwelt** [dwelt]) *vi* demeurer; **to d. (up)on** *(think about)* penser sans cesse à; *(speak about)* parler sans cesse de

dwindle ['dwɪndəl] *vi* diminuer (peu à peu)

dye [daɪ] **1** *n* teinture *f* **2** *vt* teindre; **to d. sth green** teindre qch en vert

dying ['daɪɪŋ] **1** *pres p of* **die**[1] **2** *adj (person, animal)* mourant; *(wish, words)* dernier, -ère **3** *n (death)* mort *f*

dynamic [daɪ'næmɪk] *adj* dynamique

dynamite ['daɪnəmaɪt] *n* dynamite *f*

dynamo ['daɪnəməʊ] (*pl* **-os**) *n* dynamo *f*

dyslexic [dɪs'leksɪk] *adj & n* dyslexique *(mf)*

Ee

E, e [iː] *n (letter)* E, e *m inv*

each [iːtʃ] **1** *adj* chaque; **e. one** chacun, -e; **e. one of us** chacun d'entre nous

2 *pron* chacun, -e; **e. other** l'un(e) l'autre, *pl* les un(e)s les autres; **to see/greet e. other** se voir/se saluer; **e. of us** chacun, -e d'entre nous

eager ['iːgə(r)] *adj (impatient)* impatient (**to do** de faire); *(enthusiastic)* plein d'enthousiasme ▪ **eagerly** *adv (work)* avec enthousiasme; *(await)* avec impatience

eagle ['iːgəl] *n* aigle *m*

ear [ɪə(r)] *n* oreille *f*; **to play it by e.** improviser ▪ **earache** *n* mal *m* d'oreille ▪ **earphones** *npl* écouteurs *mpl* ▪ **earplug** *n* boule *f* Quiès® ▪ **earring** *n* boucle *f* d'oreille ▪ **earshot** *n* **within e.** à portée de voix

early ['ɜːlɪ] **1** (**-ier, -iest**) *adj (first)* premier, -ère; *(death)* prématuré; *(age)* jeune; *(painting, work)* de jeunesse; *(retirement)* anticipé; **it's e.** *(on clock)* il est tôt; *(referring to meeting, appointment)* c'est tôt; **to be e.** *(ahead of time)* être en avance; **in the e. 1990s** au début des années 90; **to be in one's e. fifties** avoir à peine plus de cinquante ans

2 *adv* tôt, de bonne heure; *(ahead of time)* en avance; *(die)* prématurément; **earlier (on)** plus tôt; **at the earliest** au plus tôt

earmark ['ɪəmɑːk] *vt (funds)* assigner (**for** à)

earn [ɜːn] *vt* gagner; *(interest)* rapporter; **to e. one's living** gagner sa vie ▪ **earnings** *npl (wages)* salaire *m*; *(profits)* bénéfices *mpl*

earnest ['ɜːnɪst] **1** *adj (serious)* sérieux, -euse **2** *n* **in e.** sérieusement

earth [ɜːθ] *n (ground)* sol *m*; *(soil)* terre *f*; *Br (electrical wire)* terre *f*, masse *f*; **the E.** *(planet)* la Terre; **where/what on e....?** où/que diable...? ▪ **earthquake** *n* tremblement *m* de terre

ease [iːz] **1** *n (facility)* facilité *f*; **with e.** facilement; **to be at e./ill at e.** être à l'aise/mal à l'aise **2** *vt (pain)* soulager; *(mind)* calmer; *(tension)* réduire; *(restrictions)* assouplir **3** *vi* **to e. (off** *or* **up)** *(of pressure)* diminuer; *(of demand)* baisser; *(of pain)* se calmer

easily ['iːzɪlɪ] *adv* facilement; **e. the best** de loin le meilleur/la meilleure

east [iːst] **1** *n* est *m*; **(to the) e. of** à l'est de; **the E.** *(Eastern Europe)* l'Est *m*; *(the Orient)* l'Orient *m*

2 *adj (coast)* est *inv*; *(wind)* d'est; **E. Africa** l'Afrique *f* orientale

3 *adv* à l'est; *(travel)* vers l'est ▪ **eastbound** *adj (traffic)* en direction de l'est; *Br (carriageway)* est *inv* ▪ **easterly** *adj (direction)* de l'est ▪ **eastern** *adj (coast)* est *inv*; **E. France** l'est *m* de la France; **E. Europe** l'Europe *f* de l'Est ▪ **eastward(s)** *adj & adv* vers l'est

Easter ['iːstə(r)] *n* Pâques *fpl*; **Happy E.!** joyeuses Pâques!; **E. egg** œuf *m* de Pâques

easy ['iːzɪ] **1** (**-ier, -iest**) *adj (not difficult)* facile; *(solution)* simple; *(pace)* modéré; **e. chair** fauteuil *m* **2** *adv* doucement; **go e. on the salt** vas-y mollo avec le sel; **go e. on him** ne sois pas trop dur avec lui; **take it e.** *(rest)* repose-toi; *(work less)* ne te fatigue pas; *(calm down)* calme-toi; *(go slow)* ne te presse pas ▪ **easygoing** *adj (carefree)* insouciant; *(easy to get along with)* facile à vivre

eat [iːt] *(pt* **ate** [*Br* et, eɪt, *Am* eɪt], *pp* **eaten** ['iːtən]) **1** *vt* manger; *(meal)* prendre; **to e. sth up** *(finish)* finir qch **2** *vi* manger; **to e. into one's savings** entamer ses économies; **to e. out** manger dehors ▪ **eater** *n* **big e.** gros mangeur *m*, grosse mangeuse *f*

eaves [iːvz] *npl* avant-toit *m* ▪ **eavesdrop** *(pt & pp* **-pp-**) *vti* **to e. (on)** écouter avec indiscrétion

ebb [eb] **1** *n* **the e. and flow** le flux et le reflux; *Fig* **to be at a low e.** *(of patient, spirits)* être déprimé **2** *vi Fig* **to e. (away)** *(of strength)* décliner

EC [iː'siː] *(abbr* **European Community**) *n* CE *f*

eccentric [ɪk'sentrɪk] *adj & n* excentrique *(mf)*

ecclesiastical [ɪkliːzɪ'æstɪkəl] *adj* ecclésiastique

echo ['ekəʊ] **1** *(pl* **-oes**) *n* écho *m* **2** *(pt & pp* **echoed**) *vt Fig (repeat)* répéter **3** *vi* résonner (**with** de)

eclipse [ɪ'klɪps] *n (of sun, moon)* éclipse *f*

ecological [iːkə'lɒdʒɪkəl] *adj* écologique

economic [iːkə'nɒmɪk] *adj* économique; *(profitable)* rentable ▪ **economical** *adj* économique ▪ **economics** **1** *n* économie *f* **2** *npl (profitability)* aspect *m* financier

economize [ɪ'kɒnəmaɪz] *vti* économiser (**on** sur)

economy [ɪ'kɒnəmɪ] *(pl* **-ies**) *n* économie *f*; *Av* **e. class** classe *f* économique

ecstasy ['ekstəsɪ] *(pl* **-ies**) *n (state)* extase *f*; *(drug)* ecstasy *f* ▪ **ecstatic** [ek'stætɪk] *adj* fou *(f* folle) de joie; **to be e. about** s'extasier sur

edge [edʒ] **1** *n* bord *m*; *(of forest)* lisière *f*; *(of town)* abords *mpl*; *(of page)* marge *f*; *(of knife, blade)* tranchant *m* **2** *vt (clothing)* border (**with** de) **3** *vi* **to e. forward** avancer doucement

edgeways ['edʒweɪz] (*Am* **edgewise** ['edʒwaɪz]) *adv* de côté; *Fam* **I can't get a word in e.** je ne peux pas en placer une

edgy ['edʒɪ] (**-ier, -iest**) *adj* énervé

edible ['edɪbəl] *adj (safe to eat)* comestible; *(fit to eat)* mangeable

edifice ['edɪfɪs] *n (building)* édifice *m*

Edinburgh ['edɪnbərə] *n* Édimbourg *m ou f*

edit ['edɪt] *vt (newspaper)* diriger; *(article)* corriger; *(prepare for publication)* préparer pour la publication; *(film)* monter

edition [ɪ'dɪʃən] *n* édition *f*

editor ['edɪtə(r)] *n (of newspaper)* rédacteur, -trice *mf* en chef; *(of film)* monteur, -euse *mf*; *Comptr (software)* éditeur *m*

educate ['edjʊkeɪt] *vt (bring up)* éduquer; *(in school)* instruire ▪ **educated** *adj* **(well-)e.** *(person)* instruit

education [edjʊ'keɪʃən] *n* éducation *f*; *(teaching)* enseignement *m*; *(training)* formation *f*; *(university subject)* pédagogie *f* ▪ **educational** *adj (qualification)* d'enseignement; *(method, theory, content)* pédagogique; *(game, film, system)* éducatif, -ive; *(establishment)* scolaire

eel [iːl] *n* anguille *f*

eerie ['ɪərɪ] (**-ier, -iest**) *adj* sinistre

effect [ɪ'fekt] **1** *n (result, impression)* effet *m* (**on** sur); **in e.** en fait; **to come into e., to take e.** *(of law)* entrer en vigueur **2** *vt (change, rescue)* effectuer

effective [ɪ'fektɪv] *adj (efficient)* efficace; *(actual)* réel *(f* réelle); **to become e.** *(of law)* prendre effet ▪ **effectively** *adv (efficiently)* efficacement; *(in fact)* effectivement

efficient [ɪ'fɪʃənt] *adj* efficace; *(productive)* performant ▪ **efficiently** *adv* efficacement

effort ['efət] *n* effort *m*; **to make an e.**

faire un effort (**to** pour) ▪ **effortlessly** *adv* sans effort

e.g. [iːˈdʒiː] (*abbr* **exempli gratia**) p. ex.

egg[1] [eg] *n* œuf *m*; **e. timer** sablier *m* ▪ **eggplant** *n Am* aubergine *f*

egg[2] [eg] *vt* **to e. sb on** encourager qn (**to do** à faire)

ego [ˈiːgəʊ] (*pl* **-os**) *n* **to have an enormous e.** avoir une très haute opinion de soi-même

egoistic(al) [iːgəʊˈɪstɪk(əl)] *adj* égoïste

Egypt [ˈiːdʒɪpt] *n* l'Égypte *f* ▪ **Egyptian** [ɪˈdʒɪpʃən] **1** *adj* égyptien, -enne **2** *n* Égyptien, -enne *mf*

eight [eɪt] *adj & n* huit *(m)* ▪ **eighth** *adj & n* huitième *(mf)*; **an e.** *(fraction)* un huitième

eighteen [eɪˈtiːn] *adj & n* dix-huit *(m)* ▪ **eighteenth** *adj & n* dix-huitième *(mf)*

eighty [ˈeɪtɪ] *adj & n* quatre-vingts *(m)*; **e.-one** quatre-vingt-un; **in the eighties** dans les années 80 ▪ **eightieth** *adj & n* quatre-vingtième *(mf)*

Eire [ˈeərə] *n* l'Eire *f*

either [ˈaɪðə(r), ˈiːðə(r)] **1** *adj & pron (one or other)* l'un(e) ou l'autre; *(with negative)* ni l'un(e) ni l'autre; *(each)* chaque; **on e. side** des deux côtés **2** *adv* **she can't swim e.** elle ne sait pas nager non plus; **I don't e.** (ni) moi non plus **3** *conj* **e.... or...** ou... ou..., soit... soit...; *(with negative)* ni... ni...

eject [ɪˈdʒekt] **1** *vt (troublemaker)* expulser (**from** de); *(from machine)* éjecter **2** *vi (of pilot)* s'éjecter

elaborate[1] [ɪˈlæbərət] *adj (meal)* élaboré; *(scheme)* compliqué; *(description)* détaillé; *(style)* recherché

elaborate[2] [ɪˈlæbəreɪt] **1** *vt (theory)* élaborer **2** *vi* entrer dans les détails (**on** de)

elapse [ɪˈlæps] *vi* s'écouler

elastic [ɪˈlæstɪk] **1** *adj* élastique; *Br* **e. band** élastique *m* **2** *n (fabric)* élastique *m*

elated [ɪˈleɪtɪd] *adj* transporté de joie

elbow [ˈelbəʊ] **1** *n* coude *m* **2** *vt* **to e. one's way** se frayer un chemin en jouant des coudes (**through** à travers)

elder [ˈeldə(r)] *adj & n (of two people)* aîné, -e *(mf)* ▪ **eldest** *adj & n* aîné, -e *(mf)*; **his/her e. brother** l'aîné de ses frères

elderly [ˈeldəlɪ] **1** *adj* âgé **2** *npl* **the e.** les personnes *fpl* âgées

elect [ɪˈlekt] *vt (by voting)* élire (**to** à)

election [ɪˈlekʃən] **1** *n* élection *f*; **general e.** élections *fpl* législatives **2** *adj (campaign)* électoral; *(day, results)* des élections

electoral [ɪˈlektərəl] *adj* électoral ▪ **electorate** *n* électorat *m*

electric [ɪˈlektrɪk] *adj* électrique; **e. blanket** couverture *f* chauffante; *Br* **e. fire** radiateur *m* électrique; **e. shock** décharge *f* électrique ▪ **electrical** *adj* électrique

electrician [ɪlekˈtrɪʃən] *n* électricien *m*

electricity [ɪlekˈtrɪsɪtɪ] *n* électricité *f*

electrify [ɪˈlektrɪfaɪ] (*pt & pp* **-ied**) *vt (excite)* électriser

electronic [ɪlekˈtrɒnɪk] *adj* électronique ▪ **electronics** *n (subject)* électronique *f*

elegant [ˈelɪgənt] *adj* élégant ▪ **elegantly** *adv* avec élégance

element [ˈeləmənt] *n (component, chemical, person)* élément *m*; *(of heater, kettle)* résistance *f*; **the elements** *(bad weather)* les éléments *mpl*; **to be in one's e.** être dans son élément

elementary [elɪˈmentərɪ] *adj* élémentaire; *Am (school)* primaire

elephant [ˈelɪfənt] *n* éléphant *m*

elevate [ˈelɪveɪt] *vt* élever (**to** à)

elevator [ˈelɪveɪtə(r)] *n Am* ascenseur *m*

eleven [ɪˈlevən] *adj & n* onze *(m)* ▪ **eleventh** *adj & n* onzième *(mf)*

elicit [ɪˈlɪsɪt] *vt* tirer (**from** de)

eligible [ˈelɪdʒəbəl] *adj (for post)* admissible (**for** à); **to be e. for sth** *(entitled to)* avoir droit à qch

eliminate [ɪ'lɪmɪneɪt] *vt* éliminer
elite [eɪ'li:t] *n* élite *f* (**of** de)
elongated ['i:lɒŋgeɪtɪd] *adj* allongé
elope [ɪ'ləʊp] *vi (of lovers)* s'enfuir (**with** avec)
eloquent ['eləkwənt] *adj* éloquent
else [els] *adv* d'autre; **somebody/anybody e.** quelqu'un/n'importe qui d'autre; **everybody e.** tous les autres; **something e.** autre chose; **anything e.?** *(in shop)* est-ce qu'il vous faut autre chose?; **somewhere e.**, *Am* **someplace e.** ailleurs, autre part; **nowhere e.** nulle part ailleurs; **who e.?** qui d'autre?; **or e.** ou bien, sinon ■ **elsewhere** *adv* ailleurs
elude [ɪ'lu:d] *vt* échapper à ■ **elusive** *adj (person)* insaisissable
emaciated [ɪ'meɪsɪeɪtɪd] *adj* émacié
e-mail ['i:meɪl] **1** *n* courrier *m* électronique, mél *m*; **e. address** adresse *f* électronique **2** *vt* envoyer un courrier électronique *ou* un mél à
emanate ['eməneɪt] *vi* émaner (**from** de)
emancipation [ɪmænsɪ'peɪʃən] *n* émancipation *f*
embankment [ɪm'bæŋkmənt] *n (of path)* talus *m*; *(of river)* berge *f*
embargo [ɪm'bɑ:gəʊ] (*pl* **-oes**) *n* embargo *m*
embark [ɪm'bɑ:k] *vi* (s')embarquer; **to e. on sth** s'embarquer dans qch
embarrass [ɪm'bærəs] *vt* embarrasser ■ **embarrassing** *adj* embarrassant
embassy ['embəsɪ] (*pl* **-ies**) *n* ambassade *f*
embellish [ɪm'belɪʃ] *vt* embellir
embers ['embəz] *npl* braises *fpl*
embezzle [ɪm'bezəl] *vt (money)* détourner
emblem ['embləm] *n* emblème *m*
embody [ɪm'bɒdɪ] (*pt & pp* **-ied**) *vt (express)* exprimer; *(represent)* incarner
embrace [ɪm'breɪs] **1** *n* étreinte *f* **2** *vt (person)* étreindre; *Fig (belief)* embrasser **3** *vi* s'étreindre
embroider [ɪm'brɔɪdə(r)] *vt (cloth)* broder; *Fig (story, facts)* enjoliver ■ **embroidery** *n* broderie *f*
embryo ['embrɪəʊ] (*pl* **-os**) *n* embryon *m*
emerald ['emərəld] *n* émeraude *f*
emerge [ɪ'mɜ:dʒ] *vi* apparaître (**from** de); *(from hole)* sortir; *(from water)* émerger
emergency [ɪ'mɜ:dʒənsɪ] **1** (*pl* **-ies**) *n (situation, case)* urgence *f*; **in an e.** en cas d'urgence **2** *adj (measure, operation, services)* d'urgence; **e. exit** sortie *f* de secours; **e. landing** atterrissage *m* forcé
emigrant ['emɪgrənt] *n* émigrant, -e *mf* ■ **emigrate** [-greɪt] *vi* émigrer
eminent ['emɪnənt] *adj* éminent
emission [ɪ'mɪʃən] *n (of gas, light)* émission *f*
emit [ɪ'mɪt] (*pt & pp* **-tt-**) *vt (light, heat)* émettre
emotion [ɪ'məʊʃən] *n (strength of feeling)* émotion *f*; *(individual feeling)* sentiment *m*
emotional [ɪ'məʊʃənəl] *adj (person, reaction)* émotif, -ive; *(speech, plea)* émouvant
emotive [ɪ'məʊtɪv] *adj (word)* affectif, -ive
empathy ['empəθɪ] *n* compassion *f*
emperor ['empərə(r)] *n* empereur *m*
emphasis ['emfəsɪs] (*pl* **-ases** [-əsi:z]) *n (in word or phrase)* accent *m*; *(insistence)* insistance *f*
emphasize ['emfəsaɪz] *vt (importance)* souligner; *(word, fact)* insister sur, souligner; *(syllable)* appuyer sur; **to e. that...** souligner que...
emphatic [em'fætɪk] *adj (denial, refusal) (clear)* catégorique; *(forceful)* énergique
empire ['empaɪə(r)] *n* empire *m*
employ [ɪm'plɔɪ] *vt (person, means)* employer ■ **employee** [em'plɔɪi:] *n* employé, -e *mf* ■ **employer** *n* patron, -onne *mf* ■ **employment** *n* emploi *m*; **e. agency** bureau *m* de placement
emptiness ['emptɪnɪs] *n* vide *m*
empty ['emptɪ] **1** (**-ier, -iest**) *adj* vide;

(threat, promise) vain; **on an e. stomach** à jeun **2** *npl* **empties** *(bottles)* bouteilles *fpl* vides **3** *(pt & pp* **-ied**) *vt* **to e. (out)** *(box, pocket, liquid)* vider; *(objects from box)* sortir (**from** *or* **out of** de) **4** *vi (of building, tank)* se vider ▪ **empty-handed** *adv* **to return e.** revenir les mains vides

emulate ['emjʊleɪt] *vt* imiter

enable [ɪ'neɪbəl] *vt* **to e. sb to do sth** permettre à qn de faire qch

enamel [ɪ'næməl] **1** *n* émail *m* *(pl* émaux) **2** *adj* en émail

enamoured [ɪ'næməd] *adj* **e. of** *(thing)* séduit par; *(person)* amoureux, -euse de

encapsulate [ɪn'kæpsjʊleɪt] *vt (ideas, views)* résumer

encase [ɪn'keɪs] *vt (cover)* envelopper (**in** dans)

enchanting [ɪn'tʃɑːntɪŋ] *adj* enchanteur, -eresse

encircle [ɪn'sɜːkəl] *vt* entourer; *(of army, police)* encercler

encl *(abbr* **enclosure(s)**) PJ

enclose [ɪn'kləʊz] *vt (send with letter)* joindre (**in** *or* **with** à); *(fence off)* clôturer ▪ **enclosed** *adj (receipt, document)* ci-joint; **please find e....** veuillez trouver ci-joint...

enclosure [ɪn'kləʊʒə(r)] *n (in letter)* pièce *f* jointe; *(place)* enceinte *f*

encompass [ɪn'kʌmpəs] *vt (include)* inclure

encore ['ɒŋkɔː(r)] *exclam & n* bis *(m)*

encounter [ɪn'kaʊntə(r)] **1** *n* rencontre *f* **2** *vt (person, resistance)* rencontrer

encourage [ɪn'kʌrɪdʒ] *vt* encourager (**to do** à faire) ▪ **encouragement** *n* encouragement *m*

encroach [ɪn'krəʊtʃ] *vi* empiéter (**on** *or* **upon** sur)

encyclop(a)edia [ɪnsaɪklə'piːdɪə] *n* encyclopédie *f*

end [end] **1** *n (extremity)* bout *m*, extrémité *f*; *(of month, meeting, book)* fin *f*; *(purpose)* but *m*; **at an e.** *(discussion, war)* fini; *(period of time)* écoulé; **in the e.** à la fin; **to come to an e.** prendre fin; **for days on e.** pendant des jours et des jours; **to stand sth on e.** mettre qch debout

2 *adj (row, house)* dernier, -ère

3 *vt* finir, terminer (**with** par); *(rumour, speculation)* mettre fin à

4 *vi* finir, se terminer; **to e. up doing sth** finir par faire qch; **he ended up in prison/a doctor** il a fini en prison/médecin

endanger [ɪn'deɪndʒə(r)] *vt* mettre en danger; **endangered species** espèce *f* menacée

endearing [ɪn'dɪərɪŋ] *adj (quality)* qui inspire la sympathie

endeavour [ɪn'devə(r)] (*Am* **endeavor**) **1** *n* effort *m* (**to do** pour faire) **2** *vi* s'efforcer (**to do** de faire)

ending ['endɪŋ] *n* fin *f*; *(of word)* terminaison *f*

endless ['endləs] *adj (speech, series, list)* interminable; *(countless)* innombrable

endorse [ɪn'dɔːs] *vt (cheque)* endosser; *(action, plan)* approuver ▪ **endorsement** *n Br (on driving licence)* = contravention inscrite sur le permis de conduire

endow [ɪn'daʊ] *vt* **to be endowed with** *(of person)* être doté de ▪ **endowment** *n* dotation *f*

endurance [ɪn'djʊərəns] *n* endurance *f*

endure [ɪn'djʊə(r)] **1** *vt (violence)* endurer; *(person, insult)* supporter **2** *vi (last)* survivre

enemy ['enəmɪ] **1** *(pl* **-ies**) *n* ennemi, -e *mf* **2** *adj (army, tank)* ennemi

energetic [enə'dʒetɪk] *adj* énergique

energy ['enədʒɪ] **1** *(pl* **-ies**) *n* énergie *f* **2** *adj (resources)* énergétique; **e. crisis** crise *f* de l'énergie

enforce [ɪn'fɔːs] *vt (law)* faire respecter; *(discipline)* imposer (**on** à)

engage [ɪn'geɪdʒ] *vt (take on)* engager ▪ **engaged** *adj* (**a**) *(occupied) (person, toilet, phone)* occupé (**b**) **e. (to be married)** fiancé; **to get e.** se fiancer

engagement [ɪn'geɪdʒmənt] *n (to*

marry) fiançailles *fpl*; *(meeting)* rendez-vous *m inv*; **e. ring** bague *f* de fiançailles

engine ['endʒɪn] *n (of vehicle, aircraft)* moteur *m*; *(of train)* locomotive *f*; *(of ship)* machine *f*

engineer [endʒɪ'nɪə(r)] **1** *n* ingénieur *m*; *Br (repairer)* dépanneur *m*; **civil e.** ingénieur *m* des travaux publics **2** *vt (arrange secretly)* manigancer ▪ **engineering** *n* ingénierie *f*; **(civil) e.** génie *m* civil

England ['ɪŋglənd] *n* l'Angleterre *f*

English ['ɪŋglɪʃ] **1** *adj* anglais; **E. teacher** professeur *m* d'anglais; **the E. Channel** la Manche **2** *n (language)* anglais *m*; **the E.** *(people)* les Anglais *mpl* ▪ **Englishman** (*pl* **-men**) *n* Anglais *m* ▪ **English-speaking** *adj* anglophone ▪ **Englishwoman** (*pl* **-women**) *n* Anglaise *f*

engraving [ɪn'greɪvɪŋ] *n* gravure *f*

engrossed [ɪn'grəʊst] *adj* **e. in one's work/book** absorbé par son travail/dans sa lecture

engulf [ɪn'gʌlf] *vt* engloutir

enhance [ɪn'hɑːns] *vt (beauty, prestige)* rehausser; *(value)* augmenter

enigma [ɪ'nɪgmə] *n* énigme *f*

enjoy [ɪn'dʒɔɪ] *vt (like)* aimer (**doing** faire); *(meal)* savourer; *(benefit from)* jouir de; **to e. oneself** s'amuser ▪ **enjoyable** *adj* agréable; *(meal)* excellent ▪ **enjoyment** *n* plaisir *m*

enlarge [ɪn'lɑːdʒ] **1** *vt* agrandir **2** *vi* **to e. (up)on sth** s'étendre sur qch ▪ **enlargement** *n (increase) & Phot* agrandissement *m*

enlighten [ɪn'laɪtən] *vt* éclairer (**sb on** *or* **about sth** qn sur qch) ▪ **enlightening** *adj* instructif, -ive

enlist [ɪn'lɪst] **1** *vt (recruit)* engager; *(supporter)* recruter; *(support)* s'assurer **2** *vi (in the army)* s'engager

enormous [ɪ'nɔːməs] *adj* énorme; *(explosion, blow)* terrible; *(patience, gratitude, success)* immense ▪ **enormously** *adv (very much)* énormément; *(very)* extrêmement

enough [ɪ'nʌf] **1** *adj* assez de; **e. time/cups** assez de temps/de tasses **2** *pron* assez; **to have e. to live on** avoir de quoi vivre; **to have had e. of sb/sth** en avoir assez de qn/qch; **that's e.** ça suffit **3** *adv (work, sleep)* assez; **big/good e.** assez grand/bon (**to** pour)

enquire [ɪn'kwaɪə(r)] *vti* = **inquire**

enquiry [ɪn'kwaɪərɪ] *n* = **inquiry**

enrage [ɪn'reɪdʒ] *vt* mettre en rage

enrich [ɪn'rɪtʃ] *vt* enrichir; *(soil)* fertiliser

enrol [ɪn'rəʊl] (*Am* **enroll**) (*pt & pp* **-ll-**) **1** *vt* inscrire **2** *vi* s'inscrire (**on** *or* **for** à) ▪ **enrolment** (*Am* **enrollment**) *n* inscription *f*

ensemble [ɒn'sɒmbəl] *n (musicians, clothes)* ensemble *m*

ensue [ɪn'sjuː] *vi* s'ensuivre ▪ **ensuing** *adj (in the past)* qui a suivi; *(in the future)* qui suivra

ensure [ɪn'ʃʊə(r)] *vt* assurer; **to e. that...** s'assurer que...

entail [ɪn'teɪl] *vt (involve)* occasionner; **what does the job e.?** en quoi le travail consiste-t-il?

entangle [ɪn'tæŋgəl] *vt* **to get entangled in sth** *(of person, animal)* s'empêtrer dans qch

enter ['entə(r)] **1** *vt (room, army)* entrer dans; *(race, competition)* participer à; *(write down) (on list)* inscrire (**in** dans; **on** sur); *(in accounts book)* porter (**in** sur); *Comptr (data)* entrer; **it didn't e. my head** *or* **mind** ça ne m'est pas venu à l'esprit (**that** que) **2** *vi* entrer; **to e. for** *(exam)* se présenter à; *(race)* se faire inscrire à; **to e. into** *(relations)* entrer en; *(negotiations)* entamer; *(agreement)* conclure; *(contract)* passer (**with** avec)

enterprise ['entəpraɪz] *n (undertaking, firm)* entreprise *f*; *(spirit, initiative)* initiative *f* ▪ **enterprising** *adj (person)* entreprenant

entertain [entə'teɪn] **1** *vt* amuser, distraire; *(guest)* recevoir; *(idea, possibility)* envisager **2** *vi (receive guests)* recevoir ▪ **entertainer** *n (comedian)* comique *mf*; *(singer, dancer)* artiste *mf* de music-hall ▪ **entertainment** *n* amusement *m*; *(show)* spectacle *m*

enthusiasm [ɪn'θjuːzɪæzəm] *n* enthousiasme *m* ▪ **enthusiast** *n* enthousiaste *mf*; **jazz e.** passionné, -e *mf* de jazz

enthusiastic [ɪnθjuːzɪ'æstɪk] *adj* enthousiaste; *(golfer, photographer)* passionné; **to get e.** s'emballer (**about** pour)

entice [ɪn'taɪs] *vt* attirer (**into** dans); **to e. sb to do sth** inciter qn à faire qch ▪ **enticing** *adj* séduisant

entire [ɪn'taɪə(r)] *adj* entier, -ère ▪ **entirely** *adv* entièrement

entirety [ɪn'taɪərətɪ] *n* intégralité *f*; **in its e.** dans son intégralité

entitle [ɪn'taɪtəl] *vt* **to e. sb to sth/to do sth** donner à qn le droit à qch/de faire qch ▪ **entitled** *adj* **to be e. to do sth** avoir le droit de faire qch; **to be e. to sth** avoir droit à qch

entrance ['entrəns] *n* entrée *f* (**to** de); *(to university, school)* admission *f* (**to** à); **e. fee** droit *m* d'entrée

entrant ['entrənt] *n (in race)* concurrent, -e *mf*; *(for exam)* candidat, -e *mf*

entrée ['ɒntreɪ] *n Culin (course before main dish)* entrée *f*; *Am (main dish)* plat *m* principal

entrepreneur [ɒntrəprə'nɜː(r)] *n* entrepreneur *m*

entrust [ɪn'trʌst] *vt* confier (**to** à); **to e. sb with sth** confier qch à qn

entry ['entrɪ] *n* entrée *f*; *(in race)* concurrent, -e *mf*; *(to be judged in competition)* objet *m*/œuvre *f*/projet *m* soumis au jury; **e. form** feuille *f* d'inscription; **'no e.'** *(on door)* 'entrée interdite'; *(road sign)* 'sens interdit'

envelope ['envələʊp] *n* enveloppe *f*

enviable ['envɪəbəl] *adj* enviable

envious ['envɪəs] *adj* envieux, -euse (**of** de); **to be e. of sb** envier qn

environment [ɪn'vaɪərənmənt] *n (social, moral)* milieu *m*; **the e.** *(natural)* l'environnement *m* ▪ **environmental** [-'mentəl] *adj (policy)* de l'environnement; **e. disaster** catastrophe *f* écologique ▪ **environmentally** *adv* **e. friendly product** produit *m* qui ne nuit pas à l'environnement

envisage [ɪn'vɪzɪdʒ] (*Am* **envision** [ɪn'vɪʒən]) *vt (imagine)* envisager; *(foresee)* prévoir; **to e. doing sth** envisager de faire qch

envoy ['envɔɪ] *n (messenger)* envoyé, -e *mf*; *(diplomat)* ministre *m* plénipotentiaire

envy ['envɪ] **1** *n* envie *f* **2** (*pt & pp* **-ied**) *vt* envier; **to e. sb sth** envier qch à qn

ephemeral [ɪ'femərəl] *adj* éphémère

epic ['epɪk] **1** *adj* épique **2** *n (poem, novel)* épopée *f*; *(film)* film *m* à grand spectacle

epidemic [epɪ'demɪk] *n* épidémie *f*

epileptic [epɪ'leptɪk] *adj & n* épileptique *(mf)*

epilogue ['epɪlɒg] *n* épilogue *m*

episode ['epɪsəʊd] *n (part of story)* épisode *m*; *(incident)* incident *m*

epitaph ['epɪtɑːf] *n* épitaphe *f*

epitome [ɪ'pɪtəmɪ] *n* **to be the e. of sth** être l'exemple même de qch ▪ **epitomize** *vt* incarner

epoch ['iːpɒk] *n* époque *f*

equal ['iːkwəl] **1** *adj* égal (**to** à); **to be e. to sth** *(in quantity)* égaler qch; *(good enough)* être à la hauteur de qch **2** *n (person)* égal, -e *mf* **3** (*Br* **-ll-**, *Am* **-l-**) *vt* égaler (**in** en)

equality [ɪ'kwɒlətɪ] *n* égalité *f*

equalize ['iːkwəlaɪz] *vi (in sport)* égaliser

equally ['iːkwəlɪ] *adv (to an equal degree, also)* également; *(divide)* en parts égales

equals ['iːkwəlz] *n* **e. sign** signe *m* d'égalité

equation [ɪ'kweɪʒən] *n Math* équation *f*

equator [ɪ'kweɪtə(r)] *n* équateur *m*; **at** *or* **on the e.** sous l'équateur

equilibrium [iːkwɪ'lɪbrɪəm] *n* équilibre *m*

equip [ɪ'kwɪp] *(pt & pp* **-pp-**) *vt (provide with equipment)* équiper (**with** de); *(prepare)* préparer (**for** pour); **to be (well-)equipped to do sth** être compétent pour faire qch ▪ **equipment** *n* équipement *m*; *(in factory)* matériel *m*

equivalent [ɪ'kwɪvələnt] *adj & n* équivalent *(m)*

era [*Br* 'ɪərə, *Am* 'erə] *n* époque *f*; *(historical, geological)* ère *f*

eradicate [ɪ'rædɪkeɪt] *vt* éradiquer

erase [*Br* ɪ'reɪz, *Am* ɪ'reɪs] *vt* effacer; *(with eraser)* gommer ▪ **eraser** *n* gomme *f*

erect [ɪ'rekt] **1** *adj (upright)* droit **2** *vt (building)* construire; *(statue, monument)* ériger; *(scaffolding)* monter; *(tent)* dresser

erode [ɪ'rəʊd] *vt (of sea)* éroder; *Fig (confidence)* miner ▪ **erosion** [-ʒən] *n* érosion *f*

erotic [ɪ'rɒtɪk] *adj* érotique

errand ['erənd] *n* commission *f*, course *f*; **to run errands for sb** faire des courses pour qn

erratic [ɪ'rætɪk] *adj (unpredictable) (behaviour)* imprévisible; *(service, machine)* fantaisiste; *(person)* lunatique; *(irregular) (performance, results)* irrégulier, -ère

error ['erə(r)] *n (mistake)* erreur *f*; **typing/printing e.** faute *f* de frappe/d'impression

erupt [ɪ'rʌpt] *vi (of volcano)* entrer en éruption; *(of war, violence)* éclater ▪ **eruption** *n (of volcano)* éruption *f*; *(of violence)* flambée *f*

escalate ['eskəleɪt] *vi (of war, violence)* s'intensifier; *(of prices)* monter en flèche

escalator ['eskəleɪtə(r)] *n* escalier *m* roulant

escapade ['eskəpeɪd] *n* frasque *f*

escape [ɪ'skeɪp] **1** *n (of gas, liquid)* fuite *f*; *(of person)* évasion *f*; **he had a lucky** *or* **narrow e.** il l'a échappé belle **2** *vt (death, punishment)* échapper à **3** *vi (of gas, animal)* s'échapper (**from** de); *(of prisoner)* s'évader (**from** de)

escort 1 ['eskɔːt] *n (for convoy)* escorte *f*; *(of woman)* cavalier *m* **2** [ɪ'skɔːt] *vt* escorter; *(prisoner)* conduire sous escorte

Eskimo ['eskɪməʊ] (*pl* **-os**) *n* Esquimau, -aude *mf*

especially [ɪs'peʃəlɪ] *adv (in particular)* surtout; *(more than normally)* particulièrement; *(for a purpose)* (tout) spécialement; **e. as** d'autant plus que

espresso [e'spresəʊ] (*pl* **-os**) *n* express *m*

Esq (*abbr* **Esquire**) *Br* **John Smith Esq** = Monsieur John Smith

essay ['eseɪ] *n (at school)* rédaction *f*; *(at university)* dissertation *f* (**on** sur)

essence ['esəns] *n (distinctive quality)* essence *f*; *Culin (extract)* extrait *m*; **the e. of sth** *(main point)* l'essentiel *m* de qch; **in e.** essentiellement

essential [ɪ'senʃəl] **1** *adj (principal)* essentiel, -elle; *(necessary)* indispensable, essentiel, -elle; **it's e. that...** il est indispensable que... *(+ subjunctive)* **2** *npl* **the essentials** l'essentiel *m* (**of** de)

establish [ɪ'stæblɪʃ] *vt* établir; *(state, society, company)* fonder; *(post)* créer ▪ **established** *adj* **(well-)e.** *(company)* solide; *(fact)* reconnu; *(reputation)* établi ▪ **establishment** *n (institution, company)* établissement *m*; **the E.** *(dominant group)* les classes *fpl* dirigeantes

estate [ɪ'steɪt] *n (land)* terres *fpl*, propriété *f*; *(possessions)* biens *mpl*; *(property after death)* succession *f*; *Br* **e. agent** agent *m* immobilier; *Br* **e. car** break *m*

esteem [ɪ'stiːm] **1** *n* estime *f*; **to hold sb in high e.** avoir qn en haute estime **2** *vt* estimer

esthetic [es'θetɪk] *adj Am* esthétique

estimate 1 ['estɪmət] *n* évaluation *f*; *Com* devis *m* **2** ['estɪmeɪt] *vt (value)* estimer, évaluer; *(consider)* estimer (**that** que)

estranged [ɪ'streɪndʒd] *adj* **her e.**

husband son mari, dont elle vit séparée

estuary ['estjʊərɪ] *(pl* **-ies**) *n* estuaire *m*

etc [et'setərə] *(abbr* **et cetera**) *adv* etc

etching ['etʃɪŋ] *n (picture)* eau-forte *f*

eternal [ɪ'tɜːnəl] *adj* éternel, -elle ▪ **eternity** *n* éternité *f*

ethical ['eθɪkəl] *adj* moral, éthique

ethics ['eθɪks] *n* éthique *f*, morale *f*; *(of profession)* déontologie *f*

ethnic ['eθnɪk] *adj* ethnique

etiquette ['etɪket] *n* étiquette *f*

etymology [etɪ'mɒlədʒɪ] *n* étymologie *f*

EU [iː'juː] *(abbr* **European Union**) *n* UE *f*

euphemism ['juːfəmɪzəm] *n* euphémisme *m*

euphoria [juː'fɔːrɪə] *n* euphorie *f*

euro ['jʊərəʊ] *(pl* **-os**) *n (currency)* euro *m*

Euro- ['jʊərəʊ] *pref* euro-; **E.-MP** député *m* européen

Europe ['jʊərəp] *n* l'Europe *f* ▪ **European** [-'piːən] **1** *adj* européen, -enne; **E. Union** Union *f* européenne **2** *n* Européen, -enne *mf*

evacuate [ɪ'vækjʊeɪt] *vt* évacuer

evade [ɪ'veɪd] *vt* éviter, esquiver; *(pursuer)* échapper à; *(law, question)* éluder; **to e. tax** frauder le fisc

evaluate [ɪ'væljʊeɪt] *vt* évaluer (**at** à)

evangelical [iːvæn'dʒelɪkəl] *adj* évangélique

evaporate [ɪ'væpəreɪt] *vi (of liquid)* s'évaporer; **evaporated milk** lait *m* condensé

evasion [ɪ'veɪʒən] *n (of pursuer, responsibilities, question)* dérobade *f* (**of** devant); **tax e.** évasion *f* fiscale

evasive [ɪ'veɪsɪv] *adj* évasif, -ive

eve [iːv] *n* **on the e. of** à la veille de

even ['iːvən] **1** *adj (equal, flat)* égal; *(smooth)* uni; *(regular)* régulier, -ère; *(temperature)* constant; *(number)* pair; *Fig* **to get e. with sb** prendre sa revanche sur qn; **to break e.** *(financially)* s'y retrouver

2 *adv* même; **e. better/more** encore mieux/plus; **e. if** *or* **though...** bien que... *(+ subjunctive)*; **e. so** quand même

3 *vt* **to e. sth (out** *or* **up)** égaliser qch ▪ **evenly** *adv (equally)* de manière égale; *(regularly)* régulièrement

evening ['iːvnɪŋ] *n* soir *m*; *(referring to duration, event)* soirée *f*; **tomorrow/yesterday e.** demain/hier soir; **in the e.**, *Am* **evenings** le soir; **at seven in the e.** à sept heures du soir; **every Tuesday e.** tous les mardis soir; **e. meal/paper** repas *m*/journal *m* du soir; **e. class** cours *m* du soir; **e. dress** *(of man)* tenue *f* de soirée; *(of woman)* robe *f* du soir

event [ɪ'vent] *n* événement *m*; *(in sport)* épreuve *f* ▪ **eventful** *adj (day, journey, life)* mouvementé; *(occasion)* mémorable

eventual [ɪ'ventʃʊəl] *adj (final)* final, définitif, -ive ▪ **eventuality** [-tjʊ'ælətɪ] *(pl* **-ies**) *n* éventualité *f* ▪ **eventually** *adv* finalement; *(some day)* par la suite

ever ['evə(r)] *adv* jamais; **have you e. been to Spain?** es-tu déjà allé en Espagne?; **the first e.** le tout premier; **e. since (1990)** depuis (1990); **for e.** pour toujours; **e. so sorry** vraiment désolé; **she's e. so nice** elle est tellement gentille; **all she e. does is criticize** elle ne fait que critiquer

evergreen ['evəgriːn] *n* arbre *m* à feuilles persistantes

everlasting [evə'lɑːstɪŋ] *adj* éternel, -elle

every ['evrɪ] *adj* chaque; **e. time** chaque fois (**that** que); **e. one** chacun; **e. second** *or* **other day** tous les deux jours; **e. so often, e. now and then** de temps en temps

everybody ['evrɪbɒdɪ] *pron* tout le monde ▪ **everyday** *adj (happening, life)* de tous les jours; *(ordinary)* banal *(mpl* -als); **in e. use** d'usage courant ▪ **everyone** *pron* = **everybody** ▪ **everyplace** *adv Am* = **everywhere** ▪ **everything** *pron* tout; **e. (that) I**

have tout ce que j'ai ▪ **everywhere** *adv* partout; **e. she goes** où qu'elle aille

evict [ɪ'vɪkt] *vt* expulser (**from** de)

evidence ['evɪdəns] *n (proof)* preuve(s) *f(pl)*; *(testimony)* témoignage *m*; **to give e.** témoigner (**against** contre)

evident ['evɪdənt] *adj* évident (**that** que); **it is e. from...** il apparaît de... (**that** que) ▪ **evidently** *adv (clearly)* manifestement; *(apparently)* apparemment

evil ['iːvəl] **1** *adj (spell, influence, person)* malfaisant; *(deed, system)* mauvais **2** *n* mal *m*

evoke [ɪ'vəʊk] *vt (conjure up)* évoquer ▪ **evocative** [ɪ'vɒkətɪv] *adj* évocateur, -trice (**of** de)

evolution [iːvə'luːʃən] *n* évolution *f*

evolve [ɪ'vɒlv] **1** *vt (system)* mettre au point **2** *vi (of society, idea)* évoluer; *(of plan)* se développer

ewe [juː] *n* brebis *f*

ex [eks] *n Fam (former spouse)* ex *mf*

ex- [eks] *pref* ex-; **ex-minister** ancien ministre *m*

exact [ɪg'zækt] **1** *adj* exact **2** *vt (demand)* exiger (**from** de); *(money, promise)* extorquer (**from** à) ▪ **exactly** *adv* exactement

exaggerate [ɪg'zædʒəreɪt] *vti* exagérer

exam [ɪg'zæm] (*abbr* **examination**) *n* examen *m*

examine [ɪg'zæmɪn] *vt (evidence, patient, question)* examiner; *(accounts, luggage)* vérifier; *(passport)* contrôler; *(student)* interroger ▪ **examination** *n* examen *m*; *(of accounts)* vérification *f*; *(of passport)* contrôle *m*

example [ɪg'zɑːmpəl] *n* exemple *m*; **for e.** par exemple; **to set an e.** *or* **a good e.** donner l'exemple (**to** à); **to set a bad e.** donner le mauvais exemple (**to** à)

exasperate [ɪg'zɑːspəreɪt] *vt* exaspérer

excavate ['ekskəveɪt] *vt (dig)* creuser; *(archaeological site)* faire des fouilles dans ▪ **excavation** [-'veɪʃən] *n (archaeological)* fouilles *fpl*

exceed [ɪk'siːd] *vt* dépasser; *(one's powers)* excéder

exceedingly [ɪk'siːdɪŋlɪ] *adv* extrêmement

excel [ɪk'sel] *(pt & pp* **-ll-**) **1** *vt (be better than)* surpasser **2** *vi* **to e. in** *or* **at sth** exceller en qch

excellent ['eksələnt] *adj* excellent

except [ɪk'sept] **1** *prep* sauf, excepté; **e. for** à part; **e. that...** sauf que... **2** *vt* excepter (**de** from)

exception [ɪk'sepʃən] *n* exception *f*; **with the e. of...** à l'exception de...

exceptional [ɪk'sepʃənəl] *adj* exceptionnel, -elle

excerpt ['eksɜːpt] *n (from film, book)* extrait *m*

excess ['ekses] *n* excès *m*; *(surplus)* excédent *m*; **a sum in e. of...** une somme qui dépasse...; **e. luggage** excédent *m* de bagages

excessive [ɪk'sesɪv] *adj* excessif, -ive ▪ **excessively** *adv (too much)* excessivement; *(very)* extrêmement

exchange [ɪks'tʃeɪndʒ] **1** *n* échange *m*; *Fin (of currency)* change *m*; **(telephone) e.** central *m* téléphonique; **in e.** en échange (**for** de); **e. rate** taux *m* de change **2** *vt* échanger (**for** contre)

Exchequer [ɪks'tʃekə(r)] *n Br* **Chancellor of the E.** ≃ ministre *m* des Finances

excitable [ɪk'saɪtəbəl] *adj* nerveux, -euse

excite [ɪk'saɪt] *vt (get worked up)* surexciter; *(enthuse)* passionner; *(provoke, stimulate)* exciter ▪ **excited** *adj (happy)* surexcité; *(nervous)* énervé; *(enthusiastic)* enthousiaste; **to get e. (about)** s'exciter (pour); *(angry)* s'énerver (contre) ▪ **exciting** *adj (book, adventure)* passionnant

excitement [ɪk'saɪtmənt] *n* agitation *f*; *(enthusiasm)* enthousiasme *m*

exclaim [ɪk'skleɪm] *vti* s'écrier (**that** que) ▪ **exclamation** *n* exclamation *f*;

Br **e. mark,** *Am* **e. point** point *m* d'exclamation

exclude [ɪk'sklu:d] *vt* exclure (**from** de); **excluding…** à l'exclusion de…

exclusive [ɪk'sklu:sɪv] *adj (right, interview, design)* exclusif, -ive; *(club, group)* fermé ▪ **exclusively** *adv* exclusivement

excruciating [ɪk'skru:ʃɪeɪtɪŋ] *adj* atroce

excursion [ɪk'skɜ:ʃən] *n* excursion *f*

excuse 1 [ɪk'skju:s] *n* excuse *f*; **to make an e., to make excuses** se trouver une excuse **2** [ɪk'skju:z] *vt (forgive, justify)* excuser; *(exempt)* dispenser (**from** de); **e. me!** excusez-moi!, pardon!

ex-directory [eksdaɪ'rektərɪ] *adj Br* **to be e.** être sur la liste rouge

execute ['eksɪkju:t] *vt (prisoner, order)* exécuter; *(plan)* mettre à exécution

execution [eksɪ'kju:ʃən] *n* exécution *f*

executive [ɪg'zekjʊtɪv] **1** *adj (job)* de cadre; *(car)* de luxe **2** *n (person)* cadre *m*

exemplary [ɪg'zemplərɪ] *adj* exemplaire

exemplify [ɪg'zemplɪfaɪ] *(pt & pp* **-ied***) vt* illustrer

exempt [ɪg'zempt] **1** *adj (person)* dispensé (**from** de) **2** *vt* dispenser (**from** de; **from doing** de faire)

exemption [ɪg'zem(p)ʃən] *n* dispense *f* (**from** de)

exercise ['eksəsaɪz] **1** *n* exercice *m*; **e. book** cahier *m* **2** *vt* exercer; *(dog, horse)* promener; *(caution, restraint)* user de **3** *vi* faire de l'exercice

exert [ɪg'zɜ:t] *vt* exercer; *(force)* employer; **to e. oneself** se donner du mal ▪ **exertion** *n* effort *m*

exhale [eks'heɪl] *vi* expirer

exhaust [ɪg'zɔ:st] **1** *n* **e. (fumes)** gaz *mpl* d'échappement; **e. (pipe)** tuyau *m* d'échappement **2** *vt (person, resources)* épuiser ▪ **exhausted** *adj (person, resources)* épuisé ▪ **exhausting** *adj* épuisant

exhaustive [ɪg'zɔ:stɪv] *adj (list)* exhaustif, -ive; *(analysis)* détaillé; *(inquiry)* approfondi

exhibit [ɪg'zɪbɪt] **1** *n* objet *m* exposé; *(in court)* pièce *f* à conviction **2** *vt (put on display)* exposer ▪ **exhibition** [eksɪ'bɪʃən] *n* exposition *f*

exhilarating [ɪg'zɪləreɪtɪŋ] *adj (experience)* grisant

exile ['egzaɪl] **1** *n (banishment)* exil *m*; *(person)* exilé, -e *mf* **2** *vt* exiler

exist [ɪg'zɪst] *vi* exister; *(live)* survivre (**on** avec) ▪ **existing** *adj (situation, circumstances)* actuel, -elle; *(law)* existant

existence [ɪg'zɪstəns] *n* existence *f*; **to come into e.** être créé; **to be in e.** exister

exit ['eksɪt, 'egzɪt] **1** *n* sortie *f* **2** *vi (leave) & Comptr* sortir

exodus ['eksədəs] *n inv* exode *m*

exorbitant [ɪg'zɔ:bɪtənt] *adj* exorbitant

exotic [ɪg'zɒtɪk] *adj* exotique

expand [ɪk'spænd] **1** *vt (production, influence)* accroître; *(knowledge)* étendre; *(trade, range, idea)* développer **2** *vi (of knowledge)* s'étendre; *(of trade)* se développer; *(of production)* augmenter; *(of gas)* se dilater; **to e. on** développer

expanse [ɪk'spæns] *n* étendue *f*

expatriate [*Br* eks'pætrɪət, *Am* eks'peɪtrɪət] *adj & n* expatrié, -e *(mf)*

expect [ɪk'spekt] *vt (anticipate)* s'attendre à; *(think)* penser (**that** que); *(await)* attendre; **to e. to do sth** compter faire qch; **to e. that…** *(anticipate)* s'attendre à ce que… *(+ subjunctive)*; **to be expecting a baby** attendre un enfant; **as expected** comme prévu

expectation [ekspek'teɪʃən] *n* **to come up to expectations** se montrer à la hauteur

expedient [ɪks'pi:dɪənt] **1** *adj* opportun **2** *n* expédient *m*

expedition [ekspɪ'dɪʃən] *n* expédition *f*

expel [ɪk'spel] *(pt & pp* **-ll-***) vt* expulser (**from** de); *(from school)* renvoyer

expend [ɪk'spend] *vt (energy, money)* dépenser ▪ **expendable** *adj (person)* qui n'est pas irremplaçable

expenditure [ɪk'spendɪtʃə(r)] *n (of money, energy)* dépense *f*

expense [ɪk'spens] *n* frais *mpl*, dépense *f*; *Com* **expenses** frais *mpl*; **at the e. of sb/sth** aux dépens de qn/qch

expensive [ɪk'spensɪv] *adj (goods, hotel, shop)* cher (*f* chère) ▪ **expensively** *adv* **e. dressed/furnished** habillé/meublé luxueusement

experience [ɪk'spɪərɪəns] **1** *n* expérience *f*; **from** *or* **by e.** par expérience **2** *vt (emotion)* ressentir; *(hunger, success)* connaître; *(difficulty)* éprouver ▪ **experienced** *adj (person)* expérimenté; **to be e. in sth** s'y connaître en qch

experiment 1 [ɪk'sperɪmənt] *n* expérience *f* **2** [ɪk'sperɪment] *vi* expérimenter (**on** sur); **to e. with sth** *(technique, drugs)* essayer qch

expert ['ekspɜːt] **1** *n* expert *m* (**on** *or* **in** en) **2** *adj* expert (**in sth** en qch; **in** *or* **at doing** à faire) ▪ **expertise** [-tiːz] *n* compétence *f* (**in** en)

expiration [ekspə'reɪʃən] *n Am* = **expiry**

expire [ɪk'spaɪə(r)] *vi* expirer ▪ **expired** *adj (ticket, passport)* périmé

expiry [ɪk'spaɪərɪ] (*Am* **expiration** [ekspə'reɪʃən]) *n* expiration *f*; **e. date** *(on ticket)* date *f* d'expiration; *(on product)* date *f* limite d'utilisation

explain [ɪk'spleɪn] *vt* expliquer (**to** à; **that** que); *(reasons)* exposer; *(mystery)* éclaircir

explanation [eksplə'neɪʃən] *n* explication *f*

explanatory [ɪk'splænətərɪ] *adj* explicatif, -ive

expletive [ɪk'spliːtɪv] *n* juron *m*

explicit [ɪk'splɪsɪt] *adj* explicite ▪ **explicitly** *adv* explicitement

explode [ɪk'spləʊd] **1** *vt (bomb)* faire exploser **2** *vi (of bomb)* exploser

exploit 1 ['eksplɔɪt] *n* exploit *m* **2** [ɪk'splɔɪt] *vt (person, land)* exploiter ▪ **exploitation** [eksplɔɪ'teɪʃən] *n* exploitation *f*

exploratory [ɪk'splɒrətərɪ] *adj (talks, surgery)* exploratoire

explore [ɪk'splɔː(r)] *vt* explorer; *(causes, possibilities)* examiner

explosion [ɪk'spləʊʒən] *n* explosion *f*

explosive [ɪk'spləʊsɪv] **1** *adj (weapon, situation)* explosif, -ive **2** *n* explosif *m*

export 1 ['ekspɔːt] *n (activity, product)* exportation *f* **2** [ɪk'spɔːt] *vt* exporter (**to** vers; **from** de) ▪ **exporter** *n* exportateur, -trice *mf*; *(country)* pays *m* exportateur

expose [ɪk'spəʊz] *vt (to air, cold, danger) & Phot* exposer (**to** à); *(plot, scandal)* révéler; *(criminal)* démasquer

exposure [ɪk'spəʊʒə(r)] *n* exposition *f* (**to** à); *Phot* pose *f*; **to get a lot of e.** *(in the media)* faire l'objet d'une importante couverture médiatique

express[1] [ɪk'spres] *vt* exprimer; **to e. oneself** s'exprimer

express[2] [ɪk'spres] **1** *adj (letter, delivery)* exprès *inv*; *(train)* rapide, express *inv* **2** *adv (send)* en exprès **3** *n (train)* rapide *m*, express *m inv*

expression [ɪk'spreʃən] *n* expression *f*

expressive [ɪk'spresɪv] *adj* expressif, -ive

expressly [ɪks'preslɪ] *adv (forbid)* expressément

expressway [ɪk'spresweɪ] *n Am* autoroute *f*

expulsion [ɪk'spʌlʃən] *n* expulsion *f*; *(from school)* renvoi *m*

exquisite [ɪk'skwɪzɪt] *adj* exquis

extend [ɪk'stend] **1** *vt (in space)* étendre; *(in time)* prolonger (**by** de); *(hand)* tendre (**to sb** à qn); *(house)* agrandir; *(knowledge)* accroître; *(thanks)* offrir (**to** à) **2** *vi (in space)* s'étendre (**to** jusqu'à); *(in time)* se prolonger

extension [ɪk'stenʃən] *n (for table)* rallonge *f*; *(to building)* annexe *f*; *(for telephone)* poste *m*; *(for essay)* délai *m* supplémentaire

extensive [ɪk'stensɪv] *adj (powers, forests)* vaste; *(repairs, damage)* important ▪ **extensively** *adv (very much)* énormément

extent [ɪk'stent] *n (scope)* étendue *f*; *(size)* importance *f*; **to a large** *or* **great e.** dans une large mesure; **to some e.** *or* **a certain e.** dans une certaine mesure; **to such an e. that…** à tel point que…

exterior [ɪk'stɪərɪə(r)] *adj & n* extérieur *(m)*

exterminate [ɪk'stɜːmɪneɪt] *vt* exterminer

external [ɪk'stɜːnəl] *adj (trade, event)* extérieur; *(wall)* externe

extinct [ɪk'stɪŋkt] *adj (volcano)* éteint; *(species, animal)* disparu

extinguish [ɪk'stɪŋgwɪʃ] *vt* éteindre ▪ **extinguisher** *n* **(fire) e.** extincteur *m*

extortionate [ɪk'stɔːʃənət] *adj* exorbitant

extra ['ekstrə] **1** *adj (additional)* supplémentaire; **to be e.** *(spare)* être en trop; *(cost more)* être en supplément; **e. charge** supplément *m*; **e. time** *(in sport)* prolongation *f* **2** *adv (more than usual)* extrêmement; **to pay e.** payer un supplément; **wine costs** *or* **is £10 e.** il y a un supplément de 10 livres pour le vin **3** *n (perk)* à-côté *m*; *(actor in film)* figurant, -e *mf*; *(on bill)* supplément *m*

extra- ['ekstrə] *pref* extra-

extract 1 ['ekstrækt] *n* extrait *m* **2** [ɪk'strækt] *vt* extraire (**from** de); *(information, money)* soutirer (**from** à)

extra-curricular [ekstrəkə'rɪkjʊlə(r)] *adj Sch* extrascolaire

extraordinary [ɪk'strɔːdənərɪ] *adj* extraordinaire

extravagant [ɪk'strævəgənt] *adj (behaviour, idea)* extravagant; *(wasteful)* dépensier, -ère; *(tastes)* dispendieux, -euse ▪ **extravagance** *n (of behaviour)* extravagance *f*; *(wastefulness)* gaspillage *m*; *(thing bought)* folie *f*

extreme [ɪk'striːm] **1** *adj* extrême **2** *n* extrême *m*; **to carry** *or* **take sth to extremes** pousser qch à l'extrême ▪ **extremely** *adv* extrêmement

extremist [ɪk'striːmɪst] *adj & n* extrémiste *(mf)*

extremity [ɪk'stremətɪ] (*pl* **-ies**) *n* extrémité *f*

extrovert ['ekstrəvɜːt] *n* extraverti, -e *mf*

exuberant [ɪg'zjuːbərənt] *adj* exubérant

exude [ɪg'zjuːd] *vt (health, honesty)* respirer

eye [aɪ] **1** *n* œil *m* (*pl* yeux); **to have one's e. on sth** avoir qch en vue; **to keep an e. on sb/sth** surveiller qn/qch; *Am* **e. doctor** opticien, -enne *mf* **2** *vt* regarder ▪ **eyebrow** *n* sourcil *m* ▪ **eyelash** *n* cil *m* ▪ **eyelid** *n* paupière *f* ▪ **eyeliner** *n* eye-liner *m* ▪ **eyeshadow** *n* fard *m* à paupières ▪ **eyesight** *n* vue *f* ▪ **eyesore** *n* horreur *f* ▪ **eyewitness** *n* témoin *m* oculaire

▸ **eye up** *vt sep* reluquer

Ff

F, f [ef] *n (letter)* F, f *m inv*
fable ['feɪbəl] *n* fable *f*
fabric ['fæbrɪk] *n (cloth)* tissu *m*, étoffe *f*
fabricate ['fæbrɪkeɪt] *vt* fabriquer
fabulous ['fæbjʊləs] *adj (legendary, incredible)* fabuleux, -euse
face [feɪs] **1** *n (of person)* visage *m*, figure *f*; *(expression)* mine *f*; *(of clock)* cadran *m*; *(of building)* façade *f*; *(of cube)* face *f*; *(of cliff)* paroi *f*; **f. down (wards)** *(person)* face contre terre; *(thing)* à l'envers; **f. to f.** face à face; **to save/lose f.** sauver/perdre la face; *Br* **f. cloth** gant *m* de toilette
2 *vt (danger, enemy, problem)* faire face à; **to f., to be facing** *(be opposite)* être en face de; *(of window, door, room)* donner sur; **faced with** *(prospect, problem)* confronté à; *(defeat)* menacé par
3 *vi* **to f. north** *(of building)* être orienté au nord; **to f. up to** *(danger, problem)* faire face à; *(fact)* accepter
faceless ['feɪsləs] *adj* anonyme
face-lift ['feɪslɪft] *n (by surgeon)* lifting *m*; *(of building)* ravalement *m*
facetious [fə'siːʃəs] *adj (person)* facétieux, -euse
facial ['feɪʃəl] **1** *adj (expression)* du visage **2** *n* soin *m* du visage
facilitate [fə'sɪlɪteɪt] *vt* faciliter ▪ **facilities** *npl (for sports, cooking)* équipements *mpl*; *(in harbour, airport)* installations *fpl*
fact [fækt] *n* fait *m*; **as a matter of f., in f.** en fait
faction ['fækʃən] *n* faction *f*
factor ['fæktə(r)] *n* facteur *m*
factory ['fæktərɪ] (*pl* **-ies**) *n (large)* usine *f*; *(small)* fabrique *f*
factual ['fæktʃʊəl] *adj* basé sur les faits
faculty ['fækəltɪ] (*pl* **-ies**) *n (of mind, in university)* faculté *f*
fad [fæd] *n (fashion)* mode *f* (**for** de); *(personal habit)* marotte *f*
fade [feɪd] *vi (of flower, material, colour)* se faner; *(of light)* baisser; **to f. (away)** *(of memory, smile)* s'effacer; *(of sound)* s'affaiblir; *(of person)* dépérir
fag [fæg] *n Br Fam (cigarette)* clope *m ou f*
fail [feɪl] **1** *n* **without f.** sans faute **2** *vt (exam)* échouer à; *(candidate)* recaler; **to f. to do** *(forget)* manquer de faire; *(not be able)* ne pas arriver à faire **3** *vi (of person, plan)* échouer; *(of business)* faire faillite; *(of health, sight)* baisser; *(of memory, strength)* défaillir; *(of brakes)* lâcher ▪ **failed** *adj (attempt, poet)* raté ▪ **failing 1** *n (fault)* défaut *m* **2** *prep* à défaut de; **f. this, f. that** à défaut
failure ['feɪljə(r)] *n* échec *m*; *(of business)* faillite *f*; *(person)* raté, -e *mf*
faint [feɪnt] **1** (**-er, -est**) *adj (weak) (voice, trace, breeze, hope)* faible; *(colour)* pâle; **to feel f.** se sentir mal **2** *vi* s'évanouir (**with** *or* **from** de)
fair[1] [feə(r)] *n (trade fair)* foire *f*; *Br (funfair)* fête *f* foraine ▪ **fairground** *n* parc *m* d'attractions
fair[2] [feə(r)] **1** (**-er, -est**) *adj* (**a**) *(just)* juste; *(game, fight)* loyal; **f. play** fair-play *m inv* (**b**) *(rather good)* assez

bon (*f* bonne); *(price)* raisonnable; **a f. amount (of)** *(a lot)* pas mal (de) (**c**) *(wind)* favorable; *(weather)* beau (*f* belle) **2** *adv (fight)* loyalement; **to play f.** jouer franc jeu ▪ **fairly** *adv* (**a**) *(treat)* équitablement; *(act, fight, get)* loyalement (**b**) *(rather)* assez

fair³ [feə(r)] *adj (hair, person)* blond; *(complexion, skin)* clair ▪ **fair-haired** *adj* blond

fairy ['feərɪ] (*pl* **-ies**) *n* fée *f* ▪ **fairytale** *n* conte *m* de fées

faith [feɪθ] *n* foi *f*; **to have f. in sb** avoir foi en qn; **in good/bad f.** *(act)* de bonne/mauvaise foi

faithful ['feɪθfəl] *adj* fidèle ▪ **faithfully** *adv* fidèlement; *Br* **yours f.** *(in letter)* veuillez agréer l'expression de mes sentiments distingués

fake [feɪk] **1** *adj* faux (*f* fausse) **2** *n (object)* faux *m*; *(person)* imposteur *m* **3** *vt (signature)* contrefaire **4** *vi (pretend)* faire semblant

fall [fɔːl] **1** *n (of person, snow, city)* chute *f*; *(in price, demand)* baisse *f*; *Am (season)* automne *m* **2** (*pt* **fell**, *pp* **fallen**) *vi* tomber; *(of price, temperature)* baisser; **the dollar is falling** le dollar est en baisse; **to f. into** *(hole, trap)* tomber dans; *(habit)* prendre; **to f. off a bicycle/ladder** tomber d'une bicyclette/échelle; **to f. out of a window** tomber d'une fenêtre; **to f. over sth** tomber en butant contre qch; **to f. asleep** s'endormir; **to f. ill** tomber malade

▸ **fall apart** *vi (of book, machine)* tomber en morceaux; *(of person)* s'effondrer

▸ **fall back on** *vt insep (resort to)* se rabattre sur

▸ **fall behind** *vi (in work, payments)* prendre du retard

▸ **fall down** *vi* tomber; *(of building)* s'effondrer

▸ **fall for** *vt insep (person)* tomber amoureux, -euse de; *(trick)* se laisser prendre à

▸ **fall in** *vi (collapse)* s'écrouler

▸ **fall off** *vi (come off)* tomber; *(of numbers)* diminuer

▸ **fall out** *vi (quarrel)* se brouiller (**with** avec)

▸ **fall over** *vi* tomber; *(of table, vase)* se renverser

▸ **fall through** *vi (of plan)* tomber à l'eau, échouer

fallacy ['fæləsɪ] (*pl* **-ies**) *n* erreur *f*

fallen ['fɔːlən] **1** *pp of* **fall 2** *adj* tombé; **f. leaves** feuilles *fpl* mortes

fallible ['fæləbəl] *adj* faillible

false [fɔːls] *adj* faux (*f* fausse); **f. teeth** dentier *m*

falsify ['fɔːlsɪfaɪ] (*pt & pp* **-ied**) *vt (forge)* falsifier

falter ['fɔːltə(r)] *vi (of voice, speaker)* hésiter

fame [feɪm] *n* renommée *f* ▪ **famed** *adj* renommé (**for** pour)

familiar [fə'mɪljə(r)] *adj (well-known)* familier, -ère (**to** à); **to be f. with sb/sth** bien connaître qn/qch; **he looks f.** je l'ai déjà vu (quelque part)

familiarize [fə'mɪljəraɪz] *vt* **to f. oneself with sth** se familiariser avec qch

family ['fæmɪlɪ] **1** (*pl* **-ies**) *n* famille *f* **2** *adj (name, doctor, jewels)* de famille; *(planning, problems, business)* familial; **f. man** homme *m* attaché à sa famille

famine ['fæmɪn] *n* famine *f*

famished ['fæmɪʃt] *adj* affamé

famous ['feɪməs] *adj* célèbre (**for** pour)

fan¹ [fæn] **1** *n (held in hand)* éventail *m* (*pl* -ails); *(mechanical)* ventilateur *m* **2** (*pt & pp* **-nn-**) *vt (person)* éventer

fan² [fæn] *n (of person)* fan *mf*; *(of team)* supporter *m*; **to be a jazz/sports f.** être passionné de jazz/de sport

fanatic [fə'nætɪk] *n* fanatique *mf* ▪ **fanatical** *adj* fanatique

fanciful ['fænsɪfəl] *adj* fantaisiste

fancy ['fænsɪ] **1** *n* **I took a f. to it, it took my f.** j'en ai eu envie **2** *adj (jewels, hat, button)* fantaisie *inv*; *(car)* de luxe; *(house, restaurant)* chic *inv*; *Br* **f. dress** déguisement *m*; *Br* **f. dress**

party soirée *f* déguisée **3** (*pt & pp* **-ied**) *vt* (**a**) *Br Fam (want)* avoir envie de; **he fancies her** elle lui plaît (**b**) **to f. that…** *(imagine)* se figurer que…; *(think)* croire que…

fanfare ['fænfeə(r)] *n* fanfare *f*

fantastic [fæn'tæstɪk] *adj* fantastique; *(wealth, size)* prodigieux, -euse; *Fam (excellent)* formidable

fantasy ['fæntəsɪ] (*pl* **-ies**) *n (imagination)* fantaisie *f*; *(dream)* chimère *f*; *(fanciful, sexual)* fantasme *m* ■ **fantasize** *vi* fantasmer (**about** sur)

FAR [fɑ:(r)] **1** (**farther** *or* **further, farthest** *or* **furthest**) *adj* **the f. side/end** l'autre côté/bout; **the F. East** l'Extrême-Orient *m*; *Pol* **the f. left/right** l'extrême gauche *f*/droite *f*

2 *adv* (**a**) *(in distance)* loin (**from** de); **how f. is it to Toulouse?** combien y a-t-il d'ici à Toulouse?; **is it f. to…?** sommes-nous/suis-je/*etc* loin de…?; **how f. has he got with his work?** où en est-il dans son travail?; **as f. as** jusqu'à; **as f.** *or* **so f. as I know** autant que je sache; **as f.** *or* **so f. as I'm concerned** en ce qui me concerne; **f. from doing sth** loin de faire qch; **f. away** *or* **off** au loin; **to be f. away** être loin (**from** de)

(**b**) *(in time)* **as f. back as 1820** dès 1820; **so f.** jusqu'ici

(**c**) *(much)* **f. bigger/more expensive** beaucoup plus grand/plus cher (*f* chère) (**than** que); **f. more/better** beaucoup plus/mieux (**than** que); **by f.** de loin ■ **far-away** *adj (country)* lointain; *(look)* perdu dans le vague ■ **far-fetched** *adj* tiré par les cheveux ■ **far-reaching** *adj* de grande portée ■ **far-sighted** *adj* clairvoyant

---

farce [fɑ:s] *n* farce *f* ■ **farcical** *adj* grotesque

fare [feə(r)] **1** *n (for journey) (in train, bus)* prix *m* du billet; *(in taxi)* prix *m* de la course **2** *vi (manage)* se débrouiller

farewell [feə'wel] **1** *n & exclam* adieu (*m*) **2** *adj (party, speech)* d'adieu

farm [fɑ:m] **1** *n* ferme *f* **2** *adj (worker, produce)* agricole **3** *vt* cultiver **4** *vi* être agriculteur, -trice ■ **farmer** *n* fermier, -ère *mf*, agriculteur, -trice *mf* ■ **farmhouse** *n* ferme *f* ■ **farming** *n* agriculture *f*; *(breeding)* élevage *m* ■ **farmyard** *n* cour *f* de ferme

fart [fɑ:t] *Fam* **1** *n* pet *m* **2** *vi* péter

farther ['fɑ:ðə(r)] **1** *comparative of* **far 2** *adv* plus loin; **f. forward** plus avancé; **to get f. away** s'éloigner ■ **farthest 1** *superlative of* **far 2** *adj* le plus éloigné **3** *adv* le plus loin

fascinate ['fæsɪneɪt] *vt* fasciner ■ **fascinating** *adj* fascinant

fascist ['fæʃɪst] *adj & n* fasciste *(mf)*

fashion ['fæʃən] **1** *n* (**a**) *(in clothes)* mode *f*; **in f.** à la mode; **out of f.** démodé; **f. show** défilé *m* de mode (**b**) *(manner)* façon *f*; **after a f.** tant bien que mal **2** *vt (form)* façonner; *(make)* confectionner ■ **fashionable** *adj* à la mode ■ **fashionably** *adv (dressed)* à la mode

fast[1] [fɑ:st] **1** (**-er, -est**) *adj* rapide; **to be f.** *(of clock)* avancer (**by** de); **f. food** restauration *f* rapide; **f. food restaurant** fast-food *m* **2** *adv* (**a**) *(quickly)* vite; **how f.?** à quelle vitesse? (**b**) **f. asleep** profondément endormi

fast[2] [fɑ:st] **1** *n* jeûne *m* **2** *vi* jeûner

fasten ['fɑ:sən] **1** *vt* attacher (**to** à); *(door, window)* fermer; **to f. sth down** attacher qch **2** *vi (of dress)* s'attacher; *(of door, window)* se fermer ■ **fastener, fastening** *n (clip)* attache *f*; *(hook)* agrafe *f*; *(press stud)* bouton-pression *m*; *(of bag)* fermoir *m*

fat [fæt] **1** (**fatter, fattest**) *adj* gras (*f* grasse); *(cheeks, salary, book)* gros (*f* grosse); **to get f.** grossir **2** *n* graisse *f*; *(on meat)* gras *m*

fatal ['feɪtəl] *adj* mortel, -elle ■ **fatally** *adv* **f. wounded** mortellement blessé

fatality [fə'tælətɪ] (*pl* **-ies**) *n (person)* victime *f*

fate [feɪt] *n* destin *m*, sort *m* ■ **fateful** *adj (words, day)* fatidique

father ['fɑːðə(r)] **1** *n* père *m*; **F. Christmas** le père Noël **2** *vt (child)* engendrer ■ **father-in-law** (*pl* **fathers-in-law**) *n* beau-père *m*

fatherhood ['fɑːðəhʊd] *n* paternité *f*

fatherly ['fɑːðəlɪ] *adj* paternel, -elle

fatigue [fə'tiːg] *n (tiredness)* fatigue *f*

fatten ['fætən] *vt* **to f. (up)** engraisser ■ **fattening** *adj (food)* qui fait grossir

fatty ['fætɪ] (**-ier, -iest**) *adj (food)* gras (*f* grasse)

faucet ['fɔːsɪt] *n Am (tap)* robinet *m*

fault [fɔːlt] **1** *n (blame)* faute *f*; *(defect, failing)* défaut *m*; *Geol* faille *f*; **to find f. (with)** trouver à redire (à); **it's your f.** c'est (de) ta faute **2** *vt* **to f. sb/sth** trouver des défauts chez qn/à qch

faultless ['fɔːltləs] *adj* irréprochable

faulty ['fɔːltɪ] (**-ier, -iest**) *adj* défectueux, -euse

favour ['feɪvə(r)] (*Am* **favor**) **1** *n (act of kindness)* service *m*; *(approval)* faveur *f*; **to do sb a f.** rendre service à qn; **in f. (with sb)** bien vu (de qn); **to be in f. of sth** être partisan de qch **2** *vt (encourage)* favoriser; *(support)* être partisan de ■ **favourable** (*Am* **favorable**) *adj* favorable (**to** à)

favourite ['feɪvərɪt] (*Am* **favorite**) **1** *adj* favori, -ite, préféré **2** *n* favori, -ite *mf* ■ **favouritism** (*Am* **favoritism**) *n* favoritisme *m*

fawn [fɔːn] **1** *n (deer)* faon *m* **2** *adj & n (colour)* fauve *(m)*

fax [fæks] **1** *n (message)* télécopie *f*, fax *m*; **f. (machine)** télécopieur *m*, fax *m* **2** *vt (message)* faxer; **to f. sb** envoyer un fax à qn

fear [fɪə(r)] **1** *n* peur *f*; *(worry)* crainte *f*; **for f. of doing sth** de peur de faire qch; **for f. that...** de peur que... *(+ ne + subjunctive)* **2** *vt* craindre; **I f. that he might leave** je crains qu'il ne parte **3** *vi* **to f. for one's life** craindre pour sa vie ■ **fearful** *adj (person)* apeuré; *(noise, pain, consequence)* épouvantable ■ **fearless** *adj* intrépide

feasible ['fiːzəbəl] *adj* faisable

feast [fiːst] **1** *n* festin *m*; *(religious)* fête *f* **2** *vi* **to f. on sth** se régaler de qch

feat [fiːt] *n* exploit *m*

feather ['feðə(r)] *n* plume *f*

feature ['fiːtʃə(r)] **1** *n (of face, person)* trait *m*; *(of thing, place, machine)* caractéristique *f*; **f. (article)** article *m* de fond; **f. (film)** long métrage *m* **2** *vt (of newspaper, exhibition, film) (present)* présenter; *(portray)* représenter; **a film featuring Nicole Kidman** un film ayant pour vedette Nicole Kidman **3** *vi (appear)* figurer (**in** dans)

February ['februərɪ] *n* février *m*

fed [fed] **1** *pt & pp of* **feed** **2** *adj Fam* **to be f. up** en avoir marre *ou* ras le bol (**with** de)

federal ['fedərəl] *adj* fédéral ■ **federation** [-'reɪʃən] *n* fédération *f*

fee [fiː] *n* **fee(s)** *(of doctor, lawyer)* honoraires *mpl*; *(of artist)* cachet *m*; *(for registration, examination)* droits *mpl*; *(for membership)* cotisation *f*; **school** *or* **tuition fees** frais *mpl* d'inscription

feeble ['fiːbəl] (**-er, -est**) *adj* faible; *(excuse, smile)* pauvre; *(attempt)* peu convaincant

feed [fiːd] **1** *n (animal food)* nourriture *f*; *(for baby) (from breast)* tétée *f*; *(from bottle)* biberon *m* **2** (*pt & pp* **fed**) *vt* donner à manger à; *(baby) (from breast)* donner la tétée à; *(from bottle)* donner son biberon à; **to f. sb sth** faire manger qch à qn **3** *vi (eat)* manger; **to f. on sth** se nourrir de qch

feedback ['fiːdbæk] *n (response)* réactions *fpl*

feel [fiːl] **1** *n (touch)* toucher *m*; **to have a f. for sth** avoir qch dans la peau

2 (*pt & pp* **felt**) *vt (be aware of)* sentir; *(experience)* éprouver, ressentir; *(touch)* tâter; **to f. that...** penser que...; **to f. one's way** avancer à tâtons

3 *vi* **to f. (about)** *(grope)* tâtonner; *(in pocket)* fouiller (**for sth** pour trouver qch); **it feels hard** c'est dur au toucher; **to f. tired/old** se sentir fatigué/vieux (*f* vieille); **I f. hot/sleepy/hungry** j'ai chaud/sommeil/faim; **she**

feels better elle va mieux; **to f. like sth** *(want)* avoir envie de qch; **it feels like cotton** on dirait du coton; **what do you f. about...?** que pensez-vous de...?; **I f. bad about it** ça m'ennuie

feeling ['fi:lɪŋ] *n (emotion, impression)* sentiment *m*; *(physical)* sensation *f*; **to have a f. for** *(music, painting)* être sensible à

feet [fi:t] *pl of* **foot**[1]

feign [feɪn] *vt* feindre

feline ['fi:laɪn] *adj* félin

fell [fel] **1** *pt of* **fall 2** *vt (tree)* abattre; *(opponent)* terrasser

fellow ['feləʊ] *n* (**a**) *(man, boy)* gars *m* (**b**) *(companion)* **f. countryman/f. countrywoman** compatriote *mf*; **f. worker** collègue *mf* (**c**) *(of society)* membre *m*

fellowship ['feləʊʃɪp] *n (scholarship)* bourse *f* de recherche

felt[1] [felt] *pt & pp of* **feel**

felt[2] [felt] *n* feutre *m* ▪ **felt-tip** *n* **f. (pen)** crayon-feutre *m*

female ['fi:meɪl] **1** *adj (person, name, voice)* féminin; *(animal)* femelle **2** *n (woman)* femme *f*; *(girl)* fille *f*; *(animal, plant)* femelle *f*

feminine ['femɪnɪn] **1** *adj* féminin **2** *n (in grammar)* féminin *m* ▪ **feminist** *adj & n* féministe *(mf)*

fence [fens] **1** *n (barrier)* clôture *f*; *(more solid)* barrière *f*; *(in race)* obstacle *m* **2** *vt* **to f. (in)** *(land)* clôturer **3** *vi (as sport)* faire de l'escrime ▪ **fencing** *n (sport)* escrime *f*

fend [fend] **1** *vi* **to f. for oneself** se débrouiller **2** *vt* **to f. off** *(blow)* parer

fender ['fendə(r)] *n Am (of car)* aile *f*

ferment [fə'ment] *vi* fermenter

ferocious [fə'rəʊʃəs] *adj* féroce

ferret ['ferɪt] **1** *n (animal)* furet *m* **2** *vt* **to f. out** *(object, information)* dénicher

ferry ['ferɪ] **1** (*pl* **-ies**) *n* ferry-boat *m*; *(small, for river)* bac *m* **2** (*pt & pp* **-ied**) *vt* transporter

fertile [*Br* 'fɜ:taɪl, *Am* 'fɜ:rtəl] *adj (land, imagination)* fertile; *(person, animal)* fécond ▪ **fertilizer** *n* engrais *m*

fervent ['fɜ:vənt] *adj* fervent

festival ['festɪvəl] *n (of music, film)* festival *m (pl* -als); *(religious)* fête *f*

festive ['festɪv] *adj* de fête; *(mood)* festif, -ive; **the f. season** les fêtes *fpl* de fin d'année ▪ **festivities** *npl* festivités *fpl*

fetch [fetʃ] *vt* (**a**) *(bring)* aller chercher (**b**) *(be sold for)* rapporter

fête [feɪt] **1** *n Br* fête *f* **2** *vt* fêter

fetus ['fi:təs] *n Am* = **foetus**

feud [fju:d] *n* querelle *f*

fever ['fi:və(r)] *n* fièvre *f*; **to have a f.** *(temperature)* avoir de la fièvre ▪ **feverish** *adj (person, activity)* fiévreux, -euse

---

FEW [fju:] **1** *adj* (**a**) *(not many)* peu de; **f. towns** peu de villes; **every f. days** tous les trois ou quatre jours; **one of the f. books** l'un des rares livres; **f. and far between** rarissime

(**b**) *(some)* **a f. towns** quelques villes; **a f. more books** encore quelques livres; **quite a f...., a good f....** bon nombre de...

2 *pron* peu; **f. came** peu sont venus; **f. of them** un petit nombre d'entre eux; **a f.** quelques-un(e)s (**of** de); **a f. of us** quelques-uns d'entre nous

---

fewer ['fju:ə(r)] **1** *adj* moins de; **f. houses** moins de maisons (**than** que); **to be f. (than)** être moins nombreux (que) **2** *pron* moins ▪ **fewest 1** *adj* le moins de **2** *pron* le moins

fiancé [fɪ'ɒnseɪ] *n* fiancé *m*

fiancée [fɪ'ɒnseɪ] *n* fiancée *f*

fiasco [fɪ'æskəʊ] (*pl* **-os**, *Am* **-oes**) *n* fiasco *m*

fib [fɪb] *Fam* **1** *n* bobard *m* **2** (*pt & pp* **-bb-**) *vi* raconter des bobards

fibre ['faɪbə(r)] (*Am* **fiber**) *n* fibre *f*; *(in diet)* fibres *fpl*

fickle ['fɪkəl] *adj* inconstant

fiction ['fɪkʃən] *n (invention)* fiction *f*; **(works of) f.** livres *mpl* de fiction ▪ **fictional** *adj (character)* fictif, -ive

fictitious [fɪk'tɪʃəs] *adj* fictif, -ive

fiddle ['fɪdəl] **1** *n* (**a**) *(violin)* violon *m*

(**b**) *Br Fam (dishonest act)* combine *f* **2** *vt Br Fam (accounts)* truquer **3** *vi* **to f. about** *(waste time)* traînailler; **to f. (about) with sth** tripoter qch

fiddly ['fɪdlɪ] (**-ier, -iest**) *adj Fam (task)* minutieux, -euse

fidget ['fɪdʒɪt] **1** *n* **to be a f.** ne pas tenir en place **2** *vi* **to f. (about)** gigoter ▪ **fidgety** *adj* agité

field [fiːld] *n* champ *m*; *(for sports)* terrain *m*; *(sphere)* domaine *m*

fierce [fɪəs] (**-er, -est**) *adj (animal, warrior, tone)* féroce; *(attack, wind)* violent

fiery ['faɪərɪ] (**-ier, -iest**) *adj (person, speech)* fougueux, -euse

fifteen [fɪf'tiːn] *adj & n* quinze *(m)* ▪ **fifteenth** *adj & n* quinzième *(mf)*

fifth [fɪfθ] *adj & n* cinquième *(mf)*; **a f.** *(fraction)* un cinquième

fifty ['fɪftɪ] *adj & n* cinquante *(m)* ▪ **fifty-fifty** *adj & adv* **a f. chance** une chance sur deux; **to split the profits f.** partager les bénéfices moitié-moitié ▪ **fiftieth** *adj & n* cinquantième *(mf)*

fig [fɪg] *n* figue *f*

fight [faɪt] **1** *n (between people)* bagarre *f*; *(between boxers, soldiers)* combat *m*; *(struggle)* lutte *f* (**against/for** contre/pour); *(quarrel)* dispute *f*

2 *(pt & pp* **fought**) *vt (person)* se battre contre; *(decision, enemy)* combattre; *(fire, temptation)* lutter contre; **to f. a battle** livrer bataille; *Pol* **to f. an election** se présenter à une élection; **to f. off** *(attacker, attack)* repousser

3 *vi* se battre (**against** contre); *(of soldiers)* combattre; *(struggle)* lutter (**against/for** contre/pour); *(quarrel)* se disputer; **to f. back** *(retaliate)* se défendre; **to f. over sth** se disputer qch

fighter ['faɪtə(r)] *n (determined person)* battant, -e *mf*; *(in brawl, battle)* combattant, -e *mf*; *(boxer)* boxeur *m*; *(aircraft)* avion *m* de chasse

fighting ['faɪtɪŋ] *n (brawling)* bagarres *fpl*; *Mil* combat *m*

figment ['fɪgmənt] *n* **it's a f. of your imagination** c'est le fruit de ton imagination

figurative ['fɪgjʊrətɪv] *adj (meaning)* figuré; *(art)* figuratif, -ive

figure[1] [*Br* 'fɪgə(r), *Am* 'fɪgjə(r)] *n* (**a**) *(numeral)* chiffre *m* (**b**) *(shape)* forme *f*; *(outline)* silhouette *f*; **she has a nice f.** elle est bien faite (**c**) *(diagram)* figure *f*; **f. skating** patinage *m* artistique (**d**) *(expression, word)* **a f. of speech** une figure de rhétorique (**e**) *(important person)* personnage *m*

figure[2] [*Br* 'fɪgə(r), *Am* 'fɪgjə(r)] **1** *vt* **to f. that...** *(think)* penser que...; *(estimate)* supposer que...; **to f. out** *(person, motive)* arriver à comprendre; *(answer)* trouver; *(amount)* calculer **2** *vi (appear)* figurer (**on** sur); **to f. on doing sth** compter faire qch

file[1] [faɪl] **1** *n (tool)* lime *f* **2** *vt* **to f. (down)** limer

file[2] [faɪl] **1** *n (folder)* chemise *f*; *(documents)* dossier *m* (**on** sur); *Comptr* fichier *m*; **to be on f.** figurer au dossier **2** *vt (document)* classer; *(complaint, claim)* déposer

file[3] [faɪl] **1** *n (line)* file *f*; **in single f.** en file indienne **2** *vi* **to f. in/out** entrer/sortir à la queue leu leu; **to f. past sb/sth** défiler devant qn/qch ▪ **filing** *adj* **f. cabinet** classeur *m (meuble)*

fill [fɪl] **1** *n* **to eat one's f.** manger à sa faim

2 *vt* remplir (**with** de); *(tooth)* plomber; *(time)* occuper; **to f. in** *(form)* remplir; *(hole)* combler; **to f. sb in on sth** mettre qn au courant de qch; **to f. out** *(form)* remplir; **to f. up** *(container)* remplir

3 *vi* **to f. (up)** se remplir (**with** de); **to f. in for sb** remplacer qn; **to f. up** *(with petrol)* faire le plein

fillet [*Br* 'fɪlɪt, *Am* fɪ'leɪ] **1** *n (of fish, meat)* filet *m* **2** (*Am pt & pp* [fɪ'leɪd]) *vt (fish)* découper en filets; *(meat)* désosser

filling ['fɪlɪŋ] **1** *adj (meal)* nourrissant **2** *n (in tooth)* plombage *m*; *(in food)* garniture *f*; **f. station** station-service *f*

film [fɪlm] **1** *n* film *m*; *(for camera, layer)* pellicule *f*; *(for food)* film *m* plastique **2** *adj (studio, technician, critic)* de cinéma; **f. star** vedette *f* de cinéma **3** *vt* filmer **4** *vi (of film maker, actor)* tourner

Filofax® ['faɪləfæks] *n* organiseur *m*

filter ['fɪltə(r)] **1** *n* filtre *m*; *Br (traffic sign)* flèche *f* de dégagement; **f. coffee** café *m* filtre **2** *vt* filtrer **3** *vi* **to f. through** filtrer ▪ **filter-tipped** *adj (cigarette)* bout filtre *inv*

filth [fɪlθ] *n* saleté *f*; *Fig (obscenities)* saletés *fpl* ▪ **filthy** (**-ier, -iest**) *adj (hands, shoes)* sale; *(language)* obscène; *(habit)* dégoûtant

fin [fɪn] *n (of fish)* nageoire *f*; *(of shark)* aileron *m*

final ['faɪnəl] **1** *adj (last)* dernier, -ère; *(definite)* définitif, -ive **2** *n (in sport)* finale *f*; *Univ* **finals** examens *mpl* de dernière année ▪ **finalist** *n* finaliste *mf* ▪ **finalize** *vt (plan)* mettre au point; *(date)* fixer définitivement; *(deal)* conclure ▪ **finally** *adv (lastly)* enfin; *(eventually)* finalement; *(irrevocably)* définitivement

finale [fɪ'nɑːlɪ] *n (musical)* finale *m*

finance ['faɪnæns] **1** *n* finance *f*; **finances** *(of person)* finances *fpl*; *(of company)* situation *f* financière **2** *vt* financer

financial [faɪ'nænʃəl] *adj* financier, -ère; *Br* **f. year** exercice *m* comptable

financier [faɪ'nænsɪə(r)] *n* financier *m*

find [faɪnd] **1** *n (discovery)* découverte *f* **2** (*pt & pp* **found**) *vt* trouver; **I f. that...** je trouve que...

▸ **find out 1** *vt (secret, information)* découvrir; *(person)* prendre en défaut **2** *vi (inquire)* se renseigner (**about** sur); **to f. out about sth** *(discover)* apprendre qch

findings ['faɪndɪŋz] *npl* conclusions *fpl*

fine¹ [faɪn] **1** *n (money)* amende *f*; *(for driving offence)* contravention *f* **2** *vt* **to f. sb £100** infliger une amende de 100 livres à qn

fine² [faɪn] **1** (**-er, -est**) *adj* (**a**) *(thin, not coarse) (hair, needle)* fin; *(gold, metal)* pur; *(distinction)* subtil (**b**) *(very good)* excellent; *(beautiful) (weather, statue)* beau (*f* belle); **it's f.** *(weather)* il fait beau; **he's f.** *(healthy)* il va bien **2** *adv (very well)* très bien ▪ **finely** *adv (dressed)* magnifiquement; *(embroidered, ground)* finement; **f. chopped** haché menu

finger ['fɪŋgə(r)] **1** *n* doigt *m*; **little f.** petit doigt *m*, auriculaire *m* **2** *vt* tâter ▪ **fingernail** *n* ongle *m* ▪ **fingertip** *n* bout *m* du doigt

finish ['fɪnɪʃ] **1** *n (end)* fin *f*; *(of race)* arrivée *f*; *(of article, car)* finition *f* **2** *vt* **to f. sth (off** *or* **up)** finir qch; **to f. doing sth** finir de faire qch **3** *vi (of meeting, event)* finir, se terminer; *(of person)* finir, terminer; **to have finished with** *(object)* ne plus avoir besoin de; *(activity, person)* en avoir fini avec; **to f. off** *(of person)* finir, terminer ▪ **finishing** *adj* **f. line** *(of race)* ligne *f* d'arrivée; **to put the f. touches to sth** mettre la dernière main à qch ▪ **finished** *adj (ended, complete, ruined)* fini

finite ['faɪnaɪt] *adj* fini

Finland ['fɪnlənd] *n* la Finlande ▪ **Finn** *n* Finlandais, -e *mf*, Finnois, -e *mf* ▪ **Finnish 1** *adj* finlandais, finnois **2** *n (language)* finnois *m*

fir [fɜː(r)] *n* sapin *m*

fire ['faɪə(r)] **1** *n* feu *m*; *(accidental)* incendie *m*; *Br (electric heater)* radiateur *m*; **to light** *or* **make a f.** faire du feu; **to set f. to sth** mettre le feu à qch; **on f.** en feu; **f.!** *(alarm)* au feu!; **to open f.** ouvrir le feu; **f. alarm** sirène *f* d'incendie; *Br* **f. brigade**, *Am* **f. department** pompiers *mpl*; **f. engine** voiture *f* des pompiers; **f. escape** escalier *m* de secours; **f. station** caserne *f* des pompiers **2** *vt (cannon)* tirer; *(pottery)* cuire; **to f. a gun** tirer un coup de fusil/de pistolet; **to f. questions at sb** bombarder qn de questions; **to f. sb** *(dismiss)* renvoyer qn

3 *vi* tirer (**at** sur); **f.!** feu! ▪ **firearm** *n* arme *f* à feu ▪ **fireguard** *n* garde-feu *m inv* ▪ **fireman** (*pl* **-men**) *n* sapeur-pompier *m* ▪ **fireplace** *n* cheminée *f* ▪ **fireproof** *adj (door)* ignifugé ▪ **fireside** *n* **by the f.** au coin du feu ▪ **firewood** *n* bois *m* de chauffage ▪ **firework** *n* fusée *f*; *(firecracker)* pétard *m*; **fireworks,** *Br* **f. display** feu *m* d'artifice

firm[1] [fɜːm] *n (company)* entreprise *f*, firme *f*

firm[2] [fɜːm] **1** (**-er, -est**) *adj (earth, decision)* ferme; *(foundations)* solide **2** *adv* **to stand f.** tenir bon *ou* ferme ▪ **firmly** *adv (believe)* fermement; *(shut)* bien

first [fɜːst] **1** *adj* premier, -ère; **f. aid** premiers secours *mpl*

2 *adv* d'abord; *(for the first time)* pour la première fois; **f. of all, f. and foremost** tout d'abord; **at f.** d'abord; **to come f.** *(in race)* arriver premier; *(in exam)* être reçu premier

3 *n (person, thing)* premier, -ère *mf*; **f. (gear)** *(of vehicle)* première *f* ▪ **first-class 1** *adj* excellent; *(ticket)* de première classe; *(mail)* ordinaire **2** *adv (travel)* en première ▪ **first-hand** *adj* **to have (had) f. experience of sth** avoir fait l'expérience personnelle de qch ▪ **first-rate** *adj* excellent

firstly ['fɜːstlɪ] *adv* premièrement

fish [fɪʃ] **1** (*pl inv or* **-es** [-ɪz]) *n* poisson *m*; **f. bone** arête *f*; *Br* **f. fingers**, *Am* **f. sticks** bâtonnets *mpl* de poisson; **f. shop** poissonnerie *f*; **f. tank** aquarium *m*

2 *vt* **to f. sth out** *(from water)* repêcher qch

3 *vi* pêcher ▪ **fish-and-chip** *adj Br* **f. shop** = magasin où on vend du poisson frit et des frites ▪ **fishing** *n* pêche *f*; **to go f.** aller à la pêche; **f. boat** bateau *m* de pêche; **f. net** filet *m* (de pêche); **f. rod** canne à pêche

fisherman ['fɪʃəmən] (*pl* **-men**) *n* pêcheur *m*

fishmonger ['fɪʃmʌŋgə(r)] *n* poissonnier, -ère *mf*

fishy ['fɪʃɪ] (**-ier, -iest**) *adj (smell, taste)* de poisson; *Fig (suspicious)* louche

fist [fɪst] *n* poing *m* ▪ **fistful** *n* poignée *f* (**of** de)

fit[1] [fɪt] **1** (**fitter, fittest**) *adj* (**a**) *(healthy)* en forme; **to keep f.** se maintenir en forme

(**b**) *(suitable)* propre (**for** à; **to do** à faire); *(worthy)* digne (**for** de; **to do** de faire); *(able)* apte (**for** à; **to do** à faire)

2 *n* **a good f.** *(clothes)* à la bonne taille; **a tight f.** *(clothes)* ajusté

3 (*pt & pp* **-tt-**) *vt (be the right size for)* aller bien à; *(match)* correspondre à; *(put in)* poser; *(go in)* aller dans; *(go on)* aller sur; **to f. sth (on) to sth** *(put)* poser qch sur qch; *(adjust)* adapter qch à qch; *(fix)* fixer qch à qch; **to f. sth in** *(install)* poser qch; *(insert)* faire entrer qch

4 *vi (of clothes, lid, key, plug)* aller; **this shirt fits** *(fits me)* cette chemise me va; **to f. (in)** *(go in)* aller; *(of facts, plans)* cadrer (**with** avec); **he doesn't f. in** il n'est pas à sa place

fit[2] [fɪt] *n (seizure)* attaque *f*; **a f. of coughing** une quinte de toux; **in fits and starts** par à-coups

fitness ['fɪtnɪs] *n (health)* santé *f*; *(for job)* aptitude *f* (**for** à)

fitted ['fɪtɪd] *adj Br (cupboard)* encastré; *(garment)* ajusté; **f. carpet** moquette *f*; **f. kitchen** cuisine *f* intégrée

fitting ['fɪtɪŋ] **1** *adj (suitable)* approprié (**to** à) **2** *n* **f. room** cabine *f* d'essayage; **fittings** *(in house)* installations *fpl*

five [faɪv] *adj & n* cinq *(m)* ▪ **fiver** *n Br Fam* billet *m* de cinq livres

fix [fɪks] **1** *vt (make firm, decide)* fixer (**to** à); *(mend)* réparer; *(deal with)* arranger; *(prepare)* préparer; *Fam (election)* truquer; **to f. sth on** *(lid)* mettre qch en place; **to f. sth up** *(trip, meeting)* arranger qch **2** *n Fam* **in a f.** dans le pétrin

fixed [fɪkst] *adj (price)* fixe; *(idea)* bien arrêté

fixture ['fɪkstʃə(r)] *n* (**a**) *(in sport)* rencontre *f* (**b**) **fixtures** *(in house)* installations *fpl*

fizz [fɪz] *vi (of champagne)* pétiller ▪ **fizzy** (**-ier, -iest**) *adj* gazeux, -euse

▸ **fizzle out** ['fɪzəl] *vi (of firework)* rater; *Fam (of plan)* tomber à l'eau

flabbergasted ['flæbəgɑːstɪd] *adj Fam* sidéré

flabby ['flæbɪ] (**-ier, -iest**) *adj (person)* bouffi; *(skin)* mou (*f* molle)

flag [flæg] **1** *n* drapeau *m*; *Naut* pavillon *m*; *(for charity)* insigne *m* **2** (*pt & pp* **-gg-**) *vt* marquer; **to f. down a taxi** héler un taxi **3** *vi (of person, conversation)* faiblir ▪ **flagpole** *n* mât *m*

flagrant ['fleɪgrənt] *adj* flagrant

flagstone ['flægstəʊn] *n* dalle *f*

flair [fleə(r)] *n (intuition)* don *m* (**for** pour); **to have a f. for business** avoir le sens des affaires

flake [fleɪk] **1** *n (of snow)* flocon *m*; *(of paint)* écaille *f*; *(of soap)* paillette *f* **2** *vi* **to f. (off)** *(of paint)* s'écailler ▪ **flaky** *adj Br* **f. pastry** pâte *f* feuilletée

flamboyant [flæm'bɔɪənt] *adj (person)* extraverti

flame [fleɪm] *n* flamme *f*; **to go up in flames** prendre feu

flamingo [flə'mɪŋgəʊ] (*pl* **-os** *or* **-oes**) *n* flamant *m*

flammable ['flæməbəl] *adj* inflammable

flan [flæn] *n* tarte *f*

flank [flæŋk] **1** *n* flanc *m* **2** *vt* flanquer (**with** *or* **by** de)

flannel ['flænəl] *n Br (face cloth)* gant *m* de toilette

flap [flæp] **1** *n (of pocket, envelope)* rabat *m*; *(of table)* abattant *m* **2** (*pt & pp* **-pp-**) *vt* **to f. its wings** *(of bird)* battre des ailes **3** *vi (of wings, sail, shutter)* battre

flare [fleə(r)] **1** *n* (**a**) *(rocket)* fusée *f* éclairante (**b**) **(pair of) flares** *(trousers)* pantalon *m* pattes d'éléphant **2** *vi* **to f. up** *(of fire)* s'embraser; *(of violence, trouble)* éclater

flared [fleəd] *adj (skirt)* évasé; *(trousers)* (à) pattes d'éléphant

flash [flæʃ] **1** *n (of light)* éclair *m*; *(for camera)* flash *m*; **f. of lightning** éclair *m* **2** *vt (light)* projeter; *(aim)* diriger (**on** *or* **at** sur); *(show)* montrer rapidement; **to f. one's headlights** faire un appel de phares **3** *vi (shine)* briller; *(on and off)* clignoter; **to f. past** *or* **by** *(rush)* passer comme un éclair ▪ **flashback** *n* retour *m* en arrière ▪ **flashlight** *n Am (torch)* lampe *f* électrique; *(for camera)* flash *m*

flashy ['flæʃɪ] (**-ier, -iest**) *adj Fam (clothes, car)* tape-à-l'œil *inv*

flask [flɑːsk] *n (Thermos®)* Thermos® *f inv*; *(for alcohol)* flasque *f*

flat[1] [flæt] **1** (**flatter, flattest**) *adj* plat; *(tyre, battery)* à plat; *(drink)* éventé; *(refusal)* net (*f* nette); **f. rate** tarif *m* unique; **to put** *or* **lay sth (down) f.** mettre qch à plat **2** *n (puncture)* crevaison *f*; *(of hand)* plat *m*; *(in music)* bémol *m* **3** *adv* **to sing f.** chanter trop bas; **to fall f. on one's face** tomber à plat ventre; **to fall f.** *(of joke, play)* tomber à plat; **f. out** *(work)* d'arrache-pied; *(run)* à toute vitesse ▪ **flatly** *adv (deny, refuse)* catégoriquement

flat[2] [flæt] *n Br (in building)* appartement *m*

flatmate ['flætmeɪt] *n Br* colocataire *mf*

flatten ['flætən] *vt* aplatir; *(crops)* coucher; *(town, buildings)* raser

flatter ['flætə(r)] *vt* flatter ▪ **flattering** *adj (remark, words)* flatteur, -euse

flattery ['flætərɪ] *n* flatterie *f*

flaunt [flɔːnt] *vt (show off)* faire étalage de

flavour ['fleɪvə(r)] (*Am* **flavor**) **1** *n (taste)* goût *m*; *(of ice cream)* parfum *m* **2** *vt (food)* relever (**with** de); **lemon-flavoured** (parfumé) au citron

▪ **flavouring** (*Am* **flavoring**) *n (seasoning)* assaisonnement *m*; *(in cake, ice cream)* parfum *m*

flaw [flɔ:] *n* défaut *m* ▪ **flawed** *adj* qui a un défaut/des défauts ▪ **flawless** *adj* parfait

flea [fli:] *n* puce *f*; **f. market** marché *m* aux puces

fleck [flek] *n (mark)* petite tache *f*

fled [fled] *pt & pp of* **flee**

flee [fli:] **1** (*pt & pp* **fled**) *vt (place)* s'enfuir de; *(danger)* fuir **2** *vi* s'enfuir, fuir

fleece [fli:s] **1** *n (of sheep)* toison *f*; *(garment)* fourrure *f* polaire **2** *vt Fam (overcharge)* écorcher ▪ **fleecy** (**-ier, -iest**) *adj (gloves)* molletonné

fleet [fli:t] *n (of ships)* flotte *f*; *(of taxis, buses)* parc *m* ▪ **fleeting** *adj (visit, moment)* bref (*f* brève)

Flemish ['flemɪʃ] **1** *adj* flamand **2** *n (language)* flamand *m*

flesh [fleʃ] *n* chair *f*; **in the f.** en chair et en os

flew [flu:] *pt of* **fly**[2]

flex [fleks] **1** *n (wire)* fil *m*; *(for telephone)* cordon *m* **2** *vt (limb)* fléchir; *(muscle)* faire jouer

flexible ['fleksɪbəl] *adj* flexible

flexitime ['fleksɪtaɪm] *n* horaires *mpl* flexibles *ou* à la carte

flick [flɪk] **1** *n (with finger)* chiquenaude *f*; *Br* **f. knife** couteau *m* à cran d'arrêt **2** *vt (with finger)* donner une chiquenaude à; **to f. sth off** *(remove)* enlever qch d'une chiquenaude; **to f. a switch** pousser un bouton **3** *vi* **to f. through** *(book, magazine)* feuilleter

flicker ['flɪkə(r)] *vi (of flame, light)* vaciller

flier ['flaɪə(r)] *n (leaflet)* prospectus *m*

flies [flaɪz] *npl (of trousers)* braguette *f*

flight [flaɪt] *n* (**a**) *(of bird, aircraft)* vol *m*; **f. attendant** *(man)* steward *m*; *(woman)* hôtesse *f* de l'air (**b**) *(floor)* étage *m*; **f. of stairs** escalier *m* (**c**) *(escape)* fuite *f* (**from** de); **to take f.** prendre la fuite

flimsy ['flɪmzɪ] (**-ier, -iest**) *adj (cloth, structure) (light)* (trop) léger, -ère; *(thin)* (trop) mince; *(excuse)* piètre

flinch [flɪntʃ] *vi (with pain)* tressaillir

fling [flɪŋ] **1** *n (affair)* aventure *f* **2** (*pt & pp* **flung**) *vt* jeter

flint [flɪnt] *n (of lighter)* pierre *f*

flip [flɪp] **1** (*pt & pp* **-pp-**) *vt (with finger)* donner une chiquenaude à; **to f. a coin** jouer à pile ou face; **to f. sth over** retourner qch **2** *vi* **to f. through a book** feuilleter un livre

flip-flops ['flɪpflɒps] *npl* tongs *fpl*

flippant ['flɪpənt] *adj* désinvolte

flipper ['flɪpə(r)] *n (of swimmer)* palme *f*; *(of animal)* nageoire *f*

flirt [flɜ:t] **1** *n* charmeur, -euse *mf* **2** *vi* flirter (**with** avec)

flit [flɪt] (*pt & pp* **-tt-**) *vi (fly)* voltiger; *Fig* **to f. in and out** *(of person)* entrer et sortir rapidement

float [fləʊt] **1** *n (for fishing line)* bouchon *m*; *(for swimming)* flotteur *m*; *(in procession)* char *m* **2** *vt (idea)* lancer; *(company)* introduire en Bourse **3** *vi* flotter (**on** sur); **to f. down the river** descendre la rivière ▪ **floating** *adj (wood)* flottant; **f. voters** électeurs *mpl* indécis

flock [flɒk] **1** *n (of sheep)* troupeau *m*; *(of birds)* volée *f*; *(of people)* foule *f* **2** *vi* **people are flocking to the exhibition** les gens vont en foule voir l'exposition

flood [flʌd] **1** *n* inondation *f* **2** *vt (land, bathroom, market)* inonder (**with** de); **to f. (out)** *(house)* inonder **3** *vi (of river)* déborder; **to f. in** *(of people, money)* affluer ▪ **flooding** *n* inondation(s) *f(pl)*

floodlight ['flʌdlaɪt] **1** *n* projecteur *m* **2** (*pt & pp* **-lit**) *vt* illuminer

floor [flɔ:(r)] **1** *n (of room)* sol *m*; *(wooden)* plancher *m*; *(storey)* étage *m*; **on the f.** par terre; **on the first f.** *Br* au premier étage; *Am (ground floor)* au rez-de-chaussée **2** *vt (knock down)* envoyer au tapis; *(puzzle)* stupéfier

floorboard ['flɔ:bɔ:d] *n* latte *f (de plancher)*

flop [flɒp] *Fam* **1** *n* fiasco *m*; *(play)* four *m* **2** (*pt & pp* **-pp-**) *vi (fail) (of business)* échouer; *(of play, film)* faire un four; **to f. down** s'effondrer

floppy ['flɒpɪ] (**-ier, -iest**) *adj (soft)* mou (*f* molle); *(clothes)* (trop) large; *Comptr* **f. disk** disquette *f*

floral ['flɔːrəl] *adj (material, pattern)* à fleurs

florist ['flɒrɪst] *n* fleuriste *mf*

floss [flɒs] *n* **(dental) f.** fil *m* dentaire

flour ['flaʊə(r)] *n* farine *f*

flourish ['flʌrɪʃ] **1** *n (gesture)* grand geste *m*; *(decoration)* fioriture *f* **2** *vt (wave)* brandir **3** *vi (of person, plant)* prospérer; *(of arts, business)* être florissant ▪ **flourishing** *adj (plant)* qui prospère; *(business)* florissant

flow [fləʊ] **1** *n (of river)* courant *m*; *(of tide)* flux *m*; *(of current, information, blood)* circulation *f*; *(of liquid)* écoulement *m*; **f. of traffic** circulation *f*; **f. chart** organigramme *m* **2** *vi* couler; *(of electric current)* circuler; *(of hair, clothes)* flotter; *(of traffic)* s'écouler; **to f. in** *(of money)* affluer ▪ **flowing** *adj (movement, style)* fluide; *(hair, beard)* flottant

flower ['flaʊə(r)] **1** *n* fleur *f*; **in f.** en fleur(s); **f. bed** parterre *m*; **f. pot** pot *m* de fleurs; **f. shop** fleuriste *mf* **2** *vi* fleurir ▪ **flowering** *adj (in bloom)* en fleurs; *(producing flowers) (shrub)* à fleurs

flowery ['flaʊərɪ] *adj (style)* fleuri; *(material)* à fleurs

flown [fləʊn] *pp of* **fly²**

flu [fluː] *n (influenza)* grippe *f*

fluctuate ['flʌktʃʊeɪt] *vi* varier ▪ **fluctuation** [-'eɪʃən] *n* variation *f* (**in** de)

fluent ['fluːənt] *adj* **he's f. in Russian, his Russian is f.** il parle couramment le russe; **to be a f. speaker** s'exprimer avec facilité ▪ **fluently** *adv (write, express oneself)* avec facilité; *(speak language)* couramment

fluff [flʌf] *n* peluche *f* ▪ **fluffy** (**-ier, -iest**) *adj (toy)* en peluche

fluid ['fluːɪd] **1** *adj* fluide; *(plans)* mal défini; **f. ounce** = 0,03 l **2** *n* fluide *m*, liquide *m*

fluke [fluːk] *n Fam* coup *m* de chance; **by a f.** par hasard

flung [flʌŋ] *pt & pp of* **fling**

flunk [flʌŋk] *Am Fam* **1** *vt (exam)* être collé à; *(pupil)* coller **2** *vi (in exam)* être collé

fluorescent [flʊə'resənt] *adj* fluorescent

fluoride ['flʊəraɪd] *n* fluorure *m*; **f. toothpaste** dentifrice *m* au fluor

flurry ['flʌrɪ] (*pl* **-ies**) *n (of snow)* bourrasque *f*; **a f. of activity** une soudaine activité

flush [flʌʃ] **1** *adj (level)* de niveau (**with** de) **2** *n* (**a**) *(blush)* rougeur *f* (**b**) *(in toilet)* chasse *f* d'eau **3** *vt* **to f. sth (out)** *(clean)* nettoyer qch à grande eau; **to f. the toilet** tirer la chasse d'eau **4** *vi (blush)* rougir (**with** de)

fluster ['flʌstə(r)] *vt* démonter; **to get flustered** se démonter

flute [fluːt] *n* flûte *f*

flutter ['flʌtə(r)] **1** *vt* **to f. its wings** *(of bird)* battre des ailes **2** *vi (of bird, butterfly)* voleter; *(of flag)* flotter

fly¹ [flaɪ] (*pl* **-ies**) *n (insect)* mouche *f*

fly² [flaɪ] **1** (*pt* **flew**, *pp* **flown**) *vt (aircraft)* piloter; *(passengers)* transporter; *(flag)* arborer; *(kite)* faire voler; **to f. the Atlantic** traverser l'Atlantique en avion

2 *vi (of bird, aircraft)* voler; *(of passenger)* aller en avion; *(of time)* passer vite; *(of flag)* flotter; **to f. away** *or* **off** s'envoler; **to f. across** *or* **over** *(country, city)* survoler; **I must f.!** il faut que je file! ▪ **flyer** *n* = **flier** ▪ **flying 1** *n (as passenger)* voyage *m* en avion **2** *adj* **to pass with f. colours** réussir haut la main; **to get off to a f. start** prendre un très bon départ; **f. saucer** soucoupe *f* volante; **f. visit** visite *f* éclair *inv* ▪ **flyover** *n Br (bridge)* pont-route *m*

fly³ [flaɪ] *n Br (on trousers)* braguette *f*

foal [fəʊl] *n* poulain *m*

foam [fəʊm] **1** *n (on sea, mouth)* écume *f*; *(on beer)* mousse *f*; **f. bath**

bain *m* moussant; **f. rubber** caoutchouc *m* Mousse® **2** *vi (of beer, soap)* mousser

focal ['fəʊkəl] *adj* focal

focus ['fəʊkəs] **1** *(pl* **focuses** ['fəʊkəsəz] *or* **foci** ['fəʊkaɪ]) *n (of attention, interest)* centre *m*; *(optical)* foyer *m*; **the photo is in f./out of f.** la photo est nette/floue

2 *vt (image, camera)* mettre au point; *(attention, efforts)* concentrer (**on** sur)

3 *vi* **to f. on sb/sth** *(with camera)* faire la mise au point sur qn/qch

4 *vti* **to f. (one's eyes) on sb/sth** fixer les yeux sur qn/qch; **to f. (one's attention) on sb/sth** se tourner vers qn/qch

fodder ['fɒdə(r)] *n* fourrage *m*

foe [fəʊ] *n* ennemi, -e *mf*

foetus ['fi:təs] (*Am* **fetus**) *n* fœtus *m*

fog [fɒg] *n* brouillard *m* ▪ **foglamp, foglight** *n (on vehicle)* phare *m* antibrouillard

fogey ['fəʊgɪ] *n* = **fogy**

foggy ['fɒgɪ] (**-ier, -iest**) *adj* brumeux, -euse; **it's f.** il y a du brouillard; *Fam* **I haven't got the foggiest (idea)** je n'en ai pas la moindre idée

fogy ['fəʊgɪ] *n* **old f.** vieux schnock *m*

foil [fɔɪl] **1** *n* (**a**) *(for cooking)* papier *m* alu (**b**) *(sword)* fleuret *m* **2** *vt (plans)* contrecarrer

fold [fəʊld] **1** *n (in paper, cloth)* pli *m* **2** *vt* plier; **to f. away** *or* **down** *or* **up** *(chair)* plier; **to f. back** *or* **over** *(blanket)* replier; **to f. one's arms** croiser les bras **3** *vi Fam (of business)* fermer ses portes; **to f. (away** *or* **down** *or* **up)** *(of chair)* se plier ▪ **folding** *adj (chair, bed)* pliant

-fold [fəʊld] *suff* **1** *adj* **tenfold** par dix **2** *adv* **tenfold** dix fois

folder ['fəʊldə(r)] *n (file holder)* chemise *f*; *Comptr* répertoire *m*

foliage ['fəʊlɪɪdʒ] *n* feuillage *m*

folk [fəʊk] **1** (*Am* **folks**) *npl* gens *mpl*; *Fam* **my folks** *(parents)* mes parents *mpl* **2** *adj (dance, costume)* folklorique; **f. music** *(contemporary)* folk *m*

follow ['fɒləʊ] **1** *vt* suivre; *(career)* poursuivre; **to f. through** *(plan, idea)* mener à son terme; **to f. up** *(idea, story)* creuser; *(clue, case)* suivre; *(letter)* donner suite à; *(remark)* faire suivre (**with** de); *(advantage)* exploiter **2** *vi (of person, event)* suivre; **it follows that...** il s'ensuit que...; **to f. on** *(come after)* suivre

follower ['fɒləʊə(r)] *n (of ideas, politician)* partisan *m*

following ['fɒləʊɪŋ] **1** *adj* suivant **2** *n (of politician)* partisans *mpl* **3** *prep* à la suite de

folly ['fɒlɪ] *(pl* **-ies**) *n* folie *f*

fond [fɒnd] (**-er, -est**) *adj (loving)* affectueux, -euse; *(memory, thought)* doux (*f* douce); **to be (very) f. of sb/sth** aimer beaucoup qn/qch ▪ **fondly** *adv* tendrement

fondle ['fɒndəl] *vt* caresser

font [fɒnt] *n* (**a**) *Rel* fonts *mpl* baptismaux (**b**) *Typ & Comptr* police *f* de caractères

food [fu:d] **1** *n* nourriture *f*; *(particular substance)* aliment *m*; *(cooking)* cuisine *f*; *(for cats, dogs, pigs)* pâtée *f*; *(for plants)* engrais *m* **2** *adj (industry)* alimentaire; **f. poisoning** intoxication *f* alimentaire

foodstuffs ['fu:dstʌfs] *npl* denrées *fpl* alimentaires

fool [fu:l] **1** *n* imbécile *mf*; **to make a f. of sb** *(ridicule)* ridiculiser qn; *(trick)* rouler qn; **to make a f. of oneself** se couvrir de ridicule **2** *vt (trick)* duper **3** *vi* **to f. about** *or* **around** faire l'imbécile; *(waste time)* perdre son temps

foolish ['fu:lɪʃ] *adj* bête ▪ **foolishly** *adv* bêtement

foolproof ['fu:lpru:f] *adj (scheme)* infaillible

foot[1] [fʊt] *(pl* **feet**) *n* pied *m*; *(of animal)* patte *f*; *(unit of measurement)* = 30,48 cm, pied *m*; **at the f. of** *(page, stairs)* au bas de; **on f.** à pied ▪ **football** *n (soccer)* football *m*; *(American game)* football *m* américain; *(ball)* ballon *m* ▪ **footballer** *n Br* joueur,

-euse *mf* de football ■ **footbridge** *n* passerelle *f* ■ **foothold** *n* prise *f* (de pied); *Fig* position *f*; **to gain a f.** *(of person)* prendre pied (**in** dans) ■ **footnote** *n* note *f* de bas de page; *Fig (extra comment)* post-scriptum *m inv* ■ **footpath** *n* sentier *m* ■ **footstep** *n* pas *m*; **to follow in sb's footsteps** suivre les traces de qn ■ **footstool** *n* petit tabouret *m* ■ **footwear** *n* chaussures *fpl*

foot² [fʊt] *vt (bill)* payer

footage ['fʊtɪdʒ] *n Cin* séquences *fpl*

footing ['fʊtɪŋ] *n* (**a**) *(balance)* **to lose one's f.** perdre l'équilibre (**b**) *(level)* **to be on an equal f.** être sur un pied d'égalité (**with** avec)

FOR [fɔ:(r), *unstressed* fə(r)] **1** *prep* pour; *(for a distance or period of)* pendant; *(in spite of)* malgré; **what's it f.?** ça sert à quoi?; **I did it f. love/pleasure** je l'ai fait par amour/par plaisir; **to swim/rush f.** *(towards)* nager/se précipiter vers; **a train f.** un train à destination de; **the road f. London** la route de Londres; **it's time f. breakfast** c'est l'heure du petit déjeuner; **to come f. dinner** venir dîner; **to sell sth f. 7 dollars** vendre qch 7 dollars; **what's the French f. 'book'?** comment dit-on 'book' en français?; **she walked f. a kilometre** elle a marché pendant un kilomètre; **he was away f. a month** il a été absent pendant un mois; **he's been here f. a month** il est ici depuis un mois; **I haven't seen him f. ten years** ça fait dix ans que je ne l'ai pas vu, je ne l'ai pas vu depuis dix ans; **it's easy f. her to do it** il lui est facile de le faire; **f. that to be done** pour que ça soit fait **2** *conj (because)* car

forbad [fə'bæd] *pt of* **forbid**

forbade [fə'bæd, fə'beɪd] *pt of* **forbid**

forbid [fə'bɪd] (*pt* **forbad(e)**, *pp* **forbidden** [fə'bɪdən], *pres p* **forbidding**) *vt* interdire, défendre (**sb to do** à qn de faire); **to f. sb sth** interdire qch à qn; **she is f. to leave** il lui est interdit de partir ■ **forbidden 1** *pp of* **forbid 2** *adj (fruit, region)* défendu

force [fɔ:s] **1** *n* force *f*; **the (armed) forces** les forces *fpl* armées; **by f.** de force; **in f.** *(rule)* en vigueur; *(in great numbers)* en force **2** *vt* forcer (**to do** à faire); *(impose)* imposer (**on** à); *(door, lock)* forcer; *(confession)* arracher (**from** à); **to f. sth into sth** faire entrer qch de force dans qch ■ **forced** *adj* **f. to do** obligé *ou* forcé de faire; **a f. smile** un sourire forcé

forceful ['fɔ:sfəl] *adj* énergique

ford [fɔ:d] **1** *n* gué *m* **2** *vt (river)* passer à gué

fore [fɔ:(r)] *n* **to come to the f.** *(of issue)* passer au premier plan

forearm ['fɔ:rɑ:m] *n* avant-bras *m inv*

foreboding [fɔ:'bəʊdɪŋ] *n (feeling)* pressentiment *m*

forecast ['fɔ:kɑ:st] **1** *n (of weather)* prévisions *fpl*; *(in racing)* pronostic *m* **2** (*pt & pp* **forecast(ed)**) *vt* prévoir; *(in racing)* pronostiquer

forecourt ['fɔ:kɔ:t] *n (of hotel)* avant-cour *f*; *(of petrol station)* devant *m*

forefinger ['fɔ:fɪŋgə(r)] *n* index *m*

forefront ['fɔ:frʌnt] *n* **in the f. of** au premier plan de

forego [fɔ:'gəʊ] (*pp* **-gone**) *vt* renoncer à

foreground ['fɔ:graʊnd] *n* premier plan *m*

forehead ['fɒrɪd, 'fɔ:hed] *n* front *m*

foreign ['fɒrɪn] *adj (language, person, country)* étranger, -ère; *(trade)* extérieur; *(travel, correspondent)* à l'étranger; **F. Minister,** *Br* **F. Secretary** ministre *m* des Affaires étrangères; *Br* **F. Office** ministère *m* des Affaires étrangères ■ **foreigner** *n* étranger, -ère *mf*

foreman ['fɔ:mən] (*pl* **-men**) *n (worker)* contremaître *m*

foremost ['fɔ:məʊst] *adj* principal

forerunner ['fɔ:rʌnə(r)] *n (person)* précurseur *m*

foresee [fɔ:'si:] (*pt* **-saw**, *pp* **-seen**) *vt* prévoir

foreshadow [fɔː'ʃædəʊ] *vt* annoncer
foresight ['fɔːsaɪt] *n* prévoyance *f*
forest ['fɒrɪst] *n* forêt *f*
forestall [fɔː'stɔːl] *vt* devancer
foretell [fɔː'tel] (*pt & pp* **-told**) *vt* prédire
forever [fə'revə(r)] *adv (for always)* pour toujours; *(continually)* sans cesse
foreword ['fɔːwɜːd] *n* avant-propos *m inv*
forfeit ['fɔːfɪt] **1** *n (in game)* gage *m* **2** *vt (lose)* perdre
forge [fɔːdʒ] **1** *vt (signature, money)* contrefaire; **to f. a passport** faire un faux passeport **2** *vi* **to f. ahead** *(progress)* aller de l'avant ▪ **forged** *adj* faux (*f* fausse)
forgery ['fɔːdʒərɪ] (*pl* **-ies**) *n* contrefaçon *f*
forget [fə'get] **1** (*pt* **forgot**, *pp* **forgotten**, *pres p* **forgetting**) *vt* oublier (**to do** de faire); *Fam* **f. it!** *(when thanked)* pas de quoi!; *(it doesn't matter)* laisse tomber! **2** *vi* oublier; **to f. about sb/sth** oublier qn/qch ▪ **forgetful** *adj* **to be f.** avoir une mauvaise mémoire
forgive [fə'gɪv] (*pt* **-gave**, *pp* **-given**) *vt* pardonner (**sb sth** qch à qn) ▪ **forgiveness** *n* pardon *m*
forgo [fɔː'gəʊ] (*pp* **-gone**) *vt* renoncer à
forgot [fə'gɒt] *pt of* **forget**
forgotten [fə'gɒtən] *pp of* **forget**
fork [fɔːk] **1** *n (for eating)* fourchette *f*; *(for gardening, in road)* fourche *f* **2** *vt Fam* **to f. out** *(money)* allonger **3** *vi (of road)* bifurquer; *Fam* **to f. out** *(pay)* casquer (**for** *or* **on** pour) ▪ **forklift** *n* **f. (truck)** chariot *m* élévateur
forlorn [fə'lɔːn] *adj (forsaken)* abandonné; *(unhappy)* triste
form [fɔːm] **1** *n (shape, type, style)* forme *f*; *(document)* formulaire *m*; *Br Sch* classe *f*; **in the f. of** sous forme de; **on f., in good** *or* **top f.** en (pleine) forme **2** *vt (group, basis, character)* former; *(clay)* façonner; *(habit)* contracter; *(obstacle)* constituer; **to f. part of sth** faire partie de qch **3** *vi (appear)* se former
formal ['fɔːməl] *adj (person, tone)* cérémonieux, -euse; *(announcement, dinner, invitation)* officiel, -elle; *(agreement)* en bonne et due forme; *(language)* soutenu; **f. dress** tenue *f* de soirée ▪ **formality** [-'mælɪtɪ] (*pl* **-ies**) *n (procedure)* formalité *f* ▪ **formally** *adv (declare)* officiellement; **f. dressed** en tenue de soirée
format ['fɔːmæt] **1** *n* format *m* **2** (*pt & pp* **-tt-**) *vt Comptr* formater
formation [fɔː'meɪʃən] *n* formation *f*
former ['fɔːmə(r)] **1** *adj (previous) (president, teacher, job, house)* ancien, -enne *(before noun)* **2** *pron* **the f.** celui-là, celle-là ▪ **formerly** *adv* autrefois
formidable ['fɔːmɪdəbəl] *adj* effroyable
formula ['fɔːmjʊlə] *n* (**a**) (*pl* **-as** *or* **-ae** [-iː]) *(rule, symbols)* formule *f* (**b**) (*pl* **-as**) *(baby food)* lait *m* en poudre ▪ **formulate** [-leɪt] *vt* formuler
fort [fɔːt] *n Mil* fort *m*
forth [fɔːθ] *adv* en avant; **and so f.** et ainsi de suite
forthcoming [fɔːθ'kʌmɪŋ] *adj* (**a**) *(event)* à venir (**b**) *(available)* disponible (**c**) *(informative)* expansif, -ive (**about** sur)
forthright ['fɔːθraɪt] *adj* franc (*f* franche)
fortieth ['fɔːtɪəθ] *adj & n* quarantième *(mf)*
fortify ['fɔːtɪfaɪ] (*pt & pp* **-ied**) *vt (strengthen)* fortifier; **to f. sb** *(of food, drink)* réconforter qn, remonter qn ▪ **fortification** [-fɪ'keɪʃən] *n* fortification *f*
fortnight ['fɔːtnaɪt] *n Br* quinzaine *f* de jours
fortress ['fɔːtrɪs] *n* forteresse *f*
fortunate ['fɔːtʃənət] *adj* heureux, -euse; **to be f.** *(of person)* avoir de la chance; **it's f. (for her) that…** c'est heureux (pour elle) que… *(+ subjunctive)* ▪ **fortunately** *adv* heureusement

fortune ['fɔːtʃuːn] *n (wealth)* fortune *f*; *(luck)* chance *f* ▪ **fortune-teller** *n* diseur, -euse *mf* de bonne aventure

forty ['fɔːtɪ] *adj & n* quarante *(m)*

forum ['fɔːrəm] *n* forum *m*

forward ['fɔːwəd] **1** *adj (position)* avant *inv*; *(movement)* en avant; *Fig (impudent)* effronté **2** *n (in sport)* avant *m* **3** *adv* en avant; **to go f.** avancer **4** *vt (letter)* faire suivre; *(goods)* expédier

forwards ['fɔːwədz] *adv* = **forward**

fossil ['fɒsəl] *n* fossile *m*

foster ['fɒstə(r)] *adj* **f. child** = enfant placé dans une famille d'accueil; **f. parents** parents *mpl* nourriciers

fought [fɔːt] *pt & pp of* **fight**

foul [faʊl] **1** (**-er, -est**) *adj* (**a**) *(smell, taste, weather, person)* infect; *(breath)* fétide; *(language)* grossier, -ère; *(place)* immonde (**b**) **f. play** *(in sport)* jeu *m* irrégulier; *(in law)* acte *m* criminel **2** *n (in sport)* faute *f* **3** *vt Fam* **to f. up** *(ruin)* gâcher

found¹ [faʊnd] *pt & pp of* **find**

found² [faʊnd] *vt (town, party)* fonder; *(opinion, suspicions)* fonder, baser (**on** sur) ▪ **founder** *n* fondateur, -trice *mf*

foundation [faʊn'deɪʃən] *n (basis)* fondement *m*; **the foundations** *(of building)* les fondations *fpl*

fountain ['faʊntɪn] *n* fontaine *f*; **f. pen** stylo-plume *m*

four [fɔː(r)] *adj & n* quatre *(m)*; **on all fours** à quatre pattes ▪ **fourth** *adj & n* quatrième *(mf)* ▪ **four-letter** *adj* **f. word** gros mot *m*

foursome ['fɔːsəm] *n* groupe *m* de quatre personnes

fourteen [fɔː'tiːn] *adj & n* quatorze *(m)* ▪ **fourteenth** *adj & n* quatorzième *(mf)*

fowl [faʊl] *n inv* volaille *f*

fox [fɒks] **1** *n* renard *m* **2** *vt (puzzle)* laisser perplexe; *(deceive)* duper

foyer ['fɔɪeɪ] *n (in theatre)* foyer *m*; *(in hotel)* hall *m*

fraction ['frækʃən] *n* fraction *f*

fracture ['fræktʃə(r)] **1** *n* fracture *f* **2** *vt* fracturer; **to f. one's leg** se fracturer la jambe

fragile [*Br* 'frædʒaɪl, *Am* 'frædʒəl] *adj* fragile

fragment ['frægmənt] *n* fragment *m*

fragrant ['freɪgrənt] *adj* parfumé ▪ **fragrance** *n* parfum *m*

frail [freɪl] (**-er, -est**) *adj (person)* frêle; *(health)* fragile

frame [freɪm] **1** *n (of picture, bicycle)* cadre *m*; *(of door, window)* encadrement *m*; *(of spectacles)* monture *f*; **f. of mind** état *m* d'esprit **2** *vt (picture)* encadrer; *Fig (proposals, ideas)* formuler ▪ **framework** *n* structure *f*; **(with)in the f. of** *(context)* dans le cadre de

franc [fræŋk] *n* franc *m*

France [frɑːns] *n* la France

franchise ['fræntʃaɪz] *n (right to vote)* droit *m* de vote; *(right to sell product)* franchise *f*

Franco- ['fræŋkəʊ] *pref* franco-

frank¹ [fræŋk] (**-er, -est**) *adj (honest)* franc (*f* franche) ▪ **frankly** *adv* franchement

frank² [fræŋk] *vt (letter)* affranchir

frantic ['fræntɪk] *adj (activity, shouts, pace)* frénétique; *(attempt, efforts)* désespéré ▪ **frantically** *adv* frénétiquement; *(run, search)* comme un fou/une folle; *(work)* avec frénésie

fraternize ['frætənaɪz] *vi* fraterniser (**with** avec)

fraud [frɔːd] *n* (**a**) *(crime)* fraude *f* (**b**) *(person)* imposteur *m* ▪ **fraudulent** *adj* frauduleux, -euse

fraught [frɔːt] *adj (situation)* tendu; **f. with** plein de

fray [freɪ] *vi (of garment)* s'effilocher; *(of rope)* s'user ▪ **frayed** *adj (garment)* élimé

freak [friːk] **1** *n (person)* monstre *m*; *Fam* **jazz f.** fana *mf* de jazz **2** *adj (result, weather)* anormal

▸ **freak out** *Fam* **1** *vt sep (shock, scare)* faire flipper **2** *vi (panic)* paniquer; *(get angry)* piquer une crise

freckle ['frekəl] *n* tache *f* de rousseur

▪ **freckled** *adj* couvert de taches de rousseur

free [fri:] **1** (**freer, freest**) *adj (at liberty, not occupied)* libre; *(without cost)* gratuit; *(lavish)* généreux, -euse (**with** de); **to get f.** se libérer; **to be f. to do sth** être libre de faire qch; **f. of charge** gratuit; **f. gift** cadeau *m*; **f. kick** *(in football)* coup *m* franc; **f. trade** libre-échange *m*
2 *adv* **f. (of charge)** gratuitement
3 (*pt & pp* **freed**) *vt (prisoner, country)* libérer; *(trapped person)* dégager; *(untie)* détacher ▪ **Freefone®** *n Br (phone number)* ≃ numéro *m* vert ▪ **freelance 1** *adj* indépendant **2** *n* travailleur, -euse *mf* indépendant(e) **3** *adv* **to work f.** travailler en indépendant ▪ **Freepost®** *n Br* ≃ correspondance-réponse *f* ▪ **free-range** *adj Br* **f. egg** œuf *m* de ferme ▪ **freestyle** *n (in swimming)* nage *f* libre ▪ **freeway** *n Am* autoroute *f*

freedom ['fri:dəm] *n* liberté *f*

freely ['fri:lɪ] *adv (speak, act, circulate)* librement; *(give)* sans compter

freeze [fri:z] **1** *n (in weather)* gel *m*; *(of prices, salaries)* blocage *m* **2** (*pt* **froze,** *pp* **frozen**) *vt (food)* congeler; *(credits, river)* geler; *(prices, wages)* bloquer; **frozen food** surgelés *mpl* **3** *vi* geler; **to f. to death** mourir de froid; **to f. up** *or* **over** *(of lake)* geler ▪ **freezer** *n (deep-freeze)* congélateur *m*; *(ice-box)* freezer *m* ▪ **freezing 1** *adj (weather)* glacial; *(hands, feet)* gelée; **it's f.** il gèle **2** *n* **it's 5 degrees below f.** il fait 5 degrés au-dessous de zéro **3** *adv* **f. cold** très froid

freight [freɪt] *n Com (goods)* cargaison *f*; **f. train** train *m* de marchandises ▪ **freighter** *n (ship)* cargo *m*

French [frentʃ] **1** *adj* français; *(teacher)* de français; *(embassy)* de France; **F. fries** frites *fpl* **2** *n (language)* français *m*; **the F.** *(people)* les Français *mpl* ▪ **Frenchman** (*pl* **-men**) *n* Français *m* ▪ **French-speaking** *adj* francophone ▪ **Frenchwoman** (*pl* **-women**) *n* Française *f*

frenzy ['frenzɪ] (*pl* **-ies**) *n* frénésie *f* ▪ **frenzied** *adj (activity)* frénétique; *(attack)* violent

frequency ['fri:kwənsɪ] (*pl* **-ies**) *n* fréquence *f*

frequent 1 ['fri:kwənt] *adj* fréquent **2** [frɪ'kwent] *vt* fréquenter ▪ **frequently** *adv* fréquemment

fresh [freʃ] **1** (**-er, -est**) *adj* frais (*f* fraîche); *(new)* nouveau (*f* nouvelle); *Am Fam (cheeky)* insolent; **to get some f. air** prendre l'air **2** *adv* **to be f. from** *(school, university)* sortir tout juste de ▪ **freshly** *adv (arrived, picked)* fraîchement

▸**freshen up** ['freʃən] **1** *vi (have a wash)* faire un brin de toilette **2** *vt sep (house)* retaper

fret [fret] (*pt & pp* **-tt-**) *vi (worry)* se faire du souci

friction ['frɪkʃən] *n* friction *f*

Friday ['fraɪdeɪ] *n* vendredi *m*; **Good F.** le vendredi saint

fridge [frɪdʒ] *n* frigo *m*

fried [fraɪd] **1** *pt & pp of* **fry 2** *adj* frit; **f. egg** œuf *m* sur le plat

friend [frend] *n* ami, -e *mf* ▪ **friendly 1** (**-ier, -iest**) *adj* amical **2** *n (match)* match *m* amical ▪ **friendship** *n* amitié *f*

fright [fraɪt] *n* peur *f*; **to give sb a f.** faire peur à qn

frighten ['fraɪtən] *vt* effrayer, faire peur à; **to f. sb away** *or* **off** faire fuir qn ▪ **frightened** *adj* effrayé; **to be f.** avoir peur (**of** de) ▪ **frightening** *adj* effrayant

frightful ['fraɪtfəl] *adj* affreux, -euse

frill [frɪl] *n* volant *m*

fringe [frɪndʒ] *n* (**a**) *(of hair, on clothes)* frange *f* (**b**) *(margin)* **on the fringes of society** en marge de la société

frisk [frɪsk] *vt (search)* fouiller

frisky ['frɪskɪ] (**-ier, -iest**) *adj (lively)* vif (*f* vive)

fritter ['frɪtə(r)] **1** *n Culin* beignet *m* **2** *vt* **to f. away** gaspiller

frivolous ['frɪvələs] *adj* frivole
frizzy ['frɪzɪ] *adj* crépu
fro [frəʊ] *adv* **to go to and f.** aller et venir
frock [frɒk] *n (dress)* robe *f*
frog [frɒg] *n* grenouille *f*
frolic ['frɒlɪk] (*pt & pp* **-ck-**) *vi* **to f. (about)** gambader

FROM [frɒm, *unstressed* frəm] *prep*
(**a**) *(expressing origin)* de; **a letter f. sb** une lettre de qn; **to suffer f. sth** souffrir de qch; **where are you f.?** d'où êtes-vous?; **a train f. Paris** un train en provenance de Paris; **to be 10 m (away) f. the house** être à 10 m de la maison
(**b**) *(expressing time)* à partir de; **f. today (on), as f. today** à partir d'aujourd'hui; **f. the beginning** dès le début
(**c**) *(expressing range)* **f.... to...** de... à...; **f. morning till night** du matin au soir; **they take children f. the age of five** ils acceptent les enfants à partir de cinq ans
(**d**) *(expressing source)* de; **to take/borrow sth f. sb** prendre/emprunter qch à qn; **to drink f. a cup** boire dans une tasse
(**e**) *(expressing removal)* de; **to take sth f. sb** prendre qch à qn; **to take sth f. a box/f. the table** prendre qch dans une boîte/sur la table
(**f**) *(according to)* d'après; **f. what I saw...** d'après ce que j'ai vu...
(**g**) *(on behalf of)* de la part de; **tell her f. me** dis-lui de ma part

front [frʌnt] **1** *n* devant *m*; *(of boat, car)* avant *m*; *(of building)* façade *f*; *(of crowd)* premier rang *m*; *Mil, Pol & Met* front *m*; **in f. of sb/sth** devant qn/qch; **in f.** devant; *(further ahead)* en avant; *(in race)* en tête **2** *adj (tooth, garden)* de devant; *(car seat)* avant *inv*; *(row, page)* premier, -ère; **f. door** porte *f* d'entrée **3** *vt (organization)* être à la tête de; *(TV programme)* présenter ▪ **frontrunner** *n Fig* favori, -ite *mf* ▪ **front-wheel** *adj Aut* **f. drive** traction *f* avant
frontier ['frʌntɪə(r)] *n* frontière *f*
frost [frɒst] **1** *n* gel *m* **2** *vi* **to f. up** *(of window)* se couvrir de givre
frostbite ['frɒstbaɪt] *n* gelure *f* ▪ **frostbitten** *adj* gelé
frosting ['frɒstɪŋ] *n Am (on cake)* glaçage *m*
frosty ['frɒstɪ] (**-ier, -iest**) *adj (air, night)* glacé; *Fig (welcome)* glacial; **it's f.** il gèle
froth [frɒθ] **1** *n (on beer)* mousse *f*; *(on waves)* écume *f* **2** *vi (liquid)* mousser ▪ **frothy** (**-ier, -iest**) *adj (beer)* mousseux, -euse
frown [fraʊn] **1** *n* froncement *m* de sourcils **2** *vi* froncer les sourcils; *Fig* **to f. (up)on** désapprouver
froze [frəʊz] *pt of* **freeze**
frozen ['frəʊzən] *pp of* **freeze**
frugal ['fru:gəl] *adj* frugal
fruit [fru:t] *n* fruit *m*; **some f.** *(one item)* un fruit; *(more than one)* des fruits; **f. juice** jus *m* de fruits; **f. salad** salade *f* de fruits; *Br* **f. machine** *(for gambling)* machine *f* à sous ▪ **fruitcake** *n* cake *m*
fruitful ['fru:tfəl] *adj (meeting, discussion)* fructueux, -euse ▪ **fruitless** *adj (attempt, search)* infructueux, -euse
frustrate [frʌ'streɪt] *vt (person)* frustrer; *(plans)* contrarier ▪ **frustrating** *adj* frustrant ▪ **frustration** *n* frustration *f*
fry [fraɪ] (*pt & pp* **fried**) **1** *vt* faire frire **2** *vi* frire ▪ **frying** *n* **f. pan** poêle *f* (à frire)
ft (*abbr* **foot, feet**) pied(s) *m(pl)*
fudge [fʌdʒ] **1** *n (sweet)* caramel *m* mou **2** *vt* **to f. the issue** éluder une question
fuel [fjʊəl] *n* combustible *m*; *(for engine)* carburant *m*; **f. oil** mazout *m*; **f. tank** *(in vehicle)* réservoir *m*
fugitive ['fju:dʒɪtɪv] *n* fugitif, -ive *mf*
fulfil [fʊl'fɪl] (*Am* **fulfill**) (*pt & pp* **-ll-**) *vt (ambition, dream)* réaliser; *(condition, duty)* remplir; *(desire, need)* satisfaire ▪ **fulfilling** *adj* satisfaisant ▪ **fulfilment** (*Am* **fulfillment**) *n (of

ambition) réalisation *f* (**of** de); *(satisfaction)* épanouissement *m*

full [fʊl] **1** (**-er, -est**) *adj* plein (**of** de); *(bus, theatre, hotel, examination)* complet, -ète; *(amount)* intégral; *(day, programme)* chargé; *(skirt)* bouffant; **to be f. (up)** *(of person)* n'avoir plus faim; *(of hotel)* être complet; **at f. speed** à toute vitesse; **f. name** nom et prénom; *Br* **f. stop** point *m*
2 *n* **in f.** *(pay)* intégralement; *(write)* en toutes lettres
3 *adv* **to know f. well** savoir fort bien ▪ **full-length** *adj (portrait)* en pied; *(dress)* long (*f* longue); **f. film** long métrage *m* ▪ **full-scale** *adj (model)* grandeur nature *inv*; *(operation)* de grande envergure ▪ **full-time** *adj & adv (work)* à plein temps

fully ['fʊlɪ] *adv (completely)* entièrement; *(understand)* parfaitement; *(at least)* au moins ▪ **fully-fledged** (*Am* **full-fledged**) *adj (engineer, teacher)* diplômé; *(member)* à part entière ▪ **fully-grown** *adj* adulte

fumble ['fʌmbəl] *vi* **to f. (about)** *(grope)* tâtonner; *(search)* fouiller (**for** pour trouver)

fume [fju:m] *vi* **to be fuming** *(of person)* rager ▪ **fumes** *npl* émanations *fpl*; *(from car)* gaz *mpl* d'échappement

fun [fʌn] *n* plaisir *m*; **for f., for the f. of it** pour le plaisir; **to be (good** *or* **great) f.** être (très) amusant; **to have (some) f.** s'amuser; **to make f. of sb/sth** se moquer de qn/qch

function ['fʌŋkʃən] **1** *n (role, duty) & Comptr* fonction *f*; *(party)* réception *f* **2** *vi* fonctionner; **to f. as** faire fonction de ▪ **functional** *adj* fonctionnel, -elle

fund [fʌnd] **1** *n (of money)* fonds *m*; **funds** fonds *mpl* **2** *vt* financer

fundamental [fʌndə'mentəl] *adj* fondamental

funeral ['fju:nərəl] *n* enterrement *m*; *(grandiose)* funérailles *fpl*; **f. service** service *m* funèbre; *Br* **f. parlour**, *Am* **f. home** entreprise *f* de pompes funèbres

funfair ['fʌnfeə(r)] *n Br* fête *f* foraine

fungus ['fʌŋgəs] (*pl* **-gi** [-gaɪ]) *n (plant)* champignon *m*; *(on walls)* moisissure *f*

funnel ['fʌnəl] *n* (**a**) *(of ship)* cheminée *f* (**b**) *(for filling)* entonnoir *m*

funny ['fʌnɪ] (**-ier, -iest**) *adj (amusing)* drôle; *(strange)* bizarre; **a f. idea** une drôle d'idée ▪ **funnily** *adv* **f. enough, I was just about to...** bizarrement, j'étais sur le point de...

fur [fɜ:(r)] **1** *n (of animal, for wearing)* fourrure *f*; *(of dog, cat)* poil *m*; **f. coat** manteau *m* de fourrure **2** (*pt & pp* **-rr-**) *vi Br* **to f. (up)** *(of kettle)* s'entartrer

furious ['fjʊərɪəs] *adj (violent, angry)* furieux, -euse (**with** *or* **at** contre); *(efforts, struggle)* violent

furnace ['fɜ:nɪs] *n (forge)* fourneau *m*

furnish ['fɜ:nɪʃ] *vt* (**a**) *(room, house)* meubler (**b**) *(supply)* fournir (**sb with sth** qch à qn) ▪ **furnishings** *npl* ameublement *m*

furniture ['fɜ:nɪtʃə(r)] *n* meubles *mpl*; **a piece of f.** un meuble

furrow ['fʌrəʊ] *n (in earth, on brow)* sillon *m*

furry ['fɜ:rɪ] *adj (animal)* à poil; *(toy)* en peluche

further ['fɜ:ðə(r)] **1** *adv & adj* = **farther 2** *adj (additional)* supplémentaire; *Br* **f. education** = enseignement supérieur dispensé par un établissement autre qu'une université **3** *adv (more)* davantage **4** *vt (cause, research, career)* promouvoir ▪ **furthermore** *adv* en outre ▪ **furthest** *adj & adv* = **farthest**

furtive ['fɜ:tɪv] *adj* sournois

fury ['fjʊərɪ] *n (violence, anger)* fureur *f*

fuse [fju:z] **1** *n (wire)* fusible *m*; *(of bomb)* amorce *f* **2** *vt (join)* fusionner; *Br* **to f. the lights** faire sauter les plombs **3** *vi Br* **the lights have fused** les plombs ont sauté

fusion ['fju:ʒən] *n* fusion *f*

fuss [fʌs] **1** *n* histoires *fpl*; **to kick up** *or* **make a f.** faire des histoires; **to make**

a f. of sb être aux petits soins pour qn **2** *vi* faire des histoires; **to f. over sb** être aux petits soins pour qn ▪ **fussy** (**-ier, -iest**) *adj* exigeant (**about** sur); **I'm not f.** *(I don't mind)* ça m'est égal

futile [*Br* 'fju:taɪl, *Am* 'fju:təl] *adj (remark)* futile; *(attempt)* vain

futon ['fu:tɒn] *n* futon *m*

future ['fju:tʃə(r)] **1** *n* avenir *m*; *(in grammar)* futur *m*; **in (the) f.** à l'avenir **2** *adj* futur; **my f. wife** ma future épouse; **the f. tense** le futur

fuze [fju:z] *n & vti Am* = **fuse**

fuzzy ['fʌzɪ] (**-ier, -iest**) *adj* (**a**) *(unclear) (picture, idea)* flou (**b**) *(hair)* crépu

Gg

G, g [dʒiː] *n (letter)* G, g *m inv*
gabble [ˈgæbəl] *vi (chatter)* jacasser; *(indistinctly)* bredouiller
gable [ˈgeɪbəl] *n* pignon *m*
gadget [ˈgædʒɪt] *n* gadget *m*
gaffe [gæf] *n (blunder)* gaffe *f*
gag [gæg] **1** *n* (**a**) *(on mouth)* bâillon *m* (**b**) *Fam (joke)* blague *f* **2** *(pt & pp* **-gg-**) *vt (person)* bâillonner; *Fig (press)* museler **3** *vi (choke)* s'étouffer (**on** avec)
gaily [ˈgeɪlɪ] *adv* gaiement
gain [geɪn] **1** *n (increase)* augmentation *f* (**in** de); *(profit)* gain *m*; *Fig (advantage)* avantage *m* **2** *vt (obtain, win)* gagner; *(experience, reputation)* acquérir; **to g. speed/weight** prendre de la vitesse/du poids **3** *vi (of clock)* avancer; **to g. on sb** gagner du terrain sur qn; **to g. by sth** bénéficier de qch
gala [*Br* ˈgɑːlə, *Am* ˈgeɪlə] *n* gala *m*; *Br* **swimming g.** concours *m* de natation
galaxy [ˈgæləksɪ] (*pl* **-ies**) *n* galaxie *f*
gale [geɪl] *n* grand vent *m*
gallant [ˈgælənt] *adj (brave)* brave; *(polite)* galant
gallery [ˈgælərɪ] (*pl* **-ies**) *n (room)* galerie *f*; *(museum)* musée *m*; *(for public, press)* tribune *f*
Gallic [ˈgælɪk] *adj (French)* français
gallon [ˈgælən] *n* gallon *m (Br = 4,5 l, Am = 3,8 l)*
gallop [ˈgæləp] **1** *n* galop *m* **2** *vi* galoper
gamble [ˈgæmbəl] **1** *n (risk)* coup *m* risqué **2** *vt (bet)* parier, jouer **3** *vi* jouer (**on** sur; **with** avec); **to g. on sth** *(count on)* miser sur qch ■ **gambler** *n* joueur, -euse *mf* ■ **gambling** *n* jeu *m*
game¹ [geɪm] *n* (**a**) *(activity)* jeu *m*; *(of football, cricket)* match *m*; *(of tennis, chess, cards)* partie *f*; **to have a g. of football/tennis** faire un match de football/une partie de tennis; *Br* **games** *(in school)* le sport; **g. show** *(on television)* jeu *m* télévisé; *(on radio)* jeu *m* radiophonique (**b**) *(animals, birds)* gibier *m*
game² [geɪm] *adj (brave)* courageux, -euse; **to be g. (to do sth)** être partant (pour faire qch)
gammon [ˈgæmən] *n Br* jambon *m*
gang [gæŋ] **1** *n (of children, friends)* bande *f*; *(of workers)* équipe *f*; *(of criminals)* gang *m* **2** *vi* **to g. up on** *or* **against** se mettre à plusieurs contre
gangster [ˈgæŋstə(r)] *n* gangster *m*
gangway [ˈgæŋweɪ] *n Br* passage *m*; *(in train, plane)* couloir *m*; *(on ship)* passerelle *f*; *(in bus, cinema, theatre)* allée *f*
gaol [dʒeɪl] *n & vt Br* = **jail**
gap [gæp] *n (space)* espace *m* (**between** entre); *(in wall, fence)* trou *m*; *(in time)* intervalle *m*; *(in knowledge)* lacune *f*
gape [geɪp] *vi (stare)* rester bouche bée; **to g. at sb/sth** regarder qn/qch bouche bée ■ **gaping** *adj* béant
garage [*Br* ˈgærɑː(d)ʒ, ˈgærɪdʒ, *Am* gəˈrɑːʒ] *n* garage *m*
garbage [ˈgɑːbɪdʒ] *n Am* ordures *fpl*; **g. can** poubelle *f*; **g. man** *or* **collector** éboueur *m*
garbled [ˈgɑːbəld] *adj* confus
garden [ˈgɑːdən] **1** *n* jardin *m*; **gardens**

(park) parc *m*; **g. centre** jardinerie *f*; **g. party** garden-party *f* **2** *vi* jardiner, faire du jardinage ▪ **gardener** *n* jardinier, -ère *mf* ▪ **gardening** *n* jardinage *m*

gargle ['gɑ:gəl] *vi* se gargariser

garish [*Br* 'geərɪʃ, *Am* 'gærɪʃ] *adj (clothes)* voyant; *(colour)* criard; *(light)* cru

garland ['gɑ:lənd] *n* guirlande *f*

garlic ['gɑ:lɪk] *n* ail *m*; **g. bread** = pain chaud au beurre d'ail

garment ['gɑ:mənt] *n* vêtement *m*

garnish ['gɑ:nɪʃ] **1** *n* garniture *f* **2** *vt* garnir (**with** de)

garter ['gɑ:tə(r)] *n (round leg)* jarretière *f*; *(for socks)* fixe-chaussette *m*; *Am (attached to belt)* jarretelle *f*

gas [gæs] **1** *n* gaz *m inv*; *Am (gasoline)* essence *f*; *Br* **g. cooker** cuisinière *f* à gaz; *Br* **g. heater, g. fire** radiateur *m* à gaz; *Am* **g. station** station-service *f*; **g. stove** *(large)* cuisinière *f* à gaz; *(portable)* réchaud *m* à gaz; *Am* **g. tank** réservoir *m* à essence **2** (*pt & pp* **-ss-**) *vt (person)* asphyxier; *(deliberately)* gazer

gash [gæʃ] **1** *n* entaille *f* **2** *vt* **to g. one's knee** se faire une blessure profonde au genou

gasoline ['gæsəli:n] *n Am* essence *f*

gasp [gɑ:sp] **1** *n* halètement *m*; *(of surprise)* sursaut *m* **2** *vi* avoir le souffle coupé (**with** *or* **in** de); **to g. for breath** haleter

gassy ['gæsɪ] (**-ier, -iest**) *adj* gazeux, -euse

gastric ['gæstrɪk] *adj* gastrique

gate [geɪt] *n (in garden, field)* barrière *f*; *(made of metal)* grille *f*; *(of castle, at airport)* porte *f*; *(at stadium)* entrée *f*

gâteau ['gætəʊ] (*pl* **-eaux** [-əʊz]) *n Br (cake)* gros gâteau *m* à la crème

gatecrash ['geɪtkræʃ] *vt* **to g. a party** s'inviter à une réception

gateway ['geɪtweɪ] *n* entrée *f*

gather ['gæðə(r)] **1** *vt* (**a**) *(people, objects)* rassembler; *(pick up)* ramasser; *(flowers, fruit)* cueillir; *(information)* recueillir; **to g. speed** prendre de la vitesse; **to g. in** *(crops, harvest)* rentrer; **to g. one's strength** rassembler ses forces (**b**) *(understand)* **I g. that...** je crois comprendre que... (**c**) *(sew pleats in)* froncer
2 *vi (of people)* se rassembler; *(of clouds)* se former; *(of dust)* s'accumuler; **to g. round** *(come closer)* s'approcher; **to g. round sb** entourer qn

gathering ['gæðərɪŋ] *n (group)* rassemblement *m*

gauge [geɪdʒ] **1** *n (instrument)* jauge *f*; *Fig* **to be a g. of sth** permettre de jauger qch **2** *vt* évaluer

gaunt [gɔ:nt] *adj* décharné

gauze [gɔ:z] *n* gaze *f*

gave [geɪv] *pt of* **give**

gawk [gɔ:k], **gawp** [gɔ:p] *vi* **to g. at sb/sth** regarder qn/qch bouche bée

gay [geɪ] (**-er, -est**) **1** *adj* (**a**) *(homosexual)* homosexuel, -elle (**b**) *Old-fashioned (cheerful)* gai **2** *n* homosexuel, -elle *mf*

gaze [geɪz] **1** *n* regard *m* **2** *vi* **to g. at sb/sth** regarder fixement qn/qch

GB [dʒi:'bi:] (*abbr* **Great Britain**) *n* GB

GCSE [dʒi:si:es'i:] (*abbr* **General Certificate of Secondary Education**) *n Br* = diplôme de fin de premier cycle de l'enseignement secondaire, sanctionnant une matière déterminée

gear [gɪə(r)] **1** *n* (**a**) *Fam (equipment)* attirail *m*; *(belongings)* affaires *fpl*; *(clothes)* fringues *fpl* (**b**) *(on car, bicycle)* vitesse *f*; **in g.** *(vehicle)* en prise; *Br* **g. lever**, *Am* **g. shift** levier *m* de (changement de) vitesse **2** *vt* **to g. sth to sth** adapter qch à qch; **to be geared up to do sth** être prêt à faire qch ▪ **gearbox** *n* boîte *f* de vitesses

geese [gi:s] *pl of* **goose**

gel [dʒel] *n* gel *m*

gelatin(e) [*Br* 'dʒeləti:n, *Am* -tən] *n* gélatine *f*

gem [dʒem] *n (stone)* pierre *f* précieuse; *Fig (person)* perle *f*; *Fig (thing)* bijou *m* (*pl* -oux)

gen [dʒen] *Br Fam* **1** *n (information)*

tuyaux *mpl* **2** *(pt & pp* **-nn-**) *vi* **to g. up on sb/sth** se rancarder sur qn/qch

gender ['dʒendə(r)] *n (in grammar)* genre *m*; *(of person)* sexe *m*

gene [dʒiːn] *n Biol* gène *m*

general ['dʒenərəl] **1** *adj* général; **in g.** en général; **the g. public** le grand public; *Am* **g. delivery** poste *f* restante **2** *n Mil* général *m*

generalize ['dʒenərəlaɪz] *vi* généraliser ▪ **generalization** [-'zeɪʃən] *n* généralisation *f*

generally ['dʒenərəlɪ] *adv* généralement; **g. speaking** de manière générale

generate ['dʒenəreɪt] *vt (fear, hope, unemployment)* engendrer; *(heat, electricity)* produire; *(interest, ideas)* faire naître; *(jobs)* créer

generation [dʒenə'reɪʃən] *n (of people, products)* génération *f*; *(of electricity)* production *f*; **g. gap** conflit *m* des générations

generator ['dʒenəreɪtə(r)] *n* générateur *m*

generosity ['dʒenə'rɒsɪtɪ] *n* générosité *f*

generously ['dʒenərəslɪ] *adv* généreusement

genesis ['dʒenəsɪs] *n* genèse *f*

genetic [dʒɪ'netɪk] *adj* génétique; **g. engineering** génie *m* génétique ▪ **genetically** *adv* **g. modified** génétiquement modifié ▪ **genetics** *n* génétique *f*

Geneva [dʒɪ'niːvə] *n* Genève *m ou f*

genitals ['dʒenɪtəlz] *npl* organes *mpl* génitaux

genius ['dʒiːnɪəs] *n (ability, person)* génie *m*

gent [dʒent] *n Br Fam* monsieur *m*; **gents' shoes** chaussures *fpl* pour hommes; **the gents** *(toilet)* les toilettes *fpl* des hommes

gentle ['dʒentəl] (**-er, -est**) *adj (person, sound, slope)* doux (*f* douce); *(hint)* discret, -ète; *(exercise, speed)* modéré ▪ **gently** *adv* doucement; *(land)* en douceur

gentleman ['dʒentəlmən] *(pl* **-men**) *n* monsieur *m*; *(well-bred)* gentleman *m*

genuine ['dʒenjʊɪn] *adj (leather, diamond)* véritable; *(signature, work of art)* authentique; *(sincere)* sincère ▪ **genuinely** *adv (sincerely)* sincèrement

geography [dʒɪ'ɒgrəfɪ] *n* géographie *f* ▪ **geographical** [dʒɪə'græfɪkəl] *adj* géographique

geology [dʒɪ'ɒlədʒɪ] *n* géologie *f* ▪ **geological** [dʒɪə'lɒdʒɪkəl] *adj* géologique

geometry [dʒɪ'ɒmɪtrɪ] *n* géométrie *f* ▪ **geometric(al)** [dʒɪə'metrɪk(əl)] *adj* géométrique

geriatric [dʒerɪ'ætrɪk] *adj (hospital)* gériatrique

germ [dʒɜːm] *n (causing disease)* microbe *m*

German ['dʒɜːmən] **1** *adj* allemand; **G. teacher** professeur *m* d'allemand; **G. measles** rubéole *f* **2** *n (person)* Allemand, -e *mf*; *(language)* allemand *m*

Germany ['dʒɜːmənɪ] *n* l'Allemagne *f*

germinate ['dʒɜːmɪneɪt] *vi (of seed, idea)* germer

gesticulate [dʒe'stɪkjʊleɪt] *vi* gesticuler

gesture ['dʒestʃə(r)] **1** *n* geste *m* **2** *vi* **to g. to sb to do sth** faire signe à qn de faire qch

GET [get] *(pt & Br pp* **got**, *Am pp* **gotten**, *pres p* **getting**) **1** *vt (obtain)* obtenir, avoir; *(find)* trouver; *(buy)* acheter; *(receive)* recevoir; *(catch)* attraper; *(bus, train)* prendre; *(seize)* prendre, saisir; *(fetch)* aller chercher; *(put)* mettre; *(derive)* tirer (**from** de); *(prepare)* préparer; *(lead)* mener; *(hit with fist, stick)* atteindre; *(reputation)* se faire; *Fam (understand)* piger; *Fam (annoy)* énerver; **to g. sb to do sth** faire faire qch à qn; **to g. sth done** faire faire qch; **to g. sth clean/dirty** nettoyer/salir qch; **to g. sth to sb** *(send)* faire parvenir qch à qn; **to g. sb to the station** amener qn à la gare;

can I g. you anything? je te rapporte quelque chose?

2 *vi (go)* aller (**to** à); *(arrive)* arriver (**to** à); *(become)* devenir; **to g. old** vieillir; **to g. caught/run over** se faire prendre/écraser; **to g. dressed/washed** s'habiller/se laver; **to g. paid** être payé; **where have you got** *or Am* **gotten to?** où en es-tu?; **you've got to stay** *(must)* tu dois rester; **to g. to do sth** *(succeed in doing)* parvenir à faire qch; **to g. going** *(leave)* se mettre en route; *(start working)* se mettre au travail ▪ **getaway** *n (escape)* fuite *f* ▪ **get-together** *n Fam* réunion *f* ▪ **get-up** *n Fam (clothes)* accoutrement *m*

▸**get about** *vi* se déplacer; *(of news)* circuler

▸**get across 1** *vt sep (message)* faire passer **2** *vi (succeed in crossing)* traverser; **to g. across to sb that...** faire comprendre à qn que...

▸**get along** *vi (manage)* se débrouiller; *(progress)* avancer; *(be on good terms)* s'entendre (**with** avec); *(leave)* s'en aller

▸**get around** *vi* = **get about**

▸**get at** *vt insep (reach)* atteindre; **what is he getting at?** où veut-il en venir?

▸**get away** *vi (leave)* s'en aller; *(escape)* se sauver; **to g. away with a fine** s'en tirer avec une amende; **he got away with that crime** il n'a pas été inquiété pour ce crime

▸**get back 1** *vt sep (recover)* récupérer; **to g. one's own back on sb** se venger de qn **2** *vi (return)* revenir; **to g. back at sb** se venger de qn

▸**get by** *vi (manage)* se débrouiller

▸**get down 1** *vi (go down)* descendre (**from** de); **to g. down to** *(work)* se mettre à **2** *vt sep (bring down)* descendre (**from** de); *Fam* **to g. sb down** *(depress)* déprimer qn **3** *vt insep* **to g. down the stairs/a ladder** descendre l'escalier/d'une échelle

▸**get in 1** *vt sep (stock up with)* faire provision de; **to g. sb in** *(call for)* faire venir qn **2** *vi (enter)* entrer; *(come home)* rentrer; *(enter vehicle or train)* monter; *(arrive)* arriver; *(be elected)* être élu

▸**get into** *vt insep* entrer dans; *(vehicle, train)* monter dans; *(habit)* prendre; **to g. into bed/a rage** se mettre au lit/en colère

▸**get off 1** *vt sep (remove)* enlever; *(send)* expédier; *(in court)* faire acquitter; *Fam* **to g. off doing sth** se dispenser de faire qch **2** *vt insep* **to g. off a chair** se lever d'une chaise; **to g. off a bus** descendre d'un bus **3** *vi (leave)* partir; *(from vehicle or train)* descendre (**from** de); *(escape punishment)* s'en tirer

▸**get on 1** *vt sep (shoes, clothes)* mettre **2** *vt insep (bus, train)* monter dans **3** *vi (enter bus or train)* monter; *(manage)* se débrouiller; *(succeed)* réussir; *(be on good terms)* s'entendre (**with** avec); **how are you getting on?** comment ça va?; **how did you g. on?** *(in exam)* comment ça s'est passé?; **to be getting on (in years)** se faire vieux (*f* vieille); **to g. onto sb** *(on phone)* contacter qn; **to g. on with** *(task)* continuer

▸**get out 1** *vt sep (remove)* enlever; *(bring out)* sortir **2** *vi* sortir; *(from vehicle or train)* descendre (**of** *or* **from** de); **to g. out of** *(obligation)* échapper à; *(danger)* se tirer de; *(habit)* perdre

▸**get over 1** *vt sep (ideas)* faire passer; **let's g. it over with** finissons-en **2** *vt insep (illness)* se remettre de; *(shock)* revenir de

▸**get round 1** *vt insep (obstacle)* contourner **2** *vi (visit)* passer; **to g. round to doing sth** trouver le temps de faire qch

▸**get through 1** *vt sep (communicate)* **to g. sth through to sb** faire comprendre qch à qn **2** *vt insep (hole)* passer par; *(task)* venir à bout de; *(exam, interview)* survivre à; *(food)* consommer **3** *vi (pass)* passer; *(pass exam)* être reçu; **to g. through to sb** *(communicate with)* se faire comprendre de qn; *(on the phone)* obtenir la communication avec qn

▸ **get together** *vi (of people)* se réunir

▸ **get up 1** *vt sep* **to g. sb up** *(out of bed)* faire lever qn; **to g. sth up** *(bring up)* monter qch **2** *vt insep (ladder, stairs)* monter **3** *vi (rise, stand up)* se lever (**from** de); **to g. up to something** *or* **to mischief** faire des bêtises; **where have you got up to?** *(in book)* où en es-tu?

---

ghastly ['gɑːstlɪ] (**-ier, -iest**) *adj (horrible)* épouvantable

gherkin ['gɜːkɪn] *n* cornichon *m*

ghetto ['getəʊ] (*pl* **-oes** *or* **-os**) *n* ghetto *m*; *Fam* **g. blaster** radiocassette *f*

ghost [gəʊst] *n* fantôme *m*; **g. story** histoire *f* de fantômes ▪ **ghostly** *adj* spectral

giant ['dʒaɪənt] **1** *adj (tree, packet)* géant **2** *n* géant *m*

gibe [dʒaɪb] **1** *n* moquerie *f* **2** *vi* **to g. at sb** se moquer de qn

giddy ['gɪdɪ] (**-ier, -iest**) *adj* **to be** *or* **feel g.** avoir le vertige; **to make sb g.** donner le vertige à qn

gift [gɪft] *n* cadeau *m*; *(talent, donation)* don *m*; *Br* **g. voucher** *or* **token** chèque-cadeau *m* ▪ **gifted** *adj* doué (**with** de; **for** pour)

gift-wrapped ['gɪftræpt] *adj* sous paquet-cadeau

gig [gɪg] *n Fam (pop concert)* concert *m*

gigantic [dʒaɪ'gæntɪk] *adj* gigantesque

giggle ['gɪgəl] **1** *n* petit rire *m* bête **2** *vi* rire (bêtement)

gilt [gɪlt] **1** *adj* doré **2** *n* dorure *f*

gimmick ['gɪmɪk] *n (trick, object)* truc *m*

gin [dʒɪn] *n (drink)* gin *m*

ginger ['dʒɪndʒə(r)] **1** *adj (hair)* roux (*f* rousse) **2** *n (spice)* gingembre *m*; **g. beer** limonade *f* au gingembre ▪ **gingerbread** *n* pain *m* d'épice

gipsy ['dʒɪpsɪ] (*pl* **-ies**) *n* bohémien, -enne *mf*; *(Eastern European)* tsigane *mf*; *(Spanish)* gitan, -e *mf*

giraffe [dʒɪ'ræf, *Br* dʒɪ'rɑːf] *n* girafe *f*

girl [gɜːl] *n (child)* (petite) fille *f*, fillette *f*; *(young woman)* jeune fille *f*; **English g.** jeune Anglaise *f*; **G. Guide** éclaireuse *f* ▪ **girlfriend** *n (of girl)* amie *f*; *(of boy)* petite amie *f* ▪ **girlish** *adj* de (jeune) fille

giro ['dʒaɪrəʊ] (*pl* **-os**) *n Br* **bank g.** virement *m* bancaire; **g. account** compte *m* courant postal, CCP *m*

gist [dʒɪst] *n* **to get the g. of sth** saisir l'essentiel de qch

---

GIVE [gɪv] **1** *n (of fabric)* élasticité *f*
2 (*pt* **gave**, *pp* **given**) *vt* donner; *(as present)* offrir; *(support)* apporter; *(smile, gesture, pleasure)* faire; *(sigh)* pousser; *(look)* jeter; *(blow)* porter; **to g. sth to sb, to g. sb sth** donner *ou* offrir qch à qn; **to g. way** *(of branch, person)* céder; *(of roof)* s'effondrer; *(in vehicle)* céder la priorité (**to** à)
3 *vi* (**a**) *(donate)* donner (**b**) *(of shoes)* se faire; *(of support)* céder

▸ **give away** *vt sep (prize)* distribuer; *(money)* donner; *(betray)* trahir

▸ **give back** *vt sep (return)* rendre

▸ **give in 1** *vt sep (hand in)* remettre **2** *vi (surrender)* céder (**to** à)

▸ **give off** *vt sep (smell, heat)* dégager

▸ **give out** *vt sep (hand out)* distribuer; *(make known)* annoncer

▸ **give over** *vi Br Fam* **g. over!** arrête!

▸ **give up 1** *vt sep (possessions)* abandonner; *(activity)* renoncer à; *(seat)* céder (**to** à); **to g. up smoking** cesser de fumer **2** *vi* abandonner

---

given ['gɪvən] **1** *pp of* **give 2** *adj (fixed)* donné **3** *conj (considering)* étant donné; **g. that...** étant donné que...

glacier [*Br* 'glæsɪə(r), *Am* 'gleɪʃər] *n* glacier *m*

glad [glæd] *adj (person)* content (**of/about** de; **that** que + *subjunctive*) ▪ **gladly** *adv* volontiers

glamorous ['glæmərəs] *adj (person,*

dress) élégant; *(job)* prestigieux, -euse

glance [glɑːns] **1** *n* coup *m* d'œil **2** *vi* **to g. at sb/sth** jeter un coup d'œil à qn/qch

gland [glænd] *n* glande *f*

glare [gleə(r)] **1** *n (look)* regard *m* furieux **2** *vi* **to g. at sb** foudroyer qn (du regard) ▪ **glaring** *adj (light)* éblouissant; *(eyes)* furieux, -euse; **a g. mistake** une faute grossière

glass [glɑːs] **1** *n* verre *m* **2** *adj (bottle)* de verre; **g. door** porte *f* vitrée ▪ **glassful** *n* (plein) verre *m*

glasses ['glɑːsɪz] *npl (spectacles)* lunettes *fpl*

glaze [gleɪz] **1** *n (on pottery)* vernis *m* **2** *vt (window)* vitrer; *(pottery)* vernisser

gleam [gliːm] **1** *n* lueur *f* **2** *vi* luire

glean [gliːn] *vt (information)* glaner

glee [gliː] *n* joie *f*

glen [glen] *n Scot* vallon *m*

glide [glaɪd] *vi* glisser; *(of aircraft, bird)* planer ▪ **glider** *n (aircraft)* planeur *m* ▪ **gliding** *n (sport)* vol *m* à voile

glimmer ['glɪmə(r)] **1** *n (light, of hope)* faible lueur *f* **2** *vi* luire (faiblement)

glimpse [glɪmps] **1** *n* aperçu *m*; **to catch** *or* **get a g. of sth** entrevoir qch **2** *vt* entrevoir

glint [glɪnt] *vi (of light, eye)* briller

glisten ['glɪsən] *vi (of wet surface)* briller; *(of water)* miroiter

glitter ['glɪtə(r)] *vi* scintiller

gloat [gləʊt] *vi* jubiler (**over** à l'idée de)

global ['gləʊbəl] *adj (universal)* mondial; *(comprehensive)* global; **g. warming** réchauffement *m* de la planète ▪ **globalization** *n Econ* mondialisation *f*

globe [gləʊb] *n* globe *m*

gloom [gluːm] *n (sadness)* morosité *f*; *(darkness)* obscurité *f* ▪ **gloomy** (**-ier, -iest**) *adj (sad)* morose; *(dark, dismal)* sombre

glorious ['glɔːrɪəs] *adj (splendid)* magnifique; *(full of glory)* glorieux, -euse

glory ['glɔːrɪ] **1** *n* gloire *f*; *(great beauty)* splendeur *f* **2** *vi* **to g. in sth** se glorifier de qch

gloss [glɒs] **1** *n (shine)* lustre *m*; **g. paint** peinture *f* brillante **2** *vt* **to g. over sth** glisser sur qch ▪ **glossy** (**-ier, -iest**) *adj* brillant; *(photo)* glacé; *(magazine)* de luxe

glossary ['glɒsərɪ] (*pl* **-ies**) *n* glossaire *m*

glove [glʌv] *n* gant *m*; **g. compartment** *(in car)* boîte *f* à gants

glow [gləʊ] **1** *n (light)* lueur *f* **2** *vi (of sky, fire)* rougeoyer; *Fig (of eyes, person)* rayonner (**with** de) ▪ **glowing** *adj (account, terms, reference)* enthousiaste

glue [gluː] **1** *n* colle *f* **2** *vt* coller (**to/on** à)

glum [glʌm] (**glummer, glummest**) *adj* triste

glutton ['glʌtən] *n* goinfre *mf*

GM [dʒiː'em] (*abbr* **genetically modified**) *adj* génétiquement modifié

GMT [dʒiːem'tiː] (*abbr* **Greenwich Mean Time**) *n* GMT *m*

gnat [næt] *n* moucheron *m*

gnaw [nɔː] *vti* **to g. (at) sth** ronger qch

gnome [nəʊm] *n* gnome *m*

GO [gəʊ] **1** (*pl* **goes**) *n (turn)* tour *m*; *(energy)* dynamisme *m*; **to have a go at (doing) sth** essayer (de faire) qch; **at** *or* **in one go** d'un seul coup; **on the go** en mouvement; **to make a go of sth** réussir qch

2 (*3rd person sing present tense* **goes**; *pt* **went**; *pp* **gone**; *pres p* **going**) *vt (make sound)* faire; **to go it alone** se lancer en solo

3 *vi* aller (**to** à; **from** de); *(depart)* partir, s'en aller; *(disappear)* disparaître; *(be sold)* se vendre; *(function)* marcher; *(progress)* aller; *(become)* devenir; *(of time)* passer; *(of hearing, strength)* baisser; *(of fuse)* sauter; *(of light bulb)* griller; **to go well/badly** *(of event)* se passer bien/mal; **she's going to do sth** *(is about to, intends to)* elle va faire qch; **it's going to rain** il va pleuvoir; **it's all gone**

(finished) il n'y en a plus; **to go and get sb/sth** *(fetch)* aller chercher qn/qch; **to go and see** aller voir; **to go riding/on a trip** faire du cheval/un voyage; **to go to a doctor/lawyer** aller voir un médecin/un avocat; **is there any beer going?** y a-t-il de la bière?; **two hours to go** encore deux heures

▸**go about 1** *vi (of person)* se promener; *(of rumour)* circuler **2** *(get on with)* s'occuper de; *(set about)* se mettre à; **how do you go about it?** comment est-ce qu'on procède?

▸**go across 1** *vt insep* traverser **2** *vi (cross)* traverser; *(go)* aller (**to** à); **to go across to sb('s)** faire un saut chez qn

▸**go after** *vt insep (chase)* poursuivre; *(job)* essayer d'obtenir

▸**go against** *vt insep (contradict)* aller à l'encontre de; *(be unfavourable to)* être défavorable à

▸**go ahead** *vi (take place)* avoir lieu; *(go in front)* passer devant; **to go ahead with sth** entreprendre qch; **go ahead!** allez-y!

▸**go along** *vi (proceed)* se dérouler; **to go along with sb/sth** être d'accord avec qn/qch; **we'll see as we go along** nous verrons au fur et à mesure

▸**go around** *vi* = **go about**

▸**go away** *vi* partir, s'en aller

▸**go back** *vi (return)* revenir; *(step back, retreat)* reculer; **to go back to sleep** se rendormir; **to go back to doing sth** se remettre à faire qch; **to go back to** *(in time)* remonter à; **to go back on one's promise** *or* **word** revenir sur sa promesse

▸**go by 1** *vt insep (act according to)* se fonder sur; *(judge from)* juger d'après; **to go by the name of...** être connu sous le nom de... **2** *vi* passer

▸**go down 1** *vt insep (stairs, street)* descendre **2** *vi* descendre; *(fall down)* tomber; *(of ship)* sombrer; *(of sun)* se coucher; *(of temperature, price)* baisser; *(of tyre, balloon)* se dégonfler; **to go down well/badly** être bien/mal reçu

▸**go for** *vt insep (fetch)* aller chercher; *(attack)* attaquer; **the same goes for you** ça vaut aussi pour toi

▸**go forward(s)** *vi* avancer

▸**go in** *vi* (r)entrer; *(of sun)* se cacher; *Br* **to go in for** *(exam)* s'inscrire à; **she doesn't go in for cooking** elle n'est pas très portée sur la cuisine

▸**go into** *vt insep (enter)* entrer dans; *(examine)* examiner

▸**go off 1** *vt insep (lose liking for)* se lasser de **2** *vi (leave)* partir; *(go bad)* se gâter; *(of alarm)* se déclencher; *(of bomb)* exploser

▸**go on** *vi* continuer (**doing** à faire); *(travel)* poursuivre sa route; *(happen)* se passer; *(last)* durer; **to go on to sth** passer à qch; *Fam* **to go on at sb** *(nag)* s'en prendre à qn; *Fam* **to go on about sb/sth** parler sans cesse de qn/qch

▸**go out** *vi* sortir; *(of light, fire)* s'éteindre; *(of tide)* descendre; *(depart)* partir; *(date)* sortir ensemble; **to go out for a meal** aller au restaurant; **to go out with sb** sortir avec qn; **to go out to work** travailler (hors de chez soi)

▸**go over 1** *vt insep* (**a**) *(cross over)* traverser; **the ball went over the wall** la balle est passée par-dessus le mur (**b**) *(examine)* passer en revue; *(speech)* revoir **2** *vi (go)* aller (**to** à); *(to enemy)* passer (**to** à); **to go over to sb** aller vers qn; **to go over to sb's** *(visit)* faire un saut chez qn

▸**go round 1** *vt insep* **to go round a corner** tourner au coin; **to go round the shops** faire les magasins; **to go round the world** faire le tour du monde **2** *vi (turn)* tourner; *(make a detour)* faire le tour; *(of rumour)* circuler; **to go round to sb's** faire un saut chez qn; **there is enough to go round** il y en a assez pour tout le monde

▸**go through 1** *vt insep (suffer, undergo)* subir; *(examine)* passer en revue; *(search)* fouiller; *(spend)* dépenser; *(wear out)* user; *(perform)* accomplir;

to go through with sth aller jusqu'au bout de qch **2** *vi* passer; *(of deal)* être conclu

▸**go under** *vi (of ship)* couler; *Fig (of firm)* faire faillite

▸**go up 1** *vt insep* monter **2** *vi* monter; *(explode)* sauter; **to go up to sth** *(approach)* se diriger vers qch; *(reach)* aller jusqu'à qch

▸**go with** *vt insep* aller de pair avec; **the company car goes with the job** le poste donne droit à une voiture de fonction

▸**go without** *vt insep* se passer de

---

goad [gəʊd] *vt* **to g. sb (on)** aiguillonner qn

go-ahead ['gəʊəhed] **1** *adj* dynamique **2** *n* **to get the g.** avoir le feu vert; **to give sb the g.** donner le feu vert à qn

goal [gəʊl] *n* but *m* ▪ **goalkeeper** *n* gardien *m* de but, goal *m* ▪ **goalpost** *n* poteau *m* de but

goat [gəʊt] *n* chèvre *f*

gobble ['gɒbəl] *vt* **to g. (up** *or* **down)** *(food)* engloutir

go-between ['gəʊbɪtwiːn] *n* intermédiaire *mf*

goblet ['gɒblɪt] *n* verre *m* à pied

god [gɒd] *n* dieu *m*; **G.** Dieu; *Fam* **oh G.!, my G.!** mon Dieu! ▪ **goddaughter** *n* filleule *f* ▪ **godfather** *n* parrain *m* ▪ **godforsaken** *adj (place)* perdu ▪ **godmother** *n* marraine *f* ▪ **godson** *n* filleul *m*

goddam(n) ['gɒdæm] *adj Am Fam* foutu

goddess ['gɒdɪs] *n* déesse *f*

godsend ['gɒdsend] *n* **to be a g.** être un don du ciel

goes [gəʊz] *3rd person sing present tense & npl of* **go**

goggles ['gɒgəlz] *npl* lunettes *fpl (de protection, de plongée)*

going ['gəʊɪŋ] **1** *n* **it's hard** *or* **heavy g.** c'est difficile **2** *adj* **the g. rate** le tarif en vigueur; **a g. concern** une affaire qui tourne ▪ **goings-on** *npl Pej* activités *fpl*

go-kart ['gəʊkɑːt] *n (for racing)* kart *m*

gold [gəʊld] **1** *n* or *m* **2** *adj (watch)* en or; *(coin, dust)* d'or; **g. medal** *(in sport)* médaille *f* d'or ▪ **golden** *adj (of gold colour)* doré; **g. rule** règle *f* d'or ▪ **goldmine** *n* mine *f* d'or ▪ **gold-plated** *adj* plaqué or ▪ **goldsmith** *n* orfèvre *m*

goldfish ['gəʊldfɪʃ] *n* poisson *m* rouge

golf [gɒlf] *n* golf *m*; **g. club** *(stick, association)* club *m* de golf; **g. course** parcours *m* de golf ▪ **golfer** *n* golfeur, -euse *mf*

gone [gɒn] **1** *pp of* **go 2** *adj Br Fam* **it's g. two** il est plus de deux heures

gong [gɒŋ] *n* gong *m*

GOOD [gʊd] **1** (**better, best**) *adj* bon (*f* bonne); *(kind)* gentil, -ille; *(well-behaved)* sage; **my g. friend** mon cher ami; **g.!** bon!, bien!; **very g.!** *(all right)* très bien!; **that isn't g. enough** *(bad)* ça ne va pas; *(not sufficient)* ça ne suffit pas; **that's g. of you** c'est gentil de ta part; **to taste g.** avoir bon goût; **to feel g.** se sentir bien; **to have g. weather** avoir beau temps; **to be g. at French** être bon en français; **to be g. at swimming/telling jokes** savoir bien nager/raconter des blagues; **to be g. with children** savoir s'y prendre avec les enfants; **a g. many, a g. deal (of)** beaucoup (de); **as g. as** *(almost)* pratiquement; **g. afternoon, g. morning** bonjour; *(on leaving someone)* au revoir; **g. evening** bonsoir; **g. night** bonsoir; *(before going to bed)* bonne nuit

2 *n (advantage, virtue)* bien *m*; **for her (own) g.** pour son bien; **for the g. of your family/career** pour ta famille/carrière; **it will do you (some) g.** ça te fera du bien; **it's no g. crying/shouting** ça ne sert à rien de pleurer/crier; **that's no g.** *(worthless)* ça ne vaut rien; *(bad)* ça ne va pas; **for g.** *(leave, give up)* pour de bon ▪ **good-for-nothing** *n* propre-à-rien *mf* ▪ **good-looking** *adj* beau (*f* belle)

goodbye [gʊd'baɪ] *exclam & n* au revoir *(m inv)*
goodness ['gʊdnɪs] *n* bonté *f*; **my g.!** mon Dieu!
goods [gʊdz] *npl* marchandises *fpl*; **g. train** train *m* de marchandises
goodwill [gʊd'wɪl] *n (willingness)* bonne volonté *f*; *(benevolence)* bienveillance *f*
goose [gu:s] (*pl* **geese**) *n* oie *f*; **g.** *Br* **pimples** *or Am* **bumps** chair *f* de poule ■ **gooseflesh** *n* chair *f* de poule
gooseberry ['gʊzbərɪ] (*pl* **-ies**) *n* groseille *f* à maquereau
gorge [gɔ:dʒ] **1** *n (ravine)* gorge *f* **2** *vt* **to g. oneself** se gaver (**on** de)
gorgeous ['gɔ:dʒəs] *adj* magnifique
gorilla [gə'rɪlə] *n* gorille *m*
gormless ['gɔ:mləs] *adj Br Fam* balourd
gory ['gɔ:rɪ] (**-ier, -iest**) *adj (bloody)* sanglant
gosh [gɒʃ] *exclam Fam* mince (alors)!
go-slow [gəʊ'sləʊ] *n Br (strike)* grève *f* du zèle
gospel ['gɒspəl] *n* évangile *m*
gossip ['gɒsɪp] **1** *n (talk)* bavardages *mpl*; *(malicious)* cancans *mpl*; *(person)* commère *f*; **g. column** *(in newspaper)* échos *mpl* **2** *vi* bavarder; *(maliciously)* colporter des commérages
got [gɒt] *pt & Br pp of* **get**
Gothic ['gɒθɪk] *adj & n* gothique *(m)*
gotten ['gɒtən] *Am pp of* **get**
gourmet ['gʊəmeɪ] *n* gourmet *m*
govern ['gʌvən] **1** *vt (rule)* gouverner; *(city, province)* administrer; *(influence)* déterminer **2** *vi (rule)* gouverner
government ['gʌvənmənt] **1** *n* gouvernement *m*; **local g.** administration *f* locale **2** *adj (decision, policy)* gouvernemental
governor ['gʌvənə(r)] *n* gouverneur *m*; *(of school)* administrateur, -trice *mf*; *(of prison)* directeur, -trice *mf*
gown [gaʊn] *n (of woman)* robe *f*; *Br (of judge, lecturer)* toge *f*
GP [dʒi:'pi:] (*abbr* **general practitioner**) *n* généraliste *mf*
grab [græb] (*pt & pp* **-bb-**) *vt* **to g. (hold of) sb/sth** saisir qn/qch; **to g. sth from sb** arracher qch à qn
grace [greɪs] **1** *n (charm, goodwill, religious mercy)* grâce *f*; *Rel* **to say g.** dire le bénédicité; **ten days' g.** dix jours de grâce **2** *vt (adorn)* orner; *(honour)* honorer (**with** de) ■ **graceful** *adj (movement, person)* gracieux, -euse
gracious ['greɪʃəs] *adj (kind)* aimable (**to** envers); *Fam* **good g.!** bonté divine!
grade [greɪd] **1** *n* (**a**) *(rank)* grade *m*; *(in profession)* échelon *m*; *(quality)* qualité *f*; *Am* **g. crossing** passage *m* à niveau (**b**) *Am Sch (mark)* note *f*; *(year)* classe *f*; **g. school** école *f* primaire **2** *vt (classify)* classer; *Am (exam)* noter
gradient ['greɪdɪənt] *n (slope)* dénivellation *f*
gradual ['grædʒʊəl] *adj* progressif, -ive; *(slope)* doux (*f* douce) ■ **gradually** *adv* progressivement
graduate 1 ['grædʒʊət] *n Br (from university)* ≃ licencié, -e *mf*; *Am (from high school)* ≃ bachelier, -ère *mf* **2** ['grædʒʊeɪt] *vi Br (from university)* ≃ obtenir sa licence; *Am (from high school)* ≃ obtenir son baccalauréat; **to g. from sth to sth** passer de qch à qch ■ **graduation** *n Univ* remise *f* des diplômes
graffiti [grə'fi:tɪ] *npl* graffiti *mpl*
grain [greɪn] *n* (**a**) *(seed, particle)* grain *m*; *(cereals)* céréales *fpl* (**b**) *(in wood, leather)* grain *m*
gram [græm] *n* gramme *m*
grammar ['græmə(r)] *n* grammaire *f*; *Br* **g. school** ≃ lycée *m* ■ **grammatical** *adj* grammatical
gramme [græm] *n* gramme *m*
grand [grænd] **1** (**-er, -est**) *adj (splendid)* grandiose; *Fam (excellent)* excellent; **g. piano** piano *m* à queue; **g. total** somme *f* totale **2** *n inv Br Fam* mille livres *fpl*; *Am Fam* mille dollars *mpl* ■ **grandchild** (*pl* **-children**) *n* petit-fils *m*, petite-fille *f*; **grandchildren** petits-enfants *mpl* ■ **grand(d)ad** *n*

Fam papi *m* ▪ **granddaughter** *n* petite-fille *f* ▪ **grandfather** *n* grand-père *m* ▪ **grandma** *n Fam* mamie *f* ▪ **grandmother** *n* grand-mère *f* ▪ **grandpa** *n Fam* papi *m* ▪ **grandparents** *npl* grands-parents *mpl* ▪ **grandson** *n* petit-fils *m*

grandstand ['grændstænd] *n* tribune *f*

granite ['grænɪt] *n* granit *m*

granny ['grænɪ] *(pl* **-ies**) *n Fam* mamie *f*

grant [grɑːnt] **1** *n* subvention *f*; *(for student)* bourse *f* **2** *vt* accorder (**to** à); *(request)* accéder à; *(prayer, wish)* exaucer; *(admit)* admettre (**that** que); **to take sth for granted** considérer qch comme allant de soi; **to take sb for granted** ne pas avoir d'égard pour qn

granule ['grænjuːl] *n* granule *m*

grape [greɪp] *n* grain *m* de raisin; **some grapes** du raisin; **g. juice** jus *m* de raisin

grapefruit ['greɪpfruːt] *n* pamplemousse *m*

graph [græf, grɑːf] *n* graphique *m*; **g. paper** papier *m* millimétré

graphic ['græfɪk] *adj (description)* très détaillé; **g. artist** graphiste *mf* ▪ **graphics** *npl* **(computer) g.** graphiques *mpl*

grapple ['græpəl] *vi* **to g. with** *(problem)* se débattre avec

grasp [grɑːsp] **1** *n (hold)* prise *f*; *(understanding)* compréhension *f*; **within sb's g.** à la portée de qn **2** *vt (seize, understand)* saisir ▪ **grasping** *adj (mean)* avide

grass [grɑːs] *n* herbe *f*; *(lawn)* gazon *m* ▪ **grasshopper** *n* sauterelle *f* ▪ **grassy** *adj* herbeux, -euse

grate [greɪt] **1** *n (for fireplace)* grille *f* **2** *vt (cheese, carrot)* râper **3** *vi (of sound)* grincer ▪ **grater** *n* râpe *f* ▪ **grating 1** *adj (sound)* grinçant **2** *n (bars)* grille *f*

grateful ['greɪtfəl] *adj* reconnaissant (**to** à; **for** de); *(words, letter)* de remerciement ▪ **gratefully** *adv* avec reconnaissance

gratified ['grætɪfaɪd] *adj (pleased)* satisfait (**by** *or* **with** de; **to do** de faire) ▪ **gratifying** *adj* très satisfaisant

gratis ['grætɪs, 'greɪtɪs] *adv* gratis

gratitude ['grætɪtjuːd] *n* gratitude *f* (**for** de)

gratuitous [grə'tjuːɪtəs] *adj (act)* gratuit

grave[1] [greɪv] *n* tombe *f* ▪ **gravestone** *n* pierre *f* tombale ▪ **graveyard** *n* cimetière *m*

grave[2] [greɪv] (**-er, -est**) *adj (serious)* grave; *(manner, voice)* solennel, -elle

gravel ['grævəl] *n* gravier *m*; **g. path** allée *f* de gravier

gravitate ['grævɪteɪt] *vi* **to g. towards sth** *(be drawn to)* être attiré par qch; *(move towards)* se diriger vers qch

gravity ['grævɪtɪ] *n* (**a**) *Phys (force)* pesanteur *f* (**b**) *(seriousness)* gravité *f*

gravy ['greɪvɪ] *n* = sauce à base de jus de viande

gray [greɪ] *adj, n & vi Am* = **grey**

graze[1] [greɪz] **1** *n (wound)* écorchure *f* **2** *vt (scrape)* écorcher

graze[2] [greɪz] *vi (of cattle)* paître

grease [griːs] **1** *n* graisse *f* **2** *vt* graisser ▪ **greasy** (**-ier, -iest**) *adj* graisseux, -euse; *(hair, skin, food)* gras (*f* grasse)

great [greɪt] (**-er, -est**) *adj* grand; *(effort, heat)* gros (*f* grosse), grand; *Fam (very good)* génial; *Fam* **to be g. at tennis** être très doué pour le tennis; **a g. deal** *or* **number (of), a g. many** beaucoup (de); **G. Britain** la Grande-Bretagne; **Greater London** le grand Londres ▪ **great-grandfather** *n* arrière-grand-père *m* ▪ **great-grandmother** *n* arrière-grand-mère *f*

greatly ['greɪtlɪ] *adv* très; *(much)* beaucoup

Greece [griːs] *n* la Grèce

greed [griːd] *n* avidité *f* (**for** de); *(for food)* gourmandise *f* ▪ **greedy** (**-ier, -iest**) *adj* avide (**for** de); *(for food)* gourmand

Greek [griːk] **1** *adj* grec (*f* grecque) **2** *n (person)* Grec *m*, Grecque *f*; *(language)* grec *m*

green [gri:n] **1** (**-er, -est**) *adj* vert; *Fig (immature)* inexpérimenté; *Pol* écologiste; **to turn** *or* **go g.** *(of traffic lights)* passer au vert; *(of person, garden, tree)* verdir; *Am* **g. card** ≃ permis *m* de travail **2** *n (colour)* vert *m*; *(grassy area)* pelouse *f*; **greens** *(vegetables)* légumes *mpl* verts; *Pol* **the Greens** les Verts *mpl* ▪ **greenery** *n* verdure *f* ▪ **greengrocer** *n Br* marchand, -e *mf* de fruits et légumes ▪ **greenhouse** *n* serre *f*; **the g. effect** l'effet *m* de serre

greet [gri:t] *vt (say hello to)* saluer; *(welcome)* accueillir ▪ **greeting** *n* accueil *m*; **greetings** *(for birthday, festival)* vœux *mpl*

gregarious [grɪ'geərɪəs] *adj* sociable

grenade [grə'neɪd] *n (bomb)* grenade *f*

grew [gru:] *pt of* **grow**

grey [greɪ] **1** *adj* (**-er, -est**) gris; **to be going g.** grisonner **2** *n* gris *m* **3** *vi (of hair)* grisonner ▪ **grey-haired** *adj* aux cheveux gris ▪ **greyhound** *n* lévrier *m*

grid [grɪd] *n (bars)* grille *f*; *(on map)* quadrillage *m*

griddle ['grɪdəl] *n (for cooking)* tôle *f*

gridlock ['grɪdlɒk] *n (traffic jam)* embouteillage *m*

grief [gri:f] *n* chagrin *m*; **to come to g.** échouer

grievance ['gri:vəns] *n* grief *m*; **grievances** *(complaints)* doléances *fpl*

grieve [gri:v] **1** *vt* affliger **2** *vi* **to g. for sb/over sth** pleurer qn/qch

grill [grɪl] **1** *n (utensil)* gril *m*; *(dish)* grillade *f* **2** *vt* griller

grille [grɪl] *n (bars)* grille *f*

grim [grɪm] (**grimmer, grimmest**) *adj (stern)* sinistre; *Fam (bad)* lamentable

grimace ['grɪməs] **1** *n* grimace *f* **2** *vi* grimacer

grime [graɪm] *n* crasse *f* ▪ **grimy** (**-ier, -iest**) *adj* crasseux, -euse

grin [grɪn] **1** *n* large sourire *m* **2** (*pt & pp* **-nn-**) *vi* avoir un large sourire

grind [graɪnd] **1** *n Fam (work)* corvée *f* **2** (*pt & pp* **ground**) *vt (coffee, pepper)* moudre; *Am (meat)* hacher **3** *vi* **to g. to a halt** s'immobiliser ▪ **grinder** *n* **coffee g.** moulin *m* à café

grip [grɪp] **1** *n (hold)* prise *f*; *(handle)* poignée *f*; *Fig* **to get to grips with sth** s'attaquer à qch **2** (*pt & pp* **-pp-**) *vt (seize)* saisir; *(hold)* empoigner; **the audience was gripped by the play** la pièce a captivé les spectateurs ▪ **gripping** *adj* passionnant

grisly ['grɪzlɪ] *adj (gruesome)* horrible

gristle ['grɪsəl] *n (in meat)* nerfs *mpl*

grit [grɪt] **1** *n (sand)* sable *m*; *(gravel)* gravillons *mpl* **2** (*pt & pp* **-tt-**) *vt* (**a**) *(road)* sabler (**b**) **to g. one's teeth** serrer les dents

groan [grəʊn] **1** *n (of pain)* gémissement *m*; *(of dissatisfaction)* grognement *m* **2** *vi (with pain)* gémir; *(complain)* grogner

grocer ['grəʊsə(r)] *n* épicier, -ère *mf*; **g.'s (shop)** épicerie *f* ▪ **groceries** *npl (food)* provisions *fpl* ▪ **grocery** (*pl* **-ies**) *n Am (shop)* épicerie *f*

groin [grɔɪn] *n* aine *f*

groom [gru:m] **1** *n* (**a**) *(bridegroom)* marié *m* (**b**) *(for horses)* lad *m* **2** *vt (horse)* panser; **to g. sb for sth** préparer qn pour qch

groove [gru:v] *n (in wood, metal)* rainure *f*; *(in record)* sillon *m*

grope [grəʊp] *vi* **to g. (about) for sth** chercher qch à tâtons

gross [grəʊs] **1** *adj* (**a**) *(total) (weight, income, profit)* brut (**b**) (**-er, -est**) *(coarse)* grossier, -ère; *(injustice)* flagrant **2** *n inv* grosse *f* **3** *vt* gagner brut ▪ **grossly** *adv (negligent)* extrêmement; *(exaggerated)* grossièrement; *(unfair)* vraiment

grotesque [grəʊ'tesk] *adj* grotesque

grotto ['grɒtəʊ] (*pl* **-oes** *or* **-os**) *n* grotte *f*

grotty ['grɒtɪ] (**-ier, -iest**) *adj Br Fam* minable

ground[1] [graʊnd] **1** *n (earth)* terre *f*, sol *m*; *(land)* terrain *m*; *(estate)* terres *fpl*; **grounds** *(gardens)* parc *m*; *Fig (reasons)* motifs *mpl*; **on the g.** *(lying, sitting)* par terre; **to gain/lose g.**

gagner/perdre du terrain; *Br* **g. floor** rez-de-chaussée *m inv*
2 *vt (aircraft)* interdire de vol ▪ **grounding** *n (basic knowledge)* bases *fpl* (**in** de) ▪ **groundless** *adj* sans fondement ▪ **groundsheet** *n* tapis *m* de sol ▪ **groundwork** *n* travail *m* préparatoire

ground² [graʊnd] **1** *pt & pp of* **grind 2** *adj (coffee)* moulu; *Am* **g. meat** viande *f* hachée **3** *npl* **(coffee) grounds** marc *m* (de café)

group [gru:p] **1** *n* groupe *m* **2** *vt* **to g. (together)** grouper **3** *vi* se grouper ▪ **grouping** *n (group)* groupe *m*

grovel ['grɒvəl] (*Br* **-ll-**, *Am* **-l-**) *vi (be humble)* ramper, s'aplatir (**to** devant)

grow [grəʊ] **1** (*pt* **grew**, *pp* **grown**) *vt (vegetables)* cultiver; **to g. a beard** se laisser pousser la barbe **2** *vi (of person)* grandir; *(of plant, hair)* pousser; *(of economy, feeling)* croître; *(of firm, town)* se développer; *(of gap, family)* s'agrandir; **to g. to like sth** finir par aimer qch; **when I g. up** quand je serai grand; **it'll g. on you** *(of music, book)* tu finiras par t'y intéresser ▪ **grower** *n (person)* cultivateur, -trice *mf* (**of** de) ▪ **growing** *adj (child)* en pleine croissance; *(number, discontent)* grandissant

growl [graʊl] **1** *n* grognement *m* **2** *vi* grogner (**at** contre)

grown [grəʊn] **1** *pp of* **grow 2** *adj (man, woman)* adulte

grown-up ['grəʊnʌp] **1** *n* grande personne *f* **2** *adj (ideas, behaviour)* d'adulte

growth [grəʊθ] *n* croissance *f*; *(increase)* augmentation *f* (**in** de); *(lump)* grosseur *f* (**on** à)

grub [grʌb] *n* (**a**) *Fam (food)* bouffe *f* (**b**) *(insect)* larve *f*

grubby ['grʌbɪ] (**-ier, -iest**) *adj* sale

grudge [grʌdʒ] **1** *n* rancune *f*; **to have a g. against sb** garder rancune à qn **2** *vt* **to g. sb sth** *(give)* donner qch à qn à contrecœur ▪ **grudgingly** *adv* à contrecœur

gruelling ['grʊəlɪŋ] (*Am* **grueling**) *adj (journey, experience)* épuisant

gruesome ['gru:səm] *adj* horrible

gruff [grʌf] (**-er, -est**) *adj* bourru

grumble ['grʌmbəl] *vi (complain)* grommeler; **to g. about sth** rouspéter contre qch

grumpy ['grʌmpɪ] (**-ier, -iest**) *adj* grincheux, -euse

grunt [grʌnt] **1** *n* grognement *m* **2** *vti* grogner

guarantee [gærən'ti:] **1** *n* garantie *f* **2** *vt* garantir (**against** contre); *(vouch for)* se porter garant de; **to g. sb that…** garantir à qn que…

guard [gɑ:d] **1** *n (supervision)* garde *f*; *(sentry)* garde *m*; *(on train)* chef *m* de train; **under g.** sous surveillance; **on one's g.** sur ses gardes; **on g. (duty)** de garde; **to catch sb off (his/her) g.** prendre qn au dépourvu **2** *vt (protect)* garder **3** *vt insep* **to g. against** *(protect oneself)* se prémunir contre; *(prevent)* empêcher; **to g. against doing sth** se garder de faire qch

guardian ['gɑ:dɪən] *n (of child)* tuteur, -trice *mf*; *(protector)* gardien, -enne *mf*

guerilla, guerrilla [gə'rɪlə] *n (person)* guérillero *m*

guess [ges] **1** *n (estimate)* estimation *f*; **to make** *or* **take a g.** deviner; **at a g.** à vue de nez **2** *vt* deviner (**that** que); *(suppose)* supposer, croire **3** *vi* deviner; **I g. (so)** je crois ▪ **guesswork** *n* conjecture *f*; **by g.** au jugé

guest [gest] *n* invité, -e *mf*; *(in hotel)* client, -e *mf*; *(at meal)* convive *mf*; **g. room** chambre *f* d'amis; **g. speaker** conférencier, -ère *mf* ▪ **guesthouse** *n* pension *f* de famille

guidance ['gaɪdəns] *n (advice)* conseils *mpl*

guide [gaɪd] **1** *n (person)* guide *m*; *(indication)* indication *f*; **g. (book)** guide *m*; *Br* **(Girl) G.** éclaireuse *f*; **g. dog** chien *m* d'aveugle **2** *vt (lead)* guider ▪ **guided** *adj (missile)* guidé; **g. tour** visite *f* guidée ▪ **guidelines** *npl* directives *fpl*

guild [gɪld] *n* association *f*

guilt [gɪlt] *n* culpabilité *f* ▪ **guilty** (**-ier, -iest**) *adj* coupable; **to find sb g./not g.** déclarer qn coupable/non coupable

guinea ['gɪnɪ] *n* **g. pig** *(animal) & Fig* cobaye *m*

guise [gaɪz] *n* **under the g. of** sous l'apparence de

guitar [gɪ'tɑː(r)] *n* guitare *f* ▪ **guitarist** *n* guitariste *mf*

gulf [gʌlf] *n (in sea)* golfe *m*; *(chasm)* gouffre *m* (**between** entre)

gull [gʌl] *n* mouette *f*

gullible ['gʌlɪbəl] *adj* crédule

gulp [gʌlp] **1** *n (of drink)* gorgée *f*; **in** *or* **at one g.** d'un coup **2** *vt* **to g. (down)** engloutir **3** *vi (with surprise)* avoir la gorge serrée

gum[1] [gʌm] *n (in mouth)* gencive *f*

gum[2] [gʌm] **1** *n* (**a**) *(glue)* colle *f* (**b**) *(for chewing)* chewing-gum *m* **2** *(pt & pp* **-mm-**) *vt* coller

gun [gʌn] **1** *n* pistolet *m*; *(rifle)* fusil *m*; *(firing shells)* canon *m* **2** *(pt & pp* **-nn-**) *vt sep* **to g. down** abattre ▪ **gunfire** *n* coups *mpl* de feu; *(in battle)* tir *m* d'artillerie ▪ **gunpowder** *n* poudre *f* à canon ▪ **gunshot** *n* coup *m* de feu

gurgle ['gɜːgəl] *vi (of water)* gargouiller; *(of baby)* gazouiller

gush [gʌʃ] *vi* **to g. (out)** jaillir (**of** de)

gust [gʌst] **1** *n (of wind)* rafale *f* **2** *vi (of wind)* souffler par rafales

gusto ['gʌstəʊ] *n* **with g.** avec entrain

gut [gʌt] **1** *n (inside body)* intestin *m*; *Fam* **guts** *(insides)* entrailles *fpl*; *(courage)* cran *m* **2** *(pt & pp* **-tt-**) *vt (of fire)* ravager

gutter ['gʌtə(r)] *n (on roof)* gouttière *f*; *(in street)* caniveau *m* ▪ **guttering** *n* gouttières *fpl*

guy [gaɪ] *n Fam (man)* type *m*

guzzle ['gʌzəl] *vt (eat)* engloutir; *(drink)* siffler

gym [dʒɪm] *n (activity)* gym *f*; *(gymnasium)* gymnase *m*; **g. shoes** chaussures *fpl* de gym ▪ **gymnasium** [-'neɪzɪəm] *n* gymnase *m* ▪ **gymnastics** *n* gymnastique *f*

gynaecologist [gaɪnɪ'kɒlədʒɪst] (*Am* **gynecologist**) *n* gynécologue *mf*

gypsy ['dʒɪpsɪ] *n* = **gipsy**

gyrate [dʒaɪ'reɪt] *vi* tournoyer

Hh

H, h [eɪtʃ] *n (letter)* H, h *m inv*; **H bomb** bombe *f* H

habit ['hæbɪt] *n* (**a**) *(custom, practice)* habitude *f*; **to be in/get into the h. of doing sth** avoir/prendre l'habitude de faire qch; **to make a h. of doing sth** avoir pour habitude de faire qch (**b**) *Fam (addiction)* accoutumance *f* (**c**) *(of monk, nun)* habit *m*

habitat ['hæbɪtæt] *n (of animal, plant)* habitat *m*

habitual [hə'bɪtʃʊəl] *adj* habituel, -elle; *(smoker, drunk)* invétéré

hack [hæk] *vt (cut)* tailler

hacker ['hækə(r)] *n Comptr* pirate *m* informatique

hackneyed ['hæknɪd] *adj (saying)* rebattu

had [hæd] *pt & pp of* **have**

haemorrhage ['hemərɪdʒ] (*Am* **hemorrhage**) *n* hémorragie *f*

haemorrhoids ['hemərɔɪdz] (*Am* **hemorrhoids**) *npl Med* hémorroïdes *fpl*

hag [hæg] *n Pej* **(old) h.** vieille taupe *f*

haggard ['hægəd] *adj* hâve

haggle ['hægəl] *vi* marchander; **to h. over the price of sth** chicaner sur le prix de qch ▪ **haggling** *n* marchandage *m*

Hague [heɪg] *n* **The H.** La Haye

hail¹ [heɪl] **1** *n* grêle *f* **2** *vi* **it's hailing** il grêle

hail² [heɪl] **1** *vt (greet)* saluer (**as** comme); *(taxi)* héler **2** *vt insep* **to h. from** *(of person)* être originaire de

hair [heə(r)] *n (on head)* cheveux *mpl*; *(on body, of animal)* poils *mpl*; **a h.** *(on head)* un cheveu; *(on body, of animal)* un poil; **by a h.'s breadth** de justesse ▪ **hairbrush** *n* brosse *f* à cheveux ▪ **haircut** *n* coupe *f* de cheveux; **to have a h.** se faire couper les cheveux ▪ **hairdo** (*pl* **-dos**) *n Fam* coiffure *f* ▪ **hairdresser** *n* coiffeur, -euse *mf* ▪ **hairdryer** *n* sèche-cheveux *m inv* ▪ **hairgrip** *n* pince *f* à cheveux ▪ **hairnet** *n* résille *f* ▪ **hairpin** *n* épingle *f* à cheveux; **h. bend** *(in road)* virage *m* en épingle à cheveux ▪ **hairspray** *n* laque *f* ▪ **hairstyle** *n* coiffure *f*

-haired [heəd] *suff* **long-/red-h.** aux cheveux longs/roux

hairy ['heərɪ] (**-ier, -iest**) *adj (person, animal, body)* poilu

half [hɑːf] **1** (*pl* **halves**) *n* moitié *f*; *(part of match)* mi-temps *f*; *Br (half fare)* demi-tarif *m*; *Br (beer)* demi *m*; **h. (of) the apple** la moitié de la pomme; **h. past one** une heure et demie; **ten and a h.** dix et demi; **h. a dozen** une demi-douzaine; **to cut in h.** couper en deux

2 *adj* demi; **h. board** demi-pension *f*; **h. fare** demi-tarif *m*; **at h. price** à moitié prix

3 *adv (dressed, full, asleep)* à moitié; **h. as much as** moitié moins que ▪ **half-caste** *n* métis, -isse *mf* ▪ **half-day** *n* demi-journée *f* ▪ **half-hearted** *adj (person, manner)* peu enthousiaste ▪ **half-hour** *n* demi-heure *f* ▪ **half-light** *n* demi-jour *m* ▪ **half-open** *adj* entrouvert ▪ **half-price** *adj & adv* à moitié prix ▪ **half-term** *n Br Sch* congé *m* de milieu de trimestre

▪ **half-time** *n (in game)* mi-temps *f* ▪ **halfway** *adv (between places)* à mi-chemin (**between** entre)

hall [hɔːl] *n (room)* salle *f*; *(entrance room)* entrée *f*; *(of hotel)* hall *m*; *(mansion)* manoir *m*; *Br Univ* **h. of residence** résidence *f* universitaire

hallelujah [hælɪ'luːjə] *n & exclam* alléluia *(m)*

hallo [hə'ləʊ] *exclam* = **hello**

Hallowe'en [hæləʊ'iːn] *n* = veille de la Toussaint durant laquelle les enfants se déguisent en fantôme ou en sorcière

hallucination [həluːsɪ'neɪʃən] *n* hallucination *f*

hallway ['hɔːlweɪ] *n* entrée *f*

halo ['heɪləʊ] (*pl* **-oes** *or* **-os**) *n* auréole *f*

halt [hɔːlt] **1** *n* halte *f*; **to come to a h.** s'arrêter **2** *exclam* halte! **3** *vt* arrêter **4** *vi (of soldiers)* faire halte; *(of production)* s'arrêter

halve [hɑːv] *vt (reduce by half)* réduire de moitié; *(divide in two)* diviser en deux

ham [hæm] *n (meat)* jambon *m*; **h. and eggs** œufs *mpl* au jambon

hamburger ['hæmbɜːgə(r)] *n* hamburger *m*

hammer ['hæmə(r)] **1** *n* marteau *m* **2** *vt (nail)* enfoncer (**into** dans); *(metal)* marteler; *Fam (defeat)* écraser; **to h. sth out** *(agreement, plan)* mettre au point qch

hammock ['hæmək] *n* hamac *m*

hamper ['hæmpə(r)] **1** *n Br (for food)* panier *m*; *Am (laundry basket)* panier *m* à linge **2** *vt (hinder)* gêner

hamster ['hæmstə(r)] *n* hamster *m*

hand¹ [hænd] **1** *n* (**a**) *(part of the body)* main *f*; **to hold sth in one's h.** tenir qch à la main; **to hold hands** se tenir par la main; **by h.** *(make, sew)* à la main; **on the one h....** d'une part...; **on the other h....** d'autre part...; **to lend sb a (helping) h.** donner un coup de main à qn; **to get out of h.** *(of child)* devenir impossible; *(of situation)* devenir incontrôlable; **h. in h.** la main dans la main (**b**) *(of clock)* aiguille *f*; *(in card game)* jeu *m*; *(style of writing)* écriture *f*

2 *adj (luggage, grenade)* à main; *(cream, lotion)* pour les mains ▪ **handbag** *n* sac *m* à main ▪ **handball** *n* handball *m* ▪ **handbook** *n (manual)* manuel *m*; *(guide)* guide *m* ▪ **handbrake** *n* frein *m* à main ▪ **handmade** *adj* fait à la main ▪ **handshake** *n* poignée *f* de main ▪ **hands-on** *adj (experience)* pratique ▪ **handwriting** *n* écriture *f* ▪ **handwritten** *adj* écrit à la main

hand² [hænd] *vt (give)* donner (**to** à); **to h. sth in** remettre qch; **to h. sth out** distribuer qch; **to h. sth over** remettre qch; **to h. sth round** faire circuler qch

handful ['hændfʊl] *n (bunch, group)* poignée *f*

handicap ['hændɪkæp] **1** *n (disadvantage, in sport)* handicap *m* **2** (*pt & pp* **-pp-**) *vt* handicaper ▪ **handicapped** *adj (disabled)* handicapé

handicraft ['hændɪkrɑːft] *n (skill)* artisanat *m*

handkerchief ['hæŋkətʃɪf] (*pl* **-chiefs**) *n* mouchoir *m*

handle ['hændəl] **1** *n (of door)* poignée *f*; *(of knife)* manche *m*; *(of cup)* anse *f*; *(of saucepan)* queue *f* **2** *vt (manipulate)* manier; *(touch)* toucher à; *(deal with)* s'occuper de; *(vehicle)* manœuvrer; *(difficult child)* s'y prendre avec

handout ['hændaʊt] *n (leaflet)* prospectus *m*; *(money)* aumône *f*

handsome ['hænsəm] *adj (person, building)* beau (*f* belle); *(profit, sum)* considérable ▪ **handsomely** *adv (generously)* généreusement

handy ['hændɪ] (**-ier, -iest**) *adj (convenient)* commode; *(useful)* pratique; *(skilful)* habile (**at doing** à faire); **to come in h.** être utile; **the flat is h. for the shops** l'appartement est près des commerces ▪ **handyman** (*pl* **-men**) *n* homme *m* à tout faire

hang[1] [hæŋ] **1** *n Fam* **to get the h. of sth** piger qch **2** (*pt & pp* **hung**) *vt* suspendre (**on/from** à); *(on hook)* accrocher (**on** *or* **from** à); *(wallpaper)* poser **3** *vi (dangle)* pendre ▪ **hanging** *adj* suspendu (**from** à); **h. on the wall** accroché au mur ▪ **hang-up** *n Fam* complexe *m*

▸**hang about, hang around** *vi (loiter)* traîner; *Fam (wait)* poireauter

▸**hang down** *vi (dangle)* pendre

▸**hang on** *vi (hold out)* tenir le coup; *Fam (wait)* patienter; **to h. on to sth** garder qch

▸**hang out 1** *vt sep (washing)* étendre **2** *vi (from pocket, box)* dépasser; *Fam (spend time)* traîner

▸**hang together** *vi (of facts)* se tenir

▸**hang up 1** *vt sep (picture)* accrocher **2** *vi (on phone)* raccrocher

hang[2] [hæŋ] (*pt & pp* **hanged**) *vt (criminal)* pendre (**for** pour)

hanger ['hæŋə(r)] *n* **(coat) h.** cintre *m*

hang-glider ['hæŋglaɪdə(r)] *n* Deltaplane *m* ▪ **hang-gliding** *n* vol *m* libre

hangover ['hæŋəʊvə(r)] *n Fam* gueule *f* de bois

hankie, hanky ['hæŋkɪ] (*pl* **-ies**) *n Fam* mouchoir *m*

haphazard [hæp'hæzəd] *adj (choice, decision)* pris au hasard

happen ['hæpən] *vi* arriver, se produire; **to h. to sb** arriver à qn; **do you h. to have...?** est-ce que par hasard vous avez...?

happily ['hæpɪlɪ] *adv* joyeusement; *(contentedly)* tranquillement; *(fortunately)* heureusement

happiness ['hæpɪnəs] *n* bonheur *m*

happy ['hæpɪ] (**-ier, -iest**) *adj* heureux, -euse (**to do** de faire; **about** de); **H. New Year!** bonne année!; **H. Christmas!** joyeux Noël!; **h. birthday!** joyeux anniversaire! ▪ **happy-go-lucky** *adj* insouciant

harass [*Br* 'hærəs, *Am* hə'ræs] *vt* harceler ▪ **harassment** *n* harcèlement *m*

harbour ['hɑːbə(r)] (*Am* **harbor**) **1** *n* port *m* **2** *vt (fugitive)* cacher; *(hope, suspicion)* nourrir

hard [hɑːd] (**-er, -est**) **1** *adj (not soft, severe)* dur; *(difficult)* difficile, dur; *(water)* calcaire; **to be h. on sb** être dur avec qn; **to be h. of hearing** être dur d'oreille; *Fam* **h. up** *(broke)* fauché; *Comptr* **h. disk** disque *m* dur; **h. drugs** drogues *fpl* dures; **h. shoulder** *(on motorway)* bande *f* d'arrêt d'urgence

2 *adv (work)* dur; *(pull, push, hit)* fort; *(study)* assidûment; *(rain)* à verse; **to think h.** réfléchir bien; **to try h.** faire de son mieux; **h. at work** en plein travail ▪ **hardback** *n* livre *m* relié ▪ **hardboard** *n* aggloméré *m* ▪ **hard-boiled** *adj (egg)* dur ▪ **hard-earned** *adj (money)* durement gagné; *(rest)* bien mérité ▪ **hard-wearing** *adj* résistant ▪ **hard-working** *adj* travailleur, -euse

harden ['hɑːdən] **1** *vt* endurcir; **to become hardened to sth** s'endurcir à qch **2** *vi (of substance, attitude)* durcir

hardly ['hɑːdlɪ] *adv* à peine; **I had h. arrived when...** j'étais à peine arrivé que...; **h. anyone/anything** presque personne/rien; **h. ever** presque jamais

hardware ['hɑːdweə(r)] *n inv* quincaillerie *f*; *Comptr & Mil* matériel *m*

hardy ['hɑːdɪ] (**-ier, -iest**) *adj* résistant

hare [heə(r)] *n* lièvre *m*

harm [hɑːm] **1** *n (hurt)* mal *m*; *(wrong)* tort *m*; **to do sb h.** faire du mal à qn **2** *vt (physically)* faire du mal à; *(health, interests, cause)* nuire à; *(object)* abîmer ▪ **harmful** *adj (influence)* néfaste; *(substance)* nocif, -ive ▪ **harmless** *adj (person)* inoffensif, -ive; *(hobby, joke)* innocent

harmonica [hɑː'mɒnɪkə] *n* harmonica *m*

harmonious [hɑː'məʊnɪəs] *adj* harmonieux, -euse

harmonize ['hɑːmənaɪz] **1** *vt* harmoniser **2** *vi* s'harmoniser

harmony ['hɑːmənɪ] (*pl* **-ies**) *n* harmonie *f*

harness ['hɑːnɪs] **1** *n (for horse, baby)* harnais *m* **2** *vt (horse)* harnacher; *Fig (resources)* exploiter

harp [hɑːp] **1** *n* harpe *f* **2** *vi Fam* **to h. on about sth** revenir sans arrêt sur qch

harrowing ['hærəʊɪŋ] *adj (story)* poignant; *(experience)* très éprouvant

harsh [hɑːʃ] (**-er, -est**) *adj (person, treatment)* dur; *(winter, climate)* rude; *(sound, voice)* strident; *(light)* cru; **to be h. with sb** être dur envers qn

harvest ['hɑːvɪst] **1** *n* moisson *f*; *(of fruit)* récolte *f* **2** *vt* moissonner; *(fruit)* récolter

has [hæz] *see* **have**

has-been ['hæzbiːn] *n Fam Pej* has been *mf inv*

hashish ['hæʃiːʃ] *n* haschisch *m*

hassle ['hæsəl] *n Fam* embêtements *mpl*

haste [heɪst] *n* hâte *f*; **in h.** à la hâte; **to make h.** se hâter

hasten ['heɪsən] **1** *vt* hâter **2** *vi* se hâter (**to do** de faire)

hasty ['heɪstɪ] (**-ier, -iest**) *adj (departure)* précipité; *(visit)* rapide; *(decision)* hâtif, -ive ▪ **hastily** *adv (write, prepare)* hâtivement; *(say)* précipitamment

hat [hæt] *n* chapeau *m*; *(of child)* bonnet *m*

hatch [hætʃ] **1** *n Br (in kitchen)* passe-plat *m* **2** *vt* faire éclore; *Fig (plot)* tramer **3** *vi (of chick, egg)* éclore

hatchback ['hætʃbæk] *n (car) (three-door)* trois-portes *f inv*; *(five-door)* cinq-portes *f inv*

hate [heɪt] **1** *n* haine *f* **2** *vt* haïr, détester; **to h. doing** *or* **to do sth** détester faire qch ▪ **hateful** *adj* odieux, -euse

hatred ['heɪtrɪd] *n* haine *f*

haughty ['hɔːtɪ] (**-ier, -iest**) *adj* hautain

haul [hɔːl] **1** *n (fish caught)* prise *f*; *(of thief)* butin *m*; **a long h.** *(trip)* un long voyage **2** *vt (pull)* tirer

haunt [hɔːnt] **1** *n (place)* lieu *m* de rendez-vous; *(of criminal)* repaire *m* **2** *vt* hanter ▪ **haunted** *adj (house)* hanté

HAVE [hæv] **1** (*3rd person sing present tense* **has,** *pt & pp* **had,** *pres p* **having**) *vt* avoir; *(meal, bath, lesson)* prendre; **he has (got) a big house** il a une grande maison; **she doesn't h.** *or* **hasn't got a car** elle n'a pas de voiture; **to h. a drink** prendre un verre; **to h. a walk/dream** faire une promenade/un rêve; **to h. a wash** se laver; **to h. a pleasant holiday** passer d'agréables vacances; **to h. flu** avoir la grippe; **will you h. some tea?** est-ce que tu veux du thé?; **to let sb h. sth** donner qch à qn; *Fam* **you've had it!** tu es fichu!; *Fam* **I've been had** *(cheated)* je me suis fait avoir; **to h. gloves/a dress on** porter des gants/une robe; **to h. sb over** *or* **round** inviter qn chez soi

2 *v aux* avoir; *(with entrer, monter, sortir etc & pronominal verbs)* être; **to h. decided** avoir décidé; **to h. gone** être allé; **to h. cut oneself** s'être coupé; **she has been punished** elle a été punie, on l'a punie; **I've got to go, I h. to go** je dois partir, il faut que je parte; **I don't h. to go** je ne suis pas obligé de partir; **to h. sb do sth** faire faire qch à qn; **to h. one's hair cut** se faire couper les cheveux; **he's had his suitcase brought up** il a fait monter sa valise; **I've had my car stolen** on m'a volé mon auto; **I've been doing it for months** je le fais depuis des mois; **you h. told him, haven't you?** tu le lui as dit, n'est-ce pas?; **you've seen this film before – no I haven't!** tu as déjà vu ce film – mais non!; **you haven't done the dishes – yes I h.!** tu n'as pas fait la vaisselle – mais si, je l'ai faite!; **after he had eaten** *or* **after having eaten, he left** après avoir mangé, il partit

▸**have on** *vt sep* (**a**) *(be wearing)* porter (**b**) *Br Fam (fool)* **to h. sb on** faire marcher qn (**c**) *(have arranged)* **to h. a lot on** avoir beaucoup à faire; **to h. nothing on** n'avoir rien de prévu

▸**have out** *vt sep* (**a**) *(have removed)* **to h. a tooth out** se faire arracher une dent (**b**) *(resolve)* **to h. it out with sb** s'expliquer avec qn

haven ['heɪvən] *n* refuge *m*

haven't ['hævənt] = **have not**

havoc ['hævək] *n* ravages *mpl*; **to wreak** *or* **cause h.** faire des ravages

hawk [hɔːk] *n* faucon *m*

hay [heɪ] *n* foin *m* ▪ **hayfever** *n* rhume *m* des foins ▪ **haystack** *n* meule *f* de foin

haywire ['heɪwaɪə(r)] *adj* **to go h.** *(of machine)* se détraquer; *(of plan)* mal tourner

hazard ['hæzəd] **1** *n* risque *m*; *Br Aut* **h. (warning) lights** feux *mpl* de détresse **2** *vt (remark)* risquer ▪ **hazardous** *adj* dangereux, -euse

haze [heɪz] *n* brume *f*

hazelnut ['heɪzəlnʌt] *n* noisette *f*

hazy ['heɪzɪ] (**-ier, -iest**) *adj (weather)* brumeux, -euse; *(photo, idea)* flou

he [hiː] **1** *pron* il; *(stressed)* lui; **he's a happy man** c'est un homme heureux; **he and I** lui et moi **2** *n Fam* **it's a he** *(baby)* c'est un garçon

head [hed] **1** *n (of person, hammer)* tête *f*; *(leader)* chef *m*; *Br (of school)* directeur, -trice *mf*; *(of bed)* chevet *m*, tête *f*; **h. of hair** chevelure *f*; **h. of state** chef *m* d'État; **h. first** la tête la première; **at the h. of** *(in charge of)* à la tête de; **it didn't enter my h.** ça ne m'est pas venu à l'esprit (**that** que); **heads or tails?** pile ou face?; **per h., a h.** *(each)* par personne

2 *adj* **h. office** siège *m* social; **h. waiter** maître *m* d'hôtel

3 *vt (group, firm)* être à la tête de; *(list, poll)* être en tête de; **to h. sb off** détourner qn de son chemin; **to h. sth off** éviter qch

4 *vi* **to h. for, to be heading for** *(place)* se diriger vers ▪ **headache** *n* mal *m* de tête; *Fig (problem)* casse-tête *m inv*; **to have a h.** avoir mal à la tête ▪ **headlamp, headlight** *n (of vehicle)* phare *m* ▪ **headline** *n (of newspaper, TV news)* titre *m* ▪ **headlong** *adv (fall)* la tête la première; *(rush)* tête baissée ▪ **headmaster** *n Br (of school)* directeur *m* ▪ **headmistress** *n Br (of school)* directrice *f* ▪ **head-on** *adv & adj* de front ▪ **headphones** *npl* écouteurs *mpl* ▪ **headquarters** *npl (of company, political party)* siège *m* (social); *(of army, police)* quartier *m* général, QG *m* ▪ **headrest** *n* appuie-tête *m inv* ▪ **headscarf** (*pl* **-scarves**) *n* foulard *m* ▪ **headstrong** *adj* têtu

headed ['hedɪd] *adj Br* **h. (note)paper** papier *m* à en-tête

header ['hedə(r)] *n (in football)* (coup *m* de) tête *f*

heading ['hedɪŋ] *n (of chapter, page)* titre *m*; *(of subject)* rubrique *f*; *(printed on letter)* en-tête *m*

heady ['hedɪ] (**-ier, -iest**) *adj (wine, perfume)* capiteux, -euse; *(atmosphere)* enivrant

heal [hiːl] **1** *vt (wound)* cicatriser **2** *vi* **to h. (up)** *(of wound)* cicatriser

health [helθ] *n* santé *f*; **in good/bad h.** en bonne/mauvaise santé; **h. food shop** *or Am* **store** magasin *m* de produits biologiques; **h. resort** station *f* climatique; *Br* **the (National) H. Service** ≃ la Sécurité sociale

healthy ['helθɪ] (**-ier, -iest**) *adj (person)* en bonne santé; *(food, attitude)* sain; *(appetite)* robuste

heap [hiːp] **1** *n* tas *m*; *Fam* **heaps of** *(money, people)* des tas de **2** *vt* entasser; **to h. sth on sb** *(praise, gifts)* couvrir qn de qch; *(insults, work)* accabler qn de qch

hear [hɪə(r)] (*pt & pp* **heard** [hɜːd]) **1** *vt* entendre; *(listen to)* écouter; *(learn)* apprendre (**that** que); **I heard him come** *or* **coming** je l'ai entendu venir; **have you heard the news?** connais-tu la nouvelle?; **h., h.!** bravo!

2 *vi* entendre; **to h. from sb** avoir des nouvelles de qn; **I've heard of him** j'ai entendu parler de lui

hearing ['hɪərɪŋ] *n* (**a**) *(sense)* ouïe *f*; **h. aid** audiophone *m* (**b**) *(of committee)* séance *f*; *(inquiry)* audition *f*

hearse [hɜːs] *n* corbillard *m*

heart [hɑ:t] *n* cœur *m*; **hearts** *(in card games)* cœur *m*; **(off) by h.** *(know)* par cœur; **at h.** au fond; **h. attack** crise *f* cardiaque ▪ **heartache** *n* chagrin *m* ▪ **heartbeat** *n* battement *m* de cœur ▪ **heartbreaking** *adj* navrant ▪ **heartbroken** *adj* inconsolable

heartening ['hɑ:tənɪŋ] *adj* encourageant

hearth [hɑ:θ] *n* foyer *m*

hearty ['hɑ:tɪ] (**-ier, -iest**) *adj (appetite, meal)* gros (*f* grosse)

heat [hi:t] **1** *n* (**a**) chaleur *f*; *(heating)* chauffage *m*; *(of oven)* température *f*; **on a low h.** *(cook)* à feu doux; **h. wave** vague *f* de chaleur (**b**) *(in competition)* éliminatoire *f* **2** *vti* **to h. (up)** chauffer ▪ **heated** *adj (swimming pool)* chauffé; *(argument)* animé ▪ **heating** *n* chauffage *m*

heater ['hi:tə(r)] *n* radiateur *m*

heath [hi:θ] *n (land)* lande *f*

heather ['heðə(r)] *n* bruyère *f*

heave [hi:v] *vt (lift)* soulever avec effort; *(pull)* tirer fort; *Fam (throw)* balancer

heaven ['hevən] *n* paradis *m*, ciel *m*; *Fam* **good heavens!** mon Dieu!

heavily ['hevɪlɪ] *adv (walk, tax)* lourdement; *(breathe)* bruyamment; *(smoke, drink)* beaucoup; **h. in debt** lourdement endetté; **to rain h.** pleuvoir à verse; **to be h. defeated** subir une lourde défaite

heavy ['hevɪ] (**-ier, -iest**) *adj* lourd; *(work, cold)* gros (*f* grosse); *(blow)* violent; *(rain)* fort; *(traffic)* dense; *(timetable, schedule)* chargé; **to be a h. drinker/smoker** boire/fumer beaucoup ▪ **heavyweight** *n (in boxing)* poids *m* lourd; *Fig* personnage *m* important

Hebrew ['hi:bru:] *n (language)* hébreu *m*

heck [hek] *n Fam* zut!; **a h. of a lot** des masses (**of** de)

heckle ['hekəl] *vt* interpeller ▪ **heckling** *n* chahut *m*

hectic ['hektɪk] *adj (busy)* agité; *(eventful)* mouvementé

he'd [hi:d] = **he had, he would**

hedge [hedʒ] **1** *n (in garden, field)* haie *f* **2** *vi (answer evasively)* ne pas se mouiller

hedgehog ['hedʒhɒg] *n* hérisson *m*

hedgerow ['hedʒrəʊ] *n Br* haie *f*

heed [hi:d] **1** *n* **to pay h. to sth, to take h. of sth** tenir compte de qch **2** *vt* tenir compte de

heel [hi:l] *n (of foot, shoe)* talon *m*

hefty ['heftɪ] (**-ier, -iest**) *adj (large, heavy)* gros (*f* grosse); *(person)* costaud

height [haɪt] *n* hauteur *f*; *(of person)* taille *f*; *(of mountain, aircraft)* altitude *f*; **the h. of** *(success, fame, glory)* l'apogée *m* de; *(folly)* le comble de; **at the h. of** *(summer, storm)* au cœur de

heighten ['haɪtən] *vt (tension, interest)* augmenter

heir [eə(r)] *n* héritier *m*; **to be h. to sth** être l'héritier de qch ▪ **heiress** *n* héritière *f* ▪ **heirloom** *n* **a family h.** un objet de famille

held [held] *pt & pp of* **hold**

helicopter ['helɪkɒptə(r)] *n* hélicoptère *m* ▪ **heliport** *n* héliport *m*

hell [hel] *n* enfer *m*; *Fam* **a h. of a lot (of)** énormément (de); *Fam* **what the h. are you doing?** qu'est-ce que tu fous?

he'll [hi:l] = **he will**

hello [hə'ləʊ] *exclam* bonjour!; *(answering phone)* allô!

helm [helm] *n (of ship)* barre *f*

helmet ['helmɪt] *n* casque *m*

help [help] **1** *n* aide *f*; *Br (cleaning woman)* femme *f* de ménage; *(office or shop workers)* employés, -es *mfpl*; **with the h. of sth** à l'aide de qch; **h.!** au secours!

2 *vt* aider; **to h. sb do** *or* **to do sth** aider qn à faire qch; **to h. oneself (to sth)** se servir (de qch); **to h. sb out** aider qn; **I can't h. laughing** je ne peux pas m'empêcher de rire

3 *vi* aider ▪ **helper** *n* assistant, -e *mf* ▪ **helping** *n (serving)* portion *f*

helpful ['helpfəl] *adj (person)* serviable; *(useful)* utile

helpless ['helpləs] *adj (powerless)* impuissant

helpline ['helplaɪn] *n* service *m* d'assistance téléphonique

hem [hem] **1** *n* ourlet *m* **2** *(pt & pp* **-mm-**) *vt (garment)* ourler; **to be hemmed in** *(surrounded)* être cerné (**by** de)

hemisphere ['hemɪsfɪə(r)] *n* hémisphère *m*

hemorrhage ['hemərɪdʒ] *n Am* = **haemorrhage**

hemorrhoids ['hemərɔɪdz] *npl Am* = **haemorrhoids**

hen [hen] *n* poule *f*

hence [hens] *adv* (**a**) *(thus)* d'où (**b**) *(from now)* **ten years h.** d'ici dix ans

her [hɜː(r)] **1** *pron* la, l'; *(after prep, 'than', 'it is')* elle; **(to) h.** *(indirect)* lui; **I saw h.** je l'ai vue; **I gave it (to) h.** je le lui ai donné **2** *possessive adj* son, sa, *pl* ses

herb [*Br* hɜːb, *Am* ɜːb] *n* herbe *f* aromatique ▪ **herbal** *adj* **h. tea** tisane *f*

herd [hɜːd] **1** *n* troupeau *m* **2** *vt (cattle, people)* rassembler

here [hɪə(r)] **1** *adv* ici; **h. it/he is** le voici; **h. she comes!** la voilà!; **h. is a good example** voici un bon exemple; **I won't be h. tomorrow** je ne serai pas là demain; **h. and there** çà et là; **h. you are!** *(take this)* tenez! **2** *exclam* **h.!** *(giving sb sth)* tenez! ▪ **hereabouts** *adv* par ici

hereditary [hɪ'redɪtərɪ] *adj* héréditaire

heritage ['herɪtɪdʒ] *n* patrimoine *m*

hero ['hɪərəʊ] *(pl* **-oes**) *n* héros *m* ▪ **heroic** *adj* héroïque ▪ **heroine** *n* héroïne *f*

heroin ['herəʊɪn] *n (drug)* héroïne *f*

heron ['herən] *n* héron *m*

herring ['herɪŋ] *n* hareng *m*

hers [hɜːz] *possessive pron* le sien, la sienne, *pl* les sien(ne)s; **this hat is h.** ce chapeau est à elle *ou* est le sien; **a friend of h.** un ami à elle

herself [hɜː'self] *pron* elle-même; *(reflexive)* se, s'; *(after prep)* elle; **she cut h.** elle s'est coupée

hesitant ['hezɪtənt] *adj* hésitant

hesitate ['hezɪteɪt] **1** *vt* **to h. to do sth** hésiter à faire qch **2** *vi* hésiter (**over** *or* **about** sur) ▪ **hesitation** *n* hésitation *f*

heterosexual [hetərə'seksʃʊəl] *adj & n* hétérosexuel, -elle *(mf)*

hexagon ['heksəgən] *n* hexagone *m*

hey [heɪ] *exclam (calling sb)* hé!, ohé!; *(expressing surprise, annoyance)* ho!

hi [haɪ] *exclam Fam* salut!

hibernate ['haɪbəneɪt] *vi* hiberner

hiccup, hiccough ['hɪkʌp] **1** *n* hoquet *m*; *Fig (in plan)* accroc *m*; **to have (the) hiccups** *or* **(the) hiccoughs** avoir le hoquet **2** *vi* hoqueter

hide[1] [haɪd] *(pt* **hid** [hɪd], *pp* **hidden** [hɪdən]) **1** *vt* cacher (**from** à) **2** *vi* **to h. (away** *or* **out)** se cacher (**from** de)

hide[2] [haɪd] *n (skin)* peau *f* ▪ **hide-and-seek** *n* **to play h.** jouer à cache-cache

hideaway ['haɪdəweɪ] *n* cachette *f*

hideous ['hɪdɪəs] *adj (ugly)* hideux, -euse; *(horrific)* horrible

hide-out ['haɪdaʊt] *n* cachette *f*

hiding[1] ['haɪdɪŋ] *n* **to go into h.** se cacher; **h. place** cachette *f*

hiding[2] ['haɪdɪŋ] *n Fam* **a good h.** *(thrashing)* une bonne raclée

hierarchy ['haɪərɑːkɪ] *(pl* **-ies**) *n* hiérarchie *f*

hi-fi ['haɪfaɪ] **1** *n (system, equipment)* chaîne *f* hi-fi **2** *adj* hi-fi *inv*

high [haɪ] **1** (**-er, -est**) *adj* haut; *(speed)* grand; *(price, standards)* élevé; *(number, ideal)* grand, élevé; *(voice, tone)* aigu (*f* aiguë); *Fam (on drugs)* défoncé; **to be 5 metres h.** avoir 5 mètres de haut; **it is h. time that you went** il est grand temps que tu y ailles; **h. jump** *(sporting event)* saut *m* en hauteur; **h. school** ≃ lycée *m*; *Br* **h. street** grand-rue *f*; **h. tide** marée *f* haute

2 *adv* **h. (up)** *(fly, throw, aim)* haut

3 *n* **a new h., an all-time h.** *(peak)* un nouveau record ▪ **highchair** *n* chaise *f* haute ▪ **high-class** *adj (service)* de premier ordre; *(person)* raffiné ▪ **high-powered** *adj (engine, car)* très puissant; *(job)* à hautes responsabilités ▪ **high-profile** *adj (person)* très en vue; *(campaign)* de grande envergure ▪ **high-rise** *adj Br* **h. building** tour *f* ▪ **high-speed** *adj* ultrarapide; **h. train** train *m* à grande vitesse ▪ **high-tech** *adj (appliance)* perfectionné; *(industry)* de pointe

highbrow ['haɪbraʊ] *adj & n* intellectuel, -elle *(mf)*

higher ['haɪə(r)] **1** *adj (number, speed, quality)* supérieur (**than** à); **h. education** enseignement *m* supérieur **2** *adv (fly, aim)* plus haut (**than** que)

highlands ['haɪləndz] *npl* régions *fpl* montagneuses

highlight ['haɪlaɪt] **1** *n (of visit, day)* point *m* culminant; *(of show)* clou *m*; *(in hair)* reflet *m* **2** *vt* souligner; *(with marker)* surligner

highly ['haɪlɪ] *adv (very)* très; *(recommend)* chaudement; **h. paid** très bien payé; **to speak h. of sb** dire beaucoup de bien de qn; *Br* **h. strung** hypersensible

Highness ['haɪnɪs] *n* **His/Her Royal H.** Son Altesse *f*

highway ['haɪweɪ] *n Am (motorway)* autoroute *f*; *Br* **H. Code** code *m* de la route

hijack ['haɪdʒæk] **1** *n* détournement *m* **2** *vt (plane)* détourner ▪ **hijacker** *n (of plane)* pirate *m* de l'air

hike [haɪk] **1** *n (walk)* randonnée *f* **2** *vi* faire de la randonnée ▪ **hiker** *n* randonneur, -euse *mf*

hilarious [hɪ'leərɪəs] *adj* hilarant

hill [hɪl] *n* colline *f*; *(slope)* pente *f* ▪ **hillside** *n* **on the h.** à flanc de coteau ▪ **hilly** (**-ier, -iest**) *adj* vallonné

him [hɪm] *pron* le, l'; *(after prep, 'than', 'it is')* lui; **(to) h.** *(indirect)* lui; **I saw h.** je l'ai vu; **I gave it (to) h.** je le lui ai donné

himself [hɪm'self] *pron* lui-même; *(reflexive)* se, s'; *(after prep)* lui; **he cut h.** il s'est coupé

hind [haɪnd] *adj* **h. legs** pattes *fpl* de derrière

hinder ['hɪndə(r)] *vt (obstruct)* gêner; *(delay)* retarder; **to h. sb from doing sth** empêcher qn de faire qch ▪ **hindrance** *n* obstacle *m*

hindsight ['haɪndsaɪt] *n* **with h.** avec le recul

Hindu ['hɪndu:] **1** *adj* hindou **2** *n* Hindou, -e *mf*

hinge [hɪndʒ] **1** *n* gond *m*, charnière *f* **2** *vt insep* **to h. on** *(depend on)* dépendre de

hint [hɪnt] **1** *n (insinuation)* allusion *f*; *(sign)* signe *m*; *(clue)* indice *m* **2** *vt* laisser entendre (**that** que) **3** *vt insep* **to h. at sb/sth** faire allusion à qn/qch

hip [hɪp] *n* hanche *f*

hippie ['hɪpɪ] *n* hippie *mf*

hippopotamus [hɪpə'pɒtəməs] *n* hippopotame *m*

hire ['haɪə(r)] **1** *n* location *f*; **for h.** à louer; *Br (sign on taxi)* 'libre'; **on h.** en location; *Br* **on h. purchase** à crédit **2** *vt (vehicle)* louer; *(worker)* engager; **to h. sth out** louer qch

his [hɪz] **1** *possessive pron* le sien, la sienne, *pl* les sien(ne)s; **this hat is h.** ce chapeau est à lui *ou* est le sien; **a friend of h.** un ami à lui **2** *possessive adj* son, sa, *pl* ses

Hispanic [hɪ'spænɪk] *Am* **1** *adj* hispano-américain **2** *n* Hispano-Américain, -e *mf*

hiss [hɪs] **1** *n* sifflement *m*; **hisses** *(booing)* sifflets *mpl* **2** *vti* siffler

history ['hɪstərɪ] (*pl* **-ies**) *n (study, events)* histoire *f*; **medical h.** antécédents *mpl* médicaux ▪ **historian** *n* historien, -enne *mf* ▪ **historic(al)** [hɪ'stɒrɪk(əl)] *adj* historique

hit [hɪt] **1** *n (blow)* coup *m*; *(in shooting)* tir *m* réussi; *(success)* succès *m*; *Comptr (visit to website)* hit *m*, contact *m*; **h. (song)** hit *m*

2 (*pt & pp* **hit**, *pres p* **hitting**) *vt (beat)* frapper; *(bump into)* heurter; *(reach)* atteindre; *(affect)* toucher; *(problem, difficulty)* rencontrer; *Fam* **to h. it off**

s'entendre bien (**with sb** avec qn)

3 *vi* frapper; **to h. back** riposter (**at** à); **to h. out at sb** *(physically)* frapper qn; *(verbally)* s'en prendre à qn; **to h. (up)on sth** *(solution, idea)* trouver qch ▪ **hit-and-run** *n* **h. driver** chauffard *m* (qui prend la fuite) ▪ **hit-or-miss** *adj (chancy, random)* aléatoire

hitch [hɪtʃ] **1** *n (difficulty)* problème *m*

2 *vt (fasten)* accrocher (**to** à)

3 *vti* **to h. (a ride),** *Br* **to h. a lift** faire du stop (**to** jusqu'à) ▪ **hitchhike** *vi* faire du stop (**to** jusqu'à) ▪ **hitchhiker** *n* auto-stoppeur, -euse *mf* ▪ **hitchhiking** *n* auto-stop *m*

HIV [eɪtʃaɪ'viː] (*abbr* **human immunodeficiency virus**) *n (virus)* VIH *m*; **HIV positive** séropositif, -ive; **HIV negative** séronégatif, -ive

hive [haɪv] **1** *n* ruche *f* **2** *vt* **to h. off** *(separate)* séparer

hoard [hɔːd] **1** *n* réserve *f*; *(of money)* trésor *m* **2** *vt* amasser

hoarding ['hɔːdɪŋ] *n Br (for advertising)* panneau *m* d'affichage

hoarse [hɔːs] (**-er, -est**) *adj* enroué

hoax [həʊks] *n* canular *m*

hob [hɒb] *n (on stove)* plaque *f* chauffante

hobby ['hɒbɪ] (*pl* **-ies**) *n* passe-temps *m inv*

hockey ['hɒkɪ] *n* hockey *m*; *Br (field hockey)* hockey *m* sur gazon; *Am (ice hockey)* hockey *m* sur glace; **h. stick** crosse *f* de hockey

hog [hɒg] **1** *n (pig)* porc *m* châtré **2** (*pt & pp* **-gg-**) *vt Fam* monopoliser

hoist [hɔɪst] **1** *n (machine)* palan *m* **2** *vt* hisser

---

HOLD [həʊld] **1** *n (grip)* prise *f*; *(of ship)* cale *f*; *(of plane)* soute *f*; **to get h. of** *(grab)* saisir; *(contact)* joindre; *(find)* trouver; **to be on h.** *(of project)* être en suspens; **to put sb on h.** *(on phone)* mettre qn en attente

2 (*pt & pp* **held**) *vt* tenir; *(heat, attention)* retenir; *(post)* occuper; *(record)* détenir; *(title, opinion)* avoir; *(party, exhibition)* organiser; *(ceremony)* célébrer; *(contain)* contenir; *(keep)* garder; **to h. sb prisoner** retenir qn prisonnier; **to h. one's breath** retenir son souffle; **h. the line!** *(on phone)* ne quittez pas!; **h. it!** *(stay still)* ne bouge pas!; **to be held** *(of event)* avoir lieu

3 *vi (of nail, rope)* tenir; *(of weather)* se maintenir ▪ **hold-up** *n (attack)* hold-up *m inv*; *Br (traffic jam)* ralentissement *m*; *(delay)* retard *m*

▸**hold back** *vt sep (restrain)* retenir; *(hide)* cacher (**from sb** à qn)

▸**hold down** *vt sep (person on ground)* maintenir au sol; **to h. down a job** *(keep)* garder un emploi; *(occupy)* avoir un emploi

▸**hold forth** *vi Pej (talk)* disserter

▸**hold off 1** *vt sep (enemy)* tenir à distance **2** *vi* **if the rain holds off** s'il ne pleut pas

▸**hold on 1** *vt sep (keep in place)* tenir en place **2** *vi (wait)* patienter; *(stand firm)* tenir bon; **h. on!** *(on phone)* ne quittez pas!; **h. on (tight)!** tenez bon!

▸**hold on to** *vt insep (cling to)* tenir bien; *(keep)* garder

▸**hold out 1** *vt sep (offer)* offrir; *(hand)* tendre **2** *vi (resist)* résister; *(last)* durer

▸**hold over** *vt sep (postpone)* remettre

▸**hold together** *vt sep (nation, group)* assurer l'union de

▸**hold up** *vt sep (raise)* lever; *(support)* soutenir; *(delay)* retarder; *(rob)* attaquer

---

holdall ['həʊldɔːl] *n Br* fourre-tout *m inv*

holder ['həʊldə(r)] *n* (**a**) *(of passport, degree, post)* titulaire *mf*; *(of record, card, ticket)* détenteur, -trice *mf* (**b**) *(container)* support *m*

hole [həʊl] *n* trou *m*

holiday ['hɒlɪdeɪ] **1** *n Br* **holiday(s)** *(from work, school)* vacances *fpl*; **a h.** *(day off)* un congé; **a (public** *or* **bank) h.,** *Am* **a legal h.** un jour férié; **to be/go on h.** être/partir en vacances **2** *adj (camp, clothes)* de vacances ▪ **holidaymaker** *n Br* vacancier, -ère *mf*

Holland ['hɒlənd] *n* la Hollande

hollow ['hɒləʊ] **1** *adj* creux (*f* creuse); *(promise)* vain **2** *n* creux *m* **3** *vt* **to h. sth out** évider qch

holly ['hɒlɪ] *n* houx *m*

holy ['həʊlɪ] (**-ier, -iest**) *adj* saint; *(bread, water)* bénit; *(ground)* sacré

homage ['hɒmɪdʒ] *n* hommage *m*; **to pay h. to sb** rendre hommage à qn

home[1] [həʊm] **1** *n* maison *f*; *(country)* patrie *f*; **at h.** à la maison, chez soi; **to feel at h.** se sentir chez soi; **make yourself at h.** faites comme chez vous

2 *adv* à la maison, chez soi; **to go** *or* **come (back) h.** rentrer chez soi

3 *adj (cooking)* familial; *(visit, match)* à domicile; **h. address** adresse *f* personnelle; *Br* **h. help** aide *f* ménagère; *Br* **H. Office** ≃ ministère *m* de l'Intérieur; **h. owner** propriétaire *mf*; *Comptr* **h. page** page *f* d'accueil; *Br* **H. Secretary** ≃ ministre *m* de l'Intérieur; **h. team** équipe *f* qui reçoit; **h. town** ville *f* natale ▪ **homegrown** *adj (fruit, vegetables)* du jardin; *(not grown abroad)* du pays ▪ **homeland** *n* patrie *f* ▪ **homemade** *adj* (fait) maison *inv* ▪ **homesick** *adj* **to be h.** avoir le mal du pays

home[2] [həʊm] *vi* **to h. in on sth** se diriger automatiquement sur qch

homeless ['həʊmlɪs] **1** *adj* sans abri **2** *npl* **the h.** les sans-abri *mpl*

homely ['həʊmlɪ] (**-ier, -iest**) *adj (comfortable)* agréable et sans prétention; *Am (ugly)* sans charme

homeward ['həʊmwəd] **1** *adj (trip)* de retour **2** *adv* **h. bound** sur le chemin de retour

homework ['həʊmwɜːk] *n Sch* devoirs *mpl*

homicide ['hɒmɪsaɪd] *n* homicide *m*

homosexual [həʊmə'sekʃʊəl] *adj & n* homosexuel, -elle *(mf)*

honest ['ɒnɪst] *adj* honnête (**with** avec) ▪ **honestly** *adv* honnêtement ▪ **honesty** *n* honnêteté *f*

honey ['hʌnɪ] *n* miel *m* ▪ **honeymoon** *n* voyage *m* de noces

honk [hɒŋk] *vi (of driver)* klaxonner

honorary ['ɒnərərɪ] *adj (member)* honoraire; *(title)* honorifique

honour ['ɒnə(r)] (*Am* **honor**) **1** *n* honneur *m*; **in h. of** en l'honneur de; *Br Univ* **honours degree** diplôme *m* universitaire **2** *vt* honorer (**with** de)

honourable ['ɒnərəbəl] (*Am* **honorable**) *adj* honorable

hood [hʊd] *n (of coat)* capuche *f*; *(with eye-holes)* cagoule *f*; *Br (of car, pram)* capote *f*; *Am (car bonnet)* capot *m*

hoof [huːf] (*pl* **hoofs** [huːfs] *or* **hooves** [huːvz]) *n* sabot *m*

hook [hʊk] **1** *n* crochet *m*; *(on clothes)* agrafe *f*; *(for fishing)* hameçon *m*; **off the h.** *(phone)* décroché **2** *vt* **to h. (on** *or* **up)** accrocher (**to** à) ▪ **hooked** *adj (nose)* crochu; *Fam* **to be h. on sth** être accro à qch

hook(e)y ['hʊkɪ] *n Am Fam* **to play h.** sécher (les cours)

hooligan ['huːlɪgən] *n* hooligan *m*

hoot [huːt] *vi Br (of vehicle)* klaxonner; *(of owl)* hululer ▪ **hooter** *n Br (of vehicle)* Klaxon® *m*

hoover® ['huːvə(r)] *Br* **1** *n* aspirateur *m* **2** *vt (room)* passer l'aspirateur dans; *(carpet)* passer l'aspirateur sur; **to h. sth up** *(dust, crumbs)* enlever qch à l'aspirateur

hop [hɒp] **1** *n (leap)* saut *m* **2** (*pt & pp* **-pp-**) *vi (jump)* sautiller; *(on one leg)* sauter à cloche-pied **3** *vt Fam* **h. it!** fiche le camp!

hope [həʊp] **1** *n* espoir *m*

2 *vt* **to h. to do sth** espérer faire qch; **to h. that…** espérer que…

3 *vi* espérer; **to h. for sth** espérer qch; **I h. so/not** j'espère que oui/non ▪ **hopeful** *adj (person)* optimiste; *(situation)* encourageant; **to be h. that…** avoir bon espoir que… ▪ **hopefully** *adv (with luck)* avec un peu de chance ▪ **hopeless** ['həʊplɪs] *adj* désespéré; *Fam (useless, bad)* nul (*f* nulle) ▪ **hopelessly** *adv (lost)* complètement; *(in love)* éperdument

horde [hɔːd] *n* horde *f*

horizon [hə'raɪzən] *n* horizon *m*; **on the h.** à l'horizon ▪ **horizontal** *adj* horizontal

hormone ['hɔːməʊn] *n* hormone *f*

horn [hɔːn] *n (of animal)* corne *f*; *(on vehicle)* Klaxon® *m*; *(musical instrument)* cor *m*

hornet ['hɔːnɪt] *n* frelon *m*

horoscope ['hɒrəskəʊp] *n* horoscope *m*

horrendous [hɒ'rendəs] *adj* horrible

horrible ['hɒrəbəl] *adj* horrible

horrid ['hɒrɪd] *adj (unpleasant)* affreux, -euse; *(unkind)* méchant

horrific [hə'rɪfɪk] *adj* horrible

horrify ['hɒrɪfaɪ] (*pt & pp* **-ied**) *vt* horrifier

horror ['hɒrə(r)] *n* horreur *f*; **h. film** film *m* d'horreur; **h. story** histoire *f* épouvantable

hors d'œuvre [ɔː'dɜːv] (*pl inv or* **hors d'œuvres**) *n* hors-d'œuvre *m inv*

horse [hɔːs] *n* (**a**) *(animal)* cheval *m*; **to go h. riding** faire du cheval; **h. racing** courses *fpl* (**b**) **h. chestnut** *(fruit)* marron *m* ▪ **horseback** *n* **on h.** à cheval; *Am* **to go h. riding** faire du cheval ▪ **horsepower** *n (unit)* cheval-vapeur *m* ▪ **horseradish** *n* raifort *m*

horticulture ['hɔːtɪkʌltʃə(r)] *n* horticulture *f*

hose [həʊz] **1** *n (pipe)* tuyau *m* **2** *vt* arroser (au jet d'eau); **to h. sth down** *(car)* laver qch au jet ▪ **hosepipe** *n Br* tuyau *m* d'arrosage

hospitable [hɒ'spɪtəbəl] *adj* hospitalier, -ère (**to** envers) ▪ **hospitality** [-'tælɪtɪ] *n* hospitalité *f*

hospital ['hɒspɪtəl] *n* hôpital *m*; **in h.**, *Am* **in the h.** à l'hôpital; **h. bed** lit *m* d'hôpital; **h. staff** personnel *m* hospitalier ▪ **hospitalize** *vt* hospitaliser

host[1] [həʊst] **1** *n (of guests)* hôte *m*; *(on TV or radio show)* présentateur, -trice *mf*; **h. country** pays *m* d'accueil **2** *vt (programme)* présenter

host[2] [həʊst] *n* **a h. of** *(many)* une foule de

host[3] [həʊst] *n Rel* hostie *f*

hostage ['hɒstɪdʒ] *n* otage *m*; **to take sb h.** prendre qn en otage; **to be held h.** être retenu en otage

hostel ['hɒstəl] *n* foyer *m*; **(youth) h.** auberge *f* de jeunesse

hostess ['həʊstɪs] *n (in house, nightclub)* hôtesse *f*; **(air) h.** hôtesse *f* (de l'air)

hostile [*Br* 'hɒstaɪl, *Am* 'hɒstəl] *adj* hostile (**to** *or* **towards** à)

hostility [hɒs'tɪlɪtɪ] *n* hostilité *f* (**to** *or* **towards** envers); **hostilities** *(in battle)* hostilités *fpl*

hot[1] [hɒt] (**hotter, hottest**) *adj* chaud; *(spice)* fort; **to be** *or* **feel h.** avoir chaud; **it's h.** il fait chaud ▪ **hotdog** *n* hot dog *m* ▪ **hotheaded** *adj* exalté ▪ **hotly** *adv* passionnément ▪ **hotplate** *n* chauffe-plat *m*; *(on stove)* plaque *f* chauffante ▪ **hot-water** *n* **h. bottle** bouillotte *f*

hot[2] [hɒt] (*pt & pp* **-tt-**) *vi Fam* **to h. up** *(increase)* s'intensifier; *(become dangerous or excited)* s'envenimer

hotchpotch ['hɒtʃpɒtʃ] *n Fam* fatras *m*

hotel [həʊ'tel] *n* hôtel *m*; **h. room/bed** chambre *f*/lit *m* d'hôtel

hound [haʊnd] **1** *n (dog)* chien *m* de chasse **2** *vt (pursue)* traquer; *(bother, worry)* harceler

hour ['aʊə(r)] *n* heure *f*; **half an h.** une demi-heure; **a quarter of an h.** un quart d'heure; **paid £10 an h.** payé 10 livres (de) l'heure; **10 miles an h.** 10 miles à l'heure; **h. hand** *(of watch, clock)* petite aiguille *f*

hourly ['aʊəlɪ] **1** *adj (rate, pay)* horaire **2** *adv* toutes les heures; **h. paid, paid h.** payé à l'heure

house 1 [haʊs] (*pl* **-ses** [-zɪz]) *n* maison *f*; *Pol* **the H. of Commons/Lords** la Chambre des communes/lords; **the Houses of Parliament** le Parlement; **the H. of Representatives** la Chambre des représentants; **at/to my h.** chez moi; **on the h.** *(free of charge)* aux frais de la maison; **h. plant** plante *f* d'intérieur; **h. prices**

prix *mpl* de l'immobilier; **h. wine** vin *m* maison

2 [haʊz] *vt* loger; *(of building)* abriter ▪ **houseboat** *n* péniche *f* aménagée ▪ **housebound** *adj* confiné chez soi ▪ **household** *n* ménage *m*; **h. chores** tâches *fpl* ménagères ▪ **householder** *n (owner)* propriétaire *mf* ▪ **housekeeper** *n (employee)* gouvernante *f* ▪ **housekeeping** *n* ménage *m* ▪ **houseproud** *adj* qui s'occupe méticuleusement de sa maison ▪ **housetrained** *adj Br (dog)* propre ▪ **housewarming** *n & adj* **to have a h. (party)** pendre la crémaillère ▪ **housewife** (*pl* **-wives**) *n* ménagère *f* ▪ **housework** *n* ménage *m*

housing [haʊzɪŋ] *n* logement *m*; *(houses)* logements *mpl*; *Br* **h. estate** lotissement *m*; *(council-owned)* cité *f*

hovel ['hɒvəl] *n* taudis *m*

hover ['hɒvə(r)] *vi (of bird, aircraft)* planer; **to h. (around)** *(of person)* rôder

hovercraft ['hɒvəkrɑːft] *n* aéroglisseur *m*

how [haʊ] *adv* comment; **h. kind!** comme c'est gentil!; **h. long/high is...?** quelle est la longueur/hauteur de...?; **h. much?, h. many?** combien?; **h. much time?** combien de temps?; **h. many apples?** combien de pommes?; **h. about some coffee?** (si on prenait) du café?; **h. do you do?** *(greeting)* enchanté; *Fam* **h.'s that?, h. so?, h. come?** comment ça?

however [haʊ'evə(r)] **1** *adv* **h. big he may be** si grand soit-il; **h. she may do it, h. she does it** de quelque manière qu'elle le fasse; **h. did she find out?** comment a-t-elle bien pu l'apprendre? **2** *conj* cependant

howl [haʊl] **1** *n* hurlement *m*; **h. of laughter** éclat *m* de rire **2** *vi* hurler; *(of wind)* mugir

HP [eɪtʃ'piː] (*abbr* **hire purchase**) *n Br* achat *m* à crédit

hp (*abbr* **horsepower**) CV

HQ [eɪtʃ'kjuː] (*abbr* **headquarters**) *n* QG *m*

hub [hʌb] *n (of wheel)* moyeu *m*; *Fig* centre *m* ▪ **hubcap** *n (of wheel)* enjoliveur *m*

huddle ['hʌdəl] *vi* **to h. (together)** se blottir (les uns contre les autres)

huff [hʌf] *n Fam* **in a h.** *(offended)* fâché

hug [hʌg] **1** *n* **to give sb a h.** serrer qn (dans ses bras) **2** (*pt & pp* **-gg-**) *vt (person)* serrer dans ses bras

huge [hjuːdʒ] *adj* énorme

hull [hʌl] *n (of ship)* coque *f*

hullo [hʌ'ləʊ] *exclam Br* bonjour!; *(answering phone)* allô!

hum [hʌm] **1** *n (of insect)* bourdonnement *m* **2** (*pt & pp* **-mm-**) *vt (tune)* fredonner **3** *vi (of insect)* bourdonner; *(of person)* fredonner; *(of engine)* ronronner

human ['hjuːmən] **1** *adj* humain; **h. being** être *m* humain; **h. rights** droits *mpl* de l'homme **2** *n* être *m* humain

humane [hjuː'meɪn] *adj (kind)* humain

humanity [hjuː'mænətɪ] *n (human beings, kindness)* humanité *f*

humble ['hʌmbəl] **1** *adj* humble **2** *vt* humilier

humid ['hjuːmɪd] *adj* humide ▪ **humidity** *n* humidité *f*

humiliate [hjuː'mɪlɪeɪt] *vt* humilier ▪ **humiliation** [-'eɪʃən] *n* humiliation *f*

humility [hjuː'mɪlətɪ] *n* humilité *f*

humorous ['hjuːmərəs] *adj (book, writer)* humoristique; *(person, situation)* drôle

humour ['hjuːmə(r)] (*Am* **humor**) **1** *n (fun)* humour *m* **2** *vt* **to h. sb** faire plaisir à qn

hump [hʌmp] *n (lump, mound in road)* bosse *f*

hunch [hʌntʃ] **1** *n Fam (intuition)* intuition *f* **2** *vt* **to h. one's shoulders** rentrer les épaules ▪ **hunchback** *n* bossu, -e *mf*

hundred ['hʌndrəd] *adj & n* cent *(m)*; **a h. pages** cent pages; **two h. pages** deux cents pages; **hundreds of** des centaines de ▪ **hundredth** *adj & n* centième *(mf)* ▪ **hundredweight** *n Br* = 50,8 kg, 112 livres; *Am* = 45,3 kg, 100 livres

hung [hʌŋ] *pt & pp of* **hang**[1]

Hungary ['hʌŋgərɪ] *n* la Hongrie ▪ **Hungarian** [-'geərɪən] **1** *adj* hongrois **2** *n (person)* Hongrois, -e *mf*; *(language)* hongrois *m*

hunger ['hʌŋgə(r)] *n* faim *f* ▪ **hungry** (**-ier, -iest**) *adj* **to be** *or* **feel h.** avoir faim; **h. for sth** avide de qch

hunk [hʌŋk] *n (piece)* gros morceau *m*

hunt [hʌnt] **1** *n (search)* recherche *f* (**for** de); *(for animals)* chasse *f* **2** *vt (animals)* chasser; *(pursue)* poursuivre; **to h. down** *(animal, fugitive)* traquer **3** *vi (kill animals)* chasser; **to h. for sth** rechercher qch ▪ **hunter** *n* chasseur *m* ▪ **hunting** *n* chasse *f*

hurdle ['hɜːdəl] *n (fence in race)* haie *f*; *Fig (problem)* obstacle *m*

hurl [hɜːl] *vt (throw)* jeter, lancer (**at** à); **to h. insults** *or* **abuse at sb** lancer des insultes à qn

hurray [hʊ'reɪ] *exclam* hourra!

hurricane [*Br* 'hʌrɪkən, *Am* 'hʌrɪkeɪn] *n* ouragan *m*

hurried ['hʌrɪd] *adj (decision)* précipité; *(work)* fait à la hâte; *(visit)* éclair *inv*

hurry ['hʌrɪ] **1** *n* hâte *f*; **in a h.** à la hâte; **to be in a h.** être pressé; **to be in a h. to do sth** avoir hâte de faire qch; **there's no h.** rien ne presse **2** (*pt & pp* **-ied**) *vt (person)* presser; *(work)* hâter **3** *vi* se dépêcher, se presser (**to do** de faire); **to h. up** se dépêcher; **to h. out** sortir à la hâte; **to h. towards sb/sth** se précipiter vers qn/qch

hurt [hɜːt] **1** *adj (wounded, offended)* blessé **2** *n (emotional)* blessure *f* **3** (*pt & pp* **hurt**) *vt (physically)* faire du mal à; *(causing a wound)* blesser; *(emotionally)* faire de la peine à; *(reputation, chances)* nuire à; **to h. sb's feelings** blesser qn **4** *vi* faire mal; **his arm hurts** son bras lui fait mal ▪ **hurtful** *adj (remark)* blessant

hurtle ['hɜːtəl] *vi* **to h. along** aller à toute vitesse

husband ['hʌzbənd] *n* mari *m*

hush [hʌʃ] **1** *n* silence *m* **2** *exclam* chut! **3** *vt (person)* faire taire; *(baby)* calmer; **to h. up** *(scandal)* étouffer ▪ **hushed** *adj (voice)* étouffé; *(silence)* profond

husky ['hʌskɪ] (**-ier, -iest**) *adj (voice)* rauque

hustle ['hʌsəl] **1** *n* **h. and bustle** effervescence *f* **2** *vt (shove, push)* **to h. sb away** emmener qn de force

hut [hʌt] *n* cabane *f*; *(dwelling)* hutte *f*

hybrid ['haɪbrɪd] *adj & n* hybride *(m)*

hydrogen ['haɪdrədʒən] *n Chem* hydrogène *m*

hygiene ['haɪdʒiːn] *n* hygiène *f* ▪ **hygienic** *adj* hygiénique

hymn [hɪm] *n* cantique *m*

hype [haɪp] *n Fam (publicity)* battage *m* publicitaire

hyper- ['haɪpə(r)] *pref* hyper-

hypermarket ['haɪpəmɑːkɪt] *n* hypermarché *m*

hyphen ['haɪfən] *n* trait *m* d'union ▪ **hyphenated** *adj (word)* à trait d'union

hypnotize ['hɪpnətaɪz] *vt* hypnotiser

hypochondriac [haɪpə'kɒndrɪæk] *n* hypocondriaque *mf*

hypocrisy [hɪ'pɒkrɪsɪ] *n* hypocrisie *f* ▪ **hypocrite** ['hɪpəkrɪt] *n* hypocrite *mf* ▪ **hypocritical** [hɪpə'krɪtɪkəl] *adj* hypocrite

hypothesis [haɪ'pɒθɪsɪs] (*pl* **-theses** [-θɪsiːz]) *n* hypothèse *f* ▪ **hypothetical** [haɪpə'θetɪkəl] *adj* hypothétique

hysterical [hɪs'terɪkəl] *adj (very upset)* qui a une crise de nerfs; *Fam (funny)* tordant ▪ **hysterics** *npl (tears)* crise *f* de nerfs; **to be in h.** avoir une crise de nerfs; *(with laughter)* être écroulé de rire

Ii

I¹, i [aɪ] *n (letter)* I, i *m inv*

I² [aɪ] *pron* je, j'; *(stressed)* moi

ice¹ [aɪs] **1** *n* glace *f*; *(on road)* verglas *m*; **i. cream** glace *f*; **i. cube** glaçon *m*; **i. hockey** hockey *m* sur glace **2** *vi* **to i. over** *or* **up** *(of lake)* geler; *(of window)* se givrer ▪ **iceberg** *n* iceberg *m* ▪ **icebox** *n Am (fridge)* réfrigérateur *m*; *Br (in fridge)* freezer *m* ▪ **iced** *adj (tea, coffee)* glacé ▪ **ice-skating** *n* patinage *m* (sur glace)

ice² [aɪs] *vt Br (cake)* glacer ▪ **icing** *n Br (on cake)* glaçage *m*

Iceland ['aɪslənd] *n* l'Islande *f* ▪ **Icelandic** [-'lændɪk] *adj* islandais

icicle ['aɪsɪkəl] *n* glaçon *m (de gouttière etc)*

icon ['aɪkɒn] *n* icône *f*

icy ['aɪsɪ] (**-ier, -iest**) *adj (road)* verglacé; *(water, hands)* glacé

ID [aɪ'diː] *n* pièce *f* d'identité

I'd [aɪd] = **I had, I would**

idea [aɪ'dɪə] *n* idée *f*; **I have an i. that...** j'ai l'impression que...

ideal [aɪ'dɪəl] *adj & n* idéal *(m)*

idealistic [aɪdɪə'lɪstɪk] *adj* idéaliste

ideally [aɪ'dɪəlɪ] *adv* idéalement; **i., we should stay** l'idéal, ce serait que nous restions

identical [aɪ'dentɪkəl] *adj* identique (**to** *or* **with** à)

identify [aɪ'dentɪfaɪ] *(pt & pp* **-ied***) vt* identifier; **to i. (oneself) with** s'identifier avec ▪ **identification** [-fɪ'keɪʃən] *n* identification *f*; **to have (some) i.** *(document)* avoir une pièce d'identité

identity [aɪ'dentɪtɪ] *(pl* **-ies***) n* identité *f*; **i. card** carte *f* d'identité

ideology [aɪdɪ'ɒlədʒɪ] *(pl* **-ies***) n* idéologie *f*

idiom ['ɪdɪəm] *n (phrase)* expression *f* idiomatique

idiosyncrasy [ɪdɪə'sɪŋkrəsɪ] *(pl* **-ies***) n* particularité *f*

idiot ['ɪdɪət] *n* idiot, -e *mf* ▪ **idiotic** [-'ɒtɪk] *adj* idiot, bête

idle ['aɪdəl] **1** *adj (unoccupied)* désœuvré; *(lazy)* oisif, -ive; *(rumour)* sans fondement; **to lie i.** *(of machine)* être au repos **2** *vt* **to i. away the** *or* **one's time** passer son temps à ne rien faire **3** *vi (of engine, machine)* tourner au ralenti

idol ['aɪdəl] *n* idole *f* ▪ **idolize** *vt (adore)* idolâtrer

idyllic [aɪ'dɪlɪk] *adj* idyllique

i.e. [aɪ'iː] *(abbr* **id est***)* c'est-à-dire

if [ɪf] *conj* si; **if he comes** s'il vient; **if so** si c'est le cas; **if not** sinon; **as if** comme si; **if necessary** s'il le faut

ignite [ɪg'naɪt] **1** *vt* mettre le feu à **2** *vi* prendre feu ▪ **ignition** [-'nɪʃən] *n (in vehicle)* allumage *m*; **to switch on/off the i.** mettre/couper le contact; **i. key** clef *f* de contact

ignorance ['ɪgnərəns] *n* ignorance *f* (**of** de) ▪ **ignorant** *adj* ignorant (**of** de)

ignore [ɪg'nɔː(r)] *vt* ignorer

I'll [aɪl] = **I will, I shall**

ill [ɪl] **1** *adj (sick)* malade; *(bad)* mauvais; **i. will** malveillance *f* **2** *npl* **ills** maux *mpl* **3** *adv* mal ▪ **ill-advised** *adj (person)* malavisé ▪ **ill-informed** *adj* mal renseigné ▪ **ill-mannered** *adj* mal élevé

illegal [ɪ'li:gəl] *adj* illégal
illegible [ɪ'ledʒəbəl] *adj* illisible
illegitimate [ɪlɪ'dʒɪtɪmət] *adj* illégitime
illicit [ɪ'lɪsɪt] *adj* illicite
illiterate [ɪ'lɪtərət] *adj & n* analphabète *(mf)*
illness ['ɪlnɪs] *n* maladie *f*
illogical [ɪ'lɒdʒɪkəl] *adj* illogique
illuminate [ɪ'lu:mɪneɪt] *vt (monument)* illuminer; *(street, question)* éclairer
illusion [ɪ'lu:ʒən] *n* illusion *f* (**about** sur)
illustrate ['ɪləstreɪt] *vt (with pictures, examples)* illustrer (**with** de) ▪ **illustration** *n* illustration *f*
image ['ɪmɪdʒ] *n* image *f*; **(public) i.** *(of company)* image *f* de marque; **he's the (living** *or* **spitting** *or* **very) i. of his brother** c'est tout le portrait de son frère ▪ **imagery** *n* imagerie *f*
imaginary [ɪ'mædʒɪnərɪ] *adj* imaginaire
imagination [ɪmædʒɪ'neɪʃən] *n* imagination *f*
imaginative [ɪ'mædʒɪnətɪv] *adj (plan, novel)* original; *(person)* imaginatif, -ive
imagine [ɪ'mædʒɪn] *vt* imaginer (**that** que) ▪ **imaginable** *adj* imaginable
imitate ['ɪmɪteɪt] *vt* imiter ▪ **imitation** *n* imitation *f*; *Br* **i. jewellery,** *Am* **i. jewelry** faux bijoux *mpl*
immaculate [ɪ'mækjʊlət] *adj* impeccable
immaterial [ɪmə'tɪərɪəl] *adj* sans importance (**to** pour)
immature [ɪmə'tʃʊə(r)] *adj (person)* immature
immediate [ɪ'mi:dɪət] *adj* immédiat ▪ **immediately 1** *adv (at once)* tout de suite, immédiatement; **it's i. above/below** c'est juste au-dessus/en dessous **2** *conj Br (as soon as)* dès que
immense [ɪ'mens] *adj* immense ▪ **immensely** *adv (rich)* immensément; **to enjoy oneself i.** s'amuser énormément
immerse [ɪ'mɜ:s] *vt (in liquid)* plonger; *Fig* **to i. oneself in sth** se plonger dans qch ▪ **immersion** *n Br* **i. heater** chauffe-eau *m inv* électrique
immigrate ['ɪmɪgreɪt] *vi* immigrer ▪ **immigrant** *adj & n* immigré, -e *(mf)* ▪ **immigration** *n* immigration *f*
imminent ['ɪmɪnənt] *adj* imminent
immobile [*Br* ɪ'məʊbaɪl, *Am* ɪ'məʊbəl] *adj* immobile ▪ **immobilize** *vt* immobiliser
immoral [ɪ'mɒrəl] *adj* immoral
immortal [ɪ'mɔ:təl] *adj* immortel, -elle
immune [ɪ'mju:n] *adj Med (to disease)* immunisé (**to** contre); *Fig* **i. to criticism** imperméable à la critique ▪ **immunize** ['ɪmjʊnaɪz] *vt* immuniser (**against** contre)
impact ['ɪmpækt] *n* impact *m*; **to make an i. on sb/sth** avoir un impact sur qn/qch
impair [ɪm'peə(r)] *vt (sight, hearing)* diminuer, affaiblir
impartial [ɪm'pɑ:ʃəl] *adj* impartial
impassable [ɪm'pɑ:səbəl] *adj (road)* impraticable; *(river)* infranchissable
impasse [*Br* æm'pɑ:s, *Am* 'ɪmpæs] *n (situation)* impasse *f*
impassive [ɪm'pæsɪv] *adj* impassible
impatient [ɪm'peɪʃənt] *adj* impatient (**to do** de faire); **to get i. (with sb)** s'impatienter (contre qn)
impeccable [ɪm'pekəbəl] *adj (manners, person)* impeccable
impede [ɪm'pi:d] *vt* gêner; **to i. sb from doing** *(prevent)* empêcher qn de faire
impediment [ɪm'pedɪmənt] *n* obstacle *m*; **speech i.** défaut *m* d'élocution
impending [ɪm'pendɪŋ] *adj* imminent
impenetrable [ɪm'penɪtrəbəl] *adj (forest, mystery)* impénétrable
imperative [ɪm'perətɪv] **1** *adj* **it is i. that he should come** il faut impérativement qu'il vienne **2** *n (in grammar)* impératif *m*
imperceptible [ɪmpə'septəbəl] *adj* imperceptible (**to** à)

imperfect [ɪm'pɜːfɪkt] **1** *adj* imparfait; *(goods)* défectueux, -euse **2** *adj & n* **i. (tense)** *(in grammar)* imparfait *(m)* ▪ **imperfection** [-pə'fekʃən] *n* imperfection *f*

imperial [ɪm'pɪərɪəl] *adj* impérial; *Br* **i. measure** = système de mesure anglo-saxon utilisant les miles, les pints etc

impersonal [ɪm'pɜːsənəl] *adj* impersonnel, -elle

impersonate [ɪm'pɜːsəneɪt] *vt (pretend to be)* se faire passer pour; *(imitate)* imiter

impertinent [ɪm'pɜːtɪnənt] *adj* impertinent (**to** envers)

impervious [ɪm'pɜːvɪəs] *adj also Fig* imperméable (**to** à)

impetuous [ɪm'petjʊəs] *adj* impétueux, -euse

impetus ['ɪmpɪtəs] *n* impulsion *f*

impinge [ɪm'pɪndʒ] *vi* **to i. on sth** *(affect)* affecter qch; *(encroach on)* empiéter sur qch

implant 1 ['ɪmplɑːnt] *n Med* implant *m* **2** [ɪm'plɑːnt] *vt Med* implanter (**in** dans); *(ideas)* inculquer (**in** à)

implement¹ ['ɪmplɪmənt] *n (tool)* instrument *m*; *(utensil)* ustensile *m*

implement² ['ɪmplɪment] *vt (carry out)* mettre en œuvre

implicate ['ɪmplɪkeɪt] *vt* impliquer (**in** dans) ▪ **implication** *n (consequence)* conséquence *f*; *(innuendo)* insinuation *f*; *(impact)* portée *f*; **by i.** implicitement

implicit [ɪm'plɪsɪt] *adj (implied)* implicite; *(absolute)* absolu

implore [ɪm'plɔː(r)] *vt* implorer (**sb to do** qn de faire)

imply [ɪm'plaɪ] (*pt & pp* **-ied**) *vt (insinuate)* insinuer (**that** que); *(presuppose)* supposer (**that** que); *(involve)* impliquer (**that** que) ▪ **implied** *adj* implicite

impolite [ɪmpə'laɪt] *adj* impoli

import 1 ['ɪmpɔːt] *n (item, activity)* importation *f* **2** [ɪm'pɔːt] *vt (goods) & Comptr* importer (**from** de) ▪ **importer** *n* importateur, -trice *mf*

importance [ɪm'pɔːtəns] *n* importance *f*; **to be of i.** avoir de l'importance

important [ɪm'pɔːtənt] *adj* important (**to/for** pour); **it's i. that...** il est important que... *(+ subjunctive)*

impose [ɪm'pəʊz] **1** *vt (conditions, silence)* imposer (**on** à); *(fine, punishment)* infliger (**on sb** à qn) **2** *vi (take advantage)* s'imposer; **to i. on sb** abuser de la gentillesse de qn ▪ **imposition** [-pə'zɪʃən] *n (inconvenience)* dérangement *m*

imposing [ɪm'pəʊzɪŋ] *adj* imposant

impossible [ɪm'pɒsəbəl] **1** *adj* impossible (**to do** à faire); **it is i. (for us) to do it** il (nous) est impossible de le faire **2** *n* **to do the i.** faire l'impossible ▪ **impossibility** (*pl* **-ies**) *n* impossibilité *f*

impostor [ɪm'pɒstə(r)] *n* imposteur *m*

impotent ['ɪmpətənt] *adj* impuissant

impound [ɪm'paʊnd] *vt (of police)* saisir; *(vehicle)* mettre à la fourrière

impoverished [ɪm'pɒvərɪʃd] *adj* appauvri

impractical [ɪm'præktɪkəl] *adj* peu réaliste

imprecise [ɪmprɪ'saɪs] *adj* imprécis

impregnate ['ɪmpregneɪt] *vt (soak)* imprégner (**with** de)

impress [ɪm'pres] *vt (person)* impressionner; **to be impressed with** *or* **by sb/sth** être impressionné par qn/qch

impression [ɪm'preʃən] *n* impression *f*; **to be under** *or* **have the i. that...** avoir l'impression que...; **to make a good/bad i. on sb** faire une bonne/mauvaise impression à qn ▪ **impressionable** *adj (person)* impressionnable

impressionist [ɪm'preʃənɪst] *n (mimic)* imitateur, -trice *mf*

impressive [ɪm'presɪv] *adj* impressionnant

imprint 1 ['ɪmprɪnt] *n* empreinte *f* **2** [ɪm'prɪnt] *vt* imprimer

imprison [ɪm'prɪzən] *vt* emprisonner

▪ **imprisonment** *n* emprisonnement *m*; **life i.** la prison à vie

improbable [ɪm'prɒbəbəl] *adj (unlikely)* improbable; *(unbelievable)* invraisemblable

impromptu [ɪm'prɒmptjuː] *adj (speech, party)* improvisé

improper [ɪm'prɒpə(r)] *adj* (**a**) *(indecent)* indécent (**b**) *(use, purpose)* mauvais; *(behaviour)* déplacé

improve [ɪm'pruːv] **1** *vt* améliorer; *(technique, invention)* perfectionner; **to i. one's English** se perfectionner en anglais **2** *vi* s'améliorer; *(of business)* reprendre ▪ **improvement** *n* amélioration *f* (**in** de); *(progress)* progrès *mpl*; **to be an i. on sth** *(be better than)* être meilleur que qch

improvise ['ɪmprəvaɪz] *vti* improviser ▪ **improvisation** *n* improvisation *f*

impudent ['ɪmpjʊdənt] *adj* impudent

impulse ['ɪmpʌls] *n* impulsion *f*; **on i.** sur un coup de tête ▪ **impulsive** *adj (person)* impulsif, -ive

impunity [ɪm'pjuːnɪtɪ] *n* **with i.** impunément

impurity [ɪm'pjʊərətɪ] (*pl* **-ies**) *n* impureté *f*

IN [ɪn] **1** *prep* (**a**) dans; **in the box/the school** dans la boîte/l'école; **in an hour('s time)** dans une heure; **in so far as** dans la mesure où

(**b**) à; **in school** à l'école; **in Paris** à Paris; **in the USA** aux USA; **in pencil** au crayon; **in spring** au printemps; **the woman in the red dress** la femme à la robe rouge

(**c**) en; **in summer/French** en été/français; **in Spain** en Espagne; **in May** en mai; **in 2001** en 2001; **in an hour** *(during an hour)* en une heure; **in doing sth** en faisant qch; **dressed in black** habillé en noir

(**d**) de; **in a soft voice** d'une voix douce; **the best in the class** le meilleur/la meilleure de la classe; **an increase in salary** une augmentation de salaire; **at six in the evening** à six heures du soir

(**e**) chez; **in children/animals** chez les enfants/les animaux; **in Shakespeare** chez Shakespeare

(**f**) **in the morning** le matin; **he hasn't done it in months** ça fait des mois qu'il ne l'a pas fait; **one in ten** un sur dix; **in tens** dix par dix; **in hundreds/thousands** par centaines/milliers; **in here** ici; **in there** là-dedans

2 *adv* **to be in** *(home)* être là; *(of train)* être arrivé; *(in fashion)* être en vogue; *(in power)* être au pouvoir; **day in, day out** jour après jour; **in on a secret** au courant d'un secret; **we're in for some rain/trouble** on va avoir de la pluie/des ennuis

3 *npl* **the ins and outs of** les moindres détails de

---

in- [ɪn] *pref* in-

inability [ɪnə'bɪlɪtɪ] (*pl* **-ies**) *n* incapacité *f* (**to do** de faire)

inaccessible [ɪnək'sesəbəl] *adj* inaccessible

inaccurate [ɪn'ækjʊrət] *adj* inexact

inadequate [ɪn'ædɪkwət] *adj (quantity)* insuffisant; *(person)* pas à la hauteur; *(work)* médiocre

inadmissible [ɪnəd'mɪsəbəl] *adj* inadmissible

inadvertently [ɪnəd'vɜːtəntlɪ] *adv* par inadvertance

inadvisable [ɪnəd'vaɪzəbəl] *adj* **it is i. to go out alone** il est déconseillé de sortir seul

inanimate [ɪn'ænɪmət] *adj* inanimé

inappropriate [ɪnə'prəʊprɪət] *adj (unsuitable) (place, clothes)* peu approprié; *(remark, moment)* inopportun

inarticulate [ɪnɑː'tɪkjʊlət] *adj (person)* incapable de s'exprimer

inasmuch as [ɪnəz'mʌtʃəz] *conj (because)* dans la mesure où; *(to the extent that)* en ce sens que

inattentive [ɪnə'tentɪv] *adj* inattentif, -ive (**to** à)

inaudible [ɪn'ɔːdɪbəl] *adj* inaudible

inauguration [ɪnɔːgjʊ'reɪʃən] *n* inauguration *f*; *(of official)* investiture *f*

inborn [ɪn'bɔːn] *adj* inné

Inc (*abbr* **Incorporated**) *Am Com* ≃ SARL
incalculable [ɪn'kælkjʊləbəl] *adj* incalculable
incapable [ɪn'keɪpəbəl] *adj* incapable (**of doing** de faire)
incapacitate [ɪnkə'pæsɪteɪt] *vt* rendre infirme
incense¹ ['ɪnsens] *n (substance)* encens *m*
incense² [ɪn'sens] *vt* rendre furieux, -euse
incentive [ɪn'sentɪv] *n* motivation *f*; *(payment)* prime *f*; **to give sb an i. to work** encourager qn à travailler
incessant [ɪn'sesənt] *adj* incessant
incestuous [ɪn'sestjʊəs] *adj* incestueux, -euse
inch [ɪntʃ] **1** *n* pouce *m (2,54 cm)*; **i. by i.** petit à petit **2** *vti* **to i. (one's way) forward** avancer tout doucement
incident ['ɪnsɪdənt] *n* incident *m*; *(in book, film)* épisode *m*
incidental [ɪnsɪ'dentəl] *adj (additional)* accessoire; **i. music** *(in film)* musique *f* ▪ **incidentally** *adv (by the way)* au fait
incinerator [ɪn'sɪnəreɪtə(r)] *n* incinérateur *m*
incision [ɪn'sɪʒən] *n* incision *f*
incisive [ɪn'saɪsɪv] *adj* incisif, -ive
incite [ɪn'saɪt] *vt* inciter (**to do** à faire)
inclination [ɪnklɪ'neɪʃən] *n (liking)* inclination *f*; *(desire)* envie *f* (**to do** de faire)
incline 1 ['ɪnklaɪn] *n (slope)* pente *f* **2** [ɪn'klaɪn] *vt (bend, tilt)* incliner; **to be inclined to do sth** *(feel desire to)* avoir bien envie de faire qch; *(tend to)* avoir tendance à faire qch **3** [in'klaɪn] *vi* **to i. to** *or* **towards sth** pencher pour qch
include [ɪn'klu:d] *vt (contain)* comprendre, inclure; *(in letter)* joindre; **to be included** être compris; *(on list)* être inclus ▪ **including** *prep* y compris; **not i.** sans compter; **i. service** service compris
inclusive [ɪn'klu:sɪv] *adj* inclus; **from the fourth to the tenth of May i.** du quatre au dix mai inclus; **to be i. of** comprendre; **i. of tax** toutes taxes comprises
incoherent [ɪnkəʊ'hɪərənt] *adj* incohérent
income ['ɪŋkʌm] *n* revenu *m* (**from** de); **private i.** rentes *fpl*; **i. tax** impôt *m* sur le revenu
incoming ['ɪnkʌmɪŋ] *adj (president)* nouveau (*f* nouvelle); **i. calls** *(on telephone)* appels *mpl* de l'extérieur; **i. tide** marée *f* montante
incomparable [ɪn'kɒmpərəbəl] *adj* incomparable
incompatible [ɪnkəm'pætəbəl] *adj* incompatible (**with** avec)
incompetent [ɪn'kɒmpɪtənt] *adj* incompétent
incomplete [ɪnkəm'pli:t] *adj* incomplet, -ète
incomprehensible [ɪnkɒmprɪ'hensəbəl] *adj* incompréhensible
inconceivable [ɪnkən'si:vəbəl] *adj* inconcevable
inconclusive [ɪnkən'klu:sɪv] *adj* peu concluant
inconsiderate [ɪnkən'sɪdərət] *adj (action, remark)* inconsidéré; *(person)* sans égards pour les autres
inconsistent [ɪnkən'sɪstənt] *adj (person)* incohérent; *(uneven)* irrégulier, -ère
inconspicuous [ɪnkən'spɪkjʊəs] *adj* qui passe inaperçu
inconvenient [ɪnkən'vi:nɪənt] *adj (moment)* mauvais; *(arrangement)* peu commode; **it's i. (for me) to...** ça me dérange de... ▪ **inconvenience 1** *n (bother)* dérangement *m*; *(disadvantage)* inconvénient *m* **2** *vt* déranger
incorporate [ɪn'kɔ:pəreɪt] *vt (contain)* contenir; *(introduce)* incorporer (**into** dans)
incorrect [ɪnkə'rekt] *adj* incorrect
increase [ɪn'kri:s] **1** ['ɪnkri:s] *n* augmentation *f* (**in** *or* **of** de); **on the i.** en hausse **2** *vt* augmenter **3** *vi* augmenter; **to i. in price** augmenter ▪ **increasing** *adj* croissant ▪ **increasingly** *adv* de plus en plus

incredible [ɪn'kredəbəl] *adj* incroyable

incredulous [ɪn'kredjʊləs] *adj* incrédule

increment ['ɪŋkrəmənt] *n* augmentation *f*

incriminate [ɪn'krɪmɪneɪt] *vt* incriminer ■ **incriminating** *adj* compromettant

incubate ['ɪŋkjʊbeɪt] *vt (eggs)* couver ■ **incubator** *n (for baby)* couveuse *f*

incur [ɪn'kɜː(r)] *(pt & pp* **-rr-***) vt (expenses)* encourir; *(debt)* contracter; *(criticism, anger)* s'attirer

incurable [ɪn'kjʊərəbəl] *adj* incurable

indebted [ɪn'detɪd] *adj* **i. to sb for sth/for doing sth** redevable à qn de qch/d'avoir fait qch

indecent [ɪn'diːsənt] *adj (obscene)* indécent

indecisive [ɪndɪ'saɪsɪv] *adj (person)* indécis

indeed [ɪn'diːd] *adv* en effet; **very good i.** vraiment très bon; **thank you very much i.!** merci infiniment!

indefensible [ɪndɪ'fensəbəl] *adj* indéfendable

indefinite [ɪn'defɪnət] *adj (duration, number)* indéterminé; *(plan)* mal défini ■ **indefinitely** *adv* indéfiniment

indented [ɪn'dentɪd] *adj (edge, coastline)* découpé

independence [ɪndɪ'pendəns] *n* indépendance *f*

independent [ɪndɪ'pendənt] *adj* indépendant (**of** de); *(opinions, reports)* de sources différentes ■ **independently** *adv* de façon indépendante; **i. of** indépendamment de

indescribable [ɪndɪ'skraɪbəbəl] *adj* indescriptible

indestructible [ɪndɪ'strʌktəbəl] *adj* indestructible

indeterminate [ɪndɪ'tɜːmɪnət] *adj* indéterminé

index ['ɪndeks] **1** *n (in book)* index *m*; *(in library)* fichier *m*; *(number, sign)* indice *m*; **i. card** fiche *f*; **i. finger** index *m* **2** *vt (classify)* classer

India ['ɪndɪə] *n* l'Inde *f* ■ **Indian 1** *adj* indien, -enne **2** *n* Indien, -enne *mf*

indicate ['ɪndɪkeɪt] *vt* indiquer (**that** que); **I was indicating right** *(in vehicle)* j'avais mis mon clignotant droit ■ **indication** *n (sign)* signe *m*; *(information)* indication *f*

indicative [ɪn'dɪkətɪv] *adj* **to be i. of** *(symptomatic)* être symptomatique de

indicator ['ɪndɪkeɪtə(r)] *n (sign)* indication *f* (**of** de); *Br (in vehicle)* clignotant *m*

indifferent [ɪn'dɪfərənt] *adj* indifférent (**to** à); *(mediocre)* médiocre

indigestion [ɪndɪ'dʒestʃən] *n* troubles *mpl* digestifs; **(an attack of) i.** une indigestion

indignant [ɪn'dɪgnənt] *adj* indigné (**at** *or* **about** de)

indirect [ɪndaɪ'rekt] *adj* indirect

indiscreet [ɪndɪ'skriːt] *adj* indiscret, -ète

indiscriminately [ɪndɪ'skrɪmɪnətlɪ] *adv (at random)* au hasard; *(without discrimination)* sans discernement

indispensable [ɪndɪ'spensəbəl] *adj* indispensable (**to** à)

indisputable [ɪndɪ'spjuːtəbəl] *adj* incontestable

indistinct [ɪndɪ'stɪŋkt] *adj* indistinct

indistinguishable [ɪndɪ'stɪŋgwɪʃəbəl] *adj* indifférenciable (**from** de)

individual [ɪndɪ'vɪdʒʊəl] **1** *adj (separate, personal)* individuel, -elle; *(specific)* particulier, -ère **2** *n (person)* individu *m* ■ **individually** *adv (separately)* individuellement

indivisible [ɪndɪ'vɪzəbəl] *adj* indivisible

indoctrinate [ɪn'dɒktrɪneɪt] *vt* endoctriner

Indonesia [ɪndəʊ'niːzɪə] *n* l'Indonésie *f*

indoor ['ɪndɔː(r)] *adj (games, shoes)* d'intérieur; *(swimming pool)* couvert ■ **indoors** *adv* à l'intérieur; **to go/come i.** rentrer

induce [ɪn'djuːs] *vt (persuade)* persuader (**to do** de faire); *(cause)* provoquer

indulge [ɪn'dʌldʒ] **1** *vt (sb's wishes)* satisfaire; *(child)* gâter **2** *vi* **to i. in sth** *(ice cream, cigar)* s'offrir qch; *(hobby, vice)* s'adonner à qch ▪ **indulgent** *adj* indulgent (**to** envers)

industrial [ɪn'dʌstrɪəl] *adj* industriel, -elle; *Br* **to take i. action** se mettre en grève; *Br* **i. estate,** *Am* **i. park** zone *f* industrielle ▪ **industrialist** *n* industriel *m* ▪ **industrialized** *adj* industrialisé

industrious [ɪn'dʌstrɪəs] *adj* travailleur, -euse

industry ['ɪndəstrɪ] (*pl* **-ies**) *n (economic sector)* industrie *f*; *(hard work)* application *f*

inedible [ɪn'edəbəl] *adj* immangeable

ineffective [ɪnɪ'fektɪv] *adj (measure)* inefficace; *(person)* incapable

ineffectual [ɪnɪ'fektʃʊəl] *adj (measure)* inefficace; *(person)* incompétent

inefficient [ɪnɪ'fɪʃənt] *adj (person, measure)* inefficace; *(machine)* peu performant

ineligible [ɪn'elɪdʒəbəl] *adj (candidate)* inéligible; **to be i. for sth** *(scholarship)* ne pas avoir droit à qch

inept [ɪ'nept] *adj (incompetent)* incompétent; *(foolish)* inepte

inequality [ɪnɪ'kwɒlətɪ] (*pl* **-ies**) *n* inégalité *f*

inert [ɪ'nɜːt] *adj* inerte

inescapable [ɪnɪ'skeɪpəbəl] *adj (outcome)* inéluctable; *(conclusion)* incontournable

inevitable [ɪn'evɪtəbəl] *adj* inévitable

inexcusable [ɪnɪk'skjuːzəbəl] *adj* inexcusable

inexpensive [ɪnɪk'spensɪv] *adj* bon marché *inv*

inexperienced [ɪnɪks'pɪərɪənst] *adj* inexpérimenté

inexplicable [ɪnɪk'splɪkəbəl] *adj* inexplicable

infallible [ɪn'fæləbəl] *adj* infaillible

infamous ['ɪnfəməs] *adj (well-known)* tristement célèbre; *(crime)* infâme

infant ['ɪnfənt] *n* bébé *m*; *Br* **i. school** = école primaire pour enfants de cinq à sept ans

infantry ['ɪnfəntrɪ] *n* infanterie *f*

infatuated [ɪn'fætʃʊeɪtɪd] *adj* entiché (**with** de)

infect [ɪn'fekt] *vt (wound, person)* infecter; *(water, food)* contaminer; **to get** *or* **become infected** s'infecter ▪ **infection** *n* infection *f* ▪ **infectious** [-ʃəs] *adj (disease)* infectieux, -euse

infer [ɪn'fɜː(r)] (*pt & pp* **-rr-**) *vt* déduire (**from** de; **that** que)

inferior [ɪn'fɪərɪə(r)] **1** *adj* inférieur (**to** à); *(goods, work)* de qualité inférieure **2** *n (person)* inférieur, -e *mf* ▪ **inferiority** [-rɪ'ɒrɪtɪ] *n* infériorité *f*

infernal [ɪn'fɜːnəl] *adj* infernal

inferno [ɪn'fɜːnəʊ] (*pl* **-os**) *n (blaze)* brasier *m*

infertile [*Br* ɪn'fɜːtaɪl, *Am* ɪn'fɜːrtəl] *adj (person, land)* stérile

infest [ɪn'fest] *vt* infester (**with** de)

infidelity [ɪnfɪ'delɪtɪ] (*pl* **-ies**) *n* infidélité *f*

infiltrate ['ɪnfɪltreɪt] **1** *vt* infiltrer **2** *vi* s'infiltrer (**into** dans)

infinite ['ɪnfɪnɪt] *adj* infini ▪ **infinitely** *adv* infiniment

infinitive [ɪn'fɪnɪtɪv] *n (in grammar)* infinitif *m*

infinity [ɪn'fɪnɪtɪ] *n Math & Phot* infini *m*

infirmary [ɪn'fɜːmərɪ] (*pl* **-ies**) *n (hospital)* hôpital *m*

inflamed [ɪn'fleɪmd] *adj (throat, wound)* enflammé; **to become i.** s'enflammer

inflammable [ɪn'flæməbəl] *adj* inflammable ▪ **inflammation** [-flə'meɪʃən] *n* inflammation *f*

inflate [ɪn'fleɪt] *vt (balloon, prices)* gonfler ▪ **inflatable** *adj* gonflable

inflation [ɪn'fleɪʃən] *n Econ* inflation *f*

inflexible [ɪn'fleksəbəl] *adj* inflexible

inflict [ɪn'flɪkt] *vt (punishment, defeat)*

infliger (**on** à); *(wound, damage)* occasionner (**on** à)

influence [ˈɪnflʊəns] **1** *n* influence *f* (**on** sur) **2** *vt* influencer ▪ **influential** [-ˈenʃəl] *adj* influent

influenza [ɪnflʊˈenzə] *n* grippe *f*

influx [ˈɪnflʌks] *n* afflux *m* (**of** de)

info [ˈɪnfəʊ] *n Fam* renseignements *mpl* (**on** sur)

inform [ɪnˈfɔːm] **1** *vt* informer (**of** *or* **about** de; **that** que) **2** *vi* **to i. on sb** dénoncer qn ▪ **informed** *adj* **to keep sb i. of sth** tenir qn au courant de qch

informal [ɪnˈfɔːməl] *adj (unaffected)* simple; *(casual)* décontracté; *(tone, language)* familier, -ère; *(unofficial)* officieux, -euse ▪ **informally** *adv (unaffectedly)* avec simplicité; *(casually)* avec décontraction; *(meet, discuss)* officieusement

information [ɪnfəˈmeɪʃən] *n (facts, news)* renseignements *mpl* (**about** *or* **on** sur); *Comptr* information *f*; **a piece of i.** un renseignement, une information; **to get some i.** se renseigner; **i. technology** informatique *f*

informative [ɪnˈfɔːmətɪv] *adj* instructif, -ive

infrequent [ɪnˈfriːkwənt] *adj* peu fréquent

infringe [ɪnˈfrɪndʒ] **1** *vt (rule, law)* enfreindre à **2** *vt insep* **to i. upon sth** empiéter sur qch

infuriating [ɪnˈfjuːrɪeɪtɪŋ] *adj* exaspérant

infusion [ɪnˈfjuːʒən] *n (drink)* infusion *f*

ingenious [ɪnˈdʒiːnɪəs] *adj* ingénieux, -euse

ingrained [ɪnˈgreɪnd] *adj (prejudice, attitude)* enraciné; **i. dirt** crasse *f*

ingredient [ɪnˈgriːdɪənt] *n* ingrédient *m*

inhabit [ɪnˈhæbɪt] *vt* habiter ▪ **inhabitant** *n* habitant, -e *mf*

inhale [ɪnˈheɪl] *vt (gas, fumes)* inhaler; *(cigarette smoke)* avaler

inherent [ɪnˈhɪərənt] *adj* inhérent (**in** à)

inherit [ɪnˈherɪt] *vt* hériter (**from** de); *(title)* accéder à ▪ **inheritance** *n (legacy)* héritage *m*

inhibit [ɪnˈhɪbɪt] *vt (progress, growth)* entraver; *(of person)* inhiber; **to i. sb from doing sth** empêcher qn de faire qch ▪ **inhibited** *adj (person)* inhibé ▪ **inhibition** *n* inhibition *f*

inhospitable [ɪnhɒˈspɪtəbəl] *adj* inhospitalier, -ère

inhuman [ɪnˈhjuːmən] *adj* inhumain ▪ **inhumane** [-ˈmeɪn] *adj* inhumain

initial [ɪˈnɪʃəl] **1** *adj* initial **2** *npl* **initials** *(letters)* initiales *fpl*; *(signature)* paraphe *m* **3** (*Br* **-ll-**, *Am* **-l-**) *vt* parapher ▪ **initially** *adv* au début, initialement

initiate [ɪˈnɪʃɪeɪt] *vt (reform, negotiations)* amorcer; *(attack, rumour, project)* lancer

initiative [ɪˈnɪʃətɪv] *n* initiative *f*

inject [ɪnˈdʒekt] *vt* injecter (**into** dans); **to i. sth into sb, to i. sb with sth** faire une piqûre de qch à qn ▪ **injection** *n* injection *f*, piqûre *f*; **to give sb an i.** faire une piqûre à qn

injure [ˈɪndʒə(r)] *vt (physically)* blesser; *(reputation)* nuire à; **to i. one's foot** se blesser au pied ▪ **injured 1** *adj* blessé **2** *npl* **the i.** les blessés *mpl*

injury [ˈɪndʒərɪ] (*pl* **-ies**) *n (physical)* blessure *f*; **i. time** *(in sport)* arrêts *mpl* de jeu

injustice [ɪnˈdʒʌstɪs] *n* injustice *f*

ink [ɪŋk] *n* encre *f*

inlaid [ɪnˈleɪd] *adj (with jewels)* incrusté (**with** de); *(with wood)* marqueté

inland 1 [ˈɪnlənd, ˈɪnlænd] *adj* intérieur; *Br* **the I. Revenue** ≃ le fisc **2** [ɪnˈlænd] *adv (travel)* vers l'intérieur

in-laws [ˈɪnlɔːz] *npl* belle-famille *f*

inlet [ˈɪnlet] *n (of sea)* crique *f*

inmate [ˈɪnmeɪt] *n (of prison)* détenu, -e *mf*; *(of asylum)* interné, -e *mf*

inn [ɪn] *n* auberge *f*

innate [ɪˈneɪt] *adj* inné

inner [ˈɪnə(r)] *adj* intérieur; *(feelings)* intime; **i. circle** *(of society)* initiés *mpl*; **i. city** quartiers *mpl* déshérités du centre-ville; **i. tube** chambre *f* à air ▪ **innermost** *adj* le plus profond (*f* la plus profonde); *(thoughts)* le plus secret (*f* la plus secrète)

inning ['ɪnɪŋ] *n (in baseball)* tour *m* de batte ▪ **innings** *n inv (in cricket)* tour *m* de batte

innocent ['ɪnəsənt] *adj* innocent

innovation [ɪnə'veɪʃən] *n* innovation *f*

innumerable [ɪ'nju:mərəbəl] *adj* innombrable

inoculate [ɪ'nɒkjʊleɪt] *vt* vacciner (**against** contre) ▪ **inoculation** *n* inoculation *f*

inoffensive [ɪnə'fensɪv] *adj* inoffensif, -ive

inopportune [ɪn'ɒpətju:n] *adj* inopportun

in-patient ['ɪnpeɪʃənt] *n Br* malade *mf* hospitalisé(e)

input ['ɪnpʊt] **1** *n (contribution)* contribution *f*; *Comptr (operation)* entrée *f*; *(data)* données *fpl* **2** (*pt & pp* **-put**) *vt Comptr (data)* entrer

inquest ['ɪnkwest] *n (legal investigation)* enquête *f*

inquire [ɪn'kwaɪə(r)] **1** *vt* demander; **to i. how to get to...** demander le chemin de... **2** *vi* se renseigner (**about** sur); **to i. after sb** demander des nouvelles de qn; **to i. into sth** faire des recherches sur qch

inquiry [ɪn'kwaɪərɪ] (*pl* **-ies**) *n (request for information)* demande *f* de renseignements; *(official investigation)* enquête *f*; **to make inquiries** demander des renseignements; *(of police)* enquêter

inquisitive [ɪn'kwɪzɪtɪv] *adj* curieux, -euse

insane [ɪn'seɪn] *adj* dément, fou (*f* folle); **to go i.** perdre la raison

insatiable [ɪn'seɪʃəbəl] *adj* insatiable

inscribe [ɪn'skraɪb] *vt* inscrire; *(book)* dédicacer (**to** à) ▪ **inscription** [-'skrɪpʃən] *n* inscription *f*; *(in book)* dédicace *f*

insect ['ɪnsekt] *n* insecte *m*; **i. repellent** anti-moustiques *m inv*

insecure [ɪnsɪ'kjʊə(r)] *adj (unsafe)* peu sûr; *(job, future)* précaire; *(person)* angoissé

insemination [ɪnsemɪ'neɪʃən] *n* **artificial i.** insémination *f* artificielle

insensitive [ɪn'sensɪtɪv] *adj (person)* insensible (**to** à); *(remark)* indélicat

inseparable [ɪn'sepərəbəl] *adj* inséparable (**from** de)

insert [ɪn'sɜ:t] *vt* insérer (**in** *or* **into** dans) ▪ **insertion** *n* insertion *f*

inside 1 ['ɪnsaɪd] *adj* intérieur; *(information)* obtenu à la source; *Aut* **the i. lane** *Br* la voie de gauche, *Am* la voie de droite

2 ['ɪn'saɪd] *n* intérieur *m*; *Fam* **insides** *(stomach)* entrailles *fpl*; **on the i.** à l'intérieur (**of** de); **i. out** *(clothes)* à l'envers; *(know, study)* à fond

3 [ɪn'saɪd] *adv* à l'intérieur

4 [ɪn'saɪd] *prep* à l'intérieur de, dans; *(time)* en moins de

insider [ɪn'saɪdə(r)] *n* initié, -e *mf*

insidious [ɪn'sɪdɪəs] *adj* insidieux, -euse

insight ['ɪnsaɪt] *n* perspicacité *f*; *(into question)* aperçu *m*

insignificant [ɪnsɪg'nɪfɪkənt] *adj* insignifiant

insincere [ɪnsɪn'sɪə(r)] *adj* peu sincère

insinuate [ɪn'sɪnjʊeɪt] *vt (suggest)* insinuer (**that** que)

insipid [ɪn'sɪpɪd] *adj* insipide

insist [ɪn'sɪst] **1** *vt (maintain)* soutenir (**that** que); **I i. that you come** *or* **on your coming** *(I demand it)* j'insiste pour que tu viennes **2** *vi* insister; **to i. on sth** *(demand)* exiger qch; *(assert)* affirmer qch; **to i. on doing sth** tenir à faire qch

insistence [ɪn'sɪstəns] *n* insistance *f* ▪ **insistent** *adj (person)* pressant; **to be i. (that)** insister (pour que + *subjunctive*)

insolent ['ɪnsələnt] *adj* insolent

insoluble [ɪn'sɒljʊbəl] *adj* insoluble

insolvent [ɪn'sɒlvənt] *adj (financially)* insolvable

insomnia [ɪn'sɒmnɪə] *n* insomnie *f*

insomuch as [ɪnsəʊ'mʌtʃəz] *adv* = **inasmuch as**

inspect [ɪn'spekt] *vt* inspecter; *(tickets)* contrôler; *(troops)* passer en revue ▪ **inspector** *n* inspecteur, -trice *mf*; *(on train)* contrôleur, -euse *mf*

inspire [ɪn'spaɪə(r)] *vt* inspirer; **to i. sb to do sth** pousser qn à faire qch ▪ **inspiration** [-spə'reɪʃən] *n* inspiration *f*; *(person)* source *f* d'inspiration

instability [ɪnstə'bɪlɪtɪ] *n* instabilité *f*

install [ɪn'stɔːl] (*Am* **instal**) *vt* installer

instalment [ɪn'stɔːlmənt] (*Am* **installment**) *n (part payment)* versement *m*; *(of serial, story)* épisode *m*; *(of publication)* fascicule *m*; **to pay by instalments** payer par versements échelonnés; *Am* **to buy on the i. plan** acheter à crédit

instance ['ɪnstəns] *n (example)* exemple *m*; *(case)* cas *m*; **for i.** par exemple; **in this i.** dans le cas présent

instant ['ɪnstənt] **1** *adj* immédiat; **i. coffee** café *m* instantané **2** *n (moment)* instant *m*; **this (very) i.** *(at once)* à l'instant; **the i. that I saw her** dès que je l'ai vue ▪ **instantly** *adv* immédiatement

instantaneous [ɪnstən'teɪnɪəs] *adj* instantané

instead [ɪn'sted] *adv (in place of sth)* à la place; *(in place of sb)* à ma/ta/*etc* place; **i. of sth** au lieu de qch; **i. of doing sth** au lieu de faire qch; **i. of him/her** à sa place

instigate ['ɪnstɪgeɪt] *vt* provoquer ▪ **instigator** *n* instigateur, -trice *mf*

instil [ɪn'stɪl] (*Am* **instill**) (*pt & pp* **-ll-**) *vt (idea)* inculquer (**into** à); *(doubt)* instiller (**in** à)

instinct ['ɪnstɪŋkt] *n* instinct *m*; **by i.** d'instinct ▪ **instinctive** *adj* instinctif, -ive

institute ['ɪnstɪtjuːt] **1** *n* institut *m* **2** *vt (rule, practice)* instituer; *(legal inquiry)* ordonner

institution [ɪnstɪ'tjuːʃən] *n (organization, custom)* institution *f*; *(public, financial, religious, psychiatric)* établissement *m*

instruct [ɪn'strʌkt] *vt (teach)* enseigner (**sb in sth** qch à qn); **to i. sb about sth** *(inform)* instruire qn de qch; **to i. sb to do** *(order)* charger qn de faire ▪ **instruction** [-ʃən] *n (teaching, order)* instruction *f*; **instructions (for use)** mode *m* d'emploi ▪ **instructor** *n (for judo, dance)* professeur *m*; *(for skiing, swimming)* moniteur, -trice *mf*; **driving i.** moniteur, -trice *mf* d'auto-école

instrument ['ɪnstrəmənt] *n* instrument *m*

instrumental [ɪnstrə'mentəl] *adj (music)* instrumental; **to be i. in sth/in doing sth** contribuer à qch/à faire qch

insubordinate [ɪnsə'bɔːdɪnət] *adj* insubordonné

insufferable [ɪn'sʌfərəbəl] *adj* intolérable

insufficient [ɪnsə'fɪʃənt] *adj* insuffisant ▪ **insufficiently** *adv* insuffisamment

insulate ['ɪnsjʊleɪt] *vt (against cold) & El* isoler; *(against sound)* insonoriser ▪ **insulation** *n* isolation *f*; *(against sound)* insonorisation *f*; *(material)* isolant *m*

insulin ['ɪnsjʊlɪn] *n* insuline *f*

insult 1 ['ɪnsʌlt] *n* insulte *f* (**to** à) **2** [ɪn'sʌlt] *vt* insulter

insure [ɪn'ʃʊə(r)] *vt* (**a**) *(house, car, goods)* assurer (**against** contre) (**b**) *Am* = **ensure** ▪ **insurance** *n* assurance *f*; **i. policy** police *f* d'assurance

insurmountable [ɪnsə'maʊntəbəl] *adj* insurmontable

intact [ɪn'tækt] *adj* intact

intake ['ɪnteɪk] *n (of food)* consommation *f*; *(of students, schoolchildren)* admissions *fpl*

intangible [ɪn'tændʒəbəl] *adj* intangible

integral ['ɪntɪgrəl] *adj* intégral; **to be**

an i. part of sth faire partie intégrante de qch

integrate ['ɪntɪgreɪt] **1** *vt* intégrer (**into** dans) **2** *vi* s'intégrer (**into** dans) ▪ **integration** *n* intégration *f*; **(racial) i.** déségrégation *f* raciale

integrity [ɪn'tegrətɪ] *n* intégrité *f*

intellect ['ɪntɪlekt] *n* intelligence *f*, intellect *m* ▪ **intellectual** *adj & n* intellectuel, -elle *(mf)*

intelligence [ɪn'telɪdʒəns] *n* intelligence *f*

intelligent [ɪn'telɪdʒənt] *adj* intelligent

intelligible [ɪn'telɪdʒəbəl] *adj* intelligible

intend [ɪn'tend] *vt (gift, remark)* destiner (**for** à); **to be intended to do sth** être destiné à faire qch; **to i. to do sth** avoir l'intention de faire qch ▪ **intended** *adj (deliberate)* voulu; *(planned)* prévu

intense [ɪn'tens] *adj* intense; *(interest)* vif (*f* vive); *(person)* passionné ▪ **intensely** *adv (look at)* intensément; *Fig (very)* extrêmement

intensify [ɪn'tensɪfaɪ] *(pt & pp* **-ied***)* **1** *vt* intensifier **2** *vi* s'intensifier

intensity [ɪn'tensətɪ] *n* intensité *f*

intensive [ɪn'tensɪv] *adj* intensif, -ive; **in i. care** en réanimation

intent [ɪn'tent] **1** *adj (look)* intense; **to be i. on doing** être résolu à faire **2** *n* intention *f*; **to all intents and purposes** quasiment

intention [ɪn'tenʃən] *n* intention *f* (**of doing** de faire)

intentional [ɪn'tenʃənəl] *adj* intentionnel, -elle; **it wasn't i.** ce n'était pas fait exprès ▪ **intentionally** *adv* intentionnellement, exprès

inter [ɪn'tɜː(r)] *(pt & pp* **-rr-***)* *vt* enterrer

inter- ['ɪntə(r)] *pref* inter-

interact [ɪntər'ækt] *vi (of person)* communiquer (**with** avec); *(of several people)* communiquer entre eux/elles; *(of chemicals)* réagir (**with** avec)

interactive [ɪntə'ræktɪv] *adj Comptr* interactif, -ive

intercept [ɪntə'sept] *vt* intercepter

interchange ['ɪntətʃeɪndʒ] *n Br (on road)* échangeur *m*

interchangeable [ɪntə'tʃeɪndʒəbəl] *adj* interchangeable

inter-city [ɪntə'sɪtɪ] *adj Br* **i. train** train *m* de grandes lignes

intercom ['ɪntəkɒm] *n* Interphone® *m*

interconnected [ɪntəkə'nektɪd] *adj (facts)* lié(e)s

intercourse ['ɪntəkɔːs] *n (sexual)* rapports *mpl* sexuels

interdependent [ɪntədɪ'pendənt] *adj* interdépendant; *(parts of machine)* solidaire

interest ['ɪntərest, 'ɪntrɪst] **1** *n* intérêt *m*; *(hobby)* centre *m* d'intérêt; *(money)* intérêts *mpl*; **to take an i. in sb/sth** s'intéresser à qn/qch; **to lose i. in sb/sth** se désintéresser de qn/qch; **to be of i. to sb** intéresser qn **2** *vt* intéresser ▪ **interested** *adj* intéressé; **to be i. in sb/sth** s'intéresser à qn/qch; **are you i.?** ça vous intéresse? ▪ **interest-free** *adj (loan)* sans intérêts; *(credit)* gratuit ▪ **interesting** *adj* intéressant

interfere [ɪntə'fɪə(r)] *vi (meddle)* se mêler (**in** de); **to i. with sth** *(hinder)* gêner qch; *(touch)* toucher à qch

interference [ɪntə'fɪərəns] *n* ingérence *f*; *(on television, radio)* parasites *mpl*

interim ['ɪntərɪm] **1** *n* **in the i.** entretemps **2** *adj (measure)* provisoire

interior [ɪn'tɪərɪə(r)] *adj & n* intérieur *(m)*

interlock [ɪntə'lɒk] *vi (of machine parts)* s'emboîter

interlude ['ɪntəluːd] *n (on TV)* interlude *m*; *(in theatre)* intermède *m*; *(period of time)* intervalle *m*

intermediary [ɪntə'miːdɪərɪ] *(pl* **-ies***)* *n* intermédiaire *mf*

intermediate [ɪntə'miːdɪət] *adj* intermédiaire; *(course, student)* de niveau moyen

intermission [ɪntə'mɪʃən] *n* entracte *m*

intermittent [ɪntə'mɪtənt] *adj* intermittent

intern 1 ['ɪntɜːn] *n Am Med* interne *mf* **2** [ɪn'tɜːn] *vt (imprison)* interner

internal [ɪn'tɜːnəl] *adj* interne; *(flight, policy)* intérieur; *Am* **the I. Revenue Service** ≃ le fisc ■ **internally** *adv* intérieurement

international [ɪntə'næʃənəl] **1** *adj* international **2** *n (match)* rencontre *f* internationale; *(player)* international *m*

Internet ['ɪntənet] *n Comptr* **the I.** l'Internet *m*; **I. access** accès *m* (à l')Internet; **I. service provider** fournisseur *m* d'accès Internet

interpret [ɪn'tɜːprɪt] **1** *vt* interpréter **2** *vi (translate for people)* faire l'interprète ■ **interpretation** *n* interprétation *f* ■ **interpreter** *n* interprète *mf*

interrelated [ɪntərɪ'leɪtɪd] *adj* lié

interrogate [ɪn'terəgeɪt] *vt* interroger ■ **interrogation** [-'geɪʃən] *n* interrogation *f*; *(by police)* interrogatoire *m*

interrupt [ɪntə'rʌpt] **1** *vt* interrompre **2** *vi* **I'm sorry to i.** je suis désolé de vous interrompre ■ **interruption** *n* interruption *f*

intersect [ɪntə'sekt] **1** *vt* couper **2** *vi* se couper ■ **intersection** *n* intersection *f*; *(of roads)* croisement *m*

interval ['ɪntəvəl] *n* intervalle *m*; *Br (in theatre, cinema)* entracte *m*; **at intervals** *(in time)* de temps à autre; *(in space)* par intervalles; **at five-minute intervals** toutes les cinq minutes

intervene [ɪntə'viːn] *vi (of person)* intervenir (**in** dans); *(of event)* survenir ■ **intervention** [-'venʃən] *n* intervention *f*

interview ['ɪntəvjuː] **1** *n* entretien *m* (**with** avec); *TV & Journ* interview *m ou f* **2** *vt (for job)* faire passer un entretien à; *TV & Journ* interviewer ■ **interviewer** *n TV* intervieweur, -euse *mf*; *(for research, in canvassing)* enquêteur, -euse *mf*

intestine [ɪn'testɪn] *n* intestin *m*

intimate ['ɪntɪmət] *adj* intime; *(friendship)* profond; *(knowledge)* approfondi ■ **intimately** *adv* intimement

intimidate [ɪn'tɪmɪdeɪt] *vt* intimider

into ['ɪntuː, *unstressed* 'ɪntə] *prep* (**a**) dans; **to put sth i. sth** mettre qch dans qch; **to go i. a room** entrer dans une pièce
(**b**) en; **to translate i. French** traduire en français; **to change sb i. sth** changer qn en qch; **to break sth i. pieces** briser qch en morceaux; **to go i. town** aller en ville
(**c**) *Math* **three i. six goes two** six divisé par trois fait deux
(**d**) *Fam* **to be i. jazz** être branché jazz

intolerable [ɪn'tɒlərəbəl] *adj* intolérable (**that** que + *subjunctive*)

intolerance [ɪn'tɒlərəns] *n* intolérance *f* ■ **intolerant** *adj* intolérant

intonation [ɪntə'neɪʃən] *n* intonation *f*

intoxicated [ɪn'tɒksɪkeɪtɪd] *adj* ivre

intransigent [ɪn'trænsɪdʒənt] *adj* intransigeant

intransitive [ɪn'trænsɪtɪv] *adj (in grammar)* intransitif, -ive

intricate ['ɪntrɪkət] *adj* compliqué

intrigue 1 ['ɪntriːg] *n (plot)* intrigue *f* **2** [ɪn'triːg] *vt (interest)* intriguer ■ **intriguing** *adj (news, attitude)* curieux, -euse

introduce [ɪntrə'djuːs] *vt (bring in, insert)* introduire (**into** dans); *(programme, subject)* présenter; **to i. sb (to sb)** présenter qn (à qn)

introduction [ɪntrə'dʌkʃən] *n* introduction *f*; *(of person to person)* présentation *f* ■ **introductory** *adj (words, speech)* d'introduction; *(course)* d'initiation

introvert ['ɪntrəvɜːt] *n* introverti, -e *mf*

intrude [ɪn'truːd] *vi (of person)* déranger (**on sb** qn) ■ **intruder** *n* intrus, -e *mf* ■ **intrusion** *n (bother)* dérangement *m*; *(interference)* intrusion *f* (**into** dans)

intuition [ɪntjuː'ɪʃən] *n* intuition *f*

inundate ['ɪnʌndeɪt] *vt* inonder (**with** de); **inundated with work/letters** submergé de travail/lettres

invade [ɪn'veɪd] *vt* envahir ▪ **invader** *n* envahisseur, -euse *mf*

invalid[1] ['ɪnvəlɪd] *adj & n* malade *(mf)*; *(disabled person)* infirme *(mf)*

invalid[2] [ɪn'vælɪd] *adj (ticket, passport)* non valable ▪ **invalidate** *vt (ticket)* annuler; *(election, law)* invalider; *(theory)* infirmer

invaluable [ɪn'væljʊəbəl] *adj* inestimable

invariably [ɪn'veərɪəblɪ] *adv* invariablement

invasion [ɪn'veɪʒən] *n* invasion *f*

invent [ɪn'vent] *vt* inventer ▪ **invention** *n* invention *f* ▪ **inventor** *n* inventeur, -trice *mf*

inventory ['ɪnvəntərɪ] *(pl* **-ies**) *n* inventaire *m*

invert [ɪn'vɜːt] *vt (order)* intervertir; *(turn upside down)* renverser; *Br* **inverted commas** guillemets *mpl*

invest [ɪn'vest] **1** *vt (money)* investir (**in** dans); *(time, effort)* consacrer (**in** à) **2** *vi* **to i. in** *(company)* investir dans; *Fig (car)* se payer ▪ **investment** *n* investissement *m* ▪ **investor** *n (in shares)* investisseur *m*

investigate [ɪn'vestɪgeɪt] *vt (examine)* examiner; *(crime)* enquêter sur ▪ **investigation** *n* examen *m*, étude *f*; *(inquiry by journalist, police)* enquête *f* (**of** *or* **into** sur) ▪ **investigator** *n (detective)* enquêteur, -euse *mf*; *(private)* détective *m*

invigilator [ɪn'vɪdʒɪleɪtə(r)] *n Br* surveillant, -e *mf (à un examen)*

invigorating [ɪn'vɪgəreɪtɪŋ] *adj* vivifiant

invincible [ɪn'vɪnsəbəl] *adj* invincible

invisible [ɪn'vɪzəbəl] *adj* invisible

invite 1 [ɪn'vaɪt] *vt* inviter (**to do** à faire); *(ask for)* demander; **to i. sb out** inviter qn (à sortir) **2** ['ɪnvaɪt] *n Fam* invit' *f* ▪ **invitation** [-vɪ'teɪʃən] *n* invitation *f*

invoice ['ɪnvɔɪs] **1** *n* facture *f* **2** *vt (goods)* facturer; *(person)* envoyer la facture à

invoke [ɪn'vəʊk] *vt* invoquer

involuntary [ɪn'vɒləntərɪ] *adj* involontaire

involve [ɪn'vɒlv] *vt (entail)* entraîner; **to i. sb in sth** impliquer qn dans qch; *(in project)* associer qn à qch; **the job involves going abroad** le poste nécessite des déplacements à l'étranger

involved [ɪn'vɒlvd] *adj* (**a**) **to be i. in an accident** avoir un accident; **fifty people were i. in the project** cinquante personnes ont pris part au projet; **to be i. with sb** *(emotionally)* avoir une liaison avec qn; **the factors i.** *(at stake)* les facteurs en jeu; **the person i.** *(concerned)* la personne en question (**b**) *(complicated)* compliqué

involvement [ɪn'vɒlvmənt] *n* participation *f* (**in** à); *(commitment)* engagement *m* (**in** dans)

invulnerable [ɪn'vʌlnərəbəl] *adj* invulnérable

inward ['ɪnwəd] **1** *adj & adv (movement, move)* vers l'intérieur **2** *adj (inner) (happiness)* intérieur; *(thoughts)* intime ▪ **inwardly** *adv (laugh, curse)* intérieurement ▪ **inwards** *adv* vers l'intérieur

iodine [*Br* 'aɪədiːn, *Am* 'aɪədaɪn] *n (antiseptic)* teinture *f* d'iode

IOU [aɪəʊ'juː] (*abbr* **I owe you**) *n* reconnaissance *f* de dette

IQ [aɪ'kjuː] (*abbr* **intelligence quotient**) *n* QI *m inv*

Iran [ɪ'rɑːn, ɪ'ræn] *n* l'Iran *m* ▪ **Iranian** [ɪ'reɪnɪən, *Am* ɪ'rɑːnɪən] **1** *adj* iranien, -enne **2** *n* Iranien, -enne *mf*

Iraq [ɪ'rɑːk] *n* l'Irak *m* ▪ **Iraqi 1** *adj* irakien, -enne **2** *n* Irakien, -enne *mf*

irate [aɪ'reɪt] *adj* furieux, -euse

Ireland ['aɪələnd] *n* l'Irlande *f* ▪ **Irish** ['aɪrɪʃ] **1** *adj* irlandais **2** *n (language)* irlandais *m*; **the I.** *(people)* les Irlandais *mpl* ▪ **Irishman** (*pl* **-men**) *n* Irlandais *m* ▪ **Irishwoman** (*pl* **-women**) *n* Irlandaise *f*

iris ['aɪərɪs] *n (plant, of eye)* iris *m*

iron ['aɪən] **1** *n* fer *m*; *(for clothes)* fer *m* à repasser **2** *vt (clothes)* repasser; *Fig* **to i. out difficulties** aplanir les difficultés ■ **ironing** *n* repassage *m*; **i. board** planche *f* à repasser

ironmonger ['aɪənmʌŋgə(r)] *n* quincaillier, -ère *mf*; **i.'s (shop)** quincaillerie *f*

irony ['aɪərənɪ] *n* ironie *f* ■ **ironic(al)** [aɪ'rɒnɪk(əl)] *adj* ironique

irrational [ɪ'ræʃənəl] *adj* irrationnel, -elle

irrefutable [ɪrɪ'fju:təbəl] *adj (evidence)* irréfutable

irregular [ɪ'regjʊlə(r)] *adj* irrégulier, -ère ■ **irregularity** [-'lærɪtɪ] (*pl* **-ies**) *n* irrégularité *f*

irrelevant [ɪ'reləvənt] *adj* sans rapport (**to** avec); *(remark)* hors de propos; **that's i.** ça n'a rien à voir (avec la question)

irreparable [ɪ'repərəbəl] *adj (harm, loss)* irréparable

irreplaceable [ɪrɪ'pleɪsəbəl] *adj* irremplaçable

irresistible [ɪrɪ'zɪstəbəl] *adj (person, charm)* irrésistible

irrespective [ɪrɪ'spektɪv] *prep* **i. of** indépendamment de

irresponsible [ɪrɪ'spɒnsəbəl] *adj (act)* irréfléchi; *(person)* irresponsable

irreverent [ɪ'revərənt] *adj* irrévérencieux, -euse

irreversible [ɪrɪ'vɜ:səbəl] *adj (process)* irréversible; *(decision)* irrévocable

irrigate ['ɪrɪgeɪt] *vt* irriguer

irritable ['ɪrɪtəbəl] *adj (easily annoyed)* irritable

irritant ['ɪrɪtənt] *n (to eyes, skin)* irritant *m*

irritate ['ɪrɪteɪt] *vt (annoy, inflame)* irriter ■ **irritating** *adj* irritant

is [ɪz] *see* **be**

Islam ['ɪzlɑ:m] *n* l'Islam *m* ■ **Islamic** [ɪz'læmɪk] *adj* islamique

island ['aɪlənd] *n* île *f*; **(traffic) i.** refuge *m* (pour piétons) ■ **islander** *n* insulaire *mf*

isle [aɪl] *n* île *f*

isn't ['ɪzənt] = **is not**

isolate ['aɪsəleɪt] *vt* isoler (**from** de) ■ **isolated** *adj (remote, unique)* isolé ■ **isolation** *n* isolement *m*; **in i.** isolément

ISP [aɪes'pi:] (*abbr* **Internet Service Provider**) *n Comptr* fournisseur *m* d'accès Internet

Israel ['ɪzreɪl] *n* Israël *m* ■ **Israeli 1** *adj* israélien, -enne **2** *n* Israélien, -enne *mf*

issue ['ɪʃu:] **1** *n (of newspaper, magazine)* numéro *m*; *(matter)* question *f*; **at i.** *(at stake)* en cause; **to make an i.** *or* **a big i. of sth** faire toute une affaire de qch **2** *vt (book)* publier; *(tickets)* distribuer; *(passport)* délivrer; *(order)* donner; *(warning)* lancer; *(stamps, banknotes)* émettre; *(supply)* fournir (**with** de; **to** à); **to i. a statement** faire une déclaration

---

IT [ɪt] *pron* (**a**) *(subject)* il, elle; *(object)* le, la, l'; **(to) it** *(indirect object)* lui; **it bites** *(dog)* il mord; **I've done it** je l'ai fait

(**b**) *(impersonal)* il; **it's snowing** il neige; **it's hot** il fait chaud

(**c**) *(non-specific)* ce, cela, ça; **it's good** c'est bon; **who is it?** qui est-ce?; **to consider it wise to do sth** juger prudent de faire qch; **it was Paul who...** c'est Paul qui... **to have it in for sb** en vouloir à qn

(**d**) **of it, from it, about it** en; **in it, to it, at it** y; **on it** dessus; **under it** dessous

---

italics [ɪ'tælɪks] *npl* italique *m*; **in i.** en italique

Italy ['ɪtəlɪ] *n* l'Italie *f* ■ **Italian** [ɪ'tælɪən] **1** *adj* italien, -enne **2** *n (person)* Italien, -enne *mf*; *(language)* italien *m*

itch [ɪtʃ] **1** *n* démangeaison *f* **2** *vi (of person)* avoir des démangeaisons; **his arm itches** son bras le *ou* lui démange; *Fig* **to be itching to do sth** brûler d'envie de faire qch

item ['aɪtəm] *n (in collection, on list, in newspaper)* article *m*; *(matter)* question *f*; **i. of clothing** vêtement *m*; **news i.** information *f* ▪ **itemize** *vt (invoice)* détailler

itinerary [aɪ'tɪnərərɪ] *(pl* **-ies**) *n* itinéraire *m*

its [ɪts] *possessive adj* son, sa, *pl* ses ▪ **itself** *pron* lui-même, elle-même; *(reflexive)* se, s'; **by i.** tout seul

I've [aɪv] = **I have**

ivory ['aɪvərɪ] *n* ivoire *m*

ivy ['aɪvɪ] *n* lierre *m*

Jj

J, j [dʒeɪ] *n (letter)* J, j *m inv*

jab [dʒæb] **1** *n* coup *m*; *Br Fam (injection)* piqûre *f* **2** *(pt & pp* **-bb-**) *vt (knife, stick)* enfoncer (**into** dans); *(prick)* piquer (**with** du bout de)

jack [dʒæk] **1** *n* (**a**) *(for vehicle)* cric *m* (**b**) *(card)* valet *m* **2** *vt* **to j. up** *(vehicle)* soulever *(avec un cric)*

jacket ['dʒækɪt] *n (coat)* veste *f*; *(of book)* jaquette *f*; *Br* **j. potato** pomme *f* de terre en robe des champs

jackknife ['dʒæknaɪf] **1** (*pl* **-knives**) *n* couteau *m* de poche **2** *vi Br (of truck)* se mettre en travers de la route

jackpot ['dʒækpɒt] *n* gros lot *m*

Jacuzzi® [dʒə'kuːzɪ] *n* Jacuzzi® *m*

jagged ['dʒægɪd] *adj* déchiqueté

jail [dʒeɪl] **1** *n* prison *f* **2** *vt* emprisonner (**for** pour)

jam¹ [dʒæm] *n (preserve)* confiture *f*; **strawberry j.** confiture *f* de fraises ▪ **jamjar** *n* pot *m* à confiture

jam² [dʒæm] **1** *n* **(traffic) j.** embouteillage *m* **2** (*pt & pp* **-mm-**) *vt (squeeze, make stuck)* coincer; *(street, corridor)* encombrer; **to j. sth into sth** entasser qch dans qch; **to j. on the brakes** écraser la pédale de frein **3** *vi (get stuck)* se coincer ▪ **jammed** *adj (machine)* coincé; *(street)* encombré ▪ **jam-packed** *adj (hall, train)* bourré

Jamaica [dʒə'meɪkə] *n* la Jamaïque

jangle ['dʒæŋgəl] *vi* cliqueter

janitor ['dʒænɪtə(r)] *n Am & Scot (caretaker)* concierge *m*

January ['dʒænjʊərɪ] *n* janvier *m*

Japan [dʒə'pæn] *n* le Japon ▪ **Japanese** [dʒæpə'niːz] **1** *adj* japonais **2** *n (person)* Japonais, -e *mf*; *(language)* japonais *m*

jar¹ [dʒɑː(r)] *n (container)* pot *m*; *(large, glass)* bocal *m*

jar² [dʒɑː(r)] **1** *n (jolt)* choc *m* **2** *(pt & pp* **-rr-**) *vt (shake)* ébranler **3** *vi (of noise)* grincer; *(of colours, words)* jurer (**with** avec) ▪ **jarring** *adj (noise, voice)* discordant

jargon ['dʒɑːgən] *n* jargon *m*

jaunt [dʒɔːnt] *n (journey)* balade *f*

javelin ['dʒævlɪn] *n* javelot *m*

jaw [dʒɔː] *n Anat* mâchoire *f*

jazz [dʒæz] **1** *n* jazz *m* **2** *vt Fam* **to j. sth up** *(clothes, room, style)* égayer qch; *(music)* jazzifier qch

jealous ['dʒeləs] *adj* jaloux, -ouse (**of** de) ▪ **jealousy** *n* jalousie *f*

jeans [dʒiːnz] *npl* **(pair of) j.** jean *m*

Jeep® [dʒiːp] *n* Jeep® *f*

jeer [dʒɪə(r)] **1** *n* **jeers** *(boos)* huées *fpl* **2** *vt (boo)* huer; *(mock)* se moquer de **3** *vi* **to j. at sb/sth** *(boo)* huer qn/qch; *(mock)* se moquer de qn/qch ▪ **jeering 1** *adj* railleur, -euse **2** *n (mocking)* railleries *fpl*; *(of crowd)* huées *fpl*

jell [dʒel] *vi Fam (of ideas)* prendre tournure

jello® ['dʒeləʊ] *n Am (dessert)* gelée *f*

jelly ['dʒelɪ] (*pl* **-ies**) *n (preserve, dessert)* gelée *f* ▪ **jellyfish** *n* méduse *f*

jeopardy ['dʒepədɪ] *n* **in j.** en péril ▪ **jeopardize** *vt* mettre en danger

jerk [dʒɜːk] **1** *n* secousse *f* **2** *vt (pull)* tirer brusquement

jerky ['dʒɜːkɪ] (**-ier, -iest**) *adj (movement, voice)* saccadé

Jersey ['dʒɜːzɪ] *n* Jersey *m ou f*

jersey ['dʒɜːzɪ] (*pl* **-eys**) *n (garment)* tricot *m*; *(of footballer)* maillot *m*

jest [dʒest] **1** *n* plaisanterie *f*; **in j.** pour rire **2** *vi* plaisanter

Jesus ['dʒiːzəs] *n* Jésus *m*; **J. Christ** Jésus-Christ *m*

jet [dʒet] **1** *n* (**a**) *(plane)* avion *m* à réaction; **j. engine** réacteur *m*, moteur *m* à réaction; **j. lag** fatigue *f* due au décalage horaire (**b**) *(steam, liquid)* jet *m* **2** *vi Fam* **to j. off** s'envoler (**to** pour)

jet-black [dʒet'blæk] *adj* (noir) de jais

jetfoil ['dʒetfɔɪl] *n* hydroglisseur *m*

jet-lagged ['dʒetlægd] *adj* qui souffre du décalage horaire

jetty ['dʒetɪ] (*pl* **-ies**) *n* jetée *f*; *(landing place)* embarcadère *m*

Jew [dʒuː] *n (man)* Juif *m*; *(woman)* Juive *f* ▪ **Jewish** *adj* juif (*f* juive)

jewel ['dʒuːəl] *n* bijou *m* (*pl* -oux); *(in watch)* rubis *m* ▪ **jeweller** (*Am* **jeweler**) *n* bijoutier, -ère *mf* ▪ **jewellery** (*Am* **jewelry**) *n* bijoux *mpl*

jibe [dʒaɪb] *n & vi* = **gibe**

Jiffy ['dʒɪfɪ] *n* **J. bag®** enveloppe *f* matelassée

jiffy ['dʒɪfɪ] *n Fam* instant *m*

jig [dʒɪg] *n (dance, music)* gigue *f*

jigsaw ['dʒɪgsɔː] *n* **j. (puzzle)** puzzle *m*

jilt [dʒɪlt] *vt (lover)* laisser tomber

jingle ['dʒɪŋgəl] **1** *vt* faire tinter **2** *vi (of keys, bell)* tinter

jinx [dʒɪŋks] *n (spell, curse)* mauvais sort *m*

jittery ['dʒɪtərɪ] *adj Fam* **to be j.** être à cran

job [dʒɒb] *n (employment, post)* travail *m*, emploi *m*; *(task)* tâche *f*; **to have a (hard) j. doing** *or* **to do sth** avoir du mal à faire qch; **j. offer** offre *f* d'emploi

Jobcentre ['dʒɒbsentə(r)] *n Br* ≃ agence *f* nationale pour l'emploi

jobless ['dʒɒbləs] *adj* au chômage

jockey ['dʒɒkɪ] (*pl* **-eys**) *n* jockey *m*

jocular ['dʒɒkjʊlə(r)] *adj* jovial

jog [dʒɒg] (*pt & pp* **-gg-**) **1** *vt (shake)* secouer; *(push)* pousser; *Fig (memory)* rafraîchir **2** *vi (for fitness)* faire du jogging ▪ **jogging** *n (for fitness)* jogging *m*; **to go jogging** aller faire un jogging

john [dʒɒn] *n Am Fam* **the j.** *(lavatory)* le petit coin

join [dʒɔɪn] **1** *n* raccord *m*
2 *vt* (**a**) *(put together)* joindre; *(wires, pipes)* raccorder; *(words, towns)* relier; **to j. two things together** relier une chose à une autre; **to j. sb** *(catch up with, meet)* rejoindre qn; *(associate oneself with, go with)* se joindre à qn (**in doing** pour faire)
(**b**) *(become a member of)* s'inscrire à; *(army, police, company)* entrer dans; **to j. the queue** *or Am* **line** prendre la queue
3 *vi* (**a**) *(of roads, rivers)* se rejoindre; **to j. (together** *or* **up)** *(of objects)* se joindre (**with** à); **to j. in sth** prendre part à qch
(**b**) *(become a member)* devenir membre; *Mil* **to j. up** s'engager

joiner ['dʒɔɪnə(r)] *n Br* menuisier *m*

joint [dʒɔɪnt] **1** *n* (**a**) *(in body)* articulation *f*; *Br (meat)* rôti *m*; *Tech* joint *m*; *(in carpentry)* assemblage *m* (**b**) *Fam (nightclub)* boîte *f* (**c**) *Fam (cannabis cigarette)* joint *m* **2** *adj (decision)* commun; **j. account** compte *m* joint; **j. efforts** efforts *mpl* conjugués ▪ **jointly** *adv* conjointement

joke [dʒəʊk] **1** *n* plaisanterie *f*; *(trick)* tour *m* **2** *vi* plaisanter (**about** sur) ▪ **joker** *n* plaisantin *m*; *(card)* joker *m* ▪ **jokingly** *adv (say)* en plaisantant

jolly ['dʒɒlɪ] (**-ier, -iest**) *adj (happy)* gai

jolt [dʒɒlt] **1** *n* secousse *f* **2** *vt (shake)* secouer

jostle ['dʒɒsəl] **1** *vt (push)* bousculer **2** *vi (push each other)* se bousculer (**for sth** pour obtenir qch)

jot [dʒɒt] (*pt & pp* **-tt-**) *vt* **to j. sth down** noter qch ▪ **jotter** *n (notepad)* bloc-notes *m*

journal ['dʒɜːnəl] *n (periodical)* revue *f*

journalism ['dʒɜːnəlɪzəm] *n* journalisme *m* ▪ **journalist** *n* journaliste *mf*

journey ['dʒɜːnɪ] **1** (*pl* **-eys**) *n (trip)*

voyage *m*; *(distance)* trajet *m*; **to go on a j.** partir en voyage **2** *vi* voyager

jovial ['dʒəʊvɪəl] *adj* jovial

joy [dʒɔɪ] *n* joie *f*; **the joys of** *(countryside, motherhood)* les plaisirs *mpl* de ▪ **joyful** *adj* joyeux, -euse

joyrider ['dʒɔɪraɪdə(r)] *n* = chauffard qui conduit une voiture volée

joystick ['dʒɔɪstɪk] *n (of aircraft, computer)* manche *m* à balai

jubilant ['dʒu:bɪlənt] *adj* **to be j.** jubiler

jubilee ['dʒu:bɪli:] *n* **(golden) j.** jubilé *m*

judder ['dʒʌdə(r)] **1** *n* vibration *f* **2** *vi (shake)* vibrer

judge [dʒʌdʒ] **1** *n* juge *m* **2** *vti* juger; **to j. sb by** *or* **on sth** juger qn sur *ou* d'après qch; **judging by…** à en juger par… ▪ **judg(e)ment** *n* jugement *m*

judicial [dʒu:'dɪʃəl] *adj* judiciaire

judo ['dʒu:dəʊ] *n* judo *m*

jug [dʒʌg] *n* cruche *f*; *(for milk)* pot *m*

juggle ['dʒʌgəl] **1** *vt* jongler avec **2** *vi* jongler (**with** avec) ▪ **juggler** *n* jongleur, -euse *mf*

juice [dʒu:s] *n* jus *m* ▪ **juicy** (**-ier, -iest**) *adj (fruit)* juteux, -euse; *(meat)* succulent; *Fig (story)* savoureux, -euse

jukebox ['dʒu:kbɒks] *n* juke-box *m*

July [dʒu:'laɪ] *n* juillet *m*

jumble ['dʒʌmbəl] **1** *n (disorder)* fouillis *m*; *Br (unwanted articles)* bric-à-brac *m inv*; *Br* **j. sale** vente *f* de charité *(articles d'occasion uniquement)* **2** *vt* **to j. (up)** *(objects, facts)* mélanger

jumbo ['dʒʌmbəʊ] **1** *adj (packet)* géant **2** (*pl* **-os**) *adj & n* **j. (jet)** jumbo-jet *(m)*

jump [dʒʌmp] **1** *n (leap)* saut *m*; *(start)* sursaut *m*; *(increase)* hausse *f* soudaine; *Am* **j. rope** corde *f* à sauter

2 *vt (ditch)* sauter; *Br* **to j. the queue** passer avant son tour, resquiller

3 *vi* sauter (**at** sur); *(start)* sursauter; *(of price)* faire un bond; **to j. across sth** traverser qch d'un bond; **to j. in** *or* **on** *(train, vehicle, bus)* sauter dans; **to j. off** *or* **out** sauter; *(from bus)* descendre; **to j. off sth, to j. out of sth** sauter de qch; **to j. out of the window** sauter par la fenêtre; **to j. up** se lever d'un bond ▪ **jumpy** ['dʒʌmpɪ] (**-ier, -iest**) *adj* nerveux, -euse

jumper ['dʒʌmpə(r)] *n Br* pull(-over) *m*; *Am (dress)* robe *f* chasuble

junction ['dʒʌŋkʃən] *n (crossroads)* carrefour *m*; *Br* **j. 23** *(on motorway) (exit)* la sortie 23; *(entrance)* l'entrée *f* 23

June [dʒu:n] *n* juin *m*

jungle ['dʒʌŋgəl] *n* jungle *f*

junior ['dʒu:nɪə(r)] **1** *adj (younger)* plus jeune; *(in rank, status)* subalterne; *(teacher, doctor)* jeune; **to be sb's j.** être plus jeune que qn; *(in rank, status)* être au-dessous de qn; *Br* **j. school** école *f* primaire *(entre 7 et 11 ans)*; *Am* **j. high school** ≃ collège *m* d'enseignement secondaire

2 *n* cadet, -ette *mf*; *(in school)* petit, -e *mf*; *(in sports)* junior *mf*, cadet, -ette *mf*

junk [dʒʌŋk] **1** *n (unwanted objects)* bric-à-brac *m inv*; *(inferior goods)* camelote *f*; *(bad film, book)* navet *m*; **j. food** cochonneries *fpl*; **j. mail** prospectus *mpl*; **j. shop** boutique *f* de brocanteur **2** *vt Fam (get rid of)* balancer

junkie ['dʒʌŋkɪ] *n Fam* drogué, -e *mf*

jury ['dʒʊərɪ] (*pl* **-ies**) *n (in competition, court)* jury *m*

just [dʒʌst] **1** *adv (exactly, slightly)* juste; *(only)* juste, seulement; *(simply)* (tout) simplement; **it's j. as I thought** c'est bien ce que je pensais; **she has/had j. left** elle vient/venait de partir; **he j. missed it** il l'a manqué de peu; **j. as big/light** tout aussi grand/léger (**as** que); **j. a moment!** un instant!; **j. one** un(e) seul(e) (**of** de); **j. about** *(approximately)* à peu près; *(almost)* presque; **to be j. about to do sth** être sur le point de faire qch **2** *adj (fair)* juste (**to** envers)

justice ['dʒʌstɪs] *n* justice *f*; **it doesn't do you j.** *(hat, photo)* cela ne vous avantage pas

justify ['dʒʌstɪfaɪ] (*pt & pp* **-ied**) *vt*

justifier; **to be justified in doing sth** *(have reason)* être fondé à faire qch ▪ **justifiable** *adj* justifiable ▪ **justification** [-fɪ'keɪʃən] *n* justification *f*

jut [dʒʌt] *(pt & pp* **-tt-***)* *vi* **to j. out** faire saillie

juvenile ['dʒu:vənaɪl, *Am* -ənəl] **1** *n (in law)* mineur, -e *mf* **2** *adj (court)* pour enfants; *Pej (behaviour)* puéril; **j. delinquent** jeune délinquant, -e *mf*

juxtapose [dʒʌkstə'pəʊz] *vt* juxtaposer

Kk

K, k [keɪ] *n (letter)* K, k *m inv*

kangaroo [kæŋgə'ruː] *n* kangourou *m*

karate [kə'rɑːtɪ] *n* karaté *m*

kebab [kə'bæb] *n* brochette *f*

keel [kiːl] **1** *n (of boat)* quille *f* **2** *vi* **to k. over** *(of boat)* chavirer

keen [kiːn] *adj* (**a**) *Br (eager, enthusiastic)* plein d'enthousiasme; **to be k. on sth** *(music, sport)* être passionné de qch; **he is k. on her/the idea** elle/l'idée lui plaît beaucoup (**b**) *(edge, appetite)* aiguisé; *(interest)* vif (*f* vive); *(mind)* pénétrant; *(wind)* glacial

---

KEEP [kiːp] **1** *(pt & pp* **kept**) *vt* garder; *(shop, car)* avoir; *(diary, promise)* tenir; *(family)* entretenir; *(rule)* respecter; *(delay, detain)* retenir; *(put)* mettre; **to k. doing sth** continuer à faire qch; **to k. sth clean** garder qch propre; **to k. sth from sb** dissimuler qch à qn; **to k. sb from doing sth** empêcher qn de faire qch; **to k. sb waiting/working** faire attendre/travailler qn; **to k. an appointment** se rendre à un rendez-vous

2 *vi (remain)* rester; *(continue)* continuer; *(of food)* se conserver; **how is he keeping?** comment va-t-il?; **to k. still** rester immobile; **to k. left** tenir sa gauche; **to k. going** continuer; **to k. at it** *(keep doing it)* persévérer

3 *n (food)* subsistance *f*; *Fam* **for keeps** pour toujours

▸ **keep away 1** *vt (person)* éloigner (**from** de) **2** *vi* ne pas s'approcher (**from** de)

▸ **keep back 1** *vt sep (crowd)* contenir; *(delay, withhold)* retarder; *(hide)* cacher (**from** à) **2** *vi* ne pas s'approcher (**from** de)

▸ **keep down** *vt sep (restrict)* limiter; *(price, costs)* maintenir bas

▸ **keep in** *vt sep (not allow out)* empêcher de sortir; *(as punishment in school)* garder en retenue

▸ **keep off 1** *vt sep (person)* éloigner; **k. your hands off!** n'y touche pas! **2** *vt insep* **'k. off the grass'** 'défense de marcher sur les pelouses' **3** *vi (not go near)* ne pas s'approcher

▸ **keep on 1** *vt sep (hat, employee)* garder; **to k. on doing sth** continuer à faire qch **2** *vi* **to k. on at sb** harceler qn

▸ **keep out 1** *vt sep* empêcher d'entrer **2** *vi* rester en dehors (**of** de)

▸ **keep to 1** *vt insep (subject, path)* ne pas s'écarter de; *(room)* garder **2** *vi* **to k. to the left** tenir la gauche; **to k. to oneself** rester à l'écart

▸ **keep up 1** *vt sep (continue, maintain)* continuer; *(keep awake)* empêcher de dormir; **to k. up appearances** sauver les apparences **2** *vi (continue)* continuer; *(follow)* suivre; **to k. up with sb** *(follow)* aller à la même allure que qn; *(in quality of work)* se maintenir à la hauteur de qn

---

keeper ['kiːpə(r)] *n (in park, in zoo, goalkeeper)* gardien, -enne *mf*

keeping ['kiːpɪŋ] *n* **in k. with** conformément à

kennel ['kenəl] *n Br* niche *f*

Kenya ['kiːnjə, 'kenjə] *n* le Kenya

kept [kept] **1** *pt & pp of* **keep 2** *adj* **well** *or* **nicely k.** *(house)* bien tenu

kerb [kɜ:b] *n Br* bord *m* du trottoir

kernel ['kɜ:nəl] *n (of nut)* amande *f*

kerosene ['kerəsi:n] *n Am (paraffin)* pétrole *m* (lampant)

ketchup ['ketʃəp] *n* ketchup *m*

kettle ['ketəl] *n* bouilloire *f*; **the k. is boiling** l'eau bout; **to put the k. on** mettre l'eau à chauffer

key [ki:] **1** *n* clef *f*, clé *f*; *(of piano, typewriter, computer)* touche *f* **2** *adj (industry, post)* clef, clé **3** *vt* **to k. in** *(data)* saisir ▪ **keyboard** *n (of piano, computer)* clavier *m* ▪ **keyhole** *n* trou *m* de serrure ▪ **keynote** *n (of speech)* point *m* essentiel ▪ **keyring** *n* porte-clefs *m inv*

keyed [ki:d] *adj* **to be k. up** être surexcité

khaki ['kɑ:kɪ] *adj & n* kaki *(m) inv*

kick [kɪk] **1** *n* coup *m* de pied; *(of horse)* ruade *f* **2** *vt* donner un coup de pied/des coups de pied à; *(of horse)* lancer une ruade à **3** *vi* donner des coups de pied; *(of horse)* ruer ▪ **kick-off** *n (in football)* coup *m* d'envoi

▸ **kick down, kick in** *vt sep (door)* démolir à coups de pied

▸ **kick off** *vi (of footballer)* donner le coup d'envoi; *Fam (start)* démarrer

▸ **kick out** *vt sep Fam (throw out)* flanquer dehors

▸ **kick up** *vt sep Br Fam* **to k. up a fuss** faire des histoires

kid [kɪd] **1** *n* (**a**) *Fam (child)* gosse *mf*; *Am Fam* **my k. brother** mon petit frère (**b**) *(goat)* chevreau *m* **2** *(pt & pp* **-dd-**) *vti Fam (joke, tease)* faire marcher; **to be kidding** plaisanter; **no kidding!** sans blague!

kidnap ['kɪdnæp] *(pt & pp* **-pp-**) *vt* kidnapper ▪ **kidnapper** *n* ravisseur, -euse *mf* ▪ **kidnapping** *n* enlèvement *m*

kidney ['kɪdnɪ] *(pl* **-eys**) *n* rein *m*; *(as food)* rognon *m*; **k. bean** haricot *m* rouge

kill [kɪl] **1** *vt (person, animal, plant)* tuer; **to k. oneself** se tuer; *Fam* **my feet are killing me** j'ai les pieds en compote; **to k. time** tuer le temps **2** *vi* tuer ▪ **killer** *n* tueur, -euse *mf* ▪ **killing** *n (of person)* meurtre *m*; *(of group)* massacre *m*; *(of animal)* mise *f* à mort

killjoy ['kɪldʒɔɪ] *n* rabat-joie *mf inv*

kilo ['ki:ləʊ] *(pl* **-os**) *n* kilo *m* ▪ **kilogram(me)** ['kɪləgræm] *n* kilogramme *m*

kilobyte ['kɪləbaɪt] *n Comptr* kilo-octet *m*

kilometre [kɪ'lɒmɪtə(r)] (*Am* **kilometer**) *n* kilomètre *m*

kilt [kɪlt] *n* kilt *m*

kin [kɪn] *n* **one's next of k.** son plus proche parent

kind[1] [kaɪnd] *n (sort, type)* genre *m*, espèce *f* (**of** de); **what k. of drink is it?** qu'est-ce que c'est comme boisson?; *Fam* **k. of worried/sad** plutôt inquiet/triste

kind[2] [kaɪnd] (**-er, -est**) *adj (helpful, pleasant)* gentil, -ille (**to** avec); **that's k. of you** c'est gentil de votre part

kindergarten ['kɪndəgɑ:tən] *n* jardin *m* d'enfants

kindly ['kaɪndlɪ] **1** *adv* gentiment; **k. wait** ayez la bonté d'attendre **2** *adj (person)* bienveillant

kindness ['kaɪndnɪs] *n* gentillesse *f*

king [kɪŋ] *n* roi *m* ▪ **kingdom** *n* royaume *m*; **animal/plant k.** règne *m* animal/végétal ▪ **king-size(d)** *adj* géant

kiosk ['ki:ɒsk] *n* kiosque *m*; *Br* **(telephone) k.** cabine *f* téléphonique

kip [kɪp] *(pt & pp* **-pp-**) *vi Br Fam (sleep)* roupiller

kipper ['kɪpə(r)] *n* hareng *m* salé et fumé

kiss [kɪs] **1** *n* baiser *m*; **the k. of life** *(in first aid)* le bouche-à-bouche **2** *vt (person)* embrasser **3** *vi* s'embrasser

kit [kɪt] **1** *n* équipement *m*, matériel *m*; *(set of articles)* trousse *f*; *Br (belongings)* affaires *fpl*; *Br (sports clothes)* tenue *f*; **first-aid k.** trousse *f* de pharmacie; **(do-it-yourself) k.** kit *m* **2** *(pt & pp* **-tt-**) *vt Br* **to k. sb out** équiper qn (**with** de)

kitchen ['kɪtʃɪn] *n* cuisine *f*; **k. sink**

évier *m*; **k. units** éléments *mpl* de cuisine ▪ **kitchenette** *n* coin-cuisine *m*

kite [kaɪt] *n (toy)* cerf-volant *m*

kitten ['kɪtən] *n* chaton *m*

kitty ['kɪtɪ] *(pl* **-ies**) *n (fund)* cagnotte *f*

kiwi ['ki:wi:] *n (bird, fruit)* kiwi *m*

km (*abbr* **kilometre(s)**) km

knack [næk] *n (skill)* talent *m*; **to have the k. of doing sth** avoir le don de faire qch

knackered ['nækəd] *adj Br Fam (tired)* vanné

knapsack ['næpsæk] *n* sac *m* à dos

knead [ni:d] *vt (dough)* pétrir

knee [ni:] *n* genou *m*; **to go down on one's knees** s'agenouiller ▪ **kneecap** *n* rotule *f*

kneel [ni:l] (*pt & pp* **knelt** *or* **kneeled**) *vi* **to k. (down)** s'agenouiller (**before** devant); **to be kneeling (down)** être à genoux

knelt [nelt] *pt & pp of* **kneel**

knew [nju:] *pt of* **know**

knickers ['nɪkəz] *npl Br (underwear)* culotte *f*

knick-knack ['nɪknæk] *n Fam* babiole *f*

knife [naɪf] **1** (*pl* **knives**) *n* couteau *m*; *(penknife)* canif *m* **2** *vt* poignarder

knight [naɪt] **1** *n* chevalier *m*; *(chess piece)* cavalier *m* **2** *vt Br* **to be knighted** être fait chevalier ▪ **knighthood** *n Br* titre *m* de chevalier

knit [nɪt] (*pt & pp* **-tt-**) **1** *vt* tricoter **2** *vi* tricoter; **to k. (together)** *(of bones)* se ressouder ▪ **knitting** *n (activity, material)* tricot *m*; **k. needle** aiguille *f* à tricoter

knob [nɒb] *n (on door)* poignée *f*; *(on radio)* bouton *m*

knock [nɒk] **1** *n (blow)* coup *m*; **there's a k. at the door** on frappe à la porte **2** *vt (strike)* frapper; *(collide with)* heurter; **to k. one's head on sth** se cogner la tête contre qch **3** *vi (strike)* frapper; **to k. against** *or* **into sth** heurter qch ▪ **knocker** *n (for door)* marteau *m* ▪ **knockout** *n (in boxing)* knock-out *m inv*

▸**knock about** *vt sep (ill-treat)* malmener

▸**knock back** *vt sep Br Fam (drink, glass)* s'envoyer (derrière la cravate)

▸**knock down** *vt sep (object, pedestrian)* renverser; *(house, tree, wall)* abattre; *(price)* baisser

▸**knock in** *vt sep (nail)* enfoncer

▸**knock off** **1** *vt sep (person, object)* faire tomber (**from** de); *Fam (do quickly)* expédier; **to k. £5 off (the price)** baisser le prix de 5 livres **2** *vi Fam (stop work)* s'arrêter de travailler

▸**knock out** *vt sep (make unconscious)* assommer; *(boxer)* mettre K.-O.; *(beat in competition)* éliminer

▸**knock over** *vt sep (pedestrian, object)* renverser

knot [nɒt] **1** *n* (**a**) *(in rope)* nœud *m*; *Fig* **to tie the k.** se marier (**b**) *Naut (unit of speed)* nœud *m* **2** (*pt & pp* **-tt-**) *vt* nouer

KNOW [nəʊ] **1** *n Fam* **to be in the k.** être au courant

2 (*pt* **knew**, *pp* **known**) *vt (facts, language)* savoir; *(person, place)* connaître; *(recognize)* reconnaître (**by** à); **to k. that...** savoir que...; **to k. how to do sth** savoir faire qch; **for all I k.** que je sache; **I'll let you k.** je vous le ferai savoir; **to k. (a lot) about cars/sewing** s'y connaître en voitures/couture; **to get to k. sb** apprendre à connaître qn

3 *vi* savoir; **I k.** je (le) sais; **I wouldn't k., I k. nothing about it** je n'en sais rien; **to k. about sth** être au courant de qch; **do you k. of a good dentist?** connais-tu un bon dentiste? ▪ **know-all** *n Fam Pej* je-sais-tout *mf* ▪ **know-how** *n Fam* savoir-faire *m inv* ▪ **knowingly** *adv (consciously)* sciemment ▪ **know-it-all** *n Fam Pej* je-sais-tout *mf*

knowledge ['nɒlɪdʒ] *n (of fact)* connaissance *f*; *(learning)* connaissances *fpl*, savoir *m*; **general k.** culture *f* générale ▪ **knowledgeable** *adj* savant; **to be k. about sth** bien s'y connaître en qch

known [nəʊn] **1** *pp of* **know 2** *adj* connu; **she is k. to be...** on sait qu'elle est...

knuckle ['nʌkəl] *n* articulation *f* (du doigt)

▸ **knuckle down** *vi Fam* se mettre au boulot; **to k. down to sth** se mettre à qch

Koran [kə'rɑːn] *n* **the K.** le Coran

Korea [kə'rɪə] *n* la Corée

kosher ['kəʊʃə(r)] *adj Rel (food)* kasher *inv*

kudos ['kjuːdɒs] *n (glory)* gloire *f*; *(prestige)* prestige *m*

Kuwait [kʊ'weɪt] *n* le Koweït

Ll

L, l [el] *n (letter)* L, l *m inv*

lab [læb] *n Fam* labo *m* ■ **laboratory** [lə'bɒrətrɪ, *Am* 'læbrətɔ:rɪ] *n* laboratoire *m*

label ['leɪbəl] **1** *n* étiquette *f*; *(of record company)* label *m* **2** (*Br* **-ll-**, *Am* **-l-**) *vt* étiqueter; *Fig* **to l. sb (as) a liar** qualifier qn de menteur

laborious [lə'bɔ:rɪəs] *adj* laborieux, -euse

labour ['leɪbə(r)] (*Am* **labor**) **1** *n (work)* travail *m*; *(workers)* main-d'œuvre *f*; *Br* **L.** *(political party)* le parti travailliste; **in l.** *(woman)* en train d'accoucher **2** *adj (market)* du travail; **l. force** effectifs *mpl*; *Am* **l. union** syndicat *m* **3** *vi (toil)* peiner (**over** sur) ■ **labourer** (*Am* **laborer**) *n (on roads)* manœuvre *m*; *(on farm)* ouvrier *m* agricole

labyrinth ['læbərɪnθ] *n* labyrinthe *m*

lace [leɪs] **1** *n* (**a**) *(cloth)* dentelle *f* (**b**) *(of shoe)* lacet *m* **2** *vt* **to l. (up)** *(tie up)* lacer

lack [læk] **1** *n* manque *m* (**of** de); **for l. of sth** à défaut de qch **2** *vt* manquer de **3** *vi* **to be lacking** manquer (**in** de)

lad [læd] *n Fam (young man)* jeune gars *m*; *(child)* garçon *m*

ladder ['lædə(r)] **1** *n* échelle *f*; *Br (in tights)* maille *f* filée **2** *vti Br* filer

laden ['leɪdən] *adj* chargé (**with** de)

lady ['leɪdɪ] (*pl* **-ies**) *n* dame *f*; **a young l.** une jeune fille; *(married)* une jeune dame; **Ladies and Gentlemen!** Mesdames, Mesdemoiselles, Messieurs!; **the ladies' room**, *Br* **the ladies** les toilettes *fpl* pour dames

ladybird ['leɪdɪbɜ:d] (*Am* **ladybug** ['leɪdɪbʌg]) *n* coccinelle *f*

lag [læg] **1** *n* **time l.** *(between events)* décalage *m*; *(between countries)* décalage *m* horaire **2** (*pt & pp* **-gg-**) *vt (pipe)* isoler **3** *vi* **to l. behind** *(in progress, work)* avoir du retard; *(dawdle)* être à la traîne

lager ['lɑ:gə(r)] *n Br* bière *f* blonde

lagoon [lə'gu:n] *n* lagune *f*; *(of atoll)* lagon *m*

laid [leɪd] *pt & pp of* **lay**[3] ■ **laid-back** *adj Fam* cool *inv*

lain [leɪn] *pp of* **lie**[2]

lair [leə(r)] *n* tanière *f*

lake [leɪk] *n* lac *m*

lamb [læm] *n* agneau *m*

lame [leɪm] (**-er, -est**) *adj (person, argument)* boiteux, -euse; *(excuse)* piètre; **to be l.** *(of person)* boiter

lament [lə'ment] *vt* **to l. (over)** se lamenter sur

laminated ['læmɪneɪtɪd] *adj (glass)* feuilleté; *(wood, plastic)* stratifié

lamp [læmp] *n* lampe *f* ■ **lamppost** *n* réverbère *m* ■ **lampshade** *n* abat-jour *m inv*

lance [lɑ:ns] **1** *n (weapon)* lance *f* **2** *vt (abscess)* inciser

land [lænd] **1** *n* terre *f*; *(country)* pays *m*; **(plot of) l.** terrain *m*

2 *adj (reform)* agraire

3 *vt (passengers, cargo)* débarquer; *(aircraft)* poser; *(blow)* flanquer (**on** à); *Fam (job, prize)* décrocher

4 *vi (of aircraft)* atterrir; *(of passengers)* débarquer; *(of bomb, missile)* tomber; **to l. up in a ditch/in jail** se retrouver dans un fossé/en prison ▪ **landing** *n* (**a**) *(of aircraft)* atterrissage *m*; *(of cargo, troops)* débarquement *m* (**b**) *(of staircase)* palier *m* ▪ **landlady** (*pl* **-ies**) *n* propriétaire *f*; *(of pub)* patronne *f* ▪ **landlord** *n* propriétaire *m*; *(of pub)* patron *m* ▪ **landmark** *n* point *m* de repère ▪ **landowner** *n* propriétaire *m* foncier ▪ **landslide** *n* *(falling rocks)* glissement *m* de terrain; *(election victory)* raz de marée *m inv* électoral

landscape ['lændskeɪp] *n* paysage *m*

lane [leɪn] *n (in country)* chemin *m*; *(in town)* ruelle *f*; *(division of road)* voie *f*; *(line of traffic)* file *f*; *(for shipping, swimming)* couloir *m*

language ['læŋgwɪdʒ] **1** *n (of a people)* langue *f*; *(faculty, style)* langage *m* **2** *adj (laboratory)* de langues; *(teacher, studies)* de langue(s)

languish ['læŋgwɪʃ] *vi* languir (**for** *or* **after** après)

lanky ['læŋkɪ] (**-ier, -iest**) *adj* dégingandé

lantern ['læntən] *n* lanterne *f*

lap [læp] **1** *n* (**a**) *(of person)* genoux *mpl* (**b**) *(in race)* tour *m* de piste **2** (*pt & pp* **-pp-**) *vt* **to l. up** *(drink)* laper **3** *vi (of waves)* clapoter

lapel [lə'pel] *n* revers *m*

lapse [læps] **1** *n* (**a**) *(in concentration, standards)* baisse *f*; **a l. of memory** un trou de mémoire (**b**) *(interval)* laps *m* de temps; **a l. of time** un intervalle (**between** entre) **2** *vi* (**a**) *(of concentration, standards)* baisser (**b**) *(expire) (of subscription)* expirer

laptop ['læptɒp] *adj & n* **l. (computer)** ordinateur *m* portable

lard [lɑːd] *n* saindoux *m*

larder ['lɑːdə(r)] *n* garde-manger *m inv*

large [lɑːdʒ] (**-er, -est**) *adj (big)* grand; *(fat, bulky)* gros (*f* grosse); *(quantity)* grand, important; **to become** *or* **grow** *or* **get l.** s'agrandir; *(of person)* grossir; **at l.** *(of prisoner, animal)* en liberté; *(as a whole)* en général ▪ **large-scale** *adj (operation, reform)* de grande envergure

largely ['lɑːdʒlɪ] *adv* en grande partie

lark¹ [lɑːk] *n (bird)* alouette *f*

lark² [lɑːk] *Fam* **1** *n (joke)* rigolade *f* **2** *vi Br* **to l. about** faire le fou/la folle

larva ['lɑːvə] (*pl* **-vae** [-viː]) *n* larve *f*

laryngitis [lærɪn'dʒaɪtɪs] *n Med* laryngite *f*

lasagne, lasagna [lə'zænjə] *n* lasagnes *fpl*

laser ['leɪzə(r)] *n* laser *m*; **l. beam/printer** rayon *m*/imprimante *f* laser

lash¹ [læʃ] **1** *n (with whip)* coup *m* de fouet **2** *vt (strike)* fouetter; *(tie)* attacher (**to** à) **3** *vi* **to l. out at sb** *(hit)* donner des coups à qn; *(criticize)* fustiger qn

lash² [læʃ] *n (eyelash)* cil *m*

lass [læs] *n Br* jeune fille *f*

last¹ [lɑːst] **1** *adj* dernier, -ère; **the l. ten lines** les dix dernières lignes; **l. night** *(evening)* hier soir; *(night)* la nuit dernière; **l. name** nom *m* de famille

2 *adv (lastly)* en dernier lieu; *(on the last occasion)* (pour) la dernière fois; **to leave l.** sortir le dernier

3 *n (person, object)* dernier, -ère *mf*; **l. but one** avant-dernier *m* (*f* avant-dernière); **at (long) l.** enfin ▪ **last-minute** *adj (decision)* de dernière minute

last² [lɑːst] *vi* durer; **to l. (out)** *(endure, resist)* tenir (le coup); *(of money, supplies)* suffire; **it lasted me ten years** ça m'a fait dix ans

lasting ['lɑːstɪŋ] *adj (impression, peace)* durable

lastly ['lɑːstlɪ] *adv* en dernier lieu

latch [lætʃ] **1** *n* loquet *m*; **the door is on the l.** la porte n'est pas fermée à clef **2** *vt insep Fam* **to l. onto** *(understand)* piger; *(adopt)* adopter

late¹ [leɪt] **1** (**-er, -est**) *adj (meal, season, hour)* tardif, -ive; *(stage)* avancé; *(edition)* dernier, -ère; **to be l. (for sth)** être en retard (pour qch); **he's an hour l.** il a une heure de retard; **it's l.** il est tard; **in the l. nineties** à la fin des années 90; **to be in one's l. forties** approcher de la cinquantaine; **at a later date** à une date ultérieure; **at the latest** au plus tard

2 *adv (in the day, season)* tard; *(not on time)* en retard; **it's getting l.** il se fait tard; **later (on)** plus tard; **of l.** récemment

late² [leɪt] *adj* **the l. Mr Smith** feu Monsieur Smith

latecomer ['leɪtkʌmə(r)] *n* retardataire *mf*

lately ['leɪtlɪ] *adv* dernièrement

latent ['leɪtənt] *adj (disease, tendency)* latent

lateral ['lætərəl] *adj* latéral

lather ['lɑːðə(r)] **1** *n* mousse *f* **2** *vt* savonner

Latin ['lætɪn] **1** *adj* latin; **L. America** l'Amérique *f* latine ▪ **L. American 1** *adj* d'Amérique latine **2** *n* Latino-Américain, -e *mf* **2** *n (language)* latin *m*

latitude ['lætɪtjuːd] *n (on map, freedom)* latitude *f*

latter ['lætə(r)] **1** *adj (later, last-named)* dernier, -ère; *(second)* deuxième **2** *n* **the l.** le dernier (*f* la dernière); *(of two)* le second (*f* la seconde)

lattice ['lætɪs] *n* treillis *m*

laudable ['lɔːdəbəl] *adj* louable

laugh [lɑːf] **1** *n* rire *m*; **to have a good l.** bien rire **2** *vt* **to l. sth off** tourner qch en plaisanterie **3** *vi* rire (**at/about** de) ▪ **laughing** *adj* riant; **it's no l. matter** il n'y a pas de quoi rire; **to be the l. stock of** être la risée de

laughable ['lɑːfəbəl] *adj* ridicule

laughter ['lɑːftə(r)] *n* rire(s) *m(pl)*

launch [lɔːntʃ] **1** *n* (**a**) *(motorboat)* vedette *f*; *(pleasure boat)* bateau *m* de plaisance (**b**) *(of ship, rocket, product)* lancement *m* **2** *vt (ship, rocket, product)* lancer **3** *vi* **to l. (out) into** *(begin)* se lancer dans

launder ['lɔːndə(r)] *vt (clothes, money)* blanchir

launderette [lɔːndə'ret] (*Am* **Laundromat**® ['lɔːndrəmæt]) *n* laverie *f* automatique

laundry ['lɔːndrɪ] *n (place)* blanchisserie *f*; *(clothes)* linge *m*; **to do the l.** faire la lessive

lava ['lɑːvə] *n* lave *f*

lavatory ['lævətərɪ] (*pl* **-ies**) *n* toilettes *fpl*

lavender ['lævɪndə(r)] *n* lavande *f*

lavish ['lævɪʃ] **1** *adj* prodigue (**with** de); *(meal, décor, gift)* somptueux, -euse; *(expenditure)* excessif, -ive **2** *vt* **to l. sth on sb** couvrir qn de qch

law [lɔː] *n (rule, rules)* loi *f*; *(study, profession, system)* droit *m*; **against the l.** illégal; **court of l., l. court** cour *f* de justice; **l. and order** l'ordre *m* public

lawful ['lɔːfəl] *adj (action)* légal; *(claim)* légitime

lawless ['lɔːləs] *adj (country)* anarchique

lawn [lɔːn] *n* pelouse *f*, gazon *m*; **l. mower** tondeuse *f* à gazon

lawsuit ['lɔːsuːt] *n* procès *m*

lawyer ['lɔːjə(r)] *n (in court)* avocat, -e *mf*; *(for wills, sales)* notaire *m*; *(legal expert)* juriste *mf*

lax [læks] *adj (person)* laxiste; *(discipline, behaviour)* relâché

laxative ['læksətɪv] *n* laxatif *m*

lay¹ [leɪ] *pt of* **lie²**

lay² [leɪ] *adj (non-religious)* laïque; **l. person** profane *mf* ▪ **layman** (*pl* **-men**) *n (nonspecialist)* profane *mf*

lay³ [leɪ] (*pt & pp* **laid**) **1** *vt (put down, place)* poser; *(blanket)* étendre (**over** sur); *(trap)* tendre; *(egg)* pondre; *Br* **to l. the table** mettre la table **2** *vi (of bird)* pondre ▪ **layabout** *n Fam* fainéant, -e *mf* ▪ **lay-by** (*pl* **-bys**) *n Br (for vehicles)* aire *f* de stationnement ▪ **layout** *n* disposition *f*; *(of text)* mise *f* en page

▸ **lay down** *vt sep (put down)* poser; *(arms)* déposer; *(principle, condition)* établir; **to l. down the law** dicter sa loi (**to** à)

▸ **lay into** *vt insep Fam (physically)* rosser; *(verbally)* voler dans les plumes à

▸ **lay off** *vt sep* **to l. sb off** *(worker)* licencier qn

▸**lay on** *vt sep Br (install)* installer; *(supply)* fournir

▸**lay out** *vt sep (garden)* dessiner; *(house)* concevoir; *(display)* disposer; *Fam (money)* mettre (**on** dans)

layer ['leɪə(r)] *n* couche *f*

laze [leɪz] *vi* **to l. (about** *or* **around)** paresser

lazy ['leɪzɪ] (**-ier, -iest**) *adj (person)* paresseux, -euse ▪ **lazybones** *n Fam* flemmard, -e *mf*

lb (*abbr* **libra**) **3lb** 3 livres *(unité de poids)*

lead[1] [led] *n (metal)* plomb *m*; *(of pencil)* mine *f* ▪ **leaded** *adj (petrol)* au plomb ▪ **lead-free** *adj (paint)* sans plomb

lead[2] [li:d] **1** *n (distance or time ahead)* avance *f* (**over** sur); *(example)* exemple *m*; *(clue)* indice *m*; *(in film)* rôle *m* principal; *Br (for dog)* laisse *f*; *(electric wire)* fil *m* électrique; **to take the l.** *(in race)* prendre la tête; **to be in the l.** *(in race)* être en tête; *(in match)* mener (à la marque)

2 (*pt & pp* **led**) *vt (guide, conduct, take)* mener, conduire (**to** à); *(team, government)* diriger; *(expedition, attack)* commander; *(procession)* être en tête de; **to l. a happy life** mener une vie heureuse; **to l. sb in/out** faire entrer/sortir qn; **to l. sb to do sth** *(cause, induce)* amener qn à faire qch

3 *vi (of street, door)* mener, conduire (**to** à); *(in race)* être en tête; *(in match)* mener (à la marque); *(go ahead)* aller devant; **to l. to sth** *(result in)* aboutir à qch; *(cause)* mener à qch; **to l. up to** *(precede)* précéder

▸**lead away** *vt sep* emmener

▸**lead off** *vt sep* emmener

▸**lead on** *vt sep (deceive)* tromper, duper

leader ['li:də(r)] *n* (**a**) *(person)* chef *m*; *(of country, party)* dirigeant, -e *mf*; *(of strike, riot)* meneur, -euse *mf*; *(guide)* guide *m*; **to be the l.** *(in race)* être en tête (**b**) *Br (newspaper article)* éditorial *m* ▪ **leadership** *n* direction *f*; *(qualities)* qualités *fpl* de chef; *(leaders) (of country, party)* dirigeants *mpl*

leading ['li:dɪŋ] *adj (best, most important)* principal; **a l. figure, a l. light** un personnage marquant

leaf [li:f] **1** (*pl* **leaves**) *n* feuille *f*; *(of book)* feuillet *m*; *(of table)* rallonge *f* **2** *vi* **to l. through** *(book)* feuilleter

leaflet ['li:flɪt] *n* prospectus *m*; *(containing instructions)* notice *f*

league [li:g] *n (alliance)* ligue *f*; *(in sport)* championnat *m*; *Pej* **in l. with** de connivence avec

leak [li:k] **1** *n (in pipe, information)* fuite *f*; *(in boat)* voie *f* d'eau **2** *vt Fig (information)* divulguer; **the pipe was leaking gas** du gaz fuyait du tuyau **3** *vi (of liquid, pipe, tap)* fuir; *(of ship)* faire eau; *Fig* **to l. out** *(of information)* être divulgué

leaky ['li:kɪ] (**-ier, -iest**) *adj (kettle, pipe, tap)* qui fuit; *(roof)* qui a une fuite

lean[1] [li:n] (**-er, -est**) *adj (meat)* maigre; *(person)* mince

lean[2] [li:n] (*pt & pp* **leaned** *or* **leant** [lent]) **1** *vt* **to l. sth on/against sth** appuyer qch sur/contre qch **2** *vi (of object)* pencher; *(of person)* se pencher; **to l. against/on sth** *(of person)* s'appuyer contre/sur qch; **to l. forward** *(of person)* se pencher (en avant); **to l. over** *(of person)* se pencher; *(of object)* pencher ▪ **leaning** *adj* penché; **l. against** *(resting)* appuyé contre ▪ **leanings** *npl* tendances *fpl* (**towards** à)

leap [li:p] **1** *n (jump)* bond *m*, saut *m*; *Fig (change, increase)* bond *m*; **l. year** année *f* bissextile **2** (*pt & pp* **leaped** *or* **leapt**) *vi* bondir, sauter; **to l. to one's feet, to l. up** se lever d'un bond

leapt [lept] *pt & pp of* **leap**

learn [lɜ:n] (*pt & pp* **learned** *or* **learnt** [lɜ:nt]) **1** *vt* apprendre (**that** que); **to l. (how) to do sth** apprendre à faire qch **2** *vi* apprendre; **to l. about sth** *(study)* étudier qch; *(hear about)* apprendre qch ▪ **learned** [-ɪd] *adj* savant ▪ **learner** *n (beginner)* débutant,

-e *mf*; *(student)* étudiant, -e *mf* ▪ **learning** *n (of language)* apprentissage *m* (**of** de); *(knowledge)* savoir *m*

lease [li:s] **1** *n* bail *m* (*pl* baux) **2** *vt (house)* louer à bail (**from/to** à)

leash [li:ʃ] *n (of dog)* laisse *f*; **on a l.** en laisse

least [li:st] **1** *adj* **the l.** *(smallest amount of)* le moins de; **he has (the) l. talent** il a le moins de talent (**of all** de tous); **the l. effort/noise** le moindre effort/bruit **2** *n* **the l.** le moins; **at l.** du moins; *(with quantity)* au moins; **not in the l.** pas du tout **3** *adv (work, eat)* le moins; **the l. difficult** le/la moins difficile; **l. of all** *(especially not)* surtout pas

leather ['leðə(r)] *n* cuir *m*

leave [li:v] **1** *n (holiday)* congé *m*; *(of soldier, permission)* permission *f*; **to be on l.** être en congé; *(of soldier)* être en permission; **to take (one's) l. of sb** prendre congé de qn

2 (*pt & pp* **left**) *vt (allow to remain, forget)* laisser; *(depart from)* quitter; **to l. sth with sb** *(entrust, give)* laisser qch à qn; **to be left (over)** rester; **there's no bread left** il ne reste plus de pain; **I'll l. it (up) to you** je m'en remets à toi

3 *vi (go away)* partir (**from** de; **for** pour)

▸**leave behind** *vt sep* **to l. sth behind** *(on purpose)* laisser qch; *(accidentally)* oublier qch; **to l. sb behind** *(not take)* partir sans qn; *(surpass)* dépasser qn; *(in race, at school)* distancer qn

▸**leave off** *vt sep (lid)* ne pas remettre; *Fam* **to l. off doing sth** *(stop)* arrêter de faire qch

▸**leave on** *vt sep (clothes)* garder

▸**leave out** *vt sep (forget to put)* oublier de mettre; *(deliberately omit)* décider de ne pas inclure; *(when reading) (word, line)* sauter; *(exclude)* exclure

Lebanon ['lebənən] *n* le Liban

lecherous ['letʃərəs] *adj* lubrique

lecture ['lektʃə(r)] **1** *n (public speech)* conférence *f*; *(as part of series at university)* cours *m* magistral; *(scolding)* sermon *m*; **l. hall** amphithéâtre *m* **2** *vt Fam (scold)* faire la morale à **3** *vi* faire une conférence/un cours ▪ **lecturer** *n* conférencier, -ère *mf*; *(at university)* enseignant, -e *mf*

led [led] *pt & pp of* **lead**[2]

ledge [ledʒ] *n (on wall, window)* rebord *m*

ledger ['ledʒə(r)] *n* grand livre *m*

leek [li:k] *n* poireau *m*

leer [lɪə(r)] *vi* **to l. at sb** *(lustfully)* regarder qn d'un air lubrique

leeway ['li:weɪ] *n* marge *f* (de manœuvre)

left[1] [left] *pt & pp of* **leave** ▪ **left-luggage** *n Br* **l. office** consigne *f*

left[2] [left] **1** *adj (side, hand)* gauche **2** *n* gauche *f*; **on** *or* **to the l.** à gauche (**of** de) **3** *adv* à gauche ▪ **left-hand** *adj* de gauche; **on the l. side** à gauche (**of** de); **l. drive** conduite *f* à gauche ▪ **left-handed** *adj (person)* gaucher, -ère ▪ **left-wing** *adj (views, government)* de gauche

leftovers ['leftəʊvəz] *npl* restes *mpl*

leg [leg] *n* jambe *f*; *(of dog, bird)* patte *f*; *(of table)* pied *m*; *(of journey)* étape *f*; **l. of chicken, chicken l.** cuisse *f* de poulet; **to pull sb's l.** *(make fun of)* mettre qn en boîte

legacy ['legəsɪ] (*pl* **-ies**) *n (in a will) & Fig* legs *m*

legal ['li:gəl] *adj (lawful)* légal; *(affairs, adviser)* juridique ▪ **legalize** *vt* légaliser ▪ **legally** *adv* légalement

legend ['ledʒənd] *n (story, inscription)* légende *f* ▪ **legendary** *adj* légendaire

leggings ['legɪŋz] *npl (of woman)* caleçon *m*

legible ['ledʒɪbəl] *adj* lisible

legislation [ledʒɪs'leɪʃən] *n (laws)* législation *f*; **(piece of) l.** loi *f*

legislative ['ledʒɪslətɪv] *adj* législatif, -ive

legitimate [lɪ'dʒɪtɪmət] *adj* légitime

legroom ['legru:m] *n* place *f* pour les jambes

leisure [*Br* 'leʒə(r), *Am* 'li:ʒər] *n* **l.**

(time) loisirs *mpl*; **l. centre** *or* **complex** centre *m* de loisirs; **at (one's) l.** à tête reposée ▪ **leisurely** [*Br* 'leʒəlɪ, *Am* 'liːʒərlɪ] *adj (walk, occupation)* peu fatigant; *(meal, life)* tranquille; **at a l. pace, in a l. way** sans se presser

lemon ['lemən] *n* citron *m*; *Br* **l. drink, l. squash** citronnade *f*; **l. tea** thé *m* au citron ▪ **lemonade** *n (still)* citronnade *f*; *Br (fizzy)* limonade *f*

lend [lend] *(pt & pp* **lent**) *vt* prêter (**to** à); *(support)* apporter (**to** à); *Fig (charm, colour)* donner (**to** à) ▪ **lender** *n* prêteur, -euse *mf*

length [leŋθ] *n (in space)* longueur *f*; *(section of road, string)* tronçon *m*; *(of cloth)* métrage *m*; *(duration)* durée *f*; **at l.** *(at last)* enfin; **at (great) l.** *(in detail)* dans le détail; **to go to great lengths** se donner beaucoup de mal (**to do** pour faire)

lengthen ['leŋθən] *vt (garment)* allonger; *(holiday, visit)* prolonger ▪ **lengthwise** *adv* dans le sens de la longueur ▪ **lengthy** (**-ier, -iest**) *adj* long (*f* longue)

lenient ['liːnɪənt] *adj* indulgent (**to** envers) ▪ **leniently** *adv* avec indulgence

lens [lenz] *(pl* **lenses** [-zəz]) *n* lentille *f*; *(in spectacles)* verre *m*; *(of camera)* objectif *m*

Lent [lent] *n Rel* carême *m*

lent [lent] *pt & pp of* **lend**

lentil ['lentəl] *n* lentille *f*

leopard ['lepəd] *n* léopard *m*

leotard ['liːətɑːd] *n* justaucorps *m*

lesbian ['lezbɪən] **1** *adj* lesbien, -enne **2** *n* lesbienne *f*

less [les] **1** *adj & pron* moins (de) (**than** que); **l. time** moins de temps; **she has l. (than you)** elle en a moins (que toi); **l. than a kilo** moins d'un kilo **2** *adv* moins (**than** que); **l. (often)** moins souvent; **one l.** un(e) de moins **3** *prep* moins

-less [ləs] *suff* sans; **childless** sans enfants

lessen ['lesən] *vti* diminuer

lesser ['lesə(r)] **1** *adj* moindre **2** *n* **the l. of** le/la moindre de

lesson ['lesən] *n* leçon *f*; **an English l.** une leçon d'anglais; *Fig* **he has learnt his l.** ça lui a servi de leçon

lest [lest] *conj* de peur que… *(+ ne + subjunctive)*

LET¹ [let] **1** *(pt & pp* **let**, *pres p* **letting**) *vt (allow)* **to l. sb do sth** laisser qn faire qch; **to l. sb have sth** donner qch à qn; **to l. go of sb/sth** lâcher qn/qch **2** *v aux* **l.'s eat/go** mangeons/partons; **l.'s go for a stroll** allons nous promener; **l. him come** qu'il vienne ▪ **letdown** *n* déception *f*

▸ **let down** *vt sep (lower)* baisser; *(hair)* dénouer; *(tyre)* dégonfler; **to l. sb down** *(disappoint)* décevoir qn; **don't l. me down** je compte sur toi

▸ **let in** *vt sep (person, dog)* faire entrer; *(light)* laisser entrer; **to l. sb in on sth** mettre qn au courant de qch; **to l. oneself in for trouble** s'attirer des ennuis

▸ **let off** *vt sep (firework)* tirer; *(bomb)* faire exploser; *(gun)* faire partir; **to l. sb off** *(allow to leave)* laisser partir qn; *(not punish)* ne pas punir qn; **to be l. off with a fine** s'en tirer avec une amende; **to l. sb off doing sth** dispenser qn de faire qch

▸ **let on** *vi Fam* **to l. on that…** *(reveal)* dire que…

▸ **let out** *vt sep (allow to leave)* laisser sortir; *(prisoner)* relâcher; *(cry, secret)* laisser échapper; *(skirt)* élargir

▸ **let up** *vi (of rain, person)* s'arrêter

---

let² [let] *(pt & pp* **let**, *pres p* **letting**) *vt* **to l. (out)** *(house, room)* louer

lethal ['liːθəl] *adj (blow, dose)* mortel, -elle; *(weapon)* meurtrier, -ère

lethargic [lɪ'θɑːdʒɪk] *adj* léthargique

letter ['letə(r)] *n (message, part of word)* lettre *f*; **l. opener** coupe-papier *m inv* ▪ **letterbox** *n Br* boîte *f* aux lettres ▪ **letterheaded** *adj* **l. paper** papier *m* à en-tête ▪ **lettering** *n (letters)* lettres *fpl*

lettuce ['letɪs] *n* laitue *f*

letup ['letʌp] *n* répit *m*

level ['levəl] **1** *n* niveau *m*; **at eye l.** à hauteur des yeux **2** *adj (surface)* plat; *(equal in score)* à égalité (**with** avec); *(in height)* à la même hauteur (**with** que); *Br* **l. crossing** *(for train)* passage *m* à niveau **3** (*Br* **-ll-**, *Am* **-l-**) *vt (surface, differences)* aplanir; *(building)* raser; *(gun)* braquer (**at** sur); *(accusation)* lancer (**at** contre) **4** *vi* **to l. off** *or* **out** *(of prices)* se stabiliser ▪ **level-headed** *adj* équilibré

lever [*Br* 'li:və(r), *Am* 'levər] *n* levier *m*

levy ['levɪ] **1** (*pl* **-ies**) *n (tax)* impôt *m* (**on** sur) **2** (*pt & pp* **-ied**) *vt (tax)* lever

lewd [lu:d] (**-er, -est**) *adj* obscène

liability [laɪə'bɪlətɪ] *n (legal responsibility)* responsabilité *f* (**for** de); *(disadvantage)* handicap *m*; *Fin* **liabilities** *(debts)* passif *m*

liable ['laɪəbəl] *adj* **l. to** *(dizziness)* sujet, -ette à; *(fine, tax)* passible de; **to be l. to do sth** risquer de faire qch; **l. for sth** *(responsible)* responsable de qch

liaise [li:'eɪz] *vi* travailler en liaison (**with** avec) ▪ **liaison** [li:'eɪzɒn] *n (contact, love affair)* liaison *f*

liar ['laɪə(r)] *n* menteur, -euse *mf*

libel ['laɪbəl] **1** *n (in law)* diffamation *f* **2** (*Br* **-ll-**, *Am* **-l-**) *vt* diffamer (par écrit)

liberal ['lɪbərəl] **1** *adj (open-minded) & Pol* libéral; *(generous)* généreux, -euse (**with** de) **2** *n Pol* libéral, -e *mf*

liberate ['lɪbəreɪt] *vt* libérer ▪ **liberation** *n* libération *f*

liberty ['lɪbətɪ] (*pl* **-ies**) *n* liberté *f*; **to be at l. to do sth** être libre de faire qch; **to take liberties with sb/sth** prendre des libertés avec qn/qch

library ['laɪbrərɪ] (*pl* **-ies**) *n* bibliothèque *f* ▪ **librarian** [-'breərɪən] *n* bibliothécaire *mf*

libretto [lɪ'bretəʊ] (*pl* **-os**) *n Mus* livret *m*

Libya ['lɪbɪə] *n* la Libye

lice [laɪs] *pl of* **louse**

licence ['laɪsəns] (*Am* **license**) *n* *(permit)* permis *m*; *(for trading)* licence *f*; **(TV) l.** redevance *f*; **l. plate/number** *(of vehicle)* plaque *f*/numéro *m* d'immatriculation

license ['laɪsəns] **1** *n Am* = **licence** **2** *vt* accorder un permis/une licence à

lick [lɪk] *vt* lécher

licorice ['lɪkərɪʃ, 'lɪkərɪs] *n* réglisse *f*

lid [lɪd] *n (of box, pan)* couvercle *m*

lie[1] [laɪ] **1** *n* mensonge *m* **2** (*pt & pp* **lied**, *pres p* **lying**) *vi (tell lies)* mentir

lie[2] [laɪ] (*pt* **lay**, *pp* **lain**, *pres p* **lying**) *vi* (**a**) *(of person, animal) (be in a flat position)* être allongé; *(get down)* s'allonger; **to be lying on the grass** être allongé sur l'herbe; **he lay asleep** il dormait; **here lies...** *(on tomb)* ci-gît... (**b**) *(of object)* être, se trouver; **the problem lies in the fact that...** le problème réside dans le fait que... ▪ **lie-down** *n Br* **to have a l.** faire une sieste ▪ **lie-in** *n Br* **to have a l.** faire la grasse matinée

▸**lie about, lie around** *vi (of objects, person)* traîner

▸**lie down** *vi* s'allonger; **to be lying down** être allongé

▸**lie in** *vi Br* faire la grasse matinée

lieu [lu:] *n* **in l. of sth** au lieu de qch

lieutenant [lu:'tenənt, *Br* lef'tenənt] *n* lieutenant *m*

life [laɪf] (*pl* **lives**) *n* vie *f*; *(of battery, machine)* durée *f* de vie; **to come to l.** *(of party, street)* s'animer; **to take one's (own) l.** se donner la mort; **l. expectancy** espérance *f* de vie; **l. insurance** assurance-vie *f*; **l. jacket** gilet *m* de sauvetage ▪ **lifebelt** *n* ceinture *f* de sauvetage ▪ **lifeboat** *n* canot *m* de sauvetage ▪ **lifebuoy** *n* bouée *f* de sauvetage ▪ **lifeguard** *n* maître nageur *m* ▪ **lifeless** *adj* sans vie ▪ **lifelike** *adj* très ressemblant ▪ **lifelong** *adj* de toute sa vie; *(friend)* de toujours ▪ **lifesize(d)** *adj* grandeur nature *inv* ▪ **lifestyle** *n* style *m* de vie ▪ **lifetime** *n* vie *f*; *Fig* éternité *f*

lift [lɪft] **1** *n Br (elevator)* ascenseur *m*; **to give sb a l.** emmener qn en voiture (**to** à) **2** *vt* lever; *(heavy object)* soulever; *Fig (ban)* lever; *Fig (steal)* piquer (**from** à) **3** *vi (of fog)* se lever ▪ **lift-off** *n (of space vehicle)* décollage *m*

▸ **lift down** *vt sep (take down)* descendre (**from** de)

▸ **lift off 1** *vt sep (take down)* descendre (**from** de) **2** *vi (of spacecraft)* décoller

▸ **lift out** *vt sep (take out)* sortir

▸ **lift up** *vt sep (arm, object, eyes)* lever; *(heavy object)* soulever

ligament ['lɪgəmənt] *n* ligament *m*

light[1] [laɪt] **1** *n* lumière *f*; *(on vehicle)* feu *m*; *(vehicle headlight)* phare *m*; **by the l. of sth** à la clarté de qch; **in the l. of...** *(considering)* à la lumière de...; **to bring sth to l.** mettre qch en lumière; **to come to l.** être découvert; **do you have a l.?** *(for cigarette)* est-ce que vous avez du feu?; **to set l. to sth** mettre le feu à qch; **turn right at the lights** tournez à droite après les feux; **l. bulb** ampoule *f*; **l. switch** interrupteur *m*

2 *adj* **it will soon be l.** il fera bientôt jour

3 (*pt & pp* **lit** *or* **lighted**) *vt (fire, candle, gas)* allumer; *(match)* allumer, gratter; **to l. (up)** *(room)* éclairer; *(cigarette)* allumer

4 *vi* **to l. up** *(of smoker)* allumer une cigarette/un cigare/sa pipe ▪ **lighting** *n (act, system)* éclairage *m*

light[2] [laɪt] *adj (bright, not dark)* clair; **a l. green jacket** une veste vert clair

light[3] [laɪt] *adj (in weight, quantity, strength)* léger, -ère; *(task)* facile; **l. rain** pluie *f* fine; **to travel l.** voyager avec peu de bagages ▪ **light-hearted** *adj* enjoué

lighten ['laɪtən] *vt (make less heavy)* alléger

lighter ['laɪtə(r)] *n* briquet *m*; *(for cooker)* allume-gaz *m inv*

lighthouse ['laɪthaʊs] *n* phare *m*

lightly ['laɪtlɪ] *adv* légèrement; **to get off l.** s'en tirer à bon compte

lightning ['laɪtnɪŋ] **1** *n* éclairs *mpl*; **(flash of) l.** éclair *m* **2** *adj (speed)* foudroyant; *(visit)* éclair *inv*

lightweight ['laɪtweɪt] **1** *adj (shoes, fabric)* léger, -ère; *Fig & Pej (person)* pas sérieux, -euse **2** *n (in boxing)* poids *m* léger

like[1] [laɪk] **1** *prep* comme; **l. this** comme ça; **what's he l.?** comment est-il?; **to be** *or* **look l. sb/sth** ressembler à qn/qch; **what was the book l.?** comment as-tu trouvé le livre?

2 *adv* **nothing l. as big** loin d'être aussi grand

3 *conj Fam (as)* comme; **do l. I do** fais comme moi

4 *n* **...and the l.** ...et ainsi de suite; **the likes of you** des gens de ton acabit

like[2] [laɪk] **1** *vt* aimer (bien) (**to do** *or* **doing** faire); **I l. him** je l'aime bien; **I'd l. to come** j'aimerais bien venir; **I'd l. a kilo of apples** je voudrais un kilo de pommes; **would you l. an apple?** voulez-vous une pomme?; **if you l.** si vous voulez

2 *npl* **one's likes and dislikes** nos préférences *fpl* ▪ **liking** *n* **a l. for** *(person)* de la sympathie pour; *(thing)* du goût pour; **to my l.** à mon goût

likeable ['laɪkəbəl] *adj* sympathique

likely ['laɪklɪ] **1** (**-ier, -iest**) *adj (result, event)* probable; *(excuse)* vraisemblable; **it's l. (that) she'll come** il est probable qu'elle viendra **2** *adv* **very l.** très probablement ▪ **likelihood** *n* probabilité *f*; **there isn't much l. that...** il y a peu de chances que... *(+ subjunctive)*

liken ['laɪkən] *vt* comparer (**to** à)

likeness ['laɪknɪs] *n (similarity)* ressemblance *f*; **it's a good l.** c'est très ressemblant

likewise ['laɪkwaɪz] *adv (similarly)* de même

lilac ['laɪlək] **1** *n* lilas *m* **2** *adj (colour)* lilas *inv*

Lilo® ['laɪləʊ] (*pl* **-os**) *n Br* matelas *m* pneumatique

lily ['lɪlɪ] (*pl* **-ies**) *n* lis *m*

limb [lɪm] *n (of body)* membre *m*

limber ['lɪmbə(r)] *vi* **to l. up** s'échauffer

lime [laɪm] *n (fruit)* citron *m* vert

limelight ['laɪmlaɪt] *n* **to be in the l.** occuper le devant de la scène

limit ['lɪmɪt] **1** *n* limite *f*; *(restriction)* limitation *f* (**on** de); *Fam* **that's the l.!** c'est le comble!; **within limits** jusqu'à un certain point **2** *vt* limiter (**to** à); **to l. oneself to sth/doing sth** se borner à qch/faire qch ▪ **limitation** *n* limitation *f*

limited ['lɪmɪtɪd] *adj (restricted)* limité; *(edition)* à tirage limité; *Br* **l. company** société *f* à responsabilité limitée; *Br* **(public) l. company** *(with shareholders)* société *f* anonyme

limousine [lɪmə'ziːn] *n (car)* limousine *f*

limp¹ [lɪmp] **1** *n* **to have a l.** boiter **2** *vi (of person)* boiter

limp² [lɪmp] (**-er, -est**) *adj (soft)* mou (*f* molle); *(flabby) (skin)* flasque; *(person, hat)* avachi

line¹ [laɪn] **1** *n* ligne *f*; *(stroke)* trait *m*; *(of poem)* vers *m*; *(wrinkle)* ride *f*; *(track)* voie *f*; *(rope)* corde *f*; *(row)* rangée *f*; *(of vehicles)* file *f*; *(queue of people)* file *f*, queue *f*; *(of goods)* ligne *f* (de produits); **to learn one's lines** *(of actor)* apprendre son texte; **to be on the l.** *(at other end of phone line)* être au bout du fil; *(at risk) (of job)* être menacé; *Am* **to stand in l.** faire la queue; **in l. with sth** conforme à qch; **along the same lines** *(work, think, act)* de la même façon; *Fam* **to drop sb a l.** *(send a letter)* envoyer un mot à qn; **l. dancing** = danse de style country effectuée en rangs

2 *vt* **to l. the street** *(of trees)* border la rue; *(of people)* s'aligner le long du trottoir; **to l. up** *(children, objects)* aligner; *(arrange)* organiser; **lined paper** papier *m* réglé

3 *vi* **to l. up** s'aligner; *Am (queue up)* faire la queue ▪ **line-up** *n (row of people)* file *f*; *TV (of guests)* plateau *m*

line² [laɪn] *vt (clothes)* doubler

linen ['lɪnɪn] *n (sheets)* linge *m*; *(material)* (toile *f* de) lin *m*

liner ['laɪnə(r)] *n* (**a**) **(ocean) l.** paquebot *m* (**b**) *Br* **(dust)bin l.**, *Am* **garbage can l.** sac-poubelle *m*

linesman ['laɪnzmən] (*pl* **-men**) *n (in football)* juge *m* de touche

linger ['lɪŋgə(r)] *vi* **to l. (on)** *(of person)* s'attarder; *(of smell, memory)* persister; *(of doubt)* subsister

linguist ['lɪŋgwɪst] *n (specialist)* linguiste *mf* ▪ **linguistic** *adj* linguistique ▪ **linguistics** *n* linguistique *f*

lining ['laɪnɪŋ] *n (of clothes)* doublure *f*

link [lɪŋk] **1** *n (connection) & Comptr* lien *m*; *(of chain)* maillon *m*; *(by road, rail)* liaison *f* **2** *vt (connect)* relier (**to** à); *(relate, associate)* lier (**to** à); **to l. up** relier; *(computer)* connecter **3** *vi* **to l. up** *(of companies, countries)* s'associer; *(of roads)* se rejoindre

lino ['laɪnəʊ] (*pl* **-os**) *n Br* lino *m*

lint [lɪnt] *n (bandage)* tissu *m* ouaté; *(fluff)* peluches *fpl*

lion ['laɪən] *n* lion *m*; **l. cub** lionceau *m*

lip [lɪp] *n (of person)* lèvre *f*; *(of cup)* bord *m* ▪ **lip-read** (*pt & pp* **-read** [-red]) *vi* lire sur les lèvres ▪ **lipstick** *n* rouge *m* à lèvres

liqueur [*Br* lɪ'kjʊə(r), *Am* lɪ'kɜːr] *n* liqueur *f*

liquid ['lɪkwɪd] *n & adj* liquide *(m)*

liquidate ['lɪkwɪdeɪt] *vt (debt) & Fam (kill)* liquider

liquidizer ['lɪkwɪdaɪzə(r)] *n Br (for fruit juices, purées)* mixeur *m* ▪ **liquidize** *vt Br* passer au mixeur

liquor ['lɪkə(r)] *n Am* alcool *m*; **l. store** magasin *m* de vins et de spiritueux

liquorice ['lɪkərɪʃ, 'lɪkərɪs] *n Br* réglisse *f*

lira ['lɪərə] (*pl* **lire** ['lɪəreɪ]) *n* lire *f*

lisp [lɪsp] **1** *n* **to have a l.** zézayer **2** *vi* zézayer

list [lɪst] **1** *n* liste *f* **2** *vt (things)* faire la liste de; *(names)* mettre sur la liste; *(name one by one)* énumérer; *Br* **listed**

building monument *m* classé

listen ['lɪsən] *vi* écouter; **to l. to sb/sth** écouter qn/qch; **to l. (out) for** *(telephone, person)* guetter ■ **listener** *n (to radio)* auditeur, -trice *mf*

listless ['lɪstləs] *adj* apathique

lit [lɪt] *pt & pp of* **light**[1]

liter ['li:tə(r)] *n Am* litre *m*

literal ['lɪtərəl] *adj* littéral; *(not exaggerated)* réel (*f* réelle)

literally ['lɪtərəlɪ] *adv* littéralement; *(really)* réellement ■ **literary** *adj* littéraire

literate ['lɪtərət] *adj* qui sait lire et écrire

literature ['lɪtərətʃə(r)] *n* littérature *f*; *(pamphlets)* documentation *f*

lithe [laɪð] *adj* agile

litigation [lɪtɪ'geɪʃən] *n* litige *m*

litre ['li:tə(r)] (*Am* **liter**) *n* litre *m*

litter ['lɪtə(r)] **1** *n* (**a**) *(rubbish)* détritus *mpl*; *(papers)* papiers *mpl* (**b**) *Br* **l. bin** boîte *f* à ordures; *(young animals)* portée *f*; *(for cat)* litière *f* **2** *vt Br* **to be littered with sth** être jonché de qch

---

LITTLE ['lɪtəl] **1** *n* peu *m*; **I've l. left** il m'en reste peu; **she eats l.** elle mange peu; **I have a l.** j'en ai un peu

2 *adj* (**a**) *(small)* petit; **a l. bit** un (petit) peu (**b**) *(not much)* peu de; **l. time/money** peu de temps/d'argent; **a l. time/money** un peu de temps/d'argent

3 *adv (somewhat, rather)* peu; **l. by l.** peu à peu; **as l. as possible** le moins possible; **a l. heavy/better** un peu lourd/mieux; **to work a l.** travailler un peu

---

live[1] [laɪv] **1** *adj* (**a**) *(electric wire)* sous tension; *(plugged in) (appliance)* branché; *(ammunition)* réel (*f* réelle), de combat (**b**) *(alive)* vivant **2** *adj & adv (on radio, television)* en direct; **a l. broadcast** une émission en direct; **a l. recording** un enregistrement public

live[2] [lɪv] **1** *vt (life)* mener, vivre **2** *vi* vivre; **where do you l.?** où habitez-vous?; **to l. in Paris** habiter (à) Paris

▸**live down** *vt sep* faire oublier

▸**live off** *vt insep (eat)* vivre de; *(sponge off)* vivre aux crochets de

▸**live on 1** *vt sep* = **live off 2** *vi (of memory)* survivre

▸**live through** *vt insep (experience)* vivre

▸**live up to** *vt insep (sb's expectations)* se montrer à la hauteur de

livelihood ['laɪvlɪhʊd] *n* **my l.** mon gagne-pain; **to earn one's** *or* **a l.** gagner sa vie

lively ['laɪvlɪ] (**-ier, -iest**) *adj (person, style)* plein de vie; *(story)* vivant; *(mind)* vif (*f* vive); *(discussion, conversation)* animé

▸**liven up** ['laɪvən] **1** *vt sep (person)* égayer; *(party)* animer **2** *vi (of person, party)* s'animer

liver ['lɪvə(r)] *n* foie *m*

livestock ['laɪvstɒk] *n* bétail *m*

livid ['lɪvɪd] *adj (angry)* furieux, -euse

living ['lɪvɪŋ] **1** *adj (alive)* vivant; **within l. memory** de mémoire d'homme; **the l.** les vivants *mpl* **2** *n (livelihood)* vie *f*; **to make** *or* **earn a** *or* **one's l.** gagner sa vie; **l. room** salle *f* de séjour

lizard ['lɪzəd] *n* lézard *m*

load [ləʊd] **1** *n (object carried, burden)* charge *f*; *(freight)* chargement *m*; *(strain, weight)* poids *m*; *Fam* **a l. of, loads of** *(people, money)* un tas de **2** *vt (truck, gun)* charger (**with** de); **to l. up** *(car, ship)* charger (**with** de) **3** *vi* **to l. (up)** prendre un chargement

loaded ['ləʊdɪd] *adj (gun, vehicle)* chargé; *Fam (rich)* plein aux as

loaf [ləʊf] **1** (*pl* **loaves**) *n* pain *m* **2** *vi* **to l. (about)** fainéanter

loan [ləʊn] **1** *n (money lent)* prêt *m*; *(money borrowed)* emprunt *m*; **on l. from** prêté par **2** *vt (lend)* prêter (**to** à)

loathe [ləʊð] *vt* détester (**doing** faire)

lobby ['lɒbɪ] **1** (*pl* **-ies**) *n* (**a**) *(of hotel)* hall *m*; *(of theatre)* foyer *m* (**b**) *(in politics)* groupe *m* de pression **2** (*pt & pp* **-ied**) *vt* faire pression sur **3** *vi* **to l. for sth** faire pression pour obtenir qch

lobster ['lɒbstə(r)] *n* homard *m*; *(spiny)* langouste *f*

local ['ləʊkəl] **1** *adj* local; *(regional)* régional; *(of the neighbourhood)* du quartier; **a l. phone call** *(within town)* une communication urbaine **2** *n Br Fam (pub)* bistrot *m* du coin; **the locals** *(people)* les gens *mpl* du coin

locality [ləʊ'kælətɪ] (*pl* **-ies**) *n (neighbourhood)* environs *mpl*

locally ['ləʊkəlɪ] *adv* dans le quartier

locate [ləʊ'keɪt] *vt (find)* repérer; *(pain, noise, leak)* localiser; *(situate)* situer; **to be located in Paris** être situé à Paris ▪ **location** *n (site)* emplacement *m*; **on l.** *(shoot a film)* en extérieur

lock¹ [lɒk] *n (of hair)* mèche *f*

lock² [lɒk] **1** *n* (**a**) *(on door, chest)* serrure *f*; **(anti-theft) l.** *(on vehicle)* antivol *m* (**b**) *(on canal)* écluse *f* **2** *vt (door, car)* fermer à clef **3** *vi* fermer à clef

▸**lock away** *vt sep (prisoner)* enfermer; *(jewels)* mettre sous clef

▸**lock in** *vt sep (person)* enfermer; **to l. sb in sth** enfermer qn dans qch

▸**lock out** *vt sep (person)* enfermer dehors

▸**lock up 1** *vt sep (house, car)* fermer à clef; *(prisoner)* enfermer; *(jewels)* mettre sous clef, enfermer **2** *vi* fermer à clef

locker ['lɒkə(r)] *n (in school)* casier *m*; *(for luggage) (at station, airport)* casier *m* de consigne automatique; *(for clothes)* vestiaire *m* (métallique); *Am Sport* **l. room** vestiaire *m*

locket ['lɒkɪt] *n* médaillon *m*

locksmith ['lɒksmɪθ] *n* serrurier *m*

locomotive [ləʊkə'məʊtɪv] *n* locomotive *f*

locust ['ləʊkəst] *n* sauterelle *f*

lodge [lɒdʒ] **1** *n (house)* pavillon *m*; *(of porter)* loge *f* **2** *vt (person)* loger **3** *vi (of bullet)* se loger (**in** dans)

lodger ['lɒdʒə(r)] *n (room and meals)* pensionnaire *mf*; *(room only)* locataire *mf*

lodgings ['lɒdʒɪŋz] *n (flat)* logement *m*; *(room)* chambre *f*; **in l.** en meublé

loft [lɒft] *n* grenier *m*

lofty ['lɒftɪ] (**-ier, -iest**) *adj (high, noble)* élevé

log [lɒg] **1** *n (tree trunk)* tronc *m* d'arbre; *(for fire)* bûche *f*; **l. cabin** hutte *f* en rondin; **l. fire** feu *m* de bois **2** *(pt & pp* **-gg-**) *vt (facts)* noter **3** *vi Comptr* **to l. in/out** entrer/sortir ▪ **logbook** *n (on ship)* journal *m* de bord; *(on plane)* carnet *m* de vol

logic ['lɒdʒɪk] *n* logique *f* ▪ **logical** *adj* logique ▪ **logically** *adv* logiquement

logistics [lə'dʒɪstɪks] *n* logistique *f*

logo ['ləʊgəʊ] (*pl* **-os**) *n* logo *m*

loiter ['lɔɪtə(r)] *vi* traîner

loll [lɒl] *vi (in armchair)* se prélasser

lollipop ['lɒlɪpɒp] *n* sucette *f*; *Br* **l. man/lady** = contractuel ou contractuelle qui aide les écoliers à traverser la rue ▪ **lolly** (*pl* **-ies**) *n Fam (lollipop)* sucette *f*; **(ice) l.** glace *f* à l'eau

London ['lʌndən] **1** *n* Londres *m ou f* **2** *adj* londonien, -enne

lone [ləʊn] *adj* solitaire

loneliness ['ləʊnlɪnəs] *n* solitude *f* ▪ **lonely** (**-ier, -iest**) *adj (road, house, life)* solitaire; *(person)* seul

loner ['ləʊnə(r)] *n* solitaire *mf*

LONG¹ [lɒŋ] **1** (**-er, -est**) *adj* long (*f* longue); **to be 10 metres l.** avoir 10 mètres de long; **to be six weeks l.** durer six semaines; **how l. is...?** quelle est la longueur de...?; *(time)* quelle est la durée de...?; **a l. time** longtemps; **l. jump** *(sport)* saut *m* en longueur

2 *adv (a long time)* longtemps; **has he been here l.?** il y a longtemps qu'il est ici?; **how l.?** *(in time)* combien de temps?; **not l.** peu de temps; **before l.** sous peu; **no longer** ne... plus; **a bit longer** *(wait)* encore un peu; **I won't be l.** je n'en ai pas pour longtemps; **don't be l.** dépêche-toi; **all summer/winter l.** tout l'été/l'hiver; **l. live the queen!** vive la reine!; **as l. as, so l. as**

(provided that) pourvu que *(+ subjunctive)*; **as l. as I live** tant que je vivrai ■ **long-distance** *adj (race)* de fond; *(phone call)* interurbain ■ **long-haired** *adj* aux cheveux longs ■ **long-life** *adj (battery)* longue durée *inv*; *(milk)* longue conservation *inv* ■ **long-range** *adj (forecast)* à long terme ■ **longsighted** *adj (person)* presbyte ■ **longstanding** *adj* de longue date ■ **long-term** *adj* à long terme ■ **long-winded** *adj (speech, speaker)* verbeux, -euse

---

long² [lɒŋ] *vi* **to l. for sth** avoir très envie de qch; **to l. to do sth** avoir très envie de faire qch ■ **longing** *n* désir *m*

longitude ['lɒndʒɪtjuːd] *n* longitude *f*

loo [luː] (*pl* **loos**) *n Br Fam* **the l.** le petit coin

look [lʊk] **1** *n (glance)* regard *m*; *(appearance)* air *m*, allure *f*; **to have a l. (at sth)** jeter un coup d'œil (à qch); **to have a l. (for sth)** chercher (qch); **to have a l. (a)round** regarder; *(walk)* faire un tour; **let me have a l.** fais voir

2 *vt* **to l. sb in the face** regarder qn dans les yeux

3 *vi* regarder; **to l. tired/happy** *(seem)* avoir l'air fatigué/heureux; **to l. pretty/ugly** être joli/laid; **you l. like** *or* **as if** *or* **as though you're tired** tu as l'air fatigué; **to l. like an apple** avoir l'air d'une pomme; **you l. like my brother** tu ressembles à mon frère; **it looks like rain** on dirait qu'il va pleuvoir; **what does he l. like?** comment est-il?; **to l. well** *or* **good** *(of person)* avoir bonne mine; **you l. good in that hat** ce chapeau te va très bien; **that looks bad** *(action)* ça fait mauvais effet

▸**look after** *vt insep (take care of)* s'occuper de; *(keep safely)* garder (**for sb** pour qn); **to l. after oneself** *(keep healthy)* faire bien attention à soi; *(manage, cope)* se débrouiller

▸**look around 1** *vt insep (town, shops)* faire un tour dans **2** *vi (have a look)* regarder; *(walk round)* faire un tour

▸**look at** *vt insep* regarder; *(consider)* considérer

▸**look away** *vi* détourner les yeux

▸**look back** *vi* regarder derrière soi; *(in time)* regarder en arrière

▸**look down** *vi* baisser les yeux; *(from a height)* regarder en bas; **to l. down on** *(consider scornfully)* regarder de haut

▸**look for** *vt insep (seek)* chercher

▸**look forward to** *vt insep (event)* attendre avec impatience; **to l. forward to doing sth** avoir hâte de faire qch

▸**look in** *vi* regarder à l'intérieur; **to l. in on sb** passer voir qn

▸**look into** *vt insep (examine)* examiner; *(find out about)* se renseigner sur

▸**look on 1** *vt insep (consider)* considérer (**as** comme) **2** *vi (watch)* regarder; **to l. on to** *(of window, house)* donner sur

▸**look out** *vi (be careful)* faire attention; **to l. out for sb/sth** *(seek)* chercher qn/qch; *(watch)* guetter qn/qch; **to l. out on to** *(of window, house)* donner sur

▸**look over** *vt insep (examine fully)* examiner; *(briefly)* parcourir; *(region, town)* parcourir, visiter

▸**look round 1** *vt insep (visit)* visiter **2** *vi (have a look)* regarder; *(walk round)* faire un tour; *(look back)* se retourner; **to l. round for sb/sth** *(seek)* chercher qn/qch

▸**look through** *vt insep (inspect)* passer en revue

▸**look up 1** *vt sep (word)* chercher; **to l. sb up** *(visit)* passer voir qn **2** *vi (of person)* lever les yeux; *(into the air or sky)* regarder en l'air; *(improve) (of situation)* s'améliorer; *Fig* **to l. up to sb** respecter qn

-looking ['lʊkɪŋ] *suff* **pleasant-/tired-l.** à l'air agréable/fatigué

lookout ['lʊkaʊt] *n (soldier)* guetteur *m*; **l. (post)** observatoire *m*; **to be on the l. for sb/sth** guetter qn/qch

loom [luːm] **1** *n (weaving machine)* métier *m* à tisser **2** *vi* **to l. (up)** *(of* *mountain)* apparaître indistinctement; *(of event)* paraître imminent

loony ['lu:nɪ] *(pl* **-ies***) n & adj Fam* dingue *(mf)*

loop [lu:p] *n* boucle *f*

loophole ['lu:phəʊl] *n (in law)* vide *m* juridique

loose [lu:s] **1** (**-er, -est**) *adj (screw, belt, knot)* desserré; *(tooth, stone)* qui bouge; *(page)* détaché; *(clothes)* flottant; *(hair)* dénoué; *(translation)* vague; *(articles for sale)* en vrac; *Br (cheese, tea)* au poids; **there's an animal/prisoner l.** *(having escaped)* il y a un animal échappé/un prisonnier évadé; **l. change** petite monnaie *f*; **to come l.** *(of knot, screw)* se desserrer; *(of page)* se détacher; *(of tooth)* se mettre à bouger; **to get l.** *(of dog)* se détacher; **to set** *or* **turn l.** *(dog)* lâcher **2** *n* **on the l.** *(prisoner)* en cavale; *(animal)* en liberté

loosely ['lu:slɪ] *adv (hang)* lâchement; *(hold, tie)* sans serrer; *(translate)* de façon approximative

loosen ['lu:sən] *vt (knot, belt, screw)* desserrer; *(rope)* détendre; **to l. one's grip** relâcher son étreinte

loot [lu:t] **1** *n* butin *m*; *Fam (money)* fric *m* **2** *vt* piller ■ **looting** *n* pillage *m*

lop [lɒp] *(pt & pp* **-pp-***) vt* **to l. (off)** couper

lop-sided [lɒp'saɪdɪd] *adj (crooked)* de travers

lord [lɔ:d] *n* seigneur *m*; *(British title)* lord *m*; **the L.** *(God)* le Seigneur; *Fam* **good L.!** bon sang!

lorry ['lɒrɪ] *(pl* **-ies***) n Br* camion *m*; *(heavy)* poids *m* lourd; **l. driver** camionneur *m*; **(long-distance) l. driver** routier *m*

lose [lu:z] *(pt & pp* **lost***)* **1** *vt* perdre; **to l. one's life** trouver la mort (**in** dans); **to l. one's way, to get lost** *(of person)* se perdre; *Fam* **get lost!** fous le camp!; **that lost us the war/our jobs** cela nous a coûté la guerre/notre travail; **the clock loses six minutes a day** la pendule retarde de six minutes par jour **2** *vi* perdre; **to l. out** être perdant; **to l. to sb** *(in contest)* être battu par qn ■ **loser** *n (in contest)* perdant, -e *mf*; *Fam (failure in life)* minable *mf* ■ **losing** *adj (number, team, horse)* perdant

loss [lɒs] *n* perte *f*; **to sell sth at a l.** vendre qch à perte; **to make a l.** *(financially)* perdre de l'argent

lost [lɒst] **1** *pt & pp of* **lose** **2** *adj* perdu; *Br* **l. property,** *Am* **l. and found** objets *mpl* trouvés

lot[1] [lɒt] *n (destiny)* sort *m*; *(batch)* lot *m*; **to draw lots** tirer au sort

lot[2] [lɒt] *n* **the l.** *(everything)* (le) tout; **the l. of you** vous tous; **a l. of, lots of** beaucoup de; **a l.** beaucoup; **quite a l.** pas mal (**of** de)

lotion ['ləʊʃən] *n* lotion *f*

lottery ['lɒtərɪ] *(pl* **-ies***) n* loterie *f*; **l. ticket** billet *m* de loterie

loud [laʊd] **1** (**-er, -est**) *adj (voice, music)* fort; *(noise, cry)* grand; *(laugh)* gros (*f* grosse); *(gaudy)* voyant **2** *adv (shout)* fort; **out l.** tout haut ■ **loudly** *adv (speak, laugh, shout)* fort ■ **loudspeaker** *n* haut-parleur *m*; *(for speaking to crowd)* porte-voix *m inv*; *(of stereo system)* enceinte *f*

lounge [laʊndʒ] **1** *n (in house, hotel)* salon *m*; **airport l.** salle *f* d'aéroport **2** *vi (loll in armchair)* se prélasser; **to l. about** *(idle)* paresser

louse [laʊs] *(pl* **lice***) n (insect)* pou *m*

lousy ['laʊzɪ] (**-ier, -iest**) *adj Fam (bad)* nul (*f* nulle); *(food, weather)* dégueulasse; **to feel l.** être mal fichu

lout [laʊt] *n* voyou *m*

love [lʌv] **1** *n* (**a**) *(feeling)* amour *m*; **in l.** amoureux, -euse (**with** de); **they're in l.** ils s'aiment; **give him/her my l.** *(greeting)* dis-lui bien des choses de ma part; **l. affair** liaison *f* (**b**) *(in tennis)* rien *m*; **15 l.** 15 à rien **2** *vt (person)* aimer; *(thing, activity)* adorer (**to do** *or* **doing** faire) ■ **loving** *adj* affectueux, -euse

lovely ['lʌvlɪ] (**-ier, -iest**) *adj (idea, smell)* très bon (*f* bonne); *(pretty)* joli;

(charming) charmant; *(kind)* gentil, -ille; **the weather's l., it's l.** il fait beau; **(it's) l. to see you!** je suis ravi de te voir!

lover ['lʌvə(r)] *n (man)* amant *m*; *(woman)* maîtresse *f*; **a l. of music/art** un amateur de musique/d'art

low¹ [ləʊ] **1** (**-er, -est**) *adj* bas (*f* basse); *(speed, income, intelligence)* faible; *(opinion, quality)* mauvais; **she's l. on** *(money)* elle n'a plus beaucoup de; **to feel l.** *(depressed)* être déprimé; **lower** inférieur; *Am* **l. beams** *(of vehicle)* codes *mpl*

2 (**-er, -est**) *adv* bas; **to turn (down) l.** mettre plus bas; **to run l.** *(of supplies)* s'épuiser

3 *n* **to reach a new l.** *or* **an all-time l.** *(of prices)* atteindre leur niveau le plus bas ▪ **low-cut** *adj* décolleté ▪ **low-down** *n Fam (facts)* tuyaux *mpl* ▪ **low-fat** *adj (milk)* écrémé; *(cheese)* allégé ▪ **low-key** *adj (discreet)* discret, -ète ▪ **low-paid** *adj* mal payé

low² [ləʊ] *vi (of cattle)* meugler

lower ['ləʊə(r)] *vt* baisser; **to l. sb/sth** *(by rope)* descendre qn/qch; *Fig* **to l. oneself** s'abaisser

lowly ['ləʊlɪ] (**-ier, -iest**) *adj* humble

loyal ['lɔɪəl] *adj* loyal (**to** envers) ▪ **loyalty** *n* loyauté *f*

lozenge ['lɒzɪndʒ] *n (tablet)* pastille *f*; *(shape)* losange *m*

LP [el'piː] (*abbr* **long-playing record**) *n* 33 tours *m inv*

L-plate ['elpleɪt] *n Br* = plaque apposée sur une voiture pour signaler que le conducteur est en conduite accompagnée

Ltd (*abbr* **Limited**) *Br Com* ≃ SARL

lubricate ['luːbrɪkeɪt] *vt* lubrifier; *(machine, car wheels)* graisser

lucid ['luːsɪd] *adj* lucide

luck [lʌk] *n (chance)* chance *f*; *(good fortune)* (bonne) chance *f*, bonheur *m*; **to be in l.** avoir de la chance; **to be out of l.** ne pas avoir de chance; **to wish sb l.** souhaiter bonne chance à qn; **bad l.** malchance *f*; **hard l.!, tough l.!** pas de chance!

luckily ['lʌkɪlɪ] *adv* heureusement

lucky ['lʌkɪ] (**-ier, -iest**) *adj (person)* chanceux, -euse; **to be l.** *(of person)* avoir de la chance; **it's l. that...** c'est une chance que... *(+ subjunctive)*; **l. number** chiffre *m* porte-bonheur

lucrative ['luːkrətɪv] *adj* lucratif, -ive

ludicrous ['luːdɪkrəs] *adj* ridicule

luggage ['lʌgɪdʒ] *n* bagages *mpl*; **a piece of l.** un bagage; **hand l.** bagages *mpl* à main; **l. compartment** compartiment *m* à bagages

lukewarm ['luːkwɔːm] *adj (water, soup)* tiède

lull [lʌl] **1** *n* arrêt *m*; *(in storm)* accalmie *f* **2** *vt* **to l. sb to sleep** endormir qn en le/la berçant

lullaby ['lʌləbaɪ] (*pl* **-ies**) *n* berceuse *f*

lumber¹ ['lʌmbə(r)] *n (timber)* bois *m* de charpente; *Br (junk)* bric-à-brac *m inv*

lumber² ['lʌmbə(r)] *vt Br Fam* **to l. sb with sb/sth** coller qn/qch à qn

luminous ['luːmɪnəs] *adj (colour, paper, ink)* fluorescent; *(dial, clock)* lumineux, -euse

lump [lʌmp] **1** *n* morceau *m*; *(in soup)* grumeau *m*; *(bump)* bosse *f*; *(swelling)* grosseur *f*; **l. sum** somme *f* forfaitaire **2** *vt* **to l. together** réunir; *Fig & Pej* mettre dans le même sac ▪ **lumpy** (**-ier, -iest**) *adj (soup)* grumeleux, -euse; *(surface)* bosselé

lunar ['luːnə(r)] *adj* lunaire; **l. eclipse** éclipse *f* de lune

lunatic ['luːnətɪk] *n* fou *m*, folle *f*

lunch [lʌntʃ] **1** *n* déjeuner *m*; **to have l.** déjeuner; **l. break, l. hour, l. time** heure *f* du déjeuner **2** *vi* déjeuner (**on** *or* **off** de) ▪ **lunchbox** *n* = boîte dans laquelle on transporte son déjeuner

luncheon ['lʌnʃən] *n* déjeuner *m*; *Br* **l. voucher** Chèque-Restaurant *m*

lung [lʌŋ] *n* poumon *m*

lunge [lʌndʒ] *vi* **to l. at sb** se ruer sur qn

lurch [lɜːtʃ] **1** *n Fam* **to leave sb in the l.**

laisser qn dans le pétrin **2** *vi (of person)* tituber

lure [lʊə(r)] **1** *n (attraction)* attrait *m* **2** *vt* attirer (par la ruse) (**into** dans)

lurid ['lʊərɪd] *adj (story, description)* cru; *(gaudy)* voyant

lurk [lɜːk] *vi (hide)* être tapi (**in** dans); *(prowl)* rôder

luscious ['lʌʃəs] *adj (food)* appétissant

lush [lʌʃ] *adj (vegetation)* luxuriant; *(wealthy) (surroundings)* luxueux, -euse

lust [lʌst] **1** *n (for person)* désir *m*; *(for object)* convoitise *f* (**for** de); *(for power, knowledge)* soif *f* (**for** de) **2** *vi* **to l. after** *(object, person)* convoiter; *(power, knowledge)* avoir soif de

lustre ['lʌstə(r)] (*Am* **luster**) *n (gloss)* lustre *m*

Luxembourg ['lʌksəmbɜːg] *n* le Luxembourg

luxury ['lʌkʃərɪ] **1** *n* luxe *m* **2** *adj (goods, car, home)* de luxe ▪ **luxurious** [lʌg'ʒʊərɪəs] *adj* luxueux, -euse

lying ['laɪɪŋ] **1** *pres p of* **lie**[1,2] **2** *n* mensonges *mpl* **3** *adj (person)* menteur, -euse

lynch [lɪntʃ] *vt* lyncher

lyric ['lɪrɪk] *adj* lyrique ▪ **lyrics** *npl (of song)* paroles *fpl*

Mm

M, m [em] *n (letter)* M, m *m inv*

m (**a**) (*abbr* **metre**) mètre *m* (**b**) (*abbr* **mile**) mile *m*

MA (*abbr* **Master of Arts**) *n Univ* **to have an MA in French** ≃ avoir une maîtrise de français

mac [mæk] *n Br Fam (raincoat)* imper *m*

macabre [mə'kɑːbrə] *adj* macabre

machine [mə'ʃiːn] *n (apparatus, car, system)* machine *f*; **m. gun** mitrailleuse *f*

machinery [mə'ʃiːnərɪ] *n (machines)* machines *fpl*; *(works)* mécanisme *m*

mackerel ['mækrəl] *n* maquereau *m*

mackintosh ['mækɪntɒʃ] *n Br* imperméable *m*

macro ['mækrəʊ] (*pl* **-os**) *n Comptr* macrocommande *f*

mad [mæd] (**madder, maddest**) *adj* fou (*f* folle); **to be m. at sb** être furieux, -euse contre qn ▪ **madly** *adv (insanely, desperately)* comme un fou/une folle ▪ **madman** (*pl* **-men**) *n* fou *m* ▪ **madness** *n* folie *f*

madam ['mædəm] *n* **yes, m.** oui, madame

made [meɪd] *pt & pp of* **make** ▪ **made-to-measure** *adj Br (garment)* (fait) sur mesure

magazine [mægə'ziːn] *n* (**a**) *(periodical, TV or radio broadcast)* magazine *m* (**b**) *(of gun, slide projector)* magasin *m*

magic ['mædʒɪk] **1** *adj* magique **2** *n* magie *f* ▪ **magician** [mə'dʒɪʃən] *n* magicien, -enne *mf*

magistrate ['mædʒɪstreɪt] *n* magistrat *m*

magnet ['mægnɪt] *n* aimant *m* ▪ **magnetic** [-'netɪk] *adj* magnétique

magnificent [mæg'nɪfɪsənt] *adj* magnifique

magnify ['mægnɪfaɪ] (*pt & pp* **-ied**) *vt (image)* grossir; **magnifying glass** loupe *f*

mahogany [mə'hɒgənɪ] *n* acajou *m*

maid [meɪd] *n (servant)* bonne *f*

maiden ['meɪdən] *adj (flight, voyage)* inaugural; **m. name** nom *m* de jeune fille

mail [meɪl] **1** *n (system)* poste *f*; *(letters)* courrier *m*; *(e-mails)* méls *mpl*, courrier *m* électronique **2** *adj (bag, train)* postal; **m. order** vente *f* par correspondance **3** *vt* poster; **mailing list** liste *f* d'adresses ▪ **mailbox** *n Am & Comptr* boîte *f* aux lettres

maim [meɪm] *vt* mutiler

main¹ [meɪn] *adj* principal; **m. course** plat *m* de résistance; **m. road** grande route *f*

main² [meɪn] *n* **water/gas m.** conduite *f* d'eau/de gaz; **the mains** *(electricity)* le secteur ▪ **mainland** *n* continent *m* ▪ **mainly** *adv* principalement; **they were m. Spanish** la plupart étaient espagnols

mainstay ['meɪnsteɪ] *n (of organization, policy)* pilier *m*

maintain [meɪn'teɪn] *vt (continue)* maintenir; *(machine, road)* entretenir; **to m. that...** affirmer que... ▪ **maintenance** ['meɪntənəns] *n (of vehicle, road)* entretien *m*; *(alimony)* pension *f* alimentaire

maize [meɪz] *n Br* maïs *m*

majesty ['mædʒəstɪ] *n* majesté *f*; **Your M.** Votre Majesté ▪ **majestic** [mə'dʒestɪk] *adj* majestueux, -euse

major ['meɪdʒə(r)] **1** *adj (main, great) & Mus* majeur **2** *n* (**a**) *(officer)* commandant *m* (**b**) *Am Univ (subject)* dominante *f* **3** *vi Am Univ* **to m. in** se spécialiser en

Majorca [mə'jɔːkə] *n* Majorque *f*

majority [mə'dʒɒrətɪ] (*pl* **-ies**) *n* majorité *f* (**of** de); **the m. of people** la plupart des gens

MAKE [meɪk] **1** (*pt & pp* **made**) *vt* faire; *(tool, vehicle)* fabriquer; **to m. a decision** prendre une décision; **to m. sb happy/sad** rendre qn heureux/triste; **to m. sb do sth** faire faire qch à qn; *Fam* **to m. it** *(succeed)* réussir; **sorry I can't m. it to the meeting** désolé, je ne pourrai pas assister à la réunion; **what time do you m. it?** quelle heure avez-vous?; **what do you m. of it?** qu'en penses-tu?; **he made 10 pounds on it** ça lui a rapporté 10 livres; **to be made of wood** être en bois; **made in France** fabriqué en France

2 *vi* **to m. do** *(manage)* se débrouiller (**with** avec); **to m. do with sb/sth** *(be satisfied with)* se contenter de qn/qch; **to m. believe that one is...** faire semblant d'être...

3 *n (brand)* marque *f*; **of French m.** de fabrication française ▪ **make-up** *n (for face)* maquillage *m*; *(of team, group)* constitution *f*

▸**make for** *vt insep (go towards)* aller vers

▸**make off** *vi Fam (leave)* filer

▸**make out 1** *vt sep (see, hear)* distinguer; *(understand)* comprendre; *(decipher)* déchiffrer; *(cheque, list)* faire; *Fam* **to m. out that...** *(claim)* prétendre que... **2** *vi Fam (manage)* se débrouiller

▸**make over** *vt sep (transfer)* céder (**to** à); *(change, convert)* transformer (**into** en)

▸**make up 1** *vt sep (story)* inventer; *(put together) (list, collection, bed)* faire; *(prepare)* préparer; *(form)* former, composer; *(loss)* compenser; *(quantity)* compléter; *(quarrel)* régler; **to m. oneself up** se maquiller

2 *vi (of friends)* se réconcilier; **to m. up for** *(loss, damage, fault)* compenser; *(lost time, mistake)* rattraper

makeshift ['meɪkʃɪft] *adj (arrangement, building)* de fortune

malaria [mə'leərɪə] *n Med* paludisme *m*

male [meɪl] **1** *adj (child, animal)* mâle; *(sex)* masculin; **m. nurse** infirmier *m* **2** *n (person)* homme *m*; *(animal)* mâle *m*

malfunction [mæl'fʌŋkʃən] *vi* fonctionner mal

malice ['mælɪs] *n* méchanceté *f* ▪ **malicious** [mə'lɪʃəs] *adj* malveillant

malignant [mə'lɪgnənt] *adj* **m. tumour** *or* **growth** tumeur *f* maligne

mall [mɔːl] *n Am* **(shopping) m.** centre *m* commercial

malnutrition [mælnjuː'trɪʃən] *n* malnutrition *f*

malt [mɔːlt] *n* malt *m*

Malta ['mɔːltə] *n* Malte *f*

mammal ['mæməl] *n* mammifère *m*

man [mæn] **1** (*pl* **men**) *n (adult male)* homme *m*; *(player in sports team)* joueur *m*; *(humanity)* l'homme *m*; *(chess piece)* pièce *f*; *Fam* **my old m.** *(father)* mon père; *(husband)* mon homme

2 (*pt & pp* **-nn-**) *vt (be on duty at)* être de service à; *(machine)* assurer le fonctionnement de; *(plane, ship)* être membre de l'équipage de

manage ['mænɪdʒ] **1** *vt (company, project)* diriger; *(shop, hotel)* être le gérant de; *(economy, money, time, situation)* gérer; **to m. to do sth** *(succeed)* réussir *ou* arriver à faire qch; *(by being smart)* se débrouiller pour faire qch

2 *vi (succeed)* y arriver; *(make do)* se débrouiller (**with** avec); **to m. without sb/sth** se passer de qn/qch; **managing director** directeur, -trice *mf* général, -e ▪ **management** *n (running,* *managers)* direction *f*; *(of property, economy)* gestion *f*; *(executive staff)* cadres *mpl*

manager ['mænɪdʒə(r)] *n (of company)* directeur, -trice *mf*; *(of shop, café)* gérant, -e *mf*; **(business) m.** *(of singer, boxer)* manager *m* ▪ **manageress** *n* directrice *f*; *(of shop, café)* gérante *f*

mandate ['mændeɪt] *n* mandat *m*

mane [meɪn] *n* crinière *f*

maneuver [mə'nu:vər] *n & vti Am* = **manoeuvre**

mangle ['mæŋgəl] *vt (body)* mutiler

mango ['mæŋgəʊ] *(pl* **-oes** *or* **-os***) n* mangue *f*

manhunt ['mænhʌnt] *n* chasse *f* à l'homme

mania ['meɪnɪə] *n (liking)* passion *f*; *(psychological)* manie *f*

maniac ['meɪnɪæk] *n* fou *m*, folle *f*

manicure ['mænɪkjʊə(r)] *n* manucure *f*

manifesto [mænɪ'festəʊ] *(pl* **-os** *or* **-oes***) n Pol* manifeste *m*

manipulate [mə'nɪpjʊleɪt] *vt* manipuler

mankind [mæn'kaɪnd] *n* l'humanité *f*

man-made ['mænmeɪd] *adj (lake)* artificiel, -elle; *(fibre)* synthétique

manner ['mænə(r)] *n (way)* manière *f*; *(behaviour)* comportement *m*; **manners** *(social habits)* manières *fpl*; **in this m.** *(like this)* de cette manière; **to have good/bad manners** être bien/mal élevé

mannerism ['mænərɪzəm] *n Pej* tic *m*

manoeuvre [mə'nu:və(r)] *(Am* **maneuver***)* **1** *n* manœuvre *f* **2** *vti* manœuvrer

manpower ['mænpaʊə(r)] *n (labour)* main-d'œuvre *f*

mansion ['mænʃən] *n (in town)* hôtel *m* particulier; *(in country)* manoir *m*

manslaughter ['mænslɔ:tə(r)] *n (in law)* homicide *m* involontaire

mantelpiece ['mæntəlpi:s] *n* dessus *m* de cheminée; **on the m.** sur la cheminée

manual ['mænjʊəl] **1** *adj (work, worker)* manuel, -elle **2** *n (book)* manuel *m*

manufacture [mænjʊ'fæktʃə(r)] **1** *n* fabrication *f*; *(of cars)* construction *f* **2** *vt* fabriquer; *(cars)* construire ▪ **manufacturer** *n* fabricant, -e *mf*; *(of cars)* constructeur *m*

manure [mə'njʊə(r)] *n* fumier *m*

manuscript ['mænjʊskrɪpt] *n* manuscrit *m*

many ['menɪ] **1** *adj* beaucoup de; **(a good** *or* **great) m. of** un (très) grand nombre de; **how m.?** combien (de)?; **too m.** trop de **2** *pron* beaucoup; **too m.** trop; **m. of them** beaucoup d'entre eux; **as m. as fifty** *(up to)* jusqu'à cinquante

map [mæp] **1** *n* carte *f*; *(plan of town, underground)* plan *m* **2** *(pt & pp* **-pp-***) vt* **to m. out** *(plan, programme)* élaborer

maple ['meɪpəl] *n (tree, wood)* érable *m*; **m. syrup** sirop *m* d'érable

marathon ['mærəθən] *n* marathon *m*

marble ['mɑ:bəl] *n (substance)* marbre *m*; *(toy ball)* bille *f*

March [mɑ:tʃ] *n* mars *m*

march [mɑ:tʃ] **1** *n* marche *f* **2** *vi (of soldiers, demonstrators)* défiler; *(walk in step)* marcher au pas

mare [meə(r)] *n* jument *f*

margarine [mɑ:dʒə'ri:n] *n* margarine *f*

margin ['mɑ:dʒɪn] *n (on page)* marge *f*; **to win by a narrow m.** gagner de justesse ▪ **marginally** *adv* très légèrement

marijuana [mærɪ'wɑ:nə] *n* marijuana *f*

marinate ['mærɪneɪt] *vti Culin* (faire) mariner

marine [mə'ri:n] **1** *adj (life, flora)* marin **2** *n (soldier)* fusilier *m* marin; *Am* marine *m*

marital ['mærɪtəl] *adj* conjugal; **m. status** situation *f* de famille

maritime ['mærɪtaɪm] *adj* maritime

mark [mɑ:k] **1** *n (symbol)* marque *f*; *(stain, trace)* tache *f*, marque *f*; *(token, sign)* signe *m*; *(in test, exam)* note *f* **2** *vt* marquer; *(exam)* noter; **to m. sth off** *(separate)* délimiter qch; *(on list)* cocher qch; **to m. sb out** distinguer qn

marked [mɑːkt] *adj (noticeable)* marqué

market [ˈmɑːkɪt] **1** *n* marché *m*; **to put sth on the m.** mettre qch en vente; **on the black m.** au marché noir; **m. price** prix *m* courant

2 *vt* commercialiser ▪ **marketing** *n* marketing *m*, mercatique *f* ▪ **marketplace** *n (in village, town)* place *f* du marché

markings [ˈmɑːkɪŋz] *npl (on animal)* taches *fpl*; *(on road)* signalisation *f* horizontale

marmalade [ˈmɑːməleɪd] *n* confiture *f* d'oranges

marooned [məˈruːnd] *adj* abandonné

marriage [ˈmærɪdʒ] *n* mariage *m*; **m. certificate** extrait *m* d'acte de mariage

marrow [ˈmærəʊ] *n Br (vegetable)* courge *f*

marry [ˈmærɪ] **1** *(pt & pp* **-ied***) vt* épouser, se marier avec; *(of priest)* marier **2** *vi* se marier ▪ **married** *adj* marié; **m. life** vie *f* maritale; **m. name** nom *m* de femme mariée; **to get m.** se marier

marsh [mɑːʃ] *n* marais *m*, marécage *m*

martial [ˈmɑːʃəl] *adj* martial

martyr [ˈmɑːtə(r)] *n* martyr, -e *mf*

marvel [ˈmɑːvəl] **1** *n (wonder)* merveille *f* **2** *(Br* **-ll-**, *Am* **-l-***) vi* s'émerveiller (**at** de)

marvellous [ˈmɑːvələs] *(Am* **marvelous***) adj* merveilleux, -euse

Marxist [ˈmɑːksɪst] *adj & n* marxiste *(mf)*

marzipan [ˈmɑːzɪpæn] *n* pâte *f* d'amandes

mascara [mæˈskɑːrə] *n* mascara *m*

masculine [ˈmæskjʊlɪn] *adj* masculin

mash [mæʃ] **1** *n Br (potatoes)* purée *f* (de pommes de terre) **2** *vt* **to m. (up)** *(vegetables)* écraser (en purée); **mashed potatoes** purée *f* de pommes de terre

mask [mɑːsk] **1** *n* masque *m* **2** *vt (cover, hide)* masquer (**from** à)

masochist [ˈmæsəkɪst] *n* masochiste *mf*

mason [ˈmeɪsən] *n (stonemason, Freemason)* maçon *m* ▪ **masonry** *n* maçonnerie *f*

mass[1] [mæs] **1** *n Phys & (shapeless substance)* masse *f*; **a m. of** *(many)* une multitude de; *Pol* **the masses** le peuple

2 *adj (demonstration, culture)* de masse; *(protests)* en masse; *(unemployment, destruction)* massif, -ive; **m. media** mass media *mpl*; **m. production** production *f* en série

3 *vi (of troops, people)* se masser ▪ **mass-produce** *vt* fabriquer en série

mass[2] [mæs] *n (church service)* messe *f*

massacre [ˈmæsəkə(r)] **1** *n* massacre *m* **2** *vt* massacrer

massage [ˈmæsɑːʒ] **1** *n* massage *m* **2** *vt* masser

massive [ˈmæsɪv] *adj (increase, dose, vote)* massif, -ive; *(amount, building)* énorme

mast [mɑːst] *n (of ship)* mât *m*; *(for TV, radio)* pylône *m*

master [ˈmɑːstə(r)] **1** *n* maître *m*; *Br (teacher)* professeur *m*; **M. of Arts/Science** *(qualification)* ≃ maîtrise *f* ès lettres/sciences; *(person)* ≃ maître *mf* ès lettres/sciences; **m. of ceremonies** *(presenter)* animateur, -trice *mf*; **m. copy** original *m*; **m. key** passe-partout *m inv*; **m. plan** plan *m* d'action **2** *vt* maîtriser; *(subject, situation)* dominer

mastermind [ˈmɑːstəmaɪnd] **1** *n (person)* cerveau *m* **2** *vt* organiser

masterpiece [ˈmɑːstəpiːs] *n* chef-d'œuvre *m*

mastery [ˈmɑːstərɪ] *n* maîtrise *f* (**of** de)

masturbate [ˈmæstəbeɪt] *vi* se masturber

mat [mæt] *n* tapis *m*; *(of straw)* natte *f*; *(at door)* paillasson *m*; **(table) m.** *(for plates)* set *m* de table; *(for dishes)* dessous-de-plat *m inv*

match[1] [mætʃ] *n (for lighting fire, cigarette)* allumette *f* ▪ **matchbox** *n* boîte *f* d'allumettes ■ **matchstick** *n* allumette *f*

match² [mætʃ] *n (in sport)* match *m*

match³ [mætʃ] **1** *n (equal)* égal, -e *mf*; *(marriage)* mariage *m*; **to be a good m.** *(of colours, people)* aller bien ensemble; **to meet one's m.** trouver son maître

2 *vt (of clothes, colour)* être assorti à; *(coordinate)* assortir; *(equal)* égaler; **to m. up** *(colours, clothes, plates)* assortir

3 *vi (of colours, clothes)* être assortis, -es ■ **matching** *adj* assorti

mate¹ [meɪt] **1** *n (of animal) (male)* mâle *m*; *(female)* femelle *f*; *Br (friend)* copain *m*, copine *f* **2** *vi (of animals)* s'accoupler (**with** avec)

mate² [meɪt] **1** *n (in chess)* mat *m* **2** *vt* mettre mat

material [mə'tɪərɪəl] **1** *adj (needs, world)* matériel, -elle; *(important)* essentiel, -elle **2** *n (substance)* matière *f*; *(cloth)* tissu *m*; *(for book)* matériaux *mpl*; **material(s)** *(equipment)* matériel *m* ■ **materialistic** *adj* matérialiste

materialize [mə'tɪərɪəlaɪz] *vi* se matérialiser; *(of hope, threat)* se réaliser

maternal [mə'tɜ:nəl] *adj* maternel, -elle

maternity [mə'tɜ:nətɪ] *n* **m. dress** robe *f* de grossesse; **m. hospital, m. unit** maternité *f*; **m. leave** congé *m* de maternité

mathematical [mæθə'mætɪkəl] *adj* mathématique

mathematics [mæθə'mætɪks] *n (subject)* mathématiques *fpl* ■ **maths** (*Am* **math**) *n Fam* maths *fpl*

matinée ['mætɪneɪ] *n (of play, film)* matinée *f*

matrimony ['mætrɪmənɪ] *n* mariage *m*

matt [mæt] *adj (paint, paper)* mat

matter ['mætə(r)] **1** *n (substance)* matière *f*; *(issue, affair)* question *f*; **as a m. of fact** en fait; **no m. what she does** quoi qu'elle fasse; **no m. who you are** qui que vous soyez; **what's the m.?** qu'est-ce qu'il y a?; **there's something the m. with my leg** j'ai quelque chose à la jambe

2 *vi (be important)* importer (**to** à); **it doesn't m. if/when/who...** peu importe si/quand/qui...; **it doesn't m.** ça ne fait rien

matter-of-fact [mætərəv'fækt] *adj (person, manner)* terre à terre *inv*

mattress ['mætrəs] *n* matelas *m*

mature [mə'tʃʊə(r)] **1** *adj (person)* mûr; *(cheese)* fort **2** *vi (person)* mûrir

maul [mɔ:l] *vt (of animal)* mutiler

maximize ['mæksɪmaɪz] *vt* maximaliser

maximum ['mæksɪməm] **1** (*pl* **-ima** [-ɪmə] *or* **-imums**) *n* maximum *m* **2** *adj* maximal

May [meɪ] *n* mai *m*

MAY [meɪ] (*pt* **might** [maɪt])

> **May** et *m* **might** peuvent s'utiliser indifféremment ou presque dans les expressions de la catégorie (**a**).

v aux (**a**) *(expressing possibility)* **he m. come** il se peut qu'il vienne; **I m.** *or* **might be wrong** je me trompe peut-être; **he m.** *or* **might have lost it** il se peut qu'il l'ait perdu; **we m.** *or* **might as well go** autant y aller; **she's afraid I m.** *or* **might get lost** elle a peur que je ne me perde

(**b**) *Formal (for asking permission)* **m. I stay?** puis-je rester?; **you m. go** tu peux partir

(**c**) *Formal (expressing wish)* **m. you be happy** sois heureux; **m. the best man win!** que le meilleur gagne!

---

maybe ['meɪbi:] *adv* peut-être

mayhem ['meɪhem] *n (chaos)* pagaille *f*

mayonnaise [meɪə'neɪz] *n* mayonnaise *f*

mayor [meə(r)] *n* maire *m*

maze [meɪz] *n* labyrinthe *m*

me [mi:] *pron* me, m'; *(after prep, 'than', 'it is')* moi; **(to) me** *(indirect)* me, m'; **he helps me** il m'aide; **he gave it to me** il me l'a donné

meadow ['medəʊ] *n* pré *m*, prairie *f*

meagre ['mi:gə(r)] (*Am* **meager**) *adj* maigre

meal [mi:l] *n (food)* repas *m*

mean¹ [mi:n] (*pt & pp* **meant**) *vt (of word, event)* signifier; *(of person)* vouloir dire; *(result in)* entraîner; *(represent)* représenter; **to m. to do sth** avoir l'intention de faire qch; **it means a lot to me** c'est très important pour moi; **I didn't m. to!** je ne l'ai pas fait exprès!

mean² [mi:n] (**-er, -est**) *adj (miserly)* avare; *(nasty)* méchant

mean³ [mi:n] **1** *adj (average)* moyen, -enne **2** *n Math (average, mid-point)* moyenne *f*

meaning ['mi:nɪŋ] *n* sens *m*, signification *f* ▪ **meaningful** *adj* significatif, -ive ▪ **meaningless** *adj* vide de sens

means [mi:nz] **1** *n (method)* moyen *m* (**to do** *or* **of doing** de faire); **by m. of...** au moyen de...; **by no m.** nullement **2** *npl (wealth)* moyens *mpl*

meant [ment] *pt & pp of* **mean¹**

meantime ['mi:ntaɪm] *adv & n* **(in the) m.** *(at the same time)* pendant ce temps; *(between two events)* entre-temps

meanwhile ['mi:nwaɪl] *adv (at the same time)* pendant ce temps; *(between two events)* entre-temps

measles ['mi:zəlz] *n Med* rougeole *f*

measure ['meʒə(r)] **1** *n* mesure *f*; *(ruler)* règle *f* **2** *vt* mesurer; **to m. sth out** *(ingredient)* mesurer qch **3** *vi* **to m. up to** *(task)* être à la hauteur de

measurement ['meʒəmənt] *n* mesure *f*; **hip/waist measurement(s)** tour *m* de hanches/de taille

meat [mi:t] *n* viande *f*; *(of crab, lobster)* chair *f*; *Fig* substance *f*

mechanic [mɪ'kænɪk] *n* mécanicien, -enne *mf* ▪ **mechanical** *adj* mécanique ▪ **mechanics** *n (science)* mécanique *f*; **the m.** *(working parts)* le mécanisme

mechanism ['mekənɪzəm] *n* mécanisme *m*

medal ['medəl] *n* médaille *f*

medallion [mə'dæljən] *n* médaillon *m*

meddle ['medəl] *vi (interfere)* se mêler (**in** de); *(tamper)* toucher (**with** à)

media ['mi:dɪə] *npl* **1 the m.** les médias *mpl* **2** *pl of* **medium**

mediaeval [medɪ'i:vəl] *adj* médiéval

mediate ['mi:dɪeɪt] *vi* servir d'intermédiaire (**between** entre) ▪ **mediator** *n* médiateur, -trice *mf*

medical ['medɪkəl] **1** *adj* médical; *(school, studies)* de médecine; *(student)* en médecine; **m. insurance** assurance *f* maladie

2 *n (in school, army)* visite *f* médicale; *(private)* examen *m* médical

medication [medɪ'keɪʃən] *n* médicaments *mpl*; **to be on m.** être en traitement

medicine ['medəsən] *n (substance)* médicament *m*; *(science)* médecine *f*; **m. cabinet, m. chest** (armoire *f* à) pharmacie *f*

medieval [medɪ'i:vəl] *adj* médiéval

mediocre [mi:dɪ'əʊkə(r)] *adj* médiocre

meditate ['medɪteɪt] *vi* méditer (**on** sur) ▪ **meditation** *n* méditation *f*

Mediterranean [medɪtə'reɪnɪən] **1** *adj* méditerranéen, -enne **2** *n* **the M.** la Méditerranée

medium ['mi:dɪəm] **1** *adj (average, middle)* moyen, -enne **2** *n* (**a**) (*pl* **media** ['mi:dɪə]) *(for conveying data or publicity)* support *m* (**b**) (*pl* **mediums**) *(person)* médium *m* ▪ **medium-sized** *adj* de taille moyenne

medley ['medlɪ] (*pl* **-eys**) *n* mélange *m*; *(of songs, tunes)* pot-pourri *m*

meet [mi:t] **1** *vt* (*pt & pp* **met**) *(person, team)* rencontrer; *(by arrangement)* retrouver; *(pass in street, road)* croiser; *(fetch)* aller chercher; *(wait for)* attendre; *(debt, enemy, danger)* faire face à; *(need)* combler; **have you met my husband?** connaissez-vous mon mari?

2 *vi (of people, teams)* se rencontrer; *(by arrangement)* se retrouver; *(of club,* *society)* se réunir; *(of rivers)* se rejoindre **3** *n Am Sport* réunion *f*

▸**meet up** *vi (by arrangement)* se retrouver; **to m. up with sb** retrouver qn

▸**meet with** *vt insep (problem, refusal)* se heurter à; *(accident)* avoir; *Am* **to m. with sb** rencontrer qn; *(as arranged)* retrouver qn

meeting ['miːtɪŋ] *n (for business)* réunion *f*; *(large)* assemblée *f*; *(by accident)* rencontre *f*; *(by arrangement)* rendez-vous *m inv*; **to be in a m.** être en réunion; **m. place** lieu *m* de rendez-vous

megaphone ['megəfəʊn] *n* porte-voix *m inv*

mellow ['meləʊ] (**-er, -est**) *adj (wine)* moelleux, -euse; *(flavour)* suave; *(colour, voice)* chaud

melodic [mɪ'lɒdɪk] *adj* mélodique

melodrama ['melədrɑːmə] *n* mélodrame *m* ▪ **melodramatic** [-drə'mætɪk] *adj* mélodramatique

melody ['melədɪ] (*pl* **-ies**) *n* mélodie *f*

melon ['melən] *n* melon *m*

melt [melt] **1** *vt* faire fondre; **to m. down** *(metal object)* fondre **2** *vi* fondre

member ['membə(r)] *n* membre *m*; *Br* **M. of Parliament,** *Am* **M. of Congress** ≃ député *m* ▪ **membership** *n (state)* adhésion *f* (**of** à); *(members)* membres *mpl*; **m. card** carte *f* de membre; **m. fee** cotisation *f*

memento [mə'mentəʊ] (*pl* **-os** *or* **-oes**) *n* souvenir *m*

memo ['meməʊ] (*pl* **-os**) *n* note *f* de service

memoirs ['memwɑːz] *npl (autobiography)* mémoires *mpl*

memorable ['memərəbəl] *adj* mémorable

memorial [mə'mɔːrɪəl] **1** *adj* commémoratif, -ive; **m. service** commémoration *f* **2** *n* mémorial *m*

memorize ['meməraɪz] *vt* mémoriser

memory ['memərɪ] (*pl* **-ies**) *n (faculty) & Comptr* mémoire *f*; *(recollection)* souvenir *m*; **to the** *or* **in m. of...** à la mémoire de...

men [men] *npl see* **man**; **the men's room** les toilettes *fpl* pour hommes

menace ['menɪs] **1** *n (danger)* danger *m*; *(threat)* menace *f* **2** *vt* menacer

mend [mend] *vt (repair)* réparer; *(clothes)* raccommoder

menial ['miːnɪəl] *adj (work)* subalterne

meningitis [menɪn'dʒaɪtɪs] *n Med* méningite *f*

menopause ['menəpɔːz] *n* ménopause *f*

menstruation [menstrʊ'eɪʃən] *n* menstruation *f*

menswear ['menzweə(r)] *n* vêtements *mpl* pour hommes

mental ['mentəl] *adj* mental; **m. block** blocage *m*

mentality [men'tælətɪ] (*pl* **-ies**) *n* mentalité *f* ▪ **mentally** *adv* mentalement; **he's m. handicapped** c'est un handicapé mental; **she's m. ill** c'est une malade mentale

mention ['menʃən] **1** *n* mention *f* **2** *vt* mentionner; **not to m....** sans parler de...; **don't m. it!** il n'y a pas de quoi!

menu ['menjuː] *n (in restaurant) (for set meal)* menu *m*; *(list)* carte *f*; *Comptr* menu

MEP [emiː'piː] (*abbr* **Member of the European Parliament**) *n* député *m* du Parlement européen

merchandise ['mɜːtʃəndaɪz] *n* marchandises *fpl*

merchant ['mɜːtʃənt] *n (trader)* négociant, -e *mf*; *(retailer)* commerçant, -e *mf*

merciless ['mɜːsɪləs] *adj* impitoyable

mercury ['mɜːkjʊrɪ] *n (metal)* mercure *m*

mercy ['mɜːsɪ] (*pl* **-ies**) *n* pitié *f*; *(of God)* miséricorde *f*; **at the m. of** à la merci de

mere [mɪə(r)] *adj* simple; **she's a m. child** ce n'est qu'une enfant ▪ **merely** *adv* simplement

merge [mɜːdʒ] **1** *vt (companies) & Comptr* fusionner **2** *vi (blend)* se mêler (**with** à); *(of roads)* se rejoindre; *(of* *companies, banks)* fusionner ▪ **merger** *n Com* fusion *f*

merit ['merɪt] **1** *n* mérite *m* **2** *vt* mériter

merry ['merɪ] (**-ier, -iest**) *adj (happy, drunk)* gai ▪ **merry-go-round** *n* manège *m*

mesh [meʃ] *n (of net, sieve)* mailles *fpl*

mesmerize ['mezməraɪz] *vt* hypnotiser

mess [mes] **1** *n (confusion)* désordre *m*; *(muddle)* gâchis *m*; *(dirt)* saletés *fpl*; **in a m.** en désordre; *(in trouble)* dans le pétrin; **to make a m. of sth** *(do badly, get dirty)* saloper qch

2 *vt Br Fam* **to m. sb about** *(bother, treat badly)* embêter qn; **to m. sth up** *(plans)* ficher qch en l'air; *(hair, room, papers)* mettre qch en désordre

3 *vi* **to m. about** *or* **around** *(waste time)* traîner; *(play the fool)* faire l'imbécile; **to m. about** *or* **around with sth** *(fiddle with)* tripoter avec qch

message ['mesɪdʒ] *n* message *m*

messenger ['mesɪndʒə(r)] *n* messager, -ère *mf*; *(in office, hotel)* coursier, -ère *mf*

messy ['mesɪ] (**-ier, -iest**) *adj (untidy)* en désordre; *(dirty)* sale; *(job)* salissant

met [met] *pt & pp of* **meet**

metal ['metəl] *n* métal *m*; **m. ladder** échelle *f* métallique ▪ **metallic** [mɪ'tælɪk] *adj (sound)* métallique; *(paint)* métallisé ▪ **metalwork** *n (study, craft)* travail *m* des métaux; *(objects)* ferronnerie *f*

metaphor ['metəfə(r)] *n* métaphore *f* ▪ **metaphorical** [-'fɒrɪkəl] *adj* métaphorique

meteor ['mi:tɪə(r)] *n* météore *m*

meteorological [mi:tɪərə'lɒdʒɪkəl] *adj* météorologique

meter[1] ['mi:tə(r)] *n (device)* compteur *m*; **(parking) m.** parcmètre *m*

meter[2] ['mi:tə(r)] *n Am (measurement)* mètre *m*

method ['meθəd] *n* méthode *f* ▪ **methodical** [mɪ'θɒdɪkəl] *adj* méthodique

meticulous [mɪ'tɪkjʊləs] *adj* méticuleux, -euse

metre ['mi:tə(r)] (*Am* **meter**) *n* mètre *m* ▪ **metric** ['metrɪk] *adj* métrique

metropolitan [metrə'pɒlɪtən] *adj* métropolitain

Mexico ['meksɪkəʊ] *n* le Mexique ▪ **Mexican 1** *adj* mexicain **2** *n* Mexicain, -e *mf*

miaow [mi:'aʊ] **1** *exclam* miaou! **2** *vi* miauler

mice [maɪs] *pl of* **mouse**

mickey ['mɪkɪ] *n Br Fam* **to take the m. out of sb** charrier qn

microchip ['maɪkrəʊtʃɪp] *n Comptr* microprocesseur *m*

microfilm ['maɪkrəʊfɪlm] *n* microfilm *m*

microphone ['maɪkrəfəʊn] *n* micro *m*

microscope ['maɪkrəskəʊp] *n* microscope *m*

microwave ['maɪkrəʊweɪv] *n* **m. (oven)** (four *m* à) micro-ondes *m inv*

mid [mɪd] *adj* **(in) m. June** (à) la mi-juin; **in m. air** en plein ciel; **to be in one's m.-twenties** avoir environ vingt-cinq ans

midday [mɪd'deɪ] **1** *n* **at m.** à midi **2** *adj (sun, meal)* de midi

middle ['mɪdəl] **1** *n* milieu *m*; *Fam (waist)* taille *f*; **(right) in the m. of sth** au (beau) milieu de qch

2 *adj (central)* du milieu; **the M. Ages** le Moyen Âge; **the M. East** le Moyen-Orient; **the m. class(es)** les classes moyennes; **m. name** deuxième prénom *m* ▪ **middle-aged** *adj* d'âge mûr ▪ **middle-class** *adj* bourgeois ▪ **middle-of-the-road** *adj (politics, views)* modéré; *(music)* grand public *inv*

midge [mɪdʒ] *n* moucheron *m*

midget ['mɪdʒɪt] *n (small person)* nain, -e *mf*

midnight ['mɪdnaɪt] *n* minuit *m*

midst [mɪdst] *n* **in the m. of** *(middle)* au milieu de

midway [mɪd'weɪ] *adj & adv* à mi-chemin

midweek [mɪd'wi:k] *adv* en milieu de semaine

midwife ['mɪdwaɪf] (*pl* **-wives**) *n* sage-femme *f*

might[1] [maɪt] *v aux see* **may**

La forme **mightn't** s'écrit **might not** dans un style plus soutenu.

might[2] [maɪt] *n (strength)* force *f* ▪ **mighty** (**-ier, -iest**) **1** *adj* puissant; *Fam (very great)* sacré **2** *adv Am Fam (very)* rudement

migraine ['mi:greɪn, 'maɪgreɪn] *n* migraine *f*

migrate [maɪ'greɪt] *vi (of people)* émigrer; *(of birds)* migrer ▪ **migrant** ['maɪgrənt] *adj & n* **m. (worker)** (travailleur, -euse *mf*) immigré, -e

mike [maɪk] (*abbr* **microphone**) *n Fam* micro *m*

mild [maɪld] (**-er, -est**) *adj (weather, cheese, soap, person)* doux (*f* douce); *(punishment)* léger, -ère; *(curry)* peu épicé

mile [maɪl] *n* mile *m*; **he lives miles away** il habite très loin d'ici ▪ **mileage** *n (distance)* ≃ kilométrage *m*; *(rate of fuel consumption)* consommation *f* ▪ **mileometer** *n Br* ≃ compteur *m* kilométrique ▪ **milestone** *n (in history, career)* étape *f* importante

militant ['mɪlɪtənt] *adj & n* militant, -e *(mf)*

military ['mɪlɪtərɪ] **1** *adj* militaire **2** *n* **the m.** les militaires *mpl*

milk [mɪlk] **1** *n* lait *m*; **m. chocolate** chocolat *m* au lait; **m. shake** milkshake *m* **2** *vt (cow)* traire; *Fig (exploit)* exploiter ▪ **milky** (**-ier, -iest**) *adj (coffee, tea)* au lait

mill [mɪl] **1** *n (for flour)* moulin *m*; *(textile factory)* filature *f* **2** *vi* **to m. around** *(of crowd)* grouiller

millennium [mɪ'lenɪəm] (*pl* **-nia** [-nɪə]) *n* millénaire *m*

milligram(me) ['mɪlɪgræm] *n* milligramme *m*

millimetre ['mɪlɪmi:tə(r)] (*Am* **millimeter**) *n* millimètre *m*

million ['mɪljən] *n* million *m*; **a m. men** un million d'hommes; **two m.** deux millions ▪ **millionaire** *n* millionnaire *mf*

milometer [maɪ'lɒmɪtə(r)] *n Br* ≃ compteur *m* kilométrique

mime [maɪm] **1** *n (art)* mime *m* **2** *vti* mimer; *(of singer)* chanter en playback

mimic ['mɪmɪk] **1** *n* imitateur, -trice *mf* **2** (*pt & pp* **-ck-**) *vt* imiter

mince [mɪns] **1** *n (meat)* viande *f* hachée; **m. pie** *(containing fruit)* = tartelette fourrée aux fruits secs et aux épices **2** *vt* hacher ▪ **mincemeat** *n (dried fruit)* = mélange de fruits secs et d'épices utilisé en pâtisserie ▪ **mincer** *n (machine)* hachoir *m*

MIND[1] [maɪnd] *n* esprit *m*; *(sanity)* raison *f*; *Br* **to my m.** à mon avis; **to change one's m.** changer d'avis; **to speak one's m.** dire ce que l'on pense; *Br* **to be in two minds** *(undecided)* hésiter; **to bear** *or* **keep sth in m.** garder qch à l'esprit; **to have sb/sth in m.** avoir qn/qch en vue; **to make up one's m.** se décider; *Fam* **to be out of one's m.** avoir perdu la tête; **it's on my m.** cela me préoccupe; *Br* **to have a good m. to do sth** avoir bien envie de faire qch

MIND[2] [maɪnd] **1** *vt Br (pay attention to)* faire attention à; *(look after)* garder; *Br* **m. you don't fall** fais attention à ne pas tomber; **I don't m. the cold/noise** le froid/bruit ne me gêne pas; **if you don't m. my asking...** si je peux me permettre...; **never m. the car** peu importe la voiture; *Br* **m. you...** remarquez...; **m. your own business!** occupe-toi de tes affaires!

2 *vi* **I don't m.** ça m'est égal; **do you m. if I smoke?** ça vous gêne si je fume?; **never m.!** ça ne fait rien!, tant pis!; *Br* **m. (out)!** *(watch out)* attention!

mind-boggling ['maɪndbɒglɪŋ] *adj* stupéfiant

minder ['maɪndə(r)] *n Fam (bodyguard)* gorille *m*

mindless ['maɪndləs] *adj (job, destruction)* stupide

mine[1] [maɪn] *possessive pron* le mien, la mienne, *pl* les mien(ne)s; **this hat is m.** ce chapeau est à moi *ou* est le mien; **a friend of m.** un ami à moi, un de mes amis

mine[2] [maɪn] **1** *n* (**a**) *(for coal, gold) & Fig* mine *f* (**b**) *(explosive)* mine *f* **2** *vt (coal, gold)* extraire ▪ **mining** *n* exploitation *f* minière

mineral ['mɪnərəl] *adj & n* minéral *(m)*; **m. water** eau *f* minérale

mingle ['mɪŋgəl] *vi (of things)* se mêler (**with** à); *(of people)* parler un peu à tout le monde

miniature ['mɪnɪtʃə(r)] **1** *adj (train, model)* miniature *inv* **2** *n* miniature *f*; **in m.** en miniature

minicab ['mɪnɪkæb] *n Br* radio-taxi *m*

minimal ['mɪnɪməl] *adj* minimal

minimize ['mɪnɪmaɪz] *vt* minimiser

minimum ['mɪnɪməm] **1** (*pl* **-ima** *or* **-imums**) *n* minimum *m* **2** *adj* minimal; **m. wage** salaire *m* minimum

miniskirt ['mɪnɪskɜːt] *n* minijupe *f*

minister ['mɪnɪstə(r)] *n Br (politician)* ministre *m*; *(of religion)* pasteur *m* ▪ **ministry** (*pl* **-ies**) *n Br Pol* ministère *m*

minor ['maɪnə(r)] **1** *adj (unimportant) & Mus* mineur; *Med (operation)* bénin, -igne; *(road)* secondaire **2** *n (in age)* mineur, -e *mf*

minority [maɪ'nɒrətɪ] **1** (*pl* **-ies**) *n* minorité *f*; **to be in the** *or* **a m.** être minoritaire **2** *adj* minoritaire

mint[1] [mɪnt] **1** *n* **the (Royal) M.** ≃ l'hôtel *m* de la Monnaie **2** *vt (coins)* frapper

mint[2] [mɪnt] *n (herb)* menthe *f*; *(sweet)* bonbon *m* à la menthe

minus ['maɪnəs] **1** *adj & n* **m. (sign)** (signe *m*) moins *m* **2** *prep (with numbers)* moins; *Fam (without)* sans; **it's m. 10 (degrees)** il fait moins 10

minute[1] ['mɪnɪt] *n (of time)* minute *f*; **this (very) m.** *(now)* tout de suite; **any m. (now)** d'une minute à l'autre ▪ **minutes** *npl (of meeting)* procès-verbal *m*

minute[2] [maɪ'njuːt] *adj (tiny)* minuscule

miracle ['mɪrəkəl] *n* miracle *m* ▪ **miraculous** [mɪ'rækjʊləs] *adj* miraculeux, -euse

mirror ['mɪrə(r)] *n* miroir *m*, glace *f*; **(rearview) m.** *(of vehicle)* rétroviseur *m*

misbehave [mɪsbɪ'heɪv] *vi* se conduire mal

miscalculate [mɪs'kælkjʊleɪt] *vi* faire une erreur de calcul; *Fig* faire un mauvais calcul

miscarriage [mɪs'kærɪdʒ] *n Med* **to have a m.** faire une fausse couche; **m. of justice** erreur *f* judiciaire

miscellaneous [mɪsə'leɪnɪəs] *adj* divers

mischief ['mɪstʃɪf] *n* espièglerie *f*; **to get into m.** faire des bêtises ▪ **mischievous** *adj (naughty)* espiègle; *(malicious)* méchant

misconduct [mɪs'kɒndʌkt] *n (bad behaviour)* inconduite *f*

misdemeanor [mɪsdɪ'miːnə(r)] *n Am (crime)* délit *m*

miser ['maɪzə(r)] *n* avare *mf* ▪ **miserly** *adj* avare

miserable ['mɪzərəbəl] *adj (wretched)* misérable; *(unhappy)* malheureux, -euse; *(awful)* affreux, -euse

misery ['mɪzərɪ] (*pl* **-ies**) *n (suffering)* malheur *m*; *(sadness)* détresse *f*

misfire [mɪs'faɪə(r)] *vi (of plan)* rater

misfit ['mɪsfɪt] *n Pej* inadapté, -e *mf*

misfortune [mɪs'fɔːtʃuːn] *n* malheur *m*

misgivings [mɪs'gɪvɪŋz] *npl (doubts)* doutes *mpl* (**about** sur); *(fears)* craintes *fpl* (**about** à propos de)

misguided [mɪs'gaɪdɪd] *adj (attempt)* malencontreux, -euse

mishandle [mɪs'hændəl] *vt (situation)* mal gérer; *(person)* malmener

mishap ['mɪshæp] *n* incident *m*

misinform [mɪsɪn'fɔːm] *vt* mal renseigner

misinterpret [mɪsɪn'tɜːprɪt] *vt* mal interpréter

mislay [mɪs'leɪ] (*pt & pp* **-laid**) *vt* égarer

mislead [mɪs'liːd] (*pt & pp* **-led**) *vt* tromper ▪ **misleading** *adj* trompeur, -euse

mismanage [mɪs'mænɪdʒ] *vt* mal gérer

misplace [mɪs'pleɪs] *vt (lose)* égarer

misprint ['mɪsprɪnt] *n* faute *f* d'impression, coquille *f*

mispronounce [mɪsprə'naʊns] *vt* mal prononcer

misrepresent [mɪsreprɪ'zent] *vt (theory)* dénaturer; *(person)* présenter sous un faux jour

Miss [mɪs] *n* Mademoiselle *f*

miss [mɪs] **1** *n* coup *m* raté; **that was** *or* **we had a near m.** on l'a échappé belle; *Fam* **I'll give it a m.** *(not go)* je n'y irai pas

2 *vt (train, target, opportunity)* manquer, rater; *(not see)* ne pas voir; *(not understand)* ne pas comprendre; *(feel the lack of)* regretter; **to m. sth out** *(accidentally)* oublier qch; *(intentionally)* omettre qch

3 *vi* manquer *ou* rater son coup; **to m. out on sth** rater qch

missile [*Br* 'mɪsaɪl, *Am* 'mɪsəl] *n (rocket)* missile *m*; *(object thrown)* projectile *m*

missing ['mɪsɪŋ] *adj (absent)* absent; *(in war, after disaster)* disparu; *(object)* manquant; **there are two cups/students m.** il manque deux tasses/étudiants; **to go m.** disparaître

mission ['mɪʃən] *n* mission *f*

missionary ['mɪʃənərɪ] (*pl* **-ies**) *n Rel* missionnaire *m*

misspell [mɪs'spel] (*pt & pp* **-ed** *or* **-spelt**) *vt* mal écrire

mist [mɪst] **1** *n (fog)* brume *f*; *(on glass)* buée *f* **2** *vi* **to m. over** *or* **up** s'embuer

mistake [mɪ'steɪk] **1** *n* erreur *f*, faute *f*; **to make a m.** faire une erreur; **by m.** par erreur **2** (*pt* **-took,** *pp* **-taken**) *vt (meaning, intention)* se tromper sur; **to m. sb for** prendre qn pour ▪ **mistaken** *adj (belief, impression)* erroné; **to be m.** *(of person)* se tromper (**about** sur) ▪ **mistakenly** *adv* par erreur

Mister ['mɪstə(r)] *n* Monsieur *m*

mistreat [mɪs'triːt] *vt* maltraiter

mistress ['mɪstrɪs] *n* maîtresse *f*; *Br (in secondary school)* professeur *m*

mistrust [mɪs'trʌst] **1** *n* méfiance *f* **2** *vt* se méfier de

misty ['mɪstɪ] (**-ier, -iest**) *adj (foggy)* brumeux, -euse

misunderstand [mɪsʌndə'stænd] (*pt & pp* **-stood**) *vti* mal comprendre ▪ **misunderstanding** *n (disagreement)* mésentente *f*; *(misconception)* malentendu *m*

misuse 1 [mɪs'juːs] *n (of equipment, resources)* mauvais emploi *m*; *(of power)* abus *m* **2** [mɪs'juːz] *vt (equipment, resources)* mal employer; *(power)* abuser de

mitt(en) [mɪt, 'mɪtən] *n (glove)* moufle *f*

mix [mɪks] **1** *n (mixture)* mélange *m* **2** *vt* mélanger; *(cement, drink, cake)* préparer; **to m. up** *(papers)* mélanger; *(mistake)* confondre (**with** avec); **to be mixed up in sth** être mêlé à qch **3** *vi (blend)* se mélanger; **to m. with sb** *(socially)* fréquenter qn

mixed [mɪkst] *adj (school, marriage)* mixte; *(nuts, chocolates)* assortis; **to be (all) m. up** *(of person)* être désorienté; *(of facts, account)* être confus

mixer ['mɪksə(r)] *n (for cooking)* mixeur *m*

mixture ['mɪkstʃə(r)] *n* mélange *m*

mix-up ['mɪksʌp] *n* confusion *f*

mm (*abbr* **millimetre(s)**) mm

moan [məʊn] **1** *n (sound)* gémissement *m* **2** *vi (make sound)* gémir; *(complain)* se plaindre (**to** à; **about** de; **that** que)

mob [mɒb] **1** *n (crowd)* foule *f* **2** (*pt & pp* **-bb-**) *vt* prendre d'assaut

mobile [*Br* 'məʊbaɪl, *Am* 'məʊbəl] **1** *adj* mobile; **m. home** mobile home *m*; *Br*

m. phone téléphone *m* portable **2** *n Br (phone)* portable *m*
mobilize ['məʊbɪlaɪz] *vti* mobiliser
mock [mɒk] **1** *adj (false)* simulé; *Br Sch* **m. exam** examen *m* blanc **2** *vt* se moquer de; *(mimic)* singer ▪ **mockery** *n (act)* moqueries *fpl*; *(farce, parody)* parodie *f*; **to make a m. of sth** tourner qch en ridicule
mode [məʊd] *n (manner, way) & Comptr* mode *m*
model ['mɒdəl] **1** *n (example, person)* modèle *m*; *(small version)* maquette *f*; *(in fashion show, magazine* mannequin *m*; **(scale) m.** modèle *m* réduit
2 *adj (behaviour, student)* modèle; *(car, plane)* modèle réduit *inv*
3 (*Br* **-ll-**, *Am* **-l-**) *vt (clay)* modeler; *(hats, dresses)* présenter; **to m. sth on** modeler qch sur
4 *vi (for fashion)* être mannequin; *(pose for artist)* poser
modem ['məʊdəm] *n Comptr* modem *m*
moderate ['mɒdərət] **1** *adj* modéré **2** *n Pol* modéré, -e *mf* ▪ **moderately** *adv (in moderation)* modérément; *(averagely)* moyennement
moderation [mɒdə'reɪʃən] *n* modération *f*; **in m.** avec modération
modern ['mɒdən] *adj* moderne; **m. languages** langues *fpl* vivantes
modernize ['mɒdənaɪz] *vt* moderniser
modest ['mɒdɪst] *adj (unassuming, moderate)* modeste
modify ['mɒdɪfaɪ] (*pt & pp* **-ied**) *vt* modifier ▪ **modification** *n* modification *f* (**to** à)
module ['mɒdju:l] *n* module *m*
moist [mɔɪst] (**-er, -est**) *adj* humide; *(skin, hand)* moite ▪ **moisten** ['mɔɪsən] *vt* humecter
moisture ['mɔɪstʃə(r)] *n* humidité *f*; *(on glass)* buée *f* ▪ **moisturizer** *n* crème *f* hydratante
mold [məʊld] *n & vt Am* = **mould**
mole [məʊl] *n* (**a**) *(on skin)* grain *m* de beauté (**b**) *(animal, spy)* taupe *f*
molecule ['mɒlɪkju:l] *n* molécule *f*
molest [mə'lest] *vt (child, woman)* agresser (sexuellement)
molt [məʊlt] *vi Am* = **moult**
mom [mɒm] *n Am Fam* maman *f*
moment ['məʊmənt] *n* moment *m*, instant *m*; **at the m.** en ce moment; **for the m.** pour le moment; **in a m.** dans un instant; **any m. (now)** d'un instant à l'autre
momentary ['məʊməntərɪ] *adj* momentané ▪ **momentarily** [*Br* 'məʊməntərɪlɪ, *Am* məʊmən'terɪlɪ] *adv (temporarily)* momentanément; *Am (soon)* tout de suite
momentum [məʊ'mentəm] *n (speed)* élan *m*; **to gather** *or* **gain m.** *(of campaign)* prendre de l'ampleur
mommy ['mɒmɪ] *n Am Fam* maman *f*
monarch ['mɒnək] *n* monarque *m* ▪ **monarchy** (*pl* **-ies**) *n* monarchie *f*
monastery ['mɒnəstərɪ] (*pl* **-ies**) *n* monastère *m*
Monday ['mʌndeɪ] *n* lundi *m*
monetary ['mʌnɪtərɪ] *adj* monétaire
money ['mʌnɪ] *n* argent *m*; **to make m.** *(of person)* gagner de l'argent; *(of business)* rapporter de l'argent ▪ **moneybox** *n* tirelire *f* ▪ **moneylender** *n* prêteur, -euse *mf*
mongrel ['mʌŋgrəl] *n* bâtard *m*
monitor ['mɒnɪtə(r)] **1** *n Comptr, TV & Tech (screen, device)* moniteur *m* **2** *vt (check)* surveiller
monk [mʌŋk] *n* moine *m*
monkey ['mʌŋkɪ] (*pl* **-eys**) *n* singe *m*
monologue ['mɒnəlɒg] *n* monologue *m*
monopoly [mə'nɒpəlɪ] *n* monopole *m* ▪ **monopolize** *vt* monopoliser
monotonous [mə'nɒtənəs] *adj* monotone
monster ['mɒnstə(r)] *n* monstre *m*
monstrosity [mɒn'strɒsətɪ] (*pl* **-ies**) *n* monstruosité *f*
monstrous ['mɒnstrəs] *adj* monstrueux, -euse
month [mʌnθ] *n* mois *m* ▪ **monthly** **1** *adj* mensuel, -elle; **m. payment**

mensualité *f* **2** (*pl* **-ies**) *n (periodical)* mensuel *m* **3** *adv* tous les mois

Montreal [mɒntrɪ'ɔ:l] *n* Montréal *m ou f*

monument ['mɒnjʊmənt] *n* monument *m*

moo [mu:] (*pt & pp* **mooed**) *vi* meugler

mood [mu:d] *n (of person)* humeur *f*; *(in grammar)* mode *m*; **in a good/bad m.** de bonne/mauvaise humeur; **to be in the m. to do** *or* **for doing sth** être d'humeur à faire qch

moody ['mu:dɪ] (**-ier, -iest**) *adj (bad-tempered)* maussade; *(changeable)* lunatique

moon [mu:n] *n* lune *f* ▪ **moonlight** *n* **by m.** au clair de lune

moor [mʊə(r)] **1** *n (heath)* lande *f* **2** *vt (ship)* amarrer **3** *vi (of ship)* mouiller

moose [mu:s] *n inv (animal)* élan *m*

mop [mɒp] **1** *n (for floor)* balai *m* à franges; *(with sponge)* balai-éponge *m* **2** (*pt & pp* **-pp-**) *vt* **to m. sth up** *(liquid)* éponger qch

mope [məʊp] *vi* **to m. about** broyer du noir

moped ['məʊped] *n* Mobylette® *f*

moral ['mɒrəl] **1** *adj* moral **2** *n (of story)* morale *f*; **morals** *(principles)* moralité *f* ▪ **morale** [mɒ'rɑ:l] *n* moral *m* ▪ **morality** [mə'rælətɪ] *n* moralité *f*

morbid ['mɔ:bɪd] *adj* morbide

MORE [mɔ:(r)] **1** *adj* plus de; **m. cars** plus de voitures; **he has m. books than you** il a plus de livres que toi; **a few m. months** quelques mois de plus; **(some) m. tea** encore du thé; **(some) m. details** d'autres détails; **m. than a kilo/ten** plus d'un kilo/de dix

2 *adv (to form comparative of adjectives and adverbs)* plus (**than** que); **m. and m.** de plus en plus; **m. or less** plus ou moins

3 *pron* plus; **have some m.** reprenez-en; **she doesn't have any m.** elle n'en a plus; **the m. he shouts, the m. hoarse he gets** plus il crie, plus il s'enroue; **what's m.** qui plus est

moreover [mɔ:'rəʊvə(r)] *adv* de plus

morning ['mɔ:nɪŋ] **1** *n* matin *m*; *(referring to duration)* matinée *f*; **in the m.** le matin; *(during the course of the morning)* pendant la matinée; *(tomorrow)* demain matin; **every Tuesday m.** tous les mardis matin **2** *adj (newspaper)* du matin ▪ **mornings** *adv Am* le matin

Morocco [mə'rɒkəʊ] *n* le Maroc ▪ **Moroccan 1** *adj* marocain **2** *n* Marocain, -e *mf*

moron ['mɔ:rɒn] *n* crétin, -e *mf*

mortal ['mɔ:təl] *adj & n* mortel, -elle *(mf)*

mortgage ['mɔ:gɪdʒ] *n (money lent)* prêt *m* immobilier; *(money borrowed)* emprunt *m* immobilier

mortuary ['mɔ:tʃʊərɪ] (*pl* **-ies**) *n* morgue *f*

mosaic [məʊ'zeɪɪk] *n* mosaïque *f*

Moscow [*Br* 'mɒskəʊ, *Am* 'mɒskaʊ] *n* Moscou *m ou f*

Moslem ['mɒzlɪm] *adj & n* musulman, -e *(mf)*

mosque [mɒsk] *n* mosquée *f*

mosquito [mɒ'ski:təʊ] (*pl* **-oes** *or* **-os**) *n* moustique *m*

moss [mɒs] *n* mousse *f*

MOST [məʊst] **1** *adj* (**a**) *(the majority of)* la plupart de; **m. women** la plupart des femmes

(**b**) *(greatest amount of)* **the m.** le plus de; **I have the m. books** j'ai le plus de livres

2 *adv* (**a**) *(to form superlative of adjectives and adverbs)* plus; **the m. beautiful** le plus beau (*f* la plus belle) (**in/of** de); **to talk (the) m.** parler le plus; **m. of all** *(especially)* surtout

(**b**) *(very)* extrêmement

3 *pron* (**a**) *(the majority)* la plupart; **m. of the people/the time** la plupart des gens/du temps; **m. of the cake** la plus grande partie du gâteau; **m. of them** la plupart d'entre eux

(**b**) *(greatest amount)* le plus; **he earns the m.** c'est lui qui gagne le plus; **to make the m. of sth** *(situation, talent)* tirer le meilleur parti de qch;

(holiday) profiter au maximum de qch; **at (the very) m.** tout au plus ▪ **mostly** *adv (in the main)* surtout; *(most often)* le plus souvent

MOT [emәʊ'tiː] *(abbr* **Ministry of Transport**) *n Br* = contrôle obligatoire des véhicules de plus de trois ans
motel [mәʊ'tel] *n* motel *m*
moth [mɒθ] *n* papillon *m* de nuit; *(in clothes)* mite *f*
mother ['mʌðә(r)] *n* mère *f*; **M.'s Day** la fête des Mères ▪ **motherhood** *n* maternité *f* ▪ **mother-in-law** (*pl* **mothers-in-law**) *n* belle-mère *f* ▪ **mother-to-be** (*pl* **mothers-to-be**) *n* future mère *f*
motion ['mәʊʃәn] **1** *n (of arm)* mouvement *m*; *(in meeting)* motion *f*; **to set sth in m.** mettre qch en mouvement; **m. picture** film *m* **2** *vti* **to m. (to) sb to do sth** faire signe à qn de faire qch ▪ **motionless** *adj* immobile
motivate ['mәʊtɪveɪt] *vt (person, decision)* motiver ▪ **motivation** *n* motivation *f*
motive ['mәʊtɪv] *n* motif *m* (**for** de)
motor ['mәʊtә(r)] **1** *n (engine)* moteur *m*; *Br Fam (car)* auto *f* **2** *adj (industry, insurance)* automobile; **m. racing** courses *fpl* automobiles ▪ **motorbike** *n* moto *f* ▪ **motorboat** *n* canot *m* à moteur ▪ **motorcycle** *n* moto *f*, motocyclette *f* ▪ **motorcyclist** *n* motocycliste *mf* ▪ **motorist** *n Br* automobiliste *mf* ▪ **motorway** *n Br* autoroute *f*
motto ['mɒtәʊ] (*pl* **-oes** *or* **-os**) *n* devise *f*
mould[1] [mәʊld] (*Am* **mold**) **1** *n (shape)* moule *m* **2** *vt (clay, person's character)* modeler
mould[2] [mәʊld] (*Am* **mold**) *n (fungus)* moisissure *f*
mouldy ['mәʊldɪ] (*Am* **moldy**) (**-ier, -iest**) *adj* moisi; **to go m.** moisir
moult [mәʊlt] (*Am* **molt**) *vi* muer
mound [maʊnd] *n (of earth)* tertre *m*; *Fig (untidy pile)* tas *m*
mount [maʊnt] **1** *n (frame for photo or slide)* cadre *m* **2** *vt (horse, jewel, photo, demonstration)* monter; *(ladder)* monter à **3** *vi* (**a**) *(on horse)* se mettre en selle (**b**) *(increase, rise)* monter; **to m. up** *(add up)* monter, augmenter; *(accumulate) (of debts, bills)* s'accumuler
mountain ['maʊntɪn] *n* montagne *f*; **m. bike** vélo *m* tout-terrain, VTT *m* ▪ **mountaineer** *n* alpiniste *mf* ▪ **mountaineering** *n* alpinisme *m* ▪ **mountainous** *adj* montagneux, -euse
mourn [mɔːn] *vti* **to m. (for) sb** pleurer qn ▪ **mourner** *n* = personne assistant aux obsèques ▪ **mourning** *n* deuil *m*; **in m.** en deuil
mouse [maʊs] (*pl* **mice** [maɪs]) *n (animal) & Comptr* souris *f*
mousse [muːs] *n* mousse *f*
moustache [*Br* mә'stɑːʃ, *Am* 'mʌstæʃ] *n* moustache *f*
mouth [maʊθ] (*pl* **-s** [maʊðz]) *n (of person, horse)* bouche *f*; *(of other animals)* gueule *f*; *(of river)* embouchure *f*; *(of cave, harbour)* entrée *f* ▪ **mouthful** ['maʊθfʊl] *n (of food)* bouchée *f*; *(of liquid)* gorgée *f* ▪ **mouth-organ** *n* harmonica *m* ▪ **mouthpiece** *n (of musical instrument)* embouchure *f*; *(spokesperson)* porte-parole *m inv* ▪ **mouthwash** *n* bain *m* de bouche ▪ **mouthwatering** *adj* appétissant
movable ['muːvәbәl] *adj* mobile
move [muːv] **1** *n* mouvement *m*; *(change of house)* déménagement *m*; *(change of job)* changement *m* d'emploi; *(in game)* coup *m*; **to make a m.** *(leave)* se préparer à partir; *(act)* passer à l'action; **it's your m.** *(turn)* c'est à toi de jouer; *Fam* **to get a m. on** se grouiller
2 *vt* déplacer; *(arm, leg)* remuer; *(employee)* muter; *(piece in game)* jouer; **to m. sb** *(emotionally)* émouvoir qn; **to m. house** déménager
3 *vi* bouger; *(change position)* se déplacer (**to** à); *(leave)* partir; *(act)* agir; *(play)* jouer; *(change house)* déménager; **to m. to Paris** aller habiter Paris
▸ **move about** *vi* se déplacer; *(fidget)* remuer

▸ **move along** *vi* avancer
▸ **move around** *vi* = **move about**
▸ **move away** *vi (go away)* s'éloigner; *(move house)* déménager
▸ **move back 1** *vt sep (chair)* reculer; *(to its original position)* remettre en place **2** *vi (withdraw)* reculer; *(return)* retourner (**to** à)
▸ **move down** *vt sep (take down)* descendre
▸ **move forward** *vt sep & vi* avancer
▸ **move in** *vi (into house)* emménager
▸ **move off** *vi (go away)* s'éloigner; *(of vehicle)* démarrer
▸ **move out** *vi (out of house)* déménager
▸ **move over 1** *vt sep* pousser **2** *vi (make room)* se pousser
▸ **move up** *vi (on seats)* se pousser

movement ['mu:vmənt] *n* mouvement *m*

movie ['mu:vɪ] *n* film *m*; **the movies** *(cinema)* le cinéma; **m. star** vedette *f* de cinéma; *Am* **m. theater** cinéma *m*

moving ['mu:vɪŋ] *adj* en mouvement; *(vehicle)* en marche; *(touching)* émouvant

mow [məʊ] (*pp* **mown** [məʊn] *or* **mowed**) *vt* **to m. the lawn** tondre le gazon ▪ **mower** *n* **(lawn) m.** tondeuse *f* (à gazon)

MP [em'pi:] (*abbr* **Member of Parliament**) *n* député *m*

mph [empi:'eɪtʃ] (*abbr* **miles per hour**) ≃ km/h

Mr ['mɪstə(r)] *n* **Mr Brown** M. Brown

Mrs ['mɪsɪz] *n* **Mrs Brown** Mme Brown

MS [em'es] (*abbr* **Master of Science**) *n Am Univ* **to have an MS in chemistry** avoir une maîtrise de chimie

Ms [mɪz] *n* **Ms Brown** ≃ Mme Brown *(ne renseigne pas sur le statut de famille)*

MSc [emes'si:] (*abbr* **Master of Science**) *n Univ* **to have an M. in chemistry** avoir une maîtrise de chimie

MUCH [mʌtʃ] **1** *adj*

> Hormis dans la langue soutenue et dans certaines expressions, ne s'utilise que dans des structures négatives ou interrogatives.

beaucoup de; **not m. time/money** pas beaucoup de temps/d'argent; **how m. sugar do you want?** combien de sucre voulez-vous?; **twice as m. traffic** deux fois plus de circulation; **too m. work** trop de travail

2 *adv* beaucoup; **very m.** beaucoup; **m. better** bien meilleur; **I love him so m.** je l'aime tellement; **she doesn't say very m.** elle ne dit pas grand-chose

3 *pron* beaucoup; **there isn't m. left** il n'en reste pas beaucoup; **it's not m. of a garden** ce n'est pas terrible comme jardin; **twice as m.** deux fois plus; **as m. as you like** autant que tu veux; *Fam* **that's a bit m.!** c'est un peu fort!

muck [mʌk] **1** *n (manure)* fumier *m*; *Fig (filth)* saleté *f* **2** *vt Br Fam* **to m. sth up** *(task)* bâcler qch; *(plans)* chambouler qch **3** *vi Br Fam* **to m. about** *or* **around** *(waste time)* traîner; *(play the fool)* faire l'imbécile ▪ **mucky** (**-ier, -iest**) *adj Fam* sale

mud [mʌd] *n* boue *f* ▪ **muddy** (**-ier, -iest**) *adj (water, road)* boueux, -euse; *(hands)* couvert de boue ▪ **mudguard** *n* garde-boue *m inv*

muddle ['mʌdəl] **1** *n* confusion *f*; **to be in a m.** *(person)* ne plus s'y retrouver; *(of things)* être en désordre **2** *vt (facts)* mélanger; **to get muddled** *(of person)* s'embrouiller

muesli ['mju:zlɪ, 'mu:zlɪ] *n* muesli *m*

muffin ['mʌfɪn] *n (cake)* muffin *m*

muffled ['mʌfəld] *adj (noise)* sourd

muffler ['mʌflə(r)] *n Am (on vehicle)* silencieux *m*

mug[1] [mʌg] *n* (**a**) *(for tea, coffee)* grande tasse *f*; **(beer) m.** chope *f* (**b**) *Br Fam (fool)* poire *f*

mug[2] [mʌg] (*pt & pp* **-gg-**) *vt (attack in street)* agresser ▪ **mugger** *n* agresseur *m*

mule [mju:l] *n (male)* mulet *m*; *(female)* mule *f*

multicoloured ['mʌltɪkʌləd] *adj* multicolore

multimedia [mʌltɪ'mi:dɪə] *adj* multimédia
multimillionaire [mʌltɪmɪljə'neə(r)] *n* multimillionnaire *mf*
multiple ['mʌltɪpəl] **1** *adj* multiple **2** *n Math* multiple *m*
multiple-choice [mʌltɪpəl'tʃɔɪs] *adj* à choix multiple
multiplication [mʌltɪplɪ'keɪʃən] *n* multiplication *f*
multiply ['mʌltɪplaɪ] (*pt & pp* **-ied**) **1** *vt* multiplier **2** *vi (of animals, insects)* se multiplier
multiracial [mʌltɪ'reɪʃəl] *adj* multiracial
multistorey [mʌltɪ'stɔ:rɪ] (*Am* **multistoried**) *adj (car park)* à plusieurs niveaux
multitude ['mʌltɪtju:d] *n* multitude *f*
mum [mʌm] *n Br Fam* maman *f*
mumble ['mʌmbəl] *vti* marmotter
mummy[1] ['mʌmɪ] (*pl* **-ies**) *n Br Fam (mother)* maman *f*
mummy[2] ['mʌmɪ] (*pl* **-ies**) *n (embalmed body)* momie *f*
mumps [mʌmps] *n Med* oreillons *mpl*
munch [mʌntʃ] *vti (chew)* mâcher
municipal [mju:'nɪsɪpəl] *adj* municipal
mural ['mjʊərəl] *n* peinture *f* murale
murder ['mɜ:də(r)] **1** *n* meurtre *m* **2** *vt (kill)* assassiner ■ **murderer** *n* meurtrier, -ère *mf*, assassin *m*
murky ['mɜ:kɪ] (**-ier, -iest**) *adj (water, business, past)* trouble
murmur ['mɜ:mə(r)] **1** *n* murmure *m* **2** *vti* murmurer
muscle ['mʌsəl] *n* muscle *m* ■ **muscular** ['mʌskjʊlə(r)] *adj (person, arm)* musclé
museum [mju:'zɪəm] *n* musée *m*
mush [mʌʃ] *n (pulp)* bouillie *f* ■ **mushy** (**-ier, -iest**) *adj (food)* en bouillie
mushroom ['mʌʃrʊm] *n* champignon *m*
music ['mju:zɪk] *n* musique *f* ■ **musical 1** *adj* musical; **m. instrument** instrument *m* de musique **2** *n (film, play)* comédie *f* musicale ■ **musician** [-'zɪʃən] *n* musicien, -enne *mf*
Muslim ['mʊzlɪm] *adj & n* musulman, -e *(mf)*
mussel ['mʌsəl] *n* moule *f*

MUST [mʌst] **1** *n* **this is a m.** c'est indispensable; **this film is a m.** il faut absolument voir ce film
2 *v aux* (**a**) *(expressing necessity)* **you m. obey** tu dois obéir, il faut que tu obéisses (**b**) *(expressing probability)* **she m. be clever** elle doit être intelligente; **I m. have seen it** j'ai dû le voir

---

mustache ['mʌstæʃ] *n Am* moustache *f*
mustard ['mʌstəd] *n* moutarde *f*
muster ['mʌstə(r)] *vt (gather)* rassembler
mustn't ['mʌsənt] = **must not**
musty ['mʌstɪ] (**-ier, -iest**) *adj (smell, taste)* de moisi
mute [mju:t] *adj (silent) & Ling* muet (*f* muette)
mutiny ['mju:tɪnɪ] **1** (*pl* **-ies**) *n* mutinerie *f* **2** (*pt & pp* **-ied**) *vi* se mutiner
mutter ['mʌtə(r)] *vti* marmonner
mutton ['mʌtən] *n (meat)* mouton *m*
mutual ['mju:tʃʊəl] *adj (help, love)* mutuel, -elle; *(friend)* commun ■ **mutually** *adv* mutuellement
muzzle ['mʌzəl] **1** *n (device for dog)* muselière *f*; *(snout)* museau *m* **2** *vt (animal, the press)* museler
my [maɪ] *possessive adj* mon, ma, *pl* mes
myself [maɪ'self] *pron* moi-même; *(reflexive)* me, m'; *(after prep)* moi; **I wash m.** je me lave
mystery ['mɪstərɪ] (*pl* **-ies**) *n* mystère *m* ■ **mysterious** [mɪs'tɪərɪəs] *adj* mystérieux, -euse
mystical ['mɪstɪkəl] *adj* mystique
mystify ['mɪstɪfaɪ] (*pt & pp* **-ied**) *vt (bewilder)* déconcerter
myth [mɪθ] *n* mythe *m* ■ **mythology** (*pl* **-ies**) *n* mythologie *f*

Nn

N, n [en] *n (letter)* N, n *m inv*
nab [næb] (*pt & pp* **-bb-**) *vt Fam (catch, arrest)* coffrer
nag [næg] (*pt & pp* **-gg-**) *vti* **to n. (at) sb** *(of person)* être sur le dos de qn
nail [neɪl] **1** *n* (**a**) *(of finger, toe)* ongle *m*; **n. file** lime *f* à ongles; **n. polish,** *Br* **n. varnish** vernis *m* à ongles
(**b**) *(metal)* clou *m*
2 *vt* clouer; **to n. sth down** *(lid)* clouer qch
naïve [naɪ'iːv] *adj* naïf (*f* naïve)
naked ['neɪkɪd] *adj (person, flame)* nu
name [neɪm] **1** *n* nom *m*; *(reputation)* réputation *f*; **my n. is...** je m'appelle...; **in the n. of** au nom de; **first n., given n.** prénom *m* **2** *vt* nommer; *(ship, street)* baptiser; *(date, price)* fixer
namely ['neɪmlɪ] *adv* à savoir
nanny ['nænɪ] (*pl* **-ies**) *n* nurse *f*; *Fam (grandmother)* mamie *f*
nap [næp] **1** *n (sleep)* **to have** *or* **take a n.** faire un petit somme **2** (*pt & pp* **-pp-**) *vi* faire un somme
napkin ['næpkɪn] *n (at table)* serviette *f*
nappy ['næpɪ] (*pl* **-ies**) *n Br (for baby)* couche *f*
narcotic [nɑː'kɒtɪk] *adj & n* narcotique *(m)*
narrate [nə'reɪt] *vt* raconter ▪ **narrative** ['nærətɪv] *n* récit *m* ▪ **narrator** *n* narrateur, -trice *mf*
narrow ['nærəʊ] **1** (**-er, -est**) *adj* étroit **2** *vt* **to n. (down)** *(choice, meaning)* limiter **3** *vi (of path)* se rétrécir ▪ **narrowly** *adv (only just)* de peu; **he n. escaped being killed** il a bien failli être tué
narrow-minded [nærəʊ'maɪndɪd] *adj* borné
nasty ['nɑːstɪ] (**-ier, -iest**) *adj (bad)* mauvais; *(spiteful)* méchant (**to** *or* **towards** avec)
nation ['neɪʃən] *n* nation *f*
national ['næʃənəl] **1** *adj* national; **n. anthem** hymne *m* national; *Br* **N. Health Service** ≃ Sécurité *f* sociale; *Br* **n. insurance** contributions *fpl* sociales **2** *n (citizen)* ressortissant, -e *mf*
nationalist ['næʃənəlɪst] *n* nationaliste *mf*
nationality [næʃə'nælətɪ] (*pl* **-ies**) *n* nationalité *f*
nationalize ['næʃənəlaɪz] *vt* nationaliser
nationwide ['neɪʃənwaɪd] *adj & adv* dans tout le pays
native ['neɪtɪv] **1** *adj (country)* natal (*mpl* -als); *(tribe, plant)* indigène; **to be an English n. speaker** avoir l'anglais comme langue maternelle **2** *n (person)* indigène *mf*; **to be a n. of** être originaire de
NATO ['neɪtəʊ] (*abbr* **North Atlantic Treaty Organization**) *n Mil* OTAN *f*
natter ['nætə(r)] *vi Br Fam* bavarder
natural ['nætʃərəl] *adj* naturel, -elle; *(talent)* inné ▪ **naturally** *adv (unaffectedly, of course)* naturellement; *(by nature)* de nature
nature ['neɪtʃə(r)] *n (world, character)* nature *f*; **by n.** de nature; **n. reserve** réserve *f* naturelle
naughty ['nɔːtɪ] (**-ier, -iest**) *adj (child)* vilain

nausea ['nɔ:zɪə] *n* nausée *f* ■ **nauseate** ['nɔ:zɪeɪt] *vt* écœurer ■ **nauseous** ['nɔ:ʃəs] *adj Am* **to feel n.** *(sick)* avoir envie de vomir

nautical ['nɔ:tɪkəl] *adj* nautique

naval ['neɪvəl] *adj* naval (*mpl* -als); *(power)* maritime; *(officer)* de marine

nave [neɪv] *n (of church)* nef *f*

navel ['neɪvəl] *n* nombril *m*

navigate ['nævɪgeɪt] **1** *vt (boat)* piloter; *(river)* naviguer sur **2** *vi* naviguer

navy ['neɪvɪ] **1** (*pl* **-ies**) *n* marine *f* **2** *adj* **n. (blue)** bleu marine *inv*

Nazi ['nɑ:tsɪ] *adj & n Pol & Hist* nazi, -e *(mf)*

NB [en'bi:] (*abbr* **nota bene**) NB

near [nɪə(r)] **1** (**-er, -est**) *prep* **n. (to)** près de; **n. (to) the end** vers la fin

2 (**-er, -est**) *adv* près; **n. to sth** près de qch; **n. enough** *(more or less)* plus ou moins

3 (**-er, -est**) *adj* proche; **in the n. future** dans un avenir proche; **to the nearest euro** *(calculate)* à un euro près; *Aut* **n. side** *Br* côté *m* gauche, *Am* côté *m* droit

4 *vt (approach)* approcher de

nearby 1 [nɪə'baɪ] *adv* tout près **2** ['nɪəbaɪ] *adj* proche

nearly ['nɪəlɪ] *adv* presque; **she (very) n. fell** elle a failli tomber

neat [ni:t] (**-er, -est**) *adj (clothes, work)* soigné; *(room)* bien rangé; *Am Fam (good)* super *inv* ■ **neatly** *adv (carefully)* avec soin; *(skilfully)* habilement

necessary ['nesɪsərɪ] *adj* nécessaire ■ **necessarily** [-'serəlɪ] *adv* **not n.** pas forcément

necessity [nɪ'sesətɪ] (*pl* **-ies**) *n (obligation, need)* nécessité *f*; **to be a n.** être indispensable ■ **necessitate** *vt* nécessiter

neck [nek] *n* cou *m*; *(of dress)* encolure *f*; *(of bottle)* goulot *m*

necklace ['neklɪs] *n* collier *m* ■ **necktie** *n* cravate *f*

nectarine ['nektəri:n] *n (fruit)* nectarine *f*, brugnon *m*

need [ni:d] **1** *n* besoin *m*; **to be in n. of sth** avoir besoin de qch; **there's no n. (for you) to do that** tu n'as pas besoin de faire cela

2 *vt* avoir besoin de; **you n. it** tu en as besoin; **her hair needs cutting** il faut qu'elle se fasse couper les cheveux

3 *v aux* **I needn't have rushed** ce n'était pas la peine de me presser; **you needn't worry** inutile de t'inquiéter

needle ['ni:dəl] *n* aiguille *f*; *(of record player)* saphir *m* ■ **needlework** *n* couture *f*; *(object)* ouvrage *m*

needlessly ['ni:dlɪslɪ] *adv* inutilement

needy ['ni:dɪ] (**-ier, -iest**) *adj* nécessiteux, -euse

negative ['negətɪv] **1** *adj* négatif, -ive **2** *n (of photo)* négatif *m*

neglect [nɪ'glekt] **1** *n (of person)* négligence *f* **2** *vt (person, health, work)* négliger; *(garden, car)* ne pas s'occuper de; *(duty)* manquer à; **to n. to do sth** négliger de faire qch ■ **neglected** *adj (appearance)* négligé; *(garden, house)* mal tenu; **to feel n.** se sentir abandonné

negligent ['neglɪdʒənt] *adj* négligent

negligible ['neglɪdʒəbəl] *adj* négligeable

negotiate [nɪ'gəʊʃɪeɪt] *vti (discuss)* négocier ■ **negotiation** *n* négociation *f*

neigh [neɪ] *vi* hennir

neighbour ['neɪbə(r)] (*Am* **neighbor**) *n* voisin, -e *mf*

neighbourhood ['neɪbəhʊd] (*Am* **neighborhood**) *n (district)* quartier *m*, voisinage *m*; *(neighbours)* voisinage *m*; **in the n. of $10/10 kilos** dans les 10 dollars/10 kilos

neighbouring ['neɪbərɪŋ] (*Am* **neighboring**) *adj* voisin

neither [*Br* 'naɪðə(r), *Am* 'ni:ðə(r)] **1** *conj* **n.... nor...** ni... ni...; **he n. sings nor dances** il ne chante ni ne danse

2 *adv* **n. do I/n. can I** (ni) moi non plus

3 *adj* **n. boy came** aucun des deux garçons n'est venu

4 *pron* **n. (of them)** aucun(e) (des deux)

neon ['ni:ɒn] *adj* **n. sign** enseigne *f* au néon

nephew ['nefju:] *n* neveu *m*

nerve [nɜ:v] *n* nerf *m*; *(courage)* courage *m*; *Fam (impudence)* culot *m*; *Fam* **he gets on my nerves** il me tape sur les nerfs ■ **nerve-racking** *adj* éprouvant

nervous ['nɜ:vəs] *adj (apprehensive)* nerveux, -euse; **to be n. about sth/doing sth** être nerveux à l'idée de qch/de faire qch

nest [nest] **1** *n* nid *m*; *Fig* **n. egg** pécule *m* **2** *vi (of bird)* nicher

nestle ['nesəl] *vi* se pelotonner (**up to** contre)

Net [net] *n Comptr* **the N.** le Net

net¹ [net] *n* filet *m*

net² [net] **1** *adj (profit, weight)* net (*f* nette) **2** *(pt & pp* **-tt-**) *vt (of person, company)* gagner net

Netherlands ['neðələndz] *npl* **the N.** les Pays-Bas *mpl*

nettle ['netəl] *n* ortie *f*

network ['netwɜ:k] *n* réseau *m*

neurotic [njʊ'rɒtɪk] *adj & n* névrosé, -e *(mf)*

neuter ['nju:tə(r)] **1** *adj & n Gram* neutre *(m)* **2** *vt (cat)* châtrer

neutral ['nju:trəl] **1** *adj* neutre; *(policy)* de neutralité **2** *n* **in n. (gear)** *(vehicle)* au point mort ■ **neutralize** *vt* neutraliser

never ['nevə(r)] *adv (not ever)* (ne...) jamais; **she n. lies** elle ne ment jamais; **n. again** plus jamais ■ **never-ending** *adj* interminable

nevertheless [nevəðə'les] *adv* néanmoins

new [nju:] *adj* (**a**) (**-er, -est**) nouveau (*f* nouvelle); *(brand-new)* neuf (*f* neuve); **to be n. to** *(job)* être nouveau dans; *(city)* être un nouveau-venu (*f* une nouvelle-venue) dans (**b**) *(different)* **a n. glass/pen** un autre verre/stylo ■ **newborn** *adj* **a n. baby** un nouveau-né, une nouveau-née ■ **newcomer** [-kʌmə(r)] *n* nouveau-venu *m*, nouvelle-venue *f* (**to** dans) ■ **newly** *adv* nouvellement ■ **newlyweds** *n* jeunes mariés *mpl*

news [nju:z] *n* nouvelles *fpl*; *(in the media)* informations *fpl*; **a piece of n.** une nouvelle; **sports n.** *(newspaper column)* rubrique *f* sportive ■ **newsagent** *n Br* marchand, -e *mf* de journaux ■ **newsdealer** *n Am* marchand, -e *mf* de journaux ■ **newsflash** *n* flash *m* d'informations ■ **newsletter** *n (of club, group)* bulletin *m* ■ **newspaper** *n* journal *m* ■ **newsreader** *n Br* présentateur, -trice *mf* de journal

New Zealand [nju:'zi:lənd] *n* la Nouvelle-Zélande

next [nekst] **1** *adj* prochain; *(room, house)* d'à côté; *(following)* suivant; **n. month** *(in the future)* le mois prochain; **the n. day** le lendemain; **within the n. ten days** d'ici dix jours; **you're n.** c'est ton tour; **the n. size up** la taille au-dessus; **to live n. door** habiter à côté (**to** de)

2 *n (in series)* suivant, -e *mf*

3 *adv (afterwards)* ensuite, après; *(now)* maintenant; **when you come n.** la prochaine fois que tu viendras; **n. to** *(beside)* à côté de

next-door ['nekstdɔ:(r)] *adj* **n. neighbour/room** voisin *m*/pièce *f* d'à côté

NHS [eneɪtʃ'es] (*abbr* **National Health Service**) *n Br* ≃ Sécurité *f* sociale

nibble ['nɪbəl] *vti* grignoter

nice [naɪs] (**-er, -est**) *adj (pleasant)* agréable; *(tasty)* bon (*f* bonne); *(physically attractive)* beau (*f* belle); *(kind)* gentil, -ille (**to** avec); **n. and warm** bien chaud; **have a n. day!** bonne journée! ■ **nicely** *adv (well)* bien

niche [ni:ʃ, nɪtʃ] *n (recess)* niche *f*; **(market) n.** créneau *m*

nick [nɪk] **1** *n (on skin, wood)* entaille *f*; *(in blade, crockery)* brèche *f*; **in the n. of time** juste à temps **2** *vt Br Fam (steal)* piquer

nickel ['nɪkəl] *n Am (coin)* pièce *f* de cinq cents

nickname ['nɪkneɪm] **1** *n (informal)* surnom *m* **2** *vt* surnommer

niece [ni:s] *n* nièce *f*

night [naɪt] **1** *n* nuit *f*; *(evening)* soir *m*; **at n.** la nuit; **last n.** *(evening)* hier soir; *(night)* cette nuit; **to have an early/a late n.** se coucher tôt/tard

2 *adj (work, flight)* de nuit; **n. shift** *(job)* poste *m* de nuit; *(workers)* équipe *f* de nuit ▪ **nightcap** *n (drink)* = boisson alcoolisée ou chaude prise avant de se coucher ▪ **nightclub** *n* boîte *f* de nuit ▪ **nightdress** ['naɪtdres], **nightgown** ['naɪtgaʊn], *Fam* **nightie** ['naɪtɪ] *n* chemise *f* de nuit ▪ **nightfall** *n* **at n.** à la tombée de la nuit ▪ **nightlife** *n* vie *f* nocturne ▪ **night-time** *n* nuit *f*

nightingale ['naɪtɪŋgeɪl] *n* rossignol *m*

nightly ['naɪtlɪ] **1** *adv* chaque nuit; *(every evening)* chaque soir **2** *adj* de chaque nuit/soir

nightmare ['naɪtmeə(r)] *n* cauchemar *m*

nil [nɪl] *n (nothing) & Br (score)* zéro *m*; **two n.** deux à zéro

Nile [naɪl] *n* **the N.** le Nil

nimble ['nɪmbəl] (**-er, -est**) *adj (person)* souple

nine [naɪn] *adj & n* neuf *(m)*

nineteen [naɪn'ti:n] *adj & n* dix-neuf *(m)*

ninety ['naɪntɪ] *adj & n* quatre-vingt-dix *(m)*

ninth ['naɪnθ] *adj & n* neuvième *(mf)*; **a n.** *(fraction)* un neuvième

nip [nɪp] **1** (*pt & pp* **-pp-**) *vt (pinch)* pincer **2** *vi Br Fam* **to n. round to sb's house** faire un saut chez qn; **to n. out** sortir un instant

nipple ['nɪpəl] *n* mamelon *m*; *Am (on baby's bottle)* tétine *f*

nitrogen ['naɪtrədʒən] *n* azote *m*

NO [nəʊ] **1** (*pl* **noes** *or* **nos**) *n* non *m inv*

2 *adj (not any)* pas de; **there's no bread** il n'y a pas de pain; **I have no idea** je n'ai aucune idée; **no child came** aucun enfant n'est venu; **of no importance** sans importance

3 *adv (interjection)* non; **no more time** plus de temps; **no more/fewer than ten** pas plus/moins de dix

noble ['nəʊbəl] (**-er, -est**) *adj* noble ▪ **nobility** *n* noblesse *f*

nobody ['nəʊbɒdɪ] **1** *pron* (ne…) personne; **n. came** personne n'est venu; **he knows n.** il ne connaît personne **2** *n* **a n.** une nullité

nod [nɒd] **1** *n* signe *m* de tête **2** (*pt & pp* **-dd-**) *vti* **to n. (one's head)** faire un signe de tête **3** *vi Fam* **to n. off** s'assoupir

noise [nɔɪz] *n* bruit *m*; **to make a n.** faire du bruit

noisy ['nɔɪzɪ] (**-ier, -iest**) *adj (person, street)* bruyant ▪ **noisily** *adv* bruyamment

nominal ['nɒmɪnəl] *adj* nominal; *(rent, salary)* symbolique

nominate ['nɒmɪneɪt] *vt (appoint)* nommer; *(propose)* proposer (**for** comme candidat à) ▪ **nomination** *n (appointment)* nomination *f*; *(proposal)* candidature *f*

nondescript ['nɒndɪskrɪpt] *adj* très ordinaire

NONE [nʌn] **1** *pron* aucun, -e *mf*; *(in filling out a form)* néant; **n. of them** aucun d'eux; **she has n. (at all)** elle n'en a pas (du tout); **n. came** pas un(e) seul(e) n'est venu(e)

2 *adv* **n. too hot** pas très chaud; **he's n. the wiser (for it)** il n'est pas plus avancé ▪ **nonetheless** *adv* néanmoins

nonentity [nɒ'nentətɪ] (*pl* **-ies**) *n (person)* nullité *f*

nonexistent [nɒnɪg'zɪstənt] *adj* inexistant

non-fiction [nɒn'fɪkʃən] *n* ouvrages *mpl* généraux

nonsense ['nɒnsəns] *n* bêtises *fpl*; **that's n.** c'est absurde

non-smoker [nɒn'sməʊkə(r)] *n*

(person) non-fumeur, -euse *mf*; *(compartment on train)* compartiment *m* non-fumeurs

non-stop [nɒn'stɒp] **1** *adj* sans arrêt; *(train, flight)* sans escale **2** *adv (work)* sans arrêt; *(fly)* sans escale

noodles ['nu:dəlz] *npl* nouilles *fpl*; *(in soup)* vermicelles *mpl*

noon [nu:n] *n* midi *m*

no-one ['nəʊwʌn] *pron* = **nobody**

noose [nu:s] *n* nœud *m* coulant

nor [nɔ:(r)] *conj* ni; **neither you n. me** ni toi ni moi; **she neither drinks n. smokes** elle ne fume ni ne boit; **n. do I/can I/***etc* (ni) moi non plus

norm [nɔ:m] *n* norme *f*

normal ['nɔ:məl] **1** *adj* normal **2** *n* **above/below n.** au-dessus/au-dessous de la normale ▪ **normally** *adv* normalement

north [nɔ:θ] **1** *n* nord *m*; **(to the) n. of** au nord de

2 *adj (coast)* nord *inv*; *(wind)* du nord; **N. America/Africa** Amérique *f*/ Afrique *f* du Nord; **N. American** *adj* nord-américain; *n* Nord-Américain, -e *mf*

3 *adv* au nord; *(travel)* vers le nord ▪ **northbound** *adj (traffic)* en direction du nord; *Br (carriageway)* nord *inv* ▪ **north-east** *n & adj* nord-est *(m)* ▪ **northerly** ['nɔ:ðəlɪ] *adj (direction)* du nord ▪ **northern** ['nɔ:ðən] *adj (coast)* nord *inv*; *(town)* du nord; **N. France** le nord de la France; **N. Ireland** l'Irlande *f* du Nord ▪ **northerner** ['nɔ:ðənə(r)] *n* habitant, -e *mf* du Nord ▪ **northward(s)** *adj & adv* vers le nord ▪ **north-west** *n & adj* nord-ouest *(m)*

Norway ['nɔ:weɪ] *n* la Norvège ▪ **Norwegian 1** *adj* norvégien, -enne **2** *n (person)* Norvégien, -enne *mf*; *(language)* norvégien *m*

nose [nəʊz] *n* nez *m*; **her n. is bleeding** elle saigne du nez ▪ **nosebleed** *n* saignement *m* de nez

nosey ['nəʊzɪ] (**-ier, -iest**) *adj Fam* indiscret, -ète

no-smoking [nəʊ'sməʊkɪŋ] *adj* *(carriage, area)* non-fumeurs

nostalgic [nɒs'tældʒɪk] *adj* nostalgique

nostril ['nɒstrəl] *n (of person)* narine *f*

nosy ['nəʊzɪ] *adj* = **nosey**

NOT [nɒt]

À l'oral, et à l'écrit dans un style familier, on utilise généralement **not** à la forme contractée lors qu'il suit un modal ou un auxiliaire (**don't go!**; **she wasn't there**; **he couldn't see me**).

adv (**a**) (ne...) pas; **he's n. there, he isn't there** il n'est pas là; **n. yet** pas encore; **n. at all** pas du tout; *(after 'thank you')* je vous en prie

(**b**) non; **I think/hope n.** je pense/ j'espère que non; **n. guilty** non coupable; **isn't she?/don't you?/***etc* non?

---

notable ['nəʊtəbəl] *adj* notable ▪ **notably** *adv (noticeably)* notablement; *(particularly)* notamment

notch [nɒtʃ] **1** *n (in wood)* encoche *f*; *(in belt, wheel)* cran *m* **2** *vt* **to n. up** *(points)* marquer; *(victory)* remporter

note [nəʊt] **1** *n (information, reminder) & Mus* note *f*; *Br (banknote)* billet *m*; *(letter)* mot *m*; **to take (a) n. of sth, to make a n. of sth** prendre note de qch **2** *vt (notice)* remarquer, noter; **to n. sth down** *(word, remark)* noter qch ▪ **notebook** *n* carnet *m*; *(for school)* cahier *m* ▪ **notepad** *n* bloc-notes *m* ▪ **notepaper** *n* papier *m* à lettres

noted ['nəʊtɪd] *adj* éminent

nothing ['nʌθɪŋ] **1** *pron* (ne...) rien; **he knows n.** il ne sait rien; **n. at all** rien du tout; **n. much** pas grand-chose; **I've got n. to do with it** je n'y suis pour rien; **for n.** *(in vain, free of charge)* pour rien

2 *adv* **to look n. like sb** ne ressembler nullement à qn

3 *n* **to come to n.** être anéanti

notice ['nəʊtɪs] **1** *n (notification)* avis *m*; *(sign)* pancarte *f*, écriteau *m*; *(poster)* affiche *f*; **to give sb (advance) n.** *(inform)* avertir qn (**of** de); **n. (to quit), n. of dismissal** congé *m*; **to give in** *or*

hand in one's n. *(resign)* donner sa démission; **to take n.** faire attention (**of** à); **until further n.** jusqu'à nouvel ordre; **at short n.** au dernier moment **2** *vt* remarquer (**that** que) ▪ **noticeboard** *n Br* tableau *m* d'affichage

noticeable ['nəʊtɪsəbəl] *adj* perceptible

notify ['nəʊtɪfaɪ] (*pt & pp* **-ied**) *vt (inform)* avertir (**sb of sth** qn de qch); *(announce)* notifier (**to** à) ▪ **notification** [-fɪ'keɪʃən] *n* avis *m*

notion ['nəʊʃən] *n* notion *f*

notorious [nəʊ'tɔːrɪəs] *adj* tristement célèbre; *(criminal)* notoire

nought [nɔːt] *n Br Math* zéro *m*

noun [naʊn] *n* nom *m*

nourish ['nʌrɪʃ] *vt* nourrir ▪ **nourishment** *n* nourriture *f*

novel ['nɒvəl] **1** *n* roman *m* **2** *adj (new)* nouveau (*f* nouvelle), original ▪ **novelist** *n* romancier, -ère *mf* ▪ **novelty** *n* nouveauté *f*

November [nəʊ'vembə(r)] *n* novembre *m*

novice ['nɒvɪs] *n (beginner)* débutant, -e *mf* (**at** en)

now [naʊ] **1** *adv* maintenant; **for n.** pour le moment; **from n. on** désormais; **until n., up to n.** jusqu'ici, jusqu'à maintenant; **n. and then** de temps à autre; **she ought to be here by n.** elle devrait déjà être ici **2** *conj* **n. (that)...** maintenant que...

nowadays ['naʊədeɪz] *adv* de nos jours

nowhere ['nəʊweə(r)] *adv* nulle part; **n. else** nulle part ailleurs; **n. near enough** loin d'être assez

nozzle ['nɒzəl] *n* embout *m*; *(of hose)* jet *m*

nuance ['njuːɑːns] *n* nuance *f*

nuclear ['njuːklɪə(r)] *adj* nucléaire

nucleus ['njuːklɪəs] (*pl* **-clei** [-klɪaɪ]) *n* noyau *m* (*pl* -aux)

nude [njuːd] **1** *adj* nu **2** *n* nu *m*; **in the n.** tout nu (*f* toute nue)

nudge [nʌdʒ] **1** *n* coup *m* de coude **2** *vt* pousser du coude

nudist ['njuːdɪst] **1** *n* nudiste *mf* **2** *adj (camp)* de nudistes

nuisance ['njuːsəns] *n* **to be a n.** être embêtant

null [nʌl] *adj* **n. (and void)** nul (et non avenu) (*f* nulle (et non avenue))

numb [nʌm] *adj (stiff) (hand)* engourdi

number ['nʌmbə(r)] **1** *n* nombre *m*; *(of page, house, telephone)* numéro *m*; *(song)* chanson *f*; **a/any n. of** un certain/grand nombre de **2** *vt (assign number to)* numéroter ▪ **numberplate** *n Br* plaque *f* d'immatriculation

numeral ['njuːmərəl] *n* chiffre *m*

numerical [njuː'merɪkəl] *adj* numérique

numerous ['njuːmərəs] *adj* nombreux, -euse

nun [nʌn] *n* religieuse *f*

nurse [nɜːs] **1** *n* infirmière *f*; *(for children)* nurse *f* **2** *vt (look after)* soigner; *(suckle)* allaiter ▪ **nursing** *n (care)* soins *mpl*; *(job)* profession *f* d'infirmière; *Br* **n. home** *(for old people)* maison *f* de retraite

nursery ['nɜːsərɪ] (*pl* **-ies**) *n (children's room)* chambre *f* d'enfants; *(for plants, trees)* pépinière *f*; **(day) n.** *(school)* garderie *f*; **n. rhyme** comptine *f*; **n. school** école *f* maternelle

nut¹ [nʌt] *n (fruit)* = noix, noisette ou autre fruit sec de cette nature; **Brazil n.** noix *f* du Brésil ▪ **nutcrackers** *npl* casse-noix *m inv* ▪ **nutshell** *n Fig* **in a n.** en un mot

nut² [nʌt] *n (for bolt)* écrou *m*

nut³ [nʌt] *n Fam (crazy person)* cinglé, -e *mf* ▪ **nutcase** *n Fam* cinglé, -e *mf*

nutmeg ['nʌtmeg] *n* muscade *f*

nutritious [njuː'trɪʃəs] *adj* nutritif, -ive ▪ **nutrition** [-ʃən] *n* nutrition *f*

nuts [nʌts] *adj Fam (crazy)* cinglé

nylon ['naɪlɒn] *n* Nylon® *m*; **n. shirt** chemise *f* en Nylon®

Oo

O, o [əʊ] *n (letter)* O, o *m inv*

oaf [əʊf] *n* balourd *m*

oak [əʊk] *n (tree, wood)* chêne *m*

OAP [əʊeɪ'piː] *(abbr* **old-age pensioner**) *n Br* retraité, -e *mf*

oar [ɔː(r)] *n* aviron *m*, rame *f*

oasis [əʊ'eɪsɪs] *(pl* **oases** [əʊ'eɪsiːz]) *n* oasis *f*

oath [əʊθ] *(pl* **-s** [əʊðz]) *n (promise)* serment *m*; *(profanity)* juron *m*

oats [əʊts] *npl* avoine *f*; **(porridge) o.** flocons *mpl* d'avoine

obedient [ə'biːdɪənt] *adj* obéissant ▪ **obedience** *n* obéissance *f* (**to** à)

obese [əʊ'biːs] *adj* obèse

obey [ə'beɪ] **1** *vt* obéir à **2** *vi* obéir

obituary [ə'bɪtʃʊərɪ] *(pl* **-ies**) *n* nécrologie *f*

object[1] ['ɒbdʒɪkt] *n (thing)* objet *m*; *(aim)* but *m*, objet; *(in grammar)* complément *m* d'objet

object[2] [əb'dʒekt] **1** *vt* **to o. that...** objecter que... **2** *vi* émettre une objection; **to o. to sth/to doing sth** ne pas être d'accord avec qch/pour faire qch

objection [əb'dʒekʃən] *n* objection *f*

objective [əb'dʒektɪv] **1** *adj (impartial)* objectif, -ive **2** *n (aim, target)* objectif *m*

obligation [ɒblɪ'geɪʃən] *n* obligation *f*; **to be under an o. to do sth** être dans l'obligation de faire qch

obligatory [ə'blɪgətərɪ] *adj* obligatoire

oblige [ə'blaɪdʒ] *vt* (**a**) *(compel)* **to o. sb to do sth** obliger qn à faire qch (**b**) *(help)* rendre service à; **to be obliged to sb** être reconnaissant à qn (**for** de) ▪ **obliging** *adj* serviable

oblique [ə'bliːk] *adj (line, angle)* oblique; *(reference)* indirect

oblivion [ə'blɪvɪən] *n* oubli *m* ▪ **oblivious** *adj* inconscient (**to** *or* **of** de)

oblong ['ɒblɒŋ] **1** *adj (rectangular)* rectangulaire **2** *n* rectangle *m*

obnoxious [əb'nɒkʃəs] *adj (person, behaviour)* odieux, -euse

oboe ['əʊbəʊ] *n* hautbois *m*

obscene [əb'siːn] *adj* obscène ▪ **obscenity** [əb'senətɪ] *(pl* **-ies**) *n* obscénité *f*

obscure [əb'skjʊə(r)] **1** *adj* obscur **2** *vt (hide)* cacher; *(confuse)* obscurcir

observant [əb'zɜːvənt] *adj* observateur, -trice

observation [ɒbzə'veɪʃən] *n (observing, remark)* observation *f*; **under o.** *(hospital patient)* en observation

observe [əb'zɜːv] *vt* observer; **to o. the speed limit** respecter la limitation de vitesse ▪ **observer** *n* observateur, -trice *mf*

obsess [əb'ses] *vt* obséder ▪ **obsession** *n* obsession *f* ▪ **obsessive** *adj (idea)* obsédant; *(person)* obsessionnel, -elle; **to be o. about sth** être obsédé par qch

obsolete ['ɒbsəliːt] *adj* obsolète; *(design, model)* dépassé

obstacle ['ɒbstəkəl] *n* obstacle *m*

obstinate ['ɒbstɪnət] *adj* obstiné

obstruct [əb'strʌkt] *vt (block) (road, pipe)* obstruer; *(view)* cacher; *(hinder)* gêner ▪ **obstruction** *n (action, in sport), Med & Pol* obstruction *f*; *(obstacle)* obstacle *m*; *(in pipe)* bouchon *m*

obtain [əb'teɪn] *vt* obtenir
obvious ['ɒbvɪəs] *adj* évident (**that** que) ■ **obviously** *adv (of course)* évidemment; *(conspicuously)* manifestement
occasion [ə'keɪʒən] *n (time, opportunity)* occasion *f*; *(event)* événement *m*; **on the o. of...** à l'occasion de...; **on several occasions** à plusieurs reprises
occasional [ə'keɪʒənəl] *adj* occasionnel, -elle; **she drinks the o. whisky** elle boit un whisky de temps en temps ■ **occasionally** *adv* de temps en temps
occupant ['ɒkjʊpənt] *n (of house, car)* occupant, -e *mf*
occupation [ɒkjʊ'peɪʃən] *n* (**a**) *(pastime)* occupation *f*; *(profession)* métier *m* (**b**) *(of house, land)* occupation *f*
occupier ['ɒkjʊpaɪə(r)] *n (of house)* occupant, -e *mf*; *(of country)* occupant *m*
occupy ['ɒkjʊpaɪ] (*pt & pp* **-ied**) *vt (space, time, attention)* occuper; **to keep oneself occupied** s'occuper (**doing** à faire)
occur [ə'kɜː(r)] (*pt & pp* **-rr-**) *vi (happen)* avoir lieu; *(of opportunity)* se présenter; *(be found)* se trouver; **it occurs to me that...** il me vient à l'esprit que...
occurrence [ə'kʌrəns] *n (event)* événement *m*
ocean ['əʊʃən] *n* océan *m*
o'clock [ə'klɒk] *adv* **(it's) three o.** (il est) trois heures
octagonal [ɒk'tægənəl] *adj* octogonal
October [ɒk'təʊbə(r)] *n* octobre *m*
octopus ['ɒktəpəs] *n* pieuvre *f*
odd [ɒd] *adj* (**a**) *(strange)* bizarre, curieux, -euse
(**b**) *(number)* impair
(**c**) *(left over)* **sixty o.** soixante et quelques; **an o. glove/sock** un gant/une chaussette dépareillé(e)
(**d**) *(occasional)* **I smoke the o. cigarette** je fume une cigarette de temps en temps; **o. jobs** petits travaux *mpl* ■ **oddly** *adv* bizarrement; **o. enough, he was elected** chose curieuse, il a été élu
odds [ɒdz] *npl* (**a**) *(in betting)* cote *f*; *(chances)* chances *fpl*; *Fam* **it makes no o.** ça n'a pas d'importance (**b**) *(expressions)* **to be at o. (with sb)** être en désaccord (avec qn); *Fam* **o. and ends** des bricoles *fpl*
odious ['əʊdɪəs] *adj* odieux, -euse
odometer [əʊ'dɒmɪtə(r)] *n Am* compteur *m* kilométrique
odour ['əʊdə(r)] (*Am* **odor**) *n* odeur *f*

OF [əv, *stressed* ɒv] *prep* de, d'; **of the boy** du garçon; **of the boys** des garçons; **of wood/paper** de *ou* en bois/papier; **she has a lot of it/of them** elle en a beaucoup; **there are ten of us** nous sommes dix; **a friend of his** un ami à lui, un de ses amis; **that's nice of you** c'est gentil de ta part; **of no value/interest** sans valeur/intérêt; *Br* **the fifth of June** le cinq juin

---

OFF [ɒf] **1** *adj (light, gas, radio)* éteint; *(tap)* fermé; *(switched off at mains)* coupé; *(removed)* enlevé; *(cancelled)* annulé; *(not fit to eat or drink)* mauvais; *(milk, meat)* tourné; **I'm o. today** j'ai congé aujourd'hui
2 *adv* **to be o.** *(leave)* partir; **a day o.** *(holiday)* un jour de congé; **I have today o.** j'ai congé aujourd'hui; **five percent o.** une réduction de cinq pour cent; **on and o., o. and on** *(sometimes)* de temps à autre
3 *prep (from)* de; *(distant)* éloigné de; **to fall o. the wall/ladder** tomber du mur/de l'échelle; **to take sth o. the table** prendre qch sur la table; **she's o. her food** elle ne mange plus rien ■ **off-chance** *n* **on the o.** à tout hasard ■ **off-colour** (*Am* **off-color**) *adj Br (ill)* patraque; *(indecent)* d'un goût douteux ■ **offhand 1** *adj* désinvolte **2** *adv (immediately)* au pied levé ■ **off-licence** *n Br* ≃ magasin *m* de vins et de spiritueux ■ **off-line** *adj (computer)* autonome ■ **off-peak** *adj (rate, price)* heures creuses *inv* ■ **off-putting** *adj*

Br Fam peu engageant ▪ **offside** *adj* **to be o.** *(of footballer)* être hors jeu ▪ **offspring** *n* progéniture *f* ▪ **off-the-peg** (*Am* **off-the-rack**) *adj (clothes)* de confection

---

offence [ə'fens] (*Am* **offense**) *n (against the law)* infraction *f*; *(more serious)* délit *m*; **to take o.** s'offenser (**at** de); **to give o.** offenser

offend [ə'fend] *vt* offenser; **to be offended** s'offenser (**at** de) ▪ **offender** *n (criminal)* délinquant, -e *mf*

offense [ə'fens] *n Am* = **offence**

offensive [ə'fensɪv] **1** *adj* choquant **2** *n* offensive *f*; **to be on the o.** être passé à l'offensive

offer ['ɒfə(r)] **1** *n* offre *f*; **to make sb an o.** faire une offre à qn; **on (special) o.** en promotion **2** *vt* offrir; *(explanation)* donner; *(apologies)* présenter; **to o. sb sth, to o. sth to sb** offrir qch à qn; **to o. to do sth** proposer *ou* offrir de faire qch ▪ **offering** *n (gift)* offrande *f*

office ['ɒfɪs] *n* (**a**) *(room)* bureau *m*; *Am (of doctor)* cabinet *m*; **o. hours** heures *fpl* de bureau; **o. worker** employé, -e *mf* de bureau (**b**) *(position)* fonctions *fpl*; **to be in o.** être au pouvoir

officer ['ɒfɪsə(r)] *n (in the army, navy)* officier *m*; **(police) o.** agent *m* de police

official [ə'fɪʃəl] **1** *adj* officiel, -elle **2** *n* responsable *mf*; *(civil servant)* fonctionnaire *mf* ▪ **officially** *adv* officiellement

offset ['ɒfset, ɒf'set] (*pt & pp* **offset**, *pres p* **offsetting**) *vt (compensate for)* compenser

often ['ɒf(t)ən] *adv* souvent; **how o.?** combien de fois?; **every so o.** de temps en temps

oh [əʊ] *exclam* oh!, ah!; *(in pain)* aïe!; **oh yes!** mais oui!

oil [ɔɪl] **1** *n (for machine, cooking)* huile *f*; *(petroleum)* pétrole *m*; *(fuel)* mazout *m* **2** *adj (industry)* pétrolier, -ère; *(painting, paint)* à l'huile; **o. lamp** lampe *f* à pétrole **3** *vt (machine)* huiler ▪ **oilcan** *n* burette *f* ▪ **oilfield** *n* gisement *m* de pétrole ▪ **oily** (**-ier, -iest**) *adj (hands, rag)* graisseux, -euse; *(skin, hair)* gras (*f* grasse)

ointment ['ɔɪntmənt] *n* pommade *f*

OK, okay ['əʊ'keɪ] **1** *adj & adv see* **all right 2** (*pt & pp* **OKed, okayed,** *pres p* **OKing, okaying**) *vt* donner le feu vert à

old [əʊld] **1** (**-er, -est**) *adj* vieux (*f* vieille); *(former)* ancien, -enne; **how o. is he?** quel âge a-t-il?; **he's ten years o.** il a dix ans; **he's older than me** il est plus âgé que moi; **the oldest son** le fils aîné; **to get** *or* **grow old(er)** vieillir; **o. age** vieillesse *f*; **o. man** vieillard *m*, vieil homme *m*; **o. people** les personnes *fpl* âgées; **o. people's home** maison *f* de retraite; *Fam* **any o. how** n'importe comment

2 *npl* **the o.** les personnes *fpl* âgées

old-fashioned [əʊld'fæʃənd] *adj (out-of-date)* démodé; *(person)* vieux jeu *inv*; *(traditional)* d'autrefois

olive ['ɒlɪv] *n (fruit)* olive *f*; **o. oil** huile *f* d'olive

Olympic [ə'lɪmpɪk] *adj* **the O. Games** les jeux *mpl* Olympiques

omelet(te) ['ɒmlɪt] *n* omelette *f*; **cheese o.** omelette *f* au fromage

omen ['əʊmən] *n* augure *m*

ominous ['ɒmɪnəs] *adj* inquiétant; *(event)* de mauvais augure

omit [əʊ'mɪt] (*pt & pp* **-tt-**) *vt* omettre (**to do** de faire) ▪ **omission** *n* omission *f*

ON [ɒn] **1** *prep* (**a**) *(expressing position)* sur; **on page 4** à la page 4; **on the right/left** à droite/gauche

(**b**) *(about)* sur

(**c**) *(expressing manner or means)* **on the train/plane** dans le train/l'avion; **to be on** *(a course)* suivre; *(project)* travailler à; *(salary)* toucher; *(team, committee)* faire partie de; *Fam* **it's on me!** *(I'll pay)* c'est pour moi!

(**d**) *(with time)* **on Monday** lundi; **on Mondays** le lundi; **on (the evening of) May 3rd** le 3 mai (au soir); **on my arrival** à mon arrivée

(**e**) *(+ present participle)* en; **on learning that...** en apprenant que...
2 *adv (ahead)* en avant; *(in progress)* en cours; *(lid, brake)* mis; *(light, radio)* allumé; *(gas, tap)* ouvert; *(machine)* en marche; **she has her hat on** elle a mis son chapeau; **I've got something on** *(I'm busy)* je suis pris; **the strike is on** la grève aura lieu; **what's on?** *(on TV)* qu'est-ce qu'il y a à la télé?; *(in theatre, cinema)* qu'est-ce qu'on joue?; **he went on and on about it** il n'en finissait pas; *Fam* **that's just not on!** c'est inadmissible!; **I've been on to him** *(on phone)* je l'ai eu au bout du fil ▪ **ongoing** *adj (project, discussion)* en cours ▪ **on-line** *adj (computer)* en ligne

once [wʌns] **1** *adv (on one occasion)* une fois; *(formerly)* autrefois; **o. a month** une fois par mois; **o. again, o. more** encore une fois; **at o.** *(immediately)* tout de suite; **all at o.** *(suddenly)* tout à coup; *(at the same time)* à la fois **2** *conj* une fois que

ONE [wʌn] **1** *adj* (**a**) un, une; **page o.** la page un; **twenty-o.** vingt et un
(**b**) *(only)* seul
(**c**) *(same)* le même (*f* la même); **in the o. bus** dans le même bus
2 *pron* (**a**) un, une; **do you want o.?** en veux-tu (un)?; **o. of them** l'un d'eux, l'une d'elles; **a big/small o.** un grand/petit; **this o.** celui-ci, celle-ci; **that o.** celui-là, celle-là; **the o. who/which...** celui/celle qui...; **another o.** un(e) autre; **I for o.** pour ma part (**b**) *(impersonal)* on; **o. knows** on sait; **it helps o.** ça vous aide; **o.'s family** sa famille ▪ **one-off, one-of-a-kind** *adj Fam* unique ▪ **one-sided** *adj (biased)* partial; *(contest)* inégal ▪ **one-time** *adj (former)* ancien, -enne ▪ **one-to-one** *adj (discussion)* en tête à tête ▪ **one-way** *adj (street)* à sens unique; **o. ticket** billet *m* simple

oneself [wʌn'self] *pron* soi-même; *(reflexive)* se, s'; **to cut o.** se couper

onion ['ʌnjən] *n* oignon *m*

onlooker ['ɒnlʊkə(r)] *n* spectateur, -trice *mf*

only ['əʊnlɪ] **1** *adj* seul; **the o. one** le seul, la seule; **an o. son** un fils unique **2** *adv* seulement, ne... que; **I o. have ten** je n'en ai que dix, j'en ai dix seulement; **if o.** si seulement; **I have o. just seen it** je viens tout juste de le voir; **o. he knows** lui seul le sait **3** *conj Fam (but)* mais

onset ['ɒnset] *n (of disease, winter)* début *m*

onto ['ɒntu:, *unstressed* 'ɒntə] *prep* = **on to**

onward(s) ['ɒnwəd(z)] *adv* en avant; **from that day o.** à partir de ce jour-là

opaque [əʊ'peɪk] *adj* opaque

open ['əʊpən] **1** *adj* ouvert; *(view, road)* dégagé; *(post, job)* vacant; *(airline ticket)* open *inv*; **in the o. air** au grand air; **o. to** *(criticism, attack)* exposé à; *(ideas, suggestions)* ouvert à; **to leave sth o.** *(date)* ne pas préciser qch
2 *n* **(out) in the o.** *(outside)* dehors; **to sleep (out) in the o.** dormir à la belle étoile
3 *vt* ouvrir; *(arms, legs)* écarter; **to o. sth out** *(paper, map)* ouvrir qch; **to o. sth up** *(bag, shop)* ouvrir qch
4 *vi (of flower, door, eyes)* s'ouvrir; *(of shop, office)* ouvrir; *(of play)* débuter; **to o. on to sth** *(of window)* donner sur qch; **to o. out** *(widen)* s'élargir; **to o. up** *(of flower, person)* s'ouvrir; *(of shopkeeper)* ouvrir ▪ **open-air** *adj (pool)* en plein air ▪ **open-minded** *adj* à l'esprit ouvert ▪ **open-plan** *adj (office)* paysager, -ère

opening ['əʊpənɪŋ] **1** *n* ouverture *f*; *(job, trade outlet)* débouché *m*; *(opportunity)* occasion *f* favorable; **late-night o.** *(of shops)* nocturne *f*
2 *adj (time, hours, speech)* d'ouverture; **o. night** *(of play, musical)* première *f*

openly ['əʊpənlɪ] *adv* ouvertement

opera ['ɒprə] *n* opéra *m*

operate ['ɒpəreɪt] **1** *vt (machine)* faire fonctionner; *(service)* assurer **2** *vi* (**a**) **to o. on sb (for sth)** *(of surgeon)* opérer qn (de qch) (**b**) *(of machine)* fonctionner; *(of company)* opérer ■ **operating** *adj Br* **o. theatre,** *Am* **o. room** salle *f* d'opération; *Comptr* **o. system** système *m* d'exploitation

operation [ɒpə'reɪʃən] *n Med, Mil & Math* opération *f*; *(of machine)* fonctionnement *m*; **in o.** *(machine)* en service; *(plan)* en vigueur; **to have an o.** se faire opérer

operator ['ɒpəreɪtə(r)] *n (on phone, machine)* opérateur, -trice *mf*

opinion [ə'pɪnjən] *n* opinion *f*; **in my o.** à mon avis

opponent [ə'pəʊnənt] *n* adversaire *mf*

opportune ['ɒpətjuːn] *adj* opportun

opportunity [ɒpə'tjuːnətɪ] (*pl* **-ies**) *n* occasion *f* (**to do** *or* **of doing** de faire); **opportunities** *(prospects)* perspectives *fpl*; **to take the o. to do sth** profiter de l'occasion pour faire qch

oppose [ə'pəʊz] *vt* s'opposer à ■ **opposed** *adj* opposé (**to** à); **as o. to...** par opposition à... ■ **opposing** *adj (viewpoints)* opposé; *(team)* adverse

opposite ['ɒpəzɪt] **1** *adj (side)* opposé; *(house, page)* d'en face; **in the o. direction** en sens inverse **2** *adv* en face; **the house o.** la maison d'en face **3** *prep* **o. (to)** en face de **4** *n* **the o.** le contraire

opposition [ɒpə'zɪʃən] *n* opposition *f* (**to** à); **the o.** *(rival camp)* l'adversaire *m*; *(in business)* la concurrence

oppress [ə'pres] *vt (treat cruelly)* opprimer ■ **oppression** *n* oppression *f* ■ **oppressive** *adj (heat)* accablant, étouffant; *(ruler, regime)* oppressif, -ive

opt [ɒpt] *vi* **to o. for sth** opter pour qch; **to o. to do sth** choisir de faire qch; **to o. out** se désengager (**of** de)

optical ['ɒptɪkəl] *adj* optique; *(instrument, illusion)* d'optique

optician [ɒp'tɪʃən] *n (dispensing)* opticien, -enne *mf*

optimism ['ɒptɪmɪzəm] *n* optimisme *m* ■ **optimistic** *adj* optimiste (**about** quant à)

optimum ['ɒptɪməm] *adj & n* optimum *(m)*

option ['ɒpʃən] *n (choice)* choix *m*; *(school subject)* matière *f* à option; **she has no o.** elle n'a pas le choix ■ **optional** *adj* facultatif, -ive

or [ɔː(r)] *conj* ou; **he doesn't drink or smoke** il ne boit ni ne fume; **ten or so** environ dix

oral ['ɔːrəl] **1** *adj* oral **2** *n (exam)* oral *m*

orange ['ɒrɪndʒ] **1** *n (fruit)* orange *f*; **o. juice** jus *m* d'orange **2** *adj & n (colour)* orange *(m) inv*

orbit ['ɔːbɪt] **1** *n (of planet)* orbite *f* **2** *vt* être en orbite autour de

orchard ['ɔːtʃəd] *n* verger *m*

orchestra ['ɔːkɪstrə] *n* orchestre *m*; *Am* **the o.** *(in theatre)* l'orchestre *m*

orchid ['ɔːkɪd] *n* orchidée *f*

ordeal [ɔː'diːl] *n* épreuve *f*

order ['ɔːdə(r)] **1** *n (instruction, arrangement) & Rel* ordre *m*; *(purchase)* commande *f*; **in o.** *(passport)* en règle; **in o. of age** par ordre d'âge; **in o. to do sth** afin de faire qch; **in o. that...** afin que... *(+ subjunctive)*; **out of o.** *(machine)* en panne; *(telephone)* en dérangement; **o. form** bon *m* de commande
2 *vt (meal, goods)* commander; *(taxi)* appeler; **to o. sb to do sth** ordonner à qn de faire qch
3 *vi (in café)* commander

orderly ['ɔːdəlɪ] *adj (room, life)* ordonné; *(crowd)* discipliné

ordinary ['ɔːdənrɪ] *adj* ordinaire; **it's out of the o.** ça sort de l'ordinaire; **she was just an o. tourist** c'était une touriste comme une autre

organ ['ɔːgən] *n* (**a**) *(part of body)* organe *m* (**b**) *(musical instrument)* orgue *m*

organic [ɔː'gænɪk] *adj* organique; *(vegetables, farming)* biologique

organism ['ɔːgənɪzəm] *n* organisme *m*

organization [ɔːgənaɪ'zeɪʃən] *n* organisation *f*

organize ['ɔːgənaɪz] *vt* organiser ▪ **organizer** *n (person)* organisateur, -trice *mf*; **(personal) o.** *(diary)* agenda *m*

orgasm ['ɔːgæzəm] *n* orgasme *m*

oriental [ɔːrɪ'entəl] *adj* oriental

orientate ['ɔːrɪənteɪt] (*Am* **orient** ['ɔːrɪənt]) *vt* orienter

origin ['ɒrɪdʒɪn] *n* origine *f*

original [ə'rɪdʒɪnəl] **1** *adj (novel, innovative)* original; *(first)* d'origine **2** *n (document, painting)* original *m* ▪ **originally** *adv (at first)* à l'origine

originate [ə'rɪdʒɪneɪt] **1** *vt* être à l'origine de **2** *vi (begin)* prendre naissance (**in** dans); **to o. from** *(of idea)* émaner de

ornament ['ɔːnəmənt] *n* ornement *m* ▪ **ornamental** [-'mentəl] *adj* ornemental

ornate [ɔː'neɪt] *adj* très orné

orphan ['ɔːfən] *n* orphelin, -e *mf*

orthodox ['ɔːθədɒks] *adj* orthodoxe

Oscar ['ɒskə(r)] *n Cin* oscar *m*

ostentatious [ɒsten'teɪʃəs] *adj* prétentieux, -euse

ostrich ['ɒstrɪtʃ] *n* autruche *f*

other ['ʌðə(r)] **1** *adj* autre; **o. doctors** d'autres médecins; **the o. one** l'autre *mf*

2 *pron* **the o.** l'autre *mf*; **(some) others** d'autres; **none o. than, no o. than** nul autre que

3 *adv* **o. than** autrement que ▪ **otherwise** *adv & conj* autrement

ouch [aʊtʃ] *exclam* aïe!

ought [ɔːt]

La forme négative **ought not** s'écrit **oughtn't** en forme contractée.

v aux (**a**) *(expressing obligation, desirability)* **you o. to leave** tu devrais partir; **I o. to have done it** j'aurais dû le faire (**b**) *(expressing probability)* **it o. to be ready** ça devrait être prêt

ounce [aʊns] *n (unit of weight)* = 28,35 g, once *f*

our [aʊə(r)] *possessive adj* notre, *pl* nos

ours [aʊəz] *possessive pron* le nôtre, la nôtre, *pl* les nôtres; **this book is o.** ce livre est à nous *ou* est le nôtre; **a friend of o.** un de nos amis

ourselves [aʊə'selvz] *pron* nous-mêmes; *(reflexive and after prep)* nous; **we wash o.** nous nous lavons

oust [aʊst] *vt* évincer (**from** de)

OUT [aʊt] **1** *adv (outside)* dehors; *(not at home)* sorti; *(light, fire)* éteint; *(flower)* ouvert; *(book)* publié; **to have a day o.** sortir pour la journée; **the sun's o.** il fait soleil; **the tide's o.** la marée est basse; **you're o.** *(wrong)* tu t'es trompé; *(in game)* tu es éliminé (**of** de); **I was £10 o.** *(under)* il me manquait 10 livres; **before the week is o.** avant la fin de la semaine; **the journey o.** l'aller *m*; **o. here** ici; **o. there** là-bas

2 *prep* **o. of** *(outside)* hors de; **to be o. of the country** être à l'étranger; **she's o. of town** elle n'est pas en ville; **to look/jump o. of the window** regarder/sauter par la fenêtre; **to drink/take/copy sth o. of sth** boire/prendre/copier qch dans qch; **made o. of wood** fait en bois; **o. of pity/love** par pitié/amour; **four o. of five** quatre sur cinq ▪ **out-of-date** *adj (expired)* périmé; *(old-fashioned)* démodé ▪ **out-of-doors** *adv* dehors ▪ **out-of-the-way** *adj (place)* isolé

---

outbreak ['aʊtbreɪk] *n (of war, epidemic)* début *m*; *(of violence)* flambée *f*; *(of hostilities)* déclenchement *m*

outburst ['aʊtbɜːst] *n (of anger, joy)* explosion *f*; *(of violence)* flambée *f*

outcast ['aʊtkɑːst] *n* **(social) o.** paria *m*

outcome ['aʊtkʌm] *n* résultat *m*, issue *f*

outcry ['aʊtkraɪ] (*pl* **-ies**) *n* tollé *m*

outdated [aʊt'deɪtɪd] *adj* démodé

outdo [aʊt'duː] (*pt* **-did,** *pp* **-done**) *vt* surpasser (**in** en)

outdoor ['aʊtdɔː(r)] *adj (pool, market)* découvert ▪ **outdoors** *adv* dehors

outer ['aʊtə(r)] *adj* extérieur; **o. space** l'espace *m* intersidéral

outfit ['aʊtfɪt] *n (clothes)* ensemble *m*; **sports/ski o.** tenue *f* de sport/de ski

outgoing ['aʊtgəʊɪŋ] *adj* (**a**) *(minister)* sortant; *(mail)* en partance; **o. calls** *(on phone)* appels *mpl* vers l'extérieur (**b**) *(sociable)* liant ▪ **outgoings** *npl (expenses)* dépenses *fpl*

outgrow [aʊt'grəʊ] *(pt* **-grew,** *pp* **-grown**) *vt (habit)* passer l'âge de; **she's outgrown her jacket** sa veste est devenue trop petite pour elle

outing ['aʊtɪŋ] *n (excursion)* sortie *f*

outlast [aʊt'lɑːst] *vt (object)* durer plus longtemps que; *(person)* survivre à

outlaw ['aʊtlɔː] **1** *n* hors-la-loi *m inv* **2** *vt (ban)* proscrire

outlay ['aʊtleɪ] *n (expense)* dépenses *fpl*

outlet ['aʊtlet] *n (shop)* point *m* de vente; *(market for goods)* débouché *m*; *(for liquid)* sortie *f*; *(for feelings, energy)* exutoire *m*

outline ['aʊtlaɪn] **1** *n (shape)* contour *m*; *(of play, novel)* résumé *m*; **rough o.** *(of article, plan)* esquisse *f*; **the broad** *or* **general** *or* **main o.** *(of plan, policy)* les grandes lignes **2** *vt (plan, situation)* esquisser

outlive [aʊt'lɪv] *vt* survivre à

outlook ['aʊtlʊk] *n (for future)* perspectives *fpl*; *(point of view)* façon *f* de voir les choses; *(of weather)* prévisions *fpl*

outmoded [aʊt'məʊdɪd] *adj* démodé

outnumber [aʊt'nʌmbə(r)] *vt* l'emporter en nombre sur

outpatient ['aʊtpeɪʃənt] *n Br* malade *mf* en consultation externe

output ['aʊtpʊt] *n (of goods)* production *f*; *(computer data)* données *fpl* de sortie

outrage ['aʊtreɪdʒ] **1** *n (scandal)* scandale *m*; *(anger)* indignation *f* (**at** face à); *(crime)* atrocité *f* **2** *vt (make indignant)* scandaliser

outrageous [aʊt'reɪdʒəs] *adj (shocking)* scandaleux, -euse; *(atrocious)* atroce

outright 1 [aʊt'raɪt] *adv (refuse)* catégoriquement; *(be killed)* sur le coup **2** ['aʊtraɪt] *adj (failure)* total; *(refusal)* catégorique; *(winner)* incontesté

outset ['aʊtset] *n* **at the o.** au début; **from the o.** dès le départ

outside 1 [aʊt'saɪd] *adv* dehors, à l'extérieur; **to go o.** sortir

2 [aʊt'saɪd] *prep* à l'extérieur de, en dehors de; *(in front of)* devant; *(apart from)* en dehors de

3 [aʊt'saɪd] *n* extérieur *m*

4 ['aʊtsaɪd] *adj* extérieur; **the o. lane** *(on road) Br* la voie de droite, *Am* la voie de gauche; **an o. chance** une petite chance

outsider [aʊt'saɪdə(r)] *n (stranger)* étranger, -ère *mf*; *(horse in race)* outsider *m*

outskirts ['aʊtskɜːts] *npl* banlieue *f*

outspoken [aʊt'spəʊkən] *adj (frank)* franc (*f* franche)

outstanding [aʊt'stændɪŋ] *adj* exceptionnel, -elle; *(problem, business)* en suspens; *(debt)* impayé

outstay [aʊt'steɪ] *vt* **to o. one's welcome** abuser de l'hospitalité de son hôte

outstretched [aʊt'stretʃt] *adj (arm)* tendu

outward ['aʊtwəd] *adj (sign, appearance)* extérieur; **o. journey** *or* **trip** aller *m* ▪ **outward(s)** *adv* vers l'extérieur

oval ['əʊvəl] *adj & n* ovale *(m)*

ovary ['əʊvərɪ] *(pl* **-ies**) *n Anat* ovaire *m*

ovation [əʊ'veɪʃən] *n* ovation *f*; **to give sb a standing o.** se lever pour applaudir qn

oven ['ʌvən] *n* four *m*

OVER ['əʊvə(r)] **1** *prep (on)* sur; *(above)* au-dessus de; *(on the other side of)* par-dessus; **the bridge o. the river** le pont qui traverse le fleuve; **to jump/look o. sth** sauter/regarder par-dessus qch; **o. it** *(on)* dessus; *(above)* au-dessus; **to fight o. sth** se battre pour qch; **o. the phone** au téléphone; *Br* **o. the holidays** pendant les vacances; **o. ten days** *(more than)* plus de dix jours; **men o. sixty** les hommes de plus de soixante ans; **o. and above** en plus de; **he's o. his flu** il est remis de sa grippe

2 *adv (above)* par-dessus; **o. here** ici; **o. there** là-bas; **he's o. in Italy** il est en Italie; **she's o. from Paris** elle est venue de Paris; **to ask sb o.** inviter qn; **to be (all) o.** être terminé; **to start all o. (again)** recommencer à zéro; **a kilo or o.** *(more)* un kilo ou plus; **I have ten o.** *(left)* il m'en reste dix; **o. and o. (again)** *(often)* à plusieurs reprises; **children of five and o.** les enfants de cinq ans et plus

---

overall 1 ['əʊvərɔːl] *adj (measurement, length)* total; *(result)* global

2 [əʊvər'ɔːl] *adv* dans l'ensemble

3 ['əʊvərɔːl] *n (protective coat)* blouse *f*; *Am (boiler suit)* bleu *m* de travail ▪ **overalls** *npl Br (boiler suit)* bleu *m* de travail; *Am (dungarees)* salopette *f*

overbearing [əʊvə'beərɪŋ] *adj* autoritaire

overboard ['əʊvəbɔːd] *adv* par-dessus bord

overcast [əʊvə'kɑːst] *adj* nuageux, -euse

overcharge [əʊvə'tʃɑːdʒ] *vt* **to o. sb for sth** faire payer qch trop cher à qn

overcoat ['əʊvəkəʊt] *n* pardessus *m*

overcome [əʊvə'kʌm] (*pt* **-came,** *pp* **-come**) *vt (problem, disgust)* surmonter; *(shyness, fear, enemy)* vaincre; **to be o. by grief** être accablé de chagrin

overcook [əʊvə'kʊk] *vt* faire cuire trop

overcrowded [əʊvə'kraʊdɪd] *adj (house, country)* surpeuplé; *(bus, train)* bondé

overdo [əʊvə'duː] (*pt* **-did,** *pp* **-done**) *vt* exagérer; *(overcook)* faire cuire trop; **to o. it** se surmener

overdose ['əʊvədəʊs] *n* overdose *f*

overdraft ['əʊvədrɑːft] *n Fin* découvert *m*

overdrawn [əʊvə'drɔːn] *adj Fin (account)* à découvert

overdue [əʊvə'djuː] *adj (train, bus)* en retard; *(bill)* impayé; *(book)* qui n'a pas été rendu

overestimate [əʊvər'estɪmeɪt] *vt* surestimer

overexcited [əʊvərɪk'saɪtɪd] *adj* surexcité

overflow 1 ['əʊvəfləʊ] *n (outlet)* trop-plein *m* **2** [əʊvə'fləʊ] *vi (of river, bath)* déborder; **to be overflowing with sth** *(of town, shop, house)* regorger de qch

overgrown [əʊvə'grəʊn] *adj (garden, path)* envahi par la végétation

overhaul 1 ['əʊvəhɔːl] *n* révision *f* **2** [əʊvə'hɔːl] *vt (vehicle, schedule, text)* réviser

overhead 1 [əʊvə'hed] *adv* au-dessus **2** ['əʊvəhed] *adj (cable)* aérien, -enne **3** ['əʊvəhed] *n Am* = **overheads** ▪ **overheads** *npl Br (expenses)* frais *mpl* généraux

overhear [əʊvə'hɪə(r)] (*pt & pp* **-heard**) *vt (conversation)* surprendre; *(person)* entendre

overheat [əʊvə'hiːt] *vi (of engine)* chauffer

overjoyed [əʊvə'dʒɔɪd] *adj* fou (*f* folle) de joie

overland ['əʊvəlænd] *adj & adv* par voie de terre

overlap [əʊvə'læp] **1** (*pt & pp* **-pp-**) *vt* chevaucher **2** *vi* se chevaucher

overleaf [əʊvə'liːf] *adv* au verso

overload [əʊvə'ləʊd] *vt* surcharger

overlook [əʊvə'lʊk] *vt* (**a**) *(not notice)* ne pas remarquer; *(forget)* oublier; *(disregard)* fermer les yeux sur (**b**) *(of window, house)* donner sur

overnight 1 [əʊvə'naɪt] *adv (during the night)* pendant la nuit; *Fig (suddenly)* du jour au lendemain; **to stay o.** passer la nuit **2** ['əʊvənaɪt] *adj (train, flight)* de nuit; *(stay)* d'une nuit; **o. bag** (petit) sac *m* de voyage

overpopulated [əʊvə'pɒpjʊleɪtɪd] *adj* surpeuplé

overpower [əʊvə'paʊə(r)] *vt* maîtriser ▪ **overpowering** *adj (heat, smell)* suffocant

overpriced [əʊvə'praɪst] *adj* trop cher (*f* trop chère)

overrated [əʊvə'reɪtɪd] *adj* surfait

overreach [əʊvə'ri:tʃ] *vt* **to o. oneself** trop présumer de ses forces

overreact [əʊvərɪ'ækt] *vi* réagir excessivement

override [əʊvə'raɪd] (*pt* **-rode,** *pp* **-ridden**) *vt (be more important than)* l'emporter sur; *(invalidate)* annuler; *(take no notice of)* passer outre à ▪ **overriding** *adj (importance)* capital; *(factor)* prédominant

overrule [əʊvə'ru:l] *vt (decision)* annuler; *(objection)* rejeter

overrun [əʊvə'rʌn] (*pt* **-ran,** *pp* **-run,** *pres p* **-running**) *vt (invade)* envahir; *(go beyond)* dépasser

overseas 1 ['əʊvəsi:z] *adj* d'outremer; *(trade)* extérieur **2** [əʊvə'si:z] *adv* à l'étranger

oversee [əʊvə'si:] (*pt* **-saw,** *pp* **-seen**) *vt (work)* superviser

overshadow [əʊvə'ʃædəʊ] *vt (make less important)* éclipser; *(make gloomy)* assombrir

oversight ['əʊvəsaɪt] *n* oubli *m*, omission *f*

oversleep [əʊvə'sli:p] (*pt & pp* **-slept**) *vi* ne pas se réveiller à temps

overspend [əʊvə'spend] (*pt & pp* **-spent**) *vi* dépenser trop

overstate [əʊvə'steɪt] *vt* exagérer

overstay [əʊvə'steɪ] *vt* **to o. one's welcome** abuser de l'hospitalité de son hôte

overstep [əʊvə'step] (*pt & pp* **-pp-**) *vt* outrepasser; *Fig* **to o. the mark** dépasser les bornes

overt ['əʊvɜ:t] *adj* manifeste

overtake [əʊvə'teɪk] (*pt* **-took,** *pp* **-taken**) **1** *vt* dépasser **2** *vi (in vehicle)* doubler, dépasser

overthrow [əʊvə'θrəʊ] (*pt* **-threw,** *pp* **-thrown**) *vt* renverser

overtime ['əʊvətaɪm] **1** *n* heures *fpl* supplémentaires **2** *adv* **to work o.** faire des heures supplémentaires

overturn [əʊvə'tɜ:n] **1** *vt (chair, table, car)* renverser; *(boat)* faire chavirer; *Fig (decision)* annuler **2** *vi (of car)* capoter; *(of boat)* chavirer

overweight [əʊvə'weɪt] *adj* trop gros (*f* trop grosse)

overwhelm [əʊvə'welm] *vt (of feelings, heat)* accabler; *(enemy, opponent)* écraser; *(amaze)* bouleverser ▪ **overwhelmed** *adj* **o. with** *(work, offers)* submergé de; **o. by** *(kindness, gift)* vivement touché par ▪ **overwhelming** *adj (heat, grief)* accablant; *(majority, defeat)* écrasant; *(desire)* irrésistible

overwork [əʊvə'wɜ:k] **1** *n* surmenage *m* **2** *vt (person)* surcharger de travail **3** *vi* se surmener

owe [əʊ] *vt* devoir; **to o. sb sth, to o. sth to sb** devoir qch à qn ▪ **owing 1** *adj* **the money o. to me** l'argent que l'on me doit **2** *prep* **o. to** à cause de

owl [aʊl] *n* hibou *m* (*pl* -oux)

own [əʊn] **1** *adj* propre

2 *pron* **my o.** le mien, la mienne; **a house of his o.** sa propre maison, sa maison à lui; **to do sth on one's o.** faire qch tout seul; **to be (all) on one's o.** être tout seul; **to get one's o. back (on sb)** se venger (de qn)

3 *vt (possess)* posséder; **who owns this ball?** à qui appartient cette balle?

4 *vi* **to o. up (to sth)** *(confess)* avouer (qch)

owner ['əʊnə(r)] *n* propriétaire *mf* ▪ **ownership** *n* possession *f*

ox [ɒks] (*pl* **oxen** ['ɒksən]) *n* bœuf *m*

oxygen ['ɒksɪdʒən] *n* oxygène *m*; **o. mask** masque *m* à oxygène

oyster ['ɔɪstə(r)] *n* huître *f*

oz (*abbr* **ounce**) once *f*

ozone ['əʊzəʊn] *n Chem* ozone *m*; **o. layer** couche *f* d'ozone

Pp

P, p[1] [piː] *n (letter)* P, p *m inv*

p[2] [piː] (*abbr* **penny, pence**) *Br* penny *m*/pence *mpl*

pa [pɑː] *n Fam (father)* papa *m*

pace [peɪs] **1** *n (speed)* allure *f*; *(step, measure)* pas *m*; **to keep p. with sb** *(follow)* suivre qn; *(in quality of work)* se maintenir à la hauteur de qn **2** *vi* **to p. up and down** faire les cent pas

pacemaker ['peɪsmeɪkə(r)] *n (for heart)* stimulateur *m* cardiaque

Pacific [pə'sɪfɪk] *adj* **the P. (Ocean)** le Pacifique, l'océan *m* Pacifique

pacifier ['pæsɪfaɪə(r)] *n Am (of baby)* tétine *f*

pacifist ['pæsɪfɪst] *n* pacifiste *mf*

pacify ['pæsɪfaɪ] (*pt & pp* **-ied**) *vt (crowd, person)* calmer

pack [pæk] **1** *n* (**a**) *(of cigarettes, washing powder)* paquet *m*; *(of beer)* pack *m*; *(of cards)* jeu *m*; *(of hounds, wolves)* meute *f*; **a p. of lies** un tissu de mensonges

(**b**) *(rucksack)* sac *m* à dos

2 *vt (fill)* remplir (**with** de); *(object into box, suitcase)* mettre; *(make into package)* empaqueter; *(crush, compress)* tasser; **to p. one's bags** faire ses valises

3 *vi (fill one's bags)* faire sa valise/ses valises

▸**pack in** *vt sep Br Fam (stop)* arrêter; *(give up)* laisser tomber

▸**pack into 1** *vt sep (cram)* entasser dans; *(put)* mettre dans **2** *vt insep (crowd into)* s'entasser dans

▸**pack off** *vt sep Fam (person)* expédier

▸**pack up 1** *vt sep (put into box)* emballer; *Fam (give up)* laisser tomber **2** *vi Fam (of machine, vehicle)* tomber en panne

package ['pækɪdʒ] **1** *n* paquet *m*; *(contract)* contrat *m* global; *Br* **p. deal** *or* **holiday** forfait *m (comprenant au moins transport et logement)* **2** *vt* emballer ▪ **packaging** *n (material, action)* emballage *m*

packed [pækt] *adj (bus, room)* bondé

packet ['pækɪt] *n* paquet *m*; *Fam* **to cost a p.** coûter les yeux de la tête

packing ['pækɪŋ] *n (material, action)* emballage *m*; **to do one's p.** faire sa valise/ses valises

pact [pækt] *n* pacte *m*

pad [pæd] **1** *n (of cotton wool)* tampon *m*; *(for writing)* bloc *m*; **ink(ing) p.** tampon encreur **2** (*pt & pp* **-dd-**) *vt* **to p. out** *(speech, essay)* étoffer ▪ **padded** *adj (jacket)* matelassé ▪ **padding** *n (material)* rembourrage *m*; *(in speech, essay)* remplissage *m*

paddle ['pædəl] **1** *n (for canoe)* pagaie *f*; **to have a p.** patauger **2** *vt* **to p. a canoe** pagayer **3** *vi (walk in water)* patauger

paddling ['pædlɪŋ] *n Br* **p. pool** *(inflatable)* piscine *f* gonflable; *(in park)* pataugeoire *f*

padlock ['pædlɒk] **1** *n* cadenas *m* **2** *vt* cadenasser

paediatrician [piːdɪə'trɪʃən] (*Am* **pediatrician**) *n* pédiatre *mf*

page[1] [peɪdʒ] *n (of book)* page *f*; **on p. 6** à la page 6

page[2] [peɪdʒ] **1** *n* **p. (boy)** *(in hotel)*

groom *m* **2** *vt* **to p. sb** faire appeler qn; *(by electronic device)* biper qn ▪ **pager** *n* récepteur *m* d'appel

paid [peɪd] **1** *pt & pp of* **pay 2** *adj (person, work)* rémunéré

pain [peɪn] *n (physical)* douleur *f*; *(emotional)* peine *f*; **to have a p. in one's arm** avoir une douleur au bras; **to go to** *or* **take (great) pains to do sth** se donner du mal pour faire qch; *Fam* **to be a p. (in the neck)** être casse-pieds ▪ **painful** *adj (physically)* douloureux, -euse; *(emotionally)* pénible ▪ **painless** *adj (not painful)* indolore

painkiller ['peɪnkɪlə(r)] *n* calmant *m*

painstaking ['peɪnzteɪkɪŋ] *adj* minutieux, -euse

paint [peɪnt] **1** *n* peinture *f* **2** *vt* peindre; **to p. sth blue** peindre qch en bleu **3** *vi* peindre ▪ **painter** *n* peintre *m*; *Br* **p. and decorator,** *Am* **(house) p.** peintre-tapissier *m* ▪ **painting** *n (activity)* la peinture; *(picture)* tableau *m*, peinture *f*

paintbrush ['peɪntbrʌʃ] *n* pinceau *m*

paintwork ['peɪntwɜːk] *n (of building, vehicle)* peinture *f*

pair [peə(r)] *n* paire *f*; **a p. of shorts/trousers** un short/pantalon

pajamas [pə'dʒɑːməz] *npl Am* = **pyjamas**

Pakistan [pɑːkɪ'stɑːn] *n* le Pakistan ▪ **Pakistani 1** *adj* pakistanais **2** *n* Pakistanais, -e *mf*

pal [pæl] *n Fam* copain *m*, copine *f*

palace ['pælɪs] *n* palais *m*

pale [peɪl] **1** (**-er, -est**) *adj* pâle **2** *vi* pâlir

Palestine ['pæləstaɪn] *n* la Palestine ▪ **Palestinian** [-'stɪnɪən] **1** *adj* palestinien, -enne **2** *n* Palestinien, -enne *mf*

palette ['pælɪt] *n (of artist)* palette *f*

palm¹ [pɑːm] *n (of hand)* paume *f*

palm² [pɑːm] *n* **p. (tree)** palmier *m*

pamper ['pæmpə(r)] *vt* dorloter

pamphlet ['pæmflɪt] *n* brochure *f*

pan [pæn] *n (saucepan)* casserole *f*; *(for frying)* poêle *f*

Panama ['pænəmɑː] *n* **the P. Canal** le canal de Panama

pancake ['pænkeɪk] *n* crêpe *f*; **P. Day** mardi *m* gras

panda ['pændə] *n* panda *m*

pandemonium [pændɪ'məʊnɪəm] *n (confusion)* chaos *m*; *(uproar)* vacarme *m*

pander ['pændə(r)] *vi* **to p. to sb/sth** flatter qn/qch

pane [peɪn] *n* vitre *f*

panel ['pænəl] *n* (**a**) *(of door)* panneau *m*; **(instrument) p.** *(in aircraft, vehicle)* tableau *m* de bord (**b**) *(of judges)* jury *m*; *(of experts)* comité *m*; *(of TV or radio guests)* invités *mpl*

panic ['pænɪk] **1** *n* panique *f* **2** (*pt & pp* **-ck-**) *vi* paniquer

panorama [pænə'rɑːmə] *n* panorama *m*

pansy ['pænzɪ] (*pl* **-ies**) *n (flower)* pensée *f*

pant [pænt] *vi* haleter

pantomime ['pæntəmaɪm] *n Br (show)* = spectacle de Noël

pantry ['pæntrɪ] (*pl* **-ies**) *n (larder)* garde-manger *m inv*

pants [pænts] *npl (underwear)* slip *m*; *Am (trousers)* pantalon *m*

pantyhose ['pæntɪhəʊz] *n Am (tights)* collant *m*

paper ['peɪpə(r)] **1** *n* papier *m*; *(newspaper)* journal *m*; *(wallpaper)* papier *m* peint; *(exam)* épreuve *f* écrite; *(student's exercise)* copie *f*; *(scholarly study, report)* article *m*; **a piece of p.** un bout de papier; **to put sth down on p.** mettre qch par écrit; **papers** *(documents)* papiers

2 *adj (bag)* en papier; *(cup, plate)* en carton; *Br* **p. shop** marchand *m* de journaux; **p. towel** essuie-tout *m inv*

3 *vt (room, wall)* tapisser ▪ **paperback** *n* livre *m* de poche ▪ **paperclip** *n* trombone *m* ▪ **paperweight** *n* presse-papiers *m inv* ▪ **paperwork** *n (in office)* écritures *fpl*; *Pej (red tape)* paperasserie *f*

par [pɑː(r)] *n (in golf)* par *m*; **on a p.** au

même niveau (**with** que)

paracetamol [pærə'si:təmɒl] *n* paracétamol *m*

parachute ['pærəʃu:t] *n* parachute *m*; **p. jump** saut *m* en parachute

parade [pə'reɪd] **1** *n* (**a**) *(procession)* défilé *m* (**b**) *Br (street)* avenue *f* **2** *vt Fig (wealth, knowledge)* faire étalage de **3** *vi (of troops)* défiler; **to p. about** *(of person)* se pavaner

paradise ['pærədaɪs] *n* paradis *m*

paradoxically [pærə'dɒksɪklɪ] *adv* paradoxalement

paraffin ['pærəfɪn] *n Br* pétrole *m* lampant; *Br* **p. lamp** lampe *f* à pétrole

paragliding ['pærəglaɪdɪŋ] *n* parapente *m*; **to go p.** faire du parapente

paragraph ['pærəgrɑ:f] *n* paragraphe *m*

parallel ['pærəlel] **1** *adj Math* parallèle (**with** *or* **to** à); *Fig (comparable)* semblable (**with** *or* **to** à) **2** *n Math (line)* parallèle *f*; *Fig (comparison) & Geog* parallèle *m*

paralysis [pə'ræləsɪs] (*pl* **-yses** [-əsi:z]) *n* paralysie *f* ■ **paralyse** ['pærəlaɪz] (*Am* **paralyze**) *vt* paralyser

paramedic [pærə'medɪk] *n* auxiliaire *mf* médical(e)

paranoid ['pærənɔɪd] *adj* paranoïaque

paraphrase ['pærəfreɪz] *vt* paraphraser

parasite ['pærəsaɪt] *n (person, organism)* parasite *m*

parasol ['pærəsɒl] *n (over table, on beach)* parasol *m*; *(lady's)* ombrelle *f*

parcel ['pɑ:səl] **1** *n* colis *m*, paquet *m* **2** (*Br* **-ll-**, *Am* **-l-**) *vt* **to p. sth up** empaqueter

parched [pɑ:tʃt] *adj* **to be p.** *(of person)* être assoiffé

pardon ['pɑ:dən] **1** *n (forgiveness)* pardon *m*; *(in law)* grâce *f*; **I beg your p.** *(apologizing)* je vous prie de m'excuser; **I beg your p.?** *(not hearing)* pardon? **2** *vt (in law)* gracier; **to p. sb (for sth)** pardonner (qch) à qn; **p. (me)!** *(sorry)* pardon!

parent ['peərənt] *n (father)* père *m*; *(mother)* mère *f*; **parents** parents *mpl*

Paris ['pærɪs] *n* Paris *m ou f* ■ **Parisian** [pə'rɪzɪən, *Am* pə'ri:ʒən] **1** *adj* parisien, -enne **2** *n* Parisien, -enne *mf*

parish ['pærɪʃ] *n (religious)* paroisse *f*; *(civil)* ≃ commune *f*

park[1] [pɑ:k] *n (garden)* parc *m*

park[2] [pɑ:k] **1** *vt (vehicle)* garer **2** *vi (of vehicle)* se garer; *(remain parked)* stationner ■ **parking** *n* stationnement *m*; **'no p.'** 'défense de stationner'; *Am* **p. lot** parking *m*; **p. meter** parcmètre *m*; **p. place** *or* **space** place *f* de parking; **p. ticket** contravention *f*

parliament ['pɑ:ləmənt] *n* parlement *m*

parody ['pærədɪ] **1** (*pl* **-ies**) *n* parodie *f* **2** (*pt & pp* **-ied**) *vt* parodier

parole [pə'rəʊl] *n* **to be (out) on p.** être en liberté conditionnelle

parrot ['pærət] *n* perroquet *m*

parsley ['pɑ:slɪ] *n* persil *m*

parsnip ['pɑ:snɪp] *n* panais *m*

parson ['pɑ:sən] *n* pasteur *m*

part[1] [pɑ:t] **1** *n* partie *f*; *(quantity in mixture)* mesure *f*; *(of machine)* pièce *f*; *(of serial)* épisode *m*; *(role in play, film)* rôle *m*; *Am (in hair)* raie *f*; **to take p.** participer (**in** à); **to be a p. of sth** faire partie de qch; **for the most p.** dans l'ensemble; **on the p. of...** de la part de...; **for my p.** pour ma part **2** *adv (partly)* en partie; **p. silk, p. cotton** soie et coton

part[2] [pɑ:t] **1** *vt (separate)* séparer; **to p. one's hair** se faire une raie **2** *vi (of friends)* se quitter; *(of married couple)* se séparer; **to p. with sth** se défaire de qch

partial ['pɑ:ʃəl] *adj (not total)* partiel, -elle; *(biased)* partial (**towards** envers); **to be p. to sth** avoir un faible pour qch

participate [pɑ:'tɪsɪpeɪt] *vi* participer (**in** à) ■ **participant** *n* participant, -e *mf* ■ **participation** *n* participation *f*

particular [pə'tɪkjʊlə(r)] **1** *adj (specific, special)* particulier, -ère; *(exacting)* méticuleux, -euse; **this p. book** ce livre en particulier; **to be p. about sth** faire très attention à qch **2** *n* **in p.** en particulier ▪ **particularly** *adv* particulièrement ▪ **particulars** *npl (details)* détails *mpl*; **to take down sb's p.** noter les coordonnées de qn

parting ['pɑ:tɪŋ] *n Br (in hair)* raie *f*

partition [pɑ:'tɪʃən] **1** *n (of room)* cloison *f* **2** *vt* **to p. sth off** cloisonner qch

partly ['pɑ:tlɪ] *adv* en partie; **p. English, p. French** moitié anglais, moitié français

partner ['pɑ:tnə(r)] *n (in game)* partenaire *mf*; *(in business)* associé, -e *mf*; *(in relationship)* compagnon *m*, compagne *f*; **(dancing) p.** cavalier, -ère *mf* ▪ **partnership** *n* association *f*; **in p. with** en association avec

partridge ['pɑ:trɪdʒ] *n* perdrix *f*

part-time ['pɑ:t'taɪm] *adj & adv* à temps partiel

party ['pɑ:tɪ] (*pl* **-ies**) *n* (**a**) *(gathering)* fête *f*; **to have** *or* **throw a p.** donner une fête (**b**) *(group)* groupe *m*; *(political)* parti *m*; *(in contract, lawsuit)* partie *f*

pass¹ [pɑ:s] *n (over mountains)* col *m*

pass² [pɑ:s] *n (entry permit)* laissez-passer *m inv*; *(for travel)* carte *f* d'abonnement; *(in sport)* passe *f*; **p. mark** *(in exam)* moyenne *f*

pass³ [pɑ:s] **1** *vt (move, give)* passer (**to** à); *(go past)* passer devant; *(vehicle, runner)* dépasser; *(exam)* être reçu à; *(law)* voter; **to p. sb** *(in street)* croiser qn; **to p. the time** passer le temps; **to p. sentence** *(of judge)* prononcer le verdict

2 *vi (go past, go away)* passer (**to** à; **through** par); *(in exam)* avoir la moyenne; *(of time)* passer

▸ **pass away** *vi* décéder

▸ **pass by 1** *vt insep (building)* passer devant; **to p. by sb** *(in street)* croiser qn **2** *vi* passer à côté

▸ **pass off** *vt sep* **to p. oneself off as sb** se faire passer pour qn

▸ **pass on** *vt sep (message, illness)* transmettre (**to** à)

▸ **pass out 1** *vt sep (hand out)* distribuer **2** *vi (faint)* s'évanouir

▸ **pass over** *vt insep (ignore)* passer sur

▸ **pass round** *vt sep (cakes, document)* faire passer; *(hand out)* distribuer

▸ **pass through** *vi* passer

▸ **pass up** *vt sep (opportunity)* laisser passer

passable ['pɑ:səbəl] *adj (not bad)* passable

passage ['pæsɪdʒ] *n* (**a**) *(way through)* passage *m*; *(corridor)* couloir *m*; **with the p. of time** avec le temps (**b**) *(of text)* passage *m*

passbook ['pɑ:sbʊk] *n* livret *m* de caisse d'épargne

passenger ['pæsɪndʒə(r)] *n* passager, -ère *mf*; *(on train)* voyageur, -euse *mf*

passer-by [pɑ:sə'baɪ] (*pl* **passers-by**) *n* passant, -e *mf*

passing ['pɑ:sɪŋ] **1** *adj (vehicle)* qui passe **2** *n (of time)* écoulement *m*; **in p.** en passant

passion ['pæʃən] *n* passion *f*; **to have a p. for sth** adorer qch ▪ **passionate** *adj* passionné

passive ['pæsɪv] **1** *adj* passif, -ive **2** *n (in grammar)* passif *m*; **in the p.** au passif

passport ['pɑ:spɔ:t] *n* passeport *m*; **p. photo** photo *f* d'identité

password ['pɑ:swɜ:d] *n* mot *m* de passe

past [pɑ:st] **1** *n* passé *m*; **in the p.** autrefois

2 *adj (gone by)* passé; *(former)* ancien, -enne; **these p. months** ces derniers mois; **in the p. tense** au passé

3 *prep (in front of)* devant; *(after)* après; *(beyond)* au-delà de; **it's p. four o'clock** il est quatre heures passées

4 *adv* devant; **to go p.** passer

pasta ['pæstə] *n* pâtes *fpl*

paste [peɪst] **1** *n* (**a**) *(mixture)* pâte *f*; *(of meat)* pâté *m* (**b**) *(glue)* colle *f* **2** *vt* coller; **to p. sth up** coller qch

pastel [*Br* 'pæstəl, *Am* pæ'stel] *n* pastel *m*

pasteurized ['pæstʃəraɪzd] *adj* **p. milk** lait *m* pasteurisé

pastille [*Br* 'pæstɪl, *Am* pæ'sti:l] *n* pastille *f*

pastime ['pɑ:staɪm] *n* passe-temps *m inv*

pastor ['pɑ:stə(r)] *n Rel* pasteur *m*

pastry ['peɪstrɪ] (*pl* **-ies**) *n (dough)* pâte *f*; *(cake)* pâtisserie *f*

pasture ['pɑ:stʃə(r)] *n* pré *m*, pâture *f*

pasty ['pæstɪ] (*pl* **-ies**) *n (pie)* feuilleté *m*

pat [pæt] (*pt & pp* **-tt-**) *vt (tap)* tapoter; *(animal)* caresser

patch [pætʃ] **1** *n (for clothes)* pièce *f*; *(over eye)* bandeau *m*; *(of colour)* tache *f*; *(of ice)* plaque *f*; *Fig* **to be going through a bad p.** traverser une mauvaise passe **2** *vt* **to p. (up)** *(clothing)* rapiécer; **to p. things up** *(after argument)* se raccommoder

patchwork ['pætʃwɜ:k] *n* patchwork *m*

patchy ['pætʃɪ] (**-ier, -iest**) *adj* inégal

patent ['peɪtənt, 'pætənt] **1** *n* brevet *m* d'invention **2** *vt* (faire) breveter ▪ **patently** *adv* manifestement

paternal [pə'tɜ:nəl] *adj* paternel, -elle

path [pɑ:θ] (*pl* **-s** [pɑ:ðz]) *n* chemin *m*; *(narrow)* sentier *m*; *(in park)* allée *f*; *(of river)* cours *m*; *(of bullet)* trajectoire *f*

pathetic [pə'θetɪk] *adj* pitoyable

pathway ['pɑ:θweɪ] *n* sentier *m*

patience ['peɪʃəns] *n* (**a**) *(quality)* patience *f*; **to lose p.** perdre patience (**with sb** avec qn) (**b**) *Br (card game)* **to play p.** faire une réussite

patient ['peɪʃənt] **1** *adj* patient **2** *n* patient, -e *mf* ▪ **patiently** *adv* patiemment

patio ['pætɪəʊ] (*pl* **-os**) *n* patio *m*

patriot ['pætrɪət, 'peɪtrɪət] *n* patriote *mf* ▪ **patriotic** [-rɪ'ɒtɪk, peɪtrɪ'ɒtɪk] *adj (views, speech)* patriotique; *(person)* patriote

patrol [pə'trəʊl] **1** *n* patrouille *f*; **to be on p.** être de patrouille; **p. car** voiture *f* de police **2** (*pt & pp* **-ll-**) *vt* patrouiller dans **3** *vi* patrouiller ▪ **patrolman** (*pl* **-men**) *n Am (policeman)* agent *m* de police

patron ['peɪtrən] *n (of arts)* protecteur, -trice *mf*; *(of charity)* patron, -onne *mf*; *(customer)* client, -e *mf*; *Rel* **p. saint** patron, -onne *mf*

patronize [*Br* 'pætrənaɪz, *Am* 'peɪtrənaɪz] *vt (be condescending towards)* traiter avec condescendance ▪ **patronizing** *adj* condescendant

patter ['pætə(r)] *n (of footsteps)* petit bruit *m*; *(of rain)* crépitement *m*

pattern ['pætən] *n (design)* dessin *m*, motif *m*; *(in sewing)* patron *m*; *(in knitting) & Fig (norm)* modèle *m*; *(tendency)* tendance *f*

paunch [pɔ:ntʃ] *n* ventre *m*

pause [pɔ:z] **1** *n* pause *f*; *(in conversation)* silence *m* **2** *vi (stop)* faire une pause; *(hesitate)* hésiter

pave [peɪv] *vt (road)* paver (**with** de); *Fig* **to p. the way for sth** ouvrir la voie à qch ▪ **paving** *n* **p. stone** pavé *m*

pavement ['peɪvmənt] *n Br (beside road)* trottoir *m*; *Am (roadway)* chaussée *f*

pavilion [pə'vɪljən] *n* pavillon *m*

paw [pɔ:] *n* patte *f*

pawn¹ [pɔ:n] *n (chess piece)* pion *m*

pawn² [pɔ:n] *vt* mettre en gage ▪ **pawnbroker** *n* prêteur, -euse *mf* sur gages ▪ **pawnshop** *n* mont-de-piété *m*

pay [peɪ] **1** *n* paie *f*, salaire *m*; *(of soldier)* solde *f*; **p. rise** augmentation *f* de salaire; *Br* **p. slip,** *Am* **p. stub** fiche *f* de paie

2 (*pt & pp* **paid**) *vt (person, money, bill)* payer; *(sum, deposit)* verser; *(yield) (of investment)* rapporter; **I paid £5 for it** je l'ai payé 5 livres; **to p. sb to do sth** *or* **for doing sth** payer qn pour qu'il fasse qch; **to p. sb for sth** payer qch à qn

3 *vi* payer ▪ **payable** *adj (due)* payable; **to make a cheque p. to sb** libeller un chèque à l'ordre de qn

■ **payment** *n* paiement *m*; *(of deposit)* versement *m*; **on p. of 20 euros** moyennant 20 euros ■ **payphone** *n* téléphone *m* public

▸ **pay back** *vt sep (person, loan)* rembourser; *Fig* **I'll p. you back for this!** tu me le paieras!

▸ **pay for** *vt insep* payer

▸ **pay in** *vt sep (cheque, money)* verser sur un compte

▸ **pay off** **1** *vt sep (debt)* rembourser; *(in instalments)* rembourser par acomptes **2** *vi (of work, effort)* porter ses fruits

▸ **pay out** *vt sep (spend)* dépenser

▸ **pay up** *vi* payer

PC [piːˈsiː] (**a**) (*abbr* **personal computer**) PC *m*, micro *m* (**b**) (*abbr* **politically correct**) politiquement correct

PE [piːˈiː] (*abbr* **physical education**) *n* EPS *f*

pea [piː] *n* pois *m*; **peas,** *Br* **garden** *or* **green peas** petits pois *mpl*

peace [piːs] *n* paix *f*; **p. of mind** tranquillité *f* d'esprit; **at p.** en paix (**with** avec); **I'd like some p. and quiet** j'aimerais un peu de silence

peaceful [ˈpiːsfəl] *adj (calm)* paisible; *(non-violent)* pacifique

peach [piːtʃ] *n (fruit)* pêche *f*

peacock [ˈpiːkɒk] *n* paon *m*

peak [piːk] **1** *n (mountain top)* sommet *m*; *(mountain)* pic *m*; *(of cap)* visière *f*; *Fig (of fame, success)* apogée *m* **2** *adj (hours, period)* de pointe

peal [piːl] **1** *n (of bells)* sonnerie *f*; **peals of laughter** éclats *mpl* de rire **2** *vi* **to p. (out)** *(of bells)* sonner à toute volée

peanut [ˈpiːnʌt] *n* cacah(o)uète *f*; **p. butter** beurre *m* de cacah(o)uètes

pear [peə(r)] *n* poire *f*

pearl [pɜːl] *n* perle *f*; **p. necklace** collier *m* de perles

peasant [ˈpezənt] *n & adj* paysan, -anne *(mf)*

peat [piːt] *n* tourbe *f*

pebble [ˈpebəl] *n (stone)* caillou *m* (*pl* -oux); *(on beach)* galet *m*

pecan [ˈpiːkən] *n (nut)* noix *f* de pécan

peck [pek] *vti* **to p. (at)** *(grain)* picorer; *(person)* donner un coup de bec à

peckish [ˈpekɪʃ] *adj Br* **to be p.** avoir un petit creux

peculiar [pɪˈkjuːlɪə(r)] *adj (strange)* bizarre; *(special, characteristic)* particulier, -ère (**to** à)

pedal [ˈpedəl] **1** *n* pédale *f*; **p. bin** poubelle *f* à pédale **2** (*Br* **-ll-**, *Am* **-l-**) *vt* **to p. a bicycle** être à bicyclette **3** *vi* pédaler

pedantic [pɪˈdæntɪk] *adj* pédant

peddle [ˈpedəl] *vt (goods, ideas)* colporter; *(drugs)* faire du trafic de ■ **peddler** *n (door-to-door)* colporteur, -euse *mf*; *(in street)* camelot *m*; **(drug) p.** trafiquant, -e *mf* de drogue

pedestal [ˈpedɪstəl] *n* piédestal *m*

pedestrian [pəˈdestrɪən] *n* piéton *m*; *Br* **p. crossing** passage *m* pour piétons; *Br* **p. precinct** zone *f* piétonnière

pediatrician [piːdɪəˈtrɪʃən] *n Am* = **paediatrician**

pedigree [ˈpedɪgriː] **1** *n (of animal)* pedigree *m*; *(of person)* ascendance *f* **2** *adj (animal)* de race

pedlar [ˈpedlə(r)] *n (door-to-door)* colporteur, -euse *mf*; *(in street)* camelot *m*

pee [piː] *Fam* **1** *n* **to go for a p.** faire pipi **2** *vi* faire pipi

peek [piːk] *vi* jeter un coup d'œil furtif (**at** à)

peel [piːl] **1** *n (of vegetable, fruit)* peau *f*; *(of orange, lemon)* écorce *f* **2** *vt (vegetable)* éplucher; *(fruit)* peler; **to p. sth off** *(label)* décoller qch **3** *vi (of skin, person)* peler; *(of paint)* s'écailler ■ **peeler** *n* **(potato) p.** épluche-légumes *m inv* ■ **peelings** *npl* épluchures *fpl*

peep [piːp] *vi* jeter un coup d'œil furtif (**at** à); **to p. out** se montrer

peer [pɪə(r)] **1** *n (equal) & Br (nobleman)* pair *m* **2** *vi* **to p. at sb/sth** scruter qn/qch du regard

peeved [piːvd] *adj* en rogne

peevish [ˈpiːvɪʃ] *adj* irritable

peg [peg] *n (for coat, hat)* patère *f*; *(for drying clothes)* pince *f* à linge; *(for tent)* piquet *m*; *(wooden pin)* cheville *f*; *Br* **to buy sth off the p.** acheter qch en prêt-à-porter

pejorative [pɪ'dʒɒrətɪv] *adj* péjoratif, -ive

pelican ['pelɪkən] *n* pélican *m*; *Br* **p. crossing** feux *mpl* à commande manuelle

pelt [pelt] **1** *vt* bombarder (**with** de) **2** *vi Fam* **it's pelting down** il pleut à verse

pelvis ['pelvɪs] *n Anat* pelvis *m*

pen¹ [pen] *n (for writing)* stylo *m*; **p. friend** *or* **pal** correspondant, -e *mf*

pen² [pen] *n (for sheep, cattle)* parc *m*

penal ['pi:nəl] *adj (code, law)* pénal ▪ **penalize** *vt* pénaliser

penalty ['penəltɪ] (*pl* **-ies**) *n (prison sentence)* peine *f*; *(fine)* amende *f*; *(in football)* penalty *m*; *(in rugby)* pénalité *f*

pence [pens] *pl of* **penny**

pencil ['pensəl] **1** *n* crayon *m*; **in p.** au crayon; **p. sharpener** taille-crayon *m* **2** (*Br* **-ll-**, *Am* **-l-**) *vt Fig* **to p. sth in** fixer qch provisoirement

pendant ['pendənt] *n (around neck)* pendentif *m*

pending ['pendɪŋ] **1** *adj (matter, business)* en attente **2** *prep (until)* en attendant

pendulum ['pendjʊləm] *n* pendule *m*

penetrate ['penɪtreɪt] **1** *vt (substance)* pénétrer; *(mystery)* percer **2** *vti* **to p. (into)** *(forest)* pénétrer dans; *(group)* s'infiltrer dans ▪ **penetrating** *adj (mind, cold)* pénétrant

penguin ['peŋgwɪn] *n* manchot *m*

penicillin [penɪ'sɪlɪn] *n* pénicilline *f*

peninsula [pə'nɪnsjʊlə] *n* presqu'île *f*; *(larger)* péninsule *f*

penis ['pi:nɪs] *n* pénis *m*

penitentiary [penɪ'tenʃərɪ] (*pl* **-ies**) *n Am* prison *f* centrale

penknife ['pennaɪf] (*pl* **-knives**) *n* canif *m*

penniless ['penɪləs] *adj* sans le sou

penny ['penɪ] *n* (**a**) (*pl* **-ies**) *Br (coin)* penny *m*; *Am & Can (cent)* cent *m*; *Fig* **I don't have a p.** je n'ai pas un sou (**b**) (*pl* **pence**) *Br (value, currency)* penny *m*

pension ['penʃən] **1** *n* pension *f*; **(retirement) p.** retraite *f*; *Br* **old age p.** pension *f* de vieillesse **2** *vt* **to p. sb off** mettre qn à la retraite ▪ **pensioner** *n* retraité, -e *mf*; *Br* **old age p.** retraité, -e *mf*

pent-up ['pent'ʌp] *adj (feelings)* refoulé

penultimate [pɪ'nʌltɪmət] *adj* avant-dernier, -ère

people ['pi:pəl] **1** *n (nation)* peuple *m* **2** *npl (as group)* gens *mpl*; *(as individuals)* personnes *fpl*; **the p.** *(citizens)* le peuple; **two p.** deux personnes; **English p.** les Anglais *mpl*; **p. think that...** les gens pensent que...

pepper ['pepə(r)] *n* poivre *m*; *(vegetable)* poivron *m*; **p. mill** moulin *m* à poivre

peppermint ['pepəmɪnt] *n (flavour)* menthe *f*; *(sweet)* bonbon *m* à la menthe

per [pɜ:(r)] *prep* par; **p. annum** par an; **50 pence p. kilo** 50 pence le kilo; **40 km p. hour** 40 km à l'heure

perceive [pə'si:v] *vt (see, hear)* percevoir; *(notice)* remarquer (**that** que)

percentage [pə'sentɪdʒ] *n* pourcentage *m* ▪ **percent** *adv* pour cent

perception [pə'sepʃən] *n* perception *f* (**of** de)

perceptive [pə'septɪv] *adj (person)* perspicace; *(study, remark)* pertinent

perch [pɜ:tʃ] **1** *n (for bird)* perchoir *m* **2** *vi* se percher

percolator ['pɜ:kəleɪtə(r)] *n* cafetière *f* à pression; *(in café, restaurant)* percolateur *m*

perennial [pə'renɪəl] **1** *adj (plant)* vivace; *(worry)* perpétuel, -elle **2** *n* plante *f* vivace

perfect 1 ['pɜ:fɪkt] *adj* parfait; *Gram* **p. tense** parfait *m* **2** ['pɜ:fɪkt] *n Gram* parfait *m* **3** [pə'fekt] *vt* parfaire; **to p. one's French** parfaire ses connaissances en français

perfection [pə'fekʃən] *n (quality)* perfection *f* ▪ **perfectly** *adv* parfaitement

perforate ['pɜːfəreɪt] *vt* perforer ▪ **perforation** *n* perforation *f*

perform [pə'fɔːm] **1** *vt (task, miracle)* accomplir; *(duty, function)* remplir; *(play, piece of music)* jouer **2** *vi (act, play)* jouer; *(sing)* chanter; *(dance)* danser; **to p. well/badly** *(in job)* bien/mal s'en tirer ▪ **performance** *n* (**a**) *(of play)* représentation *f* (**b**) *(of actor, musician)* interprétation *f*; *(of athlete)* performance *f*; *(of company)* résultats *mpl*

performer [pə'fɔːmə(r)] *n (entertainer)* artiste *mf*; *(in play, of music)* interprète *mf* (**of** de)

perfume ['pɜːfjuːm] *n* parfum *m*

perhaps [pə'hæps] *adv* peut-être; **p. not/so** peut-être que non/que oui; **p. she'll come** peut-être qu'elle viendra, elle viendra peut-être

peril ['perɪl] *n* péril *m*, danger *m*

period ['pɪərɪəd] **1** *n* (**a**) *(stretch of time)* période *f*; *(historical)* époque *f*; *(school lesson)* heure *f* de cours; **(monthly) period(s)** *(of woman)* règles *fpl* (**b**) *Am (full stop)* point *m*; **I refuse, p.!** je refuse, un point c'est tout! **2** *adj (furniture, costume)* d'époque ▪ **periodical** [-rɪ'ɒdɪkəl] *n (magazine)* périodique *m* ▪ **periodically** [-rɪ'ɒdɪklɪ] *adv* périodiquement

peripheral [pə'rɪfərəl] *n Comptr* périphérique *m*

perish ['perɪʃ] *vi (of person)* périr

perishable ['perɪʃəbəl] *adj (food)* périssable

perjury ['pɜːdʒərɪ] *n* faux témoignage *m*

perk [pɜːk] **1** *n Br Fam (in job)* avantage *m* **2** *vt* **to p. sb up** *(revive)* ragaillardir qn; *(cheer up)* remonter le moral à qn **3** *vi* **to p. up** reprendre du poil de la bête

perm [pɜːm] **1** *n* permanente *f* **2** *vt* **to have one's hair permed** se faire faire une permanente

permanent ['pɜːmənənt] *adj* permanent; *(address)* fixe ▪ **permanently** *adv* à titre permanent

permissible [pə'mɪsəbəl] *adj* permis

permission [pə'mɪʃən] *n* permission *f*, autorisation *f* (**to do** de faire); **to give sb p. (to do sth)** donner la permission à qn (de faire qch)

permissive [pə'mɪsɪv] *adj* permissif, -ive

permit **1** ['pɜːmɪt] *n* permis *m* **2** [pə'mɪt] *(pt & pp* **-tt-**) *vt* permettre (**sb to do** à qn de faire)

perpendicular [pɜːpən'dɪkjʊlə(r)] *adj & n* perpendiculaire *(f)*

perpetrate ['pɜːpɪtreɪt] *vt (crime)* perpétrer ▪ **perpetrator** *n* auteur *m*

perpetual [pə'petʃʊəl] *adj* perpétuel, -elle ▪ **perpetuate** [-ʊeɪt] *vt* perpétuer

perplexed [pə'plekst] *adj* perplexe

persecute ['pɜːsɪkjuːt] *vt* persécuter ▪ **persecution** *n* persécution *f*

persevere [pɜːsɪ'vɪə(r)] *vi* persévérer (**with** dans) ▪ **perseverance** *n* persévérance *f*

Persian ['pɜːʃən, 'pɜːʒən] **1** *adj (carpet, cat)* persan; **the P. Gulf** le golfe Persique **2** *n (language)* persan *m*

persist [pə'sɪst] *vi* persister (**in doing** à faire; **in sth** dans qch) ▪ **persistent** *adj (person)* tenace; *(smell, rumours)* persistant; *(attempts)* continuel, -elle

person ['pɜːsən] *n* personne *f*; **in p.** en personne

personal ['pɜːsənəl] *adj* personnel, -elle; *(friend)* intime; *(life)* privé; *(indiscreet)* indiscret, -ète; **p. computer** ordinateur *m* individuel; **p. organizer** agenda *m* électronique; **p. stereo** baladeur *m*

personality [pɜːsə'nælətɪ] *(pl* **-ies**) *n (character, famous person)* personnalité *f*

personally ['pɜːsənəlɪ] *adv* personnellement; *(in person)* en personne

personify [pə'sɒnɪfaɪ] *(pt & pp* **-ied**) *vt* personnifier

personnel [pɜːsə'nel] *n (staff)* personnel *m*

perspective [pəˈspektɪv] *n* perspective *f*; *Fig* **in p.** sous son vrai jour

perspire [pəˈspaɪə(r)] *vi* transpirer

persuade [pəˈsweɪd] *vt* persuader (**sb to do** qn de faire) ▪ **persuasion** *n* persuasion *f*; *(creed)* religion *f* ▪ **persuasive** *adj (person, argument)* persuasif, -ive

pertain [pəˈteɪn] *vi Formal* **to p. to** *(relate)* se rapporter à

pertinent [ˈpɜːtɪnənt] *adj* pertinent

perturb [pəˈtɜːb] *vt* troubler

Peru [pəˈruː] *n* le Pérou

peruse [pəˈruːz] *vt Formal (read carefully)* lire attentivement; *(skim through)* parcourir

pervade [pəˈveɪd] *vt* imprégner ▪ **pervasive** *adj (feeling)* général; *(influence)* omniprésent

perverse [pəˈvɜːs] *adj (awkward)* contrariant ▪ **perversion** [-ʃən, *Am* -ʒən] *n (sexual)* perversion *f*

pervert 1 [ˈpɜːvɜːt] *n (sexual deviant)* pervers, -e *mf* **2** [pəˈvɜːt] *vt* pervertir; *(mind)* corrompre

pessimism [ˈpesɪmɪzəm] *n* pessimisme *m* ▪ **pessimistic** *adj* pessimiste

pest [pest] *n (animal)* animal *m* nuisible; *(insect)* insecte *m* nuisible; *Fam (person)* plaie *f*

pester [ˈpestə(r)] *vt* tourmenter; **to p. sb to do sth** harceler qn pour qu'il fasse qch

pesticide [ˈpestɪsaɪd] *n* pesticide *m*

pet [pet] **1** *n* animal *m* domestique; *(favourite person)* chouchou, -oute *mf*; *(term of address)* petit chou *m* **2** *adj (dog, cat)* domestique; *(favourite)* favori, -ite; **p. shop** animalerie *f* **3** *(pt & pp* **-tt-***) vt (fondle)* caresser **4** *vi Fam* se peloter

petal [ˈpetəl] *n* pétale *m*

peter [ˈpiːtə(r)] *vi* **to p. out** *(of conversation)* tarir; *(of scheme)* n'aboutir à rien; *(of path, stream)* disparaître

petition [pəˈtɪʃən] *n (signatures)* pétition *f*; *(request to court of law)* requête *f*

petrify [ˈpetrɪfaɪ] *(pt & pp* **-ied***) vt* pétrifier

petrol [ˈpetrəl] *n Br* essence *f*; **p. station** station-service *f*; **p. tank** réservoir *m* d'essence

petticoat [ˈpetɪkəʊt] *n* jupon *m*

petty [ˈpetɪ] (**-ier, -iest**) *adj (trivial)* insignifiant; *(mean)* mesquin; **p. cash** petite caisse *f*

pew [pjuː] *n* banc *m* d'église

phantom [ˈfæntəm] *n* fantôme *m*

pharmacy [ˈfɑːməsɪ] *(pl* **-ies***) n* pharmacie *f* ▪ **pharmacist** *n* pharmacien, -enne *mf*

phase [feɪz] **1** *n* phase *f* **2** *vt* **to p. sth in/out** introduire/supprimer qch progressivement

PhD [piːeɪtʃˈdiː] *(abbr* **Doctor of Philosophy***) n (degree)* doctorat *m* (**in** de); *(person)* docteur *m*

phenomenon [fɪˈnɒmɪnən] *(pl* **-ena** [-ɪnə]*) n* phénomène *m* ▪ **phenomenal** *adj* phénoménal

Philippines [ˈfɪlɪpiːnz] *npl* **the P.** les Philippines *fpl*

philistine [ˈfɪlɪstaɪn] *n* béotien, -enne *mf*, philistin *m*

philosopher [fɪˈlɒsəfə(r)] *n* philosophe *mf*

philosophical [fɪləˈsɒfɪkəl] *adj* philosophique; *Fig (stoical, resigned)* philosophe

philosophy [fɪˈlɒsəfɪ] *(pl* **-ies***) n* philosophie *f*

phlegm [flem] *n (in throat)* glaires *fpl*

phobia [ˈfəʊbɪə] *n* phobie *f*

phone [fəʊn] **1** *n* téléphone *m*; **to be on the p.** *(be talking)* être au téléphone; *(have a telephone)* avoir le téléphone; **p. call** coup *m* de téléphone; **to make a p. call** téléphoner (**to** à); **p. book** annuaire *m*; **p. box,** *Br* **p. booth** cabine *f* téléphonique; **p. number** numéro *m* de téléphone

2 *vt* téléphoner (**to** à); **to p. sb (up)** téléphoner à qn; **to p. sb back** rappeler qn

3 *vi* **to p. (up)** téléphoner; **to p. back** rappeler ▪ **phonecard** *n Br* carte *f* de téléphone

phonetic [fəˈnetɪk] *adj* phonétique

phoney ['fəʊnɪ] *Fam* **1** (**-ier, -iest**) *adj (company, excuse)* bidon *inv* **2** *n (impostor)* imposteur *m*; *(insincere person)* faux jeton *m*

photo ['fəʊtəʊ] (*pl* **-os**) *n* photo *f*; **to take sb's p.** prendre qn en photo; **to have one's p. taken** se faire prendre en photo; **p. album** album *m* de photos

photocopy ['fəʊtəʊkɒpɪ] **1** (*pl* **-ies**) *n* photocopie *f* **2** (*pt & pp* **-ied**) *vt* photocopier ▪ **photocopier** *n* photocopieuse *f*

photograph ['fəʊtəgrɑːf] **1** *n* photographie *f* **2** *vt* photographier ▪ **photographer** [fə'tɒgrəfə(r)] *n* photographe *mf* ▪ **photography** [fə'tɒgrəfɪ] *n (activity)* photographie *f*

phrase [freɪz] **1** *n (saying)* expression *f*; *(idiom, in grammar)* locution *f*; **p. book** manuel *m* de conversation **2** *vt (verbally)* exprimer; *(in writing)* rédiger

physical ['fɪzɪkəl] *adj* physique; **p. education** éducation *f* physique; **p. examination** visite *f* médicale

physician [fɪ'zɪʃən] *n* médecin *m*

physics ['fɪzɪks] *n (science)* physique *f*

physiology [fɪzɪ'ɒlədʒɪ] *n* physiologie *f*

physiotherapy [fɪzɪəʊ'θerəpɪ] *n* kinésithérapie *f*

physique [fɪ'ziːk] *n* physique *m*

piano [pɪ'ænəʊ] (*pl* **-os**) *n* piano *m* ▪ **pianist** ['pɪənɪst] *n* pianiste *mf*

pick[1] [pɪk] **1** *n (choice)* choix *m*; **to take one's p.** choisir **2** *vt (choose)* choisir; *(flower, fruit)* cueillir; *(hole)* faire (**in** dans); *(lock)* crocheter; **to p. a fight** chercher la bagarre (**with** avec)

▸ **pick at** *vt insep* **to p. at one's food** picorer

▸ **pick off** *vt sep (remove)* enlever

▸ **pick on** *vt insep (nag, blame)* s'en prendre à

▸ **pick out** *vt sep (choose)* choisir; *(identify)* repérer

▸ **pick up 1** *vt sep (lift up)* ramasser; *(person into air, weight)* soulever; *(baby)* prendre dans ses bras; *(cold)* attraper; *(habit, accent, speed)* prendre; *(fetch, collect)* passer prendre; *(radio programme)* capter; *(arrest)* arrêter; *(learn)* apprendre; **to p. up the phone** décrocher le téléphone **2** *vi (improve)* s'améliorer; *(of business)* reprendre; **let's p. up where we left off** reprenons (là où nous en étions restés)

pick[2] [pɪk] *n (tool)* pic *m*; **ice p.** pic *m* à glace

pickaxe ['pɪkæks] (*Am* **pickax**) *n* pioche *f*

picket ['pɪkɪt] *n (in strike)* **p. (line)** piquet *m* de grève

pickle ['pɪkəl] **1** *n* **pickles** *(vegetables) Br* conserves *fpl* (au vinaigre); *Am* concombres *mpl*, cornichons *mpl*; *Fam* **to be in a p.** être dans le pétrin **2** *vt* conserver dans du vinaigre; **pickled onion** oignon *m* au vinaigre

pickpocket ['pɪkpɒkɪt] *n* pickpocket *m*

pick-up ['pɪkʌp] *n* **p. (truck)** pick-up *m inv (petite camionnette à plateau)*; **p. point** *(for goods, passengers)* point *m* de ramassage

picky ['pɪkɪ] (**-ier, -iest**) *adj Fam (choosy)* difficile (**about** sur)

picnic ['pɪknɪk] **1** *n* pique-nique *m* **2** (*pt & pp* **-ck-**) *vi* pique-niquer

picture ['pɪktʃə(r)] **1** *n* image *f*; *(painting)* tableau *m*; *(drawing)* dessin *m*; *(photo)* photo *f*; *Fig (situation)* situation *f*; *Br Fam (film)* film *m*; *Br Fam* **the pictures** le cinéma; **p. frame** cadre *m* **2** *vt* **to p. sth (to oneself)** s'imaginer qch

picturesque [pɪktʃə'resk] *adj* pittoresque

pie [paɪ] *n (open)* tarte *f*; *(with pastry on top)* tourte *f*; **p. chart** camembert *m*

piece [piːs] **1** *n* morceau *m*; *(smaller)* bout *m*; *(in chess, puzzle)* pièce *f*; **to take sth to pieces** démonter qch; **a p. of news/advice/luck** une nouvelle/

un conseil/une chance; **in one p.** *(object)* intact **2** *vt* **to p. together** *(facts)* reconstituer

pier [pɪə(r)] *n (for walking, with entertainments)* jetée *f*

pierce [pɪəs] *vt* percer; *(of cold, bullet, sword)* transpercer; **to have one's ears pierced** se faire percer les oreilles ▪ **piercing** *adj (voice, look)* perçant; *(wind)* vif *(f* vive)

pig [pɪg] *n (animal)* cochon *m*, porc *m*; *Fam (greedy person)* goinfre *m*

pigeon ['pɪdʒɪn] *n* pigeon *m*

pigeonhole ['pɪdʒɪnhəʊl] **1** *n* casier *m* **2** *vt (classify, label)* classer; *(person)* étiqueter

piggy ['pɪgɪ] *n* **p. bank** tirelire *f (en forme de cochon)*

piggyback ['pɪgɪbæk] *n* **to give sb a p.** porter qn sur son dos

pigment ['pɪgmənt] *n* pigment *m*

pigtail ['pɪgteɪl] *n (hair)* natte *f*

pilchard ['pɪltʃəd] *n* pilchard *m*

pile [paɪl] **1** *n (heap)* tas *m*; *(neat stack)* pile *f*; *Fam* **to have piles of** *or* **a p. of things to do** avoir un tas de choses à faire **2** *vt* entasser; *(stack)* empiler

▸**pile up 1** *vt sep* entasser; *(stack)* empiler **2** *vi (accumulate)* s'accumuler

piles [paɪlz] *npl (illness)* hémorroïdes *fpl*

pile-up ['paɪlʌp] *n Fam (on road)* carambolage *m*

pilgrim ['pɪlgrɪm] *n* pèlerin *m* ▪ **pilgrimage** *n* pèlerinage *m*

pill [pɪl] *n* pilule *f*; **to be on the p.** *(of woman)* prendre la pilule

pillage ['pɪlɪdʒ] **1** *n* pillage *m* **2** *vti* piller

pillar ['pɪlə(r)] *n* pilier *m*; *Br* **p. box** boîte *f* aux lettres

pillow ['pɪləʊ] *n* oreiller *m* ▪ **pillowcase** *n* taie *f* d'oreiller

pilot ['paɪlət] **1** *n (of plane, ship)* pilote *m* **2** *adj* **p. light** veilleuse *f*; **p. scheme** projet *m* pilote **3** *vt (plane, ship)* piloter

pimple ['pɪmpəl] *n* bouton *m*

PIN [pɪn] *(abbr* **personal identification number)** *n Br* **P. (number)** code *m* confidentiel

pin [pɪn] **1** *n* épingle *f*; *Br (drawing pin)* punaise *f*; *(in machine)* goupille *f* **2** *(pt & pp* **-nn-**) *vt (attach)* épingler (**to** à); *(to wall)* punaiser (**to** *or* **on** à); **to p. down** *(immobilize)* immobiliser; *(fix)* fixer; **to p. sth up** *(notice)* fixer qch au mur

pinball ['pɪnbɔːl] *n* flipper *m*; **p. machine** flipper *m*

pincers ['pɪnsəz] *npl (tool)* tenailles *fpl*

pinch [pɪntʃ] **1** *n (of salt)* pincée *f*; **to give sb a p.** pincer qn; *Br* **at a p.**, *Am* **in a p.** à la rigueur **2** *vt* pincer; *Br Fam (steal)* piquer (**from** à) **3** *vi (of shoes)* serrer

pine [paɪn] **1** *n (tree, wood)* pin *m*; **p. forest** pinède *f* **2** *vi* **to p. for sb/sth** se languir de qn/qch

pineapple ['paɪnæpəl] *n* ananas *m*

pink [pɪŋk] *adj & n (colour)* rose *(m)*

pinnacle ['pɪnəkəl] *n Fig (of fame, career)* apogée *m*

pinpoint ['pɪnpɔɪnt] *vt (locate)* repérer; *(identify)* identifier

pint [paɪnt] *n* pinte *f (Br = 0,57 l, Am = 0,47 l)*; **a p. of beer** ≃ un demi

pioneer [paɪə'nɪə(r)] **1** *n* pionnier, -ère *mf* **2** *vt* **to p. sth** être le premier/la première à mettre au point qch

pious ['paɪəs] *adj (person, deed)* pieux *(f* pieuse)

pip [pɪp] *n Br (of fruit)* pépin *m*

pipe [paɪp] **1** *n* tuyau *m*; *(for smoking)* pipe *f*; *(musical instrument)* pipeau *m*; **to smoke a p.** fumer la pipe **2** *vi Fam* **to p. down** *(shut up)* se taire ▪ **piping** *adv* **p. hot** très chaud

pipeline ['paɪplaɪn] *n (for oil)* pipeline *m*; *Fig* **to be in the p.** être en préparation

pirate ['paɪərət] *n* pirate *m* ▪ **pirated** *adj (book, record, CD)* pirate

pissed [pɪst] *adj very Fam (drunk)* bourré; *Am (angry)* en rogne

pistachio [pɪ'stæʃɪəʊ] *(pl* **-os**) *n (nut, flavour)* pistache *f*

pistol ['pɪstəl] *n* pistolet *m*

pit[1] [pɪt] *n (hole)* fosse *f*; *(mine)* mine *f*

pit[2] [pɪt] *n Am (stone of fruit)* noyau *m* (*pl* -aux); *(smaller)* pépin *m*

pit[3] [pɪt] (*pt & pp* **-tt-**) *vt* **to p. oneself against sb** se mesurer à qn

pitch [pɪtʃ] **1** *n* (**a**) *(for football)* terrain *m* (**b**) *(of voice)* hauteur *f*; *(musical)* ton *m* **2** *vt (tent)* dresser; *(ball)* lancer **3** *vi Fam* **to p. in** *(cooperate)* mettre du sien ▪ **pitch-black, pitch-dark** *adj* noir comme dans un four

pitcher ['pɪtʃə(r)] *n* cruche *f*

pitfall ['pɪtfɔːl] *n (trap)* piège *m*

pith [pɪθ] *n (of orange)* peau *f* blanche

pitiful ['pɪtɪfəl] *adj* pitoyable ▪ **pitiless** *adj* impitoyable

pittance ['pɪtəns] *n (income)* salaire *m* de misère

pity ['pɪtɪ] **1** *n* pitié *f*; **to take** *or* **have p. on sb** avoir pitié de qn; **what a p.!** quel dommage!; **it's a p. that...** c'est dommage que... *(+ subjunctive)* **2** (*pt & pp* **-ied**) *vt* plaindre

pivot ['pɪvət] **1** *n* pivot *m* **2** *vi* pivoter (**on** sur)

pizza ['piːtsə] *n* pizza *f*

placard ['plækɑːd] *n (on wall)* affiche *f*; *(hand-held)* pancarte *f*

place [pleɪs] **1** *n* endroit *m*, lieu *m*; *(seat, position, rank)* place *f*; *Fam* **my p.** chez moi; **to lose one's p.** *(in queue)* perdre sa place; *(in book)* perdre sa page; **to take the p. of sb/sth** remplacer qn/qch; **to take p.** *(happen)* avoir lieu; *Br* **to set** *or* **lay three places** *(at the table)* mettre trois couverts; *Am* **some p.** *(somewhere)* quelque part; *Am* **no p.** *(nowhere)* nulle part; **all over the p.** un peu partout; **in the first p.** *(firstly)* en premier lieu; **in p. of** à la place de; **out of p.** *(remark)* déplacé; *(object)* pas à sa place; **p. of work** lieu *m* de travail

2 *vt (put, situate, invest, in sport)* placer; **to be placed third** se classer troisième; **to p. an order with sb** passer une commande à qn

placement ['pleɪsmənt] *n* stage *m*

placid ['plæsɪd] *adj* placide

plague [pleɪg] **1** *n (disease)* peste *f* **2** *vt (of person)* harceler (**with** de)

plaice [pleɪs] *n (fish)* carrelet *m*

plain[1] [pleɪn] **1** (**-er, -est**) *adj (clear, obvious)* clair; *(simple)* simple; *(without a pattern)* uni; *(not beautiful)* quelconque; **in p. clothes** en civil; **to make it p. to sb that...** faire comprendre à qn que...; **p. chocolate** chocolat *m* noir; **p. flour** farine *f (sans levure)* **2** *adv Fam (utterly)* complètement ▪ **plainly** *adv (clearly)* clairement; *(frankly)* franchement

plain[2] [pleɪn] *n (land)* plaine *f*

plait [plæt] **1** *n* tresse *f*, natte *f* **2** *vt* tresser, natter

plan [plæn] **1** *n (proposal, intention)* projet *m*; *(of building, town, essay)* plan *m*; **to go according to p.** se passer comme prévu **2** (*pt & pp* **-nn-**) *vt (arrange)* projeter; *(crime)* comploter; *(building, town)* faire le plan de; **to p. to do** *or* **on doing sth** *(intend)* projeter de faire qch; **as planned** comme prévu **3** *vi* faire des projets

plane[1] [pleɪn] *n (aircraft)* avion *m*

plane[2] [pleɪn] **1** *n (tool)* rabot *m* **2** *vt* raboter

plane[3] [pleɪn] *n (level, surface) & Fig* plan *m*

planet ['plænɪt] *n* planète *f*

plank [plæŋk] *n* planche *f*

planning ['plænɪŋ] *n* conception *f*; **family p.** planning *m* familial

plant [plɑːnt] **1** *n* (**a**) *(living thing)* plante *f* (**b**) *(factory)* usine *f*; *(machinery)* matériel *m* **2** *vt (tree, flower)* planter; *(crops, seeds)* semer; *(field)* ensemencer (**with** en); *Fig (bomb)* poser

plantation [plæn'teɪʃən] *n (trees, land)* plantation *f*

plaque [plæk] *n (sign)* plaque *f*; *(on teeth)* plaque *f* dentaire

plaster ['plɑːstə(r)] **1** *n* (**a**) *(on wall)* plâtre *m*; **to put sb's leg in p.** mettre la jambe de qn dans le plâtre; **p. cast** *(for broken bone)* plâtre *m* (**b**) *Br* **(sticking) p.** pansement *m* adhésif **2** *vt*

(wall) plâtrer; **to p. sth with** *(cover)* couvrir qch de
plastic ['plæstɪk] **1** *adj (object)* en plastique; **p. bag** sac *m* en plastique; **p. surgery** *(cosmetic)* chirurgie *f* esthétique **2** *n* plastique *m*
plate [pleɪt] *n (dish)* assiette *f*; *(metal sheet)* plaque *f*; *(book illustration)* gravure *f*
plateau ['plætəʊ] (*pl* **-eaus** [-əʊz] *or* **-eaux**) *n (flat land)* plateau *m*
platform ['plætfɔːm] *n (raised surface)* plate-forme *f*; *(in train station)* quai *m*; *(for speaker)* estrade *f*
platinum ['plætɪnəm] *n (metal)* platine *m*
plausible ['plɔːzəbəl] *adj (argument, excuse)* plausible
play [pleɪ] **1** *n (drama)* pièce *f* (de théâtre); *(amusement)* jeu *m*; **to come into p.** entrer en jeu; **a p. on words** un jeu de mots
2 *vt (part, tune, card)* jouer; *(game)* jouer à; *(instrument)* jouer de; *(match)* disputer (**with** avec); *(team, opponent)* jouer contre; *(record, compact disc)* passer; *(radio, tape recorder)* faire marcher; *Fig* **to p. a part in doing/in sth** contribuer à faire/à qch
3 *vi* jouer (**with** avec; **at** à); *(of record player, tape recorder)* marcher; *Fam* **what are you playing at?** à quoi tu joues? ▪ **playboy** *n* play-boy *m* ▪ **playground** *n Br (in school)* cour *f* de récréation; *(in park)* terrain *m* de jeux ▪ **playgroup** *n* garderie *f* ▪ **playmate** *n* camarade *mf* de jeu ▪ **playschool** *n* garderie *f* ▪ **playtime** *n (in school)* récréation *f* ▪ **playwright** *n* dramaturge *mf*
▸ **play about, play around** *vi* jouer, s'amuser
▸ **play back** *vt sep (tape)* réécouter
▸ **play down** *vt sep* minimiser
▸ **play on** *vt insep (feelings, fears)* jouer sur
▸ **play out** *vt sep (scene, fantasy)* jouer
▸ **play up** *vi Fam (of child, machine)* faire des siennes

player ['pleɪə(r)] *n (in game, of instrument)* joueur *m*, joueuse *f*; **clarinet p.** joueur *m*/joueuse *f* de clarinette
playful ['pleɪfəl] *adj (mood, tone)* enjoué; *(child, animal)* joueur (*f* joueuse)
playing ['pleɪɪŋ] *n* jeu *m*; **p. card** carte *f* à jouer; **p. field** terrain *m* de jeux
plc [piːel'siː] (*abbr* **public limited company**) *n Br Com* ≃ SA *f*
plea [pliː] *n (request)* appel *m*
plead [pliːd] **1** *vt (argue)* plaider; *(as excuse)* alléguer **2** *vi* **to p. with sb (to do sth)** implorer qn (de faire qch); **to p. guilty** plaider coupable
pleasant ['plezənt] *adj* agréable (**to** avec)
please [pliːz] **1** *adv* s'il te/vous plaît; **p. sit down** asseyez-vous, je vous prie; **p. do!** bien sûr!, je vous en prie!
2 *vt* **to p. sb** faire plaisir à qn; *(satisfy)* contenter qn
3 *vi* plaire; **do as you p.** fais comme tu veux ▪ **pleased** *adj* content (**with** de); **p. to meet you!** enchanté! ▪ **pleasing** *adj* agréable, plaisant
pleasure ['pleʒə(r)] *n* plaisir *m*
pleat [pliːt] *n* pli *m* ▪ **pleated** *adj* plissé
pledge [pledʒ] **1** *n (promise)* promesse *f* (**to do** de faire) **2** *vt* promettre (**to do** de faire)
plenty ['plentɪ] *n* **p. of** beaucoup de; **that's p.** *(of food)* merci, j'en ai assez ▪ **plentiful** *adj* abondant
pliers ['plaɪəz] *npl* pince *f*
plight [plaɪt] *n (crisis)* situation *f* critique
plimsolls ['plɪmsəʊlz] *npl Br* tennis *mpl*
plod [plɒd] (*pt & pp* **-dd-**) *vi* **to p. (along)** *(walk)* avancer laborieusement; *(work)* travailler laborieusement
plonk[1] [plɒŋk] *vt Fam* **to p. sth (down)** *(drop)* poser qch
plonk[2] [plɒŋk] *n Br Fam (wine)* pinard *m*
plot [plɒt] **1** *n (conspiracy)* complot *m*; *(of novel, film)* intrigue *f*; **p. (of land)** parcelle *f* de terrain **2** (*pt & pp* **-tt-**) *vti*

comploter (**to do** de faire) **3** *vt* **to p. (out)** *(route)* déterminer; *(graph)* tracer

plough [plaʊ] *(Am* **plow**) **1** *n* charrue *f* **2** *vt (field)* labourer **3** *vi* labourer ■ **ploughman** (*pl* **-men**) *n Br* **p.'s lunch** = assiette de fromage ou jambon avec de la salade et des condiments

pluck [plʌk] **1** *n* courage *m* **2** *vt (hair, feathers)* arracher; *(flower)* cueillir; *(fowl)* plumer; *(eyebrows)* épiler; *(string of guitar)* pincer; **to p. up the courage to do sth** trouver le courage de faire qch ■ **plucky** (**-ier, -iest**) *adj* courageux, -euse

plug [plʌg] **1** *n* (**a**) *(of cotton wool, wood)* tampon *m*; *(for sink, bath)* bonde *f* (**b**) *(electrical) (on device)* fiche *f*; *(socket)* prise *f* (de courant); *Aut* **(spark) p.** bougie *f* **2** (*pt & pp* **-gg-**) *vt* (**a**) **to p. (up)** *(gap, hole)* boucher; **to p. sth in** *(appliance)* brancher qch (**b**) *Fam (promote)* faire de la pub pour ■ **plughole** *n* trou *m* d'écoulement

plum [plʌm] *n* prune *f*

plumb [plʌm] *adv Am Fam (crazy)* complètement

▸**plumb in** *vt sep (washing machine)* brancher

plumber ['plʌmə(r)] *n* plombier *m* ■ **plumbing** *n (job, system)* plomberie *f*

plummet ['plʌmɪt] *vi (of prices)* s'effondrer; *(of aircraft)* plonger

plump [plʌmp] **1** (**-er, -est**) *adj (person, arm)* potelé; *(chicken)* dodu; *(cheek)* rebondi **2** *vi Fam* **to p. for sth** se décider pour qch

plunder ['plʌndə(r)] **1** *n (goods)* butin *m* **2** *vt* piller

plunge [plʌndʒ] **1** *n (dive)* plongeon *m*; *Fig (decrease)* chute *f*; *Fam* **to take the p.** *(take on difficult task)* se jeter à l'eau; *(get married)* se marier **2** *vt (thrust)* plonger (**into** dans) **3** *vi (dive)* plonger (**into** dans); *Fig (decrease)* chuter

plural ['plʊərəl] **1** *adj (noun)* au pluriel **2** *n* pluriel *m*; **in the p.** au pluriel

plus [plʌs] **1** *prep* plus; *(as well as)* en plus de **2** *adj (factor) & El* positif, -ive; **twenty p.** plus de vingt **3** (*pl* **plusses** ['plʌsɪz]) *n* **p. (sign)** (signe *m*) plus *m*; **that's a p.** c'est un plus

ply [plaɪ] (*pt & pp* **plied**) **1** *vt (trade)* exercer; **to p. sb with questions** bombarder qn de questions **2** *vi* **to p. between** *(travel)* faire la navette entre

p.m. [piː'em] *adv (afternoon)* de l'après-midi; *(evening)* du soir

pneumonia [njuː'məʊnɪə] *n* pneumonie *f*

poach [pəʊtʃ] **1** *vt (egg)* pocher; *(employee)* débaucher **2** *vi (hunt)* braconner

PO Box [piː'əʊbɒks] (*abbr* **Post Office Box**) *n* boîte *f* postale, BP *f*

pocket ['pɒkɪt] **1** *n* poche *f*; **to be out of p.** en être de sa poche; **p. calculator** calculette *f*; **p. money** argent *m* de poche **2** *vt (put in pocket)* empocher; *Fam (steal)* rafler ■ **pocketbook** *n Am (handbag)* sac *m* à main ■ **pocketful** *n* **a p. of** une pleine poche de

podium ['pəʊdɪəm] *n* podium *m*

poem ['pəʊɪm] *n* poème *m* ■ **poet** *n* poète *m* ■ **poetic** [pəʊ'etɪk] *adj* poétique ■ **poetry** *n* poésie *f*

poignant ['pɔɪnjənt] *adj* poignant

point [pɔɪnt] **1** *n* (**a**) *(of knife, needle)* pointe *f*; *Br* **points** *(for train)* aiguillage *m*

(**b**) *(dot, score, degree, argument)* point *m*; *(location)* endroit *m*; *(importance)* intérêt *m*; **to make a p. of doing sth** mettre un point d'honneur à faire qch; **you have a p.** tu as raison; **there's no p. (in) staying** ça ne sert à rien de rester; **to get to the p.** en arriver au fait; **at this p. in time** en ce moment; **to be on the p. of doing sth** être sur le point de faire qch; **his good points** ses qualités *fpl*; **p. of view** point *m* de vue

(**c**) *Math* **three p. five** trois virgule cinq

2 *vt (aim)* diriger; *(camera, gun)* braquer (**at** sur); **to p. one's finger at sb**

montrer qn du doigt; **to p. sth out** *(show)* montrer qch; *(error, fact)* signaler qch

3 *vi* **to p. at** *or* **to sb/sth** *(with finger)* montrer qn/qch du doigt; **to p. north** *(of arrow, compass)* indiquer le nord

point-blank [pɔɪnt'blæŋk] **1** *adj (refusal)* catégorique; **at p. range** à bout portant **2** *adv (refuse)* (tout) net

pointed ['pɔɪntɪd] *adj* pointu; *(beard)* en pointe; *Fig (remark, criticism)* pertinent

pointer ['pɔɪntə(r)] *n (on dial)* aiguille *f*; *(stick)* baguette *f*; *(clue)* indice *m*

pointless ['pɔɪntləs] *adj* inutile

poise [pɔɪz] *n (composure)* assurance *f*; *(grace)* grâce *f* ▪ **poised** *adj (composed)* calme; *(hanging)* suspendu; *(balanced)* en équilibre; **to be p. to do sth** *(ready)* être prêt à faire qch

poison ['pɔɪzən] **1** *n* poison *m*; *(of snake)* venin *m* **2** *vt* empoisonner ▪ **poisonous** *adj (fumes, substance)* toxique; *(snake)* venimeux, -euse; *(plant)* vénéneux, -euse

poke [pəʊk] **1** *vt (person)* donner un coup à; *(object)* tâter; *(fire)* attiser; **to p. sth into sth** enfoncer qch dans qch; **to p. one's finger at sb** pointer son doigt vers qn; *Fig* **to p. one's nose into sth** mettre son nez dans qch **2** *vi* **to p. at sth** *(with finger, stick)* tâter qch

poker[1] ['pəʊkə(r)] *n (for fire)* tisonnier *m*

poker[2] ['pəʊkə(r)] *n (card game)* poker *m*

Poland ['pəʊlənd] *n* la Pologne ▪ **Pole** *n* Polonais, -e *mf* ▪ **Polish** ['pəʊlɪʃ] **1** *adj* polonais **2** *n (language)* polonais *m*

polar ['pəʊlə(r)] *adj* polaire; **p. bear** ours *m* blanc

Polaroid® ['pəʊlərɔɪd] *n (camera, photo)* Polaroid® *m*

pole[1] [pəʊl] *n (rod)* perche *f*; *(fixed)* poteau *m*; *(for flag)* hampe *f*; **p. vault** *or* **vaulting** saut *m* à la perche

pole[2] [pəʊl] *n Geog* pôle *m*; **North/South P.** pôle *m* Nord/Sud

police [pə'li:s] **1** *n* police *f* **2** *adj (inquiry, dog)* policier, -ère; **p. car** voiture *f* de police; **p. station** poste *m* de police **3** *vt (city, area)* maintenir l'ordre dans ▪ **policeman** *(pl* **-men***) n* agent *m* de police ▪ **policewoman** *(pl* **-women***) n* agent *m* de police

policy ['pɒlɪsɪ] *(pl* **-ies***) n* (**a**) *(of government, organization)* politique *f* (**b**) **(insurance) p.** police *f* (d'assurance)

polio ['pəʊlɪəʊ] *n* polio *f*

polish ['pɒlɪʃ] **1** *n (for shoes)* cirage *m*; *(for floor, furniture)* cire *f*; *(for nails)* vernis *m*; *Fig* raffinement *m*; **to give sth a p.** faire briller qch

2 *vt (floor, table, shoes)* cirer; *(metal)* astiquer; *Fig (style)* polir; *Fam* **to p. off** *(food)* avaler; *(drink)* descendre; *(work)* expédier; **to p. up one's French** travailler son français

polite [pə'laɪt] (**-er, -est**) *adj* poli (**to** *or* **with** avec) ▪ **politely** *adv* poliment

political [pə'lɪtɪkəl] *adj* politique ▪ **politically** *adv* **p. correct** politiquement correct

politician [pɒlɪ'tɪʃən] *n* homme *m*/femme *f* politique

politics ['pɒlɪtɪks] *n* politique *f*

poll [pəʊl] **1** *n (voting)* scrutin *m*; **to go to the polls** aller aux urnes; **(opinion) p.** sondage *m* (d'opinion) **2** *vt (votes)* obtenir; *(people)* sonder

pollen ['pɒlən] *n* pollen *m*

polling ['pəʊlɪŋ] *n (election)* élections *fpl*; *Br* **p. station,** *Am* **p. place** bureau *m* de vote

pollute [pə'lu:t] *vt* polluer ▪ **pollution** *n* pollution *f*

polo ['pəʊləʊ] *n (sport)* polo *m*; **p. neck** *(sweater, neckline)* col *m* roulé

polyester [pɒlɪ'estə(r)] *n* polyester *m*; **p. shirt** chemise *f* en polyester

polythene ['pɒlɪθi:n] *n Br* polyéthylène *m*; **p. bag** sac *m* en plastique

pompous ['pɒmpəs] *adj* pompeux, -euse

pond [pɒnd] *n* étang *m*; *(smaller)* mare *f*; *(artificial)* bassin *m*

ponder ['pɒndə(r)] **1** *vt* réfléchir à **2** *vi*

to p. (over sth) réfléchir (à qch)

pong [pɒŋ] *Br Fam* **1** *n (smell)* puanteur *f* **2** *vi* puer

pony ['pəʊnɪ] (*pl* **-ies**) *n* poney *m* ▪ **ponytail** *n* queue *f* de cheval

poodle ['pu:dəl] *n* caniche *m*

pool[1] [pu:l] *n (puddle)* flaque *f*; *(of blood)* mare *f*; *(for swimming)* piscine *f*

pool[2] [pu:l] **1** *n (of money, helpers)* réserve *f*; *(of typists)* pool *m*; *Br* **the (football) pools** = concours de pronostics des matchs de football **2** *vt (share)* mettre en commun

pool[3] [pu:l] *n (game)* billard *m* américain

poor [pʊə(r)] **1** (**-er, -est**) *adj (not rich)* pauvre; *(bad)* mauvais; *(chances)* maigre; *(harvest, reward)* faible; **to be in p. health** ne pas bien se porter **2** *npl* **the p.** les pauvres *mpl* ▪ **poorly 1** *adv* mal; *(clothed, furnished)* pauvrement **2** *adj Br Fam* malade

pop[1] [pɒp] **1** *exclam* pan! **2** *n (noise)* bruit *m* sec; **to go p.** faire pan **3** (*pt & pp* **-pp-**) *vt* (**a**) *(balloon)* crever; *(cork)* faire sauter (**b**) *Fam (put)* mettre **4** *vi* (**a**) *(burst)* éclater; *(of cork)* sauter (**b**) *Br Fam* **to p. in** passer; **to p. out** sortir (un instant); **to p. up** surgir

pop[2] [pɒp] **1** *n (music)* pop *f* **2** *adj (concert, singer, group)* pop *inv*

pop[3] [pɒp] *n Am Fam (father)* papa *m*

pop[4] [pɒp] *n Am* **(soda) p.** *(drink)* soda *m*

popcorn ['pɒpkɔ:n] *n* pop-corn *m inv*

pope [pəʊp] *n* pape *m*

poplar ['pɒplə(r)] *n (tree, wood)* peuplier *m*

poppy ['pɒpɪ] (*pl* **-ies**) *n (red, wild)* coquelicot *m*; *(cultivated)* pavot *m*

Popsicle® ['pɒpsɪkəl] *n Am (ice lolly)* ≃ Esquimau® *m*

popular ['pɒpjʊlə(r)] *adj* populaire; *(fashionable)* à la mode; *(restaurant)* qui a beaucoup de succès ▪ **popularity** [-'lærətɪ] *n* popularité *f* (**with** auprès de)

populated ['pɒpjʊleɪtɪd] *adj* **densely/sparsely populated** très/peu peuplé

population [pɒpjʊ'leɪʃən] *n* population *f*

porcelain ['pɔ:səlɪn] *n* porcelaine *f*

porch [pɔ:tʃ] *n* porche *m*; *Am (veranda)* véranda *f*

pore [pɔ:(r)] **1** *n (of skin)* pore *m* **2** *vi* **to p. over sth** *(book, question)* étudier qch de près

pork [pɔ:k] *n (meat)* porc *m*; **p. pie** ≃ pâté *m* en croûte

pornography [pɔ:'nɒgrəfɪ] *n* pornographie *f*

porridge ['pɒrɪdʒ] *n* porridge *m*

port[1] [pɔ:t] *n (harbour)* port *m*; **p. of call** escale *f*

port[2] [pɔ:t] *n Naut (left-hand side)* bâbord *m*

port[3] [pɔ:t] *n (wine)* porto *m*

portable ['pɔ:təbəl] *adj* portable

porter ['pɔ:tə(r)] *n (for luggage)* porteur *m*; *(door attendant)* chasseur *m*

portfolio [pɔ:t'fəʊlɪəʊ] (*pl* **-os**) *n (for documents)* porte-documents *m inv*; *(of shares, government minister)* portefeuille *m*

porthole ['pɔ:thəʊl] *n* hublot *m*

portion ['pɔ:ʃən] *n* partie *f*; *(share, helping)* portion *f*

portrait ['pɔ:treɪt, 'pɔ:trɪt] *n* portrait *m*

portray [pɔ:'treɪ] *vt (describe)* dépeindre ▪ **portrayal** *n (description)* tableau *m*

Portugal ['pɔ:tjʊgəl] *n* le Portugal ▪ **Portuguese** [-'gi:z] **1** *adj* portugais **2** *n (person)* Portugais, -e *mf*; *(language)* portugais *m*; **the P.** *(people)* les Portugais

pose [pəʊz] **1** *n (position)* pose *f* **2** *vt (question)* poser; *(threat)* représenter **3** *vi* poser (**for** pour); **to p. as a lawyer** se faire passer pour un avocat

posh [pɒʃ] *adj Fam (smart)* chic *inv*

position [pə'zɪʃən] **1** *n (place, posture, opinion)* position *f*; *(of building, town)* emplacement *m*; *(job, circumstances)* situation *f*; **in a p. to do sth** en mesure de faire qch; **in p.** en place **2** *vt (put)* placer; *(troops)* poster

positive ['pɒzɪtɪv] *adj (person, answer, test)* positif, -ive; *(progress, change)* réel (*f* réelle); *(certain)* sûr, certain (**of** de; **that** que) ▪ **positively** *adv (identify)* formellement; *(think, react)* de façon positive; *(for emphasis)* véritablement

possess [pə'zes] *vt* posséder ▪ **possession** *n (ownership)* possession *f*; *(thing possessed)* bien *m*; **to be in p. of sth** être en possession de qch

possessive [pə'zesɪv] **1** *adj* possessif, -ive **2** *adj & n (in grammar)* possessif *(m)*

possibility [pɒsə'bɪlətɪ] (*pl* **-ies**) *n* possibilité *f*

possible ['pɒsəbəl] *adj* possible; **it is p. (for us) to do it** il (nous) est possible de le faire; **it is p. that...** il est possible que... *(+ subjunctive)*; **as soon as p.** dès que possible

possibly ['pɒsəblɪ] *adv* (**a**) *(perhaps)* peut-être (**b**) *(for emphasis)* **to do all one p. can** faire tout son possible (**to do** pour faire); **he cannot p. stay** il ne peut absolument pas rester

post- [pəʊst] *pref* post-; **post-1800** après 1800

post[1] [pəʊst] **1** *n Br (postal system)* poste *f*; *(letters)* courrier *m*; **by p.** par la poste; **p. office** (bureau *m* de) poste *f* **2** *vt (letter)* poster; **to keep sb posted** tenir qn au courant ▪ **postbox** *n Br* boîte *f* aux lettres ▪ **postcard** *n* carte *f* postale ▪ **postcode** *n Br* code *m* postal ▪ **postdate** *vt* postdater ▪ **postman** (*pl* **-men**) *n Br* facteur *m* ▪ **postmark** *n* cachet *m* de la poste

post[2] [pəʊst] **1** *n (job, place)* poste *m* **2** *vt (sentry, guard)* poster; *Br (employee)* affecter (**to** à)

post[3] [pəʊst] *n (pole)* poteau *m*; *(of door, bed)* montant *m*; **finishing** *or* **winning p.** *(in race)* poteau *m* d'arrivée

postage ['pəʊstɪdʒ] *n* affranchissement *m* (**to** pour); **p. paid** port *m* payé; **p. stamp** timbre-poste *m*

postal ['pəʊstəl] *adj (services)* postal; *(vote)* par correspondance; *Br* **p. order** mandat *m* postal

poster ['pəʊstə(r)] *n* affiche *f*; *(for decoration)* poster *m*

postgraduate [pəʊst'grædjʊət] **1** *adj* de troisième cycle **2** *n* étudiant, -e *mf* de troisième cycle

posthumous ['pɒstjʊməs] *adj* posthume

postmortem [pəʊst'mɔːtəm] *adj & n* **p. (examination)** autopsie *f* (**on** de)

postpone [pəʊs'pəʊn] *vt* reporter

posture ['pɒstʃə(r)] *n (of body)* posture *f*; *Fig* attitude *f*

postwar ['pəʊstwɔː(r)] *adj* d'après-guerre

posy ['pəʊzɪ] (*pl* **-ies**) *n* petit bouquet *m*

pot[1] [pɒt] *n* pot *m*; *(for cooking)* casserole *f*; *Fam* **to go to p.** aller à la ruine

pot[2] [pɒt] *n Fam (drug)* hasch *m*

potato [pə'teɪtəʊ] (*pl* **-oes**) *n* pomme *f* de terre; *Br* **p. crisps,** *Am* **p. chips** chips *fpl*

potent ['pəʊtənt] *adj* puissant; *(drink)* fort

potential [pə'tenʃəl] **1** *adj* potentiel, -elle **2** *n* potentiel *m*; **to have p.** avoir du potentiel

pothole ['pɒthəʊl] *n (in road)* nid-de-poule *m*; *(cave)* caverne *f*

potion ['pəʊʃən] *n* potion *f*

potter ['pɒtə(r)] **1** *n (person)* potier, -ère *mf* **2** *vi Br* **to p. about** *(do odd jobs)* bricoler ▪ **pottery** *n (art)* poterie *f*; *(objects)* poteries *fpl*; **a piece of p.** une poterie

potty[1] ['pɒtɪ] *n (for baby)* pot *m*

potty[2] ['pɒtɪ] (**-ier, -iest**) *adj Br Fam (mad)* dingue

pouch [paʊtʃ] *n* bourse *f*; *(for tobacco)* blague *f*

poultry ['pəʊltrɪ] *n* volaille *f*

pounce [paʊns] *vi (of animal)* bondir (**on** sur); *(of person)* se précipiter (**on** sur)

pound[1] [paʊnd] *n* (**a**) *(weight)* livre *f* *(= 453,6 g)* (**b**) **p. (sterling)** livre *f* (sterling)

pound[2] [paʊnd] *n (for cars, dogs)* fourrière *f*

pound[3] [paʊnd] **1** *vt Mil (town)* pilonner **2** *vi (of heart)* battre à tout rompre

pour [pɔː(r)] **1** *vt* verser; **to p. sb a drink** verser à boire à qn **2** *vi* **it's pouring** il pleut à verse

▸ **pour down** *vi* **it's pouring down** il pleut à verse

▸ **pour in 1** *vt sep (liquid)* verser **2** *vi (of water, sunshine)* entrer à flots; *Fig (of people, money)* affluer

▸ **pour off** *vt sep (liquid)* vider

▸ **pour out 1** *vt sep (liquid)* verser; *Fig (anger, grief)* déverser **2** *vi (of liquid)* se déverser; *Fig (of people)* sortir en masse (**from** de)

pout [paʊt] *vi* faire la moue

poverty ['pɒvətɪ] *n* pauvreté *f*

powder ['paʊdə(r)] **1** *n* poudre *f*; **p. puff** houppette *f*; **p. room** toilettes *fpl* pour dames **2** *vt (body, skin)* poudrer; **to p. one's face** *or* **nose** se poudrer ■ **powdered** *adj (milk, eggs)* en poudre

power ['paʊə(r)] **1** *n (ability, authority)* pouvoir *m*; *(strength, nation)* puissance *f*; *(energy)* énergie *f*; *(electric current)* courant *m*; **to be in p.** être au pouvoir; **to have sb in one's p.** tenir qn à sa merci; *Br* **p. failure** *or* **cut** coupure *f* de courant; *Br* **p. station,** *Am* **p. plant** centrale *f* électrique; *Aut* **p. steering** direction *f* assistée

2 *vt (provide with power)* actionner

powerful ['paʊəfəl] *adj* puissant; *(drug)* fort ■ **powerless** *adj* impuissant (**to do** à faire)

PR [piː'ɑː(r)] (*abbr* **public relations**) *n* RP *fpl*

practical ['præktɪkəl] *adj (tool, knowledge, solution)* pratique; **to be p.** *(of person)* avoir l'esprit pratique; **p. joke** farce *f*

practically ['præktɪkəlɪ] *adv (almost)* pratiquement

practice ['præktɪs] **1** *n (action, exercise, custom)* pratique *f*; *(in sport)* entraînement *m*; *(surgery)* centre *m* médical; **in p.** *(in reality)* dans la *ou* en pratique; **to put sth into p.** mettre qch en pratique; **to be out of p.** avoir perdu l'habitude **2** *vti Am* = **practise**

practise ['præktɪs] (*Am* **practice**) **1** *vt (sport, language, art, religion)* pratiquer; *(medicine, law)* exercer; *(musical instrument)* travailler

2 *vi (of musician)* s'exercer; *(of sportsperson)* s'entraîner; *(of doctor, lawyer)* exercer ■ **practising** *adj (doctor, lawyer)* en exercice; *Rel* pratiquant

practitioner [præk'tɪʃənə(r)] *n* **general p.** (médecin *m*) généraliste *m*

pragmatic [præg'mætɪk] *adj* pragmatique

Prairie ['preərɪ] *n* **the P.** *(in USA)* la (Grande) Prairie; *(in Canada)* les Prairies *fpl*

praise [preɪz] **1** *n* éloges *mpl* **2** *vt* faire l'éloge de; *(God)* louer; **to p. sb for doing** *or* **having done sth** louer qn d'avoir fait qch

pram [præm] *n Br* landau *m* (*pl* -aus)

prank [præŋk] *n* farce *f*

prawn [prɔːn] *n* crevette *f* rose

pray [preɪ] **1** *vt* **to p. that...** prier pour que... *(+ subjunctive)* **2** *vi* prier; *Fig* **to p. for good weather** prier pour qu'il fasse beau

prayer [preə(r)] *n* prière *f*

pre- [priː] *pref* **pre-1800** avant 1800

preach [priːtʃ] *vti* prêcher; **to p. to sb** prêcher qn; *Fig* faire la morale à qn ■ **preacher** *n* prédicateur, -trice *mf*

prearrange [priːə'reɪndʒ] *vt* arranger à l'avance

precarious [prɪ'keərɪəs] *adj* précaire

precaution [prɪ'kɔːʃən] *n* précaution *f*; **as a p.** par précaution

precede [prɪ'siːd] *vti* précéder

precedence ['presɪdəns] *n* **to take p. over sb** avoir la préséance sur qn; **to take p. over sth** passer avant qch

precedent ['presɪdənt] *n* précédent *m*

precinct ['priːsɪŋkt] *n Br (for shopping)* zone *f* commerçante piétonnière; *Am (electoral district)* circonscription *f*; *Am (police district)* secteur *m*

precious ['preʃəs] **1** *adj* précieux, -euse **2** *adv* **p. little** très peu (de)

precipice ['presɪpɪs] *n* précipice *m*

precipitate [prɪ'sɪpɪteɪt] *vt (hasten, throw) & Chem* précipiter

precise [prɪ'saɪs] *adj (exact)* précis; *(meticulous)* méticuleux, -euse ▪ **precisely** *adv* précisément; **at three o'clock p.** à trois heures précises ▪ **precision** [-'sɪʒən] *n* précision *f*

preclude [prɪ'klu:d] *vt (prevent)* empêcher (**from doing** de faire); *(possibility)* exclure

precocious [prɪ'kəʊʃəs] *adj* précoce

preconception [pri:kən'sepʃən] *n* idée *f* préconçue

precondition [pri:kən'dɪʃən] *n* condition *f* préalable

predator ['predətə(r)] *n* prédateur *m*

predecessor ['pri:dɪsesə(r)] *n* prédécesseur *m*

predicament [prɪ'dɪkəmənt] *n* situation *f* difficile

predict [prɪ'dɪkt] *vt* prédire ▪ **predictable** *adj* prévisible ▪ **prediction** *n* prédiction *f*

predispose [pri:dɪs'pəʊz] *vt* prédisposer (**to do** à faire)

predominant [prɪ'dɒmɪnənt] *adj* prédominant ▪ **predominate** *vi* prédominer (**over** sur)

pre-empt [pri:'empt] *vt* devancer

preface ['prefɪs] *n (of book)* préface *f*

prefect ['pri:fekt] *n Br Sch* = élève chargé de la surveillance

prefer [prɪ'fɜ:(r)] (*pt & pp* **-rr-**) *vt* préférer (**to** à); **to p. to do sth** préférer faire qch

preferable ['prefərəbəl] *adj* préférable (**to** à)

preference ['prefərəns] *n* préférence *f* (**for** pour); **in p. to** plutôt que

prefix ['pri:fɪks] *n (before word)* préfixe *m*

pregnant ['pregnənt] *adj (woman)* enceinte; *(animal)* pleine; **five months p.** enceinte de cinq mois ▪ **pregnancy** (*pl* **-ies**) *n* grossesse *f*; **p. test** test *m* de grossesse

prehistoric [pri:hɪ'stɒrɪk] *adj* préhistorique

prejudge [pri:'dʒʌdʒ] *vt (question)* préjuger de; *(person)* juger sans connaître

prejudice ['predʒədɪs] **1** *n (bias)* préjugé *m* **2** *vt (bias)* prévenir (**against/in favour of** contre/en faveur de); *(harm)* nuire à ▪ **prejudiced** *adj* **to be p.** avoir des préjugés (**against/in favour of** contre/en faveur de)

preliminary [prɪ'lɪmɪnərɪ] *adj* préliminaire ▪ **preliminaries** *npl* préliminaires *mpl*

prelude ['prelju:d] *n* prélude *m* (**to** à)

premature [*Br* 'premətʃʊə(r), *Am* pri:mə'tʃʊər] *adj* prématuré

premeditate [pri:'medɪteɪt] *vt* préméditer

premier [*Br* 'premɪə(r), *Am* prɪ'mɪər] *n* Premier ministre *m*

première [*Br* 'premɪeə(r), *Am* prɪ'mɪər] *n (of play, film)* première *f*

premises ['premɪsɪz] *npl* locaux *mpl*; **on the p.** sur place

premium ['pri:mɪəm] *n Fin (for insurance)* prime *f*; *(additional sum)* supplément *m*

premonition [*Br* premə'nɪʃən, *Am* pri:mə'nɪʃən] *n* prémonition *f*

prenatal [pri:'neɪtəl] *adj Am* prénatal

preoccupy [pri:'ɒkjʊpaɪ] (*pt & pp* **-ied**) *vt* préoccuper au plus haut point; **to be preoccupied** être préoccupé (**with** par) ▪ **preoccupation** *n* préoccupation *f* (**with** pour)

prep [prep] *adj* **p. school** *Br* école *f* primaire privée; *Am* école *f* secondaire privée

pre-packed [pri:'pækt] *adj (meat, vegetables)* préemballé

prepaid [pri:'peɪd] *adj* prépayé

preparation [prepə'reɪʃən] *n* préparation *f*; **preparations** préparatifs *mpl* (**for** de)

preparatory [prə'pærətərɪ] *adj* préparatoire; **p. school** *Br* école *f* primaire privée; *Am* école *f* secondaire privée

prepare [prɪ'peə(r)] **1** *vt* préparer (**sth for** qch pour; **sb for** qn à) **2** *vi* se préparer pour; **to p. to do sth** se préparer à faire qch ▪ **prepared** *adj (ready)* prêt (**to do** à faire); **to be p. for sth** s'attendre à qch

preposition [prepə'zɪʃən] *n* préposition *f*

preposterous [prɪ'pɒstərəs] *adj* ridicule

prerecorded [pri:rɪ'kɔ:dɪd] *adj* préenregistré

prerequisite [pri:'rekwɪzɪt] *n (condition f)* préalable *m*

prerogative [prɪ'rɒgətɪv] *n* prérogative *f*

preschool ['pri:sku:l] *adj* préscolaire

prescribe [prɪ'skraɪb] *vt (of doctor)* prescrire ▪ **prescribed** *adj (textbook)* (inscrit) au programme ▪ **prescription** *n (for medicine)* ordonnance *f*; **on p.** sur ordonnance

presence ['prezəns] *n* présence *f*; **in the p. of** en présence de; **p. of mind** présence *f* d'esprit

present[1] ['prezənt] **1** *adj* (**a**) *(in attendance)* présent (**at** à; **in** dans) (**b**) *(current)* actuel, -elle; **the p. tense** le présent **2** *n* **the p.** *(time, tense)* le présent; **for the p.** pour l'instant; **at p.** en ce moment ▪ **present-day** *adj* actuel, -elle ▪ **presently** *adv (soon)* bientôt; *Am (now)* actuellement

present[2] **1** ['prezənt] *n (gift)* cadeau *m* **2** [prɪ'zent] *vt (show, introduce)* présenter (**to** à); *(concert, film)* donner; **to p. sb with** *(gift)* offrir à qn; *(prize)* remettre à qn ▪ **presentable** [prɪ'zentəbəl] *adj (person, appearance)* présentable ▪ **presenter** [prɪ'zentə(r)] *n* présentateur, -trice *mf*

presentation [prezən'teɪʃən] *n* présentation *f*; *(of prize)* remise *f*

preservation [prezə'veɪʃən] *n (of building)* conservation *f*; *(of species)* protection *f*

preservative [prɪ'zɜ:vətɪv] *n* conservateur *m*

preserve [prɪ'zɜ:v] **1** *n (jam)* confiture *f* **2** *vt (keep, maintain)* conserver; *(fruit)* mettre en conserve

preside [prɪ'zaɪd] *vi* présider; **to p. over** *or* **at a meeting** présider une réunion

presidency ['prezɪdənsɪ] (*pl* **-ies**) *n* présidence *f*

president ['prezɪdənt] *n (of country)* président, -e *mf* ▪ **presidential** [-'denʃəl] *adj* présidentiel, -elle

press[1] [pres] *n* (**a**) **the p.** *(newspapers)* la presse; **p. conference** conférence *f* de presse; **p. release** communiqué *m* de presse (**b**) *(machine)* presse *f*; *(for making wine)* pressoir *m*; **(printing) p.** presse *f*

press[2] [pres] **1** *n* **to give sth a p.** *(clothes)* repasser qch; **p. stud** bouton-pression *m* **2** *vt (button, doorbell)* appuyer sur; *(hand)* serrer; *(clothes)* repasser; **to p. sb to do sth** presser qn de faire qch **3** *vi (push)* appuyer (**on** sur); *(of weight)* faire pression (**on** sur) ▪ **press-up** *n (exercise)* pompe *f*

▸ **press down** *vt insep (button)* appuyer sur

▸ **press for** *vt sep (demand)* exiger

▸ **press on** *vi (carry on)* continuer

pressed [prest] *adj* **to be hard p.** *(in difficulties)* être en difficulté; **to be p. for time** être pressé par le temps

pressing ['presɪŋ] *adj (urgent)* pressant

pressure ['preʃə(r)] **1** *n* pression *f*; **to be under p.** être stressé; **to put p. on sb (to do sth)** faire pression sur qn (pour qu'il fasse qch) **2** *vt* **to p. sb to do sth** *or* **into doing sth** faire pression sur qn pour qu'il fasse qch

pressurize ['preʃəraɪz] *vt* **to p. sb (into doing sth)** faire pression sur qn (pour qu'il fasse qch)

prestige [pre'sti:ʒ] *n* prestige *m* ▪ **prestigious** [pres'tɪdʒəs, *Am* pre'sti:dʒəs] *adj* prestigieux, -euse

presume [prɪ'zju:m] *vt (suppose)* présumer (**that** que) ▪ **presumably** *adv* sans doute ▪ **presumption** [-'zʌmpʃən] *n* présomption *f*

presumptuous [prɪ'zʌmptʃʊəs] *adj* présomptueux, -euse

pretence [prɪ'tens] (*Am* **pretense**) *n* *(sham)* simulation *f*; *(claim, affectation)* prétention *f*; **to make a p. of doing sth** feindre de faire qch; **under false pretences** sous des prétextes fallacieux

pretend [prɪ'tend] **1** *vt (make believe)* faire semblant (**to do** de faire); *(claim, maintain)* prétendre (**to do** faire; **that** que) **2** *vi* faire semblant

pretense [prɪ'tens] *n Am* = **pretence**

pretentious [prɪ'tenʃəs] *adj* prétentieux, -euse

pretext ['pri:tekst] *n* prétexte *m*; **on the p. of/that** sous prétexte de/que

pretty ['prɪtɪ] **1** (**-ier, -iest**) *adj* joli **2** *adv Fam (rather, quite)* assez; **p. well, p. much** *(almost)* pratiquement

prevail [prɪ'veɪl] *vi (predominate)* prédominer; *(be successful)* l'emporter (**over** sur); **to p. (up)on sb to do sth** persuader qn de faire qch ▪ **prevailing** *adj* prédominant; *(wind)* dominant

prevalent ['prevələnt] *adj* très répandu

prevent [prɪ'vent] *vt* empêcher (**from doing** de faire) ▪ **prevention** *n* prévention *f*

preview ['pri:vju:] *n (of film, play)* avant-première *f*

previous ['pri:vɪəs] **1** *adj* précédent; **to have p. experience** avoir une expérience préalable **2** *adv* **p. to** avant ▪ **previously** *adv* auparavant

prewar ['pri:'wɔ:(r)] *adj* d'avant-guerre

prey [preɪ] **1** *n* proie *f*; *Fig* **to be (a) p. to** être en proie à **2** *vi* **to p. on** *(person)* prendre pour cible; *(fears, doubts)* exploiter; **to p. on sb's mind** tourmenter qn

price [praɪs] **1** *n* prix *m*; **he wouldn't do it at any p.** il ne le ferait à aucun prix **2** *adj (control, rise)* des prix; **p. list** tarif *m* **3** *vt* **it's priced at £5** ça coûte 5 livres ▪ **priceless** *adj (invaluable)* qui n'a pas de prix

pricey ['praɪsɪ] (**-ier, -iest**) *adj Fam* cher (*f* chère)

prick [prɪk] **1** *n (of needle)* piqûre *f* **2** *vt (jab)* piquer (**with** avec); *(burst)* crever ▪ **prickly** (**-ier, -iest**) *adj (plant)* à épines; *(animal)* couvert de piquants; *(beard)* piquant

pride [praɪd] **1** *n (satisfaction)* fierté *f*; *(self-esteem)* amour-propre *m*; *Pej (vanity)* orgueil *m*; **to take p. in sth** mettre toute sa fierté dans qch **2** *vt* **to p. oneself on sth/on doing sth** s'enorgueillir de qch/de faire qch

priest [pri:st] *n* prêtre *m*

prim [prɪm] (**primmer, primmest**) *adj* **p. (and proper)** *(person)* collet monté *inv*; *(manner)* guindé

primarily [*Br* 'praɪmərəlɪ, *Am* praɪ'merəlɪ] *adv* essentiellement

primary ['praɪmərɪ] **1** *adj (main)* principal; *Br* **p. school** école *f* primaire **2** (*pl* **-ies**) *n Am (election)* primaire *f*

prime [praɪm] **1** *adj (principal)* principal; *(importance)* capital; *(excellent)* excellent; **P. Minister** Premier ministre *m*; *Math* **p. number** nombre *m* premier

2 *n* **in the p. of life** dans la fleur de l'âge

3 *vt (surface)* apprêter ▪ **primer** *n* (**a**) *(book)* manuel *m* élémentaire (**b**) *(paint)* apprêt *m*

primitive ['prɪmɪtɪv] *adj (original)* primitif, -ive; *(basic)* de base

prince [prɪns] *n* prince *m* ▪ **princess** *n* princesse *f*

principal ['prɪnsɪpəl] **1** *adj (main)* principal **2** *n (of school)* proviseur *m*; *(of university)* ≃ président, -e *mf*

principle ['prɪnsɪpəl] *n* principe *m*; **in p.** en principe; **on p.** par principe

print [prɪnt] **1** *n (of finger, foot)* empreinte *f*; *(letters)* caractères *mpl*; *(engraving)* estampe *f*; *(photo)* épreuve *f*; *(fabric)* imprimé *m*; **out of p.** *(book)* épuisé

2 *vt (book, newspaper)* imprimer; *(photo)* tirer; *(write)* écrire en script; *Comptr* **to p. out** imprimer ▪ **printed** *adj* imprimé; **p. matter** imprimés *mpl* ▪ **printing** *n (technique, industry)* imprimerie *f*; *(action)* tirage *m*; **p. error** faute *f* d'impression ▪ **printout** *n Comptr* sortie *f* papier

printer ['prɪntə(r)] *n (machine)* imprimante *f*

prior ['praɪə(r)] **1** *adj* antérieur; *(experience)* préalable **2** *adv* **p. to sth** avant qch

priority [praɪ'ɒrətɪ] (*pl* **-ies**) *n* priorité *f* (**over** sur)

prison ['prɪzən] **1** *n* prison *f*; **in p.** en prison **2** *adj (life, system)* pénitentiaire; *(camp)* de prisonniers; **p. officer** gardien, -enne *mf* de prison ▪ **prisoner** *n* prisonnier, -ère *mf*; **to take sb p.** faire qn prisonnier; **p. of war** prisonnier *m* de guerre

privacy ['praɪvəsɪ, *Br* 'prɪvəsɪ] *n* intimité *f*

private ['praɪvɪt] **1** *adj* privé; *(lesson)* particulier, -ère; *(letter)* confidentiel, -elle; *(personal)* personnel, -elle; *(dinner, wedding)* intime; **p. detective, p. investigator,** *Fam* **p. eye** détective *m* privé

2 *n* (**a**) **in p.** *(not publicly)* en privé; *(have dinner, get married)* dans l'intimité (**b**) *(soldier)* simple soldat *m*

privately ['praɪvɪtlɪ] *adv (in private)* en privé; *(in one's heart of hearts)* en son for intérieur; *(personally)* à titre personnel; **p. owned** *(company)* privé

privatize ['praɪvətaɪz] *vt* privatiser

privilege ['prɪvɪlɪdʒ] *n* privilège *m* ▪ **privileged** *adj* privilégié; **to be p. to do sth** avoir le privilège de faire qch

prize[1] [praɪz] *n* prix *m*; *(in lottery)* lot *m* ▪ **prizegiving** *n* distribution *f* des prix ▪ **prizewinner** *n (in contest)* lauréat, -e *mf*; *(in lottery)* gagnant, -e *mf*

prize[2] [praɪz] *vt (value)* attacher de la valeur à

prize[3] [praɪz] *vt Br* = **prise**

pro [prəʊ] (*pl* **pros**) *n Fam (professional)* pro *mf*

probable ['prɒbəbəl] *adj* probable (**that** que) ▪ **probability** (*pl* **-ies**) *n* probabilité *f*; **in all p.** selon toute probabilité ▪ **probably** *adv* probablement

probation [prə'beɪʃən] *n* **on p.** *(criminal)* en liberté surveillée; *(in job)* en période d'essai

probe [prəʊb] **1** *n (device)* sonde *f*; *(inquiry)* enquête *f* (**into** dans) **2** *vt (prod)* sonder; *(inquire into)* enquêter sur **3** *vi* **to p. into sth** *(past, private life)* fouiller dans qch ▪ **probing** *adj (question)* perspicace

problem ['prɒbləm] *n* problème *m*; *Fam* **no p.!** pas de problème! ▪ **problematic** *adj* problématique

procedure [prə'siːdʒə(r)] *n* procédure *f*

proceed [prə'siːd] *vi (go on)* se poursuivre; **to p. with sth** poursuivre qch; **to p. to do sth** se mettre à faire qch

proceedings [prə'siːdɪŋz] *npl (events)* opérations *fpl*; **to take (legal) p.** intenter un procès (**against** contre)

proceeds ['prəʊsiːdz] *npl* recette *f*

process ['prəʊses] **1** *n* processus *m*; *(method)* procédé *m*; **in the p. of doing sth** en train de faire qch **2** *vt (food, data)* traiter; *(film)* développer; **processed food** aliments *mpl* conditionnés

procession [prə'seʃən] *n* défilé *m*

processor ['prəʊsesə(r)] *n Comptr* processeur *m*; **food p.** robot *m* de cuisine

proclaim [prə'kleɪm] *vt* proclamer (**that** que); **to p. sb king** proclamer qn roi

prod [prɒd] (*pt & pp* **-dd-**) *vt (poke)* donner un petit coup dans

prodigy ['prɒdɪdʒɪ] (*pl* **-ies**) *n* prodige *m*; **child p.** enfant *mf* prodige

produce[1] [prə'djuːs] *vt (create)* produire; *(machine)* fabriquer; *(passport, ticket)* présenter; *(documents)* fournir; *(from bag, pocket)* sortir; *(film, play,* *programme)* produire ▪ **producer** *n* producteur, -trice *mf*

produce² ['prɒdjuːs] *n (products)* produits *mpl*

product ['prɒdʌkt] *n (article, creation) & Math* produit *m*

production [prə'dʌkʃən] *n* production *f*; *(of play)* mise *f* en scène; **to work on a p. line** travailler à la chaîne

productive [prə'dʌktɪv] *adj* productif, -ive ▪ **productivity** [prɒdʌk'tɪvətɪ] *n* productivité *f*

profession [prə'feʃən] *n* profession *f*; **by p.** de profession ▪ **professional 1** *adj* professionnel, -elle; *(man, woman)* qui exerce une profession libérale; *(army)* de métier; *(piece of work)* de professionnel **2** *n* professionnel, -elle *mf*

professor [prə'fesə(r)] *n Br* ≃ professeur *m* d'université; *Am* = enseignant d'université

proficient [prə'fɪʃənt] *adj* compétent (**in** en)

profile ['prəʊfaɪl] *n (of person, object)* profil *m*; *(description)* portrait *m*; **in p.** de profil; *Fig* **to keep a low p.** garder un profil bas

profit ['prɒfɪt] **1** *n* profit *m*, bénéfice *m*; **to sell at a p.** vendre à profit **2** *vi* **to p. by** *or* **from sth** tirer profit de qch ▪ **profit-making** *adj (aiming to make profit)* à but lucratif; *(profitable)* rentable

profitable ['prɒfɪtəbəl] *adj (commercially)* rentable; *Fig (worthwhile)* profitable

profound [prə'faʊnd] *adj* profond ▪ **profoundly** *adv* profondément

profusely [prə'fjuːslɪ] *adv (bleed)* abondamment; *(thank)* avec effusion; **to apologize p.** se confondre en excuses

programme ['prəʊgræm] (*Am* **program**) **1** *n (for play, political party, computer)* programme *m*; *(on TV, radio)* émission *f* **2** (*pt & pp* **-mm-**) *vt (machine)* programmer ▪ **programmer** *n* **(computer) p.** programmeur, -euse *mf* ▪ **programming** *n* **(computer) p.** programmation *f*

progress 1 ['prəʊgres] *n* progrès *m*; **to make (good) p.** faire des progrès; **in p.** en cours **2** [prə'gres] *vi (advance, improve)* progresser; *(of story, meeting)* se dérouler

progressive [prə'gresɪv] *adj (gradual)* progressif, -ive; *(company, ideas, political party)* progressiste

prohibit [prə'hɪbɪt] *vt* interdire (**sb from doing** à qn de faire)

prohibitive [prə'hɪbɪtɪv] *adj* prohibitif, -ive

project 1 ['prɒdʒekt] *n (plan, undertaking)* projet *m*; *(at school)* dossier *m*; *Am* **(housing) p.** cité *f* HLM **2** [prə'dʒekt] *vt (propel, show)* projeter **3** [prə'dʒekt] *vi (protrude)* dépasser

projector [prə'dʒektə(r)] *n* projecteur *m*

proliferate [prə'lɪfəreɪt] *vi* proliférer

prolific [prə'lɪfɪk] *adj* prolifique

prologue ['prəʊlɒg] *n* prologue *m* (**to** de)

prolong [prə'lɒŋ] *vt* prolonger

prom [prɒm] (*abbr* **promenade**) *n* (**a**) *Br (at seaside)* front *m* de mer (**b**) *Am (dance)* bal *m* d'étudiants

promenade [prɒmə'nɑːd] *n Br (at seaside)* front *m* de mer

prominent ['prɒmɪnənt] *adj (important)* important; *(nose, chin)* proéminent ▪ **prominently** *adv* bien en vue

promiscuous [prə'mɪskjʊəs] *adj (person)* qui a de multiples partenaires

promise ['prɒmɪs] **1** *n* promesse *f*; **to show p.** promettre **2** *vt* promettre (**to do** de faire); **to p. sth to sb, to p. sb sth** promettre qch à qn **3** *vi* **I p.!** je te le promets! ▪ **promising** *adj* prometteur, -euse

promote [prə'məʊt] *vt (raise in rank, encourage)* promouvoir; *(advertise)* faire la promotion de ▪ **promotion** *n* promotion *f*

prompt¹ [prɒmpt] **1** *adj (speedy)* rapide; *(punctual)* ponctuel, -elle **2** *adv* **at eight o'clock p.** à huit heures précises ■ **promptly** *adv (rapidly)* rapidement; *(punctually)* ponctuellement; *(immediately)* immédiatement

prompt² [prɒmpt] *vt* (**a**) *(cause)* provoquer; **to p. sb to do sth** pousser qn à faire qch (**b**) *(actor)* souffler à

prone [prəʊn] *adj* **to be p. to sth** être sujet, -ette à qch; **to be p. to do sth** avoir tendance à faire qch

pronoun ['prəʊnaʊn] *n* pronom *m*

pronounce [prə'naʊns] *vt (say, articulate)* prononcer ■ **pronunciation** [-nʌnsɪ'eɪʃən] *n* prononciation *f*

proof [pru:f] *n (evidence)* preuve *f*; *(of book, photo)* épreuve *f*; **p. of identity** pièce *f* d'identité ■ **proofreader** *n* correcteur, -trice *mf*

prop [prɒp] **1** *n (physical support)* support *m*; *(in a play)* accessoire *m* **2** (*pt & pp* **-pp-**) *vt* **to p. sth (up) against sth** appuyer qch contre qch; **to p. sth up** *(building, tunnel)* étayer qch; *Fig (economy, regime)* soutenir qch

propaganda [prɒpə'gændə] *n* propagande *f*

propel [prə'pel] (*pt & pp* **-ll-**) *vt* propulser ■ **propeller** *n* hélice *f*

proper ['prɒpə(r)] *adj* (**a**) *(correct)* vrai; *(word)* correct; **the village p.** le village proprement dit (**b**) *(appropriate)* bon (*f* bonne); *(equipment)* adéquat; *(behaviour)* convenable (**c**) *Br (downright)* véritable ■ **properly** *adv (suitably)* convenablement; *(correctly)* correctement

property ['prɒpətɪ] **1** (*pl* **-ies**) *n* (**a**) *(land, house)* propriété *f*; *(possessions)* biens *mpl* (**b**) *(quality)* propriété *f* **2** *adj (market)* immobilier, -ère; **p. developer** promoteur *m* immobilier

prophecy ['prɒfɪsɪ] (*pl* **-ies**) *n* prophétie *f*

prophet ['prɒfɪt] *n* prophète *m*

proportion [prə'pɔ:ʃən] *n (ratio, part)* proportion *f*; **proportions** *(size)* proportions *fpl*; **in p.** proportionné (**to** avec); **out of p.** disproportionné (**to** par rapport à) ■ **proportional, proportionate** *adj* proportionnel, -elle (**to** à)

proposal [prə'pəʊzəl] *n* proposition *f*; *(plan)* projet *m*; *(for marriage)* demande *f* en mariage ■ **proposition** [prɒpə'zɪʃən] *n* proposition *f*

propose [prə'pəʊz] **1** *vt* proposer; **to p. to do sth, to p. doing sth** *(suggest)* proposer de faire qch; *(intend)* se proposer de faire qch **2** *vi* **to p. to sb** demander qn en mariage

proprietor [prə'praɪətə(r)] *n* propriétaire *mf*

pros [prəʊz] *npl* **the p. and cons** le pour et le contre

prose [prəʊz] *n* prose *f*; *Br (translation)* thème *m*

prosecute ['prɒsɪkju:t] *vt (in law court)* poursuivre (en justice) ■ **prosecution** *n (in law court)* poursuites *fpl* judiciaires; **the p.** *(lawyers)* ≃ le ministère public

prospect¹ ['prɒspekt] *n (expectation, thought)* perspective *f*; *(chance, likelihood)* perspectives *fpl*; **(future) prospects** perspectives *fpl* d'avenir ■ **prospective** [prə'spektɪv] *adj (potential)* potentiel, -elle; *(future)* futur

prospect² [prə'spekt] *vi* **to p. for gold** chercher de l'or

prospectus [prə'spektəs] *n (publicity leaflet)* prospectus *m*; *Br (for university)* guide *m* (de l'étudiant)

prosper ['prɒspə(r)] *vi* prospérer ■ **prosperity** [-'sperətɪ] *n* prospérité *f* ■ **prosperous** *adj* prospère

prostitute ['prɒstɪtju:t] *n (woman)* prostituée *f*; **male p.** prostitué *m* ■ **prostitution** *n* prostitution *f*

prostrate ['prɒstreɪt] *adj (lying flat)* sur le ventre

protagonist [prəʊ'tægənɪst] *n* protagoniste *mf*

protect [prə'tekt] *vt* protéger (**from** *or* **against** de) ■ **protection** *n* protection *f* ■ **protective** *adj (clothes, screen)* de protection; *(person, attitude)* protecteur, -trice (**to** *or* **towards** envers)

protein ['prəʊti:n] *n* protéine *f*

protest [prə'test] **1** ['prəʊtest] *n* protestation *f* (**against** contre); **in p.** en signe de protestation (**at** contre) **2** *vt* protester contre; *(one's innocence)* protester de; **to p. that...** protester en disant que... **3** *vi* protester (**against** contre) ▪ **protester** *n* contestataire *mf*

Protestant ['prɒtɪstənt] *adj & n* protestant, -e *(mf)*

protracted [prə'træktɪd] *adj* prolongé

protrude [prə'tru:d] *vi* dépasser (**from** de); *(of tooth)* avancer ▪ **protruding** *adj (chin, veins, eyes)* saillant

proud [praʊd] (**-er, -est**) *adj (person)* fier (*f* fière) (**of** de) ▪ **proudly** *adv* fièrement

prove [pru:v] **1** *vt* prouver (**that** que); **to p. sb wrong** prouver que qn a tort **2** *vi* **to p. (to be) difficult** s'avérer difficile ▪ **proven** *adj (method)* éprouvé

proverb ['prɒvɜ:b] *n* proverbe *m*

provide [prə'vaɪd] **1** *vt (supply)* fournir; *(service)* offrir (**to** à); **to p. sb with sth** fournir qch à qn **2** *vi* **to p. for sb** *(sb's needs)* pourvoir aux besoins de qn; *(sb's future)* assurer l'avenir de qn; **to p. for sth** *(make allowance for)* prévoir qch ▪ **provided, providing** *conj* **p. (that)...** pourvu que... *(+ subjunctive)*

province ['prɒvɪns] *n* province *f*; **in the provinces** en province ▪ **provincial** [prə'vɪnʃəl] *adj & n* provincial, -e *(mf)*

provision [prə'vɪʒən] *n (clause)* disposition *f*; **provisions** *(supplies)* provisions *fpl*

provisional [prə'vɪʒənəl] *adj* provisoire

provocation [prɒvə'keɪʃən] *n* provocation *f*

provocative [prə'vɒkətɪv] *adj* provocateur, -trice

provoke [prə'vəʊk] *vt* provoquer; **to p. sb into doing sth** pousser qn à faire qch

prowl [praʊl] **1** *n* **to be on the p.** rôder **2** *vi* **to p. (around)** rôder

proxy ['prɒksɪ] (*pl* **-ies**) *n* **by p.** par procuration

prudent ['pru:dənt] *adj* prudent

prudish ['pru:dɪʃ] *adj* pudibond

prune[1] [pru:n] *n (dried plum)* pruneau *m*

prune[2] [pru:n] *vt (tree, bush)* tailler

pry [praɪ] **1** (*pt & pp* **pried**) *vt Am* **to p. open** forcer (avec un levier) **2** *vi* être indiscret, -ète; **to p. into sth** *(meddle)* mettre son nez dans qch; *(sb's reasons)* chercher à découvrir qch

PS [pi:'es] (*abbr* **postscript**) *n* PS *m*

psalm [sɑ:m] *n* psaume *m*

pseudonym ['sju:dənɪm] *n* pseudonyme *m*

psychiatry [saɪ'kaɪətrɪ] *n* psychiatrie *f* ▪ **psychiatric** [-kɪ'ætrɪk] *adj* psychiatrique ▪ **psychiatrist** *n* psychiatre *mf*

psychic ['saɪkɪk] *adj (paranormal)* paranormal

psycho- ['saɪkəʊ] *pref* psycho- ▪ **psychoanalyst** *n* psychanalyste *mf*

psychology [saɪ'kɒlədʒɪ] *n* psychologie *f* ▪ **psychological** [-kə'lɒdʒɪkəl] *adj* psychologique ▪ **psychologist** *n* psychologue *mf*

psychopath ['saɪkəʊpæθ] *n* psychopathe *mf*

PTO (*abbr* **please turn over**) TSVP

pub [pʌb] *n Br* pub *m*

puberty ['pju:bətɪ] *n* puberté *f*

public ['pʌblɪk] **1** *adj* public, -ique; *(library, swimming pool)* municipal; **p. holiday** jour *m* férié; **p. school** *Br* école *f* privée; *Am* école *f* publique; **p. transport** transports *mpl* en commun **2** *n* public *m*; **in p.** en public

publication [pʌblɪ'keɪʃən] *n* publication *f*

publicity [pʌ'blɪsətɪ] *n* publicité *f*

publicize ['pʌblɪsaɪz] *vt* faire connaître au public

publicly ['pʌblɪklɪ] *adv* publiquement; **p. owned** à capitaux publics

publish ['pʌblɪʃ] *vt* publier ▪ **publisher** *n (person)* éditeur, -trice *mf*; *(company)* maison *f* d'édition

pudding ['pʊdɪŋ] *n (dish)* pudding *m*; *Br (dessert)* dessert *m*

puddle ['pʌdəl] *n* flaque *f* (d'eau)

puff [pʌf] **1** *n (of smoke)* bouffée *f*; *(of wind, air)* souffle *m*; **p. pastry,** *Am* **p. paste** pâte *f* feuilletée **2** *vt* **to p. sth out** *(cheeks, chest)* gonfler qch **3** *vi (of person)* souffler; **to p. at a cigar** tirer sur un cigare

puke [pju:k] *vi Fam* dégueuler

pull [pʊl] **1** *n (attraction)* attraction *f*; **to give sth a p.** tirer qch **2** *vt (draw, tug)* tirer; *(tooth)* arracher; *(trigger)* appuyer sur; *(muscle)* se froisser; *Fig* **to p. sth apart** *or* **to bits** *or* **to pieces** démolir qch **3** *vi (tug)* tirer (**on** sur)

▸**pull along** *vt sep (drag)* traîner (**to** jusqu'à)

▸**pull away 1** *vt sep (move)* éloigner; *(snatch)* arracher (**from** à) **2** *vi (in vehicle)* démarrer

▸**pull back 1** *vt sep* retirer; *(curtains)* ouvrir **2** *vi (withdraw)* se retirer

▸**pull down** *vt sep (lower)* baisser; *(knock down)* faire tomber; *(demolish)* démolir

▸**pull in 1** *vt sep (drag into room)* faire entrer (de force); *(rope)* ramener; *(stomach)* rentrer **2** *vi (arrive)* arriver; *(stop in vehicle)* s'arrêter

▸**pull off** *vt sep (remove)* enlever; *Fig (plan, deal)* réaliser

▸**pull on** *vt sep (boots, clothes)* mettre

▸**pull out 1** *vt sep (tooth, hair)* arracher; *(cork, pin)* enlever (**from** de); *(from pocket, bag)* sortir (**from** de) **2** *vi (of car)* déboîter; *(of train)* partir; *(withdraw)* se retirer (**of** de)

▸**pull over 1** *vt sep (drag)* traîner (**to** jusqu'à); *(knock down)* faire tomber **2** *vi (in vehicle)* s'arrêter

▸**pull through** *vi (recover)* s'en tirer

▸**pull together** *vt sep* **to p. oneself together** se ressaisir

▸**pull up 1** *vt sep (socks, blinds)* remonter; *(haul up)* hisser; *(plant, tree)* arracher; *(stop)* arrêter **2** *vi (of car)* s'arrêter

pullover ['pʊləʊvə(r)] *n* pull-over *m*

pulp [pʌlp] *n (of fruit)* pulpe *f*

pulse [pʌls] *n Med* pouls *m*

pump¹ [pʌmp] **1** *n (machine)* pompe *f*; *Br* **petrol p.,** *Am* **gas p.** pompe *f* à essence **2** *vt* pomper; **to p. sth up** *(mattress)* gonfler qch

pump² [pʌmp] *n (flat shoe)* escarpin *m*; *(for sports)* tennis *f*

pumpkin ['pʌmpkɪn] *n* potiron *m*

pun [pʌn] *n* jeu *m* de mots

punch¹ [pʌntʃ] **1** *n (blow)* coup *m* de poing; **p. line** *(of joke, story)* chute *f* **2** *vt (person)* donner un coup de poing à; *(sb's nose)* donner un coup de poing sur ▪ **punch-up** *n Br Fam* bagarre *f*

punch² [pʌntʃ] **1** *n (for paper)* perforeuse *f*; *(for tickets)* poinçonneuse *f* **2** *vt (ticket)* poinçonner; *(with date)* composter; *(paper, card)* perforer; **to p. a hole in sth** faire un trou dans qch

punch³ [pʌntʃ] *n (drink)* punch *m*

punctual ['pʌŋktʃʊəl] *adj* ponctuel, -elle ▪ **punctually** *adv* à l'heure

punctuation [pʌŋktjʊ'eɪʃən] *n* ponctuation *f*; **p. mark** signe *m* de ponctuation

puncture ['pʌŋktʃə(r)] **1** *n (in tyre)* crevaison *f*; **to have a p.** crever **2** *vt (tyre)* crever **3** *vi (of tyre)* crever

pungent ['pʌndʒənt] *adj* âcre

punish ['pʌnɪʃ] *vt* punir (**for** de); **to p. sb for doing sth** punir qn pour avoir fait qch

punishment ['pʌnɪʃmənt] *n* punition *f*; *(in law)* peine *f*

punk [pʌŋk] *n* punk *mf*; **p. (rock)** le punk

punter ['pʌntə(r)] *n Br (gambler)* parieur, -euse *mf*; *Fam (customer)* client, -e *m*

puny ['pju:nɪ] (**-ier, -iest**) *adj* chétif, -ive

pupil¹ ['pju:pəl] *n (student)* élève *mf*

pupil² ['pju:pəl] *n (of eye)* pupille *f*

puppet ['pʌpɪt] *n* marionnette *f*; **p. show** spectacle *m* de marionnettes

puppy ['pʌpɪ] (*pl* **-ies**) *n (dog)* chiot *m*

purchase ['pɜ:tʃɪs] **1** *n (action, thing bought)* achat *m* **2** *vt* acheter (**from** à) ▪ **purchaser** *n* acheteur, -euse *mf*

pure [pjʊə(r)] (**-er, -est**) *adj* pur

purée ['pjʊəreɪ] *n* purée *f*

purely ['pjʊəlɪ] *adv* purement
purge [pɜːdʒ] **1** *n* purge *f* **2** *vt* purger (**of** de)
purify ['pjʊərɪfaɪ] (*pt & pp* **-ied**) *vt* purifier
puritanical [pjʊərɪ'tænɪkəl] *adj* puritain
purity ['pjʊərətɪ] *n* pureté *f*
purple ['pɜːpəl] **1** *adj* violet, -ette **2** *n* violet *m*
purpose ['pɜːpəs] *n* (**a**) *(aim)* but *m*; **on p.** exprès; **for the purposes of** pour les besoins de (**b**) *(determination)* résolution *f*
purposely ['pɜːpəslɪ] *adv* exprès
purr [pɜː(r)] *vi* ronronner
purse [pɜːs] **1** *n (for coins)* porte-monnaie *m inv*; *Am (handbag)* sac *m* à main **2** *vt* **to p. one's lips** pincer les lèvres
pursue [pə'sjuː] *vt* poursuivre; *(fame, pleasure)* rechercher ▪ **pursuit** *n (of person)* poursuite *f*; *(of pleasure, glory)* quête *f*; *(activity)* occupation *f*
push [pʊʃ] **1** *n (act of pushing, attack)* poussée *f*; **to give sb/sth a p.** pousser qn/qch; **at a p.** à la rigueur
2 *vt* pousser (**to** *or* **as far as** jusqu'à); *(button)* appuyer sur; *(lever)* abaisser; *(product)* faire la promotion de; *Fam (drugs)* vendre; **to p. sth into/between** enfoncer qch dans/entre; *Fig* **to p. sb into doing sth** pousser qn à faire qch; **to p. sth off the table** faire tomber qch de la table (en le poussant)
3 *vi* pousser; *(on button)* appuyer (**on** sur)
▸ **push about, push around** *vt sep Fam* **to p. sb about** *or* **around** faire de qn ce que l'on veut
▸ **push aside** *vt sep* écarter
▸ **push down** *vt sep (button)* appuyer sur; *(lever)* abaisser
▸ **push in** *vi Br (in queue)* resquiller
▸ **push off** *vi Fam* ficher le camp
▸ **push on** *vi (go on)* continuer; **to p. on with sth** continuer qch
▸ **push over** *vt sep* faire tomber
▸ **push up** *vt sep (lever, collar)* relever; *(sleeves)* remonter; *(increase)* augmenter ▪ **push-button** *n* bouton *m*; *(of phone)* touche *f*; **p. phone** téléphone *m* à touches ▪ **pushchair** *n Br* poussette *f* ▪ **push-up** *n Am (exercise)* pompe *f*
pushed [pʊʃt] *adj* **to be p. for time** être très pressé
pushy ['pʊʃɪ] (**-ier, -iest**) *adj Fam* batailleur, -euse
puss, pussy ['pʊs, 'pʊsɪ] (*pl* **-ies**) *n Fam (cat)* minou *m*

PUT [pʊt] (*pt & pp* **put**, *pres p* **putting**) *vt* mettre; *(on flat surface)* poser; *(problem, argument)* présenter (**to** à); *(question)* poser (**to** à); *(say)* dire; *(estimate)* évaluer (**at** à); **to p. money on a horse** parier sur un cheval; **to p. a lot of work into sth** beaucoup travailler à qch; **to p. it bluntly** pour parler franc
▸ **put across** *vt sep (message, idea)* faire comprendre (**to** à)
▸ **put aside** *vt sep (money, object)* mettre de côté
▸ **put away** *vt sep (tidy away)* ranger; **to p. sb away** *(criminal)* mettre qn en prison
▸ **put back** *vt sep (replace, postpone)* remettre; *(telephone receiver)* raccrocher; *(clock)* retarder
▸ **put by** *vt sep (money)* mettre de côté
▸ **put down** *vt sep (on floor, table)* poser; *(a deposit)* verser; *(revolt)* réprimer; *(write down)* inscrire; *(attribute)* attribuer (**to** à); *(kill)* faire piquer; **to p. oneself down** se rabaisser
▸ **put forward** *vt sep (clock, meeting, argument)* avancer; *(candidate)* proposer (**for** à)
▸ **put in 1** *vt sep (into box)* mettre dedans; *(insert)* introduire; *(add)* ajouter; *(install)* installer; *(claim, application)* soumettre; *(time)* passer (**doing** à faire) **2** *vi* **to p. in for sth** *(new job, transfer)* faire une demande de qch
▸ **put off** *vt sep (postpone)* remettre (à

plus tard); *(dismay)* déconcerter; **to p. off doing sth** retarder le moment de faire qch; **to p. sb off sth** dégoûter qn de qch

▸ **put on** *vt sep (clothes, shoe, record)* mettre; *(accent)* prendre; *(play, show)* monter; *(gas, radio)* allumer; *(clock)* avancer; **to p. on weight** prendre du poids; **she p. me on to you** elle m'a donné votre adresse; **p. me on to him!** *(on phone)* passez-le-moi!

▸ **put out** *vt sep (take outside)* sortir; *(arm, leg, hand)* tendre; *(gas, light)* éteindre; *(inconvenience)* déranger; *(upset)* vexer; *(report, statement)* publier; **to p. one's shoulder out** se démettre l'épaule

▸ **put through** *vt sep* **to p. sb through (to sb)** *(on phone)* passer qn (à qn)

▸ **put together** *vt sep (assemble)* assembler; *(meal, team)* composer; *(file, report)* préparer; *(collection)* rassembler

▸ **put up** *vt sep (lift)* lever; *(tent, fence)* monter; *(statue, ladder)* dresser; *(flag)* hisser; *(building)* construire; *(umbrella)* ouvrir; *(picture, poster)* mettre; *(price, numbers)* augmenter; *(resistance)* offrir; *(candidate)* présenter (**for** à); *(guest)* loger; **to p. sth up for sale** mettre qch en vente

▸ **put up with** *vt insep* supporter

---

putting ['pʌtɪŋ] *n (in golf)* putting *m*; **p. green** green *m*

puzzle ['pʌzəl] **1** *n (jigsaw)* puzzle *m*; *(game)* casse-tête *m inv*; *(mystery)* mystère *m* **2** *vt* laisser perplexe **3** *vi* **to p. over sth** essayer de comprendre qch ▪ **puzzled** *adj* perplexe

PVC [piːviː'siː] *n* PVC *m*

pyjamas [pə'dʒɑːməz] *npl Br* pyjama *m*; **a pair of p.** un pyjama

pylon ['paɪlən] *n* pylône *m*

pyramid ['pɪrəmɪd] *n* pyramide *f*

Pyrex® ['paɪreks] *n* Pyrex® *m*; **P. dish** plat *m* en Pyrex®

Qq

Q, q [kjuː] *n (letter)* Q, q *m inv*

quack [kwæk] *n (of duck)* coin-coin *m inv*

quadruple [kwɒˈdruːpəl] *vti* quadrupler

quaint [kweɪnt] (**-er, -est**) *adj (picturesque)* pittoresque; *(old-fashioned)* vieillot, -otte; *(odd)* bizarre

quake [kweɪk] **1** *n Fam* tremblement *m* de terre **2** *vi* trembler (**with** de)

Quaker [ˈkweɪkə(r)] *n Rel* quaker, -eresse *mf*

qualification [kwɒlɪfɪˈkeɪʃən] *n (diploma)* diplôme *m*; *(skill)* compétence *f*; *(modification)* précision *f*

qualify [ˈkwɒlɪfaɪ] (*pt & pp* **-ied**) **1** *vt* (**a**) *(make competent, in sport)* qualifier (**for sth** pour qch) (**b**) *(modify)* nuancer **2** *vi (of sportsperson)* se qualifier (**for** pour); **to q. as a doctor** obtenir son diplôme de médecin; **to q. for sth** *(be eligible)* avoir droit à qch ▪ **qualified** *adj (competent)* compétent; *(having diploma)* diplômé; *(support)* mitigé

quality [ˈkwɒlətɪ] (*pl* **-ies**) *n* qualité *f*

quantity [ˈkwɒntətɪ] (*pl* **-ies**) *n* quantité *f*

quarantine [ˈkwɒrəntiːn] *n* quarantaine *f*

quarrel [ˈkwɒrəl] **1** *n* dispute *f*, querelle *f* **2** (*Br* **-ll-**, *Am* **-l-**) *vi* se disputer (**with** avec); **to q. with sth** ne pas être d'accord avec qch

quarry [ˈkwɒrɪ] (*pl* **-ies**) *n (for stone)* carrière *f*

quart [kwɔːt] *n (liquid measurement) Br* = 1,14 l, *Am* = 0,95 l

quarter[1] [ˈkwɔːtə(r)] *n* quart *m*; *(of fruit, moon)* quartier *m*; *(division of year)* trimestre *m*; *Am & Can (money)* pièce *f* de 25 cents; **q. (of a) pound** quart *m* de livre; *Br* **a q. past nine,** *Am* **a q. after nine** neuf heures et quart; **a q. to nine** neuf heures moins le quart

quarter[2] [ˈkwɔːtə(r)] *n (district)* quartier *m*; **(living) quarters** logements *mpl*; *(of soldier)* quartiers *mpl*

quarterfinal [kwɔːtəˈfaɪnəl] *n* quart *m* de finale

quarterly [ˈkwɔːtəlɪ] **1** *adj (magazine, payment)* trimestriel, -elle **2** *adv* tous les trimestres

quartet(te) [kwɔːˈtet] *n (music, players)* quatuor *m*; **(jazz) q.** quartette *m*

quartz [kwɔːts] **1** *n* quartz *m* **2** *adj (watch)* à quartz

quash [kwɒʃ] *vt (rebellion)* réprimer; *(sentence)* annuler

quasi- [ˈkweɪzaɪ] *pref* quasi-

quay [kiː] *n* quai *m*

queasy [ˈkwiːzɪ] (**-ier, -iest**) *adj* **to feel** *or* **be q.** avoir mal au cœur

Quebec [kwɪˈbek] *n* le Québec

queen [kwiːn] *n* reine *f*

queer [ˈkwɪə(r)] (**-er, -est**) *adj (strange)* bizarre

quench [kwentʃ] *vt (thirst)* étancher

query [ˈkwɪərɪ] **1** (*pl* **-ies**) *n* question *f* **2** (*pt & pp* **-ied**) *vt* mettre en question

quest [kwest] *n* quête *f* (**for** de)

question [ˈkwestʃən] **1** *n* question *f*; **there's no q. of it, it's out of the q.** c'est hors de question; **the matter/person in q.** l'affaire/la personne en question; **q. mark** point *m* d'interrogation **2** *vt* interroger (**about** sur); *(doubt)* mettre en question

questionable ['kwestʃənəbəl] *adj* discutable

questionnaire [kwestʃə'neə(r)] *n* questionnaire *m*

queue [kju:] *Br* **1** *n (of people)* queue *f*; *(of cars)* file *f*; **to form a q., to stand in a q.** faire la queue **2** *vi* **to q. (up)** faire la queue

quiche [ki:ʃ] *n* quiche *f*

quick [kwɪk] **1** (**-er, -est**) *adj (rapid)* rapide; *(clever)* vif (*f* vive); **be q.!** fais vite!; **to have a q. shower/meal** se doucher/manger en vitesse **2** (**-er, -est**) *adv Fam* vite

quicken ['kwɪkən] **1** *vt* accélérer **2** *vi* s'accélérer

quickly ['kwɪklɪ] *adv* vite

quid [kwɪd] *n inv Br Fam (pound)* livre *f*

quiet ['kwaɪət] **1** (**-er, -est**) *adj (silent, still, peaceful)* tranquille, calme; *(machine, vehicle)* silencieux, -euse; *(person, voice, music)* doux (*f* douce); **to be** *or* **keep q.** *(say nothing)* se taire; *(make no noise)* ne pas faire de bruit; **to keep q. about sth, to keep sth q.** ne rien dire au sujet de qch; **q.!** silence! **2** *n Fam* **on the q.** *(secretly)* en cachette

quieten ['kwaɪətən] *Br* **1** *vt* **to q. (down)** calmer **2** *vi* **to q. down** se calmer

quietly ['kwaɪətlɪ] *adv* tranquillement; *(gently, not loudly)* doucement; *(silently)* silencieusement; *(secretly)* en cachette; *(discreetly)* discrètement

quilt [kwɪlt] *n* édredon *m*; *Br* **(continental) q.** *(duvet)* couette *f*

quip [kwɪp] **1** *n* boutade *f* **2** (*pt & pp* **-pp-**) *vti* plaisanter

quirk [kwɜ:k] *n (of character)* particularité *f* ▪ **quirky** (**-ier, -iest**) *adj* bizarre

quit [kwɪt] (*pt & pp* **quit** *or* **quitted,** *pres p* **quitting**) **1** *vt (leave)* quitter; *Comptr* sortir de; **to q. doing sth** arrêter de faire qch **2** *vi (give up)* abandonner; *(resign)* démissionner; *Comptr* sortir

quite [kwaɪt] *adv (entirely)* tout à fait; *(really)* vraiment; *(fairly)* assez; **q. good** *(not bad)* pas mal du tout; **q. (so)!** exactement!; **q. a lot** pas mal (**of** de)

quits [kwɪts] *adj* quitte (**with** envers); **to call it q.** en rester là

quiver ['kwɪvə(r)] *vi (of voice)* trembler

quiz [kwɪz] **1** (*pl* **-zz-**) *n (on radio)* jeu *m* radiophonique; *(on TV)* jeu *m* télévisé; *(in magazine)* questionnaire *m* **2** (*pt & pp* **-zz-**) *vt* interroger

quota ['kwəʊtə] *n* quota *m*

quotation [kwəʊ'teɪʃən] *n (from author)* citation *f*; *(estimate)* devis *m*; **in q. marks** entre guillemets

quote [kwəʊt] **1** *n (from author)* citation *f*; *(estimate)* devis *m*; **in quotes** entre guillemets **2** *vt (author, passage)* citer; *(reference number)* rappeler; *(price)* indiquer **3** *vi* **to q. from** *(author, book)* citer

Rr

R, r [ɑː(r)] *n (lettre)* R, r *m inv*
rabbi ['ræbaɪ] *n* rabbin *m*
rabbit ['ræbɪt] *n* lapin *m*
rabies ['reɪbiːz] *n* rage *f*
raccoon [rə'kuːn] *n* raton *m* laveur
race[1] [reɪs] **1** *n (contest)* course *f*
2 *vt* **to r. (against** *or* **with) sb** faire une course avec qn
3 *vi (run)* courir ▪ **racecourse** *n* champ *m* de courses ▪ **racehorse** *n* cheval *m* de course ▪ **racetrack** *n Am (for horses)* champ *m* de courses; *Br (for cars, bicycles)* piste *f* ▪ **racing** *n* courses *fpl*; **r. car** voiture *f* de course; **r. driver** coureur *m* automobile
race[2] [reɪs] *n (group)* race *f*; **r. relations** relations *fpl* interraciales ▪ **racial** ['reɪʃəl] *adj* racial ▪ **racism** *n* racisme *m* ▪ **racist** *adj & n* raciste *(mf)*
rack [ræk] **1** *n (for bottles, letters, records)* casier *m*; *(for plates)* égouttoir *m*; **(luggage) r.** porte-bagages *m inv*; **(roof) r.** *(of car)* galerie *f* **2** *vt* **to r. one's brains** se creuser la cervelle
racket[1] ['rækɪt] *n (for tennis)* raquette *f*
racket[2] ['rækɪt] *n Fam* (**a**) *(din)* vacarme *m* (**b**) *(criminal activity)* racket *m*
radar ['reɪdɑː(r)] *n* radar *m*
radiant ['reɪdɪənt] *adj (person, face)* resplendissant (**with** de)
radiate ['reɪdɪeɪt] **1** *vt (heat, light)* dégager; *Fig (joy, health)* être rayonnant de **2** *vi* rayonner (**from** de) ▪ **radiation** *n (radioactivity)* radiation *f*
radiator ['reɪdɪeɪtə(r)] *n (heater)* radiateur *m*
radical ['rædɪkəl] *adj & n* radical, -e *(mf)*
radio ['reɪdɪəʊ] **1** *(pl* **-os***) n* radio *f*; **on the r.** à la radio; **r. cassette (player)** radiocassette *f* **2** *(pt & pp* **-oed***) vt (message)* transmettre par radio (**to** à); **to r. sb** contacter qn par radio ▪ **radio-controlled** *adj* radioguidé
radioactivity [reɪdɪəʊæk'tɪvətɪ] *n* radioactivité *f*
radish ['rædɪʃ] *n* radis *m*
radius ['reɪdɪəs] *(pl* **-dii***) n* rayon *m*; **within a r. of 10 km** dans un rayon de 10 km
RAF [ɑːreɪ'ef] *(abbr* **Royal Air Force***) n* = armée de l'air britannique
raffle ['ræfəl] *n* tombola *f*
raft [rɑːft] *n* radeau *m*
rag [ræg] *n* (**a**) *(piece of old clothing)* chiffon *m*; **in rags** *(clothes)* en loques; *(person)* en haillons (**b**) *Fam Pej (newspaper)* torchon *m*
rage [reɪdʒ] **1** *n (of person)* rage *f*; **to fly into a r.** entrer dans une rage folle; *Fam* **to be all the r.** *(of fashion)* faire fureur **2** *vi (be angry)* être furieux, -euse; *(of storm, battle)* faire rage ▪ **raging** *adj (storm, fever, fire)* violent
ragged ['rægɪd] *adj (clothes)* en loques; *(person)* en haillons; *(edge)* irrégulier, -ère
raid [reɪd] **1** *n (military)* raid *m*; *(by police)* descente *f*; *(by thieves)* hold-up *m inv*; **air r.** raid *m* aérien **2** *vt* faire un raid/une descente/un hold-up dans
rail [reɪl] **1** *n* (**a**) *(for train)* rail *m*; **by r.** par le train (**b**) *(rod on balcony)* balustrade *f*; *(on stairs)* rampe *f*; *(curtain rod)* tringle *f* **2** *adj (ticket)* de chemin

de fer; *(strike)* des cheminots ■ **railcard** *n* carte *f* d'abonnement de train

railings ['reɪlɪŋz] *npl* grille *f*

railroad ['reɪlrəʊd] *n Am (system)* chemin *m* de fer; *(track)* voie *f* ferrée

railway ['reɪlweɪ] *Br* **1** *n (system)* chemin *m* de fer; *(track)* voie *f* ferrée **2** *adj (ticket)* de chemin de fer; *(timetable)* des chemins de fer; *(network, company)* ferroviaire; **r. line** ligne *f* de chemin de fer; **r. station** gare *f*

rain [reɪn] **1** *n* pluie *f*; **in the r.** sous la pluie **2** *vi* pleuvoir; **it's raining** il pleut ■ **rainbow** *n* arc-en-ciel *m* ■ **raincoat** *n* imperméable *m* ■ **rainfall** *n (amount)* précipitations *fpl* ■ **rainforest** *n* forêt *f* tropicale humide ■ **rainwater** *n* eau *f* de pluie ■ **rainy** (**-ier, -iest**) *adj* pluvieux, -euse; *(day)* de pluie; **the r. season** la saison des pluies

raise [reɪz] **1** *vt (lift)* lever; *(child, family, voice)* élever; *(salary, price)* augmenter; *(temperature)* faire monter; *(question, protest)* soulever; *(taxes)* lever; **to r. money** réunir des fonds; **to r. the alarm** donner l'alarme **2** *n Am (pay rise)* augmentation *f* (de salaire)

raisin ['reɪzən] *n* raisin *m* sec

rake [reɪk] **1** *n* râteau *m* **2** *vt (soil)* ratisser; **to r. (up)** *(leaves)* ratisser

rally ['rælɪ] **1** (*pl* **-ies**) *n (political)* rassemblement *m*; *(car race)* rallye *m* **2** (*pt & pp* **-ied**) *vt (unite, win over)* rallier (**to** à) **3** *vi* se rallier (**to** à); *(recover)* reprendre ses forces; **to r. round sb** venir en aide à qn

RAM [ræm] (*abbr* **random access memory**) *n Comptr* mémoire *f* vive

ram [ræm] **1** *n (animal)* bélier *m* **2** (*pt & pp* **-mm-**) *vt (vehicle)* emboutir; *(ship)* aborder; **to r. sth into sth** enfoncer qch dans qch

ramble ['ræmbəl] **1** *n (hike)* randonnée *f* **2** *vi (hike)* faire une randonnée; **to r. on** *(talk)* divaguer ■ **rambler** *n* randonneur, -euse *mf*

rambling ['ræmblɪŋ] *adj* (**a**) *(house)* plein de coins et de recoins; *(spread out)* vaste (**b**) *(speech)* décousu

ramp [ræmp] *n (for wheelchair)* rampe *f* d'accès; *(in garage)* pont *m* (de graissage); *(on road)* petit dos *m* d'âne

rampant ['ræmpənt] *adj* endémique

ran [ræn] *pt of* **run**

ranch [rɑːntʃ] *n* ranch *m*

rancid ['rænsɪd] *adj* rance

random ['rændəm] **1** *n* **at r.** au hasard **2** *adj (choice)* (fait) au hasard; *(sample)* prélevé au hasard

rang [ræŋ] *pt of* **ring**[2]

range [reɪndʒ] **1** *n* (**a**) *(of gun, voice)* portée *f*; *(of singer's voice)* registre *m*; *(of aircraft, ship)* rayon *m* d'action; *(of colours, prices, products)* gamme *f*; *(of sizes)* choix *m* (**b**) *(of mountains)* chaîne *f* (**c**) *(stove)* fourneau *m* (**d**) **(shooting) r.** champ *m* de tir **2** *vi (vary)* varier (**from** de; **to** à); *(extend)* s'étendre

ranger ['reɪndʒə(r)] *n* **(forest) r.** garde *m* forestier

rank[1] [ræŋk] **1** *n (position, class)* rang *m*; *(military grade)* grade *m*; *(row)* rangée *f*; *(for taxis)* station *f* **2** *vt* placer (**among** parmi) **3** *vi* compter (**among** parmi)

rank[2] [ræŋk] (**-er, -est**) *adj (smell)* fétide

ransack ['rænsæk] *vt (house)* mettre sens dessus dessous; *(shop, town)* piller

ransom ['rænsəm] **1** *n* rançon *f*; **to hold sb to r.** rançonner qn **2** *vt* rançonner

rant [rænt] *vi Fam* **to r. and rave** tempêter (**at** contre)

rap [ræp] **1** *n* (**a**) *(blow)* coup *m* sec (**b**) **r. (music)** rap *m* **2** *vi (hit)* frapper (**on** à)

rape [reɪp] **1** *n* viol *m* **2** *vt* violer ■ **rapist** *n* violeur *m*

rapid ['ræpɪd] *adj* rapide ■ **rapidly** *adv* rapidement

rapids ['ræpɪdz] *npl (of river)* rapides *mpl*

rare [reə(r)] *adj* (**a**) (**-er, -est**) *(uncommon)* rare (**b**) *(meat)* saignant

▪ **rarely** *adv* rarement ▪ **rarity** (*pl* **-ies**) *n (quality, object)* rareté *f*

raring ['reərɪŋ] *adj* **r. to do sth** impatient de faire qch

rascal ['rɑːskəl] *n* coquin, -e *mf*

rash[1] [ræʃ] *n (on skin) (red patches)* rougeurs *fpl*; *(spots)* (éruption *f* de) boutons *mpl*

rash[2] [ræʃ] (**-er, -est**) *adj (imprudent)* irréfléchi ▪ **rashly** *adv* sans réfléchir

rasher ['ræʃə(r)] *n Br* tranche *f (de bacon)*

raspberry ['rɑːzbərɪ] (*pl* **-ies**) *n (fruit)* framboise *f*

rat [ræt] *n* rat *m*; *Fig* **r. race** foire *f* d'empoigne

rate [reɪt] **1** *n (level, percentage)* taux *m*; *(speed)* rythme *m*; *(price)* tarif *m*; **interest r.** taux *m* d'intérêt; **at the r. of** au rythme de; *(amount)* à raison de; **at this r.** *(slow speed)* à ce train-là; **at any r.** en tout cas **2** *vt (regard)* considérer (**as** comme); *(deserve)* mériter; **to r. sb/sth highly** tenir qn/qch en haute estime

rather ['rɑːðə(r)] *adv (preferably, quite)* plutôt; **I'd r. stay** j'aimerais mieux rester (**than** que); **I r. liked it** j'ai bien aimé

ratify ['rætɪfaɪ] (*pt & pp* **-ied**) *vt* ratifier

rating ['reɪtɪŋ] *n (classification)* classement *m*

ratio ['reɪʃɪəʊ] (*pl* **-os**) *n* rapport *m*

ration ['ræʃən] **1** *n* ration *f*; **rations** *(food)* vivres *mpl* **2** *vt* rationner ▪ **rationing** *n* rationnement *m*

rational ['ræʃənəl] *adj (sensible)* raisonnable; *(sane)* rationnel, -elle ▪ **rationalize** *vt (organize)* rationaliser; *(explain)* justifier ▪ **rationally** *adv (behave)* raisonnablement

rattle ['rætəl] **1** *n (for baby)* hochet *m* **2** *vt (window)* faire vibrer; *(keys, chains)* faire cliqueter; *Fam* **to r. sth off** *(speech, list)* débiter qch **3** *vi (of window)* vibrer

raucous ['rɔːkəs] *adj (noisy, rowdy)* bruyant

rave [reɪv] **1** *n (party)* rave *f* **2** *vi (talk nonsense)* délirer; **to r. about sb/sth** *(enthuse)* ne pas tarir d'éloges sur qn/qch ▪ **raving** *adj* **to be r. mad** être complètement fou (*f* folle)

raven ['reɪvən] *n* corbeau *m*

ravenous ['rævənəs] *adj* **I'm r.** j'ai une faim de loup

ravine [rə'viːn] *n* ravin *m*

ravioli [rævɪ'əʊlɪ] *n* ravioli(s) *mpl*

raw [rɔː] (**-er, -est**) *adj (vegetable)* cru; *(data)* brut; **r. material** matière *f* première

ray [reɪ] *n (of light, sun)* rayon *m*; *Fig (of hope)* lueur *f*

rayon ['reɪɒn] *n* rayonne *f*

razor ['reɪzə(r)] *n* rasoir *m*; **r. blade** lame *f* de rasoir

Rd (*abbr* **road**) rue

re [riː] *prep Com* en référence à; **re your letter** suite à votre lettre

reach [riːtʃ] **1** *n* portée *f*; **within r. of** à portée de; *(near)* à proximité de; **within (easy) r.** *(object)* à portée de main; *(shops)* tout proche

2 *vt (place, aim, distant object)* atteindre, arriver à; *(decision)* prendre; *(agreement)* aboutir à; *(contact)* joindre; **to r. a conclusion** arriver à une conclusion; **to r. out one's arm** tendre le bras

3 *vi (extend)* s'étendre (**to** jusqu'à); **to r. (out) for sth** tendre le bras pour prendre qch

react [rɪ'ækt] *vi* réagir (**against** contre; **to** à) ▪ **reaction** *n* réaction *f*

reactionary [rɪ'ækʃənərɪ] (*pl* **-ies**) *adj & n* réactionnaire *(mf)*

reactor [rɪ'æktə(r)] *n* réacteur *m*

read [riːd] **1** (*pt & pp* **read** [red]) *vt* lire; *(meter)* relever; *(of instrument)* indiquer; *Br Univ (study)* étudier **2** *vi (of person)* lire (**about** sur); **to r. to sb** faire la lecture à qn **3** *n* **to be a good r.** être agréable à lire ▪ **readable** *adj (handwriting)* lisible; *(book)* facile à lire

▸ **read back** *vt sep* relire

▸ **read out** *vt sep* lire (à haute voix)

▸ **read over** *vt sep* relire

▸ **read through** *vt sep (skim)* parcourir

▸ **read up (on)** *vt insep (study)* étudier

reader ['riːdə(r)] *n* lecteur, -trice *mf*; *(book)* livre *m* de lecture

readily ['redɪlɪ] *adv (willingly)* volontiers; *(easily)* facilement

reading ['riːdɪŋ] *n* lecture *f*; *(of meter)* relevé *m*; **r. glasses** lunettes *fpl* de lecture; **r. lamp** *(on desk)* lampe *f* de bureau; *(at bedside)* lampe *f* de chevet; **r. matter** de quoi lire

readjust [riːə'dʒʌst] **1** *vt (instrument)* régler **2** *vi (of person)* se réadapter (**to** à)

ready ['redɪ] **1** (**-ier, -iest**) *adj* prêt (**to do** à faire; **for sth** pour qch); **to get sb/sth r.** préparer qn/qch; **to get r.** se préparer (**for sth** pour qch; **to do** à faire); **r. cash, r. money** argent *m* liquide

2 *n* **to be at the r.** être tout prêt (*f* toute prête) ▪ **ready-made** *adj (food)* tout prêt (*f* toute prête); **r. clothes** le prêt-à-porter ▪ **ready-to-wear** *adj* **r. clothes** le prêt-à-porter

real [rɪəl] **1** *adj* vrai; *(leather)* véritable; *(world, danger)* réel (*f* réelle); **in r. life** dans la réalité; *Am* **r. estate** immobilier *m* **2** *adv Fam* vraiment **3** *n Fam* **for r.** pour de vrai

realistic [rɪə'lɪstɪk] *adj* réaliste

reality [rɪ'ælətɪ] (*pl* **-ies**) *n* réalité *f*; **in r.** en réalité

realization [rɪəlaɪ'zeɪʃən] *n (awareness)* prise *f* de conscience

realize ['rɪəlaɪz] *vt* (**a**) *(become aware of)* se rendre compte de; **to r. that...** se rendre compte que... (**b**) *(carry out)* réaliser

really ['rɪəlɪ] *adv* vraiment

ream [riːm] *n (of paper)* rame *f*

reap [riːp] *vt (crop)* moissonner; *Fig (profits)* récolter

reappear [riːə'pɪə(r)] *vi* réapparaître

rear[1] [rɪə(r)] **1** *n (back part)* arrière *m*; **in** *or* **at the r.** à l'arrière (**of** de) **2** *adj (entrance, legs)* de derrière; *(lights, window)* arrière *inv*

rear[2] [rɪə(r)] **1** *vt (child, animals)* élever; *(one's head)* relever **2** *vi* **to r. (up)** *(of horse)* se cabrer

rearrange [riːə'reɪndʒ] *vt (hair, room)* réarranger; *(plans)* changer

rearview ['rɪəvjuː] *n* **r. mirror** rétroviseur *m*

reason ['riːzən] **1** *n (cause, sense)* raison *f*; **the r. for/why** la raison de/pour laquelle; **for no r.** sans raison; **it stands to r.** cela va de soi; **within r.** dans des limites raisonnables

2 *vt* **to r. that...** estimer que...

3 *vi* raisonner (**about** sur); **to r. with sb** raisonner qn ▪ **reasoning** *n* raisonnement *m*

reasonable ['riːzənəbəl] *adj (fair)* raisonnable; *(quite good)* passable ▪ **reasonably** *adv (behave, act)* raisonnablement; *(quite)* plutôt

reassure [riːə'ʃʊə(r)] *vt* rassurer ▪ **reassuring** *adj* rassurant

rebate ['riːbeɪt] *n (discount)* rabais *m*; *(refund)* remboursement *m*

rebel 1 ['rebəl] *n* rebelle *mf* **2** ['rebəl] *adj (camp, chief, attack)* des rebelles **3** [rɪ'bel] (*pt & pp* **-ll-**) *vi* se rebeller (**against** contre) ▪ **rebellion** [rɪ'beljən] *n* rébellion *f*

rebound 1 ['riːbaʊnd] *n (of ball)* rebond *m* **2** [rɪ'baʊnd] *vi (of ball)* rebondir; *Fig (of lies, action)* se retourner (**on** contre)

rebuild [riː'bɪld] (*pt & pp* **-built**) *vt* reconstruire

rebuke [rɪ'bjuːk] **1** *n* réprimande *f* **2** *vt* réprimander

recall [rɪ'kɔːl] **1** *n (calling back)* rappel *m* **2** *vt (remember)* se rappeler (**that** que; **doing** avoir fait); *(call back)* rappeler; **to r. sth to sb** rappeler qch à qn

recap ['riːkæp] **1** *n* récapitulation *f* **2** (*pt & pp* **-pp-**) *vi* récapituler

recapitulate [riːkə'pɪtjʊleɪt] *vti* récapituler

recede [rɪ'siːd] *vi (into the distance)* s'éloigner; *(of floods)* baisser ▪ **receding** *adj* **his hairline is r., he has a r. hairline** son front se dégarnit

receipt [rɪ'siːt] *n (for payment, object)* reçu *m* (**for** de); *(for letter, parcel)* récépissé *m*; **receipts** *(at box office)* recette *f*; **on r. of sth** dès réception de qch

receive [rɪ'siːv] *vt* recevoir; *(stolen goods)* receler

receiver [rɪ'siːvə(r)] *n (of phone)* combiné *m*; *(radio)* récepteur *m*; **to pick up** *or* **lift the r.** *(of phone)* décrocher

recent ['riːsənt] *adj* récent; *(development)* dernier, -ère; **in r. months** au cours des derniers mois ▪ **recently** *adv* récemment

reception [rɪ'sepʃən] *n (party, of radio)* réception *f*; *(welcome)* accueil *m*; **r. (desk)** réception *f* ▪ **receptionist** *n* réceptionniste *mf*

receptive [rɪ'septɪv] *adj* réceptif, -ive (**to** à)

recess [*Br* rɪ'ses, *Am* 'riːses] *n* (**a**) *(holiday)* vacances *fpl*; *Am (between classes)* récréation *f* (**b**) *(in wall)* renfoncement *m*; *(smaller)* recoin *m*

recession [rɪ'seʃən] *n Econ* récession *f*

recharge [riː'tʃɑːdʒ] *vt (battery, mobile phone)* recharger ▪ **rechargeable** *adj (battery)* rechargeable

recipe ['resɪpɪ] *n (for food) & Fig* recette *f* (**for sth** de qch)

recipient [rɪ'sɪpɪənt] *n (of gift, letter)* destinataire *mf*; *(of award)* lauréat, -e *mf*

reciprocal [rɪ'sɪprəkəl] *adj* réciproque ▪ **reciprocate 1** *vt* retourner **2** *vi* rendre la pareille

recital [rɪ'saɪtəl] *n (of music)* récital *m* (*pl* -als)

recite [rɪ'saɪt] *vt (poem)* réciter; *(list)* énumérer

reckless ['rekləs] *adj (rash)* imprudent

reckon ['rekən] **1** *vt (calculate)* calculer; *(consider)* considérer; *Fam (think)* penser (**that** que) **2** *vi* calculer, compter; **to r. with** *(take into account)* compter avec; *(deal with)* avoir affaire à; **to r. on sb/sth** *(rely on)* compter sur qn/qch ▪ **reckoning** *n (calculation)* calcul *m*

reclaim [rɪ'kleɪm] *vt (lost property, luggage)* récupérer; *(expenses)* se faire rembourser

recline [rɪ'klaɪn] *vi (be stretched out)* être allongé ▪ **reclining** *adj* **r. seat** siège *m* à dossier inclinable

recluse [rɪ'kluːs] *n* reclus, -e *mf*

recognition [rekəg'nɪʃən] *n* reconnaissance *f*; **to gain r.** être reconnu

recognize ['rekəgnaɪz] *vt* reconnaître ▪ **recognizable** *adj* reconnaissable

recoil [rɪ'kɔɪl] *vi (of person)* avoir un mouvement de recul

recollect [rekə'lekt] *vt* se souvenir de ▪ **recollection** *n* souvenir *m*

recommend [rekə'mend] *vt (praise, support, advise)* recommander (**to** à; **for** pour); **to r. sb to do sth** recommander à qn de faire qch ▪ **recommendation** *n* recommandation *f*

recompense ['rekəmpens] **1** *n* récompense *f* **2** *vt (reward)* récompenser

reconcile ['rekənsaɪl] *vt (person)* réconcilier (**with** *or* **to** avec); *(opinions, facts)* concilier; **to r. oneself to sth** se résigner à qch

reconditioned [riːkən'dɪʃənd] *adj (engine, machine)* remis à neuf

reconsider [riːkən'sɪdə(r)] **1** *vt* réexaminer **2** *vi* réfléchir

reconstruct [riːkən'strʌkt] *vt (crime)* reconstituer

record 1 ['rekɔːd] *n* (**a**) *(disc)* disque *m*; **r. player** électrophone *m*

(**b**) *(best sporting performance)* record *m*

(**c**) *(report)* rapport *m*; *(background)* antécédents *mpl*; *(file)* dossier *m*; **to make** *or* **keep a r. of sth** garder une trace écrite de qch; **on r.** *(fact, event)* attesté; **(police) r.** casier *m* judiciaire; **(public) records** archives *fpl*

2 ['rekɔːd] *adj* record *inv*; **to be at a r. high/low** être à son taux le plus haut/bas

3 [rɪ'kɔːd] *vt (on tape, in register)* enregistrer; *(in diary)* noter

4 [rɪ'kɔːd] *vi (on tape, of tape recorder)* enregistrer

recorded [rɪ'kɔːdɪd] *adj* enregistré; *(fact)* attesté; *(TV broadcast)* en différé; *Br* **to send sth (by) r. delivery** ≃ envoyer qch en recommandé avec accusé de réception

recorder [rɪ'kɔːdə(r)] *n (musical instrument)* flûte *f* à bec

recording [rɪ'kɔːdɪŋ] *n* enregistrement *m*

recount [rɪ'kaʊnt] *vt (relate)* raconter

recoup [rɪ'kuːp] *vt* récupérer

recourse [rɪ'kɔːs] *n* recours *m*; **to have r. to** avoir recours à

recover [rɪ'kʌvə(r)] **1** *vt (get back)* récupérer; *(one's appetite, balance)* retrouver **2** *vi (from illness, shock, surprise)* se remettre (**from** de); *(of economy, country)* se redresser; *(of sales)* reprendre ■ **recovery** (*pl* **-ies**) *n* (**a**) *(from illness)* rétablissement *m*; *(of economy)* redressement *m* (**b**) *Br* **r. vehicle** dépanneuse *f*

re-create [riːkrɪ'eɪt] *vt* recréer

recreation [rekrɪ'eɪʃən] *n Sch (break)* récréation *f*

recrimination [rɪkrɪmɪ'neɪʃən] *n* récrimination *f*

recruit [rɪ'kruːt] **1** *n* recrue *f* **2** *vt* recruter

rectangle ['rektæŋgəl] *n* rectangle *m* ■ **rectangular** *adj* rectangulaire

rectify ['rektɪfaɪ] (*pt & pp* **-ied**) *vt* rectifier

rector ['rektə(r)] *n (priest)* pasteur *m* anglican

recuperate [rɪ'kuːpəreɪt] *vi (from illness)* récupérer

recur [rɪ'kɜː(r)] (*pt & pp* **-rr-**) *vi (of event, problem)* se reproduire; *(of illness)* réapparaître; *(of theme)* revenir

recycle [riː'saɪkəl] *vt* recycler

red [red] **1** (**redder, reddest**) *adj* rouge; *(hair)* roux (*f* rousse); **to turn** *or* **go r.** rougir; **the R. Cross** la Croix-Rouge; **r. light** *(traffic light)* feu *m* rouge; *Fig* **r. tape** paperasserie *f* **2** *n (colour)* rouge *m*; **in the r.** *(in debt)* dans le rouge ■ **red-handed** *adv* **to be caught r.** être pris la main dans le sac ■ **redhead** *n* roux *m*, rousse *f* ■ **red-hot** *adj* brûlant

redcurrant [red'kʌrənt] *n* groseille *f*

redecorate [riː'dekəreɪt] *vt (repaint)* refaire la peinture de

redeem [rɪ'diːm] *vt (restore to favour, buy back, free)* racheter; *(gift token, coupon)* échanger; **his one redeeming feature is...** la seule chose qui le rachète, c'est...

redirect [riːdaɪ'rekt] *vt (mail)* faire suivre

redo [riː'duː] (*pt* **-did**, *pp* **-done**) *vt* refaire

reduce [rɪ'djuːs] *vt* réduire (**to** à; **by** de); *(temperature, price)* baisser; **at a reduced price** à prix réduit; **to be reduced to doing sth** en être réduit à faire qch ■ **reduction** [-'dʌkʃən] *n (of temperature, price)* baisse *f*; *(discount)* réduction *f* (**in/on** de/sur)

redundant [rɪ'dʌndənt] *adj (not needed)* superflu; *Br* **to make sb r.** licencier qn ■ **redundancy** (*pl* **-ies**) *n Br (of worker)* licenciement *m*; **r. pay** *or* **payment** *or* **money** prime *f* de licenciement

reed [riːd] *n (plant)* roseau *m*

reef [riːf] *n* récif *m*

reek [riːk] *vi* **to r. (of sth)** puer (qch)

reel [riːl] **1** *n (of thread, film)* bobine *f*; *(for fishing line)* moulinet *m* **2** *vt sep* **to r. off** *(names, statistics)* débiter

re-elect [riːɪ'lekt] *vt* réélire

re-establish [riːɪ'stæblɪʃ] *vt* rétablir

ref [ref] (*abbr* **referee**) *n Fam* arbitre *m*

refectory [rɪ'fektərɪ] (*pl* **-ies**) *n* réfectoire *m*

refer [rɪ'fɜː(r)] (*pt & pp* **-rr-**) **1** *vt* **to r. sth to sb** *(submit)* soumettre qch à qn; **to r. sb to a specialist** envoyer qn voir un spécialiste **2** *vt insep* **to r. to** *(allude to)* faire allusion à; *(mention)* parler de; *(apply to)* s'appliquer à; *(consult)* consulter

referee [refə'riː] **1** *n (in sport)* arbitre *m*; **to give the names of two referees**

(for job) fournir deux références **2** *vti* arbitrer

reference ['refərəns] *n (source, consultation)* référence *f*; *(allusion)* allusion *f* (**to** à); *(mention)* mention *f* (**to** de); *(for employer)* lettre *f* de référence; **with** *or* **in r. to** concernant; **r. book** ouvrage *m* de référence

referendum [refə'rendəm] *n* référendum *m*

refill 1 ['ri:fɪl] *n (for pen)* cartouche *f*; *(for lighter)* recharge *f*; **would you like a r.?** *(of drink)* je te ressers? **2** [ri:'fɪl] *vt (glass)* remplir à nouveau; *(lighter, pen)* recharger

refine [rɪ'faɪn] *vt (oil, sugar, manners)* raffiner; *(technique, machine)* perfectionner ▪ **refined** *adj (person, manners)* raffiné ▪ **refinement** *n (of person, manners)* raffinement *m*; **refinements** *(technical improvements)* améliorations *fpl*

reflect [rɪ'flekt] **1** *vt* (**a**) *(light, image)* refléter, réfléchir; *Fig (portray)* refléter; **to be reflected (in)** *(of light)* se refléter (dans) (**b**) **to r. that...** se dire que... **2** *vi* (**a**) **to r. on sb** *(of prestige, honour)* rejaillir sur qn; **to r. badly on sb** faire du tort à qn (**b**) *(think)* réfléchir (**on** à)

reflection [rɪ'flekʃən] *n* (**a**) *(image) & Fig* reflet *m* (**b**) *(thought, criticism)* réflexion (**on** sur); **on r.** tout bien réfléchi

reflector [rɪ'flektə(r)] *n (on bicycle, vehicle)* catadioptre *m*

reflex ['ri:fleks] *n & adj* réflexe (*m*); **r. action** réflexe *m*

reflexive [rɪ'fleksɪv] *adj (verb)* réfléchi

reform [rɪ'fɔ:m] **1** *n* réforme *f* **2** *vt* réformer; *(person, conduct)* corriger **3** *vi (of person)* se réformer

refrain [rɪ'freɪn] **1** *n (of song) & Fig* refrain *m* **2** *vi* s'abstenir (**from sth** de qch; **from doing** de faire)

refresh [rɪ'freʃ] *vt (of drink)* rafraîchir; *(of bath)* revigorer; *(of sleep, rest)* reposer; **to r. one's memory** se rafraîchir la mémoire ▪ **refreshing** *adj (drink)* rafraîchissant; *(bath)* revigorant; *(original)* nouveau (*f* nouvelle)

refreshments [rɪ'freʃmənts] *npl* rafraîchissements *mpl*

refrigerate [rɪ'frɪdʒəreɪt] *vt* réfrigérer ▪ **refrigerator** *n (domestic)* réfrigérateur *m*

refuel [ri:'fjʊəl] **1** (*Br* **-ll-**, *Am* **-l-**) *vt (aircraft)* ravitailler en carburant **2** *vi (of aircraft)* se ravitailler en carburant

refuge ['refju:dʒ] *n* refuge *m*; **to take r.** se réfugier (**in** dans)

refugee [refjʊ'dʒi:] *n* réfugié, -e *mf*

refund 1 ['ri:fʌnd] *n* remboursement *m* **2** [rɪ'fʌnd] *vt* rembourser

refurbish [ri:'fɜ:bɪʃ] *vt* rénover

refusal [rɪ'fju:zəl] *n* refus *m*

refuse[1] [rɪ'fju:z] **1** *vt* refuser; **to r. to do sth** refuser de faire qch; **to r. sb sth** refuser qch à qn **2** *vi* refuser

refuse[2] ['refju:s] *n Br (rubbish)* ordures *fpl*; **r. collection** ramassage *m* des ordures

refute [rɪ'fju:t] *vt* réfuter

regain [rɪ'geɪn] *vt (lost ground, favour)* regagner; *(health, sight)* retrouver; **to r. consciousness** reprendre connaissance

regal ['ri:gəl] *adj* royal

regard [rɪ'gɑ:d] **1** *n (admiration)* respect *m*; *(consideration)* égard *m*; **to hold sb in high r.** tenir qn en haute estime; **with r. to** en ce qui concerne; **to give** *or* **send one's regards to sb** transmettre son meilleur souvenir à qn **2** *vt (admire, respect)* estimer; **to r. sb/sth as...** considérer qn/qch comme... ▪ **regarding** *prep* en ce qui concerne

regardless [rɪ'gɑ:dləs] **1** *adj* **r. of...** *(without considering)* sans tenir compte de... **2** *adv (all the same)* quand même

regenerate [rɪ'dʒenəreɪt] *vt* régénérer

reggae ['regeɪ] *n (music)* reggae *m*

régime [reɪ'ʒi:m] *n* régime *m*

regiment ['redʒɪmənt] *n* régiment *m*

region ['ri:dʒən] *n* région *f*; *Fig* **in the r.**

of *(about)* environ ▪ **regional** *adj* régional

register ['redʒɪstə(r)] **1** *n* registre *m*; *(in school)* cahier *m* d'appel; **electoral r.** liste *f* électorale; **to take the r.** *(of teacher)* faire l'appel
2 *vt (birth, death)* déclarer; *(record, note)* enregistrer; *(vehicle)* immatriculer; *(complaint)* déposer
3 *vi (enrol)* s'inscrire (**for** à); *(at hotel)* signer le registre; *(of voter)* s'inscrire sur les listes électorales ▪ **registered** *adj (member)* inscrit; *(letter, package)* recommandé; **to send sth by r. post** *or Am* **mail** envoyer qch en recommandé

registration [redʒɪ'streɪʃən] *n (enrolment)* inscription *f*; *Br* **r. (number)** *(of vehicle)* numéro *m* d'immatriculation; *Br* **r. document** *(of vehicle)* ≃ carte *f* grise

registry ['redʒɪstrɪ] *adj & n Br* **r. (office)** bureau *m* de l'état civil; **to get married in a r. office** se marier à la mairie

regret [rɪ'gret] **1** *n* regret *m* **2** (*pt & pp* **-tt-**) *vt* regretter (**to do** de faire; **that** que + *subjunctive*); **to r. doing sth** regretter d'avoir fait qch

regrettable [rɪ'gretəbəl] *adj* regrettable (**that** que + *subjunctive*)

regroup [riː'gruːp] *vi* se regrouper

regular ['regjʊlə(r)] **1** *adj (steady, even, in grammar)* régulier, -ère; *(usual)* habituel, -elle; *(price)* normal; *(size)* moyen, -enne; *(listener, reader)* fidèle; *Am Fam* **a r. guy** un chic type **2** *n (in bar)* habitué, -e *mf* ▪ **regularly** *adv* régulièrement

regulate ['regjʊleɪt] *vt (adjust)* régler; *(control)* réglementer ▪ **regulations** *npl (rules)* règlement *m*

rehabilitate [riːhə'bɪlɪteɪt] *vt* réhabiliter

rehearse [rɪ'hɜːs] *vti* répéter ▪ **rehearsal** *n* répétition *f*

reign [reɪn] **1** *n* règne *m*; **in** *or* **during the r. of** sous le règne de **2** *vi* régner (**over** sur)

reimburse [riːɪm'bɜːs] *vt* rembourser (**for** de)

reindeer ['reɪndɪə(r)] *n inv* renne *m*

reinforce [riːɪn'fɔːs] *vt* renforcer (**with** de); **reinforced concrete** béton *m* armé ▪ **reinforcements** *npl (troops)* renforts *mpl*

reinstate [riːɪn'steɪt] *vt* réintégrer

reiterate [riː'ɪtəreɪt] *vt* réitérer

reject 1 ['riːdʒekt] *n (object)* rebus *m* **2** [rɪ'dʒekt] *vt* rejeter; *(candidate, goods, offer)* refuser ▪ **rejection** [rɪ'dʒekʃən] *n* rejet *m*; *(of candidate, goods, offer)* refus *m*

rejoice [rɪ'dʒɔɪs] *vi* se réjouir (**over** *or* **at** de) ▪ **rejoicing** *n* réjouissance *f*

rejoin [rɪ'dʒɔɪn] *vt (join up with)* rejoindre

rejuvenate [rɪ'dʒuːvəneɪt] *vt* rajeunir

relapse ['riːlæps] *n* rechute *f*

relate [rɪ'leɪt] **1** *vt* (**a**) *(narrate)* raconter (**that** que); *(report)* rapporter (**that** que) (**b**) *(connect)* mettre en rapport (**to** avec)
2 *vi* **to r. to** *(apply to)* avoir rapport à; *(person)* avoir des affinités avec ▪ **related** *adj (linked)* lié (**to** à); *(languages, styles)* apparenté; **to be r. to sb** *(by family)* être parent de qn

relation [rɪ'leɪʃən] *n* (**a**) *(relative)* parent, -e *mf* (**b**) *(relationship)* rapport *m*; **international relations** relations *fpl* internationales

relationship [rɪ'leɪʃənʃɪp] *n (within family)* lien *m* de parenté; *(between people)* relation *f*; *(between countries)* relations *fpl*; *(connection)* rapport *m*

relative ['relətɪv] **1** *n* parent, -e *mf* **2** *adj (comparative)* relatif, -ive; *(respective)* respectif, -ive; **r. to** *(compared to)* relativement à ▪ **relatively** *adv* relativement

relax [rɪ'læks] **1** *vt (person, mind)* détendre; *(grip, pressure)* relâcher; *(law, control)* assouplir **2** *vi (of person)* se détendre; **r.!** *(calm down)* du calme! ▪ **relaxed** *adj (person, atmosphere)* détendu ▪ **relaxing** *adj* délassant

relaxation [riːlækˈseɪʃən] *n (of person)* détente *f*
relay 1 [ˈriːleɪ] *n* **r. (race)** (course *f* de) relais *m* **2** [riːˈleɪ] *vt (information)* transmettre (**to** à)
release [rɪˈliːs] **1** *n (of prisoner)* libération *f*; *(of film)* sortie *f* (**of** de); *(film)* nouveau film *m*; *(record)* nouveau disque *m* **2** *vt (person)* libérer (**from** de); *(brake)* desserrer; *(film, record)* sortir; *(news)* communiquer; **to r. sb's hand** lâcher la main de qn
relegate [ˈrelɪgeɪt] *vt* reléguer (**to** à); *Br* **to be relegated** *(of team)* descendre en division inférieure
relent [rɪˈlent] *vi (of person)* céder
relentless [rɪˈlentləs] *adj* implacable
relevant [ˈreləvənt] *adj* (**a**) *(apt)* pertinent; **to be r. to sth** avoir rapport à qch; **that's not r.** ça n'a rien à voir (**b**) *(appropriate) (chapter)* correspondant; *(authorities)* compétent; *(qualifications)* requis (**c**) *(topical)* d'actualité ▪ **relevance** *n* pertinence *f* (**to** à); *(connection)* rapport *m* (**to** avec)
reliable [rɪˈlaɪəbəl] *adj (person, machine)* fiable; *(information)* sûr ▪ **reliability** *n (of person)* sérieux *m*; *(of machine)* fiabilité *f*
relic [ˈrelɪk] *n* relique *f*; *Fig* **relics** vestiges *mpl*
relief [rɪˈliːf] **1** *n (comfort)* soulagement *m*; *(help)* secours *m*; *(in art)* relief *m* **2** *adj (train, bus)* supplémentaire; *(work)* de secours; **r. map** carte *f* en relief; *Br* **r. road** route *f* de délestage
relieve [rɪˈliːv] *vt (alleviate)* soulager; *(boredom)* tromper; *(replace)* remplacer; *(free)* libérer; **to r. sb of sth** débarrasser qn de qch; *Hum* **to r. oneself** se soulager
religion [rɪˈlɪdʒən] *n* religion *f* ▪ **religious** *adj* religieux, -euse
relinquish [rɪˈlɪŋkwɪʃ] *vt (hope, habit, thought)* abandonner; *(share, claim)* renoncer à
relish [ˈrelɪʃ] **1** *n (pickle)* condiments *mpl*; *(pleasure)* goût *m* (**for** pour); **to do sth with r.** faire qch avec délectation **2** *vt* savourer
reload [riːˈləʊd] *vt (gun, camera)* recharger
relocate [*Br* riːləʊˈkeɪt, *Am* riːˈləʊkeɪt] *vi (of company)* être transféré; *(of person)* se déplacer
reluctant [rɪˈlʌktənt] *adj (greeting, promise)* accordé à contrecœur; **to be r. (to do sth)** être réticent (à faire qch) ▪ **reluctantly** *adv* à contrecœur
rely [rɪˈlaɪ] (*pt & pp* **-ied**) *vi* **to r. (up)on** *(count on)* compter sur; *(be dependent on)* dépendre de
remain [rɪˈmeɪn] *vi (stay behind, continue to be)* rester; *(be left)* subsister ▪ **remaining** *adj* restant ▪ **remains** *npl* restes *mpl*
remainder [rɪˈmeɪndə(r)] *n* reste *m*; *(book)* invendu *m* soldé
remark [rɪˈmɑːk] **1** *n* remarque *f* **2** *vt* faire remarquer **3** *vi* **to r. on sth** *(comment)* faire un commentaire sur qch ▪ **remarkable** *adj* remarquable ▪ **remarkably** *adv* remarquablement
remarry [riːˈmærɪ] (*pt & pp* **-ied**) *vi* se remarier
remedy [ˈremɪdɪ] **1** (*pl* **-ies**) *n* remède *m* **2** (*pt & pp* **-ied**) *vt* remédier à
remember [rɪˈmembə(r)] **1** *vt* se souvenir de, se rappeler; *(commemorate)* commémorer; **to r. that/doing** se rappeler que/d'avoir fait; **to r. to do sth** penser à faire qch; **to r. sb to sb** rappeler qn au bon souvenir de qn **2** *vi* se souvenir, se rappeler
remind [rɪˈmaɪnd] *vt* **to r. sb of sth** rappeler qch à qn; **to r. sb to do sth** rappeler à qn de faire qch ▪ **reminder** *n (letter, of event)* rappel *m*
reminisce [remɪˈnɪs] *vi* évoquer des souvenirs; **to r. about sth** évoquer qch ▪ **reminiscence** *n* souvenir *m*
reminiscent [remɪˈnɪsənt] *adj* **r. of** qui rappelle
remittance [rɪˈmɪtəns] *n (sum)* paiement *m*
remorse [rɪˈmɔːs] *n* remords *m*; **to feel r.** avoir du *ou* des remords

▪ **remorseless** *adj* impitoyable

remote [rɪ'məʊt] (**-er, -est**) *adj* (**a**) *(far-off)* éloigné (**from** de); **r. control** télécommande *f* (**b**) *(slight)* vague ▪ **remotely** *adv (slightly)* vaguement

removable [rɪ'mu:vəbəl] *adj (lining)* amovible

removal [rɪ'mu:vəl] *n* (**a**) *(of control, threat)* suppression *f*; *(of politician)* renvoi *m* (**b**) *Br* **r. van** camion *m* de déménagement

remove [rɪ'mu:v] *vt (clothes, stain, object)* enlever (**from sb** à qn; **from sth** de qch); *(obstacle, threat, word)* supprimer; *(fear, doubt)* dissiper; *(politician)* renvoyer

remover [rɪ'mu:və(r)] *n (for nail polish)* dissolvant *m*; *(for paint)* décapant *m*; *(for stains)* détachant *m*

remunerate [rɪ'mju:nəreɪt] *vt* rémunérer

rename [ri:'neɪm] *vt* rebaptiser; *Comptr (file)* renommer

rendezvous ['rɒndɪvu:, *pl* -vu:z] *n inv* rendez-vous *m inv*

renew [rɪ'nju:] *vt* renouveler; *(resume)* reprendre; *(library book)* renouveler le prêt de ▪ **renewed** *adj (efforts)* renouvelé; *(attempt)* nouveau (*f* nouvelle)

renounce [rɪ'naʊns] *vt (give up)* renoncer à; *(disown)* renier

renovate ['renəveɪt] *vt (house)* rénover; *(painting)* restaurer

renowned [rɪ'naʊnd] *adj* renommé (**for** pour)

rent [rent] **1** *n (for house, flat)* loyer *m* **2** *vt* louer; **to r. out** louer; **rented car** voiture *f* de location

rental ['rentəl] *n (of television, car)* location *f*; *(of telephone)* abonnement *m*

reopen [ri:'əʊpən] *vti* rouvrir

reorganize [ri:'ɔ:gənaɪz] *vt* réorganiser

rep [rep] *(abbr* **representative**) *n Fam* VRP *m*

repair [rɪ'peə(r)] **1** *n* réparation *f*; **under r.** en travaux **2** *vt* réparer

repay [ri:'peɪ] *(pt & pp* **-paid**) *vt (pay back)* rembourser; *(reward)* remercier (**for** de) ▪ **repayment** *n* remboursement *m*

repeal [rɪ'pi:l] *vt* abroger

repeat [rɪ'pi:t] **1** *n (of event)* répétition *f*; *(on TV, radio)* rediffusion *f*
2 *vt* répéter (**that** que); *(promise, threat)* réitérer; *(class)* redoubler; *(TV programme)* rediffuser; **to r. oneself** se répéter
3 *vi* répéter ▪ **repeated** *adj (attempts)* répété; *(efforts)* renouvelé ▪ **repeatedly** *adv* à maintes reprises

repel [rɪ'pel] *(pt & pp* **-ll-**) *vt* repousser ▪ **repellent 1** *adj (disgusting)* repoussant **2** *n* **insect r.** anti-moustiques *m inv*

repent [rɪ'pent] *vi* se repentir (**of** de) ▪ **repentant** *adj* repentant

repercussions [ri:pə'kʌʃənz] *npl* répercussions *fpl* (**on** sur)

repertoire ['repətwɑ:(r)] *n Theatre & Fig* répertoire *m* ▪ **repertory** [-tərɪ] *(pl* **-ies**) *n Theatre & Fig* répertoire *m*; **r. theatre** théâtre *m* de répertoire

repetition [repɪ'tɪʃən] *n* répétition *f* ▪ **repetitious, repetitive** [repə'tɪʃəs, rɪ'petɪtɪv] *adj* répétitif, -ive

rephrase [ri:'freɪz] *vt* reformuler

replace [rɪ'pleɪs] *vt (take the place of)* remplacer (**by** *or* **with** par); *(put back)* remettre (à sa place); **to r. the receiver** *(on phone)* raccrocher ▪ **replacement** *n (substitution)* remplacement *m* (**of** de); *(person)* remplaçant, -e *mf*; *(machine part)* pièce *f* de rechange

replay 1 ['ri:pleɪ] *n (match)* nouvelle rencontre *f*; **(instant** *or* **action) r.** *(on TV)* = répétition d'une séquence précédente **2** [ri:'pleɪ] *vt (match)* rejouer

replica ['replɪkə] *n* réplique *f*

reply [rɪ'plaɪ] **1** *(pl* **-ies**) *n* réponse *f*; **in r.** en réponse (**to** à) **2** *(pt & pp* **-ied**) *vti* répondre (**to** à; **that** que)

report [rɪ'pɔ:t] **1** *n (analysis)* rapport *m*; *(account)* compte rendu *m*; *(in media)* reportage *m*; *Br* **(school) r.**, *Am* **r. card** bulletin *m* scolaire

2 *vt (information)* rapporter; *(accident, theft)* signaler (**to** à); **to r. sb to the police** dénoncer qn à la police

3 *vi (give account)* faire un rapport (**on** sur); *(of journalist)* faire un reportage (**on** sur); *(go)* se présenter (**to** à) ▪ **reported** *adj* **r. speech** *(in grammar)* discours *m* indirect; **it is r. that...** on dit que...; **to be r. missing** être porté disparu ▪ **reporter** *n* reporter *m*

repossess [riːpə'zes] *vt* saisir

represent [reprɪ'zent] *vt* représenter ▪ **representation** *n* représentation *f*

representative [reprɪ'zentətɪv] **1** *adj* représentatif, -ive (**of** de) **2** *n* représentant, -e *mf*; *Am Pol* ≃ député *m*

repress [rɪ'pres] *vt* réprimer; *(memory, feeling)* refouler; **to be repressed** *(of person)* être un(e) refoulé(e) ▪ **repressive** *adj (régime)* répressif, -ive; *(measures)* de répression

reprieve [rɪ'priːv] *n (cancellation of sentence)* commutation *f* de la peine capitale; *(temporary) & Fig* sursis *m*

reprimand ['reprɪmɑːnd] **1** *n* réprimande *f* **2** *vt* réprimander

reprint 1 ['riːprɪnt] *n* réimpression *f* **2** [riː'prɪnt] *vt* réimprimer

reprisal [rɪ'praɪzəl] *n* représailles *fpl*; **as a r. for, in r. for** en représailles de

reproach [rɪ'prəʊtʃ] **1** *n (blame)* reproche *m* **2** *vt* faire des reproches à; **to r. sb with sth** reprocher qch à qn

reproduce [riːprə'djuːs] **1** *vt* reproduire **2** *vi* se reproduire ▪ **reproduction** [-'dʌkʃən] *n* reproduction *f*

reptile ['reptaɪl] *n* reptile *m*

republic [rɪ'pʌblɪk] *n* république *f* ▪ **republican** *adj & n* républicain, -e *(mf)*

repugnant [rɪ'pʌgnənt] *adj* répugnant

repulsive [rɪ'pʌlsɪv] *adj* repoussant

reputable ['repjʊtəbəl] *adj* de bonne réputation ▪ **reputed** *adj* **she's r. to be wealthy** on la dit riche

reputation [repjʊ'teɪʃən] *n* réputation *f*

request [rɪ'kwest] **1** *n* demande *f* (**for** de); **on r.** sur demande; **at sb's r.** à la demande de qn; *Br* **r. stop** *(for bus)* arrêt *m* facultatif **2** *vt* demander; **to r. sb to do sth** prier qn de faire qch

require [rɪ'kwaɪə(r)] *vt (of task, problem, situation)* requérir; *(of person)* avoir besoin de; **to be required to do sth** être tenu de faire qch; **the required qualities** les qualités *fpl* requises ▪ **requirement** *n (need)* exigence *f*; *(condition)* condition *f* (requise)

requisite ['rekwɪzɪt] *adj* requis

reschedule [*Br* riː'ʃedjuːl, *Am* riː'skedʒʊəl] *vt* changer la date/l'heure de

rescue ['reskjuː] **1** *n (action)* sauvetage *m* (**of** de); **to go/come to sb's r.** aller/venir au secours de qn **2** *adj (team, operation, attempt)* de sauvetage **3** *vt (save)* sauver; *(set free)* délivrer (**from** de)

research [rɪ'sɜːtʃ] **1** *n* recherches *fpl* (**on** *or* **into** sur) **2** *vi* faire des recherches (**on** *or* **into** sur) ▪ **researcher** *n* chercheur, -euse *mf*

resemble [rɪ'zembəl] *vt* ressembler à ▪ **resemblance** *n* ressemblance *f* (**to** avec)

resent [rɪ'zent] *vt* ne pas aimer ▪ **resentment** *n* ressentiment *m*

reservation [rezə'veɪʃən] *n* (**a**) *(booking)* réservation *f*; **to make a r.** réserver (**b**) *(doubt)* réserve *f* (**c**) *(land for Indians, animals)* réserve *f*

reserve [rɪ'zɜːv] **1** *n* (**a**) *(reticence)* réserve *f* (**b**) *(stock, land)* réserve *f*; **r. (player)** *(in team)* remplaçant, -e *mf*; *Mil* **the reserves** les réservistes *mpl*; **in r.** en réserve; **r. tank** *(of vehicle, aircraft)* réservoir *m* de secours

2 *vt (room, decision)* réserver; *(right)* se réserver ▪ **reserved** *adj (person, room)* réservé

reservoir ['rezəvwɑː(r)] *n (of water)* réservoir *m*

reset [riː'set] *vt (counter)* remettre à zéro

reshuffle [riː'ʃʌfəl] *n* **(cabinet) r.** remaniement *m* (ministériel)

reside [rɪ'zaɪd] *vi* résider

residence ['rezɪdəns] *n (home)* résidence *f*; *(of students)* foyer *m*; *Br* **r. permit** permis *m* de séjour

resident ['rezɪdənt] **1** *n (of country, street)* habitant, -e *mf*; *(of hotel)* pensionnaire *mf*; *(foreigner)* résident, -e *mf* **2** *adj* **to be r. in London** résider à Londres

residential [rezɪ'denʃəl] *adj (neighbourhood)* résidentiel, -elle

resign [rɪ'zaɪn] **1** *vt (job)* démissionner de; **to r. oneself to sth/to doing sth** se résigner à qch/à faire qch **2** *vi* démissionner (**from** de) ▪ **resigned** *adj* résigné

resignation [rezɪg'neɪʃən] *n (from job)* démission *f*; *(attitude)* résignation *f*

resilient [rɪ'zɪlɪənt] *adj* élastique; *Fig (person)* résistant

resist [rɪ'zɪst] **1** *vt* résister à; **to r. doing sth** s'empêcher de faire qch **2** *vi* résister ▪ **resistance** *n* résistance *f* (**to** à) ▪ **resistant** *adj* résistant (**to** à)

resit [riː'sɪt] (*pt & pp* **-sat,** *pres p* **-sitting**) *vt Br (exam)* repasser

resolute ['rezəluːt] *adj* résolu ▪ **resolution** *n* résolution *f*

resolve [rɪ'zɒlv] **1** *n* résolution *f* **2** *vt (problem)* résoudre; **to r. to do sth** *(of person)* se résoudre à faire qch

resort [rɪ'zɔːt] **1** *n* (**a**) *(holiday place)* lieu *m* de villégiature; *Br* **seaside r.,** *Am* **beach r.** station *f* balnéaire (**b**) *(recourse)* **as a last r., in the last r.** en dernier ressort **2** *vi* **to r. to sth** avoir recours à qch; **to r. to doing sth** finir par faire qch

resounding [rɪ'zaʊndɪŋ] *adj (failure)* retentissant; *(success)* éclatant

resource [rɪ'sɔːs, rɪ'zɔːs] *n* ressource *f* ▪ **resourceful** *adj* ingénieux, -euse

respect [rɪ'spekt] **1** *n* respect *m* (**for** pour); *(aspect)* égard *m*; **in many respects** à bien des égards; **with r. to, in r. of** en ce qui concerne **2** *vt* respecter

respectable [rɪ'spektəbəl] *adj (decent, fairly large)* respectable; *(fairly good)* honorable

respective [rɪ'spektɪv] *adj* respectif, -ive ▪ **respectively** *adv* respectivement

respond [rɪ'spɒnd] *vi (answer)* répondre (**to** à); *(react)* réagir (**to** à); **to r. to treatment** bien réagir (au traitement) ▪ **response** *n (answer)* réponse *f*; *(reaction)* réaction *f*; **in r. to** en réponse à

responsible [rɪ'spɒnsəbəl] *adj* responsable (**for** de); *(job)* à responsabilités ▪ **responsibility** (*pl* **-ies**) *n* responsabilité *f* (**for** de) ▪ **responsibly** *adv* de façon responsable

responsive [rɪ'spɒnsɪv] *adj (reacting)* qui réagit bien; *(alert)* éveillé; **r. to** *(suggestion)* réceptif, -ive à

rest[1] [rest] **1** *n (relaxation)* repos *m*; *(support)* support *m*; **to have** *or* **take a r.** se reposer; **to set** *or* **put sb's mind at r.** tranquilliser qn; *Am* **r. room** toilettes *fpl*

2 *vt (lean)* poser (**on** sur); *(horse)* laisser reposer

3 *vi (relax)* se reposer; *(lean)* être posé (**on** sur); **to r. on** *(of argument, roof)* reposer sur; **a resting place** un lieu de repos

rest[2] [rest] **1** *n (remainder)* reste *m* (**of** de); **the r.** *(others)* les autres *mfpl* **2** *vi* **to r. with sb** *(of decision, responsibility)* incomber à qn

restaurant ['restərɒnt] *n* restaurant *m*; *Br* **r. car** *(on train)* wagon-restaurant *m*

restful ['restfəl] *adj* reposant

restless ['restləs] *adj* agité

restore [rɪ'stɔː(r)] *vt (give back)* rendre (**to** à); *(order, peace, rights)* rétablir; *(building, painting, monarchy)* restaurer

restrain [rɪ'streɪn] *vt (person, dog)* maîtriser; *(crowd, anger)* contenir; **to r. sb from doing sth** retenir qn pour qu'il ne fasse pas qch ▪ **restrained** *adj (manner)* réservé ▪ **restraint** *n (moderation)* mesure *f*; *(restriction)* restriction *f*

restrict [rɪ'strɪkt] *vt* restreindre; **to r. oneself to sth/doing sth** se limiter à qch/à faire qch ▪ **restricted** *adj* restreint ▪ **restriction** *n* restriction *f* (**on** à)

result [rɪ'zʌlt] **1** *n (outcome, success)* résultat *m*; **as a r.** en conséquence; **as a r. of** à la suite de **2** *vi* résulter (**from** de); **to r. in sth** aboutir à qch

resume [rɪ'zjuːm] *vti* reprendre; **to r. doing sth** se remettre à faire qch ▪ **resumption** [-'zʌmpʃən] *n* reprise *f*

résumé ['rezjʊmeɪ] *n (summary)* résumé *m*; *Am (CV)* curriculum vitae *m inv*

resurgence [rɪ'sɜːdʒəns] *n* réapparition *f*

resurrect [rezə'rekt] *vt Fig (fashion)* remettre au goût du jour ▪ **resurrection** *n Rel* résurrection *f*

resuscitate [rɪ'sʌsɪteɪt] *vt Med* ranimer

retail ['riːteɪl] **1** *n* (vente *f* au) détail *m* **2** *adj (price)* de détail **3** *vi* se vendre (au détail) (**at** à) ▪ **retailer** *n* détaillant *m*

retain [rɪ'teɪn] *vt (keep)* conserver; *(hold in place)* retenir

retaliate [rɪ'tælɪeɪt] *vi* riposter ▪ **retaliation** *n* représailles *fpl*; **in r. for** en représailles à

retch [retʃ] *vi* avoir des haut-le-cœur

rethink [riː'θɪŋk] *(pt & pp* **-thought***) vt* repenser

reticent ['retɪsənt] *adj* peu communicatif, -ive

retire [rɪ'taɪə(r)] *vi* (**a**) *(from work)* prendre sa retraite (**b**) *(withdraw)* se retirer (**from** de; **to** à); *(go to bed)* aller se coucher ▪ **retired** *adj (no longer working)* retraité

retirement [rɪ'taɪəmənt] *n* retraite *f*; **r. age** l'âge *m* de la retraite

retrace [riː'treɪs] *vt* **to r. one's steps** revenir sur ses pas

retract [rɪ'trækt] **1** *vt* (**a**) *(statement)* revenir sur (**b**) *(claws)* rentrer **2** *vi (of person)* se rétracter

retrain [riː'treɪn] **1** *vt* recycler **2** *vi* se recycler ▪ **retraining** *n* recyclage *m*

retreat [rɪ'triːt] **1** *n (withdrawal)* retraite *f*; *(place)* refuge *m* **2** *vi* se réfugier; *(of troops)* battre en retraite

retribution [retrɪ'bjuːʃən] *n* châtiment *m*

retrieve [rɪ'triːv] *vt (recover)* récupérer

retrospect ['retrəspekt] *n* **in r.** rétrospectivement

retrospective [retrə'spektɪv] *adj* rétrospectif, -ive; *(law)* à effet rétroactif

return [rɪ'tɜːn] **1** *n* retour *m*; *Fin (on investment)* rapport *m*; **returns** *(profits)* bénéfices *mpl*; *Br* **r. (ticket)** (billet *m*) aller et retour *m*; **many happy returns!** bon anniversaire!; **in r.** en échange (**for** de); **by r. of post** par retour du courrier

2 *adj (trip, flight)* (de) retour; **r. match** match *m* retour

3 *vt (give back)* rendre; *(put back)* remettre; *(bring back)* rapporter; *(send back)* renvoyer; **to r. sb's call** *(on phone)* rappeler qn

4 *vi (come back)* revenir; *(go back)* retourner; *(go back home)* rentrer; **to r. to** *(subject)* revenir à

reunion [riː'juːnjən] *n* réunion *f* ▪ **reunite** *vt* réconcilier; **to be reunited with sb** retrouver qn

reuse [riː'juːz] *vt* réutiliser

reveal [rɪ'viːl] *vt (make known)* révéler (**that** que); *(make visible)* laisser voir ▪ **revealing** *adj (sign, comment)* révélateur, -trice

revel ['revəl] (*Br* **-ll-**, *Am* **-l-**) *vi* faire la fête; **to r. in sth** savourer qch

revelation [revə'leɪʃən] *n* révélation *f*

revenge [rɪ'vendʒ] **1** *n* vengeance *f*; **to have** *or* **get one's r. (on sb)** se venger (de qn); **in r.** pour se venger **2** *vt* venger

revenue ['revənjuː] *n (income)* revenu *m*; *(from sales)* recettes *fpl*

reverence ['revərəns] *n* révérence *f*

reversal [rɪ'vɜːsəl] *n (of situation, roles)* renversement *m*; *(of policy, opinion)* revirement *m*; **r. (of fortune)** revers *m* (de fortune)

reverse [rɪ'vɜːs] **1** *adj (opposite)* contraire; *(image)* inverse; **in r. order** dans l'ordre inverse

2 *n* contraire *m*; *(of coin)* revers *m*; *(of fabric)* envers *m*; *(of paper)* verso *m*; **in r. (gear)** *(when driving)* en marche arrière

3 *vt (situation)* renverser; *(order, policy)* inverser; *(decision)* revenir sur; **to r. the car** faire marche arrière; *Br* **to r. the charges** *(when phoning)* téléphoner en PCV

4 *vi Br (in car)* faire marche arrière; **to r. in/out** rentrer/sortir en marche arrière

revert [rɪ'vɜːt] *vi* **to r. to** revenir à

review [rɪ'vjuː] **1** *n* (**a**) *(of book, film)* critique *f*; **to be under r.** faire l'objet d'une révision (**b**) *(magazine)* revue *f* **2** *vt (book, film)* faire la critique de; *(troops)* passer en revue; *(situation)* faire le point sur; *(salary)* réviser ■ **reviewer** *n* critique *m*

revise [rɪ'vaɪz] **1** *vt (opinion, notes, text)* réviser **2** *vi (for exam)* réviser (**for** pour) ■ **revision** *n* révision *f*

revival [rɪ'vaɪvəl] *n (of custom, business, play)* reprise *f*; *(of fashion)* renouveau *m*

revive [rɪ'vaɪv] **1** *vt (person)* ranimer; *(custom, industry)* faire renaître; *(fashion)* relancer **2** *vi (of person)* reprendre connaissance; *(of industry)* connaître un renouveau; *(of interest)* renaître

revolt [rɪ'vəʊlt] **1** *n* révolte *f* **2** *vt (disgust)* révolter **3** *vi (rebel)* se révolter (**against** contre) ■ **revolting** *adj* dégoûtant

revolution [revə'luːʃən] *n* révolution *f* ■ **revolutionary** (*pl* **-ies**) *adj & n* révolutionnaire *(mf)*

revolve [rɪ'vɒlv] *vi* tourner (**around** autour de) ■ **revolving** *adj* **r. door(s)** porte *f* à tambour

revolver [rɪ'vɒlvə(r)] *n* revolver *m*

revulsion [rɪ'vʌlʃən] *n (disgust)* dégoût *m*

reward [rɪ'wɔːd] **1** *n* récompense *f* (**for** de) **2** *vt* récompenser (**for** de *ou* pour) ■ **rewarding** *adj* intéressant

rewind [riː'waɪnd] (*pt & pp* **-wound**) *vt (tape, film)* rembobiner

rewrite [riː'raɪt] (*pt* **-wrote,** *pp* **-written**) *vt* réécrire

rhetoric ['retərɪk] *n* rhétorique *f* ■ **rhetorical** [rɪ'tɒrɪkəl] *adj* **r. question** question *f* de pure forme

rheumatism ['ruːmətɪzəm] *n* rhumatisme *m*; **to have r.** avoir des rhumatismes

rhinoceros [raɪ'nɒsərəs] *n* rhinocéros *m*

rhubarb ['ruːbɑːb] *n* rhubarbe *f*

rhyme [raɪm] **1** *n* rime *f*; *(poem)* vers *mpl* **2** *vi* rimer (**with** avec)

rhythm ['rɪðəm] *n* rythme *m* ■ **rhythmic(al)** ['rɪðmɪk(əl)] *adj* rythmé

rib [rɪb] *n (bone)* côte *f*

ribbon ['rɪbən] *n* ruban *m*

rice [raɪs] *n* riz *m*; **r. pudding** riz *m* au lait

rich [rɪtʃ] **1** (**-er, -est**) *adj (person, food)* riche; **to be r. in sth** être riche en qch **2** *npl* **the r.** les riches *mpl* ■ **riches** *npl* richesses *fpl*

rid [rɪd] (*pt & pp* **rid,** *pres p* **ridding**) *vt* débarrasser (**of** de); **to get r. of, to r. oneself of** se débarrasser de ■ **riddance** ['rɪdəns] *n Fam* **good r.!** bon débarras!

ridden ['rɪdən] *pp of* **ride**

riddle ['rɪdəl] **1** *n (puzzle)* devinette *f*; *(mystery)* énigme *f* **2** *vt* cribler (**with** de); **riddled with mistakes** truffé de fautes

ride [raɪd] **1** *n (on horse)* promenade *f*; *(on bicycle, in car)* tour *m*; *(in taxi)* course *f*; **to go for a r.** aller faire un tour; **to give sb a r.** *(in car)* emmener qn en voiture; *Fam* **to take sb for a r.** mener qn en bateau

2 (*pt* **rode,** *pp* **ridden**) *vt (horse, bicycle)* monter à; *(a particular horse)* monter; **to know how to r. a bicycle** savoir faire de la bicyclette

3 *vi (on horse)* faire du cheval; *(on bicycle)* faire de la bicyclette; **to go**

riding *(on horse)* faire du cheval; **I ride to work** *(on bicycle)* je vais travailler à bicyclette

rider ['raɪdə(r)] *n (on horse)* cavalier, -ère *mf*; *(cyclist)* cycliste *mf*

ridge [rɪdʒ] *n (of mountain)* crête *f*

ridicule ['rɪdɪkju:l] **1** *n* ridicule *m*; **to hold sb/sth up to r.** tourner qn/qch en ridicule **2** *vt* tourner en ridicule, ridiculiser

ridiculous [rɪ'dɪkjʊləs] *adj* ridicule

riding ['raɪdɪŋ] *n* **(horse) r.** équitation *f*

rife [raɪf] *adj (widespread)* répandu

riffraff ['rɪfræf] *n* racaille *f*

rifle ['raɪfəl] *n* fusil *m*

rift [rɪft] *n (in political party)* scission *f*; *(disagreement)* désaccord *m*

rig [rɪg] **1** *n* **(oil) r.** derrick *m*; *(at sea)* plate-forme *f* pétrolière **2** (*pt & pp* **-gg-**) *vt Fam (result, election)* truquer; **to r. up** *(equipment)* installer

right¹ [raɪt] **1** *adj* (**a**) *(correct)* bon (*f* bonne), exact; *(word)* juste; **to be r.** *(of person)* avoir raison (**to do** de faire); **it's the r. time** c'est l'heure exacte; **that's r.** c'est ça; **r.!** bon!
(**b**) *(appropriate)* bon (*f* bonne); **he's the r. man** c'est l'homme qu'il faut
(**c**) *(morally good)* bien *inv*; **to do the r. thing** faire ce qu'il faut
(**d**) *Fam (for emphasis)* véritable; **I felt a r. fool** je me suis vraiment senti stupide
(**e**) *Math* **r. angle** angle *m* droit
2 *adv (straight)* (tout) droit; *(completely)* tout à fait; *(correctly)* correctement; **to put sth r.** *(rectify)* corriger qch; *(fix)* arranger qch; **to put sb r.** détromper qn; **r. round** tout autour (**sth** de qch); **r. behind** juste derrière; **r. here** ici même; **r. away, r. now** tout de suite
3 *n* **to be in the r.** avoir raison; **r. and wrong** le bien et le mal
4 *vt (error, wrong, boat, car)* redresser

right² [raɪt] **1** *adj (not left) (hand, side)* droit **2** *adv* à droite **3** *n* droite *f*; **on** *or* **to the r.** à droite (**of** de) ▪ **right-hand** *adj* de droite; **on the r. side** à droite (**of** de) ▪ **right-handed** *adj (person)* droitier, -ère ▪ **right-wing** *adj Pol* de droite

right³ [raɪt] *n (entitlement)* droit *m* (**to do** de faire); **to have a r. to sth** avoir droit à qch; **to have (the) r. of way** *(on road)* avoir la priorité

rightful ['raɪtfəl] *adj* légitime

rightly ['raɪtlɪ] *adv (correctly)* bien; *(justifiably)* à juste titre

rigid ['rɪdʒɪd] *adj* rigide

rigorous ['rɪgərəs] *adj* rigoureux, -euse

rim [rɪm] *n (of cup)* bord *m*; *(of wheel)* jante *f*

rind [raɪnd] *n (of cheese)* croûte *f*; *(of bacon)* couenne *f*

ring¹ [rɪŋ] *n (for finger, curtain)* anneau *m*; *(for finger, with stone)* bague *f*; *(on stove)* brûleur *m*; *(of people, chairs)* cercle *m*; *(of criminals)* bande *f*; *(at circus)* piste *f*; *(for boxing)* ring *m*; **to have rings under one's eyes** avoir les yeux cernés; *Br* **r. road** périphérique *m*

ring² [rɪŋ] **1** *n (sound)* **there's a r. at the door** on sonne à la porte; *Fam* **to give sb a r.** passer un coup de fil à qn
2 (*pt* **rang,** *pp* **rung**) *vt (bell)* sonner; *(alarm)* déclencher; **to r. sb** *(on phone)* téléphoner à qn; **to r. the doorbell** sonner à la porte; *Fam* **that rings a bell** ça me dit quelque chose
3 *vi (of bell, phone, person)* sonner; *(of sound, words)* retentir; *(of ears)* bourdonner; *(make a phone call)* téléphoner ▪ **ringing** *adj Br* **r. tone** *(on phone)* sonnerie *f*

▸ **ring back 1** *vt sep* **to r. sb back** rappeler qn **2** *vi* rappeler

▸ **ring off** *vi (on phone)* raccrocher

▸ **ring out** *vi (of bell)* sonner; *(of voice, shout)* retentir

▸ **ring up 1** *vt sep* **to r. sb up** téléphoner à qn **2** *vi* téléphoner

ringleader ['rɪŋli:də(r)] *n Pej (of rebellion, strike)* meneur, -euse *mf*

rink [rɪŋk] *n (for ice-skating)* patinoire *f*; *(for roller-skating)* piste *f*

rinse [rɪns] **1** *n* rinçage *m*; **to give sth a r.** rincer qch **2** *vt* rincer; **to r. one's hands** se rincer les mains; **to r. out** rincer

riot ['raɪət] **1** *n (uprising)* émeute *f*; **to run r.** se déchaîner **2** *vi (rise up)* faire une émeute; *(of prisoners)* se mutiner ▪ **rioter** *n* émeutier, -ère *mf*; *(vandal)* casseur *m* ▪ **rioting** *n* émeutes *fpl*

rip [rɪp] **1** *n* déchirure *f* **2** *(pt & pp* **-pp-***)* *vt* déchirer; **to r. sth off** arracher qch (**from** de); *Fam (steal)* faucher qch; *Fam* **to r. sb off** *(deceive)* rouler qn; **to r. sth up** déchirer qch **3** *vi (of fabric)* se déchirer ▪ **rip-off** *n Fam* arnaque *f*

ripe [raɪp] (**-er, -est**) *adj (fruit)* mûr; *(cheese)* fait ▪ **ripen** *vti* mûrir

rise [raɪz] **1** *n (in price, pressure)* hausse *f* (**in** de); *(slope in ground)* montée *f*; *(of leader, party)* ascension *f*; *Br* **(pay) r.** augmentation *f* (de salaire); **to give r. to sth** donner lieu à qch

2 *(pt* **rose,** *pp* **risen** ['rɪzən]) *vi (of temperature, balloon, price)* monter; *(in society)* s'élever; *(of sun, theatre curtain)* se lever; *(of dough)* lever; *(get up from chair or bed)* se lever; **to r. (up)** *(rebel)* se soulever (**against** contre)

rising ['raɪzɪŋ] *adj (sun)* levant; *(number)* croissant; *(prices)* en hausse

risk [rɪsk] **1** *n* risque *m*; **at r.** *(person)* en danger; *(job)* menacé; **to run the r. of doing sth** courir le risque de faire qch **2** *vt (life, reputation)* risquer; **I can't r. going** je ne peux pas prendre le risque d'y aller ▪ **risky** (**-ier, -iest**) *adj* risqué

rite [raɪt] *n* rite *m*; *Rel* **the last rites** les derniers sacrements *mpl* ▪ **ritual** ['rɪtjʊəl] **1** *adj* rituel, -elle **2** *n* rituel *m*

rival ['raɪvəl] **1** *adj* rival **2** *n* rival, -e *mf* **3** *(Br* **-ll-**, *Am* **-l-**) *vt (equal)* égaler (**in** en) ▪ **rivalry** *(pl* **-ies**) *n* rivalité *f* (**between** entre)

river ['rɪvə(r)] **1** *n (small)* rivière *f*; *(flowing into sea)* fleuve *m* **2** *adj* **r. bank** rive *f* ▪ **riverside 1** *n* bord *m* de l'eau **2** *adj* au bord de l'eau

riveting ['rɪvɪtɪŋ] *adj Fig* fascinant

Riviera [rɪvɪ'eərə] *n* **the (French) R.** la Côte d'Azur

road [rəʊd] **1** *n* route *f*; *(small)* chemin *m*; *(in town)* rue *f*; *(roadway)* chaussée *f*; **the Paris r.** la route de Paris; **by r.** par la route; **to live across** *or* **over the r.** habiter en face

2 *adj (map, safety)* routier, -ère; *(accident)* de la route; **r. sign** panneau *m* de signalisation; *Br* **r. works,** *Am* **r. work** travaux *mpl* de voirie ▪ **roadblock** *n* barrage *m* routier ▪ **roadside** *n* bord *m* de la route

roam [rəʊm] **1** *vt* parcourir; **to r. the streets** traîner dans les rues **2** *vi* errer

roar [rɔː(r)] **1** *n (of lion)* rugissement *m*; *(of person)* hurlement *m* **2** *vt* **to r. sth (out)** hurler qch **3** *vi (of lion, wind, engine)* rugir; *(of person, crowd)* hurler; **to r. with laughter** hurler de rire ▪ **roaring** *adj* **a r. fire** une belle flambée; **to do a r. trade** faire des affaires en or

roast [rəʊst] **1** *n (meat)* rôti *m* **2** *adj* rôti; **r. beef** rosbif *m* **3** *vt (meat, potatoes)* faire rôtir **4** *vi (of meat)* rôtir

rob [rɒb] *(pt & pp* **-bb-**) *vt (person)* voler; *(shop, bank)* dévaliser; **to r. sb of sth** voler qch à qn; *Fig (deprive)* priver qn de qch ▪ **robber** *n* voleur, -euse *mf* ▪ **robbery** *(pl* **-ies**) *n* vol *m*; **it's daylight r.!** c'est du vol pur et simple!

robe [rəʊb] *n (of priest, judge)* robe *f*

robin ['rɒbɪn] *n (bird)* rouge-gorge *m*

robot ['rəʊbɒt] *n* robot *m*

robust [rəʊ'bʌst] *adj* robuste

rock[1] [rɒk] **1** *n (music)* rock *m* **2** *vt (boat)* balancer; *(building)* secouer **3** *vi (sway)* se balancer; *(of building, ground)* trembler ▪ **rocking** *adj* **r. chair** fauteuil *m* à bascule

rock[2] [rɒk] **1** *n (substance)* roche *f*; *(boulder, rock face)* rocher *m*; *Am (stone)* pierre *f*; *Br (sweet)* = sucrerie en forme de bâton parfumée à la menthe; **on the rocks** *(whisky)* avec des glaçons; *(marriage)* en pleine débâcle; **r. climbing** varappe *f*; **r. face** paroi *f* rocheuse

rocket ['rɒkɪt] **1** *n* fusée *f* **2** *vi (of prices, unemployment)* monter en flèche

rocky ['rɒkɪ] (**-ier, -iest**) *adj (road)* rocailleux, -euse; *Fig (relationship)* instable

rod [rɒd] *n (wooden)* baguette *f*; *(metal)* tige *f*; *(of curtain)* tringle *f*; *(for fishing)* canne *f* à pêche

rode [rəʊd] *pt of* **ride**

rodent ['rəʊdənt] *n* rongeur *m*

rodeo [*Br* 'rəʊdɪəʊ, *Am* rəʊ'deɪəʊ] (*pl* **-os**) *n Am* rodéo *m*

rogue [rəʊg] *n (dishonest)* crapule *f*; *(mischievous)* coquin, -e *mf*

role [rəʊl] *n* rôle *m*; **r. model** modèle *m*

roll [rəʊl] **1** *n (of paper)* rouleau *m*; *(of drum, thunder)* roulement *m*; *(bread)* petit pain *m*; *(list)* liste *f*; **r. of film** pellicule *f*; **to have a r. call** faire l'appel; **r. neck** col *m* roulé

2 *vt (cigarette)* rouler; *(ball)* faire rouler

3 *vi (of ball)* rouler; *(of camera)* tourner ▪ **rolling** *adj (hills)* ondulant; **r. pin** rouleau *m* à pâtisserie

▸ **roll down** *vt sep (car window)* baisser; *(sleeves)* redescendre

▸ **roll in** *vi Fam (flow in)* affluer; *(of person)* s'amener

▸ **roll on** *vi Fam* **r. on tonight!** vivement ce soir!

▸ **roll out** *vt sep (dough)* étaler

▸ **roll over** **1** *vt sep* retourner **2** *vi (many times)* se rouler; *(once)* se retourner

▸ **roll up** **1** *vt sep (map, cloth)* rouler; *(sleeve)* retrousser **2** *vi Fam (arrive)* s'amener

roller ['rəʊlə(r)] *n (for hair, painting)* rouleau *m*; **r. coaster** montagnes *fpl* russes; **r. skate** patin *m* à roulettes ▪ **roller-skate** *vi* faire du patin à roulettes

rollerblades ['rəʊləbleɪdz] *npl* patins *mpl* en ligne

ROM [rɒm] (*abbr* **read only memory**) *n Comptr* mémoire *f* morte

Roman ['rəʊmən] **1** *adj* romain **2** *n* Romain, -e *mf* **3** *adj & n* **R. Catholic** catholique *(mf)*

romance [rəʊ'mæns] *n (love)* amour *m*; *(affair)* aventure *f* amoureuse; *(story)* histoire *f* d'amour; *(charm)* poésie *f*

Romania [rəʊ'meɪnɪə] *n* la Roumanie ▪ **Romanian** **1** *adj* roumain **2** *n (person)* Roumain, -e *mf*; *(language)* roumain *m*

romantic [rəʊ'mæntɪk] **1** *adj (of love, tenderness)* romantique; *(fanciful, imaginary)* romanesque **2** *n* romantique *mf*

romp [rɒmp] *vi* s'ébattre

rompers ['rɒmpəz] *npl (for baby)* barboteuse *f*

roof [ru:f] *n (of building, vehicle)* toit *m*; *(of tunnel, cave)* plafond *m*; **r. rack** *(of car)* galerie *f* ▪ **rooftop** *n* toit *m*

room [ru:m, rʊm] *n* (**a**) *(in house)* pièce *f*; *(bedroom)* chambre *f*; *(large, public)* salle *f* (**b**) *(space)* place *f*; **to make r.** faire de la place (**for** pour) ▪ **roommate** *n* camarade *mf* de chambre ▪ **roomy** (**-ier, -iest**) *adj* spacieux, -euse

roost [ru:st] *vi* se percher

rooster ['ru:stə(r)] *n* coq *m*

root [ru:t] **1** *n (of plant, tooth, hair) & Math* racine *f*; *Fig (origin)* origine *f*; *(cause)* cause *f*; **to take r.** *(of plant, person)* prendre racine **2** *vt* **to r. sth out** supprimer qch

rooted ['ru:tɪd] *adj* **deeply r.** bien enraciné (**in** dans); **r. to the spot** *(immobile)* cloué sur place

rope [rəʊp] **1** *n* corde *f*; *(on ship)* cordage *m*; *Fam* **to know the ropes** connaître son affaire **2** *vt Fam* **to r. sb in** recruter qn

rop(e)y ['rəʊpɪ] (**-ier, -iest**) *adj Br Fam (thing)* minable; *(person)* patraque

rosary ['rəʊzərɪ] (*pl* **-ies**) *n Rel* chapelet *m*

rose[1] [rəʊz] *n (flower)* rose *f*

rose[2] [rəʊz] *pt of* **rise**

rosette [rəʊ'zet] *n* rosette *f*

roster ['rɒstə(r)] *n* **(duty) r.** liste *f* de service

rostrum ['rɒstrəm] *n* tribune *f*; *(for prizewinner)* podium *m*

rosy ['rəʊzɪ] (**-ier, -iest**) *adj (pink)* rose; *Fig (future)* prometteur, -euse

rot [rɒt] **1** *n* pourriture *f*; *Br Fam (nonsense)* inepties *fpl* **2** (*pt & pp* **-tt-**) *vti* pourrir

rota ['rəʊtə] *n* roulement *m*

rotary ['rəʊtərɪ] **1** *adj* rotatif, -ive **2** (*pl* **-ies**) *n Am (for traffic)* rond-point *m*

rotate [rəʊ'teɪt] **1** *vt* faire tourner **2** *vi* tourner

rotation [rəʊ'teɪʃən] *n* **in r.** à tour de rôle

rotten ['rɒtən] *adj (fruit, egg, wood)* pourri; *Fam (bad)* nul (*f* nulle); *Fam (weather)* pourri; *Fam* **to feel r.** *(ill)* être mal fichu

rough[1] [rʌf] **1** (**-er, -est**) *adj (surface)* rugueux, -euse; *(ground)* accidenté; *(life)* rude; *(wine)* âpre; *(neighbourhood)* dur; *(sea)* agité; *(brutal)* brutal **2** *adv Br* **to sleep/live r.** coucher/vivre à la dure **3** *vt Fam* **to r. it** vivre à la dure

rough[2] [rʌf] **1** (**-er, -est**) *adj (approximate)* approximatif, -ive; **r. guess, r. estimate** approximation *f*; **r. copy, r. draft** brouillon *m*; **r. paper** papier *m* brouillon **2** *vt* **to r. sth out** *(plan)* ébaucher

rough-and-ready [rʌfən'redɪ] *adj (solution)* rudimentaire; *(accommodation)* sommaire

roughen ['rʌfən] *vt* rendre rugueux, -euse

roughly[1] ['rʌflɪ] *adv (brutally)* brutalement

roughly[2] ['rʌflɪ] *adv (approximately)* à peu près

round [raʊnd] **1** (**-er, -est**) *adj* rond; *Am* **r. trip** aller et retour *m*

2 *adv* autour; **all r., right r.** tout autour; **all year r.** toute l'année; **the wrong way r.** à l'envers

3 *prep* autour de; **r. here** par ici; **r. about** *(approximately)* environ

4 *n Br (slice)* tranche *f*; *(in competition)* manche *f*; *(of golf)* partie *f*; *(in boxing)* round *m*; *(of talks)* série *f*; *(of drinks)* tournée *f*

5 *vt* **to r. sth off** *(meal, speech)* terminer qch (**with** par); **to r. up** *(gather)* rassembler; *(price)* arrondir au chiffre supérieur

roundabout ['raʊndəbaʊt] **1** *adj (method, route)* indirect **2** *n Br (at funfair)* manège *m*; *(road junction)* rond-point *m*

rounders ['raʊndəz] *npl* = jeu similaire au base-ball

rouse [raʊz] *vt (awaken)* éveiller; **roused (to anger)** en colère

rousing ['raʊzɪŋ] *adj (speech)* vibrant

route [ru:t] *n* itinéraire *m*; *(of aircraft, ship)* route *f*; **bus r.** ligne *f* d'autobus

routine [ru:'ti:n] **1** *n (habit)* routine *f*; **the daily r.** le train-train quotidien **2** *adj (inquiry, work)* de routine; *Pej* routinier, -ère

row[1] [rəʊ] *n (line)* rangée *f*; **two days in a r.** deux jours d'affilée

row[2] [rəʊ] **1** *n Am* **r. boat** bateau *m* à rames **2** *vt (boat)* faire aller à la rame; *(person)* transporter en canot **3** *vi (in boat)* ramer

row[3] [raʊ] **1** *n (noise)* vacarme *m*; *(quarrel)* dispute *f* **2** *vi* se disputer (**with** avec)

rowdy ['raʊdɪ] (**-ier, -iest**) *adj* chahuteur, -euse

rowing ['rəʊɪŋ] *n (as sport)* aviron *m*; *Br* **r. boat** bateau *m* à rames

royal ['rɔɪəl] *adj* royal; **the R. Air Force** = l'armée de l'air britannique

royalty ['rɔɪəltɪ] **1** *n (rank, position)* royauté *f* **2** *npl* **royalties** *(from book)* droits *mpl* d'auteur

rub [rʌb] **1** *n (massage)* friction *f*; **to give sth a r.** frotter qch **2** (*pt & pp* **-bb-**) *vti* frotter

▸**rub down** *vt sep (person)* frictionner; *(wood, with sandpaper)* poncer

▸**rub in** *vt sep (cream)* faire pénétrer (en massant); *Fam* **to r. it in** retourner le couteau dans la plaie

▸**rub off** *vt sep (mark)* effacer

▸**rub out** *vt sep (mark, writing)* effacer

rubber ['rʌbə(r)] *n (substance)* caoutchouc *m*; *Br (eraser)* gomme *f*; *Am Fam (contraceptive)* capote *f*; **r. band** élastique *m*; **r. stamp** tampon *m*

rubbish ['rʌbɪʃ] *n Br (waste)* ordures *fpl*; *Fig (nonsense)* idioties *fpl*; *Fam* **that's r.** *(absurd)* c'est absurde; *(worthless)* ça ne vaut rien; **r. bin** poubelle *f*

rubbishy ['rʌbɪʃɪ] *adj (book, film)* nul (*f* nulle); *(goods)* de mauvaise qualité

rubble ['rʌbəl] *n* décombres *mpl*

ruby ['ru:bɪ] (*pl* **-ies**) *n (gem)* rubis *m*

rucksack ['rʌksæk] *n* sac *m* à dos

rudder ['rʌdə(r)] *n* gouvernail *m*

ruddy ['rʌdɪ] (**-ier, -iest**) *adj (complexion)* rose; *Br Fam (bloody)* fichu

rude [ru:d] (**-er, -est**) *adj (impolite)* impoli (**to** envers); *(indecent)* obscène

rudiments ['ru:dɪmənts] *npl* rudiments *mpl*

ruffian ['rʌfɪən] *n* voyou *m* (*pl* -ous)

rug [rʌg] *n* tapis *m*; *(over knees)* plaid *m*

rugby ['rʌgbɪ] *n* **r. (football)** rugby *m*

rugged ['rʌgɪd] *adj (terrain, coast)* accidenté; *(features)* rude

ruin ['ru:ɪn] **1** *n (destruction, rubble, building)* ruine *f*; **in ruins** *(building)* en ruine **2** *vt (health, country, person)* ruiner; *(clothes)* abîmer; *(effect, meal, party)* gâcher ▪ **ruined** *adj (person, country)* ruiné; *(building)* en ruine

rule [ru:l] **1** *n* (**a**) *(principle)* règle *f*; *(regulation)* règlement *m*; *(government)* autorité *f*; *Br* **against the rules** *or Am* **r.** contraire au règlement; **as a r.** en règle générale

(**b**) *(for measuring)* règle *f*

2 *vt (country)* gouverner; *(decide) (of judge, referee)* décider (**that** que); **to r. sth out** *(exclude)* exclure qch

3 *vi (of king)* régner (**over** sur); *(of judge)* statuer (**against** contre; **on** sur) ▪ **ruling 1** *adj Pol* **the r. party** le parti au pouvoir **2** *n (of judge, referee)* décision *f*

ruler ['ru:lə(r)] *n* (**a**) *(for measuring)* règle *f* (**b**) *(king, queen)* souverain, -e *mf*; *(political leader)* dirigeant, -e *mf*

rum [rʌm] *n* rhum *m*

Rumania [ru:'meɪnɪə] *see* **Romania**

rumble ['rʌmbəl] *vi (of train, thunder)* gronder; *(of stomach)* gargouiller

rummage ['rʌmɪdʒ] *vi* **to r. (about)** farfouiller; *Am* **r. sale** vente *f* de charité *(articles d'occasion uniquement)*

rumour ['ru:mə(r)] (*Am* **rumor**) *n* rumeur *f* ▪ **rumoured** (*Am* **rumored**) *adj* **it is r. that...** on dit que...

rump [rʌmp] *n (of horse)* croupe *f*; **r. steak** romsteck *m*

RUN [rʌn] **1** *n (series)* série *f*; *(running)* course *f*; *(outing)* tour *m*; *(for skiing)* piste *f*; *(in cricket, baseball)* point *m*; *(in stocking)* maille *f* filée; **to go for a r.** aller courir; **on the r.** *(prisoner)* en fuite; **in the long/short r.** à long/court terme

2 (*pt* **ran,** *pp* **run,** *pres p* **running**) *vt (distance, race)* courir; *(machine)* faire fonctionner; *(business, country)* diriger; *(courses, events)* organiser; *Comptr (program)* exécuter; *(bath)* faire couler; **to r. one's hand over** passer la main sur; **to r. sb to the airport** conduire qn à l'aéroport

3 *vi* courir; *(flee)* fuir; *(of river, nose, tap)* couler; *(of colour in washing)* déteindre; *(of ink)* baver; *(function) (of machine)* marcher; *(idle) (of engine)* tourner; **to r. down/in/out** descendre/entrer/sortir en courant; **to go running** faire du jogging; **to r. for president** être candidat à la présidence; **it runs in the family** c'est de famille

▸**run about** *vi* courir çà et là

▸**run across** *vt insep (meet)* tomber sur

▸**run along** *vi* **r. along!** filez!

▸**run around** *vi* = **run about**

▸**run away** *vi (flee)* s'enfuir (**from** de)

▸**run down** *vt sep (pedestrian)* renverser; *(knock over and kill)* écraser; *Fig (belittle)* dénigrer; *(restrict)* limiter peu à peu

▸ **run into** *vt insep (meet)* tomber sur; *(crash into) (of vehicle)* percuter

▸ **run off 1** *vt sep (print)* tirer **2** *vi (flee)* s'enfuir (**with** avec)

▸ **run out** *vi (of stocks)* s'épuiser; *(of lease)* expirer; *(of time)* manquer; **to r. out of time/money** manquer de temps/d'argent; **we've r. out of coffee** on n'a plus de café; **I ran out of petrol** *or Am* **gas** je suis tombé en panne d'essence

▸ **run over 1** *vt sep (kill)* écraser; *(knock down)* renverser **2** *vt insep (notes, text)* revoir **3** *vi (of liquid)* déborder

▸ **run round** *vt insep (surround)* entourer

▸ **run through** *vt insep (recap)* revoir

▸ **run up** *vt sep (debts, bill)* laisser s'accumuler

---

runaway ['rʌnəweɪ] **1** *n* fugitif, -ive *mf* **2** *adj (car, horse)* fou (*f* folle); *(inflation)* galopant

run-down [rʌn'daʊn] *adj (weak, tired)* fatigué; *(district)* délabré

rung[1] [rʌŋ] *n (of ladder)* barreau *m*

rung[2] [rʌŋ] *pp of* **ring[2]**

runner ['rʌnə(r)] *n (athlete)* coureur *m*; *Br* **r. bean** haricot *m* d'Espagne

runner-up [rʌnər'ʌp] *n (in race)* second, -e *mf*

running ['rʌnɪŋ] **1** *n* course *f*; *(of business, country)* gestion *f*; **to be in/out of the r.** être/ne plus être dans la course **2** *adj* **six days r.** six jours de suite; **r. water** eau *f* courante; **r. costs** *(of factory)* frais *mpl* d'exploitation; *(of car)* dépenses *fpl* courantes

runny ['rʌnɪ] (**-ier, -iest**) *adj (cream, sauce)* liquide; *(nose)* qui coule

run-up ['rʌnʌp] *n* **in the r. to** *(elections, Christmas)* dans la période qui précède

runway ['rʌnweɪ] *n (for aircraft)* piste *f* (d'envol)

rupture ['rʌptʃə(r)] **1** *n (hernia)* hernie *f* **2** *vt* rompre

rural ['rʊərəl] *adj* rural

ruse [ruːz] *n* ruse *f*

rush[1] [rʌʃ] **1** *n (demand)* ruée *f* (**for** vers; **on** sur); *(confusion)* bousculade *f*; **to be in a r.** être pressé (**to do** de faire); **r. hour** heures *fpl* de pointe

2 *vt* **to r. sb** *(hurry)* bousculer qn; **to r. sb to hospital** *or Am* **the hospital** transporter qn d'urgence à l'hôpital; **to r. sth** *(job)* faire qch en vitesse; *(decision)* prendre qch à la hâte

3 *vi (move fast, throw oneself)* se ruer (**at** sur; **towards** vers); *(hurry)* se dépêcher (**to do** de faire); *(of vehicle)* foncer; **to r. out** sortir précipitamment

rush[2] [rʌʃ] *n (plant)* jonc *m*

rusk [rʌsk] *n Br* biscotte *f*

Russia ['rʌʃə] *n* la Russie ■ **Russian 1** *adj* russe **2** *n (person)* Russe *mf*; *(language)* russe *m*

rust [rʌst] **1** *n* rouille *f* **2** *vi* rouiller

rustic ['rʌstɪk] *adj* rustique

rustle ['rʌsəl] **1** *vt Fam* **to r. sth up** *(meal, snack)* improviser qch **2** *vi (of leaves)* bruire

rustproof ['rʌstpruːf] *adj* inoxydable

rusty ['rʌstɪ] (**-ier, -iest**) *adj* rouillé

rut [rʌt] *n* ornière *f*; *Fig* **to be in a r.** être encroûté

ruthless ['ruːθləs] *adj* impitoyable

rye [raɪ] *n* seigle *m*; **r. bread** pain *m* de seigle

Ss

S, s [es] *n (letter)* S, s *m inv*
sabotage ['sæbətɑːʒ] **1** *n* sabotage *m* **2** *vt* saboter
sachet ['sæʃeɪ] *n* sachet *m*
sack [sæk] **1** *n (bag)* sac *m*; *Fam* **to get the s.** se faire virer **2** *vt Fam (dismiss)* virer
sacred ['seɪkrɪd] *adj* sacré
sacrifice ['sækrɪfaɪs] **1** *n* sacrifice *m* **2** *vt* sacrifier (**to** à)
sad [sæd] (**sadder, saddest**) *adj* triste ▪ **sadden** *vt* attrister ▪ **sadly** *adv (unhappily)* tristement; *(unfortunately)* malheureusement ▪ **sadness** *n* tristesse *f*
saddle ['sædəl] **1** *n* selle *f* **2** *vt (horse)* seller
sadistic [sə'dɪstɪk] *adj* sadique
sae [eseɪ'iː] (*abbr Br* **stamped addressed envelope**, *Am* **self-addressed envelope**) *n* enveloppe *f* timbrée
safari [sə'fɑːrɪ] *n* safari *m*
safe [seɪf] **1** (**-er, -est**) *adj (person)* en sécurité; *(equipment, animal)* sans danger; *(place, investment, method)* sûr; **s. (and sound)** sain et sauf (*f* saine et sauve) **2** *n (for money)* coffre-fort *m* ▪ **safely** *adv (without risk)* en toute sécurité; *(drive)* prudemment; *(with certainty)* avec certitude
safeguard ['seɪfgɑːd] **1** *n* garantie *f* (**against** contre) **2** *vt* sauvegarder
safety ['seɪftɪ] **1** *n* sécurité *f* **2** *adj (belt, device, margin)* de sécurité; *(pin, chain, valve)* de sûreté
sag [sæg] (*pt & pp* **-gg-**) *vi (of roof, bed)* s'affaisser
saga ['sɑːgə] *n* saga *f*
Sahara [sə'hɑːrə] *n* **the S. (desert)** le Sahara
said [sed] *pt & pp of* **say**
sail [seɪl] **1** *n (on boat)* voile *f*; **to set s.** prendre la mer **2** *vt (boat)* commander **3** *vi (of person, ship)* naviguer; *(leave)* prendre la mer ▪ **sailing** *n (sport)* voile *f*; **to go s.** faire de la voile; *Br* **s. boat** voilier *m* ▪ **sailboat** *n Am* voilier *m*
sailor ['seɪlə(r)] *n* marin *m*
saint [seɪnt] *n* saint *m*, sainte *f*
sake [seɪk] *n* **for my/your/his s.** pour moi/toi/lui; **for heaven's** *or* **God's s.!** pour l'amour de Dieu!; **(just) for the s. of eating** simplement pour manger
salad ['sæləd] *n* salade *f*; *Br* **s. cream** = sorte de mayonnaise; **s. dressing** = sauce pour salade
salami [sə'lɑːmɪ] *n* salami *m*
salary ['sælərɪ] (*pl* **-ies**) *n* salaire *m*
sale [seɪl] *n (action, event)* vente *f*; *(at reduced price)* solde *m*; **on s.** en vente; **in the sales** en solde; **(up) for s.** à vendre; *Am* **sales check** *or* **slip** reçu *m* ▪ **salesclerk** *n Am* vendeur, -euse *mf* ▪ **salesman** (*pl* **-men**) *n (in shop)* vendeur *m*; *(for company)* représentant *m* ▪ **saleswoman** (*pl* **-women**) *n (in shop)* vendeuse *f*; *(for company)* représentante *f*
salmon ['sæmən] *n inv* saumon *m*
salon ['sælɒn] *n* **beauty s.** institut *m* de beauté; **hairdressing s.** salon *m* de coiffure
saloon [sə'luːn] *n Am (bar)* bar *m*; *Br* **s. car** berline *f*

salt [sɔːlt] **1** *n* sel *m* **2** *vt* saler ▪ **salt-cellar** *n Br* salière *f* ▪ **salt-shaker** *n Am* salière *f* ▪ **saltwater** *adj (lake)* salé; *(fish)* de mer ▪ **salty** (**-ier, -iest**) *adj* salé

salute [sə'luːt] **1** *n* salut *m* **2** *vt (greet) & Mil* saluer **3** *vi* faire un salut

salvage ['sælvɪdʒ] *vt (ship)* sauver; *(waste material)* récupérer

salvation [sæl'veɪʃən] *n* salut *m*

SAME [seɪm] **1** *adj* même; **the (very) s. house as...** (exactement) la même maison que...

2 *pron* **the s.** le même, la même, *pl* les mêmes; **I would have done the s.** j'aurais fait la même chose; **it's all the s. to me** ça m'est égal

3 *adv* **to look the s.** *(of two things)* sembler pareils; **all the s.** *(nevertheless)* tout de même

---

sample ['sɑːmpəl] **1** *n* échantillon *m*; *(of blood)* prélèvement *m* **2** *vt (wine, cheese)* goûter

sanction ['sæŋkʃən] *n (penalty)* sanction *f*

sanctuary [*Br* 'sæŋktʃʊərɪ, *Am* -erɪ] (*pl* **-ies**) *n (for fugitive, refugee)* refuge *m*; *(for wildlife)* réserve *f*

sand [sænd] **1** *n* sable *m*; **s. castle** château *m* de sable **2** *vt* **to s. (down)** *(wood)* poncer

sandal ['sændəl] *n* sandale *f*

sandwich ['sænwɪdʒ] **1** *n* sandwich *m*; **cheese s.** sandwich *m* au fromage **2** *vt* **to be sandwiched between** *(of person, building)* être coincé entre

sandy ['sændɪ] (**-ier, -iest**) *adj* (**a**) *(beach)* de sable; *(ground)* sablonneux, -euse (**b**) *(hair)* blond roux *inv*

sane [seɪn] (**-er, -est**) *adj (person)* sain d'esprit

sang [sæŋ] *pt of* **sing**

sanitary [*Br* 'sænɪtərɪ, *Am* -erɪ] *adj (fittings)* sanitaire; *Br* **s. towel,** *Am* **s. napkin** serviette *f* hygiénique

sanitation [sænɪ'teɪʃən] *n* hygiène *f* publique; *(plumbing)* installations *fpl* sanitaires

sanity ['sænətɪ] *n* santé *f* mentale

sank [sæŋk] *pt of* **sink**[2]

Santa Claus ['sæntəklɔːz] *n* le Père Noël

sap [sæp] **1** *n (of tree, plant)* sève *f* **2** (*pt & pp* **-pp-**) *vt (weaken)* saper

sapphire ['sæfaɪə(r)] *n* saphir *m*

sarcastic [sɑː'kæstɪk] *adj* sarcastique

sardine [sɑː'diːn] *n* sardine *f*

Sardinia [sɑː'dɪnɪə] *n* la Sardaigne

sat [sæt] *pt & pp of* **sit**

Satan ['seɪtən] *n* Satan *m*

satchel ['sætʃəl] *n* cartable *m*

satellite ['sætəlaɪt] *n* satellite *m*; **s. dish** antenne *f* parabolique; **s. television** télévision *f* par satellite

satin ['sætɪn] *n* satin *m*

satire ['sætaɪə(r)] *n* satire *f* (**on** contre) ▪ **satirical** *adj* satirique

satisfaction [sætɪs'fækʃən] *n* satisfaction *f* ▪ **satisfactory** *adj* satisfaisant

satisfy ['sætɪsfaɪ] (*pt & pp* **-ied**) *vt* satisfaire; *(convince)* persuader (**that** que); *(condition)* remplir; **to be satisfied (with)** être satisfait (de) ▪ **satisfying** *adj* satisfaisant; *(meal, food)* substantiel, -elle

satsuma [sæt'suːmə] *n Br* mandarine *f*

saturate ['sætʃəreɪt] *vt* saturer (**with** de)

Saturday ['sætədeɪ] *n* samedi *m*

sauce [sɔːs] *n* sauce *f*; **mint s.** sauce à la menthe

saucepan ['sɔːspən] *n* casserole *f*

saucer ['sɔːsə(r)] *n* soucoupe *f*

Saudi Arabia [saʊdɪə'reɪbɪə] *n* l'Arabie *f* saoudite

sauna ['sɔːnə] *n* sauna *m*

saunter ['sɔːntə(r)] *vi* flâner

sausage ['sɒsɪdʒ] *n* saucisse *f*; *Br* **s. roll** feuilleté *m* à la viande

savage ['sævɪdʒ] **1** *adj (animal, person)* féroce; *(attack, criticism)* violent **2** *vt (physically)* attaquer

save[1] [seɪv] **1** *vt (rescue)* sauver (**from** de); *(keep)* garder; *(money)* économiser; *(time)* gagner; *Comptr* sauvegarder; **to s. sb's life** sauver la vie de qn; **to s. sb from doing sth** empêcher qn de faire qch **2** *vi* **to s. (up)** faire des économies (**for/on** pour/sur) **3** *n (by goalkeeper)* arrêt *m*

save² [seɪv] *prep Formal (except)* hormis

saving ['seɪvɪŋ] *n (of time, money)* économie *f*; **savings** *(money saved)* économies *fpl*; **savings account** compte *m* d'épargne

saviour ['seɪvjə(r)] (*Am* **savior**) *n* sauveur *m*

savour ['seɪvə(r)] (*Am* **savor**) *vt* savourer ▪ **savoury** (*Am* **savory**) *adj (not sweet)* salé

saw¹ [sɔː] **1** *n* scie *f* **2** (*pt* **sawed**, *pp* **sawn** *or* **sawed**) *vt* scier; **to s. sth off** scier qch ▪ **sawdust** *n* sciure *f*

saw² [sɔː] *pt of* **see¹**

sawn [sɔːn] *pp of* **saw¹**

saxophone ['sæksəfəʊn] *n* saxophone *m*

say [seɪ] **1** (*pt & pp* **said**) *vt* dire (**to** à; **that** que); *(of dial, watch)* indiquer; **to s. again** répéter; **that is to s.** c'est-à-dire

2 *vi* dire; *Am Fam* **s.!** dis donc!; **that goes without saying** ça va sans dire

3 *n* **to have one's s.** avoir son mot à dire; **to have no s.** ne pas avoir voix au chapitre (**in** concernant)

saying ['seɪɪŋ] *n* maxime *f*

scab [skæb] *n (of wound)* croûte *f*

scaffolding ['skæfəldɪŋ] *n* échafaudage *m*

scald [skɔːld] *vt* ébouillanter

scale¹ [skeɪl] **1** *n (of instrument, map)* échelle *f*; *(of salaries)* barème *m*; *Fig (of problem)* étendue *f*; **on a small/large s.** sur une petite/grande échelle **2** *vt* **to s. sth down** revoir qch à la baisse

scale² [skeɪl] *n (on fish)* écaille *f*; *(in kettle)* dépôt *m* calcaire

scales [skeɪlz] *npl (for weighing)* balance *f*; **(bathroom) s.** pèse-personne *m*

scalp [skælp] *n* cuir *m* chevelu

scamper ['skæmpə(r)] *vi* **to s. off** *or* **away** détaler

scampi ['skæmpɪ] *n* scampi *mpl*

scan [skæn] **1** *n* **to have a s.** passer une échographie **2** (*pt & pp* **-nn-**) *vt (look at briefly)* parcourir; *(scrutinize)* scruter; *Comptr* passer au scanner

scandal ['skændəl] *n (outrage)* scandale *m*; *(gossip)* ragots *mpl* ▪ **scandalous** *adj* scandaleux, -euse

Scandinavia [skændɪ'neɪvɪə] *n* la Scandinavie ▪ **Scandinavian 1** *adj* scandinave **2** *n* Scandinave *mf*

scanner ['skænə(r)] *n Med & Comptr* scanner *m*

scant [skænt] *adj* insuffisant ▪ **scanty** (**-ier, -iest**) *adj* insuffisant; *(bikini)* minuscule

scapegoat ['skeɪpgəʊt] *n* bouc *m* émissaire

scar [skɑː(r)] **1** *n* cicatrice *f* **2** (*pt & pp* **-rr-**) *vt* marquer d'une cicatrice; *Fig (of experience)* marquer

scarce [skeəs] (**-er, -est**) *adj* rare ▪ **scarcely** *adv* à peine; **s. anything** presque rien

scare [skeə(r)] **1** *n* **to give sb a s.** faire peur à qn **2** *vt* faire peur à; **to s. sb off** faire fuir qn ▪ **scared** *adj* effrayé; **to be s. of sb/sth** avoir peur de qn/qch

scarf [skɑːf] (*pl* **scarves**) *n (long)* écharpe *f*; *(square)* foulard *m*

scarlet ['skɑːlət] *adj* écarlate; **s. fever** scarlatine *f*

scary ['skeərɪ] (**-ier, -iest**) *adj Fam* effrayant

scathing ['skeɪðɪŋ] *adj (remark)* acerbe; **to be s. about sb/sth** faire des remarques acerbes sur qn/qch

scatter ['skætə(r)] **1** *vt (demonstrators)* disperser; *(corn, seed)* jeter à la volée; *(papers)* laisser traîner **2** *vi (of crowd)* se disperser

scavenge ['skævɪndʒ] *vi* **to s. for sth** fouiller pour trouver qch

scenario [sɪ'nɑːrɪəʊ] (*pl* **-os**) *n (of film)* scénario *m*

scene [siːn] *n (in book, film, play)* scène *f*; *(of event, crime, accident)* lieu *m*; *also Fig* **behind the scenes** dans les coulisses; **on the s.** sur les lieux; **to**

make a s. faire un scandale
scenery ['si:nərɪ] (*pl* **-ies**) *n (landscape)* paysage *m*; *(in play, film)* décors *mpl*
scenic ['si:nɪk] *adj* pittoresque; **s. route** route *f* touristique
scent [sent] *n (smell)* odeur *f*; *(perfume)* parfum *m*; *(in hunting)* fumet *m*
sceptical ['skeptɪkəl] (*Am* **skeptical**) *adj* sceptique
schedule [*Br* 'ʃedju:l, *Am* 'skedjʊl] **1** *n (plan)* programme *m*; *(for trains, buses)* horaire *m*; *(list)* liste *f*; **according to s.** comme prévu **2** *vt* prévoir; *(event)* fixer la date/l'heure de ▪ **scheduled** [*Br* 'ʃedju:ld, *Am* 'skedju:ld] *adj (planned)* prévu; *(service, flight, train)* régulier, -ère
scheme [ski:m] **1** *n (plan)* plan *m* (**to do** pour faire); *(plot)* complot *m*; *(arrangement)* arrangement *m* **2** *vi Pej* comploter ▪ **scheming** *Pej* **1** *adj* intrigant **2** *n* machinations *fpl*
schizophrenic [skɪtsəʊ'frenɪk] *adj & n* schizophrène *(mf)*
scholar ['skɒlə(r)] *n* érudit, -e *mf* ▪ **scholarly** *adj* érudit ▪ **scholarship** *n (learning)* érudition *f*; *(grant)* bourse *f* d'études
school [sku:l] **1** *n* école *f*; *(within university)* département *m*; *Am Fam (college)* université *f*; *Br* **secondary s.**, *Am* **high s.** établissement *m* d'enseignement secondaire
2 *adj (year, book, equipment)* scolaire; **s. bag** cartable *m*; **s. fees** frais *mpl* de scolarité; *Am* **s. yard** cour *f* de récréation ▪ **schoolboy** *n* écolier *m* ▪ **schoolchildren** *npl* écoliers *mpl* ▪ **schoolfriend** *n* camarade *mf* de classe ▪ **schoolgirl** *n* écolière *f* ▪ **schoolteacher** *n (primary)* instituteur, -trice *mf*; *(secondary)* professeur *m*
science ['saɪəns] *n* science *f*; **to study s.** étudier les sciences; **s. fiction** science-fiction *f* ▪ **scientific** *adj* scientifique ▪ **scientist** *n* scientifique *mf*
scissors ['sɪzəz] *npl* ciseaux *mpl*
scoff [skɒf] **1** *vt* **to s. at sb/sth** se moquer de qn/qch **2** *vti Br Fam (eat)* bouffer
scold [skəʊld] *vt* gronder (**for doing** pour avoir fait)
scone [skəʊn, skɒn] *n Br* scone *m*
scoop [sku:p] **1** *n (for flour, sugar)* pelle *f*; *(for ice cream)* cuillère *f*; *(amount) (of ice cream)* boule *f* **2** *vt* **to s. sth out** *(hollow out)* évider qch; **to s. sth up** ramasser qch
scooter ['sku:tə(r)] *n (for child)* trottinette *f*; *(motorcycle)* scooter *m*
scope [skəʊp] *n (range)* étendue *f*; *(of action)* possibilité *f*
scorch [skɔ:tʃ] **1** *n* **s. (mark)** brûlure *f* **2** *vt* roussir ▪ **scorching** *adj (day)* torride; *(sun, sand)* brûlant
score[1] [skɔ:(r)] **1** *n (in sport)* score *m*; *(in music)* partition *f*; *(of film)* musique *f* **2** *vt (point, goal)* marquer; *(exam mark)* avoir; *(piece of music)* adapter (**for** pour) **3** *vi (score a goal)* marquer; *(count points)* marquer les points ▪ **scoreboard** *n* tableau *m* d'affichage ▪ **scorer** *n* marqueur *m*
score[2] [skɔ:(r)] *n* **a s.** *(twenty)* vingt; *Fam* **scores of** des tas de
scorn [skɔ:n] **1** *n* mépris *m* **2** *vt* mépriser ▪ **scornful** *adj* méprisant
scorpion ['skɔ:pɪən] *n* scorpion *m*
Scot [skɒt] *n* Écossais, -e *mf* ▪ **Scotland** *n* l'Écosse *f* ▪ **Scotsman** (*pl* **-men**) *n* Écossais *m* ▪ **Scotswoman** (*pl* **-women**) *n* Écossaise *f* ▪ **Scottish** *adj* écossais
Scotch [skɒtʃ] **1** *n (whisky)* scotch *m* **2** *adj Am* **S. tape**® Scotch® *m*
scoundrel ['skaʊndrəl] *n* crapule *f*
scour ['skaʊə(r)] *vt (pan)* récurer; *Fig (streets, house)* ratisser (**for** à la recherche de) ▪ **scourer** *n* tampon *m* à récurer
scout [skaʊt] *n* **(boy) s.** scout *m*, éclaireur *m*; *Am* **(girl) s.** éclaireuse *f*
scowl [skaʊl] *vi* lancer des regards noirs (**at** à)
scram [skræm] (*pt & pp* **-mm-**) *vi Fam* se tirer

scramble ['skræmbəl] **1** *vt* **scrambled eggs** œufs *mpl* brouillés **2** *vi* **to s. up a hill** gravir une colline en s'aidant des mains

scrap [skræp] **1** *n* (**a**) *(piece)* bout *m* (**of** de); *(of information)* bribe *f*; **scraps** *(food)* restes *mpl*; **s. paper** papier *m* brouillon

(**b**) **s. (metal)** ferraille *f*; **s. heap** tas *m* de ferraille; **s. dealer, s. merchant** ferrailleur *m*; **s. yard** casse *f*

2 *(pt & pp* **-pp-***) vt (get rid of)* se débarrasser de; *(car)* envoyer à la casse; *Fig (plan, idea)* abandonner ▪ **scrapbook** *n* album *m (de coupures de presse etc)*

scrape [skreɪp] **1** *vt* gratter; *(skin)* érafler; **to s. a living** arriver tout juste à vivre **2** *vi* **to s. against sth** frotter contre qch

▸**scrape away, scrape off** *vt sep* racler

▸**scrape through** *vt insep & vi* **to s. through (an exam)** passer de justesse (à un examen)

▸**scrape together** *vt sep (money, people)* parvenir à rassembler

scratch [skrætʃ] **1** *n (mark, injury)* éraflure *f*; *(on glass, wood)* rayure *f*; *Fam* **to start from s.** repartir de zéro; **it isn't up to s.** ce n'est pas au niveau

2 *vt (to relieve itching)* gratter; *(by accident)* érafler; *(glass)* rayer; *(with claw)* griffer; *(write, draw)* griffonner (**on** sur)

3 *vi (of person)* se gratter; *(of pen, new clothes)* gratter ▪ **scratchcard** *n (lottery card)* carte *f* à gratter

scrawl [skrɔːl] **1** *n* gribouillis *m* **2** *vt* gribouiller

scream [skriːm] **1** *n* hurlement *m* **2** *vt* hurler **3** *vi* hurler; **to s. at sb** crier après qn

screech [skriːtʃ] *vti* hurler

screen [skriːn] **1** *n (of TV set, computer, cinema)* écran *m*; *Comptr* **s. saver** économiseur *m* d'écran

2 *vt (hide)* cacher (**from sb** à qn); *(protect)* protéger (**from** de); *(film)* projeter; *(visitors, calls)* filtrer; *(for disease)* faire subir un test de dépistage à ▪ **screening** *n (of film)* projection *f*; *(selection)* tri *m*; *(for disease)* dépistage *m* ▪ **screenplay** *n (of film)* scénario *m*

screw [skruː] **1** *n* vis *f* **2** *vt* visser (**to** à); **to s. sth down** *or* **on** visser qch; **to s. sth off** dévisser qch; **to s. sth up** *(paper)* chiffonner qch ▪ **screwdriver** *n* tournevis *m*

scribble ['skrɪbəl] **1** *n* griffonnage *m* **2** *vti* griffonner

script [skrɪpt] *n* (**a**) *(of film)* script *m*; *(of play)* texte *m*; *(in exam)* copie *f* (**b**) *(handwriting)* script *m*

Scripture(s) ['skrɪptʃə(z)] *n(pl) Rel* les saintes Écritures *fpl*

scroll [skrəʊl] **1** *n* rouleau *m*; *(manuscript)* manuscrit *m* **2** *vi Comptr* défiler; **to s. down/up** défiler vers le bas/haut

scrounge [skraʊndʒ] *vt Fam (meal)* se faire payer (**off** *or* **from sb** par qn); *(steal)* taper (**off** *or* **from sb** à qn); **to s. money off** *or* **from sb** taper qn ▪ **scrounger** *n Fam* parasite *m*

scrub [skrʌb] **1** *n* (**a**) **to give sth a s.** bien frotter qch; *Am* **s. brush** brosse *f* dure (**b**) *(land)* broussailles *fpl* **2** *(pt & pp* **-bb-***) vt (surface)* frotter; *(pan)* récurer; **to s. sth off** *(remove)* enlever qch (à la brosse *ou* en frottant)

scrubbing ['skrʌbɪŋ] *n* **s. brush** brosse *f* dure

scruff [skrʌf] *n* **by the s. of the neck** par la peau du cou

scruffy ['skrʌfɪ] (**-ier, -iest**) *adj (person)* peu soigné

scrum [skrʌm] *n (in rugby)* mêlée *f*

scrupulous ['skruːpjʊləs] *adj* scrupuleux, -euse

scrutinize ['skruːtɪnaɪz] *vt (document)* éplucher

scuba ['skuːbə] *n* **s. diving** la plongée sous-marine

scuff [skʌf] *vt* **to s. sth (up)** *(shoe)* érafler qch

scuffle ['skʌfəl] *n* bagarre *f*

sculpt [skʌlpt] *vti* sculpter ▪ **sculptor**

n sculpteur *m* ▪ **sculpture** *n (art, object)* sculpture *f*

scum [skʌm] *n* (**a**) *(froth)* écume *f* (**b**) *Fam Pej (people)* racaille *f*; *(person)* ordure *f*

scurry ['skʌrɪ] *vi (rush)* courir; **to s. off** se sauver

sea [siː] **1** *n* mer *f*; **(out) at s.** en mer; **by s.** par mer; **by** *or* **beside the s.** au bord de la mer

2 *adj (level, breeze)* de la mer; *(water, fish, salt)* de mer; *(air)* marin; *(battle)* naval (*mpl* -als); *(route)* maritime; **s. bed, s. floor** fond *m* de la mer ▪ **seafood** *n* fruits *mpl* de mer ▪ **seafront** *n Br* front *m* de mer ▪ **seagull** *n* mouette *f* ▪ **seashell** *n* coquillage *m* ▪ **seaside** *n Br* bord *m* de la mer; **s. resort** station *f* balnéaire ▪ **seashore** *n* rivage *m* ▪ **seasick** *adj* **to be s.** avoir le mal de mer ▪ **seaweed** *n* algues *fpl*

seal[1] [siːl] *n (animal)* phoque *m*

seal[2] [siːl] **1** *n (stamp)* sceau *m*; *(device for sealing)* joint *m* d'étanchéité **2** *vt (document, container)* sceller; *(stick down)* cacheter; *(make airtight)* fermer hermétiquement; **to s. off an area** boucler un quartier

seam [siːm] *n (in cloth)* couture *f*

search [sɜːtʃ] **1** *n* recherches *fpl* (**for** de); *(of place)* fouille *f*; **in s. of** à la recherche de; *Comptr* **to do a s. for sth** rechercher qch; *Comptr* **s. engine** moteur *m* de recherche **2** *vt (person, place)* fouiller (**for** pour trouver) **3** *vi* chercher; **to s. for sth** chercher qch ▪ **searchlight** *n* projecteur *m*

season[1] ['siːzən] *n* saison *f*; *(of films)* cycle *m*; **in the peak s., in (the) high s.** en haute saison; **in the low** *or* **off s.** en basse saison; **s. ticket** abonnement *m*

season[2] ['siːzən] *vt (food)* assaisonner ▪ **seasoning** *n Culin* assaisonnement *m*

seasonal ['siːzənəl] *adj (work, change)* saisonnier, -ère

seat [siːt] **1** *n* siège *m*; *(of trousers)* fond *m*; **to take** *or* **have a s.** s'asseoir; **s. belt** ceinture *f* de sécurité **2** *vt (at table)* placer; *(on one's lap)* asseoir ▪ **seated** *adj (sitting)* assis ▪ **seating** *n (seats)* places *fpl* assises

-seater ['siːtə(r)] *suff* **two-s. (car)** voiture *f* à deux places

secluded [sɪ'kluːdɪd] *adj (remote)* isolé ▪ **seclusion** *n* solitude *f*

second[1] ['sekənd] **1** *adj* deuxième, second; **every s. week** une semaine sur deux; *Aut* **in s. (gear)** en seconde

2 *adv (say)* deuxièmement; **to come s.** *(in competition)* se classer deuxième; **the s. biggest** le deuxième en ordre de grandeur

3 *n (in series)* deuxième *mf*, second, -e *mf*; *(in month)* deux *m*; **Louis the S.** Louis Deux; **seconds** *(goods)* articles *mpl* défectueux

4 *vt (motion, proposal)* appuyer ▪ **second-class** *adj (ticket on train)* de seconde (classe); *(mail)* non urgent; *(product)* de qualité inférieure ▪ **secondly** *adv* deuxièmement ▪ **second-rate** *adj* médiocre

second[2] ['sekənd] *n (part of minute)* seconde *f*; **s. hand** *(of clock, watch)* trotteuse *f*

secondary ['sekəndərɪ] *adj* secondaire; *Br* **s. school** établissement *m* secondaire

second-hand [sekənd'hænd] **1** *adj & adv (not new)* d'occasion **2** *adj (report, news)* de seconde main

secrecy ['siːkrəsɪ] *n (discretion, silence)* secret *m*

secret ['siːkrɪt] **1** *adj* secret, -ète **2** *n* secret *m*; **in s.** en secret ▪ **secretly** *adv* secrètement

secretary [*Br* 'sekrətərɪ, *Am* -erɪ] (*pl* **-ies**) *n* secrétaire *mf*; *Br* **Foreign S.**, *Am* **S. of State** ≃ ministre *m* des Affaires étrangères ▪ **secretarial** [-'teərɪəl] *adj (work)* administratif, -ive; *(job, course)* de secrétariat

secretive ['siːkrətɪv] *adj (person)* secret, -ète; **to be s. about sth** faire des cachotteries à propos de qch

sect [sekt] *n* secte *f*

section ['sekʃən] *n* partie *f*; *(of road)* tronçon *m*; *(of machine)* élément *m*; *(of organization)* département *m*; **the sports s.** *(of newspaper)* la page des sports

sector ['sektə(r)] *n* secteur *m*

secular ['sekjʊlə(r)] *adj (music, art)* profane

secure [sɪ'kjʊə(r)] **1** *adj (person)* en sécurité; *(investment, place)* sûr; *(door, window)* bien fermé **2** *vt (fasten)* attacher; *(window, door)* bien fermer; *(position, future)* assurer; *(support, promise)* procurer; **to s. sth (for oneself)** se procurer qch ▪ **securely** *adv (firmly)* solidement; *(safely)* en sûreté

security [sɪ'kjʊərətɪ] *(pl* **-ies***)* *n* sécurité *f*; *Fin (for loan, bail)* garantie *f*; **securities** *(stocks, bonds)* titres *mpl*

sedan [sɪ'dæn] *n Am (saloon)* berline *f*

sedate [sɪ'deɪt] **1** *adj* calme **2** *vt* mettre sous calmants

sedative ['sedətɪv] *n* calmant *m*

seduce [sɪ'dju:s] *vt* séduire ▪ **seductive** [-'dʌktɪv] *adj (person, offer)* séduisant

---

SEE [si:] *(pt* **saw,** *pp* **seen***)* *vti* voir; **we'll s.** on verra; **I can s. a hill** je vois une colline; **I saw him run(ning)** je l'ai vu courir; **to s. reason** entendre raison; **s. you (later)!** à tout à l'heure!; **to s. that...** *(make sure that)* faire en sorte que... *(+ subjunctive)*; *(check)* s'assurer que... *(+ indicative)*; **to s. sb to the door** accompagner qn jusqu'à la porte

▸ **see about** *vt insep (deal with)* s'occuper de; *(consider)* songer à

▸ **see off** *vt sep (say goodbye to)* dire au revoir à

▸ **see out** *vt sep* accompagner jusqu'à la porte

▸ **see through 1** *vt sep (task)* mener à bien **2** *vt insep* **to s. through sb** percer qn à jour

▸ **see to** *vt insep (deal with)* s'occuper de; *(mend)* réparer; **to s. to it that...** *(make sure that)* faire en sorte que... *(+ subjunctive)*; *(check)* s'assurer que... *(+ indicative)*

---

seed [si:d] *n* graine *f*; *(of fruit)* pépin *m*; *Fig (source)* germe *m*

seedy ['si:dɪ] (**-ier, -iest**) *adj* miteux, -euse

seeing ['si:ɪŋ] *conj* **s. (that)** vu que

seek [si:k] *(pt & pp* **sought***)* *vt* chercher (**to do** à faire); *(ask for)* demander (**from** à); **to s. sb out** dénicher qn

seem [si:m] *vi* sembler (**to do** faire); **it seems that...** *(impression)* il semble que... *(+ subjunctive)*; **it seems to me that...** il me semble que... *(+ indicative)*

seemingly ['si:mɪŋlɪ] *adv* apparemment

seemly ['si:mlɪ] *adj Formal* bienséant

seen [si:n] *pp of* **see**

seep [si:p] *vi* suinter; **to s. into sth** s'infiltrer dans qch

seesaw ['si:sɔ:] *n* balançoire *f* à bascule

see-through ['si:θru:] *adj* transparent

segment ['segmənt] *n* segment *m*; *(of orange)* quartier *m*

segregate ['segrɪgeɪt] *vt* séparer (**from** de) ▪ **segregation** *n* ségrégation *f*

seize [si:z] **1** *vt* saisir; *(power, land)* s'emparer de **2** *vi* **to s. (up)on** *(offer)* sauter sur; **to s. up** *(of engine)* se bloquer

seizure ['si:ʒə(r)] *n (of goods, property)* saisie *f*; *Med* crise *f*

seldom ['seldəm] *adv* rarement

select [sɪ'lekt] **1** *vt* sélectionner **2** *adj (exclusive)* sélect ▪ **selection** *n* sélection *f*

selective [sɪ'lektɪv] *adj* sélectif, -ive

self [self] *(pl* **selves** [selvz]*)* *n* **he's back to his old s.** il est redevenu comme avant ▪ **self-addressed** *n* **s. envelope** enveloppe *f* libellée à ses nom et adresse ▪ **self-assured** *adj* sûr de soi ▪ **self-catering** *adj Br (holiday)* en appartement meublé; *(accommodation)* meublé ▪ **self-centred** (*Am* **-centered**) *adj* égocentrique ▪ **self-confidence** *n* confiance *f* en soi ▪ **self-confident** *adj* sûr de soi ▪ **self-conscious** *adj* gêné ▪ **self-contained** *adj (flat)* indépendant ▪ **self-control** *n* maîtrise *f* de soi ▪ **self-defence** (*Am* **-defense**) *n (in law)* légitime défense *f*; **in s.** en état de légitime défense ▪ **self-discipline** *n* autodiscipline *f* ▪ **self-employed** *adj* indépendant ▪ **self-esteem** *n* confiance *f* en soi ▪ **self-evident** *adj* évident ▪ **self-important** *adj* suffisant ▪ **self-indulgent** *adj* complaisant ▪ **self-interest** *n* intérêt *m* personnel ▪ **self-pity** *n* **to be full of s.** s'apitoyer sur son propre sort ▪ **self-portrait** *n* autoportrait *m* ▪ **self-raising** (*Am* **-rising**) *n* **s. flour** = farine contenant de la levure chimique ▪ **self-respect** *n* amour-propre *m* ▪ **self-righteous** *adj* suffisant ▪ **self-sacrifice** *n* abnégation *f* ▪ **self-satisfied** *adj* content de soi ▪ **self-service** *n & adj* libre-service *(m inv)* ▪ **self-sufficient** *adj* indépendant ▪ **self-taught** *adj* autodidacte

selfish ['selfɪʃ] *adj* égoïste; *(motive)* intéressé ▪ **selfishness** *n* égoïsme *m* ▪ **selfless** *adj* désintéressé

sell [sel] **1** (*pt & pp* **sold**) *vt* vendre; *Fig (idea)* faire accepter; **to s. sb sth, to s. sth to sb** vendre qch à qn; **she sold it to me for £20** elle me l'a vendu 20 livres **2** *vi (of product)* se vendre; *(of person)* vendre ▪ **sell-by** *adj* **s. date** date *f* limite de vente

▸**sell off** *vt sep* liquider

▸**sell out** *vt insep* **to have** *or* **be sold out of sth** n'avoir plus de qch; **to be sold out** *(of book, item)* être épuisé; *(of show, concert)* afficher complet

▸**sell up** *vi (sell home, business)* tout vendre

seller ['selə(r)] *n* vendeur, -euse *mf*

Sellotape® ['seləteɪp] *n Br* Scotch® *m*

semblance ['sembləns] *n* semblant *m*

semen ['siːmən] *n* sperme *m*

semester [sɪ'mestə(r)] *n* semestre *m*

semi- ['semɪ] *pref* semi-, demi- ▪ **semi-circle** *n* demi-cercle *m* ▪ **semi-colon** *n* point-virgule *m* ▪ **semi-detached** *adj Br* **s. house** maison *f* jumelée ▪ **semi-final** *n* demi-finale *f* ▪ **semi-skimmed** *adj (milk)* demi-écrémé

seminar ['semɪnɑː(r)] *n* séminaire *m*

semolina [semə'liːnə] *n* semoule *f*

senate ['senɪt] *n* **the S.** le Sénat ▪ **senator** [-nətə(r)] *n* sénateur *m*

send [send] (*pt & pp* **sent**) *vt* envoyer (**to** à); **to s. sth to sb, to s. sb sth** envoyer qch à qn; **to s. sb home** renvoyer qn chez soi; *Fam* **to s. sb packing** envoyer promener qn ▪ **sender** *n* expéditeur, -trice *mf*

▸**send away 1** *vt sep (person)* renvoyer **2** *vi* **to s. away for sth** se faire envoyer qch

▸**send back** *vt sep* renvoyer

▸**send for** *vt insep* envoyer chercher; *(doctor)* faire venir; *(send away for)* se faire envoyer

▸**send in** *vt sep (form, invoice, troops)* envoyer; *(person)* faire entrer

▸**send off 1** *vt sep (letter)* envoyer (**to** à); *(player)* expulser **2** *vi* **to s. off for sth** se faire envoyer qch

▸**send on** *vt sep (letter)* faire suivre

▸**send out 1** *vt sep* envoyer **2** *vi* **to s. out for sth** envoyer chercher qch

▸**send up** *vt sep Br Fam (parody)* se moquer de

senile ['siːnaɪl] *adj* sénile

senior ['siːnɪə(r)] **1** *adj (in age)* aîné; *(in position, rank)* supérieur; **to be sb's s., to be s. to sb** être l'aîné de qn; *(in rank, status)* être le supérieur de qn; **Brown s.** Brown père; **s. citizen** personne *f* âgée; *Am* **s. year** *(in school, college)* dernière année *f* **2** *n* aîné, -e *mf*; *Am (in last year of school or college)* étudiant, -e *mf* de dernière année; *(in sport)* senior *mf*

sensation [sen'seɪʃən] *n* sensation *f* ▪ **sensational** *adj* sensationnel, -elle

sense [sens] **1** *n (faculty, awareness, meaning)* sens *m*; **s. of smell** odorat *m*; **a s. of shame** un sentiment de honte; **s. of direction** sens de l'orientation; **to have a s. of humour** avoir le sens de l'humour; **to have the s. to do sth** avoir l'intelligence de faire qch; **to bring sb to his/her senses** ramener qn à la raison; **to make s.** être logique; **to make s. of sth** comprendre qch **2** *vt* sentir (**that** que)

senseless ['sensləs] *adj (pointless)* absurde

sensibility [sensɪ'bɪlətɪ] *n* sensibilité *f*

sensible ['sensəbəl] *adj (wise)* sensé; *(clothes, shoes)* pratique

sensitive ['sensɪtɪv] *adj (person)* sensible (**to** à); *(skin, question)* délicat; *(information)* confidentiel, -elle ▪ **sensitivity** *n* sensibilité *f*; *(touchiness)* susceptibilité *f*

sensor ['sənsə(r)] *n* détecteur *m*

sensual ['senʃʊəl] *adj* sensuel, -elle ▪ **sensuous** *adj* sensuel, -elle

sent [sent] *pt & pp of* **send**

sentence ['sentəns] **1** *n* (**a**) *(words)* phrase *f* (**b**) *(in prison)* peine *f* **2** *vt (criminal)* condamner; **to s. sb to three years (in prison)/to death** condamner qn à trois ans de prison/ à mort

sentiment ['sentɪmənt] *n* sentiment *m* ▪ **sentimental** [-'mentəl] *adj* sentimental

separate 1 ['sepərət] *adj (distinct)* séparé; *(organization)* indépendant; *(occasion, entrance)* différent; *(room)* à part **2** ['sepəreɪt] *vt* séparer (**from** de) **3** ['sepəreɪt] *vi* se séparer (**from** de) ▪ **separately** ['sepərətlɪ] *adv* séparément ▪ **separation** *n* séparation *f*

September [sep'tembə(r)] *n* septembre *m*

septic ['septɪk] *adj (wound)* infecté; **to go** *or* **turn s.** s'infecter

sequel ['si:kwəl] *n (book, film)* suite *f*

sequence ['si:kwəns] *n (order)* ordre *m*; *(series)* succession *f*; *(in film) & Comptr, Mus & Cards* séquence *f*; **in s.** dans l'ordre

sequin ['si:kwɪn] *n* paillette *f*

Serbia ['sɜ:bɪə] *n* la Serbie

serenade [serə'neɪd] **1** *n* sérénade *f* **2** *vt* chanter la sérénade à

serene [sə'ri:n] *adj* serein

sergeant ['sɑ:dʒənt] *n Mil* sergent *m*; *(in police)* brigadier *m*

serial ['sɪərɪəl] *n (story, film)* feuilleton *m*; **s. killer** tueur *m* en série; **s. number** numéro *m* de série ▪ **serialize** *vt (in newspaper)* publier en feuilleton; *(on television or radio)* adapter en feuilleton

series ['sɪəri:z] *n inv* série *f*

serious ['sɪərɪəs] *adj (person)* sérieux, -euse; *(illness, mistake, tone)* grave; *(damage)* important; **to be s. about doing sth** envisager sérieusement de faire qch ▪ **seriously** *adv* sérieusement; *(ill, damaged)* gravement; **to take sb/sth s.** prendre qn/ qch au sérieux

sermon ['sɜ:mən] *n* sermon *m*

servant ['sɜ:vənt] *n* domestique *mf*

serve [sɜ:v] **1** *n (in tennis)* service *m*

2 *vt (country, cause, meal, customer)* servir; *(prison sentence)* purger; *(apprenticeship)* faire; *Fam* **(it) serves you right!** ça t'apprendra!

3 *vi* servir (**as** de); **to s. on** *(committee, jury)* être membre de ▪ **server** *n (in tennis)* serveur, -euse *mf*; *Comptr* serveur *m*

service ['sɜ:vɪs] **1** *n (with army, firm, in restaurant, in tennis) & Rel* service *m*; *(of machine)* entretien *m*; *(of car)* révision *f*; **to be at sb's s.** être au service de qn; **the (armed) services** les forces *fpl* armées; **s. charge** service *m*; *Br* **s. area** *(on motorway)* aire *f* de service; *Comptr* **s. provider** fournisseur *m* d'accès Internet; **s. station** station-service *f*

2 *vt (machine)* entretenir; *(car)* réviser

serviceman ['sɜ:vɪsmən] (*pl* **-men**) *n* militaire *m*

serviette [sɜ:vɪ'et] *n Br* serviette *f* de table

servile ['sɜ:vaɪl] *adj* servile

serving ['sɜːvɪŋ] *n (of food)* portion *f*; **s. dish** plat *m*

session ['seʃən] *n (meeting, period)* séance *f*; *(university term)* trimestre *m*; *(university year)* année *f* universitaire

set [set] **1** *n (of keys, tools)* jeu *m*; *(of stamps, numbers)* série *f*; *(of people)* groupe *m*; *(of facts, laws) & Math* ensemble *m*; *(of books)* collection *f*; *(of dishes)* service *m*; *(kit)* trousse *f*; *(in theatre)* décor *m*; *(for film)* plateau *m*; *(in tennis)* set *m*; **chess s.** jeu *m* d'échecs; **tea s.** service *m* à thé; **television s., TV s.** téléviseur *m*

2 *adj (time, price)* fixe; *(lunch)* à prix fixe; *(school book)* au programme; *(ideas, purpose)* déterminé; **to be s. on doing sth** être résolu à faire qch; **to be dead s. against sth** être formellement opposé à qch; **to be all s.** être prêt (**to do** pour faire); **s. menu** menu *m*; **s. phrase** expression *f* figée

3 *(pt & pp* **set,** *pres p* **setting**) *vt (put)* mettre, poser; *(date, limit, task)* fixer; *(homework)* donner (**for sb** à qn); *(jewel)* sertir; *(watch)* régler; *(alarm clock)* mettre (**for** pour); *(bone fracture)* réduire; *(trap)* tendre (**for** à); **to s. a record** établir un record; **to s. a precedent** créer un précédent; **to s. sb free** libérer qn

4 *vi (of sun)* se coucher; *(of jelly)* prendre; *(of bone)* se ressouder

▸**set about** *vt insep (begin)* se mettre à; **to s. about doing sth** se mettre à faire qch

▸**set back** *vt sep (in time)* retarder; *Fam (cost)* coûter à

▸**set down** *vt sep (object)* poser

▸**set off 1** *vt sep (bomb)* faire exploser; *(mechanism)* déclencher; *Fig (beauty)* rehausser; **to s. sb off (crying)** faire pleurer qn **2** *vi (leave)* partir

▸**set out 1** *vt sep (display, explain)* exposer; *(arrange)* disposer **2** *vi (leave)* partir; **to s. out to do sth** avoir l'intention de faire qch

▸**set up 1** *vt sep (tent, statue)* dresser; *(roadblock)* mettre en place; *(company)* créer; *(meeting)* organiser; *(inquiry)* ouvrir **2** *vi* **to s. up in business** s'installer (**as** comme)

setback ['setbæk] *n* revers *m*

settee [se'tiː] *n* canapé *m*

setting ['setɪŋ] *n (surroundings)* cadre *m*; *(of sun)* coucher *m*; *(on machine)* réglage *m*

settle ['setəl] **1** *vt (put in place)* installer; *(decide, arrange, pay)* régler; *(date)* fixer; *(nerves)* calmer; *(land)* coloniser; **that settles it!** c'est décidé! **2** *vi (of person, family)* s'installer; *(of dust)* se déposer; *(of bird)* se poser ■ **settled** *adj (weather, period)* stable; *(life)* rangé

▸**settle down** *vi (in chair, house)* s'installer; *(become quieter)* s'assagir; *(of situation)* se calmer; **to s. down with sb** mener une vie stable avec qn; **to s. down to work** se mettre au travail

▸**settle for** *vt insep* se contenter de

▸**settle in** *vi (in new home)* s'installer

▸**settle up** *vi (pay)* régler; **to s. up with sb** régler qn

settlement ['setəlmənt] *n (agreement)* accord *m*; *(payment)* règlement *m*; *(colony)* colonie *f*

settler ['setlə(r)] *n* colon *m*

setup ['setʌp] *n Fam (arrangement)* système *m*

seven ['sevən] *adj & n* sept *(m)* ■ **seventh** *adj & n* septième *(mf)*

seventeen [sevən'tiːn] *adj & n* dix-sept *(m)* ■ **seventeenth** *adj & n* dix-septième *(mf)*

seventy ['sevəntɪ] *adj & n* soixante-dix *(m)*; **s.-one** soixante et onze ■ **seventieth** *adj & n* soixante-dixième *(mf)*

sever ['sevə(r)] *vt* couper; *Fig (relations)* rompre

several ['sevərəl] *adj & pron* plusieurs (**of** d'entre)

severe [sə'vɪə(r)] *adj (person, punishment, tone)* sévère; *(winter)* rigoureux, -euse; *(illness, injury)* grave; *(blow, pain)* violent; *(cold, frost)* intense

■ **severely** *adv (criticize, punish)* sévèrement; *(damaged, wounded)* gravement

sew [səʊ] (*pt* **sewed,** *pp* **sewn** *or* **sewed**) *vt* coudre; **to s. a button on a shirt** coudre un bouton à une chemise; **to s. sth up** recoudre qch ■ **sewing** *n* couture *f*; **s. machine** machine *f* à coudre

sewage ['suːɪdʒ] *n* eaux *fpl* d'égout ■ **sewer** *n* égout *m*

sewn [səʊn] *pp of* **sew**

sex [seks] **1** *n* sexe *m*; **to have s. with sb** coucher avec qn **2** *adj (education, life, act)* sexuel, -elle ■ **sexist** *adj & n* sexiste *(mf)*

sexual ['sekʃʊəl] *adj* sexuel, -elle ■ **sexuality** [seksjʊ'ælətɪ] *n* sexualité *f* ■ **sexy** ['seksɪ] (**-ier, -iest**) *adj Fam* sexy *inv*

sh [ʃ] *exclam* chut!

shabby ['ʃæbɪ] (**-ier, -iest**) *adj* miteux, -euse; *(behaviour, treatment)* mesquin

shack [ʃæk] *n* cabane *f*

shade [ʃeɪd] **1** *n* ombre *f*; *(of colour, meaning, opinion)* nuance *f*; *(for lamp)* abat-jour *m inv*; **in the s.** à l'ombre; **a s. faster/taller** un rien plus vite/plus grand **2** *vt (of tree)* ombrager ■ **shady** (**-ier, -iest**) *adj (place)* ombragé; *Fig (person, business)* louche

shadow ['ʃædəʊ] **1** *n* ombre *f* **2** *adj Br Pol* **s. cabinet** cabinet *m* fantôme **3** *vt* **to s. sb** *(follow)* filer qn

shaft [ʃɑːft] *n* (**a**) *(of tool)* manche *m*; **s. of light** rayon *m* de lumière (**b**) *(of mine)* puits *m*; *(of lift)* cage *f*

shaggy ['ʃægɪ] (**-ier, -iest**) *adj (hairy)* hirsute

shake [ʃeɪk] **1** *n* secousse *f*; **to give sth a s.** secouer qch

2 (*pt* **shook,** *pp* **shaken**) *vt (move up and down)* secouer; *(bottle, fist)* agiter; *(building)* faire trembler; *Fig (belief, resolution)* ébranler; **to s. one's head** faire non de la tête; **to s. hands with sb** serrer la main à qn; **to s. off** *(dust)* secouer; *Fig (illness, pursuer)* se débarrasser de; **to s. up** *(reorganize)* réorganiser de fond en comble

3 *vi (of person, windows, voice)* trembler (**with** de)

shaken ['ʃeɪkən] *pp of* **shake**

shaky ['ʃeɪkɪ] (**-ier, -iest**) *adj (voice)* tremblant; *(table, chair)* branlant; *(handwriting)* tremblé; *(health)* précaire

SHALL [ʃæl, *unstressed* ʃəl]

> On trouve généralement **I/you/he/** etc **shall** sous leurs formes contractées **I'll/you'll/he'll/**etc. La forme négative correspondante est **shan't**, que l'on écrira **shall not** dans des contextes formels.

v aux (**a**) *(expressing future tense)* **I s. come, I'll come** je viendrai; **we s. not come, we shan't come** nous ne viendrons pas

(**b**) *(making suggestion)* **s. I leave?** veux-tu que je parte?; **let's go in, s. we?** entrons, tu veux bien?

(**c**) *Formal (expressing order)* **he s. do it if I order it** il le fera si je l'ordonne

shallow ['ʃæləʊ] (**-er, -est**) *adj (water, river)* peu profond; *Fig & Pej (argument, person)* superficiel, -elle

sham [ʃæm] **1** *n (pretence)* comédie *f* **2** *adj (false)* faux (*f* fausse); *(illness, emotion)* feint **3** (*pt & pp* **-mm-**) *vt* feindre **4** *vi* faire semblant

shambles ['ʃæmbəlz] *n* pagaille *f*

shame [ʃeɪm] **1** *n (guilt, disgrace)* honte *f*; **it's a s.** c'est dommage (**to do** de faire); **it's a s. (that)...** c'est dommage que... *(+ subjunctive)*; **what a s.!** quel dommage! **2** *vt (make ashamed)* faire honte à

shameful ['ʃeɪmfəl] *adj* honteux, -euse

shameless ['ʃeɪmləs] *adj* impudique

shampoo [ʃæm'puː] **1** *n* shampooing *m* **2** *vt (carpet)* shampouiner

shandy ['ʃændɪ] *n Br* panaché *m*

shan't [ʃɑːnt] = **shall not**

shape [ʃeɪp] **1** *n* forme *f*; **what s. is it?** quelle forme cela a-t-il?; **to take s.** *(of plan)* prendre forme; **to be in good/**

bad s. *(of person)* être en bonne/mauvaise forme; *(of business)* marcher bien/mal; **to keep in s.** garder la forme

2 *vt (clay)* modeler; *(wood)* façonner (**into** en); *Fig (events, future)* influencer

3 *vi* **to s. up** *(of person)* progresser; *(of teams, plans)* prendre forme ▪ **-shaped** *suff* **pear-s.** en forme de poire ▪ **shapeless** *adj* informe ▪ **shapely** (**-ier, -iest**) *adj* bien fait

share [ʃeə(r)] **1** *n* part *f* (**of** *or* **in** de); *Fin (in company)* action *f*; **to do one's (fair) s.** mettre la main à la pâte **2** *vt* partager; *(characteristic)* avoir en commun; **to s. sth out** partager qch **3** *vi* partager; **to s. in sth** avoir sa part de qch ▪ **shareholder** *n Fin* actionnaire *mf*

shark [ʃɑ:k] *n (fish, crook)* requin *m*

sharp [ʃɑ:p] **1** (**-er, -est**) *adj (knife)* bien aiguisé; *(pencil)* bien taillé; *(point)* aigu (*f* aiguë); *(claws)* acéré; *(rise, fall)* brusque; *(focus)* net (*f* nette); *(contrast)* marqué; *(eyesight)* perçant; *(taste)* acide; *(intelligent)* vif (*f* vive)

2 *adv* **five o'clock s.** cinq heures pile; **to turn s. right/left** tourner tout de suite à droite/à gauche

3 *n Mus* dièse *m*

sharpen ['ʃɑ:pən] *vt (knife)* aiguiser; *(pencil)* tailler

sharply ['ʃɑ:plɪ] *adv (rise, fall)* brusquement; *(contrast)* nettement

shatter ['ʃætə(r)] **1** *vt (glass)* faire voler en éclats; *(health, hopes)* briser **2** *vi (of glass)* voler en éclats ▪ **shattered** *adj Fam (exhausted)* crevé ▪ **shattering** *adj (news, experience)* bouleversant

shave [ʃeɪv] **1** *n* **to have a s.** se raser **2** *vt (person, head)* raser **3** *vi* se raser ▪ **shaver** *n* rasoir *m* électrique ▪ **shaving** *n (strip of wood)* copeau *m*; **s. cream, s. foam** mousse *f* à raser

shawl [ʃɔ:l] *n* châle *m*

she [ʃi:] **1** *pron* elle; **she's a happy woman** c'est une femme heureuse **2** *n Fam* **it's a s.** *(of baby)* c'est une fille

sheaf [ʃi:f] (*pl* **sheaves** [ʃi:vz]) *n (of corn)* gerbe *f*; *(of paper)* liasse *f*

shear [ʃɪə(r)] **1** *vt* tondre **2** *npl* **shears** cisaille *f*

sheath [ʃi:θ] (*pl* **-s** [ʃi:ðz]) *n (for sword)* fourreau *m*; *(contraceptive)* préservatif *m*

she'd [ʃi:d] = **she had, she would**

shed[1] [ʃed] *n (in garden)* abri *m*

shed[2] [ʃed] (*pt & pp* **shed,** *pres p* **shedding**) *vt (leaves)* perdre; *(tears, blood)* verser; *Fig* **to s. light on sth** éclairer qch

sheep [ʃi:p] *n inv* mouton *m* ▪ **sheepdog** *n* chien *m* de berger ▪ **sheepskin** *n* peau *f* de mouton

sheepish ['ʃi:pɪʃ] *adj* penaud

sheer [ʃɪə(r)] *adj (pure)* pur; *(stockings)* très fin; *(cliff)* à pic; **by s. chance** tout à fait par hasard

sheet [ʃi:t] *n (on bed)* drap *m*; *(of paper)* feuille *f*; *(of glass, ice)* plaque *f*

shelf [ʃelf] (*pl* **shelves** [ʃelvz]) *n* étagère *f*; *(in shop)* rayon *m*

shell [ʃel] **1** *n* (**a**) *(of egg, snail, nut)* coquille *f*; *(of tortoise, lobster)* carapace *f*; *(on beach)* coquillage *m*; *(of peas)* cosse *f* (**b**) *(explosive)* obus *m* **2** *vt* (**a**) *(peas)* écosser; *(nut)* décortiquer (**b**) *(town)* bombarder

she'll [ʃi:l] = **she will, she shall**

shellfish ['ʃelfɪʃ] *npl* fruits *mpl* de mer

shelter ['ʃeltə(r)] **1** *n (place, protection)* abri *m*; **to take s.** se mettre à l'abri (**from** de) **2** *vt* abriter (**from** de); *(criminal)* accueillir **3** *vi* s'abriter (**from** de) ▪ **sheltered** *adj (place)* abrité

shelve [ʃelv] *vt (postpone)* mettre au placard

shelving ['ʃelvɪŋ] *n* rayonnages *mpl*

shepherd ['ʃepəd] *n* berger *m*; *Br* **s.'s pie** ≃ hachis *m* Parmentier

sherbet ['ʃɜ:bət] *n Br (powder)* poudre *f* acidulée; *Am (sorbet)* sorbet *m*

sheriff ['ʃerɪf] *n Am* shérif *m*

sherry ['ʃerɪ] *n* sherry *m*, xérès *m*

shield [ʃi:ld] **1** *n (of warrior)* bouclier *m* **2** *vt* protéger (**from** de)

shift [ʃɪft] **1** *n (change)* changement *m* (**of** *or* **in** de); *(period of work)* poste *m*; *(workers)* équipe *f*; **s. key** *(on computer, typewriter)* touche *f* des majuscules
2 *vt (move)* déplacer; *(stain)* enlever; *Am* **to s. gear(s)** *(in vehicle)* changer de vitesse
3 *vi (move)* bouger ▪ **shiftwork** *n* travail *m* posté

shifty ['ʃɪftɪ] (**-ier, -iest**) *adj (person)* louche

shimmer ['ʃɪmə(r)] *vi (of silk)* chatoyer; *(of water)* miroiter

shin [ʃɪn] *n* tibia *m*; **s. pad** *(of hockey player)* jambière *f*

shine [ʃaɪn] **1** *n* brillant *m*; *(on metal)* éclat *m* **2** *(pt & pp* **shone**) *vt (polish)* faire briller; *(light, torch)* braquer **3** *vi* briller

shiny ['ʃaɪnɪ] (**-ier, -iest**) *adj* brillant

ship [ʃɪp] **1** *n* navire *m* **2** *(pt & pp* **-pp-**) *vt (send)* expédier; *(transport)* transporter ▪ **shipment** *n* cargaison *f* ▪ **shipping** *n (traffic)* navigation *f*; *(ships)* navires *mpl* ▪ **shipwreck** *n* naufrage *m* ▪ **shipwrecked** *adj* naufragé; **to be s.** faire naufrage ▪ **shipyard** *n* chantier *m* naval

shirk [ʃɜːk] **1** *vt (duty)* se dérober à; *(work)* éviter de faire **2** *vi* tirer au flanc

shirt [ʃɜːt] *n* chemise *f*; *(of woman)* chemisier *m*; *(of sportsman)* maillot *m*

shiver ['ʃɪvə(r)] **1** *n* frisson *m* **2** *vi* frissonner (**with** de)

shoal [ʃəʊl] *n (of fish)* banc *m*

shock [ʃɒk] **1** *n (impact, emotional blow)* choc *m*; **(electric) s.** décharge *f* (électrique) **2** *adj (wave, tactics, troops)* de choc; *Aut* **s. absorber** amortisseur *m* **3** *vt (offend)* choquer; *(surprise)* stupéfier ▪ **shocking** *adj (outrageous)* choquant; *(very bad)* atroce

shoddy ['ʃɒdɪ] (**-ier, -iest**) *adj (goods)* de mauvaise qualité

shoe [ʃuː] *n* chaussure *f*; *(for horse)* fer *m* à cheval; **s. polish** cirage *m*; **s. shop** magasin *m* de chaussures ▪ **shoelace** *n* lacet *m*

shone [*Br* ʃɒn, *Am* ʃəʊn] *pt & pp of* **shine**

shoo [ʃuː] **1** *(pt & pp* **shooed**) *vt* **to s. (away)** chasser **2** *exclam* ouste!

shook [ʃʊk] *pt of* **shake**[1]

shoot [ʃuːt] **1** *n (of plant)* pousse *f* **2** *(pt & pp* **shot**) *vt (bullet)* tirer; *(arrow)* lancer; *(film, scene)* tourner; **to s. sb** *(kill)* tuer qn par balle; *(wound)* blesser qn par balle; *(execute)* fusiller qn **3** *vi (with gun)* tirer (**at** sur); *(of footballer)* shooter ▪ **shooting** *n (shots)* coups *mpl* de feu; *(incident)* fusillade *f*; *(of film, scene)* tournage *m*

▸ **shoot down** *vt sep (plane)* abattre

▸ **shoot off** *vi (leave quickly)* filer

▸ **shoot up** *vi (of price)* monter en flèche; *(of plant, child)* pousser vite; *(of rocket)* s'élever

shop [ʃɒp] **1** *n* magasin *m*; *(small)* boutique *f*; *(workshop)* atelier *m*; **at the baker's s.** à la boulangerie, chez le boulanger; *Br* **s. assistant** vendeur, -euse *mf*; **s. window** vitrine *f*
2 *(pt & pp* **-pp-**) *vi* faire ses courses (**at** chez); **to s. around** comparer les prix ▪ **shopkeeper** *n* commerçant, -e *mf* ▪ **shoplifter** *n* voleur, -euse *mf* à l'étalage ▪ **shopper** *n (customer)* client, -e *mf* ▪ **shopping 1** *n (goods)* achats *mpl*; **to go s.** faire des courses; **to do one's s.** faire ses courses **2** *adj (street, district)* commerçant; **s. bag** sac *m* à provisions; **s. centre** centre *m* commercial; **s. list** liste *f* des commissions

shore [ʃɔː(r)] *n (of sea)* rivage *m*; *(of lake)* bord *m*; **on s.** à terre

short [ʃɔːt] **1** (**-er, -est**) *adj* court; *(person, distance)* petit; *(impatient, curt)* brusque; **to be s. of sth** être à court de qch; **money/time is s.** l'argent/le temps manque; **a s. time** *or* **while ago** il y a peu de temps; **Tony is s. for Anthony** Tony est le diminutif d'Anthony; **in s.** bref; **s. cut** raccourci *m*; **s. story** nouvelle *f*
2 *adv* **to cut s.** *(hair)* couper court; *(visit)* abréger; *(person)* couper la

parole à; **to stop s. of doing sth** se retenir tout juste de faire qch; **to be running s. of sth** n'avoir presque plus de qch ▪ **shortbread** *n* sablé *m* ▪ **short-circuit 1** *n* court-circuit *m* **2** *vt* court-circuiter **3** *vi* se mettre en court-circuit ▪ **shortcoming** *n* défaut *m* ▪ **shorthand** *n* sténo *f*; **s. typist** sténodactylo *m* ▪ **short-lived** *adj* de courte durée ▪ **short-sighted** *adj* myope; *Fig (in one's judgements)* imprévoyant ▪ **short-sleeved** *adj* à manches courtes ▪ **short-staffed** *adj* à court de personnel ▪ **short-term** *adj* à court terme

shortage ['ʃɔːtɪdʒ] *n* pénurie *f*

shorten ['ʃɔːtən] *vt* raccourcir

shortly ['ʃɔːtlɪ] *adv (soon)* bientôt; **s. before/after** peu avant/après

shorts [ʃɔːts] *npl* **(pair of) s.** short *m*; **boxer s.** caleçon *m*

shot [ʃɒt] **1** *pt & pp of* **shoot 2** *n (from gun)* coup *m*; *(with camera)* prise *f* de vue; *(in football)* coup *m* de pied; *Fam (injection)* piqûre *f*; **to fire a s.** tirer; **to be a good s.** *(of person)* être bon tireur; **to have a s. at sth/doing sth** essayer qch/de faire qch ▪ **shotgun** *n* fusil *m* de chasse

SHOULD [ʃʊd, *unstressed* ʃəd]

La forme négative **should not** s'écrit **shouldn't** en forme contractée.

v aux (**a**) *(expressing obligation)* **you s. do it** vous devriez le faire; **I s. have stayed** j'aurais dû rester

(**b**) *(expressing possibility)* **the weather s. improve** le temps devrait s'améliorer; **she s. have arrived by now** elle devrait être arrivée à l'heure qu'il est

(**c**) *(expressing preferences)* **I s. like to stay** j'aimerais bien rester; **I s. like to** j'aimerais bien; **I s. hope so** j'espère bien

(**d**) *(in subordinate clauses)* **it's strange (that) she s. say no** il est étrange qu'elle dise non; **he insisted that she s. meet her parents** il a insisté pour qu'elle rencontre ses parents

(**e**) *(in conditional clauses)* **if he s. come, s. he come** s'il vient

(**f**) *(in rhetorical questions)* **why s. you suspect me?** pourquoi me soupçonnez-vous?; **who s. I meet but Martin!** et qui a-t-il fallu que je rencontre? Martin!

shoulder ['ʃəʊldə(r)] **1** *n* épaule *f*; **s. bag** sac *m* besace; **s. pad** épaulette *f*; **s. strap** *(of garment)* bretelle *f* **2** *vt (responsibility)* endosser

shout [ʃaʊt] **1** *n* cri *m*; **to give sb a s.** appeler qn **2** *vt* **to s. sth (out)** crier qch **3** *vi* **to s. (out)** crier; **to s. to sb to do sth** crier à qn de faire qch; **to s. at sb** crier après qn ▪ **shouting** *n (shouts)* cris *mpl*

shove [ʃʌv] **1** *n* poussée *f*; **to give sb/sth a s.** pousser qn/qch **2** *vt* pousser; *Fam* **to s. sth into sth** fourrer qch dans qch **3** *vi* pousser; *Fam* **to s. over** *(move over)* se pousser

shovel ['ʃʌvəl] **1** *n* pelle *f* **2** (*Br* **-ll-**, *Am* **-l-**) *vt* pelleter; **to s. leaves up** ramasser des feuilles à la pelle

show [ʃəʊ] **1** *n (concert, play)* spectacle *m*; *(on TV)* émission *f*; *(exhibition)* exposition *f*; *(of force, friendship)* démonstration *f*; *(pretence)* semblant *m* (**of** de); **to be on s.** être exposé; **to put sth on s.** exposer qch; **s. business** le monde du spectacle; **s. jumping** jumping *m*

2 (*pt* **showed**, *pp* **shown**) *vt* montrer (**to** à; **that** que); *(in exhibition)* exposer; *(film)* passer; *(indicate)* indiquer; **to s. sb sth, to s. sth to sb** montrer qch à qn; **to s. sb to the door** reconduire qn à la porte

3 *vi (be visible)* se voir; *(of film)* passer ▪ **showdown** *n* confrontation *f* ▪ **show-off** *n Pej* crâneur, -euse *mf* ▪ **showroom** *n* magasin *m* d'exposition

▸ **show around** *vt sep* **to s. sb around the town/the house** faire visiter la ville/la maison à qn

▸ **show in** *vt sep (visitor)* faire entrer
▸ **show off 1** *vt sep Pej (display)* étaler; *(highlight)* faire valoir **2** *vi Pej* crâner
▸ **show out** *vt sep (visitor)* reconduire
▸ **show round** *vt sep* = **show around**
▸ **show up 1** *vt sep (embarrass)* faire honte à; *(reveal)* faire ressortir **2** *vi (stand out)* ressortir (**against** contre); *Fam (of person)* se présenter
shower ['ʃaʊə(r)] **1** *n (bathing, device)* douche *f*; *(of rain)* averse *f*; **to have** *or* **take a s.** prendre une douche; **s. gel** gel *m* de douche **2** *vt* **to s. sb with** *(gifts, abuse)* couvrir qn de ▪ **showery** *adj* pluvieux, -euse
shown [ʃəʊn] *pp of* **show**
showy ['ʃəʊɪ] (**-ier, -iest**) *adj* voyant
shrank [ʃræŋk] *pt of* **shrink**
shred [ʃred] **1** *n* lambeau *m*; **to tear sth to shreds** mettre qch en lambeaux; *Fig* **not a s. of truth** pas une once de vérité **2** *(pt & pp* **-dd-**) *vt* mettre en lambeaux; *(documents)* déchiqueter; *(food)* couper grossièrement
shrewd [ʃru:d] (**-er, -est**) *adj (person, plan)* astucieux, -euse
shriek [ʃri:k] **1** *n* cri *m* strident **2** *vi* pousser un cri strident; **to s. with pain/laughter** hurler de douleur/de rire
shrill [ʃrɪl] (**-er, -est**) *adj* aigu (*f* aiguë)
shrimp [ʃrɪmp] *n* crevette *f*
shrine [ʃraɪn] *n (place of worship)* lieu *m* saint; *(tomb)* tombeau *m*
shrink [ʃrɪŋk] **1** *(pt* **shrank** *or Am* **shrunk,** *pp* **shrunk** *or* **shrunken**) *vt (of clothes)* faire rétrécir **2** *vi* rétrécir
shrivel ['ʃrɪvəl] (*Br* **-ll-,** *Am* **-l-**) **1** *vt* **to s. (up)** dessécher **2** *vi* **to s. (up)** se dessécher
shroud [ʃraʊd] **1** *n* linceul *m* **2** *vt* **to be shrouded in sth** être enveloppé de qch
Shrove [ʃrəʊv] *adj* **S. Tuesday** mardi *m* gras
shrub [ʃrʌb] *n* arbuste *m*
shrug [ʃrʌg] **1** *n* haussement *m* d'épaules **2** *(pt & pp* **-gg-**) *vt* **to s. one's shoulders** hausser les épaules; **to s. sth off** dédaigner qch
shrunk(en) ['ʃrʌŋk(ən)] *pp of* **shrink**
shudder ['ʃʌdə(r)] *vi (of person)* frémir (**with** de); *(of machine)* vibrer
shuffle ['ʃʌfəl] **1** *vt (cards)* battre **2** *vti* **to s. (one's feet)** traîner les pieds
shun [ʃʌn] *(pt & pp* **-nn-**) *vt* fuir, éviter
shush [ʃʊʃ] *exclam* chut!
shut [ʃʌt] **1** *(pt & pp* **shut,** *pres p* **shutting**) *vt* fermer **2** *vi (of door)* se fermer; *(of shop, museum)* fermer
▸ **shut away** *vt sep (lock away)* enfermer
▸ **shut down 1** *vt sep* fermer (définitivement) **2** *vi* fermer (définitivement)
▸ **shut in** *vt sep (lock in)* enfermer
▸ **shut off** *vt sep (gas, electricity)* couper; *(engine)* arrêter; *(road)* fermer; *(isolate)* isoler
▸ **shut out** *vt sep (keep outside)* empêcher d'entrer; *(exclude)* exclure (**of** *or* **from** de); **to s. sb out** enfermer qn dehors
▸ **shut up 1** *vt sep (close)* fermer; *(confine)* enfermer; *Fam (silence)* faire taire **2** *vi Fam (be quiet)* se taire
shutter ['ʃʌtə(r)] *n (on window)* volet *m*; *(of shop)* store *m*; *(of camera)* obturateur *m*
shuttle ['ʃʌtəl] **1** *n (bus, train, plane)* navette *f*; **s. service** navette *f* **2** *vi* faire la navette
shy [ʃaɪ] **1** (**-er, -est**) *adj* timide **2** *vi* **to s. away from doing sth** éviter de faire qch
sibling ['sɪblɪŋ] *n (brother)* frère *m*; *(sister)* sœur *f*
Sicily ['sɪsɪlɪ] *n* la Sicile
sick [sɪk] **1** (**-er, -est**) *adj (ill)* malade; **to be s.** *(be ill)* être malade; *(vomit)* vomir; **to feel s.** avoir mal au cœur; **to be off s., to be on s. leave** être en congé de maladie; **to be s. of sb/sth** en avoir assez de qn/qch; *Fig* **he makes me s.** il m'écœure **2** *n Br Fam (vomit)* vomi *m* **3** *npl* **the s.** *(sick people)* les malades *mpl*
sicken ['sɪkən] **1** *vt* écœurer **2** *vi Br* **to**

be sickening for something couver quelque chose ▪ **sickening** *adj* écœurant

sickly ['sɪklɪ] (**-ier, -iest**) *adj* maladif, -ive; *(pale, faint)* pâle; *(taste)* écœurant

sickness ['sɪknɪs] *n (illness)* maladie *f*

side [saɪd] **1** *n* côté *m*; *(of hill, animal)* flanc *m*; *(of road, river)* bord *m*; *(of question, character)* aspect *m*; *(team)* équipe *f*; **at** *or* **by the s. of** *(nearby)* à côté de; **at** *or* **by my s.** à côté de moi, à mes côtés; **s. by s.** l'un à côté de l'autre; **to move to one s.** s'écarter; **on this s.** de ce côté; **to take sides with sb** se ranger du côté de qn; **she's on our s.** elle est de notre côté
2 *adj (lateral)* latéral; *(view, glance)* de côté; *(street)* transversal; *(effect, issue)* secondaire
3 *vi* **to s. with sb** se ranger du côté de qn ▪ **sideboard** *n* buffet *m* ▪ **sideburns** *npl (hair)* pattes *fpl* ▪ **-sided** *suff* **ten-sided** à dix côtés ▪ **sidelight** *n Br (on vehicle)* feu *m* de position ▪ **sideline** *n (activity)* activité *f* secondaire; *(around playing field)* ligne *f* de touche ▪ **sidestep** *(pt & pp* **-pp-**) *vt* éviter ▪ **sidetrack** *vt* distraire; **to get sidetracked** s'écarter du sujet ▪ **sidewalk** *n Am* trottoir *m* ▪ **sideways** *adv (look, walk)* de côté

siege [si:dʒ] *n (by soldiers, police)* siège *m*; **under s.** assiégé

siesta [sɪ'estə] *n* sieste *f*; **to take** *or* **have a s.** faire la sieste

sieve [sɪv] *n* tamis *m*; *(for liquids)* passoire *f*

sift [sɪft] **1** *vt (flour)* tamiser **2** *vi* **to s. through** *(papers)* examiner (à la loupe)

sigh [saɪ] **1** *n* soupir *m* **2** *vti* soupirer

sight [saɪt] **1** *n (faculty)* vue *f*; *(thing seen)* spectacle *m*; *(on gun)* viseur *m*; **to lose s. of sb/sth** perdre qn/qch de vue; **to catch s. of sb/sth** apercevoir qn/qch; **at first s.** à première vue; **by s.** de vue; **in s.** *(target, end, date)* en vue; **out of s.** *(hidden)* caché; *(no longer visible)* disparu; **he hates the s. of me** il ne peut pas me voir; **the (tourist) sights** les attractions *fpl* touristiques; **to set one's sights on** *(job)* viser **2** *vt (land)* apercevoir

sightseer ['saɪtsi:ə(r)] *n* touriste *mf* ▪ **sightseeing** *n* **to go s., to do some s.** faire du tourisme

sign [saɪn] **1** *n* signe *m*; *(notice)* panneau *m*; *(over shop, pub)* enseigne *f*; **no s. of** aucune trace de **2** *vt (put signature to)* signer; **to s. on** *or* **up** *(worker, soldier)* engager **3** *vi* signer; **to s. for** *(letter)* signer le reçu de; *Br* **to s. on** *(on the dole)* s'inscrire au chômage; **to s. on** *or* **up** *(of soldier, worker)* s'engager; *(for course)* s'inscrire

signal ['sɪgnəl] **1** *n* signal *m*; *Rail Br* **s. box,** *Am* **s. tower** poste *m* d'aiguillage
2 (*Br* **-ll-**, *Am* **-l-**) *vt (be a sign of)* indiquer; *(make gesture to)* faire signe à
3 *vi (make gesture)* faire signe (**to** à); *(of driver)* mettre son clignotant; **to s. (to) sb to do sth** faire signe à qn de faire qch

signature ['sɪgnətʃə(r)] *n* signature *f*; **s. tune** indicatif *m*

significance [sɪg'nɪfɪkəns] *n (meaning)* signification *f*; *(importance)* importance *f*

significant [sɪg'nɪfɪkənt] *adj (important, large)* important; *(meaningful)* significatif, -ive ▪ **significantly** *adv (appreciably)* sensiblement

signify ['sɪgnɪfaɪ] *(pt & pp* **-ied**) *vt (mean, make known)* signifier (**that** que)

signpost ['saɪnpəʊst] **1** *n* poteau *m* indicateur **2** *vt* signaliser

silence ['saɪləns] **1** *n* silence *m*; **in s.** en silence **2** *vt* faire taire

silent ['saɪlənt] *adj* silencieux, -euse; *(film, anger)* muet (*f* muette); **to keep** *or* **be s.** garder le silence (**about** sur) ▪ **silently** *adv* silencieusement

silhouette [sɪlu:'et] *n* silhouette *f*

silicon ['sɪlɪkən] *n* silicium *m*; **s. chip** puce *f* électronique

silk [sɪlk] *n* soie *f* ▪ **silky** (**-ier, -iest**) *adj* soyeux, -euse

sill [sɪl] *n (of window)* rebord *m*

silly ['sɪlɪ] (**-ier, -iest**) *adj* bête, idiot; **to do something s.** faire une bêtise; **to look s.** avoir l'air ridicule

silver ['sɪlvə(r)] **1** *n* argent *m*; *(plates)* argenterie *f* **2** *adj (spoon)* en argent, d'argent; *(colour)* argenté; **s. jubilee** vingt-cinquième anniversaire *m*; *Br* **s. paper** papier *m* d'argent ▪ **silver-plated** *adj* plaqué argent

similar ['sɪmɪlə(r)] *adj* semblable (**to** à) ▪ **similarity** [-'lærətɪ] (*pl* **-ies**) *n* ressemblance *f* (**between** entre; **to** avec) ▪ **similarly** *adv* de la même façon; *(likewise)* de même

simile ['sɪmɪlɪ] *n* comparaison *f*

simmer ['sɪmə(r)] **1** *vt (vegetables)* mijoter **2** *vi (of vegetables)* mijoter; *(of water)* frémir; *Fig (of revolt, hatred)* couver

simple ['sɪmpəl] (**-er, -est**) *adj (easy)* simple ▪ **simple-minded** *adj* simple d'esprit ▪ **simplicity** *n* simplicité *f*

simplify ['sɪmplɪfaɪ] (*pt & pp* **-ied**) *vt* simplifier

simply ['sɪmplɪ] *adv (plainly, merely)* simplement; *(absolutely)* absolument

simulate ['sɪmjʊleɪt] *vt* simuler

simultaneous [*Br* sɪməl'teɪnɪəs, *Am* saɪməl'teɪnɪəs] *adj* simultané ▪ **simultaneously** [*Br* sɪməl'teɪnɪəslɪ, *Am* saɪməl'teɪnɪəslɪ] *adv* simultanément

sin [sɪn] **1** *n* péché *m* **2** (*pt & pp* **-nn-**) *vi* pécher

since [sɪns] **1** *prep (in time)* depuis; **s. then** depuis **2** *conj (in time)* depuis que; *(because)* puisque; **it's a year s. I saw him** ça fait un an que je ne l'ai pas vu **3** *adv* **(ever) s.** depuis

sincere [sɪn'sɪə(r)] *adj* sincère ▪ **sincerely** *adv* sincèrement; *Br* **yours s.,** *Am* **s.** *(in letter)* veuillez agréer, Madame/Monsieur, mes salutations distinguées ▪ **sincerity** [-'serətɪ] *n* sincérité *f*

sinful ['sɪnfəl] *adj (act)* coupable; *(waste)* scandaleux, -euse

sing [sɪŋ] (*pt* **sang,** *pp* **sung**) *vti* chanter ▪ **singer** *n* chanteur, -euse *mf* ▪ **singing 1** *n (of bird, musical technique)* chant *m* **2** *adj* **s. lesson/teacher** leçon *f*/professeur *m* de chant

singe [sɪndʒ] *vt (cloth)* roussir; *(hair)* brûler

single ['sɪŋgəl] **1** *adj (only one)* seul; *(room, bed)* pour une personne; *(unmarried)* célibataire; **not a s. book** pas un seul livre; **every s. day** tous les jours sans exception; *Br* **s. ticket** aller *m* simple; **s. parent** père *m*/mère *f* célibataire

2 *n Br (ticket)* aller *m* simple; *(record)* single *m*; **singles** *(in tennis)* simples *mpl*

3 *vt* **to s. sb out** sélectionner qn ▪ **single-handedly** *adv* tout seul (*f* toute seule) ▪ **single-minded** *adj (person)* résolu; *(determination)* farouche ▪ **single-sex** *adj Br* **s. school** école *f* non mixte

singly ['sɪŋglɪ] *adv (one by one)* un à un

singular ['sɪŋgjʊlə(r)] **1** *adj (in grammar)* singulier, -ère; *(remarkable)* remarquable **2** *n* singulier *m*; **in the s.** au singulier

sinister ['sɪnɪstə(r)] *adj* sinistre

sink[1] [sɪŋk] *n (in kitchen)* évier *m*; *(in bathroom)* lavabo *m*

sink[2] [sɪŋk] (*pt* **sank,** *pp* **sunk**) **1** *vt (ship)* couler **2** *vi (of ship, person)* couler; *(of water level, sun, price)* baisser; *(collapse)* s'affaisser; **my heart sank** j'ai eu un pincement de cœur; **to s. (down) into** *(mud)* s'enfoncer dans; *(armchair)* s'affaler dans; *Fam* **it hasn't sunk in yet** je n'ai/il n'a/*etc* pas encore digéré la nouvelle

sinner ['sɪnə(r)] *n* pécheur(eresse) *mf*

sinus ['saɪnəs] *n Anat* sinus *m*

sip [sɪp] **1** *n* petite gorgée *f* **2** (*pt & pp* **-pp-**) *vt* siroter

siphon ['saɪfən] **1** *n* siphon *m* **2** *vt* **to s. sth off** *(liquid)* siphonner qch; *(money)* détourner qch

sir [sɜː(r)] *n* monsieur *m*; **S. Walter Raleigh** *(title)* sir Walter Raleigh

siren ['saɪərən] *n* sirène *f*

sister ['sɪstə(r)] *n* sœur *f*; *(nurse)* infirmière-chef *f* ▪ **sister-in-law** (*pl* **sisters-in-law**) *n* belle-sœur *f*

sit [sɪt] (*pt & pp* **sat,** *pres p* **sitting**) **1** *vt (child on chair)* asseoir; *Br (exam)* se présenter à **2** *vi (of person)* s'asseoir; *(for artist)* poser (**for** pour); *(of assembly)* siéger; **to be sitting** *(of person, cat)* être assis; **she was sitting reading, she sat reading** elle était assise à lire

▸ **sit around** *vi* rester assis à ne rien faire

▸ **sit back** *vi (in chair)* se caler; *(rest)* se détendre; *(do nothing)* ne rien faire

▸ **sit down 1** *vt* **to s. sb down** asseoir qn **2** *vi* s'asseoir; **to be sitting down** être assis

▸ **sit for** *vt insep Br (exam)* se présenter à

▸ **sit in on** *vt insep (lecture)* assister à

▸ **sit on** *vt insep (jury)* être membre de

▸ **sit out** *vt sep (dance)* ne pas prendre part à

▸ **sit through** *vt insep (film)* rester jusqu'au bout de

▸ **sit up** *vi* **to s. up (straight)** s'asseoir (bien droit); **to s. up waiting for sb** veiller jusqu'au retour de qn

sitcom ['sɪtkɒm] *n* sitcom *m*

site [saɪt] *n (position)* emplacement *m*; *(archaeological, on Internet)* site *m*; **(building) s.** chantier *m* (de construction)

sitting ['sɪtɪŋ] *n* séance *f*; *(in restaurant)* service *m*; **s. room** salon *m*

situate ['sɪtʃʊeɪt] *vt* situer; **to be situated** être situé ▪ **situation** *n* situation *f*

six [sɪks] *adj & n* six *(m)* ▪ **sixth** *adj & n* sixième *(mf)*; **a s.** *(fraction)* un sixième; *Br Sch* **(lower) s. form** ≃ classe *f* de première; *Br Sch* **(upper) s. form** ≃ classe *f* terminale

sixteen [sɪk'stiːn] *adj & n* seize *(m)* ▪ **sixteenth** *adj & n* seizième *(mf)*

sixty ['sɪkstɪ] *adj & n* soixante *(m)* ▪ **sixtieth** *adj & n* soixantième *(mf)*

size [saɪz] **1** *n (of person, animal, clothes)* taille *f*; *(of shoes, gloves)* pointure *f*; *(of shirt)* encolure *f*; *(measurements)* dimensions *fpl*; *(of packet)* grosseur *f*; *(of town, damage, problem)* étendue *f*; *(of sum)* montant *m*; **hip/chest s.** tour *m* de hanches/de poitrine **2** *vt* **to s. up** *(person)* jauger; *(situation)* évaluer ▪ **sizeable** *adj* non négligeable

sizzle ['sɪzəl] *vi* grésiller

skate [skeɪt] **1** *n (on foot)* patin *m* **2** *vi (on ice-skates)* faire du patin à glace; *(on roller-skates)* faire du roller ▪ **skateboard** *n* planche *f* à roulettes ▪ **skater** *n* patineur, -euse *mf* ▪ **skating** *n* patinage *m*; **to go s.** faire du patinage

skeleton ['skelɪtən] *n* squelette *m*; **s. staff** personnel *m* minimum

skeptical ['skeptɪkəl] *adj Am* sceptique

sketch [sketʃ] **1** *n (drawing)* croquis *m*; *(comic play)* sketch *m* **2** *vt* **to s. (out)** *(idea, view)* exposer brièvement **3** *vi* faire un/des croquis ▪ **sketchy** (**-ier, -iest**) *adj* vague

skewer ['skjuːə(r)] *n (for meat)* broche *f*; *(for kebab)* brochette *f*

ski [skiː] **1** (*pl* **skis**) *n* ski *m*; **s. boot** chaussure *f* de ski; **s. lift** remonte-pente *m*; **s. mask** cagoule *f*, passe-montagne *m*; **s. pants** fuseau *m*; **s. resort** station *f* de ski; **s. run** *or* **slope** piste *f* de ski

2 (*pt* **skied** [skiːd], *pres p* **skiing**) *vi* skier, faire du ski ▪ **skier** *n* skieur, -euse *mf* ▪ **skiing 1** *n (sport)* ski *m* **2** *adj (clothes)* de ski

skid [skɪd] **1** *n* dérapage *m* **2** (*pt & pp* **-dd-**) *vi* déraper; **to s. into sth** déraper et heurter qch

skill [skɪl] *n (ability)* qualités *fpl*; *(technique)* compétence *f* ▪ **skilful** (*Am* **skillful**) *adj* habile (**at doing** à faire; **at sth** en qch) ▪ **skilled** *adj* habile (**at doing** à faire; **at sth** en qch); *(worker)* qualifié; *(work)* de spécialiste

skim [skɪm] (*pt & pp* **-mm-**) **1** *vt (milk)* écrémer; *(soup)* écumer; **to s. (over) sth** *(surface)* effleurer qch; **skimmed**

milk lait *m* écrémé **2** *vt insep* **to s. through** *(book)* parcourir

skimp [skɪmp] *vi (on food, fabric)* lésiner (**on** sur) ▪ **skimpy** (**-ier, -iest**) *adj (clothes)* étriqué; *(meal)* maigre

skin [skɪn] **1** *n* peau *f*; **s. diving** plongée *f* sous-marine **2** *(pt & pp* **-nn-***) vt (fruit)* peler; *(animal)* écorcher ▪ **skin-tight** *adj* moulant

skinflint ['skɪnflɪnt] *n* avare *mf*

skinhead ['skɪnhed] *n Br* skinhead *mf*

skinny ['skɪnɪ] (**-ier, -iest**) *adj* maigre

skint [skɪnt] *adj Br Fam (penniless)* fauché

skip[1] [skɪp] **1** *(pt & pp* **-pp-***) vt (miss, omit)* sauter; **to s. classes** sécher les cours **2** *vi (hop about)* sautiller; *Br (with rope)* sauter à la corde; *Br* **skipping rope** corde *f* à sauter

skip[2] [skɪp] *n Br (for rubbish)* benne *f*

skipper ['skɪpə(r)] *n (of ship, team)* capitaine *m*

skirt [skɜːt] *n* jupe *f*

skittle ['skɪtəl] *n Br* quille *f*; **to play skittles** jouer aux quilles

skulk [skʌlk] *vi* rôder

skull [skʌl] *n* crâne *m*

skunk [skʌŋk] *n (animal)* moufette *f*

sky [skaɪ] *n* ciel *m* ▪ **skydiving** *n* parachutisme *m* en chute libre ▪ **skylight** *n* lucarne *f* ▪ **skyline** *n (horizon)* horizon *m* ▪ **skyscraper** *n* gratte-ciel *m inv*

slack [slæk] **1** (**-er, -est**) *adj (not tight)* mou (*f* molle); *(careless)* négligent; **to be s.** *(of rope)* avoir du mou; **business is s.** les affaires vont mal **2** *vi* **to s. off** *(in effort)* se relâcher

slacken ['slækən] **1** *vt* **to s. (off)** *(rope)* relâcher; *(pace, effort)* ralentir **2** *vi* **to s. (off)** *(in effort)* se relâcher; *(of production, demand, speed, enthusiasm)* diminuer

slam [slæm] **1** *(pt & pp* **-mm-***) vt (door, lid)* claquer; *(hit)* frapper violemment; **to s. sth (down)** *(put down)* poser qch violemment; **to s. on the brakes** écraser la pédale de frein **2** *vi (of door)* claquer

slander ['slɑːndə(r)] **1** *n* calomnie *f* **2** *vt* calomnier

slang [slæŋ] **1** *n* argot *m* **2** *adj (word)* d'argot, argotique

slant [slɑːnt] **1** *n* pente *f*; *Fig (point of view)* perspective *f*; *Fig (bias)* parti *m* pris **2** *vi (of roof, handwriting)* être incliné ▪ **slanted, slanting** *adj* penché; *(roof)* en pente

slap [slæp] **1** *n (with hand)* claque *f*; **a s. in the face** une gifle **2** *(pt & pp* **-pp-***) vt (person)* donner une claque à; **to s. sb's face** gifler qn; **to s. sb's bottom** donner une fessée à qn

slapdash ['slæpdæʃ] *adj (person)* négligent; *(work)* fait à la va-vite

slapstick ['slæpstɪk] *adj & n* **s. (comedy)** grosse farce *f*

slash [slæʃ] **1** *n* entaille *f* **2** *vt (cut)* taillader; *(reduce)* réduire considérablement

slat [slæt] *n* latte *f*

slate [sleɪt] *n* ardoise *f*

slaughter ['slɔːtə(r)] **1** *n (of people)* massacre *m*; *(of animal)* abattage *m* **2** *vt (people)* massacrer; *(animal)* abattre; *Fam (defeat)* massacrer

slave [sleɪv] **1** *n* esclave *mf* **2** *vi* **to s. (away)** trimer ▪ **slavery** *n* esclavage *m*

sleazy ['sliːzɪ] (**-ier, -iest**) *adj Fam* sordide

sledge [sledʒ] (*Am* **sled** [sled]) *n Br* luge *f*

sledgehammer ['sledʒhæmə(r)] *n* masse *f*

sleek [sliːk] (**-er, -est**) *adj (smooth)* lisse et brillant; *Pej (manner)* mielleux, -euse

sleep [sliːp] **1** *n* sommeil *m*; **to have a s., to get some s.** dormir; **to go to s.** *(of person)* s'endormir; **to put an animal to s.** *(kill)* faire piquer un animal **2** *(pt & pp* **slept***) vi* dormir; *Euph* **to s. with sb** coucher avec qn **3** *vt* **this flat sleeps six** on peut dormir à six dans cet appartement ▪ **sleeping** *adj (asleep)* endormi; **s. bag** sac *m* de couchage; **s. car**

wagon-lit *m*; **s. pill** somnifère *m*

sleeper ['sli:pə(r)] *n* (**a**) **to be a light/ sound s.** avoir le sommeil léger/lourd (**b**) *Br Rail (on track)* traverse *f*; *(bed in train)* couchette *f*; *(train)* train-couchettes *m* ▪ **sleepless** *adj (night)* d'insomnie

sleepy ['sli:pɪ] (**-ier, -iest**) *adj (town, voice)* endormi; **to be s.** *(of person)* avoir sommeil

sleet [sli:t] **1** *n* neige *f* fondue **2** *vi* **it's sleeting** il tombe de la neige fondue

sleeve [sli:v] *n (of shirt, jacket)* manche *f*; *(of record)* pochette *f*; **long-/ short-sleeved** à manches longues/ courtes

sleigh [sleɪ] *n* traîneau *m*

slender ['slendə(r)] *adj (person)* svelte; *(neck, hand, waist)* fin; *Fig (small, feeble)* faible

slept [slept] *pt & pp of* **sleep**

slice [slaɪs] **1** *n* tranche *f*; *Fig (portion)* part *f* **2** *vt* **to s. sth (up)** couper qch en tranches; **to s. sth off** couper qch

slick [slɪk] **1** (**-er, -est**) *adj (campaign)* bien mené; *(reply, person)* habile **2** *n (on beach)* marée *f* noire

slide [slaɪd] **1** *n (in playground)* toboggan *m*; *(for hair)* barrette *f*; *Phot* diapositive *f*; *(in prices, popularity)* baisse *f* **2** (*pt & pp* **slid** [slɪd]) *vt* glisser (**into** dans); *(table, chair)* faire glisser **3** *vi* glisser ▪ **sliding** *adj (door, panel)* coulissant

slight [slaɪt] **1** (**-er, -est**) *adj (small, unimportant)* léger, -ère; *(chance)* faible; **the slightest thing** la moindre chose; **not in the slightest** pas le moins du monde **2** *n* affront *m* (**on** à) **3** *vt (offend)* offenser; *(ignore)* bouder

slightly ['slaɪtlɪ] *adv* légèrement

slim [slɪm] **1** (**slimmer, slimmest**) *adj* mince **2** (*pt & pp* **-mm-**) *vi Br* suivre un régime

slime [slaɪm] *n* vase *f*; *(of snail)* bave *f* ▪ **slimy** (**-ier, -iest**) *adj (muddy)* boueux (*f* boueuse); *Fig (sticky, smarmy)* visqueux, -euse

sling [slɪŋ] **1** *n (weapon)* fronde *f*; *(for injured arm)* écharpe *f*; **in a s.** en écharpe **2** (*pt & pp* **slung**) *vt (throw)* lancer

slip [slɪp] **1** *n (mistake)* erreur *f*; *(garment)* combinaison *f*; *(fall)* chute *f*; **a s. of paper** un bout de papier; *(printed)* un bordereau; **a s. of the tongue** un lapsus; *Br* **s. road** bretelle *f* **2** (*pt & pp* **-pp-**) *vt (slide)* glisser (**to** à; **into** dans); **it slipped my mind** ça m'est sorti de l'esprit **3** *vi* glisser; *Fam (of popularity, ratings)* baisser; **to let sth s.** *(chance, secret)* laisser échapper qch

▸**slip away** *vi (escape)* s'éclipser

▸**slip into** *vt insep (room)* se glisser dans; *(bathrobe)* passer

▸**slip off** *vt sep (coat)* enlever

▸**slip on** *vt sep (coat)* mettre

▸**slip out** *vi (leave)* sortir furtivement; *(for a moment)* sortir (un instant); *(of secret)* s'éventer

▸**slip up** *vi Fam* se planter

slipper ['slɪpə(r)] *n* pantoufle *f*

slippery ['slɪpərɪ] *adj* glissant

slit [slɪt] **1** *n* fente *f* **2** (*pt & pp* **slit,** *pres p* **slitting**) *vt (cut)* couper; **to s. open** *(sack)* éventrer

slither ['slɪðə(r)] *vi* glisser; *(of snake)* se couler

slob [slɒb] *n Fam (lazy person)* gros fainéant *m*; *(dirty person)* porc *m*

slobber ['slɒbə(r)] *vi (of dog, baby)* baver

slog [slɒg] *Br Fam* **1** *n* **a (hard) s.** *(effort)* un gros effort **2** (*pt & pp* **-gg-**) *vi* **to s. (away)** trimer

slogan ['sləʊgən] *n* slogan *m*

slop [slɒp] **1** (*pt & pp* **-pp-**) *vt* renverser **2** *vi* **to s. (over)** se renverser

slope [sləʊp] **1** *n* pente *f*; *(of mountain)* versant *m*; *(for skiing)* piste *f* **2** *vi (of ground, roof)* être en pente ▪ **sloping** *adj (roof)* en pente

sloppy ['slɒpɪ] (**-ier, -iest**) *adj (work, appearance)* négligé; *(person)* négligent; *(sentimental)* sentimental

slot [slɒt] **1** *n (slit)* fente *f*; *(in schedule,*

list) créneau *m*; **s. machine** *(for vending)* distributeur *m* automatique; *(for gambling)* machine *f* à sous **2** *(pt & pp* **-tt-***) vt (insert)* insérer (**into** dans) **3** *vi* s'insérer (**into** dans)

slouch [slaʊtʃ] *vi* ne pas se tenir droit; *(in chair)* être avachi

slovenly ['slʌvənlɪ] *adj* négligé

slow [sləʊ] **1** (**-er, -est**) *adj* lent; **in s. motion** au ralenti; **to be s.** *(of clock, watch)* retarder; **business is s.** les affaires tournent au ralenti **2** *adv* lentement **3** *vt* **to s. sth down** *or* **up** ralentir qch; *(delay)* retarder qch **4** *vi* **to s. down** *or* **up** ralentir ▪ **slowcoach** *n Br Fam* lambin, -e *mf* ▪ **slowly** *adv* lentement; *(bit by bit)* peu à peu

sludge [slʌdʒ] *n* gadoue *f*

slug [slʌg] **1** *n* (**a**) *(mollusc)* limace *f* (**b**) *Am Fam (bullet)* pruneau *m* **2** *(pt & pp* **-gg-***) vt Am Fam (hit)* frapper

sluggish ['slʌgɪʃ] *adj (person)* amorphe; **business is s.** les affaires ne marchent pas très bien

slum [slʌm] *n (house)* taudis *m*; **the slums** les quartiers *mpl* délabrés

slump [slʌmp] **1** *n* baisse *f* soudaine (**in** de); *(in prices)* effondrement *m*; *(economic depression)* crise *f* **2** *vi (of person, prices)* s'effondrer

slung [slʌŋ] *pt & pp of* **sling**

slur [slɜ:(r)] **1** *n (insult)* insulte *f* **2** *(pt & pp* **-rr-***) vt* mal articuler ▪ **slurred** *adj (speech)* indistinct

slush [slʌʃ] *n (snow)* neige *f* fondue

slut [slʌt] *n Pej (promiscuous woman)* salope *f*; *(untidy woman)* souillon *f*

sly [slaɪ] **1** (**-er, -est**) *adj (deceitful)* sournois; *(cunning, crafty)* rusé **2** *n* **on the s.** en douce

smack [smæk] **1** *n (blow)* claque *f*; *(on bottom)* fessée *f* **2** *vt (person)* donner une claque à; **to s. sb's face** gifler qn; **to s. sb('s bottom)** donner une fessée à qn **3** *vi* **to s. of** *(be suggestive of)* avoir des relents de

small [smɔ:l] **1** (**-er, -est**) *adj* petit; **s. change** petite monnaie *f*; **s. talk** banalités *fpl* **2** *adv (cut, chop)* menu; *(write)* petit **3** *n* **the s. of the back** la chute des reins ▪ **small-minded** *adj* à l'esprit étroit ▪ **small-scale** *adj (model)* réduit; *(research)* à petite échelle

smallpox ['smɔ:lpɒks] *n* variole *f*

smarmy ['smɑ:mɪ] (**-ier, -iest**) *adj Fam Pej* obséquieux, -euse

smart[1] [smɑ:t] (**-er, -est**) *adj (in appearance)* élégant; *(clever)* intelligent; *(astute)* astucieux, -euse; *(quick)* rapide; **s. card** carte *f* à puce

smart[2] [smɑ:t] *vi (sting)* brûler

smarten ['smɑ:tən] **1** *vt* **to s. sth up** égayer qch **2** *vti* **to s. (oneself) up** se faire beau (*f* belle)

smartly ['smɑ:tlɪ] *adv (dressed)* avec élégance

smash [smæʃ] **1** *n (accident)* collision *f*; *(in tennis)* smash *m* **2** *vt (break)* briser; *(shatter)* fracasser; *(record)* pulvériser **3** *vi* **to s. into sth** *(of vehicle)* entrer dans qch; **to s. into pieces** éclater en mille morceaux ▪ **smash-up** *n* collision *f*

▸**smash down, smash in** *vt sep (door)* enfoncer

▸**smash up** *vt sep (vehicle)* esquinter

smashing ['smæʃɪŋ] *adj Br Fam (wonderful)* génial

smattering ['smætərɪŋ] *n* **a s. of French** quelques notions *fpl* de français

smear [smɪə(r)] **1** *n (mark)* trace *f* **2** *vt (coat)* enduire (**with** de); *(stain)* tacher (**with** de); *(smudge)* faire une trace sur; **to s. sb** calomnier qn

smell [smel] **1** *n* odeur *f*; **(sense of) s.** odorat *m* **2** *(pt & pp* **smelled** *or* **smelt***) vt* sentir; *(of animal)* flairer **3** *vi (stink)* sentir mauvais; *(have a smell)* sentir; **to s. of smoke** sentir la fumée ▪ **smelly** (**-ier, -iest**) *adj* **to be s.** sentir mauvais

smelt [smelt] *pt & pp of* **smell**

smile [smaɪl] **1** *n* sourire *m* **2** *vi* sourire (**at sb** à qn; **at sth** de qch)

smirk [smɜ:k] *n (smug)* sourire *m* suffisant; *(scornful)* sourire *m* goguenard

smog [smɒg] *n* smog *m*

smoke [sməʊk] **1** *n* fumée *f*; **to have a s.** fumer; **s. detector** *or* **alarm** détecteur *m* de fumée **2** *vt (cigarette)* fumer; **smoked salmon** saumon *m* fumé **3** *vi* fumer; **'no smoking'** 'défense de fumer'; **smoking compartment** *(on train)* compartiment *m* fumeurs ■ **smoker** *n* fumeur, -euse *mf* ■ **smoky** (**-ier, -iest**) *adj (room, air)* enfumé

smooth [smu:ð] **1** (**-er, -est**) *adj (surface, skin)* lisse; *(cream, sauce)* onctueux, -euse; *(sea, flight)* calme; *Pej (person, manners)* doucereux, -euse; **the s. running of** *(machine, service, business)* la bonne marche de **2** *vt* **to s. sth down** *(hair, sheet, paper)* lisser qch; **to s. sth out** *(paper, sheet, dress)* lisser qch; *(crease)* faire disparaître qch ■ **smoothly** *adv (without problems)* sans problèmes

smother ['smʌðə(r)] *vt (stifle)* étouffer; **to s. sth in sth** recouvrir qch de qch

smoulder ['sməʊldə(r)] (*Am* **smolder**) *vi (of fire, passion)* couver

smudge [smʌdʒ] **1** *n* tache *f* **2** *vt (paper)* faire des taches sur; *(ink)* étaler

smug [smʌg] (**smugger, smuggest**) *adj (person)* content de soi

smuggle ['smʌgəl] *vt* passer en fraude; **smuggled goods** contrebande *f* ■ **smuggler** *n* contrebandier, -ère *mf*; *(of drugs)* trafiquant, -e *mf* ■ **smuggling** *n* contrebande *f*

smut [smʌt] *n inv (obscenity)* cochonneries *fpl* ■ **smutty** (**-ier, -iest**) *adj (joke)* cochon, -onne

snack [snæk] *n (meal)* casse-croûte *m inv*; **s. bar** snack-bar *m*

snag [snæg] *n (hitch)* problème *m*

snail [sneɪl] *n* escargot *m*

snake [sneɪk] *n* serpent *m*

snap [snæp] **1** *n Fam (photo)* photo *f*; **s. fastener** pression *f*; **cold s.** coup *m* de froid **2** *adj (judgement, decision)* hâtif, -ive **3** (*pt & pp* **-pp-**) *vt (break)* casser net; *(fingers)* faire claquer; **to s. up a bargain** sauter sur une occasion **4** *vi* se casser net; *Fig (of person)* parler sèchement (**at** à); **to s. off** se casser net; *Fam* **s. out of it!** secoue-toi!

snare [sneə(r)] *n* piège *m*

snarl [snɑ:l] *vi* grogner (en montrant les dents)

snatch [snætʃ] *vt (grab)* saisir; *(steal)* arracher; **to s. sth from sb** arracher qch à qn

sneak [sni:k] **1** *n Br Fam (telltale)* mouchard, -e *mf* **2** (*pt & pp* **sneaked** *or Am* **snuck**) *vi Br Fam (tell tales)* rapporter; **to s. in/out** entrer/sortir furtivement; **to s. off** s'esquiver

sneaker ['sni:kə(r)] *n Am (shoe)* chaussure *f* de sport

sneer [snɪə(r)] *vi* ricaner; **to s. at sb/sth** se moquer de qn/qch

sneeze [sni:z] *vi* éternuer

snicker ['snɪkə(r)] *vi Am* = **snigger**

snide [snaɪd] *adj* méprisant

sniff [snɪf] **1** *vt* renifler; **to s. glue** sniffer de la colle **2** *vi* renifler

sniffle ['snɪfəl] **1** *n Fam* **to have the sniffles** avoir un petit rhume **2** *vi* renifler

snigger ['snɪgə(r)] *vi* ricaner

snip [snɪp] **1** *n (cut)* petite entaille *f*; *Br Fam (bargain)* bonne affaire *f* **2** (*pt & pp* **-pp-**) *vt* **to s. sth (off)** couper qch

snivel ['snɪvəl] (*Br* **-ll-**, *Am* **-l-**) *vi* pleurnicher

snob [snɒb] *n* snob *mf* ■ **snobbish** *adj* snob *inv*

snooker ['snu:kə(r)] *n (game)* = billard qui se joue avec vingt-deux billes

snoop [snu:p] *vi* fouiner; **to s. on sb** espionner qn

snooze [snu:z] **1** *n* petit somme *m*; **to have a s.** faire un petit somme **2** *vi* faire un petit somme

snore [snɔ:(r)] *vi* ronfler ■ **snoring** *n* ronflements *mpl*

snorkel ['snɔ:kəl] **1** *n* tuba *m* **2** (*Br* **-ll-**, *Am* **-l-**) *vi* nager sous l'eau avec un tuba

snort [snɔ:t] *vi (of person)* grogner; *(of horse)* s'ébrouer

snot [snɒt] *n Fam* morve *f*

snout [snaʊt] *n* museau *m*

snow [snəʊ] **1** *n* neige *f* **2** *vi* **it's snowing** il neige **3** *vt* **to be snowed in** être bloqué par la neige; *Fig* **to be snowed under with work** être submergé de travail ■ **snowball 1** *n* boule *f* de neige **2** *vi (increase)* faire boule de neige ■ **snowdrop** *n (flower)* perce-neige *m ou f inv* ■ **snowflake** *n* flocon *m* de neige ■ **snowman** (*pl* **-men**) *n* bonhomme *m* de neige ■ **snowplough** (*Am* **snowplow**) *n* chasse-neige *m inv* ■ **snowshoe** *n* raquette *f* ■ **snowstorm** *n* tempête *f* de neige

snub [snʌb] **1** *n* rebuffade *f* **2** (*pt & pp* **-bb-**) *vt (offer)* rejeter; **to s. sb** snober qn **3** *adj* **s. nose** nez *m* retroussé

snuck [snʌk] *Am pt & pp of* **sneak**

snuff [snʌf] **1** *n* tabac *m* à priser **2** *vt* **to s. (out)** *(candle)* moucher

snug [snʌg] (**snugger, snuggest**) *adj (house)* douillet, -ette; *(garment)* bien ajusté

snuggle ['snʌgəl] *vi* **to s. up to sb** se blottir contre qn

so [səʊ] **1** *adv (to such a degree)* si, tellement (**that** que); *(thus)* ainsi, comme ça; **to work/drink so much that...** travailler/boire tellement que...; **so much courage** tellement de courage (**that** que); **so many books** tant de livres (**that** que); **and so on** et ainsi de suite; **I think so** je crois que oui; **is that so?** c'est vrai?; **so am I** moi aussi; **I told you so** je vous l'avais bien dit; *Fam* **so long!** au revoir!

2 *conj (therefore)* donc; *(in that case)* alors; **so what?** et alors?; **so that...** pour que... *(+ subjunctive)*; **so as to do sth** pour faire qch ■ **So-and-so** *n* **Mr S.** Monsieur Untel ■ **so-called** *adj* soi-disant *inv* ■ **so-so** *adj & adv Fam* comme ci comme ça

soak [səʊk] **1** *vt (drench)* tremper; *(washing, food)* faire tremper; **to be soaked (through** *or* **to the skin)** être trempé (jusqu'aux os); **to s. sth up** absorber qch **2** *vi (of washing)* tremper ■ **soaking** *adj & adv* **s. (wet)** trempé

soap [səʊp] *n* savon *m*; **s. opera** feuilleton *m* populaire; **s. powder** lessive *f* ■ **soapsuds** *npl* mousse *f* de savon

soar [sɔː(r)] *vi (of bird)* s'élever; *(of price)* monter en flèche

sob [sɒb] **1** *n* sanglot *m* **2** (*pt & pp* **-bb-**) *vi* sangloter

sober ['səʊbə(r)] **1** *adj (sensible)* sobre; **he's s.** *(not drunk)* il n'est pas ivre **2** *vti* **to s. up** dessoûler

soccer ['sɒkə(r)] *n* football *m*

sociable ['səʊʃəbəl] *adj (person)* sociable; *(evening)* amical

social ['səʊʃəl] *adj* social; **to have a good s. life** sortir beaucoup; **S. Security** ≃ la Sécurité sociale; **s. security** *(aid)* aide *f* sociale; *Am (retirement pension)* pension *f* de retraite; **the s. services** les services *mpl* sociaux; **s. worker** assistant, -e *mf* social(e)

socialist ['səʊʃəlɪst] *adj & n* socialiste *(mf)*

socialize ['səʊʃəlaɪz] *vi* fréquenter des gens; **to s. with sb** fréquenter qn

socially ['səʊʃəlɪ] *adv* socialement; *(meet)* en société

society [sə'saɪətɪ] (*pl* **-ies**) *n (community, club, companionship)* société *f*; *(school/university club)* club *m*; **(high) s.** haute société *f*

sociology [səʊsɪ'ɒlədʒɪ] *n* sociologie *f*

sock [sɒk] *n* chaussette *f*

socket ['sɒkɪt] *n Br (of electric plug)* prise *f* de courant; *Br (of lamp)* douille *f*

soda ['səʊdə] *n Am* **s. (pop)** boisson *f* gazeuse; **s. (water)** eau *f* de Seltz

sofa ['səʊfə] *n* canapé *m*; **s. bed** canapé-lit *m*

soft [sɒft] (**-er, -est**) *adj (gentle, not stiff)* doux (*f* douce); *(butter, ground, paste, snow)* mou (*f* molle); *(wood, heart, colour)* tendre; *(indulgent)* indulgent; **s. drink** boisson *f* non alcoolisée; **s. drugs** drogues *fpl* douces; **s. toy** peluche *f* ■ **soft-boiled** *adj (egg)* à la coque

soften ['sɒfən] **1** *vt (object)* ramollir;

(colour, light, voice, skin) adoucir **2** *vi* ramollir ▪ **softener** *n* adoucissant *m*

softly ['sɒftlɪ] *adv* doucement

software ['sɒftweə(r)] *n inv Comptr* logiciel *m*; **s. package** progiciel *m*

soggy ['sɒgɪ] (**-ier, -iest**) *adj* trempé

soil [sɔɪl] **1** *n (earth)* terre *f* **2** *vt (dirty)* salir

solar ['səʊlə(r)] *adj* solaire

sold [səʊld] *pt & pp of* **sell**

soldier ['səʊldʒə(r)] *n* soldat *m*

sole[1] [səʊl] **1** *n (of shoe)* semelle *f*; *(of foot)* plante *f* **2** *vt (shoe)* ressemeler

sole[2] [səʊl] *adj (only)* unique; *(rights, representative, responsibility)* exclusif, -ive ▪ **solely** *adv* uniquement

solemn ['sɒləm] *adj* solennel, -elle

solicit [sə'lɪsɪt] **1** *vt (seek)* solliciter **2** *vi (of prostitute)* racoler

solicitor [sə'lɪsɪtə(r)] *n Br (for wills)* notaire *m*

solid ['sɒlɪd] **1** *adj (not liquid)* solide; *(not hollow)* plein; *(gold, silver)* massif, -ive **2** *adv* **frozen s.** complètement gelé; **ten days s.** dix jours d'affilée **3** *n* solide *m*; **solids** *(food)* aliments *mpl* solides ▪ **solidly** *adv (built)* solidement; *(work)* sans interruption

solidarity [sɒlɪ'dærətɪ] *n* solidarité *f* (**with** avec)

solitary ['sɒlɪtərɪ] *adj (lonely, alone)* solitaire; *(only)* seul ▪ **solitude** *n* solitude *f*

solo ['səʊləʊ] **1** (*pl* **-os**) *n Mus* solo *m* **2** *adj (guitar, violin)* solo *inv* **3** *adv (play, sing)* en solo; *(fly)* en solitaire ▪ **soloist** *n Mus* soliste *mf*

soluble ['sɒljʊbəl] *adj (substance, problem)* soluble

solution [sə'luːʃən] *n* (**a**) *(to problem)* solution *f* (**to** de) (**b**) *(liquid)* solution *f*

solve [sɒlv] *vt (problem)* résoudre

solvent ['sɒlvənt] **1** *adj (financially)* solvable **2** *n Chem* solvant *m*

sombre ['sɒmbə(r)] (*Am* **somber**) *adj* sombre

SOME [sʌm] **1** *adj* (**a**) *(a quantity of)* du, de la, des; **s. wine** du vin; **s. water** de l'eau; **s. dogs** des chiens; **s. pretty flowers** de jolies fleurs

(**b**) *(unspecified)* un, une; **s. man (or other)** un homme (quelconque); **for s. reason or other** pour une raison ou pour une autre; **I have been waiting s. time** ça fait un moment que j'attends

(**c**) *(a few)* quelques; *(in contrast to others)* certains; **s. days ago** il y a quelques jours; **s. people think that...** certains pensent que...

2 *pron* (**a**) *(a certain quantity)* en; **I want s.** j'en veux; **s. of my wine** un peu de mon vin; **s. of the time** une partie du temps

(**b**) *(as opposed to others)* certain(e)s; **some say...** certains disent...; **s. of the guests** certains invités

3 *adv (about)* environ; **s. ten years** environ dix ans ▪ **somebody** *pron* quelqu'un; **s. small** quelqu'un de petit ▪ **someday** *adv* un jour ▪ **somehow** *adv (in some way)* d'une manière ou d'une autre; *(for some reason)* on ne sait pourquoi ▪ **someone** *pron* quelqu'un; **s. small** quelqu'un de petit ▪ **someplace** *adv Am* quelque part ▪ **something 1** *pron* quelque chose; **s. awful** quelque chose d'affreux **2** *adv* **she plays s. like...** elle joue un peu comme... ▪ **sometime** *adv* un jour; **s. in May** au mois de mai ▪ **sometimes** *adv* quelquefois, parfois ▪ **somewhat** *adv* quelque peu, assez ▪ **somewhere** *adv* quelque part; **s. about fifteen** *(approximately)* environ quinze

somersault ['sʌməsɔːlt] *n (on ground)* roulade *f*; *(in air)* saut *m* périlleux

son [sʌn] *n* fils *m* ▪ **son-in-law** (*pl* **sons-in-law**) *n* gendre *m*

sonata [sə'nɑːtə] *n* sonate *f*

song [sɒŋ] *n* chanson *f*; *(of bird)* chant *m*

soon [suːn] (**-er, -est**) *adv (in a short time)* bientôt; *(quickly)* vite; *(early)* tôt; **s. after** peu après; **as s. as...** aussitôt que...; **no sooner had he spoken than...** à peine avait-il parlé que...;

I'd sooner leave je préférerais partir; **sooner or later** tôt ou tard

soot [sʊt] *n* suie *f*

soothe [su:ð] *vt* calmer

sophisticated [sə'fɪstɪkeɪtɪd] *adj (person, taste)* raffiné; *(machine, method)* sophistiqué

sophomore ['sɒfəmɔ:(r)] *n Am* étudiant, -e *mf* de deuxième année

sopping ['sɒpɪŋ] *adj & adv* **s. (wet)** trempé

soppy ['sɒpɪ] (**-ier, -iest**) *adj Br Fam (sentimental)* sentimental

soprano [sə'prɑ:nəʊ] (*pl* **-os**) *n (singer)* soprano *mf*

sordid ['sɔ:dɪd] *adj* sordide

sore [sɔ:(r)] **1** (**-er, -est**) *adj (painful)* douloureux, -euse; *Am (angry)* fâché (**at** contre); **to have a s. throat** avoir mal à la gorge **2** *n (wound)* plaie *f*

sorrow ['sɒrəʊ] *n* chagrin *m*

sorry ['sɒrɪ] (**-ier, -iest**) *adj (sight, state)* triste; **to be s. (about sth)** *(regret)* être désolé (de qch); **to feel** *or* **be s. for sb** plaindre qn; **I'm s. she can't come** je regrette qu'elle ne puisse pas venir; **s.!** pardon!; **to say s.** demander pardon (**to** à)

sort[1] [sɔ:t] *n* sorte *f*; **a s. of** une sorte de; **all sorts of** toutes sortes de; **what s. of drink is it?** qu'est-ce que c'est comme boisson?; **s. of sad** *(somewhat)* plutôt triste

sort[2] [sɔ:t] **1** *vt (papers)* trier; **to s. out** *(classify, select)* trier; *(separate)* séparer (**from** de); *(organize)* ranger; *(problem)* régler **2** *vi* **to s. through letters/magazines** trier des lettres/ magazines

sought [sɔ:t] *pt & pp of* **seek**

soul [səʊl] *n* âme *f*

sound[1] [saʊnd] **1** *n* son *m*; *(noise)* bruit *m*; **s. effects** bruitage *m* **2** *vt (bell, alarm)* sonner; *(bugle)* sonner de; **to s. one's horn** *(in vehicle)* klaxonner **3** *vi (seem)* sembler; **to s. like** sembler être; *(resemble)* ressembler à; **it sounds like** *or* **as if...** il semble que... *(+ subjunctive or indicative)*

sound[2] [saʊnd] **1** (**-er, -est**) *adj (healthy)* sain; *(in good condition)* en bon état; *(basis)* solide; *(argument)* valable; *(advice)* bon (*f* bonne); *(investment)* sûr

2 *adv* **s. asleep** profondément endormi ▪ **soundly** *adv (asleep, sleep)* profondément

sound[3] [saʊnd] *vt (test, measure)* sonder; **to s. sb out** sonder qn (**about** sur)

soundproof ['saʊndpru:f] **1** *adj* insonorisé **2** *vt* insonoriser

soundtrack ['saʊndtræk] *n (of film)* bande *f* sonore

soup [su:p] *n* soupe *f*; **s. dish** *or* **plate** assiette *f* creuse

sour ['saʊə(r)] (**-er, -est**) *adj* aigre; *(milk)* tourné; **to turn s.** *(of milk)* tourner; *(of friendship)* se détériorer

source [sɔ:s] *n (origin)* source *f*

south [saʊθ] **1** *n* sud *m*; **(to the) s. of** au sud de

2 *adj (coast)* sud *inv*; *(wind)* du sud; **S. America/Africa** l'Amérique *f*/l'Afrique *f* du Sud; **S. American** *adj* sud-américain; *n* Sud-Américain, -e *mf*; **S. African** *adj* sudafricain; *n* Sud-Africain, -e *mf*

3 *adv* au sud; *(travel)* vers le sud ▪ **southbound** *adj (traffic)* en direction du sud; *Br (carriageway)* sud *inv* ▪ **south-east** *n & adj* sud-est *(m)* ▪ **southerly** *adj (direction)* du sud ▪ **southern** ['sʌðən] *adj (town)* du sud; *(coast)* sud *inv*; **S. Italy** le sud de l'Italie ▪ **southerner** ['sʌðənə(r)] *n* habitant, -e *mf* du sud ▪ **southward(s)** *adj & adv* vers le sud ▪ **south-west** *n & adj* sud-ouest *(m)*

souvenir [su:və'nɪə(r)] *n* souvenir *m*

sovereign ['sɒvrɪn] *n (monarch)* souverain, -e *mf* ▪ **sovereignty** [-rəntɪ] *n* souveraineté *f*

sow[1] [saʊ] *n (pig)* truie *f*

sow[2] [səʊ] (*pt* **sowed,** *pp* **sowed** *or* **sown** [səʊn]) *vt (seeds, doubt)* semer; *(land)* ensemencer (**with** de)

soya ['sɔɪə] *n Br* soja *m*; **s. bean** graine

f de soja ▪ **soybean** *n Am* graine *f* de soja

spa [spɑː] *n (town)* station *f* thermale

space [speɪs] **1** *n (gap, emptiness, atmosphere)* espace *m*; *(for parking)* place *f*; **to take up s.** prendre de la place; **blank s.** espace *m*, blanc *m*; **s. bar** *(on keyboard)* barre *f* d'espacement **2** *adj (voyage, capsule)* spatial **3** *vt* **to s. out** espacer ▪ **spaceship** *n* vaisseau *m* spatial ▪ **spacing** *n Typ* **in double/single s.** à double/simple interligne

spacious ['speɪʃəs] *adj* spacieux, -euse

spade [speɪd] *n* (**a**) *(for garden)* bêche *f* (**b**) *Cards* **spade(s)** pique *m*

spaghetti [spə'getɪ] *n* spaghettis *mpl*

Spain [speɪn] *n* l'Espagne *f*

span [spæn] *(pt & pp* **-nn-***) vt (of bridge)* enjamber; *Fig (in time)* couvrir

Spaniard ['spænjəd] *n* Espagnol, -e *mf* ▪ **Spanish 1** *adj* espagnol **2** *n (language)* espagnol *m*

spank [spæŋk] *vt* donner une tape sur les fesses à ▪ **spanking** *n* fessée *f*

spanner ['spænə(r)] *n Br (tool)* clef *f*

spare [speə(r)] **1** *adj (extra, surplus)* de *ou* en trop; *(reserve)* de rechange; *(wheel)* de secours; *(available)* disponible; **s. room** chambre *f* d'ami; **s. time** loisirs *mpl*

2 *n* **s. (part)** *(for vehicle, machine)* pièce *f* détachée

3 *vt (do without)* se passer de; *(efforts, sb's feelings)* ménager; **to s. sb sth** *(grief, details)* épargner qch à qn; **I can't s. the time** je n'ai pas le temps; **with five minutes to s.** avec cinq minutes d'avance

sparingly ['speərɪŋlɪ] *adv* en petite quantité

spark [spɑːk] **1** *n* étincelle *f*; *Aut* **s. plug** bougie *f* **2** *vt* **to s. off** *(cause)* provoquer

sparkle ['spɑːkəl] *vi* briller; *(of diamond, star)* scintiller ▪ **sparkling** *adj (wine, water)* pétillant

sparrow ['spærəʊ] *n* moineau *m*

sparse [spɑːs] *adj* clairsemé ▪ **sparsely** *adv (populated)* peu; **s. furnished** à peine meublé

spasm ['spæzəm] *n (of muscle)* spasme *m*

spat [spæt] *pt & pp of* **spit**

spate [speɪt] *n* **a s. of sth** *(of letters, calls)* une avalanche de qch; *(of crimes)* une vague de qch

spatter ['spætə(r)] *vt (clothes, person)* éclabousser (**with** de)

speak [spiːk] **1** *(pt* **spoke,** *pp* **spoken***) vt (language)* parler; *(say)* dire; **to s. one's mind** dire ce que l'on pense

2 *vi* parler (**about** *or* **of** de); *(formally, in assembly)* prendre la parole; **so to s.** pour ainsi dire; **that speaks for itself** c'est évident; **Jayne speaking!** *(on the telephone)* Jayne à l'appareil!; **to s. out** *or* **up** *(boldly)* parler (franchement); **to s. up** *(more loudly)* parler plus fort

speaker ['spiːkə(r)] *n (at meeting)* intervenant, -e *mf*; *(at conference)* conférencier, -ère *mf*; *(loudspeaker)* enceinte *f*; **to be a Spanish s.** parler espagnol

spear [spɪə(r)] *n* lance *f*

spearmint ['spɪəmɪnt] *adj (sweet)* à la menthe; *(chewing gum)* mentholé

spec [spek] *n Br Fam* **on s.** à tout hasard

special ['speʃəl] **1** *adj* spécial; *(care, attention)* particulier, -ère; *Br* **by s. delivery** en exprès; **s. effects** effets *mpl* spéciaux **2** *n* **today's s.** *(in restaurant)* le plat du jour

specialist ['speʃəlɪst] **1** *n* spécialiste *mf* (**in** de) **2** *adj (dictionary, knowledge)* spécialisé; *(equipment)* de spécialiste ▪ **speciality** [-ʃɪ'ælɪtɪ] *(pl* **-ies***) n Br* spécialité *f*

specialize ['speʃəlaɪz] *vi* se spécialiser (**in** dans)

specially ['speʃəlɪ] *adv (specifically)* spécialement; *(particularly)* particulièrement

specialty ['speʃəltɪ] *(pl* **-ies***) n Am* spécialité *f*

species ['spiːʃiːz] *n inv* espèce *f*

specific [spəˈsɪfɪk] *adj* précis ▪ **specifically** *adv (explicitly)* expressément; *(exactly)* précisément; *(specially)* spécialement

specify [ˈspesɪfaɪ] (*pt & pp* **-ied**) *vt (state exactly)* préciser; *(stipulate)* stipuler ▪ **specification** [-fɪˈkeɪʃən] *n* spécification *f*

specimen [ˈspesɪmɪn] *n (individual example)* spécimen *m*; *(of urine, blood)* échantillon *m*

speck [spek] *n (stain)* petite tache *f*; *(of dust)* grain *m*; *(dot)* point *m*

speckled [ˈspekəld] *adj* tacheté

specs [speks] *npl Fam* lunettes *fpl*

spectacle [ˈspektəkəl] *n (sight)* spectacle *m* ▪ **spectacles** *npl (glasses)* lunettes *fpl*

spectacular [spekˈtækjʊlə(r)] *adj* spectaculaire

spectator [spekˈteɪtə(r)] *n* spectateur, -trice *mf*

spectre [ˈspektə(r)] *n* spectre *m* (**of** de)

spectrum [ˈspektrəm] (*pl* **-tra** [-trə]) *n* spectre *m*; *Fig (range)* gamme *f*

speculate [ˈspekjʊleɪt] **1** *vt* **to s. that...** *(guess)* conjecturer que... **2** *vi Fin* spéculer; **to s. about** *(make guesses)* faire des suppositions sur ▪ **speculation** *n* suppositions *fpl*; *Fin* spéculation *f*

sped [sped] *pt & pp of* **speed**

speech [spiːtʃ] *n (talk, lecture)* discours *m* (**on** *or* **about** sur); *(faculty)* parole *f*; *(diction)* élocution *f*; **to make a s.** faire un discours ▪ **speechless** *adj* muet (*f* muette) (**with** de)

speed [spiːd] **1** *n (rapidity, gear)* vitesse *f*; **at top** *or* **full s.** à toute vitesse; **s. limit** *(on road)* limitation *f* de vitesse

2 (*pt & pp* **sped**) *vt* **to s. sth up** accélérer qch

3 *vi* (**a**) **to s. up** *(of person)* aller plus vite; **to s. past sth** passer à toute vitesse devant qch

(**b**) (*pt & pp* **speeded**) *(exceed speed limit)* faire un excès de vitesse ▪ **speedboat** *n* vedette *f* ▪ **speeding** *n (in vehicle)* excès *m* de vitesse ▪ **speedometer** *n Br (in vehicle)* compteur *m* de vitesse

speedy [ˈspiːdɪ] (**-ier, -iest**) *adj* rapide

spell[1] [spel] *n (magic words)* formule *f* magique; **to cast a s. on sb** jeter un sort à qn ▪ **spellbound** *adj* fasciné

spell[2] [spel] *n (period)* période *f*; **cold s.** vague *f* de froid

spell[3] [spel] (*pt & pp* **spelled** *or* **spelt** [spelt]) *vt (write)* écrire; *(say aloud)* épeler; *(of letters)* former; *Fig (mean)* signifier; **how do you s. it?** comment ça s'écrit?; **to s. sth out** *(word)* épeler qch; *Fig (explain)* expliquer clairement qch ▪ **spell-checker** *n Comptr* correcteur *m* d'orthographe ▪ **spelling** *n* orthographe *f*; **s. mistake** faute *f* d'orthographe

spend [spend] (*pt & pp* **spent**) *vt (money)* dépenser (**on** pour/en); *(time)* passer (**on sth** sur qch; **doing** à faire); *(energy)* consacrer (**on sth** à qch; **doing** à faire) ▪ **spending** *n* dépenses *fpl*; **s. money** argent *m* de poche ▪ **spendthrift** *n* **to be a s.** être dépensier, -ère

spent [spent] *pt & pp of* **spend**

sperm [spɜːm] *n* sperme *m*

spew [spjuː] *vt* vomir

sphere [sfɪə(r)] *n (of influence, action), Math & Pol* sphère *f* ▪ **spherical** [ˈsferɪkəl] *adj* sphérique

spice [spaɪs] **1** *n* épice *f*; *Fig (interest)* piquant *m* **2** *vt (food)* épicer; **to s. sth (up)** *(add interest to)* ajouter du piquant à qch ▪ **spicy** (**-ier, -iest**) *adj* épicé

spider [ˈspaɪdə(r)] *n* araignée *f*

spike [spaɪk] *n (of metal)* pointe *f* ▪ **spiky** (**-ier, -iest**) *adj (hair)* tout hérissé

spill [spɪl] (*pt & pp* **spilled** *or* **spilt** [spɪlt]) **1** *vt (liquid)* renverser **2** *vi* se répandre

▸**spill out** *vt sep (empty)* vider

▸**spill over** *vi (of liquid)* déborder

spin [spɪn] **1** *n (motion)* tournoiement *m*; *(on ball)* effet *m*; *Fam* **to go for a s.** *(in car)* aller faire un tour

2 (*pt & pp* **spun,** *pres p* **spinning**) *vt (wool, cotton)* filer; *(wheel, top)* faire tourner; *(spin-dry)* essorer; **to s. sth out** *(speech)* faire durer qch

3 *vi* tourner; **to s. round** *(of dancer, wheel, top, planet)* tourner; **my head's spinning** j'ai la tête qui tourne

spinach ['spɪnɪdʒ] *n* épinards *mpl*

spin-dry ['spɪndraɪ] *vt* essorer ▪ **spin-dryer** *n* essoreuse *f*

spine [spaɪn] *n (backbone)* colonne *f* vertébrale; *(of book)* dos *m*

spinster ['spɪnstə(r)] *n* vieille fille *f*

spiral ['spaɪərəl] **1** *n* spirale *f* **2** *adj* en spirale; *(staircase)* en colimaçon **3** (*Br* **-ll-,** *Am* **-l-**) *vi (of prices)* s'envoler

spire ['spaɪə(r)] *n (of church)* flèche *f*

spirit ['spɪrɪt] **1** *n (soul, ghost, mood)* esprit *m*; *Fig (determination)* courage *m*; **spirits** *(drink)* spiritueux *mpl*; **in good spirits** de bonne humeur **2** *adj (lamp)* à alcool; **s. level** niveau *m* (à bulle) ▪ **spirited** *adj (campaign, attack)* vigoureux, -euse; *(person, remark)* énergique

spiritual ['spɪrɪtʃʊəl] *adj* spirituel, -elle

spit¹ [spɪt] **1** *n (on ground)* crachat *m*; *(in mouth)* salive *f* **2** (*pt & pp* **spat** *or* **spit,** *pres p* **spitting**) *vt* cracher; **to s. sth out** cracher qch; **to be the spitting image of sb** être le portrait (tout craché) de qn **3** *vi* cracher

spit² [spɪt] *n (for meat)* broche *f*

spite [spaɪt] **1** *n (dislike)* dépit *m*; **in s. of sb/sth** malgré qn/qch; **in s. of the fact that...** bien que... *(+ subjunctive)* **2** *vt* vexer ▪ **spiteful** *adj* vexant

splash [splæʃ] **1** *n (of liquid)* éclaboussure *f*; *Fig (of colour)* tache *f* **2** *vt (spatter)* éclabousser (**with** de) **3** *vi (of mud)* faire des éclaboussures; *(of waves)* clapoter; **to s. (about)** *(in river, mud)* patauger; *(in bath)* barboter; *Fam* **to s. out** *(spend money)* claquer des ronds

splendid ['splendɪd] *adj* splendide ▪ **splendour** (*Am* **splendor**) *n* splendeur *f*

splint [splɪnt] *n* attelle *f*

splinter ['splɪntə(r)] *n (of wood, glass)* éclat *m*; *(in finger)* écharde *f*

split [splɪt] **1** *n* fente *f*; *(tear)* déchirure *f*; *(in political party)* scission *f* **2** *adj* **in a s. second** en une fraction de seconde **3** (*pt & pp* **split,** *pres p* **splitting**) *vt (break apart)* fendre; *(tear)* déchirer; **to s. (up)** *(group)* diviser; *(money, work)* partager (**between** entre) **4** *vi* se fendre; *(tear)* se déchirer; **to s. (up)** *(of group)* se diviser (**into** en); **to s. up** *(because of disagreement) (of couple, friends)* se séparer; *(of crowd)* se disperser; **to s. up with sb** rompre avec qn

spoil [spɔɪl] (*pt & pp* **spoilt** *or* **spoiled**) *vt (ruin)* gâcher; *(indulge)* gâter ▪ **spoilsport** *n* rabat-joie *mf inv*

spoilt [spɔɪlt] *pt & pp of* **spoil**

spoke¹ [spəʊk] *n (of wheel)* rayon *m*

spoke² [spəʊk] *pt of* **speak** ▪ **spoken 1** *pp of* **speak 2** *adj (language)* parlé ▪ **spokesman** (*pl* **-men**), ▪ **spokesperson, spokeswoman** (*pl* **-women**) *n* porte-parole *mf inv* (**for** *or* **of** de)

sponge [spʌndʒ] **1** *n* éponge *f*; *Br* **s. bag** trousse *f* de toilette; **s. cake** génoise *f* **2** *vt* **to s. sth down/off** laver/enlever qch avec une éponge **3** *vi Fam* **to s. off** *or* **on sb** vivre aux crochets de qn ▪ **sponger** *n Fam* parasite *m*

sponsor ['spɒnsə(r)] **1** *n* sponsor *m* **2** *vt* sponsoriser ▪ **sponsorship** *n* sponsoring *m*

spontaneous [spɒn'teɪnɪəs] *adj* spontané

spooky ['spu:kɪ] (**-ier, -iest**) *adj Fam* qui donne le frisson

spoon [spu:n] *n* cuillère *f* ▪ **spoonful** *n* cuillerée *f*

sporadic [spə'rædɪk] *adj* sporadique

sport¹ [spɔ:t] *n* sport *m*; **to play** *Br* **s.** *or Am* **sports** faire du sport; **sports club** club *m* de sport; **sports car/ground** voiture *f*/terrain *m* de sport ▪ **sporting** *adj (attitude, person)* sportif, -ive ▪ **sportsman** (*pl* **-men**) *n* sportif *m*

■ **sportswoman** (*pl* **-women**) *n* sportive *f* ■ **sporty** (**-ier, -iest**) *adj* sportif, -ive

sport² [spɔ:t] *vt (wear)* arborer

spot¹ [spɒt] *n (stain, mark)* tache *f*; *(dot)* point *m*; *(polka dot)* pois *m*; *(drop)* goutte *f*; *(pimple)* bouton *m*; *(place)* endroit *m*; **on the s.** sur place; *(at once)* sur le coup; **to be in a tight s.** *(difficulty)* être dans le pétrin

spot² [spɒt] (*pt & pp* **-tt-**) *vt (notice)* apercevoir

spotless ['spɒtləs] *adj (clean)* impeccable

spotlight ['spɒtlaɪt] *n* projecteur *m*; *(for photography)* spot *m*

spotty ['spɒtɪ] (**-ier, -iest**) *adj (face, person)* boutonneux, -euse

spouse [spaʊs, spaʊz] *n* époux *m*, épouse *f*

spout [spaʊt] **1** *n (of teapot, jug)* bec *m* **2** *vt Pej (say)* débiter

sprain [spreɪn] **1** *n* entorse *f* **2** *vt* **to s. one's ankle/wrist** se fouler la cheville/le poignet

sprang [spræŋ] *pt of* **spring¹**

spray [spreɪ] **1** *n (can, device)* vaporisateur *m*; *(water drops)* gouttelettes *fpl*; *(from sea)* embruns *mpl* **2** *vt (liquid, surface)* vaporiser; *(plant, crops)* pulvériser; *(car)* peindre à la bombe

spread [spred] **1** *n (of idea, religion, language)* diffusion *f*; *(of disease)* propagation *f*; *Fam (meal)* festin *m*; **cheese s.** fromage *m* à tartiner

2 (*pt & pp* **spread**) *vt (stretch, open out)* étendre; *(legs, fingers)* écarter; *(paint, payment, visits, cards)* étaler; *(sand, fear)* répandre; *(news, illness)* propager; **to s. out** *(map, payments, visits)* étaler; *(fingers)* écarter

3 *vi (of fog)* s'étendre; *(of fire, epidemic)* se propager; *(of news, fear)* se répandre; **to s. out** *(of people)* se disperser ■ **spreadsheet** *n Comptr* tableur *m*

spree [spri:] *n* **to go on a spending s.** faire des folies dans les magasins

sprightly ['spraɪtlɪ] (**-ier, -iest**) *adj* alerte

spring¹ [sprɪŋ] **1** *n (device)* ressort *m*; *(leap)* bond *m* **2** (*pt* **sprang**, *pp* **sprung**) *vt (surprise)* faire (**on** à) **3** *vi (leap)* bondir; **to s. to mind** venir à l'esprit; **to s. from** *(stem from)* provenir de; **to s. up** *(appear)* surgir ■ **springboard** *n* tremplin *m*

spring² [sprɪŋ] *n (season)* printemps *m*; **in (the) s.** au printemps; *Br* **s. onion** petit oignon *m* ■ **spring-cleaning** *n* nettoyage *m* de printemps ■ **springtime** *n* printemps *m*

spring³ [sprɪŋ] *n (of water)* source *f*; **s. water** eau *f* de source

sprinkle ['sprɪŋkəl] *vt (sand)* répandre (**on** *or* **over** sur); **to s. sth with water, to s. water on sth** arroser qch; **to s. sth with sth** *(sugar, salt, flour)* saupoudrer qch de qch

sprint [sprɪnt] *vi (run)* sprinter

sprout [spraʊt] **1** *n* **(Brussels) s.** chou *m* de Bruxelles **2** *vt (leaves)* pousser **3** *vi (of seed, bulb)* pousser

spruce [spru:s] **1** (**-er, -est**) *adj (neat)* impeccable **2** *vt* **to s. oneself up** se faire beau (*f* belle)

sprung [sprʌŋ] *pp of* **spring¹**

spud [spʌd] *n Fam (potato)* patate *f*

spun [spʌn] *pt & pp of* **spin**

spur [spɜ:(r)] **1** *n (of horse rider)* éperon *m*; *Fig (stimulus)* aiguillon *m*; **to do sth on the s. of the moment** faire qch sur un coup de tête **2** (*pt & pp* **-rr-**) *vt* **to s. sb on** *(urge on)* aiguillonner qn

spurn [spɜ:n] *vt* rejeter

spurt [spɜ:t] **1** *n (of energy)* regain *m*; **to put on a s.** foncer **2** *vi* **to s. (out)** *(of liquid)* gicler

spy [spaɪ] **1** (*pl* **-ies**) *n* espion, -onne *mf* **2** *adj (story, film)* d'espionnage **3** (*pt & pp* **-ied**) *vt (notice)* repérer **4** *vi* espionner; **to s. on sb** espionner qn ■ **spying** *n* espionnage *m*

squabble ['skwɒbəl] **1** *n* querelle *f* **2** *vi* se quereller (**over** à propos de)

squad [skwɒd] *n (of workmen, footballers)* équipe *f*; *(of soldiers)* section *f*; *(of police)* brigade *f*

squalid ['skwɒlɪd] *adj* sordide

▪ **squalor** *n (poverty)* misère *f*

squander ['skwɒndə(r)] *vt (money, resources)* gaspiller; *(time)* perdre

square ['skweə(r)] **1** *n* carré *m*; *(on chessboard, map)* case *f*; *(in town)* place *f* **2** *adj* carré; *Math* **s. root** racine *f* carrée **3** *vt (settle)* régler; *Math (number)* élever au carré **4** *vi (tally)* cadrer (**with** avec)

squash [skwɒʃ] **1** *n (game)* squash *m*; *(vegetable)* courge *f*; *Br* **lemon/orange s.** ≃ sirop *m* de citron/d'orange **2** *vt* écraser

squat [skwɒt] **1** *adj (person, object, building)* trapu **2** *(pt & pp* **-tt-**) *vi* squatter; **to s. (down)** s'accroupir; **to be squatting (down)** être accroupi

squawk [skwɔ:k] *vi* pousser un cri rauque

squeak [skwi:k] *vi (of person)* pousser un cri aigu; *(of door)* grincer

squeal [skwi:l] *vi* pousser un cri perçant

squeamish ['skwi:mɪʃ] *adj* de nature délicate

squeeze [skwi:z] **1** *n* **to give sth a s.** presser qch; **to give sb's hand/arm a s.** serrer la main/le bras à qn **2** *vt (press)* presser; **to s. sb's hand** serrer la main à qn; **to s. sth into sth** faire rentrer qch dans qch; **to s. the juice (out)** faire sortir le jus (**of** de) **3** *vi* **to s. through/into sth** *(force oneself)* se glisser par/dans qch; **to s. in** trouver de la place; **to s. up** se serrer (**against** contre)

squelch [skweltʃ] *vi* patauger

squid [skwɪd] *n inv* calmar *m*

squint [skwɪnt] **1** *n* **to have a s.** loucher **2** *vi* loucher; *(in the sunlight)* plisser les yeux

squirm [skwɜ:m] *vi (wriggle)* se tortiller

squirrel [*Br* 'skwɪrəl, *Am* 'skwɜ:rəl] *n* écureuil *m*

squirt [skwɜ:t] **1** *vt (liquid)* faire gicler **2** *vi (of liquid)* gicler

St (**a**) *(abbr* **Street**) rue (**b**) *(abbr* **Saint**) St, Ste

stab [stæb] **1** *n* **s. (wound)** coup *m* de couteau **2** *(pt & pp* **-bb-**) *vt (with knife)* poignarder

stability [stə'bɪlətɪ] *n* stabilité *f*

stabilize ['steɪbəlaɪz] **1** *vt* stabiliser **2** *vi* se stabiliser

stable[1] ['steɪbəl] (**-er, -est**) *adj* stable

stable[2] ['steɪbəl] *n* écurie *f*

stack [stæk] **1** *n (heap)* tas *m*; *Fam* **stacks of** *(lots of)* des tas de **2** *vt* **to s. (up)** entasser

stadium ['steɪdɪəm] *n* stade *m*

staff [stɑ:f] *n* personnel *m*; *(of school, university)* professeurs *mpl*; *Br* **s. room** *(in school)* salle *f* des professeurs

stag [stæg] *n* cerf *m*; **s. night** *or* **party** enterrement *m* de la vie de garçon

stage[1] [steɪdʒ] **1** *n (platform)* scène *f*; **on s.** sur scène **2** *vt (play)* monter; *Fig* organiser

stage[2] [steɪdʒ] *n (phase)* stade *m*

stagger ['stægə(r)] **1** *vt (holidays)* échelonner; *(astound)* stupéfier **2** *vi (reel)* chanceler ▪ **staggering** *adj* stupéfiant

stagnant ['stægnənt] *adj* stagnant ▪ **stagnate** *vi* stagner

staid [steɪd] *adj* collet monté *inv*

stain [steɪn] **1** *n (mark)* tache *f* **2** *vt (mark)* tacher (**with** de); *(dye)* teinter ▪ **stained-glass** *adj* **s. window** vitrail *m (pl* -aux) ▪ **stainless** *n* **s. steel** acier *m* inoxydable, Inox®*m*

stair [steə(r)] *n* **a s.** *(step)* une marche; **the stairs** *(staircase)* l'escalier *m* ▪ **staircase, stairway** *n* escalier *m*

stake [steɪk] **1** *n* (**a**) *(post)* pieu *m*; *(for plant)* tuteur *m* (**b**) *(in betting)* enjeu *m*; **to have a s. in sth** *(share)* avoir des intérêts dans qch; **at s.** en jeu **2** *vt (bet)* jouer (**on** sur)

stale [steɪl] (**-er, -est**) *adj (bread)* rassis; *(air)* vicié; *(joke)* éculé

stalemate ['steɪlmeɪt] *n (in chess)* pat *m*; *Fig* impasse *f*

stalk [stɔ:k] **1** *n (of plant)* tige *f*; *(of fruit)* queue *f* **2** *vt (animal, criminal)* traquer; *(celebrity)* harceler **3** *vi* **to s. out** *(walk* *angrily)* sortir d'un air furieux mais digne

stall [stɔːl] **1** *n (in market)* étal *m*; *Br (for newspapers, flowers)* kiosque *m*; *(in stable)* stalle *f*; *Br* **the stalls** *(in cinema, theatre)* l'orchestre *m* **2** *vt (engine, car)* caler **3** *vi (of car)* caler; **to s. (for time)** chercher à gagner du temps

stamina ['stæmɪnə] *n* résistance *f* physique

stammer ['stæmə(r)] **1** *n* **to have a s.** être bègue **2** *vi* bégayer

stamp [stæmp] **1** *n (for letter)* timbre *m*; *(mark)* cachet *m*; *(device)* tampon *m*; **s. collector** philatéliste *mf* **2** *vt (document)* tamponner; *(letter)* timbrer; *(metal)* estamper; **to s. one's foot** taper du pied; *Br* **stamped addressed envelope,** *Am* **stamped self-addressed envelope** enveloppe *f* timbrée libellée à ses noms et adresse **3** *vi* **to s. on sth** écraser qch

stampede [stæm'piːd] **1** *n* débandade *f* **2** *vi* se ruer

stance [stɑːns] *n* position *f*

STAND [stænd] **1** *n (opinion)* position *f*; *(support)* support *m*; *(stall)* étal *m*; *(at exhibition)* stand *m*; *(at sports ground)* tribune *f*; **to take a s.** prendre position

2 (*pt & pp* **stood**) *vt (pain, journey)* supporter; *(put straight)* mettre debout; **to s. a chance** avoir des chances; **I can't s. him** je ne peux pas le supporter

3 *vi (be upright)* se tenir debout; *(get up)* se mettre debout; *(remain)* rester debout; *(of building)* se trouver; *(of object)* être

▸**stand about, stand around** *vi (in street)* traîner

▸**stand aside** *vi* s'écarter

▸**stand back** *vi* reculer

▸**stand by 1** *vt insep (opinion)* s'en tenir à; *(person)* soutenir **2** *vi (do nothing)* rester sans rien faire; *(be ready)* être prêt

▸**stand down** *vi (withdraw)* se retirer

▸**stand for** *vt insep (mean)* signifier; *(represent)* représenter; *Br (be candidate for)* être candidat à; *(tolerate)* supporter

▸**stand in for** *vt insep (replace)* remplacer

▸**stand out** *vi (be visible)* ressortir (**against** sur)

▸**stand over** *vt insep (watch closely)* surveiller

▸**stand up 1** *vt sep* mettre debout; *Fam* **to s. sb up** poser un lapin à qn **2** *vi (get up)* se lever

▸**stand up for** *vt insep (defend)* défendre

▸**stand up to** *vt insep (resist)* résister à; *(defend oneself against)* tenir tête à

standard ['stændəd] **1** *n (norm)* norme *f*; *(level)* niveau *m*; **standards** *(principles)* principes *mpl* moraux; **s. of living, living standards** niveau *m* de vie **2** *adj (average)* ordinaire; *(model, size)* standard *inv* ▪ **standardize** *vt* standardiser

stand-by ['stændbaɪ] **1** (*pl* **-bys**) *n* **on s.** *(troops, emergency services)* prêt à intervenir **2** *adj (plane ticket)* en stand-by

stand-in ['stændɪn] *n* remplaçant, -e *mf* (**for** de); *(actor)* doublure *f* (**for** de)

standing ['stændɪŋ] **1** *adj (upright)* debout; *(permanent)* permanent; *Br* **s. order** virement *m* automatique **2** *n (reputation)* réputation *f*; *(social, professional)* rang *m*; **of long s.** de longue date

stand-offish [stænd'ɒfɪʃ] *adj* distant

standpoint ['stændpɔɪnt] *n* point *m* de vue

standstill ['stændstɪl] *n* **to bring sth to a s.** immobiliser qch; **to come to a s.** s'immobiliser; **at a s.** immobile; *(negotiations, industry)* paralysé

stank [stæŋk] *pt of* **stink**

stanza ['stænzə] *n* strophe *f*

staple[1] ['steɪpəl] *adj (basic)* de base; **s. food** *or* **diet** nourriture *f* de base

staple[2] ['steɪpəl] **1** *n (for paper)* agrafe *f* **2** *vt* agrafer ▪ **stapler** *n (for paper)* agrafeuse *f*

star [stɑː(r)] **1** *n* étoile *f*; *(famous person)* star *f*; *Br* **four-s. (petrol)** du super **2** *(pt & pp* **-rr-**) *vt (of film)* avoir pour vedette **3** *vi (of actor, actress)* être la vedette (**in** de)

starboard [ˈstɑːbəd] *n Naut* tribord *m*

starch [stɑːtʃ] *n* amidon *m*

stare [steə(r)] **1** *n* regard *m* fixe **2** *vi* **to s. at sb/sth** fixer qn/qch (du regard)

stark [stɑːk] **1** (**-er, -est**) *adj (place)* désolé; *(fact, reality)* brutal; **to be in s. contrast to** contraster nettement avec **2** *adv* **s. naked** complètement nu

start¹ [stɑːt] **1** *n* début *m*; *(of race)* départ *m*; **for a s.** pour commencer; **from the s.** dès le début; **to make a s.** commencer

2 *vt* commencer; *(packet, conversation)* entamer; *(fashion, campaign, offensive)* lancer; *(engine, vehicle)* mettre en marche; *(business, family)* fonder; **to s. doing** *or* **to do sth** commencer à faire qch

3 *vi* commencer (**with sth** par qch; **by doing** par faire); *(of vehicle)* démarrer; *(leave)* partir (**for** pour); *(in job)* débuter; **to s. with** *(firstly)* pour commencer; **starting from now/10 euros** à partir de maintenant/10 euros ▪ **starting** *adj (point, line, salary)* de départ; **s. post** *(in race)* ligne *f* de départ

▸**start off** *vi (leave)* partir (**for** pour); *(in job)* débuter

▸**start out** *vi (begin)* débuter; *(on journey)* se mettre en route

▸**start up 1** *vt sep (engine, vehicle)* mettre en marche; *(business)* fonder **2** *vi (of engine, vehicle)* démarrer

start² [stɑːt] **1** *n (movement)* sursaut *m*; **to give sb a s.** faire sursauter qn **2** *vi* sursauter

starter [ˈstɑːtə(r)] *n (in vehicle)* démarreur *m*; *(in meal)* entrée *f*; *(runner)* partant, -e *mf*; *Fam* **for starters** *(firstly)* pour commencer

startle [ˈstɑːtəl] *vt* faire sursauter

starvation [stɑːˈveɪʃən] **1** *n* faim *f* **2** *adj (wage, ration)* de misère

starve [stɑːv] **1** *vt (make suffer)* faire souffrir de la faim; *Fig (deprive)* priver (**of** de) **2** *vi (suffer)* souffrir de la faim; **to s. to death** mourir de faim; *Fam* **I'm starving!** je meurs de faim!

state¹ [steɪt] **1** *n* (**a**) *(condition)* état *m*; *(situation)* situation *f*; **not in a (fit) s. to..., in no (fit) s. to...** hors d'état de... (**b**) **S.** *(nation)* État *m*; *Fam* **the States** les États-Unis *mpl* **2** *adj (secret)* d'État; *Br (school, education)* public, -ique; **s. visit** voyage *m* officiel ▪ **state-owned** *adj* étatisé

state² [steɪt] *vt* déclarer (**that** que); *(opinion)* formuler; *(problem)* exposer

statement [ˈsteɪtmənt] *n* déclaration *f*; *(in court)* déposition *f*; **(bank) s.** relevé *m* de compte

statesman [ˈsteɪtsmən] (*pl* **-men**) *n* homme *m* d'État

static [ˈstætɪk] *adj* statique

station [ˈsteɪʃən] **1** *n (for trains)* gare *f*; *(underground)* station *f*; *(social)* rang *m*; **bus s.** gare *f* routière; **radio s.** station *f* de radio; *Am* **s. wagon** break *m* **2** *vt (position)* placer; **to be stationed at/in** *(of troops)* être en garnison à/en

stationary [ˈsteɪʃənərɪ] *adj (vehicle)* à l'arrêt

stationer [ˈsteɪʃənə(r)] *n* papetier, -ère *mf*; **s.'s (shop)** papeterie *f* ▪ **stationery** *n (articles)* articles *mpl* de bureau; *(paper)* papier *m*

statistic [stəˈtɪstɪk] *n (fact)* statistique *f*; **statistics** *(science)* la statistique

statue [ˈstætʃuː] *n* statue *f*

stature [ˈstætʃə(r)] *n (importance)* envergure *f*

status [ˈsteɪtəs] *n (position)* situation *f*; *(legal, official)* statut *m*; *(prestige)* prestige *m*; **s. symbol** marque *f* de prestige

staunch [stɔːntʃ] (**-er, -est**) *adj (resolute)* convaincu; *(supporter)* ardent

stave [steɪv] *vt* **to s. sth off** *(disaster, danger)* conjurer qch; **to s. off hunger** tromper la faim

stay [steɪ] **1** *n (visit)* séjour *m* **2** *vi (remain)* rester; *(reside)* loger; *(visit)* séjourner; **to s. put** ne pas bouger

▸**stay away** *vi* ne pas s'approcher (**from** de); **to s. away from school** ne pas aller à l'école

▸**stay behind** *vi* rester en arrière

▸**stay in** *vi (at home)* rester à la maison; *(of nail, screw, tooth)* tenir

▸**stay out** *vi (outside)* rester dehors; *(not come home)* ne pas rentrer; **to s. out of sth** *(not interfere in)* ne pas se mêler de qch; *(avoid)* éviter qch

▸**stay up** *vi (at night)* ne pas se coucher; *(of fence)* tenir; **to s. up late** se coucher tard

stead [sted] *n* **to stand sb in good s.** être bien utile à qn; **in sb's s.** à la place de qn

steadfast ['stedfɑːst] *adj* dévoué; *(opponent)* constant

steady ['stedɪ] **1** (**-ier, -iest**) *adj (firm, stable)* stable; *(hand, voice)* assuré; *(progress, speed, demand)* constant; **to be s. on one's feet** être solide sur ses jambes **2** *vt* faire tenir; **to s. one's nerves** se calmer; **to s. oneself** retrouver son équilibre ▪ **steadily** *adv (gradually)* progressivement; *(regularly)* régulièrement; *(continuously)* sans arrêt; *(walk)* d'un pas assuré

steak [steɪk] *n (beef)* steak *m*

steal[1] [stiːl] (*pt* **stole,** *pp* **stolen**) *vti* voler (**from sb** à qn)

steal[2] [stiːl] (*pt* **stole,** *pp* **stolen**) *vi* **to s. in/out** entrer/sortir furtivement

stealthy ['stelθɪ] (**-ier, -iest**) *adj* furtif, -ive

steam [stiːm] **1** *n* vapeur *f*; *(on glass)* buée *f*; *Fam* **to let off s.** se défouler; **s. engine/iron** locomotive *f*/fer *m* à vapeur **2** *vt (food)* cuire à la vapeur; **to get steamed up** *(of glass)* se couvrir de buée **3** *vi* **to s. up** *(of glass)* s'embuer ▪ **steamer** *n* bateau *m* à vapeur; *(for food)* panier *m* pour cuisson à la vapeur

steel [stiːl] **1** *n* acier *m* **2** *vt* **to s. oneself** s'armer de courage

steep [stiːp] **1** (**-er, -est**) *adj (stairs, slope)* raide; *(hill, path)* escarpé; *Fig (price)* excessif, -ive **2** *vt (soak)* tremper (**in** dans) ▪ **steeply** *adv (rise)* en pente raide; *Fig (of prices)* excessivement

steeple ['stiːpəl] *n* clocher *m*

steer [stɪə(r)] **1** *vt* diriger **2** *vi (of person)* conduire; *(of ship)* se diriger (**for** vers); **to s. clear of sb/sth** éviter qn/qch ▪ **steering** *n (in vehicle)* direction *f*; **s. wheel** volant *m*

stem [stem] **1** *n (of plant)* tige *f*; *(of glass)* pied *m* **2** (*pt & pp* **-mm-**) *vt (stop)* arrêter **3** *vi* **to s. from sth** provenir de qch

stench [stentʃ] *n* puanteur *f*

step [step] **1** *n (movement, sound)* pas *m*; *(of stairs)* marche *f*; *(on train, bus)* marchepied *m*; *(doorstep)* pas de la porte; *Fig (action)* mesure *f*; **(flight of) steps** *(indoors)* escalier *m*; *(outdoors)* perron *m*; *Br* **(pair of) steps** *(ladder)* escabeau *m*; **s. by s.** pas à pas **2** (*pt & pp* **-pp-**) *vi (walk)* marcher (**on** sur) ▪ **stepdaughter** *n* belle-fille *f* ▪ **stepfather** *n* beau-père *m* ▪ **stepladder** *n* escabeau *m* ▪ **stepmother** *n* belle-mère *f* ▪ **stepson** *n* beau-fils *m*

▸**step aside** *vi* s'écarter

▸**step back** *vi* reculer

▸**step down** *vi* descendre (**from** de); *Fig (withdraw)* se retirer

▸**step forward** *vi* faire un pas en avant

▸**step in** *vi (intervene)* intervenir

▸**step off** *vt insep (chair)* descendre de

▸**step over** *vt insep (obstacle)* enjamber

▸**step up** *vt sep (increase)* augmenter; *(speed up)* accélérer

stereo ['sterɪəʊ] **1** (*pl* **-os**) *n (hi-fi, record player)* chaîne *f* stéréo; **in s.** en stéréo **2** *adj (record)* stéréo *inv*; *(broadcast)* en stéréo

stereotype ['sterɪətaɪp] *n* stéréotype *m*

sterile [*Br* 'steraɪl, *Am* 'sterəl] *adj* stérile

sterilize ['sterəlaɪz] *vt* stériliser

sterling ['stɜːlɪŋ] *n Br (currency)* livre *f* sterling

stern¹ [stɜːn] (**-er, -est**) *adj* sévère

stern² [stɜːn] *n (of ship)* arrière *m*

steroid ['stɪərɔɪd] *n* stéroïde *m*

stethoscope ['steθəskəʊp] *n* stéthoscope *m*

stew [stjuː] **1** *n* ragoût *m* **2** *vt (meat)* faire cuire en ragoût; *(fruit)* faire de la compote de; **stewed fruit** compote *f* **3** *vi* cuire

steward ['stjuːəd] *n (on plane, ship)* steward *m* ▪ **stewardess** *n (on plane)* hôtesse *f*

stick¹ [stɪk] *n (piece of wood, chalk, dynamite)* bâton *m*; *(for walking)* canne *f*

stick² [stɪk] **1** (*pt & pp* **stuck**) *vt (glue)* coller; *Fam (put)* fourrer; *Fam (tolerate)* supporter; **to s. sth into sth** fourrer qch dans qch **2** *vi* coller (**to** à); *(of food in pan)* attacher (**to** dans); *(of drawer)* se coincer

▸**stick by** *vt insep* rester fidèle à

▸**stick down** *vt sep (envelope, stamp)* coller

▸**stick on** *vt sep (stamp, label)* coller

▸**stick out 1** *vt sep (tongue)* tirer; *Fam (head or arm from window)* sortir **2** *vi (of shirt)* dépasser; *(of tooth)* avancer

▸**stick up** *vt sep (notice)* coller; *Fam (hand)* lever

▸**stick up for** *vt insep* défendre

sticker ['stɪkə(r)] *n* autocollant *m*

sticky ['stɪkɪ] (**-ier, -iest**) *adj* collant; *(label)* adhésif, -ive

stiff [stɪf] (**-er, -est**) *adj* raide; *(joint)* ankylosé; *(brush, paste)* dur; *Fig (person)* guindé; **to have a s. neck** avoir un torticolis; *Fam* **to be bored s.** s'ennuyer à mourir; *Fam* **frozen s.** complètement gelé

stiffen ['stɪfən] **1** *vt* raidir **2** *vi* se raidir

stifle ['staɪfəl] **1** *vt (feeling, person)* étouffer **2** *vi* **it's stifling** on étouffe

stigma ['stɪgmə] *n (moral stain)* flétrissure *f*

stiletto [stɪ'letəʊ] *adj Br* **s. heels** talons *mpl* aiguille

still¹ [stɪl] *adv* encore, toujours; *(even)* encore; *(nevertheless)* tout de même; **better s., s. better** encore mieux

still² [stɪl] (**-er, -est**) *adj (not moving)* immobile; *(calm)* calme; *Br (drink)* non gazeux, -euse; **to stand s.** rester immobile; **s. life** nature *f* morte

stilted ['stɪltɪd] *adj (speech, person)* guindé

stimulate ['stɪmjʊleɪt] *vt* stimuler ▪ **stimulant** *n* stimulant *m* ▪ **stimulus** (*pl* **-li** [-laɪ]) *n (encouragement)* stimulant *m*; *(physiological)* stimulus *m inv*

sting [stɪŋ] **1** *n* piqûre *f* **2** (*pt & pp* **stung**) *vt (of insect, ointment, wind)* piquer **3** *vi* piquer

stingy ['stɪndʒɪ] (**-ier, -iest**) *adj* avare

stink [stɪŋk] **1** *n* puanteur *f* **2** (*pt & pp* **stank** *or* **stunk,** *pp* **stunk**) *vi* puer; *Fam (of book, film)* être infect **3** *vt* **to s. out** *(room)* empester

stint [stɪnt] **1** *n (period)* période *f* de travail; *(share)* part *f* de travail **2** *vi* **to s. on sth** lésiner sur qch

stipulate ['stɪpjʊleɪt] *vt* stipuler (**that** que) ▪ **stipulation** *n* stipulation *f*

stir [stɜː(r)] **1** *n* **to give sth a s.** remuer qch; *Fig* **to cause a s.** faire du bruit **2** (*pt & pp* **-rr-**) *vt (coffee, leaves)* remuer; *Fig (excite)* exciter; *(incite)* inciter (**sb to do** qn à faire); **to s. up trouble** semer la zizanie; **to s. things up** envenimer les choses **3** *vi (move)* remuer, bouger ▪ **stirring** *adj (speech)* émouvant

stirrup ['stɪrəp] *n* étrier *m*

stitch [stɪtʃ] **1** *n* point *m*; *(in knitting)* maille *f*; *(in wound)* point *m* de suture; *(sharp pain)* point *m* de côté; *Fam* **to be in stitches** être plié (de rire) **2** *vt* **to s. (up)** *(sew up)* coudre; *Med* recoudre

stock [stɒk] **1** *n (supply)* provisions *fpl*; *Com* stock *m*; *Fin* valeurs *fpl*; *(soup)* bouillon *m*; *Fin* **stocks and shares** valeurs *fpl* mobilières; **in s.** *(goods)* en stock; **out of s.** *(goods)* épuisé; *Fig* **to take s.** faire le point (**of** de); **the S. Exchange** *or* **Market** la Bourse

2 *vt (sell)* vendre; *(keep in store)* stocker; **to s. (up)** *(shop)* approvisionner; *(fridge, cupboard)* remplir

3 *vi* **to s. up** s'approvisionner (**with** en) ▪ **stockbroker** *n* agent *m* de change ▪ **stockpile** *vt* faire des réserves de ▪ **stocktaking** *n Br Com* inventaire *m*

stocky ['stɒkɪ] (**-ier, -iest**) *adj* trapu

stodgy ['stɒdʒɪ] (**-ier, -iest**) *adj Fam (food)* bourratif, -ive; *Fig (book)* indigeste

stole[1] [stəʊl] *n (shawl)* étole *f*

stole[2] [stəʊl] *pt of* **steal**[1,2]

stolen ['stəʊlən] *pp of* **steal**[1,2]

stomach ['stʌmək] **1** *n* ventre *m*; *(organ)* estomac *m* **2** *vt (put up with)* supporter ▪ **stomachache** *n* mal *m* de ventre; **to have (a) s.** avoir mal au ventre

stone [stəʊn] *n* pierre *f*; *(pebble)* caillou *m*; *(in fruit)* noyau *m*; *Br (unit of weight)* = 6,348 kg ▪ **stone-cold** *adj* glacé ▪ **stone-deaf** *adj* sourd comme un pot

stoned [stəʊnd] *adj Fam (on drugs)* défoncé (**on** à)

stony ['stəʊnɪ] (**-ier, -iest**) *adj (path)* caillouteux, -euse; *Br Fam* **s. broke** *(penniless)* fauché

stood [stʊd] *pt & pp of* **stand**

stool [stu:l] *n* tabouret *m*

stoop [stu:p] *vi* se baisser; *Fig* **to s. to doing sth** s'abaisser à faire qch

stop [stɒp] **1** *n (place, halt)* arrêt *m*; *(for plane, ship)* escale *f*; **to put a s. to sth** mettre fin à qch; **to come to a s.** s'arrêter; **s. sign** *(on road)* stop

2 (*pt & pp* **-pp-**) *vt* arrêter; *(end)* mettre fin à; *(cheque)* faire opposition à; **to s. sb/sth from doing sth** empêcher qn/qch de faire qch

3 *vi* s'arrêter; *(of pain, bleeding)* cesser; *(stay)* rester; **to s. snowing** cesser de neiger ▪ **stopgap** *n* bouche-trou *m* ▪ **stopoff** *n* halte *f*; *(in plane journey)* escale *f* ▪ **stopover** *n* arrêt *m*; *(in plane journey)* escale *f* ▪ **stopwatch** *n* chronomètre *m*

▸**stop by** *vi (visit)* passer (**sb's** chez qn)

▸**stop off, stop over** *vi (on journey)* s'arrêter

▸**stop up** *vt sep (sink, pipe, leak)* boucher

stoppage ['stɒpɪdʒ] *n (strike)* débrayage *m*; *Br (in pay)* retenue *f*; **s. time** *(in sport)* arrêts *mpl* de jeu

stopper ['stɒpə(r)] *n* bouchon *m*

store [stɔ:(r)] **1** *n (supply)* provision *f*; *Fig (of knowledge)* fonds *m*; *(warehouse)* entrepôt *m*; *(shop) Br* grand magasin *m*, *Am* magasin *m*; **to have sth in s. for sb** réserver qch à qn

2 *vt (in warehouse)* stocker; *(furniture)* entreposer; *(food)* ranger; *Comptr (in memory)* mettre en mémoire ▪ **storage** *n* emmagasinage *m*; **s. space** espace *m* de rangement; *Comptr* **s. capacity** capacité *f* de mémoire

▸**store away** *vt sep (put away, file away)* ranger; *(furniture)* entreposer

▸**store up** *vt sep* accumuler

storekeeper ['stɔ:ki:pə(r)] *n Am (shopkeeper)* commerçant, -e *mf*

storeroom ['stɔ:ru:m] *n (in house)* débarras *m*; *(in office, shop)* réserve *f*

storey ['stɔ:rɪ] (*pl* **-eys**) *n Br (of building)* étage *m*

stork [stɔ:k] *n* cigogne *f*

storm [stɔ:m] **1** *n (bad weather)* tempête *f*; *(thunderstorm)* orage *m* **2** *vt (of soldiers, police)* prendre d'assaut **3** *vi* **to s. out** *(angrily)* sortir comme une furie ▪ **stormy** (**-ier, -iest**) *adj (weather, meeting)* orageux, -euse

story[1] ['stɔ:rɪ] (*pl* **-ies**) *n* histoire *f*; *(newspaper article)* article *m*

story[2] ['stɔ:rɪ] (*pl* **-ies**) *n Am (of building)* étage *m*

stout [staʊt] **1** (**-er, -est**) *adj (person)* corpulent; *(shoes)* solide **2** *n Br (beer)* bière *f* brune

stove [stəʊv] *n (for cooking)* cuisinière *f*; *(for heating)* poêle *m*

stow [stəʊ] **1** *vt (cargo)* arrimer; **to s. sth away** *(put away)* ranger qch **2** *vi*

to s. away *(on ship)* voyager clandestinement ▪ **stowaway** *n (on ship)* passager, -ère *mf* clandestin(e)

straddle ['strædəl] *vt (chair, fence)* se mettre à califourchon sur; *(step over, span)* enjamber

straggle ['strægəl] *vi (lag behind)* être à la traîne ▪ **straggler** *n* retardataire *mf*

straight [streɪt] **1** (**-er, -est**) *adj* droit; *(hair)* raide; *(honest)* honnête; *(answer)* clair; *(consecutive)* consécutif, -ive; *(conventional)* conformiste; *Fam (heterosexual)* hétéro

2 *adv (in straight line)* droit; *(directly)* directement; *(immediately)* tout de suite; **s. away** *(at once)* tout de suite; *Br* **s. ahead** *or* **on** *(walk)* tout droit; **to look s. ahead** regarder droit devant soi

straightaway [streɪtə'weɪ] *adv* tout de suite

straighten ['streɪtən] *vt* **to s. (out)** *(wire)* redresser; **to s. (up)** *(tie, hair, room)* arranger

straightforward [streɪt'fɔ:wəd] *adj (easy, clear)* simple; *(frank)* franc (*f* franche)

strain [streɪn] **1** *n* tension *f*; *(mental stress)* stress *m*

2 *vt* (**a**) *(rope, wire)* tendre excessivement; *(muscle)* se froisser; *(ankle, wrist)* se fouler; *(eyes)* fatiguer; *(voice)* forcer; *Fig (patience, friendship)* mettre à l'épreuve; **to s. oneself** *(hurt oneself)* se faire mal; *(tire oneself)* se fatiguer (**b**) *(soup)* passer; *(vegetables)* égoutter

3 *vi* faire un effort (**to do** pour faire)

strained [streɪnd] *adj (muscle)* froissé; *(ankle, wrist)* foulé; *(relations)* tendu

strainer ['streɪnə(r)] *n* passoire *f*

strait [streɪt] *n Geog* **strait(s)** détroit *m*; **in financial straits** dans l'embarras

strand [strænd] *n (of wool)* brin *m*; *(of hair)* mèche *f*; *Fig (of story)* fil *m*

stranded ['strændɪd] *adj (person, vehicle)* en rade

strange [streɪndʒ] (**-er, -est**) *adj (odd)* bizarre; *(unknown)* inconnu ▪ **strangely** *adv* étrangement; **s. (enough), she...** chose étrange, elle...

stranger ['streɪndʒə(r)] *n (unknown)* inconnu, -e *mf*; *(outsider)* étranger, -ère *mf*

strangle ['stræŋgəl] *vt* étrangler

strap [stræp] **1** *n* sangle *f*; *(on dress)* bretelle *f*; *(on watch)* bracelet *m*; *(on sandal)* lanière *f* **2** (*pt & pp* **-pp-**) *vt* **to s. (down** *or* **in)** attacher *(avec une sangle)*; **to s. sb in** attacher qn avec une ceinture de sécurité

strapping ['stræpɪŋ] *adj* robuste

strategy ['strætədʒɪ] (*pl* **-ies**) *n* stratégie *f* ▪ **strategic** [strə'ti:dʒɪk] *adj* stratégique

straw [strɔ:] *n (from wheat, for drinking)* paille *f*

strawberry ['strɔ:bərɪ] **1** (*pl* **-ies**) *n* fraise *f* **2** *adj (flavour, ice cream)* à la fraise; *(jam)* de fraises; *(tart)* aux fraises

stray [streɪ] **1** *adj (animal, bullet)* perdu; **a few s. cars** quelques rares voitures **2** *n (dog)* chien *m* errant; *(cat)* chat *m* égaré **3** *vi* s'égarer; **to s. from** *(subject, path)* s'écarter de

streak [stri:k] *n (of paint, dirt)* traînée *f*; *(of light)* rai *m*; *(in hair)* mèche *f* ▪ **streaked** *adj (marked)* strié; *(stained)* taché (**with** de)

stream [stri:m] **1** *n (brook)* ruisseau *m*; *(of light, blood)* jet *m*; *(of people)* flot *m* **2** *vi* ruisseler (**with** de); **to s. in** *(of sunlight, people)* entrer à flots

streamer ['stri:mə(r)] *n (banner)* banderole *f*

streamline ['stri:mlaɪn] *vt (work, method)* rationaliser ▪ **streamlined** *adj (shape)* aérodynamique; *(industry, production)* rationalisé

street [stri:t] *n* rue *f*; **s. lamp, s. light** lampadaire *m*; **s. map** plan *m* des rues ▪ **streetcar** *n Am (tram)* tramway *m*

strength [streŋθ] *n* force *f*; *(of wood, fabric)* solidité *f* ▪ **strengthen** *vt (building, position)* renforcer; *(body, limb)* fortifier

strenuous ['strenjʊəs] *adj (effort)* vigoureux, -euse; *(work)* fatigant

stress [stres] **1** *n (physical)* tension *f*; *(mental)* stress *m*; *(emphasis, in grammar)* accent *m*; **under s.** *(person)* stressé, sous pression; *(relationship)* tendu **2** *vt* insister sur; *(word)* accentuer; **to s. that...** souligner que... ▪ **stressful** *adj* stressant

stretch [stretʃ] **1** *n (area)* étendue *f*; *(period of time)* période *f*; *(of road)* tronçon *m*

2 *vt (rope, neck)* tendre; *(shoe, rubber)* étirer; *Fig (income, supplies)* faire durer; **to s. (out)** *(arm, leg)* tendre; *Fig* **to s. one's legs** se dégourdir les jambes; *Fig* **to s. sb** pousser qn à son maximum

3 *vi (of person, elastic)* s'étirer; *(of influence)* s'étendre; **to s. (out)** *(of rope, plain)* s'étendre

stretcher ['stretʃə(r)] *n* brancard *m*

strew [stru:] (*pt* **strewed,** *pp* **strewed** *or* **strewn** [stru:n]) *vt (scatter)* éparpiller; **strewn with** *(covered)* jonché de

stricken ['strɪkən] *adj (town, region)* sinistré

strict [strɪkt] (**-er, -est**) *adj (severe, absolute)* strict ▪ **strictly** *adv* strictement; **s. forbidden** formellement interdit

stride [straɪd] **1** *n* pas *m*; *Fig* **to make great strides** faire de grands progrès **2** (*pt* **strode**) *vi* **to s. across** *or* **over** *(fields)* traverser à grandes enjambées; **to s. along/out** avancer/sortir à grands pas

strike [straɪk] **1** *n (of workers)* grève *f*; *Mil* raid *m*; **to go on s.** se mettre en grève **2** (*pt & pp* **struck**) *vt (hit, impress)* frapper; *(collide with)* heurter; *(gold, oil)* trouver; *(match)* craquer; **it strikes me that...** il me semble que... *(+ indicative)* **3** *vi (of workers)* faire grève; *(attack)* attaquer

▸**strike at** *vt insep (attack)* attaquer

▸**strike back** *vi (retaliate)* riposter

▸**strike down** *vt sep (of illness)* terrasser

▸**strike off** *vt sep (from list)* rayer (**from** de); **to be struck off** *(of doctor)* être radié

▸**strike out** *vi* **to s. out at sb** essayer de frapper qn

▸**strike up** *vt sep* **to s. up a friendship** se lier amitié (**with sb** avec qn)

striker ['straɪkə(r)] *n (worker)* gréviste *mf*; *(footballer)* buteur *m*

striking ['straɪkɪŋ] *adj (impressive)* frappant

string [strɪŋ] **1** *n* ficelle *f*; *(of apron)* cordon *m*; *(of violin, racket)* corde *f*; *(of questions)* série *f*; *Fig* **to pull strings** faire jouer ses relations **2** *adj (instrument, quartet)* à cordes **3** (*pt & pp* **strung**) *vt (beads)* enfiler ▪ **stringed** *adj (instrument)* à cordes

stringent ['strɪndʒənt] *adj* rigoureux, -euse

strip [strɪp] **1** *n (piece)* bande *f*; *(of metal)* lame *f*; *(of sports team)* tenue *f*; **s. cartoon** bande *f* dessinée **2** (*pt & pp* **-pp-**) *vt (undress)* déshabiller; *(deprive)* dépouiller (**of** de); **to s. off** *(remove)* enlever **3** *vi* **to s. (off)** *(get undressed)* se déshabiller ▪ **stripper** *n (woman)* strip-teaseuse *f*; **(paint) s.** *(substance)* décapant *m* ▪ **striptease** *n* strip-tease *m*

stripe [straɪp] *n* rayure *f*; *(indicating rank)* galon *m* ▪ **striped** *adj* rayé (**with** de)

strive [straɪv] (*pt* **strove,** *pp* **striven** ['strɪvən]) *vi* s'efforcer (**to do** de faire; **for** d'obtenir)

strode [strəʊd] *pt of* **stride**

stroke [strəʊk] **1** *n (movement)* coup *m*; *(of pen)* trait *m*; *(of brush)* touche *f*; *(caress)* caresse *f*; *Med (illness)* attaque *f*; **at a s.** d'un coup; **s. of luck** coup *m* de chance **2** *vt (caress)* caresser

stroll [strəʊl] **1** *n* promenade *f* **2** *vi* se promener; **to s. in** entrer sans se presser

stroller ['strəʊlə(r)] *n Am (for baby)* poussette *f*

strong [strɒŋ] **1** (**-er, -est**) *adj* fort;

(shoes, chair, nerves) solide; *(interest)* vif (*f* vive); *(measures)* énergique; *(supporter)* ardent **2** *adv* **to be going s.** aller toujours bien ▪ **strong-box** *n* coffre-fort *m* ▪ **stronghold** *n* bastion *m* ▪ **strongly** *adv* *(protest, defend)* énergiquement; *(advise, remind, desire)* fortement

strove [strəʊv] *pt of* **strive**

struck [strʌk] *pt & pp of* **strike**

structure ['strʌktʃə(r)] *n* structure *f*; *(building)* édifice *m* ▪ **structural** *adj* structural; *(building defect)* de construction

struggle ['strʌgəl] **1** *n (fight)* lutte *f* (**to do** pour faire); **to have a s. doing** *or* **to do sth** avoir du mal à faire qch **2** *vi (fight)* lutter (**with** avec); **to be struggling** *(financially)* avoir du mal; **to s. to do sth** s'efforcer de faire qch

strung [strʌŋ] *pt & pp of* **string**

strut[1] [strʌt] (*pt & pp* **-tt-**) *vi* **to s. (about** *or* **around)** se pavaner

strut[2] [strʌt] *n (for frame)* étai *m*

stub [stʌb] **1** *n (of pencil, cigarette)* bout *m*; *(of cheque)* talon *m* **2** (*pt & pp* **-bb-**) *vt* **to s. one's toe** se cogner l'orteil (**on** *or* **against** contre); **to s. out** *(cigarette)* écraser

stubble ['stʌbəl] *n (on face)* barbe *f* de plusieurs jours

stubborn ['stʌbən] *adj (person)* têtu

stuck [stʌk] **1** *pt & pp of* **stick**[2] **2** *adj (caught, jammed)* coincé; **s. in bed/indoors** cloué au lit/chez soi; **to get s.** être coincé; **to be s. with sb/sth** se farcir qn/qch

stuck-up [stʌ'kʌp] *adj Fam* snob

stud[1] [stʌd] *n (on football boot)* crampon *m*; *(earring)* clou *m* d'oreille ▪ **studded** *adj* **s. with** *(covered)* constellé de

stud[2] [stʌd] *n (farm)* haras *m*; *(stallion)* étalon *m*

student ['stju:dənt] **1** *n (at university)* étudiant, -e *mf*; *(at school)* élève *mf*; **music s.** étudiant, -e *mf* en musique **2** *adj (life, protest)* étudiant; *(restaurant, residence, grant)* universitaire

studio ['stju:dɪəʊ] (*pl* **-os**) *n* studio *m*; *(of artist)* atelier *m*; *Br* **s. flat,** *Am* **s. apartment** studio *m*

studious ['stju:dɪəs] *adj (person)* studieux, -euse

study ['stʌdɪ] **1** (*pl* **-ies**) *n* étude *f*; *(office)* bureau *m* **2** (*pp & pp* **-ied**) *vt (learn, observe)* étudier **3** *vi* étudier; **to s. to be a doctor** faire des études de médecine; **to s. for an exam** préparer un examen

stuff [stʌf] **1** *n (possessions)* affaires *fpl*; *Fam* **some s.** *(substance)* un truc; *(things)* des trucs; *Fam* **this s.'s good, it's good s.** c'est bien
2 *vt (pocket)* remplir (**with** de); *(cushion)* rembourrer (**with** avec); *(animal)* empailler; *(chicken, tomatoes)* farcir; **to s. sth into sth** fourrer qch dans qch ▪ **stuffing** *n (padding)* bourre *f*; *(for chicken, tomatoes)* farce *f*

stuffy ['stʌfɪ] (**-ier, -iest**) *adj (room)* qui sent le renfermé; *(person)* vieux jeu *inv*

stumble ['stʌmbəl] *vi* trébucher; **to s. across** *or* **on** *(find)* tomber sur

stump [stʌmp] *n (of tree)* souche *f*; *(of limb)* moignon *m*; *(in cricket)* piquet *m*

stun [stʌn] (*pt & pp* **-nn-**) *vt (make unconscious)* assommer; *Fig (amaze)* stupéfier ▪ **stunned** *adj (amazed)* stupéfait (**by** par) ▪ **stunning** *adj Fam (excellent)* excellent; *Fam (beautiful)* superbe

stung [stʌŋ] *pt & pp of* **sting**

stunk [stʌŋk] *pt & pp of* **stink**

stunt[1] [stʌnt] *n (in film)* cascade *f*; *(for publicity)* coup *m* de pub; **s. man** cascadeur *m*

stunt[2] [stʌnt] *vt (growth)* retarder ▪ **stunted** *adj (person)* rabougri

stupid ['stju:pɪd] *adj* stupide; **to do/say a s. thing** faire/dire une stupidité ▪ **stupidity** *n* stupidité *f* ▪ **stupidly** *adv* bêtement

sturdy ['stɜ:dɪ] (**-ier, -iest**) *adj (person, shoe)* robuste

stutter ['stʌtə(r)] **1** *n* **to have a s.** être bègue **2** *vi* bégayer

sty¹ [staɪ] *n (for pigs)* porcherie *f*
sty², stye [staɪ] *n (on eye)* orgelet *m*
style [staɪl] **1** *n* style *m*; *(sophistication)* classe *f* **2** *vt (design)* créer; **to s. sb's hair** coiffer qn
stylish ['staɪlɪʃ] *adj* chic *inv*
stylist ['staɪlɪst] *n* **(hair) s.** coiffeur, -euse *mf*
sub- [sʌb] *pref* sous-, sub-
subconscious [sʌb'kɒnʃəs] *adj & n* subconscient *(m)* ▪ **subconsciously** *adv* inconsciemment
subcontract [sʌbkən'trækt] *vt* sous-traiter
subdivide [sʌbdɪ'vaɪd] *vt* subdiviser (**into** en)
subdue [səb'djuː] *vt (country, people)* soumettre; *(feelings)* maîtriser ▪ **subdued** *adj (light)* tamisé; *(voice, tone)* bas (*f* basse); *(person)* inhabituellement calme
subject¹ ['sʌbdʒɪkt] *n* (**a**) *(matter, in grammar)* sujet *m*; *(at school, university)* matière *f*; **s. matter** *(topic)* sujet *m*; *(content)* contenu *m* (**b**) *(of monarch)* sujet, -ette *mf*
subject² **1** ['sʌbdʒekt] *adj* **to be s. to depression/jealousy** avoir tendance à la dépression/à la jalousie; **it's s. to my agreement** c'est sous réserve de mon accord **2** [səb'dʒekt] *vt* soumettre (**to** à)
subjective [səb'dʒektɪv] *adj* subjectif, -ive ▪ **subjectively** *adv* subjectivement
subjunctive [səb'dʒʌŋktɪv] *n* subjonctif *m*
sublet [sʌb'let] (*pt & pp* **-let,** *pres p* **-letting**) *vt* sous-louer
sublime [sə'blaɪm] *adj* sublime; *(utter)* suprême
submarine ['sʌbməriːn] *n* sous-marin *m*
submerge [səb'mɜːdʒ] *vt (flood, overwhelm)* submerger; *(immerse)* immerger (**in** dans)
submit [səb'mɪt] **1** (*pt & pp* **-tt-**) *vt* soumettre (**to** à) **2** *vi* se soumettre (**to** à) ▪ **submissive** *adj (person)* soumis; *(attitude)* de soumission
subordinate [sə'bɔːdɪnət] **1** *adj* subalterne; **s. to** subordonné à **2** *n* subordonné, -e *mf*
subscribe [səb'skraɪb] *vi (pay money)* cotiser (**to** à); **to s. to a newspaper** s'abonner à un journal ▪ **subscriber** *n (to newspaper, telephone)* abonné, -e *mf* ▪ **subscription** [sʌb'skrɪpʃən] *n (to newspaper)* abonnement *m*; *(to club)* cotisation *f*
subsequent ['sʌbsɪkwənt] *adj* ultérieur (**to** à); **our s. problems** les problèmes que nous avons eus par la suite ▪ **subsequently** *adv* par la suite
subside [səb'saɪd] *vi (of ground, building)* s'affaisser; *(of wind, flood, fever)* baisser ▪ **subsidence** *n (of ground)* affaissement *m*
subsidiary [*Br* səb'sɪdɪərɪ, *Am* -dɪerɪ] **1** *adj* subsidiaire **2** (*pl* **-ies**) *n (company)* filiale *f*
subsidize ['sʌbsɪdaɪz] *vt* subventionner ▪ **subsidy** (*pl* **-ies**) *n* subvention *f*
substance ['sʌbstəns] *n* substance *f*; *(solidity, worth)* fondement *m*
substantial [səb'stænʃəl] *adj* important; *(meal)* substantiel, -elle ▪ **substantially** *adv* considérablement
substitute ['sʌbstɪtjuːt] **1** *n (thing)* produit *m* de remplacement; *(person)* remplaçant, -e *mf* (**for** de) **2** *vt* **to s. sb/sth for** substituer qn/qch à **3** *vi* **to s. for sb** remplacer qn ▪ **substitution** *n* substitution *f*
subtitle ['sʌbtaɪtəl] **1** *n (of film)* sous-titre *m* **2** *vt (film)* sous-titrer
subtle ['sʌtəl] (**-er, -est**) *adj* subtil
subtotal [sʌb'təʊtəl] *n* sous-total *m*
subtract [səb'trækt] *vt* soustraire (**from** de) ▪ **subtraction** *n* soustraction *f*
suburb ['sʌbɜːb] *n* banlieue *f*; **the suburbs** la banlieue ▪ **suburban** [sə'bɜːbən] *adj (train, house)* de banlieue ▪ **suburbia** [sə'bɜːbɪə] *n* la banlieue; **in s.** en banlieue
subversive [səb'vɜːsɪv] *adj* subversif, -ive
subway ['sʌbweɪ] *n Br (under road)*

passage *m* souterrain; *Am (railroad)* métro *m*

succeed [sək'si:d] **1** *vt* **to s. sb** succéder à qn **2** *vi* réussir (**in doing** à faire; **in sth** dans qch); **to s. to the throne** monter sur le trône ■ **succeeding** *adj (in past)* suivant; *(in future)* futur; *(consecutive)* consécutif, -ive

success [sək'ses] *n* succès *m*, réussite *f*; **he was a s.** il a eu du succès; **it was a s.** c'était réussi

successful [sək'sesfəl] *adj (effort, venture)* couronné de succès; *(outcome)* heureux, -euse; *(company, businessman)* prospère; *(candidate in exam)* admis, reçu; *(candidate in election)* élu; *(writer, film)* à succès; **to be s.** réussir; **to be s. in doing sth** réussir à faire qch ■ **successfully** *adv* avec succès

succession [sək'seʃən] *n* succession *f*; **ten days in s.** dix jours consécutifs ■ **successive** *adj* successif, -ive; **ten s. days** dix jours consécutifs ■ **successor** *n* successeur *m* (**to** de)

succinct [sək'sɪŋkt] *adj* succinct

succumb [sə'kʌm] *vi* succomber (**to** à)

such [sʌtʃ] **1** *adj (of this or that kind)* tel (*f* telle); **s. a car** une telle voiture; **s. happiness/noise** tant de bonheur/bruit; **there's no s. thing** ça n'existe pas; **s. as** comme, tel que

2 *adv (so very)* si; *(in comparisons)* aussi; **s. long trips** de si longs voyages

3 *pron* **happiness as s.** le bonheur en tant que tel ■ **suchlike** *pron & adj* **...and s.** ...et autres

suck [sʌk] **1** *vt* sucer; *(of baby)* téter; **to s. (up)** *(with straw, pump)* aspirer; **to s. up** *or* **in** *(absorb)* absorber **2** *vi (of baby)* téter

suckle ['sʌkəl] **1** *vt (of woman)* allaiter **2** *vi (of baby)* téter

suction ['sʌkʃən] *n* succion *f*

sudden ['sʌdən] *adj* soudain; **all of a s.** tout à coup ■ **suddenly** *adv* tout à coup, soudain; *(die)* subitement

suds [sʌdz] *npl* mousse *f* de savon

sue [su:] **1** *vt* poursuivre (en justice) **2** *vi* engager des poursuites judiciaires

suede [sweɪd] *n* daim *m*

suffer ['sʌfə(r)] **1** *vt (loss, damage, defeat)* subir; *(pain)* ressentir; *(tolerate)* supporter **2** *vi* souffrir (**from** de); **your work will s.** ton travail s'en ressentira ■ **sufferer** *n (from misfortune)* victime *f*; **AIDS s.** malade *mf* du SIDA ■ **suffering** *n* souffrance *f*

suffice [sə'faɪs] *vi* suffire

sufficient [sə'fɪʃənt] *adj* suffisant; **s. money** *(enough)* suffisamment d'argent; **to be s.** suffire ■ **sufficiently** *adv* suffisamment

suffix ['sʌfɪks] *n* suffixe *m*

suffocate ['sʌfəkeɪt] **1** *vt* étouffer **2** *vi* suffoquer

sugar ['ʃʊgə(r)] **1** *n* sucre *m*; **s. bowl** sucrier *m*; **s. lump** morceau *m* de sucre **2** *vt (tea)* sucrer

suggest [sə'dʒest] *vt (propose)* suggérer; *(imply)* indiquer ■ **suggestion** *n* suggestion *f* ■ **suggestive** *adj* suggestif, -ive; **to be s. of** évoquer

suicide ['su:ɪsaɪd] *n* suicide *m*; **to commit s.** se suicider

suit[1] [su:t] *n* (**a**) *(man's)* costume *m*; *(woman's)* tailleur *m*; **flying/diving/ski s.** combinaison *f* de vol/plongée/ski (**b**) *(in card games)* couleur *f*; *Fig* **to follow s.** faire de même (**c**) *(lawsuit)* procès *m*

suit[2] [su:t] *vt (please, be acceptable to)* convenir à; *(of dress, colour)* aller (bien) à; *(adapt)* adapter (**to** à); **suited to** *(job, activity)* fait pour; *(appropriate to)* qui convient à; **to be well suited** *(of couple)* être bien assorti

suitable ['su:təbəl] *adj* convenable (**for** à); *(candidate, date)* adéquat; *(example)* approprié; **this film is not s. for children** ce film n'est pas pour les enfants

suitcase ['su:tkeɪs] *n* valise *f*

suite [swi:t] *n (rooms)* suite *f*

sulk [sʌlk] *vi* bouder

sullen ['sʌlən] *adj* maussade

sultana [sʌl'tɑ:nə] *n (raisin)* raisin *m* de Smyrne

sum [sʌm] **1** *n (amount of money)* somme *f*; *(mathematical problem)* problème *m*; **s. total** somme *f* totale **2** *(pt & pp* **-mm-***) vt* **to s. up** *(summarize)* résumer; *(assess)* évaluer **3** *vi* **to s. up** résumer

summarize [ˈsʌməraɪz] *vt* résumer ▪ **summary** *(pl* **-ies***) n* résumé *m*

summer [ˈsʌmə(r)] **1** *n* été *m*; **in (the) s.** en été **2** *adj* d'été; *Am* **s. camp** colonie *f* de vacances; *Br* **s. holidays,** *Am* **s. vacation** grandes vacances *fpl* ▪ **summertime** *n* été *m*; **in (the) s.** en été

summit [ˈsʌmɪt] *n* sommet *m*

summon [ˈsʌmən] *vt (call)* appeler; *(meeting, person)* convoquer (**to** à); **to s. up one's courage/strength** rassembler son courage/ses forces

summons [ˈsʌmənz] **1** *n (in law)* assignation *f* à comparaître **2** *vt* assigner à comparaître

sumptuous [ˈsʌmptʃʊəs] *adj* somptueux, -euse

sun [sʌn] **1** *n* soleil *m*; **in the s.** au soleil; **the s. is shining** il fait soleil **2** *(pt & pp* **-nn-***) vt* **to s. oneself** prendre le soleil ▪ **sunbathe** *vi* prendre un bain de soleil ▪ **sunbed** *n* lit *m* à ultraviolets ▪ **sunblock** *n (cream)* écran *m* total ▪ **sunburn** *n* coup *m* de soleil ▪ **sunburnt** *adj* brûlé par le soleil ▪ **sundial** *n* cadran *m* solaire ▪ **sunflower** *n* tournesol *m* ▪ **sunglasses** *npl* lunettes *fpl* de soleil ▪ **sunhat** *n* chapeau *m* de soleil ▪ **sunlamp** *n* lampe *f* à bronzer ▪ **sunlight** *n* lumière *f* du soleil ▪ **sunrise** *n* lever *m* du soleil ▪ **sunroof** *n (in car)* toit *m* ouvrant ▪ **sunset** *n* coucher *m* du soleil ▪ **sunshade** *n (on table)* parasol *m*; *(portable)* ombrelle *f* ▪ **sunshine** *n* soleil *m* ▪ **sunstroke** *n* insolation *f* ▪ **suntan** *n* bronzage *m*; **s. lotion/oil** crème *f*/huile *f* solaire ▪ **suntanned** *adj* bronzé

Sunday [ˈsʌndeɪ] *n* dimanche *m*; **S. school** ≃ catéchisme *m*

sundry [ˈsʌndrɪ] **1** *adj* divers **2** *n* **all and s.** tout le monde

sung [sʌŋ] *pp of* **sing**

sunk [sʌŋk] *pp of* **sink²** ▪ **sunken** *adj (rock, treasure)* submergé

sunny [ˈsʌnɪ] (**-ier, -iest**) *adj (day)* ensoleillé; **it's s.** il fait soleil; **s. periods** *or* **intervals** éclaircies *fpl*

super [ˈsuːpə(r)] *adj Fam* super *inv*

super- [ˈsuːpə(r)] *pref* super-

superb [suːˈpɜːb] *adj* superbe

superficial [suːpəˈfɪʃəl] *adj* superficiel, -elle

superfluous [suːˈpɜːflʊəs] *adj* superflu

superglue [ˈsuːpəgluː] *n* colle *f* extra-forte

superior [suːˈpɪərɪə(r)] **1** *adj* supérieur (**to** à) **2** *n (person)* supérieur, -eure *mf* ▪ **superiority** [-rɪˈɒrətɪ] *n* supériorité *f*

superlative [suːˈpɜːlətɪv] **1** *adj* sans pareil **2** *adj & n Gram* superlatif *(m)*

supermarket [ˈsuːpəmɑːkɪt] *n* supermarché *m*

supernatural [suːpəˈnætʃərəl] *adj & n* surnaturel, -elle *(m)*

superpower [ˈsuːpəpaʊə(r)] *n Pol* superpuissance *f*

supersede [suːpəˈsiːd] *vt* supplanter

supersonic [suːpəˈsɒnɪk] *adj* supersonique

superstition [suːpəˈstɪʃən] *n* superstition *f* ▪ **superstitious** *adj* superstitieux, -euse

superstore [ˈsuːpəstɔːr] *n* hypermarché *m*

supervise [ˈsuːpəvaɪz] *vt (person, work)* surveiller; *(research)* superviser ▪ **supervisor** *n* surveillant, -e *mf*; *(in office)* chef *m* de service; *(in store)* chef *m* de rayon

supper [ˈsʌpə(r)] *n (meal)* dîner *m*; *(snack)* = casse-croûte pris avant d'aller se coucher

supple [ˈsʌpəl] *adj* souple

supplement 1 [ˈsʌplɪmənt] *n* supplément *m* (**to** à) **2** [ˈsʌplɪment] *vt* compléter; **to s. one's income** arrondir ses fins de mois ▪ **supplementary** [-ˈmentərɪ] *adj* supplémentaire

supplier [sə'plaɪə(r)] *n Com* fournisseur *m*

supply [sə'plaɪ] **1** (*pl* **-ies**) *n (stock)* provision *f*; **s. and demand** l'offre *f* et la demande; *Br* **s. teacher** suppléant, -e *mf* **2** (*pt & pp* **-ied**) *vt (provide)* fournir; *(with gas, electricity, water)* alimenter (**with** en); *(equip)* équiper (**with** de); **to s. sb with sth, to s. sth to sb** fournir qch à qn

support [sə'pɔːt] **1** *n (backing, person supporting)* soutien *m*; *(thing supporting)* support *m*; **in s. of** *(person)* en faveur de; *(evidence, theory)* à l'appui de **2** *vt (bear weight of)* supporter; *(help, encourage)* soutenir; *(theory, idea)* appuyer; *(family, wife, husband)* subvenir aux besoins de

supporter [sə'pɔːtə(r)] *n* partisan *m*; *(of football team)* supporter *m*

supportive [sə'pɔːtɪv] *adj* **to be s. of sb** être d'un grand soutien à qn

suppose [sə'pəʊz] *vti* supposer (**that** que); **I'm supposed to be working** je suis censé travailler; **he's supposed to be rich** on le dit riche; **I s. (so)** je pense; **s.** *or* **supposing (that) you're right** supposons que tu aies raison

suppress [sə'pres] *vt (revolt, feelings, smile)* réprimer; *(fact, evidence)* faire disparaître

supreme [suː'priːm] *adj* suprême

surcharge ['sɜːtʃɑːdʒ] *n (extra charge)* supplément *m*

sure [ʃʊə(r)] (**-er, -est**) *adj* sûr (**of** de; **that** que); **she's s. to accept** c'est sûr qu'elle acceptera; **to make s. of sth** s'assurer de qch; **for s.** à coup sûr; *Fam* **s.!, s. thing!** bien sûr! ▪ **surely** *adv (certainly)* sûrement; **s. he didn't refuse?** il n'a quand même pas refusé?

surf [sɜːf] **1** *n (waves)* ressac *m* **2** *vt Comptr* **to s. the Net** naviguer sur l'Internet ▪ **surfboard** *n* planche *f* de surf ▪ **surfing** *n (sport)* surf *m*; **to go s.** faire du surf

surface ['sɜːfɪs] **1** *n* surface *f*; **s. area** superficie *f*; **on the s.** *(of water)* à la surface; *Fig (to all appearances)* en apparence **2** *vi (of swimmer)* remonter à la surface; *Fam (of person, thing)* réapparaître

surge ['sɜːdʒ] **1** *n (of enthusiasm)* vague *f*; *(of anger, pride)* bouffée *f* **2** *vi (of crowd)* déferler; *(of prices)* monter (soudainement); **to s. forward** *(of person)* se lancer en avant

surgeon ['sɜːdʒən] *n* chirurgien *m* ▪ **surgery** ['sɜːdʒərɪ] *n Br (doctor's office)* cabinet *m*; *(period, sitting)* consultation *f*; *(science)* chirurgie *f*; **to have heart s.** se faire opérer du cœur ▪ **surgical** *adj* chirurgical

surly ['sɜːlɪ] (**-ier, -iest**) *adj* revêche

surmount [sə'maʊnt] *vt* surmonter

surname ['sɜːneɪm] *n* nom *m* de famille

surpass [sə'pɑːs] *vt* surpasser (**in** en)

surplus ['sɜːpləs] **1** *n* surplus *m* **2** *adj (goods)* en surplus

surprise [sə'praɪz] **1** *n* surprise *f*; **to give sb a s.** faire une surprise à qn; **s. visit/result** visite *f*/résultat *m* inattendu(e)

2 *vt* étonner, surprendre ▪ **surprised** *adj* surpris (**that** que + *subjunctive*; **at sth** de qch; **at seeing** de voir) ▪ **surprising** *adj* surprenant

surrender [sə'rendə(r)] **1** *n (of soldiers)* reddition *f* **2** *vt (town)* livrer; *(right, claim)* renoncer à **3** *vi (give oneself up)* se rendre (**to** à)

surrogate ['sʌrəgət] *n* substitut *m*; **s. mother** mère *f* porteuse

surround [sə'raʊnd] *vt* entourer (**with** de); *(of army, police)* cerner; **surrounded by** entouré de ▪ **surrounding** *adj* environnant ▪ **surroundings** *npl (of town)* environs *mpl*; *(setting)* cadre *m*

surveillance [sɜː'veɪləns] *n* surveillance *f*

survey 1 ['sɜːveɪ] *n (investigation)* enquête *f*; *(of opinion)* sondage *m*; *(of house)* inspection *f*

2 [sə'veɪ] *vt (look at)* regarder; *(review)* passer en revue; *(house)* inspecter; *(land)* faire un relevé de

■ **surveyor** *n (of land)* géomètre *m*; *(of house)* expert *m*

survive [sə'vaɪv] **1** *vt* survivre à **2** *vi* survivre ■ **survival** *n (act)* survie *f*; *(relic)* vestige *m* ■ **survivor** *n* survivant, -e *mf*

susceptible [sə'septəbəl] *adj (sensitive)* sensible (**to** à)

suspect 1 ['sʌspekt] *n & adj* suspect, -ecte *(mf)* **2** [sə'spekt] *vt* soupçonner (**sb of sth** qn de qch; **sb of doing** qn d'avoir fait); *(have intuition of)* se douter de

suspend [sə'spend] *vt* (**a**) *(hang)* suspendre (**from** à) (**b**) *(service, employee, player)* suspendre; *(pupil)* renvoyer temporairement

suspense [sə'spens] *n (uncertainty)* incertitude *f*; *(in film, book)* suspense *m*; **to keep sb in s.** tenir qn en haleine

suspicion [sə'spɪʃən] *n* soupçon *m*; **to be under s.** être soupçonné

suspicious [sə'spɪʃəs] *adj (person)* soupçonneux, -euse; *(behaviour)* suspect; **to be s. of** *or* **about sth** se méfier de qch

sustain [sə'steɪn] *vt (effort, theory)* soutenir; *(weight)* supporter; *(life)* maintenir; *(damage, loss, attack)* subir; **to s. an injury** être blessé

swagger ['swægə(r)] *vi (walk)* se pavaner

swallow¹ ['swɒləʊ] **1** *vt* avaler; **to s. sth down** avaler qch **2** *vi* avaler

swallow² ['swɒləʊ] *n (bird)* hirondelle *f*

swam [swæm] *pt of* **swim**

swamp [swɒmp] **1** *n* marais *m* **2** *vt (flood, overwhelm)* submerger (**with** de)

swan [swɒn] *n* cygne *m*

swap [swɒp] **1** *n* échange *m* **2** *(pt & pp* **-pp-**) *vt* échanger (**for** contre); **to s. seats** *or* **places** changer de place **3** *vi* échanger

swarm [swɔːm] **1** *n (of bees, people)* essaim *m* **2** *vi (of streets, insects, people)* fourmiller (**with** de)

swat [swɒt] *(pt & pp* **-tt-**) *vt* écraser

sway [sweɪ] **1** *vt* balancer; *Fig (person, public opinion)* influencer **2** *vi* se balancer

swear [sweə(r)] **1** *(pt* **swore,** *pp* **sworn**) *vt (promise)* jurer (**to do** de faire; **that** que); **to s. an oath** prêter serment **2** *vi (take an oath)* jurer (**to sth** de qch); **to s. at sb** injurier qn ■ **swearword** *n* juron *m*

sweat [swet] **1** *n* sueur *f* **2** *vi* suer ■ **sweatshirt** *n* sweat-shirt *m*

sweater ['swetə(r)] *n* pull *m*

sweaty ['swetɪ] (**-ier, -iest**) *adj (shirt)* plein de sueur; *(hand)* moite; *(person)* en sueur

Swede [swiːd] *n* Suédois, -e *mf* ■ **Sweden** *n* la Suède ■ **Swedish 1** *adj* suédois **2** *n (language)* suédois *m*

sweep [swiːp] **1** *(pt & pp* **swept**) *vt (with broom)* balayer; *(chimney)* ramoner **2** *vi* balayer

▸ **sweep aside** *vt sep (opposition, criticism)* écarter

▸ **sweep away** *vt sep (leaves)* balayer; *(carry off)* emporter

▸ **sweep out** *vt sep (room)* balayer

▸ **sweep through** *vt insep (of fear)* saisir; *(of disease)* ravager

▸ **sweep up** *vt sep & vi* balayer

sweeping ['swiːpɪŋ] *adj (gesture)* large; *(change)* radical; *(statement)* trop général

sweet [swiːt] **1** (**-er, -est**) *adj* doux *(f* douce); *(tea, coffee, cake)* sucré; *(pretty, kind)* adorable; **to have a s. tooth** aimer les sucreries
2 *n Br (piece of confectionery)* bonbon *m*; *Br (dessert)* dessert *m*; *Br* **s. shop** confiserie *f* ■ **sweetcorn** *n Br* maïs *m*

sweeten ['swiːtən] *vt (food)* sucrer; *Fig (person)* amadouer

sweetheart ['swiːthɑːt] *n* petit, -e ami, -e *mf*

swell¹ [swel] **1** *(pt* **swelled,** *pp* **swollen** *or* **swelled**) *vt (river, numbers)* grossir **2** *vi (of hand, leg)* enfler; *(of wood)* gonfler; *(of river, numbers)* grossir; **to s. up** *(of body part)* enfler ■ **swelling** *n (on body)* enflure *f*

swell[2] [swel] *adj Am Fam (excellent)* super *inv*

swelter ['sweltə(r)] *vi* étouffer ▪ **sweltering** *adj* étouffant; **it's s.** on étouffe

swept [swept] *pt & pp of* **sweep**

swerve [swɜːv] *vi (of vehicle)* faire une embardée; *(of player)* faire un écart

swift [swɪft] **1** (**-er, -est**) *adj* rapide **2** *n (bird)* martinet *m* ▪ **swiftly** *adv* rapidement

swill [swɪl] *vt Fam (drink)* écluser; **to s. (out** *or* **down)** rincer à grande eau

swim [swɪm] **1** *n* **to go for a s.** aller nager

2 (*pt* **swam,** *pp* **swum,** *pres p* **swimming**) *vt (river)* traverser à la nage; *(length, crawl)* nager

3 *vi* nager; *(as sport)* faire de la natation; **to go swimming** aller nager; **to s. away** s'éloigner à la nage ▪ **swimmer** *n* nageur, -euse *mf* ▪ **swimming** *n* natation *f*; **s. cap** bonnet *m* de bain; *Br* **s. costume** maillot *m* de bain; *Br* **s. pool** piscine *f*; **s. trunks** slip *m* de bain

swindle ['swɪndəl] **1** *n* escroquerie *f*

2 *vt* escroquer ▪ **swindler** *n* escroc *m*

swine [swaɪn] *n inv Pej (person)* salaud *m*

swing [swɪŋ] **1** *n (in playground)* balançoire *f*; *(movement)* balancement *m*; *(in opinion)* revirement *m*; *(of golfer)* swing *m*

2 (*pt & pp* **swung**) *vt (arms, legs)* balancer; *(axe)* brandir

3 *vi (sway)* se balancer; *(turn)* virer; **to s. round** *(turn suddenly)* se retourner

swipe [swaɪp] *vt (card)* passer dans un lecteur de cartes; *Fam* **to s. sth** *(steal)* faucher qch (**from sb** à qn)

swirl [swɜːl] *vi* tourbillonner

Swiss [swɪs] **1** *adj* suisse; *Br* **S. roll** roulé *m* **2** *n inv* Suisse *m*, Suissesse *f*; **the S.** les Suisses *mpl*

switch [swɪtʃ] **1** *n (electrical)* interrupteur *m*; *(change)* changement *m* (**in** de); *(reversal)* revirement *m* (**in** de) **2** *vt (money, employee)* transférer (**to** à); *(support, affection)* reporter (**to** sur); *(exchange)* échanger (**for** contre) **3** *vi* **to s. to** *(change to)* passer à ▪ **switchboard** *n Tel* standard *m*; **s. operator** standardiste *mf*

▸ **switch off 1** *vt sep (lamp, gas, radio)* éteindre; *(engine)* arrêter; *(electricity)* couper **2** *vi (of appliance)* s'éteindre

▸ **switch on 1** *vt sep (lamp, gas, radio)* allumer; *(engine)* mettre en marche **2** *vi (of appliance)* s'allumer

▸ **switch over** *vi (change TV channels)* changer de chaîne; **to s. over to** *(change to)* passer à

Switzerland ['swɪtsələnd] *n* la Suisse

swivel ['swɪvəl] **1** (*Br* **-ll-**, *Am* **-l-**) *vi* **to s. (round)** *(of chair)* pivoter **2** *adj* **s. chair** chaise *f* pivotante

swollen ['swəʊlən] **1** *pp of* **swell**[1] **2** *adj (leg)* enflé; *(stomach)* gonflé

swoop [swuːp] *vi* faire une descente (**on** dans); **to s. (down) on** *(of bird)* fondre sur

swop [swɒp] *n & vti* = **swap**

sword [sɔːd] *n* épée *f*

swore [swɔː(r)] *pt of* **swear**

sworn [swɔːn] *pp of* **swear**

swot [swɒt] *Br Fam Pej* **1** *n* bûcheur, -euse *mf* **2** (*pt & pp* **-tt-**) *vti* **to s. (up)** bûcher; **to s. up on sth** bûcher qch

swum [swʌm] *pp of* **swim**

swung [swʌŋ] *pt & pp of* **swing**

sycamore ['sɪkəmɔː(r)] *n (maple)* sycomore *m*; *Am (plane tree)* platane *m*

syllable ['sɪləbəl] *n* syllabe *f*

syllabus ['sɪləbəs] *n* programme *m*

symbol ['sɪmbəl] *n* symbole *m* ▪ **symbolic** [-'bɒlɪk] *adj* symbolique ▪ **symbolize** *vt* symboliser

symmetrical [sɪ'metrɪkəl] *adj* symétrique

sympathetic [sɪmpə'θetɪk] *adj (showing pity)* compatissant; *(understanding)* compréhensif, -ive; **s. to sb/sth** *(favourable)* bien disposé à l'égard de qn/qch

sympathize ['sɪmpəθaɪz] *vi* **I s. with you** *(pity)* je suis désolé (pour vous); *(understanding)* je vous comprends

sympathy ['sɪmpəθɪ] *n (pity)* compassion *f*; *(understanding)* compréhension *f*; **to have s. for sb** éprouver de la compassion pour qn

symphony ['sɪmfənɪ] **1** (*pl* **-ies**) *n* symphonie *f* **2** *adj (orchestra, concert)* symphonique

symptom ['sɪmptəm] *n Med & Fig* symptôme *m*

synagogue ['sɪnəgɒg] *n* synagogue *f*

synchronize ['sɪŋkrənaɪz] *vt* synchroniser

syndicate ['sɪndɪkət] *n* syndicat *m*

syndrome ['sɪndrəʊm] *n Med & Fig* syndrome *m*

synonym ['sɪnənɪm] *n* synonyme *m*

▪ **synonymous** [-'nɒnɪməs] *adj* synonyme (**with** de)

synopsis [sɪ'nɒpsɪs] (*pl* **-opses** [-ɒpsiːz]) *n* résumé *m*; *(of film)* synopsis *m*

synthetic [sɪn'θetɪk] *adj* synthétique

syphon ['saɪfən] *n & vt* = **siphon**

syringe [sə'rɪndʒ] *n* seringue *f*

syrup ['sɪrəp] *n* sirop *m*; *Br* **(golden) s.** mélasse *f* raffinée

system ['sɪstəm] *n (structure) & Comptr* système *m*; *(human body)* organisme *m*; *(method)* méthode *f*; **the digestive s.** l'appareil *m* digestif; *Comptr* **systems analyst** analyste *m* programmeur

systematic [sɪstə'mætɪk] *adj* systématique

Tt

T, t [tiː] *n (letter)* T, t *m inv*
ta [tɑː] *exclam Br Fam* merci!
tab [tæb] *n* (**a**) *(label)* étiquette *f* (**b**) *Am Fam (bill)* addition *f* (**c**) *(on computer, typewriter)* tabulateur *m*; **t. key** touche *f* de tabulation
table¹ ['teɪbəl] *n* (**a**) *(furniture)* table *f*; *Br* **to set** *or* **lay/clear the t.** mettre/débarrasser la table; **(sitting) at the t.** à table; **t. tennis** tennis *m* de table; **t. wine** vin *m* de table (**b**) *(list)* table *f*; **t. of contents** table *f* des matières ▪ **tablecloth** *n* nappe *f* ▪ **tablespoon** *n* ≃ cuillère *f* à soupe ▪ **tablespoonful** *n* ≃ cuillerée *f* à soupe
table² ['teɪbəl] *vt Br (motion)* présenter; *Am (postpone)* ajourner
tablet ['tæblɪt] *n (pill)* comprimé *m*
tabloid ['tæblɔɪd] *n (newspaper)* tabloïd *m*
taboo [tə'buː] (*pl* **-oos**) *adj & n* tabou *(m)*
tack [tæk] **1** *n (nail)* clou *m*; *Am (thumbtack)* punaise *f* **2** *vt* **to t. (down)** clouer
tackle ['tækəl] **1** *n (gear)* matériel *m*; *(in rugby)* placage *m*; *(in football)* tacle *m* **2** *vt (task, problem)* s'attaquer à; *(subject)* aborder; *(rugby player)* plaquer; *(football player)* tacler
tacky ['tækɪ] (**-ier, -iest**) *adj (sticky)* collant; *Fam (shoddy)* minable, moche
tact [tækt] *n* tact *m* ▪ **tactful** *adj (remark)* diplomatique; **to be t.** *(of person)* avoir du tact ▪ **tactless** *adj (person, remark)* qui manque de tact
tactic ['tæktɪk] *n* **a t.** une tactique; **tactics** la tactique ▪ **tactical** *adj* tactique
tag [tæg] **1** *n (label)* étiquette *f* **2** *vi* **to t. along with sb** venir avec qn
tail [teɪl] **1** *n (of animal)* queue *f*; **tails, t. coat** queue-de-pie *f*; **the t. end** la fin (**of** de) **2** *vt Fam (follow)* filer **3** *vi* **to t. off** *(lessen)* diminuer ▪ **tailback** *n Br (of traffic)* bouchon *m* ▪ **taillight** *n Am (of vehicle)* feu *m* arrière *inv*
tailor ['teɪlə(r)] **1** *n (person)* tailleur *m* **2** *vt (garment)* faire; *Fig (adjust)* adapter (**to** à)
tainted ['teɪntɪd] *adj (air)* pollué; *(food)* gâté; *Fig (reputation, system)* souillé

TAKE [teɪk] (*pt* **took,** *pp* **taken**) *vt* prendre; *(bring)* amener (**to** à); *(by car)* conduire (**to** à); *(escort)* accompagner (**to** à); *(lead away)* emmener (**to** à); *(exam)* passer; *(credit card)* accepter; *(contain)* avoir une capacité de; *(tolerate)* supporter; *Math (subtract)* soustraire (**from** de); **to t. sth to sb** apporter qch à qn; **to t. sth with one** emporter qch; **it takes an army/courage** il faut une armée/du courage (**to do** pour faire); **I took an hour to do it** j'ai mis une heure à le faire; **I t. it that...** je présume que... ▪ **takeaway** *Br* **1** *adj (meal)* à emporter **2** *n (shop)* restaurant *m* qui fait des plats à emporter; *(meal)* plat *m* à emporter ▪ **takeoff** *n (of plane)* décollage *m* ▪ **take-out** *adj & n Am* = **takeaway** ▪ **takeover** *n (of company)* rachat *m*
▸ **take after** *vt insep* **to t. after sb** ressembler à qn
▸ **take along** *vt sep (object)* emporter; *(person)* emmener

▸ **take apart** *vt sep (machine)* démonter

▸ **take away** *vt sep (thing)* emporter; *(person)* emmener; *(remove)* enlever (**from** à); *Math (subtract)* soustraire (**from** de)

▸ **take back** *vt sep* reprendre; *(return)* rapporter; *(statement)* retirer; *(accompany)* ramener (**to** à)

▸ **take down** *vt sep (object)* descendre; *(notes)* prendre

▸ **take in** *vt sep (chair, car)* rentrer; *(skirt)* reprendre; *(include)* inclure; *(understand)* saisir; *Fam (deceive)* rouler

▸ **take off 1** *vt sep (remove)* enlever; *(lead away)* emmener; *(mimic)* imiter; *Math (deduct)* déduire (**from** de) **2** *vi (of aircraft)* décoller

▸ **take on** *vt sep (work, staff, passenger, shape)* prendre

▸ **take out** *vt sep (from pocket)* sortir; *(tooth)* arracher; *(insurance policy, patent)* prendre; *Fam* **to t. it out on sb** passer sa colère sur qn

▸ **take over 1** *vt sep (become responsible for)* reprendre; *(buy out)* racheter; *(overrun)* envahir; **to t. over sb's job** remplacer qn **2** *vi (relieve)* prendre la relève (**from** de); *(succeed)* prendre la succession (**from** de)

▸ **take round** *vt sep (bring)* apporter (**to** à); *(distribute)* distribuer; *(visitor)* faire visiter

▸ **take to** *vt insep* **to t. to doing sth** se mettre à faire qch; **I didn't t. to him/it** il/ça ne m'a pas plu

▸ **take up 1** *vt sep (carry up)* monter; *(continue)* reprendre; *(space, time)* prendre; *(offer)* accepter; *(hobby)* se mettre à **2** *vi* **to t. up with sb** se lier avec qn

---

taken ['teɪkən] *adj (seat)* pris; *(impressed)* impressionné (**with** *or* **by** par); **to be t. ill** tomber malade

takings ['teɪkɪŋz] *n (money)* recette *f*

talc [tælk], **talcum powder** ['tælkəmpaʊdə(r)] *n* talc *m*

tale [teɪl] *n (story)* histoire *f*; *(lie)* salades *fpl*; **to tell tales** rapporter (**on sb** sur qn)

talent ['tælənt] *n* talent *m* ▪ **talented** *adj* talentueux, -euse

talk [tɔ:k] **1** *n (conversation)* conversation *f* (**about** à propos de); *(lecture)* exposé *m* (**on** sur); **talks** *(negotiations)* pourparlers *mpl*; **to have a t. with sb** parler avec qn
2 *vt (nonsense)* dire; **to t. politics** parler politique; **to t. sb into doing/out of doing sth** persuader qn de faire/de ne pas faire qch; **to t. sth over** discuter (de) qch
3 *vi* parler (**to/about** à/de); *(gossip)* jaser

talkative ['tɔ:kətɪv] *adj* bavard

tall [tɔ:l] (**-er, -est**) *adj (person)* grand; *(tree, house)* haut; *Fig* **a t. story** une histoire invraisemblable

tally ['tælɪ] (*pt & pp* **-ied**) *vi* correspondre (**with** à)

tambourine [tæmbə'ri:n] *n* tambourin *m*

tame [teɪm] **1** (**-er, -est**) *adj (animal)* apprivoisé; *Fig (book, play)* fade **2** *vt (animal)* apprivoiser

tamper ['tæmpə(r)] *vt insep* **to t. with** *(lock, car)* essayer de forcer; *(machine)* toucher à; *(documents)* trafiquer

tampon ['tæmpɒn] *n* tampon *m* (hygiénique)

tan [tæn] **1** *n (suntan)* bronzage *m* **2** *adj (colour)* marron clair *inv* **3** (*pt & pp* **-nn-**) *vt (skin)* hâler; *(leather)* tanner **4** *vi (of person, skin)* bronzer

tangerine [tændʒə'ri:n] *n* mandarine *f*

tangible ['tændʒəbəl] *adj* tangible

tangle ['tæŋgəl] *n* **to get into a t.** *(of rope)* s'enchevêtrer; *(of hair)* s'emmêler; *Fig (of person)* s'embrouiller ▪ **tangled** *adj* enchevêtré; *(hair)* emmêlé

tango ['tæŋgəʊ] (*pl* **-os**) *n* tango *m*

tangy ['tæŋɪ] (**-ier, -iest**) *adj* acidulé

tank [tæŋk] *n (container)* réservoir *m*; *(military vehicle)* tank *m*; **(fish) t.** aquarium *m*

tanker ['tæŋkə(r)] *n (lorry)* camion-citerne *m*; **(oil) t.** *(ship)* pétrolier *m*

Tannoy® ['tænɔɪ] *n Br* **over the T.** au haut-parleur

tantalizing ['tæntəlaɪzɪŋ] *adj* alléchant

tantrum ['tæntrəm] *n* caprice *m*

tap¹ [tæp] **1** *n Br (for water)* robinet *m*; **t. water** eau *f* du robinet **2** *(pt & pp* **-pp-***) vt (resources)* puiser dans; *(phone)* placer sur écoute

tap² [tæp] **1** *n (blow)* petit coup *m*; **t. dancing** claquettes *fpl* **2** *(pt & pp* **-pp-***) vt (hit)* tapoter

tape [teɪp] **1** *n* (**a**) *(ribbon)* ruban *m*; **(sticky** *or* **adhesive) t.** ruban *m* adhésif; **t. measure** mètre *m* (à) ruban (**b**) *(for recording)* bande *f*; *(cassette)* cassette *f*; **t. deck** platine *f* cassette; **t. recorder** magnétophone *m*
2 *vt* (**a**) *(stick)* scotcher (**b**) *(record)* enregistrer

taper ['teɪpə(r)] **1** *n (candle)* bougie *f* filée **2** *vi* s'effiler; *Fig* **to t. off** diminuer

tapestry ['tæpəstrɪ] *n* tapisserie *f*

tar [tɑ:(r)] *n* goudron *m*

target ['tɑ:gɪt] **1** *n* cible *f*; *(objective)* objectif *m* **2** *vt (campaign, product)* destiner (**at** à); *(age group)* viser

tariff ['tærɪf] *n (tax)* tarif *m* douanier; *Br (price list)* tarif *m*

tarmac ['tɑ:mæk] *n Br (on road)* macadam *m*; *(runway)* piste *f*

tarnish ['tɑ:nɪʃ] *vt* ternir

tart [tɑ:t] **1** (**-er, -est**) *adj (sour)* aigre **2** *n (pie) (large)* tarte *f*; *(small)* tartelette *f*

tartan ['tɑ:tən] **1** *n* tartan *m* **2** *adj (skirt, tie)* écossais

task [tɑ:sk] *n* tâche *f*

tassel ['tæsəl] *n* gland *m*

taste [teɪst] **1** *n* goût *m*; **in good/bad t.** de bon/mauvais goût; **to have a t. of sth** goûter à qch **2** *vt (detect flavour of)* sentir; *(sample)* goûter; *Fig (experience)* goûter à **3** *vi* **to t. of** *or* **like sth** avoir un goût de qch; **to t. good** être bon (*f* bonne)

tasteful ['teɪstfəl] *adj* de bon goût ▪ **tasteless** *adj (food)* insipide; *Fig (joke)* de mauvais goût ▪ **tasty** (**-ier, -iest**) *adj* savoureux, -euse

tatters ['tætəz] *npl* **in t.** *(clothes)* en lambeaux

tattoo [tæ'tu:] **1** *(pl* **-oos***) n (design)* tatouage *m* **2** *(pt & pp* **-ooed***) vt* tatouer

tatty ['tætɪ] (**-ier, -iest**) *adj Br Fam* minable

taught [tɔ:t] *pt & pp of* **teach**

taunt [tɔ:nt] **1** *n* raillerie *f* **2** *vt* railler

taut [tɔ:t] *adj* tendu

tax¹ [tæks] **1** *n (on goods)* taxe *f*, impôt *m*; *(on income)* impôts *mpl*; *Br* **road t.** ≃ vignette *f* automobile
2 *adj* fiscal; **t. collector** percepteur *m*; *Br* **(road) t. disc** ≃ vignette *f* automobile
3 *vt (person)* imposer; *(goods)* taxer ▪ **taxable** *adj* imposable ▪ **taxation** *n (taxes)* impôts *mpl*; *(act)* imposition *f* ▪ **tax-free** *adj* exempt d'impôts ▪ **taxpayer** *n* contribuable *mf*

tax² [tæks] *vt (put under strain)* mettre à l'épreuve

taxi ['tæksɪ] *n* taxi *m*; *Br* **t. rank,** *Am* **t. stand** station *f* de taxis

tea [ti:] *n (plant, drink)* thé *m*; *Br (snack)* goûter *m*; *Br* **high t.** dîner *m (pris tôt dans la soirée)*; *Br* **t. break** ≃ pause-café *f*; **t. leaves** feuilles *fpl* de thé; **t. set** service *m* à thé; *Br* **t. towel** torchon *m* ▪ **teabag** *n* sachet *m* de thé ▪ **teacup** *n* tasse *f* à thé ▪ **teapot** *n* théière *f* ▪ **tearoom** *n* salon *m* de thé ▪ **teaspoon** *n* petite cuillère *f* ▪ **teaspoonful** *n* cuillerée *f* à café ▪ **teatime** *n* l'heure *f* du thé

teach [ti:tʃ] **1** *(pt & pp* **taught***) vt* apprendre (**sb sth** qch à qn; **that** que); *(in school, at university)* enseigner (**sb sth** qch à qn); **to t. sb (how) to do sth** apprendre à qn à faire qch **2** *vi* enseigner ▪ **teaching 1** *n* enseignement *m* **2** *adj (staff)* enseignant; *(method, material)* pédagogique

teacher ['ti:tʃə(r)] *n* professeur *m*; *(in primary school)* instituteur, -trice *mf*

team [ti:m] **1** *n* équipe *f*; *(of horses,*

oxen) attelage *m*; **t. mate** coéquipier, -ère *mf* **2** *vi* **to t. up** faire équipe (**with sb** avec qn) ▪ **teamwork** *n* travail *m* d'équipe

tear[1] [teə(r)] **1** *n* déchirure *f* **2** (*pt* **tore,** *pp* **torn**) *vt (rip)* déchirer; *(snatch)* arracher (**from** à); **to t. off** *or* **out** arracher; **to t. up** déchirer **3** *vi* **to t. along/past** aller/passer à toute vitesse

tear[2] [tɪə(r)] *n* larme *f*; **in tears** en larmes

tease [ti:z] **1** *n (person)* taquin, -e *mf* **2** *vt* taquiner

technical ['teknɪkəl] *adj* technique

technician ['teknɪʃən] *n* technicien, -enne *mf*

technique [tek'ni:k] *n* technique *f*

technology [tek'nɒlədʒɪ] (*pl* **-ies**) *n* technologie *f* ▪ **technological** [-nə'lɒdʒɪkəl] *adj* technologique

tedious ['ti:dɪəs] *adj* fastidieux, -euse

teem [ti:m] *vi (swarm)* grouiller (**with** de); **to t. (with rain)** pleuvoir à torrents

teenage ['ti:neɪdʒ] *adj (boy, girl, behaviour)* adolescent; *(fashion, magazine)* pour adolescents ▪ **teenager** *n* adolescent, -e *mf* ▪ **teens** *npl* **to be in one's t.** être adolescent

tee-shirt ['ti:ʃɜ:t] *n* tee-shirt *m*

teeth [ti:θ] *pl of* **tooth**

teethe [ti:ð] *vi* faire ses dents

teetotaller [ti:'təʊtələ(r)] (*Am* **teetotaler**) *n* = personne qui ne boit jamais d'alcool

telecommunications [telɪkəmju:nɪ'keɪʃənz] *npl* télécommunications *fpl*

telegram ['telɪgræm] *n* télégramme *m*

telegraph ['telɪgrɑ:f] *adj* **t. pole/wire** poteau *m*/fil *m* télégraphique

telephone ['telɪfəʊn] **1** *n* téléphone *m*; **to be on the t.** *(speaking)* être au téléphone

2 *adj (call, line, message)* téléphonique; *Br* **t. booth, t. box** cabine *f* téléphonique; **t. directory** annuaire *m* du téléphone; **t. number** numéro *m* de téléphone

3 *vt (message)* téléphoner (**to** à); **to t. sb** téléphoner à qn

4 *vi* téléphoner ▪ **telephonist** *n Br* téléphoniste *mf*

telescope ['telɪskəʊp] *n* télescope *m*

teletext ['telɪtekst] *n* télétexte *m*

televise ['telɪvaɪz] *vt* téléviser

television [telɪ'vɪʒən] **1** *n* télévision *f*; **on (the) t.** à la télévision **2** *adj (programme, screen)* de télévision; *(interview, report)* télévisé

telex ['teleks] **1** *n (service, message)* télex *m* **2** *vt (message)* télexer

tell [tel] **1** (*pt & pp* **told**) *vt* dire (**sb sth** qch à qn; **that** que); *(story)* raconter; *(distinguish)* distinguer (**from** de); **to t. sb to do sth** dire à qn de faire qch; **to t. the difference** voir la différence (**between** entre); **I could t. she was lying** je savais qu'elle mentait; *Fam* **to t. sb off** disputer qn

2 *vi* dire; *(have an effect)* se faire sentir; **to t. of** *or* **about sb/sth** parler de qn/qch; **you can never t.** on ne sait jamais; *Fam* **to t. on sb** dénoncer qn

telltale ['telteɪl] **1** *adj* révélateur, -trice **2** *n* rapporteur, -euse *mf*

telly ['telɪ] *n Br Fam* télé *f*; **on the t.** à la télé

temp [temp] *Br Fam* **1** *n* intérimaire *mf* **2** *vi* faire de l'intérim

temper ['tempə(r)] **1** *n (mood, nature)* humeur *f*; *(bad mood)* mauvaise humeur *f*; **in a bad t.** de mauvaise humeur; **to lose one's t.** se mettre en colère **2** *vt (moderate)* tempérer

temperament ['tempərəmənt] *n* tempérament *m* ▪ **temperamental** [-'mentəl] *adj (person, machine)* capricieux, -euse

temperate ['tempərət] *adj (climate)* tempéré

temperature ['tempərətʃə(r)] *n* température *f*

template ['templət, -pleɪt] *n* gabarit *m*; *Comptr* modèle *m*

temple[1] ['tempəl] *n (religious building)* temple *m*

temple[2] ['tempəl] *n Anat* tempe *f*

tempo ['tempəʊ] (*pl* **-os**) *n (of life, work)* rythme *m*; *Mus* tempo *m*

temporary [*Br* 'tempərərɪ, *Am* -erɪ] *adj* temporaire; *(secretary)* intérimaire ▪ **temporarily** [*Br* tempə'reərəlɪ, *Am* tempə'reərəlɪ] *adv* temporairement

tempt [tempt] *vt* tenter; **tempted to do sth** tenté de faire qch ▪ **temptation** *n* tentation *f* ▪ **tempting** *adj* tentant

ten [ten] *adj & n* dix *(m)*

tenable ['tenəbəl] *adj (argument, position)* défendable

tenacious [tə'neɪʃəs] *adj* tenace

tenant ['tenənt] *n* locataire *mf* ▪ **tenancy** *n (lease)* location *f*; *(period)* occupation *f*

tend[1] [tend] *vi* **to t. to do sth** avoir tendance à faire qch; **to t. towards** incliner vers ▪ **tendency** (*pl* **-ies**) *n* tendance *f* (**to do** à faire)

tend[2] [tend] *vt (look after)* s'occuper de

tender[1] ['tendə(r)] *adj (soft, delicate, loving)* tendre; *(painful)* sensible

tender[2] ['tendə(r)] **1** *n* **to be legal t.** *(of money)* avoir cours **2** *vt (offer)* offrir

tenement ['tenəmənt] *n* immeuble *m*

tenner ['tenə(r)] *n Br Fam* billet *m* de 10 livres

tennis ['tenɪs] *n* tennis *m*; **t. court** court *m* de tennis

tenor ['tenə(r)] *n Mus* ténor *m*

tenpin ['tenpɪn] *adj Br* **t. bowling** bowling *m*

tense[1] [tens] **1** (**-er, -est**) *adj (person, muscle, situation)* tendu **2** *vt* tendre; *(muscle)* contracter **3** *vi* **to t. (up)** *(of person, face)* se crisper ▪ **tension** *n* tension *f*

tense[2] [tens] *n (in grammar)* temps *m*

tent [tent] *n* tente *f*; *Br* **t. peg** piquet *m* de tente; *Br* **t. pole,** *Am* **t. stake** mât *m* de tente

tentative ['tentətɪv] *adj (not definite)* provisoire; *(hesitant)* timide

tenth [tenθ] *adj & n* dixième *(mf)*; **a t.** *(fraction)* un dixième

tenuous ['tenjʊəs] *adj (link)* ténu

tepid ['tepɪd] *adj (liquid) & Fig* tiède

term [tɜːm] **1** *n (word)* terme *m*; *(period)* période *f*; *Br (of school or university year)* trimestre *m*; *Am (semester)* semestre *m*; **terms** *(conditions)* conditions *fpl*; *(of contract)* termes *mpl*; **to be on good/bad terms** être en bons/mauvais termes (**with sb** avec qn); **in terms of** *(speaking of)* sur le plan de; **to come to terms with sth** se résigner à qch; **in the long/short/medium t.** à long/court/moyen terme **2** *vt* appeler

terminal ['tɜːmɪnəl] **1** *n (electronic) & Comptr* terminal *m*; *(of battery)* borne *f*; **(air) t.** aérogare *f* **2** *adj (patient, illness)* en phase terminale

terminate ['tɜːmɪneɪt] **1** *vt* mettre fin à; *(contract)* résilier; *(pregnancy)* interrompre **2** *vi* se terminer

terminus ['tɜːmɪnəs] *n* terminus *m*

terrace ['terɪs] *n (next to house, on hill)* terrasse *f*; *Br (houses)* = rangée de maisons attenantes; *Br* **the terraces** *(at football ground)* les gradins *mpl* ▪ **terraced** *n Br* **t. house** = maison située dans une rangée d'habitations attenantes

terrain [tə'reɪn] *n Mil & Geol* terrain *m*

terrestrial [tə'restrɪəl] *adj* terrestre

terrible ['terəbəl] *adj* terrible ▪ **terribly** *adv Fam (extremely)* terriblement; *(badly)* affreusement mal

terrier ['terɪə(r)] *n (dog)* terrier *m*

terrific [tə'rɪfɪk] *adj Fam (excellent)* super *inv* ▪ **terrifically** *adv Fam (extremely)* terriblement; *(extremely well)* terriblement bien

terrify ['terɪfaɪ] (*pt & pp* **-ied**) *vt* terrifier; **to be terrified of sb/sth** avoir une peur bleue de qn/qch ▪ **terrifying** *adj* terrifiant

territory ['terɪtərɪ] (*pl* **-ies**) *n* territoire *m*

terror ['terə(r)] *n* terreur *f* ▪ **terrorism** *n* terrorisme *m* ▪ **terrorist** *n & adj* terroriste *(mf)* ▪ **terrorize** *vt* terroriser

test [test] **1** *n (trial)* essai *m*; *(of product)* test *m*; *Sch & Univ* interrogation *f*; *(by doctor)* examen *m*; *(of blood)* analyse *f*

2 *adj* **t. drive** essai *m* sur route; **t. tube** éprouvette *f*; **t. tube baby** bébé-éprouvette *m*

3 *vt (try)* essayer; *(product, machine)* tester; *(pupil)* interroger; *(of doctor)* examiner; *(blood)* analyser; *Fig (try out)* mettre à l'épreuve; **to t. sb for AIDS** faire subir à qn un test de dépistage du SIDA

4 *vi* **to t. positive** *(for drugs)* être positif, -ive

testament ['testəmənt] *n (will)* testament *m*; *(tribute)* preuve *f*; *Rel* **the Old/New T.** l'Ancien/le Nouveau Testament

testicle ['testɪkəl] *n Anat* testicule *m*

testify ['testɪfaɪ] *(pt & pp* **-ied***)* **1** *vt* **to t. that...** témoigner que... **2** *vi (in law)* témoigner (**against** contre); **to t. to sth** *(be proof of)* témoigner de qch ▪ **testimony** ['testɪmənɪ] *(pl* **-ies***)* *n* témoignage *m*

tetanus ['tetənəs] *n Med* tétanos *m*

tether ['teðə(r)] *n* **at the end of one's t.** à bout

text [tekst] *n* texte *m*; **t. message** message *m* texte, mini-message *m* ▪ **textbook** *n* manuel *m*

textile ['tekstaɪl] *adj & n* textile *(m)*

texture ['tekstʃə(r)] *n (of fabric, cake)* texture *f*; *(of paper, wood)* grain *m*

Thames [temz] *n* **the (River) T.** la Tamise

than [ðən, *stressed* ðæn] *conj* que; **happier t. me** plus heureux que moi; **he has more/less t. you** il en a plus/moins que toi; **more t. six** plus de six

thank [θæŋk] *vt* remercier (**for sth** de qch; **for doing** d'avoir fait); **t. you** merci; **no, t. you** (non) merci; **t. God!, t. heavens!, t. goodness!** Dieu merci! ▪ **thanks** *npl* remerciements *mpl*; **(many) t.!** merci (beaucoup)!; **t. to** *(because of)* grâce à

thankful ['θæŋkfəl] *adj* reconnaissant (**for** de); **to be t. that...** être heureux, -euse que... *(+ subjunctive)* ▪ **thankless** *adj* ingrat

Thanksgiving [θæŋks'gɪvɪŋ] *n Am* **T. (Day)** = quatrième jeudi de novembre, commémorant la première action de grâce des colons anglais

THAT [ðət, *stressed* ðæt] **1** *conj (souvent omise)* que; **she said t. she would come** elle a dit qu'elle viendrait

2 *relative pron*

On peut omettre le pronom relatif **that** sauf s'il est en position sujet.

(subject) qui; *(object)* que; *(with preposition)* lequel, laquelle, *pl* lesquel(-le)s; **the boy t. left** le garçon qui est parti; **the book t. I read** le livre que j'ai lu; **the house t. she told me about** la maison dont elle m'a parlé; **the day/morning t. she arrived** le jour/matin où elle est arrivée

3 *(pl* **those***)* *demonstrative adj* ce, cet *(before vowel or mute h)*, cette; *(opposed to 'this')* ce...-là *(f* cette...-là); **t. woman** cette femme(-là); **t. day** ce jour-là; **t. one** celui-là *m*, celle-là *f*

4 *(pl* **those***)* *demonstrative pron* cela, *Fam* ça; **give me t.** donne-moi ça; **t.'s right** c'est exact; **who's t.?** qui est-ce?; **t.'s the house** voilà la maison; **what do you mean by t.?** qu'entends-tu par là?; **t. is (to say)...** c'est-à-dire...

5 *adv Fam (so)* si; **not t. good** pas si bon que ça; **it cost t. much** ça a coûté tant que ça

thatched [θætʃt] *adj (roof)* de chaume; **t. cottage** chaumière *f*

thaw [θɔː] **1** *n* dégel *m* **2** *vt (snow, ice)* faire fondre; **to t. (out)** *(food)* se décongeler **3** *vi* dégeler; *(of snow, ice)* fondre; *(of food)* décongeler

the [ðə, *before vowel* ðɪ, *stressed* ðiː] *definite article* le, l', la, *pl* les; **of t., from t.** du, de l', de la, *pl* des; **to t., at t.** au, à l', à la, *pl* aux; **Elizabeth t. Second** Élisabeth Deux

theatre ['θɪətə(r)] *(Am* **theater***)* *n (place, art)* théâtre *m*; *Br* **(operating) t.** *(in hospital)* salle *f* d'opération ▪ **theatrical** [θɪ'ætrɪkəl] *adj also Fig* théâtral

theft [θeft] *n* vol *m*

their [ðeə(r)] *possessive adj* leur, *pl* leurs ■ **theirs** *possessive pron* le leur, la leur, *pl* les leurs; **this book is t.** ce livre est à eux *ou* est le leur; **a friend of t.** un ami à eux

them [ðəm, *stressed* ðem] *pron* les; *(after prep, 'than', 'it is')* eux *mpl*, elles *fpl*; **(to) t.** *(indirect)* leur; **I see t.** je les vois; **I gave it (to) t.** je le leur ai donné; **ten of t.** dix d'entre eux/elles; **all of t. came** tous sont venus, toutes sont venues; **I like all of t.** je les aime tous/toutes

theme [θi:m] *n* thème *m*; **t. tune** *(of TV, radio programme)* indicatif *m*; **t. park** parc *m* à thème

themselves [ðəm'selvz, *stressed* ðem'selvz] *pron* eux-mêmes *mpl*, elles-mêmes *fpl*; *(reflexive)* se, s'; *(after prep)* eux *mpl*, elles *fpl*; **they cut t.** ils/elles se sont coupé(e)s

then [ðen] **1** *adv (at that time)* à cette époque-là, alors; *(just a moment ago)* à ce moment-là; *(next)* ensuite, puis; *(therefore)* donc, alors; **from t. on** dès lors; **before t.** avant cela; **until t.** jusque-là, jusqu'alors **2** *adj* **the t. mayor** le maire d'alors

theory ['θɪərɪ] *(pl* **-ies**) *n* théorie *f*; **in t.** en théorie ■ **theoretical** *adj* théorique

therapy ['θerəpɪ] *(pl* **-ies**) *n* thérapeutique *f* ■ **therapeutic** [-'pju:tɪk] *adj* thérapeutique

there [ðeə(r)] *adv* là; **(down/over) t.** là-bas; **on t.** là-dessus; **she'll be t.** elle y sera; **t. is, t. are** il y a; *(pointing)* voilà; **t. he is** le voilà; **that man t.** cet homme-là; **t. (you are)!** *(take this)* tenez! ■ **thereabouts** *adv* dans les environs; *(in amount)* à peu près ■ **thereby** *adv Formal* ainsi ■ **therefore** *adv* donc

thermometer [θə'mɒmɪtə(r)] *n* thermomètre *m*

Thermos® ['θɜ:məs] *(pl* **-moses** [-məsəz]) *n* **T. (flask)** Thermos® *f*

thermostat ['θɜ:məstæt] *n* thermostat *m*

these [ði:z] *(sing* **this**) **1** *demonstrative adj* ces; *(opposed to 'those')* ces...-ci; **t. men** ces hommes(-ci); **t. ones** ceux-ci *mpl*, celles-ci *fpl* **2** *demonstrative pron* ceux-ci *mpl*, celles-ci *fpl*; **t. are my friends** ce sont mes amis

thesis ['θi:sɪs] *(pl* **theses** ['θi:si:z]) *n* thèse *f*

they [ðeɪ] *pron* (**a**) *(subject)* ils *mpl*, elles *fpl*; *(stressed)* eux *mpl*, elles *fpl*; **t. are doctors** ce sont des médecins (**b**) *(people in general)* on ■ **they'd** = **they had, they would** ■ **they'll** = **they will**

thick [θɪk] **1** (**-er, -est**) *adj* épais (*f* épaisse); *Fam (stupid)* lourd **2** *adv (spread)* en couche épaisse ■ **thickly** *adv (spread)* en couche épaisse

thicken ['θɪkən] **1** *vt* épaissir **2** *vi (of fog)* s'épaissir; *(of cream, sauce)* épaissir ■ **thickness** *n* épaisseur *f*

thick-skinned [θɪk'skɪnd] *adj (person)* peu susceptible

thief [θi:f] *(pl* **thieves**) *n* voleur, -euse *mf* ■ **thieving 1** *adj* voleur, -euse **2** *n* vol *m*

thigh [θaɪ] *n* cuisse *f*

thimble ['θɪmbəl] *n* dé *m* à coudre

thin [θɪn] **1** (**thinner, thinnest**) *adj (person, slice, paper)* mince; *(soup)* peu épais (*f* peu épaisse); *(crowd, hair)* clairsemé

2 *adv (spread)* en couche mince; *(cut)* en tranches minces

3 *(pt & pp* **-nn-**) *vt* **to t. (down)** *(paint)* diluer

4 *vi* **to t. out** *(of crowd, mist)* s'éclaircir ■ **thinly** *adv (spread)* en couche mince; *(cut)* en tranches minces

thing [θɪŋ] *n* chose *f*; **things** *(belongings, clothes)* affaires *fpl*; **poor little t.!** pauvre petit!; **how are things?,** *Fam* **how's things?** comment ça va?; **for one t.... and for another t....** d'abord... et ensuite...

think [θɪŋk] **1** *(pt & pp* **thought**) *vt* penser (**that** que); **I t. so** je pense *ou* crois que oui; **what do you t. of him?** que penses-tu de lui?; **to t. out** *(plan,* *method)* élaborer; *(reply)* réfléchir sérieusement à; **to t. sth over** réfléchir à qch; **to t. sth up** *(invent)* inventer qch

2 *vi* penser (**about/of** à); **to t. (carefully)** réfléchir (**about/of** à); **to t. of doing sth** penser à faire qch; **to t. highly of sb** penser beaucoup de bien de qn

3 *n Fam* **to have a t.** réfléchir (**about** à)

third [θɜːd] **1** *adj* troisième; **the T. World** le tiers-monde **2** *n* troisième *mf*; **a t.** *(fraction)* un tiers **3** *adv* **to come t.** *(in race)* se classer troisième ▪ **thirdly** *adv* troisièmement

third-party [θɜːd'pɑːtɪ] *adj* **t. insurance** assurance *f* au tiers

third-rate [θɜːd'reɪt] *adj* très inférieur

thirst [θɜːst] *n* soif *f* (**for** de) ▪ **thirsty** (**-ier, -iest**) *adj* **to be** *or* **feel t.** avoir soif; **to make sb t.** donner soif à qn

thirteen [θɜː'tiːn] *adj & n* treize *(m)* ▪ **thirteenth** *adj & n* treizième *(mf)*

thirty ['θɜːtɪ] *adj & n* trente *(m)* ▪ **thirtieth** *adj & n* trentième *(mf)*

this [ðɪs] **1** (*pl* **these**) *demonstrative adj* ce, cet *(before vowel or mute h)*, cette; *(opposed to 'that')* ce…-ci; **t. man** cet homme(-ci); **t. one** celui-ci *m*, celle-ci *f*

2 (*pl* **these**) *demonstrative pron (subject)* ce, ceci; *(object)* ceci; **I prefer t.** je préfère celui-ci; **who's t.?** qui est-ce?; **t. is Paul** c'est Paul; *(pointing)* voici Paul

3 *adv (so)* **t. high** *(pointing)* haut comme ceci; **t. far** *(until now)* jusqu'ici

thistle ['θɪsəl] *n* chardon *m*

thorn [θɔːn] *n* épine *f*

thorough ['θʌrə] *adj (search, cleaning, preparation)* minutieux, -euse; *(knowledge, examination)* approfondi ▪ **thoroughly** *adv (completely)* tout à fait; *(carefully)* avec minutie; *(know, clean, wash)* à fond

thoroughfare ['θʌrəfeə(r)] *n Br* **'no t.'** 'passage interdit'

those [ðəʊz] **1** (*sing* **that**) *demonstrative adj* ces; *(opposed to 'these')* ces…-là; **t. men** ces hommes(-là); **t. ones** ceux-là *mpl*, celles-là *fpl*

2 (*sing* **that**) *demonstrative pron* ceux-là *mpl*, celles-là *fpl*; **t. are my friends** ce sont mes amis

though [ðəʊ] **1** *conj* bien que *(+ subjunctive)*; **(even) t.** même si; **as t.** comme si; **strange t. it may seem** si étrange que cela puisse paraître **2** *adv (however)* pourtant

thought [θɔːt] **1** *pt & pp of* **think 2** *n* pensée *f*; **(careful) t.** réflexion *f*; **to have second thoughts** changer d'avis; *Br* **on second thoughts,** *Am* **on second t.** à la réflexion

thoughtful ['θɔːtfəl] *adj (considerate, kind)* attentionné; *(pensive)* pensif, -ive

thoughtless ['θɔːtləs] *adj* irréfléchi

thousand ['θaʊzənd] *adj & n* mille *(m) inv*; **a t. pages** mille pages; **two t. pages** deux mille pages; **thousands of** des milliers de

thrash [θræʃ] **1** *vt* **to t. sb** donner une correction à qn; *(defeat)* écraser qn **2** *vi* **to t. around** *or* **about** *(struggle)* se débattre ▪ **thrashing** *n (beating)* correction *f*

thread [θred] **1** *n (yarn) & Fig* fil *m*; *(of screw)* filetage *m* **2** *vt (needle, beads)* enfiler

threat [θret] *n* menace *f* ▪ **threaten 1** *vt* menacer (**to do** de faire; **with sth** de qch) **2** *vi* menacer ▪ **threatening** *adj* menaçant

three [θriː] *adj & n* trois *(m)* ▪ **three-dimensional** *adj* à trois dimensions ▪ **threefold 1** *adj* triple **2** *adv* **to increase t.** tripler ▪ **three-piece** *adj Br* **t. suite** canapé *m* et deux fauteuils assortis ▪ **three-quarters 1** *n* **t. (of)** les trois quarts *mpl* (de) **2** *adv* **it's t. full** c'est aux trois quarts plein

threshold ['θreʃhəʊld] *n* seuil *m*

threw [θruː] *pt of* **throw**

thrifty ['θrɪftɪ] (**-ier, -iest**) *adj* économe

thrill [θrɪl] **1** *n* frisson *m*; **to get a t. out of doing sth** prendre plaisir à faire qch **2** *vt (delight)* réjouir; *(excite)* faire frissonner ▪ **thrilled** *adj* ravi (**with sth** de qch; **to do** de faire) ▪ **thriller** *n* thriller *m* ▪ **thrilling** *adj* passionnant

thrive [θraɪv] *vi (of business, person, plant)* prospérer; **to t. on sth** avoir besoin de qch pour s'épanouir ▪ **thriving** *adj (business)* prospère

throat [θrəʊt] *n* gorge *f*

throb [θrɒb] (*pt & pp* **-bb-**) *vi (of heart)* palpiter; **my head is throbbing** j'ai une douleur lancinante dans la tête

throes [θrəʊz] *npl* **in the t. of** au milieu de; *(illness, crisis)* en proie à; **in the t. of doing sth** en train de faire qch

throne [θrəʊn] *n* trône *m*

throttle ['θrɒtəl] **1** *n (accelerator)* manette *f* des gaz **2** *vt (strangle)* étrangler

through [θru:] **1** *prep (place)* à travers; *(by means of)* par; *(because of)* à cause de; **t. the window/door** par la fenêtre/porte; **t. ignorance** par ignorance; *Am* **Tuesday t. Saturday** de mardi à samedi

2 *adv* à travers; **to go t.** *(of bullet, nail)* traverser; **to let sb t.** laisser passer qn; **to be t. with sb/sth** *(finished)* en avoir fini avec qn/qch; **t. to** *or* **till** jusqu'à; **I'll put you t. (to him)** *(on telephone)* je vous le passe

3 *adj (train, ticket)* direct; *Br* **'no t. road'** *(no exit)* 'voie sans issue'

throughout [θru:'aʊt] **1** *prep* **t. the neighbourhood** dans tout le quartier; **t. the day** pendant toute la journée **2** *adv (everywhere)* partout; *(all the time)* tout le temps

throw [θrəʊ] **1** *n (in sport)* lancer *m*; *(of dice)* coup *m* **2** (*pt* **threw,** *pp* **thrown**) *vt* jeter (**to/at** à); *(javelin, discus)* lancer; *(image, shadow)* projeter; *(of horse)* désarçonner; *(party)* donner; *Fam (baffle)* déconcerter

▸ **throw away** *vt sep (discard)* jeter; *Fig (life, chance)* gâcher

▸ **throw back** *vt sep (ball)* renvoyer (**to** à); *(one's head)* rejeter en arrière

▸ **throw in** *vt sep Fam (include as extra)* donner en prime

▸ **throw out** *vt sep (unwanted object)* jeter; *(suggestion)* repousser; *(expel)* mettre à la porte

▸ **throw up** *vi Fam (vomit)* vomir

thrown [θrəʊn] *pp of* **throw**

thrush [θrʌʃ] *n (bird)* grive *f*

thrust [θrʌst] **1** *n (movement)* mouvement *m* en avant; *(of argument)* idée *f* principale **2** (*pt & pp* **thrust**) *vt* **to t. sth into sth** enfoncer qch dans qch; **to t. sb/sth aside** écarter qn/qch

thud [θʌd] *n* bruit *m* sourd

thug [θʌg] *n* voyou *m* (*pl* -ous)

thumb [θʌm] **1** *n* pouce *m* **2** *vt Fam* **to t. a lift** *or* **a ride** faire du stop **3** *vi* **to t. through a book** feuilleter un livre

thump [θʌmp] **1** *n (blow)* coup *m*; *(noise)* bruit *m* sourd **2** *vt (hit)* frapper; **to t. one's head** se cogner la tête (**on** contre) **3** *vi* frapper, cogner (**on** sur); *(of heart)* battre la chamade

thunder ['θʌndə(r)] **1** *n* tonnerre *m* **2** *vi* tonner; **to t. past** *(of train, truck)* passer dans un bruit de tonnerre ▪ **thunderstorm** *n* orage *m*

Thursday ['θɜ:zdeɪ] *n* jeudi *m*

thus [ðʌs] *adv* ainsi

thyme [taɪm] *n* thym *m*

tic [tɪk] *n* tic *m*

tick [tɪk] **1** *n (of clock)* tic-tac *m inv*; *(mark)* ≃ croix *f*; *Fam (moment)* instant *m* **2** *vt* **to t. sth (off)** *(on list)* cocher qch **3** *vi* faire tic-tac; *Br* **to t. over** *(of engine, factory)* tourner au ralenti ▪ **ticking** *n (of clock)* tic-tac *m inv*

tickle ['tɪkəl] *vt* chatouiller; *Fig (amuse)* amuser ▪ **ticklish** *adj (person)* chatouilleux, -euse

ticket ['tɪkɪt] *n* billet *m*; *(for bus, metro)* ticket *m*; *Fam (for parking, speeding)* contravention *f*; **(price) t.** étiquette *f*; **t. collector** contrôleur, -euse *mf*; **t. office** guichet *m*

tidbit ['tɪdbɪt] *n Am (food)* bon morceau *m*

tide [taɪd] **1** *n* marée *f* **2** *vt* **to t. sb over** dépanner qn

tidy ['taɪdɪ] **1** (**-ier, -iest**) *adj (place, toys)* bien rangé; *(clothes, hair)* soigné; *(person) (methodical)* ordonné; *(in appearance)* soigné **2** *vt* **to t. sth (up** *or* **away)** ranger qch; **to t. sth out** mettre de l'ordre dans qch; **to t. oneself up** s'arranger **3** *vi* **to t. up** ranger ▪ **tidily** *adv (put away)* soigneusement, avec soin

tie [taɪ] **1** *n (garment)* cravate *f*; *(link)* lien *m*; *(draw)* égalité *f*; *(drawn match)* match *m* nul **2** *vt (fasten)* attacher (**to** à); *(knot)* faire (**in** à); *(shoe)* lacer **3** *vi (draw)* être à égalité; *(at end of match)* faire match nul; *(in race)* être ex aequo

▸ **tie down** *vt sep* attacher

▸ **tie in** *vi (of facts)* concorder

▸ **tie up** *vt sep (animal)* attacher; *(parcel)* ficeler; *(money)* immobiliser; *Fig* **to be tied up** *(busy)* être occupé

tier [tɪə(r)] *n (of seats)* gradin *m*; *(of cake)* étage *m*

tiger ['taɪgə(r)] *n* tigre *m*

tight [taɪt] **1** (**-er, -est**) *adj (clothes, knot, race, bend)* serré; *(control)* strict; *Fam (mean)* radin **2** *adv (hold, shut)* bien; *(squeeze)* fort; **to sit t.** ne pas bouger ▪ **tight-fitting** *adj (garment)* ajusté ▪ **tightly** *adv (hold)* bien; *(squeeze)* fort ▪ **tightrope** *n* corde *f* raide

tighten ['taɪtən] *vt* **to t. (up)** *(bolt)* serrer; *(rope)* tendre; *Fig (security)* renforcer

tights [taɪts] *npl Br (garment)* collant *m*

tile [taɪl] **1** *n (on roof)* tuile *f*; *(on wall, floor)* carreau *m* **2** *vt (wall, floor)* carreler ▪ **tiled** *adj (roof)* de tuiles; *(wall, floor)* carrelé

till[1] [tɪl] *prep & conj* = **until**

till[2] [tɪl] *n Br (for money)* caisse *f* enregistreuse

tilt [tɪlt] **1** *n* inclinaison *f* **2** *vti* pencher

timber ['tɪmbə(r)] *n Br (wood)* bois *m* (de construction)

time [taɪm] **1** *n* temps *m*; *(period, moment)* moment *m*; *(age)* époque *f*; *(on clock)* heure *f*; *(occasion)* fois *f*; *Mus* mesure *f*; **in t., with t.** avec le temps; **it's t. to do sth** il est temps de faire qch; **some of the t.** *(not always)* une partie du temps; **most of the t.** la plupart du temps; **all (of) the t.** tout le temps; **in a year's t.** dans un an; **a long t.** longtemps; **a short t.** peu de temps; **to have a good** *or* **a nice t.** s'amuser (bien); **to have t. off** avoir du temps libre; **in no t. (at all)** en un rien de temps; **(just) in t.** *(arrive)* à temps (**for sth** pour qch; **to do** pour faire); **from t. to t.** de temps en temps; **what t. is it?** quelle heure est-il?; **the right** *or* **exact t.** l'heure *f* exacte; **on t.** à l'heure; **at the same t.** en même temps (**as** que); *(simultaneously)* à la fois; **for the t. being** pour le moment; **at the** *or* **that t.** à ce moment-là; **at times** parfois; **(the) next t. you come** la prochaine fois que tu viendras; **(the) last t.** la dernière fois; **one at a t.** un à un; **ten times ten** dix fois dix; **t. difference** décalage *m* horaire; **t. limit** délai *m*; **t. zone** fuseau *m* horaire
2 *vt (sportsman, worker)* chronométrer; *(activity, programme)* minuter; *(choose the time of)* choisir le moment de; *(plan)* prévoir ▪ **time-consuming** *adj* qui prend du temps

timely ['taɪmlɪ] *adj* à propos

timer ['taɪmə(r)] *n (device)* minuteur *m*; *(sand-filled)* sablier *m*; *(built into appliance)* programmateur *m*; *(plugged into socket)* prise *f* programmable

timetable ['taɪmteɪbəl] *n* horaire *m*; *(in school)* emploi *m* du temps

timid ['tɪmɪd] *adj* timide

timing ['taɪmɪŋ] *n (of election)* moment *m* choisi; *(of musician)* sens *m* du rythme

tin [tɪn] *n (metal)* étain *m*; *Br (can)*

boîte *f*; **cake t.** moule *m* à gâteaux; **t. opener** ouvre-boîtes *m inv* ▪ **tinfoil** *n* papier *m* aluminium

tinge [tɪndʒ] *n* pointe *f* ▪ **tinged** *adj* **t. with sth** teinté de qch

tingle ['tɪŋgəl] *vi* picoter

tinker ['tɪŋkə(r)] *vi* **to t. (about** *or* **around) with sth** bricoler qch

tinkle ['tɪŋkəl] *vi* tinter

tinned [tɪnd] *adj Br* **t. pears/salmon** poires *fpl*/saumon *m* en boîte; **t. food** conserves *fpl*

tinsel ['tɪnsəl] *n* guirlandes *fpl* de Noël

tint [tɪnt] *n* teinte *f*; *(for hair)* rinçage *m* ▪ **tinted** *adj (paper, glass)* teinté

tiny ['taɪnɪ] (**-ier, -iest**) *adj* minuscule

tip[1] [tɪp] *n (end)* bout *m*; *(pointed)* pointe *f*

tip[2] [tɪp] **1** *n Br (rubbish dump)* décharge *f* **2** (*pt & pp* **-pp-**) *vt (pour)* déverser; **to t. sth up** *or* **over** renverser qch; **to t. sth out** *(liquid, load)* déverser qch (**into** dans) **3** *vi* **to t. (up** *or* **over)** *(tilt)* se renverser; *(overturn)* basculer

tip[3] [tɪp] **1** *n (money)* pourboire *m*; *(advice)* conseil *m*; *(information)* tuyau *m* **2** (*pt & pp* **-pp-**) *vt (waiter)* donner un pourboire à; **to t. off** *(police)* prévenir

tipsy ['tɪpsɪ] (**-ier, -iest**) *adj (drunk)* éméché, gai

tiptoe ['tɪptəʊ] **1** *n* **on t.** sur la pointe des pieds **2** *vi* marcher sur la pointe des pieds; **to t. into/out of a room** entrer dans une pièce/sortir d'une pièce sur la pointe des pieds

tire[1] ['taɪə(r)] **1** *vt* fatiguer; **to t. sb out** épuiser qn **2** *vi* se fatiguer ▪ **tired** *adj* fatigué; **to be t. of sth/doing sth** en avoir assez de qch/de faire qch ▪ **tiredness** *n* fatigue *f* ▪ **tireless** *adj* infatigable ▪ **tiresome** *adj* ennuyeux, -euse ▪ **tiring** *adj* fatigant

tire[2] ['taɪə(r)] *n Am* pneu *m* (*pl* pneus)

tissue ['tɪʃuː] *n (handkerchief)* mouchoir *m* en papier; *Biol* tissu *m*; **t. paper** papier *m* de soie

titbit ['tɪtbɪt] *n Br (food)* bon morceau *m*

titillate ['tɪtɪleɪt] *vt* exciter

title ['taɪtəl] **1** *n (name, claim, in sport)* titre *m*; **t. role** *(in film, play)* rôle-titre *m* **2** *vt* intituler

titter ['tɪtə(r)] *vi* rire bêtement

TO [tə, *stressed* tuː] **1** *prep* (**a**) *(towards)* à; *(until)* jusqu'à; **give it to him/her** donne-le-lui; **to go to town** aller en ville; **to go to France/Portugal** aller en France/au Portugal; **to go to the butcher's** aller chez le boucher; **the road to London** la route de Londres; **the train to Paris** le train pour Paris; **kind/cruel to sb** gentil/cruel envers qn; **to my surprise** à ma grande surprise; **it's ten (minutes) to one** il est une heure moins dix; **ten to one** *(proportion)* dix contre un; **one person to a room** une personne par chambre

(**b**) *(with infinitive)* **to say/jump** dire/sauter; **(in order) to do sth** pour faire qch; **she tried to** elle a essayé

(**c**) *(with adjective)* **I'd be happy to do it** je serais heureux de le faire; **it's easy to do** c'est facile à faire

2 *adv* **to push the door to** fermer la porte; **to go** *or* **walk to and fro** aller et venir

---

toad [təʊd] *n* crapaud *m*

toadstool ['təʊdstuːl] *n* champignon *m* vénéneux

toast[1] [təʊst] **1** *n (bread)* pain *m* grillé **2** *vt (bread)* faire griller ▪ **toaster** *n* grille-pain *m inv*

toast[2] [təʊst] **1** *n (drink)* toast *m* **2** *vt (person)* porter un toast à; *(success, event)* arroser

tobacco [tə'bækəʊ] (*pl* **-os**) *n* tabac *m*; *Am* **t. store** (bureau *m* de) tabac ▪ **tobacconist** [-kənɪst] *n* buraliste *mf*; *Br* **t.'s (shop)** (bureau *m* de) tabac *m*

toboggan [tə'bɒgən] *n* luge *f*

today [tə'deɪ] *adv* aujourd'hui

toddler ['tɒdlə(r)] *n* enfant *mf* (en bas âge)

toe [təʊ] **1** *n* orteil *m* **2** *vt* **to t. the line** bien se tenir

toffee ['tɒfɪ] *n Br* caramel *m* (dur); **t. apple** pomme *f* d'amour

together [tə'geðə(r)] *adv* ensemble; *(at the same time)* en même temps

toil [tɔɪl] **1** *n* labeur *m* **2** *vi* travailler dur

toilet ['tɔɪlɪt] *n Br (room)* toilettes *fpl*; *(bowl, seat)* cuvette *f* des toilettes; *Br* **to go to the t.** aller aux toilettes; **t. paper** papier *m* hygiénique; **t. roll** rouleau *m* de papier hygiénique; *(paper)* papier *m* hygiénique ▪ **toiletries** *npl* articles *mpl* de toilette

token ['təʊkən] **1** *n (for vending machine)* jeton *m*; *(symbol)* signe *m*; *Br* **book t.** chèque-livre *m* **2** *adj* symbolique

told [təʊld] **1** *pt & pp of* **tell 2** *adv* **all t.** *(taken together)* en tout

tolerable ['tɒlərəbəl] *adj (bearable)* tolérable; *(fairly good)* acceptable

tolerant ['tɒlərənt] *adj* tolérant (**of** à l'égard de) ▪ **tolerance** *n* tolérance *f*

tolerate ['tɒləreɪt] *vt* tolérer

toll [təʊl] **1** *n* (**a**) *(fee)* péage *m*; **t. road/bridge** route *f*/pont *m* à péage (**b**) **the death t.** le nombre de morts; *Fig* **to take its t.** faire des dégâts **2** *vi (of bell)* sonner ▪ **toll-free** *Am* **1** *adj* **t. number** ≃ numéro *m* vert **2** *adv (call)* gratuitement

tomato [*Br* tə'mɑːtəʊ, *Am* tə'meɪtəʊ] (*pl* **-oes**) *n* tomate *f*; **t. sauce** sauce *f* tomate

tomb [tuːm] *n* tombeau *m* ▪ **tombstone** *n* pierre *f* tombale

tomorrow [tə'mɒrəʊ] *adv & n* demain *(m)*; **t. morning/evening** demain matin/soir; **the day after t.** après-demain

ton [tʌn] *n* tonne *f*; *Fam* **tons of** *(lots of)* des tonnes de

tone [təʊn] **1** *n* ton *m*; *(of telephone, radio)* tonalité *f*; *(of answering machine)* signal *m* sonore; *Br* **the engaged t.** *(on telephone)* la sonnerie 'occupé' **2** *vt* **to t. sth down** atténuer qch; **to t. up** *(muscles, skin)* tonifier

tongs [tɒŋz] *npl* pinces *fpl*; **sugar t.** pince *f* à sucre; **curling t.** fer *m* à friser

tongue [tʌŋ] *n (in mouth, language)* langue *f*

tonic ['tɒnɪk] *n (medicine)* fortifiant *m*; **t. (water)** Schweppes® *m*; **gin and t.** gin-tonic *m*

tonight [tə'naɪt] *adv & n (this evening)* ce soir *(m)*; *(during the night)* cette nuit *(f)*

tonne [tʌn] *n (metric)* tonne *f*

tonsil ['tɒnsəl] *n* amygdale *f* ▪ **tonsillitis** [-'laɪtɪs] *n* **to have t.** avoir une angine

too [tuː] *adv* (**a**) *(excessively)* trop; **t. tired to play** trop fatigué pour jouer; **t. much, t. many** trop; **t. much salt** trop de sel; **t. many people** trop de gens; **one t. many** un de trop (**b**) *(also)* aussi; *(moreover)* en plus

took [tʊk] *pt of* **take**

tool [tuːl] *n* outil *m*; **t. bag, t. kit** trousse *f* à outils

tooth [tuːθ] (*pl* **teeth**) *n* dent *f*; **t. decay** carie *f* dentaire ▪ **toothache** *n* mal *m* de dents; **to have t.** avoir mal aux dents ▪ **toothbrush** *n* brosse *f* à dents ▪ **toothpaste** *n* dentifrice *m*

top[1] [tɒp] **1** *n (of mountain, tower, tree)* sommet *m*; *(of wall, ladder, page)* haut *m*; *(of table, box, surface)* dessus *m*; *(of list)* tête *f*; *(of bottle, tube)* bouchon *m*; *(crown cap)* capsule *f*; *(of pen)* capuchon *m*; *(garment)* haut *m*; **(at the) t. of the class** le premier/la première de la classe; **on t.** dessus; *(in bus)* en haut; **on t. of** sur; *Fig (in addition to)* en plus de; **from t. to bottom** de fond en comble; *Fam* **over the t.** *(excessive)* exagéré

2 *adj (drawer, shelf)* du haut; *(step, layer)* dernier, -ère; *(upper)* supérieur; *(in rank, exam)* premier, -ère; *(chief)* principal; *(best)* meilleur; **on the t. floor** au dernier étage; **at t. speed** à toute vitesse; **t. hat** haut-de-forme *m* ▪ **top-secret** *adj* top secret *inv* ▪ **topsy-turvy** *adj & adv* sens dessus dessous [sɑ̃dsydsu]

top[2] [tɒp] *(pt & pp* **-pp-**) *vt (exceed)* dépasser; *Br* **to t. up** *(glass)* remplir (de nouveau); **topped with cream** nappé de crème ■ **topping** *n (of pizza)* garniture *f*

top[3] [tɒp] *n* **(spinning) t.** toupie *f*

topic ['tɒpɪk] *n* sujet *m* ■ **topical** *adj* d'actualité

topple ['tɒpəl] *vi* **to t. (over)** tomber

torch [tɔːtʃ] *n Br (electric)* lampe *f* de poche; *(flame)* torche *f*

tore [tɔː(r)] *pt of* **tear**[1]

torment 1 ['tɔːment] *n* supplice *m* **2** [tɔː'ment] *vt* tourmenter

torn [tɔːn] *pp of* **tear**[1]

tornado [tɔː'neɪdəʊ] (*pl* **-oes**) *n* tornade *f*

torpedo [tɔː'piːdəʊ] **1** (*pl* **-oes**) *n* torpille *f* **2** *vt* torpiller

torrent ['tɒrənt] *n* torrent *m* ■ **torrential** [tɒ'renʃəl] *adj* **t. rain** pluie *f* torrentielle

tortoise ['tɔːtəs] *n* tortue *f*

tortuous ['tɔːtʃʊəs] *adj* tortueux, -euse

torture ['tɔːtʃə(r)] **1** *n* torture *f*; *Fig* **it's (sheer) t.!** quel supplice! **2** *vt* torturer

Tory ['tɔːrɪ] *Pol* **1** *n* tory *m* **2** *adj* tory *inv*

toss [tɒs] **1** *vt (throw)* lancer (**to** à); *(pancake)* faire sauter; **to t. sb (about)** *(of boat, vehicle)* ballotter qn; **to t. a coin** jouer à pile ou face **2** *vi* **to t. (about), to t. and turn** *(in bed)* se tourner et se retourner; **let's t. up, let's t. (up) for it** jouons-le à pile ou face

tot [tɒt] **1** *n* **(tiny) t.** tout-petit *m* **2** (*pt & pp* **-tt-**) *vt Fam* **to t. up** *(total)* additionner

total ['təʊtəl] **1** *adj* total; **the t. sales** le total des ventes **2** *n* total *m*; **in t.** au total **3** (*Br* **-ll-**, *Am* **-l-**) *vt (of sum)* s'élever à; **to t. (up)** *(find the total of)* totaliser; **that totals $9** ça fait 9 dollars en tout ■ **totally** *adv* totalement

totter ['tɒtə(r)] *vi* chanceler

touch [tʌtʃ] **1** *n (contact)* contact *m*; *(sense)* toucher *m*; *(of painter)* touche *f*; **a t. of** *(small amount)* une pointe de; **to have a t. of flu** être un peu grippé; **to be/get in t. with sb** être/se mettre en contact avec qn

2 *vt* toucher; *(interfere with, eat)* toucher à

3 *vi (of lines, hands, ends)* se toucher; **don't t.!** ne touche pas! ■ **touchdown** *n (of aircraft)* atterrissage *m*; *(in American football)* but *m* ■ **touched** *adj (emotionally)* touché (**by** de) ■ **touching** *adj (moving)* touchant ■ **touchline** *n* ligne *f* de touche

▸ **touch down** *vi (of plane)* atterrir

▸ **touch on** *vt insep* aborder

▸ **touch up** *vt sep (photo)* retoucher

touchy ['tʌtʃɪ] (**-ier, -iest**) *adj (sensitive)* susceptible (**about** à propos de)

tough [tʌf] (**-er, -est**) *adj (strict, hard)* dur; *(sturdy)* solide ■ **toughen** *vt (body, person)* endurcir

toupee ['tuːpeɪ] *n* postiche *m*

tour [tʊə(r)] **1** *n (journey)* voyage *m*; *(visit)* visite *f*; *(by artiste, team)* tournée *f*; *(on bicycle, on foot)* randonnée *f*; **to go on t.** *(of artiste, team)* être en tournée; **(package) t.** voyage *m* organisé; **t. guide** guide *mf*; **t. operator** voyagiste *m* **2** *vt* visiter; *(of artiste, team)* être en tournée en/dans

tourism ['tʊərɪzəm] *n* tourisme *m* ■ **tourist 1** *n* touriste *mf* **2** *adj (region)* touristique; **t. office** syndicat *m* d'initiative

tournament ['tʊənəmənt] *n (in sport) & Hist* tournoi *m*

tout [taʊt] **1** *n* racoleur, -euse *mf* **2** *vi* **to t. for trade** racoler des clients

tow [təʊ] *vt* remorquer; **to t. a car away** *(of police)* mettre une voiture à la fourrière

toward(s) [tə'wɔːd(z)] *prep* vers; *(of feelings)* envers; **cruel t. sb** cruel envers qn

towel ['taʊəl] *n* serviette *f* (de toilette); **(kitchen) t.** *(paper)* essuie-tout *m inv*

tower ['taʊə(r)] **1** *n* tour *f*; *Br* **t. block** tour **2** *vi* **to t. over sb/sth** dominer qn/qch

town [taʊn] *n* ville *f*; **to go into t.** aller en ville; **t. centre** centre-ville *m*; *Br* **t.**

council conseil *m* municipal; *Br* **t. hall** mairie *f*; *Br* **t. planning** urbanisme *m*

toxic ['tɒksɪk] *adj* toxique

toy [tɔɪ] **1** *n* jouet *m*; **t. shop** magasin *m* de jouets **2** *adj (gun)* d'enfant; *(car, train)* miniature **3** *vi* **to t. with an idea** caresser une idée

trace [treɪs] **1** *n* trace *f*; **without t.** sans laisser de traces **2** *vt (diagram, picture)* tracer; *(person)* retrouver la trace de; **to t. sth back to...** faire remonter qch à... ▪ **tracing** *n (drawing)* calque *m*; **t. paper** papier-calque *m*

track [træk] **1** *n (mark)* trace *f*; *(trail)* piste *f*; *(path)* chemin *m*, piste *f*; *(for trains)* voie *f*; *(of record, CD, tape)* morceau *m*; *Am (racetrack)* champ *m* de courses; **to keep t. of sth** surveiller qch; **to lose t. of** *(friend)* perdre de vue; **to be on the right t.** être sur la bonne voie; **t. event** *(in athletics)* épreuve *f* sur piste; *Fig* **t. record** passé *m*
2 *vt* **to t. (down)** *(find)* retrouver ▪ **tracksuit** *n* survêtement *m*

tractor ['træktə(r)] *n* tracteur *m*

trade [treɪd] **1** *n* commerce *m*; *(job)* métier *m*; *(exchange)* échange *m*
2 *adj (fair, balance, route)* commercial; *(price)* de (demi-)gros; *(secret)* de fabrication; *(barrier)* douanier, -ère; *Br* **t. union** syndicat *m*
3 *vt (exchange)* échanger (**for** contre); **to t. sth in** *(old article)* faire reprendre qch
4 *vi* faire du commerce (**with** avec); **to t. in** *(sugar)* faire le commerce de ▪ **trademark** *n* marque *f* de fabrique ▪ **trader** *n Br (shopkeeper)* commerçant, -e *mf*; *(on Stock Exchange)* opérateur, -trice *mf*; *Br* **street t.** vendeur, -euse *mf* de rue ▪ **tradesman** *(pl* **-men)** *n Br* commerçant *m*

trading ['treɪdɪŋ] **1** *n* commerce *m* **2** *adj (port, debts, activity)* commercial

tradition [trə'dɪʃən] *n* tradition *f* ▪ **traditional** *adj* traditionnel, -elle

traffic ['træfɪk] **1** *n* (**a**) *(on road)* circulation *f*; *(air, sea, rail)* trafic *m*; *Am* **t. circle** rond-point *m*; **t. island** refuge *m* (pour piétons); **t. jam** embouteillage *m*; **t. lights** feux *mpl* (de signalisation); **t. warden** contractuel, -elle *mf* (**b**) *Pej (trade)* trafic *m* (**in** de) **2** *(pt & pp* **-ck-**) *vi* trafiquer (**in** de) ▪ **trafficker** *n Pej* trafiquant, -e *mf*

tragedy ['trædʒədɪ] *(pl* **-ies**) *n* tragédie *f* ▪ **tragic** *adj* tragique

trail [treɪl] **1** *n (of smoke, blood, powder)* traînée *f*; *(path)* piste *f*, sentier *m*
2 *vt (drag)* traîner; *(follow)* suivre
3 *vi (drag)* traîner; *(of plant)* ramper; *(move slowly)* se traîner; **to be trailing (behind)** *(in sporting contest)* être mené ▪ **trailer** *n* (**a**) *(for car)* remorque *f*; *Am (caravan)* caravane *f*; *Am (camper)* camping-car *m* (**b**) *(advertisement for film)* bande-annonce *f*

train [treɪn] **1** *n* (**a**) *(engine, transport)* train *m*; *(underground)* rame *f*; **t. set** *(toy)* petit train *m* (**b**) *(procession)* file *f*; *(of events)* suite *f*; *(of dress)* traîne *f*; **my t. of thought** le fil de ma pensée
2 *vt (person)* former (**to do** à faire); *(sportsman)* entraîner; *(animal)* dresser (**to do** à faire); **to t. oneself to do sth** s'entraîner à faire qch; **to t. sth on sb/sth** *(aim)* braquer qch sur qn/qch
3 *vi (of sportsman)* s'entraîner; **to t. as a nurse** faire une formation d'infirmière ▪ **trained** *adj (skilled)* qualifié; *(nurse, engineer)* diplômé ▪ **training** *n* formation *f*; *(in sport)* entraînement *m*; *(of animal)* dressage *m*; **to be in t.** *(of sportsman)* s'entraîner

trainee [treɪ'niː] *n & adj* stagiaire *(mf)*

trainer ['treɪnə(r)] *n (of athlete, racehorse)* entraîneur *m*; *(of animals)* dresseur *m*; *Br* **trainers** *(shoes)* chaussures *fpl* de sport

traipse [treɪps] *vi Fam* **to t. around** *(tiredly)* traîner les pieds; *(wander)* se balader

trait [treɪt] *n* trait *m* (de caractère)

traitor ['treɪtə(r)] *n* traître *m*, traîtresse *f*

tram [træm] *n* tram(way) *m*

tramp [træmp] **1** *n Br (vagrant)* clochard, -e *mf* **2** *vi* marcher d'un pas lourd

trample ['træmpəl] *vti* **to t. sth (underfoot), to t. on sth** piétiner qch

trampoline [træmpə'li:n] *n* trampoline *m*

trance [trɑ:ns] *n* **to be in a t.** être en transe

tranquillizer ['træŋkwɪlaɪzə(r)] (*Am* **tranquilizer**) *n* tranquillisant *m*

transaction [træn'zækʃən] *n* opération *f*, transaction *f*

transatlantic [trænzət'læntɪk] *adj* transatlantique

transcend [træn'send] *vt* transcender

transfer 1 ['trænsfɜ:(r)] *n* transfert *m* (**to** à); *(of political power)* passation *f*; *Br (picture, design)* décalcomanie *f*; **credit t.** virement *m* bancaire

2 [træns'fɜ:(r)] *(pt & pp* **-rr-**) *vt* transférer (**to** à); *(political power)* faire passer (**to** à)

3 [træns'fɜ:(r)] *vi* être transféré (**to** à)

transform [træns'fɔ:m] *vt* transformer (**into** en) ▪ **transformation** [-fə'meɪʃən] *n* transformation *f* ▪ **transformer** *n El* transformateur *m*

transfusion [træns'fju:ʒən] *n* **(blood) t.** transfusion *f* (sanguine)

transit ['trænzɪt] *n* **in t.** en transit

transition [træn'zɪʃən] *n* transition *f*

transitional [træn'zɪʃənəl] *adj* de transition

transitive ['trænsɪtɪv] *adj (verb)* transitif

translate [trænz'leɪt] *vt* traduire (**from** de; **into** en) ▪ **translation** *n* traduction *f* ▪ **translator** *n* traducteur, -trice *mf*

transmit [trænz'mɪt] **1** *(pt & pp* **-tt-**) *vt* transmettre **2** *vti (broadcast)* émettre ▪ **transmission** *n* transmission *f*; *(broadcast)* émission *f* ▪ **transmitter** *n (for radio, TV)* émetteur *m*

transparent [træn'spærənt] *adj* transparent

transpire [træn'spaɪə(r)] *vi Fam (happen)* arriver; **it transpired that…** il s'est avéré que…

transplant 1 ['trænsplɑ:nt] *n (surgical)* greffe *f*, transplantation *f* **2** [træns'plɑ:nt] *vt* transplanter

transport 1 ['trænspɔ:t] *n* transport *m* (**of** de); *Br* **t. café** routier *m (restaurant)* **2** [træn'spɔ:t] *vt* transporter

transpose [træn'spəʊz] *vt* transposer

transvestite [trænz'vestaɪt] *n* travesti *m*

trap [træp] **1** *n* piège *m* **2** *(pt & pp* **-pp-**) *vt* prendre au piège; **to t. one's finger** se coincer le doigt (**in** dans) ▪ **trapdoor** *n* trappe *f*

trappings ['træpɪŋz] *npl* signes *mpl* extérieurs

trash [træʃ] *n (nonsense)* bêtises *fpl*; *(junk)* bric-à-brac *m inv*; *Am (waste)* ordures *fpl*; *(riffraff)* racaille *f*; *Am* **t. can** poubelle *f* ▪ **trashy** (**-ier, -iest**) *adj Fam* à la noix

trauma ['trɔ:mə] *n* traumatisme *m* ▪ **traumatic** [-'mætɪk] *adj* traumatisant ▪ **traumatize** *vt* traumatiser

travel ['trævəl] **1** *n* voyage *m*; **t. agent** agent *m* de voyages; **t. insurance** assurance *f* voyage; **t. sickness** *(in car)* mal *m* de la route; *(in aircraft)* mal *m* de l'air

2 (*Br* **-ll-**, *Am* **-l-**) *vt (country, distance, road)* parcourir

3 *vi (of person)* voyager; *(of vehicle, light, sound)* se déplacer ▪ **travelling** (*Am* **traveling**) **1** *n* voyages *mpl* **2** *adj (bag, clothes)* de voyage; *(expenses)* de déplacement; *(musician, circus)* ambulant

traveller ['trævələ(r)] (*Am* **traveler**) *n* voyageur, -euse *mf*; **t.'s cheque** chèque *m* de voyage

travesty ['trævəstɪ] (*pl* **-ies**) *n* parodie *f*; **a t. of justice** un simulacre de justice

tray [treɪ] *n* plateau *m*; *(in office)* corbeille *f*; **baking t.** plaque *f* de four

treacherous ['tretʃərəs] *adj (road, conditions)* très dangereux, -euse; *(person, action)* traître ▪ **treachery** (*pl* **-ies**) *n* traîtrise *f*

treacle ['tri:kəl] *n Br* mélasse *f*

tread [tred] **1** *n (footstep)* pas *m*; *(step of stairs)* marche *f*; *(of tyre)* chape *f* **2** (*pt* **trod,** *pp* **trodden**) *vt* **to t. sth into a carpet** étaler qch sur un tapis (avec ses chaussures) **3** *vi (walk)* marcher (**on** sur)

treason ['tri:zən] *n* trahison *f*

treasure ['treʒə(r)] **1** *n* trésor *m*; **t. hunt** chasse *f* au trésor **2** *vt (value)* tenir beaucoup à ▪ **treasurer** *n* trésorier, -ère *mf*

treat [tri:t] **1** *n (pleasure)* plaisir *m*; *(gift)* cadeau *m*; **it's my t.** c'est moi qui régale **2** *vt (person, illness, product)* traiter; **to t. sb to sth** offrir qch à qn

treatment ['tri:tmənt] *n* traitement *m*

treaty ['tri:tɪ] (*pl* **-ies**) *n (international)* traité *m*

treble ['trebəl] **1** *adj* triple **2** *n* le triple; **it's t. the price** c'est le triple du prix **3** *vti* tripler

tree [tri:] *n* arbre *m*; **t. trunk** tronc *m* d'arbre

trek [trek] **1** *n (long walk)* randonnée *f* **2** (*pt & pp* **-kk-**) *vi* faire de la randonnée

tremble ['trembəl] *vi* trembler (**with** de)

tremendous [trə'mendəs] *adj (huge)* énorme; *(dreadful)* terrible; *(wonderful)* formidable

trench [trentʃ] *n* tranchée *f*

trend [trend] *n* tendance *f* (**towards** à); *(fashion)* mode *f* ▪ **trendy** (**-ier, -iest**) *adj Br Fam* branché

trespass ['trespəs] *vi* = s'introduire illégalement dans une propriété privée; **'no trespassing'** 'entrée interdite'

trial ['traɪəl] **1** *n (in law)* procès *m*; *(test)* essai *m*; *(ordeal)* épreuve *f*; **to go** *or* **be on t., to stand t.** passer en jugement; **by t. and error** par tâtonnements **2** *adj (period, flight, offer)* d'essai

triangle ['traɪæŋgəl] *n* triangle *m* ▪ **triangular** [-'æŋgjʊlə(r)] *adj* triangulaire

tribe [traɪb] *n* tribu *f*

tribunal [traɪ'bju:nəl] *n* tribunal *m*

tribute ['trɪbju:t] *n* hommage *m*; **to pay t. to** rendre hommage à

trick [trɪk] **1** *n (joke, deception, of conjurer)* tour *m*; *(clever method)* astuce *f*; *(in card game)* pli *m*; **to play a t. on sb** jouer un tour à qn **2** *vt (deceive)* duper; **to t. sb into doing sth** amener qn à faire qch par la ruse ▪ **trickery** *n* ruse *f*

trickle ['trɪkəl] **1** *n (of liquid)* filet *m* **2** *vi (of liquid)* couler goutte à goutte; *Fig* **to t. in** *(of letters, people)* arriver en petit nombre

tricky ['trɪkɪ] (**-ier, -iest**) *adj (problem)* délicat

tricycle ['traɪsɪkəl] *n* tricycle *m*

trifle ['traɪfəl] **1** *n (insignificant thing)* bagatelle *f*; *Br (dessert)* = dessert où alternent génoise, fruits en gelée et crème anglaise **2** *adv* **a t. wide** un tantinet trop large **3** *vi* **to t. with** plaisanter avec ▪ **trifling** *adj* insignifiant

trigger ['trɪgə(r)] **1** *n (of gun)* détente *f* **2** *vt* **to t. sth (off)** déclencher qch

trilogy ['trɪlədʒɪ] (*pl* **-ies**) *n* trilogie *f*

trim [trɪm] **1** (**trimmer, trimmest**) *adj (neat)* soigné; *(slim)* svelte **2** *n* **to give sb's hair a t.** faire une coupe d'entretien à qn **3** (*pt & pp* **-mm-**) *vt* couper (un peu); **to t. sth with sth** orner qch de qch ▪ **trimmings** *npl (on clothes)* garniture *f*; *(of meal)* accompagnements *mpl* traditionnels

trinket ['trɪŋkɪt] *n* babiole *f*

trio ['tri:əʊ] (*pl* **-os**) *n* trio *m*

trip [trɪp] **1** *n (journey)* voyage *m*; *(outing)* excursion *f* **2** (*pt & pp* **-pp-**) *vt* **to t. sb up** faire trébucher qn **3** *vi* **to t. (over** *or* **up)** trébucher; **to t. over sth** trébucher sur qch

triple ['trɪpəl] **1** *adj* triple **2** *vti* tripler ▪ **triplets** *npl (children)* triplés, -es *mfpl*

triplicate ['trɪplɪkət] *n* **in t.** en trois exemplaires

tripod ['traɪpɒd] *n* trépied *m*

triumph ['traɪəmf] **1** *n* triomphe *m* (**over** sur) **2** *vi* triompher (**over** de) ▪ **triumphant** [traɪ'ʌmfənt] *adj* triomphant; *(success, welcome, return)* triomphal

trivial ['trɪvɪəl] *adj (unimportant)* insignifiant; *(trite)* banal (*mpl* -als)

trod [trɒd] *pt of* **tread**

trodden ['trɒdən] *pp of* **tread**

trolley ['trɒlɪ] (*pl* **-eys**) *n Br* chariot *m*; *Br* **(tea) t.** table *f* roulante; *Am* **t. (car)** tramway *m*

trombone [trɒm'bəʊn] *n* trombone *m*

troop [tru:p] **1** *n* bande *f*; *(of soldiers)* troupe *f*; **the troops** *(soldiers)* les troupes *fpl* **2** *vi* **to t. in/out** entrer/sortir en groupe

trophy ['trəʊfɪ] (*pl* **-ies**) *n* trophée *m*

tropics ['trɒpɪks] *n* **in the tropics** sous les tropiques ▪ **tropical** *adj* tropical

trot [trɒt] **1** *n* trot *m*; *Fam* **on the t.** *(consecutively)* de suite **2** (*pt & pp* **-tt-**) *vt Fam* **to t. sth out** débiter qch **3** *vi (of horse)* trotter

trouble ['trʌbəl] **1** *n (difficulty)* ennui *m*; *(inconvenience)* problème *m*; *(social unrest, illness)* trouble *m*; **to be in t.** avoir des ennuis; **to get into t.** s'attirer des ennuis; **to have t. doing sth** avoir du mal à faire qch; **to go to the t. of doing sth** se donner la peine de faire qch; **it's no t.** pas de problème **2** *vt (inconvenience)* déranger; *(worry)* inquiéter

troublemaker ['trʌbəlmeɪkə(r)] *n (in school)* élément *m* perturbateur; *(political)* fauteur *m* de troubles

troublesome ['trʌbəlsəm] *adj* pénible

trough [trɒf] *n (for drinking)* abreuvoir *m*; *(for feeding)* auge *f*

troupe [tru:p] *n (of actors)* troupe *f*

trousers ['traʊzəz] *npl Br* pantalon *m*; **a pair of t., some t.** un pantalon; **short t.** culottes *fpl* courtes

trout [traʊt] *n inv* truite *f*

trowel ['traʊəl] *n (for cement or plaster)* truelle *f*; *(for plants)* déplantoir *m*

truant ['tru:ənt] *n* **to play t.** faire l'école buissonnière

truce [tru:s] *n Mil* trêve *f*

truck [trʌk] *n (lorry)* camion *m*; **t. driver** camionneur *m*; *Am* **t. stop** *(restaurant)* routier *m* ▪ **trucker** *n Am* camionneur *m*

trudge [trʌdʒ] *vi* marcher péniblement

true [tru:] (**-er, -est**) *adj* vrai; *(genuine)* véritable; *(accurate)* exact; *(faithful)* fidèle (**to** à) ▪ **truly** *adv* vraiment; **well and t.** bel et bien

trump [trʌmp] *n* atout *m*

trumpet ['trʌmpɪt] *n* trompette *f*

truncheon ['trʌntʃən] *n Br* matraque *f*

trundle ['trʌndəl] *vti* **to t. along** rouler bruyamment

trunk [trʌŋk] *n (of tree, body)* tronc *m*; *(of elephant)* trompe *f*; *(case)* malle *f*; *Am (of vehicle)* coffre *m*; **trunks** *(for swimming)* slip *m* de bain

trust [trʌst] **1** *n (faith)* confiance *f* (**in** en) **2** *vt (believe in)* faire confiance à; **to t. sb with sth, to t. sth to sb** confier qch à qn; **I t. that...** j'espère que... **3** *vi* **to t. in sb** faire confiance à qn ▪ **trusted** *adj (method)* éprouvé

trustworthy ['trʌstwɜ:ðɪ] *adj* digne de confiance

truth [tru:θ] (*pl* **-s** [tru:ðz]) *n* vérité *f*; **there's some t. in...** il y a du vrai dans... ▪ **truthful** *adj (story)* véridique; *(person)* sincère

try [traɪ] **1** (*pl* **-ies**) *n (attempt, in rugby)* essai *m*; **to have a t. at doing sth** essayer de faire qch; **it's worth a t.** ça vaut la peine d'essayer **2** (*pt & pp* **-ied**) *vt (attempt, sample)* essayer; *(food, drink)* goûter à; *(in law court)* juger (**for** pour); **to t. doing** *or* **to do sth** essayer de faire qch **3** *vi* essayer ▪ **trying** *adj* difficile

▸ **try on** *vt sep (clothes, shoes)* essayer

▸ **try out** *vt sep (car, method, recipe)* essayer; *(person)* mettre à l'essai

T-shirt ['ti:ʃɜ:t] *n* tee-shirt *m*

tub [tʌb] *n (basin)* baquet *m*; *(bath)* baignoire *f*; *Br (for ice cream)* pot *m*; *Br (for flower, bush)* bac *m*

tuba ['tju:bə] *n Mus* tuba *m*

tube [tju:b] *n* tube *m*; *(of tyre)* chambre *f* à air; *Br Fam* **the t.** *(underground railway)* le métro

tuberculosis [tju:bɜ:kjʊ'ləʊsɪs] *n Med* tuberculose *f*

tuck [tʌk] **1** *vt (put)* mettre; **to t. sth away** *(put)* ranger qch; *(hide)* cacher qch; **to t. in** *(shirt, blanket)* rentrer; *(child)* border **2** *vi Br Fam* **to t. in** *(start eating)* attaquer

Tuesday ['tju:zdeɪ] *n* mardi *m*

tuft [tʌft] *n* touffe *f*

tug [tʌg] **1** *n* **to give sth a t.** tirer sur qch **2** *(pt & pp* **-gg-***) vt (pull)* tirer sur **3** *vi* tirer (**at** *or* **on** sur)

tuition [tju:'ɪʃən] *n (lessons)* cours *mpl*; *(fee)* frais *mpl* de scolarité

tulip ['tju:lɪp] *n* tulipe *f*

tumble ['tʌmbəl] **1** *n (fall)* chute *f*; *Br* **t. dryer** *or* **drier** sèche-linge *m inv* **2** *vi (of person)* faire une chute; *Fig (of prices)* chuter

tumbler ['tʌmblə(r)] *n (glass)* verre *m* droit

tummy ['tʌmɪ] *n Fam* ventre *m*

tumour ['tju:mə(r)] (*Am* **tumor**) *n* tumeur *f*

tuna ['tju:nə] *n* **t. (fish)** thon *m*

tune [tju:n] **1** *n (melody)* air *m*; **in t.** *(instrument)* accordé; **out of t.** *(instrument)* désaccordé; **to be** *or* **sing in t./out of t.** chanter juste/faux; *Fig* **to be in t. with sb/sth** être en harmonie avec qn/qch

2 *vt* **to t. (up)** *(instrument)* accorder; *(engine)* régler

3 *vi* **to t. in** brancher son poste (**to** sur)

tuner ['tju:nə(r)] *n (on TV, radio)* tuner *m*

tunic ['tju:nɪk] *n* tunique *f*

Tunisia [tju:'nɪzɪə] *n* la Tunisie

tunnel ['tʌnəl] **1** *n* tunnel *m* **2** (*Br* **-ll-**, *Am* **-l-**) *vi* creuser un tunnel (**into** dans)

turban ['tɜ:bən] *n* turban *m*

turbulence ['tɜ:bjʊləns] *n* turbulence *f*

turf [tɜ:f] *n (grass)* gazon *m*

Turkey ['tɜ:kɪ] *n* la Turquie ▪ **Turk** *n* Turc *m*, Turque *f* ▪ **Turkish 1** *adj* turc (*f* turque); **T. delight** des loukoums *mpl* **2** *n (language)* turc *m*

turkey ['tɜ:kɪ] (*pl* **-eys**) *n (bird)* dinde *f*

turmoil ['tɜ:mɔɪl] *n* **to be in t.** *(of person)* être dans tous ses états; *(of country)* être en ébullition

turn [tɜ:n] **1** *n (of wheel, in game, queue)* tour *m*; *(in road)* tournant *m*; *(of events)* tournure *f*; *Br Fam (fit)* crise *f*; **to take turns** se relayer; **in t.** à tour de rôle; **it's your t. (to play)** c'est à toi (de jouer); **the t. of the century** le tournant du siècle; **t. of phrase** tournure de phrase

2 *vt* tourner; *(mechanically)* faire tourner; *(mattress, pancake)* retourner; **to t. sb/sth into sb/sth** changer qn/qch en qn/qch; **to t. sth red/black** rougir/noircir qch; **to t. sth on sb** *(aim)* braquer qch sur qn; **she has turned twenty** elle a vingt ans passés

3 *vi (of wheel, driver)* tourner; *(of person)* se retourner; **to t. red/black** rougir/noircir; **to t. nasty** *(of person)* devenir méchant; *(of situation)* mal tourner; **to t. to sb** se tourner vers qn; **to t. into sb/sth** devenir qn/qch; **to t. against sb** se retourner contre qn ▪ **turn-off** *n (on road)* sortie *f* ▪ **turnout** *n (people)* assistance *f*; *(at polls)* participation *f* ▪ **turnover** *n Com (sales)* chiffre *m* d'affaires; *(of stock)* rotation *f*; *(of staff)* renouvellement *m* ▪ **turnup** *n Br (on trousers)* revers *m*

▸ **turn around** *vi (of person)* se retourner

▸ **turn away 1** *vt sep (eyes)* détourner (**from** de); *(person)* refuser **2** *vi* se détourner

▸ **turn back 1** *vt sep (sheets)* rabattre; *(clock)* retarder **2** *vi (return)* faire demi-tour

▸ **turn down** *vt sep (gas, radio)* baisser; *(fold down)* rabattre; *(refuse)* rejeter

▸ **turn in 1** *vt sep (person)* livrer à la police **2** *vi Fam (go to bed)* aller au pieu

▸ **turn off 1** *vt sep (light, radio)* éteindre; *(tap)* fermer; *(machine)* arrêter; *Fam* **to t. sb off** dégoûter qn **2** *vi* *(leave road)* sortir

▸**turn on 1** *vt sep (light, radio)* allumer; *(tap)* ouvrir; *(machine)* mettre en marche; *Fam* **to t. sb on** *(sexually)* exciter qn **2** *vi* **to t. on sb** *(attack)* attaquer qn

▸**turn out 1** *vt sep (light)* éteindre; *(pocket, box)* vider; *(produce)* produire **2** *vi (appear, attend)* se déplacer; **it turns out that...** il s'avère que...; **she turned out to be...** elle s'est révélée être...

▸**turn over 1** *vt sep (page)* tourner **2** *vi (of person)* se retourner; *(of car)* faire un tonneau

▸**turn round 1** *vt sep (head)* tourner; *(object)* retourner; *(situation)* renverser **2** *vi (of person)* se retourner; *(in vehicle)* faire demi-tour

▸**turn up 1** *vt sep (radio, heat)* mettre plus fort; *(collar)* remonter **2** *vi (arrive)* arriver; *(be found)* être retrouvé

turning ['tɜːnɪŋ] *n Br (street)* petite rue *f*; *(bend in road)* tournant *m*; *Fig* **t. point** tournant *m*

turnip ['tɜːnɪp] *n* navet *m*

turnpike ['tɜːnpaɪk] *n Am* autoroute *f* à péage

turnstile ['tɜːnstaɪl] *n* tourniquet *m*

turntable ['tɜːnteɪbəl] *n* platine *f*

turquoise ['tɜːkwɔɪz] *adj* turquoise *inv*

turret ['tʌrɪt] *n* tourelle *f*

turtle ['tɜːtəl] *n Br* tortue *f* de mer; *Am* tortue *f*

tusk [tʌsk] *n* défense *f (dent)*

tussle ['tʌsəl] *n* bagarre *f*

tutor ['tjuːtə(r)] **1** *n* professeur *m* particulier; *(in British university)* directeur, -trice *mf* d'études **2** *vt* donner des cours particuliers à ▪ **tutorial** [-'tɔːrɪəl] *n Univ* ≃ travaux *mpl* dirigés

tuxedo [tʌk'siːdəʊ] *(pl* **-os***) n Am* smoking *m*

TV [tiː'viː] *n* télé *f*; **on TV** à la télé

tweed [twiːd] *n* tweed *m*; **t. jacket** veste *f* en tweed

tweezers ['twiːzəz] *npl* pince *f* à épiler

twelve [twelv] *adj & n* douze *(m)* ▪ **twelfth** *adj & n* douzième *(mf)*

twenty ['twentɪ] *adj & n* vingt *(m)* ▪ **twentieth** *adj & n* vingtième *(mf)*

twice [twaɪs] *adv* deux fois; **t. as heavy (as)** deux fois plus lourd (que); **t. a month, t. monthly** deux fois par mois

twiddle ['twɪdəl] *vti* **to t. (with) sth** tripoter qch; **to t. one's thumbs** se tourner les pouces

twig[1] [twɪg] *n (of branch)* brindille *f*

twig[2] [twɪg] *(pt & pp* **-gg-***) vti Br Fam* piger

twilight ['twaɪlaɪt] *n* crépuscule *m*

twin [twɪn] **1** *n* jumeau *m*, jumelle *f*; **t. brother** frère *m* jumeau; **t. sister** sœur *f* jumelle; **t. beds** lits *mpl* jumeaux; **t. town** ville *f* jumelée **2** *(pt & pp* **-nn-***) vt (town)* jumeler

twine [twaɪn] **1** *n (string)* ficelle *f* **2** *vi (twist)* s'enrouler (**round** autour de)

twinge [twɪndʒ] *n* **a t. (of pain)** un élancement; **a t. of remorse** un peu de remords

twinkle ['twɪŋkəl] *vi (of star)* scintiller; *(of eye)* pétiller

twirl [twɜːl] **1** *vt* faire tournoyer; *(moustache)* tortiller **2** *vi* tournoyer

twist [twɪst] **1** *n (action)* tour *m*; *(bend)* tortillement *m*; *Fig (in story)* tour *m* inattendu

2 *vt (wire, arm)* tordre; *(roll)* enrouler (**round** autour de); **to t. one's ankle** se tordre la cheville; *Fig* **to t. sb's arm** forcer la main à qn; **to t. sth off** *(lid)* dévisser qch

3 *vi (wind)* s'entortiller (**round sth** autour de qch); *(of road, river)* serpenter ▪ **twisted** *adj (person, mind, logic)* tordu

twit [twɪt] *n Br Fam* andouille *f*

twitch [twɪtʃ] **1** *n (nervous)* tic *m* **2** *vi (of person)* avoir un tic; *(of muscle)* se contracter nerveusement

twitter ['twɪtə(r)] *vi (of bird)* pépier

two [tuː] *adj & n* deux *(m)* ▪ **two-dimensional** *adj* à deux dimensions ▪ **two-faced** *adj Fig* hypocrite ▪ **two-piece** *adj (suit, swimsuit)* deux-pièces ▪ **two-seater** *n (car)* voiture *f* à deux places

twofold ['tu:fəʊld] **1** *adj* double **2** *adv* **to increase t.** doubler

twosome ['tu:səm] *n* couple *m*

tycoon [taɪ'ku:n] *n* magnat *m*

type¹ [taɪp] *n* (**a**) *(sort)* genre *m*, type *m* (**b**) *(print)* caractères *mpl*; **in large t.** en gros caractères

type² [taɪp] **1** *vti (write)* taper (à la machine) **2** *vt* **to t. sth in** *(on computer)* entrer qch au clavier; **to t. sth out** *(letter)* taper qch ▪ **typewriter** *n* machine *f* à écrire ▪ **typewritten** *adj* dactylographié ▪ **typing** *n* dactylographie *f*; **t. error** faute *f* de frappe ▪ **typist** *n* dactylo *mf*

typhoid ['taɪfɔɪd] *n Med* typhoïde *f*

typhoon [taɪ'fu:n] *n* typhon *m*

typical ['tɪpɪkəl] *adj* typique (**of** de)

tyrant ['taɪrənt] *n* tyran *m*

tyre ['taɪə(r)] *n Br* pneu *m* (*pl* pneus)

Uu

U, u [juː] *n (letter)* U, u *m inv*
ugh [ʌχ] *exclam* berk!
ugly ['ʌglɪ] (**-ier, -iest**) *adj* laid
UK [juː'keɪ] (*abbr* **United Kingdom**) *n* **the UK** le Royaume-Uni
ulcer ['ʌlsə(r)] *n* ulcère *m*
ulterior [ʌl'tɪərɪə(r)] *adj* **u. motive** arrière-pensée *f*
ultimate ['ʌltɪmət] *adj (last)* final; *(supreme, best)* absolu ■ **ultimately** *adv (finally)* finalement; *(basically)* en fin de compte
ultimatum [ʌltɪ'meɪtəm] *n* ultimatum *m*
ultra- ['ʌltrə] *pref* ultra-
ultraviolet [ʌltrə'vaɪələt] *adj* ultraviolet, -ette
umbrella [ʌm'brelə] *n* parapluie *m*
umpire ['ʌmpaɪə(r)] *n* arbitre *m*
umpteen [ʌmp'tiːn] *adj Fam* **u. times** je ne sais combien de fois ■ **umpteenth** *adj Fam* énième
UN [juː'en] (*abbr* **United Nations**) *n* **the UN** les Nations *fpl* unies
unable [ʌn'eɪbəl] *adj* **to be u. to do sth** être incapable de faire qch
unabridged [ʌnə'brɪdʒd] *adj* intégral
unacceptable [ʌnək'septəbəl] *adj* inacceptable
unaccompanied [ʌnə'kʌmpənɪd] *adj (person)* non accompagné; *(singing)* sans accompagnement
unaccustomed [ʌnə'kʌstəmd] *adj* inaccoutumé; **to be u. to sth/to doing sth** ne pas être habitué à qch/à faire qch
unaided [ʌn'eɪdɪd] *adv* sans aide
unanimous [juː'nænɪməs] *adj* unanime ■ **unanimously** *adv* à l'unanimité
unappetizing [ʌn'æpɪtaɪzɪŋ] *adj* peu appétissant
unarmed [ʌn'ɑːmd] *adj* non armé
unashamedly [ʌnə'ʃeɪmədlɪ] *adv* sans aucune honte
unassuming [ʌnə'sjuːmɪŋ] *adj* sans prétention
unattached [ʌnə'tætʃt] *adj (without partner)* sans attaches
unattainable [ʌnə'teɪnəbəl] *adj* inaccessible
unattended [ʌnə'tendɪd] *adj* **to leave sb/sth u.** laisser qn/qch sans surveillance
unattractive [ʌnə'træktɪv] *adj* peu attrayant
unauthorized [ʌn'ɔːθəraɪzd] *adj* non autorisé
unavailable [ʌnə'veɪləbəl] *adj* **to be u.** ne pas être disponible
unavoidable [ʌnə'vɔɪdəbəl] *adj* inévitable
unaware [ʌnə'weə(r)] *adj* **to be u. of sth** ignorer qch; **to be u. that…** ignorer que… ■ **unawares** *adv* **to catch sb u.** prendre qn au dépourvu
unbalanced [ʌn'bælənst] *adj (mind, person)* instable
unbearable [ʌn'beərəbəl] *adj* insupportable
unbeatable [ʌn'biːtəbəl] *adj* imbattable
unbeaten [ʌn'biːtən] *adj (player)* invaincu; *(record)* jamais battu
unbelievable [ʌnbɪ'liːvəbəl] *adj* incroyable

unbias(s)ed [ʌn'baɪəst] *adj* impartial

unblock [ʌn'blɒk] *vt (sink, pipe)* déboucher

unbolt [ʌn'bəʊlt] *vt (door)* déverrouiller

unborn [ʌn'bɔːn] *adj* **u. child** enfant *mf* à naître

unbreakable [ʌn'breɪkəbəl] *adj* incassable ■ **unbroken** *adj (intact)* intact; *(continuous)* continu; *(record)* jamais battu

unbutton [ʌn'bʌtən] *vt* déboutonner

uncalled-for [ʌn'kɔːldfɔː(r)] *adj* déplacé

uncanny [ʌn'kænɪ] (**-ier, -iest**) *adj* étrange

uncertain [ʌn'sɜːtən] *adj* incertain; **to be u. about sth** ne pas être certain de qch; **it's u. whether** *or* **that...** il n'est pas certain que... *(+ subjunctive)* ■ **uncertainty** (*pl* **-ies**) *n* incertitude *f*

unchanged [ʌn'tʃeɪndʒd] *adj* inchangé ■ **unchanging** *adj* immuable

unclaimed [ʌn'kleɪmd] *adj (luggage)* non réclamé

uncle ['ʌŋkəl] *n* oncle *m*

unclear [ʌn'klɪə(r)] *adj* vague; *(result)* incertain; **it's u. whether...** on ne sait pas très bien si...

uncomfortable [ʌn'kʌmftəbəl] *adj* inconfortable; *(heat, experience)* désagréable; **to feel u.** *(physically)* ne pas être à l'aise; *(ill at ease)* être mal à l'aise

uncommon [ʌn'kɒmən] *adj* peu commun

uncompromising [ʌn'kɒmprəmaɪzɪŋ] *adj* intransigeant

unconditional [ʌnkən'dɪʃənəl] *adj* sans condition

unconfirmed [ʌnkən'fɜːmd] *adj* non confirmé

unconnected [ʌnkə'nektɪd] *adj* sans lien

unconscious [ʌn'kɒnʃəs] **1** *adj (person)* sans connaissance; *(desire)* inconscient; **to be u. of sth** ne pas avoir conscience de qch **2** *n* **the u.** l'inconscient *m* ■ **unconsciously** *adv* inconsciemment

uncontrollable [ʌnkən'trəʊləbəl] *adj* incontrôlable

unconventional [ʌnkən'venʃənəl] *adj* non conformiste

unconvinced [ʌnkən'vɪnst] *adj* **to be** *or* **remain u.** ne pas être convaincu (**of** de) ■ **unconvincing** *adj* peu convaincant

uncooked [ʌn'kʊkt] *adj* cru

uncooperative [ʌnkəʊ'ɒpərətɪv] *adj* peu coopératif, -ive

uncouth [ʌn'kuːθ] *adj* fruste

uncover [ʌn'kʌvə(r)] *vt* découvrir

undaunted [ʌn'dɔːntɪd] *adj* nullement impressionné

undecided [ʌndɪ'saɪdɪd] *adj (person)* indécis (**about** sur); **I'm u. whether to do it or not** je n'ai pas décidé si je le ferai ou non

undeniable [ʌndɪ'naɪəbəl] *adj* indéniable

under ['ʌndə(r)] **1** *prep* sous; *(less than)* moins de; **children u. nine** les enfants de moins de neuf ans; **u. it** dessous; **u. (the command of) sb** sous les ordres de qn; **u. the circumstances** dans ces circonstances; **to be u. discussion/repair** être en discussion/réparation; **to be u. way** *(in progress)* être en cours; *(on the way)* être en route; **to get u. way** *(of campaign)* démarrer
2 *adv* au-dessous

undercharge [ʌndə'tʃɑːdʒ] *vt* **I undercharged him (for it)** je ne (le) lui ai pas fait payer assez

underclothes ['ʌndəkləʊðz] *npl* sous-vêtements *mpl*

undercooked [ʌndə'kʊkt] *adj* pas assez cuit

undercover ['ʌndəkʌvə(r)] *adj* secret, -ète

undercut [ʌndə'kʌt] (*pt & pp* **-cut,** *pres p* **-cutting**) *vt* vendre moins cher que

underdeveloped [ʌndədɪ'veləpt] *adj (country, region)* sous-développé

underdog ['ʌndədɒg] *n (politically, socially)* opprimé, -e *mf*; *(likely loser)* outsider *m*

underdone [ʌndə'dʌn] *adj (food)* pas assez cuit; *(steak)* saignant

underestimate [ʌndər'estɪmeɪt] *vt* sous-estimer

underfoot [ʌndə'fʊt] *adv* sous les pieds

undergo [ʌndə'gəʊ] (*pt* **-went,** *pp* **-gone**) *vt* subir; **to u. surgery** être opéré

undergraduate [ʌndə'grædʒʊət] *n* étudiant, -e *mf* de licence

underground 1 ['ʌndəgraʊnd] *adj (subterranean)* souterrain **2** ['ʌndəgraʊnd] *n Br (railway)* métro *m* **3** [ʌndə'graʊnd] *adv* sous terre; *Fig* **to go u.** *(of fugitive)* passer dans la clandestinité

undergrowth ['ʌndəgrəʊθ] *n* broussailles *fpl*

underhand [ʌndə'hænd] *adj* sournois

underline [ʌndə'laɪn] *vt* souligner

underlying [ʌndə'laɪɪŋ] *adj* sous-jacent

undermine [ʌndə'maɪn] *vt (weaken)* saper

underneath [ʌndə'ni:θ] **1** *prep* sous **2** *adv* (en) dessous; **the book u.** le livre d'en dessous **3** *n* **the u. (of)** le dessous (de)

underpaid [ʌndə'peɪd] *adj* sous-payé

underpants ['ʌndəpænts] *npl (male underwear)* slip *m*

underpass ['ʌndəpɑ:s] *n (for pedestrians)* passage *m* souterrain; *(for vehicles)* passage *m* inférieur

underprivileged [ʌndə'prɪvɪlɪdʒd] *adj* défavorisé

underrate [ʌndə'reɪt] *vt* sous-estimer

underside ['ʌndəsaɪd] *n* **the u. (of)** le dessous (de)

understaffed [ʌndə'stɑ:ft] *adj* **to be u.** manquer de personnel

understand [ʌndə'stænd] (*pt & pp* **-stood**) *vti* comprendre; **I u. that...** je crois comprendre que... ▪ **understanding 1** *n (act, faculty)* compréhension *f*; *(agreement)* accord *m*, entente *f*; *(sympathy)* entente *f*; **on the u. that...** à condition que... *(+ subjunctive)* **2** *adj (person)* compréhensif, -ive ▪ **understood** *adj (agreed)* entendu; *(implied)* sous-entendu

understandable [ʌndə'stændəbəl] *adj* compréhensible

understatement ['ʌndəsteɪtmənt] *n* euphémisme *m*

undertake [ʌndə'teɪk] (*pt* **-took,** *pp* **-taken**) *vt (task)* entreprendre; **to u. to do sth** entreprendre de faire qch

undertaker ['ʌndəteɪkə(r)] *n* entrepreneur *m* de pompes funèbres

undertaking [ʌndə'teɪkɪŋ] *n (task)* entreprise *f*; *(promise)* promesse *f*

undertone ['ʌndətəʊn] *n* **in an u.** à mi-voix

underwater [ʌndə'wɔ:tə(r)] *adv* sous l'eau

underwear ['ʌndəweə(r)] *n* sous-vêtements *mpl*

undesirable [ʌndɪ'zaɪərəbəl] *adj & n* indésirable *(mf)*

undignified [ʌn'dɪgnɪfaɪd] *adj* indigne

undisciplined [ʌn'dɪsɪplɪnd] *adj* indiscipliné

undiscovered [ʌndɪ'skʌvəd] *adj* **to remain u.** *(of crime, body)* ne pas être découvert

undisputed [ʌndɪ'spju:tɪd] *adj* incontesté

undistinguished [ʌndɪ'stɪŋgwɪʃt] *adj* médiocre

undo [ʌn'du:] (*pt* **-did,** *pp* **-done**) *vt* défaire; *(bound person)* détacher; *(parcel)* ouvrir; *(mistake, damage)* réparer; *Comptr (command)* annuler ▪ **undoing** *n* ruine *f* ▪ **undone** *adj* **to come u.** *(of knot)* se défaire; **to leave sth u.** *(work)* ne pas faire qch

undoubtedly [ʌn'daʊtɪdlɪ] *adv* indubitablement

undress [ʌn'dres] **1** *vt* déshabiller; **to get undressed** se déshabiller **2** *vi* se déshabiller

undrinkable [ʌn'drɪnkəbəl] *adj* imbuvable

undue [ʌn'djuː] *adj* excessif, -ive ▪ **unduly** *adv* excessivement

unearth [ʌn'ɜːθ] *vt (from ground)* déterrer; *Fig (discover)* mettre à jour

unearthly [ʌn'ɜːθlɪ] *adj Fam* **at an u. hour** à une heure impossible

uneasy [ʌn'iːzɪ] *adj (person)* mal à l'aise; *(silence)* gêné

uneconomic(al) [ʌniːkə'nɒmɪk(əl)] *adj* peu économique

uneducated [ʌn'edjʊkeɪtɪd] *adj (person)* sans éducation

unemployed [ʌnɪm'plɔɪd] **1** *adj* au chômage **2** *npl* **the u.** les chômeurs *mpl* ▪ **unemployment** *n* chômage *m*; *Br* **u. benefit** allocation *f* chômage

unenthusiastic [ʌnɪnθjuːzɪ'æstɪk] *adj* peu enthousiaste

unenviable [ʌn'envɪəbəl] *adj* peu enviable

unequal [ʌn'iːkwəl] *adj* inégal

unequivocal [ʌnɪ'kwɪvəkəl] *adj* sans équivoque

uneven [ʌn'iːvən] *adj* inégal

uneventful [ʌnɪ'ventfəl] *adj* sans histoires

unexpected [ʌnɪk'spektɪd] *adj* inattendu ▪ **unexpectedly** *adv (arrive)* à l'improviste; *(fail, succeed)* contre toute attente

unexplained [ʌnɪk'spleɪnd] *adj* inexpliqué

unfailing [ʌn'feɪlɪŋ] *adj (optimism, courage)* à toute épreuve

unfair [ʌn'feə(r)] *adj* injuste (**to sb** envers qn); *(competition)* déloyal ▪ **unfairly** *adv* injustement

unfaithful [ʌn'feɪθfəl] *adj* infidèle (**to** à)

unfamiliar [ʌnfə'mɪlɪə(r)] *adj* inconnu; **to be u. with sth** ne pas connaître qch

unfashionable [ʌn'fæʃənəbəl] *adj* démodé

unfasten [ʌn'fɑːsən] *vt* défaire

unfavourable [ʌn'feɪvərəbəl] (*Am* **unfavorable**) *adj* défavorable

unfinished [ʌn'fɪnɪʃt] *adj* inachevé

unfit [ʌn'fɪt] *adj (unsuitable)* inapte; *(in bad shape)* pas en forme; **to be u. to do sth** être incapable de faire qch

unflattering [ʌn'flætərɪŋ] *adj* peu flatteur, -euse

unfold [ʌn'fəʊld] **1** *vt* déplier; *(wings)* déployer **2** *vi (of story)* se dérouler

unforeseeable [ʌnfɔː'siːəbəl] *adj* imprévisible ▪ **unforeseen** *adj* imprévu

unforgettable [ʌnfə'getəbəl] *adj* inoubliable

unforgivable [ʌnfə'gɪvəbəl] *adj* impardonnable

unfortunate [ʌn'fɔːtʃənət] *adj* malchanceux, -euse; *(event)* fâcheux, -euse; **you were u.** tu n'as pas eu de chance ▪ **unfortunately** *adv* malheureusement

unfounded [ʌn'faʊndɪd] *adj (rumour)* sans fondement

unfriendly [ʌn'frendlɪ] *adj* peu aimable (**to** avec)

unfulfilled [ʌnfʊl'fɪld] *adj (plan, dream)* non réalisé

unfurnished [ʌn'fɜːnɪʃt] *adj* non meublé

ungainly [ʌn'geɪnlɪ] *adj (clumsy)* gauche

ungrateful [ʌn'greɪtfəl] *adj* ingrat

unhappy [ʌn'hæpɪ] (**-ier, -iest**) *adj (sad, unfortunate)* malheureux, -euse; *(not pleased)* mécontent; **to be u. about doing sth** ne pas vouloir faire qch

unharmed [ʌn'hɑːmd] *adj* indemne

unhealthy [ʌn'helθɪ] (**-ier, -iest**) *adj (person)* maladif, -ive; *(climate, place, job)* malsain

unheard-of [ʌn'hɜːdɒv] *adj (unprecedented)* inouï

unhelpful [ʌn'helpfəl] *adj (person)* peu serviable; *(advice)* peu utile

unhurt [ʌn'hɜːt] *adj* indemne

unhygienic [ʌnhaɪ'dʒiːnɪk] *adj* contraire à l'hygiène

uniform ['juːnɪfɔːm] **1** *n* uniforme *m* **2** *adj (regular)* uniforme; *(temperature)* constant

unify ['juːnɪfaɪ] (*pt & pp* **-ied**) *vt* unifier

unilateral [juːnɪˈlætərəl] *adj* unilatéral

unimaginable [ʌnɪˈmædʒɪnəbəl] *adj* inimaginable ■ **unimaginative** *adj (person, plan)* qui manque d'imagination

unimportant [ʌnɪmˈpɔːtənt] *adj* sans importance

uninhabitable [ʌnɪnˈhæbɪtəbəl] *adj* inhabitable ■ **uninhabited** *adj* inhabité

uninhibited [ʌnɪnˈhɪbɪtɪd] *adj (person)* sans complexes

uninjured [ʌnˈɪndʒəd] *adj* indemne

uninspiring [ʌnɪnˈspaɪərɪŋ] *adj (subject)* pas très inspirant

unintelligible [ʌnɪnˈtelɪdʒəbəl] *adj* inintelligible

unintentional [ʌnɪnˈtenʃənəl] *adj* involontaire

uninterested [ʌnˈɪntrɪstɪd] *adj* indifférent (**in** à) ■ **uninteresting** *adj* inintéressant

uninterrupted [ʌnɪntəˈrʌptɪd] *adj* ininterrompu

uninvited [ʌnɪnˈvaɪtɪd] *adv (arrive)* sans invitation ■ **uninviting** *adj* peu attrayant

union [ˈjuːnɪən] **1** *n* union *f*; *(trade union)* syndicat *m* **2** *adj* syndical; **the U. Jack** = le drapeau britannique

unique [juːˈniːk] *adj* unique

unisex [ˈjuːnɪseks] *adj (clothes)* unisexe

unison [ˈjuːnɪsən] *n* **in u.** à l'unisson (**with** de)

unit [ˈjuːnɪt] *n* unité *f*; *(of furniture)* élément *m*; *(system)* bloc *m*; *(group, team)* groupe *m*; **psychiatric/heart u.** *(of hospital)* service *m* de psychiatrie/cardiologie

unite [juːˈnaɪt] **1** *vt* unir; *(country, party)* unifier; **the United Kingdom** le Royaume-Uni; **the United Nations** les Nations *fpl* unies; **the United States (of America)** les États-Unis *mpl* (d'Amérique) **2** *vi* s'unir

unity [ˈjuːnətɪ] *n (cohesion)* unité *f*; *Fig (harmony)* harmonie *f*

universal [juːnɪˈvɜːsəl] *adj* universel, -elle

universe [ˈjuːnɪvɜːs] *n* univers *m*

university [juːnɪˈvɜːsətɪ] **1** *(pl* **-ies***) n* université *f*; **to go to u.** aller à l'université; *Br* **at u.** à l'université **2** *adj (teaching, town, restaurant)* universitaire; *(student, teacher)* d'université

unjust [ʌnˈdʒʌst] *adj* injuste

unjustified [ʌnˈdʒʌstɪfaɪd] *adj* injustifié

unkind [ʌnˈkaɪnd] *adj* pas gentil (*f* pas gentille) (**to sb** avec qn)

unknowingly [ʌnˈnəʊɪŋlɪ] *adv* inconsciemment

unknown [ʌnˈnəʊn] **1** *adj* inconnu **2** *n (person)* inconnu, -e *mf*; *Math & Fig* **u. (quantity)** inconnue *f*

unlawful [ʌnˈlɔːfəl] *adj* illégal

unleaded [ʌnˈledɪd] *adj* sans plomb

unleash [ʌnˈliːʃ] *vt (emotion)* susciter

unless [ʌnˈles] *conj* à moins que *(+ subjunctive)*; **u. she comes** à moins qu'elle ne vienne; **u. you work harder, you'll fail** à moins de travailler plus dur, vous échouerez

unlike [ʌnˈlaɪk] *prep* **to be u. sb/sth** ne pas être comme qn/qch; **u. her brother, she...** à la différence de son frère, elle...; **it's very u. him to...** ça ne lui ressemble pas du tout de...

unlikely [ʌnˈlaɪklɪ] *adj* improbable; *(unbelievable)* invraisemblable; **she's u. to win** il est peu probable qu'elle gagne

unlimited [ʌnˈlɪmɪtɪd] *adj* illimité

unlisted [ʌnˈlɪstɪd] *adj Am (phone number)* sur liste rouge

unload [ʌnˈləʊd] *vti* décharger

unlock [ʌnˈlɒk] *vt* ouvrir

unlucky [ʌnˈlʌkɪ] (**-ier, -iest**) *adj (person)* malchanceux, -euse; *(number, colour)* qui porte malheur ■ **unluckily** *adv* malheureusement

unmade [ʌnˈmeɪd] *adj (bed)* défait

unmanageable [ʌnˈmænɪdʒəbəl] *adj (child)* difficile; *(hair)* difficile à coiffer

unmarried [ʌnˈmærɪd] *adj* non marié

unmistakable [ʌnmɪˈsteɪkəbəl] *adj*

(obvious) indubitable; *(face, voice)* caractéristique

unmoved [ʌn'mu:vd] *adj* **to be u. by sth** rester insensible à qch

unnatural [ʌn'nætʃərəl] *adj (abnormal)* anormal; *(affected)* affecté

unnecessary [ʌn'nesəsərɪ] *adj* inutile; *(superfluous)* superflu

unnerve [ʌn'nɜ:v] *vt* troubler

unnoticed [ʌn'nəʊtɪst] *adv* **to go u.** passer inaperçu

unobtainable [ʌnəb'teɪnəbəl] *adj* impossible à obtenir

unoccupied [ʌn'ɒkjʊpaɪd] *adj (house)* inoccupé; *(seat)* libre

unofficial [ʌnə'fɪʃəl] *adj* officieux, -euse; *(visit)* privé; *(strike)* sauvage

unorthodox [ʌn'ɔ:θədɒks] *adj* peu orthodoxe

unpack [ʌn'pæk] **1** *vt (suitcase)* défaire; *(contents)* déballer **2** *vi* défaire sa valise

unpaid [ʌn'peɪd] *adj (bill, sum)* impayé; *(work, worker)* bénévole; *(leave)* non payé

unparalleled [ʌn'pærəleld] *adj* sans égal

unplanned [ʌn'plænd] *adj* imprévu

unpleasant [ʌn'plezənt] *adj* désagréable (**to sb** avec qn)

unplug [ʌn'plʌg] *(pt & pp* **-gg-**) *vt (appliance)* débrancher

unpopular [ʌn'pɒpjʊlə(r)] *adj* impopulaire; **to be u. with sb** ne pas plaire à qn

unprecedented [ʌn'presɪdentɪd] *adj* sans précédent

unpredictable [ʌnprɪ'dɪktəbəl] *adj* imprévisible; *(weather)* indécis

unprepared [ʌnprɪ'peəd] *adj* **to be u. for sth** *(not expect)* ne pas s'attendre à qch

unprofessional [ʌnprə'feʃənəl] *adj (person, behaviour)* pas très professionnel, -elle

unprovoked [ʌnprə'vəʊkt] *adj* gratuit

unpublished [ʌn'pʌblɪʃt] *adj (text, writer)* inédit

unqualified [ʌn'kwɒlɪfaɪd] *adj (teacher)* non diplômé; *(support)* sans réserve; *(success)* parfait; **to be u. to do sth** ne pas être qualifié pour faire qch

unquestionable [ʌn'kwestʃənəbəl] *adj* incontestable

unravel [ʌn'rævəl] (*Br* **-ll-**, *Am* **-l-**) *vt (threads)* démêler; *Fig (mystery)* éclaircir

unreal [ʌn'rɪəl] *adj* irréel, -elle

unrealistic [ʌn'rɪəlɪstɪk] *adj* irréaliste

unreasonable [ʌn'ri:zənəbəl] *adj (person, attitude)* déraisonnable

unrecognizable [ʌn'rekəgnaɪzəbəl] *adj* méconnaissable

unrelated [ʌnrɪ'leɪtɪd] *adj (facts)* sans rapport (**to** avec); **we're u.** il n'y a aucun lien de parenté entre nous

unrelenting [ʌnrɪ'lentɪŋ] *adj* incessant; *(person)* tenace

unreliable [ʌnrɪ'laɪəbəl] *adj* peu fiable

unremarkable [ʌnrɪ'mɑ:kəbəl] *adj* quelconque

unrepentant [ʌnrɪ'pentənt] *adj* impénitent

unreservedly [ʌnrɪ'zɜ:vɪdlɪ] *adv* sans réserve

unrest [ʌn'rest] *n* agitation *f*, troubles *mpl*

unrestricted [ʌnrɪ'strɪktɪd] *adj* illimité

unrewarding [ʌnrɪ'wɔ:dɪŋ] *adj* ingrat; *(financially)* peu rémunérateur, -trice

unrivalled [ʌn'raɪvəld] (*Am* **unrivaled**) *adj* hors pair *inv*

unroll [ʌn'rəʊl] **1** *vt* dérouler **2** *vi* se dérouler

unruly [ʌn'ru:lɪ] (**-ier, -iest**) *adj* indiscipliné

unsafe [ʌn'seɪf] *adj (place, machine)* dangereux, -euse

unsaid [ʌn'sed] *adj* **to leave sth u.** passer qch sous silence

unsatisfactory [ʌnsætɪs'fæktərɪ] *adj* peu satisfaisant ▪ **unsatisfied** *adj* insatisfait; **u. with sb/sth** peu satisfait de qn/qch

unscheduled [*Br* ʌn'ʃeduːld, *Am* ʌn'skedjʊld] *adj* imprévu
unscrew [ʌn'skruː] *vt* dévisser
unscrupulous [ʌn'skruːpjʊləs] *adj (person)* peu scrupuleux, -euse
unseemly [ʌn'siːmlɪ] *adj* inconvenant
unseen [ʌn'siːn] *adv* **to do sth u.** faire qch sans qu'on vous voie
unselfish [ʌn'selfɪʃ] *adj (person, motive)* désintéressé
unsettle [ʌn'setəl] *vt (person)* troubler ■ **unsettled** *adj (weather, situation)* instable
unshak(e)able [ʌn'ʃeɪkəbəl] *adj* inébranlable
unshaven [ʌn'ʃeɪvən] *adj* pas rasé
unsightly [ʌn'saɪtlɪ] *adj* laid
unskilled [ʌn'skɪld] *adj* non qualifié
unsociable [ʌn'səʊʃəbəl] *adj* peu sociable
unsolved [ʌn'sɒlvd] *adj (mystery)* inexpliqué; *(crime)* dont l'auteur n'est pas connu
unsophisticated [ʌnsə'fɪstɪkeɪtɪd] *adj* simple
unsound [ʌn'saʊnd] *adj (construction)* peu solide; *(method)* peu sûr; *(decision)* peu judicieux, -euse
unspeakable [ʌn'spiːkəbəl] *adj* indescriptible
unspecified [ʌn'spesɪfaɪd] *adj* non spécifié
unsporting [ʌn'spɔːtɪŋ] *adj* qui n'est pas fair-play
unstable [ʌn'steɪbəl] *adj* instable
unsteady [ʌn'stedɪ] *adj (hand, voice, step)* mal assuré; *(table, ladder)* bancal (*mpl* -als) ■ **unsteadily** *adv (walk)* d'un pas mal assuré
unstuck [ʌn'stʌk] *adj* **to come u.** *(of stamp)* se décoller; *Br Fam (of person, plan)* se casser la figure
unsuccessful [ʌnsək'sesfəl] *adj (attempt)* infructueux, -euse; *(outcome, candidate)* malheureux, -euse; *(application)* non retenu; **to be u.** ne pas réussir (**in doing** à faire); *(of book, film, artist)* ne pas avoir de succès ■ **unsuccessfully** *adv* en vain, sans succès
unsuitable [ʌn'suːtəbəl] *adj* qui ne convient pas (**for** à); *(manners, clothes)* peu convenable; **to be u. for sth** ne pas convenir à qch ■ **unsuited** *adj* **to be u. to sth** ne pas être fait pour qch; **they're u. (to each other)** ils ne sont pas compatibles
unsupervised [ʌn'suːpəvaɪzd] *adv (play)* sans surveillance
unsure [ʌn'ʃʊə(r)] *adj* incertain (**of** *or* **about** de)
unsympathetic [ʌnsɪmpə'θetɪk] *adj* peu compatissant (**to** à); **u. to a cause/request** insensible à une cause/requête
untangle [ʌn'tæŋgəl] *vt (rope, hair)* démêler
unthinkable [ʌn'θɪŋkəbəl] *adj* impensable, inconcevable
untidy [ʌn'taɪdɪ] (**-ier, -iest**) *adj (clothes, hair)* peu soigné; *(room)* en désordre; *(person)* désordonné
untie [ʌn'taɪ] *vt (person, hands)* détacher; *(knot, parcel)* défaire
until [ʌn'tɪl] **1** *prep* jusqu'à; **u. now** jusqu'à présent; **u. then** jusque-là; **not u. tomorrow** pas avant demain; **I didn't see her u. Monday** c'est seulement lundi que je l'ai vue
2 *conj* jusqu'à ce que *(+ subjunctive)*; **u. she comes** jusqu'à ce qu'elle vienne; **do nothing u. I come** ne fais rien avant que j'arrive
untimely [ʌn'taɪmlɪ] *adj (remark, question)* inopportun; *(death)* prématuré
untold [ʌn'təʊld] *adj (wealth, quantity)* incalculable
untoward [ʌntə'wɔːd] *adj* fâcheux, -euse
untrue [ʌn'truː] *adj* faux (*f* fausse) ■ **untruthful** *adj (person)* menteur, -euse; *(statement)* mensonger, -ère
unusable [ʌn'juːzəbəl] *adj* inutilisable
unused[1] [ʌn'juːzd] *adj (new)* neuf (*f* neuve); *(not in use)* inutilisé

unused[2] [ʌn'juːst] *adj* **u. to sth/to doing sth** peu habitué à qch/à faire qch

unusual [ʌn'juːʒʊəl] *adj (not common)* inhabituel, -elle; *(strange)* étrange ▪ **unusually** *adv* exceptionnellement

unveil [ʌn'veɪl] *vt* dévoiler

unwanted [ʌn'wɒntɪd] *adj* non désiré

unwarranted [ʌn'wɒrəntɪd] *adj* injustifié

unwelcome [ʌn'welkəm] *adj (news)* fâcheux, -euse; *(gift, visit)* inopportun; *(person)* importun

unwell [ʌn'wel] *adj* souffrant

unwieldy [ʌn'wiːldɪ] *adj (package)* encombrant; *(system)* lourd

unwilling [ʌn'wɪlɪŋ] *adj* **to be u. to do sth** être réticent à faire qch ▪ **unwillingly** *adv* à contrecœur

unwind [ʌn'waɪnd] *(pt & pp* **-wound***)* **1** *vt (thread)* dérouler **2** *vi* se dérouler; *Fam (relax)* décompresser

unwise [ʌn'waɪz] *adj* imprudent

unwittingly [ʌn'wɪtɪŋlɪ] *adv* involontairement

unworthy [ʌn'wɜːðɪ] *adj* indigne (**of** de)

unwrap [ʌn'ræp] *(pt & pp* **-pp-***)* *vt* déballer

unwritten [ʌn'rɪtən] *adj (agreement)* verbal

unzip [ʌn'zɪp] *(pt & pp* **-pp-***)* *vt* ouvrir (la fermeture Éclair® de)

UP [ʌp] **1** *adv* en haut; **to come/go up** monter; **to walk up and down** marcher de long en large; **up there** là-haut; **up above** au-dessus; **further** *or* **higher up** plus haut; **up to** *(as far as)* jusqu'à; **to be up to doing sth** *(capable of)* être de taille à faire qch; **to feel up to doing sth** *(well enough)* être assez bien pour faire qch; **it's up to you to do it** c'est à toi de le faire; **it's up to you** *(you decide)* c'est à toi de décider; **where are you up to?** *(in book)* où en es-tu?; *Fam* **what are you up to?** que fais-tu?; *Fam* **to be well up in** *(versed in)* s'y connaître en

2 *prep* **up a hill** en haut d'une colline; **up a tree** dans un arbre; **up a ladder** sur une échelle; **to live up the street** habiter plus loin dans la rue

3 *adj (out of bed)* levé; **we were up all night** nous sommes restés debout toute la nuit; **the two weeks were up** les deux semaines étaient terminées; *Fam* **what's up?** qu'est-ce qu'il y a?

4 *npl* **ups and downs** des hauts et des bas *mpl*

5 *(pt & pp* **-pp-***)* *vt Fam (price, offer)* augmenter ▪ **up-and-coming** *adj* qui monte ▪ **upbeat** *adj Fam* optimiste ▪ **upbringing** *n* éducation *f* ▪ **update** *vt* mettre à jour ▪ **upgrade** *vt (job)* revaloriser; *(person)* promouvoir; *Comptr (hardware)* augmenter la puissance de ▪ **uphill 1** [ʌp'hɪl] *adv* **to go u.** monter **2** ['ʌphɪl] *adj Fig (struggle, task)* pénible ▪ **uphold** *(pt & pp* **-held***)* *vt (decision)* maintenir ▪ **upkeep** *n* entretien *m* ▪ **up-market** *adj Br (car, product)* haut de gamme *inv*; *(area, place)* chic *inv* ▪ **upright 1** *adv (straight)* droit **2** *adj (vertical, honest)* droit ▪ **uprising** *n* insurrection *f* ▪ **uproot** *vt (plant, person)* déraciner ▪ **upside** *adv* **u. down** à l'envers; **to turn sth u. down** retourner qch; *Fig* mettre qch sens dessus dessous ▪ **upstairs 1** [ʌp'steəz] *adv* en haut; **to go u.** monter **2** ['ʌpsteəz] *adj (people, room)* du dessus ▪ **upstream** *adv* en amont ▪ **uptight** *adj Fam (tense)* crispé; *(inhibited)* coincé ▪ **up-to-date** *adj* moderne; *(information)* à jour; *(well-informed)* au courant (**on** de) ▪ **upturn** *n (improvement)* amélioration *f* (**in** de) ▪ **upward** *adj (movement)* ascendant; *(path)* qui monte; *(trend)* à la hausse ▪ **upwards** *adv* vers le haut; **from 5 euros u.** à partir de 5 euros; **u. of fifty** cinquante et plus

---

upheaval [ʌp'hiːvəl] *n* bouleversement *m*

upholstery [ʌp'həʊlstərɪ] *n (padding)* rembourrage *m*; *(covering)* revêtement *m*; *(in car)* sièges *mpl*

upon [ə'pɒn] *prep* sur

upper [ˈʌpə(r)] **1** *adj* supérieur; **u. class** aristocratie *f*; **to have/get the u. hand** avoir/prendre le dessus **2** *n (of shoe)* empeigne *f* ▪ **upper-class** *adj* aristocratique ▪ **uppermost** *adj* le plus haut (*f* la plus haute)

uproar [ˈʌprɔː(r)] *n* tumulte *m*

upset 1 [ʌpˈset] (*pt & pp* **-set,** *pres p* **-setting**) *vt (knock over, spill)* renverser; *(person, plans, schedule)* bouleverser

2 [ʌpˈset] *adj (unhappy)* bouleversé (**about** par); **to have an u. stomach** avoir l'estomac dérangé

3 [ˈʌpset] *n (disturbance)* bouleversement *m*; *(surprise)* défaite *f*; **to have a stomach u.** avoir l'estomac dérangé ▪ **upsetting** *adj* bouleversant

upshot [ˈʌpʃɒt] *n* résultat *m*

urban [ˈɜːbən] *adj* urbain

urge [ɜːdʒ] **1** *n* forte envie *f*; **to have an u. to do sth** avoir très envie de faire qch **2** *vt* **to u. sb to do sth** presser qn de faire qch

urgency [ˈɜːdʒənsɪ] *n* urgence *f*; **it's a matter of u.** il y a urgence

urgent [ˈɜːdʒənt] *adj* urgent ▪ **urgently** *adv* d'urgence

urine [ˈjʊərɪn] *n* urine *f* ▪ **urinate** *vi* uriner

urn [ɜːn] *n* urne *f*; *(for coffee or tea)* fontaine *f*

US [juːˈes] (*abbr* **United States**) *n* **the US** les USA *mpl*

us [əs, *stressed* ʌs] *pron* nous; **(to) us** *(indirect)* nous; **she saw us** elle nous a vus; **he gave it (to) us** il nous l'a donné

USA [juːesˈeɪ] (*abbr* **United States of America**) *n* **the U.** les USA *mpl*

usage [ˈjuːsɪdʒ] *n* usage *m*

use 1 [juːs] *n (utilization)* emploi *m*, usage *m*; *(ability, permission to use)* emploi *m* ; **to have the u. of sth** avoir l'usage de qch; **to make (good) u. of sth** faire (bon) usage de qch; **to be of u. to sb** être utile à qn; **in u.** en usage; **not in u., out of u.** hors d'usage; **it's no u. crying** ça ne sert à rien de pleurer; **what's the u. of worrying?** à quoi bon s'inquiéter?

2 [juːz] *vt (utilize)* utiliser, se servir de; *(force, diplomacy)* avoir recours à; *(electricity)* consommer; **it's used to do** *or* **for doing sth** ça sert à faire qch; **it's used as...** ça sert de...; **to u. sth up** *(food, fuel)* finir; *(money)* dépenser ▪ **use-by** [ˈjuːzbaɪ] *adj* **u. date** date *f* limite de consommation

used 1 *adj* (**a**) [juːzd] *(second-hand)* d'occasion; *(stamp)* oblitéré (**b**) [juːst] **to be u. to sth/to doing sth** être habitué à qch/à faire qch; **to get u. to sb/sth** s'habituer à qn/qch

2 [juːst] *v aux* **I u. to sing** avant, je chantais; **she u. to jog every Sunday** elle faisait du jogging tous les dimanches

useful [ˈjuːsfəl] *adj* utile (**to** à); **to come in u.** être utile; **to make oneself u.** se rendre utile ▪ **useless** *adj* inutile; *(person)* nul (*f* nulle) (**at** en)

user [ˈjuːzə(r)] *n (of train, telephone)* usager *m*; *(of road, machine)* utilisateur, -trice *mf* ▪ **user-friendly** *adj* convivial

usher [ˈʌʃə(r)] **1** *n (in church, theatre)* ouvreur *m* **2** *vt* **to u. sb in** faire entrer qn ▪ **usherette** *n* ouvreuse *f*

usual [ˈjuːʒʊəl] **1** *adj* habituel, -elle; **as u.** comme d'habitude **2** *n Fam* **the u.** *(food, excuse)* la même chose que d'habitude ▪ **usually** *adv* d'habitude

usurp [juːˈzɜːp] *vt* usurper

utensil [juːˈtensəl] *n* ustensile *m*

utility [juːˈtɪlətɪ] *n* **(public) u.** service *m* public

utilize [ˈjuːtɪlaɪz] *vt* utiliser

utmost [ˈʌtməʊst] **1** *adj* **the u. ease** *(greatest)* la plus grande facilité; **it is of the u. importance that...** il est de la plus haute importance que... *(+ subjunctive)*

2 *n* **to do one's u.** faire de son mieux (**to do** pour faire)

utter[1] [ˈʌtə(r)] *adj* total; *(folly, lie)* pur; **it's u. nonsense** c'est complètement absurde ▪ **utterly** *adv* complètement

utter[2] [ˈʌtə(r)] *vt (cry, sigh)* pousser; *(word)* prononcer; *(threat)* proférer

U-turn [ˈjuːtɜːn] *n (in vehicle)* demi-tour *m*; *Fig (change of policy)* virage *m* à 180°

Vv

V, v [viː] *n (letter)* V, v *m inv*

vacant [ˈveɪkənt] *adj (room, seat)* libre; *(post)* vacant ▪ **vacancy** (*pl* **-ies**) *n (post)* poste *m* vacant; *(room)* chambre *f* libre

vacate [*Br* vəˈkeɪt, *Am* ˈveɪkeɪt] *vt* quitter

vacation [veɪˈkeɪʃən] *n Am* vacances *fpl*; **to take a v.** prendre des vacances

vaccinate [ˈvæksɪneɪt] *vt* vacciner ▪ **vaccination** *n* vaccination *f* ▪ **vaccine** [-ˈsiːn] *n* vaccin *m*

vacuum [ˈvækjʊəm] **1** *n* vide *m*; **v. cleaner** aspirateur *m*; *Br* **v. flask** Thermos® *f* **2** *vt (room)* passer l'aspirateur dans; *(carpet)* passer l'aspirateur sur

vagabond [ˈvægəbɒnd] *n* vagabond, -e *mf*

vagina [vəˈdʒaɪnə] *n Anat* vagin *m*

vague [veɪg] (**-er, -est**) *adj* vague; *(outline)* flou; **he was v. (about it)** il est resté vague ▪ **vaguely** *adv* vaguement

vain [veɪn] (**-er, -est**) *adj* (**a**) *(attempt, hope)* vain; **in v.** en vain; **her efforts were in v.** ses efforts ont été inutiles (**b**) *(conceited)* vaniteux, -euse

valentine [ˈvæləntaɪn] *n (card)* carte *f* de la Saint-Valentin; **(Saint) V.'s Day** la Saint-Valentin

valid [ˈvælɪd] *adj* valable ▪ **validate** *vt* valider

valley [ˈvælɪ] (*pl* **-eys**) *n* vallée *f*

valuable [ˈvæljʊəbəl] **1** *adj (object)* de valeur; *Fig (help, time)* précieux, -euse **2** *npl* **valuables** objets *mpl* de valeur

value [ˈvæljuː] **1** *n* valeur *f*; **to be of v.** avoir de la valeur; **to be good v. (for money)** être d'un bon rapport qualité-prix **2** *vt (appreciate)* apprécier; *(assess)* évaluer ▪ **valuation** [-jʊˈeɪʃən] *n (by expert)* expertise *f*

valve [vælv] *n (of machine, car)* soupape *f*; *(of pipe, tube)* valve *f*

van [væn] *n (vehicle)* camionnette *f*, fourgonnette *f*

vandal [ˈvændəl] *n* vandale *mf* ▪ **vandalism** *n* vandalisme *m* ▪ **vandalize** *vt* saccager

vanilla [vəˈnɪlə] **1** *n* vanille *f* **2** *adj (ice cream)* à la vanille

vanish [ˈvænɪʃ] *vi* disparaître

vanity [ˈvænətɪ] *n* vanité *f*

vapour [ˈveɪpə(r)] (*Am* **vapor**) *n* vapeur *f*

variable [ˈveərɪəbəl] *adj & n* variable *(f)*

variant [ˈveərɪənt] *n* variante *f*

variation [veərɪˈeɪʃən] *n* variation *f*

varicose [ˈværɪkəʊs] *adj* **v. veins** varices *fpl*

varied [ˈveəriːd] *adj* varié

variety [vəˈraɪətɪ] *n* (**a**) *(diversity)* variété *f*; **a v. of** toutes sortes de (**b**) **v. show** spectacle *m* de variétés

various [ˈveərɪəs] *adj* divers

varnish [ˈvɑːnɪʃ] **1** *n* vernis *m* **2** *vt* vernir

vary [ˈveərɪ] (*pt & pp* **-ied**) *vti* varier (**in/with** en/selon) ▪ **varying** *adj* variable

vase [*Br* vɑːz, *Am* veɪs] *n* vase *m*

vast [vɑːst] *adj* immense

VAT [viːeɪˈtiː, væt] (*abbr* **value added tax**) *n Br* TVA *f*

vat [væt] *n* cuve *f*
Vatican ['vætɪkən] *n* **the V.** le Vatican
vault[1] [vɔ:lt] *n (roof)* voûte *f*; *(tomb)* caveau *m*; *(cellar)* cave *f*; *(in bank)* salle *f* des coffres
vault[2] [vɔ:lt] *vti (jump)* sauter
VCR [vi:si:'ɑ:(r)] *(abbr* **video cassette recorder***)* *n* magnétoscope *m*
VDU [vi:di:'ju:] *(abbr* **visual display unit***)* *n Comptr* moniteur *m*
veal [vi:l] *n* veau *m*
veer [vɪə(r)] *vi (of car)* virer; **to v. off the road** quitter la route
vegan ['vi:gən] *n* végétalien, -enne *mf*
vegetable ['vedʒtəbəl] *n* légume *m* ▪ **vegetarian** [vedʒɪ'teərɪən] *adj & n* végétarien, -enne *(mf)* ▪ **vegetation** [vedʒɪ'teɪʃən] *n* végétation *f*
vehicle ['vi:ɪkəl] *n* véhicule *m*
veil [veɪl] *n (covering) & Fig* voile *m* ▪ **veiled** *adj* voilé
vein [veɪn] *n (in body)* veine *f*
Velcro® ['velkrəʊ] *n* Velcro® *m*
velvet ['velvɪt] **1** *n* velours *m* **2** *adj* de velours
vending ['vendɪŋ] *n* **v. machine** distributeur *m* automatique
vendor ['vendə(r)] *n* vendeur, -euse *mf*
veneer [və'nɪə(r)] *n (wood)* placage *m*; *Fig (appearance)* vernis *m*
vengeance ['vendʒəns] *n* vengeance *f*; **to take v. on sb** se venger de qn; *Fig* **with a v.** de plus belle
venison ['venɪsən] *n* venaison *f*
venom ['venəm] *n (poison) & Fig* venin *m*
vent [vent] *n* conduit *m*
ventilate ['ventɪleɪt] *vt* ventiler, aérer ▪ **ventilation** *n* ventilation *f*, aération *f*
ventriloquist [ven'trɪləkwɪst] *n* ventriloque *mf*
venture ['ventʃə(r)] **1** *n* entreprise *f* (hasardeuse) **2** *vt* risquer; **to v. to do sth** se risquer à faire qch **3** *vi* s'aventurer (**into** dans)
venue ['venju:] *n (for meeting, concert)* salle *f*; *(for football match)* stade *m*
veranda(h) [və'rændə] *n* véranda *f*
verb [vɜ:b] *n* verbe *m* ▪ **verbal** *adj* verbal
verdict ['vɜ:dɪkt] *n* verdict *m*
verge [vɜ:dʒ] **1** *n Br (of road)* bord *m*; **on the v. of ruin/tears** au bord de la ruine/des larmes; **to be on the v. of doing sth** être sur le point de faire qch **2** *vi* **to v. on** friser; *(of colour)* tirer sur
verify ['verɪfaɪ] *(pt & pp* **-ied***)* *vt* vérifier
vermin ['vɜ:mɪn] *n (animals)* animaux *mpl* nuisibles; *(insects, people)* vermine *f*
versatile [*Br* 'vɜ:sətaɪl, *Am* 'vɜ:rsətəl] *adj* polyvalent
verse [vɜ:s] *n (poetry)* vers *mpl*; *(stanza)* strophe *f*; *(of Bible)* verset *m*
versed [vɜ:st] *adj* **(well) v. in sth** versé dans qch
version [*Br* 'vɜ:ʃən, *Am* 'vɜ:ʒən] *n* version *f*
versus ['vɜ:səs] *prep (in sport, law)* contre; *(compared to)* comparé à
vertical ['vɜ:tɪkəl] *adj* vertical
very ['verɪ] **1** *adv* très; **v. much** beaucoup; **the v. first** le tout premier (*f* la toute première); **the v. next day** le lendemain même; **at the v. least/most** tout au moins/plus; **at the v. latest** au plus tard
2 *adj (emphatic use)* **this v. house** cette maison même; **at the v. end** tout à la fin
vessel ['vesəl] *n (ship)* vaisseau *m*; *(container)* récipient *m*
vest [vest] *n* maillot *m* de corps; *Am (waistcoat)* gilet *m*
vested ['vestɪd] *adj* **to have a v. interest in sth** avoir un intérêt personnel dans qch
vestige ['vestɪdʒ] *n* vestige *m*
vet[1] [vet] *n* vétérinaire *mf*
vet[2] [vet] *(pt & pp* **-tt-***)* *vt Br* faire une enquête sur
veteran ['vetərən] *n Mil* ancien combattant *m*; *Fig* vétéran *m*
veto ['vi:təʊ] **1** *(pl* **-oes***)* *n* veto *m inv* **2** *(pt & pp* **-oed***)* *vt* mettre son veto à

via ['vaɪə, 'vɪə] *prep* via, par
viable ['vaɪəbəl] *adj* viable
viaduct ['vaɪədʌkt] *n* viaduc *m*
vibrant ['vaɪbrənt] *adj (colour)* vif (*f* vive)
vibrate [vaɪ'breɪt] *vi* vibrer ▪ **vibration** *n* vibration *f*
vicar ['vɪkə(r)] *n (in Church of England)* pasteur *m* ▪ **vicarage** [-rɪdʒ] *n* presbytère *m*
vice [vaɪs] *n (depravity, fault)* vice *m*; *Br (tool)* étau *m*
vice- [vaɪs] *pref* vice-
vice versa [vaɪs(ɪ)'vɜːsə] *adv* vice versa
vicinity [və'sɪnətɪ] *n* environs *mpl*; **in the v. of** aux environs de
vicious ['vɪʃəs] *adj (malicious)* méchant; *(violent)* brutal; **v. circle** cercle *m* vicieux
victim ['vɪktɪm] *n* victime *f*; **to be the v. of** être victime de
victimize ['vɪktɪmaɪz] *vt* persécuter
Victorian [vɪk'tɔːrɪən] **1** *adj* victorien, -enne **2** *n* Victorien, -enne *mf*
victory ['vɪktərɪ] (*pl* **-ies**) *n* victoire *f* ▪ **victorious** [-'tɔːrɪəs] *adj* victorieux, -euse
video ['vɪdɪəʊ] **1** (*pl* **-os**) *n (medium)* vidéo *f*; *(cassette)* cassette *f* vidéo; *(recorder)* magnétoscope *m*; **on v.** sur cassette vidéo

2 *adj (camera, cassette, game)* vidéo *inv*; **v. recorder** magnétoscope *m*

3 (*pt & pp* **-oed**) *vt (on camcorder)* filmer en vidéo; *(on video recorder)* enregistrer (sur magnétoscope) ▪ **videotape** *n* bande *f* vidéo
vie [vaɪ] (*pres p* **vying**) *vi* **to v. with sb (for sth/to do sth)** rivaliser avec qn (pour qch/pour faire qch)
Vietnam [*Br* vjet'næm, *Am* -'nɑːm] *n* le Viêt Nam
view [vjuː] **1** *n* vue *f*; *(opinion)* opinion *f*; **in my v.** *(opinion)* à mon avis; **in v. of** *(considering)* étant donné; **on v.** *(exhibit)* exposé; **with a v. to doing sth** dans l'intention de faire qch

2 *vt (regard)* considérer; *(look at)* voir; *(house)* visiter ▪ **viewer** *n* (**a**) *TV* téléspectateur, -trice *mf* (**b**) *(for slides)* visionneuse *f* ▪ **viewfinder** *n (in camera)* viseur *m* ▪ **viewpoint** *n* point *m* de vue
vigilant ['vɪdʒɪlənt] *adj* vigilant
vigorous ['vɪgərəs] *adj* vigoureux, -euse
vile [vaɪl] (**-er, -est**) *adj (unpleasant)* abominable; *(food, drink)* infect
villa ['vɪlə] *n* villa *f*
village ['vɪlɪdʒ] *n* village *m* ▪ **villager** *n* villageois, -e *mf*
villain ['vɪlən] *n (scoundrel)* scélérat *m*; *(in story, play)* méchant *m*
vindicate ['vɪndɪkeɪt] *vt* justifier
vindictive [vɪn'dɪktɪv] *adj* vindicatif, -ive
vine [vaɪn] *n* vigne *f* ▪ **vineyard** ['vɪnjəd] *n* vigne *f*
vinegar ['vɪnɪgə(r)] *n* vinaigre *m*
vintage ['vɪntɪdʒ] **1** *n (year)* année *f*; *(wine)* cru *m* **2** *adj (wine)* de cru; *(car)* de collection *(datant généralement des années 1920)*
vinyl ['vaɪnəl] *n* vinyle *m*
viola [vɪ'əʊlə] *n Mus* alto *m*
violate ['vaɪəleɪt] *vt (agreement)* violer
violence ['vaɪələns] *n* violence *f* ▪ **violent** *adj* violent ▪ **violently** *adv* violemment
violet ['vaɪələt] **1** *adj (colour)* violet, -ette **2** *n (colour)* violet *m*; *(plant)* violette *f*
violin [vaɪə'lɪn] *n* violon *m* ▪ **violinist** *n* violoniste *mf*
VIP [viːaɪ'piː] (*abbr* **very important person**) *n* VIP *mf*
viper ['vaɪpə(r)] *n* vipère *f*
virgin ['vɜːdʒɪn] *n* vierge *f*
virile [*Br* 'vɪraɪl, *Am* 'vɪrəl] *adj* viril
virtual ['vɜːtʃʊəl] *adj* quasi; *Comptr* virtuel, -elle ▪ **virtually** *adv (almost)* quasiment
virtue ['vɜːtʃuː] *n (goodness, chastity)* vertu *f*; *(advantage)* mérite *m* ▪ **virtuous** [-tjʊəs] *adj* vertueux, -euse
virus ['vaɪərəs] *n Med & Comptr* virus *m*

Visa® ['vi:zə] *n* **V. (card)** carte *f* Visa®
visa ['vi:zə] *n* visa *m*
visible ['vɪzəbəl] *adj* visible ▪ **visibility** *n* visibilité *f*
vision ['vɪʒən] *n (eyesight)* vue *f*; *(foresight)* clairvoyance *f*; *(apparition)* vision *f*
visit ['vɪzɪt] **1** *n* visite *f*; **to pay sb a v.** rendre visite à qn
2 *vt (place)* visiter; *(person)* rendre visite à
3 *vi* **to be visiting** être de passage; *Br* **v. hours/card** heures *fpl*/carte *f* de visite ▪ **visitor** *n* visiteur, -euse *mf*; *(guest)* invité, -e *mf*
visor ['vaɪzə(r)] *n* visière *f*
visual ['vɪʒʊəl] *adj* visuel, -elle; **v. aid** support *m* visuel; **v. arts** arts *mpl* plastiques ▪ **visualize** *vt (imagine)* visualiser; *(foresee)* envisager
vital ['vaɪtəl] *adj* vital; **it's v. that…** il est vital que… *(+ subjunctive)*
vitality [vaɪ'tælətɪ] *n* vitalité *f*
vitamin [*Br* 'vɪtəmɪn, *Am* 'vaɪtəmɪn] *n* vitamine *f*
vivacious [vɪ'veɪʃəs] *adj* enjoué
vivid ['vɪvɪd] *adj* vif (*f* vive); *(description)* vivant; *(memory)* clair
V-neck ['vi:nek] *adj* à col en V
vocabulary [*Br* və'kæbjʊlərɪ, *Am* -erɪ] *n* vocabulaire *m*
vocal ['vəʊkəl] *adj (cords, music)* vocal; *(noisy, critical)* qui se fait entendre
vocation [vəʊ'keɪʃən] *n* vocation *f* ▪ **vocational** *adj* professionnel, -elle
vociferous [və'sɪfərəs] *adj* bruyant
vodka ['vɒdkə] *n* vodka *f*
vogue [vəʊg] *n* vogue *f*; **in v.** en vogue
voice [vɔɪs] **1** *n* voix *f*; **at the top of one's v.** à tue-tête **2** *vt (opinion, feelings)* exprimer
void [vɔɪd] **1** *n* vide *m* **2** *adj (deed, contract)* nul (*f* nulle)
volatile [*Br* 'vɒlətaɪl, *Am* 'vɒlətəl] *adj (person)* inconstant; *(situation)* explosif, -ive
volcano [vɒl'keɪnəʊ] (*pl* **-oes**) *n* volcan *m*
volley ['vɒlɪ] *n (in tennis)* volée ▪ **volleyball** *n* volley(-ball) *m*
volt [vəʊlt] *n* volt *m* ▪ **voltage** [-tɪdʒ] *n* voltage *m*
volume ['vɒlju:m] *n (book, capacity, loudness)* volume *m*
voluntary [*Br* 'vɒləntərɪ, *Am* -erɪ] *adj* volontaire; *(unpaid)* bénévole ▪ **voluntarily** *adv* volontairement; *(on an unpaid basis)* bénévolement
volunteer [vɒlən'tɪə(r)] **1** *n* volontaire *mf*; *(for charity)* bénévole *mf* **2** *vt (information)* donner spontanément **3** *vi* se porter volontaire (**for sth** pour qch; **to do** pour faire)
vomit ['vɒmɪt] **1** *n* vomi *m* **2** *vti* vomir
vote [vəʊt] **1** *n (choice)* vote *m*; *(election)* scrutin *m*; *(paper)* voix *f*; **to take a v. on sth** voter sur qch; **to have the v.** avoir le droit de vote **2** *vt (funds, bill)* voter **3** *vi* voter; **to v. Labour** voter travailliste ▪ **voter** *n (elector)* électeur, -trice *mf* ▪ **voting** *n (polling)* scrutin *m*
vouch [vaʊtʃ] *vi* **to v. for sb/sth** répondre de qn/qch
voucher ['vaʊtʃə(r)] *n* coupon *m*, bon *m*; **(gift-)v.** chèque-cadeau *m*
vow [vaʊ] **1** *n* vœu *m* **2** *vt* jurer (**to** à); **to v. to do sth** jurer de faire qch
vowel ['vaʊəl] *n* voyelle *f*
voyage ['vɔɪɪdʒ] *n* voyage *m*
vulgar ['vʌlgə(r)] *adj* vulgaire
vulnerable ['vʌlnərəbəl] *adj* vulnérable
vulture ['vʌltʃə(r)] *n* vautour *m*

Ww

W, w ['dʌbəlju:] *n (letter)* W, w *m inv*
wacky ['wækɪ] (**-ier, -iest**) *adj Fam* farfelu
wad [wɒd] *n (of papers, banknotes)* liasse *f*; *(of cotton wool)* morceau *m*
waddle ['wɒdəl] *vi Fig (of duck, person)* se dandiner
wade [weɪd] *vi* **to w. through** *(mud, water)* patauger dans; *Fig (book)* venir péniblement à bout de
wafer ['weɪfə(r)] *n (biscuit)* gaufrette *f*; *Rel* hostie *f*
waffle¹ ['wɒfəl] *n (cake)* gaufre *f*
waffle² ['wɒfəl] *Br Fam* **1** *n* remplissage *m* **2** *vi* faire du remplissage
waft [wɒft] *vi (of smell, sound)* parvenir
wag [wæg] (*pt & pp* **-gg-**) *vt* remuer, agiter; **to w. one's finger at sb** menacer qn du doigt
wage [weɪdʒ] **1** *n* **wage(s)** salaire *m*, paie *f*; **w. earner** salarié, -e; *mf*; *Br* **w. packet** *(money)* paie **2** *vt* **to w. war** faire la guerre (**on** à)
wager ['weɪdʒə(r)] **1** *n* pari *m* **2** *vt* parier (**that** que)
waggle ['wægəl] *vti* remuer
wag(g)on ['wægən] *n Br (of train)* wagon *m* (découvert); *(horse-drawn)* charrette *f*
wail [weɪl] *vi (of person)* gémir; *(of siren)* hurler
waist [weɪst] *n* taille *f* ▪ **waistcoat** *n Br* gilet *m* ▪ **waistline** *n* taille *f*
wait [weɪt] **1** *n* attente *f*; **to lie in w. for sb** guetter qn
2 *vt* **to w. one's turn** attendre son tour
3 *vi* (**a**) attendre; **to w. for sb/sth** attendre qn/qch; **to keep sb waiting** faire attendre qn; **w. till** *or* **until I've gone, w. for me to go** attends que je sois parti; **I can't w. to see her** j'ai vraiment hâte de la voir (**b**) **to w. on sb** servir qn ▪ **waiting 1** *n* attente *f*; *Br* **'no w.'** 'arrêt interdit' **2** *adj* **w. list/room** liste *f*/salle *f* d'attente
▸ **wait about, wait around** *vi* attendre
▸ **wait behind** *vi* rester
▸ **wait up** *vi* veiller; **to w. up for sb** attendre le retour de qn pour aller se coucher
waiter ['weɪtə(r)] *n* serveur *m* ▪ **waitress** *n* serveuse *f*
wake¹ [weɪk] (*pt* **woke,** *pp* **woken**) **1** *vt* **to w. sb (up)** réveiller qn **2** *vi* **to w. (up)** se réveiller; **to w. up to sth** prendre conscience de qch
wake² [weɪk] *n (of ship)* sillage *m*; *Fig* **in the w. of sth** à la suite de qch
Wales [weɪlz] *n* le pays de Galles
walk [wɔ:k] **1** *n (short)* promenade *f*; *(long)* marche *f*; *(gait)* démarche *f*; *(path)* avenue *f*; **to go for a w., to take a w.** aller se promener; **to take the dog for a w.** promener le chien; **five minutes' w. (away)** à cinq minutes à pied
2 *vt* **to w. the dog** promener le chien; **to w. sb home** raccompagner qn; **I walked 3 miles** ≃ j'ai fait presque 5 km à pied
3 *vi* marcher; *(as opposed to cycling, driving)* aller à pied; *(for exercise, pleasure)* se promener; **to w. home** rentrer

à pied ▪ **walker** *n* marcheur, -euse *mf*; *(for pleasure)* promeneur, -euse *mf* ▪ **walking** *n* marche *f* (à pied); **w. stick** canne *f* ▪ **walkway** *n* passage *m* couvert; **moving w.** trottoir *m* roulant

▸ **walk away** *vi* s'en aller (**from** de)

▸ **walk in** *vi* entrer

▸ **walk off** *vi* s'en aller; **to w. off with sth** *(steal)* partir avec qch

▸ **walk out** *vi (leave)* sortir; *Br (of workers)* se mettre en grève; **to w. out on sb** quitter qn

▸ **walk over** *vi* **to w. over to** *(go up to)* s'approcher de

Walkman® ['wɔːkmən] (*pl* **-mans**) *n* baladeur *m*, Walkman® *m*

wall [wɔːl] **1** *n* mur *m*; *(of cabin, tunnel, stomach)* paroi *f* **2** *adj (map, hanging)* mural ▪ **wallpaper 1** *n* papier *m* peint **2** *vt* tapisser ▪ **wall-to-wall** *adj* **w. carpet(ing)** moquette *f*

wallet ['wɒlɪt] *n* portefeuille *m*

wallow ['wɒləʊ] *vi* se vautrer

walnut ['wɔːlnʌt] *n (nut)* noix *f*; *(tree, wood)* noyer *m*

walrus ['wɔːlrəs] (*pl* **-ruses** [-rəsəz]) *n* morse *m*

waltz [*Br* wɔːls, *Am* wɒlts] **1** *n* valse *f* **2** *vi* valser

wand [wɒnd] *n* **(magic) w.** baguette *f* magique

wander ['wɒndə(r)] **1** *vt* **to w. the streets** errer dans les rues **2** *vi (of thoughts)* vagabonder; *(of person)* errer, vagabonder; **to w. from** *(path, subject)* s'écarter de

▸ **wander about, wander around** *vi (roam)* errer, vagabonder; *(stroll)* flâner

▸ **wander off** *vi (go away)* s'éloigner

wangle ['wæŋgəl] *vt Br Fam (obtain)* se débrouiller pour avoir

want [wɒnt] **1** *n (lack)* manque *m* (**of** de); **for w. of** par manque de; **for w. of money/time** faute d'argent/de temps

2 *vt* vouloir (**to do** faire); **I w. him to go** je veux qu'il parte; **the lawn wants cutting** la pelouse a besoin d'être tondue; **you're wanted on the phone** on vous demande au téléphone ▪ **wanted** *adj (criminal)* recherché par la police

wanton ['wɒntən] *adj (gratuitous)* gratuit

war [wɔː(r)] **1** *n* guerre *f*; **at w.** en guerre (**with** avec); **to declare w.** déclarer la guerre (**on** à) **2** *adj (wound, crime)* de guerre; **w. memorial** monument *m* aux morts

ward[1] [wɔːd] *n (in hospital)* salle *f*

ward[2] [wɔːd] *vt* **to w. off** *(blow)* éviter; *(danger)* chasser

warden ['wɔːdən] *n (of institution, hostel)* directeur, -trice *mf*

warder ['wɔːdə(r)] *n Br* gardien *m* (de prison)

wardrobe ['wɔːdrəʊb] *n (cupboard)* penderie *f*; *(clothes)* garde-robe *f*

warehouse ['weəhaʊs] (*pl* **-ses** [-zɪz]) *n* entrepôt *m*

wares [weəz] *npl* marchandises *fpl*

warfare ['wɔːfeə(r)] *n* guerre *f*

warm [wɔːm] **1** (**-er, -est**) *adj* chaud; *Fig (welcome)* chaleureux, -euse; **to be** *or* **feel w.** avoir chaud; **to get w.** *(of person, room)* se réchauffer; **it's w.** *(of weather)* il fait chaud

2 *vt* **to w. (up)** *(person, food)* réchauffer

3 *vi* **to w. up** *(of person, room)* se réchauffer; *(of athlete)* s'échauffer ▪ **warmly** *adv (dress)* chaudement; *Fig (welcome, thank)* chaleureusement ▪ **warmth** *n* chaleur *f*

warn [wɔːn] *vt* avertir, prévenir (**that** que); **to w. sb against** *or* **of sth** mettre qn en garde contre qch ▪ **warning** *n (caution)* avertissement *m*; *(advance notice)* avis *m*; **without w.** sans prévenir; **w. light** *(on appliance)* voyant *m* lumineux; *Br* **(hazard) w. lights** feux *mpl* de détresse

warp [wɔːp] **1** *vt (wood)* gauchir; *Fig (judgement, person)* pervertir **2** *vi (of door)* gauchir

warrant ['wɒrənt] *n (in law)* mandat *m* ▪ **warranty** (*pl* **-ies**) *n Com* garantie *f*

warren ['wɒrən] *n* **(rabbit) w.** garenne *f*

warrior ['wɒrɪə(r)] *n* guerrier, -ère *mf*

wart [wɔːt] *n* verrue *f*

wartime ['wɔːtaɪm] *n* **in w.** en temps de guerre

wary ['weərɪ] (**-ier, -iest**) *adj* prudent; **to be w. of sb/sth** se méfier de qn/qch; **to be w. of doing sth** hésiter beaucoup à faire qch

was [wəz, *stressed* wɒz] *pt of* **be**

wash [wɒʃ] **1** *n* **to have a w.** se laver; **to give sth a w.** laver qch

2 *vt* laver; **to w. one's hands** se laver les mains (**of sth** de qch)

3 *vi (have a wash)* se laver ▪ **washbasin** *n Br* lavabo *m* ▪ **washcloth** *n Am* gant *m* de toilette ▪ **washing-up** *n Br* vaisselle *f*; **to do the w.** faire la vaisselle; **w. liquid** liquide *m* vaisselle ▪ **washroom** *n Am* toilettes *fpl*

▸ **wash down** *vt sep (car, deck)* laver à grande eau; *(food)* arroser (**with** de)

▸ **wash off 1** *vt sep* enlever **2** *vi* partir

▸ **wash out 1** *vt sep (bowl, cup)* rincer; *(stain)* faire partir (en lavant) **2** *vi (of stain)* partir (au lavage)

▸ **wash up 1** *vt sep Br (dishes, forks)* laver **2** *vi Br (do the dishes)* faire la vaisselle; *Am (have a wash)* se débarbouiller

washable ['wɒʃəbəl] *adj* lavable

washer ['wɒʃə(r)] *n (ring)* joint *m*

washing ['wɒʃɪŋ] *n (action)* lavage *m*; *(clothes)* linge *m*; **to do the w.** faire la lessive; **w. machine** machine *f* à laver; *Br* **w. powder** lessive *f*

wasp [wɒsp] *n* guêpe *f*

waste [weɪst] **1** *n* gaspillage *m*; *(of time)* perte *f*; *(rubbish)* déchets *mpl*; **w. material** *or* **products** déchets *mpl*; *Br* **w. ground** *(in town)* terrain *m* vague; **w. land** *(uncultivated)* terres *fpl* incultes; *(in town)* terrain *m* vague; **w. pipe** tuyau *m* d'évacuation

2 *vt (money, food)* gaspiller; *(time)* perdre; *(opportunity)* gâcher; **to w. no time doing sth** ne pas perdre de temps pour faire qch

3 *vi* **to w. away** dépérir ▪ **wasted** *adj (effort)* inutile

wastebin ['weɪstbɪn] *n (in kitchen)* poubelle *f*

wasteful ['weɪstfəl] *adj (person)* gaspilleur, -euse; *(process)* peu économique

watch [wɒtʃ] **1** *n* (**a**) *(timepiece)* montre *f* (**b**) **to keep a close w. on sb/sth** surveiller qn/qch de près

2 *vt* regarder; *(observe)* observer; *(suspect, baby, luggage)* surveiller; *(be careful of)* faire attention à; **w. it!** attention!

3 *vi* regarder; **to w. out for sb/sth** guetter qn/qch; **to w. out** *(take care)* faire attention (**for** à); **w. out!** attention!; **to w. over** surveiller ▪ **watchdog** *n* chien *m* de garde ▪ **watchstrap** *n* bracelet *m* de montre

watchful ['wɒtʃfəl] *adj* vigilant

water ['wɔːtə(r)] **1** *n* eau *f*; **under w.** *(road, field)* inondé; *(swim)* sous l'eau; **w. heater** chauffe-eau *m inv*; **w. pistol** pistolet *m* à eau; **w. polo** water-polo *m*; **w. skiing** ski *m* nautique; **w. wings** brassards *mpl* de natation

2 *vt (plant)* arroser; **to w. sth down** *(wine)* diluer qch; *(text)* édulcorer qch

3 *vi (of eyes)* larmoyer; **it makes my mouth w.** ça me met l'eau à la bouche ▪ **watercolour** (*Am* **-color**) *n* aquarelle *f* ▪ **watercress** *n* cresson *m* (de fontaine) ▪ **waterfall** *n* cascade *f* ▪ **watering** *n* **w. can** arrosoir *m* ▪ **watermark** *n* filigrane *m* ▪ **watermelon** *n* pastèque *f* ▪ **waterproof** *adj* imperméable; *(watch)* étanche ▪ **watertight** *adj (container)* étanche

watery ['wɔːtərɪ] *adj (soup)* trop liquide; *(coffee, tea)* insipide; *(colour)* délavé

watt [wɒt] *n* watt *m*

wave [weɪv] **1** *n (of water, crime)* vague *f*; *(in hair)* ondulation *f*; *Phys* onde *f* **2** *vt (arm, flag)* agiter; *(stick)* brandir **3** *vi (of person)* faire signe (de la main); **to w. to sb** *(signal)* faire signe de la main à qn; *(greet)* saluer qn de la main

▪ **waveband** *n* bande *f* de fréquences ▪ **wavelength** *n* longueur *f* d'onde; *Fig* **on the same w.** sur la même longueur d'onde

waver ['weɪvə(r)] *vi (of person, flame)* vaciller

wavy ['weɪvɪ] (**-ier, -iest**) *adj (line)* qui ondule; *(hair)* ondulé

wax [wæks] **1** *n* cire *f*; *(for ski)* fart *m* **2** *adj (candle, doll)* de cire; *Am* **w. paper** *(for wrapping)* papier *m* paraffiné **3** *vt* cirer; *(ski)* farter; *(car)* lustrer

---

WAY [weɪ] **1** *n* (**a**) *(path, road)* chemin *m* (**to** de); *(direction)* sens *m*, direction *f*; **the w. in** l'entrée *f*; **the w. out** la sortie; **the w. to the station** le chemin pour aller à la gare; **to ask sb the w.** demander son chemin à qn; **to show sb the w.** montrer le chemin à qn; **to lose one's w.** se perdre; **I'm on my w.** *(coming)* j'arrive; *(going)* je pars; **to make w. for sb** faire de la place à qn; **out of the w.** *(isolated)* isolé; **to get out of the w.** s'écarter; **to go all the w.** aller jusqu'au bout; **to give w.** céder; *Br (in vehicle)* céder le passage (**to** à); **it's a long w. away** *or* **off** c'est très loin; **it's the wrong w. up** c'est dans le mauvais sens; **this w.** par ici; **that w.** par là; **which w.?** par où?

(**b**) *(manner)* manière *f*; **in this w.** de cette manière; **by w. of** *(via)* par; *Fig (as)* comme; *Fig* **by the w.** à propos; *Fam* **no w.!** *(certainly not)* pas question!; **w. of life** mode *m* de vie

2 *adv Fam* **w. behind** très en arrière; **w. ahead** très en avance (**of** sur)

---

wayward ['weɪwəd] *adj* difficile

WC [dʌbəlju:'si:] *n* W.-C. *mpl*

we [wi:] *pron* nous; *(indefinite)* on; **we teachers** nous autres professeurs; **we all make mistakes** tout le monde peut se tromper

weak [wi:k] (**-er, -est**) *adj* faible; *(tea, coffee)* léger, -ère; **to have a w. heart** avoir le cœur fragile ▪ **weakling** *n (in body)* mauviette *f*; *(in character)* faible *mf* ▪ **weakness** *n* faiblesse *f*; *(fault)* point *m* faible; **to have a w. for sb/sth** avoir un faible pour qn/qch

weaken ['wi:kən] **1** *vt* affaiblir **2** *vi* s'affaiblir

wealth [welθ] *n* richesse *f*; *Fig* **a w. of sth** une abondance de qch ▪ **wealthy 1** (**-ier, -iest**) *adj* riche **2** *npl* **the w.** les riches *mpl*

weapon ['wepən] *n* arme *f*

wear [weə(r)] **1** *n* (**a**) **men's w.** vêtements *mpl* pour hommes; **evening w.** tenue *f* de soirée (**b**) *(use)* **w. and tear** usure *f* naturelle **2** (*pt* **wore,** *pp* **worn**) *vt (garment, glasses)* porter; **to w. black** porter du noir **3** *vi* **to w. thin** *(of clothing)* s'user; **to w. well** *(of clothing)* bien vieillir

▸ **wear down 1** *vt sep* user; **to w. sb down** avoir qn à l'usure **2** *vi* s'user

▸ **wear off** *vi (of colour, pain)* disparaître

▸ **wear out 1** *vt sep (clothes)* user; **to w. sb out** épuiser qn **2** *vi (of clothes)* s'user; *Fig (of patience)* s'épuiser

weary ['wɪərɪ] **1** (**-ier, -iest**) *adj* las (*f* lasse) (**of doing** de faire) **2** *vi* se lasser (**of** de)

weather ['weðə(r)] **1** *n* temps *m*; **what's the w. like?** quel temps fait-il?; **in hot w.** par temps chaud; **under the w.** *(ill)* patraque **2** *adj* **w. forecast** prévisions *fpl* météorologiques; **w. report** (bulletin *m*) météo *f* **3** *vt (storm)* essuyer; *Fig (crisis)* surmonter ▪ **weatherman** (*pl* **-men**) *n (on TV, radio)* présentateur *m* météo

weave [wi:v] **1** (*pt* **wove,** *pp* **woven**) *vt (cloth, plot)* tisser; *(basket, garland)* tresser **2** *vi* tisser; *Fig* **to w. in and out of** *(crowd, cars)* se faufiler entre

web [web] *n (of spider)* toile *f*; *Fig (of lies)* tissu *m*; *Comptr* **the W.** le Web; **w. page** page *f* Web; **w. site** site *m* Web

wed [wed] (*pt & pp* **-dd-**) **1** *vt (marry)* épouser **2** *vi* se marier

we'd [wi:d] = **we had, we would**

wedding ['wedɪŋ] **1** *n* mariage *m*; **golden/silver w.** noces *fpl* d'or/d'argent **2** *adj (anniversary, present, cake)* de mariage; *(dress)* de mariée; **his/her w. day** le jour de son mariage; *Br* **w. ring,** *Am* **w. band** alliance *f*

wedge [wedʒ] **1** *n (of wheel, table)* cale *f* **2** *vt (wheel, table)* caler; *(push)* enfoncer (**into** dans); **to w. a door open** maintenir une porte ouverte avec une cale; **wedged (in) between** coincé entre

Wednesday ['wenzdeɪ] *n* mercredi *m*

wee[1] [wiː] *adj Scot Fam (tiny)* tout petit (*f* toute petite)

wee[2] [wiː] *vi Br Fam* faire pipi

weed [wiːd] **1** *n (plant)* mauvaise herbe *f* **2** *vti* désherber; *Fig* **to w. sth out** éliminer qch (**from** de) ▪ **weedkiller** *n* désherbant *m* ▪ **weedy** (**-ier, -iest**) *adj Fam (person)* malingre

week [wiːk] *n* semaine *f*; **tomorrow w., a w. tomorrow** demain en huit ▪ **weekday** *n* jour *m* de semaine

weekend [wiːk'end] *n* week-end *m*; **at** *or* **on** *or* **over the w.** ce week-end; *(every weekend)* le week-end

weekly ['wiːklɪ] **1** *adj* hebdomadaire **2** *adv* toutes les semaines **3** *n (magazine)* hebdomadaire *m*

weep [wiːp] *(pt & pp* **wept**) *vi* pleurer

weigh [weɪ] **1** *vt* peser; **to w. sb/sth down** *(with load)* surcharger qn/qch (**with** de); **to w. up** *(chances)* peser **2** *vi* peser; **it's weighing on my mind** ça me tracasse ▪ **weighing-machine** *n* balance *f*

weight [weɪt] **1** *n* poids *m*; **to put on w.** grossir; **to lose w.** maigrir; *Fig* **to carry w.** *(of argument)* avoir du poids **2** *vt* **to w. sth (down)** *(hold down)* faire tenir qch avec un poids ▪ **weightlifter** *n* haltérophile *mf* ▪ **weightlifting** *n* haltérophilie *f*

weighty ['weɪtɪ] (**-ier, -iest**) *adj (serious, important)* grave

weir [wɪə(r)] *n* barrage *m*

weird [wɪəd] (**-er, -est**) *adj* bizarre

welcome ['welkəm] **1** *adj (person, news, change)* bienvenu; **to make sb w.** faire un bon accueil à qn; **w.!** bienvenue!; **you're w.!** *(after 'thank you')* il n'y a pas de quoi!; **you're w. to use my bike** mon vélo est à ta disposition

2 *n* accueil *m*; **to give sb a warm w.** faire un accueil chaleureux à qn

3 *vt (person)* souhaiter la bienvenue à; *(news, change)* accueillir favorablement ▪ **welcoming** *adj* accueillant; *(speech, words)* de bienvenue

welfare ['welfeə(r)] *n (wellbeing)* bien-être *m*; *Am Fam* **to be on w.** recevoir l'aide sociale; *Br* **the W. State** l'État *m* providence

we'll [wiːl] = **we will, we shall**

well[1] [wel] *n (for water, oil)* puits *m*

well[2] [wel] **1** (**better, best**) *adj* bien; **to be w.** aller bien; **to get w.** se remettre; **it's just as w....** heureusement que...

2 *adv* bien; **you'd do w. to refuse** tu ferais bien de refuser; **she might (just) as w. have stayed at home** elle aurait mieux fait de rester chez elle; **as w.** *(also)* aussi; **as w. as** aussi bien que; **as w. as two cats, he has...** en plus de deux chats, il a...

3 *exclam* eh bien!; **w., w.!** *(surprise)* tiens, tiens!; **huge, w. quite big** énorme, enfin, assez grand ▪ **well-behaved** *adj* sage ▪ **well-being** *n* bien-être *m* ▪ **well-built** *adj (person, car)* solide ▪ **well-dressed** *adj* bien habillé ▪ **well-informed** *adj* bien informé ▪ **well-known** *adj* (bien) connu ▪ **well-meaning** *adj* bien intentionné ▪ **well-off** *adj* riche ▪ **well-paid** *adj* bien payé ▪ **well-read** *adj* instruit ▪ **well-timed** *adj* opportun ▪ **well-to-do** *adj* aisé ▪ **wellwisher** *n* sympathisant, -e *mf* ▪ **well-worn** *adj (clothes, carpet)* très usé

wellington ['welɪŋtən] (*Fam* **welly** [welɪ], *pl* **-ies**) *n Br* **w. (boot)** botte *f* de caoutchouc

Welsh [welʃ] **1** *adj* gallois **2** *n (language)* gallois *m*; **the W.** *(people)* les Gallois *mpl* ▪ **Welshman** (*pl* **-men**) *n* Gallois *m* ▪ **Welshwoman** (*pl* **-women**) *n* Galloise *f*

went [went] *pt of* **go**

wept [wept] *pt & pp of* **weep**

were [wə(r), *stressed* wɜː(r)] *pt of* **be**

we're [wɪə(r)] = **we are**

west [west] **1** *n* ouest *m*; **(to the) w. of** à l'ouest de; *Pol* **the W.** l'Occident *m*

2 *adj (coast)* ouest *inv*; *(wind)* d'ouest; **W. Africa** l'Afrique *f* occidentale; **W. Indian** *adj* antillais; *n* Antillais, -e *mf*; **the W. Indies** les Antilles *fpl*

3 *adv* à l'ouest; *(travel)* vers l'ouest ▪ **westbound** *adj (traffic)* en direction de l'ouest; *Br (carriageway)* ouest *inv* ▪ **westerly** *adj (direction)* de l'ouest ▪ **western 1** *adj (coast)* ouest *inv*; *Pol (culture)* occidental; **W. Europe** l'Europe *f* de l'Ouest **2** *n (film)* western *m* ▪ **westerner** *n Pol* occidental, -e *mf* ▪ **westward** *adj & adv* vers l'ouest ▪ **westwards** *adv* vers l'ouest

wet [wet] **1** (**wetter, wettest**) *adj* mouillé; *(weather)* pluvieux, -euse; *(day)* de pluie; **to get w.** se mouiller; **to be w. through** être trempé; **it's w.** *(raining)* il pleut; **'w. paint'** 'peinture fraîche'; **w. suit** combinaison *f* de plongée **2** *n* **the w.** *(rain)* la pluie; *(damp)* l'humidité *f* **3** (*pt & pp* **-tt-**) *vt* mouiller

we've [wiːv] = **we have**

whack [wæk] *vt Fam* donner un grand coup à

whale [weɪl] *n* baleine *f*

WHAT [wɒt] **1** *adj* quel, quelle, *pl* quel(le)s; **w. book?** quel livre?; **w. a fool!** quel idiot!; **w. little she has** le peu qu'elle a

2 *pron* (**a**) *(in questions) (subject)* qu'est-ce qui; *(object)* (qu'est-ce) que; *(after prep)* quoi; **w.'s happening?** qu'est-ce qui se passe?; **w. does he do?** qu'est-ce qu'il fait?, que fait-il?; **w. is it?** qu'est-ce que c'est?; **w.'s that book?** c'est quoi, ce livre?; **w.!** *(surprise)* quoi!, comment!; **w.'s it called?** comment ça s'appelle?; **w. for?** pourquoi?; **w. about going out for lunch?** si on allait déjeuner?

(**b**) *(in relative construction) (subject)* ce qui; *(object)* ce que; **I know w. will happen/w. she'll do** je sais ce qui arrivera/ce qu'elle fera; **w. I need...** ce dont j'ai besoin…

whatever [wɒt'evə(r)] **1** *adj* **w. (the) mistake** quelle que soit l'erreur; **of w. size** de n'importe quelle taille; **no chance w.** pas la moindre chance; **nothing w.** rien du tout **2** *pron (no matter what)* quoi que (*+ subjunctive*); **w. you do** quoi que tu fasses; **do w. you want** fais tout ce que tu veux

whatsit ['wɒtsɪt] *n Fam* machin *m*

whatsoever [wɒtsəʊ'evə(r)] *adj* **for no reason w.** sans aucune raison; **none w.** aucun

wheat [wiːt] *n* blé *m*

wheedle ['wiːdəl] *vt* **to w. sb** enjôler qn (**into doing** pour qu'il/elle fasse); **to w. sth out of sb** obtenir qch de qn par la flatterie

wheel [wiːl] **1** *n* roue *f*; **to be at the w.** être au volant **2** *vt (push)* pousser ▪ **wheelbarrow** *n* brouette *f* ▪ **wheelchair** *n* fauteuil *m* roulant ▪ **wheelclamp** *n* sabot *m* de Denver

wheeze [wiːz] *vi* respirer bruyamment ▪ **wheezy** (**-ier, -iest**) *adj* poussif, -ive

when [wen] **1** *adv* quand **2** *conj (with time)* quand, lorsque; **w. I finish, w. I've finished** quand j'aurai fini; **the day/moment w.** le jour/moment où

whenever [wen'evə(r)] *conj (at whatever time)* quand; *(each time that)* chaque fois que

where [weə(r)] **1** *adv* où; **w. are you from?** d'où êtes-vous?

2 *conj* où; **I found it w. she'd left it** je l'ai trouvé là où elle l'avait laissé; **the place/house w. I live** l'endroit/la maison où j'habite; ▪ **whereabouts 1** *adv* où **2** ['weərəbaʊts] *n* **his w.** l'endroit *m* où il est ▪ **whereas** *conj* alors que ▪ **whereby** *adv Formal* par quoi

wherever [weər'evə(r)] *conj* **w. you go** *(everywhere)* partout où tu iras, où que tu ailles; **I'll go w. you like** j'irai (là) où vous voudrez

whet [wet] *(pt & pp* **-tt-***) vt (appetite, desire)* aiguiser

whether ['weðə(r)] *conj* si; **I don't know w. to leave** je ne sais pas si je dois partir; **w. she does it or not** qu'elle le fasse ou non; **it's doubtful w....** il est douteux que... *(+ subjunctive)*

WHICH [wɪtʃ] **1** *adj (in questions)* quel, quelle, *pl* quel(le)s; **w. book?** quel livre?; **w. one?** lequel/laquelle?; **in w. case** auquel cas

2 *relative pron (subject)* qui; *(object)* que; *(after prep)* lequel, laquelle, *pl* lesquel(le)s; *(referring to a whole clause) (subject)* ce qui; *(object)* ce que; **the house, w. is old...** la maison, qui est vieille...; **the book w. I like...** le livre que j'aime...; **the table w. I put it on...** la table sur laquelle je l'ai mis...; **the film of w. she was speaking** le film dont *ou* duquel elle parlait; **she's ill, w. is sad** elle est malade, ce qui est triste; **he lies, w. I don't like** il ment, ce que je n'aime pas; **after w.** *(whereupon)* après quoi

3 *interrogative pron (in questions)* lequel, laquelle, *pl* lesquel(le)s; **w. of us?** lequel/laquelle d'entre nous?; **w. are the best of the books?** quels sont les meilleurs de ces livres?

4 *pron* **w. (one)** *(the one that) (subject)* celui qui, celle qui, *pl* ceux qui, celles qui; *(object)* celui que, celle que, *pl* ceux que, celles que; **I know w. (ones) you want** je sais ceux/celles que vous désirez

---

whichever [wɪtʃ'evə(r)] **1** *adj (no matter which)* **take w. books interest you** prenez les livres qui vous intéressent; **take w. one you like** prends celui/celle que tu veux **2** *pron (no matter which)* quel que soit celui qui (*f* quelle que soit celle qui); **w. you choose...** quel que soit celui que tu choisiras...; **take w. you want** prends celui/celle que tu veux

while [waɪl] **1** *conj (when)* pendant que; *(although)* bien que *(+ subjunctive)*; *(as long as)* tant que; *(whereas)* tandis que; **w. eating** en mangeant **2** *n* **a w.** un moment; **all the w.** tout le temps **3** *vt* **to w. away the time** passer le temps (**doing sth** à faire qch) ■ **whilst** *conj Br* = **while**

whim [wɪm] *n* caprice *m*; **on a w.** sur un coup de tête

whimper ['wɪmpə(r)] *vi* gémir

whine [waɪn] *vi* gémir

whip [wɪp] **1** *n* fouet *m* **2** *(pt & pp* **-pp-***) vt* fouetter; **whipped cream** crème *f* fouettée

▸ **whip off** *vt sep Fam (clothes)* enlever rapidement

▸ **whip out** *vt sep Fam* sortir brusquement (**from** de)

▸ **whip up** *vt sep (interest)* susciter; *Fam (meal)* préparer rapidement

whirl [wɜːl] **1** *vt* **to w. sb/sth (round)** faire tourbillonner qn/qch **2** *vi* **to w. (round)** tourbillonner ■ **whirlpool** *n* tourbillon *m* ■ **whirlwind** *n* tourbillon *m*

whirr [wɜː(r)] *vi* ronfler

whisk [wɪsk] **1** *n (for eggs)* fouet *m* **2** *vt* battre; **to w. away** *or* **off** *(object)* enlever rapidement; *(person)* emmener rapidement

whiskers ['wɪskəz] *npl (of cat)* moustaches *fpl*; *(of man)* favoris *mpl*

whisky ['wɪskɪ] *(Am* **whiskey***) n* whisky *m*

whisper ['wɪspə(r)] **1** *n* chuchotement *m* **2** *vti* chuchoter; **to w. sth to sb** chuchoter qch à l'oreille de qn

whistle ['wɪsəl] **1** *n* sifflement *m*; *(object)* sifflet *m* **2** *vti* siffler

white [waɪt] **1** (**-er, -est**) *adj* blanc (*f* blanche); **to go** *or* **turn w.** blanchir; *Br* **w. coffee** café *m* au lait; **w. lie** pieux mensonge *m*; **w. man** Blanc *m*; **w. woman** Blanche *f* **2** *n (colour, of egg, eye)* blanc *m* ■ **whitewash 1** *n (paint)* badigeon *m* à la chaux **2** *vt (paint)* badigeonner à la chaux; *Fig (person)* blanchir

Whitsun ['wɪtsən] *n Br* la Pentecôte

whizz [wɪz] **1** *vi (rush)* aller à toute vitesse; **to w. past** *or* **by** passer à toute vitesse **2** *adj Fam* **w. kid** petit prodige *m*

who [huː] *pron* qui; **w. did it?** qui (est-ce qui) a fait ça?; **the woman w. came** la femme qui est venue; **w. were you talking to?** à qui est-ce que tu parlais?

whodun(n)it [huː'dʌnɪt] *n Fam* polar *m*

whoever [huː'evə(r)] *pron (no matter who) (subject)* qui que ce soit qui; *(object)* qui que ce soit que; **w. has seen this** *(anyone who)* quiconque a vu cela; **w. you are** qui que vous soyez; **this man, w. he is** cet homme, quel qu'il soit

whole [həʊl] **1** *adj* entier, -ère; **the w. time** tout le temps; **the w. apple** toute la pomme, la pomme tout entière; **the w. world** le monde entier

2 *n* totalité *f*; **the w. of the village** le village tout entier, tout le village; **on the w., as a w.** dans l'ensemble ■ **wholefood** *n* aliment *m* complet ■ **whole-hearted** *adj* sans réserve ■ **wholemeal** (*Am* **wholewheat**) *adj (bread)* complet, -ète ■ **wholesome** *adj (food, climate)* sain

wholesale ['həʊlseɪl] **1** *adj (price)* de gros; **w. business** *or* **trade** commerce *m* de gros **2** *adv (buy, sell)* au prix de gros

wholly ['həʊlɪ] *adv* entièrement

whom [huːm] *pron Formal (object)* que; *(in questions and after prep)* qui; **w. did she see?** qui a-t-elle vu?; **the man w. you know** l'homme que tu connais; **the man of w. we were speaking** l'homme dont nous parlions

whooping ['huːpɪŋ] *adj* **w. cough** coqueluche *f*

whoops [wʊps] *exclam* houp-là!

whopping ['wɒpɪŋ] *adj Fam (big)* énorme

whore [hɔː(r)] *n Fam* putain *f*

whose [huːz] *possessive pron & adj* à qui, de qui; **w. book is this?, w. is this book?** à qui est ce livre?; **w. daughter are you?** de qui es-tu la fille?; **the woman w. book I have** la femme dont j'ai le livre; **the man w. mother I spoke to** l'homme à la mère de qui j'ai parlé

why [waɪ] **1** *adv* pourquoi; **w. not?** pourquoi pas? **2** *conj* **the reason w. they...** la raison pour laquelle ils... **3** *exclam (surprise)* tiens!

wick [wɪk] *n (of candle, lighter, oil lamp)* mèche *f*

wicked ['wɪkɪd] *adj (evil)* méchant

wicker ['wɪkə(r)] *n* osier *m*

wicket ['wɪkɪt] *n (cricket stumps)* guichet *m*

wide [waɪd] **1** (**-er, -est**) *adj* large; *(choice, variety, knowledge)* grand; **to be 3 metres w.** avoir 3 mètres de large **2** *adv (fall, shoot)* loin du but; **w. open** *(eyes, mouth, door)* grand ouvert; **w. awake** complètement réveillé ■ **widely** *adv (travel)* beaucoup; *(spread)* largement; **it's w. thought that...** on pense généralement que... ■ **widen 1** *vt* élargir **2** *vi* s'élargir

widespread ['waɪdspred] *adj* répandu

widow ['wɪdəʊ] *n* veuve *f* ■ **widower** *n* veuf *m*

width [wɪdθ] *n* largeur *f*

wield [wiːld] *vt (brandish)* brandir; *Fig* **to w. power** exercer le pouvoir

wife [waɪf] (*pl* **wives**) *n* femme *f*, épouse *f*

wig [wɪg] *n* perruque *f*

wiggle ['wɪgəl] **1** *vt* remuer **2** *vi (of worm)* se tortiller; *(of tail)* remuer

wild [waɪld] **1** (**-er, -est**) *adj (animal, flower, region)* sauvage; *(idea)* fou (*f* folle); **w. with joy/anger** fou de joie/colère; **to be w.** *(of person)* mener une vie agitée; *Fam* **I'm not w. about it** ça ne m'emballe pas; **the W. West** le Far West

2 *adv* **to grow w.** *(of plant)* pousser à l'état sauvage; **to run w.** *(of animals)* courir en liberté; *(of crowd)* se déchaîner

3 *n* **in the w.** à l'état sauvage; **in the wilds** en pleine brousse ▪ **wildlife** *n* nature *f*

wilderness ['wɪldənəs] *n* région *f* sauvage

wildly ['waɪldlɪ] *adv (cheer)* frénétiquement; *(guess)* au hasard

wilful ['wɪlfəl] (*Am* **willful**) *adj (intentional, obstinate)* volontaire

WILL[1] [wɪl]

> On trouve généralement **I/you/he/**etc **will** sous leurs formes contractées **I'll/you'll/he'll/**etc. La forme négative correspondante est **won't**, que l'on écrira **will not** dans des contextes formels.

v aux (expressing future tense) **he w. come, he'll come** il viendra; **you w. not come, you won't come** tu ne viendras pas; **w. you have some tea?** veux-tu du thé?; **w. you be quiet!** veux-tu te taire!; **it won't open** ça ne s'ouvre pas

will[2] [wɪl] *n (resolve, determination)* volonté *f*; *(legal document)* testament *m*; **free w.** libre arbitre *m*; **against one's w.** à contrecœur; **at w.** à volonté; *(cry)* à la demande

willing ['wɪlɪŋ] *adj (helper, worker)* plein de bonne volonté; **to be w. to do sth** bien vouloir faire qch ▪ **willingly** *adv (with pleasure)* volontiers; *(voluntarily)* de son plein gré ▪ **willingness** *n* bonne volonté *f*; **her w. to do sth** *(enthusiasm)* son empressement à faire qch

willpower ['wɪlpaʊə(r)] *n* volonté *f*

wilt [wɪlt] *vi (of plant)* dépérir

wily ['waɪlɪ] (**-ier, -iest**) *adj* rusé

wimp [wɪmp] *n Fam (weakling)* mauviette *f*

win [wɪn] **1** *n (victory)* victoire *f* **2** (*pt & pp* **won**, *pres p* **winning**) *vt (money, race, prize)* gagner; *(victory)* remporter; *(fame)* acquérir; *(friends)* se faire; *Br* **to w. sb over** *or* **round** gagner qn (**to** à) **3** *vi* gagner ▪ **winning 1** *adj (number, horse)* gagnant; *(team)* victorieux, -euse; *(goal)* décisif, -ive **2** *npl* **winnings** gains *mpl*

wince [wɪns] *vi* faire une grimace

winch [wɪntʃ] **1** *n* treuil *m* **2** *vt* **to w. (up)** hisser

wind[1] [wɪnd] **1** *n* vent *m*; *(breath)* souffle *m*; **to have w.** *(in stomach)* avoir des gaz; **to get w. of sth** avoir vent de qch; *Mus* **w. instrument** instrument *m* à vent

2 *vt* **to w. sb** *(of blow)* couper le souffle à qn ▪ **windcheater** (*Am* **windbreaker**) *n* coupe-vent *m inv* ▪ **windfall** *n (unexpected money)* aubaine *f* ▪ **windmill** *n* moulin *m* à vent ▪ **windscreen** (*Am* **windshield**) *n (of vehicle)* pare-brise *m inv*; **w. wiper** essuie-glace *m* ▪ **windsurfer** *n (person)* véliplanchiste *mf* ▪ **windsurfing** *n* **to go w.** faire de la planche à voile ▪ **windy** (**-ier, -iest**) *adj* **it's w.** *(of weather)* il y a du vent; **w. day** jour *m* de grand vent

wind[2] [waɪnd] **1** (*pt & pp* **wound**) *vt (roll)* enrouler (**round** autour de); *(clock)* remonter; **to w. a cassette back** rembobiner une cassette **2** *vi (of river, road)* serpenter ▪ **winding** *adj (road)* sinueux, -euse; *(staircase)* en colimaçon

▸ **wind down 1** *vt sep (car window)* baisser **2** *vi Fam (relax)* se détendre

▸ **wind up 1** *vt sep (clock)* remonter; *(meeting, speech)* terminer; *Br Fam* **to w. sb up** faire marcher qn **2** *vi (end up)* finir (**doing sth** par faire qch); **to w. up with sb/sth** se retrouver avec qn/qch

window ['wɪndəʊ] *n* fenêtre *f*; *(pane)* vitre *f*; *(of shop)* vitrine *f*; *(counter)* guichet *m*; *Br* **French w.** porte-fenêtre *f*; **w. box** jardinière *f*; *Br* **w. cleaner,** *Am* **w. washer** laveur, -euse *mf* de vitres; *Br* **w. ledge** rebord *m* de fenêtre ▪ **windowpane** *n* vitre *f*, carreau *m* ▪ **window-shopping** *n* **to go w.** faire du lèche-vitrines ▪ **windowsill** *n* rebord *m* de fenêtre

wine [waɪn] *n* vin *m*; **w. bar/bottle** bar *m*/bouteille *f* à vin; **w. cellar** cave *f* à vin; **w. list** carte *f* des vins; **w. tasting** dégustation *f*; **w. waiter** sommelier *m* ■ **wineglass** *n* verre *m* à vin

wing [wɪŋ] *n* aile *f*; **the wings** *(in theatre)* les coulisses *fpl*

wink [wɪŋk] *vi* faire un clin d'œil (**at** à)

winner ['wɪnə(r)] *n* gagnant, -e *mf*

winter ['wɪntə(r)] **1** *n* hiver *m*; **in (the) w.** en hiver **2** *adj* d'hiver ■ **wintertime** *n* hiver *m* ■ **wintry** *adj* hivernal; **w. day** jour *m* d'hiver

wipe [waɪp] **1** *n* **to give sth a w.** essuyer qch **2** *vt* essuyer; **to w. one's feet/hands** s'essuyer les pieds/les mains; **to w. sth away** *or* **off** *or* **up** *(liquid)* essuyer qch; **to w. sth out** *(clean)* essuyer qch; *(destroy)* anéantir qch ■ **wiper** *n* essuie-glace *m*

wire ['waɪə(r)] **1** *n* fil *m*; **w. mesh** *or* **netting** toile *f* métallique **2** *vt* **to w. (up)** *(house)* faire l'installation électrique de; **to w. sth (up) to sth** *(connect electrically)* relier qch à qch ■ **wiring** *n (system)* installation *f* électrique

wisdom ['wɪzdəm] *n* sagesse *f*

wise [waɪz] (**-er, -est**) *adj (in knowledge)* sage; *(advisable)* prudent; **to be none the wiser** ne pas être plus avancé ■ **wisely** *adv* sagement

-wise [waɪz] *suff (with regard to)* **money-w.** question argent

wish [wɪʃ] **1** *n (specific)* souhait *m*, vœu *m*; *(general)* désir *m*; **to do sth against sb's wishes** faire qch contre le souhait de qn; **best wishes, all good wishes** *(in letter)* amitiés *fpl*; **send him my best wishes** fais-lui mes amitiés

2 *vt* souhaiter (**to do** faire); **I w. (that) you could help me** je voudrais que vous m'aidiez; **I w. she could come** j'aurais bien aimé qu'elle vienne; **I w. you (a) happy birthday/(good) luck** je vous souhaite bon anniversaire/bonne chance; **I w. I could** si seulement je pouvais

3 *vi* **to w. for sth** souhaiter qch; **as you w.** comme vous voudrez ■ **wishful** *adj* **it's w. thinking (on your part)** tu prends tes désirs pour des réalités

wisp [wɪsp] *n (of smoke)* traînée *f*; *(of hair)* mèche *f*

wistful ['wɪstfəl] *adj* nostalgique

wit [wɪt] *n (humour)* esprit *m*; *(person)* homme *m*/femme *f* d'esprit; **wits** *(intelligence)* intelligence *f*; **to be at one's wits'** *or* **w.'s end** ne plus savoir que faire

witch [wɪtʃ] *n* sorcière *f*

WITH [wɪð] *prep* (**a**) *(expressing accompaniment)* avec; **come w. me** viens avec moi; **w. no hat/gloves** sans chapeau/gants; **I'll be right w. you** je suis à vous dans une seconde; *Fam* **I'm w. you** *(I understand)* je te suis; *Fam* **to be w. it** *(up-to-date)* être dans le vent

(**b**) *(at the house, flat of)* chez; **she's staying w. me** elle loge chez moi

(**c**) *(expressing cause)* de; **to tremble w. fear** trembler de peur; **to be ill w. measles** être malade de la rougeole

(**d**) *(expressing instrument, means)* **to write w. a pen** écrire avec un stylo; **to fill w. sth** remplir de qch; **satisfied w. sb/sth** satisfait de qn/qch; **w. my own eyes** de mes propres yeux

(**e**) *(in description)* à; **a woman w. blue eyes** une femme aux yeux bleus

(**f**) *(despite)* malgré; **w. all his faults** malgré tous ses défauts

---

withdraw [wɪð'drɔː] **1** (*pt* **-drew,** *pp* **-drawn**) *vt* retirer (**from** de) **2** *vi* se retirer (**from** de) ■ **withdrawal** *n* retrait *m* ■ **withdrawn** *adj (person)* renfermé

withhold [wɪð'həʊld] (*pt & pp* **-held**) *vt (permission, help)* refuser (**from** à); *(decision)* différer; *(money)* retenir (**from** de); *(information)* cacher (**from** à)

within [wɪð'ɪn] **1** *prep (inside)* à l'intérieur de; **w. 10 km (of)** *(less than)* à moins de 10 km (de); *(inside an area of)* dans un rayon de 10 km (de); **w. a month** *(return)* avant un mois; *(finish)* en moins d'un mois; **w. sight** en vue **2** *adv* à l'intérieur

without [wɪð'aʊt] **1** *prep* sans; **w. a tie** sans cravate; **w. doing sth** sans faire qch; **to do w. sb/sth** se passer de qn/qch **2** *adv* **to do w.** se priver

withstand [wɪð'stænd] (*pt & pp* **-stood**) *vt* résister à

witness ['wɪtnɪs] **1** *n (person)* témoin *m* **2** *vt (accident)* être témoin de; *(document)* signer (pour attester l'authenticité de)

witty ['wɪtɪ] (**-ier, -iest**) *adj* spirituel, -elle

wives [waɪvz] *pl of* **wife**

wizard ['wɪzəd] *n* magicien *m*; *Fig (genius)* as *m*

wobble ['wɒbəl] *vi (of chair)* branler; *(of jelly, leg)* trembler; *(of wheel)* tourner de façon irrégulière; *(of person)* chanceler ▪ **wobbly** *adj (table, chair)* branlant

woe [wəʊ] *n* malheur *m*

wok [wɒk] *n* poêle *f* chinoise

woke [wəʊk] *pt of* **wake**[1]

woken ['wəʊkən] *pp of* **wake**[1]

wolf [wʊlf] **1** (*pl* **wolves**) *n* loup *m* **2** *vt* **to w. (down)** *(food)* engloutir

woman ['wʊmən] (*pl* **women**) *n* femme *f*; **women's** *(clothes, attitudes, magazine)* féminin; **women's rights** droits *mpl* des femmes

womb [wu:m] *n Anat* utérus *m*

women ['wɪmɪn] *pl of* **woman**

won [wʌn] *pt & pp of* **win**

wonder ['wʌndə(r)] **1** *n (marvel)* merveille *f*; *(feeling)* émerveillement *m*; **it's no w.** ce n'est pas étonnant (**that** que + *subjunctive*); **it's a w. she wasn't killed** c'est un miracle qu'elle n'ait pas été tuée

2 *vt (ask oneself)* se demander (**if** si; **why** pourquoi)

3 *vi (ask oneself questions)* s'interroger (**about** au sujet de *ou* sur); **I was just wondering** je réfléchissais

wonderful ['wʌndəfəl] *adj* merveilleux, -euse

wonky ['wɒŋkɪ] (**-ier, -iest**) *adj Br Fam (table)* déglingué; *(hat, picture)* de travers

won't [wəʊnt] = **will not**

woo [wu:] (*pt & pp* **wooed**) *vt (voters)* chercher à plaire à

wood [wʊd] *n (material, forest)* bois *m* ▪ **wooded** *adj* boisé ▪ **wooden** *adj* en bois; *Fig (manner, dancer, actor)* raide ▪ **woodland** *n* région *f* boisée ▪ **woodwind** *n* **the w.** *(musical instruments)* les bois *mpl* ▪ **woodwork** *n (school subject)* menuiserie *f* ▪ **woodworm** *n* **it has w.** c'est vermoulu

wool [wʊl] *n* laine *f* ▪ **woollen** (*Am* **woolen**) **1** *adj (dress)* en laine **2** *npl* **woollens** (*Am* **woolens**) *(garments)* lainages *mpl* ▪ **woolly** (**-ier, -iest**) **1** *adj* en laine; *Fig (unclear)* nébuleux, -euse **2** *n Br Fam (garment)* lainage *m*

word [wɜ:d] **1** *n* mot *m*; *(promise)* parole *f*; **words** *(of song)* paroles *fpl*; **to have a w. with sb** parler à qn; **to keep one's w.** tenir sa promesse; **in other words** autrement dit; **w. for w.** *(report)* mot pour mot; *(translate)* mot à mot; **w. processing** traitement *m* de texte; **w. processor** machine *f* à traitement de texte

2 *vt (express)* formuler ▪ **wording** *n* termes *mpl* ▪ **wordy** (**-ier, -iest**) *adj* prolixe

wore [wɔ:(r)] *pt of* **wear**

work [wɜ:k] **1** *n* travail *m*; *(literary, artistic)* œuvre *f*; **works** *(construction)* travaux *mpl*; **to be at w.** travailler; **it's hard w. (doing that)** ça demande beaucoup de travail (de faire ça); **to be out of w.** être sans travail; **a day off w.** un jour de congé; **w. permit** permis *m* de travail; **w. station** poste *m* de travail; **w. of art** œuvre *f* d'art

2 *vt (person)* faire travailler; *(machine)* faire marcher; *(metal, wood)* travailler

3 *vi (of person)* travailler; *(of machine)* marcher, fonctionner; *(of drug)* agir; **to w. loose** *(of knot, screw)* se desserrer; **to w. towards** *(result, agreement, aim)* travailler à ▪ **workaholic** [-ə'hɒlɪk] *n*

Fam bourreau *m* de travail ▪ **workforce** *n* main-d'œuvre *f* ▪ **workload** *n* charge *f* de travail ▪ **workman** (*pl* **-men**) *n* ouvrier *m* ▪ **workmanship** *n* travail *m* ▪ **workmate** *n Br* camarade *mf* de travail ▪ **workout** *n (sports training)* séance *f* d'entraînement ▪ **workshop** *n (place, study course)* atelier *m*

▸ **work at** *vt insep (improve)* travailler

▸ **work off** *vt sep (debt)* payer en travaillant; *(excess fat)* se débarrasser de (par l'exercice)

▸ **work on** *vt insep (book, problem)* travailler à; *(French)* travailler

▸ **work out 1** *vt sep (calculate)* calculer; *(problem)* résoudre; *(plan)* préparer; *(understand)* comprendre **2** *vi (succeed)* marcher; *(do exercises)* s'entraîner; **it works out at 50 euros** ça fait 50 euros

▸ **work up 1** *vt sep* **to w. up enthusiasm** s'enthousiasmer (**for** pour); **I worked up an appetite** ça m'a ouvert l'appétit; **to get worked up** s'énerver **2** *vi* **to w. up to sth** se préparer à qch

worker ['wɜːkə(r)] *n* travailleur, -euse *mf*; *(manual)* ouvrier, -ère *mf*; **(office) w.** employé, -e *mf* (de bureau)

working ['wɜːkɪŋ] **1** *adj (day, clothes)* de travail; **in w. order** en état de marche; **w. class** classe *f* ouvrière; **w. conditions** conditions *fpl* de travail **2** *npl* **the workings of** *(clock)* le mécanisme de ▪ **working-class** *adj* ouvrier, -ère

world [wɜːld] **1** *n* monde *m*; **all over the w.** dans le monde entier **2** *adj (war, production)* mondial; *(champion, record)* du monde; **the W. Cup** *(in football)* la Coupe du Monde ▪ **worldly** *adj (person)* qui a l'expérience du monde ▪ **worldwide 1** *adj* mondial **2** *adv* dans le monde entier

worm [wɜːm] **1** *n* ver *m* **2** *vt* **to w. one's way into** s'insinuer dans; **to w. sth out of sb** soutirer qch à qn

worn [wɔːn] **1** *pp of* **wear 2** *adj (clothes, tyre)* usé ▪ **worn-out** *adj (object)* complètement usé; *(person)* épuisé

worry ['wʌrɪ] **1** (*pl* **-ies**) *n* souci *m*; **it's a w.** ça me cause du souci

2 (*pt & pp* **-ied**) *vt* inquiéter

3 *vi* s'inquiéter (**about sth** de qch; **about sb** pour qn) ▪ **worried** *adj* inquiet, -ète (**about** au sujet de) ▪ **worrying** *adj* inquiétant

worse [wɜːs] **1** *adj* pire (**than** que); **to get w.** se détériorer; **he's getting w.** *(in health)* il va de plus en plus mal; *(in behaviour)* il se conduit de plus en plus mal

2 *adv* plus mal (**than** que); **I could do w.** j'aurais pu tomber plus mal; **she's w. off (than before)** sa situation est pire (qu'avant); *(financially)* elle est encore plus pauvre (qu'avant)

3 *n* **there's w. to come** le pire reste à venir; **a change for the w.** une détérioration

worsen ['wɜːsən] **1** *vt* aggraver **2** *vi* empirer

worship ['wɜːʃɪp] **1** *n* culte *m* **2** (*pt & pp* **-pp-**) *vt (person, god)* adorer; *Pej (money)* avoir le culte de

worst [wɜːst] **1** *adj* pire; **the w. book I've ever read** le plus mauvais livre que j'aie jamais lu **2** *adv* **(the) w.** le plus mal **3** *n* **the w. (one)** *(object, person)* le/la pire, le/la plus mauvais(e); **the w. (thing) is that...** le pire, c'est que...; **at (the) w.** au pire

worth [wɜːθ] **1** *adj* **to be w. sth** valoir qch; **how much** *or* **what is it w.?** ça vaut combien?; **the film's (well) w. seeing** le film vaut la peine d'être vu **2** *n* valeur *f*; **to buy 50 pence w. of chocolates** acheter pour 50 pence de chocolats; **to get one's money's w.** en avoir pour son argent ▪ **worthless** *adj* qui ne vaut rien

worthwhile ['wɜːθ'waɪl] *adj (book, film)* qui vaut la peine d'être lu/vu; *(activity)* qui vaut la peine; *(plan, contribution)* valable; *(cause)* louable; *(satisfying)* qui donne des satisfactions

worthy ['wɜːðɪ] (**-ier, -iest**) *adj (person)* digne; *(cause, act)* louable; **to be w. of sb/sth** être digne de qn/qch

WOULD [wʊd, *unstressed* wəd]

On trouve généralement **I/you/he** etc **would** sous leurs formes contractées **I'd/you'd/he'd** etc. La forme négative correspondante est **wouldn't**, que l'on écrira **would not** dans des contextes formels.

v aux (**a**) *(expressing conditional tense)* **I w. stay if I could** je resterais si je le pouvais; **he w. have done it** il l'aurait fait; **I said she'd come** j'ai dit qu'elle viendrait

(**b**) *(willingness, ability)* **w. you help me, please?** veux-tu bien m'aider?; **she wouldn't help me** elle n'a pas voulu m'aider; **w. you like some tea?** prendrez-vous du thé?; **the car wouldn't start** la voiture ne démarrait pas

(**c**) *(expressing past habit)* **I w. see her every day** je la voyais chaque jour

wound[1] [wu:nd] **1** *n* blessure *f* **2** *vt (hurt)* blesser; **the wounded** les blessés *mpl*

wound[2] [waʊnd] *pt & pp of* **wind**[2]

wove [wəʊv] *pt of* **weave**

woven ['wəʊvən] *pp of* **weave**

wow [waʊ] *exclam Fam* oh là là!

wrap [ræp] **1** *n Am* **plastic w.** film *m* plastique

2 (*pt & pp* **-pp-**) *vt* **to w. (up)** envelopper; *(parcel)* emballer; *Fig* **wrapped up in** *(engrossed)* absorbé par

3 *vti* **to w. (oneself) up** *(dress warmly)* s'emmitoufler ■ **wrapper** *n (of sweet)* papier *m* ■ **wrapping** *n (action, material)* emballage *m*; **w. paper** papier *m* d'emballage

wreath [ri:θ] (*pl* **-s** [ri:ðz]) *n* couronne *f*

wreck [rek] **1** *n (ship)* épave *f*; *(train)* train *m* accidenté; *(person)* épave *f* (humaine); **to be a nervous w.** être à bout de nerfs **2** *vt (break, destroy)* détruire; *Fig (spoil)* gâcher; *(career, hopes)* briser ■ **wreckage** [-ɪdʒ] *n (of plane, train)* débris *mpl*

wrench [rentʃ] **1** *n Am (tool)* clef *f* (à écrous) **2** *vt* **to w. sth from sb** arracher qch à qn

wrestle ['resəl] *vi* lutter (**with sb** avec qn); *Fig* **to w. with a problem** se débattre avec un problème ■ **wrestler** *n* lutteur, -euse *mf*; *(in all-in wrestling)* catcheur, -euse *mf* ■ **wrestling** *n* lutte *f*; **(all-in) w.** *(with relaxed rules)* catch *m*

wretch [retʃ] *n (unfortunate person)* malheureux, -euse *mf*; *(rascal)* misérable *mf* ■ **wretched** [-ɪd] *adj (poor, pitiful)* misérable; *(dreadful)* affreux, -euse; *Fam (annoying)* maudit

wriggle ['rɪgəl] **1** *vt (toes, fingers)* tortiller **2** *vi* **to w. (about)** se tortiller; *(of fish)* frétiller; **to w. out of sth** couper à qch

wring [rɪŋ] (*pt & pp* **wrung**) *vt* **to w. (out)** *(clothes)* essorer; **to w. one's hands** se tordre les mains

wrinkle ['rɪŋkəl] **1** *n (on skin)* ride *f*; *(in cloth, paper)* pli *m* **2** *vi (of skin)* se rider; *(of cloth)* faire des plis ■ **wrinkled** *adj (skin)* ridé; *(cloth)* froissé

wrist [rɪst] *n* poignet *m* ■ **wristwatch** *n* montre-bracelet *f*

write [raɪt] (*pt* **wrote,** *pp* **written**) *vti* écrire; **to w. to sb** écrire à qn ■ **write-off** *n Br* **to be a (complete) w.** *(of vehicle)* être bon pour la casse

▸ **write away for** *vt insep (details)* écrire pour demander

▸ **write back** *vi* répondre

▸ **write down** *vt sep* noter

▸ **write in 1** *vt sep (insert)* inscrire **2** *vi (send letter)* écrire

▸ **write off** *vt sep (debt)* annuler

▸ **write out** *vt sep (list, recipe)* noter; *(cheque)* faire

▸ **write up** *vt sep (notes)* rédiger

writer ['raɪtə(r)] *n* auteur *m* (**of** de); *(literary)* écrivain *m*

writing ['raɪtɪŋ] *n (handwriting, action, profession)* écriture *f*; **to put sth (down) in w.** mettre qch par écrit; **w. pad** bloc-notes *m*; **w. paper** papier *m* à lettres

written ['rɪtən] *pp of* **write**

wrong [rɒŋ] **1** *adj (sum, idea)* faux (*f* fausse); *(direction, time)* mauvais; *(unfair)* injuste; **to be w.** *(of person)* avoir tort (**to do** de faire); **it's the w. road** ce n'est pas la bonne route; **the clock's w.** la pendule n'est pas à l'heure; **to get the w. number** *(on phone)* se tromper de numéro; **something's w. with the phone** le téléphone ne marche pas bien; **something's w. with her leg** elle a quelque chose à la jambe; **what's w. with you?** qu'est-ce que tu as?; **the w. way round** *or* **up** à l'envers

2 *adv* mal; **to go w.** *(of plan)* mal tourner; *(of vehicle, machine)* tomber en panne; *(of person)* se tromper

3 *n (injustice)* injustice *f*; **to be in the w.** être dans son tort; **right and w.** le bien et le mal

4 *vt* faire du tort à ▪ **wrongful** *adj* **w. arrest** arrestation *f* arbitraire ▪ **wrongly** *adv (inform, translate)* mal; *(accuse, condemn, claim)* à tort

wrote [rəʊt] *pt of* **write**

wrung [rʌŋ] *pt & pp of* **wring**

wry [raɪ] (**wryer, wryest**) *adj* ironique

Xx

X, x [eks] *n (letter)* X, x *m inv*
xenophobia [*Br* zenəˈfəʊbɪə, *Am* ziːnəʊ-] *n* xénophobie *f*
Xerox® [ˈzɪərɒks] **1** *n (copy)* photocopie *f* **2** *vt* photocopier
Xmas [ˈkrɪsməs] *n Fam* Noël *m*
X-ray [ˈeksreɪ] **1** *n (picture)* radio *f*; **to have an X.** passer une radio **2** *vt* radiographier
xylophone [ˈzaɪləfəʊn] *n* xylophone *m*

Yy

Y, y [waɪ] *n (letter)* Y, y *m inv*

yacht [jɒt] *n (sailing boat)* voilier *m*; *(large private boat)* yacht *m* ▪ **yachting** *n* voile *f*

yap [jæp] *(pt & pp* **-pp-***) vi (of dog)* japper

yard¹ [jɑːd] *n (of house, farm, school, prison)* cour *f*; *(for working)* chantier *m*; *(for storage)* dépôt *m* de marchandises; *Am (garden)* jardin *m*

yard² [jɑːd] *n (measure)* yard *m (= 91,44 cm)*

yarn [jɑːn] *n (thread)* fil *m*; *Fam (tale)* histoire *f* à dormir debout

yawn [jɔːn] *vi* bâiller

year [jɪə(r)] *n* an *m*, année *f*; *(of wine)* année *f*; **school/tax y.** année *f* scolaire/fiscale; **in the y. 2004** en (l'an) 2004; **he's ten years old** il a dix ans; **New Y.** Nouvel An *m*; **New Y.'s Day** le jour de l'An; **New Y.'s Eve** la Saint-Sylvestre ▪ **yearly 1** *adj* annuel, -elle **2** *adv* annuellement; **twice y.** deux fois par an

yearn [jɜːn] *vi* **to y. for sb** languir après qn; **to y. for sth** désirer ardemment qch; **to y. to do sth** brûler de faire qch

yeast [jiːst] *n* levure *f*

yell [jel] *vti* **to y. (out)** hurler; **to y. at sb** *(scold)* crier après qn

yellow ['jeləʊ] **1** *adj (in colour)* jaune; **y. card** *(in football)* carton *m* jaune **2** *n* jaune *m*

yes [jes] **1** *adv* oui; *(after negative question)* si **2** *n* oui *m inv*

yesterday ['jestədeɪ] **1** *adv* hier **2** *n* hier *m*; **y. morning/evening** hier matin/soir; **the day before y.** avant-hier

yet [jet] **1** *adv* (**a**) *(still)* encore; *(already)* déjà; **she hasn't arrived (as) y.** elle n'est pas encore arrivée; **the best y.** le meilleur jusqu'ici; **y. another mistake** encore une erreur; **not (just) y.** pas pour l'instant (**b**) *(in questions)* **has he come y.?** est-il arrivé? **2** *conj (nevertheless)* pourtant

yew [juː] *n (tree, wood)* if *m*

yield [jiːld] **1** *n (of field, shares)* rendement *m* **2** *vt (result)* donner; *(interest)* rapporter; *(territory, right)* céder; **to y. a profit** rapporter **3** *vi (surrender)* se rendre; *Am* **'y.'** *(road sign)* 'cédez le passage'

yob [jɒb], **yobbo** ['jɒbəʊ] *(pl* **yob(bo)s***) n Br Fam* loubard *m*

yoga ['jəʊgə] *n* yoga *m*

yog(h)urt [*Br* 'jɒgət, *Am* 'jəʊgərt] *n* yaourt *m*

yolk [jəʊk] *n* jaune *m* (d'œuf)

you [juː] *pron* (**a**) *(subject) (pl, polite form sing)* vous; *(familiar form sing)* tu; *(object)* vous, te, t', *pl* vous; *(after prep, 'than', 'it is')* vous, toi, *pl* vous; **(to) y.** *(indirect)* vous, te, t', *pl* vous; **I gave it (to) y.** je vous/te l'ai donné; **y. teachers** vous autres professeurs; **y. idiot!** espèce d'imbécile!
(**b**) *(indefinite)* on; *(object)* vous, te, t', *pl* vous; **y. never know** on ne sait jamais ▪ **you'd** = **you had, you would** ▪ **you'll** = **you will**

young [jʌŋ] **1** (**-er, -est**) *adj* jeune; **she's two years younger than me** elle a deux ans de moins que moi; **my**

young(er) brother mon (frère) cadet; **my youngest sister** la cadette de mes sœurs; **y. people** les jeunes *mpl*

2 *n (of animals)* petits *mpl*; **the y.** *(people)* les jeunes *mpl*; **she's my youngest** *(daughter)* c'est ma petite dernière ▪ **youngster** *n* jeune *mf*

your [jɔ:(r)] *possessive adj (polite form sing, polite and familiar form pl)* votre, *pl* vos; *(familiar form sing)* ton, ta, *pl* tes; *(one's)* son, sa, *pl* ses

yours [jɔ:z] *possessive pron* le vôtre, la vôtre, *pl* les vôtres; *(familiar form sing)* le tien, la tienne, *pl* les tien(ne)s; **this book is y.** ce livre est à vous *ou* est le vôtre/ce livre est à toi *ou* est le tien; **a friend of y.** un ami à vous/toi

yourself [jɔ:'self] *pron (polite form)* vous-même; *(familiar form)* toi-même; *(reflexive)* vous, te, t'; *(after prep)* vous, toi; **you wash y.** vous vous lavez/tu te laves ▪ **yourselves** *pron pl* vous-mêmes; *(reflexive and after prep)* vous; **did you cut y.?** est-ce que vous vous êtes coupés?

youth [ju:θ] *(pl* **-s** [ju:ðz]) *n (age)* jeunesse *f*; *(young man)* jeune *m*; **y. club** centre *m* de loisirs pour les jeunes; **y. hostel** auberge *f* de jeunesse ▪ **youthful** *adj (person)* jeune

you've [ju:v] = **you have**

yo-yo ['jəʊjəʊ] *(pl* **yo-yos**) *n* Yo-Yo® *m inv*

yuppie ['yʌpɪ] *n* yuppie *mf*

Zz

Z, z [*Br* zed, *Am* ziː] *n (letter)* Z, z *m inv*
zany [ˈzeɪnɪ] (**-ier, -iest**) *adj* loufoque
zap [zæp] (*pt & pp* **-pp-**) *vt Fam Comptr* effacer
zeal [ziːl] *n* zèle *m* ▪ **zealous** [ˈzeləs] *adj* zélé
zebra [ˈziːbrə, *Br* ˈzebrə] *n* zèbre *m*; *Br* **z. crossing** passage *m* pour piétons
zero [ˈzɪərəʊ] (*pl* **-os**) *n* zéro *m*
zest [zest] *n (enthusiasm)* enthousiasme *m*; *(of lemon, orange)* zeste *m*
zigzag [ˈzɪgzæg] **1** *n* zigzag *m* **2** *adj & adv* en zigzag **3** (*pt & pp* **-gg-**) *vi* zigzaguer
zinc [zɪŋk] *n* zinc *m*
zip [zɪp] **1** *n Br* **z. (fastener)** fermeture *f* Éclair® **2** *adj Am* **z. code** code *m* postal **3** (*pt & pp* **-pp-**) *vt* **to z. sth (up)** remonter la fermeture Éclair® de qch **4** *vi* **to z. past** *(of car)* passer en trombe ▪ **zipper** *n Am* fermeture *f* Éclair®
zit [zɪt] *n Fam (pimple)* bouton *m*
zodiac [ˈzəʊdɪæk] *n* zodiaque *m*
zone [zəʊn] *n* zone *f*
zoo [zuː] (*pl* **zoos**) *n* zoo *m*
zoom [zuːm] **1** *n* **z. lens** zoom *m* **2** *vi* **to z. in** *(of camera)* faire un zoom avant (**on** sur); *Fam* **to z. past** passer comme une flèche
zucchini [zuːˈkiːnɪ] (*pl* **-ni** *or* **-nis**) *n Am* courgette *f*

French Verb Conjugations

Regular Verbs

	-ER verbs	**-IR verbs**	**-RE verbs**
Infinitive	*donn/er*	*fin/ir*	*vend/re*
1 Present	je donne	je finis	je vends
	tu donnes	tu finis	tu vends
	il donne	il finit	il vend
	nous donnons	nous finissons	nous vendons
	vous donnez	vous finissez	vous vendez
	ils donnent	ils finissent	ils vendent
2 Imperfect	je donnais	je finissais	je vendais
	tu donnais	tu finissais	tu vendais
	il donnait	il finissait	il vendait
	nous donnions	nous finissions	nous vendions
	vous donniez	vous finissiez	vous vendiez
	ils donnaient	ils finissaient	ils vendaient
3 Past historic	je donnai	je finis	je vendis
	tu donnas	tu finis	tu vendis
	il donna	il finit	il vendit
	nous donnâmes	nous finîmes	nous vendîmes
	vous donnâtes	vous finîtes	vous vendîtes
	ils donnèrent	ils finirent	ils vendirent
4 Future	je donnerai	je finirai	je vendrai
	tu donneras	tu finiras	tu vendras
	il donnera	il finira	il vendra
	nous donnerons	nous finirons	nous vendrons
	vous donnerez	vous finirez	vous vendrez
	ils donneront	ils finiront	ils vendront
5 Subjunctive	je donne	je finisse	je vende
	tu donnes	tu finisses	tu vendes
	il donne	il finisse	il vende
	nous donnions	nous finissions	nous vendions
	vous donniez	vous finissiez	vous vendiez
	ils donnent	ils finissent	ils vendent
6 Imperative	donne	finis	vends
	donnons	finissons	vendons
	donnez	finissez	vendez
7 Present participle	donnant	finissant	vendant
8 Past participle	donné	fini	vendu

Note The conditional is formed by adding the following endings to the infinitive: **-ais**, **-ais**, **-ait**, **-ions**, **-iez**, **-aient**. The final **e** is dropped in infinitives ending **-re**.

Irregular French Verbs

Listed below are those verbs considered to be the most useful. Forms and tenses not given are fully derivable, such as the third person singular of the **present tense** which is normally formed by substituting 't' for the final 's' of the first person singular, eg 'crois' becomes 'croit', 'dis' becomes 'dit'. Note that the endings of the **past historic** fall into three categories, the 'a' and 'i' categories shown at donner, and at finir and vendre, and the 'u' category which has the following endings: -us, -ut, -ûmes, -ûtes, -urent. Most of the verbs listed below form their past historic with 'u'.

The **imperfect** may usually be formed by adding -ais, -ait, -ions, -iez, -aient to the stem of the first person plural of the present tense, eg 'je buvais' etc may be derived from 'nous buvons' (stem 'buv-' and ending '-ons'); similarly, the **present participle** may generally be formed by substituting -ant for -ons (eg buvant). The **future** may usually be formed by adding -ai, -as, -a, -ons, -ez, -ont to the infinitive or to an infinitive without final 'e' where the ending is -re (eg conduire). The **imperative** usually has the same forms as the second persons singular and plural and first person plural of the present tense.

1 = Present	2 = Imperfect	3 = Past historic	4 = Future
5 = Subjunctive	6 = Imperative	7 = Present participle	8 = Past participle
n = nous	v = vous	*verbs conjugated with **être** only	

abattre	*like* **battre**
absoudre	1 j'absous, n absolvons 2 j'absolvais 3 j'absolus *(rarely used)* 5 j'absolve 7 absolvant 8 absous, absoute
s'abstenir	*like* **tenir**
abstraire	1 j'abstrais, n abstrayons 2 j'abstrayais 3 *none* 5 j'abstraie 7 abstrayant 8 abstrait
accourir	*like* **courir**
accroître	*like* **croître** *except* 8 accru
accueillir	*like* **cueillir**
acquérir	1 j'acquiers, n acquérons 2 j'acquérais 3 j'acquis 4 j'acquerrai 5 j'acquière 7 acquérant 8 acquis
adjoindre	*like* **joindre**
admettre	*like* **mettre**
advenir	*like* **venir** *(third person only)*
***aller**	1 je vais, tu vas, il va, n allons, v allez, ils vont 4 j'irai 5 j'aille, n allions, ils aillent 6 va, allons, allez (*but note* vas-y)
apercevoir	*like* **recevoir**
apparaître	*like* **connaître**
appartenir	*like* **tenir**

apprendre	*like* **prendre**
asseoir	1 j'assieds, il assied, n asseyons, ils asseyent 2 j'asseyais 3 j'assis 4 j'assiérai 5 j'asseye 7 asseyant 8 assis
astreindre	*like* **atteindre**
atteindre	1 j'atteins, n atteignons, ils atteignent 2 j'atteignais 3 j'atteignis 4 j'atteindrai 5 j'atteigne 7 atteignant 8 atteint
avoir	1 j'ai, tu as, il a, n avons, v avez, ils ont 2 j'avais 3 j'eus 4 j'aurai 5 j'aie, il ait, n ayons, ils aient 6 aie, ayons, ayez 7 ayant 8 eu
battre	1 je bats, il bat, n battons 5 je batte
boire	1 je bois, n buvons, ils boivent 2 je buvais 3 je bus 5 je boive, n buvions 7 buvant 8 bu
bouillir	1 je bous, n bouillons, ils bouillent 2 je bouillais 3 je bouillis 5 je bouille 7 bouillant
braire	(*defective*) 1 il brait, ils braient 4 il braira, ils brairont
circonscrire	*like* **écrire**
circonvenir	*like* **tenir**
clore	*like* **éclore**
combattre	*like* **battre**
commettre	*like* **mettre**
comparaître	*like* **connaître**
complaire	*like* **plaire**
comprendre	*like* **prendre**
compromettre	*like* **mettre**
concevoir	*like* **recevoir**
conclure	1 je conclus, n concluons, ils concluent 5 je conclue
concourir	*like* **courir**
conduire	1 je conduis, n conduisons 3 je conduisis 5 je conduise 8 conduit
confire	*like* **suffire**
connaître	1 je connais, il connaît, n connaissons 3 je connus 5 je connaisse 7 connaissant 8 connu
conquérir	*like* **acquérir**
consentir	*like* **mentir**
construire	*like* **conduire**
contenir	*like* **tenir**
contraindre	*like* **craindre**
contredire	*like* **dire** *except* 1 v contredisez
convaincre	*like* **vaincre**
convenir	*like* **tenir**
corrompre	*like* **rompre**
coudre	1 je couds, il coud, n cousons, ils cousent 3 je cousis 5 je couse 7 cousant 8 cousu
courir	1 je cours, n courons 3 je courus 4 je courrai 5 je coure 8 couru
couvrir	1 je couvre, n couvrons 2 je couvrais 5 je couvre 8 couvert
craindre	1 je crains, n craignons, ils craignent 2 je craignais

	3 je craignis 4 je craindrai 5 je craigne 7 craignant 8 craint
croire	1 je crois, n croyons, ils croient 2 je croyais 3 je crus 5 je croie, n croyions 7 croyant 8 cru
croître	1 je crois, il croît, n croissons 2 je croissais 3 je crûs 5 je croisse 7 croissant 8 crû, crue
cueillir	1 je cueille, n cueillons 2 je cueillais 4 je cueillerai 5 je cueille 7 cueillant
cuire	1 je cuis, n cuisons 2 je cuisais 3 je cuisis 5 je cuise 7 cuisant 8 cuit
débattre	*like* **battre**
décevoir	*like* **recevoir**
déchoir	(*defective*) 1 je déchois 2 *none* 3 je déchus 4 je déchoirai 6 *none* 7 *none* 8 déchu
découdre	*like* **coudre**
découvrir	*like* **couvrir**
décrire	*like* **écrire**
décroître	*like* **croître** *except* 8 décru
se dédire	*like* **dire**
déduire	*like* **conduire**
défaillir	1 je défaille, n défaillons 2 je défaillais 3 je défaillis 5 je défaille 7 défaillant 8 défailli
défaire	*like* **faire**
démentir	*like* **mentir**
démettre	*like* **mettre**
se départir	*like* **mentir**
dépeindre	*like* **atteindre**
déplaire	*like* **plaire**
déteindre	*like* **atteindre**
détenir	*like* **tenir**
détruire	*like* **conduire**
***devenir**	*like* **tenir**
se dévêtir	*like* **vêtir**
devoir	1 je dois, n devons, ils doivent 2 je devais 3 je dus 4 je devrai 5 je doive, n devions 6 *not used* 7 devant 8 dû, due, *pl* dus, dues
dire	1 je dis, n disons, v dites 2 je disais 3 je dis 5 je dise 7 disant 8 dit
disconvenir	*like* **tenir**
disjoindre	*like* **joindre**
disparaître	*like* **connaître**
dissoudre	*like* **absoudre**
distraire	*like* **abstraire**
dormir	*like* **mentir**
échoir	(*defective*) 1 il échoit 2 *none* 3 il échut, ils échurent 4 il échoira 6 *none* 7 échéant 8 échu
éclore	1 il éclôt, ils éclosent 8 éclos

éconduire *like* **conduire**

écrire 1 j'écris, n écrivons 2 j'écrivais 3 j'écrivis 5 j'écrive 7 écrivant 8 écrit

élire *like* **lire**

émettre *like* **mettre**

émouvoir *like* **mouvoir** *except* 8 ému

enclore *like* **éclore**

encourir *like* **courir**

endormir *like* **mentir**

enduire *like* **conduire**

enfreindre *like* **atteindre**

***s'enfuir** *like* **fuir**

enjoindre *like* **joindre**

s'enquérir *like* **acquérir**

s'ensuivre *like* **suivre** (*third person only*)

entreprendre *like* **prendre**

entretenir *like* **tenir**

entrevoir *like* **voir**

entrouvrir *like* **couvrir**

envoyer 4 j'enverrai

***s'éprendre** *like* **prendre**

équivaloir *like* **valoir**

éteindre *like* **atteindre**

être 1 je suis, tu es, il est, n sommes, v êtes, ils sont 2 j'étais 3 je fus 4 je serai 5 je sois, n soyons, ils soient 6 sois, soyons, soyez 7 étant 8 été

étreindre *like* **atteindre**

exclure *like* **conclure**

extraire *like* **abstraire**

faillir (*defective*) 3 je faillis 4 je faillirai 8 failli

faire 1 je fais, n faisons, v faites, ils font 2 je faisais 3 je fis 4 je ferai 5 je fasse 7 faisant 8 fait

falloir (*impersonal*) 1 il faut 2 il fallait 3 il fallut 4 il faudra 5 il faille 6 *none* 7 *none* 8 fallu

feindre *like* **atteindre**

foutre 1 je fous, n foutons 2 je foutais 3 *none* 5 je foute 7 foutant 8 foutu

frire (*defective*) 1 je fris, tu fris, il frit 4 je frirai 6 fris 8 frit (*for other persons and tenses use* faire frire)

fuir 1 je fuis, n fuyons, ils fuient 2 je fuyais 3 je fuis 5 je fuie 7 fuyant 8 fui

geindre *like* **atteindre**

haïr 1 je hais, il hait, n haïssons

inclure *like* **conclure**

induire *like* **conduire**

inscrire *like* **écrire**

instruire *like* **conduire**

interdire	*like*	**dire** *except* 1 v interdisez
interrompre	*like*	**rompre**
intervenir	*like*	**tenir**
introduire	*like*	**conduire**
joindre	1 je joins, n joignons, ils joignent 2 je joignais 3 je joignis 4 je joindrai 5 je joigne 7 joignant 8 joint	
lire	1 je lis, n lisons 2 je lisais 3 je lus 5 je lise 7 lisant 8 lu	
luire	*like*	**nuire**
maintenir	*like*	**tenir**
maudire	1 je maudis, n maudissons 2 je maudissais 3 je maudis 4 je maudirai 5 je maudisse 7 maudissant 8 maudit	
méconnaître	*like*	**connaître**
médire	*like*	**dire** *except* 1 v médisez
mentir	1 je mens, n mentons 2 je mentais 5 je mente 7 mentant	
mettre	1 je mets, n mettons 2 je mettais 3 je mis 5 je mette 7 mettant 8 mis	
moudre	1 je mouds, il moud, n moulons 2 je moulais 3 je moulus 5 je moule 7 moulant 8 moulu	
***mourir**	1 je meurs, n mourons, ils meurent 2 je mourais 3 je mourus 4 je mourrai 5 je meure, n mourions 7 mourant 8 mort	
mouvoir	1 je meus, n mouvons, ils meuvent 2 je mouvais 3 je mus 4 je mouvrai 5 je meuve, n mouvions 8 mû, mue, *pl* mus, mues	
***naître**	1 je nais, il naît, n naissons 2 je naissais 3 je naquis 4 je naîtrai 5 je naisse 7 naissant 8 né	
nuire	1 je nuis, n nuisons 2 je nuisais 3 je nuisis 5 je nuise 7 nuisant 8 nui	
obtenir	*like*	**tenir**
offrir	*like*	**couvrir**
omettre	*like*	**mettre**
ouvrir	*like*	**couvrir**
paître	(*defective*) 1 il paît 2 ils paissait 3 *none* 4 il paîtra 5 il paisse 7 paissant 8 *none*	
paraître	*like*	**connaître**
parcourir	*like*	**courir**
parfaire	*like*	**faire** (*present tense, infinitive and past participle only*)
***partir**	*like*	**mentir**
***parvenir**	*like*	**tenir**
peindre	*like*	**atteindre**
percevoir	*like*	**recevoir**
permettre	*like*	**mettre**
plaindre	*like*	**craindre**
plaire	1 je plais, il plaît, n plaisons 2 je plaisais 3 je plus 5 je plaise 7 plaisant 8 plu	
pleuvoir	(*impersonal*) 1 il pleut 2 il pleuvait 3 il plut 4 il pleuvra 5 il pleuve 6 *none* 7 pleuvant 8 plu	

poindre	(*defective*) 1 il point 4 il poindra 8 point	
poursuivre	*like*	**suivre**
pourvoir	*like*	**voir** *except* 3 je pourvus *and* 4 je pourvoirai
pouvoir	1 je peux *or* je puis, tu peux, il peut, n pouvons, ils peuvent 2 je pouvais 3 je pus 4 je pourrai 5 je puisse 6 *not used* 7 pouvant 8 pu	
prédire	*like*	**dire** *except* v prédisez
prendre	1 je prends, il prend, n prenons, ils prennent 2 je prenais 3 je pris 5 je prenne 7 prenant 8 pris	
prescrire	*like*	**écrire**
pressentir	*like*	**mentir**
prévaloir	*like*	**valoir** *except* 5 je prévale
prévenir	*like*	**tenir**
prévoir	*like*	**voir** *except* 4 je prévoirai
produire	*like*	**conduire**
promettre	*like*	**mettre**
promouvoir	*like*	**mouvoir** *except* 8 promu
proscrire	*like*	**écrire**
***provenir**	*like*	**tenir**
rabattre	*like*	**battre**
rasseoir	*like*	**asseoir**
réapparaître	*like*	**connaître**
recevoir	1 je reçois, n recevons, ils reçoivent 2 je recevais 3 je reçus 4 je recevrai 5 je reçoive, n recevions, ils reçoivent 7 recevant 8 reçu	
reconduire	*like*	**conduire**
reconnaître	*like*	**connaître**
reconquérir	*like*	**acquérir**
reconstruire	*like*	**conduire**
recoudre	*like*	**coudre**
recourir	*like*	**courir**
recouvrir	*like*	**couvrir**
récrire	*like*	**écrire**
recueillir	*like*	**cueillir**
redevenir	*like*	**tenir**
redire	*like*	**dire**
réduire	*like*	**conduire**
réécrire	*like*	**écrire**
réélire	*like*	**lire**
refaire	*like*	**faire**
rejoindre	*like*	**joindre**
relire	*like*	**lire**
reluire	*like*	**nuire**
remettre	*like*	**mettre**
***renaître**	*like*	**naître**
rendormir	*like*	**mentir**

renvoyer	*like*	**envoyer**
se repaître	*like*	**paître**
reparaître	*like*	**connaître**
***repartir**	*like*	**mentir**
repeindre	*like*	**atteindre**
repentir	*like*	**mentir**
reprendre	*like*	**prendre**
reproduire	*like*	**conduire**
résoudre	1 je résous, n résolvons 2 je résolvais 3 je résolus 5 je résolve 7 résolvant 8 résolu	
ressentir	*like*	**mentir**
resservir	*like*	**mentir**
ressortir	*like*	**mentir**
restreindre	*like*	**atteindre**
retenir	*like*	**tenir**
retransmettre	*like*	**mettre**
***revenir**	*like*	**tenir**
revêtir	*like*	**vêtir**
revivre	*like*	**vivre**
revoir	*like*	**voir**
rire	1 je ris, n rions 2 je riais 3 je ris 5 je rie, n riions 7 riant 8 ri	
rompre	*regular except* 1 il rompt	
rouvrir	*like*	**couvrir**
satisfaire	*like*	**faire**
savoir	1 je sais, n savons, il savent 2 je savais 3 je sus 4 je saurai 5 je sache 6 sache, sachons, sachez 7 sachant 8 su	
séduire	*like*	**conduire**
sentir	*like*	**mentir**
servir	*like*	**mentir**
sortir	*like*	**mentir**
souffrir	*like*	**couvrir**
soumettre	*like*	**mettre**
sourire	*like*	**rire**
souscrire	*like*	**écrire**
soustraire	*like*	**abstraire**
soutenir	*like*	**tenir**
***se souvenir**	*like*	**tenir**
subvenir	*like*	**tenir**
suffire	1 je suffis, n suffisons 2 je suffisais 3 je suffis 5 je suffise 7 suffisant 8 suffi	
suivre	1 je suis, n suivons 2 je suivais 3 je suivis 5 je suive 7 suivant 8 suivi	
surprendre	*like*	**prendre**
***survenir**	*like*	**tenir**
survivre	*like*	**vivre**
taire	1 je tais, n taisons 2 je taisais 3 je tus 5 je taise 7 taisant 8 tu	

teindre	*like*	**atteindre**
tenir	1 je tiens, ne tenons, ils tiennent 2 je tenais 3 je tins, tu tins, il tint, n tînmes, v tîntes, ils tinrent 4 je tiendrai 5 je tienne 7 tenant 8 tenu	
traduire	*like*	**conduire**
traire	*like*	**abstraire**
transcrire	*like*	**écrire**
transmettre	*like*	**mettre**
transparaître	*like*	**connaître**
tressaillir	*like*	**défaillir**
vaincre	1 je vaincs, il vainc, n vainquons 2 je vainquais 3 je vainquis 5 je vainque 7 vainquant 8 vaincu	
valoir	1 je vaux, il vaut, n valons 2 je valais 3 je valus 4 je vaudrai 5 je vaille 6 *not used* 7 valant 8 valu	
***venir**	*like*	**tenir**
vêtir	1 je vêts, n vêtons 2 je vêtais 5 je vête 7 vêtant 8 vêtu	
vivre	1 je vis, n vivons 2 je vivais 3 je vécus 5 je vive 7 vivant 8 vécu	
voir	1 je vois, n voyons 2 je voyais 3 je vis 4 je verrai 5 je voie, n voyions 7 voyant 8 vu	
vouloir	1 je veux, il veut, n voulons, ils veulent 2 je voulais 3 je voulus 4 je voudrai 5 je veuille 6 veuille, veuillons, veuillez 7 voulant 8 voulu	

Verbes anglais irréguliers

Infinitif	Prétérit	Participe passé
arise	arose	arisen
awake	awoke	awoken
awaken	awoke, awakened	awakened, awoken
be	were/was	been
bear	bore	borne
beat	beat	beaten
become	became	become
begin	began	begun
bend	bent	bent
beseech	besought, beseeched	besought, beseeched
bet	bet, betted	bet, betted
bid	bade, bid	bidden, bid
bind	bound	bound
bite	bit	bitten
bleed	bled	bled
blow	blew	blown
break	broke	broken
breed	bred	bred
bring	brought	brought
build	built	built
burn	burnt, burned	burnt, burned
burst	burst	burst
bust	bust, busted	bust, busted
buy	bought	bought
cast	cast	cast
catch	caught	caught
chide	chided, chid	chided, chidden
choose	chose	chosen
cleave	cleaved, cleft, clove	cleaved, cleft, cloven
cling	clung	clung
clothe	clad, clothed	clad, clothed
come	came	come
cost	cost	cost
creep	crept	crept
crow	crowed, crew	crowed
cut	cut	cut
deal	dealt	dealt
dig	dug	dug
dive	dived, *Am* dove	dived
do	did	done
draw	drew	drawn
dream	dreamt, dreamed	dreamt, dreamed
drink	drank	drunk
drive	drove	driven
dwell	dwelt	dwelt
eat	ate	eaten

Infinitif	Prétérit	Participe passé
fall	fell	fallen
feed	fed	fed
feel	felt	felt
fight	fought	fought
find	found	found
flee	fled	fled
fling	flung	flung
fly	flew	flown
forget	forgot	forgotten
forgive	forgave	forgiven
forsake	forsook	forsaken
freeze	froze	frozen
get	got	got, *Am* gotten
gild	gilded, gilt	gilded, gilt
gird	girded, girt	girded, girt
give	gave	given
go	went	gone
grind	ground	ground
grow	grew	grown
hang	hung/hanged	hung/hanged
have	had	had
hear	heard	heard
hew	hewed	hewn, hewed
hide	hid	hidden
hit	hit	hit
hold	held	held
hurt	hurt	hurt
keep	kept	kept
kneel	knelt	knelt
knit	knitted, knit	knitted, knit
know	knew	known
lay	laid	laid
lead	led	led
lean	leant, leaned	leant, leaned
leap	leapt, leaped	leapt, leaped
learn	learnt, learned	learnt, learned
leave	left	left
lend	lent	lent
let	let	let
lie	lay	lain
light	lit	lit
lose	lost	lost
make	made	made
mean	meant	meant
meet	met	met
mow	mowed	mown
pay	paid	paid
plead	pleaded, *Am* pled	pleaded, *Am* pled
prove	proved	proved, proven
put	put	put
quit	quit	quit
read	read	read

Infinitif	Prétérit	Participe passé
rend	rent	rent
rid	rid	rid
ride	rode	ridden
ring	rang	rung
rise	rose	risen
run	ran	run
saw	sawed	sawn, sawed
say	said	said
see	saw	seen
seek	sought	sought
sell	sold	sold
send	sent	sent
set	set	set
sew	sewed	sewn
shake	shook	shaken
shear	sheared	shorn, sheared
shed	shed	shed
shine	shone	shone
shoe	shod	shod
shoot	shot	shot
show	showed	shown
shrink	shrank	shrunk
shut	shut	shut
sing	sang	sung
sink	sank	sunk
sit	sat	sat
slay	slew	slain
sleep	slept	slept
slide	slid	slid
sling	slung	slung
slink	slunk	slunk
slit	slit	slit
smell	smelled, smelt	smelled, smelt
smite	smote	smitten
sow	sowed	sown, sowed
speak	spoke	spoken
speed	sped, speeded	sped, speeded
spell	spelt, spelled	spelt, spelled
spend	spent	spent
spill	spilt, spilled	spilt, spilled
spin	span	spun
spit	spat, *Am* spit	spat, *Am* spit
split	split	split
spoil	spoilt, spoiled	spoilt, spoiled
spread	spread	spread
spring	sprang	sprung
stand	stood	stood
stave in	staved in, stove in	staved in, stove in
steal	stole	stolen
stick	stuck	stuck
sting	stung	stung
stink	stank, stunk	stunk

Infinitif	Prétérit	Participe passé
strew	strewed	strewed, strewn
stride	strode	stridden
strike	struck	struck
string	strung	strung
strive	strove	striven
swear	swore	sworn
sweep	swept	swept
swell	swelled	swollen, swelled
swim	swam	swum
swing	swung	swung
take	took	taken
teach	taught	taught
tear	tore	torn
tell	told	told
think	thought	thought
thrive	thrived, throve	thrived
throw	threw	thrown
thrust	thrust	thrust
tread	trod	trodden
wake	woke	woken
wear	wore	worn
weave	wove, weaved	woven, weaved
weep	wept	wept
wet	wet, wetted	wet, wetted
win	won	won
wind	wound	wound
wring	wrung	wrung
write	wrote	written

Verbes modaux anglais

Formes

Les modaux sont : **can**, **could**, **may**, **might**, **will**, **would**, **shall**, **should**, **must**, **need**, **ought to**. Ils ont toujours la même forme et sont suivis d'un infinitif sans **to** (sauf la construction **ought to**).

Les formes contractées sont très courantes :

affirmatives : **'ll** (**will**), **'d** (**would**)
négatives : **can't**, **couldn't**, **won't** (**will not**), **wouldn't**, **shan't** (**shall not**), **shouldn't**, **mustn't**, **needn't**.

Les formes de remplacement **be able to**, **be allowed to** et **have to** se conjuguent normalement.

Différents degrés de certitude

* Certitude

you must be joking!	vous voulez rire !
we must have met before	on a dû déjà se rencontrer
you can't miss it, it's just opposite the station	vous ne pouvez pas le rater, c'est juste en face de la gare

* Probabilité et possibilité

you may change your mind when you see it!	tu changera peut-être d'avis quand tu le verras !
I might join you later	je vous rejoindrai peut-être plus tard
they might have forgotten altogether	ils ont peut-être carrément oublié
they should have arrived by now	ils devraient être arrivés maintenant

* Fait généralement ou parfois vrai

the roads can get dangerous in the winter	les routes peuvent être dangereuses en hiver

* Certitude liée à certaines conditions

if I had the time, I would take Chinese lessons	si j'avais le temps, je prendrais des cours de chinois

Obligation ou nécessité

I must/have to/'ve got to be in London by Monday	je dois être à Londres pour lundi
do I have to stay?	dois-je rester ?

Interdiction

children must not run near the swimming pool	les enfants ne doivent pas courir au bord de la piscine
drinks may not be taken into the cinema	les boissons sont interdites dans la salle de cinéma
I'm afraid you can't smoke in here	j'ai bien peur que vous ne puissiez pas fumer ici
dogs are not allowed in the shop	les chiens ne sont pas autorisés dans le magasin

Absence d'obligation ou de nécessité

you needn't worry so much	ce n'est pas la peine de te faire autant de souci
you don't have to come if you don't want to	tu n'es pas obligé de venir si tu n'en as pas envie

Permission

Could est plus poli, et **may** plus formel.

can I borrow your pen, please?	est-ce que je peux emprunter ton stylo ?
candidates may/are allowed to leave after one hour	les candidats sont autorisés à partir au bout d'une heure

Suggestion

*** Conseil**

you really ought to/should see a doctor	tu devrais aller voir un docteur
shall I open the window?	voulez-vous que j'ouvre la fenêtre ?

*** Invitation**

Should est moins insistant et **ought to** plus formel.

you must come and see me some time	viens me voir un jour

Notez ici l'emploi de **must** : il s'agit bien d'une invitation et non d'un ordre.

I'll give you a lift if you want	je peux te déposer si tu veux
can I get you a drink?	je t'offre quelque chose à boire ?

*** Proposition**

would you like anything to drink?	est-ce que tu voudrais quelque chose à boire ?
will you pass me the salt, please?	veux-tu me passer le sel, s'il te plaît ?
shall we go to the cinema instead?	et si on allait au cinéma à la place ?

Capacité

he can be very irritating	il peut être vraiment agaçant quelquefois
you could have warned me!	tu aurais pu me prévenir !
it's great being able to send files by e-mail	c'est génial de pouvoir envoyer des fichiers par e-mail

Numbers/Les Nombres

Cardinal numbers		Les nombres cardinaux
nought, zero	0	zéro
one	1	un
two	2	deux
three	3	trois
four	4	quatre
five	5	cinq
six	6	six
seven	7	sept
eight	8	huit
nine	9	neuf
ten	10	dix
eleven	11	onze
twelve	12	douze
thirteen	13	treize
fourteen	14	quatorze
fifteen	15	quinze
sixteen	16	seize
seventeen	17	dix-sept
eighteen	18	dix-huit
nineteen	19	dix-neuf
twenty	20	vingt
twenty-one	21	vingt et un
twenty-two	22	vingt-deux
thirty	30	trente
forty	40	quarante
fifty	50	cinquante
sixty	60	soixante
seventy	70	soixante-dix
eighty	80	quatre-vingts
eighty-one	81	quatre-vingt-un
ninety	90	quatre-vingt-dix
ninety-one	91	quatre-vingt-onze
a *or* one hundred	100	cent
a hundred and one	101	cent un
a hundred and two	102	cent deux
a hundred and fifty	150	cent cinquante
two hundred	200	deux cents
two hundred and one	201	deux cent un

two hundred and two	202	deux cent deux
a *or* one thousand	1,000 (1 000)	mille
a thousand and one	1,001 (1 001)	mille un
a thousand and two	1,002) (1 002)	mille deux
two thousand	2,000 (2 000)	deux mille
a *or* one million	1,000,000 (1 000 000)	un million

Ordinal numbers — Les nombres ordinaux

first	1st	1er	premier
second	2nd	2e	deuxième
third	3rd	3e	troisième
fourth	4th	4e	quatrième
fifth	5th	5e	cinquième
sixth	6th	6e	sixième
seventh	7th	7e	septième
eighth	8th	8e	huitième
ninth	9th	9e	neuvième
tenth	10th	10e	dixième
eleventh	11th	11e	onzième
twelfth	12th	12e	douzième
thirteenth	13th	13e	treizième
fourteenth	14th	14e	quatorzième
fifteenth	15th	15e	quinzième
twentieth	20th	20e	vingtième
twenty-first	21st	21e	vingt et unième
twenty-second	22nd	22e	vingt deuxième
thirtieth	30th	30e	trentième

Examples of usage — Exemples d'emplois

three (times) out of ten	trois (fois) sur dix
ten at a time, in *or* by tens, ten by ten	dix par dix, dix à dix
the ten of us/you, we ten/you ten	nous/vous dix
all ten of them *or* us *or* you	tous les dix, toutes les dix
there are ten of us/them	nous sommes/elles sont dix
(between) the ten of them	à eux dix, à elles dix
ten of them were living together/came	ils vivaient/sont venus à dix
page ten	page dix
Charles the Tenth	Charles Dix
to live at number ten	habiter au (numéro) dix
to be the tenth to arrive/to leave	arriver/partir le dixième
to come tenth, to be tenth (*in a race*)	arriver dixième, être dixième
it's the tenth (today)	nous sommes le dix (aujourd'hui)

the tenth of May, May the tenth, *Am* May tenth	le dix mai
to arrive/be paid on the tenth	arriver/être payé le dix
to arrive/be paid on the tenth of May *or* on May the tenth *or Am* on May tenth	arriver/être payé le dix mai
by the tenth, before the tenth	avant le dix, pour le dix
it's ten (o'clock)	il est dix heures
it's half past ten	il est dix heures et demie
ten past ten, *Am* ten after ten	dix heures dix
ten to ten	dix heures moins dix
by ten (o'clock), before ten (o'clock)	pour dix heures, avant dix heures
to be ten (years old)	avoir dix ans
a child of ten, a ten-year-old (child)	un enfant de dix ans

Days and Months/ Les Jours et les mois

Monday	lundi
Tuesday	mardi
Wednesday	mercredi
Thursday	jeudi
Friday	vendredi
Saturday	samedi
Sunday	dimanche
January	janvier
February	février
March	mars
April	avril
May	mai
June	juin
July	juillet
August	août
September	septembre
October	octobre
November	novembre
December	décembre

Examples of usage	**Exemples d'emplois**
he arrives on Monday	il arrive lundi
(on) Mondays	le lundi
see you on Monday!	à lundi
by Monday, before Monday	avant lundi, pour lundi
Monday morning/evening	lundi matin/soir
a week/two weeks on Monday, *Am* a week/two weeks from Monday	lundi en huit/en quinze
it's Monday (today)	nous sommes (aujourd'hui) lundi
Monday the tenth of May, Monday May the tenth, *Am* Monday May tenth	le lundi dix mai
tomorrow is Tuesday	demain c'est mardi
in May	en mai, au mois de mai
every May, each May	tous les ans en mai, chaque année en mai
by May, before May	avant mai, pour mai

Time / L'Heure

what time is it?, what's the time?	quelle heure est-il?

Hours	Les heures
it's one o'clock	il est une heure
it's 12 (noon)	il est midi
it's 12 (midnight)	il est minuit
at five o'clock	à cinq heures
at about ten o'clock	à dix heures environ
(at) around midday/midnight	vers midi/minuit
at exactly nine o'clock	à neuf heures précises, à neuf heures pile

Half-hours	Les demi-heures
it's half past nine, it's nine thirty, it's half nine (familier)	il est neuf heures et demie

Quarter-hours	Les quarts d'heure
it's a quarter to six	il est six heures moins le quart
it's a quarter past (*Br*)/after (*Am*) six	il est six heures et quart

Minutes	Les minutes
it's ten past seven, it's 7:10	il est sept heures dix
it's ten to seven, it's 6:50	il est sept heures moins dix
it's four minutes past two	il est deux heures quatre

a.m. and p.m.	a.m. et p.m.
a.m.	du matin
p.m.	de l'après-midi/du soir
it's 7 a.m., it's seven (o'clock) in the morning	il est sept heures du matin
it's 7 p.m., it's seven (o'clock) in the evening	il est sept heures du soir

L'heure sur 24 heures

Les expressions du type quinze heures, etc (à la place de trois heures, etc) ne s'emploient pas dans l'anglais de tous les jours. On les rencontre cependant parfois dans les horaires et surtout dans le langage militaire (souvent suivies du mot **hours**) :

o five hundred hours	5 heures du matin
fifteen hundred hours	quinze heures

The 24-hour clock

In French the use of the 24-hour clock is not restricted to military contexts and timetables. It is therefore not uncommon to hear French people use **seize heures**, rather than **quatre heures**, to refer to four p.m.

FRANÇAIS-ANGLAIS

Aa

A, a [ɑ] *nm inv* A, a; **A1** *(autoroute) Br* ≃ M1, *Am* ≃ I1

a [a] *voir* **avoir**

À [a]

à + le = au [o], **à + les = aux** [o]

prép (**a**) *(indique la direction)* to; **aller à Paris** to go to Paris; **partir au Venezuela** to leave for Venezuela; **de Paris à Lyon** from Paris to Lyons

(**b**) *(indique la position)* at; **être au bureau/à la ferme/à Paris** to be at *or* in the office/on *or* at the farm/in Paris; **à la maison** at home

(**c**) *(dans l'expression du temps)* **à 8 heures** at 8 o'clock; **du lundi au vendredi** from Monday to Friday, *Am* Monday through Friday; **au vingt-et-unième siècle** in the twenty-first century; **à mon arrivée** on (my) arrival; **à lundi!** see you (on) Monday!

(**d**) *(dans les descriptions)* **l'homme à la barbe** the man with the beard; **verre à vin** wine glass

(**e**) *(introduit le complément d'objet indirect)* **donner qch à qn** to give sth to sb, to give sb sth; **penser à qn/qch** to think about *or* of sb/sth

(**f**) *(devant infinitif)* **apprendre à lire** to learn to read; **avoir du travail à faire** to have work to do; **maison à vendre** house for sale; **prêt à partir** ready to leave

(**g**) *(indique l'appartenance)* **un ami à moi** a friend of mine; **c'est à lui** it's his; **c'est à vous de...** *(il vous incombe de)* it's up to you to...; *(c'est votre tour)* it's your turn to...

(**h**) *(indique le moyen, la manière)* **à bicyclette** by bicycle; **à pied** on foot; **à la main** by hand; **au crayon** in pencil; **deux à deux** two by two

(**i**) *(prix)* **pain à 1 euro** loaf for 1 euro

(**j**) *(poids)* **vendre au kilo** to sell by the kilo

(**k**) *(vitesse)* **100 km à l'heure** 100 km an *or* per hour

(**l**) *(pour appeler)* **au voleur!** (stop) thief!; **au feu!** (there's a) fire!

---

abaisser [abese] **1** *vt (levier, pont-levis)* to lower; *(store)* to pull down **2 s'abaisser** *vpr* (**a**) *(barrière)* to lower (**b**) *(être en pente)* to slope down

abandon [abɑ̃dɔ̃] *nm (d'enfant, de projet)* abandonment; *(de lieu)* neglect; *(de sportif)* withdrawal; *Ordinat* abort ▪ **abandonner 1** *vt (personne, animal, lieu)* to desert, to abandon; *(pouvoir, combat)* to give up; *(projet)* to abandon; **a. ses études** to drop out (of school) **2** *vi (renoncer)* to give up; *(sportif)* to withdraw

abasourdi, -e [abazurdi] *adj* stunned

abat-jour [abaʒur] *nm inv* lampshade

abats [aba] *nmpl* offal; *(de volaille)* giblets

abattement [abatmɑ̃] *nm (mental)* dejection; *(physique)* exhaustion; **a. fiscal** tax allowance

abattoir [abatwar] *nm* slaughterhouse

abattre* [abatr] **1** *vt (arbre)* to cut down; *(personne)* to kill; *(animal de boucherie)* to slaughter; *(animal blessé ou malade)* to destroy; *(avion)* to shoot down; *Fig (déprimer)* to demoralize **2**

s'abattre *vpr (tomber)* to crash down (**sur** on); *(pluie)* to pour down (**sur** on)

abattu, -e [abaty] *adj (mentalement)* dejected; *(physiquement)* exhausted

abbaye [abei] *nf* abbey

abcès [apsɛ] *nm* abscess

abdomen [abdɔmen] *nm* abdomen ▪ **abdominal, -e, -aux, -ales** *adj* abdominal

abeille [abɛj] *nf* bee

aberrant, -e [aberɑ̃, -ɑ̃t] *adj* absurd

abîme [abim] *nm* abyss

abîmer [abime] **1** *vt* to spoil, to damage **2 s'abîmer** *vpr (object)* to get spoilt; *(fruit)* to go bad

abject, -e [abʒɛkt] *adj* despicable

abolir [abɔlir] *vt* to abolish ▪ **abolition** *nf* abolition

abominable [abɔminabl] *adj* appalling

abondant, -e [abɔ̃dɑ̃, -ɑ̃t] *adj* plentiful, abundant ▪ **abondance** *nf* abundance (**de** of) ▪ **abonder** *vi* to be plentiful

abonné, -e [abɔne] *nmf (d'un journal, du téléphone)* subscriber; *(du gaz)* consumer ▪ **abonnement** *nm (de journal)* subscription; *(de téléphone)* line rental ▪ **s'abonner** *vpr (à un journal)* to subscribe (**à** to)

abord [abɔr] *nm* (**a**) *(accès)* **d'un a. facile** easy to approach; **abords** *(d'un bâtiment)* surroundings; *(d'une ville)* outskirts (**b**) *(expressions)* **au premier a., de prime a.** at first sight; **d'a., tout d'a.** *(pour commencer)* at first, to begin with; *(premièrement)* first (and foremost)

abordable [abɔrdabl] *adj (prix, marchandises)* affordable

aborder [abɔrde] **1** *vt (personne, lieu, virage)* to approach; *(problème)* to tackle **2** *vi* to land

aborigène [abɔriʒɛn] *nm (d'un pays)* native; **les Aborigènes d'Australie** the (Australian) Aborigines

aboutir [abutir] *vi (réussir)* to be successful; **a. à qch** *(avoir pour résultat)* to result in sth ▪ **aboutissement** *nm (succès)* success; *(résultat)* outcome

aboyer [abwaje] *vi* to bark

abréger [abreʒe] *vt (texte)* to shorten; *(visite)* to cut short; *(mot)* to abbreviate ▪ **abrégé** *nm (d'un texte)* summary; *(livre)* abstract; **en a.** *(mot)* in abbreviated form

abréviation [abrevjɑsjɔ̃] *nf* abbreviation

abri [abri] *nm* shelter; **mettre qn/qch à l'a.** to shelter sb/sth; **se mettre à l'a.** to take shelter; **être à l'a. de qch** to be sheltered from sth; **sans a.** homeless ▪ **abriter 1** *vt (protéger)* to shelter (**de** from); *(loger)* to house **2 s'abriter** *vpr* to (take) shelter (**de** from)

abricot [abriko] *nm* apricot

abroger [abrɔʒe] *vt* to repeal

abrupt, -e [abrypt] *adj (pente)* steep

abrutir [abrytir] *vt (hébéter)* to daze ▪ **abrutissant, -e** *adj* mind-numbing

absence [apsɑ̃s] *nf (d'une personne)* absence; *(manque)* lack ▪ **absent, -e 1** *adj (personne)* absent (**de** from); *(chose)* missing **2** *nmf* absentee ▪ **s'absenter** *vpr* to go away

absolu, -e [apsɔly] *adj* absolute ▪ **absolument** *adv* absolutely

absorber [apsɔrbe] *vt (liquid)* to absorb; *(nourriture)* to eat; *(boisson)* to drink; *(médicament)* to take ▪ **absorbant, -e** *adj (papier)* absorbent; *(travail)* absorbing ▪ **absorption** *nf (de liquide)* absorption; *(de nourriture)* eating; *(de boisson)* drinking; *(de médicament)* taking

abstenir* [apstənir] **s'abstenir** *vpr (ne pas voter)* to abstain; **s'a. de qch/de faire qch** to refrain from sth/from doing sth ▪ **abstention** *nf Pol* abstention

abstrait, -e [apstrɛ, -ɛt] *adj* abstract ▪ **abstraction** *nf* abstraction

absurde [apsyrd] *adj* absurd ▪ **absurdité** *nf* absurdity; **dire des absurdités** to talk nonsense

abus [aby] *nm (excès)* overindulgence (**de** in); *(pratique)* abuse (**de** of); **a. de pouvoir** abuse of power; **a. d'alcool**

alcohol abuse; **a. de confiance** breach of trust ▪ **abuser 1** *vi* to go too far; **a. de** *(situation, personne)* to take unfair advantage of; *(autorité)* to abuse; *(nourriture)* to overindulge in **2 s'abuser** *vpr* **si je ne m'abuse** if I am not mistaken

abusif, -ive [abyzif, -iv] *adj* excessive; *(mère)* possessive

académie [akademi] *nf* academy; *(administration scolaire)* ≃ local education authority; **l'A. française** = learned society responsible for promoting the French language and imposing standards

acajou [akaʒu] *nm* mahogany

accabler [akɑble] *vt* to overwhelm (**de** with); **accablé de dettes** (over)-burdened with debt ▪ **accablant, -e** *adj (chaleur)* oppressive; *(témoignage)* damning

accalmie [akalmi] *nf* lull

accaparer [akapare] *vt (personne)* to monopolize

accéder [aksede] *vi* **a. à** *(lieu)* to reach; *(rang)* to gain; *(requête)* to comply with; *Ordinat (programme)* to access; **a. au trône** to accede to the throne

accélérer [akselere] **1** *vt (allure, pas)* to quicken **2** *vi (en voiture)* to accelerate **3 s'accélérer** *vpr* to speed up ▪ **accélérateur** *nm (de voiture, d'ordinateur)* accelerator ▪ **accélération** *nf* acceleration

accent [aksɑ̃] *nm (prononciation)* accent; *(sur une syllabe)* stress; *Fig* **mettre l'a. sur qch** to stress sth; **a. aigu/circonflexe/grave** acute/circumflex/grave (accent) ▪ **accentuation** *nf (sur lettre)* accentuation; *(de phénomène)* intensification ▪ **accentuer 1** *vt (syllabe)* to stress; *(lettre)* to put an accent on; *Fig (renforcer)* to emphasize **2 s'accentuer** *vpr* to become more pronounced

accepter [aksepte] *vt* to accept; **a. de faire qch** to agree to do sth ▪ **acceptable** *adj (recevable)* acceptable ▪ **acceptation** *nf* acceptance

acception [aksɛpsjɔ̃] *nf (de mot)* meaning

accès [aksɛ] *nm* (**a**) *(approche)* & *Ordinat* access (**à** to); **avoir a. à qch** to have access to sth; **'a. interdit'** 'no entry'; **'a. aux quais'** 'to the trains' (**b**) *(de folie, de colère)* fit; *(de fièvre)* bout ▪ **accessible** *adj (lieu, livre)* accessible

accession [aksɛsjɔ̃] *nf* accession (**à** to); **a. à la propriété** home ownership

accessoire [akseswar] *adj* minor ▪ **accessoires** *nmpl (de théâtre)* props; *(de mode, de voiture)* accessories; **a. de toilette** toilet accessories

accident [aksidɑ̃] *nm* accident; **a. de chemin de fer** train crash; **a. de la route** road accident; **a. du travail** industrial accident; **a. de parcours** hitch; **par a.** by accident, by chance ▪ **accidenté, -e 1** *adj (terrain)* uneven; *(voiture)* damaged **2** *nmf* accident victim ▪ **accidentel, -elle** *adj* accidental

acclamer [aklame] *vt* to cheer ▪ **acclamations** *nfpl* cheers

acclimater [aklimate] **1** *vt Br* to acclimatize, *Am* to acclimate (**à** to) **2 s'acclimater** *vpr* to become *Br* acclimatized *or Am* acclimated (**à** to) ▪ **acclimatation** *nf Br* acclimatization, *Am* acclimation (**à** to)

accolade [akɔlad] *nf (embrassade)* embrace; *(signe)* curly bracket

accommoder [akɔmɔde] **1** *vt (nourriture)* to prepare; *(restes)* to use up **2** *vi (œil)* to focus **3 s'accommoder** *vpr* **s'a. de qch** to put up with sth ▪ **accommodant, -e** *adj* accommodating

accompagner [akɔ̃paɲe] *vt (personne)* to accompany; **a. qn à la gare** *(en voiture)* to take sb to the station ▪ **accompagnateur, -trice** *nmf (musical)* accompanist; *(de touristes)* guide; *(d'enfants)* group leader ▪ **accompagnement** *nm (de musique)* accompaniment

accomplir [akɔ̃plir] *vt (tache)* to carry out; *(formalités)* to go through ▪ **accompli, -e** *adj (parfait)* accomplished

accord [akɔr] *nm (traité, entente)* &

Gram agreement; *(autorisation)* consent; *(musical)* chord; **être d'a.** to agree (**avec** with); **d'a.!** all right! ▪ **accorder 1** *vt (instrument)* to tune; **a. qch à qn** *(faveur)* to grant sb sth; *(prêt)* to authorize sth to sb **2 s'accorder** *vpr (se mettre d'accord)* to agree (**avec/sur** with/on); *Gram (mots)* to agree (**avec** with); **s'a. qch** to allow oneself sth

accordéon [akɔrdeɔ̃] *nm* accordion

accoster [akɔste] **1** *vt (personne)* to approach **2** *vi Naut* to dock

accotement [akɔtmɑ̃] *nm (de route)* verge; *(de voie ferrée)* shoulder

accoucher [akuʃe] *vi* to give birth (**de** to) ▪ **accouchement** *nm* delivery

accouder [akude] **s'accouder** *vpr* **s'a. à** *ou* **sur qch** to lean one's elbows on sth ▪ **accoudoir** *nm* armrest

accoupler [akuple] **s'accoupler** *vpr (animaux)* to mate

accourir* [akurir] *vi* to run up

accoutrement [akutrəmɑ̃] *nm Péj* rig-out

accoutumer [akutyme] **1** *vt* **a. qn à qch** to get sb accustomed to sth **2 s'accoutumer** *vpr* to get accustomed (**à** to) ▪ **accoutumance** *nf (adaptation)* familiarization (**à** with); *Méd (dépendance)* addiction ▪ **accoutumé, -e** *adj* usual; **comme à l'accoutumée** as usual

accroc [akro] *nm (déchirure)* tear; *(difficulté)* hitch; **sans a.** without a hitch

accrocher [akrɔʃe] **1** *vt (déchirer)* to catch; *(fixer)* to hook (**à** onto); *(suspendre)* to hang up (**à** on)
2 *vi (achopper)* to hit a stumbling block; *(se remarquer)* to grab one's attention
3 s'accrocher *vpr (se fixer)* to fasten; *Fam (persévérer)* to stick at it; **s'a. à qn/qch** *(s'agripper)* to cling to sb/sth ▪ **accrochage** *nm (de véhicules)* minor accident ▪ **accrocheur, -euse** *adj (personne)* tenacious; *(titre, slogan)* catchy

accroître* [akrwatr] **1** *vt* to increase **2 s'accroître** *vpr* to increase ▪ **accroissement** *nm* increase (**de** in)

accroupir [akrupir] **s'accroupir** *vpr* to squat (down)

accueil [akœj] *nm (bureau)* reception; *(manière)* welcome; **faire un bon a. à qn** to give sb a warm welcome ▪ **accueillant, -e** *adj* welcoming ▪ **accueillir*** *vt (personne, proposition)* to greet; *(sujet: hôtel)* to accommodate

acculer [akyle] *vt* **a. qn à qch** to drive sb to sth

accumuler [akymyle] *vt*, **s'accumuler** *vpr* to accumulate ▪ **accumulation** *nf* accumulation

accuser [akyze] *vt (dénoncer)* to accuse; *(accentuer)* to bring out; *(baisse)* to show; **a. qn de qch/de faire qch** to accuse sb of sth/of doing sth ▪ **accusateur, -trice 1** *adj (regard)* accusing **2** *nmf* accuser ▪ **accusation** *nf* accusation ▪ **accusé, -e** *nmf* **l'a.** the accused; *(au tribunal)* the defendant

achalandé, -e [aʃalɑ̃de] *adj* **bien a.** *(magasin)* well-stocked

acharner [aʃarne] **s'acharner** *vpr* **s'a. sur** *ou* **contre qn** *(persécuter)* to persecute sb; **s'a. à faire qch** to try very hard to do sth ▪ **acharné, -e** *adj (effort, travail)* relentless; *(combat)* fierce ▪ **acharnement** *nm* relentlessness; *(dans un combat)* fury

achat [aʃa] *nm* purchase; **faire l'a. de qch** to buy sth; **achats** *(paquets)* shopping

acheter [aʃəte] **1** *vt* to buy; **a. qch à qn** *(faire une transaction)* to buy sth from sb; *(faire un cadeau)* to buy sth for sb **2** *vi* to buy **3 s'acheter** *vpr* **je vais m'acheter une glace** I'm going to buy (myself) an ice cream ▪ **acheteur, -euse** *nmf* buyer; *(dans un magasin)* shopper

achever [aʃəve] **1** *vt* (**a**) *(finir)* to end; *(travail)* to complete; **a. de faire qch** to finish doing sth (**b**) *(tuer) (animal malade)* to put out of its misery; **a. qn** to finish sb off **2 s'achever** *vpr* to end ▪ **achèvement** *nm* completion

acide [asid] **1** *adj* acid(ic); *(au goût)* sour **2** *nm* acid ▪ **acidité** *nf* acidity; *(au goût)* sourness

acier [asje] *nm* steel; **a. inoxydable** stainless steel ▪ **aciérie** *nf* steelworks

acné [akne] *nf* acne

acompte [akɔ̃t] *nm* down payment; **verser un a.** to make a down payment

à-coup [aku] *(pl* **à-coups**) *nm* jolt; **sans à-coups** smoothly; **par à-coups** *(avancer)* in fits and starts

acoustique [akustik] *nf (qualité)* acoustics *(pluriel)*

acquérir* [akerir] *vt (acheter)* to purchase; *(obtenir)* to acquire; **a. de la valeur** to increase in value; **tenir qch pour acquis** to take sth for granted ▪ **acquéreur** *nm* purchaser ▪ **acquis** *nm (expérience)* experience; **les a. sociaux** social benefits ▪ **acquisition** *nf (action)* acquisition; *(bien acheté)* purchase

acquitter [akite] **1** *vt (accusé)* to acquit; *(dette)* to pay **2 s'acquitter** *vpr* **s'a. d'un devoir** to fulfil a duty ▪ **acquittement** *nm (d'un accusé)* acquittal; *(d'une dette)* payment

âcre [ɑkr] *adj (goût)* bitter; *(odeur)* acrid

acrobate [akrɔbat] *nmf* acrobat ▪ **acrobatie** *nf* acrobatics *(sing)*; **acrobaties aériennes** aerobatics *(sing)*

acrylique [akrilik] *nm* acrylic

acte [akt] *nm (action) & Théât* act; **faire a. de candidature** to apply; **prendre a. de qch** to take note of sth; **a. terroriste** terrorist act; **a. unique européen** Single European Act; **a. de naissance** birth certificate

acteur [aktœr] *nm* actor

actif, -ive [aktif, -iv] **1** *adj* active **2** *nm Gram* active; *Com (d'une entreprise)* assets

action [aksjɔ̃] *nf (acte)* action; *(en Bourse)* share; **bonne a.** good deed; **passer à l'a.** to take action ▪ **actionnaire** *nmf* shareholder ▪ **actionner** *vt (mettre en marche)* to start up

activer [aktive] **1** *vt (accélérer)* to speed up; *Ordinat (option)* to select **2 s'activer** *vpr (être actif)* to be busy

activité [aktivite] *nf* activity; **en a.** *(personne)* working; *(volcan)* active

actrice [aktris] *nf* actress

actualisation [aktɥalizɑsjɔ̃] *nf (de texte)* updating

actualité [aktɥalite] *nf (d'un problème)* topicality; **l'a.** current affairs; **les actualités** *(à la radio, à la télévision)* the news; **d'a.** topical

actuel, -elle [aktɥɛl] *adj (présent)* present; *(d'actualité)* topical ▪ **actuellement** *adv* at present

acupuncture [akypɔ̃ktyr] *nf* acupuncture ▪ **acupuncteur, -trice** *nmf* acupuncturist

adapter [adapte] **1** *vt* to adapt (**à** to) **2 s'adapter** *vpr (s'acclimater)* to adapt (**à** to); **s'a. à qn/qch** to get used to sb/sth ▪ **adaptateur** *nm* adapter ▪ **adaptation** *nf* adaptation; **faculté d'a.** adaptability

additif [aditif] *nm (substance)* additive

addition [adisjɔ̃] *nf* addition (**à** to); *(de restaurant) Br* bill, *Am* check ▪ **additionner** *vt* to add (up) (**à** to)

adepte [adept] *nmf* follower

adéquat, -e [adekwa, -at] *adj* appropriate; *(quantité)* adequate

adhérer [adere] *vi* **a. à qch** *(coller)* to stick to sth; *(s'inscrire)* to join sth ▪ **adhérent, -e** *nmf* member

adhésif, -ive [adezif, -iv] *adj* adhesive ▪ **adhésion** *nf (inscription)* joining (**à** of)

adieu, -x [adjø] **1** *exclam* farewell **2** *nm* farewell; **faire ses adieux** to say one's goodbyes

adjacent, -e [adʒasɑ̃, -ɑ̃t] *adj* adjacent (**à** to)

adjectif [adʒɛktif] *nm* adjective

adjoint, -e [adʒwɛ̃, -ɛ̃t] *nmf* assistant; **a. au maire** deputy mayor

adjuger [adʒyʒe] **1** *vt* **a. qch à qn** *(prix, contrat)* to award sth to sb; *(aux enchères)* to knock sth down to sb **2 s'adjuger** *vpr* **s'a. qch** to appropriate sth

admettre* [admɛtr] *vt (accueillir,*

reconnaître) to admit; *(autoriser)* to allow; **être admis à un examen** to pass an exam

administrer [administre] *vt (gérer)* to administer ■ **administrateur, -trice** *nmf (de société)* director ■ **administration** *nf* administration; **l'A.** *(service public)* ≃ the Civil Service; *(fonctionnaires)* civil servants

admirer [admire] *vt* to admire ■ **admirable** *adj* admirable ■ **admirateur, -trice** *nmf* admirer ■ **admiratif, -ive** *adj* admiring ■ **admiration** *nf* admiration; **être en a. devant qn/qch** to be filled with admiration for sb/sth

admissible [admisibl] *adj (tolérable)* acceptable, admissible; *Scol & Univ* **candidats admissibles** = candidates who have qualified for the oral examination ■ **admission** *nf* admission (**à/dans** to)

adolescent, -e [adɔlesɑ̃, -ɑ̃t] *nmf* adolescent, teenager ■ **adolescence** *nf* adolescence

adonner [adɔne] **s'adonner** *vpr* **s'a. à qch** to devote oneself to sth; **s'a. à la boisson** to be an alcoholic

adopter [adɔpte] *vt* to adopt ■ **adoptif, -ive** *adj (enfant, patrie)* adopted; *(parents)* adoptive ■ **adoption** *nf* adoption

adorer [adɔre] **1** *vt (dieu)* to worship; *(chose, personne)* to adore; **a. faire qch** to adore doing sth **2 s'adorer** *vpr* **ils s'adorent** they adore each other ■ **adorable** *adj* adorable

adosser [adose] **s'adosser** *vpr* **s'a. à qch** to lean (back) against sth

adoucir [adusir] **1** *vt (traits, peau)* to soften; *(caractère)* to take the edge off **2 s'adoucir** *vpr (temps)* to turn milder; *(voix)* to soften; *(caractère)* to mellow

adresse [adrɛs] *nf* (**a**) *(domicile)* address; **a. électronique** e-mail address (**b**) *(habileté)* skill ■ **adresser 1** *vt (lettre, remarque)* to address (**à** to); **a. qch à qn** *(lettre)* to send sb sth; **a. la parole à qn** to speak to sb **2 s'adresser** *vpr* **s'a. à qn** *(parler)* to speak to sb; *(aller trouver)* to go and see sb; *(être destiné à)* to be aimed at sb

Adriatique [adriatik] *nf* **l'A.** the Adriatic

adroit, -e [adrwa, -at] *adj (habile)* skilful

adulte [adylt] **1** *adj (personne, animal)* adult **2** *nmf* adult

adultère [adyltɛr] *nm* adultery

advenir* [advənir] *(aux* **être***) v impersonnel* to happen; **a. de qn** *(devenir)* to become of sb

adverbe [advɛrb] *nm* adverb

adversaire [advɛrsɛr] *nmf* opponent ■ **adverse** *adj* opposing

aérer [aere] **1** *vt (pièce, lit)* to air **2 s'aérer** *vpr* to get some fresh air ■ **aération** *nf* ventilation

aérien, -enne [aerjɛ̃, -ɛn] *adj (transport, attaque, défense)* air; *(photo)* aerial; *(câble)* overhead

aérobic [aerɔbik] *nm* aerobics *(sing)* ■ **aérodynamique** *adj* aerodynamic ■ **aérogare** *nf* air terminal ■ **aéroglisseur** *nm* hovercraft ■ **aérogramme** *nm* airmail letter ■ **aéroport** *nm* airport ■ **aérosol** *nm* aerosol

affable [afabl] *adj* affable

affaiblir [afeblir] *vt*, **s'affaiblir** *vpr* to weaken ■ **affaiblissement** *nm* weakening

affaire [afɛr] *nf (question)* matter, affair; *(marché)* deal; *(firme)* business; *(scandale)* affair; *(procès)* case; **affaires** *(commerce)* business *(sing)*; *(effets personnels)* belongings; **les Affaires étrangères** *Br* ≃ the Foreign Office, *Am* ≃ the State Department; **avoir a. à qn/qch** to have to deal with sb/sth; **faire une bonne a.** to get a bargain; **c'est mon a.** that's my business; **ça fera l'a.** that will do nicely; **a. de cœur** love affair

affairer [afere] **s'affairer** *vpr* to busy oneself ■ **affairé, -e** *adj* busy

affaisser [afese] **s'affaisser** *vpr (personne, bâtiment)* to collapse; *(sol)* to subside

affaler [afale] **s'affaler** *vpr* to collapse; **affalé dans un fauteuil** slumped in an armchair

affamé, -e [afame] *adj* starving

affecter [afɛkte] *vt* (**a**) *(employé)* to appoint (**à** to); *(soldat)* to post (**à** to); *(fonds)* to assign (**à** to) (**b**) *(feindre, émouvoir)* to affect ▪ **affectation** *nf (d'employé)* appointment (**à** to); *(de soldat)* posting (**à** to); *(de fonds)* assignment (**à** to); *Péj (pose)* affectation ▪ **affecté, -e** *adj Péj (manières, personne)* affected

affection [afɛksjɔ̃] *nf (attachement)* affection; *(maladie)* ailment; **avoir de l'a. pour qn** to be fond of sb ▪ **affectionner** *vt* to be fond of ▪ **affectueux, -euse** *adj* affectionate

affiche [afiʃ] *nf* notice; *(publicitaire)* poster; **être à l'a.** *(spectacle)* to be on ▪ **afficher** *vt (avis)* to put up; *(prix, horaire, résultat) & Ordinat (message)* to display; *Péj (sentiment)* to show; **a. complet** *(sujet: spectacle)* to be sold out ▪ **affichage** *nm* bill-posting; *Ordinat* display

affiliation [afiljɑsjɔ̃] *nf* affiliation ▪ **affilié, -e** *adj* affiliated

affiner [afine] **1** *vt (métal, goût)* to refine **2 s'affiner** *vpr (goût)* to become more refined; *(visage)* to get thinner

affinité [afinite] *nf* affinity

affirmatif, -ive [afirmatif, -iv] *adj (réponse) & Gram* affirmative

affirmer [afirme] **1** *vt (manifester)* to assert; *(soutenir)* to maintain **2 s'affirmer** *vpr (personne)* to assert oneself; *(tendance)* to be confirmed ▪ **affirmation** *nf* assertion

affliger [afliʒe] *vt (peiner)* to distress; *(atteindre)* to afflict (**de** with)

affluence [aflyɑ̃s] *nf (de personnes)* crowd; *(de marchandises)* abundance

affluer [aflye] *vi (sang)* to rush (**à** to); *(gens)* to flock (**vers** to)

afflux [afly] *nm (de sang)* rush; *(de visiteurs)* flood; *(de capitaux)* influx

affoler [afɔle] **1** *vt* to throw into a panic **2 s'affoler** *vpr* to panic ▪ **affolant, -e** *adj* terrifying ▪ **affolement** *nm* panic

affranchir [afrɑ̃ʃir] *vt (timbrer)* to put a stamp on; *(émanciper)* to free ▪ **affranchissement** *nm (tarif)* postage

affreux, -euse [afrø, -øz] *adj (laid)* hideous; *(atroce)* dreadful

affront [afrɔ̃] *nm* insult; **faire un a. à qn** to insult sb

affronter [afrɔ̃te] **1** *vt* to confront; *(mauvais temps)* to brave **2 s'affronter** *vpr (ennemis, équipes)* to clash ▪ **affrontement** *nm* confrontation

affût [afy] *nm Fig* **à l'a. de** on the lookout for

affûter [afyte] *vt* to sharpen

Afghanistan [afganistɑ̃] *nm* **l'A.** Afghanistan ▪ **afghan, -e 1** *adj* Afghan **2** *nmf* **A., Afghane** Afghan

afin [afɛ̃] **1** *prép* **a. de faire qch** in order to do sth **2** *conj* **a. que...** *(+ subjunctive)* so that...

Afrique [afrik] *nf* **l'A.** Africa ▪ **africain, -e 1** *adj* African **2** *nmf* **A., Africaine** African

agacer [agase] *vt (personne)* to irritate ▪ **agaçant, -e** *adj* irritating

âge [ɑʒ] *nm* age; **quel â. as-tu?** how old are you?; **d'un certain â.** middle-aged ▪ **âgé, -e** *adj* old; **être â. de six ans** to be six years old; **un enfant â. de six ans** a six-year-old child

agence [aʒɑ̃s] *nf* agency; *(de banque)* branch; **a. de voyage** travel agent's; **a. immobilière** *Br* estate agent's, *Am* real estate office

agencer [aʒɑ̃se] *vt* to arrange; **bien agencé** *(maison)* well laid-out

agenda [aʒɛ̃da] *nm Br* diary, *Am* datebook

agenouiller [aʒənuje] **s'agenouiller** *vpr* to kneel (down); **être agenouillé** to be kneeling (down)

agent [aʒɑ̃] *nm (employé, espion)* agent; **a. de police** police officer; **a. de change** stockbroker; **a. immobilier** *Br* estate agent, *Am* real estate agent; **a. secret** secret agent

agglomération [aglɔmerasjɔ̃] *nf (ville)* built-up area, town; **l'a. parisienne** Paris and its suburbs

aggraver [agrave] **1** *vt (situation, maladie)* to make worse; *(difficultés)* to increase **2 s'aggraver** *vpr (situation, maladie)* to get worse; *(état de santé)* to deteriorate; *(difficultés)* to increase ▪ **aggravation** *nf (de maladie)* aggravation; *(de conflit)* worsening

agile [aʒil] *adj* agile, nimble ▪ **agilité** *nf* agility, nimbleness

agir [aʒir] **1** *vi* to act **2 s'agir** *v impersonnel* **de quoi s'agit-il?** what is it about?; **il s'agit de se dépêcher** we have to hurry

agitateur, -trice [aʒitatœr, -tris] *nmf* agitator

agitation [aʒitasjɔ̃] *nf (fébrilité)* restlessness; *(troubles)* unrest

agiter [aʒite] **1** *vt (remuer)* to stir; *(secouer)* to shake; *(brandir)* to wave; *(troubler)* to agitate **2 s'agiter** *vpr (enfant)* to fidget ▪ **agité, -e** *adj (mer)* rough; *(personne)* restless; *(enfant)* fidgety; *(period)* unsettled

agneau, -x [aɲo] *nm* lamb

agonie [agɔni] *nf* death throes; **être à l'a.** to be at death's door ▪ **agoniser** *vi* to be dying

agrafe [agraf] *nf (pour vêtement)* hook; *(pour papiers)* staple ▪ **agrafer** *vt (vêtement)* to fasten; *(papiers)* to staple ▪ **agrafeuse** *nf* stapler

agrandir [agrɑ̃dir] **1** *vt (rendre plus grand)* to enlarge; *(grossir)* to magnify **2 s'agrandir** *vpr (entreprise)* to expand; *(ville)* to grow ▪ **agrandissement** *nm (d'entreprise)* expansion; *(de ville)* growth; *(de maison)* extension; *(de photo)* enlargement

agréable [agreabl] *adj* pleasant

agréer [agree] *vt (fournisseur)* to approve; **veuillez a. l'expression de mes salutations distinguées** *(dans une lettre) (à quelqu'un dont on ne connaît pas le nom) Br* yours faithfully, *Am* sincerely; *(à quelqu'un dont on connaît le nom) Br* yours sincerely, *Am* sincerely ▪ **agréé, -e** *adj (fournisseur, centre)* approved

agrémenter [agremɑ̃te] *vt* to adorn (**de** with)

agrès [agrɛ] *nmpl (de voilier)* tackle; *Gym Br* apparatus, *Am* equipment

agresser [agrese] *vt* to attack; **se faire a.** to be attacked; *(pour son argent)* to be mugged ▪ **agresseur** *nm* attacker; *(dans un conflit)* aggressor ▪ **agression** *nf* attack; *(pour de l'argent)* mugging; *(d'un État)* aggression; **être victime d'une a.** to be attacked; *(pour son argent)* to be mugged

agressif, -ive [agresif, -iv] *adj* aggressive ▪ **agressivité** *nf* aggressiveness

agricole [agrikɔl] *adj* agricultural; *(ouvrier, machine)* farm; **travaux agricoles** farm work

agriculteur, -trice [agrikyltœr, -tris] *nmf* farmer ▪ **agriculture** *nf* farming, agriculture

agripper [agripe] **s'agripper** *vpr* **s'a. à qn/qch** to cling on to sb/sth

agrume [agrym] *nm* citrus fruit

aguerri, -e [ageri] *adj* seasoned, hardened

aguets [age] **aux aguets** *adv* on the lookout

aguichant, -e [agiʃɑ̃, -ɑ̃t] *adj* seductive

ahurir [ayrir] *vt (étonner)* to astound

ai [ɛ] *voir* **avoir**

aide [ɛd] **1** *nf* help, assistance; **à l'a. de qch** with the aid of sth; **appeler à l'a.** to call for help; **a. humanitaire** aid **2** *nmf (personne)* assistant; **a. de camp** aide-de-camp ▪ **aide-mémoire** *nm inv* notes ▪ **aide-soignante** (*pl* **aides-soignantes**) *nf Br* nursing auxiliary, *Am* nurse's aid

aider [ede] **1** *vt* to help; **a. qn à faire qch** to help sb to do sth **2 s'aider** *vpr* **s'a. de qch** to use sth

aïe [aj] *exclam* ouch!

aie(s), aient [ɛ] *voir* **avoir**

aigle [ɛgl] *nm* eagle

aigre [ɛgr] *adj (acide)* sour; *(parole)* cutting; **d'un ton a.** sharply ▪ **aigreur**

nf (de goût) sourness; *(de ton)* sharpness; **aigreurs d'estomac** heartburn

aigri, -e [ɛgri] *adj (personne)* embittered

aigu, -ë [egy] *adj (douleur, crise, accent)* acute; *(son)* high-pitched

aiguille [egɥij] *nf (à coudre)* needle; *(de montre)* hand; *(de balance)* pointer; **a. (rocheuse)** peak; **a. de pin** pine needle

aiguiller [egɥije] *vt (train) Br* to shunt, *Am* to switch; *Fig (personne)* to steer (**vers** towards) ▪ **aiguillage** *nm (appareil) Br* points, *Am* switches ▪ **aiguilleur** *nm (de trains)* signalman; **a. du ciel** air-traffic controller

aiguiser [egize] *vt (outil)* to sharpen; *Fig (appétit)* to whet

ail [aj] *nm* garlic

aile [ɛl] *nf* wing; *(de moulin)* sail; *(de voiture) Br* wing, *Am* fender ▪ **ailé, -e** *adj* winged ▪ **aileron** *nm (de requin)* fin; *(d'avion)* aileron ▪ **ailier** *nm (au football)* winger; *(au rugby)* wing

aille(s), aillent [aj] *voir* **aller[1]**

ailleurs [ajœr] *adv* somewhere else, elsewhere; **d'a.** *(du reste)* besides, anyway; **par a.** *(en outre)* moreover; *(par d'autres côtés)* in other respects

aimable [ɛmabl] *adj (gentil)* kind

aimant[1] [ɛmɑ̃] *nm* magnet ▪ **aimanter** *vt* to magnetize

aimant[2], -e [ɛmɑ̃, -ɑ̃t] *adj* loving

aimer [eme] **1** *vt* to love; **a. bien qn/qch** to like sb/sth; **a. faire qch** to like doing sth; **j'aimerais qu'il vienne** I would like him to come; **a. mieux qch** to prefer sth **2 s'aimer** *vpr* **ils s'aiment** they're in love

aine [ɛn] *nf* groin

aîné, -e [ene] **1** *adj (de deux enfants)* elder; *(de plus de deux)* eldest **2** *nmf (de deux enfants)* elder; *(de plus de deux)* eldest

ainsi [ɛ̃si] *adv (de cette façon)* in this way; *(alors)* so; **a. que...** as well as...; **et a. de suite** and so on; **pour a. dire** so to speak; **a. soit-il!** amen!

air [ɛr] *nm* (**a**) *(gaz)* air; **prendre l'a.** to get some fresh air; **au grand a.** in the fresh air; **en plein a.** outside; **en l'a.** *(jeter)* (up) in the air; *(paroles, menaces)* empty; **regarder en l'a.** to look up (**b**) *(expression)* look, appearance; **avoir l'a. content** to look happy; **avoir l'a. de s'ennuyer** to look bored; **a. de famille** family likeness (**c**) *(mélodie)* tune

aire [ɛr] *nf (surface) & Math* area; *(d'oiseau)* eyrie; **a. de jeux** (children's) play area; **a. de lancement** launch pad; **a. de repos** *(sur autoroute)* rest area; **a. de stationnement** lay-by

aisance [ɛzɑ̃s] *nf (facilité)* ease; *(prospérité)* affluence

aise [ɛz] *nf* **à l'a.** *(dans un vêtement)* comfortable; *(dans une situation)* at ease; *(fortuné)* comfortably off; **mal à l'a.** uncomfortable, ill at ease ▪ **aisé, -e** [ɛze] *adj (fortuné)* comfortably off; *(facile)* easy ▪ **aisément** *adv* easily

aisselle [ɛsɛl] *nf* armpit

ait [ɛ] *voir* **avoir**

ajourner [aʒurne] *vt* to postpone; *(après le début de la séance)* to adjourn

ajout [aʒu] *nm* addition (**à** to) ▪ **ajouter 1** *vti* to add (**à** to) **2 s'ajouter** *vpr* **s'a. à qch** to add to sth

ajuster [aʒyste] *vt (appareil, outil)* to adjust; *(vêtement)* to alter

alarme [alarm] *nf* alarm; **donner l'a.** to raise the alarm; **a. antivol/d'incendie** burglar/fire alarm ▪ **alarmer 1** *vt* to alarm **2 s'alarmer** *vpr* **s'a. de qch** to become alarmed at sth

Albanie *nf* **l'A.** Albania ▪ **albanais, -e 1** *adj* Albanian **2** *nmf* **A., Albanaise** Albanian

album [albɔm] *nm* album; **a. de photos** photo album

alcool [alkɔl] *nm Chim* alcohol; *(spiritueux)* spirits; **a. à 90°** *Br* surgical spirit, *Am* rubbing alcohol; **a. à brûler** *Br* methylated spirits, *Am* wood alcohol ▪ **alcoolique** *adj & nmf* alcoholic ▪ **alcoolisée** *adj f* **boisson a.** alcoholic drink; **boisson non a.** soft drink ▪ **alcoolisme** *nm* alcoholism ▪ **Alcootest®**

nm (test) breath test; *(appareil)* Breathalyzer®

alcôve [alkov] *nf* alcove

aléas [alea] *nmpl* hazards ▪ **aléatoire** *adj (résultat)* uncertain; *(nombre) & Ordinat* random

alentour [alɑ̃tur] *adv* round about; **les villages a.** the surrounding villages ▪ **alentours** *nmpl* surroundings; **aux a. de la ville** in the vicinity of the town

alerte [alɛrt] **1** *adj (leste)* sprightly; *(éveillé)* alert **2** *nf* alarm; **en état d'a.** on the alert; **donner l'a.** to give the alarm; **a. à la bombe** bomb scare; **fausse a.** false alarm ▪ **alerter** *vt* to alert (**de** to)

alezan, -e [alzɑ̃, -an] *adj & nmf (cheval)* chestnut

algèbre [alʒɛbr] *nf* algebra

Algérie [alʒeri] *nf* **l'A.** Algeria ▪ **algérien, -enne 1** *adj* Algerian **2** *nmf* **A., Algérienne** Algerian

algues [alg] *nfpl* seaweed

alias [aljɑs] *adv* alias

alibi [alibi] *nm* alibi

aliéner [aljene] **1** *vt* to alienate **2 s'aliéner** *vpr* **s'a. qn** to alienate sb

aligner [aliɲe] **1** *vt* to line up; *(politique)* to align (**sur** with) **2 s'aligner** *vpr (personnes)* to line up; *(pays)* to align oneself (**sur** with) ▪ **alignement** *nm* alignment

aliment [alimɑ̃] *nm* food ▪ **alimentaire** *adj (ration, industrie)* food; **produits alimentaires** foods ▪ **alimentation** *nf (action)* feeding; *(en eau, en électricité)* supply(ing); *(régime)* diet; *(nourriture)* food; **magasin d'a.** grocer's, grocery store ▪ **alimenter** *vt (nourrir)* to feed; *(fournir)* to supply (**en** with); *(débat, feu)* to fuel

alité, -e [alite] *adj* bedridden

allaiter [alete] *vt (femme)* to breastfeed

allécher [aleʃe] *vt* to tempt

allée [ale] *nf (de parc)* path; *(de ville)* avenue; *(de cinéma, de supermarché)* aisle; *(devant une maison)* driveway; **allées et venues** comings and goings

allégation [alegɑsjɔ̃] *nf* allegation

alléger [aleʒe] *vt (impôt)* to reduce; *(fardeau)* to lighten ▪ **allégé, -e** *adj (fromage)* low-fat

allégorie [alegɔri] *nf* allegory

allègre [alɛgr] *adj* lively, cheerful

allégresse [alegrɛs] *nf* joy

Allemagne [almaɲ] *nf* **l'A.** Germany ▪ **allemand, -ande 1** *adj* German **2** *nmf* **A., Allemande** German **3** *nm (langue)* German

---

ALLER[1*] [ale] **1** *(aux* **être**) *vi* to go; **a. à Paris** to go to Paris; **a. à la pêche** to go fishing; **a. faire qch** to go and do sth; **a. à qn** *(convenir à)* to suit sb; **a. avec** *(vêtement)* to go with; **a. bien/mieux** *(personne)* to be well/better; **comment vas-tu?, (comment) ça va?** how are you?; **ça va!** all right!, fine!; **allez-y** go ahead

2 *v aux (futur proche)* **a. faire qch** to be going to do sth; **il va venir** he'll come; **il va partir** he's about to leave

3 s'en aller [sɑ̃nale] *vpr (personne)* to go away; *(tache)* to come out

---

aller[2] [ale] *nm* outward journey; **a. (simple)** *Br* single (ticket), *Am* one-way (ticket); **a. (et) retour** *Br* return (ticket), *Am* round-trip (ticket)

allergie [alɛrʒi] *nf* allergy ▪ **allergique** *adj* allergic (**à** to)

alliage [aljaʒ] *nm* alloy

alliance [aljɑ̃s] *nf (anneau)* wedding ring; *(mariage)* marriage; *(de pays)* alliance

allier [alje] **1** *vt (associer)* to combine (**à** with); *(pays)* to ally (**à** with); *(famille)* to unite by marriage **2 s'allier** *vpr (couleurs)* to combine; *(pays)* to become allied (**à** with); **s'a. à contre qn/qch** to unite against sb/sth ▪ **allié, -e** *nmf* ally

allô [alo] *exclam* hello!

allocation [alɔkɑsjɔ̃] *nf (somme)* allowance; **a. (de) chômage** unemployment benefit; **a. (de) logement** housing benefit; **allocations familiales** child benefit

allocution [alɔkysjɔ̃] *nf* address

allonger [alɔ̃ʒe] **1** *vt (bras)* to stretch out; *(sauce)* to thin; **a. le pas** to quicken one's pace **2** *vi (jours)* to get longer **3 s'allonger** *vpr (jours)* to get longer; *(personne)* to lie down ▪ **allongé, -e** *adj (étiré)* elongated; **être a.** *(personne)* to be lying down

allouer [alwe] *vt* **a. qch à qn** *(ration)* to allocate sb sth; *(indemnité)* to grant sb sth

allumer [alyme] **1** *vt (feu, pipe)* to light; *(électricité, radio)* to switch on; *(incendie)* to start **2 s'allumer** *vpr (lumière, lampe)* to come on ▪ **allumage** *nm (de feu)* lighting; *(de moteur)* ignition

allumette [alymɛt] *nf* match

allure [alyr] *nf (vitesse)* speed; *(démarche)* gait, walk; *(maintien)* bearing; **à toute a.** at top speed; **avoir de l'a.** to look stylish

allusion [alyzjɔ̃] *nf (référence)* allusion (**à** to); *(voilée)* hint; **faire a. à qch** to allude to sth; *(en termes voilés)* to hint at sth

aloi [alwa] *nm* **de bon a.** *(plaisanterie)* in good taste

alors [alɔr] *adv (donc)* so; *(à ce moment-là)* then; *(dans ce cas)* in that case; **a. que...** *(lorsque)* when...; *(tandis que)* whereas...; **et a.?** so what?

alouette [alwɛt] *nf* lark

alourdir [alurdir] **1** *vt (chose)* to make heavier **2 s'alourdir** *vpr* to get heavy

alpage [alpaʒ] *nm* mountain pasture ▪ **Alpes** *nfpl* **les A.** the Alps ▪ **alpestre, alpin, -e** [alpɛ̃, -in] *adj* alpine

alphabet [alfabɛ] *nm* alphabet ▪ **alphabétique** *adj* alphabetical

alphanumérique [alfanymerik] *adj* alphanumeric

alpinisme [alpinism] *nm* mountaineering; **faire de l'a.** to go mountaineering ▪ **alpiniste** *nmf* mountaineer

altérer [altere] **1** *vt* (**a**) *(viande, vin)* to spoil (**b**) *(changer)* to affect **2 s'altérer** *vpr (relations)* to deteriorate

alternatif, -ive [altɛrnatif, -iv] *adj (successif)* alternating; *(de remplacement)* alternative ▪ **alternative** *nf* alternative ▪ **alternativement** *adv* alternately

alterner [altɛrne] **1** *vt (crops)* to rotate **2** *vi (se succéder)* to alternate (**avec** with); *(personnes)* to take turns (**avec** with) ▪ **alternance** *nf* alternation; **en a.** alternately

Altesse [altɛs] *nf* **son A. royale** His/Her Royal Highness

altier, -ère [altje, -ɛr] *adj* haughty

altitude [altityd] *nf* altitude; **prendre de l'a.** to climb

aluminium [alyminjɔm] *nm Br* aluminium, *Am* aluminum; **papier (d')a.** tinfoil

amabilité [amabilite] *nf* kindness

amaigrir [amɛgrir] *vt* to make thin *or* thinner ▪ **amaigri, -e** *adj* gaunt

amande [amɑ̃d] *nf* almond

amant [amɑ̃] *nm* lover

amarre [amar] *nf* (mooring) rope; **amarres** moorings

amas [amɑ] *nm* heap, pile ▪ **amasser** **1** *vt* to amass **2 s'amasser** *vpr (preuves, foule)* to build up; *(neige)* to pile up

amateur [amatœr] **1** *nm (non professionnel)* amateur; **a. de tennis** tennis enthusiast; **faire de la photo en a.** to be an amateur photographer **2** *adj* **une équipe a.** an amateur team

amazone [amazɔn] *nf* horsewoman; **monter en a.** to ride sidesaddle

ambages [ɑ̃baʒ] **sans ambages** *adv* without beating about the bush

ambassade [ɑ̃basad] *nf* embassy ▪ **ambassadeur, -drice** *nmf* ambassador

ambiance [ɑ̃bjɑ̃s] *nf* atmosphere ▪ **ambiant, -e** *adj* surrounding; **température a.** room temperature

ambidextre [ɑ̃bidɛkstr] *adj* ambidextrous

ambigu, -ë [ɑ̃bigy] *adj* ambiguous ▪ **ambiguïté** *nf* ambiguity

ambitieux, -euse [ɑ̃bisjø, -øz] *adj* ambitious ▪ **ambition** *nf* ambition ▪ **ambitionner** *vt* to aspire to

ambre [ɑ̃br] *nm (résine)* amber
ambulance [ɑ̃bylɑ̃s] *nf* ambulance
ambulant, -e [ɑ̃bylɑ̃, -ɑ̃t] *adj* travelling, itinerant; **marchand a.** (street) hawker
âme [ɑm] *nf* soul; **rendre l'â.** to give up the ghost; **â. sœur** soul mate
améliorer [ameljɔre] *vt*, **s'améliorer** *vpr* to improve ▪ **amélioration** *nf* improvement
amen [amɛn] *adv* amen
aménager *vt (changer)* to adjust, *(maison)* to convert (**en** into) ▪ **aménagement** *nm (changement)* adjustment; *(de pièce)* conversion (**en** into); **a. du temps de travail** flexibility of working hours
amende [amɑ̃d] *nf* fine; **infliger une a. à qn** to impose a fine on sb
amender [amɑ̃de] *vt (texte de loi)* to amend
amener [amne] **1** *vt (apporter)* to bring; *(causer)* to bring about; *(tirer à soi)* to pull in; **a. qn à faire qch** *(sujet: personne)* to get sb to do sth; **ce qui nous amène à parler de…** which brings us to the issue of… **2 s'amener** *vpr Fam* to turn up
amenuiser [amənɥize] **s'amenuiser** *vpr* to dwindle; *(écart)* to get smaller
amer, -ère [amɛr] *adj* bitter
Amérique [amerik] *nf* **l'A.** America; **l'A. du Nord/du Sud** North/South America; **l'A. latine** Latin America ▪ **américain, -e 1** *adj* American **2** *nmf* **A., Américaine** American
amertume [amɛrtym] *nf* bitterness
ameublement [amœbləmɑ̃] *nm (meubles)* furniture
ami, -e [ami] **1** *nmf* friend; **petit a.** boyfriend; **petite amie** girlfriend **2** *adj* friendly; **être a. avec qn** to be friends with sb
amiable [amjabl] **à l'amiable 1** *adj* amicable **2** *adv* amicably
amical, -e, -aux, -ales [amikal, -o] *adj* friendly ▪ **amicale** *nf* association
amincir [amɛ̃sir] *vt* to make thin *or* thinner; **cette robe t'amincit** that dress makes you look thinner
amiral, -aux [amiral, -o] *nm* admiral
amitié [amitje] *nf* friendship; **mes amitiés à votre mère** give my best wishes to your mother
amnésie [amnezi] *nf* amnesia
amnistie [amnisti] *nf* amnesty
amoindrir [amwɛ̃drir] *vt*, **s'amoindrir** *vpr* to diminish
amonceler [amɔ̃sle] *vt*, **s'amonceler** *vpr* to pile up ▪ **amoncellement** *nm* heap, pile
amont [namɔ̃] **en amont** *adv* upstream (**de** from)
amoral, -e, -aux, -ales [amɔral, -o] *adj* amoral
amorce [amɔrs] *nf (début)* start; *(de pêcheur)* bait; *(détonateur)* detonator; *(de pistolet d'enfant)* cap ▪ **amorcer 1** *vt (commencer)* to start; *(hameçon)* to bait; *(bombe)* to arm; *Ordinat* to boot up **2 s'amorcer** *vpr* to start
amortir [amɔrtir] *vt (coup)* to absorb; *(bruit)* to deaden; *(chute)* to break; *(achat)* to recoup the costs of; *Fin (dette)* to pay off ▪ **amortissement** *nm (d'un emprunt)* redemption ▪ **amortisseur** *nm (de véhicule)* shock absorber
amour [amur] *nm (sentiment, liaison)* love; **faire l'a. avec qn** to make love with *or* to sb; **pour l'a. du ciel!** for heaven's sake!; **mon a.** my darling, my love ▪ **amour-propre** *nm* self-respect ▪ **amoureux, -euse 1** *adj* **être a. de qn** in love with sb; **tomber a. de qn** to fall in love with sb **2** *nm* boyfriend; **un couple d'a.** a pair of lovers
amovible [amɔvibl] *adj* removable, detachable
amphétamine [ɑ̃fetamin] *nf* amphetamine
amphithéâtre [ɑ̃fiteɑtr] *nm (romain)* amphitheatre; *(à l'université)* lecture hall
ample [ɑ̃pl] *adj (vêtement)* full; *(geste)* sweeping; **de plus amples renseignements** more detailed information ▪ **amplement** *adv* amply, fully; **c'est a. suffisant** it is more than enough

▪ **ampleur** *nf (de vêtement)* fullness; *(importance)* scale, extent; **prendre de l'a.** to grow in size

amplifier [ɑ̃plifje] **1** *vt (son)* to amplify; *(phénomène)* to intensify **2 s'amplifier** *vpr (son)* to increase; *(phénomène)* to intensify ▪ **amplificateur** *nm* amplifier ▪ **amplification** *nf (de son)* amplification; *(de phénomène)* intensification

amplitude [ɑ̃plityd] *nf (de désastre)* magnitude; *(variation)* range

ampoule [ɑ̃pul] *nf (électrique)* (light) bulb; *(sur la peau)* blister; *(de médicament)* phial

amputer [ɑ̃pyte] *vt (membre)* to amputate; **a. qn de la jambe** to amputate sb's leg ▪ **amputation** *nf (de membre)* amputation

amuser [amyze] **1** *vt* to amuse **2 s'amuser** *vpr* to amuse oneself; **s'a. avec qn/qch** to play with sb/sth; **s'a. à faire qch** to amuse oneself doing sth; **bien s'a.** to have a good time ▪ **amusant, -e** *adj* amusing ▪ **amusement** *nm* amusement

amygdales [amidal] *nfpl* tonsils

an [ɑ̃] *nm* year; **il a dix ans** he's ten (years old); **par a.** per year; **en l'an 2005** in the year 2005; **bon a., mal a.** on average over the years

anachronisme [anakrɔnism] *nm* anachronism

anagramme [anagram] *nf* anagram

analogie [analɔʒi] *nf* analogy

analogue [analɔg] *adj* similar (**à** to)

analphabète [analfabɛt] *adj & nmf* illiterate

analyse [analiz] *nf* analysis; **a. de sang/d'urine** blood/urine test ▪ **analyser** *vt* to analyse

ananas [anana(s)] *nm* pineapple

anarchie [anarʃi] *nf* anarchy ▪ **anarchiste 1** *adj* anarchistic **2** *nmf* anarchist

anatomie [anatɔmi] *nf* anatomy ▪ **anatomique** *adj* anatomical

ancestral, -e, -aux, -ales [ɑ̃sɛstral, -o] *adj* ancestral

ancêtre [ɑ̃sɛtr] *nm* ancestor

anchois [ɑ̃ʃwa] *nm* anchovy

ancien, -enne [ɑ̃sjɛ̃, -ɛn] **1** *adj (vieux)* old; *(meuble)* antique; *(qui n'est plus)* former, old; **dans l'a. temps** in the old days; **a. combattant** *Br* ex-serviceman, *Am* veteran **2** *nmf (par l'âge)* elder ▪ **anciennement** *adv* formerly ▪ **ancienneté** *nf (âge)* age; *(expérience)* seniority

ancre [ɑ̃kr] *nf* anchor ▪ **ancrer** *vt (navire)* to anchor

Andorre [ɑ̃dɔr] *nf* Andorra

andouille [ɑ̃duj] *nf* (**a**) *(charcuterie)* = sausage made from pigs' intestines (**b**) *Fam (idiot)* twit

âne [ɑn] *nm (animal)* donkey

anéantir [aneɑ̃tir] *vt (ville)* to destroy; *(armée)* to crush; *(espoirs)* to shatter ▪ **anéanti, -e** *adj (épuisé)* exhausted; *(accablé)* overwhelmed ▪ **anéantissement** *nm (de ville)* destruction

anecdote [anɛkdɔt] *nf* anecdote ▪ **anecdotique** *adj* anecdotal

anémie [anemi] *nf* an(a)emia ▪ **anémique** *adj* an(a)emic

anémone [anemɔn] *nf* anemone

ânerie [ɑnri] *nf (parole)* stupid remark; *(action)* stupid act

anesthésie [anɛstezi] *nf* an(a)esthesia; **être sous a.** to be under ana(e)sthetic; **a. générale/locale** general/local an(a)esthetic ▪ **anesthésier** *vt* to an(a)esthetize ▪ **anesthésiste** *nmf Br* an(a)esthetist, *Am* anesthesiologist

ange [ɑ̃ʒ] *nm* angel; **être aux anges** to be in seventh heaven; **a. gardien** guardian angel ▪ **angélique 1** *adj* angelic **2** *nf Culin* angelica

angine [ɑ̃ʒin] *nf* sore throat; **a. de poitrine** angina (pectoris)

anglais, -e [ɑ̃glɛ, -ɛz] **1** *adj* English **2** *nmf* **A., Anglaise** Englishman, Englishwoman; **les A.** the English **3** *nm (langue)* English **4** *nf Fam* **filer à l'anglaise** to slip away

angle [ɑ̃gl] *nm (point de vue) & Math* angle; *(coin de rue)* corner; **la maison**

qui fait l'a. the house on the corner; *Aut* **a. mort** blind spot

Angleterre [ɑ̃glətɛr] *nf* **l'A.** England

anglican, -e [ɑ̃glikɑ̃, -an] *adj & nmf* Anglican

anglo-normand, -e [ɑ̃glonɔrmɑ̃, -ɑ̃d] *adj* **les îles anglo-normandes** the Channel Islands

anglophone [ɑ̃glofɔn] **1** *adj* English-speaking **2** *nmf* English speaker

anglo-saxon, -onne [ɑ̃glosaksɔ̃, -ɔn] (*mpl* **anglo-saxons,** *fpl* **anglo-saxonnes**) *adj & nmf* Anglo-Saxon

angoisse [ɑ̃gwas] *nf* anguish; **une crise d'a.** an anxiety attack ▪ **angoissant, -e** *adj (nouvelle)* distressing; *(attente)* agonizing; *(livre)* frightening ▪ **angoissé, -e** *adj (personne)* anxious; *(cri, regard)* anguished ▪ **angoisser 1** *vt* **a. qn** to make sb anxious **2 s'angoisser** *vpr* to get anxious

angora [ɑ̃gɔra] *nm (laine)* angora; **pull en a.** angora sweater

anguille [ɑ̃gij] *nf* eel

anguleux, -euse [ɑ̃gylø, -øz] *adj (visage)* angular

anicroche [anikrɔʃ] *nf* hitch, snag

animal, -aux [animal, -o] **1** *nm* animal; **a. domestique** pet **2** *adj (règne, graisse)* animal

animateur, -trice [animatœr, -tris] *nmf (de télévision, de radio)* presenter; *(de club)* leader

animer [anime] **1** *vt (débat)* to lead; *(jeu télévisé)* to present; *(inspirer)* to prompt **2 s'animer** *vpr (rue)* to come to life; *(visage)* to light up; *(conversation)* to get more lively ▪ **animation** *nf (vie)* life; *(divertissement)* event; *Cin* animation; **mettre de l'a. dans une soirée** to liven up a party ▪ **animé, -e** *adj (personne, conversation)* lively; *(rue, quartier)* busy

animosité [animozite] *nf* animosity

anis [ani(s)] *nm* aniseed

ankylosé, -e [ɑ̃kiloze] *adj* stiff

annales [anal] *nfpl* annals

anneau, -x [ano] *nm (bague)* ring; *(de chaîne)* link; *Gym* **les anneaux** the rings

année [ane] *nf* year; **les années 90** the nineties

annexe [anɛks] **1** *nf (bâtiment)* annexe; *(de lettre)* enclosure; *(de livre)* appendix; **document en a.** enclosed document **2** *adj (pièces)* enclosed; *(revenus)* supplementary; **bâtiment a.** annex(e) ▪ **annexer** *vt (pays)* to annex; *(document)* to append

annihiler [aniile] *vt (ville, armée)* to annihilate

anniversaire [anivɛrsɛr] **1** *nm (d'événement)* anniversary; *(de naissance)* birthday **2** *adj* **date a.** anniversary

annonce [anɔ̃s] *nf (déclaration)* announcement; *(publicitaire)* advertisement; *(indice)* sign; **passer une a. dans un journal** to put an ad(vertisement) in a newspaper; **petites annonces** classified advertisements, *Br* small ads ▪ **annoncer 1** *vt (déclarer)* to announce; *(dans la presse) (soldes, exposition)* to advertise; *(indiquer)* to herald; **a. qn** *(visiteur)* to show sb in **2 s'annoncer** *vpr* **ça s'annonce bien/mal** things aren't looking too bad/good ▪ **annonceur** *nm (publicitaire)* advertiser

annuaire [anɥɛr] *nm (d'organisme)* yearbook; *(liste d'adresses)* directory; **a. téléphonique** telephone directory; **a. électronique** = telephone directory available on Minitel®

annuel, -elle [anɥɛl] *adj* annual, yearly

annuité [anɥite] *nf (d'emprunt)* annual repayment

annulaire [anylɛr] *nm* ring finger

annuler [anyle] **1** *vt (commande, rendez-vous)* to cancel; *(dette)* to write off; *(mariage)* to annul; *(jugement)* to quash **2 s'annuler** *vpr* to cancel each other out ▪ **annulation** *nf (de commande, de rendez-vous)* cancellation; *(de dette)* writing off; *(de mariage)* annulment; *(de jugement)* quashing; *Ordinat* deletion

anodin, -e [anɔdɛ̃, -in] *adj (remarque)* harmless; *(personne)* insignificant

anomalie [anɔmali] *nf (bizarrerie)* anomaly

anonymat [anɔnima] *nm* anonymity; **garder l'a.** to remain anonymous ▪ **anonyme** *adj & nmf* anonymous

anorak [anɔrak] *nm* anorak

anorexie [anɔrɛksi] *nf Méd* anorexia ▪ **anorexique** *adj & nmf Méd* anorexic

anormal, -e, -aux, -ales [anɔrmal, -o] *adj (non conforme)* abnormal; *(mentalement)* educationally subnormal; *(injuste)* unfair

anse [ɑ̃s] *nf (de tasse, de panier)* handle

antagonisme [ɑ̃tagɔnism] *nm* antagonism

antan [ɑ̃tɑ̃] **d'antan** *adj Littéraire* of yesteryear

antarctique [ɑ̃tarktik] *nm* **l'A.** the Antarctic, Antarctica

antécédent [ɑ̃tesedɑ̃] *nm Gram* antecedent; **antécédents** *(de personne)* past record; **antécédents médicaux** medical history

antenne [ɑ̃tɛn] *nf (de radio, de satellite)* aerial, antenna; *(d'insecte)* antenna, feeler; *(société)* branch; **être à l'a.** to be on the air; **a. parabolique** satellite dish

antérieur, -e [ɑ̃terjœr] *adj (période)* former; *(année)* previous; *(date)* earlier; *(placé devant)* front; **a. à qch** prior to sth

anthologie [ɑ̃tɔlɔʒi] *nf* anthology

anthropologie [ɑ̃trɔpɔlɔʒi] *nf* anthropology

antiaérien, -enne [ɑ̃tiaerjɛ̃, -ɛn] *adj* **abri a.** air-raid shelter

antiatomique [ɑ̃tiatɔmik] *adj* **abri a.** fallout shelter

antibiotique [ɑ̃tibjɔtik] *nm* antibiotic

antibrouillard [ɑ̃tibrujar] *adj & nm* **(phare) a.** fog lamp

antichambre [ɑ̃tiʃɑ̃br] *nf* antechamber

antichoc [ɑ̃tiʃɔk] *adj inv* shock-proof

anticipation [ɑ̃tisipɑsjɔ̃] *nf* anticipation; **d'a.** *(roman, film)* futuristic ▪ **anticipé, -e** *adj (retraite, retour)* early; *(paiement)* advance

anticommuniste [ɑ̃tikɔmynist] *adj* anti-communist

anticonformiste [ɑ̃tikɔ̃fɔrmist] *adj & nmf* nonconformist

anticonstitutionnel, -elle [ɑ̃tikɔ̃stitysjɔnɛl] *adj* unconstitutional

anticorps [ɑ̃tikɔr] *nm* antibody

anticyclone [ɑ̃tisiklon] *nm* anticyclone

antidépresseur [ɑ̃tidеprɛsœr] *nm* antidepressant

antidérapant, -e [ɑ̃tiderapɑ̃, -ɑ̃t] *adj (surface, pneu)* non-skid; *(semelle)* non-slip

antidopage [ɑ̃tidɔpaʒ] *adj* **contrôle a.** drug detection test

antidote [ɑ̃tidɔt] *nm* antidote

antigel [ɑ̃tiʒɛl] *nm* antifreeze

antihistaminique [ɑ̃tiistaminik] *adj Méd* antihistamine

anti-inflamatoire [ɑ̃tiɛ̃flamatwar] *adj Méd* anti-inflammatory

Antilles [ɑ̃tij] *nfpl* **les A.** the West Indies ▪ **antillais, -e 1** *adj* West Indian **2** *nmf* **A., Antillaise** West Indian

antilope [ɑ̃tilɔp] *nf* antelope

antimite [ɑ̃timit] *nm* **de l'a.** mothballs

antinucléaire [ɑ̃tinykleɛr] *adj* antinuclear

antipathique [ɑ̃tipatik] *adj* unpleasant; **elle m'est a.** I find her unpleasant

antipodes [ɑ̃tipɔd] *nmpl* antipodes; **être aux a. de** to be on the other side of the world from; *Fig* to be the exact opposite of

antique [ɑ̃tik] *adj (de l'Antiquité)* ancient ▪ **antiquaire** *nmf* antique dealer ▪ **antiquité** *nf (objet ancien)* antique; **l'a. grecque/romaine** ancient Greece/Rome; **antiquités** *(de musée)* antiquities

antirabique [ɑ̃tirabik] *adj Méd* antirabies

antireflet [ɑ̃tirəflɛ] *adj inv* nonreflecting

antiseptique [ɑ̃tisɛptik] *adj & nm* antiseptic

antisocial, -e, -aux, -ales [ɑtisɔsjal, -o] *adj* antisocial

antitabac [ɑ̃titaba] *adj inv* **lutte a.** anti-smoking campaign
antiterroriste [ɑ̃titerɔrist] *adj* anti-terrorist
antithèse [ɑ̃titɛz] *nf* antithesis
antivol [ɑ̃tivɔl] *nm* anti-theft device
Anvers [ɑ̃ver(s)] *nm ou f* Antwerp
anxiété [ɑ̃ksjete] *nf* anxiety ▪ **anxieux, -euse** *adj* anxious
août [u(t)] *nm* August
apaiser [apeze] **1** *vt (personne)* to calm (down); *(douleur)* to soothe; *(craintes)* to allay **2 s'apaiser** *vpr (personne, colère)* to calm down; *(tempête, douleur)* to subside ▪ **apaisant, -e** *adj* soothing
apanage [apanaʒ] *nm* prerogative
aparté [aparte] *nm Théât* aside; *(dans une réunion)* private exchange; **en a.** in private
apathique [apatik] *adj* apathetic
apercevoir* [apɛrsəvwar] **1** *vt* to see; *(brièvement)* to catch a glimpse of **2 s'apercevoir** *vpr* **s'a. de qch** to realize sth; **s'a. que...** to realize that... ▪ **aperçu** *nm (idea)* general idea
apéritif [aperitif] *nm* aperitif; **prendre un a.** to have a drink before lunch/dinner
à-peu-près [apøprɛ] *nm inv* vague approximation
apeuré, -e [apœre] *adj* frightened, scared
aphone [afɔn] *adj* voiceless; **je suis complètement a.** I've lost my voice
aphrodisiaque [afrɔdizjak] *nm* aphrodisiac
aphte [aft] *nm* mouth ulcer
aphteuse [aftøz] *adj f* **fièvre a.** foot-and-mouth disease
apiculture [apikyltyr] *nf* beekeeping ▪ **apiculteur, -trice** *nmf* beekeeper
apitoyer [apitwaje] **1** *vt* **a. qn** to move sb to pity **2 s'apitoyer** *vpr* **s'a. sur qn** to feel sorry for sb; **s'a sur son sort** to feel sorry for oneself
aplanir [aplanir] *vt (terrain)* to level; *(difficulté)* to iron out
aplatir [aplatir] **1** *vt* to flatten **2 s'aplatir** *vpr (être plat)* to be flat; *(devenir plat)* to go flat; **s'a. contre qch** to flatten oneself against sth ▪ **aplati, -e** *adj* flat
aplomb [aplɔ̃] *nm (assurance)* self-confidence; *Péj* cheek; **mettre qch d'a.** to stand sth up straight
apocalypse [apɔkalips] *nf* apocalypse; **d'a.** *(vision)* apocalyptic
apogée [apɔʒe] *nm (d'orbite)* apogee; *Fig* **être à l'a. de sa carrière** to be at the height of one's career
apostrophe [apɔstrɔf] *nf (signe)* apostrophe ▪ **apostropher** *vt (pour attirer l'attention)* to shout at
apothéose [apɔteoz] *nf (consécration)* crowning glory
apparaître* [aparɛtr] *(aux* **être***) vi (se montrer, sembler)* to appear; **il m'apparaît comme le seul capable d'y parvenir** he seems to me to be the only person capable of doing it
appareil [aparɛj] *nm (instrument, machine)* apparatus; *(téléphone)* telephone; *(avion)* aircraft; **qui est à l'a.?** *(au téléphone)* who's speaking?; **a. (dentaire)** *(correctif)* brace; **a. photo** camera; **appareils ménagers** household appliances
apparence [aparɑ̃s] *nf* appearance; **en a.** outwardly; **sauver les apparences** to keep up appearances ▪ **apparemment** *adv* apparently ▪ **apparent, -e** *adj* apparent
apparenter [aparɑ̃te] **s'apparenter** *vpr (ressembler)* to be akin (**à** to)
apparition [aparisjɔ̃] *nf (manifestation)* appearance; *(fantôme)* apparition; **faire son a.** *(personne)* to make one's appearance
appartement [apartəmɑ̃] *nm Br* flat, *Am* apartment
appartenance [apartənɑ̃s] *nf (de groupe)* belonging (**à** to); *(de parti)* membership (**à** of)
appartenir* [apartənir] **1** *vi* to belong (**à** to) **2** *v impersonnel* **il vous appartient de prendre la décision** it's up to you to decide
appât [apɑ] *nm (amorce)* bait; *Fig*

(attrait) lure ▪ **appâter** *vt (hameçon)* to bait; *(animal)* to lure; *Fig (personne)* to entice

appauvrir [apovrir] **1** *vt* to impoverish **2 s'appauvrir** *vpr* to become impoverished ▪ **appauvrissement** *nm* impoverishment

appel [apɛl] *nm (cri, attrait)* call; *(invitation) & Jur* appeal; *Mil (recrutement)* call-up; *(pour sauter)* take-off; **faire l'a.** *(à l'école)* to take the register; *Mil* to have a roll call; **faire a. à qn** to appeal to sb; *(plombier, médecin)* to send for sb; **a. au secours** call for help; **a. gratuit** *Br* freefone call, *Am* toll-free call; **a. téléphonique** telephone call ▪ **appeler 1** *vt (personne, nom)* to call; *(en criant)* to call out to; *Mil (recruter)* to call up; *(nécessiter)* to call for; **a. qn à l'aide** to call to sb for help; **a. qn au téléphone** to call sb **2 s'appeler** *vpr* to be called; **comment vous appelez-vous?** what's your name?; **je m'appelle David** my name is David ▪ **appellation** *nf (nom)* term; **a. contrôlée** *(de vin)* guaranteed vintage ▪ **appelé** *nm Mil* conscript

appendice [apɛ̃dis] *nm (du corps, de livre)* appendix; *(d'animal)* appendage ▪ **appendicite** *nf* appendicitis

appesantir [apəzɑ̃tir] **s'appesantir** *vpr* to become heavier; **s'a. sur** *(sujet)* to dwell upon

appétit [apeti] *nm* appetite (**de** for); **couper l'a. à qn** to spoil sb's appetite; **manger de bon a.** to tuck in; **bon a.!** enjoy your meal! ▪ **appétissant, -e** *adj* appetizing

applaudir [aplodir] *vti* to applaud ▪ **applaudissements** *nmpl* applause

applicable [aplikabl] *adj* applicable (**à** to) ▪ **application** *nf (action, soin)* application; *(de loi)* enforcement; **entrer en a.** to come into force

applique [aplik] *nf* wall light

appliquer [aplike] **1** *vt* to apply (**à/sur** to); *(loi, décision)* to enforce **2 s'appliquer** *vpr (se concentrer)* to apply oneself (**à** to); **s'a. à faire qch** to take pains to do sth; **cette décision s'applique à...** *(concerne)* this decision applies to... ▪ **appliqué, -e** *adj (personne)* hard-working; *(écriture)* careful; *(sciences)* applied

appoint [apwɛ̃] *nm* (**a**) **faire l'a.** to give the exact money (**b**) **d'a.** extra

apport [apɔr] *nm* contribution (**à** to)

apporter [apɔrte] *vt* to bring (**à** to); *(preuve)* to provide; *(modification)* to bring about

apposer [apoze] *vt (sceau, signature)* to affix (**à** to); *(affiche)* to put up

apprécier [apresje] *vt (aimer, percevoir)* to appreciate; *(évaluer)* to estimate ▪ **appréciable** *adj* appreciable ▪ **appréciation** *nf (opinion de professeur)* comment (**sur** on); *(évaluation)* valuation; *(augmentation de valeur)* appreciation

appréhender [apreɑ̃de] *vt (craindre)* to dread (**de faire qch** doing sth); *(arrêter)* to arrest; *(comprendre)* to grasp ▪ **appréhension** *nf (crainte)* apprehension (**de** about)

apprendre* [aprɑ̃dr] *vti (étudier)* to learn; *(nouvelle)* to hear; *(mariage, mort)* to hear of; **a. à faire qch** to learn to do sth; **a. qch à qn** *(enseigner)* to teach sb sth; *(informer)* to tell sb sth; **a. à qn à faire qch** to teach sb to do sth; **a. que...** to learn that...; *(être informé)* to hear that...

apprenti, -e [aprɑ̃ti] *nmf* apprentice ▪ **apprentissage** *nm (professionnel)* training; *(chez un artisan)* apprenticeship; *(d'une langue)* learning (**de** of); **faire l'a. de qch** to learn about sth

apprivoiser [aprivwaze] **1** *vt* to tame **2 s'apprivoiser** *vpr* to become tame

approbation [aprɔbasjɔ̃] *nf* approval ▪ **approbateur, -trice** *adj* approving

approche [aprɔʃ] *nf* approach; **approches** *(de ville)* outskirts

approcher [aprɔʃe] **1** *vt (objet)* to bring up; *(personne)* to approach, to get close to; **a. qch de qn** to bring sth near to sb **2** *vi* to approach, to get closer; **a. de qn/qch** to approach sb/sth

3 s'approcher *vpr* to approach, to get closer; **s'a. de qn/qch** to approach sb/sth; **il s'est approché de moi** he came up to me

approfondir [aprɔfɔ̃dir] *vt (question, idée)* to go thoroughly into ▪ **approfondi, -e** *adj (étude, examen)* thorough

approprié, -e [aprɔprije] *adj* appropriate (**à** for)

approprier [aprɔprije] **s'approprier** *vpr* **s'a. qch** to appropriate sth

approuver [apruve] *vt (facture, contrat)* to approve; *(décision)* to approve of

approvisionner [aprɔvizjɔne] **1** *vt (ville, armée)* to supply (**en** with); *(magasin)* to stock (**en** with); *(compte bancaire)* to pay money into

2 s'approvisionner *vpr* to get supplies (**en** of) ▪ **approvisionnement** *nm (d'une ville, d'une armée)* supplying (**en** with); *(d'un magasin)* stocking (**en** with)

approximatif, -ive [aprɔksimatif, -iv] *adj* approximate ▪ **approximation** *nf* approximation

appui [apɥi] *nm* support; **prendre a. sur qch** to lean on sth; **à l'a. de qch** in support of sth; **a. de fenêtre** window sill ▪ **appui-tête** (*pl* **appuis-tête**) *nm* headrest

appuyer [apɥije] **1** *vt (poser)* to lean, to rest; *Fig (proposition)* to second; **a. qch sur qch** *(poser)* to rest sth on sth; *(presser)* to press sth on sth **2** *vi (presser)* to press; **a. sur un bouton** to press a button **3 s'appuyer** *vpr* **s'a. sur qch** to lean on sth, to rest on sth; *Fig (être basé sur)* to be based on sth

âpre [ɑpr] *adj* sour; *Fig (lutte)* fierce

après [aprɛ] **1** *prép (dans le temps)* after; *(dans l'espace)* beyond; **a. tout** after all; **a. avoir mangé** after eating; **a. qu'il t'a vu** after he saw you; **d'a.** *(selon)* according to

2 *adv* after(wards); **l'année d'a.** the following year; **et a.?** *(et ensuite)* and then what?; *(et alors)* so what? ▪ **après-demain** *adv* the day after tomorrow ▪ **après-guerre** *nm* post-war period; **d'a.** post-war ▪ **après-midi** *nm ou f inv* afternoon; **trois heures de l'a.** three o'clock in the afternoon ▪ **après-rasage** (*pl* **après-rasages**) *nm* aftershave ▪ **après-shampooing** *nm inv* conditioner ▪ **après-ski** (*pl* **après-skis**) *nm* snowboot ▪ **après-vente** *adj inv Com* **service a.** after-sales service

âpreté [ɑprəte] *nf* sourness; *Fig (lutte)* fierceness

à-propos [aprɔpo] *nm* aptness; **avoir l'esprit d'a.** to have presence of mind

apte [apt] *adj* **a. à qch/à faire qch** fit to sth/for doing sth ▪ **aptitude** *nf* aptitude (**à** *ou* **pour** for); **avoir des aptitudes pour qch** to have an aptitude for sth

aquarelle [akwarɛl] *nf* watercolour

aquarium [akwarjɔm] *nm* aquarium

aquatique [akwatik] *adj* aquatic

arabe 1 *adj (peuple, litterature)* Arab; *(langue)* Arabic **2** *nmf* **A.** Arab **3** *nm (langue)* Arabic ▪ **Arabie** *nf* **l'A.** Arabia; **l'A. Saoudite** Saudi Arabia

arable [arabl] *adj* arable

arachide [araʃid] *nf* peanut

araignée [areɲe] *nf* spider

arbitraire [arbitrɛr] *adj* arbitrary

arbitre [arbitr] *nm (de football)* referee; *(de tennis)* umpire ▪ **arbitrage** *nm (de football)* refereeing; *(de tennis)* umpiring

arborer [arbɔre] *vt (insigne)* to sport

arbre [arbr] *nm (végétal)* tree; *Tech* shaft; **a. fruitier** fruit tree; **a. de transmission** transmission shaft ▪ **arbuste** *nm* shrub

arc [ark] *nm (arme)* bow; *(voûte)* arch; *(de cercle)* arc ▪ **arcade** *nf* archway; **arcades** *(de place)* arcade

arc-boutant [arkbutɑ̃] (*pl* **arcs-boutants**) *nm* flying buttress

arc-en-ciel [arkɑ̃sjɛl] (*pl* **arcs-en-ciel**) *nm* rainbow

archaïque [arkaik] *adj* archaic

arche [arʃ] *nf (voûte)* arch; **l'a. de Noé** Noah's ark

archéologie [arkeɔlɔʒi] *nf* archaeology ▪ **archéologique** *adj* archaeological ▪ **archéologue** *nmf* archaeologist

archet [arʃɛ] *nm (de violon)* bow

architecte [arʃitɛkt] *nm* architect ▪ **architecture** *nf* architecture

archives [arʃiv] *nfpl* archives, records

arctique [arktik] **1** *adj* arctic **2** *nm* **l'A.** the Arctic

ardent, -e [ardɑ̃, -ɑ̃t] *adj (désir)* burning; *(soleil)* scorching ▪ **ardeur** *nf (passion)* fervour, ardour; *(du soleil)* intense heat

ardoise [ardwaz] *nf* slate

ardu, -e [ardy] *adj* arduous

arène [arɛn] *nf (pour taureaux)* bullring; *(romaine)* arena; **arènes** bullring; *(romaines)* amphitheatre

arête [arɛt] *nf (de poisson)* bone; *(de cube)* edge; *(de montagne)* ridge

argent [arʒɑ̃] **1** *nm (métal)* silver; *(monnaie)* money; **a. liquide** cash; **a. de poche** pocket money **2** *adj (couleur)* silver ▪ **argenté, -e** *adj (plaqué)* silver-plated; *(couleur)* silvery ▪ **argenterie** *nf* silverware

Argentine [arʒɑ̃tin] *nf* **l'A.** Argentina ▪ **argentin, -e 1** *adj* Argentinian **2** *nmf* **A., Argentine** Argentinian

argile [arʒil] *nf* clay

argot [argo] *nm* slang ▪ **argotique** *adj (terme)* slang

argument [argymɑ̃] *nm* argument

argumenter [argymɑ̃te] *vi* to argue

aride [arid] *adj (terre)* arid, barren; *(sujet)* dry

aristocrate [aristɔkrat] *nmf* aristocrat ▪ **aristocratie** [-asi] *nf* aristocracy ▪ **aristocratique** *adj* aristocratic

arithmétique [aritmetik] *nf* arithmetic

armature [armatyr] *nf (charpente)* framework; *(de lunettes, de tente)* frame

arme [arm] *nf* weapon; **prendre les armes** to take up arms; *Fig* **à armes égales** on equal terms; **a. à feu** firearm; **a. blanche** knife ▪ **armes** *nfpl (blason)* (coat of) arms

armée [arme] *nf* army; **être à l'a.** to be doing one's military service; **a. de l'air** air force; **a. de terre** army; **a. active/de métier** regular/professional army

armer [arme] **1** *vt (personne)* to arm (**de** with); *(fusil)* to cock; *(appareil photo)* to set **2 s'armer** *vpr* to arm oneself (**de** with); **s'a. de patience** to summon up one's patience ▪ **armements** *nmpl (armes)* armaments

armistice [armistis] *nm* armistice

armoire [armwar] *nf (penderie) Br* wardrobe, *Am* closet; **a. à pharmacie** medicine cabinet

armure [armyr] *nf* armour

aromate [arɔmat] *nm (herbe)* herb; *(épice)* spice

aromathérapie [arɔmaterapi] *nf* aromatherapy

aromatique [arɔmatik] *adj* aromatic

arôme [arom] *nm (goût)* flavour; *(odeur)* aroma

arpenter [arpɑ̃te] *vt (parcourir)* to pace up and down

arqué, -e [arke] *adj (jambes)* bandy

arraché [araʃe] *nm* **gagner à l'a.** to snatch victory

arrache-pied [araʃpje] **d'arrache-pied** *adv* relentlessly

arracher [araʃe] *vt (plante)* to uproot; *(clou, dent, mauvaise herbe)* to pull out; *(page)* to tear out; **a. qch à qn** *(objet)* to snatch sth from sb; *(promesse)* to force sth out of sb; **se faire a. une dent** to have a tooth out

arrangement [arɑ̃ʒmɑ̃] *nm (disposition) & Mus* arrangement; *(accord)* agreement

arranger [arɑ̃ʒe] **1** *vt (fleurs)* to arrange; *(col)* to straighten; *(réparer)* to repair; **ça m'arrange** that suits me (fine) **2 s'arranger** *vpr (se mettre d'accord)* to come to an agreement; *(finir bien)* to turn out fine; *(s'organiser)* to manage

arrestation [arɛstasjɔ̃] *nf* arrest

arrêt [arɛ] *nm (halte, endroit)* stop; *(action)* stopping; *Jur* judgement; **temps d'a.** pause; **à l'a.** stationary; **sans a.**

continuously; **a. du cœur** cardiac arrest; *Sport* **a. de jeu** stoppage; **a. de mort** death sentence; **a. de travail** *(congé)* sick leave

arrêté[1] [arete] *nm (décret)* order, decree

arrêté[2], **-e** [arete] *adj (idées)* fixed

arrêter [arete] **1** *vt (personne, animal, véhicule)* to stop; *(criminel)* to arrest; *(moteur)* to turn off; *(date)* to fix; *(études)* to give up **2** *vi* to stop; **a. de faire qch** to stop doing sth **3 s'arrêter** *vpr* to stop; **s'a. de faire qch** to stop doing sth

arriéré, -e [arjere] **1** *adj (pays, idées, enfant)* backward **2** *nm (dette)* arrears

arrière [arjɛr] **1** *nm (de maison)* back, rear; *(de bâteau)* stern; *(au football)* full back; **à l'a.** in/at the back

2 *adj inv (siège)* back, rear; **feu a.** rear light

3 *adv* **en a.** *(marcher, tomber)* backwards; *(rester)* behind; *(regarder)* back, behind; **en a. de qn/qch** behind sb/sth ▪ **arrière-goût** (*pl* **arrière-goûts**) *nm* aftertaste ▪ **arrière-pays** *nm inv* hinterland ▪ **arrière-pensée** (*pl* **arrière-pensées**) *nf* ulterior motive ▪ **arrière-plan** *nm* background; **à l'a.** in the background ▪ **arrière-saison** (*pl* **arrière-saisons**) *nf Br* late autumn, *Am* late fall

arriver [arive] **1** *(aux* **être***) vi (venir)* to arrive; **a. à** *(lieu)* to reach; *(résultat)* to achieve; **a. à faire qch** to manage to do sth

2 *v impersonnel (survenir)* to happen; **a. à qn** to happen to sb; **qu'est-ce qu'il t'arrive?** what's wrong with you? ▪ **arrivage** *nm* consignment ▪ **arrivée** *nf* arrival; *(ligne, poteau)* winning post ▪ **arriviste** *nmf Péj* social climber

arrogant, -e [arɔgɑ̃, -ɑ̃t] *adj* arrogant ▪ **arrogance** *nf* arrogance

arroger [arɔʒe] **s'arroger** *vpr (droit)* to claim

arrondir [arɔ̃dir] *vt (chiffre, angle)* to round off; **a. qch** to make sth round; **a. à l'euro supérieur/inférieur** to round up/down to the nearest euro; *Fam* **a. ses fins de mois** to supplement one's income ▪ **arrondi, -e** *adj* round

arrondissement [arɔ̃dismɑ̃] *nm* = administrative subdivision of Paris, Lyons and Marseilles

arroser [aroze] *vt (plante)* to water; *(pelouse)* to sprinkle; *Fam (succès)* to drink to ▪ **arrosage** *nm (de plante)* watering; *(de pelouse)* sprinkling ▪ **arrosoir** *nm* watering can

arsenal, -aux [arsənal, -o] *nm Mil* arsenal

arsenic [arsənik] *nm* arsenic

art [ar] *nm* art; **critique d'a.** art critic; **arts martiaux** martial arts; **arts ménagers** home economics; **arts plastiques** fine arts

artère [artɛr] *nf (veine)* artery; *(rue)* main road

artichaut [artiʃo] *nm* artichoke; **fond d'a.** artichoke heart

article [artikl] *nm (de presse, de contrat) & Gram* article; *Com* item; **articles de toilette** toiletries; **articles de voyage** travel goods

articuler [artikyle] **1** *vt (mot)* to articulate **2 s'articuler** *vpr (membre)* to articulate; **s'a. autour de qch** *(théorie)* to centre on ▪ **articulation** *nf (de membre)* joint; *(prononciation)* articulation

artifice [artifis] *nm* trick

artificiel, -elle [artifisjɛl] *adj* artificial

artillerie [artijri] *nf* artillery ▪ **artilleur** *nm* artilleryman

artisan [artizɑ̃] *nm* craftsman, artisan ▪ **artisanal, -e, -aux, -ales** *adj* **objet a.** object made by craftsmen; **bombe artisanale** homemade bomb ▪ **artisanat** *nm* craft industry

artiste [artist] *nmf* artist; *(acteur, musicien)* performer, artiste ▪ **artistique** *adj* artistic

as [ɑs] *nm (carte, champion)* ace

ascendant [asɑ̃dɑ̃] **1** *adj* ascending; *(mouvement)* upward **2** *nm (influence)* influence; **ascendants** ancestors ▪ **ascendance** *nf (ancêtres)* ancestry

ascenseur [asɑ̃sœr] *nm Br* lift, *Am* elevator

ascension [asɑ̃sjɔ̃] *nf (escalade)* ascent; *Rel* **l'A.** Ascension Day

Asie [azi] *nf* **l'A.** Asia ▪ **asiatique 1** *adj* Asian **2** *nmf* **A.** Asian

asile [azil] *nm (abri)* refuge, shelter; *(pour vieillards)* home; *Péj* **a. (d'aliénés)** (lunatic) asylum; **a. politique** (political) asylum

aspect [aspɛ] *nm (air)* appearance; *(perspective)* aspect

asperger [aspɛrʒe] **1** *vt (par jeu ou accident)* to splash (**de** with); **se faire a.** to get splashed **2 s'asperger** *vpr* **s'a. de parfum** to splash oneself with perfume

asperges [aspɛrʒ] *nfpl* asparagus

asphalte [asfalt] *nm* asphalt

asphyxie [asfiksi] *nf* asphyxiation ▪ **asphyxier** *vt*, **s'asphyxier** *vpr* to suffocate

aspirateur [aspiratœr] *nm* vacuum cleaner, *Br* Hoover®; **passer l'a. dans la maison** to vacuum the house

aspirer [aspire] **1** *vt (liquide)* to suck up; *(air)* to breathe in, to inhale **2** *vi* **a. à qch** *(bonheur, gloire)* to aspire to sth ▪ **aspiration** *nf (inhalation)* inhalation; *(ambition)* aspiration (**à** for)

aspirine [aspirin] *nf* aspirin

assaillir [asajir] *vt* to attack ▪ **assaillant** *nm* attacker, assailant

assainir [asenir] *vt (purifier)* to clean up; *(marché, économie)* to stabilize

assaisonner [asezɔne] *vt* to season ▪ **assaisonnement** *nm* seasoning

assassin [asasɛ̃] *nm* murderer; *(de politicien)* assassin ▪ **assassinat** *nm* murder; *(de politicien)* assassination ▪ **assassiner** *vt* to murder; *(politicien)* to assassinate

assaut [aso] *nm* attack, assault; *Mil* charge

assécher [aseʃe] **1** *vt* to drain **2 s'assécher** *vpr* to dry up

assemblée [asɑ̃ble] *nf (personnes réunies)* gathering; *(réunion)* meeting; **a. générale** *(de compagnie)* annual general meeting; **l'A. nationale** *Br* ≃ the House of Commons, *Am* ≃ the House of Representatives

assembler [asɑ̃ble] **1** *vt* to put together, to assemble **2 s'assembler** *vpr* to gather ▪ **assemblage** *nm (montage)* assembly; *(réunion d'objets)* collection

asséner [asene] *vt* **a. un coup à qn** to deliver a blow to sb

asseoir* [aswar] **1** *vt (personne)* to seat (**sur** on); *Fig (autorité)* to establish **2** *vi* **faire a. qn** to ask sb to sit down **3 s'asseoir** *vpr* to sit (down)

assermenté, -e [asɛrmɑ̃te] *adj* sworn; *(témoin)* under oath

asservir [asɛrvir] *vt* to enslave

assez [ase] *adv* (**a**) *(suffisament)* enough; **a. de pain/de gens** enough bread/people; **j'en ai a. (de)** I've had enough (of); **a. grand/intelligent (pour faire qch)** big/clever enough (to do sth) (**b**) *(plutôt)* quite, rather

assidu, -e [asidy] *adj (toujours présent)* regular; *(appliqué)* diligent; **a. auprès de qn** attentive to sb ▪ **assiduité** *nf (d'élève)* regularity

assiéger [asjeʒe] *vt (ville, magasin)* to besiege

assiette [asjɛt] *nf (récipient)* plate; *Culin* **a. anglaise** *Br* (assorted) cold meats, *Am* cold cuts

assigner [asiɲe] *vt (attribuer)* to assign (**à** to); *(en justice)* to summon ▪ **assignation** *nf Jur* summons

assimiler [asimile] *vt (aliments, savoir, immigrés)* to assimilate

assis, -e[1] [asi, -iz] (*pp de* **asseoir**) *adj* sitting (down), seated; **rester a.** to remain seated; **place assise** seat

assise[2] [asiz] *nf (base)* foundation; **assises** *(d'un parti)* congress; *Jur* **les assises** the assizes

assistance [asistɑ̃s] *nf* (**a**) *(public)* audience (**b**) *(aide)* assistance

assister [asiste] **1** *vt (aider)* to assist **2** *vi* **a. à** *(réunion, cours)* to attend; *(accident)* to witness ▪ **assistant, -e** *nmf* assistant; **assistante sociale** social worker; **assistante maternelle** *Br* child minder, *Am* baby-sitter ▪ **assisté, -e** *adj* **a. par ordinateur** computer-aided

association [asɔsjɑsjɔ̃] *nf* association; *Com* partnership; **a. de parents d'élèves** parent-teacher association; **a. sportive** sports club

associer [asɔsje] **1** *vt* to associate (**à** with); **a. qn à** *(travaux)* to involve sb in **2 s'associer** *vpr* to join forces (**à** *ou* **avec** with); *Com* **s'a. avec qn** to enter into partnership with sb ▪ **associé, -e** *nmf* partner, associate

assoiffé, -e [aswafe] *adj* thirsty (**de** for)

assombrir [asɔ̃brir] **1** *vt (obscurcir)* to darken; *(attrister)* to cast a shadow over **2 s'assombrir** *vpr (ciel, visage)* to cloud over; *(personne)* to become gloomy

assommer [asɔme] *vt* **a. qn** to knock sb unconscious; *Fig (ennuyer)* to bore sb to death ▪ **assommant, -e** *adj* very boring

Assomption [asɔ̃psjɔ̃] *nf Rel* **l'A.** the Assumption

assortir [asɔrtir] *vt (harmoniser)* to match ▪ **assorti, -e** *adj (objet semblable)* matching; *(bonbons)* assorted; **a. de** accompanied by ▪ **assortiment** *nm* assortment

assoupir [asupir] **s'assoupir** *vpr* to doze off

assouplir [asuplir] **1** *vt (cuir, muscles)* to make supple; *(corps)* to limber up; *Fig (réglementation)* to relax **2 s'assouplir** *vpr (personne, cuir)* to get supple ▪ **assouplissement** *nm* **exercices d'a.** warm-up exercises

assourdissant, -e [asurdisɑ̃, -ɑ̃t] *adj* deafening

assouvir [asuvir] *vt* to satisfy

assujettir [asyʒetir] *vt (soumettre)* to subject (**à** to); *(peuple)* to subjugate; *(objet)* to fix (**à** to)

assumer [asyme] **1** *vt (tâche, rôle)* to assume, to take on; *(risque)* to take **2 s'assumer** *vpr* to come to terms with oneself

assurance [asyrɑ̃s] *nf (confiance)* (self-)assurance; *(promesse)* assurance; *(contrat)* insurance; **prendre une a.** to take out insurance; **a. au tiers/tous risques** third-party/comprehensive insurance; **a. maladie/vie** health/life insurance

assurer [asyre] **1** *vt (garantir) Br* to ensure, *Am* to insure; *(par contrat)* to insure; **a. qn de qch, a. qch à qn** to assure sb of sth; **un service régulier est assuré** there is a regular service **2 s'assurer** *vpr (par contrat)* to insure oneself; **s'a. de qch/que...** to make sure of sth/that... ▪ **assuré, -e 1** *adj (succès)* guaranteed; *(air, personne)* confident **2** *nmf* policyholder ▪ **assurément** *adv* certainly

asthme [asm] *nm* asthma ▪ **asthmatique** *adj & nmf* asthmatic

asticot [astiko] *nm Br* maggot, *Am* worm

astiquer [astike] *vt* to polish

astre [astr] *nm* star

astreindre* [astrɛ̃dr] **1** *vt* **a. qn à faire qch** to compel sb to do sth **2 s'astreindre** *vpr* **s'a. à faire qch** to force oneself to do sth ▪ **astreignant, -e** *adj* exacting ▪ **astreinte** *nf* constraint

astrologie [astrɔlɔʒi] *nf* astrology

astrologue [astrɔlɔg] *nm* astrologer

astronaute [astrɔnot] *nmf* astronaut ▪ **astronautique** *nf* space travel

astronomie [astrɔnɔmi] *nf* astronomy ▪ **astronome** *nm* astronomer

astuce [astys] *nf (truc)* trick; *(plaisanterie)* witticism ▪ **astucieux, -euse** *adj* clever

atelier [atəlje] *nm (d'ouvrier)* workshop; *(de peintre)* studio; *(personnel)* workshop staff; **a. de montage** assembly shop; **a. de réparation** repair shop

athée [ate] **1** *adj* atheistic **2** *nmf* atheist

Athènes [atɛn] *nm ou f* Athens

athlète [atlɛt] *nmf* athlete ▪ **athlétique** *adj* athletic ▪ **athlétisme** *nm* athletics *(sing)*

atlantique [atlɑ̃tik] **1** *adj* Atlantic **2** *nm* **l'A.** the Atlantic

atlas [atlɑs] *nm* atlas

atmosphère [atmɔsfɛr] *nf* atmosphere ▪ **atmosphérique** *adj* atmospheric

atome [atom] *nm* atom ▪ **atomique** *adj* atomic

atomiser [atɔmize] *vt (liquide)* to spray; *(région)* to destroy with nuclear weapons ▪ **atomiseur** *nm* spray

atout [atu] *nm* trump; *Fig (avantage)* asset

âtre [ɑtr] *nm (foyer)* hearth

atroce [atrɔs] *adj* atrocious; *(douleur)* excruciating ▪ **atrocité** *nf (cruauté)* atrociousness; **les atrocités de la guerre** the atrocities committed in wartime

attabler [atable] **s'attabler** *vpr* to sit down at a/the table

attache [ataʃ] *nf (lien)* fastener

attaché, -e [ataʃe] **1** *adj (fixé)* fastened; *(chien)* chained up; **être a. à qn** to be attached to sb **2** *nmf* attaché; **a. de presse** press officer

attaché-case [ataʃekɛz] (*pl* **attachés-cases**) *nm* attaché case

attacher [ataʃe] **1** *vt* **a. qch à qch** to fasten sth to sth; *(avec de la ficelle)* to tie sth to sth; *(avec une chaîne)* to chain sth to sth; **a. de l'importance à qch** to attach great importance to sth

2 *vi (en cuisant)* to stick (to the pan)

3 s'attacher *vpr (se fixer)* to be fastened; **s'a. à qn** to get attached to sb ▪ **attachant, -e** *adj* engaging ▪ **attachement** *nm (affection)* attachment (**à** to)

attaque [atak] *nf* attack; **a. aérienne** air raid ▪ **attaquer 1** *vt (physiquement, verbalement)* to attack **2** *vi* to attack **3 s'attaquer** *vpr* **s'a. à** *(adversaire)* to attack; *(problème)* to tackle ▪ **attaquant, -e** *nmf* attacker

attarder [atarde] **s'attarder** *vpr* to linger ▪ **attardé, -e** *adj (enfant)* mentally retarded

atteindre* [atɛ̃dr] *vt (parvenir à)* to reach; *(cible)* to hit; **être atteint d'une maladie** to be suffering from a disease

atteinte [atɛ̃t] *nf* attack (**à** on); **porter a. à** to undermine; **hors d'a.** *(objet, personne)* out of reach

atteler [atle] **1** *vt (bêtes)* to harness **2 s'atteler** *vpr* **s'a. à une tâche** to apply oneself to a task

attenant, -e [atnɑ̃, -ɑ̃t] *adj* **a. (à)** adjoining

attendre [atɑ̃dr] **1** *vt (personne, train)* to wait for; **a. son tour** to wait one's turn; **elle attend un bébé** she's expecting a baby; **a. que qn fasse qch** to wait for sb to do sth; **a. qch de qn** to expect sth from sb

2 *vi* to wait; **faire a. qn** to keep sb waiting; **en attendant** meanwhile; **en attendant que...** *(+ subjunctive)* until...

3 s'attendre *vpr* **s'a. à qch** to expect sth; **s'a. à ce que qn fasse qch** to expect sb to do sth ▪ **attendu, -e 1** *adj (prévu)* expected **2** *prép Formel* considering

attendrir [atɑ̃drir] **1** *vt (émouvoir)* to move **2 s'attendrir** *vpr* to be moved (**sur** by) ▪ **attendri, -e** *adj* compassionate ▪ **attendrissant, -e** *adj* moving

attentat [atɑ̃ta] *nm* attack; **a. à la bombe** bombing; **a. à la pudeur** indecent assault

attente [atɑ̃t] *nf (fait d'attendre)* waiting; *(période)* wait; **en a.** *(au téléphone)* on hold; **contre toute a.** against all expectations

attentif, -ive [atɑ̃tif, -iv] *adj* attentive; **a. à qch** to pay attention to sth

attention [atɑ̃sjɔ̃] *nf (soin, amabilité)* attention; **faire a. à qch** to pay attention to sth; **faire a. (à ce) que...** *(+ subjunctive)* to be careful that...; **a.!** watch out!; **a. à la voiture!** watch out for the car!; **à l'a. de qn** *(sur lettre)* for the attention of sb ▪ **attentionné, -e** *adj* considerate

atténuer [atenɥe] **1** *vt (effet, douleur)* to reduce **2 s'atténuer** *vpr (douleur)* to ease

atterrir [aterir] *vi* to land; **a. en catastrophe** to make an emergency landing ▪ **atterrissage** *nm* landing; **a. forcé** forced landing

attester [atɛste] *vt* to testify to; **a. que...** to testify that... ▪ **attestation** *nf (document)* certificate

attirail [atiraj] *nm* equipment; *Fam Péj* gear

attirance [atirɑ̃s] *nf* attraction (**pour** for)

attirer [atire] **1** *vt (sujet: aimant, personne)* to attract; *(sujet: matière, pays)* to appeal to; **a. l'attention de qn** to catch sb's attention; **a. qn dans un piège** to lure sb into a trap **2 s'attirer** *vpr (mutuellement)* to be attracted to each other; **s'a. des ennuis** to get oneself into trouble ▪ **attirant, -e** *adj* attractive

attitré, -e [atitre] *adj (représentant)* appointed

attitude [atityd] *nf (conduite, position)* attitude

attraction [atraksjɔ̃] *nf (force, centre d'intérêt)* attraction

attrait [atrɛ] *nm* attraction

attraper [atrape] *vt (ballon, maladie, voleur)* to catch; **a. froid** to catch cold

attrayant, -e [atrɛjɑ̃, -ɑ̃t] *adj* attractive

attribuer [atribɥe] *vt (allouer)* to assign (**à** to); *(prix, bourse)* to award (**à** to); *(œuvre)* to attribute (**à** to); **a. de l'importance à qch** to attach importance to sth ▪ **attribution** *nf (allocation)* assigning (**à** to); *(de prix)* awarding (**à** to); *(d'une œuvre)* attribution (**à** to); **attributions** *(fonctions)* duties

attribut [atriby] *nm (caractéristique)* attribute

attrister [atriste] *vt* to sadden

attrouper [atrupe] **s'attrouper** *vpr* to gather ▪ **attroupement** *nm* crowd

au [o] *voir* **à**

aube [ob] *nf* dawn; **dès l'a.** at the crack of dawn

auberge [obɛrʒ] *nf* inn; **a. de jeunesse** youth hostel

aubergine [obɛrʒin] *nf Br* aubergine, *Am* eggplant

aucun, -e [okœ̃, -yn] **1** *adj* no, not any; **il n'a a. talent** he has no talent; **a. professeur n'est venu** no teacher came **2** *pron* none; **il n'en a a.** he has none (at all); **a. d'entre nous** none of us; **a. des deux** neither of the two

audace [odas] *nf (courage)* daring, boldness; *(impudence)* audacity ▪ **audacieux, -euse** *adj (courageux)* daring, bold

au-dehors [odəɔr] *adv* outside

au-delà [odəla] **1** *adv* beyond; **100 euros mais pas a.** 100 euros but no more **2** *prép* **a. de** beyond **3** *nm* **l'a.** the next world

au-dessous [odəsu] **1** *adv (à l'étage inférieur)* downstairs; *(moins, dessous)* below, under **2** *prép* **a. de** *(dans l'espace)* below, under, beneath; *(âge, prix)* under; *(température)* below

au-dessus [odəsy] **1** *adv* above; *(à l'étage supérieur)* upstairs **2** *prép* **a. de** above; *(âge, température, prix)* over; *(posé sur)* on top of

au-devant [odəvɑ̃] *prép* **aller a. de** *(personne)* to go to meet; *(danger)* to court; *(désirs de qn)* to anticipate

audible [odibl] *adj* audible

audience [odjɑ̃s] *nf (entretien)* audience; *(de tribunal)* hearing; *Jur* **l'a. est suspendue** the case is adjourned

audiovisuel, -elle [odjɔvizɥɛl] **1** *adj (méthodes)* audiovisual; *(de radio, de télévision)* radio and television **2** *nm* **l'a.** radio and television

auditeur, -trice [oditœr, -tris] *nmf (de radio)* listener ▪ **audition** *nf (ouïe)* hearing; *(d'acteurs)* audition; **passer une a.** to have an audition ▪ **auditionner** *vti* to audition ▪ **auditoire** *nm* audience ▪ **auditorium** *nm* concert hall

augmenter [ɔgmɑ̃te] **1** *vt* to increase (**de** by); **a. qn** to give sb a *Br* rise or *Am* raise **2** *vi* to increase (**de** by); *(prix,* *population)* to rise ▪ **augmentation** *nf* increase (**de** in, of); **a. de salaire** *Br* (pay) rise, *Am* raise; **être en a.** to be on the increase

augure [ɔgyr] *nm (présage)* omen; **être de bon/mauvais a.** to be a good/bad omen

aujourd'hui [oʒurdɥi] *adv* today; *(de nos jours)* nowadays, today; **a. en quinze** two weeks from today

auparavant [oparavɑ̃] *adv (avant)* before(-hand); *(d'abord)* first

auprès [oprɛ] **auprès de** *prép (près de)* by, next to; **se renseigner a. de qn** to ask sb

auquel [okɛl] *voir* **lequel**

aura, aurait [ora, ore] *voir* **avoir**

auréole [ɔreɔl] *nf (de saint)* halo; *(tache)* ring

auriculaire [ɔrikylɛr] *nm* little finger

aurore [ɔrɔr] *nf* dawn, daybreak; **à l'a.** at dawn

auspices [ospis] *nmpl* **sous les a. de** under the auspices of

aussi [osi] **1** *adv* (**a**) *(comparaison)* as; **a. lourd que...** as heavy as... (**b**) *(également)* too, as well; **moi a.** so do/can/am/*etc* I; **a. bien que...** as well as... (**c**) *(tellement)* so; **un repas a. délicieux** such a delicious meal (**d**) *(quelque)* **a. bizarre que cela paraisse** however odd this may seem
2 *conj (donc)* therefore

aussitôt [osito] *adv* immediately, straight away; **a. que...** as soon as...; **a. dit, a. fait** no sooner said than done

austère [ɔstɛr] *adj (vie, style)* austere; *(vêtement)* severe ▪ **austérité** *nf (de vie, de style)* austerity; *(de vêtement)* severity; **mesure d'a.** austerity measures

austral, -e, -als, -ales [ostral] *adj* southern

Australie [ostrali] *nf* **l'A.** Australia ▪ **australien, -enne 1** *adj* Australian **2** *nmf* **A., Australienne** Australian

---

AUTANT [otɑ̃] *adv* (**a**) **a. de... que** *(quantité)* as much... as; *(nombre)* as many... as; **il a a. d'argent/de pommes que vous** he has as much money/as many apples as you
(**b**) **a. de** *(tant de)* so much; *(nombre)* so many; **je n'ai jamais vu a. d'argent/de pommes** I've never seen so much money/so many apples; **pourquoi manges-tu a.?** why are you eating so much?
(**c**) **a. que** *(quantité)* as much as; *(nombre)* as many as; **il lit a. que vous/que possible** he reads as much as you/as possible; **il n'a jamais souffert a.** he's never suffered as *or* so much
(**d**) *(expressions)* **d'a. (plus) que...** all the more (so) since...; **en faire a.** to do the same; **j'aimerais a. aller au musée** I'd just as soon go to the museum

---

autel [otɛl] *nm* altar

auteur [otœr] *nm (de livre)* author, writer; *(de chanson)* composer

authenticité [otɑ̃tisite] *nf* authenticity ▪ **authentique** *adj* genuine, authentic

autiste [otist] *adj* autistic

autobiographie [otobjɔgrafi] *nf* autobiography ▪ **autobiographique** *adj* autobiographical

autobus [otobys] *nm* bus

autocar [otokar] *nm* bus, *Br* coach

autocollant, -e [otokɔlɑ̃, -ɑ̃t] **1** *adj* self-adhesive; *(enveloppe, timbre)* self-seal **2** *nm* sticker

autodéfense [otodefɑ̃s] *nf* self-defence

autodidacte [otodidakt] *nmf* self-taught person

auto-école [otoekɔl] (*pl* **auto-écoles**) *nf* driving school, *Br* school of motoring

autographe [otograf] *nm* autograph

automation [ɔtɔmasjɔ̃] *nf* automation ▪ **automatiser** *vt* to automate

automatique [ɔtɔmatik] *adj* automatic ▪ **automatiquement** *adv* automatically

automatisation [ɔtɔmatizasjɔ̃] *nf* = **automation**

automne [otɔn] *nm* autumn, *Am* fall

automobile [otɔmɔbil] *nf* car, *Br* motorcar, *Am* automobile; **l'a.** *(industrie)* the car industry ▪ **automobiliste** *nmf* motorist

autonettoyant, -e [otonetwajɑ̃, -ɑ̃t] *adj* **four a.** self-cleaning oven

autonome [otonɔm] *adj (région)* autonomous, self-governing; *(personne)* self-sufficient ▪ **autonomie** *nf (de région)* autonomy; *(de personne)* self-sufficiency

autopsie [ɔtɔpsi] *nf* autopsy, post-mortem

autoradio [otoradjo] *nm* car radio

autoriser [otorize] *vt* **a. qn à faire qch** to authorize *or* permit sb to do sth ▪ **autorisation** *nf (permission)* permission, authorization; *(document)* authorization; **demander à qn l'a. de faire qch** to ask sb permission to do sth; **donner à qn l'a. de faire qch** to give sb permission to do sth ▪ **autorisé, -e** *adj (qualifié)* authoritative; *(permis)* permitted, allowed

autorité [otorite] *nf (fermeté, domination)* authority; **faire qch d'a.** to do sth on one's own authority

autoroute [otorut] *nf Br* motorway, *Am* highway, *Am* freeway; **a. à péage** *Br* toll motorway, *Am* turnpike (road); *Ordinat* **a. de l'information** information superhighway ▪ **autoritaire** *adj* authoritarian

auto-stop [otostɔp] *nm* hitchhiking; **faire de l'a.** to hitchhike ▪ **auto-stoppeur, -euse** *nmf* hitchhiker

autour [otur] **1** *adv* around; **tout a.** all around **2** *prép* **a. de** around, round; *(environ)* around, round about

AUTRE [otr] *adj & pron* other; **un a. livre** another book; **un a.** another (one); **d'autres** others; **d'autres livres** other books; **quelqu'un d'a.** somebody else; **personne/rien d'a.** no one/nothing else; **a. chose/part** something/somewhere else; **qui/quoi d'a.?** who/what else?; **l'un ou l'a.** either (of them); **ni l'un ni l'a.** neither (of them)

autrefois [otrəfwa] *adv* in the past, once

autrement [otrəmɑ̃] *adv (différemment)* differently; *(sinon)* otherwise; *(plus)* far more (**que** than)

Autriche [otriʃ] *nf* **l'A.** Austria ▪ **autrichien, -enne 1** *adj* Austrian **2** *nmf* **A., Autrichienne** Austrian

autruche [otryʃ] *nf* ostrich

autrui [otrɥi] *pron* others, other people

auvent [ovɑ̃] *nm (toit)* porch roof; *(de tente, de magasin)* awning, canopy

aux [o] *voir* **à**

auxiliaire [ɔksiljɛr] **1** *adj (machine, troupes)* auxiliary **2** *nm (verbe)* auxiliary **3** *nmf (aide)* assistant; *(d'hôpital)* auxiliary; *(dans l'administration)* temporary worker

auxquels, -elles [okɛl] *voir* **lequel**

av. *(abrév* **avenue**) Ave

avait [avɛ] *voir* **avoir**

aval [aval] *nm* downstream section; **en a. (de)** downstream (from)

avalanche [avalɑ̃ʃ] *nf* avalanche

avaler [avale] *vti* to swallow

avance [avɑ̃s] *nf (progression, acompte)* advance; *(avantage)* lead; **faire une a. à qn** *(donner de l'argent)* to give sb an advance; **avoir de l'a. sur qn** to be ahead of sb; **à l'a., d'a., par a.** in advance; **en a.** early; **avoir une heure d'a.** to be an hour early

avancé, -e [avɑ̃se] *adj* advanced; **à un âge/stade a.** at an advanced age/stage

avancée [avɑ̃se] *nf (saillie)* projection; *(progression, découverte)* advance

avancement [avɑ̃smɑ̃] *nm (de personne)* promotion; *(de travail)* progress

avancer [avɑ̃se] **1** *vt (dans le temps)* to bring forward; *(dans l'espace)* to move forward; *(pion, thèse)* to advance; *(montre)* to put forward; **a. de l'argent à qn** to lend sb money

2 *vi (aller de l'avant)* to move forward; *(armée)* to advance; *(faire des progrès)* to progress; *(faire saillie)* to jut out (**sur** over); **a. (de cinq minutes)** *(montre)* to be (five minutes) fast

3 s'avancer *vpr* to move forward; **s'a. vers qch** to head towards sth

AVANT [avɑ̃] **1** *prép* before; **a. de faire qch** before doing sth; **je vous verrai a. de partir/que vous (ne) partiez** I'll see you before I/you leave; **a. tout** above all

2 *adv (auparavant)* before; *(d'abord)* beforehand; **a. j'avais les cheveux longs** I used to have long hair; **en a.** *(mouvement)* forward; *(en tête)* ahead; **en a. de** in front of; **la nuit d'a.** the night before

3 *nm (de navire, de voiture)* front; *(joueur de football)* forward; **à l'a.** in (the) front; **aller de l'a.** to get on with it

4 *adj inv (pneu, roue)* front ▪ **avant-bras** *nm inv* forearm ▪ **avant-centre** (*pl* **avants-centres**) *nm (au football)* centre-forward ▪ **avant-dernier, -ère** (*mpl* **avant-derniers,** *fpl* **avant-dernières**) *adj & nmf* second last ▪ **avant-hier** *adv* the day before yesterday ▪ **avant-première** (*pl* **avant-premières**) *nf* preview ▪ **avant-propos** *nm inv* foreword

avantage [avɑ̃taʒ] *nm* advantage; **être/tourner à l'a. de qn** to be/turn to sb's advantage; **avantages sociaux** social security benefits ▪ **avantager** *vt* **a. qn** *(favoriser)* to give sb an advantage over; *(faire valoir)* to show sb off to advantage ▪ **avantageux, -euse** *adj (offre)* attractive; *(prix)* reasonable

avare [avar] **1** *adj* miserly **2** *nmf* miser ▪ **avarice** *nf* miserliness, avarice

avaries [avari] *nf* damage; **subir une a.** to be damaged ▪ **avarié, -e** *adj (aliment)* rotten

avec [avɛk] *prép* with; **méchant/aimable a. qn** nasty/kind to sb; **a. enthousiasme** with enthusiasm, enthusiastically; *Fam* **et a. ça?** *(dans un magasin)* anything else?

avenant, -e [avnɑ̃, -ɑ̃t] **1** *adj (personne, manières)* pleasing **2** *nm* **à l'a. (de)** in keeping (with)

avènement [avɛnmɑ̃] *nm (d'une ère)* advent; *(d'un roi)* accession

avenir [avnir] *nm* future; **à l'a.** *(désormais)* in future; **d'a.** *(métier)* with good prospects

aventure [avɑ̃tyr] *nf* adventure; *(en amour)* affair; **dire la bonne a. à qn** to tell sb's fortune ▪ **aventurer** *vpr* **s'aventurer** to venture (**dans** into) ▪ **aventurier, -ère** *nmf* adventurer

avenue [avny] *nf* avenue

avérer [avere] **s'avérer** *vpr (se révéler)* to prove to be; **il s'avère que...** it turns out that... ▪ **avéré, -e** *adj (fait)* established

averse [avɛrs] *nf* shower

aversion [avɛrsjɔ̃] *nf* aversion (**pour** to)

avertir [avɛrtir] *vt* **a. qn de qch** *(informer)* to inform sb of sth; *(danger)* to warn sb of sth ▪ **avertissement** *nm* warning; *(de livre)* foreword ▪ **avertisseur** *nm (klaxon®)* horn

aveu, -x [avø] *nm* confession

aveugle [avœgl] **1** *adj* blind; **devenir a.** to go blind; **avoir une confiance a. en qn** to trust sb implicitly **2** *nmf* blind man, *f* blind woman; **les aveugles** the blind ▪ **aveuglement** *nm (moral, mental)* blindness ▪ **aveuglément** *adv* blindly ▪ **aveugler** *vt (éblouir) & Fig* to blind; **aveuglé par la colère** blind with rage

aveuglette [avœglɛt] **à l'aveuglette** *adv* blindly; **chercher qch à l'a.** to grope for sth

aviateur, -trice [avjatœr, -tris] *nmf* aviator ▪ **aviation** *nf (secteur)* aviation; *(armée de l'air)* air force; **l'a.** *(activité)* flying

avide [avid] *adj (cupide)* greedy; *(passionné)* eager (**de** for) ▪ **avidité** *nf (voracité, cupidité)* greed; *(passion)* eagerness

avilir [avilir] *vt* to degrade

avion [avjɔ̃] *nm* plane, *Br* aeroplane, *Am* airplane; **par a.** *(sur lettre)* airmail;

en a., par a. *(voyager)* by plane, by air; **a. à réaction** jet; **a. de tourisme** private plane

aviron [avirɔ̃] *nm* oar; **l'a.** *(sport)* rowing; **faire de l'a.** to row

avis [avi] *nm* opinion; *(communiqué)* notice; *(conseil)* advice; **à mon a.** in my opinion, to my mind; **être de l'a. de qn** to be of the same opinion as sb; **changer d'a.** to change one's mind; **sauf a. contraire** unless I/you/*etc* hear to the contrary

aviser [avize] **1** *vt* **a. qn de qch/que...** to inform sb of sth/that... **2 s'aviser** *vpr* **s'a. de qch** to become aware of sth; **s'a. que...** to notice that... ■ **avisé, -e** *adj* wise (**de faire** to do); **bien/mal a.** well-/ill-advised

avocat[1], -e [avɔka, -at] *nmf Jur* lawyer; *Fig* advocate

avocat[2] [avɔka] *nm (fruit)* avocado

avoine [avwan] *nf* oats

AVOIR* [avwar] **1** *v aux* to have; **je l'ai vu** I have *or* I've seen him

2 *vt (posséder)* to have; *(obtenir)* to get; *(porter)* to wear; *Fam (tromper)* to take for a ride; **qu'est-ce que tu as?** what's the matter with you?; **j'ai à faire** I have things to do; **il n'a qu'à essayer** he only has to try; **a. faim/chaud** to be *or* feel hungry/hot; **a. cinq ans** to be five (years old); **a. du diabète** to be diabetic

3 *v impersonnel* **il y a** there is, *pl* there are; **il y a six ans** six years ago; **il n'y a pas de quoi!** *(en réponse à 'merci')* don't mention it!; **qu'est-ce qu'il y a?** what's the matter?

4 *nm* assets, property; *(d'un compte)* credit

avoisiner [avwazine] *vt (dans l'espace)* to border on; *(en valeur)* to be close to ■ **avoisinant, -e** *adj* neighbouring, nearby

avorter [avɔrte] *vi (subir une IVG)* to have an abortion; *Fig (projet)* to fall through; **se faire a.** to have an abortion ■ **avortement** *nm* abortion

avouer [avwe] **1** *vt (crime)* to confess to; **il faut a. que...** it must be admitted that... **2 s'avouer** *vpr* **s'a. vaincu** to acknowledge defeat

avril [avril] *nm* April

axe [aks] *nm (géométrique)* axis; *(essieu)* axle; **les grands axes** *(routes)* the main roads ■ **axer** *vt* to centre (**sur** on)

ayant [ɛjɑ̃], **ayez** [ɛje], **ayons** [ɛjɔ̃] *voir* **avoir**

azote [azɔt] *nm* nitrogen

Bb

B, b [be] *nm inv* B, b
babiller [babije] *vi (enfant)* to babble
babines [babin] *nfpl (lèvres)* chops
bâbord [bɑbɔr] *nm* port (side); **à b.** to port
baby-foot [babifut] *nm inv* table football
baby-sitting [babisitiŋ] *nm* baby-sitting ▪ **baby-sitter** (*pl* **baby-sitters**) *nmf* baby-sitter
bac[1] [bak] *nm (bateau)* ferry(boat); *(cuve)* tank; **b. à glace** ice tray
bac[2] [bak] *(abrév* **baccalauréat***) nm Fam* = secondary school examination qualifying for entry to university, *Br* ≃ A-levels, *Am* ≃ high school diploma
baccalauréat [bakalɔrea] *nm* = secondary school examination qualifying for entry to university, *Br* ≃ A-levels, *Am* ≃ high school diploma
bâche [bɑʃ] *nf (de toile)* tarpaulin; *(de plastique)* plastic sheet ▪ **bâcher** *vt* to cover *(with a tarpaulin or plastic sheet)*
bachelier, -ère [baʃəlje, -ɛr] *nmf* = student who has passed the "baccalauréat
bâcler [bɑkle] *vt Fam* to botch (up)
bactérie [bakteri] *nf* bacterium
badaud, -aude [bado, -od] *nmf (promeneur)* stroller; *(curieux)* onlooker
badge [badʒ] *nm Br* badge, *Am* button
badigeonner [badiʒɔne] *vt (surface)* to daub (**de** with); *(mur)* to whitewash; *Culin* to brush (**de** with); *(plaie)* to paint (**de** with)
badinage [badinaʒ] *nm* banter
badine [badin] *nf* switch
badiner [badine] *vi* to jest
baffle [bafl] *nm* speaker
bafouer [bafwe] *vt (person)* to jeer at; *(autorité)* to flout
bafouiller [bafuje] *vti* to stammer
bagages [bagaʒ] *nmpl (valises)* luggage, baggage; **faire ses b.** to pack (one's bags)
bagarre [bagar] *nf* fight, brawl ▪ **se bagarrer** to fight ▪ **bagarreur, -euse** *adj (personne, caractère)* aggressive
bague [bag] *nf (anneau)* ring; *(de cigare)* band ▪ **baguer** *vt (oiseau, arbre)* to ring
baguette [bagɛt] *nf (canne)* stick; *(de chef d'orchestre)* baton; *(pain)* baguette; **baguettes** *(de tambour)* drumsticks; *(pour manger)* chopsticks
bahut [bay] *nm (buffet)* sideboard
baie[1] [bɛ] *nf Géog* bay
baie[2] [bɛ] *nf (fruit)* berry
baie[3] [bɛ] *nf* **b. vitrée** picture window
baignade [bɛɲad] *nf (activité)* swimming, *Br* bathing; **'b. interdite'** 'no swimming'
baigner [beɲe] **1** *vt (pied, blessure)* to bathe; *(enfant) Br* to bath, *Am* to bathe; *(sujet: mer)* to wash **2** *vi (tremper)* to soak (**dans** in) **3 se baigner** *vpr (nager)* to have a swim ▪ **baigneur, -euse 1** *nmf* swimmer **2** *nm (poupée)* baby doll ▪ **baignoire** *nf* bath (tub)
bail [baj] (*pl* **baux** [bo]) *nm* lease; *Fam* **ça fait un b. que je ne l'ai pas vu** I haven't seen him for ages ▪ **bailleur** *nm* **b. de fonds** financial backer

bâiller [baje] *vi* to yawn; *(col)* to gape; *(porte)* to be ajar

bâillon [bajɔ̃] *nm* gag; **mettre un b. à qn** to gag sb ▪ **bâillonner** *vt (victime, presse)* to gag

bain [bɛ̃] *nm* bath; **prendre un b.** to have *or* take a bath; **prendre un b. de soleil** to sunbathe; **petit/grand b.** *(de piscine)* small/large pool

baiser [beze] *nm* kiss

baisse [bes] *nf* fall, drop (**de** in); **en b.** *(température)* falling; *(popularité)* declining

baisser [bese] **1** *vt (rideau, vitre, prix)* to lower; *(radio, chauffage)* to turn down; **b. la tête** to lower one's head; **b. les yeux** to look down **2** *vi (prix, niveau, température)* to fall; *(vue, mémoire)* to fail; *(popularité, qualité)* to decline **3 se baisser** *vpr* to bend down; *(pour éviter quelque chose)* to duck

baissier [besje] *adj m Fin* **marché b.** bear market

bal [bal] (*pl* **bals**) *nm (élégant)* ball; *(populaire)* dance; **b. costumé, b. masqué** fancy dress ball; **b. populaire** = dance, usually outdoors, open to the public

balade [balad] *nf Fam (à pied)* walk; *(en voiture)* drive; **faire une b.** *(à pied)* to go for a walk; *(en voiture)* to go for a drive ▪ **balader** *Fam* **1** *vi* **envoyer qn b.** to send sb packing **2 se balader** *vpr (à pied)* to go for a walk; *(en voiture)* to go for a drive ▪ **baladeur** *nm* personal stereo

balafre [balafr] *nf (cicatrice)* scar; *(coupure)* gash ▪ **balafrer** *vt* to gash

balai [balɛ] *nm* broom; **donner un coup de b.** to give the floor a sweep

balance [balɑ̃s] *nf* (**a**) *(instrument)* (pair of) scales (**b**) **la B.** *(signe)* Libra

balancer [balɑ̃se] **1** *vt (bras, jambe)* to swing **2 se balancer** *vpr (arbre, bateau)* to sway; *(sur une balançoire)* to swing ▪ **balancement** *nm* swaying

balancier [balɑ̃sje] *nm (d'horloge)* pendulum

balançoire [balɑ̃swar] *nf (suspendue)* swing; *(bascule)* see-saw

balayer [baleje] *vt (pièce)* to sweep; *(feuilles, saletés)* to sweep up ▪ **balayage** *nm (nettoyage)* sweeping; *(coiffure)* highlighting

balayeur, -euse [balɛjœr, -øz] *nmf (personne)* road-sweeper

balbutier [balbysje] *vti* to stammer ▪ **balbutiement** *nm* **balbutiement(s)** stammering

balcon [balkɔ̃] *nm* balcony; *(de théâtre)* circle, *Am* mezzanine; **premier/deuxième b.** dress/upper circle

Baléares [balear] *nfpl* **les B.** the Balearic Islands

baleine [balɛn] *nf (animal)* whale; *(de corset)* whalebone; *(de parapluie)* rib

balèze [balɛz] *adj Fam (grand et fort)* hefty; *(intelligent)* brainy

balise [baliz] *nf Naut* beacon; *Aviat* light; *(de piste de ski)* marker; *Ordinat* tag ▪ **balisage** *nm (signaux) Naut* beacons; *Aviat* lights ▪ **baliser** *vt (chenal)* to beacon; *(aéroport)* to equip with lights; *(route)* to mark out with beacons; *(piste de ski)* to mark out; *Ordinat* to tag

balivernes [balivɛrn] *nfpl* twaddle

Balkans [balkɑ̃] *nmpl* **les B.** the Balkans

ballant, -e [balɑ̃, -ɑ̃t] *adj (bras, jambes)* dangling

ballast [balast] *nm (de route, de voie ferrée)* ballast

balle [bal] *nf (pour jouer)* ball; *(d'arme)* bullet; **b. de tennis** tennis ball; **b. perdue** stray bullet

ballet [balɛ] *nm* ballet ▪ **ballerine** *nf (danseuse)* ballerina; *(chaussure)* pumps

ballon [balɔ̃] *nm (balle, dirigeable)* balloon; *(verre)* round wine glass; **jouer au b.** to play with a ball; **b. de football** *Br* football, *Am* soccer ball

ballonné [balɔne] *adj m (ventre, personne)* bloated

ballottage [balɔtaʒ] *nm Pol* **il y a b.** there will be a second ballot

ballotter [balɔte] *vt (bateau)* to toss about; *(passagers)* to shake about
balluchon [balyʃɔ̃] *nm* bundle; **faire son b.** to pack one's bags
balnéaire [balneɛr] *adj* **station b.** *Br* seaside resort, *Am* beach resort
balourd, -e [balur, -urd] *adj* oafish
balte [balt] *adj* **les États baltes** the Baltic states
Baltique [baltik] *nf* **la (mer) B.** the Baltic (Sea)
baluchon [balyʃɔ̃] *nm* = **balluchon**
balustrade [balystrad] *nf (de pont)* railing; *(de balcon)* balustrade
bambou [bɑ̃bu] *nm* bamboo
ban [bɑ̃] *nm (applaudissements)* round of applause; **bans** *(de mariage)* banns
banal, -e, -als, -ales [banal] *adj (objet, gens)* ordinary; *(idée)* trite, banal; **pas b.** unusual ▪ **banalité** *nf (d'objet, de gens)* ordinariness; *(d'idée)* triteness
banaliser [banalize] *vt (rendre commun)* to trivialize
banane [banan] *nf (fruit)* banana; *(coiffure)* quiff ▪ **bananier** *nm (arbre)* banana tree
banc [bɑ̃] *nm (siège)* bench; *(établi)* (work-)bench; *(de poissons)* shoal; **b. des accusés** dock; **b. d'essai** *Ind* test bed; *Fig* testing ground; **b. de sable** sandbank
bancaire [bɑ̃kɛr] *adj (opération)* banking; *(chèque, compte)* bank
bancal, -e, -als, -ales [bɑ̃kal] *adj (meuble)* wobbly; *Fig (raisonnement)* unsound
bandage [bɑ̃daʒ] *nm (pansement)* bandage
bande [bɑ̃d] *nf* (**a**) *(de tissu, de papier, de terre)* strip; *(pansement)* bandage; *(pellicule)* film; **b. magnétique** tape; *Aut* **b. d'arrêt d'urgence** *Br* hard shoulder, *Am* shoulder; **b. dessinée** comic strip; **b. sonore** soundtrack
(**b**) *(de personnes)* band, group; *(de voleurs)* gang; *(de loups)* pack; **faire b. à part** *(agir seul)* to do one's own thing ▪ **bande-annonce** (*pl* **bandes-annonces**) *nf* trailer (**de** for) ▪ **bande-son** (*pl* **bandes-son**) *nf* soundtrack
bandeau, -x [bɑ̃do] *nm (pour cheveux)* headband; *(sur les yeux)* blindfold
bander [bɑ̃de] *vt (blessure, main)* to bandage; *(arc)* to bend; **b. les yeux à qn** to blindfold sb
banderole [bɑ̃drɔl] *nf (de manifestants)* banner; *(publicitaire)* streamer
bandit [bɑ̃di] *nm (escroc)* crook
bandoulière [bɑ̃duljɛr] *nf (de sac)* shoulder strap; **en b.** slung across the shoulder
banlieue [bɑ̃ljø] *nf* suburbs; **la b. parisienne** the suburbs of Paris; **de b.** *(maison, magasin)* suburban; **train de b.** commuter train ▪ **banlieusard, -e** *nmf (habitant)* suburbanite; *(voyageur)* commuter
bannière [banjɛr] *nf* banner; **la b. étoilée** the Star-spangled Banner
bannir [banir] *vt (personne, idée)* to banish (**de** from)
banque [bɑ̃k] *nf (établissement)* bank; **la b.** *(activité)* banking; **employé de b.** bank clerk; *Ordinat* **b. de données** data bank
banqueroute [bɑ̃krut] *nf* bankruptcy; **faire b.** to go bankrupt
banquet [bɑ̃kɛ] *nm* banquet
banquette [bɑ̃kɛt] *nf (siège)* (bench) seat
banquier, -ère [bɑ̃kje, -ɛr] *nmf* banker
banquise [bɑ̃kiz] *nf* ice floe
baptême [batɛm] *nm* christening, baptism ▪ **baptiser** *vt* to christen, to baptize
baquet [bakɛ] *nm (cuve)* tub
bar¹ [bar] *nm (café, comptoir)* bar
bar² [bar] *nm (poisson)* bass
baraque [barak] *nf (cabane)* hut, shack; *(de foire)* stall ▪ **baraquement** *nm* shacks; *Mil* camp
baratin [baratɛ̃] *nm Fam (verbiage)* waffle; *(de séducteur)* sweet talk; *(de vendeur)* sales talk ▪ **baratiner** *vt Fam* to chatter; *(sujet: séducteur) Br* to chat up, *Am* to hit on

barbare [barbar] **1** *adj (cruel, sauvage)* barbaric **2** *nmf* barbarian ▪ **barbarie** *nf (cruauté)* barbarity

barbe [barb] *nf* beard; **b. à papa** *Br* candyfloss, *Am* cotton candy

barbecue [barbəkju] *nm* barbecue

barbelés [barbəle] *nmpl* barbed wire

barber [barbe] *Fam* **1** *vt* **b. qn** to bore sb stiff **2 se barber** *vpr* to be bored stiff

barbiche [barbiʃ] *nf* goatee

barbiturique [barbityrik] *nm* barbiturate

barboter [barbɔte] *vi* to splash about ▪ **barboteuse** *nf* rompers

barbouiller [barbuje] *vt (salir)* to smear (**de** with)

barbu, -e [barby] **1** *adj* bearded **2** *nm* bearded man

barder[1] [barde] *vt Culin* to bard; *Fig* **bardé de décorations** covered with decorations

barder[2] [barde] *v impersonnel Fam* **ça va b.!** there's going to be trouble!

barème [barɛm] *nm (de notes, de salaires, de prix)* scale; *(pour calculer)* ready reckoner

baril [baril] *nm (de pétrole, de vin)* barrel; *(de lessive)* drum

bariolé, -e [barjɔle] *adj* multicoloured

barjo(t) [barʒo] *adj inv Fam (fou)* nutty

barman [barman] (*pl* **-men** [-men] *ou* **-mans**) *nm Br* barman, *Am* bartender

baromètre [barɔmɛtr] *nm* barometer

baron [barɔ̃] *nm* baron; *Fig* **b. de la finance** financial tycoon ▪ **baronne** *nf* baroness

baroque [barɔk] **1** *adj (édifice, style, musique)* baroque **2** *nm Archit & Mus* **le b.** the baroque

baroudeur [barudœr] *nm Fam (combattant)* fighter; *(voyageur)* keen traveller

barque [bark] *nf* (small) boat ▪ **barquette** *nf (de fruit)* punnet; *(de plat cuisiné)* container

barrage [baraʒ] *nm (sur l'eau)* dam; **b. de police** police roadblock; **b. routier** roadblock

barre [bar] *nf (de fer, de bois)* bar; *(de danse)* barre; *(trait)* line, stroke; *Naut (volant)* helm; **b. chocolatée** chocolate bar; *Mus* **b. de mesure** bar (line); *Jur* **b. des témoins** *Br* witness box, *Am* witness stand; **b. d'appui** *(de fenêtre)* rail; **b. d'espacement** *(de clavier)* space bar; *Ordinat* **b. d'outils** tool bar; *Ordinat* **b. de sélection** menu bar

barreau, -x [baro] *nm (de fenêtre, de cage)* bar; *(d'échelle)* rung; *Jur* **le b.** the bar; **être derrière les barreaux** *(en prison)* to be behind bars

barrer [bare] **1** *vt (voie)* to block off; *(porte)* to bar; *(chèque)* to cross; *(mot)* to cross out; *Naut (bateau)* to steer; **b. le passage** *ou* **la route à qn** to bar sb's way; **'route barrée'** 'road closed'

2 se barrer *vpr Fam* to beat it

barrette [barɛt] *nf (pour cheveux) Br* (hair)slide, *Am* barrette

barricade [barikad] *nf* barricade ▪ **barricader 1** *vt (rue, porte)* to barricade **2 se barricader** *vpr* to barricade oneself (**dans** in)

barrière [barjɛr] *nf (obstacle)* barrier; *(de passage à niveau)* gate; *(clôture)* fence

barrique [barik] *nf* (large) barrel

barrir [barir] *vi (éléphant)* to trumpet

baryton [baritɔ̃] *nm Mus* baritone

BAS[1], BASSE[1] [bɑ, bɑs] **1** *adj (dans l'espace, en quantité, en intensité) & Mus* low; *(origine)* lowly; *Péj (acte)* mean, low; **à b. prix** cheaply; **enfant en b. âge** young child; **avoir la vue basse** to be short-sighted

2 *adv (dans l'espace)* low (down); *(dans une hiérarchie)* low; *(parler)* quietly; **plus b.** further *or* lower down; **voir plus b.** *(sur document)* see below; **en b.** at the bottom; **en b. de** at the bottom of; **à b. les dictateurs!** down with dictators!

3 *nm (partie inférieure)* bottom; **l'étagère du b.** the bottom shelf; **au b. de** at the bottom of; **de b. en haut** upwards

bas² [bɑ] *nm (chaussette)* stocking; *Fig* **b. de laine** *(économies)* nest egg

basané, -e [bazane] *adj (bronzé)* tanned

bas-côté [bɑkote] *(pl* **bas-côtés**) *nm (de route)* verge; *(d'église)* (side)aisle

bascule [baskyl] *nf (balançoire)* seesaw; *(balance)* weighing machine; **fauteuil à b.** rocking chair ▪ **basculer 1** *vt (chargement)* to tip over; *(benne)* to tip up **2** *vi (tomber)* to topple over; **faire b.** *(personne)* to knock over; *(chargement)* to tip over

base [bɑz] *nf (partie inférieure) & Chim, Math & Mil* base; *(de parti politique)* rank and file; *(principe)* basis; **avoir de bonnes bases en anglais** to have a good grounding in English; **de b.** basic; **salaire de b.** basic pay; *Ordinat* **b. de données** database ▪ **baser 1** *vt* to base (**sur** on) **2 se baser** *vpr* **se b. sur qch** to base oneself on sth

bas-fond [bɑfɔ̃] *(pl* **bas-fonds**) *nm (de mer, de rivière)* shallow; *Péj* **les bas-fonds** *(de ville)* the rough areas

basic [bazik] *nm Ordinat* BASIC

basilic [bazilik] *nm (plante, aromate)* basil

basilique [bazilik] *nf* basilica

basket-ball [baskɛtbol] *nm* basketball

baskets [baskɛt] *nmpl ou nfpl (chaussures)* baseball boots

basque¹ [bask] **1** *adj* Basque **2** *nmf* **B.** Basque

basque² [bask] *nfpl (de veste)* tail; *Fig* **être toujours pendu aux basques de qn** to be always at sb's heels

basse² [bɑs] **1** *voir* **bas¹ 2** *nf Mus (contrebasse)* (double) bass; *(guitare)* bass (guitar)

basse-cour [bɑskur] *(pl* **basses-cours**) *nf Br* farmyard, *Am* barnyard

bassesse [basɛs] *nf (d'action)* lowness; *(action)* low act

bassin [basɛ̃] *nm* (**a**) *(pièce d'eau)* ornamental lake; *(de fontaine)* basin; *(récipient)* bowl, basin; **petit b.** *(de piscine)* children's pool; **grand b.** *(de piscine)* large pool (**b**) *(du corps)* pelvis (**c**) *(région)* basin; **le b. parisien** the Paris Basin ▪ **bassine** *nf* bowl

basson [bɑsɔ̃] *nm (instrument)* bassoon; *(musicien)* bassoonist

bastion [bastjɔ̃] *nm aussi Fig* bastion

bas-ventre [bɑvɑ̃tr] *nm* lower abdomen

bat [ba] *voir* **battre**

bataille [bataj] *nf (lutte)* battle; *(jeu de cartes)* ≃ beggar-my-neighbour ▪ **batailleur, -euse** *adj* aggressive

bataillon [batajɔ̃] *nm Mil* batallion

bâtard, -e [bɑtar, -ard] **1** *adj (enfant)* illegitimate; *(solution)* hybrid **2** *nmf (enfant)* illegitimate child; *Péj* bastard; *(chien)* mongrel; *(pain)* = small, thick baguette

bateau, -x [bato] **1** *nm (embarcation)* boat; *(grand)* ship; **faire du b.** to go boating; **b. à moteur** motorboat; **b. à voiles** *Br* sailing boat, *Am* sailboat; **b. de plaisance** pleasure boat **2** *adj inv Fam (sujet)* hackneyed; **col b.** boat neck ▪ **bateau-mouche** *(pl* **bateaux-mouches**) *nm* river boat *(on the Seine)*

bâtiment [bɑtimɑ̃] *nm (édifice)* building; *(navire)* vessel; **le b., l'industrie du b.** the building trade

bâtir [bɑtir] *vt (construire)* to build; *Couture* to tack; **terrain à b.** building plot ▪ **bâti, -e 1** *adj* **bien b.** *(personne)* well-built **2** *nm (charpente)* frame; *Couture* tacking ▪ **bâtisse** *nf Péj* ugly building

bâton [bɑtɔ̃] *nm (canne)* stick; *(de maréchal)* baton; *(d'agent de police) Br* truncheon, *Am* nightstick; *(trait)* vertical line; **donner des coups de b. à qn** to beat sb (with a stick); **b. de rouge** lipstick; **bâtons de ski** ski sticks ▪ **bâtonnet** *nm* stick

battant¹ [batɑ̃] *nm* (**a**) *(de porte, de volet)* leaf; **porte à deux battants** double door (**b**) *(personne)* fighter

battant², -e [batɑ̃, -ɑ̃t] *adj* **pluie b.** driving rain; **porte b.** *Br* swing door, *Am* swinging door

battement [batmɑ̃] *nm* (**a**) *(de tambour)* beat(ing); *(de porte)* banging;

(de paupières) blink(ing); *(d'ailes)* flapping (**b**) *(délai)* gap

batterie [batri] *nf (d'orchestre)* drums; *(ensemble) & Mil, Él* battery; *(de questions)* series; **être à la b.** *(sujet: musicien)* to be on drums; **élevage en b.** battery farming; **b. de cuisine** kitchen utensils

batteur [batœr] *nm (musicien)* drummer; *(de cuisine)* mixer

battre* [batr] **1** *vt (frapper, vaincre)* to beat; *(œufs)* to whisk; *(beurre)* to churn; *(record)* to break; *(cartes)* to shuffle; *Mus* **b. la mesure** to beat time

2 *vi (cœur)* to beat; *(porte, volet)* to bang; **b. des mains** to clap one's hands; **b. des ailes** to flap its wings

3 se battre *vpr* to fight (**avec** with); **se b. au couteau** to fight with a knife

battu, -e[1] [baty] *adj (femme, enfant)* battered

battue[2] [baty] *nf (à la chasse)* beat; *(recherche)* search

baume [bom] *nm aussi Fig* balm

baux [bo] *voir* **bail**

bavard, -e [bavar, -ard] **1** *adj (qui parle beaucoup)* chatty **2** *nmf (qui parle beaucoup)* chatterbox ▪ **bavardage** *nm (action)* chatting; *(commérage)* gossiping; **bavardages** *(paroles)* chats ▪ **bavarder** *vi (parler)* to chat; *(commérer)* to gossip

bave [bav] *nf (de personne)* dribble; *(de chien)* slaver; *(de chien enragé)* froth ▪ **baver** *vi (personne)* to dribble; *(chien)* to slaver; *(chien enragé)* to foam at the mouth; *(stylo)* to leak; *Fam* **en b.** to have a hard time of it

bavette [bavɛt] *nf (de bébé)* bib; *(de bœuf)* skirt (of beef)

baveux, -euse [bavø, -øz] *adj (omelette)* runny

bavoir [bavwar] *nm* bib

bavure [bavyr] *nf (tache)* smudge; *(erreur)* slip-up

bayer [baje] *vi* **b. aux corneilles** to stare into space

bazar [bazar] *nm (marché)* bazaar; *(magasin)* general store; *Fam (désordre)* shambles *(sing)*; *Fam (affaires)* gear; *Fam* **mettre du b. dans qch** to make a shambles of sth

BCG [beseʒe] *nm Méd* BCG

BD [bede] *(abrév* **bande dessinée**) *nf* comic strip

bd *abrév* **boulevard**

béant, -e [beɑ̃, -ɑ̃t] *adj (gouffre)* yawning

béat, -e [bea, -at] *adj Hum (heureux)* blissful; *Péj (niais)* inane; **être b. d'admiration** to be open-mouthed in admiration ▪ **béatement** *adv (sourire)* inanely

beau, belle [bo, bel] *(pl* **beaux, belles**)

> **bel** is used before masculine singular nouns beginning with a vowel or h mute.

1 *adj* (**a**) *(femme, enfant, fleur, histoire)* beautiful; *(homme)* handsome, good-looking; *(spectacle, discours)* fine; *(maison, voyage, temps)* lovely; **une belle somme** a tidy sum; **se faire b.** to smarten oneself up; **c'est trop b. pour être vrai** it's too good to be true; **c'est le plus b. jour de ma vie!** it's the best day of my life!

(**b**) *(expressions)* **au b. milieu de** right in the middle of; **bel et bien** *(complètement)* well and truly

2 *adv* **il fait b.** the weather's nice; **j'ai b. crier...** it's no use (my) shouting...

3 *nm* **le b.** *(la beauté)* beauty

4 *nf* **belle** *(jeu, partie)* decider ▪ **beau-fils** *(pl* **beaux-fils**) *nm (gendre)* son-in-law; *(après remariage)* stepson ▪ **beau-frère** *(pl* **beaux-frères**) *nm* brother-in-law ▪ **beau-père** *(pl* **beaux-pères**) *nm (père du conjoint)* father-in-law; *(après remariage)* stepfather ▪ **beaux-arts** *nmpl* fine arts; **école des b., les B.** art school ▪ **beaux-parents** *nmpl* parents-in-law

beaucoup [boku] *adv (intensément, en grande quantité)* a lot; **aimer b. qch** to like sth very much; **s'intéresser b. à qch** to be very interested in sth; **b.**

d'entre nous many of us; **b. de** *(quantité)* a lot of; *(nombre)* many, a lot of; **pas b. d'argent** not much money; **pas b. de gens** not many people; **j'en ai b.** *(quantité)* I have a lot; *(nombre)* I have lots; **b. plus/moins (que)** much more/less (than), a lot more/less (than); *(nombre)* many *or* a lot more/ a lot fewer (than)

beauté [bote] *nf (qualité, femme)* beauty

bébé [bebe] *nm* baby ■ **bébé-éprouvette** (*pl* **bébés-éprouvette**) *nm* test-tube baby

bec [bɛk] *nm (d'oiseau)* beak, bill; *(de pot)* lip; *(de flûte)* mouthpiece; *Fam (bouche)* mouth; *Fam* **clouer le b. à qn** to shut sb up; **b. verseur** spout ■ **bec-de-lièvre** (*pl* **becs-de-lièvre**) *nm* hare-lip

bêche [bɛʃ] *nf* spade ■ **bêcher** *vt* to dig

bedonnant, -e [bədɔnɑ̃, -ɑ̃t] *adj* pot-bellied, paunchy

bée [be] *adj f* **j'en suis resté bouche b.** I was speechless

beffroi [befrwa] *nm* belfry

bégayer [begeje] *vi* to stutter, to stammer

bègue [bɛg] **1** *adj* **être b.** to stutter, to stammer **2** *nmf* stutterer, stammerer

beige [bɛʒ] *adj & nm* beige

beignet [beɲe] *nm* fritter; *(au sucre, à la confiture)* doughnut

Beijing [beidʒiŋ] *nm ou f* Beijing

bel [bel] *voir* **beau**

bêler [bɛle] *vi* to bleat

belette [bəlɛt] *nf* weasel

Belgique [bɛlʒik] *nf* **la B.** Belgium ■ **belge 1** *adj* Belgian **2** *nmf* **B.** Belgian

bélier [belje] *nm (animal, machine)* ram; **le B.** *(signe)* Aries

belle [bɛl] *voir* **beau** ■ **belle-famille** (*pl* **belles-familles**) *nf* in-laws ■ **belle-fille** (*pl* **belles-filles**) *nf (épouse du fils)* daughter-in-law; *(après remariage)* stepdaughter ■ **belle-mère** (*pl* **belles-mères**) *nf (mère du conjoint)* mother-in-law; *(après remariage)* stepmother ■ **belle-sœur** (*pl* **belles-sœurs**) *nf* sister-in-law

belvédère [belvedɛr] *nm (construction)* gazebo; *(sur site naturel)* viewpoint

bémol [bemɔl] *nm Mus* flat

bénédiction [benediksjɔ̃] *nf Rel & Fig* blessing

bénéfice [benefis] *nm (financier)* profit; *(avantage)* benefit; **accorder le b. du doute à qn** to give sb the benefit of the doubt

bénéficiaire [benefisjɛr] **1** *nmf (de chèque)* payee; *Jur* beneficiary **2** *adj (entreprise)* profit-making; *(compte)* in credit

bénéficier [benefisje] *vi* **b. de qch** *(profiter de)* to benefit from sth; *(avoir)* to have sth

bénéfique [benefik] *adj* beneficial (**à** to)

Bénélux [benelyks] *nm* **le B.** the Benelux

bénévolat [benevɔla] *nm* voluntary work

bénévole [benevɔl] **1** *adj (travail, infirmière)* voluntary **2** *nmf* volunteer, voluntary worker

bénin, -igne [benɛ̃, -iɲ] *adj (accident, opération)* minor; *(tumeur)* benign

bénir [benir] *vt* to bless; **que Dieu te bénisse!** God bless you! ■ **bénit, -e** *adj* **eau bénite** holy water

benne [bɛn] *nf (de camion)* tipping body; *(de téléphérique)* cable car; **b. à ordures** bin lorry

BEP [beəpe] (*abrév* **brevet d'études professionnelles**) *nm Scol* = vocational diploma taken at 18

BEPC [beəpese] (*abrév* **brevet d'études du premier cycle**) *nm Scol* = former school leaving certificate taken at 15

béquille [bekij] *nf (canne)* crutch; *(de moto)* stand

berceau, -x [bɛrso] *nm (de bébé)* cradle; *Fig (de civilisation)* birthplace

bercer [bɛrse] **1** *vt (bébé)* to rock **2 se bercer** *vpr* **se b. d'illusions** to delude oneself ■ **berceuse** *nf* lullaby

béret [berɛ] *nm* beret
berge [bɛrʒ] *nf (rive)* bank
berger [bɛrʒe] *nm* shepherd; **b. allemand** German shepherd, *Br* Alsatian ▪ **bergère** *nf* shepherdess
berline [bɛrlin] *nf (voiture) Br* (four-door) saloon, *Am* sedan
berlingot [bɛrlɛ̃go] *nm (bonbon) Br* boiled sweet, *Am* hard candy; *(de lait)* carton
bermuda [bɛrmyda] *nm* Bermuda shorts
Bermudes [bɛrmyd] *nfpl* **les B.** Bermuda
berner [bɛrne] *vt* to fool
besogne [bəzɔɲ] *nf* job, task; *Fig* **aller vite en b.** to jump the gun
besoin [bəzwɛ̃] *nm* need; **avoir b. de qn/qch** to need sb/sth; **avoir b. de faire qch** to need to do sth; **au b., si b. est** if necessary, if need be
bestial, -e, -aux, -ales [bestjal, -o] *adj* bestial ▪ **bestiaux** *nmpl* livestock
bestiole [bɛstjɔl] *nf (insecte) Br* creepy-crawly, *Am* creepy-crawler
bétail [betaj] *nm* livestock
bête[1] [bɛt] *adj* stupid, silly
bête[2] [bɛt] *nf* animal; *(insecte)* bug; **b. féroce** wild animal; **b. noire** *Br* pet hate, *Am* pet peeve ▪ **bêtement** *adv* stupidly; **tout b.** quite simply ▪ **bêtise** *nf (manque d'intelligence)* stupidity; *(action, parole)* stupid thing; **faire une b.** to do something stupid; **dire des bêtises** to talk nonsense
béton [betɔ̃] *nm (matériau)* concrete; **mur en b.** concrete wall
bette [bɛt] *nf* Swiss chard
betterave [betrav] *nf (plante) Br* beetroot, *Am* beet; **b. sucrière** sugar beet
beur [bœr] *nmf* = North African born in France of immigrant parents
beurre [bœr] *nm* butter ▪ **beurrer** *vt* to butter
bévue [bevy] *nf* slip-up
biais [bjɛ] *nm (de mur)* slant; *(moyen)* way; *(aspect)* angle; **regarder qn de b.** to look sideways at sb; **par le b. de** through
biaiser [bjeze] *vi (ruser)* to dodge the issue
bibelot [biblo] *nm* small ornament
biberon [bibrɔ̃] *nm* (feeding) bottle; **nourrir un bébé au b.** to bottle-feed a baby
bible [bibl] *nf* bible; **la B.** the Bible ▪ **biblique** *adj* biblical
bibliographie [biblijɔgrafi] *nf* bibliography
bibliothèque [biblijɔtɛk] *nf (bâtiment, salle)* library; *(meuble)* bookcase; **b. municipale** public library ▪ **bibliothécaire** *nmf* librarian
Bic® [bik] *nm* ballpoint, *Br* biro®
bicarbonate [bikarbɔnat] *nm Chim* bicarbonate; **b. de soude** bicarbonate of soda
biceps [biseps] *nm* biceps
biche [biʃ] *nf (animal)* doe, hind
bicolore [bikɔlɔr] *adj* two-coloured
bicyclette [bisiklɛt] *nf* bicycle; **faire de la b.** to go cycling
bidet [bidɛ] *nm (cuvette)* bidet
bidon [bidɔ̃] **1** *nm (d'essence, d'huile)* can; *(de lait)* churn; **b. d'essence** petrol can, jerry can **2** *adj inv Fam (simulé)* phoney, fake
bidonville [bidɔ̃vil] *nf* shantytown
bidule [bidyl] *nm Fam (chose)* whatsit; **B.** *(personne)* what's-his-name, *f* what's-her-name

BIEN [bjɛ̃] **1** *adv* (**a**) *(convenablement)* well; **il joue b.** he plays well; **je vais b.** I'm fine *or* well; **écoutez-moi b.!** listen carefully
(**b**) *(moralement)* right; **b. se conduire** to behave (well); **vous avez b. fait** you did the right thing; **tu ferais b. de te méfier** you would be wise to behave
(**c**) *(très)* very
(**d**) *(beaucoup)* a lot, a great deal; **b. plus/moins** much more/less; **b. des gens** a lot of people; **b. des fois** many times; **tu as b. de la chance** you're really lucky!; **merci b.!** thanks very much!
(**e**) *(en intensif)* **regarder qn b. en**

face to look sb right in the face; **je sais b.** I'm well aware of it; **je vous l'avais b. dit** I told you so!; **nous verrons b.!** we'll see!; **c'est b. fait pour lui** it serves him right; **c'est b. ce que je pensais** that's what I thought

(f) *(locutions)* **b. que...** *(+ subjunctive)* although, though; **b. entendu, b. sûr** of course; **b. sûr que non!** of course, not!; **b. sûr que je viendrai!** of course, I'll come!

2 *adj inv (satisfaisant)* good; *(à l'aise)* comfortable; *(en forme)* well; *(moral)* decent; *(beau)* attractive; **être b. avec qn** *(en bons termes)* to be on good terms with sb; **on est b. ici** it's nice here; **ce n'est pas b. de mentir** it's not nice to lie; **elle est b. sur cette photo** she looks good on this photo

3 *exclam* fine!, right!; **eh b.!** well!

4 *nm Phil & Rel* good; *(chose, capital)* possession; *Jur* asset; **le b. et le mal** good and evil; *Jur* **biens** property; **faire le b.** to do good; **ça te fera du b.** it will do you good; **dire du b. de qn** to speak well of sb; **c'est pour ton b.** it's for your own good; **biens de consommation** consumer goods; **biens immobiliers** real estate *or* property ▪ **bien-aimé, -e** (*mpl* **bien-aimés,** *fpl* **bien-aimées**) *adj & nmf* beloved ▪ **bien-être** *nm* well-being

---

bienfaisance [bjɛ̃fəzɑ̃s] *nf* **œuvre de b.** charity

bienfaisant, -e [bjɛ̃fəzɑ̃, -ɑ̃t] *adj (remède)* beneficial; *(personne)* charitable

bienfait [bjɛ̃fɛ] *nm (acte)* kindness; *(avantage)* benefit

bienfaiteur, -trice [bjɛ̃fɛtœr, -tris] *nmf* benefactor, *f* benefactress

bien-fondé [bjɛ̃fɔ̃de] *nm* validity

bienheureux, -euse [bjɛ̃nœrø, -øz] *adj* blissful; *Rel* blessed

bienséance [bjɛ̃seɑ̃s] *nf* propriety

bientôt [bjɛ̃to] *adv* soon; **à b.!** see you soon!

bienveillant, -e [bjɛ̃vɛjɑ̃, -ɑ̃t] *adj* kind ▪ **bienveillance** *nf* kindness

bienvenu, -e[1] [bjɛ̃vny] **1** *adj (repos, explication)* welcome **2** *nmf* **soyez le b.!** welcome!

bienvenue[2] [bjɛ̃vny] *nf* welcome; **souhaiter la b. à qn** to welcome sb

bière[1] [bjɛr] *nf (boisson)* beer; **b. blonde** lager; **b. brune** *Br* brown ale, *Am* dark beer; **b. pression** *Br* draught beer, *Am* draft beer

bière[2] [bjɛr] *nf (cercueil)* coffin

biffer [bife] *vt* to cross out

bifteck [biftɛk] *nm* steak; **b. haché** *Br* mince, *Am* mincemeat

bifurquer [bifyrke] *vi (route, chemin)* to fork; *(automobiliste)* to turn off ▪ **bifurcation** *nf* fork

bigamie [bigami] *nf* bigamy

bigarré, -e [bigare] *adj (étoffe)* multicoloured; *(foule)* motley

bigorneau, -x [bigɔrno] *nm* winkle

bigoudi [bigudi] *nm* (hair) curler *or* roller

bijou, -x [biʒu] *nm* jewel; *Fig* gem ▪ **bijouterie** *nf (boutique) Br* jeweller's shop, *Am* jewelry shop; *(commerce, fabrication)* jeweller's trade ▪ **bijoutier, -ère** *nmf Br* jeweller, *Am* jeweler

bilan [bilɑ̃] *nm (de situation)* assessment; *(résultats)* results; *(d'un accident)* toll; *Com* **déposer son b.** to file for bankruptcy; *Fin* **b. (comptable)** balance sheet

bilatéral, -e, -aux, -ales [bilateral, -o] *adj* bilateral

bile [bil] *nf* bile

bilingue [bilɛ̃g] *adj* bilingual

billard [bijar] *nm (jeu)* billiards; *(table)* billiard table; **b. américain** pool; **b. électrique** pinball

bille [bij] *nf (de verre)* marble; *(de billard)* billiard ball

billet [bijɛ] *nm* ticket; **b. (de banque)** *Br* (bank)note, *Am* bill; **b. d'avion/de train** plane/train ticket; **b. de première/seconde** first-class/second-class ticket; **b. simple** single ticket, *Am* one-way ticket; **b. aller retour** return ticket, *Am* round trip ticket

billetterie [bijɛtri] *nf (lieu)* ticket

office; **b. automatique** *(de billet de transport)* ticket machine

billion [biljɔ̃] *nm* trillion

bimensuel, -elle [bimɑ̃sɥɛl] *adj* bimonthly, *Br* fortnightly

bimoteur [bimɔtœr] *adj* twin-engined

binaire [binɛr] *adj Math* binary

biner [bine] *vt* to hoe

binocle [binɔkl] *nm* pince-nez

biochimie [bjɔʃimi] *nf* biochemistry

biodégradable [bjɔdegradabl] *adj* biodegradable

biodiversité [bjodivɛrsite] *nf* biodiversity

biographie [bjɔgrafi] *nf* biography ▪ **biographique** *adj* biographical

bio-industrie [bjoɛ̃dystri] (*pl* **bio-industries**) *nf* biotechnology industry

biologie [bjɔlɔʒi] *nf* biology ▪ **biologique** *adj* biological; *(sans engrais chimiques)* organic ▪ **biologiste** *nmf* biologist

biotechnologie [bjotɛknoloʒi] *nf* biotechnology

bip [bip] *nm (son)* beep; *(appareil)* beeper

bipède [bipɛd] *nm* biped

Birmanie [birmani] *nf* **la B.** Burma ▪ **birman, -e 1** *adj* Burmese **2** *nmf* **B., Birmane** Burmese

bis¹ [bis] *adv (au théâtre)* encore; *(en musique)* repeat; **4 bis** *(adresse)* ≃ 4A

bis², bise¹ [bi, biz] *adj Br* greyish-brown, *Am* grayish-brown

biscornu, -e [biskɔrny] *adj (objet)* oddly shaped; *Fam (idée)* cranky

biscotte [biskɔt] *nf* rusk

biscuit [biskɥi] *nm Br* biscuit, *Am* cookie

bise² [biz] *nf (vent)* north wind

bise³ [biz] *nf Fam (baiser)* kiss; **faire la b. à qn** to kiss sb on both cheeks

bisexuel, -elle [bisɛksɥɛl] *adj* bisexual

bison [bizɔ̃] *nm* bison

bisou [bizu] *nm Fam* kiss

bissextile [bisɛkstil] *adj f* **année b.** leap year

bistro(t) [bistro] *nm Fam* bar

bitume [bitym] *nm (revêtement)* asphalt

bizarre [bizar] *adj* odd

blafard, -e [blafar, -ard] *adj* pallid

blague [blag] *nf (plaisanterie)* joke; **faire une b. à qn** to play a joke on sb

blaguer [blage] *vi Fam* to joke ▪ **blagueur, -euse** *nmf Fam* joker

blaireau, -x [blɛro] *nm (animal)* badger; *(brosse)* shaving brush

blâme [blɑm] *nm (reproche)* blame; *(sanction)* reprimand ▪ **blâmer** *vt (désapprouver)* to blame; *(sanctionner)* to reprimand

blanc, blanche [blɑ̃, blɑ̃ʃ] **1** *adj* white; *(peau)* pale; *(page)* blank

2 *nm (couleur)* white; *(espace)* blank; *(vin)* white wine; **(article de) b.** *(linge)* linen; **en b.** *(chèque)* blank; **tirer à b.** to fire blanks; **b. d'œuf** egg white; **b. de poulet** chicken breast

3 *nf (note de musique) Br* minim, *Am* half-note

4 *nmf* **B.** *(personne)* White man, *f* White woman; **les B.** the Whites ▪ **blanchâtre** *adj* whitish ▪ **blancheur** *nf* whiteness

blanchiment [blɑ̃ʃimɑ̃] *nm (d'argent)* laundering

blanchir [blɑ̃ʃir] **1** *vt* to whiten; *(mur)* to whitewash; *(linge)* to launder; *Culin* to blanch; *Fig (argent)* to launder; **b. qn** *(disculper)* to clear sb **2** *vi* to turn white ▪ **blanchisserie** *nf (lieu)* laundry ▪ **blanchisseur, -euse** *nmf* laundryman, *f* laundrywoman

blanquette [blɑ̃kɛt] *nf* **b. de veau** = blanquette of veal; **b. de Limoux** = sparkling white wine from Limoux

blasé, -e [blɑze] *adj* blasé

blason [blazɔ̃] *nm* coat of arms

blasphème [blasfɛm] *nm* blasphemy ▪ **blasphémer** *vi* to blaspheme

blatte [blat] *nf* cockroach

blazer [blazœr] *nm* blazer

bld *(abrév* **boulevard**) Blvd

blé [ble] *nm* wheat, *Br* corn

blême [blɛm] *adj* sickly pale; **b. de colère** livid ▪ **blêmir** *vi* to turn pale

blesser [blese] **1** *vt (dans un accident)* to injure, to hurt; *(par arme)* to wound; *(offenser)* to hurt

2 se blesser *vpr (par accident)* to hurt *or* injure oneself; *(avec une arme)* to wound oneself; **se b. au bras** to hurt one's arm ▪ **blessant, -e** *adj* hurtful ▪ **blessé, -e** *nmf (victime d'accident)* injured person; *(victime d'aggression)* wounded person; **les blessés** the injured/wounded ▪ **blessure** *nf (dans un accident)* injury; *(par arme)* wound

blette [blɛt] *nf* = **bette**

bleu, -e [blø] *(mpl* **-s**) **1** *adj* blue; *(steak)* very rare **2** *n (couleur)* blue; *(ecchymose)* bruise; *(fromage)* blue cheese; *Fam (novice)* novice; **b. de travail** *Br* overalls, *Am* overall; **b. ciel** sky blue; **b. marine** navy blue; **b. roi** royal blue

bleuet [bløɛ] *nm (plante)* cornflower

blinder [blɛ̃de] *vt (véhicule)* to armour-plate ▪ **blindé, -e 1** *adj Mil* armoured, armour-plated; *(voiture)* bulletproof **2** *nm Mil* armoured vehicle

bloc [blɔk] *nm (de pierre, de bois)* block; *(de papier)* pad; *(de maison) & Pol* bloc; **en b.** *(démissionner)* all together; **à b.** *(visser, serrer)* as tightly as possible; **b. opératoire** operating theatre ▪ **bloc-notes** *(pl* **blocs-notes**) *nm* notepad

blocage [blɔkaʒ] *nm (de mécanisme)* jamming; *(de freins, de roues)* locking

blocus [blɔkys] *nm* blockade; **lever le b.** to raise the blockade

blond, -e [blɔ̃, -ɔ̃d] **1** *adj (cheveux, personne)* blond; *(sable)* golden **2** *nm (homme)* fair-haired *or* blond man; *(couleur)* blond; **b. cendré** ash blond; **b. vénitien** strawberry blond **3** *nf (femme)* fair-haired woman, blonde ▪ **blondeur** *nf* fairness, blondness

bloquer [blɔke] **1** *vt (route, ballon, compte)* to block; *(porte, mécanisme)* to jam; *(roue)* to lock; *(salaires, prix, crédits)* to freeze; *(grouper)* to group together; **b. le passage à qn** to block sb's way; **bloqué par la neige** snowbound

2 se bloquer *vpr (machine)* to get stuck

blottir [blɔtir] **se blottir** *vpr* to snuggle up; **se b. contre qn** to snuggle up to sb

blouse [bluz] *nf (tablier)* overall; *(corsage)* blouse; **b. blanche** *(de médecin, de biologiste)* white coat ▪ **blouson** *nm* short jacket; **b. en cuir** leather jacket; **b. d'aviateur** bomber jacket

bluff [blœf] *nm* bluff ▪ **bluffer** *vi (aux cartes) & Fam* to bluff

boa [bɔa] *nm (serpent, tour de cou)* boa

bobard [bɔbar] *nm Fam* tall story

bobine [bɔbin] *nf (de ruban, de fil)* reel; *(de machine à coudre)* bobbin; *(de film, de papier)* roll; *(de machine à écrire)* spool; *Él* coil

bocal, -aux [bɔkal, -o] *nm* jar; *(aquarium)* bowl

bœuf [bœf] *(pl* **bœufs** [bø]) *nm (animal)* bullock; *(de trait)* ox *(pl* oxen); *(viande)* beef

bogue [bɔg] *nm Ordinat* bug

bohème [bɔɛm] *adj & nmf* bohemian ▪ **bohémien, -enne** *adj & nmf* gypsy

boire* [bwar] **1** *vt (sujet: personne)* to drink; *(sujet: plante)* to soak up

2 *vi (sujet: personne)* to drink; *(sujet: plante)* to soak in; *Fam* **b. un coup** to have a drink

3 se boire *vpr* to be drunk

4 *nm* **le b. et le manger** food and drink

bois [bwa] *nm (matériau, forêt)* wood; *(de raquette)* frame; **en** *ou* **de b.** wooden; **les b.** *(d'un cerf)* the antlers; *(d'un orchestre)* woodwind instruments; **b. de chauffage** firewood; **b. de construction** timber ▪ **boisé, -e** *adj* wooded ▪ **boiseries** *nfpl Br* panelling, *Am* paneling

boisson [bwasɔ̃] *nf* drink

boit [bwa] *voir* **boire**

boîte [bwat] *nf* (**a**) *(récipient)* box; **b. d'allumettes** *(pleine)* box of matches; *(vide)* matchbox; **des haricots en b.** canned *or Br* tinned beans; **b. à bijoux** jewel box; **b. à gants** glove compartment; **b. à** *ou* **aux lettres** *Br* postbox, *Am* mailbox; **b. de conserve** can, *Br* tin; *Aut* **b. de vitesses** gearbox; **b. postale** Post Office Box; **b. vocale** voice mail (**b**) *Fam (entreprise)* firm; **b. de nuit** nightclub ▪ **boîtier** *nm (de montre)* case

boiter [bwate] *vi* to limp ▪ **boiteux, -euse** *adj (personne)* lame; *Fig (raisonnement)* shaky

boive [bwav] *subjonctif de* **boire**

bol [bɔl] *nm (récipient, contenu)* bowl

bolide [bɔlid] *nm (voiture)* racing car

Bolivie [bɔlivi] *nf* **la B.** Bolivia ▪ **bolivien, -enne 1** *adj* Bolivian **2** *nmf* **B., Bolivienne** Bolivian

bombardement [bɔ̃bardəmɑ̃] *nm (avec des bombes)* bombing; *(avec des obus)* shelling

bombarder [bɔ̃barde] *vt (avec des bombes)* to bomb; *(avec des obus)* to shell; **b. qn de questions** to bombard sb with questions ▪ **bombardier** *nm (avion)* bomber

bombe [bɔ̃b] *nf* (**a**) *(explosif)* bomb; *Fig* **faire l'effet d'une b.** to be a bombshell (**b**) *(atomiseur)* spray (can) (**c**) *(chapeau)* riding hat

bomber [bɔ̃be] **1** *vt* **b. le torse** to throw out one's chest **2** *vi (mur)* to bulge; *(planche)* to warp

BON[1], BONNE[1] [bɔ̃, bɔn] **1** *adj* (**a**) *(satisfaisant)* good; **c'est b.** *(d'accord)* that's fine

(**b**) *(agréable)* nice, good; **passer une bonne soirée** to spend a pleasant evening; **b. anniversaire!** happy birthday!; **bonne année!** Happy New Year!

(**c**) *(charitable)* kind, good (**avec qn** to sb)

(**d**) *(correct)* right

(**e**) *(apte)* fit; **b. à manger** fit to eat; **elle n'est bonne à rien** she's useless

(**f**) *(prudent)* wise, good; **juger b. de partir** to think it wise to leave

(**g**) *(compétent)* good; **b. en français** good at French

(**h**) *(profitable) (investissement, conseil, idée)* good; **c'est b. à savoir** it's worth knowing

(**i**) *(valable)* valid

(**j**) *(en intensif)* **un b. rhume** a bad cold; **dix bonnes minutes** a good ten minutes; **j'ai mis un b. moment à comprendre** it took me a while to understand

(**k**) *(locutions)* **à quoi b.?** what's the point?; **quand b. vous semble** whenever you like; **pour de b.** *(partir, revenir)* for good; **tenir b.** *(personne)* to hold out; **elle est bien bonne!** that's a good one!

2 *nm* **avoir du b.** to have some good points; **un b. à rien** a good-for-nothing; **les bons et les méchants** the goodies and the baddies

3 *adv* **sentir b.** to smell good; **il fait b.** it's nice and warm

4 *exclam* **b.! on y va?** right, shall we go?; **ah b., je ne le savais pas** really? I didn't know; **ah b.?** is that so?

---

bon[2] [bɔ̃] *nm (papier)* coupon, *Br* voucher; *Fin (titre)* bond; **b. d'achat** gift voucher; **b. de réduction** money-off coupon

bonbon [bɔ̃bɔ̃] *nm Br* sweet, *Am* candy

bonbonne [bɔ̃bɔn] *nf (bouteille)* demijohn; *(de gaz)* cylinder

bond [bɔ̃] *nm* leap, jump; *(de balle)* bounce; **faire un b.** to leap up; **se lever d'un b.** *(du lit)* to jump out of bed; *(d'une chaise)* to leap up; **faire faux b. à qn** to leave sb in the lurch

bonde [bɔ̃d] *nf (bouchon)* plug; *(trou)* plughole

bondé, -e [bɔ̃de] *adj* packed, crammed

bondir [bɔ̃dir] *vi* to leap, to jump; **b. sur qn/qch** to pounce on sb/sth

bonheur [bɔnœr] *nm (bien-être)* happiness; *(chance)* good fortune; **porter b. à qn** to bring sb luck; **par b.** luckily

bonhomie [bɔnɔmi] *nf* good-naturedness

bonhomme [bɔnɔm] (*pl* **bonshommes** [bɔ̃zɔm]) *nm* fellow, guy; **b. de neige** snowman

bonjour [bɔ̃ʒur] *nm & exclam (le matin)* hello, good morning; *(l'après-midi)* hello, good afternoon
bonne[1] [bɔn] *voir* **bon**[1]
bonne[2] [bɔn] *nf (domestique)* maid; **b. d'enfants** nanny
bonnement [bɔnmɑ̃] *adv* **tout b.** simply
bonnet [bɔnɛ] *nm (coiffure)* hat; *(de soutien-gorge)* cup; *Fam* **gros b.** bigshot; **b. de bain** bathing cap ▪ **bonneterie** *nf (bas)* hosiery
bonniche [bɔniʃ] *nf* = **boniche**
bonsoir [bɔ̃swar] *nm & exclam (en rencontrant quelqu'un)* hello, good evening; *(en partant)* goodbye; *(au coucher)* goodnight
bonté [bɔ̃te] *nf* kindness, goodness
bonus [bɔnys] *nm (de salaire)* bonus; *(d'assurance)* no-claims bonus
bord [bɔr] *nm (limite)* edge; *(de chapeau)* brim; *(de verre)* rim; **le b. du trottoir** *Br* the kerb, *Am* the curb; **au b. de la route** at the side of the road; **au b. de la rivière** beside the river; **au b. de la mer** at the seaside; **au b. des larmes** on the verge of tears; **à b. d'un bateau/d'un avion** on board a boat/a plane; **monter à b.** to go on board; **par-dessus b.** overboard
bordeaux [bɔrdo] **1** *nm (vin)* Bordeaux (wine); *(rouge)* claret **2** *adj inv* burgundy
bordée [bɔrde] *nf Naut (salve)* broadside; *Fig (d'injures)* torrent
border [bɔrde] *vt (lit)* to tuck in; *(sujet: arbres)* to line
bordereau, -x [bɔrdəro] *nm Fin & Com* note
bordure [bɔrdyr] *nf (bord)* edge; *(de vêtement)* border; **en b. de route** by the roadside
borgne [bɔrɲ] *adj (personne)* one-eyed
borne [bɔrn] *nf (limite)* boundary marker; *(pierre)* boundary stone; *Él* terminal; *Fam (kilomètre)* kilometer; *Fig* **sans bornes** boundless; *Fig* **dépasser les bornes** to go too far
borné, -e [bɔrne] *adj (personne)* narrow-minded; *(esprit)* narrow
borner [bɔrne] **1** *vt (terrrain)* to mark out **2 se borner** *vpr* **se b. à qch/à faire qch** *(personne)* to restrict oneself to sth/to doing sth; **se b. à qch** *(chose)* to be limited to sth
Bosnie [bɔzni] *nf* **la B.** Bosnia
bosquet [bɔskɛ] *nm* grove
bosse [bɔs] *nf (de bossu, de chameau)* hump; *(enflure)* bump, lump; *(de terrain)* bump
bosseler [bɔsle] *vt (déformer)* to dent
bosser [bɔse] *vi Fam* to work
bosseur, -euse [bɔsœr, -øz] *nmf Fam* hard-worker
bossu, -e [bɔsy] **1** *adj (personne)* hunchbacked **2** *nmf* hunchback
botanique [bɔtanik] **1** *adj* botanical **2** *nf* botany
botte [bɔt] *nf (chaussure)* boot; *(de fleurs, de radis)* bunch; **bottes en caoutchouc** rubber boots ▪ **botter** *vt* **botté de cuir** wearing leather boots; *Fam* **b. le derrière à qn** to boot sb up the backside ▪ **bottillon** *nm*, **bottine** *nf* ankle boot
Bottin® [bɔtɛ̃] *nm* phone book
bouc [buk] *nm (animal)* billy goat; *(barbe)* goatee; **b. émissaire** scapegoat
boucan [bukɑ̃] *nm Fam* din, row; **faire du b.** to kick up a row
bouche [buʃ] *nf* mouth; **de b. à oreille** by word of mouth; **b. d'égout** manhole; **b. d'incendie** *Br* fire hydrant, *Am* fireplug ▪ **bouchée** *nf* mouthful ▪ **bouche-à-bouche** *nm* mouth-to-mouth resuscitation
boucher[1] [buʃe] **1** *vt (fente, trou)* to fill in; *(conduite, fenêtre)* to block up; *(vue, rue, artère)* to block; *(bouteille)* to cork **2 se boucher** *vpr (conduite)* to get blocked up; **se b. le nez** to hold one's nose ▪ **bouché, -e** *adj (conduite)* blocked; *Fam (personne)* dense; **j'ai le nez b.** my nose is stuffed up ▪ **bouche-trou** (*pl* **bouche-trous**) *nm Fam* stopgap

boucher[2]**, -ère** [buʃe, -ɛr] *nmf* butcher ▪ **boucherie** *nf* butcher's (shop); *Fig (carnage)* butchery

bouchon [buʃɔ̃] *nm* (**a**) *(à vis)* cap, top; *(de tonneau)* stopper; *(de liège)* cork; *(de canne à pêche)* float (**b**) *(embouteillage)* traffic jam ▪ **bouchonner** *vt Fam* **ça bouchonne** *(sur la route)* there's congestion

boucle [bukl] *nf (de ceinture)* buckle; *(de cheveu)* curl; *(méandre)* loop; **b. d'oreille** earring

boucler [bukle] **1** *vt (ceinture, valise)* to buckle; *(quartier)* to seal off; **b. ses valises** *(se préparer à partir)* to pack one's bags **2** *vi (cheveux)* to be curly ▪ **bouclé, -e** *adj (cheveux)* curly

bouclier [buklije] *nm* shield

bouddhiste [budist] *adj & nmf* Buddhist

bouder [bude] **1** *vi* to sulk **2** *vt (personne)* to refuse to talk to; **b. une élection** to refuse to vote ▪ **boudeur, -euse** *adj* sulky

boudin [budɛ̃] *nm* **b. noir** *Br* black pudding, *Am* blood sausage; **b. blanc** white pudding

boue [bu] *nf* mud ▪ **boueux, -euse** *adj* muddy

bouée [bwe] *nf Naut* buoy; **b. de sauvetage** lifebelt; **b. (gonflable)** *(d'enfant)* (inflatable) rubber ring

bouffe [buf] *nf Fam (nourriture)* grub

bouffée [bufe] *nf (de fumée)* puff; *(de parfum)* whiff; *Fig (de colère)* outburst; *Méd* **b. de chaleur** *Br* hot flush, *Am* hot flash

bouffer[1] [bufe] *vti Fam (manger)* to eat

bouffer[2] [bufe] *vi (manche, jupe)* to puff out ▪ **bouffi, -e** *adj (yeux, visage)* puffy

bouffon, -onne [bufɔ̃, -ɔn] **1** *adj* farcical **2** *nm* buffoon ▪ **bouffonneries** *nfpl (actes)* antics

bougeoir [buʒwar] *nm* candlestick

bougeotte [buʒɔt] *nf Fam* **avoir la b.** to be fidgety

bouger [buʒe] **1** *vti* to move; **rester sans b.** to keep still **2 se bouger** *vpr Fam (se déplacer)* to move; *(s'activer)* to get a move on

bougie [buʒi] *nf (en cire)* candle; *(de moteur)* spark plug

bougonner [bugɔne] *vi Fam* to grumble

bouillabaisse [bujabɛs] *nf* bouillabaisse, = Provençal fish soup

bouilli, -e[1] [buji] *adj* boiled

bouillie[2] [buji] *nf (pour bébé)* baby food; *(à base de céréales)* baby cereal

bouillir* [bujir] *vi* to boil; **faire b. qch** to boil sth; **b. de colère** to be seething (with anger) ▪ **bouillant, -e** *adj (qui bout)* boiling; *(très chaud)* boiling hot

bouilloire [bujwar] *nf* kettle

bouillon [bujɔ̃] *nm (aliment)* stock; *(bulles)* bubbles ▪ **bouillonner** *vi* to bubble

bouillotte [bujɔt] *nf* hot-water bottle

boulanger, -ère [bulɑ̃ʒe, -ɛr] *nmf* baker ▪ **boulangerie** *nf* baker's (shop)

boule [bul] *nf (sphère)* ball; **boules** *(jeu)* bowls; **b. de neige** snowball; *Fig* **faire b. de neige** to snowball; **boules Quiès®** earplugs

bouledogue [buldɔg] *nm* bulldog

boulet [bulɛ] *nm (de forçat)* ball and chain; **b. de canon** cannonball

boulette [bulɛt] *nf (de papier)* ball; *(de viande)* meatball

boulevard [bulvar] *nm* boulevard

bouleverser [bulvɛrse] *vt (émouvoir)* to move deeply; *(perturber)* to distress; *(projets, habitudes)* to disrupt; *(vie)* to turn upside down ▪ **bouleversant, -e** *adj (émouvant)* deeply moving, *(perturbant)* distressing

boulimie [bulimi] *nf Méd* bulimia ▪ **boulimique** *adj* **être b.** to have bulimia

boulon [bulɔ̃] *nm* bolt

boulot[1] [bulo] *nm Fam (emploi)* job; *(travail)* work

boulot[2]**, -otte** [bulo, -ɔt] *adj Fam* tubby

bouquet [bukɛ] *nm (fleurs)* bunch of flowers; *(d'arbres)* clump; *(de vin)* bouquet; *Fig* **c'est le b.!** that takes the *Br* biscuit *or Am* cake!

bouquin [bukɛ̃] *nm Fam* book ▪ **bouquiner** *vti Fam* to read ▪ **bouquiniste** *nmf* second-hand bookseller

bourbier [burbje] *nm (lieu, situation)* quagmire

bourde [burd] *nf Fam (gaffe)* blunder; **faire une b.** to put one's foot in it

bourdon [burdɔ̃] *nm (insecte)* bumblebee ▪ **bourdonnement** *nm (d'insecte)* buzz(ing) ▪ **bourdonner** *vi (insecte, oreilles)* to buzz

bourg [bur] *nm* market town ▪ **bourgade** *nf* village

bourgeois, -e [burʒwa, -waz] **1** *adj* middle-class **2** *nmf* middle-class person ▪ **bourgeoisie** *nf* middle class

bourgeon [burʒɔ̃] *nm* bud ▪ **bourgeonner** *vi* to bud

bourgogne [burgɔɲ] *nm (vin)* Burgundy

bourrage [buraʒ] *nm Fam* **b. de crâne** brainwashing

bourrasque [burask] *nf* squall, gust of wind

bourratif, -ive [buratif, -iv] *adj Fam* stodgy

bourre [bur] *nf (pour rembourrer)* stuffing

bourreau, -x [buro] *nm* executioner; **b. de travail** workaholic

bourrelet [burlɛ] *nm (contre les courants d'air)* weather strip; **b. de graisse** spare *Br* tyre *or Am* tire

bourrer [bure] **1** *vt (coussin)* to stuff (**de** with); *(sac)* to cram (**de** with); *(pipe)* to fill; **b. qn de qch** *(gaver)* to fill sb up with sth **2 se bourrer** *vpr* **se b. de qch** *(se gaver)* to stuff oneself up with ▪ **bourré, -e** *adj* (**a**) *(plein)* **b. à craquer** full to bursting (**b**) *Fam (ivre)* plastered

bourrique [burik] *nf* she-ass; *Fam* **faire tourner qn en b.** to drive sb crazy

bourru, -e [bury] *adj* surly

bourse [burs] *nf (sac)* purse; *Scol & Univ* **b. (d'étude)** grant; **la B.** the Stock Exchange ▪ **boursier, -ère 1** *adj* **opération boursière** Stock Exchange transaction **2** *nmf (élève, étudiant)* grant holder

boursouflé, -e [bursufle] *adj (visage, yeux)* puffy

bous [bu] *voir* **bouillir**

bousculer [buskyle] **1** *vt (pousser)* to jostle; *(presser)* to rush; *Fig (habitudes)* to disrupt **2 se bousculer** *(foule)* to push and shove ▪ **bousculade** *nf (agitation)* pushing and shoving

bousiller [buzije] *vt Fam* to wreck

boussole [busɔl] *nf* compass

bout[1] [bu] *voir* **bouillir**

bout[2] [bu] *nm (extrémité)* end; *(de langue, de doigt)* tip; *(morceau)* bit; **faire un b. de chemin** to go part of the way; **d'un b. à l'autre** from one end to the other; **au b. de la rue** at the end of the street; **au b. d'un moment** after a while; *Fam* **au b. du fil** *(au téléphone)* on the other end; **jusqu'au b.** *(lire, rester)* (right) to the end; **à b. de forces** exhausted; **à b. de souffle** out of breath; **pousser qn à b.** to push sb too far

boutade [butad] *nf (plaisanterie)* quip

boute-en-train [butɑ̃trɛ̃] *nm inv (personne)* live wire

bouteille [butɛj] *nf* bottle; *(de gaz)* cylinder

boutique [butik] *nf Br* shop, *Am* store; *(de couturier)* boutique; **fermer b.** to shut up shop ▪ **boutiquier, -ère** *nmf Br* shopkeeper, *Am* storekeeper

bouton [butɔ̃] *nm (bourgeon)* bud; *(au visage)* spot; *(de vêtement)* button; *(de porte, de télévision)* knob; **b. de manchette** cufflink ▪ **bouton-d'or** (*pl* **boutons-d'or**) *nm* buttercup ▪ **boutonner** *vt*, **se boutonner** *vpr (vêtement)* to button (up) ▪ **boutonnière** *nf* buttonhole

bouture [butyr] *nf* cutting

bovins [bɔvɛ̃] *nmpl* cattle

bowling [boliŋ] *nm (jeu) Br* tenpin bowling, *Am* tenpins; *(lieu)* bowling alley

box [bɔks] (*pl* **boxes**) *nm (d'écurie)* stall;

(de dortoir) cubicle; *(garage)* lock-up garage; *Jur* **b. des accusés** dock

boxe [bɔks] *nf* boxing ▪ **boxer** *vi* to box ▪ **boxeur** *nm* boxer

boyau, -x [bwajo] *nm (intestin)* gut; *(corde)* catgut; *(de vélo)* tubular *Br* tyre or *Am* tire; *(de mine)* narrow gallery

boycotter [bɔjkɔte] *vt* to boycott ▪ **boycottage** *nm* boycott

BP [bepe] *(abrév* **boîte postale**) *nf* PO Box

bracelet [braslɛ] *nm (bijou)* bracelet; *(rigide)* bangle; *(de montre) Br* strap, *Am* band ▪ **bracelet-montre** (*pl* **bracelets-montres**) *nm* wristwatch

braconner [brakɔne] *vi* to poach ▪ **braconnier** *nm* poacher

brader [brade] *vt* to sell off cheaply ▪ **braderie** *nf* clearance sale

braguette [bragɛt] *nf (de pantalon)* fly, *Br* flies

braille [braj] *nm* Braille; **en b.** in Braille

brailler [braje] *vti* to yell

braire* [brɛr] *vi (âne)* to bray

braises [brɛz] *nfpl* embers ▪ **braiser** *vt Culin* to braise

brancard [brɑ̃kar] *nm (civière)* stretcher; *(de charrette)* shaft

branche [brɑ̃ʃ] *nf (d'arbre, de science)* branch; *(de lunettes)* side piece ▪ **branchages** *nmpl (des arbres)* branches; *(coupés)* cut branches

brancher [brɑ̃ʃe] **1** *vt (à une prise)* to plug in; *(à un réseau)* to connect **2 se brancher** *vpr* **se b. sur** *(station de radio)* to tune in to ▪ **branchement** *nm (fils)* connection

brandir [brɑ̃dir] *vt* to brandish

branle [brɑ̃l] *nm* **mettre qch en b.** *(mécanisme, procédure)* to set sth in motion ▪ **branlant, -e** *adj (chaise, escalier)* rickety ▪ **branler** *vi (chaise, escalier)* to be rickety

braquer [brake] **1** *vt (diriger)* to point (**sur** at); *(regard)* to fix (**sur** on); *Fam (banque)* to hold up; **b. qn contre qn/qch** to turn sb against sb/sth **2** *vi Aut* to turn the steering wheel

braquet [brakɛ] *nm* gear ratio

bras [bra] *nm* arm; **b. dessus b. dessous** arm in arm; **les b. croisés** with one's arms folded; *Fig* **b. droit** *(assistant)* right-hand man

brasier [brɑzje] *nm* blaze, inferno

brassard [brasar] *nm* armband

brasse [bras] *nf (nage)* breaststroke; *(mouvement)* stroke; **b. papillon** butterfly stroke

brassée [brase] *nf* armful

brasser [brase] *vt (mélanger)* to mix; *(bière)* to brew ▪ **brassage** *nm (mélange)* mixing; *(de la bière)* brewing

brasserie [brasri] *nf (usine)* brewery; *(café)* brasserie

brassière [brasjɛr] *nf (de bébé) Br* vest, *Am* undershirt

bravade [bravad] *nf* bravado

brave [brav] **1** *adj (courageux)* brave; *(bon)* good **2** *nm (héros)* brave man

braver [brave] *vt (personne)* to defy; *(danger)* to brave

bravo [bravo] *exclam* bravo!

bravoure [bravur] *nf* bravery

break [brek] *nm (voiture) Br* estate car, *Am* station wagon

brebis [brəbi] *nf* ewe; *Fig* **b. galeuse** black sheep

brèche [brɛʃ] *nf* gap; *(dans la coque d'un bateau)* hole

bréchet [breʃɛ] *nm* breastbone

bredouille [brəduj] *adj* empty-handed

bredouiller [brəduje] *vti* to mumble

bref, brève [bref, brɛv] **1** *adj* brief, short **2** *adv* in short; **enfin b....** in a word...

Brésil [brezil] *nm* **le B.** Brazil ▪ **brésilien, -enne 1** *adj* Brazilian **2** *nmf* **B., Brésilienne** Brazilian

Bretagne [brətaɲ] *nf* **la B.** Brittany ▪ **breton, -onne 1** *adj* Breton **2** *nmf* **B., Bretonne** Breton

bretelle [brətɛl] *nf* strap; **bretelles** *(de pantalon) Br* braces, *Am* suspenders; **b. (d'accès)** *(route)* access road

breuvage [brœvaʒ] *nm* potion

brève [brɛv] *voir* **bref**

brevet [brəvɛ] *nm (certificat)* certificate; *(diplôme)* diploma; *Scol* **b. des collèges** = exam taken at 14; **b. de technicien supérieur** = advanced vocational training certificate; **b. (d'invention)** patent ▪ **breveter** *vt* to patent

bric-à-brac [brikabrak] *nm inv (vieux objets)* odds and ends

bricole [brikɔl] *nf (objet, futilité)* trifle

bricoler [brikɔle] **1** *vt (construire)* to put together; *(réparer)* to fix
2 *vi* to do-it-yourself ▪ **bricolage** *nm (travail)* DIY, do-it-yourself; **faire du b.** to do some DIY ▪ **bricoleur, -euse 1** *adj* **être b.** to be good with one's hands **2** *nmf* handyman, *f* handywoman

bride [brid] *nf (de cheval)* bridle ▪ **brider** *vt (cheval)* to bridle; *(personne, désir)* to curb; **avoir les yeux bridés** to have slanting eyes

bridge [bridʒ] *nm (jeu, prothèse)* bridge

brièvement [briɛvmɑ̃] *adv* briefly ▪ **brièveté** *nf* brevity

brigade [brigad] *nf (de gendarmerie)* squad; *Mil* brigade ▪ **brigadier** *nm (de police)* police sergeant; *Mil* corporal

brigand [brigɑ̃] *nm (bandit)* brigand

briguer [brige] *vt (honneur, poste)* to sollicit

brillant, -e [brijɑ̃, -ɑ̃t] **1** *adj (luisant)* shining; *(couleur)* bright; *(cheveux, cuir)* shiny; *Fig (remarquable)* brilliant **2** *nm (éclat)* shine; *(diamant)* diamond; **b. à lèvres** lip gloss ▪ **brillamment** [-amɑ̃] *adv* brilliantly

briller [brije] *vi* to shine; **faire b. qch** to polish sth

brimer [brime] *vt* to bully ▪ **brimades** *nfpl (vexations)* bullying

brin [brɛ̃] *nm (d'herbe)* blade; *(de muguet)* spray; *(de fil)* strand; *Fig* **un b. de qch** a bit of sth; **faire un b. de toilette** to have a quick wash

brindille [brɛ̃dij] *nf* twig

bringue[1] [brɛ̃g] *nf Fam* **faire la b.** to go on a binge

bringue[2] [brɛ̃g] *nf Fam* **grande b.** *(fille)* beanpole

brio [brijo] *nm* brilliance

brioche [brijɔʃ] *nf* brioche ▪ **brioché** *adj* **pain b.** = milk bread

brique [brik] *nf (de construction)* brick; **mur de briques** brick wall

briquer [brike] *vt (nettoyer)* to scrub down

briquet [brikɛ] *nm* (cigarette) lighter

bris [bri] *nm (de verre)* breaking; **b. de glaces** broken windows

brise [briz] *nf* breeze

briser [brize] **1** *vt* to break; *(opposition, résistance)* to crush; *(espoir, carrière)* to wreck; *(fatiguer)* to exhaust **2 se briser** *vpr* to break ▪ **brise-glace** *nm inv (navire)* ice breaker ▪ **brise-lames** *nm inv* breakwater

britannique [britanik] **1** *adj* British **2** *nmf* **B.** Briton; **les Britanniques** the British

broc [bro] *nm* pitcher, jug

brocante [brɔkɑ̃t] *nf (commerce)* second-hand trade ▪ **brocanteur** *nm* secondhand dealer

broche [brɔʃ] *nf (pour rôtir)* spit; *(bijou)* brooch; *(pour fracture)* pin; **faire cuire qch à la b.** to spit-roast sth ▪ **brochette** *nf (tige)* skewer; *(plat)* kebab

broché, -e [brɔʃe] *adj* **livre b.** paperback

brochet [brɔʃɛ] *nm* pike

brochure [brɔʃyr] *nf* brochure, pamphlet

brocolis [brɔkɔli] *nmpl* broccoli

broder [brɔde] *vt* to embroider (**de** with) ▪ **broderie** *nf (activité)* embroidery

broncher [brɔ̃ʃe] *vi* **il n'a pas bronché** he didn't bat an eyelid

bronches [brɔ̃ʃ] *nfpl* bronchial tubes ▪ **bronchite** *nf* bronchitis; **avoir une b.** to have bronchitis

bronze [brɔ̃z] *nm* bronze

bronzer [brɔ̃ze] *vi* to tan ▪ **bronzage** *nm* (sun)tan

brosse [brɔs] *nf* brush; **donner un**

coup de b. à qch to give sth a brush; **cheveux en b.** crew cut; **b. à dents** toothbrush ▪ **brosser 1** *vt (tapis, cheveux)* to brush; **b. un tableau de qch** to give an outline of sth **2 se brosser** *vpr* **se b. les dents/les cheveux** to brush one's teeth/one's hair

brouette [bruɛt] *nf* wheelbarrow

brouhaha [bruaa] *nm* hubbub

brouillard [brujar] *nm* fog; **il y a du b.** it's foggy

brouiller [bruje] **1** *vt (idées)* to muddle up; *(vue)* to blur; *(émission)* to jam **2 se brouiller** *vpr (vue)* to get blurred; *(se disputer)* to fall out (**avec** with) ▪ **brouillé, -e** *adj (teint)* blotchy; **être b. avec qn** to have fallen out with sb

brouillon, -onne [brujɔ̃, -ɔn] **1** *adj (mal organisé)* disorganized; *(mal présenté)* untidy **2** *nm* rough draft; **(papier) b.** *Br* scrap paper, *Am* scratch paper

broussailles [brusɑj] *nfpl* scrub

brousse [brus] *nf* **la b.** the bush

brouter [brute] *vti* to graze

broyer [brwaje] *vt* to grind; *(doigt, bras)* to crush

bru [bry] *nf* daughter-in-law

brugnon [bryɲɔ̃] *nm* nectarine

bruine [brɥin] *nf* drizzle ▪ **bruiner** *v impersonnel* to drizzle; **il bruine** it's drizzling

bruissement [brɥismɑ̃] *nm (de feuilles)* rustle, rustling

bruit [brɥi] *nm* noise, sound; *(nouvelle)* rumour; **faire du b.** to make a noise ▪ **bruitage** *nm Cin* sound effects

brûlant, -e [brylɑ̃, -ɑ̃t] *adj (objet, soupe)* burning hot; *(soleil)* scorching; *Fig (sujet)* burning

brûlé, -e [bryle] *nm* **odeur de b.** burnt smell; **sentir le b.** to smell burnt

brûle-pourpoint [brylpurpwɛ̃] **à brûle-pourpoint** *adv* point-blank

brûler [bryle] **1** *vt (sujet: flamme, acide)* to burn; *(feu rouge)* to go through **2** *vi* to burn **3 se brûler** *vpr* to burn oneself; **se b. la langue** to burn one's tongue

brûlure [brylyr] *nf* burn

brume [brym] *nf* mist, haze ▪ **brumeux, -euse** *adj* misty, hazy

brun, -e [brœ̃, bryn] **1** *adj (cheveux)* dark, brown; *(personne)* dark-haired; **être b. de peau** to be dark-skinned **2** *nm (couleur)* brown **3** *nmf* dark-haired man, *f* dark-haired woman ▪ **brunette** *nf* brunette ▪ **brunir** *vi (personne, peau)* to tan; *(cheveux)* to darken

brushing® [brœʃiŋ] *nm* blow-dry; **faire un b. à qn** to blow-dry sb's hair

brusque [brysk] *adj* abrupt ▪ **brusquement** [-əmɑ̃] *adv* abruptly ▪ **brusquer** *vt (décision)* to rush ▪ **brusquerie** *nf* abruptness

brut, -e [bryt] *adj (pétrole)* crude; *(diamant)* rough; *(poids, salaire)* gross; *(champagne)* extra-dry; **à l'état b.** in its raw state

brutal, -e, -aux, -ales [brytal, -o] *adj (personnes, manières, paroles)* brutal; *(franchise, réponse)* crude, blunt; *(changement)* abrupt; **être b. avec qn** to be rough with sb ▪ **brutalement** *adv (violemment)* brutally; *(avec brusquerie)* bluntly; *(soudainement)* abruptly ▪ **brutaliser** *vt* to ill-treat ▪ **brutalité** *nf (violence, acte)* brutality; *(soudaineté)* abruptness ▪ **brute** *nf* brute

Bruxelles [brysɛl] *nm ou f* Brussels

bruyant, -e [brɥijɑ̃, -ɑ̃t] *adj* noisy ▪ **bruyamment** [-amɑ̃] *adv* noisily

bruyère [bryjɛr] *nf (plante)* heather; *(terrain)* heath

BTS [beteɛs] *(abrév* **brevet de technicien supérieur***) nm* = advanced vocational training certificate

bu, -e [by] *pp de* **boire**

buanderie [bɥɑ̃dri] *nf (lieu)* laundry

bûche [byʃ] *nf* log; **b. de Noël** Yule log ▪ **bûcher** *nm (à bois)* woodshed; *(de supplice)* stake

bûcheron [byʃrɔ] *nm* woodcutter

bûcheur, -euse [byʃœr, -øz] *nmf Br* swot, *Am* grind

budget [bydʒɛ] *nm* budget ▪ **budgétaire** *adj* budgetary; *(année)* financial

buée [bɥe] *nf (sur vitre)* condensation; *(sur miroir)* mist

buffet [byfɛ] *nm (meuble bas)* sideboard; *(meuble haut)* dresser; *(repas)* buffet

buffle [byfl] *nm* buffalo

buisson [bɥisɔ̃] *nm* bush

buissonnière [bɥisɔnjɛr] *adj f* **faire l'école b.** *Br* to play truant, *Am* to play hookey

bulbe [bylb] *nm* bulb

Bulgarie [bylgari] *nf* **la B.** Bulgaria ▪ **bulgare 1** *adj* Bulgarian **2** *nmf* **B.** Bulgarian

bulldozer [byldozœr] *nm* bulldozer

bulle [byl] *nf (d'air, de savon)* bubble; *(de bande dessinée)* balloon; **faire des bulles** to blow bubbles

bulletin [byltɛ̃] *nm (communiqué, revue)* bulletin; **b. d'informations** news bulletin; **b. de paie** *ou* **de salaire** *Br* pay slip, *Am* pay stub; **b. de santé** medical bulletin; **b. de vote** ballot paper; **b. météo** weather report; **b. scolaire** *Br* school report, *Am* report card

bureau, -x [byro] *nm (table)* desk; *(lieu)* office; *(comité)* committee; **b. de change** bureau de change; **b. de poste** post office; **b. de tabac** *Br* tobacconist's (shop), *Am* tobacco store

bureaucratie [byrokrasi] *nf* bureaucracy ▪ **bureaucratique** *adj* bureaucratic

Bureautique® [byrotik] *nf* office automation

burette [byrɛt] *nf (pour huile)* oilcan; *(de chimiste)* burette

burin [byrɛ̃] *nm (de graveur)* burin; *(pour découper)* (cold) chisel

buriné, -e [byrine] *adj (visage)* seamed

burlesque [byrlɛsk] *adj (idée)* ludicrous; *(genre)* burlesque

bus[1] [bys] *nm* bus

bus[2] [by] *pt de* **boire**

buste [byst] *nm (torse)* chest; *(sculpture)* bust ▪ **bustier** *nm (corsage)* bustier

but[1] [by(t)] *nm (objectif)* aim, goal; *(intention)* purpose; *Sport* goal

but[2] [by] *pt de* **boire**

butane [bytan] *nm* butane

buter [byte] **1** *vt* **b. qn** to put sb's back up **2** *vi* **b. contre qch** *(cogner)* to bump into sth; *(trébucher)* to stumble over sth; *Fig (difficulté)* to come up against sth **3 se buter** *vpr (s'entêter)* to digone's heels in ▪ **buté, -e** *adj* obstinate

butin [bytɛ̃] *nm (de voleur)* loot; *(de pillards)* spoils; *(d'armée)* booty

butoir [bytwar] *nm (pour train)* buffer; *(de porte)* stopper, *Br* stop

buvard [byvar] *nm* blotting paper

buvette [byvɛt] *nf* refreshment bar

buveur, -euse [byvœr, -øz] *nmf* drinker; **un grand b.** a heavy drinker

buviez [byvje] *voir* **boire**

Cc

C, c [se] *nm inv* C, c
c' [s] *voir* **ce²**

ÇA [sa] *(abrév* **cela***) pron démonstratif (pour désigner)* that; *(plus près)* this; *(sujet indéfini)* it, that; **où/quand ça?** where?/when?; **ça dépend** it depends; **ça va?** how are things?; **ça va!** fine!, OK!; **c'est ça** that's right

---

çà [sa] **çà et là** *adv* here and there
cabane [kaban] *nf (baraque)* hut; *(en rondin)* cabin; *(de jardin)* shed; **c. à outils** tool shed
cabaret [kabarɛ] *nm* cabaret
cabillaud [kabijo] *nm* (fresh) cod
cabine [kabin] *nf (de bateau)* cabin; **c. d'essayage** fitting room; **c. de pilotage** cockpit; **c. téléphonique** phone box
cabinet [kabine] *nm (de médecin) Br* surgery, *Am* office; *(d'avocat)* firm; *(de ministre)* departmental staff; **c. de toilette** (small) bathroom; *Fam* **les cabinets** *Br* the loo, *Am* the john
câble [kɑbl] *nm* cable; *TV* **le c.** cable ▪ **câbler** *vt TV (ville, quartier)* to install cable television in
cabrer [kabre] **se cabrer** *vpr (cheval)* to rear (up)
cabriole [kabriɔl] *nf (saut)* caper; **faire des cabrioles** to caper about
cabriolet [kabriɔlɛ] *nm (auto)* convertible
cacah(o)uète [kakawɛt] *nf* peanut
cacao [kakao] *nm (poudre)* cocoa
cache [kaʃ] *nf* hiding place ▪ **cache-cache** *nm inv* **jouer à c.** to play hide and seek ▪ **cache-nez** *nm inv* scarf
cachemire [kaʃmir] *nm (laine)* cashmere
cacher [kaʃe] **1** *vt* to hide (**à** from) **2 se cacher** *vpr* to hide
cachet [kaʃɛ] *nm (sceau)* seal; *(de fabrication)* stamp; *(comprimé)* tablet; *(d'acteur)* fee; *(originalité)* character; **c. de la poste** postmark ▪ **cacheter** *vt* to seal
cachette [kaʃɛt] *nf* hiding place; **en c.** in secret
cachot [kaʃo] *nm* dungeon
cachotteries [kaʃɔtri] *nfpl* **faire des cachotteries** to be secretive
cactus [kaktys] *nm* cactus
cadavre [kadɑvr] *nm* corpse ▪ **cadavérique** *adj (teint)* deathly pale
caddie® [kadi] *nm Br* trolley, *Am* cart
cadeau, -x [kado] *nm* present, gift; **faire un c. à qn** to give sb a present
cadenas [kadnɑ] *nm* padlock
cadence [kadɑ̃s] *nf (taux, vitesse)* rate; *(de chanson)* rhythm
cadet, -ette [kade, -ɛt] **1** *adj (de deux)* younger; *(de plus de deux)* youngest **2** *nmf (de deux)* younger (one); *(de plus de deux)* youngest (one); *Sport* junior
cadran [kadrɑ̃] *nm (de téléphone)* dial; *(de montre)* face; **c. solaire** sundial
cadre [kɑdr] *nm* (**a**) *(de photo, de vélo)* frame; *(décor)* setting; **dans le c. de** within the framework of (**b**) *(d'entreprise)* executive; **les cadres** the management; *Mil* the officers
cadrer [kɑdre] **1** *vt (photo)* to centre **2** *vi (correspondre)* to tally (**avec** with)
caduc, caduque [kadyk] *adj (feuille)* deciduous

cafard [kafar] *nm (insecte)* cockroach

café [kafe] *nm (produit, boisson)* coffee; *(bar)* café; **c. au lait, c. crème** *Br* white coffee, *Am* coffee with milk; **c. noir** black coffee; **c. soluble** *ou* **instantané** instant coffee ▪ **caféine** *nf* caffeine ▪ **cafétéria** *nf* cafeteria ▪ **cafetier** *nm* café owner ▪ **cafetière** *nf (récipient)* coffeepot; *(électrique)* coffee machine

cage [kaʒ] *nf (d'oiseau, de zoo)* cage; *(d'ascenseur)* shaft; *Sport* goal; **c. d'escalier** stairwell

cageot [kaʒo] *nm* crate

cagneux [kaɲø] *adj* **avoir les genous c.** to have knock-knees

cagnotte [kaɲɔt] *nf (caisse commune)* kitty; *(de jeux)* pool

cagoule [kagul] *nf (de bandit)* hood; *(d'enfant) Br* balaclava, *Am* ski mask

cahier [kaje] *nm* notebook; *(d'écolier)* exercise book; **c. de brouillon** *Br* rough book, *Am* ≃ scratch pad; *Scol* **c. d'appel** register

cahin-caha [kaɛ̃kaa] *adv Fam* **aller c.** *(se déplacer)* to struggle along

caille [kɑj] *nf (oiseau)* quail

cailler [kɑje] *vi (lait)* to curdle ▪ **caillot** *nm (de sang)* clot

caillou, -x [kaju] *nm* stone; *(sur la plage)* pebble

Caire [kɛr] *nm* **le C.** Cairo

caisse [kɛs] *nf* (**a**) *(boîte)* case; *(d'outils)* box; *(cageot)* crate (**b**) *(de magasin)* cash desk; *(de supermarché)* checkout; **c. d'épargne** savings bank; **c. enregistreuse** cash register

caissier, -ère [kesje, -ɛr] *nmf* cashier; *(de supermarché)* checkout operator

cajoler [kaʒɔle] *vt* to cuddle

cajou [kaʒu] *nm* **noix de c.** cashew nut

calamité [kalamite] *nf (fléau)* calamity; *(malheur)* great misfortune

calcaire [kalkɛr] **1** *adj (eau)* hard; *(terrain)* chalky **2** *nm Géol* limestone; *(dépôt)* fur

calciné, -e [kalsine] *adj* burnt to a cinder

calcium [kalsjɔm] *nm* calcium

calcul [kalkyl] *nm* (**a**) *(opérations, estimation)* calculation; *Scol* **le c.** arithmetic; **faire un c.** to make a calculation (**b**) *Méd* stone; **c. rénal** kidney stone

calculatrice [kalkylatris] *nf* **c. (de poche)** (pocket) calculator

calculer [kalkyle] *vt (prix, superficie)* to calculate; *(chances, conséquences)* to weigh (up)

calculette [kalkylɛt] *nf* (pocket) calculator

cale [kal] *nf* (**a**) *(de meuble, de porte)* wedge (**b**) *(de navire)* hold

caleçon [kalsɔ̃] *nm* boxer shorts

calembour [kalɑ̃bur] *nm* pun, play on words

calendrier [kalɑ̃drije] *nm (mois et jours)* calendar; *(programme)* timetable

calepin [kalpɛ̃] *nm* notebook

caler [kale] **1** *vt (meuble, porte)* to wedge; *(chargement)* to secure **2** *vi (moteur)* to stall **3 se caler** *vpr (dans un fauteuil)* to settle oneself comfortably

calfeutrer [kalføtre] *vt (brèches)* to block up

calibre [kalibr] *nm (diamètre)* calibre; *(d'œuf, de fruit)* grade; *(outil)* gauge

Californie [kalifɔrni] *nf* **la C.** California

califourchon [kalifurʃɔ̃] **à califourchon** *adv* astride; **se mettre à c. sur qch** to sit astride sth

câlin, -e [kɑlɛ̃, -in] **1** *adj* affectionate **2** *nm* cuddle; **faire un c. à qn** to give sb a cuddle

calmant [kalmɑ̃] *nm (pour les nerfs)* sedative

calmar [kalmar] *nm* squid

calme [kalm] **1** *adj (flegmatique)* calm, cool; *(tranquille)* quiet; *(mer)* calm **2** *nm* calm(ness); **garder/perdre son c.** to keep/lose one's calm; **du c.!** *(taisez-vous)* keep quiet!; *(pas de panique)* keep calm!

calmer [kalme] **1** *vt (douleur)* to soothe; *(inquiétude)* to calm; *(faim)* to appease; **c. qn** to calm sb down **2 se calmer** *vpr (personne)* to calm down; *(vent)* to die down; *(mer)* to become calm; *(douleur)* to subside

calomnie [kalɔmni] *nf (en paroles)* slander; *(par écrit)* libel ■ **calomnier** *vt (en paroles)* to slander; *(par écrit)* to libel ■ **calomnieux, -euse** *adj (paroles)* slanderous; *(écrits)* libellous

calorie [kalɔri] *nf* calorie

calotte [kalɔt] *nf (chapeau rond)* skullcap

calque [kalk] *nm (copie)* tracing; **(papier-)c.** tracing paper

calvaire [kalvɛr] *nm Rel* calvary; *Fig* ordeal

calvitie [kalvisi] *nf* baldness

camarade [kamarad] *nmf* friend; **c. de classe** classmate; **c. d'école** school friend; **c. de jeu** playmate ■ **camaraderie** *nf* camaraderie

Cambodge [kɑ̃bɔdʒ] *nm* **le C.** Cambodia

cambouis [kɑ̃bwi] *nm* dirty oil

cambrer [kɑ̃bre] **1** *vt* to arch **2 se cambrer** *vpr* to arch one's back ■ **cambrure** *nf (du pied, du dos)* arch

cambrioler [kɑ̃brijɔle] *vt Br* to burgle, *Am* to burglarize ■ **cambriolage** *nm* burglary ■ **cambrioleur, -euse** *nmf* burglar

camée [kame] *nm* cameo

caméléon [kameleɔ̃] *nm* chameleon

camelot [kamlo] *nm* street peddler *or Br* hawker, *Am* huckster ■ **camelote** *nf (pacotille)* junk; *(marchandise)* stuff

camembert [kamɑ̃bɛr] *nm (fromage)* Camembert (cheese)

caméra [kamera] *nf* camera ■ **cameraman** (*pl* **-mans** *ou* **-men**) *nm* cameraman

Caméscope® [kameskɔp] *nm* camcorder

camion [kamjɔ̃] *nm Br* lorry, *Am* truck; **c. de déménagement** *Br* removal van, *Am* moving van ■ **camion-citerne** (*pl* **camions-citernes**) *nm Br* tanker, *Am* tank truck ■ **camionnette** *nf* van ■ **camionneur** *nm (conducteur) Br* lorry driver, *Am* truck driver; *(entrepreneur) Br* haulier, *Am* trucker

camomille [kamɔmij] *nf (plante)* camomile; *(tisane)* camomile tea

camoufler [kamufle] *vt Mil* to camouflage ■ **camouflage** *nm Mil* camouflage

camp [kɑ̃] *nm (campement)* camp; *(de parti, de jeu)* side; **c. de concentration** concentration camp; **c. de prisonniers** prison camp

campagne [kɑ̃paɲ] *nf* (**a**) *(par opposition à la ville)* country; *(paysage)* countryside; **à la c.** in the country; **en pleine c.** deep in the countryside (**b**) *Mil, Com & Pol* campaign; **c. de presse/publicité** press/publicity campaign ■ **campagnard, -e** *adj* country

camper [kɑ̃pe] **1** *vi* to camp **2** *vt (chapeau)* to plant **3 se camper** *vpr* to plant oneself (**devant** in front of) ■ **campeur, -euse** *nmf* camper

camping [kɑ̃piŋ] *nm (activité)* camping; *(terrain)* camp(ing) site; **faire du c.** to go camping; **c. sauvage** unauthorized camping ■ **camping-car** (*pl* **camping-cars**) *nm* camper

campus [kɑ̃pys] *nm* campus

Canada [kanada] *nm* **le C.** Canada ■ **canadien, -enne 1** *adj* Canadian **2** *nmf* **C., Canadienne** Canadian

canal, -aux [kanal, -o] *nm (cours d'eau)* canal; *(conduite)* conduit; *Fig* channel

canaliser [kanalize] *vt (rivière, fleuve)* to canalize; *Fig (foule, énergie)* to channel ■ **canalisation** *nf (conduite)* pipe

canapé [kanape] *nm* (**a**) *(siège)* sofa, couch (**b**) *(pour l'apéritif)* canapé ■ **canapé-lit** (*pl* **canapés-lits**) *nm* sofa bed

canard [kanar] *nm* duck; *(mâle)* drake; *Fam (journal)* rag

canari [kanari] *nm* canary

cancaner [kɑ̃kane] *vi* to gossip

cancans [kɑ̃kɑ̃] *nmpl* gossip

cancer [kɑ̃sɛr] *nm (maladie)* cancer; **c.**

de l'estomac stomach cancer; **avoir un c.** to have cancer; **le C.** *(signe)* Cancer ▪ **cancéreux, -euse 1** *adj* cancerous **2** *nmf* cancer patient ▪ **cancérigène** *adj* carcinogenic

candeur [kɑ̃dœr] *nf* guilelessness

candidat, -e [kɑ̃dida, -at] *nmf (d'examen, d'élection)* candidate (**à** for); *(de poste)* applicant (**à** for); **être c. aux élections** to stand for election ▪ **candidature** *nf (à un poste)* application (**à** for); *(aux élections)* candidature (**à** for); **poser sa c.** to apply (**à** for); **c. spontanée** unsolicited application

candide [kɑ̃did] *adj* guileless

cane [kan] *nf* (female) duck ▪ **caneton** *nm* duckling

canette [kanɛt] *nf (boîte)* can

canevas [kanva] *nm (toile)* canvas

caniche [kaniʃ] *nm* poodle

canicule [kanikyl] *nf* heatwave

canif [kanif] *nm* penknife

canine [kanin] **1** *adj f (espèce, race)* canine **2** *nf (dent)* canine (tooth)

caniveau, -x [kanivo] *nm* gutter

canne [kan] *nf (tige)* cane; *(pour marcher)* (walking) stick; **c. à pêche** fishing rod; **c. à sucre** sugar cane

cannelle [kanɛl] *nf* cinnamon

cannette [kanɛt] *nf* = **canette**

cannibale [kanibal] *nmf* cannibal

canoë-kayak [kanɔekajak] *nm* canoeing

canon[1] [kanɔ̃] *nm* gun; *(ancien, à boulets)* cannon; *(de fusil)* barrel

canon[2] [kanɔ̃] *nm Rel & Fig (règle)* canon

canot [kano] *nm* boat; **c. de sauvetage** lifeboat; **c. pneumatique** rubber dinghy

cantatrice [kɑ̃tatris] *nf* opera singer

cantine [kɑ̃tin] *nf* (**a**) *(réfectoire)* canteen; *(d'école)* dining hall (**b**) *(coffre)* trunk

canton [kɑ̃tɔ̃] *nm (en France)* canton *(division of a department)*; *(en Suisse)* canton *(semi-autonomous region)*

cantonade [kɑ̃tɔnad] **à la cantonade** *adv* to everyone present

cantonner [kɑ̃tɔne] **1** *vt (troupes)* to quarter; **c. qn dans/à** to confine sb to **2 se cantonner** *vpr* **se c. dans/à** to confine oneself to ▪ **cantonnement** *nm (lieu)* quarters

canular [kanylar] *nm Fam* hoax

CAO [seao] *(abrév* **conception assistée par ordinateur***) nf Ordinat* CAD

caoutchouc [kautʃu] *nm* rubber; *(élastique)* rubber band

CAP [seape] *(abrév* **certificat d'aptitude professionnelle***) nm Scol* = vocational training certificate

cap [kap] *nm Géog* cape, headland; *Naut (direction)* course

capable [kapabl] *adj* capable, able; **c. de qch** capable of sth; **c. de faire qch** able to do sth, capable of doing sth ▪ **capacité** *nf* capacity; *(aptitude)* ability

CAPES [kapɛs] *(abrév* **certificat d'aptitude professionnelle à l'enseignement secondaire***) nm* = postgraduate teaching certificate

capillaire [kapilɛr] *adj* **huile/lotion c.** hair oil/lotion

capitaine [kapitɛn] *nm* captain

capital, -e, -aux, -ales [kapital, -o] **1** *adj (essentiel)* major **2** *adj f* **lettre capitale** capital letter **3** *nm Fin* capital ▪ **capitale** *nf (lettre, ville)* capital

capitalisme [kapitalism] *nm* capitalism ▪ **capitaliste** *adj & nmf* capitalist

capiteux, -euse [kapitø, -øz] *adj (parfum)* heady

capitonné, -e [kapitɔne] *adj* padded

capituler [kapityle] *vi* to surrender ▪ **capitulation** *nf* surrender

caporal, -aux [kapɔral, -o] *nm Mil* corporal

capot [kapo] *nm Aut Br* bonnet, *Am* hood

capote [kapɔt] *nf Aut (de décapotable)* top, *Br* hood

capoter [kapɔte] *vi (véhicule)* to overturn

câpre [kɑpr] *nf* caper

caprice [kapris] *nm* whim; **faire un c.** to throw a tantrum ▪ **capricieux,**

-euse *adj (personne)* capricious
Capricorne [kaprikɔrn] *nm* **le C.** *(signe)* Capricorn
capsule [kapsyl] *nf (spatiale, de médicament)* capsule; *(de bouteille)* cap
capter [kapte] *vt (signal, radio)* to pick up; *(attention)* to capture
captif, -ive [kaptif, -iv] *adj & nmf* captive ▪ **captivité** *nf* captivity; **en c.** in captivity
captiver [kaptive] *vt* to captivate ▪ **captivant, -e** *adj* captivating
capture [kaptyr] *nf* capture ▪ **capturer** *vt* to capture
capuche [kapyʃ] *nf* hood ▪ **capuchon** *nm (de manteau)* hood; *(de stylo, de tube)* cap, top
caqueter [kakte] *vi (poule)* to cackle
car[1] [kar] *conj* because, for
car[2] [kar] *nm* bus, *Br* coach; **c. de police** police van
carabine [karabin] *nf* rifle; **c. à air comprimé** air gun
caractère[1] [karaktɛr] *nm (lettre)* character; **en caractères gras** in bold characters; **caractères d'imprimerie** block letters
caractère[2] [karaktɛr] *nm (tempérament, nature)* character, nature; **avoir bon c.** to be good-natured; **avoir mauvais c.** to be bad-tempered
caractériser [karakterize] **1** *vt* to characterize **2 se caractériser** *vpr* **se c. par** to be characterized by
caractéristique [karakteristik] *adj & nf* characteristic
carafe [karaf] *nf (pour l'eau, le vin)* carafe
carambolage [karɑ̃bɔlaʒ] *nm* pile-up
caramel [karamɛl] *nm* caramel ▪ **caraméliser** *vti* to caramelize
carapace [karapas] *nf (de tortue) & Fig* shell
carat [kara] *nm* carat; **or à 18 carats** 18-carat gold
caravane [karavan] *nf (pour camper) Br* caravan, *Am* trailer; *(dans le désert)* caravan ▪ **caravaning** *nm* caravanning; **faire du c.** to go caravanning
carbone [karbɔn] *nm* carbon; **(papier) c.** carbon (paper) ▪ **carbonique** *adj* **gaz c.** carbon dioxide; **neige c.** dry ice
carbonisé, -e [karbɔnize] *adj (nourriture)* burnt to a cinder
carburant [karbyrɑ̃] *nm* fuel ▪ **carburateur** *nm Aut Br* carburettor, *Am* carburetor
carcasse [karkas] *nf (os)* carcass; *(d'immeuble)* shell
carcéral, -e, -aux, -ales [karseral, -o] *adj* prison
cardiaque [kardjak] **1** *adj (arrêt, massage)* cardiac; **être c.** to have a heart condition **2** *nmf* heart patient
cardigan [kardigɑ̃] *nm* cardigan
cardinal, -e, -aux, -ales [kardinal, -o] **1** *adj (nombre, point, vertu)* cardinal **2** *nm Rel* cardinal
cardiologie [kardjɔlɔʒi] *nf* cardiology
carême [karɛm] *nm Rel* **le c.** Lent; **faire c.** to fast
carence [karɑ̃s] *nf (manque)* deficiency
caresse [karɛs] *nf* caress; **faire des caresses à qn** to caress sb
caresser [karese] *vt (personne)* to caress; *(animal)* to stroke; *Fig (espoir)* to cherish
cargaison [kargɛzɔ̃] *nf* cargo
caricature [karikatyr] *nf* caricature
carie [kari] *nf* **c. (dentaire)** tooth decay; **avoir une c.** to have a cavity
carillon [karijɔ̃] *nm (sonnerie)* chimes; *(horloge)* chiming clock; *(de porte)* door chime
caritatif, -ive [karitatif, -iv] *adj* charitable
carlingue [karlɛ̃g] *nf (d'avion)* cabin
carnage [karnaʒ] *nm* carnage
carnassier, -ère [karnasje, -ɛr] **1** *adj* flesh-eating **2** *nm* carnivore
carnaval, -als [karnaval] *nm* carnival
carnet [karnɛ] *nm* notebook; *(de tickets)* = book of tickets; **c. d'adresses** address book; **c. de chèques** cheque book; **c. de notes** *Br* school report, *Am* report card

carnivore [karnivɔr] **1** *adj* carnivorous **2** *nm* carnivore

carotte [karɔt] *nf* carrot

carpette [karpɛt] *nf* rug

carré, -e [kare] **1** *adj* square; *(épaules)* square, broad; **mètre c.** square metre **2** *nm* square; **avoir une coupe au c.** to have (one's hair in) a bob; *Culin* **c. d'agneau** rack of lamb

carreau, -x [karo] *nm (motif)* square; *(sur tissu)* check; *(de céramique)* tile; *(vitre)* (window) pane; *Cartes (couleur)* diamonds; **tissu à carreaux** check(ed) material

carrefour [karfur] *nm* crossroads *(sing)*

carrelage [karlaʒ] *nm (sol)* tiled floor; *(carreaux)* tiles

carrelet [karlɛ] *nm Br* plaice, *Am* flounder

carrément [karemɑ̃] *adv Fam (franchement)* straight out; *(très)* really

carrière [karjɛr] *nf* (**a**) *(lieu)* quarry (**b**) *(métier)* career; **faire c. dans** to make a career in

carrosse [karɔs] *nm Hist* (horse-drawn) carriage ■ **carrosserie** *nf (de véhicule)* bodywork

carrure [karyr] *nf (de personne)* build; *(de vêtement)* width across the shoulders

cartable [kartabl] *nm* school bag

carte [kart] *nf* (**a**) *(carton, document officiel, informatisé) & Ordinat* card; *(géographique)* map; *(marine, météo)* chart; *Fig* **avoir c. blanche** to have a free hand; **c. (à jouer)** (playing) card; **jouer aux cartes** to play cards; **c. à puce** smart card; **c. de crédit** credit card; **c. d'identité** identity card; **c. de séjour** residence permit; **c. de téléphone** phonecard; **c. de visite** *Br* visiting card, *Am* calling card; *(professionnelle)* business card; **c. de vœux** greetings card; **c. postale** postcard; **c. routière** road map
(**b**) *(de restaurant)* menu; **manger à la c.** to eat à la carte; **c. des vins** wine list

cartel [kartɛl] *nm Écon* cartel

cartomancien, -enne [kartɔmɑ̃sjɛ̃, -ɛn] *nmf* fortune-teller *(who uses cards)*

carton [kartɔ̃] *nm (matière)* cardboard; *(boîte)* cardboard box; **c. à dessin** portfolio; **c. jaune/rouge** *(au football)* yellow/red card ■ **cartonné** *adj* **livre c.** hardback

cartouche [kartuʃ] *nf* cartridge; *(de cigarettes)* carton

cas [kɑ] *nm* case; **en tout c.** in any case; **en c. de besoin** if need be; **en c. d'accident** in the event of an accident; **en c. d'urgence** in an emergency; **au c. où elle tomberait** if she should fall

casanier, -ère [kazanje, -ɛr] *adj* stay-at-home

cascade [kaskad] *nf* (**a**) *(d'eau)* waterfall; **en c.** in succession (**b**) *(de cinéma)* stunt ■ **cascadeur, -euse** *nmf* stunt man, *f* stunt woman

case [kɑz] *nf* (**a**) *(de tiroir)* compartment; *(d'échiquier)* square; *(de formulaire)* box (**b**) *(hutte)* hut

caser [kaze] *Fam* **1** *vt (placer)* to fit in **2 se caser** *vpr (se marier)* to get married and settle down

caserne [kazɛrn] *nf* barracks; **c. de pompiers** fire station

casier [kɑzje] *nm* compartment; *(pour courrier)* pigeonhole; *(pour vêtements)* locker; **c. à bouteilles** bottle rack; *Jur* **c. judiciaire** criminal *or* police record

casino [kazino] *nm* casino

casque [kask] *nm* helmet; **c. (à écouteurs)** headphones

casquette [kaskɛt] *nf* cap

cassation [kɑsɑsjɔ̃] *nf Jur* annulment

casse [kɑs] *nf (objets cassés)* breakages; **aller à la c.** to go for scrap

casser [kɑse] **1** *vt* (**a**) *(briser)* to break; *(noix)* to crack; *(voix)* to strain; *Fam* **c. les pieds à qn** to get on sb's nerves
(**b**) *Jur (verdict)* to quash; *(mariage)* to annul
2 *vi* to break
3 se casser *vpr* to break; **se c. la jambe** to break one's leg; *Fam* **se c. la figure** *(tomber)* to fall flat on one's face

■ **cassant, -e** *adj (fragile)* brittle; *(brusque)* curt, abrupt ■ **casse-cou** *nmf inv (personne)* daredevil ■ **casse-croûte** *nm inv Fam* snack ■ **casse-noisettes, casse-noix** [kasnwa] *nm inv* nutcrackers ■ **casse-pieds** *nmf inv Fam (personne)* pain (in the neck) ■ **casse-tête** *nm inv (problème)* headache; *(jeu)* puzzle ■ **casseur** *nm (manifestant)* rioter

casserole [kasrɔl] *nf* (sauce)pan

cassette [kasɛt] *nf (magnétique)* cassette, tape; **enregistrer qch sur c.** to tape sth; **c. video** video cassette

cassis [kasis] *nm (fruit)* blackcurrant; *(boisson)* blackcurrant liqueur

cassoulet [kasule] *nm* cassoulet, = stew of beans, pork and goose

cassure [kɑsyr] *nf* break

castagnettes [kastaɲɛt] *nfpl* castanets

caste [kast] *nf* caste

castor [kastɔr] *nm* beaver

castrer [kastre] *vt* to castrate; *(chat, chien)* to neuter

catalogue [katalɔg] *nm Br* catalogue, *Am* catalog ■ **cataloguer** *vt Br* to catalogue, *Am* to catalog; *Fig & Péj* to label

catalyseur [katalizœr] *nm Chim & Fig* catalyst

catalytique [katalitik] *adj Aut* **pot c.** catalytic converter

catapulte [katapylt] *nf* catapult

catastrophe [katastrɔf] *nf* disaster, catastrophe ■ **catastrophique** *adj* disastrous, catastrophic

catch [katʃ] *nm* wrestling ■ **catcheur, -euse** *nmf* wrestler

catéchisme [kateʃism] *nm Rel* catechism

catégorie [kategɔri] *nf* category; *(d'hôtel)* grade

catégorique [kategɔrik] *adj* categorical; **c'est lui, je suis c.** I'm positive it's him

cathédrale [katedral] *nf* cathedral

catholicisme [katɔlisism] *nm* Catholicism ■ **catholique** *adj & nmf* (Roman) Catholic

catimini [katimini] **en catimini** *adv* on the sly

cauchemar [koʃmar] *nm aussi Fig* nightmare; **faire un c.** to have a nightmare

cause [koz] *nf (origine)* cause; *(procès, parti)* case; **à c. de qn/qch** because of sb/sth

causer[1] [koze] *vt (provoquer)* to cause

causer[2] [koze] *vi (bavarder)* to chat (**de** about); *(cancaner)* to talk ■ **causerie** *nf* talk

caustique [kostik] *adj (substance, esprit)* caustic

caution [kosjɔ̃] *nf (d'appartement)* deposit; *Jur* bail; *(personne)* guarantor; *Fig (appui)* backing; *Jur* **sous c.** on bail ■ **cautionner** *vt Fig (approuver)* to back

cavalier, -ère [kavalje, -ɛr] **1** *nmf (à cheval)* rider; *Échecs* knight; *(de bal)* partner, escort; *Fig* **faire c. seul** to go it alone **2** *adj (manière, personne)* cavalier

cave [kav] *nf* cellar ■ **caveau, -x** *nm (sépulture)* burial vault

caverne [kavɛrn] *nf* cave, cavern; **homme des cavernes** caveman

caviar [kavjar] *nm* caviar

cavité [kavite] *nf* hollow, cavity

CCP [sesepe] *(abrév* **compte chèque postal**) *nm Br* ≃ PO Giro account, *Am* ≃ Post Office checking account

CD [sede] *(abrév* **disque compact**) *nm* CD

CD-Rom [sederɔm] *nm inv Ordinat* CD-Rom

CE [seə] **1** *(abrév* **cours élémentaire**) *nm Scol* **CE1** = second year of primary school; **CE2** = third year of primary school **2** *(abrév* **Communauté européenne**) *nf* EC

CE[1], CETTE, CES [sə, sɛt, se]

cet is used before a masculine singular adjective beginning with a vowel or mute h.

adj démonstratif this, that, *pl* these, those; **cet homme** this/that man; **cet**

homme-ci this man; **cet homme-là** that man

CE² [sə]

ce becomes **c'** before a vowel.

pron démonstratif (**a**) *(pour désigner, pour qualifier)* it, that; **c'est facile** it's easy; **c'est exact** that's right; **c'est mon père** that's my father; *(au téléphone)* it's my father; **ce sont eux qui...** they are the people who...; **qui est-ce?** *(en général)* who is it?; *(en désignant)* who is that?; **ce faisant** in so doing; **sur ce** thereupon

(**b**) *(après une proposition)* **ce que..., ce qui...** what...; **je sais ce qui est bon/ce que tu veux** I know what is good/what you want; **ce que c'est beau!** it's so beautiful!

---

ceci [səsi] *pron démonstratif* this; **c. étant dit** having said this

cécité [sesite] *nf* blindness

céder [sede] **1** *vt (donner)* to give up (**à** to); *(par testament)* to leave (**à** to); **'cédez le passage'** *Br* 'give way', *Am* 'yield'; **'à céder'** 'for sale' **2** *vi (personne)* to give in (**à/devant** to); *(branche, chaise)* to give way

cédérom [sederɔm] *nm Ordinat* CD-ROM

cèdre [sɛdr] *nm (arbre, bois)* cedar

CEI [seøi] *(abrév* **Communauté d'États Indépendants**) *nf* CIS

ceinture [sɛ̃tyr] *nf (accessoire)* belt; *(taille)* waist; **c. de sécurité** *(de véhicule)* seatbelt

cela [s(ə)la] *pron démonstratif (pour désigner)* that; *(sujet indéfini)* it, that; **c. m'attriste que...** it saddens me that...; **quand/comment c.?** when?/how?

célèbre [selɛbr] *adj* famous ■ **célébrité** *nf* fame; *(personne)* celebrity

célébrer [selebre] *vt* to celebrate ■ **célébration** *nf* celebration (**de** of)

céleri [sɛlri] *nm* celery

céleste [selɛst] *adj* celestial, heavenly

célibat [seliba] *nm (de prêtre)* celibacy ■ **célibataire 1** *adj (non marié)* single, unmarried **2** *nmf* bachelor, *f* single woman

celle *voir* **celui**

cellier [selje] *nm* storeroom

Cellophane® [selɔfan] *nf* cellophane®; **sous c.** cellophane®-wrapped

cellule [selyl] *nf (de prison) & Biol* cell ■ **cellulaire** *adj Biol* cell; **téléphone c.** cellular phone

celte [sɛlt] *adj* Celtic

celui, celle, ceux, celles [səlɥi, sɛl, sø, sɛl] *pron démonstratif* the one, *pl* those, the ones; **c. de Jean** Jean's (one); **ceux de Jean** Jean's (ones), those of Jean; **c. qui appartient à Jean** the one that belongs to Jean; **c.-ci** this one; *(le dernier)* the latter; **c.-là** that one; *(le premier)* the former

cendre [sɑ̃dr] *nf* ash

cendrier [sɑ̃drije] *nm* ashtray

censé, -e [sɑ̃se] *adj* **être c. faire qch** to be supposed to do sth

censeur [sɑ̃sœr] *nm (de films, de journaux)* censor; *(de lycée) Br* deputy head, *Am* assistant principal ■ **censure** *nf (activité)* censorship; *(comité)* board of censors ■ **censurer** *vt (film)* to censor

cent [sɑ̃] *adj & nm* a hundred; **c. pages** a *or* one hundred pages; **deux cents pages** two hundred pages; **cinq pour c.** five per cent ■ **centaine** *nf* **une c. (de)** about a hundred; **des centaines de** hundreds of ■ **centenaire 1** *adj* hundred-year-old; **être c.** to be a hundred **2** *nmf* centenarian **3** *nm (anniversaire)* centenary ■ **centième** *adj & nmf* hundredth

centigrade [sɑ̃tigrad] *adj* centigrade

centimètre [sɑ̃timɛtr] *nm* centimetre; *(ruban)* tape measure

central, -e, -aux, -ales [sɑ̃tral, -o] **1** *adj* central **2** *nm* **c. téléphonique** telephone exchange ■ **centrale** *nf* **c. électrique** *Br* power station, *Am* power plant; **c. nucléaire** nuclear *Br* power station *or Am* power plant ■ **centraliser** *vt* to centralize

centre [sɑ̃tr] *nm* centre; **c. aéré** outdoor activity centre; **c. commercial** shopping centre; **c. hospitalo-universitaire** ≃ teaching hospital ▪ **centre-ville** (*pl* **centres-villes**) *nm* town centre; *(de grande ville) Br* city centre, *Am* downtown ▪ **centrer** *vt* to centre

centuple [sɑ̃typl] *nm* **x est le c. de y** x is a hundred times y; **au c.** a hundredfold

cependant [səpɑ̃dɑ̃] *conj* however, yet

céramique [seramik] *nf (matière)* ceramic; *(art)* ceramics *(sing)*; **de** *ou* **en c.** ceramic

cercle [sɛrkl] *nm (forme, groupe)* circle; **le c. polaire arctique** the Arctic Circle; **c. vicieux** vicious circle

cercueil [sɛrkœj] *nm* coffin

céréale [sereal] *nf* cereal

cérébral, -e, -aux, -ales [serebral, -o] *adj* cerebral

cérémonie [seremɔni] *nf* ceremony

cerf [sɛr] *nm* stag ▪ **cerf-volant** (*pl* **cerfs-volants**) *nm (jeu)* kite

cerise [səriz] *nf* cherry ▪ **cerisier** *nm* cherry tree

cerne [sɛrn] *nm* ring ▪ **cerner** *vt* to surround; *(problème)* to define; **avoir les yeux cernés** to have rings under one's eyes

certain, -e [sɛrtɛ̃, -ɛn] **1** *adj (sûr)* certain; **il est c. que tu réussiras** you're certain to succeed; **je suis c. de réussir** I'm certain I'll be successful *or* of being successful; **être c. de qch** to be certain of sth

2 *adj indéfini (avant nom)* certain; **un c. temps** a while

3 *pron indéfini* **certains pensent que…** some people think that…; **certains d'entre nous** some of us ▪ **certainement** *adv* most probably

certificat [sɛrtifika] *nm* certificate

certifier [sɛrtifje] *vt* to certify; **je te certifie que…** I assure you that…

certitude [sɛrtityd] *nf* certainty; **avoir la c. que…** to be certain that…

cerveau, -x [sɛrvo] *nm (organe)* brain; *(intelligence)* mind, brain(s); *Fam (de projet)* mastermind

cervelle [sɛrvɛl] *nf (substance)* brain; *(plat)* brains

CES [seəes] (*abrév* **collège d'enseignement secondaire**) *nm Anciennement* = secondary school for pupils aged 12 to 15

ces *voir* **ce**[1]

César [sezar] *nm Cin* = French cinema award

césarienne [sezarjɛn] *nf Méd* Caesarean (section)

cesse [sɛs] *nf* **sans c.** constantly

cesser [sese] *vti* to stop; **faire c. qch** to put a stop to sth; **c. de faire qch** to stop doing sth ▪ **cessez-le-feu** *nm inv* cease-fire

c'est-à-dire [setadir] *conj* that is (to say)

cet, cette *voir* **ce**[1]

ceux *voir* **celui**

chacun, -e [ʃakœ̃, -yn] *pron indéfini* each (one), every one; *(tout le monde)* everyone; **(à) c. son tour!** wait your turn!

chagrin [ʃagrɛ̃] *nm* grief, sorrow; **avoir du c.** to be upset ▪ **chagriner** *vt (peiner)* to grieve; *(contrarier)* to bother

chahut [ʃay] *nm Fam* racket ▪ **chahuter** *Fam* **1** *vi* to make a racket **2** *vt (professeur)* to bait

chaîne [ʃɛn] *nf (attache, décoration, série)* chain; *(de montagnes)* chain, range; **réaction en c.** chain reaction; **travailler à la c.** to work on the assembly line; *Aut* **chaînes** (snow) chains; **c. de montage** assembly line; **c. de télévision** television channel; **c. (hi-fi)** hi-fi (system) ▪ **chaînette** *nf* (small) chain ▪ **chaînon** *nm* link

chair [ʃɛr] *nf* flesh; **(couleur) c.** flesh-coloured; **en c. et en os** in the flesh; **avoir la c. de poule** to have *Br* goose pimples *or Am* goose bumps

chaire [ʃɛr] *nf (d'université)* chair; *(d'église)* pulpit

chaise [ʃɛz] *nf* chair; **c. longue** deckchair; **c. roulante** wheelchair

châle [ʃɑl] *nm* shawl
chalet [ʃalɛ] *nm* chalet
chaleur [ʃalœr] *nf* heat; *(de personne, de couleur, de voix)* warmth; **coup de c.** heatstroke ▪ **chaleureux, -euse** *adj* warm
challenge [ʃalɑ̃ʒ] *nm Sport* tournament; *(défi)* challenge
chaloupe [ʃalup] *nf* launch
chalumeau, -x [ʃalymo] *nm* blowtorch, *Br* blowlamp
chalutier [ʃalytje] *nm* trawler
chamailler [ʃamɑje] **se chamailler** *vpr* to squabble
chambre [ʃɑ̃br] *nf* bedroom; *(de tribunal)* division; **c. (d'hôtel)** (hotel) room; **c. à coucher** *(pièce)* bedroom; *(mobilier)* bedroom suite; **c. d'ami** spare room; **c. d'hôte** ≃ guest house; **C. de commerce** Chamber of Commerce; *Pol* **C. des députés** = lower chamber of Parliament ▪ **chambrer** *vt (vin)* to bring to room temperature
chameau, -x [ʃamo] *nm* camel
champ [ʃɑ̃] *nm (étendue) & Él, Ordinat* field; *Fig (portée)* scope; *Fig* **laisser le c. libre à qn** to leave the field free for sb; **c. de bataille** battlefield; **c. de courses** *Br* racecourse, *Am* racetrack
champagne [ʃɑ̃paɲ] *nm* champagne
champêtre [ʃɑ̃pɛtr] *adj* rustic
champignon [ʃɑ̃piɲɔ̃] *nm (végétal)* mushroom; *Méd* fungus; **c. de Paris** button mushroom; **c. vénéneux** toadstool, poisonous mushroom
champion, -onne [ʃɑ̃pjɔ̃, -ɔn] **1** *nmf* champion **2** *adj* **l'équipe championne du monde** the world champions ▪ **championnat** *nm* championship
chance [ʃɑ̃s] *nf (sort favorable)* luck; *(possibilité)* chance; **avoir de la c.** to be lucky; **ne pas avoir de c.** to be unlucky; **par c.** luckily ▪ **chanceux, -euse** *adj* lucky
chanceler [ʃɑ̃sle] *vi* to stagger
chancelier [ʃɑ̃səlje] *nm Pol* chancellor
chandail [ʃɑ̃daj] *nm* sweater
Chandeleur [ʃɑ̃dlœr] *nf* **la C.** Candlemas
chandelier [ʃɑ̃dəlje] *nm (à une branche)* candlestick; *(à plusieurs branches)* candelabra
chandelle [ʃɑ̃dɛl] *nf* candle
change [ʃɑ̃ʒ] *nm Fin* exchange
changer [ʃɑ̃ʒe] **1** *vt (modifier, remplacer, convertir)* to change; **c. qch de place** to move sth
2 *vi* to change; **c. de voiture/d'adresse** to change one's car/address; **c. de vitesse/de couleur** to change gear/colour
3 se changer *vpr* to change (one's clothes); **se c. en qch** to change into sth ▪ **changeant, -e** *adj (temps)* unsettled ▪ **changement** *nm* change; *Aut* **c. de vitesse** *(levier) Br* gear lever, *Am* gear shift
chanson [ʃɑ̃sɔ̃] *nf* song ▪ **chant** *nm (art)* singing; *(chanson)* song; **c. de Noël** Christmas carol
chanter [ʃɑ̃te] **1** *vt (chanson)* to sing; *(exploits)* to sing of **2** *vi (personne, oiseau)* to sing; *(coq)* to crow; **faire c. qn** to blackmail sb ▪ **chantage** *nm* blackmail ▪ **chanteur, -euse** *nmf* singer
chantier [ʃɑ̃tje] *nm* (building) site; *(sur route)* roadworks; **mettre qch en c.** to get sth under way; **c. naval** shipyard
chantilly [ʃɑ̃tiji] *nf* whipped cream
chantonner [ʃɑ̃tɔne] *vti* to hum
chaos [kao] *nm* chaos ▪ **chaotique** *adj* chaotic
chapeau, -x [ʃapo] *nm* hat; **c. de paille** straw hat; **c. melon** bowler hat
chapelle [ʃapɛl] *nf* chapel; **c. ardente** chapel of rest
chapelure [ʃaplyr] *nf* breadcrumbs
chapiteau, -x [ʃapito] *nm (de cirque)* big top; *(pour expositions)* tent, *Br* marquee
chapitre [ʃapitr] *nm* chapter
chaque [ʃak] *adj* each, every
char [ʃar] *nm (romain)* chariot; *(de carnaval)* float; *Mil* **c. (d'assaut)** tank

charabia [ʃarabja] *nm Fam* gibberish

charbon [ʃarbɔ̃] *nm* coal; **c. de bois** charcoal

charcuterie [ʃarkytri] *nf (magasin)* pork butcher's shop; *(aliments)* cooked (pork) meats ▪ **charcutier, -ère** *nmf* pork butcher

chardon [ʃardɔ̃] *nm (plante)* thistle

charge [ʃarʒ] *nf (poids)* load; *(responsabilité)* responsibility; *(d'une arme) & Él, Mil* charge; *(fonction)* office; **être en c. de qch** to be in charge of sth; **prendre qn/qch en c.** to take charge of sb/sth; **être à la c. de qn** *(personne)* to be dependent on sb; *(frais)* to be payable by sb; **charges sociales** *Br* national insurance contributions, *Am* Social Security contributions

charger [ʃarʒe] **1** *vt (véhicule, marchandises, arme) & Ordinat* to load; *(batterie) & Mil* to charge; **c. qn de qch** to entrust sb with; **c. qn de faire qch** to give sb the responsibility of doing sth

2 *vi Ordinat* to load up; *Mil* to charge

3 se charger *vpr (s'encombrer)* to weigh oneself down; **se c. de qn/qch** to take care of sb/sth; **se c. de faire qch** to undertake to do sth ▪ **chargé, -e 1** *adj (véhicule)* loaded (**de** with); *(arme)* loaded; *(journée, programme)* busy; **être c. de faire qch** to be responsible for doing sth **2** *nmf Univ* **c. de cours** = part-time lecturer ▪ **chargement** *nm (action)* loading; *(marchandises)* load; *(de bateau)* cargo

chariot [ʃarjo] *nm (de supermarché) Br* trolley, *Am* cart; *(de ferme)* waggon; *(de machine à écrire)* carriage; **c. à bagages** luggage trolley

charisme [karism] *nm* charisma

charitable [ʃaritabl] *adj* charitable (**envers** towards)

charité [ʃarite] *nf (vertu)* charity; **faire la c.** to give to charity

charme [ʃarm] *nm (attrait)* charm; *(magie)* spell

charmer [ʃarme] *vt* to charm ▪ **charmant, -e** *adj* charming ▪ **charmeur, -euse 1** *adj (sourire, air)* charming **2** *nmf* charmer

charnel, -elle [ʃarnɛl] *adj* carnal

charnier [ʃarnje] *nm* mass grave

charnière [ʃarnjɛr] *nf* hinge

charnu, -e [ʃarny] *adj* fleshy

charpente [ʃarpɑ̃t] *nf* framework; *(de personne)* build ▪ **charpentier** *nm* carpenter

charpie [ʃarpi] *nf* **mettre qch en c.** to tear sth to shreds

charrette [ʃarɛt] *nf* cart

charrier [ʃarje] *vt (transporter)* to cart; *(rivière)* to carry along

charrue [ʃary] *nf Br* plough, *Am* plow

charter [ʃartɛr] *nm (vol)* charter (flight); *(avion)* charter plane

chasse[1] [ʃas] *nf (activité)* hunting; *(événement)* hunt; *(poursuite)* chase; **aller à la c.** to go hunting; **c. à courre** hunting; **c. au trésor** treasure hunt; **c. gardée** private hunting ground

chasse[2] [ʃas] *nf* **c. d'eau** flush; **tirer la c.** to flush the toilet

chassé-croisé [ʃasekrwaze] *(pl* **chassés-croisés**) *nm (de personnes)* comings and goings

chasser [ʃase] **1** *vt (animal)* to hunt; *(faisan, perdrix)* to shoot; **c. qn** *(expulser)* to chase sb away; *(employé)* to dismiss sb **2** *vi* to hunt ▪ **chasse-neige** *nm inv Br* snowplough, *Am* snowplow ▪ **chasseur, -euse 1** *nmf* hunter; **c. de têtes** headhunter **2** *nm (d'hôtel) Br* pageboy, *Am* bellboy; *(avion)* fighter

châssis [ʃɑsi] *nm* frame; *(d'automobile)* chassis

chat [ʃa] *nm* cat; **c. sauvage** wildcat

châtaigne [ʃɑtɛɲ] *nf* chestnut ▪ **châtaignier** *nm* chestnut tree ▪ **châtain** *adj (cheveux)* (chestnut) brown; *(personne)* brown-haired

château, -x [ʃɑto] *nm (forteresse)* castle; *(manoir)* mansion

châtiment [ʃɑtimɑ̃] *nm* punishment; **c. corporel** corporal punishment

chaton [ʃatɔ̃] *nm* (**a**) *(chat)* kitten (**b**) *(de bague)* bezel (**c**) *(d'arbre)* catkin

chatouiller [ʃatuje] *vt* to tickle

▪ **chatouilleux, -euse** *adj* ticklish
chatoyer [ʃatwaje] *vi* to shimmer; *(pierre)* to sparkle
châtrer [ʃɑtre] *vt* to castrate
chatte [ʃat] *nf* (female) cat
chaud, -e [ʃo, ʃod] **1** *adj* (**a**) *(modérément)* warm; *(intensément)* hot (**b**) *Fig (couleur)* warm; *(voix)* sultry **2** *nm* **avoir c.** to be hot; **il fait c.** it's hot ▪ **chaudement** *adv (s'habiller, féliciter)* warmly
chaudière [ʃodjɛr] *nf* boiler
chauffage [ʃofaʒ] *nm* heating; *(de voiture)* heater
chauffard [ʃofar] *nm* reckless driver
chauffer [ʃofe] **1** *vt* to heat (up); *(moteur)* to warm up
2 *vi* to heat (up); *(s'échauffer) (moteur)* to overheat; **faire c. qch** to heat sth up
3 se chauffer *vpr* to warm oneself ▪ **chauffant, -e** *adj* **couverture chauffante** electric blanket; **plaque chauffante** hot plate ▪ **chauffé, -e** *adj (piscine)* heated ▪ **chauffe-eau** *nm inv* water heater; **c. électrique** immersion heater ▪ **chauffe-plat** (*pl* **chauffe-plats**) *nm* hotplate ▪ **chaufferie** *nf* boiler room
chauffeur [ʃofœr] *nm (de véhicule)* driver; *(employé)* chauffeur; **c. de taxi** taxi driver
chaume [ʃom] *nm (pour toits)* thatch; **toit de c.** thatched roof ▪ **chaumière** *nf (à toit de chaume)* thatched cottage; *(maison pauvre)* cottage
chaussée [ʃose] *nf* road(way)
chausser [ʃose] **1** *vt (chaussures, lunettes, skis)* to put on; **c. qn** to put shoes on sb; **c. du 40** to take a size 40 shoe **2 se chausser** *vpr* to put one's shoes on
chaussette [ʃosɛt] *nf* sock
chausson [ʃosɔ̃] *nm (pantoufle)* slipper; *(de danse)* ballet shoe; *(de bébé)* bootee; *Culin* **c. aux pommes** apple turnover
chaussure [ʃosyr] *nf* shoe; **chaussures de ski** ski boots
chauve [ʃov] **1** *adj* bald **2** *nm* bald (-headed) man
chauve-souris [ʃovsuri] (*pl* **chauves-souris**) *nf* bat
chauvin, -e [ʃovɛ̃, -in] **1** *adj* chauvinistic **2** *nmf* chauvinist
chaux [ʃo] *nf* lime; **blanchir qch à la c.** to whitewash sth
chavirer [ʃavire] *vti (bateau)* to capsize
chef [ʃɛf] *nm* (**a**) *(de parti, de bande)* leader; *(de tribu)* chief; **rédacteur en c.** editor in chief; **le c. du gouvernement** the head of government; **c. d'entreprise** company head; **c. d'État** head of state; **c. d'orchestre** conductor (**b**) *(cuisinier)* chef
chef-d'œuvre [ʃedœvr] (*pl* **chefs-d'œuvre**) *nm* masterpiece
chef-lieu [ʃɛfljø] (*pl* **chefs-lieux**) *nm* = administrative centre of a 'département'
chemin [ʃəmɛ̃] *nm (route étroite)* path, track; *(itinéraire)* way (**de** to); **à mi-c.** half-way; **en c., c. faisant** on the way; **c. de grande randonnée** hiking trail; **c. de terre** track ▪ **chemin de fer** (*pl* **chemins de fer**) *nm Br* railway, *Am* railroad
cheminée [ʃəmine] *nf (âtre)* fireplace; *(encadrement)* mantelpiece; *(sur le toit)* chimney
cheminot [ʃəmino] *nm Br* railwayman, *Am* railroader
chemise [ʃəmiz] *nf (vêtement)* shirt; *(classeur)* folder; **c. de nuit** *(de femme)* nightdress ▪ **chemisier** *nm (corsage)* blouse
chenal, -aux [ʃənal, -o] *nm* channel
chêne [ʃɛn] *nm (arbre, bois)* oak
chenil [ʃəni(l)] *nm Br* kennels, *Am* kennel
chenille [ʃənij] *nf (insecte)* caterpillar; *(de char)* caterpillar track
chèque [ʃɛk] *nm Br* cheque, *Am* check; **faire un c. à qn** to write sb a cheque; **payer qch par c.** to pay sth by cheque; **c. de voyage** *Br* traveller's cheque, *Am* traveler's check ▪ **chèque-repas** (*pl* **chèques-repas**), **chèque-restaurant** (*pl* **chèques-restaurants**) *nm Br* luncheon voucher,

Am meal ticket ▪ **chéquier** *nm Br* cheque book, *Am* checkbook

cher, chère [ʃɛr] **1** *adj* (**a**) *(aimé)* dear (**à** to); **C. Monsieur** *(dans une lettre)* Dear Mr X; *(officiel)* Dear Sir (**b**) *(coûteux)* expensive, dear **2** *adv* **coûter c.** to be expensive **3** *nmf* **mon c., ma chère** my dear ▪ **chèrement** *adv (à un prix élevé)* dearly

chercher [ʃɛrʃe] **1** *vt* to look for; *(dans ses souvenirs)* to try to think of; *(dans un dictionnaire)* to look up; **aller c. qn/qch** to (go and) fetch sb/sth; **c. à faire qch** to try to do sth **2 se chercher** *vpr (chercher son identité)* to try to find oneself ▪ **chercheur, -euse** *nmf (scientifique)* researcher; **c. d'or** gold digger

chérir [ʃerir] *vt* to cherish ▪ **chéri, -e** *adj* dear

cherté [ʃɛrte] *nf* high cost

chétif, -ive [ʃetif, -iv] *adj (personne)* puny

cheval, -aux [ʃəval, -o] *nm* horse; **à c.** on horseback; **faire du c.** *Br* to go horse riding, *Am* to go horseback riding; **c. de course** racehorse; *Aut* **c. (-vapeur)** horsepower

chevalet [ʃəvalɛ] *nm (de peintre)* easel

chevalier [ʃəvalje] *nm* knight

chevalière [ʃəvaljɛr] *nf* signet ring

chevaline [ʃəvalin] *adj f* **boucherie c.** horse butcher's (shop)

chevaucher [ʃəvoʃe] **1** *vt* to straddle **2** *vi* **se chevaucher** *vpr* to overlap

chevelu, -e [ʃəvly] *adj* long-haired ▪ **chevelure** *nf* (head of) hair

chevet [ʃəvɛ] *nm* bedhead; **rester au c. de qn** to stay at sb's bedside

cheveu, -x [ʃəvø] *nm* **un c.** a hair; **cheveux** hair; **avoir les cheveux noirs** to have black hair

cheville [ʃəvij] *nf (partie du corps)* ankle

chèvre [ʃɛvr] **1** *nf* goat **2** *nm* goat's cheese

chevreau, -x [ʃəvro] *nm* kid

chèvrefeuille [ʃɛvrəfœj] *nm* honeysuckle

chevreuil [ʃəvrœj] *nm* roe deer; *(viande)* venison

chevronné, -e [ʃəvrɔne] *adj* experienced

chez [ʃe] *prép* **c. qn** at sb's house; **il n'est pas c. lui** he isn't at home; **elle est rentrée c. elle** she's gone home; **c. Mme Dupont** *(adresse)* c/o Mme Dupont ▪ **chez-soi** *nm inv* **son petit c.** one's own little home

chic [ʃik] **1** *adj inv* smart, stylish; *Fam (gentil)* decent **2** *nm (élégance)* style; **avoir le c. pour faire qch** to have the knack of doing sth

chicaner [ʃikane] *vi* **c. sur qch** to quibble over sth

chicorée [ʃikɔre] *nf (en poudre)* chicory

chien, chienne [ʃjɛ̃, ʃjɛn] *nmf* dog, *f* bitch; *Fam* **quel temps de c.!** what foul weather!; **c. d'aveugle** guide dog; **c. de berger** sheepdog; **c. de garde** guard dog; **c. policier** police dog

chiendent [ʃjɛ̃dɑ̃] *nm (plante)* couch grass

chiffon [ʃifɔ̃] *nm* rag; **passer un coup de c. sur qch** to give sth a dust; **c. (de poussière)** *Br* duster, *Am* dustcloth

chiffonner [ʃifɔne] *vt* to crumple; *Fig (ennuyer)* to bother

chiffre [ʃifr] *nm (nombre)* figure, number; *(total)* total; **chiffres romains/arabes** Roman/Arabic numerals; **c. d'affaires** turnover ▪ **chiffrer 1** *vt (montant)* to work out; *(réparations)* to assess **2 se chiffrer** *vpr* **se c. à** to amount to

chignon [ʃiɲɔ̃] *nm* bun, chignon

Chili [ʃili] *nm* **le C.** Chile ▪ **chilien, -enne 1** *adj* Chilean **2** *nmf* **C., Chilienne** Chilean

chimie [ʃimi] *nf* chemistry ▪ **chimique** *adj* chemical ▪ **chimiste** *nmf* (research) chemist

chimiothérapie [ʃimjɔterapi] *nf Méd* chemotherapy

chimpanzé [ʃɛ̃pɑ̃ze] *nm* chimpanzee

Chine [ʃin] *nf* **la C.** China ▪ **chinois, -e 1** *adj* Chinese **2** *nmf* **C., Chinoise**

Chinese; **les C.** the Chinese **3** *nm (langue)* Chinese

chiot [ʃjo] *nm* puppy, pup

chipoter [ʃipɔte] *vi (contester)* to quibble (**sur** about)

chips [ʃips] *nf Br* (potato) crisp, *Am* (potato) chip

chiromancien, -enne [kirɔmɑ̃sjɛ̃, -ɛn] *nmf* palmist

chirurgie [ʃiryrʒi] *nf* surgery; **c. esthétique** plastic surgery ▪ **chirurgical, -e, -aux, -ales** *adj* surgical ▪ **chirurgien, -enne** *nmf* surgeon ▪ **chirurgien-dentiste** (*pl* **chirurgiens-dentistes**) *nm* dental surgeon

chlem [ʃlɛm] *nm Sport* **le grand c.** the grand slam

chlore [klɔr] *nm* chlorine

choc [ʃɔk] **1** *nm (coup)* impact; *(forte émotion)* shock; *Fig (conflit)* clash; **faire un c. à qn** to give sb a shock; **c. pétrolier** oil crisis **2** *adj* **image-c.** shocking image; **'prix-chocs'** 'drastic reductions'

chocolat [ʃɔkɔla] **1** *nm* chocolate; **gâteau au c.** chocolate cake; **c. à croquer** *Br* plain chocolate, *Am* bittersweet chocolate; **c. au lait** milk chocolate **2** *adj inv* chocolate(-coloured) ▪ **chocolaté, -e** *adj* chocolate

chœur [kœr] *nm (chanteurs, nef)* choir; *(d'opéra)* chorus; **en c.** *(chanter)* in chorus; *(répéter)* (all) together

choisir [ʃwazir] *vt* to choose, to pick; **c. de faire qch** to choose to do sth ▪ **choisi, -e** *adj (œuvres)* selected; *(langage)* careful

choix [ʃwa] *nm* choice; *(assortiment)* selection; **avoir le c.** to have a choice

cholestérol [kɔlɛsterɔl] *nm Méd* cholesterol

chômer [ʃome] *vi* **vous n'avez pas chômé!** you've not been idle!; **jour chômé** (public) holiday ▪ **chômage** *nm* unemployment; **être au c.** to be unemployed ▪ **chômeur, -euse** *nmf* unemployed person; **les chômeurs** the unemployed

choquer [ʃɔke] *vt (scandaliser)* to shock ▪ **choquant, -e** *adj* shocking

choral, -e, -aux *ou* **-als, -ales** [kɔral] *adj* choral ▪ **chorale** *nf (club)* choral society; *(chanteurs)* choir ▪ **choriste** *nmf* chorister

chorégraphe [kɔregraf] *nmf* choreographer

chose [ʃoz] *nf* thing; **avant toute c.** first of all

chou, -x [ʃu] *nm* cabbage; **choux de Bruxelles** Brussels sprouts; **c. à la crème** cream puff ▪ **chou-fleur** (*pl* **choux-fleurs**) *nm* cauliflower

choucroute [ʃukrut] *nf* sauerkraut

chouette [ʃwɛt] **1** *nf (oiseau)* owl **2** *adj Fam (chic)* great **3** *exclam* great!

choyer [ʃwaje] *vt* to pamper

chrétien, -enne [kretjɛ̃, -ɛn] *adj & nmf* Christian ▪ **Christ** [krist] *nm* **le C.** Christ ▪ **christianisme** *nm* Christianity

chrome [krom] *nm* chromium; **chromes** *(de voitures)* chrome

chronique[1] [krɔnik] *adj (malade, chômage)* chronic

chronique[2] [krɔnik] *nf (de journal)* column; *(annales)* chronicle

chronologie [krɔnɔlɔʒi] *nf* chronology ▪ **chronologique** *adj* chronological

chronomètre [krɔnɔmɛtr] *nm* chronometer; *(pour le sport)* stopwatch ▪ **chronométrer** *vt* to time

chrysanthème [krizɑ̃tɛm] *nm* chrysanthemum

chuchoter [ʃyʃɔte] *vti* to whisper ▪ **chuchotement** *nm* whisper

chuinter [ʃwɛ̃te] *vi (siffler)* to hiss

chut [ʃyt] *exclam* sh!, shush!

chute [ʃyt] *nf* fall; *(d'histoire drôle)* punchline; *(de tissu)* scrap; **c. de neige** snowfall; **c. libre** free fall ▪ **chuter** *vi (diminuer)* to fall, to drop; *Fam (tomber)* to fall

Chypre [ʃipr] *nm ou f* Cyprus ▪ **chypriote 1** *adj* Cypriot **2** *nmf* **C.** Cypriot

ci [si] *pron démonstratif* **comme ci comme ça** so so

-ci [si] *adv* (**a**) **par-ci, par-là** here and

there (**b**) *voir* **ce**[1], **celui** ■ **ci-après** *adv* below ■ **ci-contre** *adv* opposite ■ **ci-dessous** *adv* below ■ **ci-dessus** *adv* above ■ **ci-gît** *adv* here lies... *(on gravestones)* ■ **ci-joint, -e** (*mpl* **ci-joints**, *fpl* **ci-jointes**) **1** *adj* **le document c.** the enclosed document **2** *adv* **vous trouverez c. copie de...** please find enclosed a copy of...

cible [sibl] *nf* target

ciboulette [sibulet] *nf* chives

cicatrice [sikatris] *nf* scar

cicatriser [sikatrize] *vti*, **se cicatriser** *vpr* to heal ■ **cicatrisation** *nf* healing

cidre [sidr] *nm* cider

Cie (*abrév* **compagnie**) Co

ciel [sjɛl] *nm* (**a**) (*pl* **ciels**) sky; **à c. ouvert** open-air (**b**) (*pl* **cieux** [sjø]) *(paradis)* heaven

cierge [sjɛrʒ] *nm Rel* candle

cigale [sigal] *nf* cicada

cigare [sigar] *nm* cigar ■ **cigarette** *nf* cigarette

cigogne [sigɔɲ] *nf* stork

cil [sil] *nm* eyelash

cime [sim] *nf (d'arbre)* top; *(de montagne)* peak

ciment [simɑ̃] *nm* cement

cimetière [simtjɛr] *nm* cemetery; *(d'église)* graveyard

cinéaste [sineast] *nm* film maker ■ **ciné-club** (*pl* **ciné-clubs**) *nm* film club ■ **cinéphile** *nmf Br* film *or Am* movie enthusiast

cinéma [sinema] *nm (art, industrie) Br* cinema, *Am* movies; *(salle) Br* cinema, *Am* movie theater; **faire du c.** to be a film actor/actress; **aller au c.** to go to the *Br* cinema *or Am* movies ■ **cinématographique** *adj* film; **industrie c.** film industry

cinglé, -e [sɛ̃gle] *adj Fam* crazy

cingler [sɛ̃gle] *vt* to lash ■ **cinglant, -e** *adj (pluie)* lashing; *(remarque)* cutting

cinq [sɛ̃k] **1** *adj inv* five **2** *nm inv* five ■ **cinquième** *adj & nmf* fifth; **un c.** a fifth

cinquante [sɛ̃kɑ̃t] *adj & nm inv* fifty ■ **cinquantaine** *nf* **une c. (de)** about fifty; **avoir la c.** to be about fifty ■ **cinquantenaire** *nm (anniversaire)* fiftieth anniversary ■ **cinquantième** *adj & nmf* fiftieth

cintre [sɛ̃tr] *nm* coathanger

cirage [siraʒ] *nm* (shoe) polish

circonscription [sirkɔ̃skripsjɔ̃] *nf* division, district; **c. (électorale)** *Br* constituency, *Am* district

circonscrire* [sirkɔ̃skrir] *vt (encercler)* to encircle; *(incendie)* to contain

circonspect, -e [sirkɔ̃spɛ, -ɛkt] *adj* cautious, circumspect

circonstance [sirkɔ̃stɑ̃s] *nf* circumstance; **en pareilles circonstances** under such circumstances

circuit [sirkɥi] *nm Él & Sport* circuit; *(chemin)* way; **c. automobile** racing circuit; **c. touristique** (organized) tour

circulaire [sirkylɛr] **1** *adj* circular **2** *nf (lettre)* circular

circulation [sirkylɑsjɔ̃] *nf (du sang, de l'information, de billets)* circulation; *(d'autos)* traffic; **c. routière/aérienne** road/air traffic ■ **circuler** *vi (sang, air, information)* to circulate; *(voyageur)* to travel; *(train, bus)* to run

cire [sir] *nf* wax; *(pour meubles)* polish ■ **ciré** *nm (vêtement)* oilskin(s) ■ **cirer** *vt* to polish ■ **cireux, -euse** *adj* waxy

cirque [sirk] *nm (spectacle)* circus

cisailles [sizaj] *nfpl* (garden) shears ■ **ciseau, -x** *nm (de menuisier)* chisel; **(une paire de) ciseaux** (a pair of) scissors

ciseler [sizle] *vt* to chisel; *(or, argent)* to chase

citadelle [sitadɛl] *nf* citadel ■ **citadin, -e 1** *adj* city **2** *nmf* city dweller

cité [site] *nf (ville)* city; *(immeubles) Br* housing estate, *Am* housing development; **c. universitaire** *Br* (students') halls of residence, *Am* university dormitory complex

citer [site] *vt (auteur, texte)* to quote; *(énumérer)* to name ■ **citation** *nf* quotation

citerne [sitɛrn] *nf* tank

citoyen, -enne [sitwajɛ̃, -ɛn] *nmf* citizen ▪ **citoyenneté** *nf* citizenship
citron [sitrɔ̃] *nm* lemon; **c. pressé** = freshly squeezed lemon juice served with water and sugar; **c. vert** lime ▪ **citronnade** *nf Br* lemon squash, *Am* lemonade
citrouille [sitruj] *nf* pumpkin
civet [sivɛ] *nm* stew
civière [sivjɛr] *nf* stretcher
civil, -e [sivil] **1** *adj (guerre, mariage, droits)* civil; *(non militaire)* civilian; *(courtois)* civil; **année civile** calendar year **2** *nm* civilian; **dans le c.** in civilian life; **en c.** *(policier)* in plain clothes ▪ **civilité** *nf* civility
civilisation [sivilizasjɔ̃] *nf* civilization ▪ **civilisé, -e** *adj* civilized
civique [sivik] *adj* civic; *Scol* **instruction c.** civics
clair, -e [klɛr] **1** *adj (net, limpide, évident)* clear; *(éclairé, pâle)* light; **bleu/vert c.** light blue/green **2** *adv (voir)* clearly; **il fait c.** it's light **3** *nm* **en c.** in plain language; **c. de lune** moonlight
clairière [klerjɛr] *nf* clearing
clairon [klɛrɔ̃] *nm* bugle; *(soldat)* bugler
clairsemé, -e [klɛrsəme] *adj (auditoire, population)* sparse
clairvoyant, -e [klɛrvwajɑ̃, -ɑ̃t] *adj* perceptive
clameur [klamœr] *nf* clamour
clan [klɑ̃] *nm (tribu)* clan; *Péj (groupe)* clique
clandestin, -e [klɑ̃dɛstɛ̃, -in] *adj (rencontre)* clandestine; *(mouvement)* underground; *(travailleur)* illegal
clapier [klapje] *nm* (rabbit) hutch
clapoter [klapɔte] *vi (vagues)* to lap
claque [klak] *nf Fam* slap
claquer [klake] **1** *vt (porte)* to slam **2** *vi (porte)* to slam; *(drapeau)* to flap; *(talons)* to click; *(coup de feu)* to ring out; **elle claque des dents** her teeth are chattering **3 se claquer** *vpr* **se c. un muscle** to pull a muscle ▪ **claquement** *nm (de porte)* slam(ming)
claquettes [klakɛt] *nfpl* tap dancing; **faire des c.** to do tap dancing
clarifier [klarifje] *vt* to clarify ▪ **clarification** *nf* clarification
clarinette [klarinɛt] *nf* clarinet
clarté [klarte] *nf (lumière)* light; *(transparence)* clearness; *Fig (d'explications)* clarity; **avec c.** clearly
classe [klɑs] *nf (catégorie, leçon, élèves)* class; **en c. de sixième** *Br* in the first year, *Am* in fifth grade; **aller en c.** to go to school; **avoir de la c.** *(personne)* to have class; **(salle de) c.** classroom; **de première c.** *(billet, compartiment)* first-class; **c. ouvrière/moyenne** working/middle class; **c. sociale** social class
classer [klɑse] **1** *vt (objets)* to classify; *(papiers)* to file; **c. une affaire** to consider a matter closed
2 se classer *vpr* **se c. parmi les meilleurs** to rank among the best; *Sport* **se c. troisième** to be placed third ▪ **classé, -e** *adj (monument)* listed; *(au tennis)* seeded ▪ **classement** *nm* classification; *(de papiers)* filing; *(rang)* place; *Sport* table ▪ **classeur** *nm (meuble)* filing cabinet; *(portefeuille)* ring binder
classifier [klasifje] *vt* to classify ▪ **classification** *nf* classification
classique [klasik] **1** *adj (période)* classical; *(typique, conventionnel)* classic **2** *nm (œuvre)* classic; *(auteur)* classical author
claustrophobe [klostrɔfɔb] *adj* claustrophobic
clavecin [klavsɛ̃] *nm* harpsichord
clavicule [klavikyl] *nf* collarbone
clavier [klavje] *nm* keyboard
clé, clef [kle] **1** *nf (de porte)* key; *(outil) Br* spanner, *Am* wrench; **fermer qch à c.** to lock sth; **c. de contact** ignition key; *Mus* **c. de sol** treble clef; *Fig* **c. de voûte** cornerstone **2** *adj* key; **poste c.** key post
clément, -e [klemɑ̃, -ɑ̃t] *adj (juge)* clement; *(temps)* mild ▪ **clémence** *nf (de juge)* clemency; *(de temps)* mildness

clémentine [klemɑ̃tin] *nf* clementine

clerc [klɛr] *nm Rel* cleric; **c. de notaire** ≃ solicitor's clerk ▪ **clergé** *nm* clergy ▪ **clérical, -e, -aux, -ales** *adj* clerical

cliché [kliʃe] *nm (photo)* photo; *(negative)* negative; *(idée)* cliché

client, -e [klijɑ̃, -ɑ̃t] *nmf (de magasin)* customer; *(d'avocat)* client; *(d'hôtel)* guest; *(de taxi)* fare ▪ **clientèle** *nf (de magasin)* customers; *(d'avocat)* practice

cligner [kliɲe] *vi* **c. des yeux** to blink; **c. de l'œil** to wink

clignoter [kliɲɔte] *vi (lumière, voyant)* to flash ▪ **clignotant** *nm (de voiture) Br* indicator, *Am* flasher; **mettre son c.** to indicate

climat [klima] *nm (de région) & Fig* climate ▪ **climatique** *adj* climatic

climatisation [klimatizɑsjɔ̃] *nf* air-conditioning ▪ **climatisé, -e** *adj* air-conditioned

clin d'œil [klɛ̃dœj] (*pl* **clins d'œil**) *nm* wink; **faire un c. à qn** to wink at sb; **en un c.** in a flash

clinique [klinik] *nf (hôpital)* clinic

clinquant, -e [klɛ̃kɑ̃, -ɑ̃t] *adj* flashy

clip [klip] *nm (vidéo)* (music) video

cliquer [klike] *vi Ordinat* to click

cliqueter [klikte] *vi (monnaie, clefs)* to jingle ▪ **cliquetis** *nm (de monnaie, de clefs)* jingling

clivage [klivaʒ] *nm (de société)* divide; *(de parti)* split

clochard, -e [klɔʃar, -ard] *nmf* tramp

cloche [klɔʃ] *nf (d'église)* bell; **c. à fromage** covered cheese dish ▪ **clocher 1** *nm (d'église)* bell tower, steeple **2** *vi Fam* **il y a quelque chose qui cloche** there's something wrong somewhere

cloche-pied [klɔʃpje] **à cloche-pied** *adv* **sauter à c.** to hop

cloison [klwazɔ̃] *nf (entre pièces)* partition

cloître [klwɑtr] *nm (de monastère)* cloister; *(pour moines)* monastery; *(pour religieuses)* convent

clone [klon] *nm Biol* clone

clopin-clopant [klɔpɛ̃klɔpɑ̃] *adv* **aller c.** to hobble along

cloque [klɔk] *nf (au pied)* blister

clore* [klɔr] *vt (réunion)* to conclude; *(débat)* to close; *Ordinat* **c. une session** to log off

clos, -e [klo, kloz] **1** *adj (porte, volets)* closed; **l'incident est c.** the matter is closed; **espace c.** enclosed space **2** *nm* enclosure

clôture [klotyr] *nf (barrière)* fence; *(de réunion)* conclusion; *(de débat)* closing; *(de Bourse)* close ▪ **clôturer** *vt (terrain)* to enclose

clou [klu] *nm (pointe)* nail; *(de spectacle)* main attraction; **les clous** *(passage) Br* the pedestrian crossing, *Am* the crosswalk; **c. de girofle** clove ▪ **clouer** *vt (au mur)* to nail up; *(ensemble)* to nail together; **cloué au lit** confined to (one's) bed

clown [klun] *nm* clown; **faire le c.** to clown around

club [klœb] *nm* club

cm (*abrév* **centimètre**) cm

coalition [kɔalisjɔ̃] *nf* coalition

cobaye [kɔbaj] *nm (animal) & Fig* guinea pig

cocaïne [kɔkain] *nf* cocaine

coccinelle [kɔksinɛl] *nf (insecte) Br* ladybird, *Am* ladybug; *(voiture)* Beetle

cocher¹ [kɔʃe] *vt Br* to tick, *Am* to check

cocher² [kɔʃe] *nm* coachman

cochon, -onne [kɔʃɔ̃, -ɔn] **1** *nm (animal)* pig; *(viande)* pork; **c. d'Inde** guinea pig **2** *nmf (personne sale)* pig **3** *adj (histoire, film)* dirty ▪ **cochonnerie** *nf (chose sans valeur)* trash, *Br* rubbish; *(obscénité)* smutty remark; **manger des cochonneries** to eat junk food

cocktail [kɔktɛl] *nm (boisson)* cocktail; *(réunion)* cocktail party; **c. de fruits** fruit cocktail

coco [kɔko] *nm* **noix de c.** coconut

cocu, -e [kɔky] **1** *adj* **il est c.** his wife's cheating on him **2** *nm* cuckold

code [kɔd] *nm (symboles, lois) & Ordinat* code; **passer le c.** *(du permis de* *conduire)* = to sit the written part of one's driving test; **codes** *Br* dipped headlights, *Am* low beams; **le C. de la route** *Br* the Highway Code, *Am* the traffic regulations; *Jur* **c. civil/pénal** civil/penal code; **c. confidentiel** security code; *(de carte bancaire)* PIN; **c. postal** *Br* postcode, *Am* zip code ▪ **code-barres** (*pl* **codes-barres**) *nm* bar code ▪ **coder** *vt* to code

coéquipier, -ère [kɔekipje, -ɛr] *nmf* team-mate

cœur [kœr] *nm* heart; *Cartes (couleur)* hearts; **avoir mal au c.** to feel sick; **par c.** (off) by heart; **de bon c.** *(volontiers)* willingly; *(rire)* heartily

coexister [kɔegziste] *vi* to coexist

coffre [kɔr] *nm (meuble)* chest; *(pour objets de valeur)* safe; *(de voiture)* *Br* boot, *Am* trunk; **c. à bagages** *(d'avion)* baggage compartment; **c. à jouets** toy box ▪ **coffre-fort** (*pl* **coffres-forts**) *nm* safe ▪ **coffret** *nm (petit coffre)* box; **c. à bijoux** *Br* jewellery *or* *Am* jewelry box

cogner [kɔɲe] **1** *vt (heurter)* to knock **2** *vi (buter)* to bang (**sur/contre** on) **3 se cogner** *vpr* to bang oneself; **se c. la tête contre qch** to bang one's head on sth; **se c. à qch** to bang into sth

cohabiter [kɔabite] *vi* to live together; **c. avec qn** to live with sb

cohérent, -e [kɔerɑ̃, -ɑ̃t] *adj (discours)* coherent; *(attitude)* consistent ▪ **cohérence** *nf (de discours)* coherence; *(d'attitude)* consistency ▪ **cohésion** *nf* cohesion

cohue [kɔy] *nf* crowd

coiffe [kwaf] *nf* headdress

coiffer [kwafe] **1** *vt Fig (surmonter)* to cap; *(service)* to head; **c. qn de qch** to put sth on sb's head; **elle est bien coiffée** her hair is lovely **2 se coiffer** *vpr* to do one's hair; **se c. de qch** to put sth on

coiffeur, -euse[1] [kwafœr, -øz] *nmf* hairdresser ▪ **coiffeuse**[2] *nf (meuble)* dressing table ▪ **coiffure** *nf (chapeau)* headgear; *(coupe de cheveux)* hairstyle

coin [kwɛ̃] *nm (angle)* corner; *(endroit)* spot; *(cale)* wedge; **faire le c.** to be on the corner; **dans le c.** in the area; *Fam* **le petit c.** *(toilettes)* the smallest room in the house

coincer [kwɛ̃se] **1** *vt (mécanisme, tiroir)* to jam; *(caler)* to wedge **2** *vi (mécanisme, tiroir)* to jam **3 se coincer** *vpr (mécanisme)* to jam; **se c. le doigt dans la porte** to catch one's finger in the door ▪ **coincé, -e** *adj (mécanisme, tiroir)* stuck, jammed

coïncider [kɔɛ̃side] *vi* to coincide (**avec** with) ▪ **coïncidence** *nf* coincidence

col [kɔl] *nm (de chemise)* collar; *Géog* col; **c. en V** V-neck; **c. roulé** *Br* polo neck, *Am* turtleneck

colère [kɔlɛr] *nf* anger; **être en c. (contre qn)** to be angry (with sb); **se mettre en c.** to get angry (**contre** with) ▪ **coléreux, -euse** *adj (personne)* quick-tempered

colimaçon [kɔlimasɔ̃] **en colimaçon** *adv* **escalier en c.** spiral staircase

colin [kɔlɛ̃] *nm (merlu)* hake; *(lieu noir)* coley

colique [kɔlik] *nf* *Br* diarrhoea, *Am* diarrhea

colis [kɔli] *nm* parcel

collaborer [kɔlabɔre] *vi* collaborate (**avec** with); **c. à qch** *(projet)* to take part in sth ▪ **collaborateur, -trice** *nmf (aide)* assistant ▪ **collaboration** *nf (aide)* collaboration

collage [kɔlaʒ] *nm (œuvre, jeu)* collage

collant, -e [kɔlɑ̃, -ɑ̃t] **1** *adj (papier)* sticky; *(vêtement)* skin-tight **2** *nm* *Br* tights, *Am* pantihose

colle [kɔl] *nf (transparente)* glue; *(blanche)* paste; *Fam (question)* poser; *Fam (retenue)* detention

collecte [kɔlɛkt] *nf* collection ▪ **collecter** *vt* to collect

collectif, -ive [kɔlɛktif, -iv] *adj* collective ▪ **collectivité** *nf (groupe)* community

collection [kɔlɛksjɔ̃] *nf (ensemble)* collection; **faire la c. de qch** to collect sth ▪ **collectionner** *vt* to collect ▪ **collectionneur, -euse** *nmf* collector

collège [kɔlɛʒ] *nm (école)* school ▪ **collégien** *nm* schoolboy ▪ **collégienne** *nf* schoolgirl

collègue [kɔlɛg] *nmf* colleague

coller [kɔle] **1** *vt (timbre)* to stick; *(à la colle transparente)* to glue; *(à la colle blanche)* to paste; *(enveloppe)* to stick (down); *(deux objets)* to stick together; *(affiche)* to stick up; *Fam* **c. un élève** *(en punition)* to keep a pupil in; *Fam* **être collé** *(à un examen)* to fail **2 se coller** *vpr* **se c. contre un mur** to flatten oneself against a wall

collier [kɔlje] *nm (bijou)* necklace; *(de chien)* collar

colline [kɔlin] *nf* hill

collision [kɔlizjɔ̃] *nf (de véhicules)* collision; **entrer en c. avec qch** to collide with sth

colloque [kɔlɔk] *nm (conférence)* seminar

colmater [kɔlmate] *vt* to fill in

colombe [kɔlɔ̃b] *nf* dove

Colombie [kɔlɔ̃bi] *nf* **la C.** Columbia ▪ **colombien, -enne 1** *adj* Columbian **2** *nmf* **C., Colombienne** Columbian

colon [kɔlɔ̃] *nm (pionnier)* settler, colonist

colonel [kɔlɔnɛl] *nm (d'infanterie)* colonel

colonial, -e, -aux, -ales [kɔlɔnjal, -jo] *adj* colonial

colonie [kɔlɔni] *nf* colony; **c. de vacances** *Br* (children's) holiday camp, *Am* summer camp

coloniser [kɔlɔnize] *vt* to colonize

colonne [kɔlɔn] *nf* column; *Anat* **c. vertébrale** spine

colorer [kɔlɔre] *vt* to colour; **c. qch en vert** to colour sth green ▪ **colorant, -e** *nm (pour teindre)* colorant; *(alimentaire)* colouring ▪ **colorier** *vt (dessin)* to colour (in) ▪ **coloris** *nm (nuance)* shade

colosse [kɔlɔs] *nm* giant ▪ **colossal, -e, -aux, -ales** *adj* colossal

colporter [kɔlpɔrte] *vt (marchandises)* to hawk; *(rumeur)* to spread

colza [kɔlza] *nm* rape

coma [kɔma] *nm* coma; **être dans le c.** to be in a coma

combat [kɔ̃ba] *nm (bataille) & Fig* fight; **c. de boxe** boxing match ▪ **combatif, -ive** *adj* combative

combattre* [kɔ̃batr] **1** *vt (personne, incendie)* to fight (against); *(maladie)* to fight **2** *vi* to fight ▪ **combattant, -e 1** *adj (troupes)* fighting **2** *nmf* combattant; **anciens combattants** veterans

combien [kɔ̃bjɛ̃] **1** *adv* (**a**) *(en quantité)* how much; *(en nombre)* how many; **c. d'argent** how much money; **c. de temps** how long; **c. de gens** how many people; **c. y a-t-il d'ici à...?** how far is it to...? (**b**) *(comme)* how; **tu verras c. il est bête** you'll see how silly he is **2** *nm inv Fam* **le c. sommes-nous?** what's the date?

combinaison [kɔ̃binɛzɔ̃] *nf (assemblage)* combination; *(vêtement de travail) Br* boiler suit, *Am* coveralls; **c. de ski** ski suit

combiner [kɔbine] **1** *vt (unir)* to combine **2 se combiner** *vpr* to combine ▪ **combiné** *nm (de téléphone)* receiver

comble [kɔ̃bl] **1** *adj (salle, bus)* packed; *Théât* **faire salle c.** to have a full house **2** *nm* **le c. du bonheur** the height of happiness; **c'est un** *ou* **le c.!** that's the last straw!

combler [kɔ̃ble] *vt (trou)* to fill in; *(lacune)* to fill; *(désir)* to satisfy

combustible [kɔ̃bystibl] **1** *adj* combustible **2** *nm* fuel ▪ **combustion** *nf* combustion

comédie [kɔmedi] *nf* comedy; **jouer la c.** to act; **c. musicale** musical ▪ **comédien** *nm* actor ▪ **comédienne** *nf* actress

comestible [kɔmɛstibl] *adj* edible

comète [kɔmɛt] *nf* comet

comique [kɔmik] **1** *adj (amusant)* funny, comical; *(acteur, rôle)* comedy **2** *nm (genre)* comedy; *(acteur)* comic actor

comité [kɔmite] *nm* committee; **c.**

d'entreprise works council

commandant [kɔmɑ̃dɑ̃] *nm (de navire)* captain; *(grade) (dans l'infanterie)* major; *(dans l'aviation)* squadron leader; *Aviat* **c. de bord** captain

commande [kɔmɑ̃d] *nf* (**a**) *(achat)* order; **sur c.** to order; **passer une c.** to place an order (**b**) *Tech (action, manette)* control; *Ordinat* command; **c. à distance** remote control; **à c. vocale** voice-activated

commandement [kɔmɑ̃dmɑ̃] *nm (ordre, autorité)* command; *Rel* Commandment

commander [kɔmɑ̃de] **1** *vt (diriger, exiger)* to command; *(marchandises)* to order (**à** from) **2** *vi* **c. à qn de faire qch** to command sb to do sth

commando [kɔmɑ̃do] *nm* commando

COMME [kɔm] **1** *adv* (**a**) *(devant nom, pronom)* like; **c. moi/elle** like me/her; **c. cela** like that; **qu'as-tu c. diplômes?** what do you have in the way of certificates?; **les femmes c. les hommes** men and women alike; **P c. pomme** p as in 'pomme'

(**b**) *(devant proposition)* as; **il écrit c. il parle** he writes as he speaks; **c. si** as if; **c. pour faire qch** as if to do sth

2 *adv (exclamatif)* **regarde c. il pleut!** look how it's raining!; **c. c'est petit!** isn't it small!

3 *conj (cause)* as, since; **c. tu es mon ami...** as *or* since you're my friend...; **c. elle entrait** (just) as she was coming in

commémorer [kɔmemɔre] *vt* to commemorate ■ **commémoration** *nf* commemoration

commencer [kɔmɑ̃se] *vti* to begin, to start (**à faire** to do, doing; **par qch** with sth; **par faire** by doing); **pour c.** to begin with ■ **commencement** *nm* beginning, start; **au c.** at the beginning *or* start

comment [kɔmɑ̃] *adv* how; **c. le sais-tu?** how do you know?; **c. t'appelles-tu?** what's your name?; **c. est-il?** what is he like?; **c. va-t-il?** how is he?; **c. faire?** what's to be done?; **c.?** *(pour faire répéter)* pardon?

commentaire [kɔmɑ̃tɛr] *nm (remarque)* comment; *(de radio, de télévision)* commentary ■ **commentateur, -trice** *nmf* commentator ■ **commenter** *vt* to comment (up)on

commérages [kɔmeraʒ] *nmpl* gossip

commerçant, -e [kɔmɛrsɑ̃, -ɑ̃t] **1** *nmf* trader; *(de magasin)* shopkeeper **2** *adj* **rue commerçante** shopping street

commerce [kɔmɛrs] *nm (activité, secteur)* trade; *(affaires, magasin)* business; **c. de proximité** *Br* local shop, *Am* local store ■ **commercial, -e, -aux, -ales** *adj* commercial ■ **commercialisation** *nf* marketing ■ **commercialiser** *vt* to market

commère [kɔmɛr] *nf* gossip

commettre* [kɔmɛtr] *vt (meurtre)* to commit; *(erreur)* to make

commis [kɔmi] *nm (de magasin)* shop assistant; *(de bureau)* clerk

commissaire [kɔmisɛr] *nm (de course)* steward; **c. (de police)** *Br* ≃ police superintendent, *Am* ≃ police captain ■ **commissariat** *nm* **c. (de police)** (central) police station

commission [kɔmisjɔ̃] *nf (course)* errand; *(message)* message; *(comité)* commission, committee; *Com (pourcentage)* commission (**sur** on); **faire les commissions** to go shopping

commode [kɔmɔd] **1** *adj (pratique)* handy; **pas c.** *(pas aimable)* awkward; *(difficile)* tricky **2** *nf Br* chest of drawers, *Am* dresser ■ **commodité** *nf* convenience

commun, -e [kɔmœ̃, -yn] **1** *adj (non exclusif, répandu, vulgaire)* common; *(cuisine)* shared; *(démarche)* joint; **peu c.** uncommon; **ami c.** mutual friend; **en c.** in common; **mettre qch en c.** to share sth **2** *nm* **hors du c.** out of the ordinary

communauté [kɔmynote] *nf (collectivité)* community; **la C. (économique) européenne** the (European) Economic

Community; **la C. d'États indépendants** the Commonwealth of Independent States ▪ **communautaire** *adj (de la CE)* Community; **vie c.** community life

commune [kɔmyn] *nf (municipalité)* commune ▪ **communal, -e, -aux, -ales** *adj Br* ≃ council, *Am* ≃ district; **école communale** ≃ local *Br* primary *or Am* grade school

communicatif, -ive [kɔmynikatif, -iv] *adj (personne)* communicative; *(rire)* infectious

communication [kɔmynikɑsjɔ̃] *nf* communication; **c. téléphonique** telephone call; **je vous passe la c.** I'll put you through; **la c. est mauvaise** the line is bad

communion [kɔmynjɔ̃] *nf* communion; *Rel* (Holy) Communion

communiquer [kɔmynike] **1** *vt* to communicate (**à** to); *(maladie)* to pass on (**à** to) **2** *vi (personne, pièces)* to communicate (**avec** with) **3 se communiquer** *vpr* to spread (**à** to) ▪ **communiqué** *nm (avis)* communiqué; **c. de presse** press release

communisme [kɔmynism] *nm* communism ▪ **communiste** *adj & nmf* communist

commutateur [kɔmytatœr] *nm (bouton)* switch

compact, -e [kɔ̃pakt] **1** *adj (foule, amas)* dense; *(appareil)* compact **2** *nm (CD)* compact disc

compagne [kɔ̃paɲ] *nf (camarade)* companion; *(concubine)* partner

compagnie [kɔ̃paɲi] *nf (présence, société, soldats)* company; **tenir c. à qn** to keep sb company

compagnon [kɔ̃paɲɔ̃] *nm* companion; *(concubin)* partner; **c. de jeu** playmate; **c. de route** travelling companion

comparaître* [kɔ̃parɛtr] *vi (devant tribunal)* to appear (in court) (**devant** before)

comparer [kɔ̃pare] *vt* to compare (**à** to, with) ▪ **comparable** *adj* comparable (**à** to, with) ▪ **comparaison** *nf* comparison (**avec** with); **en c. de...** in comparison with...

compartiment [kɔ̃partimɑ̃] *nm* compartment; **c. à bagages** *(de car)* luggage compartment; **c. fumeurs** smoking compartment

compas [kɔ̃pa] *nm Math Br* (pair of) compasses, *Am* compass; *Naut* compass

compassion [kɔ̃pɑsjɔ̃] *nf* compassion

compatible [kɔ̃patibl] *adj* compatible (**avec** with) ▪ **compatibilité** *nf* compatibility

compatir [kɔ̃patir] *vi* to sympathize ▪ **compatissant, -e** *adj* compassionate, sympathetic

compatriote [kɔ̃patrijɔt] *nmf* compatriot

compenser [kɔ̃pɑ̃se] **1** *vt (perte, défaut)* to make up for, to compensate for **2** *vi* to compensate ▪ **compensation** *nf (de perte)* compensation; **en c.** in compensation (**de** for)

compétent, -e [kɔ̃petɑ̃, -ɑ̃t] *adj* competent ▪ **compétence** *nf* competence; **compétences** *(connaissances)* skills, abilities

compétition [kɔ̃petisjɔ̃] *nf (rivalité)* competition; *(épreuve sportive)* event; **être en c. avec qn** to compete with sb; **sport de c.** competitive sport ▪ **compétitif, -ive** *adj* competitive

compiler [kɔ̃pile] *vt* to compile

complaire* [kɔ̃plɛr] **se complaire** *vpr* **se c. dans qch/à faire qch** to delight in sth/in doing sth

complaisant, -e [kɔ̃plɛzɑ̃, -ɑ̃t] *adj (bienveillant)* kind, obliging; *(satisfait)* complacent ▪ **complaisance** *nf (bienveillance)* kindness; *(vanité)* complacency

complément [kɔ̃plemɑ̃] *nm (reste)* rest; *Gram* complement; **un c. d'information** additional information; **c. d'objet direct/indirect** direct/indirect object ▪ **complémentaire** *adj* complementary; *(détails)* additional

complet, -ète [kɔ̃plɛ, -ɛt] **1** *adj (entier,*

absolu) complete; *(train, hôtel, théâtre)* full; *(pain)* wholemeal **2** *nm (costume)* suit

compléter [kɔ̃plete] **1** *vt (collection, formation)* to complete; *(formulaire)* to fill in; *(somme)* to make up **2 se compléter** *vpr* to complement each other

complexe [kɔ̃plɛks] **1** *adj* complex **2** *nm (sentiment, construction)* complex; **avoir des complexes** to have a hang-up ▪ **complexé, -e** *adj Fam* hung up (**par** about) ▪ **complexité** *nf* complexity

complication [kɔ̃plikasjɔ̃] *nf (ennui) & Méd* complication; *(complexité)* complexity

complice [kɔ̃plis] **1** *nm* accomplice **2** *adj (regard)* knowing; *(silence)* conniving; **être c. de qch** to be a party to sth ▪ **complicité** *nf* complicity

compliment [kɔ̃plimɑ̃] *nm* compliment; **faire des compliments à qn** to pay sb compliments ▪ **complimenter** *vt* to compliment (**sur** on)

compliquer [kɔ̃plike] **1** *vt* to complicate **2 se compliquer** *vpr (situation)* to get complicated; **se c. la vie** to make life complicated for oneself ▪ **compliqué, -e** *adj* complicated

complot [kɔ̃plo] *nm* conspiracy (**contre** against)

comporter [kɔ̃pɔrte] **1** *vt (contenir)* to contain; *(être constitué de)* to consist of **2 se comporter** *vpr (personne)* to behave ▪ **comportement** [-əmɑ̃] *nm* behaviour

composer [kɔ̃poze] **1** *vt (faire partie de)* to make up; *(musique, poème)* to compose; *(numéro de téléphone)* to dial; *Typ* to set; **être composé de qch** to be made up *or* composed of sth

2 *vi (étudiant)* to take a test

3 se composer *vpr* **se c. de qch** to be made up *or* composed of sth ▪ **composant** *nm* component ▪ **composante** *nf* component

compositeur, -trice [kɔ̃pozitœr, -tris] *nmf (musicien)* composer; *(typographe)* typesetter

composition [kɔ̃pozisjɔ̃] *nf (de musique, de poème)* composing; *Typ* typesetting; *(éléments)* composition; *(d'aliment)* ingredients; *(examen)* test

composter [kɔ̃pɔste] *vt (billet)* to cancel

compote [kɔ̃pɔt] *nf Br* stewed fruit, *Am* sauce; **c. de pommes** *Br* stewed apples, *Am* applesauce

compréhensible [kɔ̃preɑ̃sibl] *adj (justifié)* understandable; *(clair)* comprehensible ▪ **compréhensif, -ive** *adj* understanding ▪ **compréhension** *nf* understanding

comprendre* [kɔ̃prɑ̃dr] **1** *vt (par l'esprit, par les sentiments)* to understand; *(être composé de)* to consist of; *(comporter)* to include; **mal c. qch** to misunderstand sth; **je n'y comprends rien** I can't make head or tail of it **2 se comprendre** *vpr* **ça se comprend** that's understandable

compresse [kɔ̃prɛs] *nf* compress

comprimé [kɔ̃prime] *nm (médicament)* tablet

comprimer [kɔ̃prime] *vt (gaz, artère)* to compress

compris, -e [kɔ̃pri, -is] **1** *pp voir* **comprendre 2** *adj (inclus)* included (**dans** in); **y c.** including

compromettre* [kɔ̃prɔmɛtr] *vt (personne)* to compromise; *(sécurité)* to jeopardize ▪ **compromis** *nm* compromise

comptabiliser [kɔ̃tabilize] *vt (compter)* to count

comptabilité [kɔ̃tabilite] *nf (comptes)* accounts; *(science)* book-keeping, accounting; *(service)* accounts department ▪ **comptable** *nmf* accountant

comptant [kɔ̃tɑ̃] **1** *adv* **payer c.** to pay (in) cash **2** *nm* **acheter au c.** to buy for cash

---

COMPTE [kɔ̃t] *nm* (**a**) *(de banque, de commerçant)* account; *(calcul)* calculation; **avoir un c. en banque** to have a bank account; **faire ses comptes** to do one's accounts; **c. chèque** *Br*

current account, *Am* checking account; **c. à rebours** countdown
(**b**) *(expressions)* **en fin de c.** all things considered; **tenir c. de qch** to take sth into account; **c. tenu de qch** considering sth; **se rendre c. de qch** to realize sth; **rendre c. de qch** *(exposer)* to report on sth; *(justifier)* to account for sth; **travailler à son c.** to be self-employed; *Fig* **être loin du c.** to be wide of the mark ■ **compte-gouttes** *nm inv* dropper; *Fig* **au c.** in dribs and drabs

---

compter [kɔ̃te] **1** *vt (calculer)* to count; *(prévoir)* to allow; *(include)* to include; **c. faire qch** *(espérer)* to expect to do sth; *(avoir l'intention de)* to intend to do sth; **c. qch à qn** *(facturer)* to charge sb for sth; **sans c....** *(sans parler de)* not to mention...
2 *vi (calculer, être important)* to count; **c. sur qn/qch** to count *or* rely on sb/sth; **à c. de demain** as from tomorrow
3 se compter *vpr* **ses membres se comptent par milliers** it has thousands of members ■ **compteur** *nm* meter; **c. de gaz** gas meter; *Aut* **c. kilométrique** *Br* milometer, *Am* odometer; *Aut* **c. de vitesse** speedometer

compte rendu [kɔ̃trɑ̃dy] (*pl* **comptes rendus**) *nm* report; *(de livre, de film)* review

comptoir [kɔ̃twar] *nm (de magasin)* counter; *(de café)* bar

comte [kɔ̃t] *nm (noble)* count; *(en Grande-Bretagne)* earl ■ **comtesse** *nf* countess

concéder [kɔ̃sede] *vt (victoire, but)* to concede; **c. qch à qn** to grant sb sth

concentrer [kɔ̃sɑ̃tre] **1** *vt* to concentrate; *(attention)* to focus **2 se concentrer** *vpr (réfléchir)* to concentrate ■ **concentration** *nf* concentration ■ **concentré, -e 1** *adj (lait)* condensed; *(attentif)* concentrating (hard) **2** *nm* **c. de tomates** tomato purée

concept [kɔ̃sɛpt] *nm* concept ■ **conception** *nf (d'idée)* conception; *(création)* design; **c. assistée par ordinateur** computer-aided design

concerner [kɔ̃sɛrne] *vt* to concern; **en ce qui me concerne** as far as I'm concerned ■ **concernant** *prép* concerning

concert [kɔ̃sɛr] *nm (de musique)* concert

concerter [kɔ̃sɛrte] **se concerter** *vpr* to consult together ■ **concertation** *nf* consultation

concession [kɔ̃sesjɔ̃] *nf (compromis)* concession (**à** to); *(terrain)* plot ■ **concessionnaire** *nmf* dealer

concevoir* [kɔ̃səvwar] **1** *vt (enfant, plan, idée)* to conceive; *(produit)* to design; *(comprendre)* to understand **2 se concevoir** *vpr* **ça se conçoit** that's understandable ■ **concevable** *adj* conceivable

concierge [kɔ̃sjɛrʒ] *nmf* caretaker, *Am* janitor

concilier [kɔ̃silje] *vt (choses)* to reconcile

concis, -e [kɔ̃si, -is] *adj* concise

conclure* [kɔ̃klyr] *vt (terminer)* to conclude; *(accord)* to finalize; *(marché)* to clinch ■ **concluant, -e** *adj* conclusive ■ **conclusion** *nf* conclusion; **tirer une c. de qch** to draw a conclusion from sth

concombre [kɔ̃kɔ̃br] *nm* cucumber

concorder [kɔ̃kɔrde] *vi (preuves, dates, témoignages)* to tally (**avec** with)

concourir* [kɔ̃kurir] *vi Sport* to compete (**pour** for); *(converger)* to converge; **c. à qch/faire qch** to contribute to sth/to do sth

concours [kɔ̃kur] *nm (examen)* competitive examination; *(jeu)* competition; *(aide)* assistance; **c. de beauté** beauty contest

concret, -ète [kɔ̃kre, -ɛt] *adj* concrete ■ **concrétiser 1** *vt (rêve)* to realize; *(projet)* to carry out **2 se concretiser** *vpr* to materialize

conçu, -e [kɔ̃sy] **1** *pp de* **concevoir 2** *adj* **c. pour faire qch** designed to do sth

concubine [kɔ̃kybin] *nf Jur* cohabitant ▪ **concubinage** *nm* cohabitation; **vivre en c.** to cohabit

concurrent, -e [kɔ̃kyrɑ̃, -ɑ̃t] *nmf* competitor ▪ **concurrence** *nf* competition; **faire c. à** to compete with; **jusqu'à c. de 100 euros** up to the amount of 100 euros ▪ **concurrencer** *vt* to compete with

condamnation [kɔ̃danɑsjɔ̃] *nf Jur (jugement)* conviction (**pour** for); *(peine)* sentence (**à** to); *(critique)* condemnation; **c. à mort** death sentence

condamner [kɔ̃dane] *vt (blâmer)* to condemn; *Jur* to sentence (**à** to); *(porte)* to block up; **c. qn à une amende** to fine sb; **c. qn à qch** *(forcer à)* to force sb into sth ▪ **condamné, -e 1** *adj (malade)* terminally ill **2** *nmf (prisonnier)* convicted person

condensation [kɔ̃dɑ̃sasjɔ̃] *nf* condensation

condescendant, -e [kɔ̃dɛsɑ̃dɑ̃, -ɑ̃t] *adj* condescending

condition [kɔ̃disjɔ̃] *nf (état, stipulation, sort)* condition; *(classe sociale)* station; **conditions** *(circonstances)* conditions; *(de contrat)* terms; **à c. de faire qch, à c. que l'on fasse qch** providing *or* provided (that) one does sth ▪ **conditionnel, -elle 1** *adj* conditional **2** *nm Gram* conditional

conditionner [kɔ̃disjɔne] *vt (être la condition de)* to govern; *(emballer)* to package; *(personne)* to condition ▪ **conditionnement** *nm (emballage)* packaging; *(de personne)* conditioning

condoléances [kɔ̃dɔleɑ̃s] *nfpl* condolences

conducteur, -trice [kɔ̃dyktœr, -tris] **1** *nmf (de véhicule, de train)* driver **2** *adj Él* **fil c.** lead (wire)

conduire* [kɔ̃dɥir] **1** *vt (troupeau)* to lead; *(voiture)* to drive; *(moto)* to ride; *(électricité)* to conduct; **c. qn à** *(accompagner)* to take sb to **2** *vi (en voiture)* to drive; **c. à** *(lieu)* to lead to **3 se conduire** *vpr* to behave

conduit [kɔ̃dɥi] *nm (tuyau)* pipe

conduite [kɔ̃dɥit] *nf (de véhicule)* driving (**de** of); *(d'entreprise)* management; *(tuyau)* pipe; *(comportement)* conduct, behaviour; **c. à gauche/droite** *(volant)* left-hand/right-hand drive; **c. de gaz** gas main

cône [kon] *nm* cone

confection [kɔ̃fɛksjɔ̃] *nf (réalisation)* making (**de** of); *(industrie)* clothing industry; **vêtements de c.** ready-to-wear clothes ▪ **confectionner** *vt* to make

confédération [kɔ̃federɑsjɔ̃] *nf* confederation

conférence [kɔ̃ferɑ̃s] *nf (réunion)* conference; *(exposé)* lecture; **c. de presse** press conference

conférer [kɔ̃fere] *vt (titre)* to confer (**à** on)

confesser [kɔ̃fese] *Rel* **1** *vt* to confess **2 se confesser** *vpr* to confess (**à** to) ▪ **confession** *nf* confession

confettis [kɔ̃feti] *nmpl* confetti

confiance [kɔ̃fjɑ̃s] *nf* confidence; **faire c. à qn, avoir c. en qn** to trust sb; **de c.** *(mission)* of trust; *(personne)* trustworthy; **c. en soi** self-confidence; **avoir c. en soi** to be self-confident ▪ **confiant, -e** *adj (qui fait confiance)* trusting; *(optimiste)* confident; *(qui a confiance en soi)* self-confident

confidence [kɔ̃fidɑ̃s] *nf* confidence; **faire une c. à qn** to confide in sb ▪ **confident, -e** *nmf* confidant, *f* confidante ▪ **confidentiel, -elle** *adj* confidential

confier [kɔ̃fje] **1** *vt* **c. qch à qn** *(laisser)* to entrust sb with sth; *(dire)* to confide sth to sb **2 se confier** *vpr* **se c. à qn** to confide in sb

configuration [kɔ̃figyrɑsjɔ̃] *nf (disposition)* layout; *Ordinat* configuration

confiner [kɔ̃fine] **1** *vt* to confine **2** *vi* **c. à** to border on **3 se confiner** *vpr* **se c. chez soi** to shut oneself up indoors

confins [kɔ̃fɛ̃] *nmpl* confines; **aux c. de** on the edge of

confirmation [kɔ̃firmasjɔ̃] *nf* confirmation

confirmer [kɔ̃firme] **1** *vt* to confirm (**que** that) **2 se confirmer** *vpr (nouvelle)* to be confirmed; *(tendance)* to continue

confiserie [kɔ̃fizri] *nf (magasin) Br* sweetshop, *Am* candy store; **confiseries** *(bonbons) Br* sweets, *Am* candy ▪ **confiseur** *nm* confectioner

confisquer [kɔ̃fiske] *vt* to confiscate (**à qn** from sb)

confit, -e [kɔ̃fi] **1** *adj (fruits)* candied **2** *nm* **c. d'oie** potted goose

confiture [kɔ̃fityr] *nf* jam; **c. de fraises** strawberry jam

conflit [kɔ̃fli] *nm* conflict; **conflits sociaux** industrial disputes ▪ **conflictuel, -elle** *adj (intérêts)* conflicting

confondre [kɔ̃fɔ̃dr] **1** *vt (choses, personnes)* to mix up, to confuse; *(consterner)* to astound; *(démasquer)* to confound; **c. qn/qch avec qn/qch** to mistake sb/sth for sb/sth **2 se confondre** *vpr (couleurs, intérêts)* to merge; **se c. en excuses** to apologize profusely

conforme [kɔ̃fɔrm] *adj* **c. à** in accordance with; *(modèle)* true to ▪ **conformément** *adv* **c. à** in accordance with

conformer [kɔ̃fɔrme] **1** *vt* to model **2 se conformer** *vpr* to conform (**à** to)

conformiste [kɔ̃fɔrmist] *adj & nmf* conformist

conformité [kɔ̃fɔrmite] *nf* conformity (**à** with)

confort [kɔ̃fɔr] *nm* comfort ▪ **confortable** *adj* comfortable

confrère [kɔ̃frɛr] *nm (de profession)* colleague

confronter [kɔ̃frɔ̃te] *vt (personnes)* to confront; *(expériences, résultats)* to compare; **confronté à** *(difficulté)* confronted with ▪ **confrontation** *nf (face-à-face)* confrontation; *(comparaison)* comparison

confus, -e [kɔ̃fy, -yz] *adj (esprit, situation, explication)* confused; *(gêné)* embarrassed ▪ **confusion** *nf (désordre, méprise)* confusion; *(gêne)* embarrassment

congé [kɔ̃ʒe] *nm (vacances) Br* holiday, *Am* vacation; *(arrêt de travail)* leave; *(avis de renvoi)* notice; **donner son c. à qn** *(employé, locataire)* to give notice to sb; **c. de maladie** sick leave; **c. de maternité** maternity leave; **c. de paternité** paternity leave; **congés payés** *Br* paid holidays, *Am* paid vacation

congédier [kɔ̃ʒedje] *vt* to dismiss

congeler [kɔ̃ʒle] *vt* to freeze ▪ **congélateur** *nm* freezer

congère [kɔ̃ʒɛr] *nf* snowdrift

Congo [kɔ̃go] *nm* **le C.** Congo ▪ **congolais, -e 1** *adj* Congolese **2** *nmf* **C., Congolaise** Congolese

congratuler [kɔ̃gratyle] *vt* to congratulate (**sur** on)

congrès [kɔ̃grɛ] *nm* conference; **le C.** *(aux États-Unis)* the Congress

conique [kɔnik] *adj* conical

conjoint, -e [kɔ̃ʒwɛ̃, -wɛ̃t] **1** *adj* joint **2** *nm* spouse; **conjoints** husband and wife

conjonction [kɔ̃ʒɔ̃ksjɔ̃] *nf (union)* union; *Gram* conjunction

conjonctivite [kɔ̃ʒɔ̃ktivit] *nf Méd* conjunctivitis

conjoncture [kɔ̃ʒɔ̃ktyr] *nf* circumstances

conjugal, -e, -aux, -ales [kɔ̃ʒygal, -o] *adj (bonheur)* marital; *(vie)* married; *(devoir)* conjugal

conjuguer [kɔ̃ʒyge] **1** *vt (verbe)* to conjugate; *(efforts)* to combine **2 se conjuguer** *vpr (verbe)* to be conjugated ▪ **conjugaison** *nf Gram* conjugation

conjurer [kɔ̃ʒyre] *vt (danger)* to avert; *(mauvais sort)* to ward off; **c. qn de faire qch** to beg sb to do sth ▪ **conjuré, -e** *nmf* conspirator

connaissance [kɔnɛsɑ̃s] *nf (savoir)* knowledge; *(personne)* acquaintance; **à ma c.** to my knowledge; **avoir c. de qch** to be aware of sth; **faire c. avec qn** to get to know sb; **perdre/**

reprendre c. to lose/regain consciousness; **sans c.** unconscious ▪ **connaisseur** *nm* connoisseur

connaître* [kɔnɛtr] **1** *vt (personne, endroit, faits)* to know; *(rencontrer)* to meet; *(famine, guerre)* to experience; **faire c. qch** to make sth known; **faire c. qn** *(présenter)* to introduce sb; *(rendre célèbre)* to make sb known **2 se connaître** *vpr* **nous nous connaissons déjà** we've met before; **s'y c. en qch** to know all about sth

connecter [kɔnɛkte] *vt (appareil électrique)* to connect; *Ordinat* **connecté** on line ▪ **connexion** *nf* connection

connu, -e [kɔny] **1** *pp de* **connaître 2** *adj (célèbre)* well-known

conquérir* [kɔ̃kerir] *vt (pays, sommet)* to conquer; *(marché)* to capture ▪ **conquérant, -e** *nmf* conqueror ▪ **conquête** *nf* conquest

consacrer [kɔ̃sakre] **1** *vt (temps)* to devote (**à** to); *(église)* to consecrate; *(entériner)* to establish **2 se consacrer** *vpr* **se c. à** to devote oneself to

consciemment [kɔ̃sjamɑ̃] *adv* consciously

conscience [kɔ̃sjɑ̃s] *nf* (**a**) *(esprit)* consciousness; **avoir/prendre c. de qch** to be/become aware of sth; **perdre c.** to lose consciousness (**b**) *(morale)* conscience; **avoir bonne/mauvaise c.** to have a clear/guilty conscience ▪ **consciencieux, -euse** *adj* conscientious

conscient, -e [kɔ̃sjɑ̃, -ɑ̃t] *adj (lucide)* conscious; **c. de qch** aware *or* conscious of sth

conscrit [kɔ̃skri] *nm* conscript

consécutif, -ive [kɔ̃sekytif, -iv] *adj* consecutive; **c. à** following upon

conseil [kɔ̃sɛj] *nm* (**a**) **un c.** *(recommandation)* a piece of advice; **des conseils** advice (**b**) *(assemblée)* council, committee; **c. d'administration** board of directors; *Scol* **c. de classe** = staff meeting with participation of class representatives; *Pol* **c. des ministres** cabinet meeting

conseiller¹ [kɔ̃seje] *vt (guider)* to advise; **c. qch à qn** to recommend sth to sb; **c. à qn de faire qch** to advise sb to do sth

conseiller², -ère [kɔ̃seje, -ɛr] *nmf (expert)* consultant, adviser; **c. d'orientation** careers adviser

consentir* [kɔ̃sɑ̃tir] **1** *vi* **c. à qch/à faire qch** to consent to sth/to do sth **2** *vt (prêt)* to grant (**à** to) ▪ **consentement** *nm* consent

conséquence [kɔ̃sekɑ̃s] *nf* consequence; **en c.** accordingly; **sans c.** *(sans importance)* of no importance

conservateur, -trice [kɔ̃sɛrvatœr, -tris] **1** *adj & nmf Pol* Conservative **2** *nmf (de musée)* curator; *(de bibliothèque)* librarian **3** *nm (alimentaire)* preservative

conservatoire [kɔ̃sɛrvatwar] *nm* school, academy

conserve [kɔ̃sɛrv] *nf* **conserves** canned *or Br* tinned food; **en c.** canned, *Br* tinned

conserver [kɔ̃sɛrve] **1** *vt* to keep; *(fruits, tradition)* to preserve **2 se conserver** *vpr (aliment)* to keep

considérable [kɔ̃siderabl] *adj* considerable

considérer [kɔ̃sidere] *vt* to consider (**que** that); **tout bien considéré** all things considered ▪ **considération** *nf (respect)* regard, esteem; **prendre qch en c.** to take sth into consideration

consigne [kɔ̃siɲ] *nf (instructions)* orders; *(de bouteille)* deposit; **c. (à bagages)** *Br* left-luggage office, *Am* checkroom; **c. automatique** lockers ▪ **consigner** *vt (bouteille)* to charge a deposit on; *(bagages) Br* to deposit in the left-luggage office, *Am* to check; *(écrire)* to record; *(punir) (soldat)* to confine to barracks

consistant, -e [kɔ̃sistɑ̃, -ɑ̃t] *adj (sauce, bouillie)* thick; *(repas)* substantial ▪ **consistance** *nf* consistency

consister [kɔ̃siste] *vi* **c. en qch** to consist of sth; **c. à faire qch** to consist in doing sth

consœur [kɔ̃sœr] *nf* female colleague

console [kɔ̃sɔl] *nf (d'ordinateur, de jeux)* console

consoler [kɔ̃sɔle] **1** *vt* to comfort, to console **2 se consoler** *vpr* **se c. de qch** to get over sth ▪ **consolation** *nf* comfort, consolation

consolider [kɔ̃sɔlide] *vt (mur, position)* to strengthen ▪ **consolidation** *nf* strengthening

consommateur, -trice [kɔ̃sɔmatœr, -tris] *nmf* consumer; *(au café)* customer ▪ **consommation** *nf (de nourriture, d'électricité)* consumption; *(de voiture)* fuel consumption; *(boisson)* drink

consommer [kɔ̃sɔme] **1** *vt (aliment, carburant)* to consume; *(mariage)* to consumate **2** *vi (au café)* to drink

consonne [kɔ̃sɔn] *nf* consonant

consortium [kɔ̃sɔrsjɔm] *nm (entreprises)* consortium

conspirer [kɔ̃spire] *vi (comploter)* to conspire (**contre** against); **c. à faire qch** *(concourir)* to conspire to do sth ▪ **conspirateur, -trice** *nmf* conspirator ▪ **conspiration** *nf* conspiracy

constant, -e [kɔ̃stɑ̃, -ɑ̃t] **1** *adj* constant **2** *nf* **constante** *Math* constant ▪ **constamment** [-amɑ̃] *adv* constantly ▪ **constance** *nf* constancy

constat [kɔ̃sta] *nm* (official) report

constater [kɔ̃state] *vt (observer)* to note (**que** that); *Jur (enregistrer)* to record; *(décès)* to certify ▪ **constatation** *nf (remarque)* observation

constellation [kɔ̃stɛlɑsjɔ̃] *nf* constellation

consterner [kɔ̃stɛrne] *vt* to dismay

constipation [kɔ̃stipɑsjɔ̃] *nf* constipation

constituer [kɔ̃stitɥe] **1** *vt (composer)* to make up; *(équivaloir à)* to constitute; *(former)* to form; **constitué de** made up of **2 se constituer** *vpr* **se c. prisonnier** to give oneself up

constitution [kɔ̃stitysjɔ̃] *nf (santé, lois)* constitution; *(de gouvernement)* formation ▪ **constitutionnel, -elle** *adj* constitutional

constructeur [kɔ̃stryktœr] *nm (bâtisseur)* builder; *(fabricant)* maker (**de** of); **c. automobile** car manufacturer ▪ **constructif, -ive** *adj* constructive ▪ **construction** *nf (de pont, de route, de maison)* building, construction (**de** of); *(édifice)* building; **en c.** under construction

construire* [kɔ̃strɥir] *vt (maison, route)* to build

consul [kɔ̃syl] *nm* consul ▪ **consulat** *nm* consulate

consulter [kɔ̃sylte] **1** *vt* to consult **2** *vi (médecin)* to see patients, *Br* to take surgery **3 se consulter** *vpr (discuter)* to confer ▪ **consultation** *nf* consultation

consumer [kɔ̃syme] *vt (brûler)* to consume

contact [kɔ̃takt] *nm* contact; **être en c. avec qn** to be in contact with sb; **prendre c.** to get in touch (**avec** with); *Aut* **mettre/couper le c.** to switch on/off ▪ **contacter** *vt* to contact

contagieux, -euse [kɔ̃taʒjø, -øz] *adj (maladie, personne)* contagious

contaminer [kɔ̃tamine] *vt* to contaminate ▪ **contamination** *nf* contamination

conte [kɔ̃t] *nm* tale; **c. de fées** fairy tale

contempler [kɔ̃tɑ̃ple] *vt* to gaze at, to contemplate

contemporain, -e [kɔ̃tɑ̃pɔrɛ̃, -ɛn] *adj & nmf* contemporary

contenance [kɔ̃tnɑ̃s] *nf* (**a**) *(de récipient)* capacity (**b**) *(allure)* bearing

contenir* [kɔ̃tnir] *vt (renfermer)* to contain; *(contrôler)* to hold back, to contain ▪ **conteneur** *nm* container

content, -e [kɔ̃tɑ̃, -ɑ̃t] **1** *adj* pleased, happy (**de** with; **de faire** to do); **être c. de soi** to be pleased with oneself **2** *nm* **avoir son c.** to have had one's fill (**de** of)

contenter [kɔ̃tɑ̃te] **1** *vt (satisfaire)* to satisfy; *(faire plaisir à)* to please **2 se contenter** *vpr* **se c. de qch** to content oneself with sth ▪ **contentement** *nm* contentment, satisfaction

contentieux [kɔ̃tɑ̃sjø] *nm (querelles)* dispute; *Jur* litigation; *(service)* legal department

contenu [kɔ̃tny] *nm (de paquet, de bouteille)* contents; *(de lettre, de film)* content

conter [kɔ̃te] *vt* to tell (**à** to) ▪ **conteur, -euse** *nmf* storyteller

contestable [kɔ̃testabl] *adj* debatable

contestation [kɔ̃tɛstasjɔ̃] *nf* protest

conteste [kɔ̃tɛst] **sans conteste** *adv* indisputably

contester [kɔ̃teste] **1** *vt* to dispute **2** *vi* **faire qch sans c.** to do sth without protest ▪ **contesté, -e** *adj (théorie, dirigeant)* controversial

contexte [kɔ̃tɛkst] *nm* context

contigu, -ë [kɔ̃tigy] *adj (maisons)* adjoining; **c. à qch** adjoining sth

continent [kɔ̃tinɑ̃] *nm* continent; *(opposé à une île)* mainland ▪ **continental, -e, -aux, -ales** *adj (climat, plateau)* continental

contingent [kɔ̃tɛ̃ʒɑ̃] *nm Mil* contingent; *(quota)* quota

continu, -e [kɔ̃tiny] *adj* continuous ▪ **continuel, -elle** *adj (ininterrompu)* continuous; *(qui se répète)* continual ▪ **continuellement** *adv (de façon ininterrompue)* continuously; *(de façon répétitive)* continually

continuer [kɔ̃tinɥe] **1** *vt (études, efforts, politique)* to continue, to carry on with; **c. à** *ou* **de faire qch** to continue *or* carry on doing sth **2** *vi* to continue, to go on ▪ **continuation** *nf* continuation

continuité [kɔ̃tinɥite] *nf* continuity

contour [kɔ̃tur] *nm* outline

contourner [kɔ̃turne] *vt* to go round; *Fig (difficulté, loi)* to get round

contraceptif, -ive [kɔ̃trasɛptif, -iv] *adj & nm* contraceptive

contracter [kɔ̃trakte] **1** *vt (muscle, habitude, dette)* to contract **2 se contracter** *vpr (muscle)* to contract; *(personne)* to tense up ▪ **contraction** *nf* contraction

contractuel, -elle [kɔ̃traktɥɛl] **1** *adj (politique)* contractual **2** *nmf Br* ≃ traffic warden, *Am* ≃ traffic policeman, *f* traffic policewoman

contradiction [kɔ̃tradiksjɔ̃] *nf* contradiction; **être en c. avec qch** to contradict sth ▪ **contradictoire** *adj* contradictory

contraindre* [kɔ̃trɛ̃dr] **1** *vt* to compel, to force (**à faire** to do) **2 se contraindre** *vpr* to compel *or* force oneself (**à faire** to do) ▪ **contraignant, -e** *adj* restricting ▪ **contrainte** *nf (obligation, limitation)* constraint; **sous la c.** under duress

contraire [kɔ̃trɛr] **1** *adj (opposé)* conflicting; **c. à qch** contrary to sth; **en sens c.** in the opposite direction **2** *nm* opposite; **(bien) au c.** on the contrary ▪ **contrairement** *adv* **c. à** contrary to; **c. à qn** unlike sb

contrarier [kɔ̃trarje] *vt (projet, action)* to thwart; *(personne)* to annoy ▪ **contrariant, -e** *adj (situation)* annoying; *(personne)* contrary ▪ **contrariété** *nf* annoyance

contraste [kɔ̃trast] *nm* contrast ▪ **contraster** *vi* to contrast (**avec** with)

contrat [kɔ̃tra] *nm* contract

contravention [kɔ̃travɑ̃sjɔ̃] *nf (amende)* fine; *(pour stationnement interdit)* (parking) ticket

contre [kɔ̃tr] **1** *prép* against; *(en échange de)* (in exchange) for; **échanger qch c. qch** to exchange sth for sth; **fâché c. qn** angry with sb; **six voix c. deux** six votes to two; **Nîmes c. Arras** *(match)* Nîmes versus *or* against Arras; **sirop c. la toux** cough mixture; *Fam* **par c.** on the other hand **2** *nm (au volley, au basket)* block ▪ **contre-attaque** *nf* counter-attack ▪ **contre-attaquer** *vt* to counter-attack

contrebalancer [kɔ̃trəbalɑ̃se] *vt* to counterbalance; *Fig (compenser)* to offset

contrebande [kɔ̃trəbɑ̃d] *nf (activité)* smuggling; *(marchandises)* contraband; **tabac de c.** smuggled tobacco;

faire de la c. to smuggle goods ■ **contrebandier, -ère** *nmf* smuggler

contrebas [kɔ̃trəbɑ] **en contrebas** *adv & prép* (down) below; **en c. de** below

contrebasse [kɔ̃trəbɑs] *nf (instrument)* double-bass

contrecarrer [kɔ̃trəkare] *vt* to thwart

contrecœur [kɔ̃trəkœr] **à contrecœur** *adv* reluctantly

contrecoup [kɔ̃trəku] *nm* repercussions

contre-courant [kɔ̃trəkurɑ̃] **à contre-courant** *adv (nager)* against the current

contredire* [kɔ̃trədir] **1** *vt* to contradict **2 se contredire** *vpr (soi-même)* to contradict oneself; *(l'un l'autre)* to contradict each other

contrée [kɔ̃tre] *nf Littéraire (region)* region; *(pays)* land

contre-espionnage [kɔ̃trɛspjɔnaʒ] *nm* counter-espionage

contrefaçon [kɔ̃trəfasɔ̃] *nf (pratique)* counterfeiting; *(produit)* fake ■ **contrefaire*** *vt (écriture)* to disguise; *(argent)* to counterfeit; *(signature)* to forge

contre-jour [kɔ̃trəʒur] **à contre-jour** *adv* against the light

contremaître [kɔ̃trəmɛtr] *nm* foreman

contre-offensive [kɔ̃trɔfɑ̃siv] (*pl* **contre-offensives**) *nf* counter-offensive

contrepartie [kɔ̃trəparti] *nf* compensation; **en c.** in return (**de** for)

contre-pied [kɔ̃trəpje] *nm Sport* **prendre son adversaire à c.** to wrongfoot one's opponent

contreplaqué [kɔ̃trəplake] *nm* plywood

contrepoids [kɔ̃trəpwa] *nm* counterbalance

contrepoison [kɔ̃trəpwazɔ̃] *nm* antidote

contrer [kɔ̃tre] *vt (personne, attaque)* to counter

contresens [kɔ̃trəsɑ̃s] *nm* misinterpretation; *(en traduisant)* mistranslation; **prendre une rue à c.** to go down/up a street the wrong way

contresigner [kɔ̃trəsiɲe] *vt* to countersign

contretemps [kɔ̃trətɑ̃] *nm* hitch, mishap

contrevenir* [kɔ̃trəvnir] *vi* **c. à** to contravene

contribuable [kɔ̃tribɥabl] *nmf* taxpayer

contribuer [kɔ̃tribɥe] *vi* to contribute (**à** to); **c. à faire qch** to help (to) do sth

contribution [kɔ̃tribysjɔ̃] *nf* contribution (**à** to); *(impôt)* tax; **contributions** *(administration)* tax office

contrôle [kɔ̃trol] *nm (vérification)* checking (**de** of); *(surveillance)* monitoring; *(maîtrise)* control; *Scol* test; **avoir le c. de qch** to have control of sth; **le c. des naissances** birth control; **c. de soi** self-control; **c. fiscal** tax inspection

contrôler [kɔ̃trole] **1** *vt (vérifier)* to check; *(surveiller)* to monitor; *(maîtriser)* to control **2 se contrôler** *vpr* to control oneself ■ **contrôleur, -euse** *nmf (de train, de bus) Br* (ticket) inspector, *Am* conductor; **c. aérien** air-traffic controller

controverse [kɔ̃trɔvɛrs] *nf* controversy ■ **controversé, -e** *adj* controversial

contumace [kɔ̃tymas] **par contumace** *adv Jur* in absentia

contusion [kɔ̃tyzjɔ̃] *nf* bruise

convaincre* [kɔ̃vɛ̃kr] *vt* to convince (**de** of); **c. qn de faire qch** to persuade sb to do sth ■ **convaincant, -e** *adj* convincing ■ **convaincu, -e** *adj* convinced (**de** of; **que** that); *(partisan)* committed

convalescent, -e [kɔ̃valɛsɑ̃, -ɑ̃t] *adj & nmf* convalescent ■ **convalescence** *nf* convalescence

convenable [kɔ̃vnabl] *adj (approprié)* suitable; *(acceptable, décent)* decent

convenance [kɔ̃vnɑ̃s] *nf* **faire qch à sa c.** to do sth at one's own convenience

convenir* [kɔ̃vnir] **1** *vi* **c. à** *(être fait pour)* to be suitable for; *(plaire à, aller*

à) to suit; **c. de qch** *(lieu, prix)* to agree upon sth; **c. de faire qch** to agree to do sth; **c. que...** to admit that...
 2 *v impersonnel* **il convient de...** it is advisable to...; *(selon les usages)* it is proper to...; **il fut convenu que...** *(décidé)* it was agreed that... ▪ **convenu, -e** *adj (décidé)* agreed

convention [kɔ̃vɑ̃sjɔ̃] *nf (accord)* agreement; *(règle)* convention; **c. collective** collective agreement

conventionné, -e [kɔ̃vɑ̃sjɔne] *adj (médecin, clinique)* attached to the health system, *Br* ≃ NHS; **médecin non c.** private doctor

conventionnel, -elle [kɔ̃vɑ̃sjɔnɛl] *adj* conventional

convergence [kɔ̃vɛrʒɑ̃s] *nf* convergence ▪ **converger** *vi* to converge (**vers** on)

conversation [kɔ̃vɛrsɑsjɔ̃] *nf* conversation

conversion [kɔ̃vɛrsjɔ̃] *nf (changement)* conversion (**en** into); *(à une doctrine)* conversion (**à** to) ▪ **convertible 1** *adj* convertible (**en** into) **2** *nm* sofa bed ▪ **convertir 1** *vt (changer)* to convert (**en** into); *(à une doctrine)* to convert (**à** to) **2 se convertir** *vpr (à une doctrine)* to be converted (**à** to)

conviction [kɔ̃viksjɔ̃] *nf (certitude, croyance)* conviction; **avoir la c. que...** to be convinced that...

convier [kɔ̃vje] *vt Formel* to invite (**à** to; **à faire** to do)

convive [kɔ̃viv] *nmf* guest

convivial, -e, -aux, -ales [kɔ̃vivjal, -jo] *adj* convivial; *Ordinat* user-friendly

convoi [kɔ̃vwa] *nm (véhicules, personnes)* convoy; *(train)* train; **c. funèbre** funeral procession

convoiter [kɔ̃vwate] *vt (poste, richesses)* to covet

convoquer [kɔ̃vɔke] *vt (employé, postulant)* to call in; **c. qn à un examen** to notify sb of an examination ▪ **convocation** *nf (lettre)* notice to attend; **c. à un examen** notification of an examination

convoyer [kɔ̃vwaje] *vt (troupes)* to convoy; *(fonds)* to transport under armed guard

convulsion [kɔ̃vylsjɔ̃] *nf* convulsion

coopérer [kɔɔpere] *vi* to cooperate (**à** in, **avec** with) ▪ **coopératif, -ive** *adj & nf* cooperative ▪ **coopération** *nf* cooperation (**entre** between); *Pol* overseas development

coordonner [kɔɔrdɔne] *vt* to coordinate (**à** *ou* **avec** with) ▪ **coordination** *nf* coordination ▪ **coordonnées** *nfpl (adresse, téléphone)* address and phone number

copain [kɔpɛ̃] *nm Fam (camarade)* pal; *(petit ami)* boyfriend

copeau, -x [kɔpo] *nm (de bois)* shaving

copie [kɔpi] *nf (manuscrit, double)* copy; *Scol (devoir, examen)* paper

copier [kɔpje] *vt (texte, musique, document) & Scol (à un examen)* to copy (**sur** from) ▪ **copieur, -euse 1** *nmf (élève)* copier **2** *nm (machine)* photocopier

copieux, -euse [kɔpjø, -øz] *adj (repas)* copious; *(portion)* generous

copine [kɔpin] *nf Fam (camarade)* pal; *(petite amie)* girlfriend

copropriété [kɔprɔprijete] *nf* joint ownership

coq [kɔk] *nm* cock, *Am* rooster

coque [kɔk] *nf (de noix)* shell; *(de navire)* hull; *(fruit de mer)* cockle

coquelet [kɔklɛ] *nm* cockerel

coquelicot [kɔkliko] *nm* poppy

coqueluche [kɔklyʃ] *nf (maladie)* whooping cough

coquet, -ette [kɔkɛ, -ɛt] *adj (intérieur)* charming; *Fam (somme)* tidy

coquetier [kɔktje] *nm* egg-cup

coquille [kɔkij] *nf* shell; *(faute d'imprimerie)* misprint; *Culin* **c. Saint-Jacques** scallop ▪ **coquillage** *nm (mollusque)* shellfish *inv*; *(coquille)* shell

coquin, -e [kɔkɛ̃, -in] **1** *adj (sourire, air)* mischievous; *(sous-vêtements)* naughty **2** *nmf* rascal

cor [kɔr] *nm (instrument)* horn; *(durillon)* corn

corail, -aux [kɔraj, -o] *nm* coral

Coran [kɔrɑ̃] *nm* **le C.** the Koran

corbeau, -x [kɔrbo] *nm (oiseau)* crow

corbeille [kɔrbɛj] *nf* (**a**) *(panier)* basket; **c. à pain** breadbasket; **c. à papier** wastepaper basket (**b**) *(à la Bourse)* trading floor (**c**) *Théât* dress circle

corbillard [kɔrbijar] *nm* hearse

corde [kɔrd] *nf (lien)* rope; *(de raquette, de violon)* string; **c. à linge** washing or clothes line; **c. à sauter** *Br* skipping rope, *Am* jump-rope; **cordes vocales** vocal cords ▪ **cordée** *nf* roped party ▪ **corder** *vt (raquette)* to string

cordial, -e, -aux, -ales [kɔrdjal, -o] **1** *adj (accueil, personne)* cordial **2** *nm (remontant)* tonic

cordon [kɔrdɔ̃] *nm (de tablier, de sac)* string; *(de rideau)* cord; *(de policiers)* cordon; *Anat* **c. ombilical** umbilical cord ▪ **cordon-bleu** (*pl* **cordons-bleus**) *nm Fam* gourmet cook

cordonnier [kɔrdɔnje] *nm* shoe repairer ▪ **cordonnerie** *nf (boutique)* shoe repairer's shop

Corée [kɔre] *nf* **la C.** Korea ▪ **coréen, -enne 1** *adj* Korean **2** *nmf* **C., Coréenne** Korean

coriace [kɔrjas] *adj (viande, personne)* tough

corne [kɔrn] *nf (d'animal, matière, instrument)* horn; *(au pied, à la main)* hard skin; **c. de brume** foghorn

corneille [kɔrnɛj] *nf* crow

cornemuse [kɔrnəmyz] *nf* bagpipes

corner[1] [kɔrne] *vt (page)* to turn down the corner of; *(abîmer)* to make dog-eared

corner[2] [kɔrner] *nm (au football)* corner; **tirer un c.** to take a corner

cornet [kɔrnɛ] *nm (glace)* cone, *Br* cornet

corniche [kɔrniʃ] *nf (de rocher)* ledge; *(route)* coast road; *(en haut d'un mur)* cornice

cornichon [kɔrniʃɔ̃] *nm* gherkin

cornu, -e [kɔrny] *adj (diable, animal)* horned

corporation [kɔrpɔrɑsjɔ̃] *nf* corporate body

corporel, -elle [kɔrpɔrɛl] *adj (besoin)* bodily; *(hygiène)* personal

corps [kɔr] *nm (organisme, cadavre) & Chim* body; *(partie principale)* main part; **c. et âme** body and soul; **c. d'armée/diplomatique** army/diplomatic corps; **c. enseignant** teaching profession; **c. gras** fat

corpulent, -e [kɔrpylɑ̃, -ɑ̃t] *adj* stout, corpulent

correct, -e [kɔrɛkt] *adj (exact, courtois)* correct; *Fam (acceptable)* reasonable ▪ **correctement** *adv (sans faire de fautes, décemment)* correctly; *Fam (de façon acceptable)* reasonably

correcteur, -trice [kɔrɛktœr, -tris] **1** *adj* **verres correcteurs** corrective lenses **2** *nmf (d'examen)* examiner; *(en typographie)* proofreader **3** *nm Ordinat* **c. d'orthographe** spellchecker

correction [kɔrɛksjɔ̃] *nf (rectification)* correction; *(punition)* beating; *(décence, courtoisie)* correctness; *Scol (de devoirs, d'examens)* marking

correctionnel, -elle [kɔrɛksjɔnɛl] **1** *adj* **tribunal c.** criminal court **2** *nf* **correctionnelle** criminal court; **passer en c.** to go before a criminal court

correspondance [kɔrɛspɔ̃dɑ̃s] *nf (relation, lettres)* correspondence; *(de train, d'autocar) Br* connection, *Am* transfer

correspondre [kɔrɛspɔ̃dr] *vi* **c. à qch** to correspond to sth; **c. avec qn** *(par lettres)* to correspond with sb ▪ **correspondant, -e 1** *adj* corresponding (**à** to) **2** *nmf (reporter)* correspondent; *(par lettres)* pen friend, pen pal; *(au téléphone)* caller; **c. de guerre** war correspondent

corrida [kɔrida] *nf* bullfight

corridor [kɔridɔr] *nm* corridor

corriger [kɔriʒe] **1** *vt (texte, erreur, myopie, injustice)* to correct; *(exercice, devoir)* to mark; **c. qn** to give sb a beating; **c. qn de qch** to cure sb of sth **2 se corriger** *vpr* to mend one's ways; **se c. de qch** to cure oneself of sth ▪ **corrigé** *nm (d'exercice)* correct answers (**de** to)

corrompre* [kɔrɔ̃pr] *vt (personne, goût)* to corrupt; *(soudoyer)* to bribe ▪ **corrompu, -e** *adj* corrupt ▪ **corruption** *nf* corruption

corrosion [kɔrozjɔ̃] *nf* corrosion ▪ **corrosif, -ive** *adj* corrosive

corsage [kɔrsaʒ] *nm* blouse

Corse [kɔrs] *nf* **la C.** Corsica ▪ **corse 1** *adj* Corsican **2** *nmf* **C.** Corsican

corser [kɔrse] **1** *vt (plat)* to spice up; *Fig (récit)* to liven up **2 se corser** *vpr* **ça se corse** things are getting complicated ▪ **corsé, -e** *adj (café)* full-flavoured; *Fig (histoire)* spicy

corset [kɔrsɛ] *nm* corset

cortège [kɔrtɛʒ] *nm (défilé)* procession

corvée [kɔrve] *nf* chore; *Mil* fatigue duty

cosmétique [kɔsmetik] *adj & nm* cosmetic

cosmique [kɔsmik] *adj* cosmic ▪ **cosmonaute** *nmf* cosmonaut

cosmopolite [kɔsmɔpɔlit] *adj* cosmopolitan

cossu, -e [kɔsy] *adj (personne)* well-to-do; *(maison, intérieur)* opulent

costaud [kɔsto] *adj* sturdy

costume [kɔstym] *nm (habit)* costume; *(complet)* suit

cotation [kɔtasjɔ̃] *nf* **c. (en Bourse)** quotation (on the Stock Exchange)

cote [kɔt] *nf (marque de classement)* classification mark; *(valeur)* quotation; *(liste)* share index; *(de cheval)* odds; *(altitude)* altitude

coté, -e [kɔte] *adj* **bien c.** highly rated; **c. en Bourse** quoted on the Stock Market

côte [kot] *nf* (**a**) *(os)* rib; **à côtes** *(étoffe)* ribbed; **c. à c.** side by side; **c. d'agneau/de porc** lamb/pork chop; **c. de bœuf** rib of beef (**b**) *(de montagne)* slope (**c**) *(littoral)* coast; **la C. d'Azur** the French Riviera

côté [kote] *nm* side; **de l'autre c.** on the other side (**de** of); *(partir)* the other way; **de ce c.** *(passer)* this way; **du c. de** *(près de)* near; **à c.** close by, nearby; *(pièce)* in the other room; *(maison)* next door; **la maison d'à c.** the house next door; **à c. de qn/qch** next to sb/sth; *(en comparaison de)* compared to sb/sth; **passer à c.** *(balle)* to fall wide (**de** of); **mettre qch de c.** to put sth aside

coteau, -x [kɔto] *nm* hill; *(versant)* hillside

côtelé, -e [kotle] *adj* **velours c.** corduroy

côtelette [kotlɛt] *nf (d'agneau, de porc)* chop

coter [kɔte] *vt (prix, action)* to quote

côtier, -ère [kotje, -ɛr] *adj* coastal; *(pêche)* inshore

cotiser [kɔtize] **1** *vi (à un cadeau, pour la retraite)* to contribute (**à** to; **pour** towards) **2 se cotiser** *vpr Br* to club together, *Am* to club in ▪ **cotisation** *nf (de club)* dues, subscription; *(de retraite, de chômage)* contribution

coton [kɔtɔ̃] *nm* cotton; **c. hydrophile** *Br* cotton wool, *Am* absorbent cotton

côtoyer [kotwaje] *vt (personnes)* to mix with

cou [ku] *nm* neck

couchage [kuʃaʒ] *nm* **sac de c.** sleeping bag

couchant [kuʃɑ̃, -ɑ̃t] **1** *adj m* **soleil c.** setting sun **2** *nm* **le c.** *(ouest)* the west

couche [kuʃ] *nf* (**a**) *(épaisseur)* layer; *(de peinture)* coat; **la c. d'ozone** the ozone layer (**b**) *(linge de bébé) Br* nappy, *Am* diaper ▪ **couche-culotte** (*pl* **couches-culottes**) *nf Br* disposable nappy, *Am* disposable diaper

coucher [kuʃe] **1** *nm (moment)* bedtime; **l'heure du c.** bedtime; **au c.** at bedtime; **c. de soleil** sunset

2 *vt (allonger)* to lay down; **c. qn** to put sb to bed

3 *vi* to sleep (**avec** with)

4 se coucher *vpr (personne)* to go to

bed; *(s'allonger)* to lie down; *(soleil)* to set, to go down; **aller se c.** to go to bed ▪ **couché, -e** *adj* **être c.** to be in bed; *(étendu)* to be lying (down)

couchette [kuʃɛt] *nf (de train)* couchette; *(de bateau)* bunk

coude [kud] *nm* elbow; *(tournant)* bend; **donner un coup de c. à qn** to nudge sb

cou-de-pied [kudpje] *(pl* **cous-de-pied**) *nm* instep

coudre* [kudr] *vti* to sew

couette[1] [kwɛt] *nf (édredon)* duvet

couette[2] [kwɛt] *nf Fam (coiffure)* bunch

couffin [kufɛ̃] *nm (de bébé) Br* Moses basket, *Am* bassinet

coulée [kule] *nf* **c. de lave** lava flow

couler [kule] **1** *vt* (**a**) *(métal, statue)* to cast; *(liquide, ciment)* to pour (**b**) *(navire)* to sink **2** *vi* (**a**) *(eau, rivière)* to flow; *(nez, sueur)* to run; *(robinet)* to leak (**b**) *(bateau, nageur)* to sink

couleur [kulœr] *nf (teinte) Br* colour, *Am* color; *(colorant)* paint; *(pour cheveux)* dye; *Cartes* suit; **de quelle c. est...?** what colour is...?; **télévision c.** *ou* **en couleurs** colour television (set)

couleuvre [kulœvr] *nf* grass snake

coulisse [kulis] *nf (de porte)* runner; **porte à c.** sliding door; *Théât* **les coulisses** the wings ▪ **coulissant, -e** *adj* sliding

couloir [kulwar] *nm (de maison, de train)* corridor; *(en natation, en athlétisme)* lane; **c. de bus** bus lane

COUP [ku] *nm* (**a**) *(choc)* blow; *(essai)* attempt, go; **donner un c. à qn** to hit sb; **se donner un c. contre qch** to knock against sth; **donner un c. de couteau à qn** to knife sb; **c. de pied** kick; **donner un c. de pied à qn** to kick sb; **c. de poing** punch; **donner un c. de poing à qn** to punch sb; **c. de tête** header

(**b**) *(action soudaine, événement soudain)* **c. de vent** gust of wind; **donner un c. de frein** to brake; **prendre un c. de soleil** to get sunburned; *Fig* **ça a été le c. de foudre** it was love at first sight; **c. d'État** coup; **c. de théâtre** coup de théâtre

(**c**) *(bruit)* **c. de feu** shot; **c. de fusil** shot; **c. de sifflet** whistle; **c. de tonnerre** clap of thunder; **l'horloge sonna deux coups** the clock struck two

(**d**) *(expressions)* **après c.** after the event; **sur le c.** *(alors)* at the time; **tué sur le c.** killed outright; **tout à c., tout d'un c.** suddenly; **d'un seul c.** *(avaler)* in one go; *(soudain)* all of a sudden; **du premier c.** at the first attempt; **sous le c. de la colère** in a fit of anger; **tenir le c.** to hold out; **tomber sous le c. de la loi** to be an offence; **c. d'envoi** *(au football, au rugby)* kickoff; **c. de maître** masterstroke; **c. droit** *(au tennis)* forehand; **c. franc** *(au football)* free kick; **c. monté** put-up job

coupable [kupabl] **1** *adj* guilty (**de** of); *(négligence)* culpable; **se sentir c.** to feel guilty **2** *nmf* culprit

coupant, -e [kupɑ̃, -ɑ̃t] *adj* sharp

coupe[1] [kup] *nf (trophée)* cup; *(récipient)* bowl; **la C. du monde** the World Cup; **c. à champagne** champagne glass

coupe[2] [kup] *nf (de vêtement)* cut; *(plan)* section; **c. de cheveux** haircut ▪ **coupe-papier** *nm inv* paper knife ▪ **coupe-vent** *nm inv (blouson) Br* windcheater, *Am* Windbreaker ®

couper [kupe] **1** *vt (trancher, supprimer)* to cut; *(arbre)* to cut down; **c. la parole à qn** to interrupt sb; **nous avons été coupés** *(au téléphone)* we were cut off

2 *vi (être tranchant)* to be sharp; *(aux cartes)* to cut; *(prendre un raccourci)* to take a short cut; **ne coupez pas!** *(au téléphone)* hold the line!

3 se couper *vpr (routes)* to intersect; **se c. au doigt** to cut one's finger; **se c. les cheveux** to cut one's hair ▪ **coupé** *nm (voiture)* coupé

couperet [kuprɛ] *nm (de boucher)* cleaver; *(de guillotine)* blade

couple [kupl] *nm* couple

couplet [kuplɛ] *nm* verse

coupole [kupɔl] *nf* dome

coupon [kupɔ̃] *nm (tissu)* remnant; **c. de réduction** money-off coupon; **c.-réponse** reply coupon

coupure [kupyr] *nf (blessure)* cut; **5 000 euros en petites coupures** 5,000 euros in small notes; **c. d'électricité** *ou* **de courant** blackout, *Br* power cut; **c. de presse** newspaper cutting

cour [kur] *nf* (**a**) *(de maison, de ferme)* yard; **c. de récréation** *Br* playground, *Am* schoolyard (**b**) *(de roi, tribunal)* court; **c. d'appel** court of appeal (**c**) **faire la c. à qn** to court sb

courage [kuraʒ] *nm* courage; **bon c.!** good luck! ▪ **courageux, -euse** *adj (brave)* courageous; *(énergique)* spirited

couramment [kuramɑ̃] *adv (parler)* fluently; *(généralement)* commonly

courant, -e [kurɑ̃, -ɑ̃t] **1** *adj (common)* common; *(en cours)* current **2** *nm (de rivière)* current; **être au c. de qch** to know about sth; **mettre qn au c. de qch** to tell sb about sth; **c. d'air** *Br* draught, *Am* draft; **c. électrique** electric current

courbature [kurbatyr] *nf* ache; **avoir des courbatures** to be aching (all over)

courbe [kurb] **1** *adj* curved **2** *nf* curve; **c. de niveau** contour line ▪ **courber 1** *vt* to bend **2 se courber** *vpr (personne)* to bend down; **se c. en deux** to bend double

courgette [kurʒɛt] *nf Br* courgette, *Am* zucchini

courir* [kurir] **1** *vi* to run; *(à une course automobile)* to race; **c. après qn/qch** to run after sb/sth; **descendre une colline en courant** to run down a hill; **le bruit court que...** rumour has it that...

2 *vt* **c. un risque** to run a risk; **c. le 100 mètres** to run the 100 metres ▪ **coureur, -euse** *nmf (sportif)* runner; *(cycliste)* cyclist; **c. automobile** racing driver; **c. de jupons** womanizer

couronne [kurɔn] *nf (de roi, de reine)* crown; *(pour enterrement)* wreath; *(de dent)* crown ▪ **couronnement** *nm (de roi)* coronation; *Fig (réussite)* crowning achievement ▪ **couronner** *vt (roi)* to crown; *(auteur, ouvrage)* to award a prize to; **et pour c. le tout...** and to crown it all...

courrier [kurje] *nm (lettres)* mail, *Br* post; **par retour du c.** *Br* by return of post, *Am* by return mail; *Journ* **c. du cœur** problem page; **c. électronique** electronic mail, e-mail

courroie [kurwa] *nf (attache)* strap

cours [kur] *nm* (**a**) *(de rivière, d'astre)* course; *(de monnaie)* currency; *Fin (d'action)* price; **suivre son c.** to run its course; **avoir c.** *(monnaie)* to be legal tender; *(pratique)* to be current; **en c.** *(travail)* in progress; *(année)* current; *(affaires)* outstanding; **au c. de qch** in the course of sth; **c. d'eau** river, stream

(**b**) *(leçon)* class; *(série de leçons)* course; *(conférence)* lecture; *(établissement)* school; **suivre un c.** to take a course; **c. particulier** private lesson

(**c**) *(allée)* avenue

course[1] [kurs] *nf (action de courir)* running; *Sport (épreuve)* race; *(discipline)* racing; *(trajet en taxi)* journey; *(de projectile, de planète)* course; **les courses de chevaux** the races; **faire la c. avec qn** to race sb; **c. automobile** motor race; **c. cycliste** cycle race

course[2] [kurs] *nf (commission)* errand; **courses** *(achats)* shopping; **faire une c.** to get something from the shops; **faire les courses** to do the shopping

coursier, -ère [kursje, -ɛr] *nmf* messenger

court, -e [kur, kurt] **1** *adj* short **2** *adv* short; **à c. d'argent** short of money **3** *nm* **c. (de tennis)** tennis court ▪ **court-circuit** (*pl* **courts-circuits**) *nm* short-circuit

courtier, -ère [kurtje, -ɛr] *nmf* broker

courtisan [kurtizɑ̃] *nm Hist* courtier

■ **courtiser** *vt (femme)* to court
courtois, -e [kurtwa, -az] *adj* courteous ■ **courtoisie** *nf* courtesy
couru, -e [kury] *adj (spectacle, lieu)* popular
cousin, -e [kuzɛ̃, -in] **1** *nmf* cousin; **c. germain** first cousin **2** *nm (insecte)* mosquito
coussin [kusɛ̃] *nm* cushion
cousu, -e [kuzy] *adj* sewn; **c. main** hand-sewn
coût [ku] *nm* cost; **le c. de la vie** the cost of living ■ **coûter** *vti* to cost; **ça coûte combien?** how much is it?, how much does it cost?
couteau, -x [kuto] *nm* knife; **c. à pain** breadknife; **c.-scie** serrated knife
coûteux, -euse [kutø, -øz] *adj* costly, expensive
coutume [kutym] *nf (habitude, tradition)* custom; **avoir c. de faire qch** to be accustomed to doing sth; **comme de c.** as usual
couture [kutyr] *nf (activité)* sewing, needlework; *(raccord)* seam; **faire de la c.** to sew ■ **couturier** *nm* fashion designer ■ **couturière** *nf* dressmaker
couvent [kuvɑ̃] *nm (de religieuses)* convent; *(de moines)* monastery; *(pensionnat)* convent school
couver [kuve] **1** *vt (œufs)* to sit on; *(maladie)* to be coming down with **2** *vi (poule)* to brood; *(feu) Br* to smoulder, *Am* to smolder ■ **couveuse** *nf (pour nouveaux-nés)* incubator
couvercle [kuvɛrkl] *nm* lid; *(vissé)* cap
couvert[1] [kuvɛr] *nm* (**a**) **mettre le c.** to set *or Br* lay the table; **table de cinq couverts** table set *or Br* laid for five; **couverts** *(ustensiles)* cutlery (**b**) **sous le c. de** *(sous l'apparence de)* under cover of; **se mettre à c.** to take cover
couvert[2], -e [kuvɛr, -ɛrt] **1** *pp de* **couvrir 2** *adj* covered (**de** with *or* in); *(ciel)* overcast; **être bien c.** *(habillé chaudement)* to be warmly dressed
couverture [kuvɛrtyr] *nf (de lit)* blanket; *(de livre, de magazine)* cover; *(de bâtiment)* roofing; *Journ* coverage; **c. chauffante** electric blanket; **c. sociale** social security cover
couvrir* [kuvrir] **1** *vt* to cover (**de** with); *(bruit)* to drown **2 se couvrir** *vpr (s'habiller)* to wrap up; *(se coiffer)* to cover one's head; *(ciel)* to cloud over ■ **couvre-feu** (*pl* **couvre-feux**) *nm* curfew ■ **couvre-lit** (*pl* **couvre-lits**) *nm* bedspread
cow-boy [kɔbɔj] (*pl* **cow-boys**) *nm* cowboy
crabe [krab] *nm* crab
crachat [kraʃa] *nm* gob of spit; **crachats** spit
cracher [kraʃe] **1** *vt* to spit out **2** *vi (personne)* to spit; *(stylo)* to splutter; *(radio)* to crackle
crachin [kraʃɛ̃] *nm* (fine) drizzle
craie [krɛ] *nf (matière)* chalk; *(bâton)* stick of chalk
craindre* [krɛ̃dr] *vt (redouter)* to be afraid of, to fear; *(chaleur, froid)* to be sensitive to; **c. de faire qch** to be afraid of doing sth; **je crains qu'elle ne soit partie** I'm afraid she's left; **ne craignez rien** *(n'ayez pas peur)* don't be afraid; *(ne vous inquiétez pas)* don't worry
crainte [krɛ̃t] *nf* fear; **de c. de faire qch** for fear of doing sth
craintif, -ive [krɛ̃tif, -iv] *adj* timid
crampe [krɑ̃p] *nf* cramp
crampon [krɑ̃pɔ̃] *nm (de chaussure)* stud; *(pour l'alpinisme)* crampon
cramponner [krɑ̃pɔne] **se cramponner** *vpr* to hold on; **se c. à qn/qch** to hold on to sb/sth
cran [krɑ̃] *nm* (**a**) *(entaille)* notch; *(de ceinture)* hole; **c. d'arrêt** *ou* **de sûreté** safety catch (**b**) *(de cheveux)* wave (**c**) *Fam (courage)* guts; **avoir du c.** to have guts (**d**) *Fam* **être à c.** *(excédé)* to be wound up
crâne [krɑn] *nm* skull
crapaud [krapo] *nm* toad
crapule [krapyl] *nf* villain, scoundrel
craquer [krake] **1** *vt (allumette)* to strike **2** *vi (branche)* to crack; *(escalier)*

to creak; *(se casser)* to snap; *(se déchirer)* to rip ■ **craquements** *nmpl (de branches)* cracking; *(d'escalier)* creaking

crasse [kras] *nf* filth ■ **crasseux, -euse** *adj* filthy

cratère [kratɛr] *nm* crater

cravate [kravat] *nf* tie

crawlé [krole] *adj m* **dos c.** backstroke

crayon [krɛjɔ̃] *nm (en bois)* pencil; *(en cire)* crayon

créancier, -ère [kreɑ̃sje, -ɛr] *nmf* debtor

créateur, -trice [kreatœr, -tris] **1** *adj* creative **2** *nmf* creator ■ **création** *nf* creation; **1000 créations d'emplois** 1,000 new jobs

créature [kreatyr] *nf (être vivant)* creature

crèche [krɛʃ] *nf (de Noël)* manger, *Br* crib; *(garderie)* (day) nursery, *Br* crèche

crédible [kredibl] *adj* credible

crédit [kredi] *nm (prêt, influence)* credit; **crédits** *(somme d'argent)* funds; **à c.** on credit ■ **créditer** *vt (compte)* to credit (**de** with); *Fig* **c. qn de qch** to give sb credit for sth ■ **créditeur, -trice** *adj* **solde c.** credit balance; **être c.** to be in credit

crédule [kredyl] *adj* credulous ■ **crédulité** *nf* credulity

créer [kree] *vt* to create

crémaillère [kremajɛr] *nf* **pendre la c.** to have a housewarming (party)

crématorium [krematɔrjɔm] *nm Br* crematorium, *Am* crematory

crème [krɛm] **1** *nf (de lait, dessert, cosmétique)* cream; **c. Chantilly** whipped cream; **c. glacée** ice cream; **c. à raser** shaving cream **2** *adj inv* cream (-coloured) **3** *nm Fam* coffee with milk, *Br* white coffee ■ **crémerie** *nf (magasin)* dairy ■ **crémeux, -euse** *adj* creamy

créneau, -x [kreno] *nm Com* niche; *TV & Radio* slot

créole [kreɔl] **1** *adj* creole **2** *nmf* Creole **3** *nm (langue)* Creole

crêpe [krɛp] **1** *nf* pancake, crêpe **2** *nm (tissu)* crepe ■ **crêperie** *nf* pancake restaurant

crépiter [krepite] *vi (feu)* to crackle ■ **crépitement** *nm (du feu)* crackling

crépu, -e [krepy] *adj* frizzy

crépuscule [krepyskyl] *nm* twilight

cresson [kresɔ̃] *nm* watercress

Crète [krɛt] *nf* **la C.** Crete

crête [krɛt] *nf (de montagne, d'oiseau, de vague)* crest

creuser [krøze] **1** *vt (trou, puits)* to dig; *(évider)* to hollow (out); *Fig (idée)* to look into **2** *vi* to dig **3 se creuser** *vpr (joues)* to become hollow; *Fam* **se c. la tête** *ou* **la cervelle** to rack one's brains

creux, -euse [krø, -øz] **1** *adj (tube, joues, arbre, paroles)* hollow; *(sans activité)* slack; **assiette creuse** soup plate **2** *nm* hollow; *(moment)* slack period

crevaison [krəvɛzɔ̃] *nf (de pneu)* flat, *Br* puncture

crevasse [krəvas] *nf (trou)* crack; *(de glacier)* crevasse

crever [krəve] **1** *vt (ballon, bulle)* to burst; *Fam (épuiser)* to wear out **2** *vi (bulle, ballon, pneu)* to burst ■ **crevé, -e** *adj (ballon, pneu)* burst; *Fam (épuisé)* worn out

crevette [krəvɛt] *nf (grise)* shrimp; *(rose)* prawn

cri [kri] *nm (de personne)* cry, shout; *(perçant)* scream; *(d'animal)* cry ■ **criard, -e** *adj (son)* shrill; *(couleur)* loud

crier [krije] **1** *vt (injure, ordre)* to shout (**à** to) **2** *vi (personne)* to shout, to cry out; *(fort)* to scream; *(parler très fort)* to shout; **c. au secours** to shout for help

crime [krim] *nm* crime; *(assassinat)* murder ■ **criminalité** *nf* crime ■ **criminel, -elle 1** *adj* criminal **2** *nmf* criminal; *(assassin)* murderer

crinière [krinjɛr] *nf* mane

crique [krik] *nf* creek

crise [kriz] *nf* crisis; *(de maladie)* attack; **c. de nerfs** fit of hysteria

crisper [krispe] **1** *vt (poing)* to clench; *(muscle)* to tense **2 se crisper** *vpr (visage)* to tense; *(personne)* to get tense ▪ **crispé, -e** *adj (personne)* tense

crisser [krise] *vi (pneu, roue)* to squeal; *(neige)* to crunch

cristal, -aux [kristal, -o] *nm* crystal; *Tech* **cristaux liquides** liquid crystal ▪ **cristallin, -e** *adj (eau, son)* crystal-clear

critère [kritɛr] *nm* criterion

critique [kritik] **1** *adj (situation, phase)* critical **2** *nf (reproche)* criticism; *(de film, de livre)* review; **faire la c. de** *(film)* to review **3** *nm* critic ▪ **critiquer** *vt* to criticize

croasser [krɔase] *vi* to caw

Croatie [krɔasi] *nf* **la C.** Croatia

croc [kro] *nm (crochet)* hook; *(dent)* fang

croche [krɔʃ] *nf Mus Br* quaver, *Am* eighth (note)

croche-pied [krɔʃpje] *nm* trip; **faire un c. à qn** to trip sb up

crochet [krɔʃɛ] *nm (pour accrocher, en boxe)* hook; *(aiguille)* crochet hook; *(parenthèse)* square bracket; **faire du c.** to crochet; **faire un c.** *(détour)* to make a detour; *(route)* to make a sudden turn ▪ **crocheter** *vt (serrure)* to pick

crochu, -e [krɔʃy] *adj (nez)* hooked; *(doigts)* claw-like

crocodile [krɔkɔdil] *nm* crocodile

croire* [krwar] **1** *vt* to believe; *(penser)* to think (**que** that); **j'ai cru la voir** I thought I saw her; **je crois que oui** I think *or* believe so

2 *vi* to believe (**à** *ou* **en** in)

3 se croire *vpr* **il se croit malin** he thinks he's smart

croisé[1] [krwaze] *nm Hist* crusader ▪ **croisade** *nf Hist* crusade

croiser [krwaze] **1** *vt (passer)* to pass; *(ligne)* to cross; *(espèce)* to cross-breed; **c. les jambes** to cross one's legs; **c. les bras** to fold one's arms; *Fig* **c. les doigts** to keep one's fingers crossed

2 *vi (navire)* to cruise

3 se croiser *vpr (voitures)* to pass each other; *(lignes, routes)* to cross, to intersect; *(lettres)* to cross; *(regards)* to meet ▪ **croisé[2], -e** *adj (bras)* folded; *(veston)* double-breasted ▪ **croisement** *nm (de routes)* crossroads *(sing)*, intersection; *(d'animaux)* crossing

croisière [krwazjɛr] *nf* cruise

croître* [krwatr] *vi (plante)* to grow; *(augmenter)* to grow, to increase (**de** by); *(lune)* to wax ▪ **croissance** *nf* growth ▪ **croissant, -e 1** *adj (nombre)* growing **2** *nm* crescent; *(pâtisserie)* croissant

croix [krwa] *nf* cross; **la C.-Rouge** the Red Cross

croquer [krɔke] **1** *vt (manger)* to crunch **2** *vi (fruit)* to be crunchy; **c. dans qch** to bite into sth ▪ **croquant, -e** *adj* crunchy ▪ **croque-monsieur** *nm inv* = toasted cheese and ham sandwich

croquis [krɔki] *nm* sketch

crosse [krɔs] *nf (de fusil)* butt; *(de hockey)* stick; *(d'évêque)* crook

crotte [krɔt] *nf (de mouton, de lapin)* droppings; **c. de chien** dog dirt ▪ **crottin** *nm* dung

crouler [krule] *vi (édifice)* to crumble; **c. sous le travail** to be snowed under with work ▪ **croulant, -e** *adj (mur)* crumbling

croupe [krup] *nf* rump

croupier [krupje] *nm* croupier

croupir [krupir] *vi (eau)* to stagnate

croustiller [krustije] *vi* to be crunchy; *(pain)* to be crusty ▪ **croustillant, -e** *adj* crunchy; *(pain)* crusty; *Fig (histoire)* spicy

croûte [krut] *nf (de pain)* crust; *(de fromage)* rind; *(de plaie)* scab; *Fam* **casser la c.** to have a snack ▪ **croûton** *nm (de pain)* end; **croûtons** *(pour la soupe)* croûtons

croyable [krwajabl] *adj* credible, believable ▪ **croyance** *nf* belief (**en** in) ▪ **croyant, -e 1** *adj* **être c.** to be a believer **2** *nmf* believer

CRS [seɛrɛs] (*abrév* **compagnie républicaine de sécurité**) *nm* = French riot policeman

cru[1], -e[1] [kry] *pp de* **croire**

cru[2], -e[2] [kry] **1** *adj (aliment)* raw; *(lait)* unpasteurized; *(lumière)* garish; *(propos)* crude; **monter à c.** to ride bareback **2** *nm (vignoble)* vineyard; **un grand c.** *(vin)* a vintage wine; **vin du c.** local wine

cruauté [kryote] *nf* cruelty (**envers** to)

cruche [kryʃ] *nf* pitcher, jug

crucial, -e, -aux, -ales [krysjal, -o] *adj* crucial

crucifier [krysifje] *vt* to crucify ▪ **crucifix** *nm* crucifix ▪ **crucifixion** *nf* crucifixion

crudités [krydite] *nfpl (légumes)* assorted raw vegetables

crue [kry] *nf (montée)* swelling; *(inondation)* flood; **en c.** *(rivière, fleuve)* in spate

cruel, -elle [kryɛl] *adj* cruel (**envers** *ou* **avec** to) ▪ **cruellement** *adv* cruelly

crûment [krymɑ̃] *adv (sans détour)* bluntly; *(grossièrement)* crudely

crustacés [krystase] *nmpl Culin* shellfish *inv*

crypte [kript] *nf* crypt

crypté, -e [kripte] *adj (message) & TV* coded

Cuba [kyba] *n* Cuba ▪ **cubain, -e 1** *adj* Cuban **2** *nmf* **C., Cubaine** Cuban

cube [kyb] **1** *nm* cube; *(de jeu)* building block **2** *adj* **mètre c.** cubic metre ▪ **cubique** *adj* cubic

cueillir* [kœjir] *vt* to pick, to gather

cuiller, cuillère [kɥijɛr] *nf* spoon; *(mesure)* spoonful; **c. à café, petite c.** teaspoon; **c. à soupe** tablespoon ▪ **cuillerée** *nf* spoonful; **c. à café** teaspoonful; **c. à soupe** tablespoonful

cuir [kɥir] *nm* leather; *(d'éléphant)* hide; **pantalon en c.** leather trousers; **c. chevelu** scalp

cuirassé [kɥirase] *nm Naut* battleship

cuire* [kɥir] **1** *vt (aliment, plat)* to cook; **c. qch à l'eau** to boil sth; **c. qch au four** to bake sth; *(viande)* to roast sth **2** *vi (aliment)* to cook; **faire c. qch** to cook sth

cuisant, -e [kɥizɑ̃, -ɑ̃t] *adj (douleur)* burning; *(affront)* stinging

cuisine [kɥizin] *nf (pièce)* kitchen; *(art)* cookery, cooking; **faire la c.** to do the cooking ▪ **cuisiner** *vti* to cook

cuisinier, -ère[1] [kɥizinje, -ɛr] *nmf* cook

cuisinière[2] [kɥizinjɛr] *nf (appareil)* stove, *Br* cooker

cuisse [kɥis] *nf* thigh; **c. de poulet** chicken leg; **cuisses de grenouilles** frogs' legs

cuisson [kɥisɔ̃] *nm (d'aliments)* cooking; *(de pain)* baking

cuit, -e [kɥi, kɥit] **1** *pp de* **cuire 2** *adj* cooked; **bien c.** well done

cuivre [kɥivr] *nm (rouge)* copper; *(jaune)* brass; *Mus* **les cuivres** the brass ▪ **cuivré, -e** *adj* copper-coloured

culbuter [kylbyte] *vi (personne)* to take a tumble

cul-de-sac [kydsak] (*pl* **culs-de-sac**) *nm* dead end, *Br* cul-de-sac

culinaire [kylinɛr] *adj* culinary

culminer [kylmine] *vi (tension, crise)* to peak; **la montagne culmine à 3 000 mètres** the mountain is 3,000 metres at its highest point ▪ **culminant** *adj* **point c.** *(de montagne)* highest point

culot [kylo] *nm (d'ampoule, de lampe)* base; *Fam (audace)* nerve, *Br* cheek

culotte [kylɔt] *nf (de femme)* knickers, *Am* panties; *(d'enfant)* pants; **culottes courtes** *Br* short trousers, *Am* short pants

culpabiliser [kylpabilize] **1** *vt* **c. qn** to make sb feel guilty **2 se culpabiliser** *vpr* to feel guilty ▪ **culpabilité** *nf* guilt

culte [kylt] **1** *nm (de dieu)* worship; *(religion)* religion **2** *adj* **film c.** cult film

cultiver [kyltive] **1** *vt (terre, amitié)* to cultivate; *(plantes)* to grow **2 se cultiver** *vpr* to improve one's mind ▪ **cultivateur, -trice** *nmf* farmer ▪ **cultivé, -e**

adj (terre) cultivated; *(esprit, personne)* cultured, cultivated

culture [kyltyr] *nf* (**a**) *(action)* farming, cultivation; *(de plantes)* growing; **cultures** *(terres)* fields under cultivation; *(plantes)* crops (**b**) *(éducation, civilisation) & Biol* culture; **c. générale** general knowledge; **c. physique** physical training ▪ **culturel, -elle** *adj* cultural

culturisme [kyltyrism] *nm* bodybuilding

cumulatif, -ive *adj* cumulative ▪ **cumuler** *vt* **c. deux fonctions** to hold two offices **cupide** [kypid] *adj* avaricious

cure [kyr] *nf (traitement)* (course of) treatment

curé [kyre] *nm* parish priest

curer [kyre] **1** *vt* to clean out **2 se curer** *vpr* **se c. les dents** to clean one's teeth ▪ **cure-dents** *nm inv* toothpick

curieux, -euse [kyrjø, -øz] **1** *adj (bizarre)* curious; *(indiscret)* inquisitive, curious (**de** about) **2** *nmf* inquisitive person; *(badaud)* onlooker ▪ **curiosité** *nf* curiosity; *(chose)* curio

curriculum vitae [kyrikylɔmvite] *nm inv Br* curriculum vitae, *Am* résumé

curseur [kyrsœr] *nm Ordinat* cursor

cutané, -e [kytane] *adj* **maladie cutanée** skin condition

cuti [kyti] *nf* skin test

cuve [kyv] *nf* tank; *(de fermentation)* vat ▪ **cuvée** *nf (récolte)* vintage ▪ **cuvette** *nf (récipient) & Géog* basin; *(des cabinets)* bowl

CV [seve] *(abrév* **curriculum vitae**) *nm Br* CV, *Am* résumé

cyanure [sjanyr] *nm* cyanide

cybercafé [sibɛrkafe] *nm* cybercafé

cycle [sikl] *nm* (**a**) *(série, movement)* cycle (**b**) **premier/second c.** *Scol* = lower/upper classes in secondary school; *Univ* = first/last two years of a degree course (**c**) *(bicyclette)* cycle ▪ **cyclable** *adj* **piste c.** cycle path

cyclisme [siklism] *nm* cycling ▪ **cycliste 1** *nmf* cyclist **2** *adj* **course c.** cycle race

cyclomoteur [siklɔmɔtœr] *nm* moped

cyclone [siklon] *nm* cyclone

cygne [siɲ] *nm* swan

cylindre [silɛ̃dr] *nm* cylinder; *(rouleau)* roller ▪ **cylindrée** *nf* (cubic) capacity ▪ **cylindrique** *adj* cylindrical

cymbale [sɛ̃bal] *nf* cymbal

cynique [sinik] **1** *adj* cynical **2** *nmf* cynic

cyprès [siprɛ] *nm* cypress

cypriote [siprijɔt] **1** *adj* Cypriot **2** *nmf* **C.** Cypriot

Dd

D, d [de] **1** *nm inv* D, d **2** (*abrév* **route départementale**) = designation of a secondary road

dactylo [daktilo] *nf (personne)* typist; *(action)* typing

daigner [deɲe] *vt* **d. faire qch** to deign to do sth

daim [dɛ̃] *nm (animal)* fallow deer; *(mâle)* buck; *(cuir)* suede

dalle [dal] *nf (de pierre)* paving stone; *(de marbre)* slab

daltonien, -enne [daltɔnjɛ̃, -ɛn] *adj* colour-blind

dame [dam] *nf (femme)* lady; *Cartes* queen; *(au jeu de dames)* king; **dames** *(jeu) Br* draughts, *Am* checkers

damner [dane] *vt* to damn

Danemark [danmark] *nm* **le D.** Denmark ▪ **danois, -e 1** *adj* Danish **2** *nmf* **D., Danoise** Dane **3** *nm (langue)* Danish

danger [dɑ̃ʒe] *nm* danger; **en d.** in danger ▪ **dangereux, -euse** *adj* dangerous (**pour** to)

DANS [dɑ̃] *prép* (**a**) in; *(changement de lieu)* into; *(à l'intérieur de)* inside

(**b**) *(provenance)* from, out of; **boire d. un verre** to drink out of a glass

(**c**) *(exprime la temporalité)* in; **d. deux jours** in two days' time

(**d**) *(exprime une approximation)* **d. les dix euros** about ten euros

---

danse [dɑ̃s] *nf* dance; **la d.** *(art)* dancing; **d. classique** ballet ▪ **danser** *vti* to dance ▪ **danseur, -euse** *nmf* dancer

dard [dar] *nm (d'insecte)* sting

date [dat] *nf* date; **d. de naissance** date of birth; **d. limite** deadline; **d. limite de vente** sell-by date ▪ **dater 1** *vt (lettre)* to date **2** *vi* **à d. du 15** as from the 15th

datte [dat] *nf* date

daube [dob] *nf* **bœuf en d.** braised beef stew

dauphin [dofɛ̃] *nm (animal)* dolphin

davantage [davɑ̃taʒ] *adv* more; **d. de temps/d'argent** more time/money

---

DE[1] [də]

de becomes **d'** before vowel and h mute; de + le = **du**, de + les = **des**.

prép (**a**) *(complément de nom)* of; **le livre de Paul** Paul's book; **un livre de Flaubert** a book by Flaubert; **le train de Londres** the London train; **une augmentation de salaire** an increase in salary

(**b**) *(complément d'adjectif)* **digne de qn** worthy of sb; **content de qn/qch** pleased with sb/sth; **heureux de partir** happy to leave

(**c**) *(complément de verbe)* **parler de qn/qch** to speak of sb/sth; **se souvenir de qn/qch** to remember sb/sth; **décider de faire qch** to decide to do sth; **empêcher qn de faire qch** to stop sb from doing sth

(**d**) *(indique la provenance)* from; **venir de...** to come from...; **sortir de qch** to come out of sth; **le train de Londres** the train from London

(**e**) *(introduit l'agent)* **accompagné de qn** accompanied by sb; **entouré de qch** surrounded by *or* with sth

(**f**) *(introduit le moyen)* **armé de qch** armed with sth
(**g**) *(introduit la manière)* **d'une voix douce** in a gentle voice
(**h**) *(introduit la cause)* **puni de son impatience** punished for his/her impatience; **mourir de faim** to die of hunger
(**i**) *(introduit le temps)* **travailler de nuit** to work by night; **six heures du matin** six o'clock in the morning
(**j**) *(mesure)* **avoir six mètres de haut, être haut de six mètres** to be six metres high; **homme de trente ans** thirty-year-old man; **gagner cent francs de l'heure** to earn a hundred francs an hour

---

DE² [də] *article partitif* some; **elle boit du vin** she drinks (some) wine; **il ne boit pas de vin** he doesn't drink (any) wine; **est-ce que vous buvez du vin?** do you drink (any) wine?

DE³ [də] *article indéfini* **de, des** some; **des fleurs** (some) flowers; **de jolies fleurs** (some) pretty flowers; **d'agréables soirées** (some) pleasant evenings

---

dé [de] *nm (à jouer)* dice; *(à coudre)* thimble

déballer [debale] *vt* to unpack

débarbouiller [debarbuje] **se débarbouiller** *vpr* to wash one's face

débardeur [debardœr] *nm (vêtement)* vest

débarquer [debarke] **1** *vt (passagers)* to land; *(marchandises)* to unload **2** *vi (passagers)* to disembark ■ **débarquement** *nm (de passagers, de troupes)* landing; *(de marchandises)* unloading

débarras [debara] *nm* storeroom ■ **débarrasser 1** *vt (chambre, table)* to clear (**de** of); **d. qn de qch** to relieve sb of sth **2 se débarrasser** *vpr* **se d. de qn/qch** to get rid of sb/sth

débat [deba] *nm* debate

débattre* [debatr] **1** *vt* to discuss, to debate; **d. de qch** to discuss sth **2 se débattre** *vpr* to struggle

débaucher [deboʃe] *vt* **d. qn** *(licencier)* to lay sb off; *(inciter à la débauche)* to corrupt sb

débit [debi] *nm Fin* debit; *(de fleuve)* flow; *(de personne)* delivery; **d. de tabac** *Br* tobacconist's (shop), *Am* tobacco store

débiter [debite] *vt (découper)* to cut up (**en** into); *(compte)* to debit; *Péj (dire)* to spout ■ **débiteur** *adj m* **solde d.** debit balance; **mon compte est d.** my account is in debit

débloquer [deblɔke] *vt (mécanisme)* to unjam; *(compte, prix)* to unfreeze

déboiser [debwaze] *vt (terrain)* to clear of trees

déboîter [debwate] **1** *vt (tuyau)* to disconnect **2** *vi (véhicule)* to pull out **3 se déboîter** *vpr* **se d. l'épaule** to dislocate one's shoulder

déborder [debɔrde] **1** *vi (fleuve, liquide)* to overflow; *(en bouillant)* to boil over **2** *vt (dépasser)* to stick out from; **débordé de travail** snowed under with work

débouché [debuʃe] *nm (carrière)* opening; *(de produit)* outlet

déboucher [debuʃe] **1** *vt (bouteille)* to uncork; *(bouchon vissé)* to uncap; *(lavabo, tuyau)* to unblock **2** *vi (surgir)* to emerge (**de** from); **d. sur** *(rue)* to lead out onto/into

debout [dəbu] *adv (personne)* standing; *(objet)* upright; **se mettre d.** to stand up; **rester d.** to stand; **être d.** *(hors du lit)* to be up

déboutonner [debutɔne] **1** *vt* to unbutton **2 se déboutonner** *vpr (personne)* to undo one's coat/jacket/*etc*

débraillé, -e [debraje] *adj* slovenly

débrancher [debrɑ̃ʃe] *vt* to unplug

débrayer [debreje] *vi* (**a**) *Aut* to release the clutch (**b**) *(se mettre en grève)* to stop work ■ **débrayage** (**a**) *Aut* declutching (**b**) *(grève)* stoppage

débris [debri] *nmpl (de voiture, d'avion)* debris

débrouiller [debruje] **1** *vt (fil, mystère)* to unravel **2 se débrouiller** *vpr Fam* to manage; **se d. pour faire qch** to manage to do sth ▪ **débrouillard, -e** *adj Fam* resourceful

début [deby] *nm* beginning, start; **au d. (de)** at the beginning (of); **dès le d.** (right) from the start *or* beginning

débuter [debyte] *vi* to start, to begin (**par** with); *(dans une carrière)* to start out ▪ **débutant, -e** *nmf* beginner

deçà [dəsa] **en deçà 1** *adv* (on) this side **2** *prép* **en d. de** (on) this side of

décadent, -e [dekadɑ̃, -ɑ̃t] *adj* decadent

décaféiné, -e [dekafeine] *adj* decaffeinated

décaler [dekale] **1** *vt (dans le temps)* to change the time of; *(dans l'espace)* to shift, to move **2 se décaler** *vpr* to move, to shift ▪ **décalage** *nm (écart)* gap (**entre** between); **d. horaire** time difference; **souffrir du d. horaire** to have jet lag

décalquer [dekalke] *vt* to trace

décaper [dekape] *vt (avec un produit)* to strip; *(au papier de verre)* to sand (down); *(four)* to clean

décapiter [dekapite] *vt (personne)* to decapitate

décapotable [dekapɔtabl] *adj & nf* convertible

décapsuleur [dekapsylœr] *nm* bottle opener

décédé, -e [desede] *adj* deceased

déceler [desle] *vt (trouver)* to detect

décembre [desɑ̃br] *nm* December

décence [desɑ̃s] *nf (de comportement)* propriety; *(d'habillement)* decency

décennie [deseni] *nf* decade

décent, -e [desɑ̃, -ɑ̃t] *adj (comportement)* proper; *(vêtements)* decent

décentralisation [desɑ̃tralizɑsjɔ̃] *nf* decentralization

déception [desɛpsjɔ̃] *nf* disappointment

décerner [desɛrne] *vt (prix)* to award (**à** to)

décès [desɛ] *nm* death

décevant, -e [desvɑ̃, -ɑ̃t] *adj* disappointing

décevoir* [desəvwar] *vt* to disappoint

déchaîner [deʃene] **1** *vt (colère, violence)* to unleash **2 se déchaîner** *vpr (tempête)* to rage; *(personne)* to fly into a rage (**contre** with)

décharge [deʃarʒ] *nf* **d. (électrique)** (electric) shock; **d. (publique)** *Br* (rubbish) dump, *Am* (garbage) dump

décharger [deʃarʒe] **1** *vt (camion, navire, cargaison)* to unload; **d. qn de qch** *(tâche, responsabilité)* to relieve sb of **2 se décharger** *vpr (batterie)* to go flat

déchausser [deʃose] **1** *vt* **d. qn** to take sb's shoes off **2 se déchausser** *vpr (personne)* to take one's shoes off

déchéance [deʃeɑ̃s] *nf (déclin)* decline

déchets [deʃɛ] *nmpl* scraps; **d. radioactifs** radioactive waste

déchiffrer [deʃifre] *vt (message, écriture)* to decipher

déchiqueté, -e [deʃikte] *adj (tissu)* torn to shreds

déchirer [deʃire] **1** *vt (accidentellement)* to tear; *(volontairement)* to tear up **2 se déchirer** *vpr (tissu, papier)* to tear

déchirure [deʃiryr] *nf* tear

déchoir* [deʃwar] *vi (personne)* to demean oneself

déchu, -e [deʃy] *adj* **être d. de qch** to be stripped of sth

décidé, -e [deside] *adj (personne, air)* determined; *(fixé)* settled; **être d. à faire qch** to be determined to do sth

décidément [desidemɑ̃] *adv* really

décider [deside] **1** *vt* **d. quand/que...** to decide when/that... **2** *vi* **d. de qch** to decide on sth; **d. de faire qch** to decide to do sth **3 se décider** *vpr* **se d. (à faire qch)** to make up one's mind (to do sth)

décimal, -e, -aux, -ales [desimal, -o] *adj* decimal

décimer [desime] *vt* to decimate

décimètre [desimɛtr] *nm* decimetre

décisif, -ive [desizif, -iv] *adj (bataille)* decisive; *(moment)* critical ▪ **décision**

nf decision (**de faire** to do); **prendre une d.** to make a decision

déclaration [deklarɑsjɔ̃] *nf (annonce)* statement; *(de naissance, de décès)* registration; *(à la police)* report; **d. d'impôts** income tax return

déclarer [deklare] **1** *vt (annoncer)* to declare (**que** that); *(naissance, décès)* to register; **d. qn coupable** to find sb guilty (**de** of); **d. la guerre** to declare war (**à** on); **rien à d.** *(en douane)* nothing to declare **2 se déclarer** *vpr (incendie, maladie)* to break out

déclencher [deklɑ̃ʃe] **1** *vt (appareil)* to start; *(mécanisme)* to activate; *(sonnerie)* to set off; *(révolte)* to trigger off; *(attaque)* to launch **2 se déclencher** *vpr (alarme, sonnerie)* to go off; *(incendie)* to start

déclic [deklik] *nm (bruit)* click

déclin [deklɛ̃] *nm* decline; **être en d.** to be in decline

décliner [dekline] **1** *vi (forces)* to decline; *(jour)* to draw to a close **2** *vt (refuser)* to decline

décocher [dekɔʃe] *vt (flèche)* to shoot

décoder [dekɔde] *vt* to decode ▪ **décodeur** *nm TV* decoder

décoiffer [dekwafe] **1** *vt* **d. qn** to mess up sb's hair **2 se décoiffer** *vpr (se dépeigner)* to mess up one's hair; *(ôter son chapeau)* to remove one's hat

décoincer [dekwɛ̃se] *vt*, **se décoincer** *vpr (tiroir, mécanisme)* to loosen

décollage [dekɔlaʒ] *nm (d'avion)* takeoff

décoller [dekɔle] **1** *vt (enlever)* to peel off **2** *vi (avion)* to take off **3 se décoller** *vpr* to peel off

décolleté, -e [dekɔlte] **1** *adj (robe)* low-cut **2** *nm (de robe)* low neckline

décolorer [dekɔlɔre] **1** *vt (cheveux)* to bleach **2 se décolorer** *vpr (tissu)* to fade; **se d. les cheveux** to bleach one's hair

décombres [dekɔ̃br] *nmpl* ruins, debris

décommander [dekɔmɑ̃de] **1** *vt (marchandises, invitation)* to cancel; *(invité)* to put off **2 se décommander** *vpr* to cancel

décomposer [dekɔ̃poze] **1** *vt Chim* to decompose **2 se décomposer** *vpr (pourrir)* to decompose ▪ **décomposition** *nf* decomposition

décompression [dekɔ̃prɛsjɔ̃] *nf* decompression

décompte [dekɔ̃t] *nm (soustraction)* deduction; *(détail)* breakdown ▪ **décompter** *vt* to deduct (**de** from)

déconcentrer [dekɔ̃sɑ̃tre] **se déconcentrer** *vpr* to lose concentration

déconcerter [dekɔ̃sɛrte] *vt* to disconcert

décongeler [dekɔ̃ʒle] *vt* to thaw, to defrost

décongestionner [dekɔ̃ʒɛstjɔne] *vt (rue, poumons)* to relieve congestion in

déconnecter [dekɔnɛkte] *vt (appareil, fil)* to disconnect

déconseiller [dekɔ̃seje] *vt* **d. qch à qn** to advise sb against sth; **d. à qn de faire qch** to advise sb against doing sth

déconsidérer [dekɔ̃sidere] *vt* to discredit

décontaminer [dekɔ̃tamine] *vt* to decontaminate

décontracter [dekɔ̃trakte] **1** *vt (muscle)* to relax **2 se décontracter** *vpr* to relax ▪ **décontracté, -e** *adj (ambiance, personne)* relaxed; *(vêtement)* casual

décor [dekɔr] *nm (de maison)* decor; *(paysage)* surroundings; *Théât* **décors** scenery, set

décorer [dekɔre] *vt (maison, soldat)* to decorate (**de** with) ▪ **décorateur, -trice** *nmf* (interior) decorator; *Théât* stage designer ▪ **décoratif, -ive** *adj* decorative ▪ **décoration** *nf (action, ornement, médaille)* decoration

décortiquer [dekɔrtike] *vt (riz, orge)* to hull; *(crevette, noisette)* to shell

découdre* [dekudr] **1** *vt (ourlet, vêtement)* to unstitch; *(bouton)* to take off **2 se découdre** *vpr (ourlet, vêtement)* to come unstitched; *(bouton)* to come off

découler [dekule] *vi* **d. de qch** to follow from sth

découper [dekupe] *vt (viande)* to carve; *(gâteau, papier)* to cut up ▪ **découpé, -e** *adj (irrégulier)* jagged

décourager [dekuraʒe] **1** *vt (dissuader)* to discourage (**de faire** from doing); *(démoraliser)* to dishearten, to discourage **2 se décourager** *vpr* to get discouraged *or* disheartened ▪ **découragement** *nm* discouragement

décousu, -e [dekuzy] *adj (ourlet, vêtement)* unstitched; *Fig (propos)* disjointed

découvert, -e [dekuvɛr, -ɛrt] **1** *adj (terrain)* open; *(tête, épaule)* bare **2** *nm (de compte)* overdraft

découverte [dekuvɛrt] *nf* discovery; **faire une d.** to make a discovery

découvrir* [dekuvrir] **1** *vt (trouver, apprendre à connaître)* to discover; *(secret)* to uncover; **faire d. qch à qn** to introduce sb to sth **2 se découvrir** *vpr (ciel)* to clear

décrire* [dekrir] *vt (représenter)* to describe

décrocher [dekrɔʃe] **1** *vt (détacher)* to unhook; *(tableau, rideau)* to take down; **d. (le téléphone)** *(pour répondre)* to pick up the phone; *(pour ne pas être dérangé)* to take the phone off the hook **2 se décrocher** *vpr (tableau, rideau)* to come unhooked

décroître* [dekrwatr] *vi (forces, nombre)* to decrease; *(jours)* to get shorter

décrypter [dekripte] *vt* to decipher

déçu, -e [desy] **1** *pp de* **décevoir 2** *adj* disappointed

décupler [dekyple] *vti* to increase tenfold

dédaigner [dedeɲe] *vt (offre, richesses)* to scorn; *(conseil)* to disregard ▪ **dédaigneux, -euse** *adj* scornful, disdainful (**de** of)

dédain [dedɛ̃] *nm* scorn, disdain (**pour/de** for)

dedans [dədɑ̃] *adv* inside; **de d.** from (the) inside; **en d.** on the inside; **tomber d.** *(trou)* to fall in (it)

dédicace [dedikas] *nf* dedication ▪ **dédicacer** *vt (signer)* to sign (**à** for)

dédier [dedje] *vt* to dedicate (**à** to)

dédommager [dedɔmaʒe] *vt* to compensate (**de** for) ▪ **dédommagement** *nm* compensation

dédouaner [dedwane] *vt (marchandises)* to clear through customs

déduire* [dedɥir] *vt (retirer)* to deduct (**de** from); *(conclure)* to deduce (**de** from) ▪ **déductible** *adj* deductible ▪ **déduction** *nf (raisonnement, décompte)* deduction

déesse [deɛs] *nf* goddess

défaillir* [defajir] *vi (s'évanouir)* to faint; *(faiblir)* to fail ▪ **défaillance** *nf (évanouissement)* fainting fit; *(faiblesse)* weakness; *(panne)* failure; **avoir une d.** *(s'évanouir)* to faint; *(faiblir)* to feel weak

défaire* [defɛr] **1** *vt (nœud)* to undo; *(valises)* to unpack **2 se défaire** *vpr (nœud)* to come undone

défait, -e[1] [defɛ, -ɛt] *adj (lit)* unmade; *(visage)* haggard

défaite[2] [defɛt] *nf* defeat

défaut [defo] *nm (de personne)* fault, shortcoming; *(de machine)* defect; *(de diamant, de raisonnement)* flaw; **à d. de qch** for lack of sth; **ou, à d.…** or, failing that…; **d. de fabrication** manufacturing fault; **d. de prononciation** speech impediment

défavorable [defavɔrabl] *adj* unfavourable (**à** to) ▪ **défavorisé, -e** *adj (milieu)* underprivileged ▪ **défavoriser** *vt* to put at a disadvantage

défection [defɛksjɔ̃] *nf (de soldat, d'espion)* defection; **faire d.** *(soldat, espion)* to defect

défectueux, -euse [defɛktɥø, -øz] *adj* faulty, defective

défendre [defɑ̃dr] **1** *vt (protéger, soutenir)* to defend (**contre** against); **d. à qn de faire qch** to forbid sb to do sth; **d. qch à qn** to forbid sb sth **2 se défendre** *vpr* to defend oneself

défense[1] [defɑ̃s] *nf (protection) Br* defence, *Am* defense; **sans d.** *Br* defenceless, *Am* defenseless; **'d. de fumer'** 'no smoking'

défense[2] [defɑ̃s] *nf (d'éléphant)* tusk

défenseur [defɑ̃sœr] *nm* defender

défensif, -ive [defɑ̃sif, -iv] **1** *adj* defensive **2** *nf* **sur la défensive** on the defensive

déferler [defɛrle] *vi (vagues)* to break

défi [defi] *nm* challenge (**à** to); **lancer un d. à qn** to challenge sb; **mettre qn au d. de faire qch** to defy sb to do sth

défiance [defjɑ̃s] *nf* mistrust

déficience [defisjɑ̃s] *nf* deficiency

déficit [defisit] *nm* deficit; **être en d.** to be in deficit; **d. commercial** trade deficit ▪ **déficitaire** *adj (budget)* in deficit; *(entreprise)* loss-making; *(compte)* in debit

défier [defje] *vt (provoquer)* to challenge; *(danger, mort)* to defy; **d. qn de faire qch** to defy sb to do sth

défiguré, -e [defigyre] *adj (personne)* disfigured

défilé [defile] *nm (cortège)* procession; *(de manifestants)* march; *Mil* parade; *Géog* pass; **d. de mode** fashion show

définir [definir] *vt* to define ▪ **défini, -e** *adj* definite ▪ **définition** *nf* definition; *(de mots croisés)* clue

définitif, -ive [definitif, -iv] **1** *adj (version)* final; *(fermeture)* permanent **2** *nf* **en définitive** in the final analysis ▪ **définitivement** *adv (partir, exclure)* for good

déflagration [deflagrɑsjɔ̃] *nf* explosion

défoncer [defɔ̃se] *vt (porte, mur)* to smash in; *(trottoir)* to break up ▪ **défoncé, -e** *adj (route)* bumpy

déformation [defɔrmɑsjɔ̃] *nf (de membre)* deformation; *(de fait)* distortion

déformer [defɔrme] **1** *vt (membre)* to deform; *(vêtement, chaussures)* to put out of shape; *(image)* to distort; *(propos)* to twist **2 se déformer** *vpr* to lose its shape ▪ **déformé, -e** *adj (objet)* misshapen; *(corps)* deformed

défricher [defriʃe] *vt (terrain)* to clear

défriser [defrize] *vt (cheveux)* to straighten

défroisser [defrwase] *vt* to smooth out

défunt, -e [defœ̃, -œ̃t] **1** *adj (mort)* departed; **mon d. mari** my late husband **2** *nmf* **le d., la défunte** the deceased

dégager [degaʒe] **1** *vt (passage, voie)* to clear (**de** of); *(odeur, chaleur)* to emit; **d. qn de** *(décombres)* to free sb from **2 se dégager** *vpr (odeur)* to be given off; *(ciel)* to clear; **se d. de qch** *(personne)* to free oneself from sth ▪ **dégagé, -e** *adj (ciel)* clear; *(ton)* casual; *(vue)* open ▪ **dégagement** *nm (action)* clearing; *(de chaleur)* emission

dégainer [degene] *vti* to draw

dégarnir [degarnir] **se dégarnir** *vpr (personne)* to go bald

dégâts [degɑ] *nmpl* damage

dégel [deʒɛl] *nm* thaw ▪ **dégeler 1** *vt* to thaw; *(surgelé)* to defrost; *(crédits)* to unfreeze **2** *vi* to thaw; **faire d. qch** *(surgelé)* to defrost sth **3** *v impersonnel* **il dégèle** it's thawing **4 se dégeler** *vpr Fig (atmosphère)* to become less chilly

dégénérer [deʒenere] *vi* to degenerate (**en** into)

dégonfler [degɔ̃fle] **1** *vt (pneu)* to let the air out of **2 se dégonfler** *vpr (pneu)* to go flat ▪ **dégonflé, -e** *adj (pneu)* flat

dégouliner [deguline] *vi* to trickle

dégourdir [degurdir] **se dégourdir** *vpr* **se d. les jambes** to stretch one's legs ▪ **dégourdi, -e** *adj (malin)* smart

dégoût [degu] *nm* disgust

dégoûter [degute] *vt (moralement)* to disgust; *(physiquement)* to turn sb's stomach; **d. qn de qch** to put sb off sth ▪ **dégoutant, -e** *adj* disgusting ▪ **dégouté, -e** *adj* disgusted; **être d. de qch** to be sick of sth

dégradation [degradɑsjɔ̃] *nf (de matériel)* damage (**de** to)

dégrader [degrade] **1** *vt (matériel)* to

damage **2 se dégrader** *vpr (situation)* to deteriorate ▪ **dégradant, -e** *adj* degrading

dégrafer [degrafe] **1** *vt (vêtement)* to undo **2 se dégrader** *vpr (vêtement)* to come undone

degré [dəgre] *nm (d'angle, de température)* degree; *(d'alcool)* proof; *(d'échelle)* rung; **au plus haut d.** in the extreme

dégrèvement [degrɛvmɑ̃] *nm* **d. fiscal** tax relief

dégrossir [degrɔsir] *vt (travail)* to rough out

déguiser [degize] **1** *vt (pour tromper)* to disguise; **d. qn en qch** *(costumer)* to dress sb up as sth **2 se déguiser** *vpr (pour s'amuser)* to dress oneself up (**en** as) ▪ **déguisement** *nm* disguise; *(de bal costumé)* fancy dress

déguster [degyste] *vt (savourer)* to savour ▪ **dégustation** *nf* tasting

dehors [dəɔr] **1** *adv* outside; *(pas chez soi)* out; *(en plein air)* out of doors; **en d. de la ville** out of town; *Fig* **en d. de** *(excepté)* apart from **2** *nm (extérieur)* outside; **au d.** on the outside; *(se pencher)* out

déjà [deʒa] *adv* already; **est-il d. parti?** has he left yet *or* already?; **elle l'a d. vu** she's seen it before, she's already seen it

déjeuner [deʒœne] **1** *nm* lunch; **petit d.** breakfast **2** *vi (à midi)* to have lunch; *(le matin)* to have breakfast

déjouer [deʒwe] *vt (intrigue)* to foil

délabré, -e [delabre] *adj (bâtiment)* dilapidated

délacer [delase] **1** *vt (chaussure)* to untie **2 se délacer** *vpr (chaussure)* to come untied

délai [delɛ] *nm (laps de temps)* time allowed; *(sursis)* extension; **dans les plus brefs délais** as soon as possible; **dernier d.** final date

délaisser [delese] *vt (négliger)* to neglect

délasser [delɑse] *vt*, **se délasser** *vpr* to relax

délavé, -e [delave] *adj (tissu, jean)* faded; *(couleur, ciel)* watery

délayer [deleje] *vt (poudre)* to add water to; *(liquide)* to water down

délecter [delɛkte] **se délecter** *vpr* **se d. de qch** to take delight in sth

déléguer [delege] *vt* to delegate (**à** to) ▪ **délégation** *nf* delegation ▪ **délégué, -e** *nmf* delegate; *Scol* **d. de classe** = pupil elected to represent his or her class at class meetings

délibération [deliberɑsjɔ̃] *nf* deliberation

délibéré, -e [delibere] *adj (intentionnel)* deliberate

délicat, -e [delika, -at] *adj (santé, travail)* delicate; *(question)* tricky, delicate; *(peau)* sensitive; *(geste)* tactful ▪ **délicatesse** *nf (tact)* tact

délice [delis] *nm* delight ▪ **délicieux, -euse** *adj (mets)* delicious; *(parfum)* delightful

délier [delje] *vt* to untie

délimiter [delimite] *vt (terrain)* to mark off; *(sujet)* to define

délinquant, -e [delɛ̃kɑ̃, -ɑ̃t] *nmf* delinquent ▪ **délinquance** *nf* delinquency

délire [delir] *nm Méd* delirium; *(exaltation)* frenzy

délit [deli] *nm Br* offence, *Am* offense

délivrer [delivre] *vt* (**a**) *(captif)* to rescue; **d. qn de qch** to rid sb of sth (**b**) *(marchandises)* to deliver; *(passeport)* to issue (**à** to) ▪ **délivrance** *nf (soulagement)* relief; *(de passeport)* issue

déloger [delɔʒe] *vt (envahisseur)* to drive out (**de** from)

déloyal, -e, -aux, -ales [delwajal, -o] *adj (personne)* disloyal; *(concurrence)* unfair

deltaplane [deltaplan] *nm* hang-glider; **faire du d.** to go hang-gliding

déluge [delyʒ] *nm (de pluie)* downpour; *(de paroles)* flood; *(d'insultes)* torrent

demain [dəmɛ̃] *adv* tomorrow; **d. soir** tomorrow evening; **à d.!** see you tomorrow!

demande [dəmɑ̃d] *nf (requête)* request (**de** for); *Écon* demand; **faire une d. de qch** *(prêt, permis)* to apply for sth; **demandes d'emploi** *(dans le journal)* jobs wanted, *Br* situations wanted

demander [dəmɑ̃de] **1** *vt (conseil)* to ask for; *(prix, raison)* to ask; *(nécessiter)* to require; **d. son chemin/l'heure** to ask the way/the time; **d. qch à qn** to ask sb for sth; **d. à qn de faire qch** to ask sb to do sth; **d. qn en mariage** to propose (marriage) to sb
2 se demander *vpr* to wonder, to ask oneself (**pourquoi** why; **si** if) ▪ **demandeur, -euse** *nmf* **d. d'emploi** job seeker

démanger [demɑ̃ʒe] *vti* to itch ▪ **démangeaisons** *nfpl* **avoir des d.** to be itching

démanteler [demɑ̃tle] *vt* to break up

démaquiller [demakije] **se démaquiller** *vpr* to remove one's make-up ▪ **démaquillant** *nm* cleanser

démarcation [demarkɑsjɔ̃] *nf* demarcation

démarche [demarʃ] *nf (allure)* walk, gait; *(requête)* step; **faire les démarches nécessaires pour...** to take the necessary steps to...

démarcheur, -euse [demarʃœr, -øz] *nmf (vendeur)* door-to-door salesman, *f* saleswoman

démarquer [demarke] *vt (marchandises)* to mark down

démarrer [demare] *vi (moteur)* to start; *(voiture)* to move off; *Fig (entreprise)* to get off the ground ▪ **démarrage** *nm (de moteur)* starting; **au d.** when moving off; **d. en côte** hill start ▪ **démarreur** *nm Aut* starter

démasquer [demaske] *vt* to unmask

démêler [demele] *vt* to untangle

déménager [demenaʒe] **1** *vi* to move
2 *vt (meubles)* to move ▪ **déménagement** *nm* move ▪ **déménageur** *nm Br* removal man, *Am* (furniture) mover

démener [demne] **se démener** *vpr (s'agiter)* to thrash about

dément, -e [demɑ̃, -ɑ̃t] *adj* insane ▪ **démentiel, -elle** *adj* insane

démentir [demɑ̃tir] *vt (nouvelle, fait)* to deny ▪ **démenti** *nm* denial

démesuré, -e [deməzyre] *adj* excessive

démettre* [demɛtr] **1** *vt* **d. qn de ses fonctions** to remove sb from his/her post **2 se démettre** *vpr* **se d. l'épaule** to dislocate one's shoulder

demeurant [dəmœrɑ̃] **au demeurant** *adv (malgré tout)* for all that

demeure [dəmœr] *nf (belle maison)* mansion

demeurer [dəmœre] *vi* (**a**) *(aux* **être***)* *(rester)* to remain (**b**) *(aux* **avoir***)* *Formel (habiter)* to reside

demi, -e [dəmi] **1** *adj* half; **une heure et demie** *(90 minutes)* an hour and a half; *(à l'horloge)* half past one, one-thirty
2 *adv* **(à) d. plein** half-full; **à d. nu** half-naked
3 *nmf (moitié)* half
4 *nm (au football)* midfielder; **un d.** *(bière)* a beer, *Br* a half(-pint); **d. de mêlée** *(au rugby)* scrum half
5 *nf* **à la demie** *(à l'horloge)* at half-past ▪ **demi-cercle** (*pl* **demi-cercles**) *nm* semicircle ▪ **demi-douzaine** (*pl* **demi-douzaines**) *nf* **une d. (de)** half a dozen ▪ **demi-écrémé** *adj* semi-skimmed ▪ **demi-finale** (*pl* **demi-finales**) *nf Sport* semi-final ▪ **demi-frère** (*pl* **demi-frères**) *nm* half brother ▪ **demi-heure** (*pl* **demi-heures**) *nf* **une d.** half an hour ▪ **demi-journée** (*pl* **demi-journées**) *nf* half-day ▪ **demi-pension** *nf Br* half-board, *Am* breakfast and one meal ▪ **demi-pensionnaire** (*pl* **demi-pensionnaires**) *nmf Br* = pupil who has school dinners ▪ **demi-sœur** (*pl* **demi-sœurs**) *nf* half sister ▪ **demi-tarif** (*pl* **demi-tarifs**) *nm* half-price ▪ **demi-tour** (*pl* **demi-tours**) *nm Br* about turn, *Am* about face; *(en voiture)* U-turn; **faire d.** *(à pied)* to turn back; *(en voiture)* to do a U-turn

démission [demisjɔ̃] *nf* resignation; **donner sa d.** to hand in one's resignation ▪ **démissionner** *vi* to resign

démocrate [demɔkrat] **1** *adj* democratic **2** *nmf* democrat ▪ **démocratie** [-asi] *nf* democracy ▪ **démocratique** *adj* democratic

démodé, -e [demɔde] *adj* old-fashioned

démographie [demɔgrafi] *nf* demography

demoiselle [dəmwazɛl] *nf (jeune fille)* young lady; **d. d'honneur** bridesmaid

démolir [demɔlir] *vt (bâtiment)* to pull down, to demolish ▪ **démolition** *nf* demolition

démon [demɔ̃] *nm* demon; **le d.** the Devil

démonstratif, -ive [demɔ̃stratif, -iv] *adj* demonstrative

démonstration [demɔ̃strasjɔ̃] *nf* demonstration

démonter [demɔ̃te] **1** *vt (mécanisme, tente)* to dismantle **2 se démonter** *vpr (mécanisme)* to come apart

démontrer [demɔ̃tre] *vt* to demonstrate

démoraliser [demɔralize] **1** *vt* to demoralize **2 se démoraliser** *vpr* to become demoralized

démordre [demɔrdr] *vi* **ne pas d. de qch** to stick to sth

démouler [demule] *vt (gâteau)* to turn out

démuni, -e [demyni] *adj* penniless

démunir [demynir] **se démunir** *vpr* **se d. de qch** to part with sth

démystifier [demistifje] *vt* to demystify

dénier [denje] *vt (responsabilité)* to deny; **d. qch à qn** to deny sb sth

dénigrer [denigre] *vt* to denigrate

dénivellation [denivɛlasjɔ̃] *nf* difference in level; **dénivellations** *(relief)* bumps

dénombrer [denɔ̃bre] *vt* to count

dénommer [denɔme] *vt* to name

dénoncer [denɔ̃se] **1** *vt (injustice, abus, malfaiteur)* to denounce (**à** to); *(élève)* to tell on (**à** to) **2 se dénoncer** *vpr (malfaiteur)* to give oneself up (**à** to); *(élève)* to own up (**à** to)

dénoter [denɔte] *vt* to denote

dénouement [denumɑ̃] *nm (de livre)* ending; *(de pièce de théâtre)* dénouement; *(d'affaire)* outcome

dénouer [denwe] **1** *vt (nœud, corde)* to undo, to untie; *(cheveux)* to let down, to undo; *Fig (intrigue)* to unravel **2 se dénouer** *vpr (nœud)* to come undone; *(cheveux)* to come down

denrée [dɑ̃re] *nf* foodstuff; **denrées alimentaires** foodstuffs; **denrées périssables** perishable goods

dense [dɑ̃s] *adj* dense ▪ **densité** *nf* density

dent [dɑ̃] *nf* tooth (*pl* teeth); *(de roue)* cog; *(de fourchette)* prong; **d. de lait/sagesse** milk/wisdom tooth; **faire ses dents** *(enfant)* to be teething; **en dents de scie** serrated; *Fig (résultats)* uneven ▪ **dentaire** *adj* dental

dentelé, -e [dɑ̃tle] *adj (côte, feuille)* jagged

dentelle [dɑ̃tɛl] *nf* lace

dentier [dɑ̃tje] *nm* (set of) false teeth, dentures

dentifrice [dɑ̃tifris] *nm* toothpaste

dentiste [dɑ̃tist] *nmf* dentist

dénuder [denyde] *vt* to (lay) bare ▪ **dénudé, -e** *adj* bare

dénué, -e [denɥe] *adj* **d. d'intérêt** devoid of interest

dénuement [denymɑ̃] *nm* destitution; **dans le d.** poverty-stricken, destitute

déodorant [deɔdɔrɑ̃] *nm* deodorant

dépanner [depane] *vt (machine)* to repair ▪ **dépannage** *nm* (emergency) repairs; **voiture/service de d.** breakdown vehicle/service ▪ **dépanneur** *nm (de télévision)* repairman; *(de voiture)* breakdown mechanic ▪ **dépanneuse** *nf (voiture) Br* breakdown lorry, *Am* wrecker

dépareillé, -e [depareje] *adj (chaussure)* odd

départ [depar] *nm* departure; *(de*

course) start; **les grands départs** = the mass exodus of people from major cities at the beginning of the holiday period; **point/ligne de d.** starting point/post; **au d.** at the outset, at the start; **au d. de Paris** *(excursion)* leaving from Paris

départager [departaʒe] *vt* to decide between

département [departəmɑ̃] *nm* department *(division of local government)* ▪ **départemental, -e, -aux, -ales** *adj* departmental; **route départementale** secondary road, *Br* ≃ B road

départir* [departir] **se départir** *vpr* **il ne s'est jamais départi de son calme** his calm never deserted him

dépasser [depɑse] **1** *vt (véhicule) Br* to overtake, *Am* to pass; *(endroit)* to go past; *(vitesse)* to exceed; **d. qn** *(en hauteur)* to be taller than sb **2** *vi (clou)* to stick out ▪ **dépassé, -e** *adj (démodé)* outdated; *(incapable)* unable to cope

dépayser [depeize] *vt Br* to disorientate, *Am* to disorient

dépêche [depɛʃ] *nf* dispatch ▪ **dépêcher 1** *vt* to dispatch **2 se dépêcher** *vpr* to hurry (up); **se d. de faire qch** to hurry to do sth

dépendant, -e [depɑ̃dɑ̃, -ɑ̃t] dependent (**de** on) ▪ **dépendance** *nf* dependence; **sous la d. de qn** under sb's domination ▪ **dépendances** *nfpl (bâtiments)* outbuildings

dépendre [depɑ̃dr] *vi* to depend (**de** on *or* upon); **d. de** *(appartenir à)* to belong to; *(être soumis à)* to be dependent on

dépens [depɑ̃] *nmpl* **apprendre qch à ses d.** to learn sth to one's cost

dépense [depɑ̃s] *nf (frais)* expense, expenditure; **faire des dépenses** to spend money ▪ **dépenser 1** *vt (argent)* to spend; *(forces)* to exert **2 se dépenser** *vpr* to burn up energy

dépensier, -ère [depɑ̃sje, -ɛr] *adj* extravagant

dépérir [deperir] *vi (personne)* to waste away; *(plante)* to wither

dépeupler [depœple] **1** *vt* to depopulate **2 se dépeupler** *vpr* to become depopulated

dépilatoire [depilatwar] *nm* hair-remover

dépister [depiste] *vt (maladie)* to detect ▪ **dépistage** *nm (de maladie)* screening

dépit [depi] *nm* spite; **en d. de qn/qch** in spite of sb/sth

dépité, -e [depite] *adj* annoyed

déplacement [deplasmɑ̃] *nm (voyage)* trip; **être en d.** *(homme d'affaires)* to be on a business trip; **frais de d.** *Br* travelling *or Am* traveling expenses

déplacer [deplase] **1** *vt (objet)* to move **2 se déplacer** *vpr (aiguille de montre)* to move; *(personne, animal)* to move (about); *(marcher)* to walk (around); *(voyager)* to travel ▪ **deplacé, -e** *adj (mal à propos)* out of place; **personne déplacée** *(réfugié)* displaced person

déplaire* [deplɛr] **1** *vi* **d. à qn** to displease sb; **ça me déplaît** I don't like it **2 se déplaîre** *vpr* **il se déplaît à Paris** he doesn't like it in Paris ▪ **déplaisant, -e** *adj* unpleasant

déplier [deplije] *vt* to open out, to unfold ▪ **dépliant** *nm (prospectus)* leaflet

déplorer [deplɔre] *vt (regretter)* to deplore; **d. que...** *(+ subjunctive)* to deplore the fact that...; **d. la mort de qn** to mourn sb's death

déployer [deplwaje] *vt (ailes)* to spread; *(journal, carte)* to unfold; *(troupes)* to deploy ▪ **déploiement** *nm (démonstration)* display; *(d'une armée)* deployment

dépoli, -e [depɔli] *adj* **verre d.** frosted glass

déporter [depɔrte] *vt* **d. qn** to send sb to a concentration camp

déposer [depoze] **1** *vt (poser)* to put down; *(gerbe)* to lay; *(projet de loi)* to introduce; *(souverain)* to depose; **d. qn** *(en voiture)* to drop sb off; **d. de l'argent sur un compte** to deposit money in an account; **d. une plainte contre qn** to lodge a complaint against sb **2**

vi Jur to testify; *(liquide)* to leave a deposit **3 se déposer** *vpr* to settle

dépositaire [depɔzitɛr] *nmf (vendeur)* agent

déposséder [depɔsede] *vt* to deprive, to dispossess (**de** of)

dépôt [depo] *nm (de vin)* deposit, sediment; *(entrepôt)* depot; *(prison)* jail; **faire un d.** *(d'argent)* to make a deposit; **d. de munitions** munitions depot

dépouille [depuj] *nf (d'animal)* hide, skin; **d. mortelle** *(de personne)* mortal remains

dépouiller [depuje] **1** *vt (animal)* to skin; *(analyser)* to go through; **d. qn de qch** to deprive sb of sth; **d. un scrutin** to count the votes **2 se dépouiller** *vpr* **se d. de qch** to rid oneself of sth ▪ **dépouillé, -e** *adj (style)* austere ▪ **dépouillement** *nm (de documents)* analysis; *(privation)* deprivation; *(sobriété)* austerity; **d. du scrutin** counting of the votes

dépourvu, -e [depurvy] *adj* **d. de qch** devoid of sth; **prendre qn au d.** to catch sb off guard

dépoussiérer [depusjere] *vt* to dust

dépraver [deprave] *vt* to deprave

déprécier [depresje] **se déprécier** *vpr (valeurs, marchandises)* to depreciate

dépression [depresjɔ̃] *nf (creux, maladie)* depression; **d. économique** slump; **d. nerveuse** nervous breakdown; **faire de la d.** to be suffering from depression ▪ **dépressif, -ive** *adj* depressive

déprimer [deprime] *vt* to depress ▪ **déprimé, -e** *adj* depressed

DEPUIS [dəpɥi] **1** *prép* since; **d. lundi/2001** since Monday/2001; **j'habite ici d. un mois** I've been living here for a month; **d. quand êtes-vous là?, d. combien de temps êtes-vous là?** how long have you been here?; **d. peu/longtemps** for a short/long time

2 *adv* since (then), ever since

3 *conj* **d. que** since

député [depyte] *nm Pol* deputy, *Br* ≃ MP, *Am* ≃ representative; **d. du Parlement européen** Member of the European Parliament

déraciner [derasine] *vt (arbre, personne)* to uproot

dérailler [deraje] *vi (train)* to leave the rails; **faire d. un train** to derail a train

déranger [derɑ̃ʒe] **1** *vt (affaires)* to disturb; **je viendrai si ça ne te dérange pas** I'll come if that's all right with you; **ça vous dérange si je fume?** do you mind if I smoke?

2 se déranger *vpr* to put oneself to a lot of trouble (**pour faire** to do); *(se déplacer)* to move; **ne te dérange pas!** don't bother! ▪ **dérangement** *nm (gêne)* trouble; **en d.** *(téléphone)* out of order

déraper [derape] *vi (véhicule)* to skid; *(personne)* to slip

dérégler [deregle] **1** *vt (mécanisme)* to cause to malfunction **2 se dérégler** *vpr (mécanisme)* to go wrong

dérider [deride] *vt*, **se dérider** *vpr* to cheer up

dérision [derizjɔ̃] *nf* derision; **tourner qch en d.** to deride sth ▪ **dérisoire** *adj (somme)* derisory

dérive [deriv] *nf Naut* drift; **à la d.** adrift

dériver [derive] **1** *vt (cours d'eau)* to divert **2** *vi Naut* to drift

dermatologue [dermatɔlɔg] *nmf* dermatologist

dernier, -ère [dɛrnje, -ɛr] **1** *adj (ultime)* last; *(marquant la fin)* final; *(nouvelles, mode)* latest; *(étage)* top; *(degré)* highest; **le d. rang** the back *or* last row; **ces derniers mois** these past few months; **les dix dernières minutes** the last ten minutes; **en d.** last

2 *nmf* last; **ce d.** *(de deux)* the latter; *(de plusieurs)* the last-mentioned

dérober [derɔbe] **1** *vt (voler)* to steal (**à** from); *(cacher)* to hide (**à** from) **2 se dérober** *vpr (s'esquiver)* to slip away; *(éviter de répondre)* to dodge the issue

dérogation [derɔgasjɔ̃] *nf* exemption (**à** from)

déroger [derɔʒe] *vi* **d. à une règle** to depart from a rule

dérouler [derule] **1** *vt (tapis)* to unroll; *(fil)* to unwind **2 se dérouler** *vpr (tapis)* to unroll; *(fil)* to unwind

déroute [derut] *nf (d'armée)* rout

dérouter [derute] *vt (avion, navire)* to divert, to reroute; *(poursuivant)* to throw off the scent; *Fig (étonner)* to throw

derrière [derjɛr] **1** *prép & adv* behind; **d. moi** behind me; **assis d.** *(dans une voiture)* sitting in the back; **par d.** *(attaquer)* from behind, from the rear **2** *nm (de maison)* back, rear; *(fesses)* behind; **roue de d.** back *or* rear wheel

des [dɛ] *voir* **de, un**

dès [dɛ] *prép* from; **d. le début** (right) from the start; **d. maintenant** from now on; **d. le VIe siècle** as early as *or* as far back as the sixth century; **d. lors** *(dans le temps)* from then on; *(en conséquence)* consequently; **d. leur arrivée** as soon as they arrive/arrived; **d. qu'elle viendra** as soon as she comes

désabusé, -e [dezabyze] *adj* disillusioned

désaccord [dezakɔr] *nm* disagreement; **être en d. avec qn** to disagree with sb

désaffecté, -e [dezafɛkte] *adj* disused

désaffection [dezafɛksjɔ̃] *nf* disaffection (**à l'égard de** with)

désagréable [dezagreabl] *adj* unpleasant

désagrément [dezagremɑ̃] *nm (gêne)* trouble; *(souci, aspect négatif)* problem

désaltérer [dezaltere] **1** *vt* **d. qn** to quench sb's thirst **2 se désaltérer** *vpr* to quench one's thirst

désamorcer [dezamɔrse] *vt (bombe, conflit)* to defuse

désapprouver [dezapruve] **1** *vt* to disapprove of **2** *vi* to disapprove ▪ **désapprobateur, -trice** *adj* disapproving ▪ **désapprobation** *nf* disapproval

désarmer [dezarme] **1** *vt (soldat, nation)* to disarm; *Fig* **d. qn** *(franchise, attitude)* to disarm sb **2** *vi (pays)* to disarm ▪ **désarmement** *nm (de nation)* disarmament

désarroi [dezarwa] *nm* confusion

désastre [dezastr] *nm* disaster ▪ **désastreux, -euse** *adj* disastrous

désavantage [dezavɑ̃taʒ] *nm* disadvantage ▪ **désavantager** *vt* to put at a disadvantage

désavouer [dezavwe] *vt (renier)* to disown

désaxé, -e [dezakse] *nmf* unbalanced person

desceller [desele] **1** *vt (pierre)* to loosen **2 se desceller** *vpr* to come loose

descendant, -e [desɑ̃dɑ̃, -ɑ̃t] *nmf* descendant ▪ **descendance** *nf (enfants)* descendants; *(origine)* descent

descendre [desɑ̃dr] **1** *(aux* **être***) vi* to come/go down (**de** from); *(d'un train)* to get off (**de** from); *(d'un arbre)* to climb down (**de** from); *(marée)* to go out; **d. à l'hôtel** to put up at a hotel; **d. de** *(être issu de)* to be descended from

2 *(aux* **avoir***) vt (escalier)* to come/go down; *(objet)* to bring/take down

descente [desɑ̃t] *nf (d'avion)* descent; *(en parachute)* drop; *(pente)* slope; *(de police)* raid (**dans** upon); **d. de lit** bedside rug

descriptif, -ive [deskriptif, -iv] *adj* descriptive ▪ **description** *nf* description

désemparé, -e [dezɑ̃pare] *adj (personne)* at a loss

désemplir [dezɑ̃plir] *vi* **ce magasin ne désemplit pas** this shop is always crowded

désenchanté, -e [dezɑ̃ʃɑ̃te] *adj* disillusioned ▪ **désenchantement** *nm* disenchantment

déséquilibre [dezekilibr] *nm* imbalance; **en d.** unsteady ▪ **déséquilibré, -e 1** *adj* unbalanced **2** *nmf* unbalanced person ▪ **déséquilibrer** *vt* to throw off balance

désert, -e [dezɛr, -ɛrt] **1** *adj (lieu)* deserted; *(région)* uninhabited; **île déserte** desert island **2** *nm* desert ▪ **désertique** *adj* **région d.** desert region

déserter [dezɛrte] *vti* to desert ▪ **désertion** *nf* desertion

désespérer [dezɛspere] **1** *vt* to drive to despair **2** *vi* to despair (**de** of) **3 se désespérer** *vpr* to despair ▪ **désespérant, -e** *adj (situation, personne)* hopeless ▪ **désespéré, -e** *adj (personne)* in despair; *(cas, situation, efforts)* desperate ▪ **désespérément** *adv* desperately

désespoir [dezɛspwar] *nm* despair; **en d. de cause** in desperation

déshabiller [dezabije] *vt*, **se déshabiller** *vpr* to undress

désherber [dezɛrbe] *vti* to weed

déshériter [dezerite] *vt* to disinherit

déshonneur [dezɔnœr] *nm* dishonour

déshonorer [dezɔnɔre] *vt* to disgrace ▪ **déshonorant, -e** *adj* dishonourable

déshydrater [dezidrate] **1** *vt* to dehydrate **2 se déshydrater** *vpr* to become dehydrated

désigner [deziɲe] *vt (montrer)* to point to; *(choisir)* to choose; *(nommer)* to appoint; **d. qn par son nom** to refer to sb by name ▪ **désignation** *nf* designation

désillusion [dezilyzjɔ̃] *nf* disillusion ▪ **désillusionner** *vt* to disillusion

désinfecter [dezɛ̃fɛkte] *vt* to disinfect ▪ **désinfectant** *nm* disinfectant

désinformation [dezɛ̃fɔrmɑsjɔ̃] *nf* disinformation

désintégrer [dezɛ̃tegre] **se désintégrer** *vpr* to disintegrate

désintéresser [dezɛ̃terese] **se désintéresser** *vpr* **se d. de qch** to lose interest in sth ▪ **désintéressé, -e** *adj (altruiste)* disinterested ▪ **désintérêt** *nm* lack of interest

désintoxiquer [dezɛ̃tɔksike] *vt (alcoolique, drogué)* to treat for alcoholism/drug abuse

désinvolte [dezɛ̃vɔlt] *adj (dégagé)* casual; *(insolent)* offhand ▪ **désinvolture** *nf* casualness; *(insolence)* offhandedness

désir [dezir] *nm* desire ▪ **désirable** *adj* desirable ▪ **désirer** *vt* to wish; *(convoiter)* to desire

désireux, -euse [dezirø, -øz] *adj* **d. de faire qch** anxious to do sth

désistement [dezistəmɑ̃] *nm* withdrawal

désister [deziste] **se désister** *vpr* to withdraw

désobéir [dezɔbeir] *vi* to disobey; **d. à qn** to disobey sb ▪ **désobéissant, -e** *adj* disobedient

désobligeant, -e [dezɔbliʒɑ̃, -ɑ̃t] *adj* disagreeable

désodorisant [dezɔdɔrizɑ̃] *nm* air freshener

désœuvré, -e [dezœvre] *adj* idle

désoler [dezɔle] **1** *vt* to upset **2 se désoler** *vpr* to be upset (**de** at) ▪ **désolant, -e** *adj* upsetting ▪ **désolé, -e** *adj (région)* desolate; *(affligé)* upset; **être d. que...** *(+ subjunctive)* to be sorry that...; **je suis d. de vous déranger** I'm sorry to disturb you

désolidariser [desɔlidarize] **se désolidariser** *vpr* to dissociate oneself (**de** from)

désordonné, -e [dezɔrdɔne] *adj (personne, chambre)* untidy

désordre [dezɔrdr] *nm (manque d'ordre)* mess; *(manque d'organisation)* disorder; **en d.** untidy, messy; **de graves désordres** *(émeutes)* serious disturbances

désorganiser [dezɔrganize] *vt* to disorganize ▪ **désorganisation** *nf* disorganization ▪ **désorganisé, -e** *adj* disorganized

désorienter [dezɔrjɑ̃te] *vt* **d. qn** to bewilder sb

désormais [dezɔrmɛ] *adv* from now on, in future

despote [despɔt] *nm* despot

desquels, desquelles [dekɛl] *voir* **lequel**

dessaisir [desezir] **se dessaisir** *vpr* **se**

d. de qch to relinquish sth

dessaler [desale] *vt (poisson)* to remove the salt from *(by soaking)*

dessécher [deseʃe] **1** *vt (peau)* to dry up; *(végétation)* to wither **2 se dessécher** *vpr (peau)* to dry up; *(végétation)* to wither

dessein [desɛ̃] *nm* intention; **à d.** intentionally

desserrer [desere] **1** *vt (ceinture)* to loosen; *(poing)* to unclench; *(frein)* to release **2 se desserrer** *vpr (ceinture)* to come loose

dessert [desɛr] *nm* dessert, *Br* pudding

desserte [desɛrt] *nf* **assurer la d. de** *(village)* to provide a service to

desservir [desɛrvir] *vt (table)* to clear (away); **d. qn** to do sb a disservice; **le car dessert ce village** the bus stops at this village; **ce quartier est bien desservi** this district is well served by public transport

dessin [desɛ̃] *nm* drawing; *(rapide)* sketch; *(motif)* design, pattern; *(contour)* outline; **d. animé** cartoon; **d. humoristique** *(de journal)* cartoon

dessinateur, -trice [desinatœr, -tris] *nmf* drawer; **d. industriel** *Br* draughtsman, *Am* draftsman

dessiner [desine] **1** *vt* to draw; *(rapidement)* to sketch; *(meuble, robe)* to design; *(indiquer)* to outline; **d. (bien) la taille** *(vêtement)* to show off the figure **2 se dessiner** *vpr (colline)* to stand out; *(projet)* to take shape

dessous [dəsu] **1** *adv* underneath; **en d.** underneath; **en d. de** below **2** *nm* underside; **des d.** *(sous-vêtements)* underwear ▪ **dessous-de-plat** *nm inv* table mat ▪ **dessous-de-table** *nm inv* bribe, *Br* backhander

dessus [dəsy] **1** *adv (marcher, écrire)* on it/them; *(monter)* on top (of it/them), on it/them; *(passer)* over it/them; **de d. la table** off *or* from the table **2** *nm* top; *(de chaussure)* upper; **avoir le d.** to have the upper hand; **reprendre le d.** *(se remettre)* to get over it

déstabiliser [destabilize] *vt* to destabilize

destin [dɛstɛ̃] *nm* fate, destiny ▪ **destinée** *nf* destiny

destinataire [dɛstinatɛr] *nmf* addressee

destination [dɛstinɑsjɔ̃] *nf (lieu)* destination; **trains à d. de...** trains to...; **arriver à d.** to reach one's destination

destiner [dɛstine] **1** *vt* **d. qch à qn** to intend sth for sb; **d. qn à** *(carrière, fonction)* to intend *or* destine sb for **2 se destiner** *vpr* **se d. à** *(carrière)* to intend to take up

destituer [dɛstitɥe] *vt (fonctionnaire)* to remove from office

destructeur, -trice [dɛstryktœr, -tris] *adj* destructive

destruction [dɛstryksjɔ̃] *nf* destruction

désuet, -ète [desɥe, -ɛt] *adj* obsolete ▪ **désuétude** *nf* **tomber en d.** *(expression)* to become obsolete

désunir [dezynir] *vt (famille, personnes)* to divide

détachant [detaʃɑ̃] *nm* stain remover

détachement [detaʃmɑ̃] *nm* (**a**) *(indifférence)* detachment (**b**) *(de fonctionnaire)* secondment; *(de troupes)* detachment

détacher[1] [detaʃe] **1** *vt (ceinture, vêtement)* to undo; *(mains)* to untie; *(ôter)* to take off; *(mots)* to pronounce clearly; **d. qn** *(libérer)* to untie sb; *(affecter)* to transfer sb (on assignment) (**à** to) **2 se détacher** *vpr (chien, prisonnier)* to break loose; *(se dénouer)* to come undone; **se d.** *(fragment)* to come off (**de qch** sth); **se d. de qn** to break away from sb; **se d. sur qch** *(ressortir)* to stand out against sth ▪ **détaché, -e** *adj (air, ton)* detached

détacher[2] [detaʃe] *vt (linge)* to remove the stains from

détail [detaj] *nm* detail; **en d.** in detail; **entrer dans les détails** to go into detail; **prix de d.** retail price

détaillant [detajɑ̃] *nm* retailer

détailler [detaje] *vt (énumérer)* to detail ▪ **détaillé, -e** *adj (récit, description)* detailed; *(facture)* itemized

détaxer [detakse] *vt* to exempt from tax; **produit détaxé** duty-free article

détecter [detɛkte] *vt* to detect ▪ **détecteur** *nm (appareil)* detector

détective [detɛktiv] *nm* **d. (privé)** (private) detective

déteindre* [detɛ̃dr] *vi (couleur, tissu)* to run

détendre [detɑ̃dr] **1** *vt (corde)* to slacken; *(arc)* to unbend; **d. qn** to relax sb **2 se détendre** *vpr (corde)* to slacken; *(arc)* to unbend; *(atmosphère)* to become less tense; *(personne)* to relax ▪ **détendu, -e** *adj (visage, atmosphère)* relaxed; *(ressort, câble)* slack

détenir* [detənir] *vt (record, pouvoir, titre, prisonnier)* to hold; *(secret, objet volé)* to be in possession of ▪ **détenteur, -trice** *nmf (de record)* holder ▪ **détention** *nf (d'armes)* possession; *(captivité)* detention; **d. provisoire** detention pending trial, remand ▪ **détenu, -e** *nmf* prisoner

détente [detɑ̃t] *nf* (**a**) *(repos)* relaxation; *(entre deux pays)* détente (**b**) *(saut)* spring (**c**) *(gâchette)* trigger

détergent [detɛrʒɑ̃] *nm* detergent

détériorer [deterjɔre] **1** *vt* to damage **2 se détériorer** *vpr* to deteriorate ▪ **détérioration** *nf* damage (**de** to); *(de situation)* deterioration (**de** in)

détermination [detɛrminɑsjɔ̃] *nf (fermeté)* determination

déterminer [detɛrmine] *vt (préciser)* to determine; *(causer)* to bring about ▪ **déterminant, -e** *adj* decisive ▪ **déterminé, -e** *adj (précis)* specific; *(résolu)* determined

déterrer [detere] *vt* to dig up

détester [detɛste] *vt* to hate, to detest; **d. faire qch** to hate doing *or* to do sth ▪ **détestable** *adj* foul

détonation [detɔnɑsjɔ̃] *nf* explosion; *(d'arme)* bang

détonner [detɔne] *vi (contraster)* to clash

détour [detur] *nm (crochet)* detour; *(de route)* bend, curve

détourner [deturne] **1** *vt (dévier)* to divert; *(avion)* to hijack; *(conversation, sens)* to change; *(fonds)* to embezzle; *(coup)* to ward off; **d. la tête** to turn one's head away; **d. les yeux** to look away; **d. qn de** *(son devoir)* to take sb away from; *(sa route)* to lead sb away from

2 se détourner *vpr* to turn away ▪ **détourné, -e** *adj (chemin, moyen)* roundabout, indirect ▪ **détournement** [-əmɑ̃] *nm (de cours d'eau)* diversion; **d. d'avion** hijack(ing); **d. de fonds** embezzlement

détracteur, -trice [detraktœr, -tris] *nmf* detractor

détraquer [detrake] **1** *vt (mécanisme)* to put out of order **2 se détraquer** *vpr (machine)* to go wrong

détresse [detrɛs] *nf* distress; **en d.** *(navire)* in distress

détriment [detrimɑ̃] **au détriment de** *prép* to the detriment of

détritus [detritys] *nmpl Br* rubbish, *Am* garbage

détroit [detrwa] *nm* strait

détromper [detrɔ̃pe] **1** *vt* **d. qn** to put sb right **2 se détromper** *vpr* **détrompez-vous!** don't you believe it!

détrôner [detrone] *vt (souverain)* to dethrone; *(supplanter)* to supersede

détruire* [detrɥir] *vt (ravager)* to destroy; *(tuer)* to kill

dette [dɛt] *nf* debt; **avoir des dettes** to be in debt; **faire des dettes** to run into debt

DEUG [døg] (*abrév* **diplôme d'études universitaires générales**) *nm* = degree gained after two years' study at university

deuil [dœj] *nm (affliction, vêtements)* mourning; *(décès)* bereavement; **être en d.** to be in mourning

deux [dø] *adj inv & nm inv* two; **d. fois** twice; **mes d. sœurs** both my sisters, my two sisters; **tous (les) d.** both ▪ **deux-pièces** *nm inv (maillot de bain)* bikini; *(appartement)* two-roomed *Br* flat *or Am* apartment ▪ **deux-roues** *nm inv* two-wheeled vehicle

deuxième [døzjɛm] *adj & nmf* second

dévaler [devale] *vt (escalier)* to hurtle down

dévaliser [devalize] *vt (personne, banque)* to rob

dévaloriser [devalɔrize] **1** *vt (monnaie, diplôme)* to devalue **2 se dévaloriser** *vpr (monnaie)* to depreciate ▪ **dévalorisation** *nf (de diplôme)* loss of value

dévaluer [devalɥe] *vt (monnaie)* to devalue ▪ **dévaluation** *nf Fin* devaluation

devancer [dəvɑ̃se] *vt (concurrent)* to be ahead of; *(arriver avant)* to arrive before

devant [dəvɑ̃] **1** *prép & adv* in front (of); **passer d. une église** to go past a church; **marcher d. qn** to walk in front of sb; **assis d.** *(dans une voiture)* sitting in the front

2 *nm* front; **roue/porte de d.** front wheel/door; **prendre les devants** *(action)* to take the initiative

devanture [dəvɑ̃tyr] *nf (vitrine)* window; *(façade)* front

dévaster [devaste] *vt* to devastate ▪ **dévastation** *nf* devastation

développer [devlɔpe] *vt*, **se développer** *vpr* to develop ▪ **développement** *nm* development; *(de photo)* developing; **en plein d.** *(entreprise, pays)* growing fast

devenir* [dəvnir] *(aux* **être***) vi* to become; **d. médecin** to become a doctor; **d. vieux** to get *or* grow old; **d. tout rouge** to go all red; **qu'est-elle devenue?** what has become of her?

dévergondé, -e [devergɔ̃de] *adj* shameless

déverser [deverse] **1** *vt (liquide)* to pour out; *(ordures)* to dump **2 se déverser** *vpr (liquide, rivière)* to empty (**dans** into)

dévêtir [devetir] *vt*, **se dévêtir** *vpr* to undress

dévier [devje] **1** *vt (circulation)* to divert; *(coup, rayons)* to deflect **2** *vi (balle)* to deflect; *(véhicule)* to veer; **d. de sa route** to veer off course ▪ **déviation** *nf (itinéraire) Br* diversion, *Am* detour

devin [dəvɛ̃] *nm* soothsayer

deviner [dəvine] *vt* to guess (**que** that) ▪ **devinette** *nf* riddle

devis [dəvi] *nm* estimate

dévisager [devizaʒe] *vt* **d. qn** to stare at sb

devise [dəviz] *nf (légende)* motto; *(monnaie)* currency; **devises étrangères** foreign currency

dévisser [devise] **1** *vt* to unscrew **2 se dévisser** *vpr (bouchon)* to unscrew; *(par accident)* to come unscrewed

dévoiler [devwale] **1** *vt (statue)* to unveil; *Fig (secret)* to disclose **2 se dévoiler** *vpr (mystère)* to come to light

---

DEVOIR*[1] [dəvwar] *v aux* (**a**) *(indique la nécessité)* **je dois refuser** I must refuse, I have (got) to refuse; **j'ai dû refuser** I had to refuse

(**b**) *(indique une forte probabilité)* **il doit être tard** it must be late; **elle a dû oublier** she must have forgotten; **cela devait arriver** it had to happen

(**c**) *(indique l'obligation)* **tu dois apprendre tes leçons** you must learn your lessons; **vous devriez rester** you should stay, you ought to stay; **il aurait dû venir** he should have come, he ought to have come

(**d**) *(indique l'intention)* **elle doit venir** she's supposed to be coming, she's due to come; **le train devait arriver à midi** the train was due (to arrive) at noon; **je devais le voir** I was (due) to see him

---

devoir*[2] [dəvwar] **1** *vt* to owe; **d. qch à qn** to owe sb sth, to owe sth to sb

2 se devoir *vpr* **comme il se doit** as is proper

3 *nm (obligation)* duty; **présenter ses devoirs à qn** to pay one's respects to sb; *Scol* **devoirs** homework; **faire ses**

devoirs to do one's homework
dévorer [devɔre] *vt (manger)* to devour
dévotion [devosjɔ̃] *nf (adoration)* devotion
dévouer [devwe] **se dévouer** *vpr (se sacrifier)* to volunteer; *(se consacrer)* to devote oneself (**à** to) ▪ **dévoué, -e** *adj (ami, femme)* devoted (**à** to) ▪ **dévouement** [-umɑ̃] *nm* devotion; *(de héros)* devotion to duty
dextérité [dɛksterite] *nf* dexterity, skill
diabète [djabɛt] *nm Méd* diabetes ▪ **diabétique** *adj & nmf* diabetic
diable [djɑbl] *nm* devil; **le d.** the Devil ▪ **diabolique** *adj* diabolical
diadème [djadɛm] *nm* tiara
diagnostic [djagnɔstik] *nm* diagnosis ▪ **diagnostiquer** *vt* to diagnose
diagonal, -e, -aux, -ales [djagɔnal, -o] *adj* diagonal ▪ **diagonale** *nf* diagonal (line); **en d.** diagonally
dialecte [djalɛkt] *nm* dialect
dialogue [djalɔg] *nm Br* dialogue, *Am* dialog; *(conversation)* conversation ▪ **dialoguer** *vi* to communicate; *Ordinat* to interact
diamant [djamɑ̃] *nm* diamond
diamètre [djamɛtr] *nm* diameter
diapason [djapazɔ̃] *nm Mus (appareil)* tuning fork
diapositive [djapozitiv] *nf* slide
diarrhée [djare] *nf* diarrhoea
dictateur [diktatœr] *nm* dictator ▪ **dictatorial, -e, -aux, -ales** *adj* dictatorial ▪ **dictature** *nf* dictatorship
dicter [dikte] *vt* to dictate (**à** to) ▪ **dictée** *nf* dictation
diction [diksjɔ̃] *nf* diction
dictionnaire [diksjɔnɛr] *nm* dictionary
dièse [djɛz] *adj & nm Mus* sharp
diesel [djezɛl] *adj & nm* **(moteur) d.** diesel (engine)
diète [djɛt] *nf (partielle)* diet; *(totale)* fast; **être à la d.** to be on a diet/to be fasting
diététicien, -enne [djetetisjɛ̃, -ɛn] *nmf* dietician ▪ **diététique 1** *nf* dietetics *(sing)* **2** *adj* **aliment** *ou* **produit d.** health food; **magasin d.** health-food shop
dieu, -x [djø] *nm* god; **D.** God; **le bon D.** God
diffamation [difamɑsjɔ̃] *nf (en paroles)* slander; *(par écrit)* libel ▪ **diffamatoire** *adj (paroles)* slanderous; *(écrit)* libellous
différé [difere] *nm* **en d.** *(émission)* prerecorded
différence [diferɑ̃s] *nf* difference (**de** in); **à la d. de qn/qch** unlike sb/sth; **faire la d. entre** to make a distinction between
différencier [diferɑ̃sje] **1** *vt* to differentiate (**de** from) **2 se différencier** *vpr* to differ (**de** from)
différend [diferɑ̃] *nm* difference of opinion
différent, -e [diferɑ̃, -ɑ̃t] *adj* different; **différents** *(divers)* different, various; **d. de** different from ▪ **différemment** [-amɑ̃] *adv* differently (**de** from)
différer [difere] **1** *vt (remettre)* to postpone; *(paiement)* to defer **2** *vi* to differ (**de** from)
difficile [difisil] *adj* difficult; *(exigeant)* fussy; **c'est d. à faire** it's hard *or* difficult to do ▪ **difficilement** *adv* with difficulty
difficulté [difikylte] *nf* difficulty (**à faire** in doing); **en d.** in a difficult situation; **avoir de la d. à faire qch** to have difficulty (in) doing sth
difforme [difɔrm] *adj* deformed, misshapen ▪ **difformité** *nf* deformity
diffus, -e [dify, -yz] *adj (lumière)* diffuse; *(impression)* vague
diffuser [difyze] *vt (émission)* to broadcast; *(nouvelle)* to spread; *(lumière, chaleur)* to diffuse ▪ **diffusion** *nf (d'émission)* broadcasting; *(de lumière, de chaleur)* diffusion
digérer [diʒere] **1** *vt* to digest **2** *vi* to digest
digestif, -ive [diʒɛstif, -iv] **1** *adj (tube,*

sucs) digestive **2** *nmf* after-dinner liqueur

digestion [diʒɛstjɔ̃] *nf* digestion

Digicode® [diʒikɔd] *nm* door code *(for entrance to building)*

digne [diɲ] *adj (air, attitude)* dignified; **d. de qn/qch** worthy of sb/sth; **d. d'admiration** worthy of *or* deserving of admiration ▪ **dignement** [-əmɑ̃] *adv* with dignity

dignitaire [diɲitɛr] *nm* dignitary

dignité [diɲite] *nf* dignity

digue [dig] *nf* dike, dyke; *(en bord de mer)* sea wall

dilapider [dilapide] *vt* to squander

dilater [dilate] *vt*, **se dilater** *vpr (pupille)* to dilate

dilemme [dilɛm] *nm* dilemma

diluer [dilɥe] *vt (liquide, substance)* to dilute (**dans** in)

dimanche [dimɑ̃ʃ] *nm* Sunday

dimension [dimɑ̃sjɔ̃] *nf (mesure, aspect)* dimension; *(taille)* size; **à deux dimensions** two-dimensional; **prendre les dimensions de qch** to measure sth up

diminuer [diminɥe] **1** *vt (réduire)* to reduce, to decrease; *(affaiblir)* to affect **2** *vi (réserves, nombre)* to decrease, to diminish; *(jours)* to get shorter; *(prix, profits)* to decrease, to drop ▪ **diminution** *nf* reduction, decrease (**de** in)

diminutif [diminytif] *nm (nom)* diminutive

dinde [dɛ̃d] *nf (volaille, viande)* turkey ▪ **dindon** *nm* turkey (cock)

dîner [dine] **1** *nm (repas du soir)* dinner; *(repas de midi)* lunch; *(soirée)* dinner party **2** *vi* to have dinner; *Belg & Can* to (have) lunch

dinosaure [dinozɔr] *nm* dinosaur

diplomate [diplɔmat] **1** *adj* diplomatic **2** *nmf* diplomat ▪ **diplomatie** [-asi] *nf (tact)* diplomacy; *(carrière)* diplomatic service ▪ **diplomatique** *adj* diplomatic

diplôme [diplom] *nm* diploma; *(d'université)* degree ▪ **diplômé, -e 1** *adj* qualified; *Univ* **être d. (de)** to be a graduate (of) **2** *nmf* holder of a diploma; *Univ* graduate

---

DIRE* [dir] **1** *nm* **au d. de** according to; **selon ses dires** according to him/her

2 *vt (mot)* to say; *(vérité, secret)* to tell; **d. des bêtises** to talk nonsense; **d. qch à qn** to tell sb sth, to say sth to sb; **d. à qn que...** to tell sb that..., to say to sb that...; **d. à qn de faire qch** to tell sb to do sth; **d. du mal/du bien de qn** to speak ill/well of sb; **on dirait un château** it looks like a castle; **on dirait du cabillaud** it tastes like cod; **autrement dit** in other words; **à vrai d.** to tell the truth

3 se dire *vpr* **il se dit malade** he says he's ill; **comment ça se dit en anglais?** how do you say that in English?

---

direct, -e [dirɛkt] **1** *adj* direct **2** *nm Radio & TV* live broadcasting; **en d. (de)** live (from) ▪ **directement** [-əmɑ̃] *adv (sans intermédiaire)* directly; *(sans détour)* straight

directeur, -trice [dirɛktœr, -tris] **1** *nmf* director; *(de magasin, de service)* manager; *(de journal)* editor; *(d'école) Br* headmaster, *f* headmistress, *Am* principal **2** *adj (principe)* guiding; *(idées)* main; *(équipe)* management

direction [dirɛksjɔ̃] *nf* (**a**) *(sens)* direction; **train en d. de Lille** train to Lille (**b**) *(de société, de club)* running, management; *(de parti)* leadership; *Aut* steering; **sous la d. de** under the supervision of; *(orchestre)* conducted by; **un poste de d.** a management post; **d. du personnel** personnel department

dirigeant, -e [diriʒɑ̃, -ɑ̃t] **1** *adj (classe)* ruling **2** *nm (de pays)* leader; *(d'entreprise, de club)* manager

diriger [diriʒe] **1** *vt (entreprise, club)* to run, to manage; *(pays, parti)* to lead; *(orchestre)* to conduct; *(travaux)* to supervise; *(acteur)* to direct; *(orienter)* to turn (**vers** to); *(arme, lumière)* to point (**sur** at); *(véhicule)* to steer **2 se diriger** *vpr* **se d. vers** *(lieu, objet)* to head for; *(personne)* to go up to; *(dans une carrière)* to go into

dis, disant [di, dizɑ̃] *voir* **dire**

discerner [diserne] *vt (voir)* to make out; *(différencier)* to distinguish (**de** from) ■ **discernement** [-əmɑ̃] *nm* discernment

disciple [disipl] *nm* disciple

discipline [disiplin] *nf (règle, matière)* discipline

discipliner [disipline] **1** *vt (enfant)* to control **2 se discipliner** *vpr* to discipline oneself ■ **discipliné, -e** *adj* well-disciplined

discontinu, -e [diskɔ̃tiny] *adj (ligne)* broken; *(bruit)* intermittent ■ **discontinuer** *vi* **sans d.** without stopping

discorde [diskɔrd] *nf* discord

discothèque [diskɔtɛk] *nf (organisme)* record library; *(club)* disco

discours [diskur] *nm* speech; *(écrit littéraire)* discourse; **faire un d.** to make a speech

discréditer [diskredite] **1** *vt* to discredit **2 se discréditer** *vpr (personne)* to discredit oneself

discret, -ète [diskre, -ɛt] *adj (personne, manière)* discreet; *(vêtement)* simple ■ **discrètement** *adv (avec retenue)* discreetly; *(sobrement)* simply

discrétion [diskresjɔ̃] *nf* discretion; **laisser qch à la d. de qn** to leave sth to sb's discretion

discrimination [diskriminɑsjɔ̃] *nf* discrimination

disculper [diskylpe] *vt* to exonerate (**de** from)

discussion [diskysjɔ̃] *nf* discussion; **avoir une d.** to have a discussion (**sur** about)

discutable [diskytabl] *adj* questionable

discuter [diskyte] **1** *vt* to discuss; *(contester)* to question **2** *vi* to discuss; *(protester)* to argue; **d. de qch avec qn** to discuss sth with sb **3 se discuter** *vpr* **ça se discute** that's debatable

dise, disent [diz] *voir* **dire**

disgrace [disgras] *nf* **tomber en d.** to fall into disfavour ■ **disgracier** *vt* to disgrace ■ **disgracieux, -euse** *adj* ungainly

disjoint, -e [disʒwɛ̃, -ɛ̃t] *adj* separated

disjoncter [disʒɔ̃kte] *vi (circuit électrique)* to fuse ■ **disjoncteur** *nm* circuit breaker

dislocation [dislɔkɑsjɔ̃] *nf (de membre)* dislocation

disloquer [dislɔke] **1** *vt (membre)* to dislocate **2 se disloquer** *vpr* **se d. le bras** to dislocate one's arm

disons [dizɔ̃] *voir* **dire**

disparaître* [disparɛtr] *vi* to disappear; *(être porté manquant)* to go missing; *(mourir)* to die; *(coutume)* to die out; **faire d. qch** to get rid of sth ■ **disparition** *nf* disappearance; *(mort)* death ■ **disparu, -e 1** *adj (personne)* missing; **être porté d.** to be reported missing **2** *nmf (absent)* missing person; *(mort)* departed

disparité [disparite] *nf* disparity (**entre** *ou* **de** between)

dispensaire [dispɑ̃sɛr] *nm* community health centre

dispense [dispɑ̃s] *nf (d'obligation)* exemption ■ **dispenser 1** *vt (soins, bienfaits)* to dispense; **d. qn de qch** to exempt sb from sth; **d. qn de faire qch** to exempt sb from doing sth **2** *vpr* **se d. de qch** to get out of sth; **se d. de faire qch** to get out of doing sth

disperser [disperse] **1** *vt (papiers, foule)* to scatter; *(brouillard)* to disperse; *(collection)* to break up **2 se disperser** *vpr (foule)* to scatter, to disperse ■ **dispersion** *nf (d'armée, de manifestants, de brouillard)* dispersal

disponible [disponibl] *adj (article, place, personne)* available ■ **disponibilité** *nf* availability; **disponibilités** *(fonds)* available funds

dispos [dispo] *adj m* **frais et d.** hale and hearty

disposé, -e [dispoze] *adj* **bien/mal d.**

in a good/bad mood; **d. à faire qch** disposed to do sth

disposer [dispoze] **1** *vt (objets)* to arrange; **d. qn à (faire) qch** to dispose sb to (do) sth **2** *vi* **d. de qch** to have sth at one's disposal **3 se disposer** *vpr* **se d. à faire qch** to prepare to do sth

dispositif [dispozitif] *nm (mécanisme)* device

disposition [dispozisjɔ̃] *nf* arrangement; *(tendance)* tendency (**à** to); *(de maison, de page)* layout; **être** *ou* **rester** *ou* **se tenir à la d. de qn** to be *or* remain at sb's disposal; **dispositions** *(aptitudes)* ability, aptitude (**pour** for)

disproportionné, -e [disprɔpɔrsjɔne] *adj* disproportionate

dispute [dispyt] *nf* quarrel ■ **disputer 1** *vt (match)* to play; *(rallye)* to compete in; *(combat de boxe)* to fight; *(droit)* to contest; **d. qch à qn** *(prix, première place)* to fight with sb for *or* over sth **2 se disputer** *vpr* to quarrel (**avec** with); *(match)* to take place; **se d. qch** to fight over sth

disqualifier [diskalifje] *vt (équipe, athlète)* to disqualify ■ **disqualification** *nf* disqualification

disque [disk] *nm (de musique)* record; *(cercle) Br* disc, *Am* disk; *Ordinat* disk; *Sport* discus; **d. compact** compact *Br* disc *or Am* disk; **d. dur** hard disk ■ **disquaire** *nmf* record dealer ■ **disquette** *nf Ordinat* floppy (disk), diskette

disséminer [disemine] *vt (graines, mines)* to scatter

disséquer [diseke] *vt* to dissect

dissertation [disɛrtasjɔ̃] *nf* essay

dissident, -e [disidɑ̃, -ɑ̃t] *nmf* dissident

dissimuler [disimyle] **1** *vt (cacher)* to conceal (**à** from) **2 se dissimuler** *vpr* to be hidden ■ **dissimulation** *nf* concealment; *(duplicité)* deceit

dissiper [disipe] **1** *vt (nuages)* to disperse; *(brouillard)* to clear; *(malentendu)* to clear up; *(craintes)* to dispel; **d. qn** to lead sb astray **2 se dissiper** *vpr (nuage)* to disperse; *(brume)* to clear; *(craintes)* to vanish; *(élève)* to misbehave ■ **dissipé, -e** *adj (élève)* unruly

dissocier [disɔsje] *vt* to dissociate (**de** from)

dissolu, -e [disɔly] *adj (vie)* dissolute

dissolution [disɔlysjɔ̃] *nf* dissolution

dissolvant [disɔlvɑ̃] *nm* solvent; *(pour vernis à ongles)* nail polish remover

dissoudre* [disudr] *vt*, **se dissoudre** *vpr* to dissolve

dissuader [disɥade] *vt* to dissuade (**de qch** from sth; **de faire** from doing) ■ **dissuasif, -ive** *adj* deterrent; **avoir un effet d.** to be a deterrent ■ **dissuasion** *nf* dissuasion; *Mil* **force de d.** deterrent

distance [distɑ̃s] *nf* distance; **à deux mètres de d.** two metres apart; **à d.** at *or* from a distance; **garder ses distances** to keep one's distance (**vis-à-vis de** from); **commandé à d.** remote-controlled

distancer [distɑ̃se] *vt* to outstrip; **se laisser d.** to fall behind

distant, -e [distɑ̃, -ɑ̃t] *adj* distant; *(personne)* aloof, distant; **d. de dix kilomètres** *(éloigné)* ten kilometres away; *(à intervalles)* ten kilometres apart

distendre [distɑ̃dr] *vt*, **se distendre** *vpr* to stretch

distiller [distile] *vt* to distil ■ **distillerie** *nf (lieu)* distillery

distinct, -e [distɛ̃, -ɛ̃kt] *adj (différent)* distinct, separate (**de** from); *(net)* clear, distinct ■ **distinctif, -ive** *adj* distinctive ■ **distinction** *nf (différence, raffinement)* distinction

distinguer [distɛ̃ge] **1** *vt (différencier)* to distinguish; *(voir)* to make out; *(choisir)* to single out; **d. le bien du mal** to tell good from evil **2 se distinguer** *vpr (s'illustrer)* to distinguish oneself; **se d. de qn/qch (par)** to be distinguishable from sb/sth (by) ■ **distingué, -e** *adj (bien élevé, éminent)* distinguished

distorsion [distɔrsjɔ̃] *nf* distortion

distraction [distraksjɔ̃] *nf (étourderie)* absent-mindedness ▪ **distraire*** **1** *vt (divertir)* to entertain; **d. qn** to distract sb (**de** from) **2 se distraire** *vpr* to amuse oneself ▪ **distrait, -e** *adj* absent-minded ▪ **distrayant, -e** *adj* entertaining

distribuer [distribɥe] *vt (donner) & Com* to distribute; *(courrier)* to deliver; *(cartes)* to deal; *(tâches)* to allocate; *(eau)* to supply

distributeur [distribytœr] *nm Com* distributor; **d. automatique** vending machine; **d. de billets** *(de train)* ticket machine; *(de billets de banque)* cash machine

distribution [distribysjɔ̃] *nf* distribution; *(du courrier)* delivery; *(de l'eau)* supply; *(acteurs de cinéma)* cast; **d. des prix** prizegiving

district [distrikt] *nm* district

dit[1], dite [di, dit] **1** *pp de* **dire** **2** *adj (convenu)* agreed; *(surnommé)* called

dit[2], dites [di, dit] *voir* **dire**

divaguer [divage] *vi (dérailler)* to rave

divan [divɑ̃] *nm* divan, couch

divergent, -e [diverʒɑ̃, -ɑ̃t] *adj (lignes)* divergent; *(opinions)* differing ▪ **divergence** *nf (de lignes)* divergence; *(d'opinions)* difference ▪ **diverger** *vi* to diverge (**de** from)

divers, -e [divɛr, -ɛrs] *adj (varié)* varied; **divers(es)** *(plusieurs)* various

diversifier [diversifje] *vt*, **se diversifier** *vpr* to diversify

diversion [divɛrsjɔ̃] *nf* diversion; **faire d.** to create a diversion

diversité [divɛrsite] *nf* diversity

divertir [divɛrtir] **1** *vt* to entertain **2 se divertir** *vpr* to enjoy oneself ▪ **divertissement** *nm* entertainment, amusement

divin, -e [divɛ̃, -in] *adj* divine ▪ **divinité** *nf* divinity

diviser [divize] *vt*, **se diviser** *vpr* to divide (**en** into) ▪ **division** *nf* division

divorce [divɔrs] *nm* divorce ▪ **divorcer** *vi* to get divorced; **d. d'avec qn** to divorce sb ▪ **divorcé, -e** **1** *adj* divorced (**d'avec** from) **2** *nmf* divorcee

divulguer [divylge] *vt* to divulge

dix [dis] ([di] *before consonant*, [diz] *before vowel*) *adj & nm* ten ▪ **dix-huit** *adj & nm* eighteen ▪ **dixième** *adj & nmf* tenth; **un d.** a tenth ▪ **dix-neuf** *adj & nm* nineteen ▪ **dix-sept** *adj & nm* seventeen

dizaine [dizen] *nf* **une d. (de)** about ten

do [do] *nm inv (note)* C

docile [dɔsil] *adj* docile

docteur [dɔktœr] *nm (en médecine, d'université)* doctor (**ès/en** of) ▪ **doctorat** *nm* doctorate, ≃ PhD (**ès/en** in)

doctrine [dɔktrin] *nf* doctrine

document [dɔkymɑ̃] *nm* document ▪ **documentaire** *adj & nm* documentary ▪ **documentaliste** *nmf* archivist; *(à l'école)* (school) librarian

documentation [dɔkymɑ̃tɑsjɔ̃] *nf (documents)* documentation, *(brochures)* literature ▪ **se documenter** *vpr* to gather information *or* material (**sur** on)

dodu, -e [dɔdy] *adj* chubby, plump

doigt [dwa] *nm* finger; **d. de pied** toe; **petit d.** little finger, *Am & Scot* pinkie; **un d. de vin** a drop of wine; **montrer qn du d.** to point at sb

doigté [dwate] *nm Mus* fingering; *(savoir-faire)* tact

dois, doit [dwa] *voir* **devoir[1,2]**

doléances [dɔleɑ̃s] *nfpl (plaintes)* grievances

dollar [dɔlar] *nm* dollar

domaine [dɔmen] *nm (terres)* estate, domain; *(matière)* field, domain; **être du d. public** to be in the public domain

dôme [dom] *nm* dome

domestique [dɔmɛstik] **1** *adj (vie, marché, produit)* domestic; **travaux domestiques** housework **2** *nmf* servant ▪ **domestiquer** *vt* to domesticate

domicile [dɔmisil] *nm* home; *(demeure légale)* abode; **sans d. fixe** of no fixed abode; *Jur* **d. conjugal** marital home

dominateur, -trice [dɔminatœr, -tris] *adj* domineering ■ **domination** *nf* domination

dominer [dɔmine] **1** *vt* to dominate; *(situation, sentiment)* to master; *(être supérieur à)* to surpass **2** *vi (être le plus fort)* to be dominant; *(être le plus important)* to predominate **3 se dominer** *vpr* to control oneself ■ **dominant, -e** *adj* dominant

dommage [dɔmaʒ] *nm (tort)* harm; **dommages** *(dégâts)* damage; **quel d.!** what a pity, what a shame!; **c'est (bien) d. qu'elle ne soit pas venue** it's a (great) pity *or* shame she didn't come; **dommages-intérêts** damages

dompter [dɔ̃te] *vt (animal)* to tame

DOM-TOM [dɔmtɔm] *(abrév* **départements et territoires d'outre-mer**) *nmpl* = French overseas departments and territories

don [dɔ̃] *nm (cadeau, aptitude)* gift; *(à un musée, à une œuvre)* donation; **faire d. de qch** to give sth; **d. du sang** blood donation

donateur, -trice [dɔnatœr, -tris] *nmf* donor ■ **donation** *nf* donation

donc [dɔ̃(k)] *conj* so, then; *(par conséquent)* so, therefore; **asseyez-vous d.!** *(intensif)* do sit down!

donjon [dɔ̃ʒɔ̃] *nm* keep

données [dɔne] *nfpl Ordinat* data

DONNER [dɔne] **1** *vt* to give; *(récolte, résultat)* to produce; *(cartes)* to deal; *(pièce, film)* to put on; **pourriez-vous me d. l'heure?** could you tell me the time?; **d. un coup à qn** to hit sb; **d. à manger à qn** *(animal, enfant)* to feed sb; **elle m'a donné de ses nouvelles** she told me how she was doing; **ça donne soif/faim** it makes you thirsty/hungry; **étant donné...** considering..., in view of...; **étant donné que...** seeing (that), considering (that)...; **à un moment donné** at some stage

2 *vi* **d. sur** *(fenêtre)* to overlook, to look out onto; *(porte)* to open onto

3 se donner *vpr (se consacrer)* to devote oneself (**à** to); **se d. du mal** to go to a lot of trouble (**pour faire** to do)

---

donneur, -euse [dɔnœr, -øz] *nmf (de sang, d'organe)* donor

dont [dɔ̃] (= **de qui, duquel, de quoi**) *pron relatif (exprime la partie d'un tout) (personne)* of whom; *(chose)* of which; *(exprime l'appartenance) (personne)* whose, of whom; *(chose)* of which, whose; **une mère d. le fils est malade** a mother whose son is ill; **la fille d. il est fier** the daughter he is proud of *or* of whom he is proud; **les outils d. j'ai besoin** the tools I need; **la façon d. elle joue** the way (in which) she plays; **cinq enfants d. deux filles** five children two of whom are daughters, five children including two daughters; **voici ce d. il s'agit** here's what it's about

doper [dɔpe] **1** *vt* to dope **2 se doper** *vpr* to take drugs ■ **dopage** *nm (action)* doping; *(de sportif)* drug-taking

dorénavant [dɔrenavɑ̃] *adv* from now on

dorer [dɔre] **1** *vt (objet)* to gild **2** *vi (à la cuisson)* to brown **3 se dorer** *vpr* **se d. au soleil** to sunbathe ■ **doré, -e** *adj (objet)* gilt, gold; *(couleur)* golden

dormir* [dɔrmir] *vi* to sleep; *(être endormi)* to be asleep; *Fig (argent)* to lie idle

dortoir [dɔrtwar] *nm* dormitory

dos [do] *nm (de personne, d'animal)* back; *(de livre)* spine; **'voir au d.'** *(verso)* 'see over'

dose [doz] *nf* dose; *(dans un mélange)* proportion ■ **doser** *vt (médicament, ingrédients)* to measure out

dossard [dosar] *nm (de sportif)* number *(worn by player or competitor)*

dossier [dosje] *nm (de siège)* back; *(documents)* file

dot [dɔt] *nf* dowry

doter [dɔte] *vt (équiper)* to equip (**de** with); **doté d'une grande intelligence** endowed with great intelligence

douane [dwan] *nf* customs; **passer la d.** to go through customs ■ **douanier, -ère** *nmf* customs officer

doublage [dublaʒ] *nm (de film)* dubbing

double [dubl] **1** *adj* double; *(rôle, avantage)* twofold, double; **en d. exemplaire** in duplicate **2** *adv* double **3** *nm (de personne)* double; *(copie)* copy, duplicate; **le d. (de)** *(quantité)* twice as much (as); **je l'ai en d.** I have two of them

doubler [duble] **1** *vt (augmenter)* to double; *(vêtement)* to line; *(film)* to dub; *(acteur)* to dub the voice of; *(classe à l'école)* to repeat **2** *vi (augmenter)* to double **3** *vti (en voiture) Br* to overtake, *Am* to pass **4 se doubler** *vpr* **se d. de** to be coupled with

doublure [dublyr] *nf (étoffe)* lining; *(au théâtre)* understudy; *(au cinéma)* stand-in

douce [dus] *voir* **doux** ▪ **doucement** *adv (délicatement)* gently; *(bas)* softly; *(lentement)* slowly; *(sans bruit)* quietly ▪ **douceur** *nf (de miel)* sweetness; *(de peau)* softness; *(de temps)* mildness; *(de personne)* gentleness

douche [duʃ] *nf* shower; **prendre une d.** to have *or* take a shower ▪ **doucher se doucher** *vpr* to have *or* take a shower

doué, -e [dwe] *adj* gifted, talented (**en** at); **être d. pour qch** to have a gift for sth

douille [duj] *nf (d'ampoule)* socket; *(de cartouche)* case

douillet, -ette [duje, -ɛt] *adj (lit) Br* cosy, *Am* cozy

douleur [dulœr] *nf (mal)* pain; *(chagrin)* sorrow, grief ▪ **douloureux, -euse** *adj* painful

doute [dut] *nm* doubt; **sans d.** no doubt, probably; **sans aucun d.** without (any) doubt; **mettre qch en d.** to cast doubt on sth

douter [dute] **1** *vi* to doubt; **d. de qn/qch** to doubt sb/sth **2** *vt* **je doute qu'il soit assez fort** I doubt whether he's strong enough **3 se douter** *vpr* **se d. de quelque chose** to suspect something

douteux, -euse [dutø, -øz] *adj (peu certain)* doubtful; *(louche, médiocre)* dubious

Douvres [duvr] *nm ou f* Dover

doux, douce [du, dus] *adj (miel, son)* sweet; *(peau, lumière)* soft; *(temps, climat)* mild; *(personne, pente)* gentle

douze [duz] *adj & nm* twelve ▪ **douzaine** *nf (douze)* dozen; *(environ)* about twelve; **une d. d'œufs** a dozen eggs

dragée [draʒe] *nf* sugared almond

dragon [dragɔ̃] *nm (animal, personne acariâtre)* dragon

drainer [drene] *vt* to drain

drame [dram] *nm (genre littéraire)* drama; *(catastrophe)* tragedy ▪ **dramatique 1** *adj* dramatic; **auteur d.** playwright, dramatist **2** *nf* drama

drap [dra] *nm (de lit)* sheet; *(tissu)* cloth; **d.-housse** fitted sheet; **d. de bain** bath towel

drapeau, -x [drapo] *nm* flag

dresser [drese] **1** *vt (échelle, statue)* to put up, to erect; *(liste)* to draw up; *(piège)* to set, to lay; *(animal)* to train; **d. les oreilles** to prick up one's ears **2 se dresser** *vpr (personne)* to stand up; *(statue, montagne)* to rise up ▪ **dressage** *nm* training ▪ **dresseur, -euse** *nmf* trainer

drogue [drɔg] *nf (stupéfiant) & Péj (médicament)* drug; **d. dure/douce** hard/soft drug ▪ **drogué, -e** *nmf* drug addict ▪ **droguer 1** *vt (victime)* to drug; *(malade)* to dose up **2 se droguer** *vpr* to take drugs

droguerie [drɔgri] *nf* hardware *Br* shop *or Am* store ▪ **droguiste** *nmf* hardware dealer

droit[1] [drwa] *nm (privilège)* right; *(d'inscription)* fee(s); **le d.** *(science juridique)* law; **avoir d. à qch** to be entitled to sth; **avoir le d. de faire qch** to be entitled to do sth, to have the right to do sth; **droits de douane** (customs) duty; **droits de l'homme** human rights

droit[2], droite[1] [drwa, drwat] **1** *adj*

(route, ligne) straight; *(angle)* right; *Fig (honnête)* upright **2** *adv* straight; **tout d.** straight *or* right ahead; **aller d. au but** to go straight to the point

droit[3]**, droite**[2] [drwa, drwat] *adj (côté, bras)* right

droite[3] [drwat] *nf (ligne)* straight line

droite[4] [drwat] *nf* **la d.** *(côté)* the right (side); *Pol* the right (wing); **à d.** *(tourner)* (to the) right; *(rouler, se tenir)* on the right, on the right(-hand) side; **de d.** *(fenêtre)* right-hand; *(candidat)* right-wing; **à d. de** on *or* to the right of

droitier, -ère [drwatje, -ɛr] **1** *adj* right-handed **2** *nmf* right-handed person

droiture [drwatyr] *nf* rectitude

drôle [drol] *adj* funny ▪ **drôlement** *adv* funnily; *Fam (extrêmement)* terribly, dreadfully

dru, drue [dry] **1** *adj (herbe)* thick, dense **2** *adv* **tomber d.** *(pluie)* to pour down heavily; **pousser d.** to grow thickly

du [dy] *voir* **de**[1,2]

dû, due [dy] **1** *adj* **d. à qch** due to sth; **en bonne et due forme** in due form **2** *nm* due

duc [dyk] *nm* duke ▪ **duchesse** *nf* duchess

duel [dɥɛl] *nm* duel

dûment [dymɑ̃] *adv* duly

dune [dyn] *nf* (sand) dune

duo [dɥo] *nm Mus* duet

dupe [dyp] **1** *adj* **être d. de** to be taken in by; **il n'est pas d.** he's well aware of it **2** *nf* dupe ▪ **duper** *vt* to fool, to dupe

duplex [dyplɛks] *nm Br* maisonette, *Am* duplex

duplicata [dyplikata] *nm inv* duplicate

duquel [dykɛl] *voir* **lequel**

dur, dure [dyr] **1** *adj (substance)* hard; *(difficile)* hard, tough; *(viande)* tough; *(hiver, ton)* harsh; *(personne)* hard, harsh; **d. d'oreille** hard of hearing **2** *adv (travailler)* hard ▪ **durement** *adv* harshly ▪ **dureté** *nf (de substance)* hardness; *(d'hiver, de ton)* harshness; *(de viande)* toughness

durable [dyrabl] *adj* lasting

durant [dyrɑ̃] *prép* during; **d. l'hiver** during the winter; **des heures d.** for hours and hours

durcir [dyrsir] *vti*, **se durcir** *vpr* to harden

durée [dyre] *nf (de film, d'événement)* length; *(période)* duration; **de longue d.** *(bonheur)* lasting; **de courte d.** *(attente)* short; *(bonheur)* short-lived

durer [dyre] *vi* to last

duvet [dyvɛ] *nm (d'oiseau)* down; *(sac)* sleeping bag

dynamique [dinamik] *adj* dynamic

dynamite [dinamit] *nf* dynamite

dynamo [dinamo] *nf* dynamo

dynastie [dinasti] *nf* dynasty

dyslexique [dislɛksik] *adj* dyslexic

Ee

E, e [ə] *nm inv* E, e

EAO [əao] (*abrév* **enseignement assisté par ordinateur**) *nm inv* CAL

eau, -x [o] *nf* water; **sports d'e. vive** whitewater sports; **e. de toilette** eau de toilette; **e. du robinet** tap water; **e. douce** fresh water ▪ **eau-de-vie** (*pl* **eaux-de-vie**) *nf* brandy

ébahir [ebair] *vt* to astound

ébattre [ebatr] **s'ébattre** *vpr* to frolic

ébaucher [eboʃe] *vt (tableau, roman)* to rough out

ébéniste [ebenist] *nm* cabinetmaker

éblouir [ebluir] *vt* to dazzle

éboueur [ebwœr] *nm Br* dustman, *Am* garbage collector

ébouillanter [ebujɑ̃te] **1** *vt* to scald **2 s'ébouillanter** *vpr* to scald oneself

ébouler [ebule] **s'ébouler** *vpr (falaise)* to collapse; *(tunnel)* to cave in ▪ **éboulement** *nm (écroulement)* collapse; *(de mine)* cave-in

ébouriffé, -e [eburife] *adj* dishevelled

ébranler [ebrɑ̃le] **1** *vt (mur, confiance, personne)* to shake **2 s'ébranler** *vpr (train, cortège)* to move off

ébrécher [ebreʃe] *vt (assiette)* to chip; *(lame)* to nick

ébriété [ebrijete] *nf* **en état d'é.** under the influence of drink

ébrouer [ebrue] **s'ébrouer** *vpr (chien)* to shake itself; *(cheval)* to snort

ébruiter [ebrɥite] *vt (nouvelle)* to spread

EBS [øbeɛs] (*abrév* **encéphalite bovine spongiforme**) *nf* BSE

ébullition [ebylisjɔ̃] *nf* boiling; **être en é.** *(eau)* to be boiling; **porter qch à é.** to bring sth to the boil

écaille [ekaj] *nf (de poisson)* scale ▪ **écailler 1** *vt (poisson)* to scale **2 s'écailler** *vpr (peinture)* to peel (off)

écarquiller [ekarkije] *vt* **é. les yeux** to open one's eyes wide

écart [ekar] *nm (intervalle)* gap, distance; *(différence)* difference (**de** in; **entre** between); **faire le grand é.** to do the splits; **à l'é.** out of the way; **à l'é. de qch** away from sth

écartelé, -e [ekartəle] *adj* **é. entre** *(tiraillé)* torn between

écartement [ekartəmɑ̃] *nm (espace)* gap, distance (**de** between)

écarter [ekarte] **1** *vt (objets, personnes)* to move apart; *(jambes, doigts)* to spread; *(rideaux)* to draw (back); *(idée)* to brush aside; *(proposition)* to turn down; **é. qch de qch** to move sth away from sth

2 s'écarter *vpr* (**a**) *(se séparer) (personnes)* to move apart (**de** from); *(foule)* to part

(**b**) *(piéton)* to move away (**de** from); **s'é. du sujet** to wander from the subject ▪ **écarté, -e** *adj* **les jambes écartées** with his/her legs (wide) apart

ecclésiastique [eklezjastik] *nm* clergyman

écervelé, -e [esɛrvəle] **1** *adj* scatterbrained **2** *nmf* scatterbrain

échafaudage [eʃafodaʒ] *nm* scaffolding; **des échafaudages** scaffolding

échalote [eʃalɔt] *nf* shallot

échancré, -e [eʃɑ̃kre] *adj* low-cut ▪ **échancrure** *nf* low neckline

échange [eʃɑ̃ʒ] *nm* exchange; **en é.** in exchange (**de** for) ▪ **échanger** *vt* to exchange (**contre** for)

échangeur [eʃɑ̃ʒœr] *nm* interchange

échantillon [eʃɑ̃tijɔ̃] *nm* sample

échapper [eʃape] **1** *vi* **é. à qn** to escape from sb; **son nom m'échappe** his/her name escapes me; **ça lui a échappé des mains** it slipped out of his/her hands

2 *vt* **il l'a échappé belle** he had a narrow escape

3 s'échapper *vpr (personne, gaz, eau)* to escape (**de** from) ▪ **échappée** *nf (de cyclistes)* breakaway

écharde [eʃard] *nf* splinter

écharpe [eʃarp] *nf* scarf; *(de maire)* sash; **avoir le bras en é.** to have one's arm in a sling

échasse [eʃas] *nf (bâton)* stilt

échauffer [eʃofe] **1** *vt (moteur)* to overheat **2 s'échauffer** *vpr (sportif)* to warm up

échauffourée [eʃofure] *nf* clash, brawl, skirmish

échéance [eʃeɑ̃s] *nf (de facture, de dette)* date of payment; **à brève/longue é.** *(projet, emprunt)* short-/long-term

échéant [eʃeɑ̃] **le cas échéant** *adv* if need be

échec [eʃɛk] *nm* failure; **faire é. à qch** to hold sth in check; **les échecs** *(jeu)* chess; **é.!** check!; **é. et mat!** checkmate!

échelle [eʃɛl] *nf* (**a**) *(marches)* ladder (**b**) *(de carte)* scale; **à l'é. nationale** on a national scale

échelon [eʃlɔ̃] *nm (d'échelle)* rung; *(d'employé)* grade; *(d'organisation)* echelon; **à l'é. régional** on a regional level

échelonner [eʃlɔne] **1** *vt (paiements)* to spread **2 s'échelonner** *vpr* to be spread out

échevelé, -e [eʃəvle] *adj (ébouriffé)* dishevelled

échiquier [eʃikje] *nm (plateau)* chessboard

écho [eko] *nm (de son)* echo; **échos** *(de presse)* gossip column

échographie [ekografi] *nf* (ultrasound) scan; **passer une é.** to have a scan

échoir* [eʃwar] *vi* **é. à qn** to fall to sb

échouer [eʃwe] **1** *vi* to fail; **é. à** *(examen)* to fail **2** *vi*, **s'échouer** *vpr (navire)* to run aground

éclabousser [eklabuse] *vt* to splash, to spatter (**avec** with) ▪ **éclaboussure** *nf* splash

éclair [eklɛr] **1** *nm* (**a**) *(lumière)* flash; *(d'orage)* flash of lightning (**b**) *(gâteau)* éclair **2** *adj inv* **visite é.** lightning visit

éclairage [eklɛraʒ] *nm* lighting

éclaircie [eklɛrsi] *nf* sunny spell

éclaircir [eklɛrsir] **1** *vt (couleur)* to lighten; *(mystère)* to clear up **2 s'éclaircir** *vpr (ciel)* to clear; *(mystère)* to be cleared up; **s'é. la voix** to clear one's throat ▪ **éclaircissement** *nm (explication)* explanation

éclairer [eklere] **1** *vt (pièce)* to light (up); **é. qn** *(avec une lampe)* to give sb some light; *(informer)* to enlighten sb (**sur** about)

2 *vi (lampe)* to give light; **é. bien/mal** to give good/poor light

3 s'éclairer *vpr (visage)* to light up; **s'é. à la bougie** to use candlelight; **s'é. à l'électricité** to have electric lighting ▪ **éclairé, -e** *adj (averti)* enlightened; **bien/mal é.** *(illuminé)* well-/badly lit

éclaireur, -euse [eklɛrœr, -øz] **1** *nmf* (boy) scout, (girl) guide **2** *nm (soldat)* scout

éclat [ekla] *nm* (**a**) *(de lumière)* brightness; *(de phare)* glare; *(de diamant)* flash (**b**) *(de verre)* splinter; **é. de rire** burst of laughter

éclatant, -e [eklatɑ̃, -ɑ̃t] *adj (lumière, succès)* brilliant; **être é. de santé** to be glowing with health

éclater [eklate] *vi (pneu)* to burst; *(bombe)* to go off, to explode; *(verre)* to shatter; *(guerre)* to break out; *(orage, scandale)* to break; *(parti)* to break up; **é. de rire** to burst out laughing; **é. en sanglots** to burst into tears ▪ **éclatement** *nm (de pneu)* bursting; *(de bombe)* explosion; *(de parti)* break-up

éclectique [eklɛktik] *adj* eclectic

éclipse [eklips] *nf* eclipse ▪ **éclipser** *vt* to eclipse

éclore* [eklɔr] *vi (œuf)* to hatch; *(fleur)* to open (out), to blossom

écluse [eklyz] *nf (de canal)* lock

écœurer [ekœre] *vt* **é. qn** *(aliment)* to make sb feel sick; *(moralement)* to sicken sb ▪ **écœurant, -e** *adj* disgusting, sickening ▪ **écœurement** *nm (nausée)* nausea; *(indignation)* disgust

école [ekɔl] *nf* school; **à l'é.** at school; **faire é.** to gain a following; **les grandes écoles** = university-level colleges specializing in professional training; **é. de dessin** art school; **é. privée** private school, *Br* public school; **é. publique** *Br* state school, *Am* public school ▪ **écolier, -ère** *nmf* schoolboy, *f* schoolgirl

écologie [ekɔlɔʒi] *nf* ecology ▪ **écologique** *adj* ecological ▪ **écologiste** *adj & nmf* environmentalist

économe [ekɔnɔm] *adj* thrifty, economical

économie [ekɔnɔmi] *nf (activité, vertu)* economy; **économies** *(argent)* savings; **faire des économies** to save (up) ▪ **économique** *adj* (**a**) *(relatif à l'économie)* economic; **science é.** economics *(sing)* (**b**) *(avantageux)* economical

économiser [ekɔnɔmize] **1** *vt (forces, argent, énergie)* to save **2** *vi* to economize (**sur** on)

écoper [ekɔpe] *vi Fam* **é. de qch** *(punition, amende)* to get sth

écorce [ekɔrs] *nf (d'arbre)* bark; *(de fruit)* peel; **l'é. terrestre** the earth's crust

écorcher [ekɔrʃe] **1** *vt (érafler)* to graze; *Fig (mot)* to mispronounce **2** **s'écorcher** *vpr* to graze oneself; **s'é. le genou** to graze one's knee

Écosse [ekɔs] *nf* **l'É.** Scotland ▪ **écossais, -e 1** *adj* Scottish; *(tissu)* tartan **2** *nmf* **É., Écossaise** Scot

écouler [ekule] **1** *vt (se débarrasser de)* to dispose of **2** **s'écouler** *vpr (eau)* to flow out, to run out; *(temps)* to pass ▪ **écoulé, -e** *adj (passé)* past ▪ **écoulement** *nm (de liquide)* flow; *(de marchandises)* sale

écourter [ekurte] *vt (séjour)* to cut short; *(texte, tige)* to shorten

écoute [ekut] *nf* listening; **être à l'é.** to be listening in (**de** to); **écoutes téléphoniques** phone tapping

écouter [ekute] **1** *vt* to listen to; **faire é. qch à qn** *(disque)* to play sb sth **2** **s'écouter** *vpr* **si je m'écoutais** if I did what I wanted ▪ **écouteur** *nm (de téléphone)* earpiece; **écouteurs** *(casque)* headphones

écran [ekrɑ̃] *nm* screen; **à l'é.** on screen; **le petit é.** television; **é. publicitaire** commercial break; **é. total** sun block

écraser [ekraze] **1** *vt (broyer, vaincre)* to crush; *(fruit, insecte)* to squash; *(cigarette)* to put out; *(piéton)* to run over; **se faire é. par une voiture** to get run over by a car **2** **s'écraser** *vpr (avion)* to crash (**contre** into) ▪ **écrasant, -e** *adj (victoire, chaleur)* overwhelming

écrémer [ekreme] *vt (lait)* to skim

écrevisse [ekrəvis] *nf* crayfish *inv*

écrier [ekrije] **s'écrier** *vpr* to exclaim, to cry out (**que** that)

écrin [ekrɛ̃] *nm* (jewel) case

écrire* [ekrir] **1** *vt* to write; *(noter)* to write down **2** *vi* to write **3** **s'écrire** *vpr (mot)* to be spelt; **comment ça s'écrit?** how do you spell it? ▪ **écrit** *nm (document)* written document; *(examen)* written examination; **par é.** in writing

écriteau, -x [ekrito] *nm* notice, sign

écriture [ekrityr] *nf (système)* writing; *(calligraphie)* (hand)writing; *Com* **écritures** accounts; **les Écritures** *(la Bible)* the Scriptures

écrivain [ekrivɛ̃] *nm* writer

écrou [ekru] *nm (de boulon)* nut

écrouer [ekrue] *vt* to imprison

écrouler [ekrule] **s'écrouler** *vpr (édifice, personne)* to collapse ▪ **écroulement** *nm* collapse

écru, -e [ekry] *adj (beige)* écru; *(naturel)* unbleached

ÉCU [eky] *(abrév* **European Currency Unit***) nm Anciennement* ECU

écueil [ekœj] *nm (rocher)* reef; *Fig (obstacle)* pitfall

écuelle [ekɥɛl] *nf* bowl

écume [ekym] *nf (de mer)* foam ▪ **écumer 1** *vt (piller)* to plunder **2** *vi* to foam (**de rage** with anger)

écureuil [ekyrœj] *nm* squirrel

écurie [ekyri] *nf* stable

écusson [ekysɔ̃] *nm (en étoffe)* badge

écuyer, -ère [ekɥije, -ɛr] *nmf (cavalier)* rider

édifice [edifis] *nm* edifice ▪ **édifier** *vt (bâtiment)* to erect; *(théorie)* to construct

Édimbourg [edɛ̃bur] *nm ou f* Edinburgh

éditer [edite] *vt (publier)* to publish; *Ordinat* to edit ▪ **éditeur, -trice** *nmf (dans l'édition)* publisher ▪ **édition** *nf (livre, journal)* edition; *(métier, diffusion)* publishing

éditorial, -aux [editɔrjal, -o] *nm (article)* editorial, *Br* leader ▪ **éditorialiste** *nmf* editorial *or Br* leader writer

éducateur, -trice [edykatœr, -tris] *nmf* educator

éducatif, -ive [edykatif, -iv] *adj* educational

éducation [edykasjɔ̃] *nf (enseignement)* education; *(des parents)* upbringing; **avoir de l'é.** to have good manners; **l'É. nationale** ≃ the Department of Education; **é. physique** physical education *or* training ▪ **éduquer** *vt (à l'école)* to educate; *(à la maison)* to bring up

EEE [əəə] *(abrév* **Espace économique européen***) nm* EEA

effacé, -e [efase] *adj (modeste)* self-effacing

effacer [efase] **1** *vt (avec une gomme)* to rub out, to erase; *(avec un chiffon)* to wipe away; *Fig (souvenir)* to blot out, to erase **2 s'effacer** *vpr (souvenir)* to fade; *(se placer en retrait)* to step aside

effarant, -e [efarɑ̃, -ɑ̃t] *adj* astounding

effaroucher [efaruʃe] **1** *vt* to scare away **2 s'effaroucher** *vpr* to take fright

effectif, -ive [efɛktif, -iv] **1** *adj (réel)* effective **2** *nm (de classe)* size; *(employés)* staff ▪ **effectivement** *adv (en effet)* actually

effectuer [efɛktɥe] *vt (expérience, geste difficile)* to carry out, to perform; *(paiement, trajet)* to make

efféminé, -e [efemine] *adj* effeminate

effervescent, -e [efɛrvesɑ̃, -ɑ̃t] *adj (médicament)* effervescent

effet [efɛ] *nm (résultat)* effect; *(impression)* impression (**sur** on); **en e.** indeed, in fact; **e. de serre** greenhouse effect; **e. secondaire** side effect; *Cin* **effets spéciaux** special effects

efficace [efikas] *adj (mesure)* effective; *(personne)* efficient ▪ **efficacité** *nf (de mesure)* effectiveness; *(de personne)* efficiency

effilocher [efilɔʃe] **s'effilocher** *vpr* to fray

effleurer [eflœre] *vt (frôler)* to touch lightly; **e. qn** *(pensée)* to cross sb's mind

effondrer [efɔ̃dre] **s'effondrer** *vpr (tomber, chuter)* to collapse; *(plan)* to fall through; *Fig (perdre ses forces)* to go to pieces; **s'e. en larmes** to break down and cry ▪ **effondrement** *nm (chute)* collapse; *(sentiment)* dejection

efforcer [efɔrse] **s'efforcer** *vpr* **s'e. de faire qch** to try hard to do sth

effort [efɔr] *nm* effort; **faire des efforts** to make an effort

effraction [efraksjɔ̃] *nf* **entrer par e.** to break in; **vol avec e.** housebreaking

effrayer [efreje] **1** *vt* to frighten, to scare **2 s'effrayer** *vpr* to be frightened *or* scared ▪ **effrayant, -e** *adj* frightening, scary

effriter [efrite] **s'effriter** *vpr* to crumble

effronté, -e [efrɔ̃te] *adj (personne)* impudent

effroyable [efrwajabl] *adj* dreadful

effusion [efyzjɔ̃] *nf* **e. de sang** bloodshed

égal, -e, -aux, -ales [egal, -o] **1** *adj* equal (**à** to); *(régulier)* even; **ça m'est é.** it's all the same to me **2** *nmf (personne)* equal ■ **également** *adv (au même degré)* equally; *(aussi)* also, as well ■ **égaler** *vt* to equal, to match (**en** in); **3 plus 4 égale(nt) 7** 3 plus 4 equals 7

égaliser [egalize] *vi Sport* to equalize

égalité [egalite] *nf* equality; *(régularité)* evenness; *(au tennis)* deuce; *Sport* **à é.** even, equal (in points) ■ **égalitaire** *adj* egalitarian

égard [egar] *nm* **à l'é. de** *(envers)* towards; **à cet é.** in this respect; **par é. pour qn** out of consideration for sb

égarer [egare] **1** *vt (objet)* to mislay; *(personne)* to mislead **2 s'égarer** *vpr (personne, lettre)* to get lost; *(objet)* to go astray

égayer [egeje] **1** *vt (pièce)* to brighten up; **é. qn** to cheer sb up **2 s'égayer** *vpr (s'animer)* to cheer up

église [egliz] *nf* church

égoïste [egɔist] **1** *adj* selfish **2** *nmf* selfish person

égorger [egɔrʒe] *vt* to cut *or* slit the throat of

égout [egu] *nm* sewer

égoutter [egute] **1** *vt* to drain **2** *vi*, **s'égoutter** *vpr* to drain ■ **égouttoir** *nm (panier)* drainer

égratigner [egratiɲe] **1** *vt* to scratch **2 s'égratigner** *vpr* to scratch oneself ■ **égratignure** *nf* scratch

Égypte [eʒipt] *nf* **l'É.** Egypt ■ **égyptien, -enne 1** *adj* Egyptian **2** *nmf* **É., Égyptienne** Egyptian

éjecter [eʒɛkte] *vt* to eject

élaborer [elabɔre] *vt (plan, idée)* to develop ■ **élaboration** *nf (de plan, d'idée)* development

élan [elɑ̃] *nm (vitesse)* momentum; *(course)* run-up; **prendre son é.** to take a run-up

élancé, -e [elɑ̃se] *adj (personne)* slender

élancer [elɑ̃se] **1** *vi (abcès)* to give shooting pains **2 s'élancer** *vpr (bondir)* to rush forward; *Sport* to take a run-up ■ **élancement** *nm (douleur)* shooting pain

élargir [elarʒir] **1** *vt (chemin)* to widen; *(vêtement)* to let out **2 s'élargir** *vpr (sentier)* to widen out; *(vêtement)* to stretch

élastique [elastik] **1** *adj (tissu)* elastic **2** *nm (lien)* rubber band, *Br* elastic band; *(pour la couture)* elastic

élection [elɛksjɔ̃] *nf* election; **é. partielle** by-election ■ **électeur, -trice** *nmf* voter, elector ■ **électoral, -e, -aux, -ales** *adj* **campagne électorale** election campaign; **liste électorale** electoral roll ■ **électorat** *nm (électeurs)* electorate, voters

électricien, -enne [elɛktrisjɛ̃, -ɛn] *nmf* electrician ■ **électricité** *nf* electricity ■ **électrifier** *vt (voie ferrée)* to electrify ■ **électrique** *adj (pendule, décharge)* & *Fig* electric; *(courant, fil)* electric(al)

électrocuter [elɛktrɔkyte] *vt* to electrocute

électroménager [elɛktrɔmenaʒe] **1** *adj m* **appareil é.** household electrical appliance **2** *nm* household appliances

électronique [elɛktrɔnik] **1** *adj* electronic **2** *nf* electronics *(sing)*

élégant, -e [elegɑ̃, -ɑ̃t] *adj (bien habillé)* smart, elegant ■ **élégance** *nf* elegance

élément [elemɑ̃] *nm (composante, personne)* & *Chim* element; *(de meuble)* unit

élémentaire [elemɑ̃tɛr] *adj* basic

éléphant [elefɑ̃] *nm* elephant

élevage [elvaʒ] *nm (production)* breeding (**de** of); *(ferme)* farm

élevé, -e [elve] *adj (haut)* high; *(noble)* noble; **bien/mal é.** well-/bad-mannered

élève [elɛv] *nmf (à l'école)* pupil
élever [elve] **1** *vt (objection)* to raise; *(enfant)* to bring up; *(animal)* to breed **2 s'élever** *vpr (montagne)* to rise; *(monument)* to stand; **s'é. à** *(prix)* to amount to; **s'é. contre** to rise up against
éleveur, -euse [elvœr, -øz] *nmf* breeder
éliminer [elimine] *vt* to eliminate ▪ **éliminatoire** *adj* **épreuve é.** *Sport* qualifying round, heat; *Scol* qualifying exam; *Scol* **note é.** disqualifying mark ▪ **éliminatoires** *nfpl Sport* qualifying rounds
élire* [elir] *vt* to elect (**à** to)
élite [elit] *nf* elite (**de** of)
elle [ɛl] *pron personnel* (**a**) *(sujet)* she; *(chose, animal)* it; **elles** they (**b**) *(complément)* her; *(chose, animal)* it; **elles** them ▪ **elle-même** *pron (personne)* herself; *(chose, animal)* itself; **elles-mêmes** themselves
éloge [elɔʒ] *nm (compliment)* praise ▪ **élogieux, -euse** *adj* laudatory
éloigné, -e [elwaɲe] *adj (lieu)* far away, remote; **é. de** *(village, maison)* far (away) from; *(très différent)* far removed from
éloignement [elwaɲəmɑ̃] *nm (distance)* remoteness, distance; *(absence)* separation (**de** from)
éloigner [elwaɲe] **1** *vt (chose, personne)* to move away (**de** from); *(malade)* to keep away; **é. qn de qch** *(sujet, but)* to take sb away from sth **2 s'éloigner** *vpr (partir)* to move away (**de** from); *(dans le passé)* to become (more) remote; **s'é. de qch** *(sujet, but)* to wander from sth
éloquent, -e [elɔkɑ̃, -ɑ̃t] *adj* eloquent
élu, -e [ely] **1** *pp de* **élire 2** *nmf Pol* elected member *or* representative
élucider [elyside] *vt* to elucidate
Élysée [elize] *nm* **(le palais de) l'É.** the Élysée palace *(French President's residence)*
e-mail [imɛl] *nm* e-mail; **envoyer un e.** to send an e-mail (**à** to)
émail, -aux [emaj, -o] *nm* enamel
émanations [emanɑsjɔ̃] *nfpl* **des é.** *(odeurs)* smells; *(vapeurs)* fumes
émanciper [emɑ̃sipe] **1** *vt (femmes)* to emancipate **2 s'émanciper** *vpr* to become emancipated
émaner [emane] *vt* **é. de qch** to emanate from sth
emballer [ɑ̃bale] **1** *vt (dans une boîte)* to pack; *(dans du papier)* to wrap (up) **2 s'emballer** *vpr (cheval)* to bolt; *(moteur)* to race ▪ **emballage** *nm (action)* packing; *(dans du papier)* wrapping; *(boîte)* packaging; **papier d'e.** wrapping paper
embarcadère [ɑ̃barkadɛr] *nm* landing stage
embarcation [ɑ̃barkɑsjɔ̃] *nf* (small) boat
embarquer [ɑ̃barke] **1** *vt (passagers)* to take on board; *(marchandises)* to load **2** *vi*, **s'embarquer** *vpr* to (go on) board ▪ **embarquement** *nm (de passagers)* boarding
embarras [ɑ̃bara] *nm (gêne)* embarrassment; **dans l'e.** in an awkward situation; *(financièrement)* in financial difficulties
embarrasser [ɑ̃barase] **1** *vt (encombrer)* to clutter up; *(mettre mal à l'aise)* to embarrass **2 s'embarrasser** *vpr* **s'e. de qch** to burden oneself with sth ▪ **embarrassant, -e** *adj (paquet)* cumbersome; *(question)* embarrassing
embauche [ɑ̃boʃ] *nf (action)* hiring; *(travail)* work ▪ **embaucher** *vt (ouvrier)* to hire, to take on
embaumer [ɑ̃bome] **1** *vt (parfumer)* to give a sweet smell to **2** *vi* to smell sweet
embellir [ɑ̃belir] **1** *vt (pièce, personne)* to make more attractive **2** *vi (personne)* to grow more attractive
embêter [ɑ̃bete] *Fam* **1** *vt (agacer)* to annoy; *(ennuyer)* to bore **2 s'embêter** *vpr (s'ennuyer)* to get bored ▪ **embêtant, -e** *adj Fam* annoying
emblée [ɑ̃ble] **d'emblée** *adv* right away

emblème [ɑ̃blɛm] *nm* emblem
emboîter [ɑ̃bwate] **1** *vt* to fit together **2 s'emboîter** *vpr* to fit together
embouchure [ɑ̃buʃyr] *nf (de fleuve)* mouth
embourber [ɑ̃burbe] **s'embourber** *vpr (véhicule)* to get bogged down
embouteillage [ɑ̃butɛjaʒ] *nm* traffic jam
emboutir [ɑ̃butir] *vt (voiture)* to crash into
embranchement [ɑ̃brɑ̃ʃmɑ̃] *nm (de voie)* junction
embraser [ɑ̃braze] **1** *vt* to set ablaze **2 s'embraser** *vpr (prendre feu)* to flare up
embrasser [ɑ̃brase] **1** *vt* **e. qn** *(donner un baiser à)* to kiss sb; *(serrer contre soi)* to embrace *or* hug sb **2 s'embrasser** *vpr* to kiss (each other)
embrasure [ɑ̃brazyr] *nf (de fenêtre, de porte)* aperture; **dans l'e. de la porte** in the doorway
embrayer [ɑ̃breje] *vi Aut* to engage the clutch ▪ **embrayage** *nm (mécanisme, pédale)* clutch
embrouiller [ɑ̃bruje] **1** *vt (fils)* to tangle (up); **e. qn** to confuse sb, to get sb muddled **2 s'embrouiller** *vpr* to get confused *or* muddled (**dans** in *or* with)
embroussaillé, -e [ɑ̃brusaje] *adj (barbe, chemin)* bushy
embûches [ɑ̃byʃ] *nfpl (difficultés)* traps, pitfalls
embuer [ɑ̃bɥe] *vt (vitre)* to mist up
embusquer [ɑ̃byske] **s'embusquer** *vpr* to lie in ambush ▪ **embuscade** *nf* ambush
émeraude [emrod] *nf & adj inv* emerald
émerger [emɛrʒe] *vi* to emerge (**de** from)
émerveiller [emɛrveje] **1** *vt* to amaze, to fill with wonder **2 s'émerveiller** *vpr* to marvel, to be filled with wonder (**de** at)
émettre* [emɛtr] *vt (lumière, son)* to give out, to emit; *(message radio)* to broadcast; *(monnaie)* to issue; *(vœu)* to express; *(chèque)* to draw; *(emprunt)* to float ▪ **émetteur** *nm Radio* transmitter
émeute [emøt] *nf* riot
émietter [emjete] *vt*, **s'émietter** *vpr (pain)* to crumble
émigrer [emigre] *vi (personne)* to emigrate ▪ **émigrant, -e** *nmf* emigrant ▪ **émigration** *nf* emigration ▪ **émigré, -e 1** *adj* **travailleur é.** migrant worker **2** *nmf* exile, émigré
éminent, -e [eminɑ̃, -ɑ̃t] *adj* eminent ▪ **éminence** *nf (colline)* hill; **son É.** *(cardinal)* his Eminence
émissaire [emisɛr] *nm* emissary
émission [emisjɔ̃] *nf (de radio)* programme; *(diffusion)* transmission; *(de lumière, de son)* emission (**de** of)
emmanchure [ɑ̃mɑ̃ʃyr] *nf* armhole
emmêler [ɑ̃mele] **1** *vt (fil, cheveux)* to tangle (up) **2 s'emmêler** *vpr* to get tangled
emménager [ɑ̃menaʒe] *vi* to move in; **e. dans** to move into
emmener [ɑ̃mne] *vt* to take (**à** to); *(prisonnier)* to take away; **e. qn faire une promenade** to take sb for a walk; **e. qn en voiture** to give sb a *Br* lift *or Am* ride
emmitoufler [ɑ̃mitufle] **s'emmitoufler** *vpr* to wrap (oneself) up (**dans** in)
émotion [emosjɔ̃] *nf (sentiment)* emotion ▪ **émotif, -ive** *adj* emotional
émoussé, -e [emuse] *adj (pointe)* blunt
émouvoir* [emuvwar] **1** *vt (affecter)* to move, to touch **2 s'émouvoir** *vpr* to be moved *or* touched ▪ **émouvant, -e** *adj* moving, touching
empailler [ɑ̃paje] *vt (animal)* to stuff
empaqueter [ɑ̃pakte] *vt* to pack
emparer [ɑ̃pare] **s'emparer** *vpr* **s'e. de** *(lieu, personne, objet)* to seize; *(sujet: émotion)* to take hold of
empêcher [ɑ̃peʃe] *vt* to prevent, to stop; **e. qn de faire qch** to prevent *or* stop sb from doing sth ▪ **empêchement** [-ɛʃmɑ̃] *nm* hitch; **il a/j'ai eu un e.** something came up

…reur [ɑ̃prœr] *nm* emperor

…ester [ɑ̃pɛste] **1** *vt (tabac)* to stink *(pièce)* to stink out **2** *vi* to stink

empêtrer [ɑ̃petre] **s'empêtrer** *vpr* to get entangled (**dans** in)

empiéter [ɑ̃pjete] *vi* **e. sur** to encroach (up)on

empiler [ɑ̃pile] **1** *vt* to pile up (**sur** on) **2 s'empiler** *vpr* to pile up (**sur** on); **s'e. dans** *(passagers)* to cram into

empire [ɑ̃pir] *nm (territoires)* empire; *(autorité)* hold, influence

empirer [ɑ̃pire] *vi* to worsen, to get worse

emplacement [ɑ̃plasmɑ̃] *nm (de construction)* site, location; *(de stationnement)* place

emplettes [ɑ̃plɛt] *nfpl* **faire des e.** to do some shopping

emplir [ɑ̃plir] *vt*, **s'emplir** *vpr* to fill (**de** with)

emploi [ɑ̃plwa] *nm* (**a**) *(usage)* use; **e. du temps** timetable (**b**) *(travail)* job; **sans e.** unemployed

employer [ɑ̃plwaje] **1** *vt (utiliser)* to use; *(personne)* to employ **2 s'employer** *vpr (expression)* to be used ▪ **employé, -e** *nmf* employee; **e. de banque** bank clerk; **e. de bureau** office worker ▪ **employeur, -euse** *nmf* employer

empocher [ɑ̃pɔʃe] *vt* to pocket

empoigner [ɑ̃pwaɲe] *vt (saisir)* to grab

empoisonner [ɑ̃pwazɔne] **1** *vt (personne, aliment)* to poison **2 s'empoisonner** *vpr (par accident)* to be poisoned; *(volontairement)* to poison oneself ▪ **empoisonnement** *nm* poisoning

emporter [ɑ̃pɔrte] **1** *vt (prendre)* to take (**avec soi** with one); *(transporter)* to take away; *(entraîner)* to carry along *or* away; *(par le vent)* to blow off *or* away; *(par les vagues)* to sweep away; **pizza à e.** takeaway pizza; **l'e. sur qn** to get the upper hand over sb **2 s'emporter** *vpr* to lose one's temper (**contre** with)

empreinte [ɑ̃prɛ̃t] *nf* mark; **e. digitale** fingerprint

empresser [ɑ̃prese] **s'empresser** *vpr* **s'e. de faire qch** to hasten to do sth

emprise [ɑ̃priz] *nf* hold (**sur** over)

emprisonner [ɑ̃prizɔne] *vt* to imprison ▪ **emprisonnement** *nm* imprisonment

emprunt [ɑ̃prœ̃] *nm (argent)* loan; **faire un e.** *(auprès d'une banque)* to take out a loan ▪ **emprunter** *vt (argent, objet)* to borrow (**à qn** from sb); *(route)* to take

ému, -e [emy] **1** *pp de* **émouvoir 2** *adj (attendri)* moved; *(attristé)* upset; *(apeuré)* nervous; **une voix émue** a voice charged with emotion

---

EN[1] [ɑ̃] *prép* (**a**) *(indique le lieu)* in; *(indique la direction)* to

(**b**) *(indique le temps)* in

(**c**) *(indique le moyen)* by; *(indique l'état)* in; **en avion** by plane; **en fleur** in flower; **en congé** on leave

(**d**) *(indique la matière)* in; **en bois** made of wood, wooden; **chemise en Nylon®** nylon shirt; **c'est en or** it's (made of) gold

(**e**) *(domaine)* **étudiant en anglais** English student; **docteur en médecine** doctor of medicine

(**f**) *(comme)* **en cadeau** as a present; **en ami** as a friend

(**g**) *(+ participe présent)* **en souriant** smiling, with a smile; **en chantant** while singing; **en apprenant que...** on hearing that...; **sortir en courant** to run out

(**h**) *(transformation)* into; **traduire en français** to translate into French

---

EN[2] [ɑ̃] *pron* (**a**) *(indique la provenance)* from there; **j'en viens** I've just come from there

(**b**) *(remplace les compléments introduits par 'de')* **en parler** to talk about it; **il en est content** he's pleased with it/him/them; **il s'en souviendra** he'll remember it

(**c**) *(partitif)* some; **j'en ai** I have

some; **en veux-tu?** do you want some? **donne-m'en** give some to me

ENA [ena] (*abrév* **École nationale d'administration**) *nf* = university-level college preparing students for senior positions in law and economics

encadrer [ɑ̃kadre] *vt (tableau)* to frame; *(mot)* to circle; *(personnel)* to manage; *(prisonnier)* to flank ▪ **encadrement** *nm (de porte, de photo)* frame

encaisser [ɑ̃kese] *vt (argent)* to collect; *(chèque)* to cash

encart [ɑ̃kar] *nm* **e. publicitaire** insert

encastré, -e [ɑ̃kastre] *adj (cuisinière, lave-linge)* built-in

enceinte[1] [ɑ̃sɛ̃t] *adj f (femme)* pregnant

enceinte[2] [ɑ̃sɛ̃t] *nf (muraille)* (surrounding) wall; *(espace)* enclosure; **dans l'e. de** within, inside; **e. (acoustique)** speaker

encercler [ɑ̃sɛrkle] *vt (lieu, ennemi)* to surround, to encircle; *(mot)* to circle

enchaîner [ɑ̃ʃene] **1** *vt (animal, prisonnier)* to chain up; *(idées)* to link (up)

2 *vi (continuer à parler)* to continue

3 s'enchaîner *vpr (idées)* to be linked (up) ▪ **enchaînement** [-ɛnmɑ̃] *nm (succession)* chain, series; *(liaison)* link (ing) (**de** between *or* of)

enchanter [ɑ̃ʃɑ̃te] *vt (ravir)* to delight, to enchant; *(ensorceler)* to bewitch ▪ **enchanté, -e** *adj (ravi)* delighted (**de** with; **que** + *subjunctive* that); *(magique)* enchanted; **e. de faire votre connaissance!** pleased to meet you! ▪ **enchantement** *nm (ravissement)* delight; *(sortilège)* magic spell

enchère [ɑ̃ʃɛr] *nf (offre)* bid; **vente aux enchères** auction; **mettre qch aux enchères** to put sth up for auction, to auction sth

enchérir [ɑ̃ʃerir] *vi* to make a higher bid; **e. sur qn** to outbid sb

enchevêtrer [ɑ̃ʃvetre] **s'enchevêtrer** *vpr* to get entangled (**dans** in)

enclencher [ɑ̃klɑ̃ʃe] *vt* to engage

enclin, -e [ɑ̃klɛ̃, -in] *adj* **e. à** inclined to

enclos [ɑ̃klo] *nm (terrain, clôture)* enclosure

encoche [ɑ̃kɔʃ] *nf* notch (**à** in)

encolure [ɑ̃kɔlyr] *nf (de cheval, de vêtement)* neck; *(tour du cou)* collar (size)

encombre [ɑ̃kɔ̃br] **sans encombre** *adv* without a hitch

encombrer [ɑ̃kɔ̃bre] **1** *vt (pièce, couloir)* to clutter up (**de** with); *(rue, passage)* to block; **e. qn** to hamper sb

2 s'encombrer *vpr* **s'e. de qch** to load oneself down with sth ▪ **encombrant, -e** *adj (paquet)* bulky, cumbersome ▪ **encombré, -e** *adj (lignes téléphoniques, route)* jammed ▪ **encombrement** [-əmɑ̃] *nm (d'objets)* clutter; *(embouteillage)* traffic jam; *(volume)* bulk(iness)

encontre [ɑ̃kɔ̃trə] **à l'encontre de** *prép* against

ENCORE [ɑ̃kɔr] *adv* (**a**) *(toujours)* still

(**b**) *(avec négation)* **pas e.** not yet; **je ne suis pas e. prêt** I'm not ready yet

(**c**) *(de nouveau)* again

(**d**) *(de plus, en plus)* **e. un café** another coffee; **e. une fois** (once) again, once more; **e. un** another (one), one more; **e. du pain** (some) more bread; **quoi e.?** what else?

(**e**) *(avec comparatif)* even, still; **e. mieux** even better, better still

(**f**) *(aussi)* **mais e.** but also

(**g**) **et e.** *(à peine)* if that, only just

(**h**) **e. que...** *(+ subjunctive)* although...

encourager [ɑ̃kuraʒe] *vt* to encourage (**à faire** to do) ▪ **encourageant, -e** *adj* encouraging ▪ **encouragement** *nm* encouragement

encrasser [ɑ̃krase] **1** *vt* to clog up (with dirt) **2 s'encrasser** *vpr* to get clogged up

encre [ɑ̃kr] *nf* ink

encyclopédie [ɑ̃siklɔpedi] *nf* encyclopedia

endetter [ɑ̃dete] **s'endetter** *vpr* to get

into debt ▪ **endettement** *nm* debts

endimanché, -e [ɑ̃dimɑ̃ʃe] *adj* in one's Sunday best

endive [ɑ̃div] *nf* chicory *inv*, endive

endoctriner [ɑ̃dɔktrine] *vt* to indoctrinate

endolori, -e [ɑ̃dɔlɔri] *adj* painful

endommager [ɑ̃dɔmaʒe] *vt* to damage

endormir* [ɑ̃dɔrmir] **1** *vt (enfant)* to put to sleep; *(ennuyer)* to send to sleep **2 s'endormir** *vpr* to fall asleep, to go to sleep ▪ **endormi, -e** *adj* asleep, sleeping

endosser [ɑ̃dose] *vt (vêtement)* to put on; *(chèque)* to endorse

endroit [ɑ̃drwa] *nm* (**a**) *(lieu)* place, spot; **par endroits** in places (**b**) *(de tissu)* right side; **à l'e.** *(vêtement)* the right way round

enduire* [ɑ̃dɥir] *vt* to smear, to coat (**de** with) ▪ **enduit** *nm* coating; *(de mur)* plaster

endurant, -e [ɑ̃dyrɑ̃, -ɑ̃t] *adj* hardy, tough ▪ **endurance** *nf* stamina; **course d'e.** endurance race

endurcir [ɑ̃dyrsir] **1** *vt* **e. qn à** *(douleur)* to harden sb to **2 s'endurcir** *vpr (moralement)* to become hard; *(physiquement)* to toughen up

endurer [ɑ̃dyre] *vt* to endure, to bear

énergie [enɛrʒi] *nf* energy ▪ **énergétique** *adj* **aliment é.** energy food; **ressources énergétiques** energy resources ▪ **énergique** *adj (personne)* energetic; *(mesure, ton)* forceful

énerver [enɛrve] **1** *vt* **é. qn** *(irriter)* to get on sb's nerves; *(rendre nerveux)* to make sb nervous **2 s'énerver** *vpr* to get worked up ▪ **énervé, -e** *adj (agacé)* irritated; *(excité)* on edge, agitated

enfance [ɑ̃fɑ̃s] *nf* childhood ▪ **enfantillages** *nmpl* childish behaviour ▪ **enfantin, -e** *adj (voix, joie)* childlike; *(langage)* children's; *(simple)* easy

enfant [ɑ̃fɑ̃] *nmf* child (*pl* children); **attendre un e.** to be expecting a baby; **e. unique** only child

enfer [ɑ̃fɛr] *nm* hell

enfermer [ɑ̃fɛrme] **1** *vt (personne, chose)* to shut up; **e. qn/qch à clef** to lock sb/sth up **2 s'enfermer** *vpr* **s'e. dans** *(chambre)* to shut oneself (up) in; **s'e. à clef** to lock oneself in

enfiler [ɑ̃file] *vt (aiguille)* to thread; *(perles)* to string; *Fam (vêtement)* to slip on

enfin [ɑ̃fɛ̃] *adv (à la fin)* finally, at last; *(en dernier lieu)* lastly; *(en somme)* in a word; *(de résignation)* well; *Fam* **e. bref...** *(en somme)* in a word...; **(mais) e.!** for heaven's sake!

enflammer [ɑ̃flame] **1** *vt* to set fire to; *(allumette)* to light **2 s'enflammer** *vpr* to catch fire

enfler [ɑ̃fle] *vi (membre)* to swell (up) ▪ **enflure** *nf* swelling

enfoncer [ɑ̃fɔ̃se] **1** *vt (clou)* to bang in; *(porte)* to smash in; **e. dans qch** *(couteau, mains)* to plunge into sth **2 s'enfoncer** *vpr (s'enliser)* to sink (**dans** into); *(couteau)* to go in; **s'e. dans** *(pénétrer)* to disappear into

enfouir [ɑ̃fwir] *vt* to bury

enfourner [ɑ̃furne] *vt* to put in the oven

enfreindre* [ɑ̃frɛ̃dr] *vt* to infringe

enfuir* [ɑ̃fɥir] **s'enfuir** *vpr* to run away (**de** from)

engager [ɑ̃gaʒe] **1** *vt (discussion, combat)* to start; *(bijou)* to pawn; *(clef)* to insert (**dans** into); **e. qn** *(embaucher)* to hire sb

2 s'engager *vpr (dans l'armée)* to enlist; *(prendre position)* to commit oneself; *(partie)* to start; **s'e. à faire qch** to undertake to do sth; **s'e. dans** *(voie)* to enter; *(affaire)* to get involved in ▪ **engagé, -e** *adj (écrivain)* committed ▪ **engageant, -e** *adj* engaging ▪ **engagement** *nm (promesse)* commitment; *(de soldats)* enlistment; *(au football)* kick-off; **prendre l'e. de faire qch** to undertake to do sth

engelure [ɑ̃ʒlyr] *nf* chilblain

engendrer [ɑ̃ʒɑ̃dre] *vt (causer)* to generate, to engender; *(procréer)* to father

engin [ɑ̃ʒɛ̃] *nm (machine)* machine; *(outil)* device; **e. explosif** explosive device; **e. spatial** spacecraft

englober [ɑ̃glɔbe] *vt* to include

engloutir [ɑ̃glutir] *vt (nourriture)* to wolf down; *(bateau, village)* to submerge

engorger [ɑ̃gɔrʒe] *vt* to block up, to clog

engouement [ɑ̃gumɑ̃] *nm* craze (**pour** for)

engouffrer [ɑ̃gufre] **s'engouffrer** *vpr* **s'e. dans** to rush into

engourdir [ɑ̃gurdir] **s'engourdir** *vpr (membre)* to go numb

engrais [ɑ̃grɛ] *nm* fertilizer

engraisser [ɑ̃grese] *vt (animal, personne)* to fatten up

engrenage [ɑ̃grənaʒ] *nm Tech* gears; *Fig* chain; *Fig* **pris dans l'e.** caught in a trap

énigme [enigm] *nf (devinette)* riddle; *(mystère)* enigma ▪ **énigmatique** *adj* enigmatic

enjamber [ɑ̃ʒɑ̃be] *vt* to step over; *(sujet: pont) (rivière)* to span ▪ **enjambée** *nf* stride

enjeu, -x [ɑ̃ʒø] *nm (mise)* stake; *Fig (de pari, de guerre)* stakes

enjoliver [ɑ̃ʒɔlive] *vt* to embellish

enjoué, -e [ɑ̃ʒwe] *adj* playful

enlacer [ɑ̃lase] *vt (mêler)* to entwine; *(embrasser)* to clasp

enlaidir [ɑ̃ledir] **1** *vt* to make ugly **2** *vi* to grow ugly

enlevé, -e [ɑ̃lve] *adj (style, danse)* lively

enlever [ɑ̃l(ə)ve] **1** *vt* to remove; *(meubles)* to take away, to remove; *(vêtement, couvercle)* to take off, to remove; *(tapis)* to take up; *(rideau)* to take down; *(enfant)* to kidnap, to abduct; *(ordures)* to collect **2 s'enlever** *vpr (tache)* to come out; *(vernis)* to come off ▪ **enlèvement** [-ɛvmɑ̃] *nm (d'enfant)* kidnapping, abduction; *(d'objet)* removal

enliser [ɑ̃lize] **s'enliser** *vpr (véhicule)* & *Fig* to get bogged down (**dans** in)

enneigé, -e [ɑ̃neʒe] *adj* snow-covered

ennemi, -e [enmi] **1** *nmf* enemy **2** *adj (personne)* hostile (**de** to)

ennui [ɑ̃nɥi] *nm (lassitude)* boredom; *(souci)* problem; **avoir des ennuis** *(soucis)* to be worried; *(problèmes)* to have problems

ennuyer [ɑ̃nɥije] **1** *vt (agacer)* to annoy; *(préoccuper)* to bother; *(lasser)* to bore **2 s'ennuyer** *vpr* to get bored ▪ **ennuyé, -e** *adj (air)* bored ▪ **ennuyeux, -euse** *adj (contrariant)* annoying; *(lassant)* boring

énoncer [enɔ̃se] *vt* to state

énorme [enɔrm] *adj* enormous, huge ▪ **énormément** *adv (travailler, pleurer)* an awful lot; **je le regrette é.** I'm awfully sorry about it; **il n'a pas é. d'argent** he hasn't got a huge amount of money ▪ **énormité** *nf (de demande, de crime, de somme)* enormity; *(faute)* glaring mistake

enquête [ɑ̃kɛt] *nf (de policiers, de journalistes)* investigation; *(judiciaire, administrative)* inquiry; *(sondage)* survey ▪ **enquêter** *vi (policier, journaliste)* to investigate; **e. sur qch** to investigate sth

enraciner [ɑ̃rasine] **s'enraciner** *vpr* to take root; **enraciné dans** *(personne, souvenir)* rooted in

enrager [ɑ̃raʒe] *vi* to be furious (**de faire** about doing); **faire e. qn** to get on sb's nerves ▪ **enragé, -e** *adj (chien)* rabid

enrayer [ɑ̃reje] **1** *vt (maladie)* to check **2 s'enrayer** *vpr (fusil)* to jam

enregistrer [ɑ̃r(ə)ʒistre] *vt (par écrit, sur bande)* to record; *(afficher)* to register; **faire e. ses bagages** *(à l'aéroport)* to check in, to check one's baggage in ▪ **enregistrement** [-əmɑ̃] *nm (sur bande)* recording; **l'e. des bagages** *(à l'aéroport)* (baggage) check-in; **se présenter à l'e.** to check in

enrhumer [ɑ̃ryme] **s'enrhumer** *vpr* to catch a cold; **être enrhumé** to have a cold

enrichir [ɑ̃riʃir] **1** *vt* to enrich (**de** with) **2 s'enrichir** *vpr (personne)* to get rich

enrober [ɑ̃rɔbe] *vt* to coat (**de** in)

enrouer [ɑ̃rwe] **s'enrouer** *vpr* to get hoarse

enrouler [ɑ̃rule] **1** *vt (fil)* to wind **2 s'enrouler** *vpr* **s'e. dans qch** *(couvertures)* to wrap oneself up in sth; **s'e. sur** *ou* **autour de qch** to wind round sth

ensabler [ɑ̃sable] **s'ensabler** *vpr (port)* to silt up

ensanglanté, -e [ɑ̃sɑ̃glɑ̃te] *adj* bloodstained

enseignant, -e [ɑ̃sɛɲɑ̃, -ɑ̃t] **1** *nmf* teacher **2** *adj* **corps e.** teaching profession

enseigne [ɑ̃sɛɲ] **1** *nf (de magasin)* sign; **e. lumineuse** neon sign **2** *nm* **e. de vaisseau** *Br* lieutenant, *Am* ensign

enseigner [ɑ̃seɲe] **1** *vt* to teach; **e. qch à qn** to teach sb sth **2** *vi* to teach ▪ **enseignement** [-ɛɲmɑ̃] *nm* education; *(action, métier)* teaching; **e. par correspondance** distance learning; **e. privé** private education; **e. public** *Br* state *or Am* public education

ensemble [ɑ̃sɑ̃bl] **1** *adv* together; **aller (bien) e.** *(couleurs)* to go (well) together; *(personnes)* to be well-matched **2** *nm (d'objets)* group, set; *Math* set; *(vêtement)* outfit; *(harmonie)* unity; **l'e. du personnel** *(totalité)* the whole (of the) staff; **l'e. des enseignants** all (of) the teachers; **dans l'e.** on the whole

ensevelir [ɑ̃səvlir] *vt* to bury

ensoleillé, -e [ɑ̃sɔleje] *adj (endroit, journée)* sunny

ensommeillé, -e [ɑ̃sɔmeje] *adj* sleepy

ensorceler [ɑ̃sɔrsəle] *vt (envoûter, séduire)* to bewitch

ensuite [ɑ̃sɥit] *adv (puis)* next, then; *(plus tard)* afterwards

ensuivre* [ɑ̃sɥivr] **s'ensuivre** *v impersonnel* **il s'ensuit que...** it follows that...

entailler [ɑ̃taje] *vt (fendre)* to notch; *(blesser)* to gash, to slash

entamer [ɑ̃tame] *vt (pain)* to cut into; *(bouteille, boîte)* to open; *(négociations)* to enter into

entartrer [ɑ̃tartre] *vt*, **s'entartrer** *vpr (chaudière) Br* to fur up, *Am* to scale

entasser [ɑ̃tɑse] *vt*, **s'entasser** *vpr (objets)* to pile up, to heap up

entendre [ɑ̃tɑ̃dr] **1** *vt* to hear; *(comprendre)* to understand; **e. parler de qn/qch** to hear of sb/sth; **e. dire que...** to hear (it said) that...
2 s'entendre *vpr (être entendu)* to be heard; *(être compris)* to be understood; **s'e.** *(être d'accord)* to agree (**sur** on); **(bien) s'e. avec qn** to get along *or Br* on with sb

entendu, -e [ɑ̃tɑ̃dy] *adj (convenu)* agreed; *(sourire, air)* knowing; **e.!** all right!; **bien e.** of course

entente [ɑ̃tɑ̃t] *nf (accord)* agreement, understanding; **(bonne) e.** *(amitié)* harmony

entériner [ɑ̃terine] *vt* to ratify

enterrer [ɑ̃tere] *vt (défunt)* to bury; *Fig (projet)* to scrap ▪ **enterrement** [-ɛrmɑ̃] *nm (ensevelissement)* burial; *(funérailles)* funeral

en-tête [ɑ̃tɛt] (*pl* **en-têtes**) *nm (de papier)* heading; **papier à e.** headed paper, letterhead

entêter [ɑ̃tete] **s'entêter** *vpr* to persist (**à faire** in doing) ▪ **entêté, -e** *adj* stubborn

enthousiasme [ɑ̃tuzjasm] *nm* enthusiasm ▪ **enthousiaste** *adj* enthusiastic

enticher [ɑ̃tiʃe] **s'enticher** *vpr* **s'e. de qn/qch** to become infatuated with sb/sth

entier, -ère [ɑ̃tje, -ɛr] **1** *adj (total)* whole, entire; *(intact)* intact; *(absolu)* absolute, complete; *(caractère)* uncompromising; **le pays tout e.** the whole *or* entire country **2** *nm* **en e.** in its entirety, completely

entonner [ɑ̃tɔne] *vt (air)* to start singing

entonnoir [ɑ̃tɔnwar] *nm* funnel

entorse [ɑ̃tɔrs] *nf Méd* sprain; **se faire une e. à la cheville** to sprain one's ankle

entortiller [ɑ̃tɔrtije] **1** *vt* to wrap (**dans** in) **2 s'entortiller** *vpr (lierre)* to coil (**autour de** round)

entourage [ɑ̃turaʒ] *nm (proches)* circle of family and friends

entourer [ɑ̃ture] **1** *vt* to surround (**de** with); *(envelopper)* to wrap (**de** in); **entouré de** surrounded by **2 s'entourer** *vpr* **s'e. de** to surround oneself with

entracte [ɑ̃trakt] *nm Br* interval, *Am* intermission

entraide [ɑ̃trɛd] *nf* mutual aid ▪ **s'entraider** *vpr* to help each other

entraînant, -e [ɑ̃trɛnɑ̃, -ɑ̃t] *adj (musique)* lively

entraîner [ɑ̃trene] **1** *vt* (**a**) *(charrier)* to carry away; *(causer)* to bring about; *(dépenses)* to entail; **e. qn** *(emmener)* to lead sb away; *(de force)* to drag sb away; *(attirer)* to lure sb; **se laisser e.** to allow oneself to be led astray
(**b**) *(athlète, cheval)* to train (**à** for)
2 s'entraîner *vpr* to train oneself (**à faire qch** to do sth); *Sport* to train ▪ **entraînement** [-ɛnmɑ̃] *nm Sport* training; *(élan)* impulse ▪ **entraîneur** [-ɛnœr] *nm (d'athlète)* coach; *(de cheval)* trainer

entraver [ɑ̃trave] *vt* to hinder, to hamper

entre [ɑ̃tr] *prép* between; *(parmi)* among(st); **l'un d'e. vous** one of you; **se dévorer e. eux** *(réciprocité)* to devour each other

entrebâiller [ɑ̃trəbɑje] *vt (porte)* to open slightly

entrecôte [ɑ̃trəkot] *nf* rib steak

entrecouper [ɑ̃trəkupe] *vt (entremêler)* to punctuate (**de** with)

entrée [ɑ̃tre] *nf (action)* entry, entrance; *(porte)* entrance; *(vestibule)* entrance hall, entry; *(accès)* admission, entry (**de** to); *Ordinat* input; *(plat)* starter; **faire son e.** to make one's entrance; **'e. interdite'** 'no entry', 'no admittance'; **'e. libre'** 'admission free'; **e. de service** service or *Br* tradesmen's entrance; **e. des artistes** stage door

entrelacer [ɑ̃trəlase] *vt*, **s'entrelacer** *vpr* to intertwine

entremêler [ɑ̃trəmele] *vt*, **s'entremêler** *vpr* to intermingle

entremets [ɑ̃trəmɛ] *nm (plat)* dessert, *Br* sweet

entreposer [ɑ̃trəpoze] *vt* to store ▪ **entrepôt** *nm* warehouse

entreprendre* [ɑ̃trəprɑ̃dr] *vt (travail, voyage)* to undertake; **e. de faire qch** to undertake to do sth ▪ **entreprenant, -e** [-ənɑ̃, -ɑ̃t] *adj (dynamique)* enterprising; *(galant)* forward

entrepreneur [ɑ̃trəprənœr] *nm (en bâtiment)* contractor; *(chef d'entreprise)* entrepreneur

entreprise [ɑ̃trəpriz] *nf (firme)* company, firm

entrer [ɑ̃tre] **1** *vi (aux* **être***) (aller)* to go in, to enter; *(venir)* to come in, to enter; **e. dans** to go into; *(pièce)* to come/go into, to enter; **e. à l'université** to start university; **e. dans les détails** to go into detail; **entrez!** come in!
2 *vt (aux* **avoir***) Ordinat* **e. des données** to enter data (**dans** into)

entresol [ɑ̃trəsɔl] *nm* mezzanine floor

entre-temps [ɑ̃trətɑ̃] *adv* meanwhile

entretenir* [ɑ̃trətnir] **1** *vt (voiture, maison, famille)* to maintain; *(relations)* to keep; **e. qn de qch** to talk to sb about sth **2 s'entretenir** *vpr* **s'e. de qch** to talk about sth (**avec** with) ▪ **entretenu, -e** *adj* **bien/mal e.** *(maison)* well-kept/badly kept

entretien [ɑ̃trətjɛ̃] *nm (de route, de maison)* maintenance, upkeep; *(dialogue)* conversation; *(entrevue)* interview

entrevoir* [ɑ̃trəvwar] *vt (rapidement)* to catch a glimpse of; *(pressentir)* to foresee

entrevue [ɑ̃trəvy] *nf* interview

entrouvrir* [ɑ̃truvrir] *vt*, **s'entrouvrir** *vpr* to half-open ▪ **entrouvert, -e** *adj (porte, fenêtre)* half-open

énumérer [enymere] *vt* to list ▪ **énumération** *nf* listing

envahir [ɑ̃vair] *vt (pays)* to invade; *(marché)* to flood; **e. qn** *(doute, peur)* to overcome sb ▪ **envahissant, -e** *adj (personne)* intrusive ▪ **envahisseur** *nm* invader

enveloppant, -e [ɑ̃vlɔpɑ̃, -ɑ̃t] *adj (séduisant)* captivating

enveloppe [ɑ̃vlɔp] *nf (pour lettre)* envelope

envelopper [ɑ̃vlɔpe] **1** *vt* to wrap (up) (**dans** in) **2 s'envelopper** *vpr* to wrap oneself (up) (**dans** in)

envenimer [ɑ̃vnime] **s'envenimer** *vpr (plaie)* to turn septic; *Fig* to become acrimonious

envergure [ɑ̃vɛrgyr] *nf (d'avion, d'oiseau)* wingspan; *(de personne)* calibre; *(ampleur)* scope

envers [ɑ̃vɛr] **1** *prép Br* towards, *Am* toward(s), to **2** *nm (de tissu)* wrong side; **à l'e.** *(chaussette)* inside out; *(pantalon)* back to front; *(la tête en bas)* upside down

envie [ɑ̃vi] *nf (jalousie)* envy; *(désir)* desire; **avoir e. de qch** to want sth; **avoir e. de faire qch** to feel like doing sth ▪ **envier** *vt* to envy (**qch à qn** sb sth) ▪ **envieux, -euse** *adj* envious

environ [ɑ̃virɔ̃] *adv (à peu près)* about ▪ **environs** *nmpl* outskirts, surroundings; **aux e. de qch** around sth, in the vicinity of sth

environnant, -e [ɑ̃virɔnɑ̃, -ɑ̃t] *adj* surrounding

environnement [ɑ̃virɔnmɑ̃] *nm* environment

envisager [ɑ̃vizaʒe] *vt (considérer)* to consider; *(projeter) Br* to envisage, *Am* to envision; **e. de faire qch** to consider doing sth

envoi [ɑ̃vwa] *nm (action)* sending; *(paquet)* package; *(marchandises)* consignment

envoler [ɑ̃vɔle] **s'envoler** *vpr (oiseau)* to fly away; *(avion)* to take off; *(chapeau, papier)* to blow away; *Fig (espoir)* to vanish

envoûter [ɑ̃vute] *vt* to bewitch

envoyer* [ɑ̃vwaje] *vt* to send; *(lancer)* to throw; **e. chercher qn** to send for sb ▪ **envoyé, -e** *nmf* envoy; **e. spécial** *(reporter)* special correspondent ▪ **envoyeur** *nm* sender; **retour à l'e.** 'return to sender'

épais, -aisse [epɛ, -ɛs] *adj* thick ▪ **épaisseur** *nf* thickness; **avoir 1 mètre d'é.** to be 1 metre thick ▪ **épaissir** [epesir] **1** *vt* to thicken **2** *vi*, **s'épaissir** *vpr* to thicken; *(grossir)* to fill out; **le mystère s'épaissit** the mystery is deepening

épanouir [epanwir] **s'épanouir** *vpr (fleur)* to bloom; *Fig (personne)* to blossom; *(visage)* to beam ▪ **épanoui, -e** *adj (fleur, personne)* in full bloom; *(visage)* beaming ▪ **épanouissement** *nm (de fleur)* full bloom; *(de personne)* blossoming

épargne [eparɲ] *nf (action, vertu)* saving; *(sommes)* savings ▪ **épargnant, -e** *nmf* saver ▪ **épargner** *vt (argent, provisions)* to save; *(ennemi)* to spare; **e. qch à qn** *(ennuis, chagrin)* to spare sb sth

éparpiller [eparpije] *vt*, **s'éparpiller** *vpr* to scatter; *(efforts)* to dissipate

épaule [epol] *nf* shoulder ▪ **épauler 1** *vt (fusil)* to raise (to one's shoulder); **é. qn** *(aider)* to back sb up **2** *vi* to take aim ▪ **épaulette** *nf (de veste)* shoulder pad

épave [epav] *nf (bateau, personne)* wreck

épée [epe] *nf* sword

épeler [eple] *vt* to spell

éperon [eprɔ̃] *nm (de cavalier, de coq)* spur

épi [epi] *nm (de blé)* ear; *(de cheveux)* tuft of hair

épice [epis] *nf* spice ▪ **épicé, -e** *adj (plat, récit)* spicy ▪ **épicer** *vt* to spice

épicier, -ère [episje, -ɛr] *nmf* grocer ▪ **épicerie** *nf (magasin) Br* grocer's (shop), *Am* grocery (store); **é. fine** delicatessen

épidémie [epidemi] *nf* epidemic

épier [epje] *vt (observer)* to watch closely; *(occasion)* to watch out for; **é. qn** to spy on sb

épiler [epile] **s'épiler** *vpr* to remove unwanted hair; **s'é. les jambes à la cire** to wax one's legs

épilogue [epilɔg] *nm* epilogue

épinards [epinar] *nmpl* spinach

épine [epin] *nf (de plante)* thorn; *(d'animal)* spine, prickle ▪ **épineux, -euse** *adj (tige, question)* thorny; *(poisson)* spiny

épingle [epɛ̃gl] *nf* pin; **é. à nourrice** safety pin; **é. à linge** *Br* clothes peg, *Am* clothes pin ▪ **épingler** *vt* to pin

Épiphanie [epifani] *nf* **l'É.** Epiphany

épique [epik] *adj* epic

épiscopal, -e, -aux, -ales [episkɔpal, -o] *adj* episcopal

épisode [epizɔd] *nm* episode ▪ **épisodique** *adj (intermittent)* occasional

épitaphe [epitaf] *nf* epitaph

éplucher [eplyʃe] *vt (carotte, pomme)* to peel ▪ **épluchure** *nf* peeling

éponge [epɔ̃ʒ] *nf* sponge; *Fig* **jeter l'é.** to throw in the towel ▪ **éponger 1** *vt (liquide)* to mop up; *(dette)* to absorb **2 s'éponger** *vpr* **s'é. le front** to mop one's brow

époque [epɔk] *nf (date)* time, period; *(historique)* age; **meubles d'é.** period furniture; **à l'é.** at the *or* that time

épouse [epuz] *nf* wife

épouser [epuze] *vt* to marry

épousseter [epuste] *vt* to dust

épouvantable [epuvɑ̃tabl] *adj* appalling

épouvantail [epuvɑ̃taj] *nm (de jardin)* scarecrow

épouvante [epuvɑ̃t] *nf* terror ▪ **épouvanter** *vt* to terrify

époux [epu] *nm* husband; **les é.** the husband and wife

éprendre* [eprɑ̃dr] **s'éprendre** *vpr* **s'é. de qn** to fall in love with sb

épreuve [eprœv] *nf (essai, examen)* test; *(sportive)* event; *(malheur)* ordeal, trial; *(photo)* print; **mettre qn à l'é.** to put sb to the test; **à toute é.** *(patience)* unfailing; *(nerfs)* rock-solid; **à l'é. du feu** fireproof

éprouver [epruve] *vt (méthode, personne)* to test; *(sentiment)* to feel; *(difficultés)* to meet with ▪ **éprouvant, -e** *adj (pénible)* trying

éprouvette [epruvɛt] *nf* test tube

EPS [əpeɛs] *(abrév* **éducation physique et sportive**) *nf* PE

épuiser [epɥize] **1** *vt (personne, provisions, sujet)* to exhaust **2 s'épuiser** *vpr (réserves, patience)* to run out; **s'é. à faire qch** to exhaust oneself doing sth ▪ **épuisant, -e** *adj* exhausting ▪ **épuisé, -e** *adj* exhausted; *(marchandise)* sold out; *(édition)* out of print

épuisette [epɥizɛt] *nf* landing net

épurer [epyre] *vt (eau, gaz)* to purify; *(minerai)* to refine ▪ **épuration** *nf* purification; *(de minerai)* refining

équateur [ekwatœr] *nm* equator; **sous l'é.** at the equator

équation [ekwasjɔ̃] *nf Math* equation

équerre [ekɛr] *nf* **é. (à dessin)** *Br* set square, *Am* triangle

équestre [ekɛstr] *adj (statue, sports)* equestrian

équilibre [ekilibr] *nm* balance; **garder/perdre l'é.** to keep/lose one's balance

équilibrer [ekilibre] *vt (charge, composition, budget)* to balance

équinoxe [ekinɔks] *nm* equinox

équipage [ekipaʒ] *nm (de navire, d'avion)* crew

équipe [ekip] *nf* team; *(d'ouvriers)* gang; **faire é. avec qn** to team up with sb; **é. de nuit** night shift; **é. de secours** rescue team ▪ **équipier, -ère** *nmf* team member

équiper [ekipe] **1** *vt* to equip (**de** with) **2 s'équiper** *vpr* to equip oneself (**de** with) ▪ **équipement** *nm* equipment

équitable [ekitabl] *adj* fair, equitable

équitation [ekitasjɔ̃] *nf Br* (horse) riding, *Am* (horseback) riding; **faire de l'é.** to go riding

équivalent, -e [ekivalɑ̃, -ɑ̃t] *adj & nm*

equivalent ■ **équivalence** *nf* equivalence ■ **équivaloir*** *vi* **é. à qch** to be equivalent to sth
équivoque [ekivɔk] **1** *adj (ambigu)* equivocal; *(douteux)* dubious **2** *nf* ambiguity
érable [erabl] *nm (arbre, bois)* maple
érafler [erafle] *vt* to graze, to scratch ■ **éraflure** *nf* graze, scratch
ère [ɛr] *nf* era; **avant notre è.** BC; **en l'an 800 de notre è.** in the year 800 AD
éreinter [erɛ̃te] **1** *vt (fatiguer)* to exhaust **2 s'éreinter** *vpr* **s'é. à faire qch** to wear oneself out doing sth
ériger [eriʒe] **1** *vt* to erect **2 s'ériger** *vpr* **s'é. en qch** to set oneself up as sth
érosion [erozjɔ̃] *nf* erosion ■ **éroder** *vt* to erode
errer [ɛre] *vi* to wander ■ **errant** *adj m* **chien/chat e.** stray dog/cat
erreur [ɛrœr] *nf (faute)* mistake, error; **par e.** by mistake; **e. judiciaire** miscarriage of justice
érudit, -e [erydi, -it] **1** *adj* scholarly, erudite **2** *nmf* scholar ■ **érudition** *nf* scholarship, erudition
éruption [erypsjɔ̃] *nf (de volcan)* eruption; *(de boutons)* rash
es [ɛ] *voir* **être**
ès [ɛs] *prép* of; **licencié ès lettres** ≃ BA; **docteur ès lettres** ≃ PhD
escabeau, -x [ɛskabo] *nm (marchepied)* stepladder, *Br* (pair of) steps; *(tabouret)* stool
escadrille [ɛskadrij] *nf Aviat (unité)* flight
escadron [ɛskadrɔ̃] *nm* squadron
escalade [ɛskalad] *nf* climbing; *(de prix, de violence)* escalation ■ **escalader** *vt* to climb, to scale
escale [ɛskal] *nf Aviat* stopover; *Naut (lieu)* port of call; **faire e. à** *(avion)* to stop (over) at; *(navire)* to put in at; **vol sans e.** non-stop flight
escalier [ɛskalje] *nm (marches)* stairs; *(cage)* staircase; **l'é., les escaliers** the stairs; **e. mécanique** *ou* **roulant** escalator; **e. de secours** fire escape
escalope [ɛskalɔp] *nf* escalope
escamoter [ɛskamɔte] *vt (faire disparaître)* to make vanish; *(esquiver)* to dodge
escapade [ɛskapad] *nf* jaunt
escargot [ɛskargo] *nm* snail
escarpé, -e [ɛskarpe] *adj* steep ■ **escarpement** [-əmɑ̃] *nm (côte)* steep slope
escarpin [ɛskarpɛ̃] *nm (soulier)* pump, *Br* court shoe
esclave [ɛsklav] *nmf* slave ■ **esclavage** *nm* slavery
escompte [ɛskɔ̃t] *nm* discount; **taux d'e.** bank discount rate ■ **escompter** *vt (espérer)* to anticipate (**faire** doing), to expect (**faire** to do)
escorte [ɛskɔrt] *nf* escort ■ **escorter** *vt* to escort
escrime [ɛskrim] *nf* fencing; **faire de l'e.** to fence ■ **escrimeur, -euse** *nmf* fencer
escrimer [ɛskrime] **s'escrimer** *vpr* **s'e. à faire qch** to struggle to do sth
escroc [ɛskro] *nm* crook, swindler ■ **escroquer** *vt* **e. qn** to swindle sb; **e. qch à qn** to swindle sb out of sth ■ **escroquerie** *nf (action)* swindling; *(résultat)* swindle
espace [ɛspas] *nm* space; **e. aérien** air space; **e. vert** garden, park
espacer [ɛspase] **1** *vt* to space out; **espacés d'un mètre** one metre apart **2 s'espacer** *vpr (maisons, visites)* to become less frequent
espadrille [ɛspadrij] *nf* = rope-soled sandal
Espagne [ɛspaɲ] *nf* **l'E.** Spain ■ **espagnol, -e 1** *adj* Spanish **2** *nmf* **E., Espagnole** Spaniard **3** *nm (langue)* Spanish
espèce [ɛspɛs] *nf (race)* species; *(genre)* kind, sort ■ **espèces** *nfpl (argent)* cash; **en e.** in cash
espérance [ɛsperɑ̃s] *nf* hope; **e. de vie** life expectancy
espérer [ɛspere] **1** *vt* to hope for; **e. que...** to hope that...; **e. faire qch** to hope to do sth **2** *vi* to hope; **j'espère (bien)!** I hope so!

espiègle [ɛspjɛgl] *adj* mischievous

espion, -onne [ɛspjɔ̃, -ɔn] *nmf* spy ▪ **espionnage** *nm* spying, espionage ▪ **espionner 1** *vt* to spy on **2** *vi* to spy

espoir [ɛspwar] *nm* hope; **avoir l'e. de faire qch** to have hopes of doing sth

esprit [ɛspri] *nm (attitude, fantôme)* spirit; *(intellect)* mind; *(humour)* wit; **venir à l'e. de qn** to cross sb's mind; **avoir de l'e.** to be witty; **avoir l'e. large/étroit** to be broad-/narrow-minded

esquimau, -aude, -aux, -audes [ɛskimo, -od] **1** *adj* Eskimo, *Am* Inuit **2** *nmf* **E., Esquimaude** Eskimo, *Am* Inuit **3** *nm* **Esquimau®** *(glace) Br* ≃ choc-ice *(on a stick)*, *Am* ≃ ice-cream bar

esquisse [ɛskis] *nf (croquis, plan)* sketch ▪ **esquisser** *vt* to sketch; **e. un geste** to make a (slight) gesture

esquiver [ɛskive] **1** *vt (coup, problème)* to dodge **2 s'esquiver** *vpr* to slip away

essai [esɛ] *nm (test)* test, trial; *(tentative, au rugby)* try; *(ouvrage)* essay; **à l'e.** *(objet)* on a trial basis

essaim [esɛ̃] *nm* swarm

essayer [eseje] *vt* to try (**de faire** to do); *(vêtement)* to try on; *(méthode)* to try out ▪ **essayage** [-ɛjaʒ] *nm (de vêtement)* fitting

essence [esɑ̃s] *nf (carburant) Br* petrol, *Am* gas; *(extrait)* & *Phil* essence; **e. sans plomb** unleaded; **e. ordinaire** *Br* two-star petrol, *Am* regular gas

essentiel, -elle [esɑ̃sjɛl] **1** *adj* essential (**à/pour** for) **2** *nm* **l'e.** *(le plus important)* the main thing; *(le minimum)* the essentials

essor [esɔr] *nm (d'oiseau)* flight; *(de pays, d'entreprise)* rapid growth; **en plein e.** booming; **prendre son e.** to take off

essorer [esɔre] *vt (dans une essoreuse)* to spin-dry; *(dans une machine à laver)* to spin

essouffler [esufle] **1** *vt* to make out of breath **2 s'essouffler** *vpr* to get out of breath

essuyer [esɥije] **1** *vt (objet, surface)* to wipe; *(liquide)* to wipe up; *(larmes)* to wipe away; *(défaite)* to suffer; *(refus)* to meet with; **e. la vaisselle** to dry the dishes **2 s'essuyer** *vpr* to wipe oneself; **s'e. les yeux** to wipe one's eyes ▪ **essuie-glace** (*pl* **essuie-glaces**) *nm Br* windscreen wiper, *Am* windshield wiper

est[1] [ɛ] *voir* **être**

est[2] [ɛst] **1** *nm* east; **à l'e.** in the east; *(direction)* (to the) east (**de** of); **d'e.** *(vent)* east(erly); **de l'e.** eastern **2** *adj inv (côte)* east(ern)

estampe [ɛstɑ̃p] *nf* print

estampille [ɛstɑ̃pij] *nf (de produit)* mark; *(de document)* stamp

esthéticienne [ɛstetisjɛn] *nf* beautician

estime [ɛstim] *nf* esteem, regard

estimer [ɛstime] **1** *vt (tableau)* to value (**à** at); *(prix, distance, poids)* to estimate; *(dommages, besoins)* to assess; *(juger)* to consider (**que** that); **e. qn** to esteem sb

2 s'estimer *vpr* **s'e. heureux** to consider oneself happy ▪ **estimable** *adj* respectable ▪ **estimation** *nf (de mobilier)* valuation; *(de prix, de distance, de poids)* estimation; *(de dommages, de besoins)* assessment

estival, -e, -aux, -ales [ɛstival, -o] *adj* **température estivale** summer temperature ▪ **estivant, -e** *nmf Br* holidaymaker, *Am* vacationer

estomac [ɛstɔma] *nm* stomach

estomper [ɛstɔ̃pe] **1** *vt (rendre flou)* to blur **2 s'estomper** *vpr* to become blurred

estrade [ɛstrad] *nf* platform

estragon [ɛstragɔ̃] *nm* tarragon

esturgeon [ɛstyrʒɔ̃] *nm* sturgeon

et [e] *conj* and; **vingt et un** twenty-one; **et moi?** what about me?

établi [etabli] *nm* workbench

établir [etablir] **1** *vt (paix, relations, principe)* to establish; *(liste)* to draw up; *(record)* to set; *(démontrer)* to establish, to prove **2 s'établir** *vpr (pour habiter)* to settle; *(pour exercer un* *métier)* to set up in business ▪ **établissement** *nm (de paix, de relations, de principe)* establishment; *(entreprise)* business, firm; **é. scolaire** school

étage [etaʒ] *nm (d'immeuble)* floor, *Br* storey, *Am* story; *(de fusée)* stage; **à l'é.** upstairs; **au premier é.** on the *Br* first *or Am* second floor; **maison à deux étages** *Br* two-storeyed *or Am* two-storied house

étagère [etaʒɛr] *nf* shelf; *(meuble)* shelving unit

étain [etɛ̃] *nm (métal)* tin; *(de gobelet)* pewter

étais, était [etɛ] *voir* **être**

étal [etal] *(pl* **étals**) *nm (au marché)* stall

étalage [etalaʒ] *nm* display; *(vitrine)* display window

étaler [etale] **1** *vt (disposer)* to lay out; *(en vitrine)* to display; *(beurre)* to spread; *(vacances, paiements)* to stagger **2 s'étaler** *vpr* **s'é. sur** *(congés, paiements)* to be spread over ▪ **étalement** *nm (de vacances, de paiements)* staggering

étanche [etɑ̃ʃ] *adj* watertight; *(montre)* waterproof

étancher [etɑ̃ʃe] *vt (sang)* to stop the flow of; *(soif)* to quench

étang [etɑ̃] *nm* pond

étant [etɑ̃] *p prés de* **être**

étape [etap] *nf (de voyage)* stage; *(lieu)* stop(over); **faire é. à** to stop off *or* over at; **par étapes** in stages

état [eta] *nm* (**a**) *(condition, manière d'être)* state; **à l'é. neuf** as new; **en bon é.** in good condition; **é. d'esprit** state *or* frame of mind; **é. des lieux** inventory of fixtures; **é. civil** register office (**b**) *(autorité centrale)* **É.** *(nation)* State

état-major [etamaʒɔr] *(pl* **états-majors**) *nm Mil* (general) staff; *(de parti)* senior staff

États-Unis [etazyni] *nmpl* **les É.** the United States; **les É. d'Amérique** the United States of America

étau, -x [eto] *nm (instrument) Br* vice, *Am* vise

été¹ [ete] *nm* summer

été² [ete] *pp de* **être**

éteindre* [etɛ̃dr] **1** *vt (feu, cigarette)* to put out, to extinguish; *(lampe)* to switch off; *(gaz)* to turn off **2** *vi* to switch off **3 s'éteindre** *vpr (feu)* to go out; *(personne)* to pass away ▪ **éteint, -e** *adj (feu, bougie)* out; *(lampe, lumière)* off; *(volcan)* extinct

étendre [etɑ̃dr] **1** *vt (linge)* to hang out; *(agrandir)* to extend; **é. le bras** to stretch out one's arm; **é. qn** to stretch sb out **2 s'étendre** *vpr (personne)* to lie down; *(plaine)* to stretch; *(feu)* to spread; **s'é. sur qch** *(sujet)* to dwell on sth

étendu, -e¹ [etɑ̃dy] *adj (forêt, vocabulaire)* extensive; *(personne)* lying

étendue² [etɑ̃dy] *nf (importance)* extent; *(surface)* area

éternel, -elle [etɛrnɛl] *adj* eternal ▪ **s'éterniser** *vpr (débat)* to drag on endlessly; *Fam (visiteur)* to stay for ever ▪ **éternité** *nf* eternity

éternuer [etɛrnɥe] *vi* to sneeze

êtes [ɛt] *voir* **être**

Éthiopie [etjɔpi] *nf* **l'É.** Ethiopia ▪ **éthiopien, -enne 1** *adj* Ethiopian **2** *nmf* **É., Éthiopienne** Ethiopian

ethnie [ɛtni] *nf* ethnic group ▪ **ethnique** *adj* ethnic

étinceler [etɛ̃sle] *vi* to sparkle ▪ **étincelle** *nf* spark

étiqueter [etikte] *vt* to label ▪ **étiquette** *nf (marque)* label; *(protocole)* (diplomatic *or* court) etiquette

étirer [etire] **1** *vt* to stretch **2 s'étirer** *vpr* to stretch (oneself)

étoffe [etɔf] *nf* material, fabric

étoffer [etɔfe] **1** *vt* to fill out; *(texte)* to make more meaty **2 s'étoffer** *vpr (personne)* to fill out

étoile [etwal] *nf* star; **à la belle é.** in the open; **é. de mer** starfish; **é. filante** shooting star

étonner [etɔne] **1** *vt* to surprise **2 s'étonner** *vpr* to be surprised (**de qch** at sth; **que** + *subjunctive* that) ▪ **étonnant, -e** *adj (ahurissant)* surprising;

(remarquable) amazing ▪ **étonnement** *nm* surprise

étouffant, -e [etufɑ̃, -ɑ̃t] *adj (air)* stifling

étouffer [etufe] **1** *vt (tuer)* to suffocate; *Fig (révolte)* to stifle; *Fig (scandale)* to hush up **2** *vi* to suffocate **3 s'étouffer** *vpr (en mangeant)* to choke (**avec** on); *(mourir)* to suffocate

étourdi, -e [eturdi] **1** *adj* scatterbrained **2** *nmf* scatterbrain ▪ **étourderie** *nf* absent-mindedness; **une é.** a thoughtless blunder

étourdissant, -e [eturdisɑ̃, -ɑ̃t] *adj (bruit)* deafening; *(beauté)* stunning

étourdissement [eturdismɑ̃] *nm (malaise)* dizzy spell

étrange [etrɑ̃ʒ] *adj* strange, odd ▪ **étranger, -ère 1** *adj (d'un autre pays)* foreign; *(non familier)* strange (**à** to) **2** *nmf (d'un autre pays)* foreigner; *(inconnu)* stranger; **à l'é.** abroad

étrangler [etrɑ̃gle] **1** *vt* **é. qn** *(tuer)* to strangle sb **2 s'étrangler** *vpr (de colère, en mangeant)* to choke ▪ **étranglé, -e** *adj (voix)* choking

ÊTRE* [ɛtr] **1** *vi* to be; **il est professeur** he's a teacher; **est-ce qu'elle vient?** is she coming?; **il vient, n'est-ce pas?** he's coming, isn't he?; **est-ce qu'il aime le thé?** does he like tea?; **nous sommes dix** there are ten of us; **nous sommes le dix** today is the tenth; **il a été à Paris** *(il y est allé)* he has been to Paris; **elle est de Paris** she's from Paris; **il est cinq heures** it's five (o'clock); **c'est à lire pour demain** this has to be read for tomorrow; **c'est à lui** it's his

2 *v aux (avec 'venir', 'partir' etc)* to have/to be; **elle est arrivée** she has arrived; **elle est née en 1999** she was born in 1999

3 *nm (personne)* being; **les êtres chers** the loved ones; **ê. humain** human being; **ê. vivant** living being

étreindre* [etrɛ̃dr] *vt* to grip; *(avec amour)* to embrace

étrennes [etrɛn] *nfpl* New Year gift; *(gratification)* ≃ Christmas tip *or Br* box

étrier [etrije] *nm* stirrup

étroit, -e [etrwa, -at] *adj* narrow; *(vêtement)* tight; *(lien, collaboration)* close; **être à l'é.** to be cramped

étude [etyd] *nf (action, ouvrage)* study; *(de notaire)* office; *Scol (pièce)* study room; *(période)* study period; **à l'é.** *(projet)* under consideration; **faire des études de français** to study French; **faire une é. de marché** to do market research

étudiant, -e [etydjɑ̃, -ɑ̃t] **1** *nmf* student **2** *adj (vie)* student

étudier [etydje] *vti* to study

étui [etɥi] *nm (à lunettes, à cigarettes)* case; *(de revolver)* holster

eu, eue [y] *pp de* **avoir**

eurent [yr] *voir* **avoir**

euro [əro] *nm (monnaie)* Euro

euro- [øro] *préf* Euro-

eurodéputé [ørodepyte] *nm* Euro MP

Europe [ørɔp] *nf* **l'E.** Europe; **l'E. verte** European Union agriculture ▪ **européen, -enne 1** *adj* European **2** *nmf* **E., Européenne** European

eut [y] *voir* **avoir**

euthanasie [øtanazi] *nf* euthanasia

eux [ø] *pron personnel (sujet)* they; *(complément)* them; *(réfléchi, emphase)* themselves ▪ **eux-mêmes** *pron* themselves

évacuer [evakɥe] *vt (bâtiment)* to evacuate; *(liquide)* to drain off ▪ **évacuation** *nf* evacuation

évader [evade] **s'évader** *vpr* to escape (**de** from) ▪ **évadé, -e** *nmf* escaped prisoner

évaluer [evalɥe] *vt (fortune)* to estimate; *(bien)* to value ▪ **évaluation** *nf* estimation; *(de bien)* valuation

évangile [evɑ̃ʒil] *nm* gospel; **l'É.** the Gospel

évanouir [evanwir] **s'évanouir** *vpr (personne)* to faint; *Fig (espoir, crainte)* to vanish ▪ **évanoui, -e** *adj* unconscious ▪ **évanouissement** *nm (syncope)* fainting fit

évaporer [evapɔre] **s'évaporer** *vpr* to evaporate; *Fig (disparaître)* to vanish into thin air
évasé, -e [evaze] *adj (jupe)* flared
évasif, -ive [evazif, -iv] *adj* evasive
évasion [evazjɔ̃] *nf* escape (**de** from); *(de la réalité)* escapism; **é. fiscale** tax evasion
éveil [evɛj] *nm* awakening; **être en é.** to be alert
éveiller [eveje] **1** *vt (susciter)* to arouse **2 s'éveiller** *vpr* to awaken (**à** to) ▪ **éveillé, -e** *adj* awake; *(vif)* alert
événement [evɛnmɑ̃] *nm* event
éventail [evɑ̃taj] *nm (instrument)* fan; *(choix)* range
éventuel, -elle [evɑ̃tɥɛl] *adj* possible ▪ **éventualité** *nf* possibility ▪ **éventuellement** *adv* possibly
évêque [evɛk] *nm* bishop
évertuer [evɛrtɥe] **s'évertuer** *vpr* **s'é. à faire qch** to endeavour to do sth
éviction [eviksjɔ̃] *nf (de concurrent, de président)* ousting; *(de locataire)* eviction
évident, -e [evidɑ̃, -ɑ̃t] *adj* obvious (**que** that) ▪ **évidemment** [-amɑ̃] *adv* obviously ▪ **évidence** *nf* obviousness; **une é.** an obvious fact; **en é.** in a prominent position
évier [evje] *nm* (kitchen) sink
évincer [evɛ̃se] *vt (concurrent)* to oust (**de** from)
éviter [evite] *vt* to avoid (**de faire** doing); **é. qch à qn** to spare *or* save sb sth
évoluer [evɔlɥe] *vi (changer)* to develop; *(société, situation)* to evolve; *(se déplacer)* to move around ▪ **évolué, -e** *adj (pays)* advanced; *(personne)* enlightened ▪ **évolution** *nf (changement)* development; *Biol* evolution
évoquer [evɔke] *vt* to evoke
exact, -e [ɛgzakt] *adj (quantité, poids, nombre)* exact, precise; *(rapport, description)* exact, accurate; *(mot)* right, correct; *(ponctuel)* punctual ▪ **exactement** [-əmɑ̃] *adv* exactly ▪ **exactitude** *nf (précision, fidélité)* exactness; *(justesse)* correctness; *(ponctualité)* punctuality
ex æquo [ɛgzeko] **1** *adj inv Sport* **être classés e.** to tie, to be equally placed **2** *adv Sport* **être troisième e.** to tie for third place
exagérer [ɛgzaʒere] **1** *vt* to exaggerate **2** *vi (parler)* to exaggerate; *(agir)* to go too far ▪ **exagération** *nf* exaggeration ▪ **exagéré, -e** *adj* excessive
exalter [ɛgzalte] *vt (passionner)* to stir ▪ **exaltant, -e** *adj* stirring ▪ **exalté, -e** *adj (sentiment)* impassioned
examen [ɛgzamɛ̃] *nm* examination; **e. blanc** mock exam; **e. de la vue** eye test ▪ **examinateur, -trice** *nmf* examiner ▪ **examiner** *vt (considérer, regarder)* to examine
exaspérer [ɛgzaspere] *vt (personne)* to exasperate
exaucer [ɛgzose] *vt (désir)* to grant
excavation [ɛkskavɑsjɔ̃] *nf (trou, action)* excavation
excéder [ɛksede] *vt (dépasser)* to exceed; **é. qn** *(énerver)* to exasperate sb ▪ **excédent** *nm* surplus, excess ▪ **excédentaire** *adj* **poids e.** excess weight
excellent, -e [ɛkselɑ̃, -ɑ̃t] *adj* excellent ▪ **excellence** *nf* excellence ▪ **exceller** *vi* to excel (**en** at)
excentrique [ɛksɑ̃trik] *adj & nmf* eccentric
excepté[1] [ɛksɛpte] *prép* except
excepté[2]**, -e** *adj* except (for)
exception [ɛksɛpsjɔ̃] *nf* exception; **à l'e. de** except (for), with the exception of ▪ **exceptionnel, -elle** *adj* exceptional
excès [ɛksɛ] *nm* excess; **e. de vitesse** speeding ▪ **excessif, -ive** *adj* excessive
exciter [ɛksite] **1** *vt (faire naître)* to arouse; **e. qn** *(énerver)* to excite sb **2 s'exciter** *vpr (devenir nerveux)* to get excited ▪ **excitant, -e** *nm* stimulant ▪ **excitation** *nf (agitation)* excitement ▪ **excité, -e** *adj* excited
exclamer [ɛksklame] **s'exclamer** *vpr* to

exclaim ■ **exclamation** *nf* exclamation

exclure* [ɛksklyr] *vt (écarter)* to exclude (**de** from); *(chasser)* to expel (**de** from) ■ **exclu, -e** *adj (solution)* out of the question; *(avec une date)* exclusive

exclusif, -ive [ɛksklyzif, -iv] *adj (droit, modèle)* exclusive ■ **exclusivité** *nf Com* exclusive rights; *(dans la presse)* scoop; **en e.** *(film)* having an exclusive showing (**à** at)

exclusion [ɛksklyzjɔ̃] *nf* exclusion; **à l'e. de** with the exception of

excursion [ɛkskyrsjɔ̃] *nf* trip, excursion; *(de plusieurs jours)* tour; **faire une e.** to go on a trip/tour

excuse [ɛkskyz] *nf (prétexte)* excuse; **excuses** *(regrets)* apology; **faire des excuses** to apologize (**à** to) ■ **excuser 1** *vt (justifier, pardonner)* to excuse (**qn d'avoir fait/qn de faire** sb for doing) **2 s'excuser** *vpr* to apologize (**de** for; **auprès de** to); **excusez-moi!, je m'excuse!** excuse me!

exécrer [ɛgzekre] *vt* to loathe ■ **exécrable** *adj* atrocious

exécuter [ɛgzekyte] **1** *vt (tâche)* to carry out; *(jouer)* to perform; **e. qn** to execute sb **2 s'exécuter** *vpr* to comply ■ **exécutant, -e** *nmf (ouvrier, employé)* subordinate ■ **exécution** *nf (de tâche)* carrying out; *(de musique)* performance; *(de condamné)* execution

exécutif [ɛgzekytif] **1** *adj m* **pouvoir e.** executive power **2** *nm* **l'e.** the executive

exemplaire [ɛgzɑ̃plɛr] **1** *adj* exemplary **2** *nm (livre)* copy

exemple [ɛgzɑ̃pl] *nm* example; **par e.** for example, for instance; **donner l'e.** to set an example (**à** to)

exempt, -e [ɛgzɑ̃, -ɑ̃t] *adj* **e. de** *(dispensé de)* exempt from; *(sans)* free from ■ **exempter** [ɛgzɑ̃te] *vt* to exempt (**de** from) ■ **exemption** *nf* exemption

exercer [ɛgzɛrse] **1** *vt (voix, droits)* to exercise; *(autorité, influence)* to exert (**sur** on); *(profession)* to practise; **e. qn à qch** to train sb in sth **2** *vi (médecin)* to practise **3 s'exercer** *vpr (s'entraîner)* to train; **s'e. à qch** to practise sth; **s'e. à faire qch** to practise doing sth

exercice [ɛgzɛrsis] *nm (physique) & Scol* exercise; *Mil* drill; **en e.** *(fonctionnaire)* in office; *(médecin)* in practice; **prendre de l'e.** to exercise

exhiber [ɛgzibe] *vt (documents, passeport)* to produce; *Péj (savoir, richesses)* to show off, to flaunt

exiger [ɛgziʒe] *vt (exiger)* to demand (**de** from); *(nécessiter)* to require ■ **exigeant, -e** *adj* demanding, exacting ■ **exigence** *nf (caractère)* exacting nature; *(condition)* demand

exigu, -ë [ɛgzigy] *adj* cramped, tiny

exil [ɛgzil] *nm* exile ■ **exilé, -e** *nmf (personne)* exile ■ **exiler 1** *vt* to exile **2 s'exiler** *vpr* to go into exile

existence [ɛgzistɑ̃s] *nf (fait d'exister)* existence; *(vie)* life; **moyen d'e.** means of existence ■ **existant, -e** *adj* existing ■ **exister 1** *vi* to exist **2** *v impersonnel* **il existe...** there is/are...

exode [ɛgzɔd] *nm* exodus

exonérer [ɛgzɔnere] *vt* to exempt (**de** from) ■ **exonération** *nf* exemption

exorbitant, -e [ɛgzɔrbitɑ̃, -ɑ̃t] *adj* exorbitant

exotique [ɛgzɔtik] *adj* exotic

expansif, -ive [ɛkspɑ̃sif, -iv] *adj* expansive

expansion [ɛkspɑ̃sjɔ̃] *nf (de commerce, de pays, de gaz)* expansion; **en (pleine) e.** (fast *or* rapidly) expanding

expatrier [ɛkspatrije] **s'expatrier** *vpr* to leave one's country

expédier [ɛkspedje] *vt (envoyer)* to send, to dispatch; *(affaires, client)* to deal promptly with ■ **expéditeur, -trice** *nmf* sender ■ **expéditif, -ive** *adj* hasty ■ **expédition** *nf (envoi)* dispatch; *(voyage)* expedition

expérience [ɛksperjɑ̃s] *nf (connaissance)* experience; *(scientifique)* experiment; **faire l'e. de qch** to experience sth; **avoir de l'e.** to have experience ■ **expérimental, -e, -aux, -ales** *adj* experimental

expérimenter [ɛksperimɑ̃te] *vt (remède, vaccin)* to try out (**sur** on) ■ **expérimenté, -e** *adj* experienced

expert, -e [ɛkspɛr, -ɛrt] **1** *adj* expert, skilled (**en** in) **2** *nm* expert (**en** on *or* in); *(d'assurances)* valuer ■ **expert-comptable** (*pl* **experts-comptables**) *nm Br* ≃ chartered accountant, *Am* ≃ certified public accountant

expertise [ɛkspɛrtiz] *nf (évaluation)* valuation; *(rapport)* expert's report; *(compétence)* expertise

expier [ɛkspje] *vt (péchés)* to expiate, to atone for

expirer [ɛkspire] **1** *vti* to breathe out **2** *vi (mourir)* to pass away; *(finir, cesser)* to expire ■ **expiration** *nf (respiration)* breathing out; *(échéance) Br* expiry, *Am* expiration

explication [ɛksplikɑsjɔ̃] *nf* explanation; *(mise au point)* discussion

explicite [ɛksplisit] *adj* explicit

expliquer [ɛksplike] **1** *vt* to explain (**à** to; **que** that) **2** **s'expliquer** *vpr* to explain oneself; *(discuter)* to talk things over (**avec** with); **s'e. qch** *(comprendre)* to understand sth ■ **explicatif, -ive** *adj* explanatory

exploit [ɛksplwa] *nm* feat

exploiter [ɛksplwate] *vt (champs)* to farm; *(ferme)* to run; *(mine)* to work; *Fig & Péj (personne, situation)* to exploit ■ **exploitant, -e** *nmf* **e. agricole** farmer ■ **exploitation** *nf (de champs)* farming; *(de ferme)* running; *(de mine)* working; *Péj* exploitation; **e. agricole** farm

explorer [ɛksplɔre] *vt* to explore ■ **explorateur, -trice** *nmf* explorer

exploser [ɛksploze] *vi (gaz, bombe)* to explode; **faire e. qch** to explode sth ■ **explosif, -ive** *adj & nm* explosive ■ **explosion** *nf* explosion; *(de colère)* outburst

exporter [ɛkspɔrte] *vt* to export (**vers** to; **de** from) ■ **exportateur, -trice 1** *nmf* exporter **2** *adj* exporting ■ **exportation** *nf (produit)* export; *(action)* export(ation)

exposer [ɛkspoze] **1** *vt (tableau)* to exhibit; *(marchandises)* to display; *(théorie)* to set out; *Phot (film)* to expose **2** **s'exposer** *vpr* **s'e. au danger** to put oneself in danger; **s'e. à la critique** to lay oneself open to criticism ■ **exposé, -e 1** *adj* **e. au sud** facing south **2** *nm (compte rendu)* account (**de** of); *(présentation)* talk; *Scol* paper

exposition [ɛkspozisjɔ̃] *nf (d'objets d'art)* exhibition; *(de marchandises)* display; *Phot* exposure (**à** to); *(de maison)* aspect

exprès[1] [ɛksprɛ] *adv* on purpose, intentionally; *(spécialement)* specially

exprès[2], **-esse** [ɛksprɛs] *adj (ordre, condition)* express ■ **expressément** *adv* expressly

exprès[3] [ɛksprɛs] *adj inv* **lettre e.** special delivery letter

express [ɛksprɛs] *adj & nm inv (train)* express; *(café)* espresso

expressif, -ive [ɛkspresif, -iv] *adj* expressive ■ **expression** *nf (phrase, mine)* expression ■ **exprimer 1** *vt* to express **2** **s'exprimer** *vpr* to express oneself

expulser [ɛkspylse] *vt* to expel (**de** from); *(joueur)* to send off ■ **expulsion** *nf* expulsion; *(de joueur)* sending off

exquis, -e [ɛkski, -iz] *adj (nourriture)* exquisite

extase [ɛkstɑz] *nf* ecstasy ■ **s'extasier** *vpr* to be in raptures (**sur** over *or* about)

extensible [ɛkstɑ̃sibl] *adj (métal)* tensile; *(tissu)* stretch ■ **extension** *nf (de muscle)* stretching; *(de durée, de contrat)* extension

exténué, -e [ɛkstenɥe] *adj* exhausted

extérieur, -e [ɛksterjœr] **1** *adj (monde)* outside; *(surface)* outer, external; *(signe)* outward, external; *(politique)* foreign **2** *nm* outside, exterior; **à l'e. (de)** outside; **à l'e.** *(match)* away ■ **extérieurement** *adv (dehors)* externally;

(en apparence) outwardly ▪ **extérioriser** *vt* to express

exterminer [ɛkstɛrmine] *vt* to exterminate

externat [ɛkstɛrna] *nm (école)* day school

externe [ɛkstɛrn] **1** *adj* external **2** *nmf (élève)* day pupil; *Méd* = non-resident hospital medical student, *Am* extern

extincteur [ɛkstɛ̃ktœr] *nm* fire extinguisher ▪ **extinction** *nf (de feu)* extinguishing; *(de race)* extinction; **e. de voix** loss of voice

extorquer [ɛkstɔrke] *vt* to extort (**à** from) ▪ **extorsion** *nf* extortion; **e. de fonds** extortion

extradition [ɛkstradisjɔ̃] *nf* extradition ▪ **extrader** *vt* to extradite

extraire* [ɛkstrɛr] *vt* to extract (**de** from); *(charbon)* to mine ▪ **extrait** *nm* extract; **e. de naissance** birth certificate

extralucide [ɛkstralysid] *adj & nmf* clairvoyant

extraordinaire [ɛkstraɔrdinɛr] *adj* extraordinary

extraterrestre [ɛkstraterɛstr] *adj & nmf* extraterrestrial

extravagant, -e [ɛkstravagɑ̃, -ɑ̃t] *adj (idée, comportement)* extravagant

extraverti, -e [ɛkstravɛrti] *nmf* extrovert

extrême [ɛkstrɛm] **1** *adj* extreme; *Pol* **l'e. droite/gauche** the far *or* extreme right/left **2** *nm* extreme ▪ **Extrême-Orient** *nm* **l'E.** the Far East ▪ **extrémiste** *adj & nmf* extremist ▪ **extrémité** *nf (bout)* extremity, end; **extrémités** *(pieds et mains)* extremities

exulter [ɛgzylte] *vi* to exult, to rejoice

Ff

F, f [ɛf] *nm inv* F, f

fa [fɑ] *nm (note)* F

fabricant, -e [fabrikɑ̃, -ɑ̃t] *nmf* manufacturer ▪ **fabrication** *nf* manufacture

fabrique [fabrik] *nf* factory

fabriquer [fabrike] *vt (objet)* to make; *(en usine)* to manufacture

fabuleux, -euse [fabylø, -øz] *adj (légendaire, incroyable)* fabulous

façade [fasad] *nf* façade

face [fas] *nf (visage)* face; *(de cube, de montagne)* side; *(de pièce de monnaie)* head; **en f.** opposite; **en f. de** opposite, facing; *(en présence de)* in front of; **f. à** *(vis-à-vis)* facing; **f. à f.** face to face; **faire f. à qch** to face up to sth; **sauver/perdre la f.** to save/lose face

facette [fasɛt] *nf (de diamant, de problème)* facet

fâcher [fɑʃe] **se fâcher** *vpr* to get angry (**contre** with); **se f. avec qn** to fall out with sb ▪ **fâché, -e** *adj (air)* angry; *(personnes)* on bad terms; **f. contre qn** angry with sb

facile [fasil] *adj* easy; **f. à vivre** easy to get along with ▪ **facilité** *nf (simplicité)* easiness; *(aisance)* ease ▪ **faciliter** *vt* to make easier, to facilitate

façon [fasɔ̃] *nf (manière)* way; **la f. dont elle parle** the way (in which) she talks; **de quelle f.?** how?; **de toute f.** anyway, anyhow; **de f. à** so as to; **de f. générale** generally speaking; **d'une f. ou d'une autre** one way or another; **à ma f.** my way, (in) my own way

façonner [fasɔne] *vt (former)* to shape; *(fabriquer)* to make

facteur [faktœr] *nm* (**a**) *(employé) Br* postman, *Am* mailman (**b**) *(élément)* factor

facture [faktyr] *nf Com* bill, invoice ▪ **facturer** *vt* to bill, to invoice

facultatif, -ive [fakyltatif, -iv] *adj (travail)* optional; *Scol* **matière facultative** optional subject

faculté [fakylte] *nf* (**a**) *(aptitude)* faculty (**b**) *(d'université)* faculty; **à la f.** *Br* at university, *Am* at school

fade [fad] *adj* insipid

faible [fɛbl] **1** *adj* weak, feeble; *(voix)* faint; *(chances)* slight; *(revenus)* small **2** *nm* weakling; **f. d'esprit** feeble-minded person ▪ **faiblesse** *nf (physique, morale)* weakness

faiblir [fɛblir] *vi (forces)* to weaken; *(courage, vue)* to fail; *(vent)* to drop

faïence [fajɑ̃s] *nf (matière)* earthenware; **faïences** *(objets)* earthenware

faille¹ [faj] *nf Géol* fault; *Fig* flaw

faille² [faj] *voir* **falloir**

faillir* [fajir] *vi* **il a failli tomber** he almost *or* nearly fell

faillite [fajit] *nf Com* bankruptcy; **faire f.** to go bankrupt

faim [fɛ̃] *nf* hunger; **avoir f.** to be hungry

fainéant, -e [feneɑ̃, -ɑ̃t] **1** *adj* idle **2** *nmf* idler

FAIRE* [fɛr] **1** *vt (faute, gâteau, voyage, repas)* to make; *(devoir, ménage)* to do; *(rêve, chute)* to have; *(sourire)* to give; *(promenade, sieste)* to have, to take; *(guerre)* to wage, to make; **ça fait 10 mètres de large** it's 10 metres wide; **ça fait 10 euros** it's *or* that's 10 euros; **2 et 2 font 4** 2 and 2 are 4; **que f.?** what's to be done? **f. du tennis/du piano** to play tennis/the piano; **f. du droit** to study law; **f. du bien à qn** to do sb good; **f. du mal à qn** to hurt *or* harm sb; **ça ne fait rien** that doesn't matter; **comment as-tu fait pour...?** how did you manage to...?; **'oui', fit-elle** 'yes', she said

2 *vi (agir)* to do; *(paraître)* to look; **f. comme chez soi** to make oneself at home; **elle ferait bien de partir** she'd do well to leave

3 *v impersonnel* **il fait beau/froid** it's fine/cold; **il fait du vent** it's windy; **quel temps fait-il?** what's the weather like?; **ça fait deux ans que je ne l'ai pas vu** I haven't seen him for two years, it's (been) two years since I saw him

4 *v aux (+ infinitive)* **f. construire une maison** to have a house built (**à qn** for sb; **par qn** by sb); **f. souffrir qn** to make sb suffer

5 se faire *vpr (fabrication)* to be made; *(activité)* to be done; **se f. couper les cheveux** to have one's hair cut; **se f. renverser** to get knocked down; **se f. des amis** to make friends; **il se fait tard** it's getting late; **comment se fait-il que...?** how is it that...?; **ça se fait beaucoup** people do that a lot; **se f. à qch** to get used to sth; **ne t'en fais pas!** don't worry! ▪ **faire-part** *nm inv* announcement

---

fais, fait [fɛ] *voir* **faire**

faisable [fəzabl] *adj* feasible

faisan [fəzɑ̃] *nm* pheasant

faisceau, -x [fɛso] *nm (rayons)* beam

fait, -e [fɛ, fɛt] **1** *pp de* **faire 2** *adj (fromage)* ripe; *(ongles)* polished; **tout f.** ready made **3** *nm (événement)* event; *(donnée, réalité)* fact; **du f. de** on account of; **au f.** *(à propos)* by the way; **en f.** in fact; **prendre qn sur le f.** to catch sb red-handed *or* in the act; *Journ* **faits divers** ≃ news in brief

faîte [fɛt] *nm (haut)* top; *Fig (apogée)* height

faites [fɛt] *voir* **faire**

falaise [falɛz] *nf* cliff

FALLOIR* [falwar] **1** *v impersonnel* **il faut qn/qch** I/you/we/*etc* need sb/sth; **il te faut un stylo** you need a pen; **il faut partir** I/you/we/*etc* have to go; **il faut que je parte** I have to go; **il faudrait qu'elle reste** she ought to stay; **il faut un jour** it takes a day (**pour faire** to do); **comme il faut** *(adjectif)* proper; *(adverbe)* properly; **s'il le faut** if need be

2 s'en falloir *vpr* **il s'en est fallu de peu qu'il ne pleure** he almost cried; **tant s'en faut** far from it

---

famé [fame] **mal famé, -e** *adj* disreputable

fameux, -euse [famø, -øz] *adj (célèbre)* famous

familial, -e, -aux, -ales [familjal, -o] *adj (atmosphère, ennuis)* family; *(entreprise)* family-run

familier, -ère [familje, -ɛr] *adj (connu)* familiar (**à** to); *(désinvolte)* informal (**avec** with); *(locution)* colloquial ▪ **familiariser 1** *vt* to familiarize (**avec** with) **2 se familiariser** *vpr* to familiarize oneself (**avec** with)

famille [famij] *nf* family

famine [famin] *nf* famine

fanatique [fanatik] **1** *adj* fanatical **2** *nmf* fanatic

faner [fane] **se faner** *vpr (fleur, beauté)* to fade ▪ **fané, -e** *adj* faded

fanfare [fɑ̃far] *nf (orchestre)* brass band

fantaisie [fɑ̃tezi] *nf (imagination)* imagination; **bijoux f.** costume jewellery

fantastique [fɑ̃tastik] *adj (imaginaire, excellent)* fantastic

fantôme [fɑ̃tom] **1** *nm* ghost, phantom **2** *adj* **ville/train f.** ghost town/train

faon [fɑ̃] *nm* fawn

farce[1] [fars] *nf (tour)* practical joke, prank; **faire une f. à qn** to play a practical joke *or* a prank on sb ▪ **farceur, -euse** *nmf (blagueur)* practical joker

farce[2] [fars] *nf Culin* stuffing ■ **farcir** *vt (poulet)* to stuff

fardeau, -x [fardo] *nm* burden, load

farder [farde] **1** *vt (maquiller)* to make up **2 se farder** *vpr (se maquiller)* to put on one's make-up; **se f. les yeux** to put eyeshadow on

farine [farin] *nf (de blé)* flour

farouche [faruʃ] *adj (personne)* shy; *(animal)* timid; *(haine)* fierce

fart [far] *nm* wax

fascicule [fasikyl] *nm (de publication)* instalment; *(brochure)* brochure

fasciner [fasine] *vt* to fascinate ■ **fascination** *nf* fascination

fascisme [faʃism] *nm* fascism ■ **fasciste** *adj & nmf* fascist

fasse(s), fassent [fas] *voir* **faire**

faste [fast] **1** *nm* splendour **2** *adj* **jour f.** lucky day

fastidieux, -euse [fastidjø, -øz] *adj* tedious

fatal, -e, -als, -ales [fatal] *adj (mortel)* fatal; *(inévitable)* inevitable; *(moment)* fateful ■ **fataliste** *adj* fatalistic ■ **fatalité** *nf (destin)* fate ■ **fatidique** *adj (jour, date)* fateful

fatigant, -e [fatigɑ̃, -ɑ̃t] *adj (épuisant)* tiring; *(ennuyeux)* tiresome

fatigue [fatig] *nf* tiredness

fatiguer [fatige] **1** *vt (épuiser)* to tire; *(yeux)* to strain; *(ennuyer)* to bore **2** *vi (personne)* to get tired; *(moteur)* to labour **3 se fatiguer** *vpr (s'épuiser, se lasser)* to get tired (**de** of); **se f. à faire qch** to tire oneself out doing sth; **se f. les yeux** to strain one's eyes ■ **fatigué, -e** *adj* tired (**de** of)

faucher [foʃe] *vt (herbe)* to mow; *(blé)* to reap

faucon [fokɔ̃] *nm* hawk, falcon

faudra, faudrait [fodra, fodrɛ] *voir* **falloir**

faufiler [fofile] **se faufiler** *vpr* to work one's way (**dans** through *or* into; **entre** between)

faune [fon] *nf* wildlife, fauna

faussaire [fosɛr] *nm* forger

fausse [fos] *voir* **faux**[1]

fausser [fose] *vt (réalité)* to distort

fausseté [foste] *nf (hypocrisie)* duplicity

faut [fo] *voir* **falloir**

faute [fot] *nf (erreur)* mistake; *(responsabilité)* & *(au tennis)* fault; *(au football)* foul; **c'est de ta f.** it's your fault; **f. de mieux** for want of anything better; **faire une f.** to make a mistake

fauteuil [fotœj] *nm* armchair; *(de président)* chair; **f. roulant** wheelchair

fautif, -ive [fotif, -iv] *adj (personne)* at fault; *(erroné)* faulty

fauve [fov] *nm* big cat

faux, fausse [fo, fos] **1** *adj (pas vrai)* false, untrue; *(inexact)* wrong; *(inauthentique)* false; *(monnaie)* forged; *(tableau)* fake; **faire une fausse couche** to have a miscarriage; **f. départ** false start

2 *adv (chanter)* out of tune

3 *nm (tableau)* fake; *(document)* forgery ■ **faux-filet** (*pl* **faux-filets**) *nm* sirloin ■ **faux-monnayeur** (*pl* **faux-monnayeurs**) *nm* counterfeiter

faveur [favœr] *nf* favour; **en f. de** *(au profit de)* in aid of; **être en f. de qch** to be in favour of sth ■ **favorable** *adj* favourable (**à** to) ■ **favori, -e** *adj & nmf* favourite ■ **favoriser** *vt* to favour

fax [faks] *nm (appareil, message)* fax ■ **faxer** *vt (message)* to fax

fécond, -e [fekɔ̃, -ɔ̃d] *adj (femme, idée)* fertile ■ **fécondité** *nf* fertility

fédéral, -e, -aux, -ales [federal, -o] *adj* federal ■ **fédération** *nf* federation

fée [fe] *nf* fairy ■ **féerique** *adj (personnage, monde)* fairy; *(vision)* enchanting

feindre* [fɛ̃dr] *vt* to feign; **f. de faire qch** to pretend to do sth ■ **feint, -e** *adj* feigned ■ **feinte** *nf (ruse)* ruse

fêler [fele] *vt*, **se fêler** *vpr* to crack

féliciter [felisite] *vt* to congratulate (**de** *ou* **sur** on) ■ **félicitations** *nfpl* congratulations (**pour** on)

félin [felɛ̃] *nm* feline

fêlure [felyr] *nf* crack

femelle [fəmɛl] *adj & nf* female

féminin, -e [feminɛ̃, -in] *adj (prénom, hormone)* female; *(trait, intuition, pronom)* feminine; *(mode)* women's ▪ **féministe** *adj & nmf* feminist ▪ **féminité** *nf* femininity

femme [fam] *nf* woman (*pl* women); *(épouse)* wife; **f. de ménage** cleaning lady, maid; **f. au foyer** housewife

fendiller [fɑ̃dije] **se fendiller** *vpr* to crack

fendre [fɑ̃dr] **1** *vt (bois, lèvre)* to split; *Fig (cœur)* to break **2 se fendre** *vpr (se fissurer)* to crack

fenêtre [fənɛtr] *nf* window

fenouil [fənuj] *nm* fennel

fente [fɑ̃t] *nf (de tirelire, de palissade)* slit; *(de rocher)* split, crack

féodal, -e, -aux, -ales [feɔdal, -o] *adj* feudal

fer [fɛr] *nm* iron; *(partie métallique)* metal (part); **barre de** *ou* **en f.** iron bar; **f. à cheval** horseshoe; **f. forgé** wrought iron; **f. à repasser** iron

fera, ferait *etc* [fəra, fərɛ] *voir* **faire**

férié [ferje] *adj m* **jour f.** (public) holiday

ferme[1] [fɛrm] *nf* farm; *(maison)* farm(-house)

ferme[2] [fɛrm] **1** *adj (fruit, beurre, décision)* firm; *(autoritaire)* firm (**avec** with) **2** *adv (travailler)* hard; **s'ennuyer f.** to be bored stiff

fermenter [fɛrmɑ̃te] *vi* to ferment

fermer [fɛrme] **1** *vt* to close, to shut; *(gaz, radio)* to turn *or* switch off; *(passage)* to block; **f. qch à clef** to lock sth; **f. un magasin** *(définitivement)* to close *or* shut (down) a shop **2** *vi*, **se fermer** *vpr* to close, to shut ▪ **fermé, -e** *adj (porte, magasin)* closed, shut; *(route, circuit)* closed; *(gaz)* off

fermeté [fɛrməte] *nf* firmness

fermeture [fɛrmətyr] *nf* closing, closure; *(heure)* closing time; *(mécanisme)* catch; **f. annuelle** annual closing; **f. Éclair®** *Br* zip (fastener), *Am* zipper

fermier, -ère [fɛrmje, -ɛr] *nmf* farmer

fermoir [fɛrmwar] *nm* clasp

féroce [ferɔs] *adj* ferocious ▪ **férocité** *nf* ferocity

feront [fərɔ̃] *voir* **faire**

ferraille [fɛrɑj] *nf* scrap iron; **mettre qch à la f.** to scrap sth

ferronnerie [fɛrɔnri] *nf* ironwork

ferroviaire [fɛrɔvjɛr] *adj* **compagnie f.** *Br* railway company, *Am* railroad company

ferry [fɛri] (*pl* **ferrys** *ou* **ferries**) *nm* ferry

fertile [fɛrtil] *adj (terre, imagination)* fertile ▪ **fertiliser** *vt* to fertilize ▪ **fertilité** *nf* fertility

ferveur [fɛrvœr] *nf* fervour

fesse [fɛs] *nf* buttock; **fesses** *Br* bottom, *Am* butt ▪ **fessée** *nf* spanking

festin [fɛstɛ̃] *nm* feast

festival, -als [fɛstival] *nm* festival

festivités [fɛstivite] *nfpl* festivities

fête [fɛt] *nf (civile)* holiday; *(religieuse)* festival, feast; *(entre amis)* party; **jour de f.** (public) holiday; **les fêtes (de Noël et du nouvel an)** the Christmas holidays; **faire la f.** to have a good time; **c'est sa f.** it's his/her saint's day; **la f. des Mères** Mother's Day; **la f. du Travail** Labour Day ▪ **fêter** *vt (événement)* to celebrate

feu, -x [fø] *nm* fire; *(de réchaud)* burner; *Aut, Naut & Aviat (lumière)* light; **en f.** on fire, ablaze; **faire du f.** to light *or* make a fire; **mettre le f. à qch** to set fire to sth; **prendre f.** to catch fire; **donner du f. à qn** to give sb a light; **avez-vous du f.?** have you got a light?; **faire cuire qch à f. doux** to cook sth on a low heat; **au f.!** (there's a) fire!; *Aut* **f. rouge** *(lumière)* red light; *(objet)* traffic lights

feuille [fœj] *nf* leaf; *(de papier)* sheet; *(de journal)* newssheet; **f. de maladie** = form given by doctor to patient for claiming reimbursement from the Social Security; **f. de paie** *Br* pay slip, *Am* pay stub ▪ **feuillage** *nm* leaves, foliage

feuilleté [fœjte] *nm* **f. au fromage** cheese pastry

feuilleter [fœjte] *vt (livre)* to flip through

feuilleton [fœjtɔ̃] *nm (roman, film)* serial; **f. télévisé** television serial

feutre [føtr] *nm* felt; **(crayon) f.** felt-tip(ped) pen

fève [fɛv] *nf* (broad) bean

février [fevrije] *nm* February

fiable [fjabl] *adj* reliable

fiancer [fjɑ̃se] **se fiancer** *vpr* to become engaged (**avec** to) ▪ **fiabilité** *nf* reliability ▪ **fiançailles** *nfpl* engagement ▪ **fiancé** *nm* fiancé; **fiancés** engaged couple ▪ **fiancée** *nf* fiancée

fibre [fibr] *nf* fibre; **f. de verre** fibreglass; **fibres optiques** optical fibres

ficelle [fisɛl] *nf (de corde)* string; *(pain)* = long thin loaf ▪ **ficeler** *vt* to tie up

fiche [fiʃ] *nf* (**a**) *(carte)* index card; *(papier)* form; **f. de paie** *Br* pay slip, *Am* pay stub (**b**) *Él (broche)* pin; *(prise)* plug ▪ **fichier** *nm* card index, file; *Ordinat* file

ficher [fiʃe] *vt (enfoncer)* to drive in; *(mettre sur fiche)* to put on file

fictif, -ive [fiktif, -iv] *adj* fictitious ▪ **fiction** *nf* fiction

fidèle [fidɛl] **1** *adj* faithful (**à** to) **2** *nmf* faithful supporter; **les fidèles** *(croyants)* the faithful; *(à l'église)* the congregation ▪ **fidélité** *nf* fidelity, faithfulness

fier¹ [fje] **se fier** *vpr* **se f. à qn/qch** to trust sb/sth

fier², fière [fjɛr] *adj* proud (**de** of) ▪ **fierté** *nf* pride

fièvre [fjɛvr] *nf (maladie)* fever; **avoir de la f.** to have a temperature *or* a fever ▪ **fiévreux, -euse** *adj* feverish

figer [fiʒe] **1** *vt (liquide)* to congeal **2** **se figer** *vpr (liquide)* to congeal; *Fig (sourire, personne)* to freeze

figue [fig] *nf* fig

figurant, -e [figyrɑ̃, -ɑ̃t] *nmf (de film)* extra

figure [figyr] *nf (visage)* face; *(personnage)* figure

figurer [figyre] **1** *vt* to represent **2** *vi* to appear **3** **se figurer** *vpr* to imagine; **figure-toi que...?** would you believe that...?

fil [fil] *nm* (**a**) *(de coton, de pensée)* thread; *(lin)* linen; **f. dentaire** dental floss (**b**) *(métallique)* wire; **f. de fer** wire (**c**) *(expressions)* **au f. de l'eau** with the current; **au bout du f.** *(au téléphone)* on the line

file [fil] *nf* line; *Aut (couloir)* lane; **f. d'attente** *Br* queue, *Am* line; **être en double f.** to be double-parked

filer [file] **1** *vt (coton)* to spin; **f. qn** to shadow sb **2** *vi (partir)* to rush off; *(aller vite)* to speed along; *(collant)* to run, *Br* to ladder

filet [filɛ] *nm* (**a**) *(en maille)* net; **f. à provisions** string bag (**b**) *(d'eau)* trickle (**c**) *(de poisson, de viande)* fillet

filial, -e, -aux, -ales [filjal, -o] *adj* filial ▪ **filiale** *nf* subsidiary (company)

filière [filjɛr] *nf (voie obligée)* channels; *(domaine d'études)* field of study; *(organisation clandestine)* network; **suivre la f. normale** to go through the official channels

fille [fij] *nf (enfant)* girl; *(descendante)* daughter; **petite f.** (little *or* young) girl; **jeune f.** girl, young lady ▪ **fillette** *nf* little girl

film [film] *nm (œuvre)* film, movie; *(pour photo)* film; **f. muet** silent film; **f. policier** thriller ▪ **filmer** *vt (personne, scène)* to film

fils [fis] *nm* son

filtre [filtr] *nm* filter; **bout f.** filter tip ▪ **filtrer 1** *vt (liquide, lumière)* to filter; *(personne, nouvelles)* to screen **2** *vi (liquide)* to filter (through); *(nouvelle)* to leak out

fin¹ [fɛ̃] *nf* (**a**) *(conclusion)* end; **mettre f. à qch** to put an end to sth; **prendre f.** to come to an end; **à la f.** in the end; **f. mai** at the end of May (**b**) *(but)* end, aim

fin², fine [fɛ̃, fin] **1** *adj (pointe, tissu)* fine; *(couche)* thin; *(visage, mets)* delicate; *(oreille)* sharp; *(intelligent)* subtle **2** *adv (couper, moudre)* finely

final, -e, -aux *ou* **-als, -ales** [final, -o] *adj* final ▪ **finale** *nf Sport* final ▪ **finaliste** *nmf Sport* finalist

finance [finɑ̃s] *nf* finance ▪ **financement** *nm* financing ▪ **financer** *vt* to finance

financier, -ère [finɑ̃sje, -ɛr] **1** *adj* financial **2** *nm* financier

finesse [finɛs] *nf (de pointe)* fineness; *(de taille)* thinness; *(de visage)* delicacy; *(intelligence)* subtlety

finir [finir] **1** *vt* to finish; *(discours, vie)* to end, to finish **2** *vi* to finish, to end; **f. de faire qch** to finish doing sth; **f. par faire qch** to end up doing sth; **f. par qch** to finish (up) *or* end (up) with sth ▪ **fini, -e** *adj (produit)* finished; *(univers) & Math* finite

Finlande [fɛ̃lɑ̃d] *nf* **la F.** Finland ▪ **finlandais, -e 1** *adj* Finnish **2** *nmf* **F., Finlandaise** Finn

firme [firm] *nf* firm

fisc [fisk] *nm Br* ≃ Inland Revenue, *Am* ≃ Internal Revenue ▪ **fiscal, -e, -aux, -ales** *adj* **charges fiscales** taxes; **fraude fiscale** tax fraud *or* evasion ▪ **fiscalité** *nf* tax system

fissure [fisyr] *nf* crack ▪ **se fissurer** *vpr* to crack

fixation [fiksɑsjɔ̃] *nf (action)* fixing; *(dispositif)* fastening, binding; *(idée fixe)* fixation; **faire une f. sur qn/qch** to be fixated on sb/sth

fixe [fiks] *adj* fixed ▪ **fixement** [-əmɑ̃] *adv* **regarder qn/qch f.** to stare at sb/sth

fixer [fikse] **1** *vt (attacher)* to fix (**à** to); *(date, règle)* to decide, to fix; **f. qn/qch du regard** to stare at sb/sth; **être fixé** *(décidé)* to be decided **2 se fixer** *vpr (regard)* to become fixed; *(s'établir)* to settle

flacon [flakɔ̃] *nm* small bottle

flageolet [flaʒɔlɛ] *nm (haricot)* flageolet bean

flagrant, -e [flagrɑ̃, -ɑ̃t] *adj (injustice)* flagrant, blatant; **pris en f. délit** caught in the act *or* red-handed

flair [flɛr] *nm (de chien)* (sense of) smell, scent; *(de personne)* intuition, flair ▪ **flairer** *vt* to smell, to sniff at

flamand, -e [flamɑ̃, -ɑ̃d] **1** *adj* Flemish **2** *nmf* **F., Flamande** Fleming **3** *nm (langue)* Flemish

flamant [flamɑ̃] *nm* **f. rose** flamingo

flambant [flɑ̃bɑ̃] *adv* **f. neuf** brand new

flambeau, -x [flɑ̃bo] *nm* torch

flamber [flɑ̃be] *vi* to blaze

flamboyer [flɑ̃bwaje] *vi* to blaze

flamme [flam] *nf* flame; **en flammes** on fire

flan [flɑ̃] *nm* baked custard

flanc [flɑ̃] *nm* side; *(d'armée, d'animal)* flank

Flandre [flɑ̃dr] *nf* **la F., les Flandres** Flanders

flâner [flɑne] *vi* to stroll

flanquer [flɑ̃ke] *vt* to flank (**de** with)

flaque [flak] *nf (d'eau)* puddle

flash [flaʃ] (*pl* **flashes**) *nm Phot* flashlight; *Radio & TV* **f. d'informations** (news)flash

flatter [flate] *vt* to flatter ▪ **flatterie** *nf* flattery ▪ **flatteur, -euse** *adj* flattering

fléau, -x [fleo] *nm (catastrophe)* scourge

flèche [flɛʃ] *nf (projectile)* arrow; *(d'église)* spire; **monter en f.** *(prix)* to shoot up ▪ **fléchette** *nf* dart; **fléchettes** *(jeu)* darts

fléchir [fleʃir] **1** *vt (ployer)* to bend **2** *vi (ployer)* to bend; *(faiblir)* to give way; *(baisser)* to fall

flétrir [fletrir] *vt*, **se flétrir** *vpr* to wither

fleur [flœr] *nf* flower; *(d'arbre, d'arbuste)* blossom; **en fleur(s)** in flower, in bloom; *(arbre)* in blossom

fleurir [flœrir] **1** *vt (table)* to decorate with flowers; *(tombe)* to lay flowers on **2** *vi (plante)* to flower, to bloom; *(arbre)* to blossom; *Fig (prospérer)* to flourish ▪ **fleuri, -e** *adj (fleur, jardin)* in bloom; *(tissu)* floral

fleuriste [flœrist] *nmf* florist

fleuve [flœv] *nm* river

flexible [flɛksibl] *adj* flexible ▪ **flexibilité** *nf* flexibility

flocon [flɔkɔ̃] *nm* flake; **f. de neige** snowflake

floraison [flɔrɛzɔ̃] *nf* flowering; **en pleine f.** in full bloom ▪ **floral, -e, -aux, -ales** *adj* floral

flore [flɔr] *nf* flora

florissant, -e [flɔrisɑ̃, -ɑ̃t] *adj* flourishing

flot [flo] *nm (de larmes)* flood, stream; **les flots** *(la mer)* the waves; **à f.** *(bateau)* afloat; *Fig* **couler à flots** *(argent, vin)* to flow freely

flotte [flɔt] *nf (de bateaux, d'avions)* fleet

flotter [flɔte] *vi (bateau)* to float; *(drapeau)* to fly ▪ **flotteur** *nm* float

flou, -e [flu] *adj (image)* fuzzy, blurred; *(idée)* vague

fluet, -ette [flye, -ɛt] *adj* thin, slender

fluide [flɥid] *adj & nm (liquide)* fluid

fluorescent, -e [flyɔresɑ̃, -ɑ̃t] *adj* fluorescent

flûte [flyt] *nf (instrument)* flute; *(verre)* champagne glass ▪ **flûtiste** *nmf Br* flautist, *Am* flutist

flux [fly] *nm (abondance)* flow; **f. et reflux** ebb and flow

foi [fwa] *nf* faith; **être de bonne/mauvaise f.** to be sincere/insincere

foie [fwa] *nm* liver; **f. gras** foie gras; **crise de f.** bout of indigestion

foin [fwɛ̃] *nm* hay

foire [fwar] *nf* fair

fois [fwa] *nf* time; **une f.** once; **deux f.** twice; **trois f.** three times; **deux f. trois** two times three; **chaque f. que...** whenever..., each time (that)...; **une f. qu'il sera arrivé** once he has arrived; **à la f.** at the same time, at once; **il était une fois...** once upon a time there was...

foisonner [fwazɔne] *vi* to abound (**de** *ou* **en** in)

fol [fɔl] *voir* **fou**

folie [fɔli] *nf* madness; **aimer qn à la f.** to be madly in love with sb

folklore [fɔlklɔr] *nm* folklore ▪ **folklorique** *adj (costume)* traditional; *(musique, danse)* folk

folle [fɔl] *voir* **fou**

foncé, -e [fɔ̃se] *adj* dark

foncer [fɔ̃se] **1** *vi (aller vite)* to tear *or* charge along; **f. sur qn/qch** to swoop on sb/sth **2** *vti (couleur)* to darken

foncier, -ère [fɔ̃sje, -ɛr] *adj (taxe)* land

fonction [fɔ̃ksjɔ̃] *nf* function; *(emploi)* office; **en f. de** according to; **faire f. de** *(personne)* to act as; *(objet)* to serve *or* act as; **prendre ses fonctions** to take up one's duties; **la f. publique** the civil service ▪ **fonctionnaire** *nmf* civil servant; **haut f.** high-ranking civil servant ▪ **fonctionnel, -elle** *adj* functional

fonctionner [fɔ̃ksjɔne] *vi (machine)* to work, to function; **faire f. qch** to operate sth ▪ **fonctionnement** *nm (de machine)* working; **en état de f.** in working order

fond [fɔ̃] *nm (de boîte, de jardin, de vallée)* bottom; *(de salle, d'armoire)* back; *(arrière-plan)* background; **au f. de** *(boîte, jardin)* at the bottom of; *(salle)* at the back of; *Fig* **au f., dans le f.** basically; **à f.** *(connaître)* thoroughly; **de f. en comble** from top to bottom; **course de f.** long-distance race; **ski de f.** cross-country skiing; **bruits de f.** background noise; **f. sonore** background music

fondamental, -e, -aux, -ales [fɔ̃damɑ̃tal, -o] *adj* fundamental, basic

fonder [fɔ̃de] **1** *vt (ville)* to found; *(commerce)* to set up; *(famille)* to start; **f. qch sur qch** to base sth on sth **2 se fonder** *vpr* **se f. sur qch** *(sujet: théorie)* to be based on sth ▪ **fondateur, -trice** *nmf* founder ▪ **fondation** *nf (création, œuvre)* foundation (**de** of); **fondations** *(de bâtiment)* foundations ▪ **fondement** *nm* foundation

fondre [fɔ̃dr] **1** *vt (métal)* to melt down; *(neige)* to melt; **faites f. le chocolat** melt the chocolate **2** *vi (se liquéfier)* to melt; **f. en larmes** to burst into tears; **f. sur qch** to swoop on sth **3 se fondre** *vpr* **se f. dans qch** *(disparaître)* to merge into sth ▪ **fondant, -e** *adj (aliment)* which melts in the mouth

fonds [fɔ̃] **1** *nm (organisme)* fund; *(de bibliothèque)* collection; **f. de commerce** business; **F. monétaire international** International Monetary Fund **2** *nmpl (argent)* funds; **être en f.** to be in funds

font [fɔ̃] *voir* **faire**

fontaine [fɔ̃tɛn] *nf (construction)* fountain; *(source)* spring

fonte [fɔ̃t] *nf* (**a**) *(de neige)* melting; *(d'acier)* smelting (**b**) *(alliage)* cast iron; **en f.** *(poêle)* cast-iron (**c**) *Typ* font

football [futbol] *nm Br* football, *Am* soccer ▪ **footballeur, -euse** *nmf Br* footballer, *Am* soccer player

forage [fɔraʒ] *nm* drilling, boring

forain [fɔrɛ̃] *nm* fairground stallholder

force [fɔrs] *nf (violence) & Phys* force; *(vigueur)* strength; **de toutes ses forces** with all one's strength; **de f.** by force, forcibly; **à f. de faire qch** through doing sth; **les forces armées** the armed forces ▪ **forcément** *adv* inevitably; **pas f.** not necessarily

forcer [fɔrse] **1** *vt (obliger)* to force; *(porte)* to force open; *(voix)* to strain; **f. qn à faire qch** to force sb to do sth **2** *vi (appuyer, tirer)* to force it; *(se surmener)* to overdo it **3 se forcer** *vpr* to force oneself (**à faire** to do)

forer [fɔre] *vt* to drill, to bore

forêt [fɔrɛ] *nf* forest

forfait [fɔrfɛ] *nm* (**a**) *(prix)* all-in price; *(de ski)* pass; **f. week-end** weekend package (**b**) *(crime)* heinous crime ▪ **forfaitaire** *adj (indemnités)* basic; **prix f.** all-in price

forge [fɔrʒ] *nf* forge ▪ **forger** *vt (métal, liens)* to forge; *Fig (caractère)* to form ▪ **forgeron** [-ərɔ̃] *nm* (black)smith

formaliser [fɔrmalize] **se formaliser** *vpr* to take offence (**de** at)

formalité [fɔrmalite] *nf* formality

format [fɔrma] *nm* format

formater [fɔrmate] *vt Ordinat* to format

formation [fɔrmasjɔ̃] *nf (de roche, de mot)* formation; *(éducation)* education; **f. permanente** continuing education; **f. professionnelle** vocational training ▪ **formateur, -trice 1** *adj* formative **2** *nmf* trainer

forme [fɔrm] *nf (contour)* shape, form; *(manière, bonne santé)* form; **en f. de qch** in the shape of sth; **en f. de poire** pear-shaped; **sous f. de qch** in the form of sth; **en (pleine) f.** *(en bonne santé)* on (top) form

formel, -elle [fɔrmɛl] *adj (structure)* formal; *(personne, preuve)* positive; *(interdiction)* strict

former [fɔrme] **1** *vt (groupe, caractère)* to form; *(apprenti)* to train **2 se former** *vpr (apparaître)* to form; *(association, liens)* to be formed; *(apprendre son métier)* to train oneself

formidable [fɔrmidabl] *adj (fantastique)* great; *(gigantesque)* tremendous

formulaire [fɔrmylɛr] *nm* form

formule [fɔrmyl] *nf Math* formula; *(phrase)* expression; *(solution)* method; **nouvelle f.** *(menu)* new-style; **f. magique** magic formula ▪ **formulation** *nf* formulation ▪ **formuler** *vt* to formulate

fort[1], -e [fɔr, fɔrt] **1** *adj (vigoureux)* strong; *(gros, important)* large; *(pluie, mer, chute de neige)* heavy; *(voix)* loud; *(fièvre)* high; *(pente)* steep; **être f. en qch** *(doué)* to be good at sth

2 *adv (frapper, pleuvoir)* hard; *(parler)* loud(ly); *(serrer)* tight; **sentir f.** to have a strong smell; **respirer f.** to breathe heavily

3 *nm (spécialité)* strong point

fort[2] [fɔr] *nm Hist & Mil* fort ▪ **forteresse** *nf* fortress

fortifié, -e [fɔrtifje] *adj (ville, camp)* fortified ▪ **fortification** *nf* fortification

fortifier [fɔrtifje] *vt (mur, ville)* to fortify; *(corps)* to strengthen ▪ **fortifiant** *nm* tonic

fortune [fɔrtyn] *nf (richesse, hasard)*

fortune; **faire f.** to make one's fortune

fosse [fos] *nf (trou)* pit; **f. d'orchestre** orchestra pit

fossé [fose] *nm* ditch; *(de château)* moat; *Fig (désaccord)* gulf

fossette [fosɛt] *nf* dimple

fossoyeur [foswajœr] *nm* gravedigger

fou, folle [fu, fɔl]

> **fol** is used before masculine singular nouns beginning with a vowel or h mute.

1 *adj (personne, projet)* mad, insane; *(succès, temps)* tremendous; *(envie)* wild, mad; *(espoir)* foolish; **f. de qch** *(musique, personne)* mad about sth; **f. de joie** beside oneself with joy
2 *nmf* madman, *f* madwoman
3 *nm (bouffon)* jester; *Échecs* bishop

foudre [fudr] *nf* **la f.** lightning ▪ **foudroyant,-e** *adj (succès, vitesse)* staggering ▪ **foudroyer** *vt* to strike; **f. qn du regard** to give sb a withering look

fouet [fwɛ] *nm* whip; *Culin* whisk; **coup de f.** lash (with a whip); **de plein f.** head-on ▪ **fouetter** *vt* to whip; *(sujet: pluie)* to lash (against); **crème fouettée** whipped cream

fougère [fuʒɛr] *nf* fern

fougue [fug] *nf* fire, spirit ▪ **fougueux, -euse** *adj* fiery, ardent

fouille [fuj] **1** *nf (de personne, de bagages)* search **2** *nfpl* **fouilles archéologiques** excavations, dig ▪ **fouiller 1** *vt (personne, maison)* to search **2** *vi* **f. dans qch** *(tiroir)* to search through sth **3** *vti (creuser)* to dig

fouillis [fuji] *nm* jumble

foulard [fular] *nm* (head)scarf

foule [ful] *nf* crowd; **une f. de** *(objets)* a mass of

foulée [fule] *nf (de coureur, de cheval)* stride

fouler [fule] **1** *vt (sol)* to tread; **f. qch aux pieds** to trample sth underfoot **2** **se fouler** *vpr* **se f. la cheville** to sprain one's ankle ▪ **foulure** *nf* sprain

four [fur] *nm (de cuisine)* oven; *(de potier)* kiln; **petit f.** *(gâteau)* (small) fancy cake

fourche [furʃ] *nf (outil, embranchement)* fork; **faire une f.** to fork ▪ **fourcher** *vi (arbre)* to fork ▪ **fourchette** *nf (pour manger)* fork; *(de salaires)* bracket ▪ **fourchu, -e** *adj* forked

fourgon [furgɔ̃] *nm (camion)* van; **f. cellulaire** *Br* prison van, *Am* patrol wagon

fourmi [furmi] *nf (insecte)* ant; **avoir des fourmis dans les jambes** to have pins and needles in one's legs ▪ **fourmiller** *vi* to teem, to swarm (**de** with)

fourneau, -x [furno] *nm (de cuisine)* stove

fournir [furnir] *vt (approvisionner)* to supply (**en** with); *(alibi, preuve, document)* to provide; *(effort)* to make; **f. qch à qn** to provide sb with sth; **pièces à f.** required documents ▪ **fourni, -e** *adj (barbe)* bushy; **bien f.** *(boutique)* well-stocked ▪ **fournisseur** *nm (commerçant)* supplier; *Ordinat* **f. d'accès** access provider ▪ **fournitures** *nfpl* **f. de bureau** office supplies; **f. scolaires** school stationery

fourrage [furaʒ] *nm* fodder

fourré, -e [fure] **1** *adj (vêtement)* furlined; *(gâteau)* jam-/cream-filled **2** *nm Bot* thicket

fourreau, -x [furo] *nm (gaine)* sheath

fourrer [fure] **1** *vt (vêtement)* to furline; *(gâteau)* to fill **2** **se fourrer** *vpr Fam* to put oneself (**dans** in); **où est-il allé se f.?** where's he got to? ▪ **fourre-tout** *nm inv (sac) Br* holdall, *Am* carryall

fourrière [furjɛr] *nf (lieu)* pound; **mettre à la f.** *(voiture)* to impound; *(chien)* to put in the pound

fourrure [furyr] *nf* fur

foyer [fwaje] *nm (maison)* home; *(d'étudiants)* residence; *(de travailleurs)* hostel; *(de théâtre)* foyer; *(de lunettes)* focus; *(de chaleur, d'infection)* source; *(d'incendie)* seat; *(âtre)* hearth; *(famille)* family

fracas [fraka] *nm* crash ▪ **fracassant, -e** *adj (nouvelle, révélation)* shattering

■ **fracasser** *vt*, **se fracasser** *vpr* to smash

fraction [fraksjɔ̃] *nf* fraction; *(partie)* part ■ **fractionner** *vt*, **se fractionner** *vpr* to split (up)

fracture [fraktyr] *nf* fracture ■ **fracturer 1** *vt (porte)* to break open; *(os)* to fracture **2 se fracturer** *vpr* **se f. la jambe** to fracture one's leg

fragile [fraʒil] *adj (objet, matériau)* fragile; *(santé, équilibre)* delicate; *(personne) (physiquement)* frail; *(mentalement)* sensitive ■ **fragilité** *nf (d'objet, de matériau)* fragility; *(de personne) (physique)* frailty; *(mentale)* sensitivity

fragment [fragmɑ̃] *nm* fragment

fraîcheur [frɛʃœr] *nf (d'aliments)* freshness; *(de température)* coolness

frais[1], fraîche [frɛ, frɛʃ] **1** *adj (aliment, fleurs)* fresh; *(vent, air)* cool, fresh; *(nouvelles)* recent; *(peinture)* wet

2 *adv* **servir f.** *(vin)* to serve chilled

3 *nm* **mettre qch au f.** to put sth in a cool place; *(au réfrigérateur)* to refrigerate sth; **il fait f.** it's cool ■ **fraîchir** *vi (temps)* to freshen

frais[2] [frɛ] *nmpl* expenses; **à mes f.** at my (own) expense; **faire des f.** to go to great expense; **f. de scolarité** school fees

fraise [frɛz] *nf (fruit)* strawberry; *(de dentiste)* drill ■ **fraisier** *nm (plante)* strawberry plant; *(gâteau)* strawberry cream cake

framboise [frɑ̃bwaz] *nf* raspberry ■ **framboisier** *nm* raspberry bush

franc[1], franche [frɑ̃, frɑ̃ʃ] *adj* (**a**) *(sincère)* frank; *(visage)* open (**b**) *(net) (couleur)* pure (**c**) *(zone, ville, port)* free ■ **franchement** *adv (sincèrement)* frankly; *(vraiment)* really; *(sans ambiguïté)* clearly

franc[2] [frɑ̃] *nm Anciennement (monnaie)* franc

France *nf* **la F.** France ■ **français, -e 1** *adj* French **2** *nmf* **F.** Frenchman; **Française** Frenchwoman; **les F.** the French **3** *nm (langue)* French

franchir [frɑ̃ʃir] *vt (obstacle)* to get over; *(fossé)* to jump over; *(frontière, ligne d'arrivée)* to cross; *(porte)* to go through; *(distance)* to cover

franchise [frɑ̃ʃiz] *nf (sincérité)* frankness; *(exonération)* exemption; *Com* franchise; **f. postale** ≃ postage paid

franc-maçon [frɑ̃masɔ̃] (*pl* **francs-maçons**) *nm* freemason

francophone [frɑ̃kɔfɔn] **1** *adj* French-speaking **2** *nmf* French speaker

franc-parler [frɑ̃parle] *nm* **avoir son f.** to speak one's mind

frange [frɑ̃ʒ] *nf (de cheveux) Br* fringe, *Am* bangs; *(de vêtement)* fringe

frappe [frap] *nf (sur machine à écrire)* typing; *(sur ordinateur)* keying; **faute de f.** typing error

frapper [frape] **1** *vt (battre)* to strike, to hit; *(monnaie)* to mint; **f. qn** *(impressionner)* to strike sb; *(impôt, mesure)* to hit sb **2** *vi (donner un coup)* to strike, to hit; **f. du pied** to stamp (one's foot); **f. du poing sur la table** to bang (on) the table; **f. à une porte** to knock on a door; **'entrez sans f.'** 'go straight in' ■ **frappant, -e** *adj* striking ■ **frappé, -e** *adj (boisson)* chilled

fraternel, -elle [fraternɛl] *adj* fraternal, brotherly ■ **fraternité** *nf* fraternity, brotherhood

fraude [frod] *nf* fraud; **passer qch en f.** to smuggle sth in; **f. fiscale** tax evasion ■ **frauder 1** *vt* **f. le fisc** to evade tax **2** *vi* to cheat (**sur** on) ■ **fraudeur, -euse** *nmf* defrauder ■ **frauduleux, -euse** *adj* fraudulent

frayer [frɛje] **se frayer** *vpr* **se f. un chemin** to clear a way (**à travers/dans** through)

frayeur [frɛjœr] *nf* fright

fredonner [frədɔne] *vti* to hum

frein [frɛ̃] *nm* brake; **donner un coup de f.** to put on the brakes; **f. à main** handbrake ■ **freiner 1** *vt (véhicule)* to slow down; *(chute)* to break; *Fig (inflation)* to curb **2** *vi* to brake

frelaté, -e [frəlate] *adj (vin) & Fig* adulterated

frêle [frɛl] *adj* frail
frémir [fremir] *vi (personne)* to tremble (**de** with); *(feuilles)* to rustle; *(eau chaude)* to simmer ▪ **frémissement** *nm (de peur)* shudder; *(de plaisir)* thrill; *(de colère)* quiver; *(de feuilles)* rustle; *(d'eau chaude)* simmering
frénétique [frenetik] *adj* frenzied
fréquent, -e [frekɑ̃, -ɑ̃t] *adj* frequent ▪ **fréquence** *nf* frequency
fréquenter [frekɑ̃te] **1** *vt (lieu)* to frequent; **f. qn** to see sb regularly **2 se fréquenter** *vpr (se voir régulièrement)* to see each other socially ▪ **fréquentation** *nf (de lieu)* frequenting; **fréquentations** *(relations)* company ▪ **fréquenté, -e** *adj* **mal f.** disreputable, of ill repute; **bien f.** reputable, of good repute
frère [frɛr] *nm* brother
friable [frijabl] *adj* crumbly
friand, -e [frijɑ̃, -ɑ̃d] **1** *adj* **f. de qch** fond of sth **2** *nm (salé)* = small savoury pastry ▪ **friandise** *nf Br* titbit, *Am* tidbit
friction [friksjɔ̃] *nf (massage)* rubdown; *(de cuir chevelu)* scalp massage; *(désaccord)* friction ▪ **frictionner** *vt (partie du corps)* to rub; *(personne)* to rub down
Frigidaire® [friʒidɛr] *nm* fridge
frileux, -euse [frilø, -øz] *adj* **être f.** to feel the cold
friper [fripe] **1** *vt* to crumple **2 se friper** *vpr* to get crumpled ▪ **fripé, -e** *adj* crumpled
frire* [frir] **1** *vt* to fry **2** *vi* to fry; **faire f. qch** to fry sth
friser [frize] **1** *vt (cheveux)* to curl; *(effleurer)* to skim; **f. la catastrophe** to come within an inch of disaster **2** *vi (cheveux)* to curl; *(personne)* to have curly hair ▪ **frisé, -e** *adj (cheveux)* curly; *(personne)* curly-haired
frisson [frisɔ̃] *nm (de froid, de peur)* shiver; *(de plaisir)* thrill ▪ **frissonner** *vi (de froid, de peur)* to shiver
frit, -e [fri, -it] **1** *pp de* **frire 2** *adj* fried ▪ **frites** *nfpl Br* chips, *Am* French fries ▪ **friture** *nf (mode de cuisson)* frying; *(aliment)* fried food
frivole [frivɔl] *adj* frivolous
froid, -e [frwa, frwad] **1** *adj* cold **2** *nm* cold; **avoir f.** to be/catch cold; **il fait f.** it's cold
froisser [frwase] **1** *vt (tissu)* to crumple, to crease **2 se froisser** *vpr (tissu)* to crease, to crumple; **se f. un muscle** to strain a muscle
frôler [frole] *vt (effleurer)* to brush against, to touch lightly; *Fig (catastrophe)* to come close to
fromage [frɔmaʒ] *nm* cheese; **f. de chèvre** goat's cheese; **f. blanc** soft cheese; **f. frais** fromage frais ▪ **fromager, -ère** *nmf (fabricant)* cheesemaker; *(commerçant)* cheese seller ▪ **fromagerie** *nf (magasin)* cheese shop
froment [frɔmɑ̃] *nm* wheat
froncer [frɔ̃se] *vt (tissu)* to gather; **f. les sourcils** to frown
front [frɔ̃] *nm (du visage)* forehead; *(avant), Mil & Pol* front; **de f.** *(heurter)* head-on; *(côte à côte)* abreast; *(à la fois)* (all) at once; **faire f. à qn/qch** to face up to sb/sth; **f. de mer** sea front ▪ **frontal, -e, -aux, -ales** *adj (collision)* head-on
frontière [frɔ̃tjɛr] **1** *nf (de pays)* border **2** *adj inv* **ville f.** border town ▪ **frontalier, -ère** *adj* **ville frontalière** border *or* frontier town
frotter [frɔte] **1** *vt* to rub; *(plancher)* to scrub; *(allumette)* to strike **2** *vi* to rub (**contre** against) **3 se frotter** *vpr* to rub oneself; **se f. le dos** to scrub one's back
fructifier [fryktifje] *vi (arbre, capital)* to bear fruit ▪ **fructueux, -euse** *adj* fruitful
frugal, -e, -aux, -ales [frygal, -o] *adj* frugal
fruit [frɥi] *nm* fruit; **des fruits** fruit; **un f.** a piece of fruit; **fruits de mer** seafood; **fruits secs** dried fruit ▪ **fruité, -e** *adj* fruity ▪ **fruitier** *adj m* **arbre f.** fruit tree

frustrer [frystre] *vt* **f. qn** to frustrate sb; **f. qn de qch** to deprive sb of sth ▪ **frustration** *nf* frustration ▪ **frustré, -e** *adj* frustrated

fuel [fjul] *nm* fuel oil

fugitif, -ive [fyʒitif, -iv] **1** *adj (passager)* fleeting **2** *nmf* runaway, fugitive

fugue [fyg] *nf* **faire une f.** *(enfant)* to run away ▪ **fuguer** *vi Fam* to run away

fuir* [fɥir] **1** *vt (pays)* to flee; *(personne)* to run away from; *(guerre)* to escape **2** *vi (s'échapper)* to run away (**devant** from); *(gaz, robinet, stylo)* to leak ▪ **fuite** *nf (évasion)* flight (**devant** from); *(de gaz)* leak; **en f.** on the run; **prendre la f.** to take flight

fulgurant, -e [fylgyrɑ̃, -ɑ̃t] *adj (progrès)* spectacular; *(douleur)* shooting

fumer [fyme] **1** *vt (cigarette, poisson)* to smoke; **f. la pipe** to smoke a pipe **2** *vi (fumeur, moteur)* to smoke; *(liquide brûlant)* to steam ▪ **fumé, -e** *adj (poisson, verre)* smoked ▪ **fumée** *nf* smoke; *(vapeur)* steam ▪ **fumeur, -euse** *nmf* smoker

fumeux, -euse [fymø, -øz] *adj Fig (idée)* hazy

fumier [fymje] *nm (engrais)* manure, dung

funambule [fynɑ̃byl] *nmf* tightrope walker

funèbre [fynɛbr] *adj (lugubre)* gloomy; **marche f.** funeral march ▪ **funérailles** *nfpl* funeral ▪ **funéraire** *adj* funeral

funiculaire [fynikylɛr] *nm* funicular

fur [fyr] **au fur et à mesure** *adv* as one goes along, progressively; **au f. et à mesure que...** as...

furent [fyr] *voir* **être**

furie [fyri] *nf (colère)* fury ▪ **furieux, -euse** *adj (en colère)* furious (**contre** with)

fuseau, -x [fyzo] *nm (pantalon)* ski pants; *(bobine)* spindle; **f. horaire** time zone

fusée [fyze] *nf* rocket

fuselage [fyzlaʒ] *nm (d'avion)* fuselage

fusible [fyzibl] *nm* fuse

fusil [fyzi] *nm* rifle, gun; *(de chasse)* shotgun ▪ **fusillade** *nf (tirs)* gunfire ▪ **fusiller** *vt (exécuter)* to shoot

fusion [fyzjɔ̃] *nf* (**a**) *(de métal)* melting; *Phys* fusion; **métal en f.** molten metal (**b**) *(de sociétés)* merger ▪ **fusionner** *vti (sociétés)* to merge

fut [fy] *voir* **être**

futile [fytil] *adj (personne)* frivolous; *(prétexte)* trivial

futur, -ure [fytyr] **1** *adj* future; **future mère** mother-to-be **2** *nmf* **mon f./ma future** my intended **3** *nm (avenir)* future

fuyant [fɥijɑ̃] *p prés de* **fuir** ▪ **fuyant, -e** *adj (front)* receding; *(personne)* evasive ▪ **fuyard, -e** *nmf* runaway

Gg

G, g [ʒe] *nm inv* G, g
gabarit [gabari] *nm (dimension)* size
gâcher [gɑʃe] *vt (gâter)* to spoil; *(gaspiller)* to waste ■ **gâchis** *nm* waste
gâchette [gɑʃɛt] *nf* trigger
gadget [gadʒɛt] *nm* gadget
gadoue [gadu] *nf* mud
gag [gag] *nm* gag
gage [gaʒ] *nm (garantie)* guarantee; *(au jeu)* forfeit; *(preuve)* token
gagnant, -e [gɑɲɑ̃, -ɑ̃t] **1** *adj (billet, cheval)* winning **2** *nmf* winner
gagner [gɑɲe] **1** *vt (par le travail)* to earn; *(par le jeu)* to win; *(obtenir)* to gain; *(atteindre)* to reach; *(sujet: feu, épidémie)* to spread to; **g. sa vie** to earn one's living; **g. du temps** *(aller plus vite)* to save time; *(temporiser)* to gain time; **g. du terrain** to gain ground; **g. de la place** to save space **2** *vi (être vainqueur)* to win ■ **gagne-pain** *nm inv* livelihood
gai, -e [gɛ] *adj* cheerful ■ **gaieté** *nf* cheerfulness
gaillard [gajar] *nm (homme)* fellow; **un grand g.** a strapping man
gain [gɛ̃] *nm (profit)* gain, profit; *(succès)* winning; **gains** *(à la Bourse)* profits; *(au jeu)* winnings
gaine [gɛn] *nf (étui)* sheath
gala [gala] *nm* gala
galant, -e [galɑ̃, -ɑ̃t] *adj (homme)* gallant; *(rendez-vous)* romantic ■ **galanterie** *nf* gallantry
galaxie [galaksi] *nf* galaxy
galerie [galri] *nf (passage, salle)* gallery; *(de taupe)* tunnel; **g. d'art** art gallery; **g. marchande** (shopping) mall
galet [galɛ] *nm* pebble; **plage de galets** shingle beach
galette [galɛt] *nf (gâteau)* butter biscuit; *(crêpe)* buckwheat pancake; **g. des Rois** = Twelfth Night cake
Galles [gal] *nm* **pays de G.** Wales ■ **gallois, -e 1** *adj* Welsh **2** *nmf* **G.** Welshman; **Galloise** Welshwoman **3** *nm (langue)* Welsh
galon [galɔ̃] *nm (ruban)* braid; *(de soldat)* stripe
galop [galo] *nm* gallop; **aller au g.** to gallop ■ **galoper** *vi (cheval)* to gallop
gambader [gɑ̃bade] *vi* to leap *or* frisk about
Gambie [gɑ̃bi] *nf* **la G.** The Gambia
gamelle [gamɛl] *nf (de chien)* bowl; *(d'ouvrier)* billy(can); *(de soldat)* mess tin
gamin, -e [gamɛ̃, -in] *nmf (enfant)* kid
gamme [gam] *nf Mus* scale; *(éventail)* range; **téléviseur haut/bas de g.** top-of-the-range/bottom-of-the-range television
gang [gɑ̃g] *nm* gang
gant [gɑ̃] *nm* glove; **g. de toilette** ≃ facecloth
garage [garaʒ] *nm (de voitures)* garage ■ **garagiste** *nmf (mécanicien)* garage mechanic; *(propriétaire)* garage owner
garant, -e [garɑ̃, -ɑ̃t] *nmf Jur (personne)* guarantor; **se porter g. de qn** to stand guarantor for sb; **se porter g. de qch** to vouch for sth
garantie [garɑ̃ti] *nf* guarantee; *Fig (précaution)* safeguard; **sous g.** under

guarantee ▪ **garantir** *vt* to guarantee; *(emprunt)* to secure; **g. à qn que…** to guarantee sb that…

garçon [garsɔ̃] *nm* boy; *(jeune homme)* young man; *(serveur)* waiter; **g. de café** waiter; **g. d'honneur** best man; **g. manqué** tomboy

garde [gard] **1** *nm (gardien)* guard; *(soldat)* guardsman; **g. du corps** bodyguard

2 *nf* (**a**) *(d'enfants, de bagages)* care, custody (**de** of); **avoir la g. de** to be in charge of; **prendre g.** to pay attention (**à qch** to sth); **être de g.** to be on duty; *(soldat)* to be on guard duty; **médecin de g.** duty doctor

(**b**) *(escorte, soldats)* guard

3 *nm* **g. de nuit** *(de malade)* night nurse ▪ **garde-à-vous** *nm inv Mil* (position of) attention; **se mettre au g.** to stand to attention ▪ **garde-chasse** (*pl* **gardes-chasses**) *nm* gamekeeper ▪ **garde-côte** (*pl* **garde-côtes**) *nm (bateau)* coastguard vessel ▪ **garde-manger** *nm inv (armoire)* food safe; *(pièce)* pantry, *Br* larder ▪ **garde-robe** (*pl* **garde-robes**) *nf* wardrobe

garder [garde] **1** *vt (conserver)* to keep; *(vêtement)* to keep on; *(habitude)* to keep up; *(surveiller)* to look after; *(défendre)* to protect **2 se garder** *vpr (aliment)* to keep; **se g. de qch** to beware of sth; **se g. de faire qch** to take care not to do sth

garderie [gardəri] *nf Br* (day) nursery, *Am* daycare center

gardien, -enne [gardjɛ̃, -ɛn] *nmf (d'immeuble, d'hôtel)* caretaker, *Am* janitor; *(de prison)* (prison) guard, *Br* warder; *(de zoo)* keeper; *(de musée) Br* attendant, *Am* guard; **g. de but** *(au football)* goalkeeper; **gardienne d'enfants** child minder, baby-sitter; **g. de nuit** night watchman; **g. de la paix** policeman

gare [gar] *nf (pour trains)* station; **g. routière** bus *or Br* coach station

garer [gare] **1** *vt (voiture)* to park **2 se garer** *vpr (automobiliste)* to park

gargariser [gargarize] **se gargariser** *vpr* to gargle

gargouiller [garguje] *vi (fontaine, eau)* to gurgle; *(ventre)* to rumble

garnir [garnir] *vt (décorer)* to trim (**de** with); *(équiper)* to fit out (**de** with); *(couvrir)* to cover; *(remplir)* to fill ▪ **garniture** *nf Culin* garnish

garnison [garnizɔ̃] *nf* garrison

gaspiller [gaspije] *vt* to waste ▪ **gaspillage** *nm* waste

gastronomie [gastrɔnɔmi] *nf* gastronomy

gâté, -e [gɑte] *adj (dent, fruit)* bad; **enfant g.** spoilt child

gâteau, -x [gɑto] *nm* cake; **g. sec** *Br* biscuit, *Am* cookie

gâter [gɑte] **1** *vt* to spoil **2 se gâter** *vpr (aliment, dent)* to go bad; *(temps)* to take a turn for the worst

gâteux, -euse [gɑtø, -øz] *adj* senile

gauche[1] [goʃ] **1** *adj (côté, main)* left

2 *nf* **la g.** *(côté)* the left (side); *Pol* the left (wing); **à g.** *(tourner)* (to the) left; *(marcher)* on the left, on the left(-hand) side; **de g.** *(fenêtre, colonne)* left-hand; *(parti, politique)* left-wing; **à g. de** on *or* to the left of ▪ **gaucher, -ère 1** *adj* left-handed **2** *nmf* left-hander ▪ **gauchiste** *adj & nmf Pol* (extreme) leftist

gauche[2] [goʃ] *adj (maladroit)* awkward

gaufre [gofr] *nf* waffle ▪ **gaufrette** *nf* wafer (biscuit)

gaver [gave] **1** *vt (animal)* to force-feed; *Fig (personne)* to stuff (**de** with) **2 se gaver** *vpr* to stuff oneself (**de** with)

gaz [gɑz] *nm inv* gas; **masque à g.** gas mask; **g. carbonique** carbon dioxide; **g. d'échappement** exhaust fumes ▪ **gazeux, -euse** *adj (état)* gaseous; *(boisson)* fizzy, carbonated; *(eau)* sparkling

gazole [gɑzɔl] *nm* diesel oil

gazon [gɑzɔ̃] *nm (herbe)* grass; *(surface)* lawn

gazouiller [gazuje] *vi (oiseau)* to

chirp; *(bébé, ruisseau)* to babble
géant, -e [ʒeɑ̃, -ɑ̃t] *adj & nmf* giant
geindre* [ʒɛ̃dr] *vi (gémir)* to moan
gel [ʒɛl] *nm* (**a**) *(temps, glace)* frost (**b**) *(pour cheveux)* gel ▪ **gelé, -e** *adj* frozen; *Méd* frostbitten ▪ **gelée** *nf* (**a**) frost; **g. blanche** ground frost (**b**) *(de fruits, de viande)* jelly ▪ **geler 1** *vt* to freeze **2** *vi* to freeze; **on gèle ici** it's freezing here **3** *v impersonnel* **il gèle** it's freezing
Gémeaux [ʒemo] *nmpl* **les G.** *(signe)* Gemini
gémir [ʒemir] *vi* to groan, to moan ▪ **gémissement** *nm* groan, moan
gênant, -e [ʒɛnɑ̃, -ɑ̃t] *adj (objet)* cumbersome; *(présence, situation)* awkward; *(bruit, personne)* annoying
gencive [ʒɑ̃siv] *nf* gum
gendarme [ʒɑ̃darm] *nm* gendarme, policeman ▪ **gendarmerie** *nf (corps)* police force; *(local)* police headquarters
gendre [ʒɑ̃dr] *nm* son-in-law
gène [ʒɛn] *nm Biol* gene
gêne [ʒɛn] *nf (trouble physique)* discomfort; *(confusion)* embarrassment; *(dérangement)* inconvenience
gêné, -e [ʒene] *adj (intimidé)* embarrassed; *(silence, sourire)* awkward
généalogie [ʒenealɔʒi] *nf* genealogy ▪ **généalogique** *adj* genealogical; **arbre g.** family tree
gêner [ʒene] **1** *vt (déranger, irriter)* to bother; *(troubler)* to embarrass; *(mouvement)* to hamper; *(circulation)* to hold up; **ça ne me gêne pas** I don't mind (**si** if) **2 se gêner** *vpr (se déranger)* to put oneself out
général, -e, -aux, -ales [ʒeneral, -o] **1** *adj* general; **en g.** in general **2** *nm Mil* general ▪ **généralité** *nf* generality
généralisation [ʒeneralizɑsjɔ̃] *nf* generalization ▪ **généraliser 1** *vti* to generalize **2 se généraliser** *vpr* to become widespread ▪ **généraliste** *nmf (médecin)* general practitioner, GP
générateur [ʒeneratœr] *nm Él* generator
génération [ʒenerɑsjɔ̃] *nf* generation
génératrice [ʒeneratris] *nf Él* generator
générer [ʒenere] *vt* to generate
généreux, -euse [ʒenerø, -øz] *adj* generous (**de** with)
générique [ʒenerik] **1** *nm (de film)* credits **2** *adj* **produit g.** generic product
générosité [ʒenerozite] *nf* generosity
génétique [ʒenetik] **1** *nf* genetics *(sing)* **2** *adj* genetic; **manipulation g.** genetic engineering ▪ **génétiquement** *adv* **g. modifié** genetically modified
Genève [ʒənɛv] *nm ou f* Geneva
génial, -e, -aux, -ales [ʒenjal, -jo] *adj (personne, invention)* brilliant
génie [ʒeni] *nm* (**a**) *(aptitude, personne)* genius; **avoir le g. pour faire qch** to have a genius for doing sth (**b**) **g. civil** civil engineering; **g. génétique** genetic engineering (**c**) *(esprit)* genie, spirit
genou, -x [ʒ(ə)nu] *nm* knee; **être à genoux** to be kneeling (down); **se mettre à genoux** to kneel (down)
genre [ʒɑ̃r] *nm (espèce)* kind, sort; *(attitude)* manner; *Beaux-Arts* genre; *Gram* gender; **le g. humain** mankind
gens [ʒɑ̃] *nmpl* people
gentil, -ille [ʒɑ̃ti, -ij] *adj (aimable)* nice (**avec** to); *(sage)* good ▪ **gentillesse** *nf* kindness; **avoir la g. de faire qch** to be kind enough to do sth ▪ **gentiment** *adv (aimablement)* kindly; *(sagement)* nicely
géographie [ʒeɔgrafi] *nf* geography ▪ **géographique** *adj* geographical
geôlier, -ère [ʒolje, -jɛr] *nmf* jailer
géologie [ʒeɔlɔʒi] *nf* geology ▪ **géologique** *adj* geological
géomètre [ʒeɔmɛtr] *nm* surveyor
géométrie [ʒeɔmetri] *nf* geometry ▪ **géométrique** *adj* geometric(al)
gérant, -e [ʒerɑ̃, -ɑ̃t] *nmf* manager, *f* manageress
gerbe [ʒɛrb] *nf (de blé)* sheaf; *(de fleurs)* bunch; *(d'eau)* spray

gercer [ʒɛrse] *vi*, **se gercer** *vpr (peau, lèvres)* to chap ▪ **gerçure** *nf* chap, crack

gérer [ʒere] *vt* to manage

germe [ʒɛrm] *nm (microbe)* germ; *(de plante)* shoot ▪ **germer** *vi (graine)* to start to grow; *(pomme de terre)* to sprout

geste [ʒɛst] *nm* gesture; **faire un g.** *(bouger, agir)* to make a gesture; **ne pas faire un g.** *(ne pas bouger)* not to make a move

gestion [ʒɛstjɔ̃] *nf (action)* management ▪ **gestionnaire** *nmf* administrator

Ghana [gana] *nm* **le G.** Ghana

gibier [ʒibje] *nm* game

giboulée [ʒibule] *nf* sudden shower; **giboulées de mars** ≃ April showers

gicler [ʒikle] *vi (liquide)* to spurt out; *(boue)* to splash up

gifle [ʒifl] *nf* slap in the face ▪ **gifler** *vt* **g. qn** to slap sb in the face

gigantesque [ʒigɑ̃tɛsk] *adj* gigantic

gigot [ʒigo] *nm* leg of mutton/lamb

gilet [ʒilɛ] *nm (cardigan)* cardigan; *(de costume) Br* waistcoat, *Am* vest; **g. pare-balles** bulletproof vest; **g. de sauvetage** life jacket

gingembre [ʒɛ̃ʒɑ̃br] *nm* ginger

girafe [ʒiraf] *nf* giraffe

giratoire [ʒiratwar] *adj Aut* **sens g.** *Br* roundabout, *Am* traffic circle

girofle [ʒirɔfl] *nm* **clou de g.** clove

gisement [ʒizmɑ̃] *nm (de minerai)* deposit; **g. de pétrole** oilfield

gitan, -e [ʒitɑ̃, -an] *nmf* gipsy

gîte [ʒit] *nm (abri)* resting place; **g. rural** gîte, = self-catering holiday cottage or apartment

givre [ʒivr] *nm* frost ▪ **givré, -e** *adj* frost-covered

glace [glas] *nf* (**a**) *(eau gelée)* ice; *(crème glacée)* ice cream (**b**) *(vitre)* window; *(miroir)* mirror

glacer [glase] *vt (durcir)* to freeze; *(gâteau)* to ice ▪ **glaçage** *nm (de gâteau)* icing ▪ **glacé, -e** *adj (eau, pièce)* ice-cold, icy; *(vent)* freezing, icy; *(thé, café)* iced; *(papier)* glazed

glacial, -e, -aux, -ales [glasjal, -o] *adj* icy

glacier [glasje] *nm* (**a**) *Géol* glacier (**b**) *(vendeur)* ice-cream seller

glacière [glasjɛr] *nf (boîte)* icebox

glaçon [glasɔ̃] *nm Culin* ice cube; *Géol* block of ice; *(sur toit)* icicle

glande [glɑ̃d] *nf* gland

glaner [glane] *vt (blé, renseignement)* to glean

glisse [glis] *nf* **sports de g.** = sports involving sliding and gliding motion, eg skiing, surfing etc

glisser [glise] **1** *vt (introduire)* to slip (**dans** into); *(murmurer)* to whisper **2** *vi (involontairement)* to slip; *(volontairement) (sur glace)* to slide; *(sur l'eau)* to glide; **ça glisse** it's slippery **3 se glisser** *vpr* **se g. dans/sous qch** to slip into/under sth ▪ **glissade** *nf (involontaire)* slip; *(volontaire)* slide ▪ **glissant, -e** *adj* slippery ▪ **glissement** *nm* **g. de terrain** landslide

glissière [glisjɛr] *nf Tech* runner, slide; **porte à g.** sliding door

global, -e, -aux, -ales [glɔbal, -o] *adj* total, global ▪ **globalement** *adv* overall

globe [glɔb] *nm* globe; **g. terrestre** *(mappemonde)* globe

globuleux, -euse [glɔbylø, -øz] *adj* **yeux g.** protruding eyes

gloire [glwar] *nf (renom)* glory; *(personne célèbre)* celebrity ▪ **glorieux, -euse** *adj* glorious ▪ **glorifier 1** *vt* to glorify **2 se glorifier** *vpr* **se g. de qch** to glory in sth

glousser [gluse] *vi (poule)* to cluck; *(personne)* to chuckle

glouton, -onne [glutɔ̃, -ɔn] **1** *adj* greedy, gluttonous **2** *nmf* glutton

gluant, -e [glyɑ̃, -ɑ̃t] *adj* sticky

goal [gol] *nm (au football)* goalkeeper

gobelet [gɔblɛ] *nm* tumbler; *(de plastique, de papier)* cup

goéland [gɔelɑ̃] *nm* (sea)gull

golf [gɔlf] *nm* golf; *(terrain)* golf course ▪ **golfeur, -euse** *nmf* golfer

golfe [gɔlf] *nm* gulf, bay

gomme [gɔm] *nf (pour effacer)* eraser, *Br* rubber ▪ **gommer** *vt (effacer)* to rub out, to erase

gond [gɔ̃] *nm (de porte)* hinge

gondoler [gɔ̃dɔle] **1** *vi (planche)* to warp; *(papier)* to crinkle **2 se gondoler** *vpr (planche)* to warp; *(papier)* to crinkle

gonflable [gɔ̃flabl] *adj* inflatable

gonfler [gɔ̃fle] **1** *vt* to swell; *(pneu)* to inflate **2** *vi* to swell ▪ **gonflé, -e** *adj* swollen ▪ **gonflement** *nm* swelling

gorge [gɔrʒ] *nf* throat; *Géog* gorge; **avoir la g. serrée** to have a lump in one's throat

gorgé, -e [gɔrʒe] *adj* **g. de qch** *(saturé)* gorged with sth

gorgée [gɔrʒe] *nf* mouthful; **petite g.** sip

gorger [gɔrʒe] **1** *vt (remplir)* to stuff (**de** with) **2 se gorger** *vpr* **se g. de qch** to gorge oneself with sth

gorille [gɔrij] *nm (animal)* gorilla

gothique [gɔtik] *adj & nm* Gothic

goudron [gudrɔ̃] *nm* tar

gouffre [gufr] *nm* abyss

goulot [gulo] *nm (de bouteille)* neck; **boire au g.** to drink from the bottle

goulu, -e [guly] *adj* greedy

goupille [gupij] *nf (de grenade)* pin

gourde [gurd] *nf (à eau)* water bottle, flask

gourmand, -e [gurmɑ̃, -ɑ̃d] **1** *adj* fond of eating; **g. de qch** fond of sth **2** *nmf* hearty eater ▪ **gourmandise** *nf* fondness for food; **gourmandises** *(mets)* delicacies

gourmet [gurmɛ] *nm* gourmet; **fin g.** gourmet

gousse [gus] *nf* **g. d'ail** clove of garlic

goût [gu] *nm* taste; **de bon g.** in good taste; **par g.** by choice; **avoir du g.** *(personne)* to have (good) taste; **avoir un g. de noisette** to taste of hazelnut

goûter [gute] **1** *vt (aliment)* to taste; *(apprécier)* to enjoy; **g. à qch** to taste (a little of) sth **2** *vi* to have an afternoon snack, *Br* to have tea **3** *nm* afternoon snack, *Br* tea

goutte [gut] *nf (de liquide)* drop; **couler g. à g.** to drip ▪ **goutte-à-goutte** *nm inv Méd* drip ▪ **gouttelette** *nf* droplet ▪ **goutter** *vi* to drip

gouttière [gutjɛr] *nf (le long du toit)* gutter; *(le long du mur)* drainpipe

gouvernail [guvɛrnaj] *nm (pale)* rudder; *(barre)* helm

gouvernante [guvɛrnɑ̃t] *nf* governess

gouvernants [guvɛrnɑ̃] *nmpl* rulers

gouvernement [guvɛrnəmɑ̃] *nm* government ▪ **gouvernemental, -e, -aux, -ales** *adj* **politique gouvernementale** government policy

gouverner [guvɛrne] *vti Pol & Fig* to govern, to rule ▪ **gouverneur** *nm* governor

grâce [grɑs] **1** *nf (charme) & Rel* grace; *(acquittement)* pardon; **de bonne/mauvaise g.** with good/bad grace; **délai de g.** period of grace **2** *prép* **g. à** thanks to

gracier [grasje] *vt (condamné)* to pardon

gracieux, -euse [grasjø, -øz] *adj (élégant)* graceful; *(aimable)* gracious; *(gratuit)* gratuitous; **à titre g.** free (of charge) ▪ **gracieusement** *adv (avec élégance)* gracefully; *(aimablement)* graciously; *(gratuitement)* free (of charge)

grade [grad] *nm (militaire)* rank; **monter en g.** to be promoted ▪ **gradé** *nm Mil* non-commissioned officer

gradins [gradɛ̃] *nmpl (d'amphithéâtre)* rows of seats; *(de stade) Br* terraces, *Am* bleachers

graduel, -elle [gradɥɛl] *adj* gradual

graduer [gradɥe] *vt (règle)* to graduate; *(augmenter)* to increase gradually

graffiti [grafiti] *nmpl* graffiti

grain [grɛ̃] *nm* (**a**) *(de blé) & Fig* grain; *(de café)* bean; *(de poussière)* speck; **g. de beauté** mole; *(sur le visage)* beauty spot; **g. de raisin** grape (**b**) *(averse)* shower

graine [grɛn] *nf* seed

graisse [grɛs] *nf* fat; *(lubrifiant)* grease

■ **graisser** *vt* to grease ■ **graisseux, -euse** *adj (vêtement)* greasy, oily; *(tissu)* fatty

grammaire [gramɛr] *nf* grammar ■ **grammatical, -e, -aux, -ales** *adj* grammatical

gramme [gram] *nm* gram(me)

GRAND, -E [grɑ̃, grɑ̃d] **1** *adj* big, large; *(en hauteur)* tall; *(chaleur, découverte, âge, mérite, ami)* great; *(bruit)* loud; *(différence)* big, great; *(adulte)* grown-up, big; *(illustre)* great; **g. frère** *(plus âgé)* big brother; **le g. air** the open air; **il est g. temps que je parte** it's high time that I left; **il n'y avait pas g. monde** there were not many people
2 *adv* **g. ouvert** *(yeux, fenêtre)* wide open; **ouvrir g.** to open wide; **en g.** on a grand *or* large scale
3 *nmf (enfant)* senior; *(adulte)* grown-up ■ **grandement** *adv (beaucoup)* greatly; *(généreusement)* grandly ■ **grand-mère** (*pl* **grands-mères**) *nf* grandmother ■ **grand-père** (*pl* **grands-pères**) *nm* grandfather ■ **grands-parents** *nmpl* grandparents

grand-chose [grɑ̃ʃoz] *pron* **pas g.** not much

Grande-Bretagne [grɑ̃dbrətaɲ] *nf* **la G.** Great Britain

grandeur [grɑ̃dœr] *nf (importance, gloire)* greatness; *(dimension)* size; *(majesté, splendeur)* grandeur; **g. nature** life-size

grandiose [grɑ̃djoz] *adj* imposing

grandir [grɑ̃dir] **1** *vi (en taille)* to grow; *(en âge)* to grow up; **g. de 2 cm** to grow 2 cm **2** *vt* **g. qn** *(faire paraître plus grand)* to make sb look taller

grange [grɑ̃ʒ] *nf* barn

granit(e) [granit] *nm* granite

graphique [grafik] **1** *adj (signe, art)* graphic **2** *nm* graph; *Ordinat* graphic

grappe [grap] *nf (de fruits)* cluster; **g. de raisin** bunch of grapes

gras, grasse [grɑ, grɑs] **1** *adj (personne, ventre)* fat; *(aliment)* fatty; *(graisseux)* greasy, oily; *(toux)* loose; **faire la grasse matinée** to have a lie-in **2** *nm (de viande)* fat ■ **grassement** *adv* **g. payé** handsomely paid ■ **grassouillet, -ette** *adj* plump

gratifier [gratifje] *vt* **g. qn de qch** to present sb with sth ■ **gratification** *nf (prime)* bonus

gratin [gratɛ̃] *nm (plat)* = baked dish with a cheese topping; **chou-fleur au g.** cauliflower cheese

gratis [gratis] *adv* free (of charge)

gratitude [gratityd] *nf* gratitude

gratte-ciel [gratsjɛl] *nm inv* skyscraper

gratter [grate] **1** *vt (avec un outil)* to scrape; *(avec les ongles, les griffes)* to scratch; *(effacer)* to scratch out; *Fam* **ça me gratte** it's itchy **2** *vi (tissu)* to be scratchy **3 se gratter** *vpr* to scratch oneself

gratuit, -e [gratɥi, -it] *adj (billet, entrée)* free; *(acte)* gratuitous ■ **gratuité** *nf* **la g. de l'enseignement** free education ■ **gratuitement** *adv (sans payer)* free (of charge); *(sans motif)* gratuitously

gravats [gravɑ] *nmpl* rubble, debris

grave [grav] *adj (maladie, faute)* serious; *(visage)* grave; *(voix)* deep, low; **ce n'est pas g.!** it's not important! ■ **gravement** *adv (malade)* seriously; *(dignement)* gravely

graver [grave] *vt (sur métal)* to engrave; *(sur bois)* to carve; *(disque)* to cut ■ **graveur** *nm* engraver

gravier [gravje] *nm* gravel ■ **gravillon** *nm* piece of gravel; **gravillons** gravel, *Br* (loose) chippings

gravir [gravir] *vt* to climb

gravité [gravite] *nf (de situation)* seriousness; *(solennité) & Phys* gravity; *Phys* **centre de g.** centre of gravity

graviter [gravite] *vi* to revolve (**autour** around)

gravure [gravyr] *nf (image)* print; *(action, art)* engraving; **g. sur bois** *(action)* woodcarving; *(objet)* woodcut

gré [gre] *nm* **de son plein g.** of one's

own free will; **de bon g.** willingly; **contre le g. de qn** against sb's will; **bon g. mal g.** whether we/you/*etc* like it or not; **de g. ou de force** one way or another

Grèce [grɛs] *nf* **la G.** Greece ▪ **grec, grecque 1** *adj* Greek **2** *nmf* **G., Grecque** Greek **3** *nm (langue)* Greek

greffe [grɛf] **1** *nf (de peau, d'arbre)* graft; *(d'organe)* transplant **2** *nm Jur* record office ▪ **greffer** *vt (peau) & Bot* to graft (**à** on to); *(organe)* to transplant ▪ **greffier** *nm Jur* clerk (of the court)

grêle[1] [grɛl] *nf* hail ▪ **grêler** *v impersonnel* to hail; **il grêle** it's hailing ▪ **grêlon** *nm* hailstone

grêle[2] [grɛl] *adj (jambes)* skinny; *(voix)* shrill

grelot [grəlo] *nm* (small) bell

grelotter [grələte] *vi* to shiver (**de** with)

grenade [grənad] *nf (fruit)* pomegranate; *(projectile)* grenade

grenier [grənje] *nm (de maison)* attic; *(pour le fourrage)* granary

grenouille [grənuj] *nf* frog

grès [grɛ] *nm (roche)* sandstone; *(poterie)* stoneware

grésiller [grezije] *vi (huile)* to sizzle

grève[1] [grɛv] *nf (arrêt du travail)* strike; **faire g.** to be on strike; **g. de la faim** hunger strike; **g. du zèle** *Br* work-to-rule, *Am* rule-book slowdown ▪ **gréviste** *nmf* striker

grève[2] [grɛv] *nf (de mer)* shore; *(de rivière)* bank

gribouiller [gribuje] *vti* to scribble

grief [grijɛf] *nm (plainte)* grievance; **faire g. de qch à qn** to hold sth against sb

grièvement [grijɛvmɑ̃] *adv* seriously, badly

griffe [grif] *nf (ongle)* claw; *(de couturier)* (designer) label; *Fig (style)* stamp ▪ **griffer** *vt* to scratch

griffonner [grifɔne] *vt* to scribble, to scrawl

grignoter [griɲɔte] *vti* to nibble

gril [gril] *nm (ustensile) Br* grill, *Am* broiler ▪ **grillade** *nf (viande) Br* grilled meat, *Am* broiled meat ▪ **grille-pain** *nm inv* toaster ▪ **griller 1** *vt (viande) Br* to grill, *Am* to broil; *(pain)* to toast; *(ampoule électrique)* to blow; *Fam* **g. un feu rouge** to jump the lights; **2** *vi (viande)* to grill; *(pain)* to toast

grille [grij] *nf (clôture)* railings; *(porte)* gate; *(de foyer)* grate; *Fig (de salaires)* scale ▪ **grillage** *nm* wire mesh *or* netting

grillon [grijɔ̃] *nm* cricket

grimace [grimas] *nf (pour faire rire)* (funny) face; *(de douleur)* grimace; **faire la g.** to pull a face ▪ **grimacer** *vi* to make a face; *(de douleur)* to wince (**de** with)

grimer [grime] **se grimer** *vpr* to put one's make-up on

grimper [grɛ̃pe] **1** *vi* to climb (**à qch** up sth) **2** *vt (escalier)* to climb

grincer [grɛ̃se] *vi* to creak; **g. des dents** to grind one's teeth ▪ **grincement** *nm* creaking

grincheux, -euse [grɛ̃ʃø, -øz] *adj* grumpy

grippe [grip] *nf (maladie)* flu, influenza; **prendre qn en g.** to take a strong dislike to sb ▪ **grippé, -e** *adj* **être g.** to have (the) flu

gripper [gripe] **se gripper** *vpr (moteur)* to seize up

gris, -e [gri, griz] **1** *adj Br* grey, *Am* gray; *(temps)* dull, grey; *(ivre)* tipsy **2** *nm Br* grey, *Am* gray ▪ **grisaille** *nf (caractère morne)* dreariness

grisonner [grizɔne] *vi (cheveux, personne)* to go *Br* grey *or Am* gray

grivois, -e [grivwa, -waz] *adj* bawdy

Groenland [grɔɛnlɑ̃d] *nm* **le G.** Greenland

grog [grɔg] *nm* hot toddy

grogner [grɔɲe] *vi (personne)* to grumble (**contre** at); *(cochon)* to grunt ▪ **grognement** *nm (de personne)* growl; *(de cochon)* grunt ▪ **grognon, -onne** *adj* grumpy

grommeler [grɔm(ə)le] *vti* to mutter

gronder [grɔ̃de] **1** *vt (réprimander)* to scold, to tell off **2** *vi (chien)* to growl; *(tonnerre)* to rumble

GROS, GROSSE [gro, gros] **1** *adj (corpulent, important)* big; *(gras)* fat; *(épais)* thick; *(effort, progrès)* great; *(somme, fortune)* large; *(rhume, mer)* heavy; *(faute)* serious, gross; *(traits, laine)* coarse; **g. mot** swearword
2 *adv* **risquer g.** to take a big risk; **écrire g.** to write big; **en g.** *(globalement)* roughly; *(écrire)* in big letters; *(vendre)* in bulk, wholesale
3 *nmf (personne)* fat man, *f* fat woman
4 *nm* **le g. de** the bulk of; **prix de g.** wholesale prices

groseille [grozɛj] *nf* redcurrant
grossesse [grosɛs] *nf* pregnancy
grosseur [grosœr] *nf (volume)* size; *(tumeur)* lump
grossier, -ère [grosje, -ɛr] *adj (tissu, traits)* rough, coarse; *(personne, manières)* rude, coarse; *(erreur)* gross; *(ruse, instrument)* crude ▪ **grossièrement** *adv (calculer)* roughly; *(répondre)* coarsely, rudely; *(se tromper)* grossly ▪ **grossièreté** *nf (incorrection, vulgarité)* coarseness; *(mot)* rude word
grossir [grosir] **1** *vt (sujet: verre, loupe)* to magnify **2** *vi (personne)* to put on weight; *(fleuve)* to swell; *(bosse, foule)* to get bigger ▪ **grossissement** *nm (augmentation de taille)* increase in size; *(de microscope)* magnification
grossiste [grosist] *nmf Com* wholesaler
grosso modo [grosomɔdo] *adv (en gros)* roughly
grotesque [grɔtɛsk] *adj* ludicrous
grotte [grɔt] *nf* cave
grouiller [gruje] *vi (se presser)* to swarm around; **g. de qch** to swarm with sth
groupe [grup] *nm* group; **g. sanguin** blood group ▪ **groupement** *nm (action)* grouping; *(groupe)* group ▪ **grouper 1** *vt* to group (together) **2 se grouper** *vpr (en association)* to form a group
grue [gry] *nf (machine, oiseau)* crane
grumeau, -x [grymo] *nm (dans une sauce)* lump
Guadeloupe [gwadlup] *nf* **la G.** Guadeloupe
Guatemala [gwatemala] *nm* **le G.** Guatemala
gué [ge] *nm* ford
guenon [gənɔ̃] *nf* female monkey
guépard [gepar] *nm* cheetah
guêpe [gɛp] *nf* wasp
guère [gɛr] *adv* **(ne...) g.** *(pas beaucoup)* not much; *(pas longtemps)* hardly, scarcely; **il n'a g. d'amis** he hasn't got many friends
guéri, -e [geri] *adj* cured
guérilla [gerija] *nf* guerrilla warfare
guérir [gerir] **1** *vt (personne, maladie)* to cure (**de** of); *(blessure)* to heal **2** *vi (personne)* to get better, to recover; *(blessure)* to heal; *(rhume)* to get better **3 se guérir** *vpr* to get better ▪ **guérison** *nf (rétablissement)* recovery ▪ **guérisseur, -euse** *nmf* faith healer
Guernesey [gɛrnzɛ] *nf* Guernsey
guerre [gɛr] *nf* war; *(technique)* warfare; **en g.** at war (**avec** with); **faire la g.** to wage *or* make war (**à** on *or* against); *(soldat)* to fight; **crime de g.** war crime; **g. d'usure** war of attrition ▪ **guerrier, -ère 1** *adj* **danse guerrière** war dance; **chant g.** battle song; **2** *nmf* warrior
guet [gɛ] *nm* **faire le g.** to be on the lookout ▪ **guetter** *vt (occasion)* to watch out for; *(gibier)* to lie in wait for
guet-apens [gɛtapɑ̃] (*pl* **guets-apens**) *nm* ambush
gueule [gœl] *nf (d'animal, de canon)* mouth
gui [gi] *nm* mistletoe
guichet [giʃɛ] *nm (de gare, de banque)* window; **g. automatique** *(de banque)* cash dispenser ▪ **guichetier, -ère** *nmf (de banque) Br* counter clerk, *Am* teller; *(de gare)* ticket clerk
guide [gid] *nm (personne, livre)* guide;

g. touristique tourist guide ▪ **guider** *vt* to guide

guidon [gidɔ̃] *nm* handlebars

guignol [giɲɔl] *nm (spectacle)* ≃ Punch and Judy show

guillemets [gijmɛ] *nmpl Typ* inverted commas, quotation marks; **entre g.** in inverted commas, in quotation marks

guillotine [gijɔtin] *nf* guillotine ▪ **guillotiner** *vt* to guillotine

guimauve [gimov] *nf (confiserie)* marshmallow

guindé, -e [gɛ̃de] *adj (peu naturel)* stiff; *(style)* stilted

Guinée [gine] *nf* **la G.** Guinea

guirlande [girlɑ̃d] *nf* garland; **g. de Noël** piece of tinsel

guise [giz] *nf* **n'en faire qu'à sa g.** to do just as one pleases; **en g. de** by way of

guitare [gitar] *nf* guitar ▪ **guitariste** *nmf* guitarist

Guyane [gɥijan] *nf* **la G.** Guiana

gymnase [ʒimnɑz] *nm* gymnasium ▪ **gymnaste** *nmf* gymnast ▪ **gymnastique** *nf* gymnastics *(sing)*

gynécologue [ʒinekɔlɔg] *nmf Br* gynaecologist, *Am* gynecologist

Hh

H, h [aʃ] *nm inv* H, h

habile [abil] *adj* skilful, *Am* skillful (**à qch** at sth); **h. de ses mains** good with one's hands ▪ **habileté** *nf* skill

habilité, -e [abilite] *adj* (legally) authorized (**à faire** to do)

habillé, -e [abije] *adj* dressed (**de** in; **en** as); *(costume, robe)* smart

habiller [abije] **1** *vt (vêtir)* to dress (**de** in); *(fournir en vêtements)* to clothe **2 s'habiller** *vpr* to dress, to get dressed; *(avec élégance)* to dress up ▪ **habillement** *nm (vêtements)* clothes

habit [abi] *nm (tenue de soirée)* evening dress, tails; **habits** *(vêtements)* clothes

habitable [abitabl] *adj* (in)habitable; *(maison)* fit to live in

habitat [abita] *nm (d'animal, de plante)* habitat; *(conditions)* housing conditions

habitation [abitasjɔ̃] *nf (lieu)* dwelling; *(fait de résider)* living

habiter [abite] **1** *vt (maison, région)* to live in **2** *vi* to live (**à/en** in) ▪ **habitant, -e** *nmf (de pays)* inhabitant ▪ **habité, -e** *adj (région)* inhabited; *(maison)* occupied

habitude [abityd] *nf* habit; **avoir l'h. de qch** to be used to sth; **avoir l'h. de faire qch** to be used to doing sth; **prendre l'h. de faire qch** to get into the habit of doing sth; **d'h.** usually; **comme d'h.** as usual

habituel, -elle [abitɥɛl] *adj* usual, customary

habituer [abitɥe] **1** *vt* **h. qn à qch** to accustom sb to sth; **être habitué à qch/à faire qch** to be used to sth/to doing sth **2 s'habituer** *vpr* **s'h. à qn/qch** to get used to sb/sth ▪ **habitué, -e** *nmf* regular

hache ['aʃ] *nf* axe, *Am* ax

hacher ['aʃe] *vt (au couteau)* to chop up; *(avec un appareil) Br* to mince, *Am* to grind ▪ **haché, -e** *adj (viande) Br* minced, *Am* ground ▪ **hachis** *nm* **h. Parmentier** ≃ cottage pie

hachurer ['aʃyre] *vt* to hatch

haie ['ɛ] *nf (clôture)* hedge; *(en équitation)* fence; **400 mètres haies** *(épreuve d'athlétisme)* 400-metre hurdles; **h. d'honneur** guard of honour

haine ['ɛn] *nf* hatred, hate ▪ **haineux, -euse** *adj* full of hatred

haïr* ['air] *vt* to hate ▪ **haïssable** *adj* hateful

hâle ['ɑl] *nm* suntan ▪ **hâlé, -e** *adj* suntanned

haleine [alɛn] *nf* breath; **reprendre h.** to get one's breath back

haleter ['alte] *vi* to pant, to gasp ▪ **haletant, -e** *adj* panting, gasping

hall ['ol] *nm (de maison)* entrance hall; *(d'hôtel)* lobby; **h. de gare** station concourse

halle ['al] *nf* (covered) market; **les halles** the central food market

hallucination [alysinasjɔ̃] *nf* hallucination ▪ **hallucinant, -e** *adj* extraordinary

halogène [alɔʒɛn] *nm (lampe)* halogen lamp

halte ['alt] *nf (arrêt)* stop; *Mil* halt; *(lieu)* stopping place; *Mil* halting place; **faire h.** to stop

haltère [altɛr] *nm* dumbbell ■ **haltérophile** *nmf* weightlifter ■ **haltérophilie** *nf* weightlifting
hamac ['amak] *nm* hammock
hamburger ['ɑ̃bœrgœr] *nm* (ham-)burger
hameau, -x ['amo] *nm* hamlet
hameçon [amsɔ̃] *nm* (fish-)hook
hamster ['amstɛr] *nm* hamster
hanche ['ɑ̃ʃ] *nf* hip
handball ['ɑ̃dbal] *nm Sport* handball
handicap ['ɑ̃dikap] *nm (physique, mental)* disability; *Fig* handicap ■ **handicapé, -e 1** *adj* disabled **2** *nmf* disabled person; **h. physique/mental** physically/mentally handicapped person
hangar ['ɑ̃gar] *nm (entrepôt)* shed
hanter ['ɑ̃te] *vt (sujet: fantôme, souvenir)* to haunt ■ **hantise** *nf* **avoir la h. de qch** to really dread sth
harasser ['arase] *vt* to exhaust
harceler ['arsəle] *vt (importuner)* to harass; *(insister auprès de)* to pester ■ **harcèlement** *nm* harassment
hardi, -e ['ardi] *adj* bold
hargneux, -euse ['arɲø, -øz] *adj* bad-tempered
haricot ['ariko] *nm* bean; *Culin* **h. de mouton** mutton stew; **h. rouge** kidney bean; **h. vert** green bean, *Br* French bean
harmonica [armɔnika] *nm* harmonica, mouthorgan
harmonie [armɔni] *nf* harmony ■ **harmonieux, -euse** *adj* harmonious ■ **harmoniser** *vt*, **s'harmoniser** *vpr* to harmonize
harnais ['arnɛ] *nm (de cheval, de bébé)* harness
harpe ['arp] *nf* harp
harpon ['arpɔ̃] *nm* harpoon
hasard ['azar] *nm* **le h.** chance; **un h.** a coincidence; **par h.** by chance; **au h.** *(choisir, répondre)* at random; *(marcher)* aimlessly; **à tout h.** *(par précaution)* just in case; *(pour voir)* on the off chance ■ **hasarder 1** *vt (remarque)* to venture **2 se hasarder** *vpr* **se h. dans** to venture into; **se h. à faire qch** to risk doing sth ■ **hasardeux, -euse** *adj* risky, hazardous
hâte ['ɑt] *nf* haste; **à la h.** hastily; **en (toute) h.** hurriedly; **avoir h. de faire qch** to be eager to do sth ■ **hâter 1** *vt (pas, départ)* to hasten **2 se hâter** *vpr* to hurry (**de faire** to do) ■ **hâtif, -ive** *adj (trop rapide)* hasty
hausse ['os] *nf* rise (**de** in); **en h.** rising ■ **hausser 1** *vt (prix, voix)* to raise; *(épaules)* to shrug **2 se hausser** *vpr* **se h. sur la pointe des pieds** to stand on tiptoe

HAUT, -E ['o, 'ot] **1** *adj* high; *(en taille)* tall; **h. de 5 mètres** 5 metres high *or* tall; **à haute voix, à voix haute** aloud; **en haute mer** out at sea; **la mer est haute** it's high tide; **la haute couture** designer fashion; **un instrument de haute précision** a precision instrument; **un renseignement de la plus haute importance** news of the utmost importance; **haute trahison** high treason

2 *adv (dans l'espace) & Mus* high; *(dans une hiérarchie)* highly; *(parler)* loud, loudly; **tout h.** *(lire, penser)* out loud; **h. placé** *(personne)* in a high position; **plus h.** *(dans un texte)* above

3 *nm (partie haute)* top; **en h. de** at the top of; **en h.** *(loger)* upstairs; *(regarder)* up; *(mettre)* on (the) top; **d'en h.** *(de la partie haute, du ciel)* from high up, from up above; **avoir 5 mètres de h.** to be 5 metres high *or* tall; *Fig* **des hauts et des bas** ups and downs ■ **haut-parleur** (*pl* **haut-parleurs**) *nm* loudspeaker

hautain, -e ['otɛ̃, -ɛn] *adj* haughty
hautbois ['obwa] *nm* oboe
haut-de-forme ['odfɔrm] (*pl* **hauts-de-forme**) *nm* top hat
hautement ['otmɑ̃] *adv (très)* highly ■ **hauteur** *nf* height; *(colline)* hill; *Péj (orgueil)* haughtiness; **à la h. de** *(objet)* level with; *(rue)* opposite; **arriver**

à la h. de qch *(mesurer)* to reach (the level of) sth; **il n'est pas à la h.** he isn't up to it

Haye ['ɛ] *nf* **La H.** The Hague

hebdomadaire [ɛbdɔmadɛr] *adj & nm* weekly

héberger [ebɛrʒe] *vt* to put up

hébreu, -x [ebrø] **1** *adj m* Hebrew **2** *nm (langue)* Hebrew

hectare [ɛktar] *nm* hectare *(= 2.47 acres)*

hélas ['elɑs] *exclam* unfortunately

héler ['ele] *vt (taxi)* to hail

hélice [elis] *nf (d'avion, de navire)* propeller

hélicoptère [elikɔptɛr] *nm* helicopter

helvétique [ɛlvetik] *adj* Swiss

hémisphère [emisfɛr] *nm* hemisphere

hémophilie [emɔfili] *nf Méd* haemophilia

hémorragie [emɔraʒi] *nf Méd* haemorrhage; *Fig (de capitaux)* drain; **faire une h.** to haemorrhage; **h. cérébrale** stroke

hémorroïdes [emɔrɔid] *nfpl* piles, haemorrhoids

hennir ['enir] *vi (cheval)* to neigh

herbe [ɛrb] *nf* grass; **mauvaise h.** weed; *Culin* **fines herbes** herbs

herbivore [ɛrbivɔr] *adj* herbivorous

hérédité [eredite] *nf* heredity ▪ **héréditaire** *adj* hereditary

hérésie [erezi] *nf* heresy ▪ **hérétique** **1** *adj* heretical **2** *nmf* heretic

hérisser ['erise] **1** *vt (poils)* to bristle up; *Fig* **h. qn** *(irriter)* to get sb's back up **2 se hérisser** *vpr (animal, personne)* to bristle; *(poils, cheveux)* to stand on end ▪ **hérissé, -e** *adj (cheveux)* bristly; **h. de** bristling with

hérisson ['erisɔ̃] *nm* hedgehog

hériter [erite] **1** *vt* to inherit (**qch de qn** sth from sb) **2** *vi* **h. de qch** to inherit sth ▪ **héritage** *nm (biens)* inheritance; *Fig (culturel)* heritage; **faire un h.** to come into an inheritance ▪ **héritier** *nm* heir (**de** to) ▪ **héritière** *nf* heiress (**de** to)

hermétique [ɛrmetik] *adj* hermetically sealed; *Fig (obscur)* impenetrable

héros ['ero] *nm* hero ▪ **héroïne** *nf (femme)* heroine; *(drogue)* heroin ▪ **héroïque** *adj* heroic ▪ **héroïsme** *nm* heroism

hésiter [ezite] *vi* to hesitate (**sur** over *or* about; **entre** between; **à faire** to do) ▪ **hésitant, -e** *adj* hesitant ▪ **hésitation** *nf* hesitation; **avec h.** hesitatingly

hétérogène [eterɔʒɛn] *adj* mixed

hêtre ['ɛtr] *nm (arbre, bois)* beech

HEURE [œr] *nf (mesure)* hour; *(moment)* time; **quelle h. est-il?** what time is it?; **il est six heures** it's six (o'clock); **six heures moins cinq** five to six; **six heures cinq** *Br* five past six, *Am* five after six; **à l'h.** *(arriver)* on time; *(être payé)* by the hour; **100 km à l'h.** 100 km an hour; **de bonne h.** early; **nouvelle de dernière h.** latest *or* last-minute news; **tout à l'h.** *(futur)* in a few moments, later; *(passé)* a moment ago; **à tout à l'h.!** *(au revoir)* see you soon!; **à toute h.** *(continuellement)* at all hours; **24 heures sur 24** 24 hours a day; **d'h. en h.** hourly, hour by hour; **faire des heures supplémentaires** to work *or* do overtime; **heures d'affluence, heures de pointe** *(circulation)* rush hour; *(dans les magasins)* peak period; **heures creuses** off-peak *or* slack periods; **h. d'été** *Br* summer time, *Am* daylight-saving time

---

heureux, -euse [œrø, -øz] **1** *adj* happy (**de** with); *(chanceux)* lucky, fortunate; *(issue)* successful **2** *adv (vivre, mourir)* happily ▪ **heureusement** *adv (par chance)* fortunately, luckily (**pour** for); *(avec succès)* successfully

heurter ['œrte] **1** *vt (cogner)* to hit (**contre** against); *(entrer en collision avec)* to collide with; **h. qn** *(choquer)* to offend sb **2 se heurter** *vpr* to collide (**à** *ou* **contre** against); *Fig* **se h. à qch** to meet with sth

hexagone [ɛgzagɔn] *nm* hexagon; *Fig* **l'H.** France

hiberner [iberne] *vi* to hibernate
hibou, -x ['ibu] *nm* owl
hier [ijɛr] *adv* yesterday; **h. soir** yesterday evening
hiérarchie ['jerarʃi] *nf* hierarchy
hi-fi ['ifi] *adj inv & nf inv* hi-fi
hilare [ilar] *adj* grinning ▪ **hilarant, -e** *adj* hilarious ▪ **hilarité** *nf* hilarity, mirth
hindou, -e [ɛ̃du] *adj & nmf* Hindu
hippie ['ipi] *nmf* hippie, hippy
hippique [ipik] *adj* **concours h.** horse show
hippodrome [ipɔdrom] *nm Br* racecourse, *Am* racetrack
hippopotame [ipɔpɔtam] *nm* hippopotamus
hirondelle [irɔ̃dɛl] *nf* swallow
hisser ['ise] **1** *vt* to hoist up **2 se hisser** *vpr* to heave oneself up
histoire [istwar] *nf (science, événements)* history; *(récit)* story
historien, -enne [istɔrjɛ̃, -ɛn] *nmf* historian
historique [istɔrik] **1** *adj (concernant l'histoire)* historical; *(important)* historic **2** *nm* historical account
hiver [ivɛr] *nm* winter ▪ **hivernal, -e, -aux, -ales** *adj* winter; *(temps)* wintry
HLM ['aʃɛlɛm] *(abrév* **habitation à loyer modéré***) nm ou f Br* ≃ council flats, *Am* ≃ low-rent apartment building
hocher ['ɔʃe] *vt* **h. la tête** *(pour dire oui)* to nod; *(pour dire non)* to shake one's head
hockey ['ɔkɛ] *nm* hockey; **h. sur glace** ice hockey; **h. sur gazon** *Br* hockey, *Am* field hockey
hold-up ['ɔldœp] *nm inv* hold-up
Hollande ['ɔlɑ̃d] *nf* **la H.** Holland ▪ **hollandais, -e 1** *adj* Dutch **2** *nmf* **H.** Dutchman; **Hollandaise** Dutchwoman; **les H.** the Dutch **3** *nm (langue)* Dutch
homard ['ɔmar] *nm* lobster
homéopathie [ɔmeɔpati] *nf* homoeopathy
homicide [ɔmisid] *nm* homicide; **h. involontaire** *ou* **par imprudence** manslaughter; **h. volontaire** murder
hommage [ɔmaʒ] *nm* homage (**à** to); **rendre h. à qn** to pay homage to sb; **faire qch en h. à qn** to do sth as a tribute to sb *or* in homage to sb
homme [ɔm] *nm* man *(pl* men); **l'h.** *(genre humain)* man(kind); **des vêtements d'h.** men's clothes; **h. d'affaires** businessman; **h. politique** politician ▪ **homme-grenouille** *(pl* **hommes-grenouilles***) nm* frogman
homogène [ɔmɔʒɛn] *adj* homogeneous
homologue [ɔmɔlɔg] *nmf* counterpart, opposite number
homologuer [ɔmɔlɔge] *vt (décision, accord, record)* to ratify
homonyme [ɔmɔnim] *nm (mot)* homonym
homosexuel, -elle [ɔmɔsɛksɥɛl] *adj & nmf* homosexual
Hongrie ['ɔ̃gri] *nf* **la H.** Hungary ▪ **hongrois, -e 1** *adj* Hungarian **2** *nmf* **H., Hongroise** Hungarian **3** *nm (langue)* Hungarian
honnête [ɔnɛt] *adj (intègre)* honest; *(vie, gens)* decent; *(prix)* fair ▪ **honnêtement** *adv (avec intégrité)* honestly; *(raisonnablement)* decently ▪ **honnêteté** *nf (intégrité)* honesty
honneur [ɔnœr] *nm* honour; **en l'h. de qn** in honour of sb; **invité d'h.** guest of honour
honorable [ɔnɔrabl] *adj* honourable; *Fig (résultat, salaire)* respectable
honoraires [ɔnɔrɛr] *nmpl* fees
honorer [ɔnɔre] *vt* to honour (**de** with); **h. qn** *(conduite)* to be a credit to sb ▪ **honorifique** *adj* honorary
honte ['ɔ̃t] *nf* shame; **avoir h.** to be *or* feel ashamed (**de qch/de faire qch** of sth/to do *or* of doing sth); **faire h. à qn** to put sb to shame ▪ **honteux, -euse** *adj (personne)* ashamed (**de** of); *(conduite, acte)* shameful
hôpital, -aux [ɔpital, -o] *nm* hospital; **à l'h.** *Br* in hospital, *Am* in the hospital

hoquet ['ɔkɛ] *nm* hiccup; **avoir le h.** to have the hiccups

horaire [ɔrɛr] **1** *adj (salaire)* hourly; *(vitesse)* per hour **2** *nm* timetable, schedule; **horaires de travail** working hours

horizon [ɔrizɔ̃] *nm* horizon; *(vue, paysage)* view; **à l'h.** on the horizon ▪ **horizontal, -e, -aux, -ales** *adj* horizontal

horloge [ɔrlɔʒ] *nf* clock

hormone [ɔrmɔn] *nf* hormone

horoscope [ɔrɔskɔp] *nm* horoscope

horreur [ɔrœr] *nf* horror; **avoir h. de qch** to hate *or* loathe sth; **quelle h.!** how horrible!

horrible [ɔribl] *adj (effrayant)* horrible; *(laid)* hideous ▪ **horriblement** [-əmɑ̃] *adv (défiguré)* horribly; *(cher, froid)* terribly

horrifié, -e [ɔrifje] *adj* horrified

hors ['ɔr] *prép* **h. de** *(maison, boîte)* outside; *Fig (danger, haleine)* out of; *(au football)* **être h. jeu** to be offside ▪ **hors-bord** *nm inv* speedboat ▪ **hors-d'œuvre** *nm inv (plat)* hors-d'œuvre, starter ▪ **hors-jeu** *nm inv (au football)* offside ▪ **hors-la-loi** *nm inv* outlaw ▪ **hors-piste** *nm inv Ski* off-piste skiing ▪ **hors service** *adj inv (appareil)* out of order ▪ **hors taxe** *adj inv (magasin, objet)* duty-free

horticulteur, -trice [ɔrtikyltœr, -tris] *nmf* horticulturist ▪ **horticulture** *nf* horticulture

hospice [ɔspis] *nm (asile)* home

hospitalier, -ère [ɔspitalje, -ɛr] *adj (accueillant)* hospitable; **centre h.** hospital (complex); **personnel h.** hospital staff ▪ **hospitaliser** *vt* to hospitalize ▪ **hospitalité** *nf* hospitality

hostile [ɔstil] *adj* hostile (**à** to *or* towards) ▪ **hostilité** *nf* hostility (**envers** to *or* towards)

hôte [ot] **1** *nm (qui reçoit)* host **2** *nmf (invité)* guest ▪ **hôtesse** *nf* hostess; **h. de l'air** air hostess

hôtel [otɛl] *nm* hotel; **h. particulier** mansion, town house; **h. de ville** *Br* town hall, *Am* city hall ▪ **hôtelier, -ère 1** *nmf* hotel-keeper, hotelier **2** *adj* **industrie hôtelière** hotel industry ▪ **hôtellerie** *nf (auberge)* inn; *(métier)* hotel trade

hotte ['ɔt] *nf (panier)* basket *(carried on back)*; *(de cheminée)* hood; **h. aspirante** extractor hood

houille ['uj] *nf* coal; **h. blanche** hydroelectric power ▪ **houiller, -ère** *adj* **bassin h.** coalfield

houleux, -euse ['ulø, -øz] *adj (mer)* rough; *Fig (réunion)* stormy

housse ['us] *nf* (protective) cover

houx ['u] *nm* holly

hublot ['yblo] *nm (de navire, d'avion)* porthole

huer ['ɥe] *vt* to boo ▪ **huées** *nfpl* boos

huile [ɥil] *nf* oil; **h. d'arachide/d'olive** groundnut/olive oil; **h. essentielle** essential oil; **h. solaire** suntan oil ▪ **huiler** *vt* to oil ▪ **huileux, -euse** *adj* oily

huis [ɥi] *nm* **à h. clos** behind closed doors; *Jur* in camera

huissier [ɥisje] *nm (portier)* usher; *Jur* bailiff

huit ['ɥit, 'ɥi *before consonant*] *adj & nm inv* eight; **h. jours** a week ▪ **huitième** *adj, nm & nmf* eighth; **un h.** an eighth; *Sport* **h. de finale** last sixteen

huître [ɥitr] *nf* oyster

humain, -e [ymɛ̃, -ɛn] **1** *adj (relatif à l'homme)* human; *(compatissant)* humane **2** *nmpl* **les humains** humans ▪ **humainement** *adv (relatif à l'homme)* humanly; *(avec bonté)* humanely ▪ **humanitaire** *adj* humanitarian ▪ **humanité** *nf (genre humain, sentiment)* humanity

humble [œbl] *adj* humble

humecter [ymɛkte] *vt* to moisten

humer ['yme] *vt (respirer)* to breathe in; *(sentir)* to smell

humeur [ymœr] *nf (disposition)* mood; **être de bonne/mauvaise h.** to be in a good/bad mood

humide [ymid] *adj (linge)* damp, wet; *(climat, temps)* humid ▪ **humidifier** *vt* to humidify ▪ **humidité** *nf (de maison)* dampness; *(de climat)* humidity

humilier [ymilje] *vt* to humiliate ▪ **humiliant, -e** *adj* humiliating ▪ **humiliation** *nf* humiliation ▪ **humilité** *nf* humility

humour [ymur] *nm* humour; **avoir le sens de l'h.** to have a sense of humour ▪ **humoriste** *nmf* humorist ▪ **humoristique** *adj (récit, ton)* humorous

hurler ['yrle] **1** *vt (slogans, injures)* to yell **2** *vi (loup, vent)* to howl; *(personne)* to scream ▪ **hurlement** [-əmɑ̃] *nm (de loup, de vent)* howl; *(de personne)* scream

hutte ['yt] *nf* hut

hybride [ibrid] *adj & nm* hybrid

hydrater [idrate] *vt (peau)* to moisturize

hydraulique [idrolik] *adj* hydraulic

hydravion [idravjɔ̃] *nm* seaplane

hydrocarbure [idrokarbyr] *nm* hydrocarbon

hydrophile [idrɔfil] *adj* **coton h.** *Br* cotton wool, *Am* (absorbent) cotton

hyène [jɛn] *nf* hyena

hygiène [iʒjɛn] *nf* hygiene ▪ **hygiénique** *adj* hygienic; *(serviette, conditions)* sanitary

hymne [imn] *nm* hymn; **h. national** national anthem

hypermarché [ipɛrmarʃe] *nm* hypermarket

hypermétrope [ipɛrmetrɔp] *adj* long-sighted

hypnose [ipnoz] *nf* hypnosis ▪ **hypnotiser** *vt* to hypnotize

hypocrisie [ipɔkrizi] *nf* hypocrisy ▪ **hypocrite 1** *adj* hypocritical **2** *nmf* hypocrite

hypodermique [ipɔdɛrmik] *adj* hypodermic

hypothèque [ipɔtɛk] *nf* mortgage

hypothèse [ipɔtɛz] *nf* hypothesis; **dans l'h. où...** supposing (that)...

Ii

I, i [i] *nm inv* I, i
iceberg [isbɛrg, ajsbɛrg] *nm* iceberg
ici [isi] *adv* here; **par i.** *(passer)* this way; *(habiter)* around here; **jusqu'i.** *(temps)* up to now; *(lieu)* as far as this *or* here; **d'i. à mardi** by Tuesday; **d'i. peu** before long
icône [ikon] *nf Rel & Ordinat* icon
idéal, -e, -aux *ou* **-als, -ales** [ideal, -o] **1** *adj* ideal **2** *n* ideal; **l'i. serait de/que…** the ideal *or* best solution would be to/if… ▪ **idéaliser** *vt* to idealize ▪ **idéaliste 1** *adj* idealistic **2** *nmf* idealist
idée [ide] *nf* idea (**de** of; **que** that); **i. fixe** obsession
identifier [idɑ̃tifje] *vt*, **s'identifier** *vpr* to identify (**à** with) ▪ **identification** *nf* identification
identique [idɑ̃tik] *adj* identical (**à** to)
identité [idɑ̃tite] *nf* identity
idéologie [ideɔlɔʒi] *nf* ideology
idiot, -e [idjo, -ɔt] **1** *adj* silly, idiotic **2** *nmf* idiot
idole [idɔl] *nf* idol
idyllique [idilik] *adj* idyllic
igloo [iglu] *nm* igloo
ignare [iɲar] **1** *adj* ignorant **2** *nmf* ignoramus
ignoble [iɲɔbl] *adj* vile
ignorant, -e [iɲɔrɑ̃, -ɑ̃t] *adj* ignorant (**de** of) ▪ **ignorance** *nf* ignorance
ignorer [iɲɔre] *vt* not to know; **j'ignore si…** I don't know if…; **je n'ignore pas les difficultés** I am not unaware of the difficulties; **i. qn** *(mépriser)* to ignore sb ▪ **ignoré, -e** *adj (inconnu)* unknown
il [il] *pron personnel (personne)* he; *(chose, animal, impersonnel)* it; **il est** he/it is; **il pleut** it's raining; **il est vrai que…** it's true that…; **il y a…** there is/are…; **il y a six ans** six years ago; **il y a une heure qu'il travaille** he has been working for an hour; **qu'est-ce qu'il y a?** what's the matter?, what's wrong?; **il n'y a pas de quoi!** don't mention it!
île [il] *nf* island; **les îles Anglo-Normandes** the Channel Islands; **les îles Britanniques** the British Isles
illégal, -e, -aux, -ales [il(l)egal, -o] *adj* illegal
illégitime [il(l)eʒitim] *adj (enfant, revendication)* illegitimate; *(demande)* unwarranted
illettré, -e [il(l)etre] *adj & nmf* illiterate
illicite [il(l)isit] *adj* unlawful, illicit
illimité, -e [il(l)imite] *adj* unlimited
illisible [il(l)izibl] *adj (écriture)* illegible; *(livre) & Ordinat* unreadable
illogique [il(l)ɔʒik] *adj* illogical
illuminer [il(l)ymine] **1** *vt* to light up, to illuminate **2 s'illuminer** *vpr (visage, ciel)* to light up ▪ **illumination** *nf (action, lumière)* illumination ▪ **illuminé, -e** *adj (monument)* floodlit
illusion [il(l)yzjɔ̃] *nf* illusion (**sur** about); **se faire des illusions** to delude oneself (**sur** about); **i. d'optique** optical illusion ▪ **illusionniste** *nmf* conjurer ▪ **illusoire** *adj* illusory
illustre [il(l)ystr] *adj* illustrious
illustrer [il(l)ystre] **1** *vt (livre, récit)* to illustrate (**de** with) **2 s'illustrer** *vpr* to distinguish oneself (**par** by) ▪ **illustration** *nf* illustration ▪ **illustré, -e** *adj*

(livre, magazine) illustrated
îlot [ilo] *nm (île)* small island; *(maisons)* block
ils [il] *pron personnel mpl* they; **i. sont ici** they are here
image [imaʒ] *nf* picture; *(ressemblance, symbole)* image; *(dans une glace)* reflection; *Ordinat* **i. de synthèse** computer-generated image ■ **imagé, -e** *adj (style)* colourful, full of imagery
imaginable [imaʒinabl] *adj* imaginable ■ **imaginaire** *adj* imaginary ■ **imaginatif, -ive** *adj* imaginative
imagination [imaʒinɑsjɔ̃] *nf* imagination
imaginer [imaʒine] **1** *vt (se figurer)* to imagine; *(inventer)* to devise **2 s'imaginer** *vpr (se figurer)* to imagine (**que** that); *(se voir)* to picture oneself
imbattable [ɛ̃batabl] *adj* unbeatable
imbécile [ɛ̃besil] **1** *adj* idiotic **2** *nmf* idiot, imbecile ■ **imbécillité** *nf (état)* imbecility; **une i.** *(action, parole)* an idiotic thing
imberbe [ɛ̃bɛrb] *adj* beardless
imbiber [ɛ̃bibe] *vt* to soak (**de** with *or* in)
imbriquer [ɛ̃brike] **s'imbriquer** *vpr (s'emboîter)* to overlap
imbu, -e [ɛ̃by] *adj* **i. de soi-même** full of oneself
imbuvable [ɛ̃byvabl] *adj* undrinkable
imiter [imite] *vt* to imitate; *(signature)* to forge; **i. qn** *(pour rire)* to mimic sb; *(faire comme)* to do the same as sb; *(imitateur professionnel)* to impersonate sb ■ **imitateur, -trice** *nmf* imitator; *(professionnel)* impersonator ■ **imitation** *nf* imitation
immaculé, -e [imakyle] *adj (sans tache, sans péché)* immaculate
immangeable [ɛ̃mɑ̃ʒabl] *adj* inedible
immanquable [ɛ̃mɑ̃kabl] *adj* inevitable
immatriculer [imatrikyle] *vt* to register; **se faire i.** to register ■ **immatriculation** *nf* registration
immédiat, -e [imedja, -jat] **1** *adj* immediate **2** *nm* **dans l'i.** for the time being ■ **immédiatement** *adv* immediately
immense [imɑ̃s] *adj* immense ■ **immensément** *adv* immensely ■ **immensité** *nf* immensity
immerger [imɛrʒe] *vt* to immerse ■ **immersion** *nf* immersion (**dans** in)
immeuble [imœbl] *nm* building; *(appartements) Br* block of flats, *Am* apartment block
immigrant, -e [imigrɑ̃, -ɑ̃t] *nmf* immigrant ■ **immigration** *nf* immigration ■ **immigré, -e** *adj & nmf* immigrant; **travailleur i.** immigrant worker
imminent, -e [iminɑ̃, -ɑ̃t] *adj* imminent
immiscer [imise] **s'immiscer** *vpr* to interfere (**dans** in)
immobile [imɔbil] *adj* still, motionless
immobilier, -ère [imɔbilje, -ɛr] **1** *adj* **marché i.** property market **2** *nm* **l'i.** *Br* property, *Am* real estate
immobiliser [imɔbilize] **1** *vt (blessé)* to immobilize; *(train)* to bring to a stop; *(voiture) (avec un sabot)* to clamp **2 s'immobiliser** *vpr* to come to a stop
immonde [i(m)mɔ̃d] *adj (sale)* foul; *(ignoble, laid)* vile
immoral, -e, -aux, -ales [i(m)mɔral, -o] *adj* immoral ■ **immoralité** *nf* immorality
immortel, -elle [i(m)mɔrtɛl] *adj* immortal ■ **immortaliser** *vt* to immortalize ■ **immortalité** *nf* immortality
immuable [i(m)mɥabl] *adj* immutable, unchanging
immuniser [i(m)mynize] *vt* to immunize (**contre** against) ■ **immunitaire** *adj Méd (déficience, système)* immune ■ **immunité** *nf* immunity
impact [ɛ̃pakt] *nm* impact (**sur** on)
impair, -e [ɛ̃pɛr] **1** *adj (nombre)* odd, uneven **2** *nm (maladresse)* blunder
imparable [ɛ̃parabl] *adj (coup)* unavoidable

impardonnable [ɛ̃pardɔnabl] *adj* unforgivable
imparfait, -e [ɛ̃parfɛ, -ɛt] *adj (connaissance)* imperfect
impartial, -e, -aux, -ales [ɛ̃parsjal, -o] *adj* impartial, unbiased ■ **impartialité** *nf* impartiality
impartir [ɛ̃partir] *vt* **dans le temps qui nous est imparti** within the allotted time
impasse [ɛ̃pɑs] *nf (rue)* dead end; *Fig (situation)* impasse; **être dans une i.** to be deadlocked
impassible [ɛ̃pasibl] *adj* impassive
impatient, -e [ɛ̃pasjɑ̃, -ɑ̃t] *adj* impatient; **i. de faire qch** impatient to do sth ■ **impatience** *nf* impatience ■ **impatienter 1** *vt* to annoy **2 s'impatienter** *vpr* to get impatient
impayé, -e [ɛ̃peje] *adj* unpaid
impeccable [ɛ̃pekabl] *adj* impeccable
impénétrable [ɛ̃penetrabl] *adj (forêt, mystère)* impenetrable
impensable [ɛ̃pɑ̃sabl] *adj* unthinkable
impératif, -ive [ɛ̃peratif, -iv] *adj (consigne, besoin)* imperative; *(ton)* imperious
impératrice [ɛ̃peratris] *nf* empress
imperceptible [ɛ̃pɛrsɛptibl] *adj* imperceptible (**à** to)
imperfection [ɛ̃pɛrfɛksjɔ̃] *nf* imperfection
impérial, -e, -aux, -ales [ɛ̃perjal, -o] *adj* imperial ■ **impérialisme** *nm* imperialism
impérieux, -euse [ɛ̃perjø, -øz] *adj (autoritaire)* imperious; *(besoin)* pressing
impérissable [ɛ̃perisabl] *adj (souvenir)* enduring
imperméable [ɛ̃pɛrmeabl] **1** *adj* impervious (**à** to); *(tissu, manteau)* waterproof **2** *nm* raincoat
impersonnel, -elle [ɛ̃pɛrsɔnɛl] *adj* impersonal
impertinent, -e [ɛ̃pɛrtinɑ̃, -ɑ̃t] *adj* impertinent (**envers** to) ■ **impertinence** *nf* impertinence
imperturbable [ɛ̃pɛrtyrbabl] *adj (personne)* imperturbable
impitoyable [ɛ̃pitwajabl] *adj* merciless
implacable [ɛ̃plakabl] *adj (personne, vengeance)* implacable; *(avancée)* relentless
implanter [ɛ̃plɑ̃te] **1** *vt (installer)* to establish; *(chirurgicalement)* to implant **2 s'implanter** *vpr* to become established ■ **implantation** *nf* establishment
implicite [ɛ̃plisit] *adj* implicit
impliquer [ɛ̃plike] *vt (entraîner)* to imply; **i. que...** to imply that...; **i. qn** to implicate sb (**dans** in) ■ **implication** *nf (conséquence)* implication; *(participation)* involvement
implorer [ɛ̃plɔre] *vt* to implore (**qn de faire** sb to do)
impoli, -e [ɛ̃pɔli] *adj* rude, impolite
impolitesse [ɛ̃pɔlitɛs] *nf* impoliteness, rudeness
impopulaire [ɛ̃pɔpylɛr] *adj* unpopular
import [ɛ̃pɔr] *nm* import
important, -e [ɛ̃pɔrtɑ̃, -ɑ̃t] **1** *adj (personnage, événement)* important; *(quantité, somme, ville)* large; *(dégâts, retard)* considerable **2** *nm* **l'i., c'est de...** the important thing is to... ■ **importance** *nf* importance; *(taille)* size; *(de dégâts)* extent; **ça n'a pas d'i.** it doesn't matter
importer[1] [ɛ̃pɔrte] **1** *vi* to matter (**à** to) **2** *v impersonnel* **il importe de faire qch** it's important to do sth; **il importe que vous y soyez** it is important that you're there; **peu importe, n'importe** it doesn't matter; **n'importe qui/quoi/où/quand/comment** anyone/anything/anywhere/any time/anyhow
importer[2] [ɛ̃pɔrte] *vt (marchandises)* to import (**de** from) ■ **importateur, -trice 1** *adj* importing **2** *nmf* importer ■ **importation** *nf (objet)* import; *(action)* importing, importation
importun, -e [ɛ̃pɔrtœ̃, -yn] **1** *adj*

(personne, question) importunate **2** *nmf* nuisance

imposer [ɛ̃poze] **1** *vt (condition)* to impose; *(taxer)* to tax; **i. qch à qn** to impose sth on sb **2** *vi* **en i. à qn** to impress sb **3 s'imposer** *vpr (faire reconnaître sa valeur)* to assert oneself; *(gagner)* to win; *(être nécessaire)* to be essential; *Péj (chez quelqu'un)* to impose; **s'i. de faire qch** to make it a rule to do sth ▪ **imposant, -e** *adj* imposing

impossible [ɛ̃pɔsibl] **1** *adj* impossible (**à faire** to do); **il est i. que...** *(+ subjunctive)* it is impossible that... **2** *nm* **tenter l'i.** to attempt the impossible ▪ **impossibilité** *nf* impossibility

imposteur [ɛ̃pɔstœr] *nm* impostor ▪ **imposture** *nf* deception

impôt [ɛ̃po] *nm* tax; **(service des) impôts** tax authorities; **impôts locaux** local taxes; **i. sur le revenu** income tax

impraticable [ɛ̃pratikabl] *adj (chemin)* impassable; *(projet)* impracticable

imprécis, -e [ɛ̃presi, -iz] *adj* imprecise ▪ **imprécision** *nf* imprecision

imprégner [ɛ̃preɲe] **1** *vt* to impregnate (**de** with); *Fig* **être imprégné de qch** to be full of sth **2 s'imprégner** *vpr* to become impregnated (**de** with)

imprenable [ɛ̃prənabl] *adj (forteresse)* impregnable; *(vue)* unobstructed

impression [ɛ̃prɛsjɔ̃] *nf* (**a**) *(sensation)* impression; **avoir l'i. que...** to have the impression that...; **faire bonne i. à qn** to make a good impression on sb (**b**) *(de livre)* printing

impressionner [ɛ̃prɛsjɔne] *vt (bouleverser)* to upset; *(frapper)* to impress ▪ **impressionnable** *adj* easily upset ▪ **impressionnant, -e** *adj* impressive

imprévisible [ɛ̃previzibl] *adj (temps, réaction, personne)* unpredictable; *(événement)* unforeseeable ▪ **imprévu, -e 1** *adj* unexpected, unforeseen **2** *nm* **en cas d'i.** in case of anything unexpected

imprimer [ɛ̃prime] *vt (livre, tissu)* to print; *Ordinat* to print (out) ▪ **imprimante** *nf* printer ▪ **imprimé** *nm (formulaire)* printed form ▪ **imprimerie** *nf (technique)* printing; *(lieu) Br* printing works, *Am* print shop ▪ **imprimeur** *nm* printer

improbable [ɛ̃prɔbabl] *adj* improbable, unlikely

impropre [ɛ̃prɔpr] *adj* inappropriate; **i. à qch** unfit for sth; **i. à la consommation** unfit for human consumption

improviser [ɛ̃prɔvize] *vt & vi* to improvise ▪ **improvisation** *nf* improvisation

improviste [ɛ̃prɔvist] **à l'improviste** *adv* unexpectedly

imprudent, -e [ɛ̃prydɑ̃, -ɑ̃t] *adj (personne, action)* rash; **il est i. de...** it is unwise to... ▪ **imprudemment** [-amɑ̃] *adv* rashly ▪ **imprudence** *nf* rashness

impudique [ɛ̃pydik] *adj* shameless

impuissant, -e [ɛ̃pɥisɑ̃, -ɑ̃t] *adj* powerless; *Méd* impotent

impulsif, -ive [ɛ̃pylsif, -iv] *adj* impulsive ▪ **impulsion** *nf* impulse

impunément [ɛ̃pynemɑ̃] *adv* with impunity ▪ **impuni, -e** *adj* unpunished

impur, -e [ɛ̃pyr] *adj* impure ▪ **impureté** *nf* impurity

imputer [ɛ̃pyte] *vt* to attribute (**à** to); *(frais)* to charge (**à** to)

inabordable [inabɔrdabl] *adj (prix)* prohibitive; *(lieu)* inaccessible; *(personne)* unapproachable

inacceptable [inaksɛptabl] *adj* unacceptable

inaccessible [inaksɛsibl] *adj (lieu)* inaccessible; *(personne)* unapproachable

inachevé, -e [inaʃve] *adj* unfinished

inactif, -ive [inaktif, -iv] *adj (personne)* inactive; *(remède)* ineffective ▪ **inaction** *nf* inaction ▪ **inactivité** *nf* inactivity

inadapté, -e [inadapte] **1** *adj (socialement)* maladjusted; *(physiquement, mentalement)* handicapped; *(matériel)* unsuitable (**à** for) **2** *nmf (socialement)* maladjusted person

inadmissible [inadmisibl] *adj* inadmissible

inadvertance [inadvɛrtɑ̃s] **par inadvertance** *adv* inadvertently

inamical, -e, -aux, -ales [inamikal, -o] *adj* unfriendly

inanimé, -e [inanime] *adj (mort)* lifeless; *(évanoui)* unconscious; *(matière)* inanimate

inaperçu, -e [inapɛrsy] *adj* **passer i.** to go unnoticed

inappréciable [inapresjabl] *adj* invaluable

inapte [inapt] *adj (intellectuellement)* unsuited (**à** for); *(médicalement)* unfit (**à** for) ▪ **inaptitude** *nf (intellectuelle)* inaptitude; *(médicale)* unfitness (**à** for)

inattendu, -e [inatɑ̃dy] *adj* unexpected

inattention [inatɑ̃sjɔ̃] *nf* lack of attention

inaudible [inodibl] *adj* inaudible

inaugurer [inogyre] *vt (édifice)* to inaugurate ▪ **inaugural, -e, -aux, -ales** *adj* inaugural

inavouable [inavwabl] *adj* shameful

incalculable [ɛ̃kalkylabl] *adj* incalculable

incapable [ɛ̃kapabl] *adj* incapable; **i. de faire qch** incapable of doing sth ▪ **incapacité** *nf (impossibilité)* inability (**de faire** to do); *(invalidité)* disability; **être dans l'i. de faire qch** to be unable to do sth

incarcérer [ɛ̃karsere] *vt* to incarcerate ▪ **incarcération** *nf* incarceration

incarnation [ɛ̃karnɑsjɔ̃] *nf* incarnation

incarné, -e [ɛ̃karne] *adj (ongle)* ingrown

incarner [ɛ̃karne] *vt* to embody

incassable [ɛ̃kɑsabl] *adj* unbreakable

incendie [ɛ̃sɑ̃di] *nm* fire; **i. criminel** arson; **i. de forêt** forest fire ▪ **incendiaire 1** *adj (bombe)* incendiary **2** *nmf* arsonist ▪ **incendier** *vt* to set on fire

incertain, -e [ɛ̃sɛrtɛ̃, -ɛn] *adj (résultat)* uncertain; *(temps)* unsettled; *(personne)* indecisive ▪ **incertitude** *nf* uncertainty

incessamment [ɛ̃sesamɑ̃] *adv* very soon

incessant, -e [ɛ̃sesɑ̃, -ɑ̃t] *adj* incessant

inchangé, -e [ɛ̃ʃɑ̃ʒe] *adj* unchanged

incidence [ɛ̃sidɑ̃s] *nf (influence)* impact (**sur** on); *Méd* incidence

incident [ɛ̃sidɑ̃] *nm* incident; *(accroc)* hitch; **i. de parcours** minor setback

incinérer [ɛ̃sinere] *vt (ordures)* to incinerate; *(cadavre)* to cremate ▪ **incinération** *nf (d'ordures)* incineration; *(de cadavre)* cremation

inciser [ɛ̃size] *vt (peau)* to make an incision in; *(abcès)* to lance ▪ **incision** *nf (entaille)* incision

incisif, -ive[1] [ɛ̃sizif, -iv] *adj* incisive

incisive[2] [ɛ̃siziv] *nf (dent)* incisor (tooth)

inciter [ɛ̃site] *vt* to encourage (**à faire** to do) ▪ **incitation** *nf* incitement (**à** to)

incliner [ɛ̃kline] **1** *vt (pencher)* to tilt; **i. la tête** *(approuver)* to nod; *(saluer)* to bow one's head **2 s'incliner** *vpr (se pencher)* to lean forward; *(pour saluer)* to bow; *Fig (se soumettre)* to give in (**devant** to) ▪ **inclinaison** *nf* incline, slope ▪ **inclination** *nf (tendance)* inclination

inclure* [ɛ̃klyr] *vt* to include; *(dans un courrier)* to enclose (**dans** with) ▪ **inclus, -e** *adj* **du 4 au 10 i.** from the 4th to the 10th inclusive; **jusqu'à lundi i.** *Br* up to and including Monday, *Am* through Monday ▪ **inclusion** *nf* inclusion

incognito [ɛ̃kɔɲito] *adv* incognito

incohérent, -e [ɛ̃kɔerɑ̃, -ɑ̃t] *adj (propos)* incoherent; *(histoire)* inconsistent ▪ **incohérence** *nf (de propos)* incoherence; *(d'histoire)* inconsistency

incolore [ɛ̃kɔlɔr] *adj* colourless; *(vernis, verre)* clear

incomber [ɛ̃kɔ̃be] *vi* **i. à qn** *(devoir)* to fall to sb; **il lui incombe de faire qch** it falls to him/her to do sth

incommoder [ɛ̃kɔmɔde] *vt* to bother

incomparable [ɛ̃kɔ̃parabl] *adj* matchless

incompatible [ɛ̃kɔ̃patibl] *adj* incompatible (**avec** with)

incompétent, -e [ɛ̃kɔ̃petɑ̃, -ɑ̃t] *adj* incompetent ▪ **incompétence** *nf* incompetence

incomplet, -ète [ɛ̃kɔ̃plɛ, -ɛt] *adj* incomplete

incompréhensible [ɛ̃kɔ̃preɑ̃sibl] *adj* incomprehensible ▪ **incompréhension** *nf* incomprehension

incompris, -e [ɛ̃kɔ̃pri, -iz] **1** *adj* misunderstood **2** *nmf* **être un i.** to be misunderstood

inconcevable [ɛ̃kɔ̃səvabl] *adj* inconceivable

inconciliable [ɛ̃kɔ̃siljabl] *adj (théorie)* irreconcilable; *(activité)* incompatible

inconditionnel, -elle [ɛ̃kɔ̃disjɔnɛl] *adj* unconditional; *(supporter)* staunch

inconfortable [ɛ̃kɔ̃fɔrtabl] *adj* uncomfortable

inconnu, -e [ɛ̃kɔny] **1** *adj* unknown (**de** to) **2** *nmf (étranger)* stranger; *(auteur)* unknown **3** *nm* **l'i.** the unknown **4** *nf Math* **inconnue** unknown (quantity)

inconscient, -e [ɛ̃kɔ̃sjɑ̃, -ɑ̃t] **1** *adj (sans connaissance)* unconscious; *(imprudent)* reckless; **i. de qch** unaware of sth **2** *nm* **l'i.** the unconscious ▪ **inconsciemment** [-amɑ̃] *adv (dans l'inconscient)* subconsciously ▪ **inconscience** *nf (perte de connaissance)* unconsciousness; *(irréflexion)* recklessness

inconséquence [ɛ̃kɔ̃sekɑ̃s] *nf (manque de prudence)* recklessness; *(manque de cohérence)* inconsistency

inconsidéré, -e [ɛ̃kɔ̃sidere] *adj* thoughtless

inconsistant, -e [ɛ̃kɔ̃sistɑ̃, -ɑ̃t] *adj (personne)* weak; *(film, roman)* flimsy; *(sauce, crème)* thin

inconsolable [ɛ̃kɔ̃sɔlabl] *adj* inconsolable

inconstant, -e [ɛ̃kɔ̃stɑ̃, -ɑ̃t] *adj* fickle

incontestable [ɛ̃kɔ̃tɛstabl] *adj* indisputable ▪ **incontesté, -e** *adj* undisputed

incontournable [ɛ̃kɔ̃turnabl] *adj Fig (film)* unmissable; *(auteur)* who cannot be ignored

incontrôlé, -e [ɛ̃kɔ̃trole] *adj* unchecked ▪ **incontrôlable** *adj (invérifiable)* unverifiable; *(indomptable)* uncontrollable

inconvenant, -e [ɛ̃kɔ̃vnɑ̃, -ɑ̃t] *adj* improper

inconvénient [ɛ̃kɔ̃venjɑ̃] *nm (désavantage)* drawback; **l'i., c'est que...** the annoying thing is that...

incorporer [ɛ̃kɔrpɔre] *vt (insérer)* to insert (**à** in); *(troupes)* to draft; **i. qch à qch** to blend sth into sth ▪ **incorporation** *nf (mélange)* blending (**de qch dans qch** of sth into sth); *Mil* conscription

incorrect, -e [ɛ̃kɔrɛkt] *adj (inexact)* incorrect; *(grossier)* impolite; *(inconvenant)* improper ▪ **incorrection** *nf (impolitesse)* impoliteness; *(propos)* impolite remark; *(faute de grammaire)* mistake

incorrigible [ɛ̃kɔriʒibl] *adj* incorrigible

incorruptible [ɛ̃kɔryptibl] *adj* incorruptible

incrédule [ɛ̃kredyl] *adj* incredulous ▪ **incrédulité** *nf* incredulity

incriminer [ɛ̃krimine] *vt (personne)* to accuse

incroyable [ɛ̃krwajabl] *adj* incredible

incrusté, -e [ɛ̃kryste] *adj* **i. de** *(orné)* inlaid with

incubation [ɛ̃kybɑsjɔ̃] *nf* incubation

inculper [ɛ̃kylpe] *vt (accuser)* to charge (**de** with) ▪ **inculpation** *nf* charge, indictment ▪ **inculpé, -e** *nmf* **l'i.** the accused

inculquer [ɛ̃kylke] *vt* to instil (**à qn** in sb)

inculte [ɛ̃kylt] *adj (terre, personne)* uncultivated

incurable [ɛ̃kyrabl] *adj* incurable

incursion [ɛ̃kyrsjɔ̃] *nf (invasion)* incursion; *Fig (entrée soudaine)* intrusion

Inde [ɛ̃d] *nf* **l'I.** India

indécent, -e [ɛ̃desɑ̃, -ɑ̃t] *adj* indecent ▪ **indécence** *nf* indecency

indéchiffrable [ɛ̃deʃifrabl] *adj (illisible)* undecipherable

indécis, -e [ɛ̃desi, -iz] *adj (personne) (de caractère)* indecisive; *(ponctuellement)* undecided ▪ **indécision** *nf (de caractère)* indecisiveness; *(ponctuelle)* indecision

indéfendable [ɛ̃defɑ̃dabl] *adj* indefensible

indéfini, -e [ɛ̃defini] *adj (illimité)* indefinite; *(imprécis)* undefined ▪ **indéfiniment** *adv* indefinitely ▪ **indéfinissable** *adj* indefinable

indélébile [ɛ̃delebil] *adj* indelible

indélicat, -e [ɛ̃delika, -at] *adj (grossier)* insensitive; *(malhonnête)* unscrupulous

indemne [ɛ̃dɛmn] *adj* unhurt, unscathed

indemniser [ɛ̃dɛmnize] *vt* to compensate (**de** for) ▪ **indemnisation** *nf* compensation ▪ **indemnité** *nf (dédommagement)* compensation; *(allocation)* allowance; **i. de licenciement** redundancy payment

indéniable [ɛ̃denjabl] *adj* undeniable

indépendant, -e [ɛ̃depɑ̃dɑ̃, -ɑ̃t] *adj* independent (**de** of); *(chambre)* self-contained; *(travailleur)* self-employed ▪ **indépendamment** [-amɑ̃] *adv* independently; **i. de** apart from ▪ **indépendance** *nf* independence

indescriptible [ɛ̃dɛskriptibl] *adj* indescribable

indésirable [ɛ̃dezirabl] *adj & nmf* undesirable

indestructible [ɛ̃dɛstryktibl] *adj* indestructible

indéterminé, -e [ɛ̃detɛrmine] *adj (date, heure)* unspecified; *(raison)* unknown

index [ɛ̃dɛks] *nm (doigt)* forefinger, index finger; *(liste) & Ordinat* index

indicateur, -trice [ɛ̃dikatœr, -tris] **1** *nm Tech* indicator, gauge; *Écon* indicator; *(espion)* informer **2** *adj* **panneau i.** road sign

indicatif, -ive [ɛ̃dikatif, -iv] **1** *adj* indicative (**de** of) **2** *nm Radio* theme tune; **i. téléphonique** *Br* dialling code, *Am* area code

indication [ɛ̃dikɑsjɔ̃] *nf* indication (**de** of); *(renseignement)* (piece of) information; *(directive)* instruction; **indications...** *(de médicament)* suitable for...

indice [ɛ̃dis] *nm (signe)* sign; *(d'enquête)* clue

indien, -enne [ɛ̃djɛ̃, -ɛn] **1** *adj* Indian **2** *nmf* **I., Indienne** Indian

indifférent, -e [ɛ̃diferɑ̃, -ɑ̃t] *adj* indifferent (**à** to) ▪ **indifférence** *nf* indifference (**à** to)

indigène [ɛ̃diʒɛn] *adj & nmf* native

indigent, -e [ɛ̃diʒɑ̃, -ɑ̃t] *adj* destitute ▪ **indigence** *nf* destitution

indigeste [ɛ̃diʒɛst] *adj* indigestible ▪ **indigestion** *nf* **avoir une i.** to have a stomach upset

indignation [ɛ̃diɲɑsjɔ̃] *nf* indignation

indigne [ɛ̃diɲ] *adj (personne)* unworthy; *(conduite)* shameful; **i. de qn/qch** unworthy of sb/sth ▪ **indignité** *nf (de personne)* unworthiness; *(de conduite)* shamefulness; *(action)* shameful act

indigner [ɛ̃diɲe] **1** *vt* **i. qn** to make sb indignant **2 s'indigner** *vpr* to be indignant (**de** at) ▪ **indigné, -e** *adj* indignant

indiquer [ɛ̃dike] *vt (sujet: personne)* to point out; *(sujet: panneau)* to show, to indicate; *(sujet: compteur)* to read; *(donner) (date, adresse)* to give; **i. le chemin à qn** to tell sb the way ▪ **indiqué, -e** *adj (conseillé)* advisable; **à l'heure indiquée** at the appointed time

indirect, -e [ɛ̃dirɛkt] *adj* indirect

indiscipline [ɛ̃disiplin] *nf* indiscipline ▪ **indiscipliné, -e** *adj* unruly

indiscret, -ète [ɛ̃diskrɛ, -ɛt] *adj Péj (curieux)* inquisitive; *(qui parle trop)* indiscreet ▪ **indiscrétion** *nf* indiscretion

indiscutable [ɛ̃diskytabl] *adj* indisputable

indispensable [ɛ̃dispɑ̃sabl] *adj* essential, indispensable (**à qch** for sth); **i. à qn** indispensable to sb

indisponible [ɛ̃dispɔnibl] *adj* unavailable

indisposer [ɛ̃dispoze] *vt (contrarier)* to annoy; **i. qn** *(odeur, climat)* to make sb feel ill ▪ **indisposé, -e** *adj (malade)* indisposed, unwell ▪ **indisposition** *nf* indisposition

indistinct, -e [ɛ̃distɛ̃(kt), -ɛ̃kt] *adj* indistinct ▪ **indistinctement** [-ɛ̃ktəmɑ̃] *adv (voir, parler)* indistinctly; *(également)* equally

individu [ɛ̃dividy] *nm* individual; *Péj* individual, character

individualiste [ɛ̃dividɥalist] **1** *adj* individualistic **2** *nmf* individualist

individualité [ɛ̃dividɥalite] *nf* individuality

individuel, -elle [ɛ̃dividɥɛl] *adj* individual; *(maison)* detached

indivisible [ɛ̃divizibl] *adj* indivisible

Indochine [ɛ̃dɔʃin] *nf* **l'I.** Indo-China

indolent, -e [ɛ̃dɔlɑ̃, -ɑ̃t] *adj* lazy

indolore [ɛ̃dɔlɔr] *adj* painless

indomptable [ɛ̃dɔ̃(p)tabl] *adj (animal)* untamable

Indonésie [ɛ̃donezi] *nf* **l'I.** Indonesia

indue [ɛ̃dy] *adj f* **rentrer à des heures indues** to come home at all hours of the night

induire* [ɛ̃dɥir] *vt* **i. qn en erreur** to lead sb astray

indulgent, -e [ɛ̃dylʒɑ̃, -ɑ̃t] *adj* indulgent ▪ **indulgence** *nf* indulgence

industrie [ɛ̃dystri] *nf* industry ▪ **industrialisé, -e** *adj* industrialized ▪ **industriel, -elle 1** *adj* industrial **2** *nm* industrialist

inébranlable [inebrɑ̃labl] *adj Fig (certitude, personne)* unshakeable

inédit, -e [inedi, -it] *adj (texte)* unpublished

inefficace [inefikas] *adj (mesure)* ineffective; *(personne)* inefficient ▪ **inefficacité** *nf (de mesure)* ineffectiveness; *(de personne)* inefficiency

inégal, -e, -aux, -ales [inegal, -o] *adj (parts, lutte)* unequal; *(sol, humeur)* uneven; *Fig (travail)* inconsistent ▪ **inégalable** *adj* incomparable ▪ **inégalé, -e** *adj* unequalled ▪ **inégalité** *nf (injustice)* inequality; *(physique)* disparity (**de** in); *(de sol)* unevenness

inéluctable [inelyktabl] *adj* inescapable

inepte [inɛpt] *adj (remarque, histoire)* inane; *(personne)* inept ▪ **ineptie** [inɛpsi] *nf (de comportement, de film)* inanity; *(remarque)* stupid remark

inépuisable [inepɥizabl] *adj* inexhaustible

inespéré, -e [inɛspere] *adj* unhoped-for

inestimable [inɛstimabl] *adj (objet d'art)* priceless

inévitable [inevitabl] *adj* inevitable, unavoidable

inexact, -e [inɛgzakt] *adj (erroné)* inaccurate; *(calcul)* wrong ▪ **inexactitude** *nf (caractère erroné, erreur)* inaccuracy; *(manque de ponctualité)* unpunctuality

inexcusable [inɛkskyzabl] *adj* inexcusable

inexistant, -e [inɛgzistɑ̃, -ɑ̃t] *adj* non-existent

inexpérience [inɛksperjɑ̃s] *nf* inexperience ▪ **inexpérimenté, -e** *adj* inexperienced

inexplicable [inɛksplikabl] *adj* inexplicable ▪ **inexpliqué, -e** *adj* unexplained

inexploré, -e [inɛksplɔre] *adj* unexplored

inexprimable [inɛksprimabl] *adj* inexpressible

inextricable [inɛkstrikabl] *adj* inextricable

infaillible [ɛ̃fajibl] *adj* infallible

infaisable [ɛ̃fəzabl] *adj (travail)* impossible

infâme [ɛ̃fɑm] *adj (personne)* despicable; *(acte)* unspeakable; *(taudis)* squalid; *(aliment)* revolting

infantile [ɛ̃fɑ̃til] *adj (maladie)* childhood; *Péj (comportement, personne)* infantile

infarctus [ɛ̃farktys] *nm Méd* heart attack

infatigable [ɛ̃fatigabl] *adj* tireless

infect, -e [ɛ̃fɛkt] *adj* foul

infecter [ɛ̃fɛkte] **1** *vt (atmosphère)* to contaminate; *Méd* to infect **2 s'infecter** *vpr* to become infected ▪ **infection** *nf Méd* infection; *(odeur)* stench

inférieur, -e [ɛ̃ferjœr] **1** *adj (étagère, niveau)* bottom; *(étage, lèvre, membre)* lower; *(qualité, marchandises)* inferior; **i. à la moyenne** below average; **à l'étage i.** on the floor below **2** *nmf* inferior ▪ **infériorité** *nf* inferiority

infernal, -e, -aux, -ales [ɛ̃fɛrnal, -o] *adj (de l'enfer) & Fig (chaleur, bruit)* infernal

infidèle [ɛ̃fidɛl] *adj* unfaithful (**à** to) ▪ **infidélité** *nf* unfaithfulness, infidelity

infiltrer [ɛ̃filtre] **1** *vt (party)* to infiltrate **2 s'infiltrer** *vpr (liquide)* to seep (**dans** into); *(lumière)* to filter in; *Fig* **s'i. dans** *(groupe, esprit)* to infiltrate ▪ **infiltration** *nf (de liquide, d'espions)* infiltration

infime [ɛ̃fim] *adj* tiny

infini, -e [ɛ̃fini] **1** *adj* infinite **2** *nm Math & Phot* infinity; *Phil* infinite; **à l'i.** *(discuter)* ad infinitum; *Math* to infinity ▪ **infiniment** *adv* infinitely; **je regrette i.** I'm very sorry ▪ **infinité** *nf* **une i. de** an infinite number of

infirme [ɛ̃firm] **1** *adj* disabled **2** *nmf* disabled person ▪ **infirmité** *nf* disability

infirmer [ɛ̃firme] *vt* to invalidate

infirmerie [ɛ̃firməri] *nf (d'école, de bateau)* sick room; *(de caserne, de prison)* infirmary ▪ **infirmier** *nm* male nurse ▪ **infirmière** *nf* nurse

inflammable [ɛ̃flamabl] *adj* (in)flammable

inflammation [ɛ̃flamɑsjɔ̃] *nf Méd* inflammation

inflation [ɛ̃flɑsjɔ̃] *nf Écon* inflation

infléchir [ɛ̃fleʃir] *vt (courber)* to bend; *(politique)* to change the direction of ▪ **inflexion** *nf (de courbe, de voix)* inflection

inflexible [ɛ̃flɛksibl] *adj* inflexible

infliger [ɛ̃fliʒe] *vt* to inflict (**à** on); *(amende)* to impose (**à** on)

influence [ɛ̃flyɑ̃s] *nf* influence ▪ **influençable** *adj* easily influenced ▪ **influencer** *vt* to influence ▪ **influent, -e** *adj* influential ▪ **influer** *vi* **i. sur qch** to influence sth

informaticien, -enne [ɛ̃fɔrmatisjɛ̃, -ɛn] *nmf* computer scientist

information [ɛ̃fɔrmɑsjɔ̃] *nf* information; *(nouvelle)* piece of news; *Ordinat* data, information; *Radio & TV* **les informations** the news *(sing)*

informatique [ɛ̃fɔrmatik] **1** *nf (science)* computer science; *(technique)* data processing **2** *adj* **programme i.** computer program ▪ **informatisation** *nf* computerization ▪ **informatiser** *vt* to computerize

informe [ɛ̃fɔrm] *adj* shapeless

informer [ɛ̃fɔrme] **1** *vt* to inform (**de** of *or* about; **que** that) **2 s'informer** *vpr (se renseigner)* to inquire (**de** about; **si** if *or* whether)

inforoute [ɛ̃fɔrut] *nf* information superhighway

infortune [ɛ̃fɔrtyn] *nf* misfortune ▪ **infortuné, -e** *adj* unfortunate

infraction [ɛ̃fraksjɔ̃] *nf (à un règlement)* infringement; *(délit) Br* offence, *Am* offense

infranchissable [ɛ̃frɑ̃ʃisabl] *adj (mur, fleuve)* impassable; *Fig (difficulté)* insurmountable

infrarouge [ɛ̃fraruʒ] *adj* infrared

infrastructure [ɛ̃frastryktyr] *nf (de bâtiment)* substructure; *(équipements)* infrastructure

infructueux, -euse [ɛ̃fryktɥø, -øz] *adj* fruitless

infuser [ɛ̃fyze] *vi (thé)* to brew; *(tisane)*

to infuse ▪ **infusion** *nf (tisane)* herb tea

ingénier [ɛ̃ʒenje] **s'ingénier** *vpr* to strive (**à faire** to do)

ingénieur [ɛ̃ʒenjœr] *nm* engineer ▪ **ingénierie** [-iri] *nf* engineering

ingénieux, -euse [ɛ̃ʒenjø, -øz] *adj* ingenious ▪ **ingéniosité** *nf* ingenuity

ingénu, -e [ɛ̃ʒeny] *adj* ingenuous

ingérer [ɛ̃ʒere] **s'ingérer** *vpr* to interfere (**dans** in) ▪ **ingérence** *nf* interference (**dans** in)

ingrat, -e [ɛ̃gra, -at] *adj (personne)* ungrateful (**envers** to); *(tâche)* thankless; *(sol)* barren; *(visage)* unattractive; **l'âge i.** the awkward age ▪ **ingratitude** *nf* ingratitude

ingrédient [ɛ̃gredjɑ̃] *nm* ingredient

inhabitable [inabitabl] *adj* uninhabitable ▪ **inhabité, -e** *adj* uninhabited

inhabituel, -elle [inabitɥɛl] *adj* unusual

inhérent, -e [inerɑ̃, -ɑ̃t] *adj* inherent (**à** in)

inhibé, -e [inibe] *adj* inhibited ▪ **inhibition** *nf* inhibition

inhospitalier, -ère [inɔspitalje, -ɛr] *adj* inhospitable

inhumain, -e [inymɛ̃, -ɛn] *adj (cruel, terrible)* inhuman

inhumer [inyme] *vt* to bury

inimaginable [inimaʒinabl] *adj* unimaginable

inimitable [inimitabl] *adj* inimitable

inimitié [inimitje] *nf* enmity

ininflammable [inɛ̃flamabl] *adj* nonflammable

inintelligible [inɛ̃teliʒibl] *adj* unintelligible

ininterrompu, -e [inɛ̃terɔ̃py] *adj* continuous

initial, -e, -aux, -ales [inisjal, -o] *adj* initial ▪ **initiale** *nf* initial

initialiser [inisjalize] *vt Ordinat (disque)* to initialize; *(ordinateur)* to boot

initiation [inisjɑsjɔ̃] *nf* initiation

initiative [inisjativ] *nf* initiative; **de ma propre i.** on my own initiative

initier [inisje] **1** *vt (former)* to introduce (**à** to); *(rituellement)* to initiate (**à** into) **2 s'initier** *vpr* **s'i. à qch** to start learning sth

injecter [ɛ̃ʒɛkte] *vt* to inject (**dans** into) ▪ **injection** *nf* injection

injure [ɛ̃ʒyr] *nf* insult ▪ **injurier** *vt* to insult, to abuse ▪ **injurieux, -euse** *adj* abusive, insulting (**pour** to)

injuste [ɛ̃ʒyst] *adj (contraire à la justice)* unjust; *(non équitable)* unfair ▪ **injustice** *nf* injustice

injustifiable [ɛ̃ʒystifjabl] *adj* unjustifiable ▪ **injustifié, -e** *adj* unjustified

inlassable [ɛ̃lɑsabl] *adj* untiring

inné, -e [ine] *adj* innate, inborn

innocent, -e [inɔsɑ̃, -ɑ̃t] **1** *adj* innocent (**de** of) **2** *nmf (non coupable)* innocent person; *(idiot)* simpleton ▪ **innocence** *nf* innocence ▪ **innocenter** *vt* **i. qn** to clear sb (**de** of)

innombrable [inɔ̃brabl] *adj* countless, innumerable; *(foule)* huge

innommable [inɔmabl] *adj (conduite, actes)* unspeakable; *(nourriture, odeur)* vile

innover [inɔve] *vi* to innovate ▪ **innovateur, -trice 1** *adj* innovative **2** *nmf* innovator ▪ **innovation** *nf* innovation

inoccupé, -e [inɔkype] *adj* unoccupied

inoculer [inɔkyle] *vt* **i. qch à qn** to inoculate sb with sth; **i. qn contre qch** to inoculate sb against sth

inodore [inɔdɔr] *adj* odourless

inoffensif, -ive [inɔfɑ̃sif, -iv] *adj* harmless

inonder [inɔ̃de] *vt (lieu)* to flood; *Fig (marché)* to flood, to inundate (**de** with); **inondé de soleil** bathed in sunlight ▪ **inondation** *nf* flood; *(action)* flooding

inopérable [inɔperabl] *adj* inoperable

inopiné, -e [inɔpine] *adj* unexpected

inopportun, -e [inɔpɔrtœ̃, -yn] *adj* inopportune

inoubliable [inublijabl] *adj* unforgettable

inouï, -e [inwi] *adj* incredible

Inox® [inɔks] *nm* stainless steel; **couteau en I.** stainless-steel knife ▪ **inoxydable** *adj (couteau)* stainless-steel

inqualifiable [ɛ̃kalifjabl] *adj* unspeakable

inquiet, -ète [ɛ̃kjɛ, -ɛt] *adj* worried, anxious (**de** about)

inquiéter [ɛ̃kjete] **1** *vt (préoccuper)* to worry **2 s'inquiéter** *vpr* to worry (**de** about); **s'i. pour qn** to worry about sb ▪ **inquiétant, -e** *adj* worrying

inquiétude [ɛ̃kjetyd] *nf* anxiety, worry

insaisissable [ɛ̃sezisabl] *adj* elusive

insalubre [ɛ̃salybr] *adj (climat, habitation)* insalubrious

insatiable [ɛ̃sasjabl] *adj* insatiable

insatisfait, -e [ɛ̃satisfɛ, -ɛt] *adj (personne)* dissatisfied

inscription [ɛ̃skripsjɔ̃] *nf (action)* entering; *(immatriculation)* registration; *(sur écriteau, mur, tombe)* inscription

inscrire* [ɛ̃skrir] **1** *vt (renseignements, date)* to write down; *(dans un journal, sur un registre)* to enter; *(graver)* to inscribe; **i. qn à un club** to *Br* enrol *or Am* enroll sb in a club

2 s'inscrire *vpr* to put one's name down; *(à une activité) Br* to enrol, *Am* to enroll (**à** at); *(à l'université)* to register (**à** at); **s'i. à un club** to join a club

insecte [ɛ̃sɛkt] *nm* insect

insécurité [ɛ̃sekyrite] *nf* insecurity

insensé, -e [ɛ̃sɑ̃se] *adj (projet, idée)* crazy; *(espoir)* wild

insensible [ɛ̃sɑ̃sibl] *adj (indifférent)* insensitive (**à** to); *(imperceptible)* imperceptible

inséparable [ɛ̃separabl] *adj* inseparable (**de** from)

insérer [ɛ̃sere] *vt* to insert (**dans** in) ▪ **insertion** [ɛ̃sɛrsjɔ̃] *nf* insertion

insidieux, -euse [ɛ̃sidjø, -øz] *adj* insidious

insigne [ɛ̃siɲ] *nm* badge

insignifiant, -e [ɛ̃siɲifjɑ̃, -jɑ̃t] *adj* insignificant

insinuer [ɛ̃sinɥe] **1** *vt Péj* to insinuate (**que** that) **2 s'insinuer** *vpr (froid)* to creep (**dans** into); *(personne)* to worm one's way (**dans** into)

insipide [ɛ̃sipid] *adj* insipid

insister [ɛ̃siste] *vi* to insist (**pour faire** on doing); **i. sur qch** to stress sth; **i. pour que...** *(+ subjunctive)* to insist that... ▪ **insistance** *nf* insistence

insolation [ɛ̃sɔlɑsjɔ̃] *nf Méd* sunstroke

insolent, -e [ɛ̃sɔlɑ̃, -ɑ̃t] *adj (impoli)* insolent; *(luxe)* unashamed ▪ **insolence** *nf* insolence

insolite [ɛ̃sɔlit] *adj* unusual, strange

insoluble [ɛ̃sɔlybl] *adj* insoluble

insomnie [ɛ̃sɔmni] *nf* insomnia ▪ **insomniaque** *nmf* insomniac

insondable [ɛ̃sɔ̃dabl] *adj* unfathomable

insonoriser [ɛ̃sɔnɔrize] *vt* to soundproof

insouciant, -e [ɛ̃susjɑ̃, -ɑ̃t] *adj* carefree ▪ **insouciance** *nf* carefree attitude

insoumis, -e [ɛ̃sumi, -iz] *adj (personne)* rebellious; *Mil* absentee

insoupçonnable [ɛ̃supsɔnabl] *adj* beyond suspicion

insoutenable [ɛ̃sutnabl] *adj (spectacle, odeur)* unbearable; *(théorie)* untenable

inspecter [ɛ̃spɛkte] *vt* to inspect ▪ **inspecteur, -trice** *nmf* inspector ▪ **inspection** *nf* inspection

inspirer [ɛ̃spire] **1** *vt* to inspire; **i. qch à qn** to inspire sb with sth **2** *vi* to breathe in **3 s'inspirer** *vpr* **s'i. de qn/qch** to take one's inspiration from sb/sth ▪ **inspiration** *nf (idée)* inspiration; *(respiration)* breathing in ▪ **inspiré, -e** *adj* inspired

instable [ɛ̃stabl] *adj* unstable; *(temps)* changeable ▪ **instabilité** *nf* instability; *(de temps)* changeability

installer [ɛ̃stale] **1** *vt (appareil, meuble)* to install, to put in; *(étagère)* to put up; *(cuisine)* to fit out; **i. qn** *(dans une fonction, dans un logement)* to install sb (**dans** in)

2 s'installer *vpr (s'asseoir)* to settle

down; *(dans un bureau)* to install oneself; *(médecin)* to set oneself up; **s'i. à la campagne** to settle in the country ▪ **installation** *nf (de machine)* installation; *(de cuisine)* fitting out; *(emménagement)* move; **installations** *(appareils)* fittings; *(bâtiments)* facilities

instant [ɛ̃stɑ̃] *nm* moment, instant; **à l'i.** a moment ago; **à l'i. où...** just as...; **pour l'i.** for the moment ▪ **instantané, -e 1** *adj* instantaneous; **café i.** instant coffee **2** *nm (photo)* snapshot

instar [ɛ̃star] *nm* **à l'i. de qn** after the fashion of sb

instaurer [ɛ̃stɔre] *vt* to establish

instigateur, -trice [ɛ̃stigatœr, -tris] *nmf* instigator

instinct [ɛ̃stɛ̃] *nm* instinct; **d'i.** by instinct ▪ **instinctif, -ive** *adj* instinctive

instituer [ɛ̃stitɥe] *vt* to establish

institut [ɛ̃stity] *nm* institute; **i. de beauté** beauty salon

instituteur, -trice [ɛ̃stitytœr, -tris] *nmf Br* primary *or Am* elementary school teacher

institution [ɛ̃stitysjɔ̃] *nf (création)* establishment; *(coutume)* institution; *(école)* private school ▪ **institutionnel, -elle** *adj* institutional

instructif, -ive [ɛ̃stryktif, -iv] *adj* instructive

instruction [ɛ̃stryksjɔ̃] *nf (éducation)* education; *Mil* training; *Jur* preliminary investigation; **instructions** *(ordres)* instructions; **i. civique** civics *(sing)* ▪ **instructeur** *nm* instructor

instruire* [ɛ̃strɥir] **1** *vt* to teach, to educate; *Mil* to train; *Jur* to investigate; **i. qn de qch** to inform sb of sth **2 s'instruire** *vpr* to educate oneself ▪ **instruit, -e** *adj* educated

instrument [ɛ̃strymɑ̃] *nm* instrument; **i. à vent** wind instrument ▪ **instrumental, -e, -aux, -ales** *adj Mus* instrumental

insu [ɛ̃sy] **à l'insu de** *prép* without the knowledge of; **à mon/son i.** *(sans m'en/s'en apercevoir)* without my/his/her being aware of it

insuffisant, -e [ɛ̃syfizɑ̃, -ɑ̃t] *adj (en quantité)* insufficient; *(en qualité)* inadequate ▪ **insuffisance** *nf (manque)* insufficiency; *(de moyens)* inadequacy

insulaire [ɛ̃sylɛr] **1** *adj* insular **2** *nmf* islander

insulte [ɛ̃sylt] *nf* insult (**à** to) ▪ **insulter** *vt* to insult

insupportable [ɛ̃sypɔrtabl] *adj* unbearable

insurger [ɛ̃syrʒe] **s'insurger** *vpr* to rise up (**contre** against)

insurmontable [ɛ̃syrmɔ̃tabl] *adj* insurmountable

insurrection [ɛ̃syrɛksjɔ̃] *nf* insurrection, uprising

intact, -e [ɛ̃takt] *adj* intact

intarissable [ɛ̃tarisabl] *adj* inexhaustible

intégral, -e, -aux, -ales [ɛ̃tegral, -o] *adj (paiement)* full; *(édition)* unabridged; **version intégrale** *(de film)* uncut version ▪ **intégralement** *adv* in full, fully ▪ **intégralité** *nf* whole (**de** of)

intègre [ɛ̃tɛgr] *adj* upright, honest ▪ **intégrité** *nf* integrity

intégrer [ɛ̃tegre] **1** *vt* to integrate (**dans** in); *(école)* to get into **2 s'intégrer** *vpr* to become integrated ▪ **intégrante** *adj f* **faire partie i. de qch** to be an integral part of sth ▪ **intégration** *nf (au sein d'un groupe)* integration

intégrisme [ɛ̃tegrism] *nm* fundamentalism

intellectuel, -elle [ɛ̃telɛktɥɛl] *adj & nmf* intellectual

intelligent, -e [ɛ̃teliʒɑ̃, -ɑ̃t] *adj* intelligent, clever ▪ **intelligence** *nf (faculté)* intelligence; **avoir l'i. de faire qch** to have the intelligence to do sth; *Ordinat* **i. artificielle** artificial intelligence

intelligible [ɛ̃teliʒibl] *adj* intelligible

intempéries [ɛ̃tɑ̃peri] *nfpl* **les i.** the bad weather

intempestif, -ive [ɛ̃tɑ̃pɛstif, -iv] *adj* untimely

intenable [ɛ̃tnabl] *adj (position)* untenable

intendant, -e [ɛ̃tɑ̃dɑ̃, -ɑ̃t] *nmf Scol* bursar

intense [ɛ̃tɑ̃s] *adj* intense; *(circulation)* heavy ▪ **intensif, -ive** *adj* intensive ▪ **intensité** *nf* intensity

intensifier [ɛ̃tɑ̃sifje] *vt*, **s'intensifier** *vpr* to intensify

intenter [ɛ̃tɑ̃te] *vt Jur* **i. un procès à qn** to institute proceedings against sb

intention [ɛ̃tɑ̃sjɔ̃] *nf* intention; *Jur* intent; **avoir l'i. de faire qch** to intend to do sth ▪ **intentionné, -e** *adj* **bien i.** well-intentioned; **mal i.** ill-intentioned ▪ **intentionnel, -elle** *adj* intentional

interactif, -ive [ɛ̃tɛraktif, -iv] *adj Ordinat* interactive

interaction [ɛ̃tɛraksjɔ̃] *nf* interaction

intercaler [ɛ̃tɛrkale] *vt* to insert

intercéder [ɛ̃tɛrsede] *vt* to intercede (**auprès de** with; **en faveur de** on behalf of)

intercepter [ɛ̃tɛrsɛpte] *vt* to intercept

interchangeable [ɛ̃tɛrʃɑ̃ʒabl] *adj* interchangeable

interdire* [ɛ̃tɛrdir] *vt* to forbid (**qch à qn** sb sth); *(film, meeting)* to ban; **i. à qn de faire qch** *(personne)* to forbid sb to do sth ▪ **interdiction** *nf* ban (**de** on); **'i. de fumer'** 'no smoking' ▪ **interdit, -e** *adj* (**a**) *(défendu)* forbidden; **'stationnement i.'** 'no parking' (**b**) *(étonné)* disconcerted

intéresser [ɛ̃terese] **1** *vt (captiver)* to interest; *(concerner)* to concern **2 s'intéresser** *vpr* **s'i. à qn/qch** to be interested in sb/sth ▪ **intéressant, -e 1** *adj (captivant)* interesting; *(prix)* attractive **2** *nmf Péj* **faire l'i.** to show off ▪ **intéressé, -e 1** *adj (avide)* self-interested; *(motif)* selfish; *(concerné)* concerned **2** *nmf* **l'i.** the person concerned

intérêt [ɛ̃terɛ] *nm* interest; *Fin* **intérêts** interest; **tu as i. à le faire** you'd do well to do it; **sans i.** *(personne, film)* uninteresting

intérieur, -eure [ɛ̃terjœr] **1** *adj (escalier, paroi)* interior; *(cour, vie)* inner; *(poche)* inside; *(partie)* internal; *(vol)* internal, domestic; *(mer)* inland **2** *nm (de boîte, de maison)* inside (**de** of); *(de pays)* interior; *(maison)* home; **à l'i. (de)** inside; **d'i.** *(vêtement, jeux)* indoor

intérim [ɛ̃terim] *nm (travail temporaire)* temporary work; **président par i.** acting president ▪ **intérimaire 1** *adj (fonction, employé)* temporary **2** *nmf (travailleur)* temporary worker; *(secrétaire)* temp

interlocuteur, -trice [ɛ̃tɛrlɔkytœr, -tris] *nmf (de conversation)* speaker; *(de négociation)* discussion partner; **mon i.** the person I am/was speaking to

intermède [ɛ̃tɛrmɛd] *nm* interlude

intermédiaire [ɛ̃tɛrmedjɛr] **1** *adj* intermediate **2** *nmf* intermediary; *Com* middleman; **par l'i. de** through; **sans i.** directly

interminable [ɛ̃tɛrminabl] *adj* interminable

intermittent, -e [ɛ̃tɛrmitɑ̃, -ɑ̃t] *adj* intermittent ▪ **intermittence** *nf* **par i.** intermittently

internat [ɛ̃tɛrna] *nm (école)* boarding school; *(concours de médecine)* = entrance examination for *Br* a housemanship *or Am* an internship ▪ **interne 1** *adj (douleur)* internal; *(oreille)* inner **2** *nmf (élève)* boarder; **i. des hôpitaux** *Br* house doctor, *Am* intern

international, -e, -aux, -ales [ɛ̃tɛrnasjɔnal, -o] **1** *adj* international **2** *nm (footballeur)* international

interner [ɛ̃tɛrne] *vt (prisonnier)* to intern; *(aliéné)* to commit ▪ **internement** [-əmɑ̃] *nm (emprisonnement)* internment; *(d'aliéné)* confinement

Internet [ɛ̃tɛrnɛt] *nm* Internet; **sur (l')I.** on the Internet ▪ **internaute** *nmf* Internet surfer

interpeller [ɛ̃tɛrpəle] *vt (appeler)* to

call out to; *(dans une réunion)* to question; **i. qn** *(police)* to take sb in for questioning ▪ **interpellation** *nf* sharp address; *(dans une réunion)* question

interposer [ɛ̃tɛrpoze] **s'interposer** *vpr (intervenir)* to intervene (**dans** in)

interprète [ɛ̃tɛrprɛt] *nmf (traducteur)* interpreter; *(chanteur)* singer; *(musicien, acteur)* performer ▪ **interprétariat** *nm* interpreting ▪ **interprétation** *nf (de texte, de rôle, de rêve)* interpretation; *(traduction)* interpreting ▪ **interpréter** *vt (texte, rôle, musique, rêve)* to interpret; *(chanter)* to sing

interroger [ɛ̃tɛrɔʒe] *vt* to question; *(élève)* to test; *Ordinat (banque de données)* to query ▪ **interrogateur, -trice** *adj (air)* questioning ▪ **interrogation** *nf (question)* question; *(de prisonnier)* questioning; *Scol* **i. écrite/orale** written/oral test ▪ **interrogatoire** *nm* interrogation

interrompre* [ɛ̃tɛrɔ̃pr] **1** *vt* to interrupt **2 s'interrompre** *vpr* to break off ▪ **interrupteur** *nm* switch ▪ **interruption** *nf* interruption; *(de négociations)* breaking off; **sans i.** continuously; **i. volontaire de grossesse** termination

intersection [ɛ̃tɛrsɛksjɔ̃] *nf* intersection

intervalle [ɛ̃tɛrval] *nm (dans l'espace)* gap, space; *(dans le temps)* interval; **dans l'i.** *(entretemps)* in the meantime; **par intervalles** (every) now and then, at intervals

intervenir* [ɛ̃tɛrvənir] *vi (agir, prendre la parole)* to intervene; *(survenir)* to occur; **être intervenu** *(accord)* to be reached ▪ **intervention** *nf* intervention; *(discours)* speech; **i. chirurgicale** operation

intervertir [ɛ̃tɛrvɛrtir] *vt* to invert

interview [ɛ̃tɛrvju] *nm ou f* interview ▪ **interviewer** [-vjuve] *vt* to interview

intestin [ɛ̃tɛstɛ̃] *nm* intestine

intime [ɛ̃tim] **1** *adj* intimate; *(ami)* close; *(cérémonie)* quiet **2** *nmf* close friend ▪ **intimement** [-əmɑ̃] *adv* intimately; **i. liés** *(problèmes)* closely linked ▪ **intimité** *nf (familiarité)* intimacy; *(vie privée)* privacy; **dans l'i.** in private

intimider [ɛ̃timide] *vt* to intimidate

intituler [ɛ̃tityle] **1** *vt* to give a title to **2 s'intituler** *vpr* to be entitled

intolérable [ɛ̃tɔlerabl] *adj* intolerable ▪ **intolérance** *nf* intolerance ▪ **intolérant, -e** *adj* intolerant

intoxiquer [ɛ̃tɔksike] **1** *vt (empoisonner)* to poison **2 s'intoxiquer** *vpr* to poison oneself ▪ **intoxication** *nf (empoisonnement)* poisoning; **i. alimentaire** food poisoning

intraitable [ɛ̃trɛtabl] *adj* uncompromising

intransigeant, -e [ɛ̃trɑ̃ziʒɑ̃, -ɑ̃t] *adj* intransigent

intrépide [ɛ̃trepid] *adj* fearless, intrepid

intrigue [ɛ̃trig] *nf* intrigue; *(de film, roman)* plot ▪ **intriguer 1** *vt* **i. qn** to intrigue sb **2** *vi* to scheme

introduire* [ɛ̃trɔdɥir] **1** *vt (insérer)* to insert (**dans** into); *(marchandises)* to bring in; *(réforme, mode)* to introduce; *(visiteur)* to show in **2 s'introduire** *vpr* **s'i. dans une maison** to get into a house ▪ **introduction** *nf (texte, action)* introduction

introuvable [ɛ̃truvabl] *adj (produit)* unobtainable; *(personne)* nowhere to be found

introverti, -e [ɛ̃trɔvɛrti] *nmf* introvert

intrus, -e [ɛ̃try, -yz] *nmf* intruder ▪ **intrusion** *nf* intrusion (**dans** into)

intuition [ɛ̃tɥisjɔ̃] *nf* intuition ▪ **intuitif, -ive** *adj* intuitive

inuit [inɥit] **1** *adj inv* Inuit **2** *nmf inv* **I.** Inuit

inusable [inyzabl] *adj* hard-wearing

inusité, -e [inyzite] *adj (mot, forme)* uncommon

inutile [inytil] *adj (qui ne sert à rien)* useless; *(précaution, bagage)* unnecessary; **c'est i. de crier** it's pointless shouting ▪ **inutilement** *adv* needlessly ▪ **inutilité** *nf* uselessness

inutilisable [inytilizabl] *adj* unusable ▪ **inutilisé, -e** *adj* unused

invaincu, -e [ɛ̃vɛ̃ky] *adj Sport* unbeaten

invalide [ɛ̃valid] **1** *adj* disabled **2** *nmf* disabled person

invalider [ɛ̃valide] *vt* to invalidate

invariable [ɛ̃varjabl] *adj* invariable

invasion [ɛ̃vɑzjɔ̃] *nf* invasion

invendable [ɛ̃vɑ̃dabl] *adj* unsellable ▪ **invendu, -e 1** *adj* unsold **2** *nmpl* **invendus** unsold articles; *(journaux)* unsold copies

inventaire [ɛ̃vɑ̃tɛr] *nm Com (liste)* inventory; **faire l'i.** to do the stocktaking (**de** of)

inventer [ɛ̃vɑ̃te] *vt (créer)* to invent; *(concept)* to think up; *(histoire, excuse)* to make up ▪ **inventeur, -trice** *nmf* inventor ▪ **inventif, -ive** *adj* inventive ▪ **invention** *nf* invention

inverse [ɛ̃vɛrs] **1** *adj (sens)* opposite; *(ordre)* reverse; *Math* inverse **2** *nm* **l'i.** the reverse, the opposite ▪ **inversement** [-əmɑ̃] *adv* conversely ▪ **inverser** *vt (ordre)* to reverse ▪ **inversion** *nf* inversion

investigation [ɛ̃vɛstigɑsjɔ̃] *nf* investigation

investir [ɛ̃vɛstir] **1** *vt (capitaux)* to invest (**dans** in); *(édifice, ville)* to besiege **2** *vi* to invest (**dans** in) ▪ **investissement** *nm Fin* investment

invincible [ɛ̃vɛ̃sibl] *adj* invincible

invisible [ɛ̃vizibl] *adj* invisible

inviter [ɛ̃vite] *vt* to invite; **i. qn à faire qch** *(prier)* to request sb to do sth; *(inciter)* to urge sb to do sth; **i. qn à dîner** to invite sb to dinner ▪ **invitation** *nf* invitation ▪ **invité, -e** *nmf* guest

involontaire [ɛ̃vɔlɔ̃tɛr] *adj (geste)* involuntary; *(témoin)* unwilling

invoquer [ɛ̃vɔke] *vt (argument)* to put forward; *(loi, texte)* to refer to; *(divinité)* to invoke ▪ **invocation** *nf* invocation (**à** to)

invraisemblable [ɛ̃vrɛsɑ̃blabl] *adj (extraordinaire)* incredible; *(alibi)* implausible ▪ **invraisemblance** *nf (improbabilité)* unlikelihood; *(d'alibi)* implausibility

invulnérable [ɛ̃vylnerabl] *adj* invulnerable

ira, irait *etc* [ira, irɛ] *voir* **aller**[1]

Irak [irak] *nm* **l'I.** Iraq ▪ **irakien, -enne 1** *adj* Iraqi **2** *nmf* **I., Irakienne** Iraqi

Iran [irɑ̃] *nm* **l'I.** Iran ▪ **iranien, -enne 1** *adj* Iranian **2** *nmf* **I., Iranienne** Iranian

iris [iris] *nm (plante) & Anat* iris

Irlande [irlɑ̃d] *nf* **l'I.** Ireland; **l'I. du Nord** Northern Ireland ▪ **irlandais, -e 1** *adj* Irish **2** *nmf* **I.** Irishman; **Irlandaise** Irishwoman; **les I.** the Irish **3** *nm (langue)* Irish

ironie [irɔni] *nf* irony ▪ **ironique** *adj* ironic(al)

iront [irɔ̃] *voir* **aller**[1]

irrationnel, -elle [irasjɔnɛl] *adj* irrational

irréalisable [irealizabl] *adj (projet)* impracticable

irréaliste [irealist] *adj* unrealistic

irrécusable [irekyzabl] *adj (preuve)* indisputable; *Jur (témoignage)* unimpeachable

irréductible [iredyktibl] **1** *adj (ennemi)* implacable **2** *nm* diehard

irréel, -elle [ireɛl] *adj* unreal

irréfléchi, -e [ireflefi] *adj* rash

irréfutable [irefytabl] *adj* irrefutable

irrégulier, -ère [iregylje, -ɛr] *adj (rythme, verbe, procédure)* irregular; *(sol)* uneven; *(résultats)* inconsistent ▪ **irrégularité** *nf* irregularity; *(de sol)* unevenness

irrémédiable [iremedjabl] *adj* irreparable

irremplaçable [irɑ̃plasabl] *adj* irreplaceable

irréparable [ireparabl] *adj (véhicule)* beyond repair; *(tort, perte)* irreparable

irrépressible [irepresibl] *adj* irrepressible

irréprochable [ireprɔʃabl] *adj* irreproachable

irrésistible [irezistibl] *adj (personne, charme)* irresistible

irrésolu, -e [irezɔly] *adj (personne)* indecisive; *(problème)* unresolved

irrespirable [irɛspirabl] *adj (air)* unbreathable; *Fig (atmosphère)* unbearable

irresponsable [irɛspɔ̃sabl] *adj (personne)* irresponsible

irréversible [ireversibl] *adj* irreversible

irrévocable [irevɔkabl] *adj* irrevocable

irrigation [irigɑsjɔ̃] *nf* irrigation

irriter [irite] **1** *vt* to irritate **2 s'irriter** *vpr (s'énerver)* to get irritated (**de** with; **contre** at); *(s'enflammer)* to become irritated ▪ **irritable** *adj* irritable ▪ **irritation** *nf (colère) & Méd* irritation

irruption [irypsjɔ̃] *nf* **faire i. dans** to burst into

Islam [islam] *nm* **l'I.** Islam ▪ **islamique** *adj* Islamic

Islande [islɑ̃d] *nf* **l'I.** Iceland ▪ **islandais, -e 1** *adj* Icelandic **2** *nmf* **I., Islandaise** Icelander

isolant, -e [izɔlɑ̃, -ɑ̃t] **1** *adj* insulating **2** *nm* insulating material

isoler [izɔle] **1** *vt* to isolate (**de** from); *(du froid) & Él* to insulate **2 s'isoler** *vpr* to isolate oneself ▪ **isolation** *nf* insulation ▪ **isolé, -e** *adj (personne, endroit, maison)* isolated; *(du froid)* insulated; **i. de** cut off *or* isolated from ▪ **isolement** *nm (de personne)* isolation; ▪ **isolément** *adv (agir)* in isolation; *(interroger des gens)* individually

isoloir [izɔlwar] *nm Br* polling *or Am* voting booth

Israël [israel] *nm* Israel ▪ **israélien, -enne 1** *adj* Israeli **2** *nmf* **I., Israélienne** Israeli ▪ **israélite 1** *adj* Jewish **2** *nmf* Jew

issu, -e [isy] *adj* **être i. de** to come from

issue [isy] *nf (sortie)* exit; *Fig (solution)* way out; *(résultat)* outcome; **à l'i. de** at the end of; **i. de secours** emergency exit

isthme [ism] *nm* isthmus

Italie [itali] *nf* **l'I.** Italy ▪ **italien, -enne 1** *adj* Italian **2** *nmf* **I., Italienne** Italian **3** *nm (langue)* Italian

italique [italik] **1** *adj (lettre)* italic **2** *nm* italics; **en i.** in italics

itinéraire [itinerɛr] *nm* route, itinerary

IUT [iyte] *(abrév* **institut universitaire de technologie**) *nm* = vocational higher education college

IVG [iveʒe] *(abrév* **interruption volontaire de grossesse**) *nf* abortion, termination

ivoire [ivwar] *nm* ivory; **statuette en i.** *ou* **d'i.** ivory statuette

ivre [ivr] *adj* drunk (**de** with); *Fig* **i. de joie** wild with joy ▪ **ivresse** *nf* drunkenness; **en état d'i.** under the influence of drink ▪ **ivrogne** *nmf* drunk(ard)

Jj

J, j [ʒi] *nm inv* J, j; **le jour J.** D-day
j' [ʒ] *voir* **je**
jadis [ʒadis] *adv Littéraire* in times past
jaillir [ʒajir] *vi (liquide)* to gush out; *(étincelles)* to shoot out
jalonner [ʒalɔne] *vt (marquer)* to mark out; *(border)* to line
jaloux, -ouse [ʒalu, -uz] *adj* jealous (**de** of) ■ **jalousie** *nf (sentiment)* jealousy
Jamaïque [ʒamaik] *nf* **la J.** Jamaica
jamais [ʒamɛ] *adv* (**a**) *(négatif)* never; **elle ne sort j.** she never goes out; **sans j. sortir** without ever going out
(**b**) *(positif)* ever; **à tout j.** for ever; **si j.** if ever; **le film le plus drôle que j'aie j. vu** the funniest film I have ever seen
jambe [ʒɑ̃b] *nf* leg
jambon [ʒɑ̃bɔ̃] *nm* ham
janvier [ʒɑ̃vje] *nm* January
Japon [ʒapɔ̃] *nm* **le J.** Japan ■ **japonais, -e 1** *adj* Japanese **2** *nmf* **J., Japonaise** Japanese *inv*; **les J.** the Japanese **3** *nm (langue)* Japanese
jardin [ʒardɛ̃] *nm* garden; **j. d'enfants** kindergarten; **j. public** gardens ■ **jardinage** *nm* gardening ■ **jardinier** *nm* gardener
jargon [ʒargɔ̃] *nm* jargon
jasmin [ʒasmɛ̃] *nm* jasmine; **thé au j.** jasmine tea
jaune [ʒon] **1** *adj* yellow **2** *nm (couleur)* yellow; **j. d'œuf** (egg) yolk
Javel [ʒavɛl] **eau de Javel** *nf* bleach
javelot [ʒavlo] *nm* javelin
jazz [dʒaz] *nm* jazz
je [ʒə]

> **j'** is used before a word beginning with a vowel or h mute.

pron personnel I; **je suis ici** I'm here
jean [dʒin] *nm* (pair of) jeans; **veste en j.** denim jacket
Jersey [ʒɛrzɛ] *nf* Jersey
jet [ʒɛ] *nm (de pierre)* throwing; *(de vapeur, de liquide)* jet; **j. d'eau** fountain
jetable [ʒətabl] *adj* disposable
jetée [ʒəte] *nf* pier, jetty
jeter [ʒəte] **1** *vt* to throw (**à** to; **dans** into); *(à la poubelle)* to throw away; *(sort)* to cast; **j. un coup d'œil à qn/qch** to have a quick look at sb/sth
2 se jeter *vpr (personne)* to throw oneself; **se j. sur qn** to throw oneself at sb; *Fig* to pounce on sb; **se j. sur qch** *(occasion)* to jump at sth; **se j. contre** *(véhicule)* to crash into; **se j. dans** *(fleuve)* to flow into
jeton [ʒətɔ̃] *nm (pièce)* token; *(au jeu)* chip
jeu, -x [ʒø] *nm* (**a**) *(amusement)* play; *(activité, au tennis)* game; *(d'acteur)* acting; **le j.** *(au casino)* gambling; **en j.** *(en cause)* at stake; *(forces)* at work; **j.-concours** competition; **j. électronique** computer game; **j. de hasard** game of chance; **j. de mots** play on words, pun; **jeux de société** board games; **j. télévisé** television game show; *(avec questions)* television quiz show; **j. vidéo** video game
(**b**) *(série complète)* set; *(de cartes)* deck, *Br* pack; *(cartes en main)* hand; **j. d'échecs** *(boîte, pièces)* chess set
(**c**) *Tech (de ressort, de verrou)* play

jeudi [ʒødi] *nm*Thursday

jeun [ʒœ̃] **à jeun 1** *adv* on an empty stomach **2** *adj* **être à j.** to have eaten no food

jeune [ʒœn] **1** *adj* young; *(apparence)* youthful; **jeunes gens** young people **2** *nmf* young person; **les jeunes** young people ▪ **jeunesse** *nf* youth; *(apparence)* youthfulness; **la j.** *(les jeunes)* the young

jeûner [ʒøne] *vi* to fast

joaillier, -ère [ʒɔaje, -ɛr] *nmf Br* jeweller, *Am* jeweler ▪ **joaillerie** *nf (bijoux) Br* jewellery, *Am* jewelry; *(magasin) Br* jewellery shop, *Am* jewelry store

jockey [ʒɔkɛ] *nm* jockey

jogging [dʒɔgiŋ] *nm Sport* jogging; *(survêtement)* jogging suit

joie [ʒwa] *nf* joy, delight; **avec j.** with pleasure, gladly

joindre* [ʒwɛ̃dr] **1** *vt (réunir)* to join; *(ajouter)* to add (**à** to); *(dans une enveloppe)* to enclose (**à** with); **j. qn** *(contacter)* to get in touch with sb

2 se joindre *vpr* **se j. à qn** to join sb ▪ **joint, -e 1** *adj* **à pieds joints** with feet together; **pièces jointes** *(de lettre)* enclosures **2** *nm Tech (articulation)* joint; *(d'étanchéité)* seal; *(de robinet)* washer; **j. de culasse** gasket

joker [ʒɔkɛr] *nm Cartes* joker

joli, -e [ʒɔli] *adj* pretty

jonché [ʒɔ̃ʃe] *adj* **j. de** strewn with

jonction [ʒɔ̃ksjɔ̃] *nf* junction

jongler [ʒɔ̃gle] *vi* to juggle (**avec** with)

jonquille [ʒɔ̃kij] *nf* daffodil

Jordanie [ʒɔrdani] *nf* **la J.** Jordan

joue [ʒu] *nf (du visage)* cheek

jouer [ʒwe] **1** *vt (musique, carte, rôle)* to play; *(pièce de théâtre)* to perform; *(film)* to show; *(parier)* to stake (**sur** on); *(cheval)* to bet on

2 *vi* to play; *(acteur)* to act; *(au tiercé)* to gamble; *(être important)* to count; **j. au tennis/aux cartes** to play tennis/cards; **j. du piano/du violon** to play the piano/violin; **à toi de j.!** it's your turn (to play)!

3 se jouer *vpr (film, pièce)* to be on

jouet [ʒwɛ] *nm* toy

joueur, -euse [ʒwœr, -øz] *nmf* player; *(au tiercé)* gambler

jouir [ʒwir] *vi* **j. de qch** to enjoy sth

jour [ʒur] *nm (journée, date)* day; *(clarté)* daylight; *(éclairage)* light; **il fait j.** it's (day)light; **de j. en j.** day by day; **du j. au lendemain** overnight; **en plein j., au grand j.** in broad daylight; **de nos jours** nowadays, these days; *Fig* **sous un j. nouveau** in a different light; **mettre qch à j.** to bring sth up to date; **quel j. sommes-nous?** what day is it?; **il y a dix ans j. pour j.** ten years ago to the day; **le j. de l'an** New Year's Day

journal, -aux [ʒurnal, -o] *nm* (news)-paper; *(spécialisé)* journal; *(intime)* diary; **j. télévisé** (TV) news *(sing)* ▪ **journalisme** *nm* journalism ▪ **journaliste** *nmf* journalist

journalier, -ère [ʒurnalje, -ɛr] *adj* daily

journée [ʒurne] *nf* day; **pendant la j.** during the day(time); **toute la j.** all day (long)

jovial, -e, -aux, -ales [ʒɔvjal, -o] *adj* jovial, jolly

joyau, -x [ʒwajo] *nm* jewel

joyeux, -euse [ʒwajø, -øz] *adj* joyful; **j. anniversaire!** happy birthday!; **j. Noël!** merry *or Br* happy Christmas!

jubiler [ʒybile] *vi* to be jubilant

jucher [ʒyʃe] *vt*, **se jucher** *vpr* to perch (**sur** on)

judicieux, -euse [ʒydisjø, -øz] *adj* judicious

judo [ʒydo] *nm* judo

juge [ʒyʒ] *nm* judge; **j. de touche** *(au football)* linesman, assistant referee

jugé [ʒyʒe] **au jugé** *adv (calculer)* roughly

jugement [ʒyʒmɑ̃] *nm (opinion, discernement)* judgement; *(verdict)* sentence; **porter un j. sur qch** to pass judgement on sth; *Jur* **passer en j.** to stand trial

juger [ʒyʒe] **1** *vt (personne, question)*

to judge; *(au tribunal)* to try; *(estimer)* to consider (**que** that) **2** *vi* **j. de** to judge; **jugez de ma surprise!** imagine my surprise!

juif, juive [ʒɥif, ʒɥiv] **1** *adj* Jewish **2** *nmf* **J.** Jew

juillet [ʒɥijɛ] *nm* July

juin [ʒɥɛ̃] *nm* June

jumeau, -elle, -x, -elles [ʒymo, -ɛl] **1** *adj* **frère j.** twin brother; **sœur jumelle** twin sister; **lits jumeaux** twin beds **2** *nmf* twin ▪ **jumeler** *vt (villes)* to twin ▪ **jumelles** *nfpl (pour regarder)* binoculars

jument [ʒymɑ̃] *nf* mare

jungle [ʒœ̃gl] *nf* jungle

junior [ʒynjɔr] *nm & adj inv Sport* junior

jupe [ʒyp] *nf* skirt

jurer [ʒyre] **1** *vt (promettre)* to swear (**que** that; **de faire** to do) **2** *vi (dire un gros mot)* to swear (**contre** at); *(contraster)* to clash (**avec** with); **j. de qch** to swear to sth ▪ **juré, -e 1** *adj* **ennemi j.** sworn enemy **2** *nm Jur* juror

juriste [ʒyrist] *nmf* legal expert

juron [ʒyrɔ̃] *nm* swearword

jury [ʒyri] *nm Jur* jury; *(d'examen)* board of examiners

jus [ʒy] *nm (de fruits)* juice; *(de viande)* gravy; **j. d'orange** orange juice

jusque [ʒysk] **1** *prép* **jusqu'à** *(espace)* as far as, (right) up to; *(temps)* until, (up) till, to; *(même)* even; **jusqu'en mai** until May; **jusqu'où?** how far?; **jusqu'ici** as far as this; *(temps)* up till now; **j. chez moi** as far as my place
2 *conj* **jusqu'à ce qu'il vienne** until he comes

juste [ʒyst] **1** *adj (équitable)* fair, just; *(exact)* right, correct; *(étroit)* tight; *(raisonnement)* sound; **un peu j.** *(quantité, qualité)* barely enough
2 *adv (deviner, compter)* correctly, right; *(chanter)* in tune; *(précisément, à peine)* just; **à trois heures j.** on the stroke of three; **un peu j.** *(mesurer, compter)* a bit on the short side ▪ **justement** [-əmɑ̃] *adv (précisément)* exactly; *(avec justesse, avec justice)* justly; **j. j'allais t'appeler** I was just going to ring you

justesse [ʒystɛs] *nf (exactitude)* accuracy; **de j.** *(éviter, gagner)* just

justice [ʒystis] *nf (équité)* justice; **la j.** *(autorité)* the law; **rendre j. à qn** to do justice to sb

justifier [ʒystifje] **1** *vt* to justify **2** **se justifier** *vpr* to justify oneself (**de** of) ▪ **justification** *nf (explication)* justification; *(preuve)* proof

juteux, -euse [ʒytø, -øz] *adj* juicy

Kk

K, k [ka] *nm inv* K, k
kangourou [kãguru] *nm* kangaroo
karaté [karate] *nm* karate
karting [kartiŋ] *nm* karting
kasher [kaʃɛr] *adj inv Rel* kosher
kayak [kajak] *nm (bateau de sport)* canoe
Kenya [kenja] *nm* **le K.** Kenya
kermesse [kɛrmɛs] *nf* charity fair *or Br* fête; *(en Belgique)* village fair
kérosène [kerozɛn] *nm* kerosene
kidnapper [kidnape] *vt* to kidnap ▪ **kidnappeur, -euse** *nmf* kidnapper
kilo [kilo] *nm* kilo ▪ **kilogramme** *nm* kilogram(me)
kilomètre [kilɔmɛtr] *nm* kilometre ▪ **kilométrage** *nm Aut* ≃ mileage ▪ **kilométrique** *adj* **borne k.** ≃ milestone
kilo-octet [kilɔɔktɛ] *(pl* **kilo-octets***)* *nm Ordinat* kilobyte
kilowatt [kilɔwat] *nm* kilowatt
kinésithérapeute [kineziterapøt] *nmf* physiotherapist
kiosque [kjɔsk] *nm (à fleurs)* kiosk, *Br* stall; **k. à journaux** news-stand
kit [kit] *nm* (self-assembly) kit; **en k.** in kit form
kiwi [kiwi] *nm (oiseau, fruit)* kiwi
Klaxon® [klaksɔn] *nm* horn ▪ **klaxonner** *vi* to sound one's horn
km *(abrév* **kilomètre***)* km
km/h *(abrév* **kilomètre-heure***)* kph, ≃ mph
Koweït [kɔwɛjt] *nm* **le K.** Kuwait ▪ **koweïtien, -enne 1** *adj* Kuwaiti **2** *nmf* **K., Koweïtienne** Kuwaiti

Ll

L, l [ɛl] *nm inv* L, l
l', la[1] [l, la] *voir* **le**
la[2] [la] *nm inv (note)* A
là [la] **1** *adv (là-bas)* there; *(ici)* here; **c'est là que...** *(lieu)* that's where...; **à 5 mètres de là** 5 metres away **2** *exclam* **oh là là!** oh dear! **3** *voir* **ce**[1], **celui**
là-bas [labɑ] *adv* over there
laboratoire [labɔratwar] *nm* laboratory
labourer [labure] *vt (terre) Br* to plough, *Am* to plow
lac [lak] *nm* lake
lacet [lasɛ] *nm (de chaussure)* lace; **faire ses lacets** to tie one's laces
lâche [lɑʃ] **1** *adj (nœud)* loose, slack; *Péj (personne, acte)* cowardly **2** *nmf* coward ▪ **lâcheté** *nf* cowardice; **une l.** *(action)* a cowardly act
lâcher [lɑʃe] **1** *vt (ne plus tenir)* to let go of; *(bombe)* to drop; *(poursuivant)* to shake off; *(dans une course)* to leave behind; **l. prise** to let go **2** *vi (corde)* to break
là-dedans [ladədɑ̃] *adv (lieu)* in there, inside
là-dessous [ladəsu] *adv* underneath
là-dessus [ladəsy] *adv* on there; *(monter)* on top
là-haut [lao] *adv* up there; *(à l'étage)* upstairs
laid, -e [lɛ, lɛd] *adj (physiquement)* ugly ▪ **laideur** *nf* ugliness
laine [lɛn] *nf* wool; **de l., en l.** *Br* woollen, *Am* woolen ▪ **lainage** *nm (vêtement)* jumper
laisse [lɛs] *nf* lead, leash
laisser [lese] **1** *vt* to leave; **l. qn partir** *(permettre)* to let sb go; **l. qch à qn** *(confier, donner)* to leave sth with sb **2 se laisser** *vpr* **se l. aller** to let oneself go; **se l. faire** to be pushed around
lait [lɛ] *nm* milk; **l. entier/demi-écrémé/écrémé** whole/semi-skimmed/skimmed milk ▪ **laitier** *adj m* **produit l.** dairy product
laitue [lɛty] *nf* lettuce
lame [lam] *nf (de couteau, de rasoir)* blade; *(vague)* wave
lamelle [lamɛl] *nf* thin strip
lamenter [lamɑ̃te] **se lamenter** *vpr* to moan ▪ **lamentable** *adj (mauvais)* terrible, deplorable; *(voix, cri)* mournful; *(personne)* pathetic
lampadaire [lɑ̃padɛr] *nm Br* standard lamp, *Am* floor lamp; *(de rue)* street lamp
lampe [lɑ̃p] *nf* lamp; **l. de poche** *Br* torch, *Am* flashlight
lance [lɑ̃s] *nf* spear
lancer [lɑ̃se] **1** *vt (jeter)* to throw (**à** to); *(fusée, produit)* to launch; *(appel)* to issue
2 se lancer *vpr (se précipiter)* to rush; **se l. dans** *(aventure)* to launch into
3 *nm Sport* **l. du javelot** throwing the javelin; **l. franc** *(au basket)* free throw ▪ **lancement** *nm (de fusée, de produit)* launch(ing)
landau, -s [lɑ̃do] *nm Br* pram, *Am* baby carriage
langage [lɑ̃gaʒ] *nm* language; *Ordinat* **l. machine/naturel** computer/natural language
langer [lɑ̃ʒe] *vt (bébé)* to change

langouste [lãgust] *nf* crayfish ▪ **langoustine** *nf* langoustine

langue [lãg] *nf Anat* tongue; *Ling* language; **de l. anglaise/française** English-/French-speaking; **l. maternelle** mother tongue; **langues vivantes** modern languages ▪ **languette** *nf (patte)* tongue

lanière [lanjɛr] *nf* strap; *(d'étoffe)* strip

lapin [lapɛ̃] *nm* rabbit

laque [lak] *nf (pour cheveux)* hair spray

laquelle [lakɛl] *voir* **lequel**

lard [lar] *nm (viande)* bacon ▪ **lardon** *nm Culin* strip of bacon

large [larʒ] **1** *adj (route, porte, chaussure)* wide; *(considérable)* **l. de 6 mètres** 6 metres wide

2 *nm* **avoir 6 mètres de l.** to be 6 metres wide; **au l. de Cherbourg** off Cherbourg ▪ **largement** [-əmã] *adv (répandu, critiqué)* widely; *(payer, servir)* generously; *(dépasser)* by a long way; **avoir l. le temps** to have plenty of time ▪ **largeur** *nf (dimension)* width, breadth; **en l., dans la l.** widthwise

larguer [large] *vt (bombe)* to drop; *Naut* **l. les amarres** to cast off

larme [larm] *nf* tear; **en larmes** in tears; **rire aux larmes** to laugh till one cries

las, lasse [lɑ, lɑs] *adj* weary (**de** of) ▪ **lassant, -e** *adj* tiresome ▪ **lasser 1** *vt* to tire **2 se lasser** *vpr* **se l. de qch/de faire qch** to get tired of sth/of doing sth

laser [lazɛr] *nm* laser

latéral, -e, -aux, -ales [lateral, -o] *adj* side

latin, -e [latɛ̃, -in] **1** *adj* Latin **2** *nmf* **L., Latine** Latin **3** *nm (langue)* Latin

lavabo [lavabo] *nm* washbasin; **lavabos** *(toilettes) Br* toilet(s), *Am* washroom

lavande [lavãd] *nf* lavender

lave [lav] *nf* lava

laver [lave] **1** *vt* to wash; **l. qch à l'eau froide** to wash sth in cold water **2 se laver** *vpr* to wash (oneself), *Am* to wash up; **se l. les mains** to wash one's hands ▪ **lavable** *adj* washable ▪ **lavage** *nm* washing ▪ **lave-auto** (*pl* **lave-autos**) *nm Can* carwash ▪ **lave-linge** *nm inv* washing machine ▪ **laverie** *nf (automatique) Br* launderette, *Am* Laundromat® ▪ **laveur** *nm* **l. de vitres** window *Br* cleaner *or Am* washer ▪ **lave-vaisselle** *nm inv* dishwasher

---

LE, LA, LES [lə, la, le]

> **l'** is used instead of **le** or **la** before a word beginning with a vowel or h mute.

1 *article défini* (**a**) *(pour définir le nom)* the; **le garçon** the boy; **la fille** the girl; **les petits** the little ones

(**b**) *(avec les notions)* **la vie** life; **la France** France; **les Français** the French; **les hommes** men; **aimer le café** to like coffee

(**c**) *(avec les parties du corps)* **il ouvrit la bouche** he opened his mouth; **se blesser au pied** to hurt one's foot; **avoir les cheveux blonds** to have blond hair

(**d**) *(distributif)* **10 euros le kilo** 10 euros a kilo

(**e**) *(dans les compléments de temps)* **elle vient le lundi** she comes on Mondays; **l'an prochain** next year

2 *pron (homme)* him; *(femme)* her; *(chose, animal)* it; **les** them; **je la vois** I see her/it; **je le vois** I see him/it; **je les vois** I see them

---

lécher [leʃe] *vt* to lick

leçon [ləsɔ̃] *nf* lesson

lecteur, -trice [lɛktœr, -tris] *nmf* reader; *Univ* foreign language assistant; **l. de cassettes/de CD** cassette/CD player; *Ordinat* **l. de disques** *ou* **de disquettes** disk drive ▪ **lecture** *nf* reading

légal, -e, -aux, -ales [legal, -o] *adj* legal ▪ **légaliser** *vt* to legalize ▪ **légalité** *nf* legality (**de** of)

légende [leʒãd] *nf (histoire)* legend; *(de carte)* key; *(de photo)* caption

léger, -ère [leʒe, -ɛr] **1** *adj* light; *(blessure, odeur)* slight; *(café, thé)* weak; *(bière, tabac)* mild; *(frivole)* frivolous; *(irréfléchi)* thoughtless
2 *adv* **manger l.** to have a light meal
3 *nf* **prendre qch à la légère** to make light of sth ▪ **légèrement** *adv (inconsidérément)* lightly; *(un peu)* slightly ▪ **légèreté** *nf (poids)* lightness; *(de blessure)* slightness; *(d'attitude)* thoughtlessness

légion [leʒjɔ̃] *nf Mil* legion ▪ **légionnaire** *nm (de la Légion étrangère)* legionnaire

législatif, -ive [leʒislatif, -iv] *adj* legislative; *(élections)* parliamentary

légitime [leʒitim] *adj (action, enfant)* legitimate; *(héritier)* rightful; *(colère)* justified; **être en état de l. défense** to be acting in *Br* self-defence *or Am* self-defense

léguer [lege] *vt* to bequeath (**à** to)

légume [legym] *nm* vegetable

lendemain [lɑ̃dmɛ̃] *nm* **le l.** the next day; **le l. de** the day after; **le l. matin** the next morning

lent, -e [lɑ̃, lɑ̃t] *adj* slow

lentille [lɑ̃tij] *nf (plante, graine)* lentil; *(verre)* lens; **lentilles de contact** contact lenses

lequel, laquelle [ləkɛl, lakɛl] *(mpl* **lesquels,** *fpl* **lesquelles** [lekɛl])

> **lequel** and **lesquel(le)s** contract with **à** to form **auquel** and **auxquel(le)s**, and with **de** to form **duquel** and **desquel(le)s**.

1 *pron relatif (chose, animal)* which; *(personne)* who; *(indirect)* whom; **dans l.** in which; **parmi lesquels** *(choses, animaux)* among which; *(personnes)* among whom
2 *pron interrogatif* which (one); **l. préférez-vous?** which (one) do you prefer?

les [le] *voir* **le**

lessive [lɛsiv] *nf (produit)* washing powder; *(liquide)* liquid detergent; *(linge)* washing; **faire la l.** to do the washing

lettre [lɛtr] *nf (missive, caractère)* letter; **les lettres** *(discipline)* arts, humanities

leur [lœr] **1** *adj possessif* their; **l. chat** their cat; **leurs voitures** their cars **2** *pron possessif* **le l., la l., les leurs** theirs **3** *pron personnel (indirect)* to them; **donne-l. ta carte** give them your card

lever [ləve] **1** *vt (objet)* to lift, to raise; *(blocus, immunité)* to lift; *(séance)* to close; *(impôts)* to levy
2 *vi (pâte)* to rise
3 se lever *vpr* to get up; *(soleil)* to rise; *(jour)* to break; *(brouillard)* to clear, to lift
4 *nm* **le l. du soleil** sunrise; *Théât* **l. de rideau** curtain up ▪ **levé, -e** *adj* **être l.** *(debout)* to be up ▪ **levée** *nf (d'interdiction)* lifting; *(du courrier)* collection

levier [ləvje] *nm* lever; *Aut* **l. de vitesse** *Br* gear lever, *Am* gearshift

lèvre [lɛvr] *nf* lip

lévrier [levrije] *nm* greyhound

levure [ləvyr] *nf* yeast

lézard [lezar] *nm* lizard ▪ **lézarder se lézarder** *vpr* to crack

liaison [ljɛzɔ̃] *nf (rapport)* connection; *(entre mots) & Mil* liaison; **l. aérienne/ferroviaire** air/rail link; **l. amoureuse** love affair

Liban [libɑ̃] *nm* **le L.** (the) Lebanon ▪ **libanais, -e 1** *adj* Lebanese **2** *nmf* **L., Libanaise** Lebanese

libeller [libele] *vt (chèque)* to make out

libéral, -e, -aux, -ales [liberal, -o] *adj & nmf* liberal

libérer [libere] **1** *vt (prisonnier)* to free, to release; *(pays)* to liberate (**de** from); *(chambre)* to vacate **2 se libérer** *vpr* to free oneself (**de** from); **je n'ai pas pu me l.** I couldn't get away ▪ **libération** *nf (de prisonnier)* release; *(de pays)* liberation

liberté [libɛrte] *nf* freedom, liberty; **mettre qn en l.** to set sb free

libraire [librɛr] *nmf* bookseller ▪ **librairie** *nf (magasin)* bookshop

libre [libr] *adj (personne, siège)* free (**de qch** from sth; **de faire** to do);

(voie) clear; **radio l.** independent radio ▪ **libre-échange** *nm Écon* free trade ▪ **libre-service** (*pl* **libres-services**) *nm (système, magasin)* self-service

Libye [libi] *nf* **la L.** Libya ▪ **libyen, -enne 1** *adj* Libyan **2** *nmf* **L., Libyenne** Libyan

licence [lisɑ̃s] *nf Sport* permit; *Com Br* licence, *Am* license; *Univ* (bachelor's) degree; **l. ès lettres/sciences** arts/science degree

licencier [lisɑ̃sje] *vt (employé)* to lay off, *Br* to make redundant ▪ **licenciement** *nm* lay-off, *Br* redundancy

lien [ljɛ̃] *nm (rapport)* link, connection; *(attache)* bond; **l. de parenté** family relationship; *Ordinat* **l. hypertexte** hypertext link

lier [lje] **1** *vt (attacher)* to tie up; *(contrat)* to be binding on; *(personnes)* to bind together; *(paragraphes)* to connect, to link; **l. qn** *(unir, engager)* to bind sb; **être très lié avec qn** to be great friends with sb **2 se lier** *vpr* **se l. d'amitié** to become friends

lierre [ljɛr] *nm* ivy

lieu[1], -x [ljø] *nm* place; **les lieux** *(locaux)* the premises; **être sur les lieux** to be on the spot; **avoir l.** to take place; **au l. de qch** instead of sth; **au l. de faire qch** instead of doing sth; **en dernier l.** lastly; **l. de naissance** place of birth; **l. public** public place

lieu[2], -s [ljø] *nm (poisson)* **l. noir** coalfish

lieutenant [ljøtnɑ̃] *nm* lieutenant

lièvre [ljɛvr] *nm* hare

ligne [liɲ] *nf (trait)* line; *(silhouette)* figure; *(rangée)* row, line; **les grandes lignes** *(de train)* the main lines; *Fig (idées principales)* the broad outline; **aller à la l.** to begin a new paragraph; *Fig* **sur toute la l.** completely; **l. d'autobus** bus service; *(parcours)* bus route; **l. de chemin de fer** *Br* railway *or Am* railroad line; *Sport* **l. de touche** touchline

ligoter [ligɔte] *vt* to tie up (**à** to)

liguer [lige] **se liguer** *vpr (États)* to form a league (**contre** against); *(personnes)* to gang up (**contre** against)

lilas [lilɑ] *nm & adj inv* lilac

limace [limas] *nf* slug

limande [limɑ̃d] *nf* dab

lime [lim] *nf (outil)* file; **l. à ongles** nail file

limitation [limitɑsjɔ̃] *nf* limitation; **l. de vitesse** speed limit

limite [limit] **1** *nf* limit (**à** to); *(de propriété)* boundary; **sans l.** unlimited, limitless; **dans la l. des stocks disponibles** while stocks last **2** *adj (vitesse, âge)* maximum

limiter [limite] **1** *vt (restreindre)* to limit, to restrict (**à** to); *(territoire)* to bound **2 se limiter** *vpr* **se l. à qch/à faire qch** to limit *or* restrict oneself to sth/to doing sth

limoger [limɔʒe] *vt* to dismiss

limonade [limɔnad] *nf (boisson)* lemonade

limpide [lɛ̃pid] *adj (eau, explication)* clear, crystal-clear

lin [lɛ̃] *nm (tissu)* linen

linge [lɛ̃ʒ] *nm (vêtements)* linen; *(à laver)* washing; **l. de corps** underwear ▪ **lingerie** *nf (de femmes)* underwear

lingot [lɛ̃go] *nm* **l. d'or** gold bar

lion [ljɔ̃] *nm* lion; **le L.** *(signe)* Leo

liqueur [likœr] *nf* liqueur

liquide [likid] **1** *adj* liquid **2** *nm* liquid; *(argent)* cash; **payer en l.** to pay cash

liquider [likide] *vt (stock)* to clear ▪ **liquidation** *nf (de stock)* clearing; *Com* **l. totale** stock clearance

lire[1]* [lir] **1** *vt* to read; **l. qch à qn** to read sth to sb **2** *vi* to read

lire[2] [lir] *nf (monnaie)* lira

lis, lisant, lise(nt) *etc* [li, lizɑ̃, liz] *voir* **lire[1]**

lisible [lizibl] *adj (écriture)* legible

lisière [lizjɛr] *nf* edge

lisse [lis] *adj* smooth

liste [list] *nf* list; **l. d'attente** waiting list; **l. électorale** electoral roll

lit[1] [li] *nm* bed; **se mettre au l.** to go to bed; **faire son l.** to make one's bed; **l. de camp** *Br* camp bed, *Am* cot; **l. d'enfant**

Br cot, *Am* crib; **lits superposés** bunk beds

lit² [li] *voir* **lire¹**

litière [litjɛr] *nf (d'animal)* litter

litige [litiʒ] *nm (conflit)* dispute

litre [litr] *nm Br* litre, *Am* liter

littéraire [literɛr] *adj* literary ▪ **littérature** *nf* literature

littoral, -e, -aux, -ales [litɔral, -o] **1** *adj* coastal **2** *nm* coast(line)

livraison [livrɛzɔ̃] *nf* delivery

livre [livr] **1** *nm* book; *Naut* **l. de bord** logbook; **l. de poche** paperback (book) **2** *nf (monnaie, poids)* pound

livrer [livre] **1** *vt (marchandises)* to deliver (**à** to); **l. qn à la police** to hand sb over to the police **2 se livrer** *vpr (se rendre)* to give oneself up (**à** to) ▪ **livreur, -euse** *nmf* delivery man, *f* delivery woman

livret [livrɛ] *nm (livre)* booklet; **l. d'épargne** bankbook, *Br* passbook; **l. scolaire** school report book

local, -e, -aux, -ales [lɔkal, -o] **1** *adj* local **2** *nm (pièce)* room; **locaux** *(bâtiment)* premises

localité [lɔkalite] *nf* locality

locataire [lɔkatɛr] *nmf* tenant; *(chez le propriétaire)* lodger, *Am* roomer

location [lɔkɑsjɔ̃] *nf (de maison) (par le locataire)* renting; *(par le propriétaire)* renting out, *Br* letting; *(de voiture)* renting, *Br* hiring; *(logement)* rented *Br* accommodation *or Am* accommodations; *(loyer)* rent; *(pour spectacle)* booking; **bureau de l.** booking office; **en l.** on hire; **voiture de l.** rented *or Br* hired car

locomotion [lɔkɔmosjɔ̃] *nf* **moyen de l.** means of transport

locomotive [lɔkɔmotiv] *nf (de train)* engine

loge [lɔʒ] *nf (de concierge)* lodge; *(d'acteur)* dressing-room; *Théât (de spectateur)* box

loger [lɔʒe] **1** *vt (recevoir, mettre)* to accommodate; *(héberger)* to put up; **être logé et nourri** to have board and lodging

2 *vi (temporairement)* to stay; *(en permanence)* to live

3 se loger *vpr* **trouver à se l.** to find somewhere to live; *(temporairement)* to find somewhere to stay ▪ **logement** *nm (habitation)* lodging, *Br* accommodation, *Am* accommodations; **le l.** housing

logiciel [lɔʒisjɛl] *nm Ordinat* software *inv*

logique [lɔʒik] **1** *adj* logical **2** *nf* logic

loi [lwa] *nf* law; **faire la l.** to lay down the law (**à** to)

loin [lwɛ̃] *adv* far (away *or* off) (**de** from); **Nice est l. de Paris** Nice is a long way away from Paris; **plus l.** further, farther; **au l.** in the distance, far away; **de l.** from a distance ▪ **lointain, -e** *adj* distant, far-off; *(rapport)* remote

loisirs [lwazir] *nmpl (temps libre)* spare time, leisure (time); *(distractions)* leisure *or* spare-time activities

Londres [lɔ̃dr] *nm ou f* London ▪ **londonien, -enne 1** *adj* London, of London **2** *nmf* **L., Londonienne** Londoner

long, longue [lɔ̃, lɔ̃g] **1** *adj* long; **l. de 2 mètres** 2 metres long

2 *nm* **avoir 2 mètres de l.** to be 2 metres long; **le l. de qch** along sth; **de l. en large** *(marcher)* up and down

3 *adv* **en savoir l. sur qch** to know a lot about sth ▪ **long-courrier** (*pl* **long-courriers**) *nm (avion)* long-haul aircraft

longer [lɔ̃ʒe] *vt (sujet: personne, voiture)* to go along; *(mur, côte)* to hug; *(sujet: sentier, canal)* to run alongside

longtemps [lɔ̃tɑ̃] *adv* (for) a long time; **trop l.** too long; **aussi l. que** as long as

longue [lɔ̃g] *voir* **long** ▪ **longuement** *adv (expliquer)* at length; *(réfléchir)* for a long time ▪ **longueur** *nf* length; *Radio* **l. d'onde** wavelength ▪ **longue-vue** (*pl* **longues-vues**) *nf* telescope

lopin [lɔpɛ̃] *nm* **l. de terre** plot *or* patch of land

loquet [lɔkɛ] *nm* latch

lorgner [lɔrɲe] *vt (regarder)* to eye; *(convoiter)* to have one's eye on

lors [lɔr] *adv* **l. de** at the time of; **dès l.** from then on; **dès l. que** *(puisque)* since

lorsque [lɔrsk(ə)] *conj* when

losange [lɔzɑ̃ʒ] *nm (forme)* diamond

lot [lo] *nm (de marchandises)* batch; *(de loterie)* prize; **gros l.** jackpot

loterie [lɔtri] *nf* lottery

lotion [losjɔ̃] *nf* lotion

lotissement [lɔtismɑ̃] *nm (terrain)* building plot; *(habitations)* housing *Br* estate *or Am* development

loto [lɔto] *nm (jeu)* lotto; *(jeu national)* national lottery

louange [lwɑ̃ʒ] *nf* praise

louche[1] [luʃ] *nf (cuillère)* ladle

louche[2] [luʃ] *adj (suspect)* dodgy

loucher [luʃe] *vi* to squint

louer[1] [lwe] *vt (prendre en location) (maison, appartement)* to rent; *(voiture)* to rent, *Br* to hire; *(donner en location) (logement)* to rent out, *Br* to let; *(voiture)* to rent out, *Br* to hire out; *(réserver)* to book; **maison/chambre à l.** house/room to rent *or Br* to let

louer[2] [lwe] **1** *vt (exalter)* to praise (**de** for) **2 se louer** *vpr* **se l. de qch** to be highly satisfied with sth

loup [lu] *nm* wolf

loupe [lup] *nf* magnifying glass

lourd, -e [lur, lurd] **1** *adj* heavy (**de** with); *(temps)* close **2** *adv* **peser l.** *(personne, objet)* to be heavy ▪ **lourdement** [-əmɑ̃] *adv* heavily ▪ **lourdeur** *nf* heaviness; **avoir des lourdeurs d'estomac** to feel bloated

loyal, -e, -aux, -ales [lwajal, -o] *adj (honnête)* fair (**envers** to); *(dévoué)* loyal (**envers** to) ▪ **loyauté** *nf (honnêteté)* fairness; *(dévouement)* loyalty (**envers** to)

loyer [lwaje] *nm* rent

lu [ly] *pp de* **lire[1]**

lubrifier [lybrifje] *vt* to lubricate

lucarne [lykarn] *nf (fenêtre)* dormer window; *(de toit)* skylight

lucide [lysid] *adj* lucid ▪ **lucidité** *nf* lucidity

lucratif, -ive [lykratif, -iv] *adj* lucrative

lueur [lɥœr] *nf (lumière) & Fig* glimmer

luge [lyʒ] *nf Br* sledge, *Am* sled, toboggan

LUI [lɥi] *pron personnel* (**a**) *(objet indirect)* (to) him; *(femme)* (to) her; *(chose, animal)* (to) it; **je le l. ai montré** I showed it to him/her

(**b**) *(complément direct)* him; **elle n'aime que l.** she only loves him

(**c**) *(après une préposition)* him; **pour/avec l.** for/with him; **elle pense à l.** she thinks of him; **ce livre est à l.** this book is his

(**d**) *(dans les comparaisons)* **elle est plus grande que l.** she's taller than he is *or* than him

(**e**) *(sujet)* **l., il ne viendra pas** *(emphatique)* HE won't come; **c'est l. qui me l'a dit** he is the one who told me ▪ **lui-même** *pron* himself; *(chose, animal)* itself

---

luire* [lɥir] *vi* to shine ▪ **luisant, -e** *adj (métal)* shiny

lumière [lymjɛr] *nf* light; **à la l. de** by the light of

lumineux, -euse [lyminø, -øz] *adj (idée, ciel)* bright, brilliant; *(cadran)* luminous

lunaire [lynɛr] *adj* lunar

lundi [lœ̃di] *nm* Monday

lune [lyn] *nf* moon; **l. de miel** honeymoon

lunette [lynɛt] *nf (astronomique)* telescope; **lunettes** *(de vue)* glasses, spectacles; *(de protection, de plongée)* goggles; **l. arrière** *(de voiture)* rear window; **lunettes de soleil** sunglasses

lustre [lystr] *nm (lampe)* chandelier; *(éclat)* lustre

lutte [lyt] *nf* fight, struggle; *Sport* wrestling ▪ **lutter** *vi* to fight, to struggle; *Sport* to wrestle

luxation [lyksɑsjɔ̃] *nf Méd* dislocation

luxe [lyks] *nm* luxury; **modèle de l.** de luxe model ▪ **luxueux, -euse** *adj* luxurious

Luxembourg [lyksɑ̃bur] *nm* **le L.** Luxembourg

lycée [lise] *nm Br* ≃ secondary school, *Am* ≃ high school; **l. technique** *ou* **professionnel** vocational *or* technical school ▪ **lycéen, -enne** *nmf* pupil *(at a lycée)*

Mm

M¹, m¹ [ɛm] *nm inv* M, m
m' [m] *voir* **me**
M² (*abrév* **Monsieur**) Mr
m² (*abrév* **mètre(s)**) m
ma [ma] *voir* **mon**
macérer [masere] *vti* to steep
mâcher [mɑʃe] *vt* to chew
machine [maʃin] *nf (appareil)* machine; **m. à calculer** calculator; **m. à coudre** sewing machine; **m. à écrire** typewriter; **m. à laver** washing machine; **m. à laver la vaisselle** dishwasher; **m. à** *ou* **de traitement de texte** word processor ■ **machiniste** *nm (conducteur)* driver
mâchoire [mɑʃwar] *nf* jaw
mâchonner [mɑʃɔne] *vt* to chew
maçon [masɔ̃] *nm (de briques)* bricklayer; *(de pierres)* mason ■ **maçonnerie** *nf (travaux)* building work; *(ouvrage de briques)* brickwork; *(de pierres)* masonry, stonework
Madagascar [madagaskar] *nf* Madagascar
madame [madam] (*pl* **mesdames**) *nf (en apostrophe)* madam; **bonjour mesdames** good morning(, ladies); **M. Legras** Mrs Legras; **M.** *(dans une lettre)* Dear Madam
madeleine *nf* (small) sponge cake
mademoiselle [madmwazɛl] (*pl* **mesdemoiselles**) *nf (avant nom)* Miss; **M. Legras** Miss Legras; **M.** *(dans une lettre)* Dear Madam
magasin [magazɛ̃] *nm Br* shop, *Am* store; *(entrepôt)* warehouse; *(d'arme) & Phot* magazine; **grand m.** department store; **en m.** in stock
magazine [magazin] *nm (revue)* magazine
magie [maʒi] *nf* magic ■ **magicien, -enne** *nmf* magician ■ **magique** *adj (surnaturel)* magic; *(enchanteur)* magical
magistrat [maʒistra] *nm* magistrate
magnanime [maɲanim] *adj* magnanimous
magnat [magna] *nm* tycoon, magnate
magnésium [maɲezjɔm] *nm* magnesium
magnétique [maɲetik] *adj* magnetic
magnétophone [maɲetɔfɔn] *nm* tape recorder; **m. à cassettes** cassette recorder
magnétoscope [maɲetɔskɔp] *nm Br* video (recorder), *Am* VCR
magnifique [maɲifik] *adj* magnificent
mai [mɛ] *nm* May
maigre [mɛgr] *adj (personne, corps)* thin; *(viande)* lean; *(fromage)* low-fat; *(salaire)* meagre ■ **maigrir** *vi* to get thinner
maillot [majo] *nm (de sportif)* jersey, shirt; **m. de bain** *(de femme)* swimsuit; *(d'homme)* (swimming) trunks; **m. jaune** *(du Tour de France)* yellow jersey
main [mɛ̃] **1** *nf* hand; **à la m.** *(faire, écrire)* by hand; **tenir qch à la m.** to hold sth in one's hand; **en mains propres** in person; **donner la m. à qn** to hold sb's hand; **haut les mains!** hands up! **2** *adj* **fait m.** hand-made ■ **main-d'œuvre** (*pl* **mains-d'œuvre**) *nf* labour
maintenant [mɛ̃tənɑ̃] *adv* now; *(de nos jours)* nowadays; **m. que...** now

that...; **dès m.** from now on

maintenir* [mɛ̃tənir] **1** *vt (conserver)* to keep, to maintain; *(retenir)* to hold in position; *(affirmer)* to maintain (**que** that) **2 se maintenir** *vpr (durer)* to remain ▪ **maintien** *nm (action)* maintenance (**de** of); *(allure)* bearing

maire [mɛr] *nm* mayor ▪ **mairie** *nf Br* town hall, *Am* city hall; *(administration) Br* town council, *Am* city hall

mais [mɛ] *conj* but; **m. oui, m. si** of course; **m. non** definitely not

maïs [mais] *nm Br* maize, *Am* corn

maison [mɛzɔ̃] **1** *nf (bâtiment, famille)* house; *(foyer)* home; *(entreprise)* company; **à la m.** at home; **rentrer à la m.** to go/come (back) home; **m. de la culture** arts centre; **m. d'édition** publishing house; **m. de retraite** old people's home; **m. de santé** nursing home **2** *adj inv (artisanal)* home-made

maître [mɛtr] *nm* master; **être m. de la situation** to be in control of the situation; **m. d'hôtel** *(de restaurant)* head waiter; **m. de maison** host; **m. chanteur** blackmailer; **m. nageur (sauveteur)** swimming instructor (and lifeguard)

maîtresse [mɛtrɛs] **1** *nf* mistress; **être m. de la situation** to be in control of the situation; **m. d'école** teacher; **m. de maison** hostess **2** *adj f (idée, poutre)* main; *(carte)* master

maîtrise [mɛtriz] *nf (contrôle, connaissance)* mastery (**de** of); *(diplôme)* ≃ master's degree (**de** in); **m. de soi** self-control ▪ **maîtriser 1** *vt (incendie, passion)* to control; *(peur)* to overcome; *(sujet)* to master; *(véhicule)* to have under control; **m. qn** to overpower sb **2 se maîtriser** *vpr* to control oneself

majesté [maʒɛste] *nf* majesty; **Votre M.** *(titre)* Your Majesty

majeur, -e [maʒœr] **1** *adj (important) & Mus* major; *Jur* **être m.** to be of age; **la majeure partie de** most of **2** *nm (doigt)* middle finger

majorer [maʒɔre] *vt* to increase

majorette [maʒɔrɛt] *nf* (drum) majorette

majoritaire [maʒɔritɛr] *adj* majority; **être m.** to be in the majority

majorité [maʒɔrite] *nf* majority (**de** of); *(gouvernement)* government, party in office; **en m.** *(pour la plupart)* in the main

Majorque [maʒɔrk] *nf* Majorca

majuscule [maʒyskyl] **1** *adj* capital **2** *nf* capital letter

---

MAL, MAUX [mal, mo] **1** *nm (douleur)* pain; *(préjudice)* harm; *(maladie)* illness; *(malheur)* misfortune; *Phil* **le m.** evil; **avoir m. à la tête/à la gorge** to have a headache/sore throat; **ça me fait m., j'ai m.** it hurts (me); **avoir le m. de mer** to be seasick; **faire du m. à qn** to harm sb; **avoir du m. à faire qch** to have trouble doing sth; **avoir le m. du pays** to be homesick; **m. de gorge** sore throat; **m. de tête** headache

2 *adv (avec médiocrité)* badly; *(incorrectement)* wrongly; **aller m.** *(personne)* to be ill; **m. comprendre** to misunderstand; **se trouver m.** to faint; *Fam* **pas m.** *(beaucoup)* quite a lot (**de** of)

---

malade [malad] **1** *adj* ill, sick; *(arbre, dent)* diseased; **être m. du cœur** to have a bad heart **2** *nmf* sick person; *(de médecin)* patient; **les malades** the sick ▪ **maladie** *nf* illness, disease

maladroit, -e [maladrwa, -at] *adj (malhabile)* clumsy, awkward; *(indélicat)* tactless ▪ **maladresse** *nf (manque d'habileté)* clumsiness, awkwardness; *(indélicatesse)* tactlessness; *(bévue)* blunder

malaise [malɛz] *nm (angoisse)* uneasiness, malaise; *(indisposition)* feeling of sickness; *(étourdissement)* dizzy spell; **avoir un m.** to feel faint

Malaisie [malɛzi] *nf* **la M.** Malaysia

malchance [malʃɑ̃s] *nf* bad luck; **jouer de m.** to have no luck at all ▪ **malchanceux, -euse** *adj* unlucky

mâle [mal] **1** *adj (du sexe masculin)* male; *(viril)* manly **2** *nm* male

malédiction [malediksjɔ̃] *nf* curse
maléfique [malefik] *adj* evil
malencontreux, -euse [malɑ̃kɔ̃trø, -øz] *adj* unfortunate
malentendant, -e [malɑ̃tɑ̃dɑ̃, -ɑ̃t] *nmf* person who is hard of hearing
malentendu [malɑ̃tɑ̃dy] *nm* misunderstanding
malfaçon [malfasɔ̃] *nf* defect
malfaisant, -e [malfəzɑ̃, -ɑ̃t] *adj* harmful
malfaiteur [malfɛtœr] *nm* criminal
malgré [malgre] *prép* in spite of; **m. tout** for all that, after all
malhabile [malabil] *adj* clumsy
malheur [malœr] *nm (drame)* misfortune; *(malchance)* bad luck; **par m.** unfortunately; **porter m. à qn** to bring sb bad luck ▪ **malheureusement** *adv* unfortunately ▪ **malheureux, -euse 1** *adj (triste)* unhappy, miserable; *(malchanceux)* unlucky **2** *nmf (infortuné)* poor wretch; *(indigent)* needy person
malhonnête [malɔnɛt] *adj* dishonest ▪ **malhonnêteté** *nf* dishonesty
malice [malis] *nf* mischievousness ▪ **malicieux, -euse** *adj* mischievous
malin, -igne [malɛ̃, -iɲ] *adj (astucieux)* clever, smart; *Méd (tumeur)* malignant
malintentionné, -e [malɛ̃tɑ̃sjɔne] *adj* ill-intentioned (**à l'égard de** towards)
malle [mal] *nf (coffre)* trunk; *(de véhicule) Br* boot, *Am* trunk
mallette [malɛt] *nf* briefcase
malmener [malməne] *vt* to manhandle, to treat badly
malnutrition [malnytrisjɔ̃] *nf* malnutrition
malpoli, -e [malpɔli] *adj Fam* rude
malsain, -e [malsɛ̃, -ɛn] *adj* unhealthy
Malte [malt] *nf* Malta ▪ **maltais, -e 1** *adj* Maltese **2** *nmf* **M., Maltaise** Maltese
maltraiter [maltrɛte] *vt* to ill-treat
malveillant, -e [malvɛjɑ̃, -ɑ̃t] *adj* malevolent
maman [mamɑ̃] *nf Br* mum, *Am* mom
mamie [mami] *nf* grandma, granny
mammifère [mamifɛr] *nm* mammal
Manche [mɑ̃ʃ] *nf* **la M.** the Channel
manche[1] [mɑ̃ʃ] *nf (de vêtement)* sleeve; *Sport & Cartes* round ▪ **manchette** *nf (de chemise)* cuff; *(de journal)* headline
manche[2] [mɑ̃ʃ] *nm (d'outil)* handle; **m. à balai** broomstick; *(d'avion, d'ordinateur)* joystick
manchot, -e [mɑ̃ʃo, -ɔt] **1** *adj* one-armed **2** *nmf* one-armed person
mandarine [mɑ̃darin] *nf (fruit)* mandarin (orange)
mandat [mɑ̃da] *nm (de député)* mandate; *(de président)* term of office; **m. postal** *Br* postal order, *Am* money order
manège [manɛʒ] *nm (de foire)* merry-go-round, *Br* roundabout; *Équitation* riding school
manette [manɛt] *nf* lever
manger [mɑ̃ʒe] **1** *vt* to eat; *(corroder)* to eat into **2** *vi* to eat; **donner à m. à qn** to give sb sth to eat **3** *nm (nourriture)* food ▪ **mangeable** *adj (médiocre)* eatable
mangue [mɑ̃g] *nf* mango
maniaque [manjak] *adj* fussy
manie [mani] *nf (habitude)* odd habit; *(idée fixe)* mania (**de** for)
manier [manje] *vt* to handle ▪ **maniable** *adj (outil)* handy; *(véhicule)* easy to handle
manière [manjɛr] *nf* way, manner; **la m. dont elle parle** the way (in which) she talks; **manières** *(politesse)* manners; **de toute m.** anyway, anyhow; **de cette m.** (in) this way; **à la m. de** in the style of; **d'une m. générale** generally speaking ▪ **maniéré, -e** *adj* affected
manifeste [manifɛst] **1** *adj* manifest, obvious **2** *nm Pol* manifesto
manifester [manifɛste] **1** *vt (exprimer)* to show **2** *vi (protester)* to demonstrate **3 se manifester** *vpr (maladie)* to show *or* manifest itself; *(personne)* to make oneself known ▪ **manifestant,**

-e *nmf* demonstrator ▪ **manifestation** *nf (défilé)* demonstration; *(réunion, fête)* event

manipuler [manipyle] *vt (appareils, produits)* to handle ▪ **manipulation** *nf (d'appareils, de produits)* handling; **manipulations génétiques** genetic engineering

manivelle [manivɛl] *nf* crank

mannequin [mankɛ̃] *nm (personne)* model; *(statue)* dummy

manœuvre [manœvr] **1** *nm (ouvrier)* unskilled worker **2** *nf (opération) & Mil Br* manoeuvre, *Am* maneuver ▪ **manœuvrer 1** *vt (véhicule, personne) Br* to manoeuvre, *Am* to maneuver; *(machine)* to operate **2** *vi Br* to manoeuvre, *Am* to maneuver

manoir [manwar] *nm* manor house

manque [mɑ̃k] *nm (insuffisance)* lack (**de** of); *(lacune)* gap; **par m. de qch** through lack of sth; **être en m.** *(drogué)* to have withdrawal symptoms

manquer [mɑ̃ke] **1** *vt (cible, train, chance)* to miss; *(échouer)* to fail

2 *vi (faire défaut)* to be lacking; *(être absent)* to be missing; *(échouer)* to fail; **m. de** *(pain, argent)* to be short of; *(attention, cohérence)* to lack; **tu me manques** I miss you; **ne m. de rien** to have all one needs

3 *v impersonnel* **il manque/il nous manque dix tasses** there are/we are ten cups short; **il manque quelques pages** there are a few pages missing ▪ **manquant, -e** *adj* missing ▪ **manqué, -e** *adj (occasion)* missed; *(tentative)* unsuccessful

mansarde [mɑ̃sard] *nf* attic

manteau, -x [mɑ̃to] *nm* coat

manucure [manykyr] *nmf (personne)* manicurist

manuel, -elle [manɥɛl] **1** *adj (travail)* manual **2** *nm (livre)* handbook, manual; **m. scolaire** textbook

manufacture [manyfaktyr] *nf* factory ▪ **manufacturé, -e** *adj (produit)* manufactured

manuscrit [manyskri] *nm* manuscript; *(tapé à la machine)* typescript

maquereau, -x [makro] *nm (poisson)* mackerel

maquiller [makije] **1** *vt (personne, visage)* to make up **2 se maquiller** *vpr* to put one's make-up on ▪ **maquillage** *nm (fard)* make-up

maraîcher, -ère [mareʃe, -ɛr] **1** *nmf Br* market gardener, *Am* truck farmer **2** *adj* **culture maraîchère** *Br* market gardening, *Am* truck farming

marais [marɛ] *nm* marsh

marathon [maratɔ̃] *nm* marathon

marbre [marbr] *nm* marble ▪ **marbré, -e** *adj (surface)* marbled; **gâteau m.** marble cake

marc [mar] *nm* **m. de café** coffee grounds

marchand, -e [marʃɑ̃, -ɑ̃d] **1** *nmf Br* shopkeeper, *Am* storekeeper; *(de vins)* merchant; *(de voitures, de meubles)* dealer; **m. de journaux** *(dans la rue)* newsvendor; *(dans un magasin) Br* newsagent, *Am* newsdealer **2** *adj* **valeur marchande** market value

marchander [marʃɑ̃de] **1** *vt (objet, prix)* to haggle over **2** *vi* to haggle

marchandises [marʃɑ̃diz] *nfpl* goods, merchandise

marche [marʃ] *nf* (**a**) *(d'escalier)* step, stair (**b**) *(action)* walking; *(promenade)* walk; *Mus* march; **un train en m.** a moving train; **la bonne m. de** *(opération)* the smooth running of; **mettre qch en m.** to start sth (up); **faire m. arrière** *(en voiture) Br* to reverse, *Am* to back up; *Fig* to backtrack; **fermer la m.** to bring up the rear; **m. à suivre** procedure

marché [marʃe] **1** *nm (lieu) & Écon* market; *(contrat)* deal; **faire son** *ou* **le m.** to go shopping; **vendre qch au m. noir** to sell sth on the black market; **le m. du travail** the labour market; **le M. commun** the Common Market; **le M. unique européen** the Single European Market; **m. des changes** foreign exchange market

2 *adj inv* **être bon m.** to be cheap;

c'est meilleur m. it's cheaper
marcher [marʃe] *vi (personne)* to walk; *(machine)* to run; *(plans)* to work; **faire m. qch** to operate sth ▪ **marcheur, -euse** *nmf* walker
mardi [mardi] *nm* Tuesday; **M. gras** Shrove Tuesday
mare [mar] *nf (étang)* pond
marécage [marekaʒ] *nm* marsh
maréchal, -aux [mareʃal, -o] *nm* **m. de France** field marshal ▪ **maréchal-ferrant** *(pl* **maréchaux-ferrants***)* *nm* blacksmith
marée [mare] *nf* tide; *(poissons)* fresh seafood; **m. haute/basse** high/low tide; **m. noire** oil slick
margarine [margarin] *nf* margarine
marge [marʒ] *nf (de page)* margin; **en m. de** *(en dehors de)* on the fringes of; **avoir de la m.** to have some leeway; **m. de manœuvre** room for *Br* manoeuvre *or Am* maneuver ▪ **marginal, -e, -aux, -ales 1** *adj (secondaire)* marginal; *(personne)* on the fringes of society **2** *nmf* dropout
marguerite [margərit] *nf (fleur)* daisy
mari [mari] *nm* husband
mariage [marjaʒ] *nm (union)* marriage; *(cérémonie)* wedding; *Fig (de couleurs)* blend
marier [marje] **1** *vt (couleurs)* to blend; **m. qn** *(sujet: prêtre, maire)* to marry sb; *(sujet: père)* to marry sb off **2 se marier** *vpr* to get married; **se m. avec qn** to get married to sb, to marry sb ▪ **marié, -e 1** *adj* married **2** *nm* (bride)-groom; **les mariés** the bride and groom ▪ **mariée** *nf* bride
marin, -e [marɛ̃, -in] **1** *adj (flore)* marine; *(mille)* nautical; **air m.** sea air **2** *nm* sailor, seaman; **m. pêcheur** (deep-sea) fisherman ▪ **marine 1** *nf* **m. de guerre** navy; **m. marchande** merchant navy **2** *adj & nm inv* **bleu m.** *(couleur)* navy (blue)
mariner [marine] *vti Culin* to marinate
marionnette [marjɔnɛt] *nf* puppet; *(à fils)* marionette
maritalement [maritalmɑ̃] *adv* **vivre m.** to cohabit
maritime [maritim] *adj (droit, climat)* maritime; **port m.** seaport; **gare m.** harbour station; *Can* **les Provinces maritimes** the Maritime Provinces
marmelade [marməlad] *nf Br* stewed fruit, *Am* fruit compote
marmite [marmit] *nf* (cooking) pot
Maroc [marɔk] *nm* **le M.** Morocco ▪ **marocain, -e 1** *adj* Moroccan **2** *nmf* **M., Marocaine** Moroccan
maroquinerie [marɔkinri] *nf (magasin)* leather goods shop
marque [mark] *nf (trace, signe)* mark; *(de confiance)* sign; *(de produit)* brand; *(de voiture)* make; *Sport (points)* score; **de m.** *(hôte, visiteur)* distinguished; *(produit)* of quality; **m. déposée** (registered) trademark
marquer [marke] **1** *vt (par une marque)* to mark; *(écrire)* to note down; *(indiquer)* to show; *Sport (point, but)* to score; **m. les points** to keep (the) score **2** *vi (laisser une trace)* to leave a mark; *(date, événement)* to stand out; *Sport* to score ▪ **marquant, -e** *adj (remarquable)* outstanding; *(épisode)* significant ▪ **marqué, -e** *adj (différence, accent)* marked; *(visage)* lined ▪ **marqueur** *nm (stylo)* marker
marquis [marki] *nm* marquis ▪ **marquise** *nf* (**a**) *(personne)* marchioness (**b**) *(auvent)* canopy
marraine [marɛn] *nf* godmother
marre [mar] *adv Fam* **en avoir m.** to be fed up (**de** with)
marron [marɔ̃] **1** *nm (fruit)* chestnut; *(couleur)* (chestnut) brown **2** *adj inv (couleur)* (chestnut) brown ▪ **marronnier** *nm* (horse) chestnut tree
mars [mars] *nm* March
marteau, -x [marto] *nm* hammer; **m. piqueur** pneumatic drill ▪ **marteler** *vt* to hammer
martial, -e, -aux, -ales [marsjal, -o] *adj* martial; **cour martiale** court martial
Martinique [martinik] *nf* **la M.** Martinique ▪ **martiniquais, -e 1** *adj* Martinican **2** *nmf* **M., Martiniquaise**

Martinican

martyriser [martirize] *vt* to torture; *(enfant)* to batter

masculin, -e [maskylɛ̃, -in] **1** *adj (sexe, mode)* male; *(caractère, femme, nom)* masculine **2** *nm (en grammaire)* masculine

masochiste [mazɔʃist] **1** *adj* masochistic **2** *nmf* masochist

masque [mask] *nm* mask; **m. à gaz** gas mask ▪ **masquer** *vt (dissimuler)* to mask (**à** from); *(cacher à la vue)* to block off

massacre [masakr] *nm (tuerie)* massacre ▪ **massacrer** *vt* to massacre

massage [masaʒ] *nm* massage

masse [mas] *nf* (**a**) *(volume)* mass; *(gros morceau, majorité)* bulk (**de** of); **de m.** *(culture, communication)* mass; **en m.** en masse (**b**) *Él Br* earth, *Am* ground

masser [mase] **1** *vt (rassembler)* to assemble; *(pétrir)* to massage **2 se masser** *vpr (foule)* to form ▪ **masseur** *nm* masseur ▪ **masseuse** *nf* masseuse

massif, -ive [masif, -iv] **1** *adj* massive; *(or, chêne)* solid **2** *nm (d'arbres, de fleurs)* clump; *Géog* massif

mastic [mastik] *nm (pour vitres)* putty; *(pour bois)* filler ▪ **mastiquer** *vt (mâcher)* to chew

mat¹, mate [mat] *adj (papier, couleur)* matt

mat² [mat] *adj m inv & nm Échecs* (check-)mate; **faire m.** to (check)mate

mât [mɑ] *nm (de navire)* mast; *(poteau)* pole

match [matʃ] *nm Sport Br* match, *Am* game; **m. nul** draw; **faire m. nul** to draw; **m. aller** first leg; **m. retour** return leg

matelas [matla] *nm* mattress; **m. pneumatique** air bed

matelot [matlo] *nm* sailor

mater [mate] *vt (dominer)* to bring to heel

matérialiser [materjalize] *vt*, **se matérialiser** *vpr* to materialize

matérialiste [materjalist] **1** *adj* materialistic **2** *nmf* materialist

matériau, -x [materjo] *nm* material; **matériaux** *(de construction)* building material(s)

matériel, -elle [materjɛl] **1** *adj (confort, dégâts, besoins)* material; *(problème)* practical **2** *nm (de camping)* equipment; *Ordinat* **m. informatique** computer hardware ▪ **matériellement** *adv* materially; **m. impossible** physically impossible

maternel, -elle [maternɛl] **1** *adj (amour, femme)* maternal; *(langue)* native **2** *adj & nf* **(école) maternelle** *Br* nursery school, *Am* kindergarten ▪ **maternité** *nf (hôpital)* maternity hospital

mathématiques [matematik] *nfpl* mathematics *(sing)* ▪ **maths** *nfpl Fam Br* maths, *Am* math

matière [matjɛr] *nf (à l'école)* subject; *(de livre)* subject matter; *(substance)* material; *Phys* **la m.** matter; **en m. de qch** as regards sth; **m. première** raw material; **matières grasses** fat

Matignon [matiɲɔ̃] *nm* **(l'hôtel) M.** = the French Prime Minister's offices

matin [matɛ̃] *nm* morning; **le m.** *(chaque matin)* in the morning(s); **le mardi matin** every Tuesday morning; **tous les matins** every morning; **le 8 au m.** on the morning of the 8th; **à sept heures du m.** at seven in the morning; **au petit m.** very early (in the morning) ▪ **matinal, -e, -aux, -ales** *adj (heure)* early; **être m.** to be an early riser

matinée [matine] *nf* morning; *Théât & Cin* matinée; **dans la m.** in the course of the morning

matraque [matrak] *nf* bludgeon; *(de policier) Br* truncheon, *Am* nightstick ▪ **matraquage** *nm* **m. publicitaire** hype

matrimonial, -e, -aux, -ales [matrimɔnjal, -o] *adj* matrimonial

maturité [matyrite] *nf* maturity; **arriver à m.** *(fromage, vin)* to mature; *(fruit)* to ripen

maudire* [modir] *vt* to curse ▪ **mau-**

dit, -e *adj (damné)* cursed
Maurice [mɔris] *nf* **l'île M.** Mauritius
maussade [mosad] *adj (personne)* sullen; *(temps)* gloomy
mauvais, -e [movε, -εz] **1** *adj* bad; *(santé, vue)* poor; *(méchant)* nasty; *(mal choisi)* wrong; *(mer)* rough; **plus m. que...** worse than...; **le plus m.** the worst; **être m. en anglais** to be bad at English; **être en mauvaise santé** to be in bad *or* ill *or* poor health
2 *adv* **il fait m.** the weather's bad; **ça sent m.** it smells bad
3 *nm* **le bon et le m.** the good and the bad
mauve [mov] *adj & nm (couleur)* mauve
maux [mo] *pl de* **mal**
maximum [maksimɔm] *(pl* **maxima** [-a] *ou* **maximums)** **1** *nm* maximum; **faire le m.** to do one's very best; **au m.** at the most **2** *adj* maximum
mayonnaise [majɔnεz] *nf* mayonnaise
mazout [mazut] *nm* (fuel) oil
me [mə]

m' is used before a vowel or mute h.

pron personnel (**a**) *(complément direct)* me; **il me voit** he sees me (**b**) *(complément indirect)* (to) me; **elle me parle** she speaks to me; **tu me l'as dit** you told me (**c**) *(réfléchi)* myself; **je me lave** I wash myself (**d**) *(avec les pronominaux)* **je me suis trompé** I made a mistake
mécanicien [mekanisjε̃] *nm* mechanic; *(de train) Br* train driver, *Am* engineer
mécanique [mekanik] **1** *adj* mechanical **2** *nf (science)* mechanics *(sing)*; *(mécanisme)* mechanism ■ **mécanisme** *nm* mechanism
mécène [mesεn] *nm* patron (of the arts)
méchant, -e [meʃɑ̃, -ɑ̃t] *adj (personne, remarque)* nasty; *(enfant)* naughty; *(chien)* vicious; **'attention! chien m.'** 'beware of the dog' ■ **méchanceté** *nf* nastiness; **une m.** *(parole)* a nasty remark; *(acte)* a nasty action
mèche [mεʃ] *nf* (**a**) *(de cheveux)* lock (**b**) *(de bougie)* wick; *(de pétard)* fuse; *(de perceuse)* bit
méconnaître* [mekɔnεtr] *vt (fait)* to fail to take into account; *(talent)* to fail to recognize ■ **méconnaissable** *adj* unrecognizable ■ **méconnu, -e** *adj* unrecognized
mécontent, -e [mekɔ̃tɑ̃, -ɑ̃t] *adj (insatisfait)* displeased (**de** with); *(contrarié)* annoyed ■ **mécontenter** *vt (ne pas satisfaire)* to displease; *(contrarier)* to annoy
Mecque [mεk] *nf* **La M.** Mecca
médaille [medaj] *nf (décoration, bijou) & Sport* medal; *(portant le nom)* pendant *(with name engraved on it)*; *(de chien)* name tag; *Sport* **être m. d'or/d'argent** to be a gold/silver medallist ■ **médaillé, -e** *nmf* medal holder ■ **médaillon** *nm (bijou)* locket; *(de viande)* medallion
médecin [medsε̃] *nm* doctor, physician; **m. généraliste** general practitioner; **m. traitant** consulting physician ■ **médecine** *nf* medicine; **médecines douces** alternative medicine; **étudiant en m.** medical student ■ **médical, -e, -aux, -ales** *adj* medical ■ **médicament** *nm* medicine ■ **médicinal, -e, -aux, -ales** *adj* medicinal
média [medja] *nm* medium; **les médias** the media ■ **médiatique** *adj* **campagne m.** media campaign ■ **médiatiser** *vt* to give media coverage to
médiateur, -trice [medjatœr, -tris] *nmf* mediator
médiéval, -e, -aux, -ales [medjeval, -o] *adj* medieval
médiocre [medjɔkr] *adj* mediocre ■ **médiocrité** *nf* mediocrity
médire* [medir] *vi* **m. de qn** to speak ill of sb ■ **médisance** *nf (action)* gossiping; **médisances** *(propos)* gossip
méditer [medite] **1** *vt (réfléchir à)* to contemplate **2** *vi* to meditate (**sur** on) ■ **méditation** *nf* meditation

Méditerranée [mediterane] *nf* **la M.** the Mediterranean ■ **méditerranéen, -enne** *adj* Mediterranean

médium [medjɔm] *nmf (voyant)* medium

méduse [medyz] *nf* jellyfish

méfiance [mefjɑ̃s] *nf* distrust, mistrust

méfier [mefje] **se méfier** *vpr* to be careful; **se m. de qn** not to trust sb; **se m. de qch** to watch out for sth; **méfie-toi!** watch out!, beware! ■ **méfiant, -e** *adj* suspicious, distrustful

mégaoctet [megaɔktɛ] *nm Ordinat* megabyte

mégarde [megard] **par mégarde** *adv* inadvertently

mégot [mego] *nm* cigarette butt *or* end

meilleur, -e [mejœr] **1** *adj* better (**que** than); **le m. résultat/moment** the best result/moment **2** *nmf* **le m., la meilleure** the best (one) **3** *adv* **il fait m.** it's warmer

mél [mel] *nm (courrier)* e-mail

mélancolie [melɑ̃kɔli] *nf* melancholy ■ **mélancolique** *adj* melancholy

mélange [melɑ̃ʒ] *nm (résultat)* mixture; *(opération)* mixing ■ **mélanger 1** *vt (mêler)* to mix; *(brouiller)* to mix up **2 se mélanger** *vpr (s'incorporer)* to mix; *(idées)* to get mixed up

mêler [mele] **1** *vt* to mix (**à** with); *(odeurs, thèmes)* to combine; **m. qn à qch** *(affaire, conversation)* to involve sb in sth

2 se mêler *vpr* to combine (**à** with); **se m. à qch** *(foule)* to mingle with sth; *(conversation)* to join in sth; **se m. de qch** to get involved in sth; **mêle-toi de tes affaires!** mind your own business! ■ **mêlé, -e** *adj* mixed (**de** with) ■ **mêlée** *nf (au rugby)* scrum(mage)

mélodie [melɔdi] *nf* melody

mélodramatique [melɔdramatik] *adj* melodramatic

melon [məlɔ̃] *nm (fruit)* melon; **(chapeau) m.** *Br* bowler (hat), *Am* derby

membre [mɑ̃br] *nm (bras, jambe)* limb; *(de groupe)* member

MÊME [mɛm] **1** *adj (identique)* same; **en m. temps** at the same time (**que** as); **le m. jour** the same day; **le jour m.** *(exact)* the very day; **lui-m./vous-m.** himself/yourself

2 *pron* **le/la m.** the same (one); **j'ai les mêmes** I have the same (ones); **cela revient au m.** it amounts to the same thing

3 *adv (y compris, aussi)* even; **m. si...** even if...; **ici m.** in this very place; **tout de m.,** *Fam* **quand m.** all the same; **de m.** likewise; **de m. que...** just as...; **être à m. de faire qch** to be in a position to do sth

---

mémoire [memwar] **1** *nf* memory; **de m.** *(citer)* from memory; **à la m. de** in memory of; *Ordinat* **m. morte/vive** read-only/random access memory **2** *nm (rapport)* report; *Univ* dissertation; **Mémoires** *(chronique)* memoirs ■ **mémorable** *adj* memorable

mémorial, -aux [memɔrjal, -o] *nm (monument)* memorial

menaçant, -e [mənasɑ̃, -ɑ̃t] *adj* threatening

menace [mənas] *nf* threat ■ **menacer** *vt* to threaten (**de faire** to do)

ménage [menaʒ] *nm (entretien)* housekeeping; *(couple)* couple, household; **faire le m.** to do the housework

ménager[1], -ère [menaʒe, -ɛr] **1** *adj (équipement)* household **2** *nf* **ménagère** *(femme)* housewife

ménager[2] [menaʒe] **1** *vt (argent)* to use sparingly; *(forces)* to save; *(sortie)* to provide; **m. qn** to treat sb carefully; **ne pas m. sa peine** to put in a lot of effort **2 se ménager** *vpr (prendre soin de soi)* to look after oneself; *(se réserver)* to set aside

ménagerie [menaʒri] *nf* menagerie

mendier [mɑ̃dje] **1** *vt* to beg for **2** *vi* to beg ■ **mendiant, -e** *nmf* beggar

mener [məne] **1** *vt (personne)* to take (**à** to); *(course, vie)* to lead; *(enquête)* to carry out; *Fig* **m. qch à bien** to carry sth through **2** *vi Sport* to lead; **m. à un lieu** to lead to a place ■ **meneur, -euse** *nmf (de révolte)* ringleader

méningite [menɛ̃ʒit] *nf* meningitis

menottes [mənɔt] *nfpl* handcuffs

mensonge [mɑ̃sɔ̃ʒ] *nm (propos)* lie; *(action)* lying ■ **mensonger, -ère** *adj (propos)* untrue; *(publicité)* misleading

mensuel, -elle [mɑ̃sɥɛl] **1** *adj* monthly **2** *nm (revue)* monthly ■ **mensualité** *nf* monthly payment

mensurations [mɑ̃syrɑsjɔ̃] *nfpl* measurements

mental, -e, -aux, -ales [mɑ̃tal, -o] *adj* mental ■ **mentalité** *nf* mentality

menthe [mɑ̃t] *nf* mint

mention [mɑ̃sjɔ̃] *nf (fait de citer)* mention; *(à un examen)* ≃ distinction; *Scol* **m. passable/assez bien/bien/très bien** ≃ C/B/A; **faire m. de qch** to mention sth; **'rayez les mentions inutiles'** 'delete as appropriate' ■ **mentionner** *vt* to mention

mentir* [mɑ̃tir] *vi* to lie (**à** to) ■ **menteur, -euse 1** *adj* lying **2** *nmf* liar

menton [mɑ̃tɔ̃] *nm* chin

menu[1] [məny] *nm (de restaurant)* set menu; *Ordinat* menu; **par le m.** in detail

menu[2], -e [məny] **1** *adj (petit)* tiny; *(mince)* slim **2** *adv (hacher)* small, finely

menuisier [mənɥizje] *nm* carpenter, joiner ■ **menuiserie** *nf (atelier)* joiner's workshop; *(boiseries)* woodwork

mépris [mepri] *nm* contempt (**pour** for), scorn (**pour** for); **au m. de qch** without regard to sth ■ **méprisable** *adj* despicable ■ **méprisant, -e** *adj* contemptuous, scornful ■ **mépriser** *vt* to despise

méprise [mepriz] *nf* mistake

mer [mɛr] *nf* sea; *(marée)* tide; **en (haute) m.** at sea; **par m.** by sea; **aller à la m.** to go to the seaside; **prendre la m.** to set sail

mercatique [mɛrkatik] *nf* marketing

mercenaire [mɛrsənɛr] *nm* mercenary

mercerie [mɛrsəri] *nf (magasin) Br* haberdasher's, *Am* notions store

merci [mɛrsi] **1** *exclam* thank you, thanks (**de** *ou* **pour** for); **non m.** no thank you; **m. bien** thanks very much **2** *nf* **à la m. de qn/qch** at the mercy of sb/sth; **sans m.** merciless

mercredi [mɛrkrədi] *nm* Wednesday

mercure [mɛrkyr] *nm* mercury

mère [mɛr] *nf* mother; *Com* **maison m.** parent company; **m. porteuse** surrogate mother

méridional, -e, -aux, -ales [meridjɔnal, -o] **1** *adj* southern **2** *nmf* southerner

mérite [merit] *nm* merit; *(honneur)* credit; **avoir du m. à faire qch** to deserve credit for doing sth ■ **mériter** *vt (être digne de)* to deserve; *(demander)* to be worth; **m. réflexion** to be worth thinking about; **ce livre mérite d'être lu** this book is worth reading

merle [mɛrl] *nm* blackbird

merlu [mɛrly] *nm* hake

merveille [mɛrvɛj] *nf* wonder, marvel; **à m.** wonderfully (well)

merveilleux, -euse [mɛrvejø, -øz] *adj* wonderful, *Br* marvellous, *Am* marvelous

mes [me] *voir* **mon**

mésaventure [mezavɑ̃tyr] *nf* misadventure

mesdames [medam] *pl de* **madame**

mesdemoiselles [medmwazɛl] *pl de* **mademoiselle**

mésestimer [mezɛstime] *vt* to underestimate

mesquin, -e [meskɛ̃, -in] *adj* mean, petty ■ **mesquinerie** *nf* meanness, pettiness; **une m.** an act of meanness

mess [mes] *nm inv Mil (salle)* mess

message [mesaʒ] *nm* message; **m. publicitaire** advertisement ■ **messager, -ère** *nmf* messenger ■ **messagerie** *nf* courier company; **m. électronique** electronic mail service; **m. vocale** voice mail

messe [mɛs] *nf (office, musique)* mass;

aller à la m. to go to mass

messeigneurs [mesɛɲœr] *pl de* **monseigneur**

messieurs [mesjø] *pl de* **monsieur**

mesure [məzyr] *nf (dimension)* measurement; *(moyen)* measure; *(retenue)* moderation; *Mus (temps)* time; *Mus (division)* bar; **sur m.** *(vêtement)* made to measure; **être en m. de faire qch** to be in a position to do sth; **prendre des mesures** to take measures; **à m. que...** as...; **dans la m. où...** in so far as...; **dans la m. du possible** as far as possible

mesurer [məzyre] **1** *vt (dimension, taille)* to measure; *(déterminer)* to assess **2** *vi* **m. 1 mètre 83** *(personne)* ≃ to be 6 feet tall; *(objet)* ≃ to measure 6 feet **3 se mesurer** *vpr Fig* **se m. à** *ou* **avec qn** to pit oneself against sb

met [mɛ] *voir* **mettre**

métal, -aux [metal, -o] *nm* metal ▪ **métallique** *adj (éclat, reflet)* metallic ▪ **métallisé, -e** *adj* **bleu m.** metallic blue

métallurgie [metalyrʒi] *nf (industrie)* steel industry; *(science)* metallurgy ▪ **métallurgiste** *nm* metalworker

métamorphoser [metamɔrfoze] *vt*, **se métamorphoser** *vpr* to transform (**en** into)

météo [meteo] *nf Fam (bulletin)* weather forecast

météorologie [meteɔrɔlɔʒi] *nf (science)* meteorology; *(service)* weather bureau ▪ **météorologique** *adj* meteorological; **bulletin m.** weather report

méthode [metɔd] *nf (manière, soin)* method; *(livre)* course ▪ **méthodique** *adj* methodical

méticuleux, -euse [metikylø, -øz] *adj* meticulous

métier [metje] *nm (manuel, commercial)* trade; *(intellectuel)* profession; *(savoir-faire)* experience; **homme de m.** specialist; **tailleur de son m.** tailor by trade; **être du m.** to be in the business; **m. à tisser** loom

métrage [metraʒ] *nm (action)* measuring; *(tissu)* length; **long m.** feature film; **court m.** short film

mètre [mɛtr] *nm (mesure) Br* metre, *Am* meter; **m. carré/cube** square/cubic metre ▪ **métrique** *adj (système)* metric

métro [metro] *nm Br* underground, *Am* subway

métropole [metrɔpɔl] *nf (ville)* metropolis; *(pays)* mother country ▪ **métropolitain, -e** *adj* metropolitan

mets [mɛ] *nm (aliment)* dish

metteur [metœr] *nm* **m. en scène** director

METTRE* [mɛtr] **1** *vt* to put; *(vêtement, lunettes)* to put on; *(chauffage, radio)* to switch on; *(réveil)* to set (**à** for); **j'ai mis une heure** it took me an hour; **m. qn en colère** to make sb angry; **m. qn à l'aise** to put sb at ease; **m. qch plus fort** to turn sth up; **m. de la musique** to put some music on; **mettons que...** *(+ subjunctive)* let's suppose that...

2 se mettre *vpr (se placer)* to put oneself; *(debout)* to stand; *(assis)* to sit; *(objet)* to go; **se m. en pyjama** to get into one's pyjamas; **se m. à table** to sit (down) at the table; **se m. à l'aise** to make oneself comfortable; **se m. au salon** to go into the dining room; **se m. au travail** to start work; **se m. à faire qch** to start doing sth; **le temps s'est mis au beau** the weather has turned fine

---

meuble [mœbl] *nm* piece of furniture; **meubles** furniture ▪ **meublé** *nm* furnished *Br* flat *or Am* apartment ▪ **meubler** *vt* to furnish

meule [møl] *nf (d'herbe)* stack; *(de moulin)* millstone; **m. de foin** haystack

meunier, -ère [mønje, -ɛr] *nmf* miller

meurt [mœr] *voir* **mourir**

meurtre [mœrtr] *nm* murder ▪ **meurtrier, -ère 1** *nmf* murderer **2** *adj* murderous; *(épidémie)* deadly

meurtrir [mœrtrir] *vt* to bruise

meute [møt] *nf* pack

Mexique [mɛksik] *nm* **le M.** Mexico ▪ **mexicain, -e 1** *adj* Mexican **2** *nmf* **M., Mexicaine** Mexican

mi [mi] *nm inv (note)* E

mi- [mi] *préf* **la mi-mars** mid March; **à mi-distance** midway; **cheveux mi-longs** shoulder-length hair

miauler [mjole] *vi (chat)* to miaow

mi-chemin [miʃmɛ̃] **à mi-chemin** *adv* halfway

mi-clos, -e [miklo, -oz] (*mpl* **mi-clos,** *fpl* **mi-closes**) *adj* half-closed

micro [mikro] *nm (microphone)* mike ▪ **microphone** *nm* microphone

microbe [mikrɔb] *nm* germ, microbe

microfilm [mikrɔfilm] *nm* microfilm

micro-informatique [mikroɛ̃fɔrmatik] *nf* microcomputing

micro-ondes [mikrɔɔ̃d] *nm inv* microwave; **four à m.** microwave oven

micro-ordinateur [mikroɔrdinatœr] (*pl* **micro-ordinateurs**) *nm* microcomputer

microprocesseur [mikroprɔsɛsœr] *nm Ordinat* microprocessor

microscope [mikrɔskɔp] *nm* microscope ▪ **microscopique** *adj* microscopic

midi [midi] *nm* (**a**) *(heure)* twelve o'clock, midday; *(heure du déjeuner)* lunchtime; **entre m. et deux heures** at lunchtime (**b**) *(sud)* south; **le M.** the South of France

mie [mi] *nf (de pain)* soft part

miel [mjɛl] *nm* honey

mien, mienne [mjɛ̃, mjɛn] **1** *pron possessif* **le m., la mienne** mine, *Br* my one; **les miens, les miennes** mine, *Br* my ones; **les deux miens** my two **2** *nmpl* **les miens** *(ma famille)* my family

miette [mjɛt] *nf (de pain)* crumb

mieux [mjø] **1** *adv* better (**que** than); **aller m.** to be (feeling) better; **de m. en m.** better and better; **le/la/les m.** *(de plusieurs)* the best; *(de deux)* the better; **le m. serait de…** the best thing would be to…; **le plus tôt sera le m.** the sooner the better **2** *adj inv* better; *(plus beau)* better-looking; **si tu n'as rien de m. à faire** if you've got nothing better to do **3** *nm (amélioration)* improvement; **faire de son m.** to do one's best; **faites au m.** do the best you can

mignon, -onne [miɲɔ̃, -ɔn] *adj (charmant)* cute

migraine [migrɛn] *nf* headache; *Méd* migraine

migration [migrasjɔ̃] *nf* migration

mijoter [miʒɔte] **1** *vt (avec soin)* to cook (lovingly); *(lentement)* to simmer **2** *vi* to simmer

mil [mil] *adj inv* **l'an deux m.** the year two thousand

milieu, -x [miljø] *nm (centre)* middle; *(cadre, groupe social)* environment; *(entre extrêmes)* middle course; *Phys* medium; **milieux littéraires** literary circles; **au m. de** in the middle of; **le juste m.** the happy medium; **le m.** *(la pègre)* the underworld

militaire [militɛr] **1** *adj* military **2** *nm* serviceman; *(de l'armée de terre)* soldier

militer [milite] *vi (personne)* to campaign (**pour** for; **contre** against)

mille [mil] **1** *adj inv & nm inv* thousand; **m. hommes** a *or* one thousand men; **deux m.** two thousand; **je vous le donne en m.!** you'll never guess! **2** *nm (de cible)* bull's eye; **m. (marin)** nautical mile ▪ **mille-feuille** (*pl* **mille-feuilles**) *nm Br* ≃ vanilla slice, *Am* ≃ napoleon ▪ **millième** *adj, nm & nmf* thousandth; **un m.** a thousandth ▪ **millier** *nm* thousand; **un m. (de)** a thousand or so; **par milliers** in their thousands

millénaire [milenɛr] *nm* millennium

milliard [miljar] *nm* billion ▪ **milliardaire** *adj & nmf* billionaire

millimètre [milimɛtr] *nm* millimetre

million [miljɔ̃] *nm* million; **un m. de francs** a million francs; **deux millions** two million; **par millions** in millions ▪ **millionnaire** *nmf* millionaire

mime [mim] **1** *nm (art)* mime **2** *nmf (artiste)* mime ▪ **mimer** *vti (exprimer)* to mime

minable [minabl] *adj (lieu, personne)* shabby

mince [mɛ̃s] *adj* thin; *(élancé)* slim; *(insuffisant)* slight ▪ **minceur** *nf* thinness; *(sveltesse)* slimness ▪ **mincir** *vi* to get slimmer

mine [min] *nf* (**a**) *(physionomie)* look; **avoir bonne/mauvaise m.** to look well/ill (**b**) *(gisement) & Fig* mine; **m. de charbon** coalmine (**c**) *(de crayon)* lead (**d**) *(engin explosif)* mine

miner [mine] *vt (terrain)* to mine; *Fig (saper)* to undermine; **m. qn** *(chagrin, maladie)* to wear sb down

minerai [minrɛ] *nm* ore

minéral, -e, -aux, -ales [mineral, -o] *adj & nm* mineral

minéralogique [mineralɔʒik] *adj* **plaque m.** *(de véhicule) Br* number *or Am* license plate

mineur, -e [minœr] **1** *nm (ouvrier)* miner; **m. de fond** underground worker **2** *adj (secondaire) & Mus* minor; *(de moins de 18 ans)* underage **3** *nmf Jur* minor ▪ **minière** *adj f* **industrie minière** mining industry

miniature [minjatyr] **1** *nf* miniature **2** *adj* **train m.** miniature train

minigolf [minigɔlf] *nm* crazy golf

minijupe [miniʒyp] *nf* miniskirt

minimum [minimɔm] (*pl* **minima** [-a] *ou* **minimums**) **1** *nm* minimum; **le m. de** *(force)* the minimum (amount of); **faire le m.** to do the bare minimum; **en un m. de temps** in as short a time as possible; **au m.** at the very least; **le m. vital** a minimum to live on; **les minima sociaux** = basic income support **2** *adj* minimum

ministère [ministɛr] *nm (département)* ministry; *(gouvernement)* government, cabinet; **m. des Affaires étrangères** *Br* ≃ Foreign Office, *Am* ≃ State Department; **m. de l'Intérieur** *Br* ≃ Home Office, *Am* ~ Department of the Interior ▪ **ministériel, -elle** *adj* ministerial

ministre [ministr] *nm Pol & Rel* secretary, *Br* minister; **m. des Affaires étrangères** *Br* ≃ Foreign Secretary, *Am* ≃ Secretary of State; **m. de l'Intérieur** *Br* ≃ Home Secretary, *Am* ≃ Secretary of the Interior

Minitel® [minitɛl] *nm* = consumer information network accessible via home computer terminal

minorité [minɔrite] *nf* minority ▪ **minoritaire** *adj* **être m.** to be in the minority

minuit [minɥi] *nm* midnight, twelve o'clock

minuscule [minyskyl] **1** *adj (petit)* tiny, minute **2** *adj & nf* **(lettre) m.** small letter

minute [minyt] *nf* minute; **à la m.** *(tout de suite)* this (very) minute; **d'une m. à l'autre** any minute (now) ▪ **minuterie** *nf (d'éclairage)* time switch

minutie [minysi] *nf* meticulousness ▪ **minutieux, -euse** *adj* meticulous

mirabelle [mirabɛl] *nf* mirabelle plum

miracle [mirɑkl] *nm* miracle; **par m.** miraculously ▪ **miraculeux, -euse** *adj* miraculous

mirage [miraʒ] *nm* mirage

mire [mir] *nf* **point de m.** *(cible) & Fig* target

miroir [mirwar] *nm* mirror

mis, mise¹ [mi, miz] **1** *pp de* **mettre 2** *adj* **bien m.** *(vêtu)* well-dressed

mise² [miz] *nf* (**a**) *(placement)* putting; **m. au point** *(de rapport)* finalization; *Phot* focusing; *(de moteur)* tuning; *(de technique)* perfecting; *Fig (clarification)* clarification; **m. en garde** warning; **m. en scène** *Théât* production; *Cin* direction (**b**) *(argent)* stake (**c**) **être de m.** to be acceptable

miser [mize] *vt (argent)* to stake (**sur** on); **m. sur qn/qch** *(parier)* to bet on sb/sth; *(compter sur)* to count on sb/sth

misère [mizɛr] *nf* extreme poverty; **être dans la m.** to be poverty-stricken ▪ **misérable 1** *(pitoyable)* miserable; *(pauvre)* destitute; *(existence)* wretched; *(logement, quartier)* seedy, slummy **2** *nmf (indigent)* poor wretch; *(scélérat)* scoundrel

missile [misil] *nm* missile

mission [misjɔ̃] *nf (tâche, organisation)* mission; *(d'employé)* task; **partir en m.** *(cadre)* to go away on business; *(diplomate)* to go off on a mission ■ **missionnaire** *nmf & adj* missionary

mistral [mistral] *nm* **le m.** the mistral

mite [mit] *nf* moth

mi-temps [mitɑ̃] **1** *nf inv Sport (pause)* half-time; *(période)* half **2** *nm inv* part-time job; **travailler à m.** to work part-time

mitigé, -e [mitiʒe] *adj (accueil)* lukewarm

mitoyen, -enne [mitwajɛ̃, -ɛn] *adj* common, shared

mitraillette [mitrajɛt] *nf* submachine gun

mitrailleur [mitajœr] *adj m* **fusil m.** machine gun

mitrailleuse [mitrajøz] *nf* machine gun

mi-voix [mivwa] **à mi-voix** *adv* in a low voice

mixer[1] [mikse] *vt (à la main)* to mix; *(au mixer)* to blend

mixer[2], mixeur [miksœr] *nm (pour mélanger)* (food) mixer; *(pour rendre liquide)* liquidizer

mixte [mikst] *adj* mixed; *(école)* co-educational, *Br* mixed

mixture [mikstyr] *nf* mixture

MJC [ɛmʒise] (*abrév* **maison des jeunes et de la culture**) *nf* = youth club and arts centre

Mlle (*abrév* **Mademoiselle**) Miss

MM (*abrév* **Messieurs**) Messrs

mm (*abrév* **millimètre(s)**) mm

Mme (*abrév* **Madame**) Mrs

mobile [mɔbil] **1** *adj (pièce, cible)* moving; *(panneau)* movable; *(personne)* mobile; *(feuillets)* loose **2** *nm (décoration)* mobile; *(motif)* motive (**de** for)

mobilier [mɔbilje] *nm* furniture

mobiliser [mɔbilize] *vt*, **se mobiliser** *vpr* to mobilize

Mobylette® [mɔbilɛt] *nf* moped

mode[1] [mɔd] *nf (tendance)* fashion; *(industrie)* fashion industry; **à la m.** fashionable; **à la m. de** in the manner of

mode[2] [mɔd] *nm (manière)* mode; **m. d'emploi** instructions; **m. de transport** mode of transport; **m. de vie** way of life

modèle [mɔdɛl] **1** *nm (schéma, exemple, personne)* model; *(au tricot)* pattern; **grand/petit m.** *(de vêtement)* large/small size; **m. déposé** registered design **2** *adj* **élève m.** model pupil ■ **modeler 1** *vt* to model (**sur** on) **2 se modeler** *vpr* **se m. sur qn** to model oneself on sb

modem [mɔdɛm] *nm Ordinat* modem

modérer [mɔdere] **1** *vt (passions, désirs)* to moderate, to restrain; *(vitesse)* to reduce **2 se modérer** *vpr* to calm down ■ **modération** *nf (retenue)* moderation; *(réduction)* reduction; **avec m.** in moderation ■ **modéré, -e** *adj* moderate

moderne [mɔdɛrn] *adj* modern ■ **moderniser** *vt*, **se moderniser** *vpr* to modernize ■ **modernité** *nf* modernity

modeste [mɔdɛst] *adj* modest ■ **modestie** *nf* modesty

modifier [mɔdifje] **1** *vt* to alter, to modify **2 se modifier** *vpr* to alter ■ **modification** *nf* alteration, modification; **apporter une m. à qch** to make an alteration to sth

modulation [mɔdylɑsjɔ̃] *nf (de son, d'amplitude)* modulation; *Radio* **m. de fréquence** frequency modulation

moelle [mwal] *nf (d'os)* marrow; **m. épinière** spinal cord; **m. osseuse** bone marrow

moelleux, -euse [mwalø, -øz] *adj (lit, tissu)* soft

mœurs [mœr(s)] *nfpl (morale)* morals; *(habitudes)* customs; **entrer dans les m.** to become part of everyday life

moi [mwa] **1** *pron personnel* (**a**) *(après une préposition)* me; **pour/avec m.** for/with me; *Fam* **un ami à m.** a friend of mine

(**b**) *(complément direct)* me; **laissez-m.** leave me

(**c**) *(complément indirect)* (to) me; **montrez-le-m.** show it to me, show me it

(**d**) *(sujet)* I; **c'est m. qui vous le dis!** I'm telling you!; **il est plus grand que m.** he's taller than I am *or* than me

2 *nm inv* self, ego ▪ **moi-même** *pron* myself

moindre [mwɛ̃dr] *adj (comparatif)* lesser; *(prix)* lower; *(quantité)* smaller; **le/la m.** *(superlatif)* the least; **la m. erreur** the slightest mistake; **dans les moindres détails** in the smallest detail; **c'est la m. des choses** it's the least I/we/*etc* can do

moineau, -x [mwano] *nm* sparrow

MOINS [mwɛ̃] **1** ([mwɛ̃z] *before vowel*) *adv (comparatif)* less (**que** than); **m. de** *(temps, travail)* less (**que** than); *(gens, livres)* fewer (**que** than); **le/la/les m.** *(superlatif)* the least; **le m. grand, la m. grande, les m. grand(e)s** the smallest; **au m., du m.** at least; **qch de m., qch en m.** *(qui manque)* sth missing; **dix ans de m.** ten years less; **en m.** *(personne, objet)* less; *(personnes, objets)* fewer; **les m. de vingt ans** those under twenty, the under-twenties; **à m. que…** *(+ subjunctive)* unless…

2 *prép Math* minus; **deux heures m. cinq** five to two; **il fait m. 10 (degrés)** it's minus 10 (degrees)

mois [mwa] *nm* month; **au m. de juin** in (the month of) June

moisir [mwazir] *vi* to go *Br* mouldy *or Am* moldy ▪ **moisi, -e 1** *adj Br* mouldy, *Am* moldy **2** *nm Br* mould, *Am* mold; *(sur un mur)* mildew; **sentir le m.** to smell musty ▪ **moisissure** *nf Br* mould, *Am* mold

moisson [mwasɔ̃] *nf* harvest; **faire la m.** to harvest ▪ **moissonner** *vt (céréales)* to harvest; *(champ)* to reap ▪ **moissonneuse-batteuse** (*pl* **moissonneuses-batteuses**) *nf* combine harvester

moite [mwat] *adj* sticky

moitié [mwatje] *nf* half; **la m. de la pomme** half (of) the apple; **à m.** *(remplir)* halfway; **à m. plein/vide** half-full/-empty; **à m. prix** (at) half-price

moka [mɔka] *nm (café)* mocha; *(gâteau)* coffee cake

mol [mɔl] *voir* **mou**

molaire [mɔlɛr] *nf* molar

molécule [mɔlekyl] *nf* molecule

molester [mɔlɛste] *vt* to manhandle

molle [mɔl] *voir* **mou**

mollet[1] [mɔlɛ] *nm (de jambe)* calf

mollet[2] [mɔlɛ] *adj* **œuf m.** soft-boiled egg

mollusque [mɔlysk] *nm* mollusc

moment [mɔmɑ̃] *nm (instant, durée)* moment; **un petit m.** a little while; **en ce m.** at the moment; **pour le m.** for the moment, for the time being; **sur le m.** at the time; **à ce m.-là** *(à ce moment précis)* at that (very) moment, at that time; *(dans ce cas)* then; **à un m. donné** at one point; **le m. venu** *(dans le future)* when the time comes; **d'un m. à l'autre** any moment; **dans ces moments-là** at times like that; **par moments** at times; **au m. de partir** when just about to leave; **au m. où…** just as…; **jusqu'au m. où…** until…; **du m. que…** *(puisque)* seeing that… ▪ **momentané, -e** *adj (temporaire)* momentary; *(bref)* brief ▪ **momentanément** *adv (temporairement)* temporarily; *(brièvement)* briefly

mon, ma, mes [mɔ̃, ma, me]

ma becomes **mon** [mɔ̃n] before a vowel or mute h.

adj possessif my; **m. père** my father; **ma mère** my mother; **m. ami(e)** my friend; **mes parents** my parents

Monaco [mɔnako] *nm* Monaco

monarque [mɔnark] *nm* monarch ▪ **monarchie** *nf* monarchy

monastère [mɔnastɛr] *nm* monastery

mondain, -e [mɔ̃dɛ̃, -ɛn] *adj* **réunion mondaine** society gathering ▪ **mondanités** *nfpl (événements)* social life;

(conversations) social chitchat

monde [mɔ̃d] *nm* world; *(gens)* people; **dans le m. entier** worldwide, all over the world; **tout le m.** everybody; **il y a du m.** there are a lot of people; **venir au m.** to come into the world ▪ **mondial, -e, -aux, -ales** *adj (crise, renommée)* worldwide; **guerre mondiale** world war ▪ **mondialisation** *nf* globalization

monégasque [mɔnegask] **1** *adj* Monegasque **2** *nmf* **M.** Monegasque

monétaire [mɔnetɛr] *adj* monetary

mongolien, -enne [mɔ̃gɔljɛ̃, -ɛn] **1** *adj* **être m.** to have Down's syndrome **2** *nmf* person with Down's syndrome

moniteur, -trice [mɔnitœr, -tris] **1** *nmf* instructor; *(de colonie) Br* assistant, *Am* camp counselor **2** *nm Ordinat (écran)* monitor

monnaie [mɔnɛ] *nf (argent)* money; *(de)* currency; *(pièces)* change; **petite m.** small change; **faire de la m.** to get change; **avoir la m. de 100 euros** to have change for 100 euros; **m. électronique** plastic money; **m. unique** single currency

monoparentale [mɔnɔparɑ̃tal] *adj f* **famille m.** one-parent family

monoplace [mɔnɔplas] *adj & nmf* single-seater

monopole [mɔnɔpɔl] *nm* monopoly; **avoir le m. de qch** to have a monopoly on sth ▪ **monopoliser** *vt* to monopolize

monoski [mɔnoski] *nm* mono-ski; **faire du m.** to mono-ski

monotone [mɔnɔtɔn] *adj* monotonous ▪ **monotonie** *nf* monotony

monseigneur [mɔ̃seɲœr] (*pl* **messeigneurs**) *nm (évêque)* His/Your Lordship; *(prince)* His/Your Highness

monsieur [məsjø] (*pl* **messieurs**) *nm (homme quelconque)* gentleman; **M. Legras** Mr Legras; **bonsoir, messieurs-dames!** good evening!; **M.** *(dans une lettre)* Dear Sir

monstre [mɔ̃str] *nm* monster; **m. sacré** giant ▪ **monstrueux, -euse** *adj (mal formé, scandaleux)* monstrous; *(énorme)* huge

mont [mɔ̃] *nm* mount

montage [mɔ̃taʒ] *nm Tech* assembling; *Cin* editing; *(image truquée)* montage

montagne [mɔ̃taɲ] *nf* mountain; **la m.** *(zone)* the mountains; **à la m.** in the mountains; **en haute m.** high in the mountains; **montagnes russes** *(attraction foraine)* rollercoaster ▪ **montagnard, -e** *nmf* mountain dweller ▪ **montagneux, -euse** *adj* mountainous

montant, -e 1 *adj (marée)* rising; *(col)* stand-up **2** *nm (somme)* amount; *(de barrière)* post; **montants compensatoires** subsidies

monte-charge [mɔ̃tʃarʒ] (*pl* **monte-charges**) *nm* service *Br* lift *or Am* elevator

montée [mɔ̃te] *nf (ascension)* climb, ascent; *(chemin)* slope; *(des prix, du fascisme)* rise; **la m. des eaux** the rise in the water level

monter [mɔ̃te] **1** *(aux* **avoir**) *vt (côte)* to climb (up); *(objet)* to bring/take up; *(cheval)* to ride; *(son)* to turn up; *(tente)* to put up; *(machine)* to assemble; *(pièce de théâtre)* to stage; **m. l'escalier** to go/come upstairs *or* up the stairs

2 *(aux* **être**) *vi (personne)* to go/come up; *(prix)* to rise; *(marée)* to come in; *(avion)* to climb; **faire m. qn** to show sb up; **m. dans un véhicule** to get in(to) a vehicle; **m. sur qch** to climb onto sth; **m. sur** *ou* **à une échelle** to climb up a ladder; **m. en courant** to run up; *Sport* **m. à cheval** to ride (a horse)

3 se monter *vpr* **se m. à** *(s'élever à)* to amount to

monteur, -euse [mɔ̃tœr, -øz] *nmf Cin* editor

montre [mɔ̃tr] *nf (instrument)* (wrist-) watch; *Sport & Fig* **course contre la m.** race against the clock

Montréal [mɔ̃real] *nm ou f* Montreal

montrer [mɔ̃tre] **1** *vt* to show (**à** to); **m. qn/qch du doigt** to point at sb/sth; **m.**

le chemin à qn to show sb the way **2 se montrer** *vpr* to show oneself; **se m. courageux** to be courageous

monture [mɔ̃tyr] *nf (de lunettes)* frame; *(de bijou)* setting

monument [mɔnymɑ̃] *nm* monument; **m. historique** ancient monument; **m. aux morts** war memorial ▪ **monumental, -e, -aux, -ales** *adj (imposant, énorme)* monumental

moquer [mɔke] **se moquer** *vpr* **se m. de qn** to make fun of sb; **se m. de qch** *(rire de)* to make fun of sth; *(ne pas se soucier)* not to care about sth ▪ **moquerie** *nf* mockery ▪ **moqueur, -euse** *adj* mocking

moquette [mɔkɛt] *nf Br* fitted carpet, *Am* wall-to-wall carpeting

moral, -e, -aux, -ales [mɔral, -o] **1** *adj* moral **2** *nm* **avoir le m.** to be in good spirits ▪ **morale** *nf (d'histoire)* moral; *(principes)* morals; *(règles)* morality; **faire la m. à qn** to lecture sb ▪ **moralité** *nf (mœurs)* morality; *(de récit)* moral

morceau, -x [mɔrso] *nm* piece, bit; *(de sucre)* lump; *(de viande)* cut; **tomber en morceaux** to fall to pieces ▪ **morceler** *vt (terrain)* to divide up

mordiller [mɔrdije] *vt* to nibble

mordre [mɔrdr] **1** *vti* to bite; **m. qn au bras** to bite sb's arm; **2 se mordre** *vpr Fig* **se m. les doigts d'avoir fait qch** to kick oneself for doing sth

mordu, -e [mɔrdy] *pp de* **mordre**

morgue [mɔrg] *nf (d'hôpital)* mortuary; *(pour corps non identifiés)* morgue

moribond, -e [mɔribɔ̃, -ɔ̃d] **1** *adj* dying **2** *nmf* dying person

morne [mɔrn] *adj (temps)* dismal; *(silence)* gloomy; *(personne)* glum

morose [mɔroz] *adj* morose

mors [mɔr] *nm (de harnais)* bit

morse [mɔrs] *nm (code)* Morse (code)

morsure [mɔrsyr] *nf* bite

mort[1] [mɔr] *nf* death; **se donner la m.** to take one's own life; **un silence de m.** a deathly silence ▪ **mortalité** *nf* death rate, mortality ▪ **mortel, -elle** **1** *adj (hommes, ennemi, danger)* mortal; *(accident)* fatal **2** *nmf* mortal ▪ **mortellement** *adv (blessé)* fatally

mort[2], morte [mɔr, mɔrt] **1** *adj (personne, plante, ville)* dead; **m. de fatigue** dead tired; **m. de froid** numb with cold; **m. de peur** frightened to death; **m. ou vif** dead or alive **2** *nmf* dead man, *f* dead woman; **les morts** the dead; **de nombreux morts** *(victimes)* many deaths; **le jour** *ou* **la fête des Morts** All Souls' Day ▪ **morte-saison** (*pl* **mortes-saisons**) *nf* off-season ▪ **mort-né, -e** (*mpl* **mort-nés,** *fpl* **mort-nées**) *adj (enfant)* stillborn

morue [mɔry] *nf* cod

mosaïque [mɔzaik] *nf* mosaic

Moscou [mɔsku] *nm ou f* Moscow

mot [mo] *nm* word; **envoyer un m. à qn** to drop sb a line; **m. à m.** word for word; **avoir le dernier m.** to have the last word; **mots croisés** crossword (puzzle); **m. de passe** password

motel [mɔtɛl] *nm* motel

moteur[1] [mɔtœr] *nm (de véhicule)* engine; *(électrique)* motor

moteur[2], -trice [mɔtœr, -tris] **1** *adj (nerf, muscle)* motor; **voiture à quatre roues motrices** four-wheel drive (car) **2** *nf* **motrice** *(de train)* engine

motif [mɔtif] *nm (raison)* reason (**de** for); *(dessin)* pattern

motiver [mɔtive] *vt (inciter, causer)* to motivate; *(justifier)* to justify ▪ **motivation** *nf* motivation ▪ **motivé, -e** *adj* motivated

moto [mɔto] *nf* motorbike ▪ **motocycliste** *nmf* motorcyclist

motte [mɔt] *nf (de terre)* lump, clod; *(de beurre)* block

mou, molle [mu, mɔl]

> **mol** is used before masculine singular nouns beginning with a vowel or h mute.

adj soft; *(sans énergie)* feeble ▪ **mollesse** *nf (de matelas)* softness; *(de personne)* lethargy

mouche [muʃ] *nf (insecte)* fly; **faire m.** to hit the bull's-eye ▪ **moucheron** *nm* midge

moucher [muʃe] **1** *vt* **m. qn** to wipe sb 's nose **2 se moucher** *vpr* to blow one's nose

moucheté, -e [muʃte] *adj* speckled

mouchoir [muʃwar] *nm* handkerchief; **m. en papier** tissue

moudre* [mudr] *vt* to grind

mouette [mwɛt] *nf* (sea)gull

moufle [mufl] *nf* mitten, mitt

mouiller [muje] **1** *vt* to wet **2** *vi Naut* to anchor **3 se mouiller** *vpr* to get wet ▪ **mouillé, -e** *adj* wet (**de** with)

moule[1] [mul] *nm Br* mould, *Am* mold; **m. à gâteaux** cake tin ▪ **moulage** *nm (objet)* cast ▪ **moulant, -e** *adj (vêtement)* tight-fitting ▪ **mouler** *vt Br* to mould, *Am* to mold; *(statue)* to cast

moule[2] [mul] *nf (mollusque)* mussel

moulin [mulɛ̃] *nm* mill; **m. à café** coffee grinder; **m. à vent** windmill

moulinet [mulinɛ] *nm (de canne à pêche)* reel

moulu, -e [muly] **1** *pp de* **moudre 2** *adj (café)* ground

mourir* [murir] *(aux* **être***) vi* to die (**de** of *or* from); **m. de froid** to die of exposure; *Fig* **m. de fatigue** to be dead tired; *Fig* **m. de peur** to be frightened to death; *Fig* **je meurs de faim!** I'm starving! ▪ **mourant, -e 1** *adj* dying; *(voix)* faint **2** *nmf* dying person

mousse [mus] **1** *nf (plante)* moss; *(écume)* foam; *(de bière)* head; *(de savon)* lather; **m. à raser** shaving foam; *Culin* **m. au chocolat** chocolate mousse **2** *nm (marin)* ship's boy ▪ **mousser** *vi (bière)* to froth; *(savon)* to lather ▪ **mousseux, -euse 1** *adj (vin)* sparkling **2** *nm* sparkling wine

moustache [mustaʃ] *nf (d'homme) Br* moustache, *Am* mustache; *(de chat)* whiskers ▪ **moustachu, -e** *adj* with a *Br* moustache *or Am* mustache

moustique [mustik] *nm* mosquito ▪ **moustiquaire** *nf* mosquito net; *(en métal)* screen

moutarde [mutard] *nf* mustard

mouton [mutɔ̃] *nm* sheep *inv*; *(viande)* mutton; **moutons** *(écume) Br* white horses, *Am* whitecaps; *(poussière)* fluff; **peau de m.** sheepskin

mouvement [muvmɑ̃] *nm (geste, groupe, déplacement)* movement; *(élan)* impulse; *(de gymnastique)* exercise; **en m.** in motion; **m. de colère** fit of anger; **mouvements sociaux** workers' protest movements ▪ **mouvementé, -e** *adj (vie, voyage)* eventful

mouvoir* [muvwar] *vi*, **se mouvoir** *vpr* to move; **mû par** *(mécanisme)* driven by

---

MOYEN[1], -ENNE [mwajɛ̃, -ɛn] **1** *adj* average; *(format, entreprise)* medium(-sized)

2 *nf* **moyenne** average; **en moyenne** on average; **la moyenne d'âge** the average age; **avoir la moyenne** *(à un examen) Br* to get a pass mark, *Am* to get a pass; *(à un devoir)* to get 50 percent, *Br* to get half marks; **le M. Âge** the Middle Ages

---

moyen[2] [mwajɛ̃] *nm (procédé, façon)* means, way (**de faire** of doing *or* to do); **moyens** *(capacités mentales)* ability; *(argent, ressources)* means; **je n'ai pas les moyens** *(argent)* I can't afford it; **au m. de qch** by means of sth

Mozambique [mɔzɑ̃bik] *nm* **le M.** Mozambique

MST [ɛmɛste] *(abrév* **maladie sexuellement transmissible***) nf* STD

muer [mɥe] **1** *vi (animal) Br* to moult, *Am* to molt; *(voix)* to break **2 se muer** *vpr* **se m. en qch** to change into sth

muet, muette [mɥe, mɥɛt] **1** *adj (infirme)* dumb; *(de surprise)* speechless; *(film)* silent **2** *nmf* mute

muguet [mygɛ] *nm* lily of the valley

mule [myl] *nf (pantoufle, animal)* mule ▪ **mulet** *nm (équidé)* mule; *(poisson)* mullet

multicolore [myltikɔlɔr] *adj Br* multicoloured, *Am* multicolored

multinationale [myltinasjɔnal] *nf* multinational

multiple [myltipl] *adj (nombreux)* numerous; *(varié)* multiple ■ **multiplication** *nf (calcul)* multiplication; *(augmentation)* increase ■ **multiplier 1** *vt* to multiply **2 se multiplier** *vpr* to increase; *(se reproduire)* to multiply

multitude [myltityd] *nf* multitude

municipal, -e, -aux, -ales [mynisipal, -o] *adj* municipal ■ **municipalité** *nf (maires et conseillers)* local council; *(commune)* municipality

munir [mynir] **1** *vt* **m. de qch** *(personne)* to provide with sth **2 se munir** *vpr* **se m. de qch** to take sth

munitions [mynisjɔ̃] *nfpl* ammunition

mur [myr] *nm* wall; *Fig* **au pied du m.** with one's back to the wall; **m. du son** sound barrier ■ **muraille** *nf* (high) wall ■ **mural, -e, -aux, -ales** *adj* **carte murale** wall map; **peinture murale** mural (painting) ■ **murer** *vt (porte)* to wall up

mûr, mûre[1] [myr] *adj (fruit)* ripe; *(personne)* mature; **d'âge m.** middle-aged ■ **mûrir** *vti (fruit)* to ripen; *(personne)* to mature

mûre[2] [myr] *nf (baie)* blackberry

muret [myrɛ] *nm* low wall

murmure [myrmyr] *nm* murmur ■ **murmurer** *vti* to murmur

muscle [myskl] *nm* muscle ■ **musclé, -e** *adj (bras)* muscular ■ **musculaire** *adj (force, douleur)* muscular ■ **musculature** *nf* muscles

museau, -x [myzo] *nm (de chien, de chat)* muzzle ■ **museler** *vt (animal, presse)* to muzzle

musée [myze] *nm* museum; **m. de peinture** art gallery ■ **muséum** *nm* natural history museum

music-hall [myzikol] (*pl* **music-halls**) *nm (genre, salle)* music hall

musique [myzik] *nf* music ■ **musical, -e, -aux, -ales** *adj* musical ■ **musicien, -enne 1** *nmf* musician **2** *adj* musical

musulman, -e [myzylmɑ̃, -an] *adj & nmf* Muslim, Moslem

muter [myte] *vt* to transfer ■ **mutant, -e** *adj & nmf* mutant ■ **mutation** *nf (d'employé)* transfer; *Biol* mutation

mutiler [mytile] *vt* to mutilate, to maim; **être mutilé** to be disabled

mutin [mytɛ̃] *nm (rebelle)* mutineer ■ **mutinerie** *nf* mutiny

mutisme [mytism] *nm* silence

mutuel, -elle [mytɥɛl] **1** *adj (réciproque)* mutual **2** *nf* **mutuelle** mutual insurance company ■ **mutuellement** *adv* each other

myope [mjɔp] *adj* shortsighted

myrtille [mirtij] *nf (baie)* bilberry

mystère [mistɛr] *nm* mystery ■ **mystérieux, -euse** *adj* mysterious

mystique [mistik] **1** *adj* mystical **2** *nmf (personne)* mystic

mythe [mit] *nm* myth ■ **mythique** *adj* mythical ■ **mythologie** *nf* mythology ■ **mythologique** *adj* mythological

Nn

N¹, n [ɛn] *nm inv* N, n
N² (*abrév* **route nationale**) M
n' [n] *voir* **ne**
nacelle [nasɛl] *nf (de ballon)* basket
nacre [nakr] *nf* mother-of-pearl ▪ **nacré, -e** *adj* pearly
nage [naʒ] *nf* (swimming) stroke; **traverser une rivière à la n.** to swim across a river; **n. libre** freestyle
nageoire [naʒwar] *nf (de poisson)* fin; *(de dauphin)* flipper
nager [naʒe] *vti* to swim ▪ **nageur, -euse** *nmf* swimmer
naïf, naïve [naif, naiv] *adj* naïve
nain, naine [nɛ̃, nɛn] *adj & nmf* dwarf
naissance [nɛsɑ̃s] *nf (de personne, d'animal)* birth; **donner n. à** *(enfant)* to give birth to; **de n.** from birth
naître* [nɛtr] *vi* to be born; *(sentiment, difficulté)* to arise (**de** from); *(idée)* to originate
naïveté [naivte] *nf* naïvety
nantir [nɑ̃tir] *vt* **n. qn de qch** to provide sb with sth ▪ **nanti, -e 1** *adj* well-to-do **2** *nmpl Péj* **les nantis** the well-to-do
nappe [nap] *nf (de table)* tablecloth; **n. de brouillard** fog patch; **n. d'eau** expanse of water; **n. de pétrole** layer of oil; *(de marée noire)* oil slick
napper [nape] *vt* to coat (**de** with)
narguer [narge] *vt* to taunt
narine [narin] *nf* nostril
narquois, -e [narkwa, -az] *adj* sneering
nasal, -e, -aux, -ales [nazal, -o] *adj* nasal
nasillard, -e [nazijar, -ard] *adj (voix)* nasal
natal, -e, -als, -ales [natal] *adj* native
natalité [natalite] *nf* birth rate
natation [natɑsjɔ̃] *nf* swimming
natif, -ive [natif, -iv] *adj & nmf* native; **être n. de** to be a native of
nation [nasjɔ̃] *nf* nation; **les Nations unies** the United Nations ▪ **national, -e, -aux, -ales** *adj* national ▪ **nationale** *nf (route) Br* ≃ A road, *Am* ≃ highway ▪ **nationaliser** *vt* to nationalize ▪ **nationaliste 1** *adj* nationalistic **2** *nmf* nationalist ▪ **nationalité** *nf* nationality
natte [nat] *nf (de cheveux) Br* plait, *Am* braid
naturaliser [natyralize] *vt* to naturalize ▪ **naturalisation** *nf* naturalization
nature [natyr] **1** *nf (univers, caractère)* nature; *(campagne)* country; **contre n.** unnatural; **en pleine n.** in the middle of the country; **payer en n.** to pay in kind; **n. morte** still life **2** *adj inv (omelette, yaourt)* plain; *(thé)* without milk
naturel, -elle [natyrɛl] **1** *adj* natural; **mort naturelle** death from natural causes **2** *nm (caractère)* nature; *(simplicité)* naturalness ▪ **naturellement** *adv* naturally
naufrage [nofraʒ] *nm* (ship)wreck; **faire n.** *(bateau)* to be wrecked; *(marin)* to be shipwrecked
nausée [noze] *nf* nausea, sickness; **avoir la n.** to feel sick
nautique [notik] *adj* nautical
naval, -e, -als, -ales [naval] *adj* naval
navet [navɛ] *nm (légume)* turnip

navette [navɛt] *nf (véhicule)* shuttle; **faire la n.** *(véhicule, personne)* to shuttle back and forth (**entre** between); **n. spatiale** space shuttle

navigable [navigabl] *adj (fleuve)* navigable

navigant, -e [navigɑ̃, -ɑ̃t] *adj Aviat* **personnel n.** flight crew

navigateur [navigatœr] *nm (marin)* navigator ▪ **navigation** *nf* navigation

naviguer [navige] *vi (bateau)* to sail; **n. sur Internet** to surf the Net

navire [navir] *nm* ship

navrer [navre] *vt* to appal ▪ **navrant, -e** *adj* appalling ▪ **navré, -e** *adj (air)* distressed; **je suis n.** I'm terribly sorry

ne [nə]

> **n'** before vowel or mute h; used to form negative verb with **pas, jamais, personne, rien** etc.

adv **ne... pas** not; **il ne boit pas** he does not *or* doesn't drink; **elle n'ose (pas)** she doesn't dare; **ne... que** only; **je crains qu'il ne parte** I'm afraid he'll leave

né, -e [ne] **1** *pp de* **naître** born; **il est né en 2001** he was born in 2001; **née Dupont** née Dupont **2** *adj* born; **c'est un poète-né** he's a born poet

néanmoins [neɑ̃mwɛ̃] *adv* nevertheless

néant [neɑ̃] *nm* nothingness; *(sur formulaire)* ≃ none

nécessaire [nesesɛr] **1** *adj* necessary **2** *nm* **le n.** the necessities; **faire le n.** to do what's necessary; **n. de toilette** toilet bag

nécessité [nesesite] *nf* necessity ▪ **nécessiter** *vt* to require, to necessitate

nectarine [nektarin] *nf* nectarine

néerlandais, -e [neɛrlɑ̃dɛ, -ɛz] **1** *adj* Dutch **2** *nmf* **N.** Dutchman; **Néerlandaise** Dutchwoman **3** *nm (langue)* Dutch

nef [nɛf] *nf (d'église)* nave

néfaste [nefast] *adj* harmful (**à** to)

négatif, -ive [negatif, -iv] **1** *adj* negative **2** *nm (de photo)* negative

négligeable [negliʒabl] *adj* negligible; **non n.** *(quantité)* significant

négligent, -e [negliʒɑ̃, -ɑ̃t] *adj* careless, negligent ▪ **négligence** *nf (défaut)* carelessness, negligence

négliger [negliʒe] **1** *vt (personne, travail, conseil)* to neglect; **n. de faire qch** to neglect to do sth **2 se négliger** *vpr* to neglect oneself ▪ **négligé, -e** *adj (tenue)* untidy; *(travail)* careless

négocier [negɔsje] *vti* to negotiate ▪ **négociable** *adj* negotiable ▪ **négociant, -e** *nmf* merchant, dealer ▪ **négociateur, -trice** *nmf* negotiator ▪ **négociation** *nf* negotiation

neige [nɛʒ] *nf* snow; **aller à la n.** to go skiing; **n. fondue** sleet ▪ **neiger** *v impersonnel* to snow; **il neige** it's snowing

néon [neɔ̃] *nm (gaz)* neon; *(enseigne)* neon sign; **éclairage au n.** neon lighting

néo-zélandais, -e [neɔzelɑ̃dɛ, -ɛz] (*mpl* **néo-zélandais,** *fpl* **néo-zélandaises**) **1** *adj* New Zealand **2** *nmf* **N., Néo-Zélandaise** New Zealander

nerf [nɛr] *nm* nerve ▪ **nerveux, -euse** *adj* nervous ▪ **nervosité** *nf* nervousness

n'est-ce pas [nɛspɑ] *adv* isn't he?/don't you?/won't they?/*etc*; **tu viendras, n.?** you'll come, won't you?; **il fait beau, n.?** the weather's nice, isn't it?

Net [nɛt] *nm* **le N.** the Net

net, nette [nɛt] **1** *adj (propre)* clean; *(image, refus)* clear; *(écriture)* neat; *(prix, salaire)* net; **n. d'impôt** net of tax **2** *adv (casser, couper)* clean; *(tuer)* outright; *(refuser)* flatly; **s'arrêter n.** to stop dead ▪ **nettement** *adv (avec précision)* clearly; *(incontestablement)* definitely; **il va n. mieux** he's much better ▪ **netteté** *nf (propreté, précision)* cleanness; *(de travail)* neatness

nettoyer [netwaje] **1** *vt* to clean **2 se nettoyer** *vpr* **se n. les oreilles** to clean one's ears ▪ **nettoyage** *nm* cleaning; **n. à sec** dry-cleaning

neuf[1]**, neuve** [nœf, nœv] **1** *adj* new; **quoi de n.?** what's new? **2** *nm* **remettre qch à n.** to make sth as good as new

neuf[2] [nœf, nœv *before* **heures, ans**] *adj & nm* nine ▪ **neuvième** *adj & nmf* ninth

neutre [nøtr] **1** *adj (pays, personne)* neutral **2** *nm Él* neutral ▪ **neutraliser** *vt* to neutralize ▪ **neutralité** *nf* neutrality

neveu, -x [nəvø] *nm* nephew

nez [ne] *nm* nose; **n. à n.** face to face (**avec** with); **rire au n. de qn** to laugh in sb's face; **parler du n.** to speak through one's nose

ni [ni] *conj* **ni… ni…** neither… nor…; **ni Pierre ni Paul ne sont venus** neither Pierre nor Paul came; **il n'a ni faim ni soif** he's neither hungry nor thirsty; **sans manger ni boire** without eating or drinking; **ni l'un(e) ni l'autre** neither (of them)

Nicaragua [nikaragwa] *nm* **le N.** Nicaragua

niche [niʃ] *nf (de chien) Br* kennel, *Am* doghouse; *(cavité)* niche, recess

nicher [niʃe] **1** *vi (oiseau)* to nest **2 se nicher** *vpr (oiseau)* to nest ▪ **nichée** *nf (chiens)* litter; *(oiseaux)* brood

nickel [nikɛl] *nm (métal)* nickel

nicotine [nikɔtin] *nf* nicotine

nid [ni] *nm* nest

nièce [njɛs] *nf* niece

nier [nje] **1** *vt* to deny (**que** that) **2** *vi (accusé)* to deny the charge

Niger [niʒɛr] *nm* **le N.** *(pays)* Niger

Nigéria [niʒerja] *nm* **le N.** Nigeria

Nil [nil] *nm* **le N.** the Nile

n'importe [nɛ̃pɔrt] *voir* **importer**[1]

nippon, -one *ou* **-onne** [nipɔ̃, -ɔn] *adj* Japanese

niveau, -x [nivo] *nm (hauteur, étage, degré)* level; *Scol* standard; **au n. de la mer** at sea level; **n. de vie** standard of living ▪ **niveler** *vt (surface)* to level

noble [nɔbl] **1** *adj* noble **2** *nmf* nobleman, *f* noblewoman ▪ **noblesse** *nf (caractère, classe)* nobility

noce [nɔs] *nf* wedding; **noces d'or** golden wedding

nocif, -ive [nɔsif, -iv] *adj* harmful ▪ **nocivité** *nf* harmfulness

nocturne [nɔktyrn] **1** *adj (animal)* nocturnal **2** *nf (de magasin)* late-night opening; *Sport* **(match en) n.** evening match

Noël [nɔɛl] *nm* Christmas; **arbre de N.** Christmas tree; **le père N.** Father Christmas, Santa Claus

nœud [nø] *nm* (**a**) *(entrecroisement)* knot; *(ruban)* bow; **n. papillon** bow tie (**b**) *Naut (vitesse)* knot

noir, -e [nwar] **1** *adj* black; *(sombre)* dark; *(idées)* gloomy; *(misère)* dire; **il fait n.** it's dark; **film n.** film noir **2** *nm (couleur)* black; *(obscurité)* dark; **N.** *(homme)* Black (man); **3** *nf* **noire** *(note) Br* crotchet, *Am* quarter note; **Noire** *(femme)* Black (woman) ▪ **noircir 1** *vt* to blacken **2** *vi* to turn black

noisette [nwazet] *nf* hazelnut

noix [nwa] *nf (du noyer)* walnut; **n. de coco** coconut

nom [nɔ̃] *nm* name; *Gram* noun; **au n. de qn** on sb's behalf; **n. de famille** surname; **n. de jeune fille** maiden name

nomade [nɔmad] **1** *adj* nomadic **2** *nmf* nomad

nombre [nɔ̃br] *nm* number; **être au** *ou* **du n. de** to be among; **ils sont au n. de dix** there are ten of them; **le plus grand n. de** the majority of; **bon n. de** a good many; *Math* **n. premier** prime number

nombreux, -euse [nɔ̃brø, -øz] *adj (amis, livres)* numerous, many; *(famille, collection)* large; **peu n.** few; **venir n.** to come in large numbers

nombril [nɔ̃bri] *nm* navel

nominal, -e, -aux, -ales [nɔminal, -o] *adj* nominal

nomination [nɔminɑsjɔ̃] *nf (à un poste)* appointment; *(pour récompense)* nomination

nommer [nɔme] **1** *vt (appeler)* to name; **n. qn** *(désigner)* to appoint sb (**à un poste** to a post); **n. qn président**

to appoint sb chairman **2 se nommer** *vpr (s'appeler)* to be called

non [nɔ̃] *adv* no; **tu viens ou n.?** are you coming or not?; **n. seulement** not only; **n. (pas) que...** *(+ subjunctive)* not that...; **n. loin** not far; **je crois que n.** I don't think so; **(ni) moi n. plus** neither do/am/can/*etc* I

nonante [nɔnɑ̃t] *adj & nm (en Belgique, en Suisse)* ninety

nonchalant, -e [nɔ̃ʃalɑ̃, -ɑ̃t] *adj* nonchalant

non-fumeur, -euse [nɔ̃fymœr, -øz] **1** *adj* non-smoking **2** *nmf* non-smoker

non-retour [nɔ̃rətur] *nm* **point de n.** point of no return

non-violence [nɔ̃vjɔlɑ̃s] *nf* non-violence

non-voyants [nɔ̃vwajɑ̃] *nmpl* **les n.** the unsighted

nord [nɔr] **1** *nm* north; **au n.** in the north; *(direction)* (to the) north (**de** of); **du n.** *(vent, direction)* northerly; *(ville)* northern; *(gens)* from/in the north; **l'Afrique du N.** North Africa; **l'Europe du N.** Northern Europe; **le grand N.** the Frozen North

2 *adj inv (côte)* north; *(régions)* northern ▪ **nord-africain, -e** (*mpl* **nord-africains,** *fpl* **nord-africaines**) **1** *adj* North African **2** *nmf* **N., Nord-Africaine** North African ▪ **nord-américain, -e** (*mpl* **nord-américains,** *fpl* **nord-américaines**) **1** *adj* North American **2** *nmf* **N., Nord-Américaine** North American ▪ **nord-est** *nm & adj inv* northeast ▪ **nord-ouest** *nm & adj inv* northwest

nordique [nɔrdik] **1** *adj* Scandinavian **2** *nmf* **N.** Scandinavian; *Can* Northern Canadian

normal, -e, -aux, -ales [nɔrmal, -o] *adj* normal ▪ **normale** *nf* norm; **au-dessus/au-dessous de la n.** above/below average; *Fam* **N. Sup** = university-level college preparing students for senior posts in teaching ▪ **normalement** *adv* normally ▪ **normaliser** *vt (uniformiser)* to standardize; *(relations)* to normalize

normand, -e [nɔrmɑ̃, -ɑ̃d] **1** *adj* Norman **2** *nmf* **N., Normande** Norman ▪ **Normandie** *nf* **la N.** Normandy

norme [nɔrm] *nf* norm; **normes de sécurité** safety standards

Norvège [nɔrvɛʒ] *nf* **la N.** Norway ▪ **norvégien, -enne 1** *adj* Norwegian **2** *nmf* **N., Norvégienne** Norwegian **3** *nm (langue)* Norwegian

nos [no] *voir* **notre**

nostalgie [nɔstalʒi] *nf* nostalgia ▪ **nostalgique** *adj* nostalgic

notable [nɔtabl] *adj & nm* notable

notaire [nɔtɛr] *nm* lawyer, *Br* notary (public)

notamment [nɔtamɑ̃] *adv* notably

note [nɔt] *nf (annotation, communication) & Mus* note; *Scol Br* mark, *Am* grade; *(facture) Br* bill, *Am* check; **prendre n. de qch** to make a note of sth; **prendre des notes** to take notes; **n. de frais** expenses

noter [nɔte] *vt (remarquer)* to note; *(écrire)* to note down; *(devoir) Br* to mark, *Am* to grade

notice [nɔtis] *nf (mode d'emploi)* instructions; *(de médicament)* directions

notifier [nɔtifje] *vt* **n. qch à qn** to notify sb of sth

notion [nosjɔ̃] *nf* notion; **notions** *(éléments)* rudiments; **avoir des notions de qch** to know the basics of sth

notoriété [nɔtɔrjete] *nf (renom)* fame; **il est de n. publique que...** it's common knowledge that...

notre, nos [nɔtr, no] *adj possessif* our

nôtre [notr] **1** *pron possessif* **le/la n., les nôtres** ours **2** *nmpl* **les nôtres** *(parents)* our family

nouer [nwe] **1** *vt (lacets)* to tie; *(cravate)* to knot; *Fig (relation)* to establish **2 se nouer** *vpr (intrigue)* to take shape

nougat [nuga] *nm* nougat

nouilles [nuj] *nfpl* noodles

nourrice [nuris] *nf (assistante maternelle)* (children's) nurse, *Br* childminder; *(qui allaite)* wet nurse

nourrir [nurir] **1** *vt (alimenter)* to feed; *Fig (espoir)* to cherish **2 se nourrir** *vpr* to eat; **se n. de qch** to feed on sth

nourrisson [nurisɔ̃] *nm* infant

nourriture [nurityr] *nf* food

nous [nu] *pron personnel* (**a**) *(sujet)* we; **n. sommes ici** we are here
(**b**) *(complément direct)* us; **il n. connaît** he knows us
(**c**) *(complément indirect)* (to) us; **il n. l'a donné** he gave it to us, he gave us it
(**d**) *(réfléchi)* ourselves; **n. n. lavons** we wash ourselves; **n. n. habillons** we get dressed
(**e**) *(réciproque)* each other; **n. n. détestons** we hate each other ▪ **nous-mêmes** *pron* ourselves

nouveau, -elle[1], -x, -elles [nuvo, -ɛl]

> **nouvel** is used before masculine singular nouns beginning with a vowel or mute h.

1 *adj* new; *(mode)* latest; **on craint de nouvelles inondations** *(d'autres)* further flooding is feared
2 *nmf (à l'école)* new boy, *f* new girl
3 *nm* **du n.** something new
4 *adv* **de n., à n.** again ▪ **nouveau-né, -e** (*mpl* **nouveau-nés,** *fpl* **nouveau-nées**) **1** *adj* newborn **2** *nmf* newborn baby

nouveauté [nuvote] *nf* novelty; **nouveautés** *(livres)* new books; *(disques)* new releases

nouvelle[2] [nuvɛl] *nf* (**a**) **une n.** *(annonce)* a piece of news; **la n. de sa mort** the news of his/her death; **les nouvelles** the news *(sing)*; **avoir des nouvelles de qn** *(directement)* to have heard from sb (**b**) *(récit)* short story

Nouvelle-Calédonie [nuvɛlkaledɔni] *nf* **la N.** New Caledonia

Nouvelle-Zélande [nuvɛlzelɑ̃d] *nf* **la N.** New Zealand

novateur, -trice [nɔvatœr, -tris] *adj* innovative

novembre [nɔvɑ̃br] *nm* November

noyade [nwajad] *nf* drowning

noyau, -x [nwajo] *nm (de fruit)* stone, *Am* pit; *(d'atome, de cellule)* nucleus; *(groupe)* group; **n. dur** *(de groupe)* hard core

noyauter [nwajote] *vt* to infiltrate

noyé, -e [nwaje] *nmf* drowned person

noyer[1] [nwaje] **1** *vt (personne)* to drown; *(terres)* to flood **2 se noyer** *vpr* to drown; **se n. dans les détails** to get bogged down in details

noyer[2] [nwaje] *nm (arbre)* walnut tree

nu, -e [ny] **1** *adj (personne, vérité)* naked; *(mains, chambre)* bare; **tout nu** (stark) naked, (in the) nude; **tête nue, nu-tête** bare-headed; **aller pieds nus** to go barefoot **2** *nm* nude; **mettre qch à nu** to expose sth

nuage [nɥaʒ] *nm* cloud; *Fig* **être dans les nuages** to have one's head in the clouds ▪ **nuageux, -euse** *adj (ciel)* cloudy

nuance [nɥɑ̃s] *nf (de couleur)* shade; *(de sens)* nuance; *(de regret)* tinge ▪ **nuancé, -e** *adj (jugement)* qualified ▪ **nuancer** *vt (pensée)* to qualify

nucléaire [nykleɛr] **1** *adj* nuclear **2** *nm* nuclear energy

nudiste [nydist] *nmf* nudist ▪ **nudité** *nf (de personne)* nudity, nakedness

nuée [nɥe] *nf* **une n. de** *(foule)* a horde of; *(groupe compact)* a cloud of

nuire* [nɥir] *vi* **n. à qn/qch** to harm sb/sth ▪ **nuisible** *adj* harmful (**à** to)

nuit [nɥi] *nf* night; *(obscurité)* dark(-ness); **la n.** *(se promener)* at night; **cette n.** *(hier)* last night; *(aujourd'hui)* tonight; **avant la n.** before nightfall; **il fait n.** it's dark; **il fait n. noire** it's pitch-black; **bonne n.!** good night! ▪ **nuitée** *nf* overnight stay

nul, nulle [nyl] **1** *adj (médiocre)* hopeless, useless; *(risque)* non-existent, nil; *Jur (non valable)* null (and void); **être n. en qch** to be hopeless at sth
2 *adj indéfini Littéraire (aucun)* no; **sans n. doute** without any doubt
3 *pron indéfini m Littéraire (aucun)* no one ▪ **nulle part** *adv* nowhere; **n. ailleurs** nowhere else

numérique [nymerik] *adj* numerical;

(montre, clavier, données) digital
numéro [nymero] *nm (chiffre)* number; *(de journal)* issue, number; *(au cirque)* act; *Tél* **n. vert** *Br* ≃ Freefone® number, *Am* ≃ toll-free number; **n. de téléphone** telephone number ▪ **numéroter** *vt (pages, sièges)* to number
nuptial, -ale, -aux, -ales [nypsjal, -jo] *adj (chambre)* bridal; **cérémonie nuptiale** wedding ceremony
nuque [nyk] *nf* back of the neck
nutrition [nytrisjɔ̃] *nf* nutrition
Nylon® [nilɔ̃] *nm (fibre)* nylon; **chemise en N.** nylon shirt

Oo

O, o [o] *nm inv* O, o

obéir [ɔbeir] *vi* to obey; **o. à qn/qch** to obey sb/sth ▪ **obéissance** *nf* obedience (**à** to) ▪ **obéissant, -e** *adj* obedient

obèse [ɔbɛz] *adj* obese ▪ **obésité** [ɔbesite] *nf* obesity

objecter [ɔbʒɛkte] *vt* **o. que…** to object that… ▪ **objecteur** *nm* **o. de conscience** conscientious objector ▪ **objection** *nf* objection; **si vous n'y voyez pas d'o.** if you have no objections

objectif, -ive [ɔbʒɛktif, -iv] **1** *adj* objective **2** *nm (but)* objective; *(d'appareil photo)* lens ▪ **objectivité** *nf* objectivity

objet [ɔbʒɛ] *nm (chose, sujet, but)* object; **faire l'o. de** *(étude, critiques)* to be the subject of; *(soins, surveillance)* to be given; **o. d'art** objet d'art; **objets trouvés** *(bureau) Br* lost property, *Am* lost and found

obligation [ɔbligɑsjɔ̃] *nf (contrainte)* obligation; *Fin* bond; **se trouver dans l'o. de faire qch** to be obliged to do sth; **sans o. d'achat** no purchase necessary ▪ **obligatoire** *adj* compulsory, obligatory

obliger [ɔbliʒe] **1** *vt (contraindre)* to force (**à faire** to do); **être obligé de faire qch** to be obliged to do sth **2** **s'obliger** *vpr* **s'o. à faire qch** to force oneself to do sth ▪ **obligé, -e** *adj (obligatoire)* necessary

oblique [ɔblik] *adj* oblique

oblitéré, -e [ɔblitere] *adj (timbre)* used

obscène [ɔpsɛn] *adj* obscene ▪ **obscénité** *nf* obscenity

obscur, -e [ɔpskyr] *adj (sombre)* dark; *(confus, inconnu)* obscure ▪ **obscurcir** **1** *vt (rendre sombre)* to darken; *(rendre confus)* to obscure **2** **s'obscurcir** *vpr (ciel)* to darken ▪ **obscurité** *nf (noirceur)* darkness; **dans l'o.** in the dark

obséder [ɔpsede] *vt* to obsess ▪ **obsédant, -e** *adj* haunting; *(pensée)* obsessive

obsèques [ɔpsɛk] *nfpl* funeral

observateur, -trice [ɔpsɛrvatœr, -tris] **1** *adj* observant **2** *nmf* observer

observation [ɔpsɛrvɑsjɔ̃] *nf (étude, remarque)* observation; *(reproche)* remark; *(respect)* observance

observatoire [ɔpsɛrvatwar] *nm* observatory

observer [ɔpsɛrve] *vt (regarder, respecter)* to observe; *(remarquer)* to notice; **faire o. qch à qn** to point sth out to sb

obsession [ɔpsesjɔ̃] *nf* obsession ▪ **obsessionnel, -elle** *adj* obsessional

obstacle [ɔpstakl] *nm* obstacle; **faire o. à qch** to stand in the way of sth

obstétricien, -enne [ɔpstetrisjɛ̃, -ɛn] *nmf* obstetrician

obstiner [ɔpstine] **s'obstiner** *vpr* to persist (**à faire** in doing) ▪ **obstination** *nf* stubbornness, obstinacy ▪ **obstiné, -e** *adj* stubborn, obstinate

obstruction [ɔpstryksjɔ̃] *nf* obstruction ▪ **obstruer** *vt* to obstruct

obtempérer [ɔptɑ̃pere] *vi* **o. à qch** to comply with sth

obtenir* [ɔptənir] *vt* to get, to obtain ▪ **obtention** *nf* obtaining

obus [ɔby] *nm (projectile)* shell

occasion [ɔkɑzjɔ̃] *nf* (**a**) *(chance)* chance, opportunity (**de faire** to do); *(moment)* occasion; **à l'o.** when the occasion arises; **à l'o. de qch** on the occasion of sth; **pour les grandes occasions** for special occasions (**b**) *(affaire)* bargain; *(objet non neuf)* second-hand item; **d'o.** second-hand

occasionner [ɔkɑzjɔne] *vt* to cause; **o. qch à qn** to cause sb sth

occident [ɔksidɑ̃] *nm* **l'O.** the West ■ **occidental, -e, -aux, -ales 1** *adj Géog & Pol* western **2** *nmpl Pol* **les Occidentaux** Westerners

occulte [ɔkylt] *adj* occult

occupant, -e [ɔkypɑ̃, -ɑ̃t] **1** *adj (armée)* occupying **2** *nmf (habitant)* occupant **3** *nm Mil* **l'o.** the occupying forces

occupation [ɔkypɑsyɔ̃] *nf (activité, travail) & Mil* occupation

occupé, -e [ɔkype] *adj* busy (**à faire** doing); *(place, maison)* occupied; *(ligne téléphonique) Br* engaged, *Am* busy

occuper [ɔkype] **1** *vt (bâtiment, pays)* to occupy; *(place)* to take up, to occupy; *(poste)* to hold; **o. qn** *(jeu, travail)* to keep sb busy *or* occupied

2 s'occuper *vpr* to keep oneself busy (**à faire** doing); **s'o. de** *(affaire, problème)* to deal with; **s'o. de qn** *(malade)* to take care of sb; *(client)* to see to sb

océan [ɔseɑ̃] *nm* ocean; **l'o. Atlantique/Pacifique** the Atlantic/Pacific Ocean

octante [ɔktɑ̃t] *adj & nm inv (en Belgique, en Suisse)* eighty

octet [ɔktɛ] *nm Ordinat* byte; **milliard d'octets** gigabyte

octobre [ɔktɔbr] *nm* October

octogonal, -e, -aux, -ales [ɔktɔgɔnal, -o] *adj* octagonal

oculaire [ɔkylɛr] *adj* **témoin o.** eyewitness ■ **oculiste** *nmf* eye specialist

odeur [ɔdœr] *nf* smell; *(de fleur)* scent ■ **odorat** *nm* sense of smell

odieux, -euse [ɔdjø, -øz] *adj* odious

œil [œj] (*pl* **yeux** [jø]) *nm* eye; **avoir les yeux verts** to have green eyes; **avoir de grands yeux** to have big eyes; **lever/baisser les yeux** to look up/down; **coup d'o.** *(regard)* look, glance; **jeter un coup d'o. sur qch** to have a look at sth; **à vue d'o.** visibly; **regarder qn dans les yeux** to look sb in the eye; *Fig* **o. au beurre noir** black eye

œillères [œjɛr] *nfpl (de cheval) Br* blinkers, *Am* blinders

œillet [œjɛ] *nm (fleur)* carnation

œuf [œf] (*pl* **œufs** [ø]) *nm* egg; **œufs** *(de poissons)* (hard) roe; **o. à la coque** boiled egg; **o. sur le plat** fried egg; **o. dur** hard-boiled egg; **œufs brouillés** scrambled eggs; **o. de Pâques** Easter egg

œuvre [œvr] *nf (travail, livre)* work; **o. d'art** work of art; **o. de charité** *(organisation)* charity

offense [ɔfɑ̃s] *nf* insult ■ **offensant, -e** *adj* offensive ■ **offenser 1** *vt* to offend **2 s'offenser** *vpr* **s'o. de qch** to take *Br* offence *or Am* offense at sth

offensif, -ive [ɔfɑ̃sif, -iv] **1** *adj* offensive **2** *nf* **offensive** offensive; **passer à l'o.** to go on the offensive

offert, -e [ɔfɛr, -ɛrt] *pp de* **offrir**

office [ɔfis] *nm* (**a**) *Rel* service (**b**) *(pièce)* pantry (**c**) *(établissement)* office, bureau; **o. du tourisme** tourist information centre (**d**) *(charge)* office; **d'o.** without having any say; **faire o. de qch** to serve as sth

officiel, -elle [ɔfisjɛl] *adj & nm* official

officier [ɔfisje] *nm (dans l'armée)* officer

officieux, -euse [ɔfisjø, -øz] *adj* unofficial

offre [ɔfr] *nf* offer; *(aux enchères)* bid; *Écon* **l'o. et la demande** supply and demand; *Fin* **o. publique d'achat** takeover bid; **offres d'emploi** *(de journal)* job vacancies, *Br* situations vacant ■ **offrande** *nf* offering

offrir* [ɔfrir] **1** *vt (donner)* to give;

(proposer) to offer; **o. qch à qn** *(donner)* to give sb sth, to give sth to sb; *(proposer)* to offer sb sth, to offer sth to sb; **o. de faire qch** to offer to do sth **2 s'offrir** *vpr (cadeau)* to treat oneself to; *(se proposer)* to offer oneself (**comme** as) ▪ **offrant** *nm* **au plus o.** to the highest bidder

OGM [ɔʒeɛm] *(abrév* **organisme génétiquement modifié**) *nm* GMO

oie [wa] *nf* goose *(pl* geese)

oignon [ɔɲɔ̃] *nm (légume)* onion

oiseau, -x [wazo] *nm* bird; **o. de proie** bird of prey

oisif, -ive [wazif, -iv] *adj* idle ▪ **oisiveté** *nf* idleness

oléoduc [ɔleɔdyk] *nm* pipeline

olive [ɔliv] **1** *nf* olive **2** *adj inv* **vert o.** olive (green) ▪ **olivier** *nm (arbre)* olive tree

olympique [ɔlɛ̃pik] *adj* Olympic; **les jeux Olympiques** the Olympic games

ombilical, -e, -aux, -ales [ɔ̃bilikal, -o] *adj* umbilical

ombrage [ɔ̃braʒ] *nm (ombre)* shade

ombre [ɔ̃br] *nf (forme)* shadow; *(zone sombre)* shade; **30° à l'o.** 30° in the shade; **sans l'o. d'un doute** without the shadow of a doubt; **pas l'o. d'un reproche/remords** not a trace of blame/remorse

ombrelle [ɔ̃brɛl] *nf* sunshade, parasol

omelette [ɔmlɛt] *nf* omelette; **o. norvégienne** baked Alaska

omettre* [ɔmɛtr] *vt* to omit (**de faire** to do) ▪ **omission** *nf* omission

omnibus [ɔmnibys] *adj & nm* **(train) o.** slow train *(stopping at all stations)*

omnipotent, -e [ɔmnipɔtɑ̃, -ɑ̃t] *adj* omnipotent

omniprésent, -e [ɔmniprezɑ̃, ɑ̃t] *adj* omnipresent

omnisports [ɔmnispɔr] *adj inv* **centre o.** sports centre

omnivore [ɔmnivɔr] *adj* omnivorous

on [ɔ̃] *(sometimes* **l'on** [lɔ̃]) *pron indéfini (les gens)* they, people; *(nous)* we, one; *(vous)* you, one; **on m'a dit que...** I was told that...; **on me l'a donné** somebody gave it to me

oncle [ɔ̃kl] *nm* uncle

onctueux, -euse [ɔ̃ktɥø, -øz] *adj* smooth

onde [ɔ̃d] *nf (à la radio) & Phys* wave; **grandes ondes** long wave; **ondes courtes/moyennes** short/medium wave; **o. de choc** shock wave

ondée [ɔ̃de] *nf* sudden downpour

on-dit [ɔ̃di] *nm inv* rumour, hearsay

ondoyer [ɔ̃dwaje] *vi* to undulate

ondulé, -e [ɔ̃dyle] *adj* wavy

onduler [ɔ̃dyle] *vi* to undulate; *(cheveux)* to be wavy

onéreux, -euse [ɔnerø, -øz] *adj* costly

ONG [oɛnʒe] *(abrév* **organisation non gouvernementale**) *nf* NGO

ongle [ɔ̃gl] *nm* (finger)nail

ont [ɔ̃] *voir* **avoir**

ONU [ɔny] *(abrév* **Organisation des Nations unies**) *nf* UN

onze [ɔ̃z] *adj & nm* eleven ▪ **onzième** *adj & nmf* eleventh

OPA [ɔpeɑ] *(abrév* **offre publique d'achat**) *nf Fin* takeover bid

opaque [ɔpak] *adj* opaque

opéra [ɔpera] *nm (musique)* opera; *(édifice)* opera house

opérateur, -trice [ɔperatœr, -tris] *nmf (personne)* operator; *Cin* cameraman

opération [ɔperɑsjɔ̃] *nf (action) & Méd, Mil & Math* operation ▪ **opérationnel, -elle** *adj* operational

opérer [ɔpere] **1** *vt (exécuter)* to carry out; *(choix)* to make; *(patient)* to operate on (**de** for); **se faire o.** to have an operation **2** *vi (agir)* to work; *(procéder)* to proceed; *(chirurgien)* to operate

ophtalmologue [ɔftalmɔlɔg] *nmf* ophthalmologist

opiniâtre [ɔpinjɑtr] *adj* stubborn

opinion [ɔpinjɔ̃] *nf* opinion (**sur** about *or* on); **mon o. est faite** my mind is made up; **o. publique** public opinion

opportun, -e [ɔpɔrtœ̃, -yn] *adj* opportune, timely ▪ **opportunité** *nf* timeliness

opposant, -e [ɔpozɑ̃, -ɑ̃t] *nmf* opponent (**à** of)

opposé, -e [ɔpoze] **1** *adj (direction)* opposite; *(intérêts)* conflicting; *(armées, équipe)* opposing; **être o. à qch** to be opposed to sth **2** *nm* **l'o.** the opposite (**de** of); **à l'o.** *(côté)* on the opposite side (**de** to); **à l'o. de** *(contrairement à)* contrary to

opposer [ɔpoze] **1** *vt (résistance, argument)* to put up (**à** against); **o. qn à qn** to set sb against sb; **match qui oppose...** match between... **2 s'opposer** *vpr (équipes)* to confront each other; **s'o. à qch** to be opposed to sth; **je m'y oppose** I'm opposed to it

opposition [ɔpozisjɔ̃] *nf* opposition (**à** to); **faire o. à** to oppose; *(chèque)* to stop; **par o. à** as opposed to

oppresser [ɔprese] *vt (gêner)* to oppress ▪ **oppressant, -e** *adj* oppressive ▪ **oppresseur** *nm* oppressor ▪ **oppression** *nf* oppression ▪ **opprimer** *vt (peuple, nation)* to oppress ▪ **opprimés** *nmpl* **les o.** the oppressed

opter [ɔpte] *vi* **o. pour qch** to opt for sth

opticien, -enne [ɔptisjɛ̃, -ɛn] *nmf* optician

optimal, -e, -aux, -ales [ɔptimal, -o] *adj* optimal

optimiser [ɔptimize] *vt* to optimize

optimisme [ɔptimism] *nm* optimism ▪ **optimiste 1** *adj* optimistic **2** *nmf* optimist

option [ɔpsjɔ̃] *nf (choix)* option; *(chose)* optional extra; *Scol Br* optional subject, *Am* elective (subject)

optique [ɔptik] **1** *adj (nerf)* optic; *(verre, fibres)* optical **2** *nf* optics *(sing)*; **d'o.** *(instrument, appareil)* optical

opulent, -e [ɔpylɑ̃, -ɑ̃t] *adj* opulent ▪ **opulence** *nf* opulence

or[1] [ɔr] *nm* gold; **montre en or** gold watch; **règle/âge d'or** golden rule/age; **cœur d'or** heart of gold; **mine d'or** gold mine; **affaire en or** bargain; **or noir** *(pétrole)* black gold

or[2] [ɔr] *conj (cependant)* now, well

orage [ɔraʒ] *nm* (thunder)storm ▪ **orageux, -euse** *adj* stormy

oral, -e, -aux, -ales [ɔral, -o] **1** *adj* oral **2** *nm Scol & Univ* oral

orange [ɔrɑ̃ʒ] **1** *nf* orange; **o. pressée** (fresh) orange juice **2** *adj & nm inv (couleur)* orange ▪ **oranger** *nm* orange tree

orateur [ɔratœr] *nm* speaker, orator

orbite [ɔrbit] *nf (d'astre)* orbit; *(d'œil)* socket; **mettre qch sur o.** *(fusée)* to put sth into orbit

orchestre [ɔrkɛstr] *nm (classique)* orchestra; *(de jazz)* band; *Théât (places) Br* stalls, *Am* orchestra ▪ **orchestrer** *vt (organiser) & Mus* to orchestrate

ordinaire [ɔrdinɛr] *adj (habituel, normal)* ordinary, *Am* regular; *(médiocre)* ordinary, average; **d'o., à l'o.** usually; **comme d'o., comme à l'o.** as usual

ordinateur [ɔrdinatœr] *nm* computer; **o. individuel** personal computer; **o. portable** laptop

ordonnance [ɔrdɔnɑ̃s] *nf (de médecin)* prescription; *(disposition)* arrangement

ordonner [ɔrdɔne] *vt* (**a**) *(commander)* to order (**que** + *subjunctive* that); **o. à qn de faire qch** to order sb to do sth (**b**) *(ranger)* to organize (**c**) *(prêtre)* to ordain; **il a été ordonné prêtre** he has been ordained (as) a priest ▪ **ordonné, -e** *adj (personne, maison)* tidy

ordre [ɔrdr] *nm (organisation, discipline, catégorie, commandement)* order; *(absence de désordre)* tidiness; **en o.** *(chambre)* tidy; **mettre de l'o. dans qch** to tidy sth up; **rentrer dans l'o.** to return to normal; **jusqu'à nouvel o.** until further notice; **de l'o. de** *(environ)* of the order of; **du même o.** of the same order; **de premier o.** first-rate; **par o. d'âge** in order of age; **assurer le maintien de l'o.** to maintain order; *Rel* **entrer dans les ordres** to take holy orders; **o. du jour** agenda; **l'o. public** law and order

ordures [ɔrdyr] *nfpl (déchets) Br* rubbish, *Am* garbage; **mettre qch aux o.** to throw sth out (in the *Br* rubbish *or Am* garbage)

oreille [ɔrɛj] *nf* ear; **faire la sourde o.** to turn a deaf ear

oreiller [ɔrɛje] *nm* pillow

oreillons [ɔrɛjɔ̃] *nmpl (maladie)* mumps

ores et déjà [ɔrzedeʒa] **d'ores et déjà** *adv* already

orfèvrerie [ɔrfɛvrəri] *nf (magasin)* goldsmith's/silversmith's shop; *(objets)* gold/silver plate

organe [ɔrgan] *nm Anat & Fig* organ; ▪ **organisme** *nm (corps)* body; *Biol* organism; *(bureaux)* organization

organisateur, -trice [ɔrganizatœr, -tris] *nmf* organizer

organisation [ɔrganizɑsjɔ̃] *nf (arrangement, association)* organization

organiser [ɔrganize] **1** *vt* to organize **2 s'organiser** *vpr* to get organized ▪ **organisé, -e** *adj* organized

orge [ɔrʒ] *nf* barley

orgue [ɔrg] **1** *nm* organ **2** *nfpl* **orgues** organ

orgueil [ɔrgœj] *nm* pride ▪ **orgueilleux, -euse** *adj* proud

orient [ɔrjɑ̃] *nm* **l'O.** the Orient, the East; **en O.** in the East ▪ **oriental, -e, -aux, -ales 1** *adj (côte, région)* eastern; *(langue)* oriental **2** *nmf* **O., Orientale** Oriental

orientation [ɔrjɑ̃tɑsjɔ̃] *nf (de position)* orientation; *(d'antenne)* positioning; *(de maison)* aspect; **avoir le sens de l'o.** to have a good sense of direction; **o. professionnelle** careers guidance

orienter [ɔrjɑ̃te] **1** *vt (bâtiment)* to orientate; *(canon, télescope)* to point (**vers** at); **o. ses recherches sur** to direct one's research on

2 s'orienter *vpr* to get one's bearings; **s'o. vers** *(carrière)* to specialize in ▪ **orienté, -e** *adj (peu objectif)* slanted; **o. à l'ouest** *(appartement)* facing west

orifice [ɔrifis] *nm* opening

originaire [ɔriʒinɛr] *adj* **être o. de** *(natif)* to be a native of

original, -e, -aux, -ales [ɔriʒinal, -o] **1** *adj (idée, artiste, version)* original **2** *nm (texte, tableau)* original **3** *nmf (personne)* eccentric ▪ **originalité** *nf* originality

origine [ɔriʒin] *nf* origin; **à l'o.** originally; **être à l'o. de qch** to be at the origin of sth; **d'o.** *(pneu)* original; **être d'o. française** to be of French origin ▪ **originel, -elle** *adj* original

ornement [ɔrnəmɑ̃] *nm* ornament ▪ **ornemental, -e, -aux, -ales** *adj* ornamental

orner [ɔrne] *vt* to decorate (**de** with)

orphelin, -e [ɔrfəlɛ̃, -in] *nmf* orphan ▪ **orphelinat** *nm* orphanage

orteil [ɔrtɛj] *nm* toe

orthodoxe [ɔrtɔdɔks] *adj* orthodox

orthographe [ɔrtɔgraf] *nf* spelling ▪ **orthographier** *vt* to spell; **mal o. qch** to misspell sth

ortie [ɔrti] *nf* nettle

os [ɔs, *pl* o *ou* ɔs] *nm* bone

oscar [ɔskar] *nm (récompense)* Oscar

osciller [ɔsile] *vi Tech* to oscillate; *(pendule)* to swing; *(aiguille, flamme)* to flicker; *Fig (varier)* to fluctuate (**entre** between)

oser [oze] *vt* to dare; **o. faire qch** to dare (to) do sth ▪ **osé, -e** *adj* daring

osier [ozje] *nm* wicker; **panier d'o.** wicker basket

ossements [ɔsmɑ̃] *nmpl* bones

osseux, -euse [ɔsø, -øz] *adj (maigre)* bony

otage [ɔtaʒ] *nm* hostage; **prendre qn en o.** to take sb hostage

OTAN [ɔtɑ̃] *(abrév* **Organisation du traité de l'Atlantique Nord**) *nf* NATO

ôter [ote] *vt* to take away, to remove (**à qn** from sb); *(vêtement)* to take off; *(déduire)* to take (away)

otite [ɔtit] *nf* ear infection

ou [u] *conj* or; **ou elle ou moi** either her or me

où [u] *adv & pron relatif* where; **le jour**

où... the day when...; **la table où...** the table on which...; **l'état où...** the condition in which...; **par où?** which way?; **d'où?** where from?; **le pays d'où je viens** the country from which I come

ouate [wat] *nf (pour pansement) Br* cotton wool, *Am* absorbent cotton

oubli [ubli] *nm (trou de mémoire)* oversight; *(lacune)* omission; **tomber dans l'o.** to fall into oblivion

oublier [ublije] *vt* to forget (**de faire** to do); *(omettre)* to leave out

oubliettes [ublijɛt] *nfpl (de château)* dungeons

ouest [wɛst] **1** *nm* west; **à l'o.** in the west; *(direction)* (to the) west (**de** of); **d'o.** *(vent)* west(erly); **de l'o.** western **2** *adj inv (côte)* west; *(région)* western

Ouganda [ugɑ̃da] *nm* **l'O.** Uganda

oui [wi] **1** *adv* yes; **ah, ça o.!** oh yes (indeed!); **je crois que o.** I think so **2** *nm inv* **pour un o. pour un non** for the slightest thing

ouï-dire [widir] *nm* hearsay; **par o.** by hearsay

ouïe [wi] *nf* hearing

ouïes [wi] *nfpl (de poisson)* gills

ouragan [uragɑ̃] *nm* hurricane

ourlet [urlɛ] *nm* hem

ours [urs] *nm* bear; **o. blanc** polar bear; **o. en peluche** teddy bear ▪ **ourse** *nf* she-bear; **la Grande O.** the Great Bear

oursin [ursɛ̃] *nm* sea urchin

outil [uti] *nm* tool ▪ **outillage** *nm* tools; *(d'usine)* equipment ▪ **outiller** *vt* to equip

outrage [utraʒ] *nm* insult (**à** to)

outrance [utrɑ̃s] *nf (excès)* excess; **à o.** to excess ▪ **outrancier, -ère** *adj* excessive

outre [utr] **1** *prép* besides; **o. mesure** unduly **2** *adv* **en o.** besides; **passer o.** to take no notice (**à** of) ▪ **outre-Manche** *adv* across the Channel ▪ **outremer** *adv* overseas; **d'o.** *(marché)* overseas; **territoires d'o.** overseas territories

outré, -e [utre] *adj (révolté)* outraged; *(excessif)* exaggerated

outrepasser [utrəpɑse] *vt* to go beyond, to exceed

ouvert, -e [uvɛr, -ɛrt] **1** *pp de* **ouvrir 2** *adj* open; *(robinet, gaz)* on ▪ **ouverture** *nf* opening; *(trou)* hole

ouvrable [uvrabl] *adj* **jour o.** working *or Am* work day

ouvrage [uvraʒ] *nm (travail, livre, objet)* work; *(couture)* (needle)work; **un o.** *(travail)* a piece of work

ouvreuse [uvrøz] *nf* usherette

ouvrier, -ère [uvrije, -ɛr] **1** *nmf* worker; **o. qualifié/spécialisé** skilled/semi-skilled worker; **o. agricole** farm worker **2** *adj (quartier)* working-class

ouvrir* [uvrir] **1** *vt* to open; *(gaz, radio)* to turn on; *(hostilités)* to begin; *(appétit)* to whet **2** *vi* to open **3 s'ouvrir** *vpr (porte, boîte, fleur)* to open ▪ **ouvre-boîtes** *nm inv Br* tin opener, *Am* can opener ▪ **ouvre-bouteilles** *nm inv* bottle opener

ovale [ɔval] *adj & nm* oval

ovation [ɔvɑsjɔ̃] *nf* (standing) ovation

ovni [ɔvni] *(abrév* **objet volant non identifié***)* *nm* UFO

oxyder [ɔkside] *vt*, **s'oxyder** *vpr* to oxidize

oxygène [ɔksiʒɛn] *nm* oxygen; **masque/tente à o.** oxygen mask/tent ▪ **oxygéné, -e** *adj* **eau oxygénée** (hydrogen) peroxide; **cheveux blonds oxygénés** peroxide blonde hair, bleached hair

ozone [ozon] *nm Chim* ozone

Pp

P, p [pe] *nm inv* P, p
pacifique [pasifik] **1** *adj (manifestation)* peaceful; *(personne, peuple)* peace-loving; *(côte)* Pacific **2** *nm* **le P.** the Pacific
pacifiste [pasifist] *adj & nmf* pacifist
pacte [pakt] *nm* pact
pagaie [page] *nf* paddle
pagaïe, pagaille [pagaj] *nf Fam (désordre)* mess; **semer la p.** to cause chaos
pagayer [pageje] *vi* to paddle
page [paʒ] *nf (de livre)* page; *Ordinat* **p. d'accueil** home page; **les Pages Jaunes®** *(de l'annuaire)* the Yellow Pages®; *Radio* **p. de publicité** commercial break
paie [pɛ] *nf* pay, wages
paiement [pemɑ̃] *nm* payment
païen, -enne [pajɛ̃, -ɛn] *adj & nmf* pagan, heathen
paillasson [pajasɔ̃] *nm* (door)mat
paille [pɑj] *nf* straw; *(pour boire)* (drinking) straw
paillette [pajɛt] *nf (d'habit)* sequin; **paillettes** *(de savon, lessive)* flakes; *(d'or)* gold dust
pain [pɛ̃] *nm* bread; **un p.** a loaf (of bread); **petit p.** roll; **p. au chocolat** = chocolate-filled pastry; **p. complet** wholemeal bread; **p. d'épices** ≃ gingerbread; **p. grillé** toast; **p. de mie** sandwich loaf
pair, -e [pɛr] **1** *adj (numéro)* even **2** *nm (personne)* peer; **hors p.** unrivalled; **aller de p.** to go hand in hand (**avec** with); **au p.** *(étudiante)* au pair; **travailler au p.** to work as an au pair
paire [pɛr] *nf* pair (**de** of)
paisible [pezibl] *adj (vie, endroit)* peaceful; *(caractère, personne)* quiet
paître* [pɛtr] *vi* to graze
paix [pɛ] *nf* peace; **en p.** *(vivre, laisser)* in peace (**avec** with)
Pakistan [pakistɑ̃] *nm* **le P.** Pakistan ▪ **pakistanais, -e 1** *adj* Pakistani **2** *nmf* **P., Pakistanaise** Pakistani
palace [palas] *nm* luxury hotel
palais [palɛ] *nm (château)* palace; *Anat* palate; **P. de justice** law courts; **p. des sports** sports centre
pâle [pɑl] *adj* pale
Palestine [palɛstin] *nf* **la P.** Palestine ▪ **palestinien, -enne 1** *adj* Palestinian **2** *nmf* **P., Palestinienne** Palestinian
palette [palɛt] *nf (de peintre)* palette; *(pour marchandises)* pallet
pâleur [pɑlœr] *nf (de lumière)* paleness; *(de personne)* pallor
palier [palje] *nm (niveau)* level; *(d'escalier)* landing; *(phase)* plateau; **par paliers** in stages
pâlir [pɑlir] *vi* to turn pale (**de** with)
palissade [palisad] *nf* fence
pallier [palje] **1** *vt (difficultés)* to alleviate **2** *vi* **p. à qch** to compensate for sth
palmarès [palmarɛs] *nm* prize list; *(de chansons)* charts
palme [palm] *nf (de palmier)* palm (branch); *(de nageur)* flipper
palmier [palmje] *nm* palm (tree)
palourde [palurd] *nf* clam
palper [palpe] *vt* to feel ▪ **palpable** *adj* palpable
palpiter [palpite] *vi (cœur)* to flutter; *(plus fort)* to throb

pamplemousse [pɑ̃pləmus] *nm* grapefruit

panaché, -e [panaʃe] **1** *adj* multi-coloured; **p. de blanc** streaked with white **2** *nm* shandy

Panama [panama] *nm* **le P.** Panama

pancarte [pɑ̃kart] *nf* sign, notice; *(de manifestant)* placard

pané, -e [pane] *adj (poisson)* breaded

panier [panje] *nm (ustensile, contenu)* basket; **p. à linge** *Br* linen basket, *Am* (clothes) hamper

panique [panik] **1** *nf* panic; **pris de p.** panic-stricken **2** *adj* **peur p.** panic

panne [pan] *nf* breakdown; **tomber en p.** to break down; **être en p.** to have broken down; **tomber en p. sèche** to run out of *Br* petrol *or Am* gas; **p. d'électricité** blackout, *Br* power cut

panneau, -x [pano] *nm (écriteau)* sign, notice, board; *(de porte)* panel; **p. d'affichage** *Br* notice board, *Am* bulletin board; **p. de signalisation** road sign ▪ **panonceau, -x** *nm (enseigne)* sign

panoplie [panɔpli] *nf (jouet)* outfit; *(gamme)* set

panorama [panɔrama] *nm* panorama ▪ **panoramique** *adj* panoramic; *Cin* **écran p.** wide screen

panser [pɑ̃se] *vt (main)* to bandage; *(plaie)* to dress; **p. qn** to dress sb's wounds ▪ **pansement** *nm* dressing; **faire un p. à qn** to put a dressing on sb; **p. adhésif** *Br* sticking plaster, *Am* Band-aid®

pantalon [pɑ̃talɔ̃] *nm Br* trousers, *Am* pants; **deux pantalons** two pairs of *Br* trousers *or Am* pants

panthère [pɑ̃tɛr] *nf* panther

pantoufle [pɑ̃tufl] *nf* slipper

paon [pɑ̃] *nm* peacock

papa [papa] *nm* dad(dy)

pape [pap] *nm* pope

papeterie [papɛtri] *nf (magasin)* stationer's shop; *(articles)* stationery; *(fabrique)* paper mill

papi [papi] *nm* = **papy**

papier [papje] *nm (matière)* paper; **un p.** *(feuille)* a piece of paper; *(formulaire)* a form; *(de journal)* an article; **p. hygiénique** toilet paper; **papiers d'identité** identity papers; **p. à lettres** writing paper; **p. peint** wallpaper

papillon [papijɔ̃] *nm (insecte)* butterfly; **p. de nuit** moth

papy [papi] *nm* grand(d)ad

Pâque [pɑk] *nf Rel* **la P. juive, P.** Passover

paquebot [pakbo] *nm* liner

pâquerette [pɑkrɛt] *nf* daisy

Pâques [pɑk] *nm sing & nfpl* Easter

paquet [pakɛ] *nm (sac)* packet; *(de sucre)* bag; *(de cigarettes)* packet, *Am* pack; *Br (postal)* parcel, package

---

PAR [par] *prép* (**a**) *(indique l'agent, la manière, le moyen)* by; **frappé p. qn** hit by sb; **p. mer** by sea; **p. le train** by train; **p. la force** by *or* through force; **commencer p. qch** *(récit)* to begin with sth; **p. erreur** by mistake; **p. chance** by a stroke of luck

(**b**) *(à travers)* through; **p. la porte** through the door; **jeter/regarder p. la fenêtre** to throw/look out (of) the window; **p. ici/là** *(aller)* this/that way; *(habiter)* around here/there; **p. les rues** through the streets

(**c**) *(à cause de)* out of, from; **p. pitié** out of pity

(**d**) *(pendant)* **p. ce froid** in this cold; **p. le passé** in the past

(**e**) *(distributif)* **dix fois p. an/mois** ten times a *or* per year/month; **50 euros p. personne** 50 euros per person; **deux p. deux** two by two; **p. deux fois** twice

(**f**) *(avec 'trop')* **p. trop aimable** far too kind

---

parachute [paraʃyt] *nm* parachute; **p. ascensionnel** parascending ▪ **parachutisme** *nm* parachute jumping ▪ **parachutiste** *nmf* parachutist; *(soldat)* paratrooper

parade [parad] *nf (défilé)* parade; *(étalage)* show

paradis [paradi] *nm* heaven

paradoxe [paradɔks] *nm* paradox
parafer [parafe] *vt* = **parapher**
paraffine [parafin] *nf* paraffin (wax)
parages [paraʒ] *nmpl Naut* waters; **dans les p. de** in the vicinity of
paragraphe [paragraf] *nm* paragraph
Paraguay [paragwe] *nm* **le P.** Paraguay
paraître* [parɛtr] **1** *vi (sembler)* to seem, to appear; *(apparaître)* to appear; *(livre)* to come out, to be published **2** *v impersonnel* **il paraît qu'il va partir** it appears *or* seems (that) he's leaving; **à ce qu'il paraît** apparently
parallèle [paralɛl] **1** *adj* parallel (**à** with *or* to); *(police, marché)* unofficial **2** *nf* parallel (line) **3** *nm (comparaison) & Géog* parallel; **mettre qch en p. avec qch** to draw a parallel between sth and sth ▪ **parallèlement** *adv* **p. à** parallel to; *(simultanément)* at the same time as
paralyser [paralize] *vt Br* to paralyse, *Am* to paralyze ▪ **paralysie** *nf* paralysis ▪ **paralytique** *adj & nmf* paralytic
paramédical, -e, -aux, -ales [paramedikal, -o] *adj* paramedical
paramilitaire [paramilitɛr] *adj* paramilitary
parapente [parapɑ̃t] *nm (activité)* paragliding; **faire du p.** to go paragliding
parapet [parapɛ] *nm* parapet
parapher [parafe] *vt* to initial
parapluie [paraplɥi] *nm* umbrella
parasite [parazit] **1** *nm (organisme, personne)* parasite; **parasites** *(à la radio)* interference **2** *adj* parasitic
parasol [parasɔl] *nm* sunshade, parasol; *(de plage)* beach umbrella
paratonnerre [paratɔnɛr] *nm* lightning *Br* conductor *or Am* rod
paravent [paravɑ̃] *nm* screen
parc [park] *nm (jardin)* park; *(de château)* grounds; *(de bébé)* playpen; **p. d'attractions** amusement park; **p. de stationnement** *Br* car park, *Am* parking lot; **p. naturel** nature reserve
parcelle [parsɛl] *nf* small piece; *(terrain)* plot
parce que [parsəkə] *conj* because
parchemin [parʃəmɛ̃] *nm* parchment
par-ci, par-là [parsiparla] *adv* here, there and everywhere
parcmètre [parkmɛtr] *nm* (parking) meter
parcourir* [parkurir] *vt (lieu)* to walk round; *(pays)* to travel through; *(mer)* to sail; *(distance)* to cover; *(texte)* to glance through; **p. qch des yeux** *ou* **du regard** to glance at sth; **il reste 2 km à p.** there are 2 km to go ▪ **parcours** *nm (itinéraire)* route; **p. de golf** *(terrain)* golf course
par-delà [pardəla] *prép & adv* beyond
par-derrière [parderjɛr] **1** *prép* behind **2** *adv (attaquer)* from behind; *(se boutonner)* at the back; **passer p.** to go in the back door
par-dessous [pardəsu] *prép & adv* underneath
pardessus [pardəsy] *nm* overcoat
par-dessus [pardəsy] **1** *prép* over; **p. tout** above all **2** *adv* over
par-devant [pardəvɑ̃] *adv (attaquer)* from the front; *(se boutonner)* at the front
pardon [pardɔ̃] *nm* forgiveness; **p.!** *(excusez-moi)* sorry!; **p.?** *(pour demander)* excuse me?, *Am* pardon me?; **demander p.** to apologize (**à** to) ▪ **pardonner** *vt* to forgive; **p. qch à qn** to forgive sb for sth; **elle m'a pardonné d'avoir oublié** she forgave me for forgetting
pare-balles [parbal] *adj inv* **gilet p.** bulletproof *Br* jacket *or Am* vest
pare-brise [parbriz] *nm inv Br* windscreen, *Am* windshield
pare-chocs [parʃɔk] *nm inv* bumper
pareil, -eille [parɛj] **1** *adj* (**a**) *(identique)* the same; **p. à** the same as (**b**) *(tel)* such; **en p. cas** in such cases
2 *adv Fam* the same
3 *nmf (personne)* equal; **sans p.** unparalleled, unique
4 *nf* **rendre la pareille à qn** *(se venger)* to get one's own back on sb ▪ **pareillement** *adv (de la même manière)* in

the same way; *(aussi)* likewise

parent, -e [parɑ̃, -ɑ̃t] **1** *nmf (oncle, tante, cousin)* relative, relation **2** *nmpl* **parents** *(père et mère)* parents **3** *adj* related (**de** to) ▪ **parental, -e, -aux, -ales** *adj* parental ▪ **parenté** *nf* relationship; **avoir un lien de p.** to be related

parenthèse [parɑ̃tɛz] *nf (signe)* bracket, parenthesis; **entre parenthèses** in brackets

parer¹ [pare] **1** *vt (coup)* to parry **2** *vi* **p. à toute éventualité** to prepare for any contingency

parer² [pare] *vt (orner)* to adorn (**de** with)

paresseux, -euse [parɛsø, -øz] **1** *adj* lazy **2** *nmf* lazy person

parfaire* [parfɛr] *vt* to finish off ▪ **parfait, -e** *adj* perfect ▪ **parfaitement** *adv (sans fautes, complètement)* perfectly; *(certainement)* certainly

parfois [parfwa] *adv* sometimes

parfum [parfœ̃] *nm (essence)* perfume; *(senteur)* fragrance; *(de glace)* flavour ▪ **parfumer 1** *vt (embaumer)* to scent; *(glace)* to flavour (**à** with) **2** **se parfumer** *vpr* to put perfume on ▪ **parfumerie** *nf (magasin)* perfumery

pari [pari] *nm* bet; **faire un p.** to make a bet; **p. mutuel** *Br* ≃ tote, *Am* ≃ parimutuel ▪ **parier** *vti* to bet (**sur** on; **que** that); **il y a fort à p. que...** the odds are that...

Paris [pari] *nm ou f* Paris ▪ **parisien, -enne 1** *adj* Parisian **2** *nmf* **P., Parisienne** Parisian

parking [parkiŋ] *nm Br* car park, *Am* parking lot; **'p. payant'** *Br* ≃ 'pay-and-display car park'

parlement [parləmɑ̃] *nm* **le P.** Parliament ▪ **parlementaire 1** *adj* parliamentary **2** *nmf* member of parliament

parlementer [parləmɑ̃te] *vi* to negotiate (**avec** with)

parler [parle] **1** *vi* to talk, to speak (**de** about *or* of; **à** to); **sans p. de...** not to mention...

2 *vt (langue)* to speak; **p. affaires** to talk business

3 se parler *vpr (langue)* to be spoken; *(l'un l'autre)* to talk to each other

4 *nm* speech; *(régional)* dialect

parloir [parlwar] *nm* visiting room

parmi [parmi] *prép* among(st)

paroi [parwa] *nf* wall; *(de rocher)* (rock) face

paroisse [parwas] *nf* parish

parole [parɔl] *nf (mot, promesse)* word; *(faculté, langage)* speech; **paroles** *(de chanson)* words, lyrics; **adresser la p. à qn** to speak to sb; **prendre la p.** to speak; **tenir p.** to keep one's word

parquet [parkɛ] *nm (sol)* wooden floor

parrain [parɛ̃] *nm Rel* godfather; *(de sportif, de club)* sponsor ▪ **parrainer** *vt (sportif, membre)* to sponsor

pars [par] *voir* **partir**

parsemer [parsəme] *vt* to scatter (**de** with)

part¹ [par] *voir* **partir**

part² [par] *nf (portion)* share, part; *(de gâteau)* slice; **prendre p. à** *(activité)* to take part in; **faire p. de qch à qn** to inform sb of sth; **de toutes parts** on all sides; **de p. et d'autre** on both sides; **d'une p.... d'autre p....** on the one hand... on the other hand...; **d'autre p.** *(d'ailleurs)* moreover; **de la p. de qn** from sb; **c'est de la p. de qui?** *(au téléphone)* who's calling?; **pour ma p.** as for me; **à p.** *(mettre)* aside; *(excepté)* apart from; *(personne)* different; **prendre qn à p.** to take sb aside

partage [partaʒ] *nm (action)* dividing up; *(de gâteau, de responsabilités)* sharing out; **faire le p. de qch** to divide sth up

partager [partaʒe] **1** *vt (avoir en commun)* to share (**avec** with); *(répartir)* to divide (up); **p. qch en deux** to divide sth in two; **p. l'avis de qn** to share sb's opinion

2 se partager *vpr (bénéfices)* to share (between themselves); **se p. entre** to divide one's time between ▪ **partagé, -e** *adj (amour)* mutual; **les avis sont partagés** opinions are divided

partance [partɑ̃s] **en partance** *adv*

(train) about to depart; **en p. pour...** for...

partenaire [partənɛr] *nmf* partner ▪ **partenariat** *nm* partnership

parterre [partɛr] *nm (de fleurs)* flower bed; *Théât Br* stalls, *Am* orchestra; *Fam (sol)* floor

parti [parti] *nm (camp)* side; **tirer p. de qch** to make good use of sth; **p. (politique)** (political) party

partial, -e, -aux, -ales [parsjal, -o] *adj* biased ▪ **partialité** *nf* bias

participer [partisipe] *vi* **p. à** *(jeu)* to take part in, to participate in; *(bénéfices, joie)* to share (in); *(financièrement)* to contribute to ▪ **participant, -e** *nmf* participant ▪ **participation** *nf* participation; *(d'élection)* turnout; **p. aux frais** contribution towards costs

particularité [partikylarite] *nf* peculiarity

particule [partikyl] *nf* particle

particulier, -ère [partikylje, -ɛr] **1** *adj (propre)* characteristic (**à** of); *(remarquable)* unusual; *(soin, intérêt)* particular; *(maison, voiture, leçon)* private; *Péj (bizarre)* peculiar; **en p.** *(surtout)* in particular; *(à part)* in private; **cas p.** special case **2** *nm* private individual; **vente de p. à p.** private sale ▪ **particulièrement** *adv* particularly; **tout p.** especially

partie [parti] *nf (morceau)* part; *(jeu)* game; *(domaine)* field; **en p.** partly, in part; **en grande p.** mainly; **faire p. de** to be a part of; *(club)* to belong to; *(comité)* to be on ▪ **partiel, -elle** *adj* partial

partir* [partir] *(aux* **être**) *vi (s'en aller)* to go, to leave; *(se mettre en route)* to set off; *(s'éloigner)* to go away; *(coup de feu)* to go off; *(tache)* to come out; *(peinture)* to come off; **p. en voiture** to go by car, to drive; **p. en courant** to run off; **p. de** *(lieu)* to leave from; *(commencer par)* to start (off) with; **à p. de** *(date, prix)* from

partisan [partizɑ̃] **1** *nm* supporter; *(combattant)* partisan **2** *adj (esprit)* partisan; **être p. de qch/de faire qch** to be in favour of sth/of doing sth

partition [partisjɔ̃] *nf Mus* score

partout [partu] *adv* everywhere; **p. où je vais** everywhere *or* wherever I go; **un peu p.** all over the place

paru, -e [pary] *pp de* **paraître** ▪ **parution** *nf* publication

parure [paryr] *nf (ensemble)* set

parvenir* [parvənir] *(aux* **être**) *vi* **p. à** *(lieu)* to reach; *(objectif)* to achieve; **p. à faire qch** to manage to do sth

---

PAS[1] [pɑ] *adv (de négation)* **(ne...) p.** not; **je ne sais p.** I do not *or* don't know; **je n'ai p. compris** I didn't understand; **je voudrais ne p. sortir** I would like not to go out; **p. de pain** no bread; **p. du tout** not at all; **elle chantera – p. moi!** she'll sing – no I won't!

---

pas[2] [pɑ] *nm* (**a**) *(enjambée)* step; *(allure)* pace; *(bruit)* footstep; *(trace)* footprint; **p. à p.** step by step; **à p. de loup** stealthily; **à deux p. (de)** close by; **aller au p.** to go at a walking pace; **rouler au p.** *(véhicule)* to crawl along; **faire un faux p.** *(en marchant)* to trip; **revenir sur ses p.** to retrace one's steps; **marcher à grands p.** to stride along (**b**) *(de vis)* pitch (**c**) **le p. de Calais** the Straits of Dover

passable [pɑsabl] *adj* passable, fair

passage [pɑsaʒ] *nm (chemin, extrait)* passage; *(ruelle)* alley(way); *(traversée)* crossing; **être de p. dans une ville** to be passing through a town; **p. clouté** *ou* **pour piétons** *Br* (pedestrian) crossing, *Am* crosswalk; **p. souterrain** *Br* subway, *Am* underpass; **p. à niveau** *Br* level crossing, *Am* grade crossing; **'p. interdit'** 'no through traffic'; **'cédez le p.'** *(au carrefour) Br* 'give way', *Am* 'yield'

passager, -ère [pasaʒe, -ɛr] **1** *adj* momentary **2** *nmf* passenger; **p. clandestin** stowaway

passant, -e [pɑsɑ̃, -ɑ̃t] **1** *adj (rue)* busy **2** *nmf* passer-by **3** *nm (de ceinture)* loop

passe [pɑs] *nf (au football)* pass; *Fig* **une mauvaise p.** a bad patch

passé, -e [pɑse] **1** *adj (temps)* past; *(couleur)* faded; **la semaine passée** last week; **il est dix heures passées** it's after *or Br* gone ten o'clock; **p. de mode** out of fashion **2** *nm (temps, vie passée)* past; **par le p.** in the past **3** *prép* after; **p. huit heures** after eight o'clock

passe-montagne [pɑsmɔ̃taɲ] *(pl* **passe-montagnes**) *nm Br* balaclava, *Am* ski mask

passe-partout [pɑspartu] *nm inv* master key

passeport [pɑspɔr] *nm* passport

PASSER [pɑse] **1** *(aux* **avoir***) vt (pont, frontière)* to go over; *(porte, douane)* to go through; *(ballon)* to pass; *(vêtement)* to slip on; *(film)* to show; *(disque)* to play; *(vacances)* to spend; *(examen)* to take; *(commande)* to place; *(visite médicale)* to have; *(omettre)* to leave out; **p. qch à qn** *(prêter)* to pass sth to sb; *Aut* **p. la seconde** to change into second; **p. son temps à faire qch** to spend one's time doing sth

2 *(aux* **être***) vi (se déplacer)* to go past; *(disparaître)* to go; *(facteur)* to come; *(temps)* to pass (by), to go by; *(film, programme)* to be on; *(douleur)* to pass; *(courant)* to flow; **laisser p. qn** to let sb through; **p. de qch à qch** to go from sth to sth; **p. devant qn/qch** to go past sb/sth; **p. par Paris** to pass through Paris; **p. chez le boulanger** to go round to the baker's; **p. à la radio** to be on the radio; **p. pour** *(riche)* to be taken for; **faire p. qn pour** to pass sb off as; **faire p. qch sous/dans qch** to slide/push sth under/into sth; **p. sur** *(détail)* to pass over

3 se passer *vpr (se produire)* to happen; **se p. de qn/qch** to do without sb/sth; **ça s'est bien passé** it went off well

---

passerelle [pɑsrɛl] *nf (pont)* footbridge; **p. d'embarquement** *(de navire)* gangway; *(d'avion)* steps

passe-temps [pɑstɑ̃] *nm inv* pastime

passeur, -euse [pɑsœr, -øz] *nmf (batelier)* ferryman, *f* ferrywoman; *(contrebandier)* smuggler

passif, -ive [pasif, -iv] *adj* passive

passion [pɑsjɔ̃] *nf* passion; **avoir la p. des voitures** to have a passion for cars

passionner [pɑsjɔne] **1** *vt* to fascinate **2 se passionner** *vpr* **se p. pour qch** to have a passion for sth ▪ **passionnant, -e** *adj* fascinating ▪ **passionné, -e** *adj* passionate; **p. de qch** passionately fond of sth

passivité [pasivite] *nf* passiveness, passivity

passoire [pɑswar] *nf (pour liquides)* sieve; *(à thé)* strainer; *(à légumes)* colander

pastel [pastɛl] *adj inv & nm* pastel

pastèque [pastɛk] *nf* watermelon

pasteurisé, -e [pastœrize] *adj* pasteurized

pastille [pastij] *nf* pastille; *(médicament)* lozenge

patauger [patoʒe] *vi (s'embourber)* to squelch; *(barboter)* to splash about

pâte [pɑt] *nf (pour tarte)* pastry; *(pour pain)* dough; *(pour gâteau)* mixture; **p. d'amandes** marzipan; **p. feuilletée** puff pastry; **pâtes (alimentaires)** pasta

pâté [pɑte] *nm (charcuterie)* pâté; *(tache d'encre)* blot; **p. en croûte** ≃ meat pie; **p. de maisons** block of houses

pâtée [pɑte] *nf (pour chien)* dog food; *(pour chat)* cat food

paternel, -elle [patɛrnɛl] *adj* paternal ▪ **paternité** *nf (état)* paternity, fatherhood; *(de livre)* authorship

pathétique [patetik] *adj* moving

pathologique [patɔlɔʒik] *adj* pathological

patience [pasjɑ̃s] *nf* patience; **avoir de la p.** to be patient; **perdre p.** to lose patience

patient, -e [pasjɑ̃, -ɑ̃t] **1** *adj* patient **2** *nmf (malade)* patient ▪ **patienter** *vi* to wait

patin [patɛ̃] *nm (de patineur)* skate; **p. à glace** ice skate; **p. à roulettes** roller skate

patiner [patine] *vi Sport* to skate; *(véhicule)* to skid ■ **patinage** *nm Sport* skating; **p. artistique** figure skating ■ **patineur, -euse** *nmf* skater ■ **patinoire** *nf* skating rink, ice rink

pâtir [pɑtir] *vi* **p. de** to suffer because of

pâtisserie [pɑtisri] *nf (gâteau)* pastry, cake; *(magasin)* cake shop; *(art)* pastry-making ■ **pâtissier, -ère 1** *nmf* pastry cook; *(commerçant)* confectioner **2** *adj* **crème pâtissière** confectioner's custard

patrie [patri] *nf* homeland

patrimoine [patrimwan] *nm* heritage; *(biens)* property

patriote [patrijɔt] **1** *adj* patriotic **2** *nmf* patriot ■ **patriotique** *adj* patriotic ■ **patriotisme** *nm* patriotism

patron, -onne [patrɔ̃, -ɔn] **1** *nmf (chef)* boss; *(propriétaire)* owner (**de** of); *(gérant)* manager, *f* manageress; *(de bar)* landlord, *f* landlady **2** *nm Couture* pattern

patronat [patrɔna] *nm* employers ■ **patronal, -e, -aux, -ales** *adj* employers'

patrouille [patruj] *nf* patrol ■ **patrouiller** *vi* to patrol

patte [pat] *nf* (**a**) *(membre)* leg; *(de chat, de chien)* paw (**b**) *(languette)* tab; *(de poche)* flap ■ **pattes** *nfpl (favoris)* sideburns

pâturage [patyraʒ] *nm* pasture

paume [pom] *nf* palm

paupière [popjɛr] *nf* eyelid

paupiette [popjɛt] *nf* **p. de veau** veal olive

pause [poz] *nf (arrêt)* break; *(en parlant)* pause

pauvre [povr] **1** *adj (personne, sol, excuse)* poor; *(meubles)* shabby; **p. en** *(calories)* low in; *(ressources)* low on **2** *nmf* poor man, *f* poor woman; **les pauvres** the poor ■ **pauvreté** [-əte] *nf* poverty

pavaner [pavane] **se pavaner** *vpr* to strut about

paver [pave] *vt* to pave ■ **pavé** *nm* paving stone

pavillon [pavijɔ̃] *nm* (**a**) *(maison)* detached house; *(d'hôpital)* wing; *(d'exposition)* pavilion (**b**) *(drapeau)* flag

payable [pejabl] *adj* payable

paye [pɛj] *nf* pay, wages ■ **payement** *nm* = **paiement**

payer [peje] **1** *vt (personne, somme)* to pay; *(service, objet)* to pay for; *(récompenser)* to repay; **se faire p.** to get paid **2** *vi* to pay ■ **payant, -e** [pejɑ̃, -ɑ̃t] *adj (hôte, spectateur)* paying

pays [pei] *nm* country; *(région)* region; **du p.** *(vin, gens)* local

paysage [peizaʒ] *nm* landscape, scenery

paysan, -anne [peizɑ̃, -an] **1** *nmf* farmer **2** *adj* **coutume paysanne** rural *or* country custom; **le monde p.** the farming community

Pays-Bas [peibɑ] *nmpl* **les P.** the Netherlands

P-DG [pedeʒe] *(abrév* **président-directeur général**) *nm Br* (chairman and) managing director, *Am* chief executive officer

péage [peaʒ] *nm (droit)* toll; *(lieu)* tollbooth; **pont à p.** toll bridge; *TV* **chaîne à p.** pay channel

peau, -x [po] *nf* skin; *(de fruit)* peel, skin; *(cuir)* hide ■ **Peau-Rouge** *(pl* **Peaux-Rouges**) *nmf* Red Indian

péché [peʃe] *nm* sin ■ **pécher** *vi* to sin

pêche[1] [pɛʃ] *nf (activité)* fishing; *(poissons)* catch; **p. à la ligne** angling; **aller à la p.** to go fishing ■ **pêcher** [peʃe] **1** *vt (attraper)* to catch; *(chercher à prendre)* to fish for **2** *vi* to fish ■ **pêcheur** *nm* fisherman; *(à la ligne)* angler

pêche[2] [pɛʃ] *nf (fruit)* peach ■ **pêcher** [peʃe] *nm (arbre)* peach tree

pectoraux [pektɔro] *nmpl* chest muscles

pédagogie [pedagɔʒi] *nf (discipline)* pedagogy ■ **pédagogique** *adj* educational ■ **pédagogue** *nmf* teacher

pédale [pedal] *nf (de voiture, de piano)* pedal; **p. de frein** brake pedal

Pédalo® [pedalo] *nm* pedal boat, pedalo

pédestre [pedɛstr] *adj* **randonnée p.** hike

pédiatre [pedjatr] *nmf* paediatrician

pédicure [pedikyr] *nmf Br* chiropodist, *Am* podiatrist

pègre [pɛgr] *nf* **la p.** the underworld

peigne [pɛɲ] *nm* comb; **se donner un coup de p.** to give one's hair a comb ▪ **peigner 1** *vt (cheveux)* to comb; **p. qn** to comb sb's hair **2 se peigner** *vpr* to comb one's hair

peignoir [pɛɲwar] *nm Br* dressing gown, *Am* bathrobe; **p. de bain** bathrobe

peindre* [pɛ̃dr] **1** *vt* to paint **2** *vi* to paint

peine [pɛn] *nf* (**a**) *(châtiment)* punishment; **p. de mort** death penalty; **p. de prison** prison sentence; **'défense d'entrer sous p. d'amende'** 'trespassers will be prosecuted'

(**b**) *(chagrin)* sorrow; **avoir de la p.** to be upset; **faire de la p. à qn** to upset sb

(**c**) *(effort)* trouble; *(difficulté)* difficulty; **se donner de la p.** *ou* **beaucoup de p.** to go to a lot of trouble (**pour faire** to do); **avec p.** with difficulty; **ça vaut la p. d'attendre** it's worth waiting; **ce n'est pas** *ou* **ça ne vaut pas la p.** it's not worth it

(**d**) **à p.** hardly, scarcely; **à p. arrivée, elle...** no sooner had she arrived than she... ▪ **peiner 1** *vt* to upset **2** *vi* to labour

peintre [pɛ̃tr] *nm (artiste)* painter; **p. en bâtiment** painter and decorator ▪ **peinture** *nf (tableau, activité)* painting; *(matière)* paint; **p. à l'huile** oil painting; **'p. fraîche'** 'wet paint'

Pékin [pekɛ̃] *nm ou f* Peking, Beijing

pelage [pəlaʒ] *nm* coat, fur

pelé, -e [pəle] *adj* bare

peler [pəle] **1** *vt* to peel **2** *vi (personne, peau)* to peel

pelle [pɛl] *nf* shovel; *(d'enfant)* spade; **p. à tarte** cake server

pellicule [pelikyl] *nf (pour photos)* film; *(couche)* thin layer; **pellicules** *(de cheveux)* dandruff

pelote [plɔt] *nf (de laine)* ball; *(à épingles)* pincushion; *Sport* **p. basque** pelota

peloton [p(ə)lɔtɔ̃] *nm (de ficelle)* ball; *(de cyclistes)* pack; *Mil* platoon; **p. d'exécution** firing squad

pelotonner [pəlɔtɔne] **se pelotonner** *vpr* to curl up (into a ball)

pelouse [pəluz] *nf* lawn

peluche [pəlyʃ] *nf (tissu)* plush; **(jouet en) p.** soft toy; **peluches** *(de pull)* fluff, lint

pelure [pəlyr] *nf (de légumes)* peelings; *(de fruits)* peel

pénal, -e, -aux, -ales [penal, -o] *adj* penal ▪ **pénaliser** *vt* to penalize ▪ **pénalité** *nf* penalty

penalty [penalti] *nm Sport* penalty

penchant [pɑ̃ʃɑ̃] *nm (préférence)* penchant (**pour** for); *(tendance)* propensity (**pour** for)

penché, -e [pɑ̃ʃe] *adj* leaning

pencher [pɑ̃ʃe] **1** *vt (objet)* to tilt; *(tête)* to lean **2** *vi (arbre)* to lean over **3 se pencher** *vpr* to lean over; **se p. par la fenêtre** to lean out of the window; **se p. sur qch** *(problème)* to examine sth

pendaison [pɑ̃dɛzɔ̃] *nf* hanging

pendant[1] [pɑ̃dɑ̃] *prép (au cours de)* during; **p. deux mois** for two months; **p. tout le trajet** for the whole journey; **p. que...** while...

pendant[2], -e 1 *adj* hanging; *(langue)* hanging out **2** *nm* **le p. de** the companion piece to

pendentif [pɑ̃dɑ̃tif] *nm (collier)* pendant

penderie [pɑ̃dri] *nf Br* wardrobe, *Am* closet

pendre [pɑ̃dr] **1** *vti* to hang (**à** from); **p. qn** to hang sb **2 se pendre** *vpr (se suicider)* to hang oneself; *(se suspendre)* to hang (**à** from) ▪ **pendu, -e** *adj (objet)* hanging (**à** from)

pendule [pɑ̃dyl] **1** *nf* clock **2** *nm (balancier)* pendulum

pénétrer [penetre] **1** *vi* **p. dans** to enter; *(profondément)* to penetrate (into) **2** *vt (sujet: pluie)* to penetrate **3 se pénétrer** *vpr* **se p. d'une idée** to become convinced of an idea ▪ **pénétration** *nf* penetration

pénible [penibl] *adj (difficile)* difficult; *(douloureux)* painful, distressing; *(ennuyeux)* tiresome ▪ **péniblement** [-əmɑ̃] *adv* with difficulty

péniche [peniʃ] *nf* barge

pénicilline [penisilin] *nf* penicillin

péninsule [penɛ̃syl] *nf* peninsula

pénitencier [penitɑ̃sje] *nm* prison, *Am* penitentiary

pensée [pɑ̃se] *nf (idée)* thought; **à la p. de faire qch** at the thought of doing sth

penser [pɑ̃se] **1** *vi (réfléchir)* to think (**à** of *or* about); **p. à qn/qch** to think of *or* about sb/sth; **p. à faire qch** *(ne pas oublier)* to remember to do sth; **pensestu!** what an idea!

2 *vt (estimer)* to think (**que** that); *(concevoir)* to think out; **je pensais rester** I was thinking of staying; **que pensez-vous de...?** what do you think of *or* about...?; **p. du bien de qn/qch** to think highly of sb/sth ▪ **pensif, -ive** *adj* thoughtful, pensive

pension [pɑ̃sjɔ̃] *nf* (**a**) *(école)* boarding school; **mettre un enfant en p.** to send a child to boarding school (**b**) *(hôtel)* **p. de famille** boarding house; **p. complète** *Br* full board, *Am* American plan (**c**) *(allocation)* pension; **p. alimentaire** maintenance, alimony ▪ **pensionnaire** *nmf (élève, résident)* boarder ▪ **pensionnat** *nm* boarding school

pente [pɑ̃t] *nf* slope; **être en p.** to be sloping

Pentecôte [pɑ̃tkot] *nf Rel Br* Whitsun, *Am* Pentecost

pénurie [penyri] *nf* shortage (**de** of)

pépé [pepe] *nm* grandpa

pépin [pepɛ̃] *nm (de fruit) Br* pip, *Am* seed, pit

pépinière [pepinjɛr] *nf (pour plantes)* nursery

pépite [pepit] *nf (d'or)* nugget; **p. de chocolat** chocolate chip

perçant, -e [pɛrsɑ̃, -ɑ̃t] *adj (cri, froid)* piercing; *(vue)* sharp

percée [pɛrse] *nf (ouverture)* opening; *Mil, Sport & Tech* breakthrough

perceptible [pɛrsɛptibl] *adj* perceptible (**à** to)

perception [pɛrsɛpsjɔ̃] *nf* (**a**) *(bureau)* tax office; *(d'impôt)* collection (**b**) *(sensation)* perception

percer [pɛrse] **1** *vt (trouer)* to pierce; *(avec une perceuse)* to drill; *(trou, ouverture)* to make; *(abcès)* to lance; *(mystère)* to solve; **p. une dent** *(bébé)* to cut a tooth; **p. qch à jour** to see through sth **2** *vi (soleil)* to break through; *(abcès)* to burst; *(acteur)* to make a name for oneself ▪ **perceuse** *nf* drill

percevoir* [pɛrsəvwar] *vt* (**a**) *(sensation)* to perceive; *(son)* to hear (**b**) *(impôt)* to collect

perche [pɛrʃ] *nf (bâton)* pole

percher [pɛrʃe] **1** *vi (oiseau)* to perch **2 se percher** *vpr (oiseau, personne)* to perch

percuter [pɛrkyte] **1** *vt (véhicule)* to crash into **2** *vi* **p. contre** to crash into **3 se percuter** *vpr* to crash into each other

perdant, -e [pɛrdɑ̃, -ɑ̃t] **1** *adj* losing **2** *nmf* loser

perdre [pɛrdr] **1** *vt* to lose; *(habitude)* to get out of; **p. qn/qch de vue** to lose sight of sb/sth **2** *vi* to lose **3 se perdre** *vpr (s'égarer)* to get lost; *(disparaître)* to die out; **se p. dans les détails** to get lost in details ▪ **perdu, -e** *adj (égaré)* lost; *(gaspillé)* wasted; *(malade)* finished; *(lieu)* out-of-the-way

père [pɛr] *nm* father; **de p. en fils** from father to son; *Rel* **mon p.** father; **p. de famille** father

péremption [perɑ̃psjɔ̃] *nf* **date de p.** use-by date

perfection [pɛrfɛksjɔ̃] *nf* perfection; **à la p.** to perfection

perfectionner [pɛrfɛksjɔne] **1** *vt* to improve, to perfect **2 se perfectionner** *vpr* **se p. en anglais** to improve one's English ▪ **perfectionné, -e** *adj* advanced ▪ **perfectionnement** *nm* improvement (**de** in; **par rapport à** on); **cours de p.** proficiency course

perfectionniste [pɛrfɛksjɔnist] *nmf* perfectionist

perforer [pɛrfɔre] *vt (pneu, intestin)* to perforate; *(billet)* to punch; **carte perforée** punch card

performance [pɛrfɔrmɑ̃s] *nf* performance ▪ **performant, -e** *adj* highly efficient

perfusion [pɛrfyzjɔ̃] *nf* drip; **être sous p.** to be on a drip

péril [peril] *nm* danger, peril; **à tes risques et périls** at your own risk; **mettre qch en p.** to endanger sth ▪ **périlleux, -euse** *adj* dangerous, perilous

périmé, -e [perime] *adj (billet)* expired; *(nourriture)* past its sell-by date

période [perjɔd] *nf* period ▪ **périodique 1** *adj* periodic **2** *nm (revue)* periodical

périphérie [periferi] *nf (limite)* periphery; *(banlieue)* outskirts

périphérique [periferik] **1** *adj* peripheral; **radio p.** = radio station broadcasting from outside France **2** *nm & adj* **(boulevard) p.** *Br* ring road, *Am* beltway

périr [perir] *vi* to perish ▪ **périssable** *adj (denrée)* perishable

perle [pɛrl] *nf (bijou)* pearl; *(de bois, de verre)* bead

permanent, -e [pɛrmanɑ̃, -ɑ̃t] **1** *adj* permanent; *Cin (spectacle)* continuous; *(comité)* standing **2** *nf* **permanente** perm ▪ **permanence** *nf* permanence; *(salle d'étude)* study room; *(service, bureau)* duty office; **être de p.** to be on duty; **en p.** permanently

perméable [pɛrmeabl] *adj* permeable (**à** to)

permettre* [pɛrmɛtr] **1** *vt* to allow, to permit; **p. à qn de faire qch** to allow sb to do sth; **vous permettez?** may I? **2 se permettre** *vpr* **se p. de faire qch** to take the liberty of doing sth; **je ne peux pas me le p.** I can't afford it

permis, -e [pɛrmi, -iz] **1** *adj* allowed, permitted **2** *nm Br* licence, *Am* license, permit; **p. de conduire** *Br* driving licence, *Am* driver's license; **passer son p. de conduire** to take one's driving test

permission [pɛrmisjɔ̃] *nf* permission; *Mil* leave; *Mil* **en p.** on leave; **demander la p.** to ask permission (**de faire** to do)

permuter [pɛrmyte] **1** *vt (lettres, chiffres)* to transpose **2** *vi* to exchange posts

Pérou [peru] *nm* **le P.** Peru

perpendiculaire [pɛrpɑ̃dikylɛr] *adj & nf* perpendicular (**à** to)

perpétrer [pɛrpetre] *vt* to perpetrate

perpétuel, -elle [pɛrpetɥɛl] *adj* perpetual; *(membre)* permanent ▪ **perpétuer** *vt* to perpetuate ▪ **perpétuité** *adv* **à p.** in perpetuity; **condamnation à p.** life sentence

perplexe [pɛrplɛks] *adj* perplexed, puzzled

perquisition [pɛrkizisjɔ̃] *nf* search ▪ **perquisitionner** *vi* to make a search

perron [perɔ̃] *nm* steps *(leading to a building)*

perroquet [perɔkɛ] *nm* parrot

perruche [peryʃ] *nf Br* budgerigar, *Am* parakeet

perruque [peryk] *nf* wig

persan, -e [pɛrsɑ̃, -an] **1** *adj* Persian **2** *nm (langue)* Persian

persécuter [pɛrsekyte] *vt* to persecute ▪ **persécution** *nf* persecution

persévérer [pɛrsevere] *vi* to persevere (**dans** in) ▪ **persévérance** *nf* perseverance ▪ **persévérant, -e** *adj* persevering

persil [pɛrsi] *nm* parsley

Persique [pɛrsik] *adj* **le golfe P.** the Persian Gulf

persister [pɛrsiste] *vi* to persist (**à**

faire in doing; **dans qch** in sth) ▪ **persistance** *nf* persistence

personnage [pɛrsɔnaʒ] *nm (de fiction, individu)* character; *(personnalité)* important person; **p. célèbre** celebrity; **p. officiel** VIP

personnaliser [pɛrsɔnalize] *vt* to personalize; *(voiture)* to customize

personnalité [pɛrsɔnalite] *nf (caractère, personnage)* personality; **avoir de la p.** to have lots of personality

personne [pɛrsɔn] **1** *nf* person; **deux personnes** two people; **p. âgée** elderly person; **en p.** in person **2** *pron indéfini (de négation)* **(ne...) p.** nobody, no one; **je ne vois p.** I don't see anybody *or* anyone; **p. ne saura** nobody *or* no one will know

personnel, -elle [pɛrsɔnɛl] **1** *adj* personal; *(joueur, jeu)* individualistic **2** *nm (de firme, d'école)* staff; *(d'usine)* workforce; **manquer de p.** to be understaffed; **p. au sol** ground personnel

personnifier [pɛrsɔnifje] *vt* to personify ▪ **personnification** *nf* personification

perspective [pɛrspɛktiv] *nf (de dessin)* perspective; *(idée)* prospect (**de** of); *Fig (point de vue)* viewpoint; **perspectives d'avenir** future prospects

perspicace [pɛrspikas] *adj* shrewd ▪ **perspicacité** *nf* shrewdness

persuader [pɛrsɥade] *vt* **p. qn (de qch)** to persuade sb (of sth); **p. qn de faire qch** to persuade sb to do sth; **être persuadé de qch/que...** to be convinced of sth/that... ▪ **persuasif, -ive** *adj* persuasive ▪ **persuasion** *nf* persuasion

perte [pɛrt] *nf* loss; *(destruction)* ruin; **une p. de temps** a waste of time; **à p. de vue** as far as the eye can see; **vendre qch à p.** to sell sth at a loss

pertinent, -e [pɛrtinɑ̃, -ɑ̃t] *adj* relevant, pertinent ▪ **pertinemment** [-amɑ̃] *adv* **savoir qch p.** to know sth for a fact ▪ **pertinence** *nf* relevance, pertinence

perturber [pɛrtyrbe] *vt (trafic, cérémonie)* to disrupt; *(personne)* to disturb ▪ **perturbateur, -trice 1** *adj* disruptive **2** *nmf* troublemaker ▪ **perturbation** *nf* disruption

péruvien, -enne [peryvjɛ̃, -jɛn] **1** *adj* Peruvian **2** *nmf* **P., Péruvienne** Peruvian

pervers, -e [pɛrvɛr, -ɛrs] **1** *adj* perverse **2** *nmf* pervert ▪ **perversion** *nf* perversion ▪ **perversité** *nf* perversity ▪ **pervertir** *vt* to pervert

pesant, -e [pəzɑ̃, -ɑ̃t] **1** *adj* heavy, weighty **2** *nm* **valoir son p. d'or** to be worth one's weight in gold ▪ **pesanteur** *nf* heaviness; *Phys* gravity

pesée [pəze] *nf* weighing; *(pression)* force

peser [pəze] **1** *vt* to weigh **2** *vi* to weigh; **p. 2 kilos** to weigh 2 kilos; **p. lourd** to be heavy; *Fig (argument)* to carry weight; **p. sur** *(appuyer)* to press on; *(influer)* to bear upon; **p. sur qn** *(menace)* to hang over sb ▪ **pèse-personne** (*pl* **pèse-personnes**) *nm* (bathroom) scales

pessimisme [pesimism] *nm* pessimism ▪ **pessimiste 1** *adj* pessimistic **2** *nmf* pessimist

pester [peste] *vi* **p. contre qn/qch** to curse sb/sth

pétale [petal] *nm* petal

pétanque [petɑ̃k] *nf (jeu)* ≃ bowls

pétard [petar] *nm (feu d'artifice)* firecracker, *Br* banger

pétiller [petije] *vi (yeux, vin)* to sparkle ▪ **pétillant, -e** *adj (gazeux)* sparkling

petit, -e [pəti, -it] **1** *adj* small, little; *(taille, distance)* short; *(bruit, coup)* slight; *(somme)* small; *(accident)* minor; *(mesquin)* petty; **tout p.** tiny; **mon p. frère** my little brother

2 *nmf* (little) boy, *f* (little) girl; *(personne)* small person; *Scol* junior; **petits** *(d'animal)* young; *(de chien)* pups; *(de chat)* kittens

3 *adv* **écrire p.** to write small; **p. à p.** little by little ▪ **petite-fille** (*pl* **petites-filles**) *nf* granddaughter ▪ **petit-fils** (*pl*

petits-fils) *nm* grandson ▪ **petits-enfants** *nmpl* grandchildren
pétition [petisjɔ̃] *nf* petition
pétrifier [petrifje] *vt* to petrify
pétrir [petrir] *vt* to knead
pétrole [petrɔl] *nm* oil, petroleum ▪ **pétrolier, -ère 1** *adj* **industrie pétrolière** oil industry **2** *nm* oil tanker ▪ **pétrolifère** *adj* **gisement p.** oilfield

PEU [pø] **1** *adv (avec un verbe)* not much; *(avec un adjectif, un adverbe)* not very; *(un petit nombre)* few; **elle mange p.** she doesn't eat much; **p. intéressant/souvent** not very interesting/often; **p. ont compris** few understood; **p. de sel/de temps** not much salt/time, little salt/time; **p. de gens/de livres** few people/books; **p. à p.** little by little, gradually; **à p. près** more or less; **p. après/avant** shortly after/before; **sous p.** shortly; **pour p. que...** *(+ subjunctive)* if by chance... **2** *nm* **un p.** a little, a bit; **un p. grand** a bit big; **un p. de fromage** a little cheese, a bit of cheese; **un (tout) petit p.** a (tiny) little bit; **le p. de fromage que j'ai** the little cheese I have; **reste encore un p.** stay a little longer

peuplade [pœplad] *nf* tribe
peuple [pœpl] *nm (nation, citoyens)* people; **les gens du p.** ordinary people
peupler [pœple] *vt (habiter)* to inhabit ▪ **peuplé, -e** *adj (région)* inhabited (**de** by); **très/peu p.** highly/sparsely populated
peuplier [pøplije] *nm (arbre, bois)* poplar
peur [pœr] *nf* fear; **avoir p.** to be afraid *or* frightened (**de qn/qch** of sb/sth; **de faire qch** to do sth *or* of doing sth); **faire p. à qn** to frighten *or* scare sb; **de p. qu'il ne parte** for fear that he would leave; **de p. de faire qch** for fear of doing sth ▪ **peureux, -euse** *adj* easily fearful
peut [pø] *voir* **pouvoir 1**
peut-être [pøtɛtr] *adv* perhaps, maybe; **p. qu'il viendra, p. viendra-t-il** perhaps *or* maybe he'll come; **p. que oui** perhaps; **p. que non** perhaps not
peuvent, peux [pœv, pø] *voir* **pouvoir 1**
phare [far] **1** *nm (pour bateaux)* lighthouse; *(de véhicule)* headlight; **faire un appel de phares** to flash one's lights **2** *adj* **épreuve-p.** star event
pharmacie [farmasi] *nf (magasin) Br* chemist, *Am* drugstore; *(armoire)* medicine cabinet ▪ **pharmaceutique** *adj* pharmaceutical ▪ **pharmacien, -enne** *nmf Br* chemist, pharmacist, *Am* druggist
phase [fɑz] *nf* phase
phénomène [fenɔmɛn] *nm* phenomenon
philharmonique [filarmɔnik] *adj* philharmonic
Philippines [filipin] *nfpl* **les P.** the Philippines
philosophe [filɔzɔf] **1** *nmf* philosopher **2** *adj* philosophical ▪ **philosopher** *vi* to philosophize (**sur** about) ▪ **philosophie** *nf* philosophy ▪ **philosophique** *adj* philosophical
photo [fɔto] **1** *nf (cliché)* photo; *(art)* photography; **prendre une p. de qn/qch, prendre qn/qch en p.** to take a photo of sb/sth; **p. d'identité** ID photo **2** *adj inv* **appareil p.** camera ▪ **photogénique** *adj* photogenic ▪ **photographe** *nmf* photographer ▪ **photographie** *nf (art)* photography; *(cliché)* photograph ▪ **photographier** *vt* to photograph; **se faire p.** to have one's photo taken ▪ **photographique** *adj* photographic
photocopie [fɔtɔkɔpi] *nf* photocopy ▪ **photocopier** *vt* to photocopy ▪ **photocopieur** *nm*, **photocopieuse** [fotokɔpjøz] *nf* photocopier
Photomaton® [fɔtɔmatɔ̃] *nm* photo booth
phrase [frɑz] *nf* sentence
physicien, -enne [fizisjɛ̃, -ɛn] *nmf* physicist

physique [fizik] **1** *adj* physical **2** *nm (de personne)* physique **3** *nf (science)* physics *(sing)*

pianiste [pjanist] *nmf* pianist

piano [pjano] *nm* piano; **p. droit/à queue** upright/grand piano ▪ **pianoter** *vi* **p. sur qch** *(table)* to drum one's fingers on sth

pic [pik] *nm (cime)* peak; *(outil)* pick(-axe); *(oiseau)* woodpecker; **couler à p.** to sink like a stone; **tomber à p.** *(falaise)* to go straight down; **p. à glace** ice pick

pichet [piʃɛ] *nm Br* jug, *Am* pitcher

picorer [pikɔre] *vt* to peck

picoter [pikɔte] *vt* **j'ai la gorge qui (me) picote** I've got a tickle in my throat

pièce [pjɛs] *nf (de maison)* room; *(morceau, objet)* piece; *(de pantalon)* patch; *(de dossier)* document; **p. (de monnaie)** coin; **p. (de théâtre)** play; **5 euros (la) p.** 5 euros each; **mettre qch en pièces** to tear sth to pieces; **p. d'identité** proof of identity; **pièces détachées** *ou* **de rechange** spare parts

pied [pje] *nm (de personne)* foot (*pl* feet); *(de lit, d'arbre, de colline)* foot; *(de meuble)* leg; *(de verre, de lampe)* base; **à p.** on foot; **aller à p.** to walk, to go on foot; **au p. de** at the foot *or* bottom of; **sur un p. d'égalité** on an equal footing; **avoir p.** to be within one's depth; **mettre qch sur p.** to set sth up

piédestal, -aux [pjedɛstal, -o] *nm* pedestal

piège [pjɛʒ] *nm (pour animal) & Fig* trap ▪ **piéger** *vt (animal)* to trap; *(voiture)* to booby-trap; **voiture/lettre piégée** car/letter bomb

pierre [pjɛr] *nf* stone; *(de bijou)* gem, stone; **p. précieuse** precious stone, gem ▪ **pierreries** *nfpl* gems, precious stones ▪ **pierreux, -euse** *adj* stony

piétiner [pjetine] **1** *vt* **p. qch** *(en trépignant)* to stamp on sth; *(en marchant)* to trample on sth **2** *vi (ne pas avancer)* to stand around; **p. d'impatience** to stamp one's feet impatiently

piéton [pjetɔ̃] *nm* pedestrian ▪ **piétonne, piétonnière** [pjetɔnjɛr] *adj f* **rue p.** pedestrian(ized) street; **zone p.** pedestrian precinct

pigeon [piʒɔ̃] *nm* pigeon

pile [pil] **1** *nf* (**a**) **p. (électrique)** battery; **radio à piles** battery radio (**b**) *(tas)* pile; **en p.** in a pile (**c**) *(de pièce)* **p. ou face?** heads or tails?; **jouer à p. ou face** to toss for it **2** *adv Fam* **s'arrêter p.** to stop dead; *Fam* **à deux heures p.** at two on the dot

piler [pile] *vt (broyer)* to crush; *(amandes)* to grind

pilier [pilje] *nm* pillar

piller [pije] *vt* to loot, to pillage ▪ **pillage** *nm* looting, pillaging

pilon [pilɔ̃] *nm (de poulet)* drumstick

pilonner [pilɔne] *vt (bombarder)* to bombard

pilote [pilɔt] **1** *nm (d'avion, de bateau)* pilot; *(de voiture)* driver; **p. automatique** automatic pilot; **p. de chasse** fighter pilot; **p. d'essai** test pilot; **p. de ligne** airline pilot **2** *adj* **usine(-)p.** pilot factory ▪ **pilotage** *nm* piloting ▪ **piloter** *vt (avion)* to fly, to pilot; *(bateau)* to pilot; *(voiture)* to drive

pilule [pilyl] *nf* pill; **prendre la p.** to be on the pill

piment [pimɑ̃] *nm* chilli ▪ **pimenté, -e** *adj (épicé)* spicy

pin [pɛ̃] *nm (arbre, bois)* pine; **pomme de p.** pine cone; *(de sapin)* fir cone

pince [pɛ̃s] *nf (outil)* pliers; *(sur vêtement)* dart; *(de crustacé)* pincer; **p. à épiler** tweezers; **p. à linge** (clothes) *Br* peg *or Am* pin

pincé, -e [pɛ̃se] *adj (air)* stiff; *(sourire)* tight-lipped

pinceau, -x [pɛ̃so] *nm* (paint)brush

pincer [pɛ̃se] **1** *vt* to pinch **2 se pincer** *vpr* **se p. le doigt** to get one's finger caught (**dans** in); **se p. le nez** to hold one's nose ▪ **pincée** *nf* pinch (**de** of)

ping-pong [piŋpɔ̃g] *nm* table tennis, Ping-Pong®

pintade [pɛ̃tad] *nf* guinea fowl

pioche [pjɔʃ] *nf (outil)* pick(axe); *Cartes* stock, pile ■ **piocher** *vt (creuser)* to dig *(with a pick)*; **p. une carte** to draw a card

pion [pjɔ̃] *nm (au jeu de dames)* piece; *Échecs & Fig* pawn

pionnier [pjɔnje] *nm* pioneer

pipe [pip] *nf (de fumeur)* pipe

pipeau, -x [pipo] *nm (flûte)* pipe

piquant, -e [pikɑ̃, -ɑ̃t] **1** *adj (au goût)* spicy, hot; *(plante, barbe)* prickly; *(détail)* spicy **2** *nm (de plante)* prickle, thorn; *(d'animal)* spine

pique [pik] **1** *nm Cartes (couleur)* spades **2** *nf (allusion)* cutting remark; *(arme)* pike

pique-nique [piknik] (*pl* **pique-niques**) *nm* picnic ■ **pique-niquer** *vi* to picnic

piquer [pike] **1** *vt (percer)* to prick; *(langue, yeux)* to sting; *(sujet: moustique)* to bite; **p. qch dans** *(enfoncer)* to stick sth into; **la fumée me pique les yeux** the smoke is making my eyes sting **2** *vi (moutarde)* to be hot **3 se piquer** *vpr* to prick oneself; **se p. au doigt** to prick one's finger

piquet [pikɛ] *nm (pieu)* stake, post; *(de tente)* peg; **p. de grève** picket

piqûre [pikyr] *nf (d'abeille)* sting; *(de moustique)* bite; *(d'épingle)* prick; *(de tissu)* stitching; *(de rouille)* spot; *Méd* injection; **faire une p. à qn** to give sb an injection

pirate [pirat] **1** *nm (des mers)* pirate; **p. de l'air** hijacker; **p. informatique** hacker **2** *adj* **radio p.** pirate radio; **édition/CD p.** pirated edition/CD ■ **pirater** *vt (enregistrement)* to pirate; *Ordinat* to hack

pire [pir] **1** *adj* worse (**que** than); **c'est de p. en p.** it's getting worse and worse **2** *nmf* **le/la p.** the worst (one); **le p. de tout** the worst thing of all; **au p.** at (the very) worst; **s'attendre au p.** to expect the (very) worst

pirogue [pirɔg] *nf* canoe, dugout

pis[1] [pi] *nm (de vache)* udder

pis[2] [pi] *adv* **aller de mal en p.** to go from bad to worse

piscine [pisin] *nf* swimming pool

pistache [pistaʃ] *nf* pistachio

piste [pist] *nf (traces)* track, trail; *(indices)* lead; *(de magnétophone) & Sport* track; *(de cirque)* ring; *(de ski)* run, piste; *(pour chevaux) Br* racecourse, *Am* racetrack; *Sport* **tour de p.** lap; **p. d'atterrissage** runway; **p. cyclable** *Br* cycle path, *Am* bicycle path; **p. de danse** dance floor

pistolet [pistɔlɛ] *nm* gun, pistol; *(de peintre)* spray gun; **p. à eau** water pistol

pitié [pitje] *nf* pity; **avoir de la p. pour qn** to pity sb; **il me fait p.** I feel sorry for him; **être sans p.** to be ruthless ■ **pitoyable** *adj* pitiful ■ **piteux, -euse** *adj* pitiful; **en p. état** in a sorry state

piton [pitɔ̃] *nm (d'alpiniste)* piton; **p. (rocheux)** (rocky) peak

pittoresque [pitɔrɛsk] *adj* picturesque

pivoter [pivɔte] *vi* to pivot, to swivel; **faire p. qch** to swivel sth round

pizza [pidza] *nf* pizza ■ **pizzeria** *nf* pizzeria

placard [plakar] *nm (armoire) Br* cupboard, *Am* closet; **p. publicitaire** large display advertisement

place [plas] *nf (endroit, rang) & Sport* place; *(lieu public)* square; *(espace)* room; *(siège)* seat; *(emploi)* job, post; **à la p.** instead (**de** of); **à votre p.** in your place; **se mettre à la p. de qn** to put oneself in sb's position; **sur p.** on the spot; **en p.** *(objet)* in place; **mettre qch en p.** to put sth in place; **changer de p.** to change places; **faire de la p.** to make room (**à** for); **faire p. à qn/qch** to give way to sb/sth; **prendre p.** to take a seat; **p. de parking** parking space; **p. de train/bus** train/bus fare; **p. assise** seat

placer [plase] **1** *vt (mettre)* to put, to place; *(faire asseoir)* to seat; *(trouver un emploi à)* to place; *(argent)* to invest (**dans** in) **2 se placer** *vpr (debout)* to stand; *(s'asseoir)* to sit ■ **placé, -e** *adj (objet) & Sport* placed; **bien/mal p.**

pour faire qch well/badly placed to do sth ▪ **placement** *nm (d'argent)* investment

plafond [plafɔ̃] *nm* ceiling ▪ **plafonner** *vi (prix)* to peak; *(salaires)* to have reached a ceiling (**à** of) ▪ **plafonnier** *nm* ceiling light

plage [plaʒ] *nf (grève)* beach; *(surface)* area; *(de disque)* track; **p. de sable** sandy beach; **p. horaire** time slot

plaider [plede] *vti Jur (défendre)* to plead; **p. coupable** to plead guilty ▪ **plaidoyer** *nm Jur* speech for the *Br* defence *or Am* defense

plaie [plɛ] *nf (blessure)* wound

plaindre* [plɛ̃dr] **1** *vt* to feel sorry for, to pity **2 se plaindre** *vpr (protester)* to complain (**de** about; **que** that); **se p. de** *(douleur)* to complain of ▪ **plainte** *nf* complaint; *(gémissement)* moan; **porter p. contre qn** to lodge a complaint against sb

plaine [plɛn] *nf* plain

plaintif, -ive [plɛ̃tif, -iv] *adj* plaintive

plaire* [plɛr] **1** *vi* **elle me plaît** I like her; **ça me plaît** I like it **2** *v impersonnel* **il me plaît de le faire** I like doing it; **s'il vous/te plaît** please; **comme il vous plaira** as you like it **3 se plaire** *vpr (l'un l'autre)* to like each other; **se p. à Paris** to like it in Paris

plaisance [plɛzɑ̃s] *nf* **navigation de p.** yachting

plaisant, -e [plɛzɑ̃, -ɑ̃t] **1** *adj (drôle)* amusing; *(agréable)* pleasing **2** *nm* **mauvais p.** joker ▪ **plaisanter** *vi* to joke (**sur** about) ▪ **plaisanterie** *nf* joke; **par p.** for a joke ▪ **plaisantin** *nm* joker

plaisir [plɛzir] *nm* pleasure; **faire p. à qn** to please sb; **pour le p.** for the fun of it; **au p. (de vous revoir)** see you again sometime; **faites-moi le p. de…** would you be good enough to…

plan [plɑ̃] *nm (projet, dessin, organisation)* plan; *(de ville)* map; *Math* plane; **au premier p.** in the foreground; *Phot* **au second p.** in the background; **sur le p. politique, au p. politique** from the political viewpoint; **sur le même p.** on the same level; **de premier p.** of importance, major; *Phot & Cin* **gros p.** close-up; **p. d'eau** stretch of water; *Fin* **p. d'épargne** savings plan

planche [plɑ̃ʃ] *nf (en bois)* plank; *(plus large)* board; *(illustration)* plate; **faire la p.** to float on one's back; **p. à dessin** drawing board; **p. à roulettes** skateboard; **p. à voile** sailboard; **faire de la p. à voile** to go windsurfing

plancher [plɑ̃ʃe] *nm* floor

planer [plane] *vi (oiseau, planeur)* to glide

planète [planɛt] *nf* planet

planeur [planœr] *nm (avion)* glider

planifier [planifje] *vt* to plan

plant [plɑ̃] *nm (de plante)* seedling

plantation [plɑ̃tɑsjɔ̃] *nf (action)* planting; *(exploitation agricole)* plantation

plante [plɑ̃t] *nf Bot* plant; **jardin des plantes** botanical gardens; **p. du pied** sole (of the foot)

planter [plɑ̃te] *vt (fleur, arbre)* to plant; *(clou, couteau)* to drive in; *(tente)* to put up; *(mettre)* to put (**sur** on; **contre** against)

plaque [plak] *nf* plate; *(de verre, de métal)* sheet, plate; *(de verglas)* sheet; *(de marbre)* slab; *(de chocolat)* bar; *(commémorative)* plaque; *(sur la peau)* blotch; **p. chauffante** hotplate; *Aut* **p. minéralogique, p. d'immatriculation** *Br* number *or Am* license plate

plaquer [plake] **1** *vt (métal, bijou)* to plate; *(bois)* to veneer; *(cheveux)* to plaster down; *(au rugby)* to tackle; *(aplatir)* to flatten (**contre** against) **2 se plaquer** *vpr* **se p. contre** to flatten oneself against ▪ **plaqué, -e 1** *adj (bijou)* plated; **p. or** gold-plated **2** *nm* **p. or** gold plate

plasma [plasma] *nm Biol* plasma

plastic [plastik] *nm* plastic explosive ▪ **plastiquer** *vt* to bomb

plastifier [plastifje] *vt* to laminate

plastique [plastik] *adj & nm* plastic

plat, -e [pla, plat] **1** *adj* flat; *(mer)* calm,

smooth; *(ennuyeux)* flat, dull; **à p. ventre** flat on one's face; **à p.** *(pneu, batterie)* flat; **poser qch à p.** to lay sth (down) flat

2 *nm* (**a**) *(de la main)* flat (**b**) *(récipient, nourriture)* dish; *(partie du repas)* course; **p. de résistance** main course ▪ **plate-bande** (*pl* **plates-bandes**) *nf* flower bed ▪ **plate-forme** (*pl* **plates-formes**) *nf* platform; **p. pétrolière** oil rig

plateau, -x [plato] *nm* tray; *(de balance)* pan; *TV & Cin* set; *Géog* plateau; **p. à fromages** cheeseboard

platine[1] [platin] **1** *nm (métal)* platinum **2** *adj inv* platinum; **blond p.** platinum blond

platine[2] [platin] *nf (d'électrophone, de magnétophone)* deck; **p. laser** CD player

platitude [platityd] *nf (propos)* platitude

plâtre [plɑtr] *nm (matière)* plaster; **un p.** *(de jambe cassée)* a plaster cast; **les plâtres** *(de maison)* the plasterwork ▪ **plâtrer** *vt (mur)* to plaster; *(membre)* to put in plaster

plausible [plozibl] *adj* plausible

play-back [plɛbak] *nm inv* **chanter en p.** to mime

plein, -e [plɛ̃, plɛn] **1** *adj (rempli, complet)* full; *(solide)* solid; **p. de** full of; **p. à craquer** full to bursting; **en pleine mer** out at sea, on the open sea; **en pleine figure** right in the face; **en pleine nuit** in the middle of the night; **en p. jour** in broad daylight; **en p. hiver** in the depths of winter; **en p. soleil** in the full heat of the sun; **être en p. travail** to be hard at work; **à la pleine lune** at full moon; **travailler à p. temps** to work full-time; **p. sud** due south; **p. tarif** full price; *(de transport)* full fare

2 *adv* **de l'argent p. les poches** pockets full of money; **du chocolat p. la figure** chocolate all over one's face

3 *nm Aut* **faire le p. (d'essence)** to fill up (the tank)

pleurer [plœre] **1** *vi* to cry, to weep (**sur** over) **2** *vt (personne)* to mourn (for) ▪ **pleurs** *mpl* **en p.** in tears

pleuvoir* [pløvwar] **1** *v impersonnel* to rain; **il pleut** it's raining; *Fig* **il pleut des cordes** it's raining cats and dogs **2** *vi (coups)* to rain down (**sur** on)

Plexiglas® [plɛksiglɑs] *nm Br* Perspex®, *Am* Plexiglas®

pli [pli] *nm* (**a**) *(de papier, de rideau, de la peau)* fold; *(de jupe, de robe)* pleat; *(de pantalon, de bouche)* crease; **(faux) p.** crease; **mise en plis** set *(hairstyle)* (**b**) *(enveloppe)* envelope; *(lettre)* letter (**c**) *Cartes* trick

plier [plije] **1** *vt (draps, vêtements)* to fold; *(parapluie)* to fold up; *(courber)* to bend; **p. bagages** to pack one's bags (and leave) **2** *vi (branche)* to bend **3 se plier** *vpr (lit, chaise)* to fold up; **se p. à** to submit to ▪ **pliable** *adj* foldable ▪ **pliage** *nm (manière)* fold; *(action)* folding ▪ **pliant, -e 1** *adj (chaise)* folding **2** *nm* folding stool

plisser [plise] *vt (lèvres)* to pucker; *(front)* to wrinkle; *(yeux)* to screw up ▪ **plissé, -e** *adj (jupe)* pleated

plomb [plɔ̃] *nm (métal)* lead; *(fusible) Br* fuse, *Am* fuze; *(pour rideau)* lead weight; **plombs** *(de chasse)* lead shot; *Fig* **de p.** *(sommeil)* heavy; *(soleil)* blazing

plomber [plɔ̃be] *vt (dent)* to fill; *(mettre des plombs à)* to weigh with lead ▪ **plombage** *nm (de dent)* filling

plombier [plɔ̃bje] *nm* plumber ▪ **plomberie** *nf (métier, installations)* plumbing

plonger [plɔ̃ʒe] **1** *vi (personne)* to dive (**dans** into); *(oiseau, avion)* to dive (**sur** onto) **2** *vt (enfoncer)* to plunge (**dans** into) **3 se plonger** *vpr* **se p. dans** *(lecture)* to immerse oneself in; **plongé dans l'obscurité** plunged in darkness ▪ **plongée** *nf* diving; *(de sous-marin)* dive; **p. sous-marine** skin *or* scuba diving ▪ **plongeoir** *nm* diving board ▪ **plongeon** *nm* dive; **faire un p.** to dive ▪ **plongeur, -euse** *nmf (nageur)* diver

plu [ply] *pp de* **plaire, pleuvoir**

pluie [plɥi] *nf* rain; **sous la p.** in the rain; **p. fine** drizzle

plume [plym] *nf (d'oiseau)* feather; *(de stylo)* nib ▪ **plumer** *vt (volaille)* to pluck

plupart [plypar] **la plupart** *nf* most; **la p. du temps** most of the time; **la p. d'entre eux** most of them; **pour la p.** mostly

PLUS[1] [ply] ([plyz] *before vowel*, [plys] *in end position*) *adv* (**a**) *(comparatif)* more (**que** than); **p. d'un kilo/de dix** more than a kilo/ten; **p. de thé** more tea; **p. beau/rapidement** more beautiful/quickly (**que** than); **p. tard** later; **p. petit** smaller; **de p. en p.** more and more; **de p. en p. vite** quicker and quicker; **p. ou moins** more or less; **en p.** in addition (**de** to); **au p.** at most; **de p.** more (**que** than); *(en outre)* moreover; **les enfants de p. de dix ans** children over ten; **j'ai dix ans de p. qu'elle** I'm ten years older than she is; **il est p. de cinq heures** it's after five (o'clock); **p. il crie, p. il s'enroue** the more he shouts, the more hoarse he gets

(**b**) *(superlatif)* **le p.** (the) most; **le p. beau** the most beautiful (**de** in); *(de deux)* the more beautiful; **le p. grand** the biggest (**de** in); *(de deux)* the bigger; **j'ai le p. de livres** I have (the) most books; **j'en ai le p.** I have the most

PLUS[2] [ply] *adv (négation)* **(ne...) p.** no more; **il n'a p. de pain** he has no more bread, he doesn't have any more bread; **il n'y a p. rien** there's nothing left; **elle ne le fait p.** she no longer does it, she doesn't do it any more *or* any longer; **je ne la reverrai p.** I won't see her again; **je ne voyagerai p. jamais** I'll never travel again

plus[3] [plys] **1** *conj* plus; **deux p. deux font quatre** two plus two are four; **il fait p. 2 (degrés)** it's 2 degrees above freezing **2** *nm* **le signe p.** the plus sign

plusieurs [plyzjœr] *adj & pron* several

plutôt [plyto] *adv* rather (**que** than)

pluvieux, -euse [plyvjø, -jøz] *adj* rainy, wet

pneu [pnø] (*pl* **pneus**) *nm (de roue) Br* tyre, *Am* tire ▪ **pneumatique** *adj (gonflable)* inflatable

poche [pɔʃ] *nf (de vêtement)* pocket; *(de kangourou)* pouch ▪ **pochette** *nf (sac)* bag; *(d'allumettes)* book; *(de disque)* sleeve; *(sac à main)* (clutch) bag; *(mouchoir)* pocket handkerchief

pocher [pɔʃe] *vt (œufs)* to poach

poêle [pwal] **1** *nm (chauffage)* stove **2** *nf* **p. (à frire)** frying pan

poème [pɔɛm] *nm* poem ▪ **poésie** *nf (art)* poetry; *(poème)* poem ▪ **poète** *nm* poet

poids [pwa] *nm* weight; *Sport* shot; **au p.** by weight; **prendre/perdre du p.** to gain/lose weight; **p. lourd** *(camion) Br* lorry, *Am* truck; *(en boxe)* heavyweight; **p. plume** *(en boxe)* featherweight

poignant, -e [pwaɲɑ̃, -ɑ̃t] *adj* poignant

poignard [pwaɲar] *nm* dagger; **coup de p.** stab ▪ **poignarder** *vt* to stab

poignée [pwaɲe] *nf (quantité)* handful (**de** of); *(de porte, de casserole)* handle; *(d'épée)* hilt; **p. de main** handshake

poignet [pwaɲɛ] *nm* wrist; *(de chemise)* cuff

poil [pwal] *nm* hair; *(pelage)* coat; **poils** *(de brosse)* bristles; *(de tapis)* pile; **p. à gratter** itching powder ▪ **poilu, -e** *adj* hairy

poinçonner [pwɛ̃sɔne] *vt (billet)* to punch; *(bijou)* to hallmark

poing [pwɛ̃] *nm* fist

POINT [pwɛ̃] *nm (lieu, score, question)* point; *(sur i, à l'horizon)* dot; *(tache)* spot; *(de notation)* mark; *(de couture)* stitch; **être sur le p. de faire qch** to be about to do sth; **à p.** *(steak)* medium; **déprimé au p. que...** depressed to such an extent that...; **mettre au p.** *(appareil photo)* to focus; *(moteur)* to tune; *(technique)* to perfect; **être au p.** to be up to scratch; **au p. où j'en suis…** at the stage I've reached…; **au plus haut p.** extremely; **p. de côté** stitch; **p. de départ** starting point; **p. de vue** *(opinion)* point of view, viewpoint; *(endroit)* viewing point; **p. faible/fort** weak/strong point

pointe [pwɛ̃t] *nf (extrémité)* tip, point; *(clou)* nail; *Géog* headland; *Fig (maximum)* peak; **une p. d'humour** a touch of humour; **sur la p. des pieds** on tiptoe; **en p.** pointed; **de p.** *(technologie, industrie)* state-of-the-art; **vitesse de p.** top speed; *Fig* **à la p. de** *(progrès)* in *or* at the forefront of; **faire des pointes** *(danseuse)* to dance on points; **p. de vitesse** burst of speed

pointer [pwɛ̃te] **1** *vt (cocher) Br* to tick off, *Am* to check (off); *(braquer)* to point (**sur/vers** at) **2** *vi (employé) (à l'arrivée)* to clock in; *(à la sortie)* to clock out

pointillé [pwɛ̃tije] *nm* dotted line

pointu, -e [pwɛ̃ty] *adj (en pointe)* pointed; *(voix)* shrill; *Fig (spécialisé)* specialized

pointure [pwɛ̃tyr] *nf* size

poire [pwar] *nf (fruit)* pear ▪ **poirier** *nm* pear tree

poireau, -x [pwaro] *nm* leek

pois [pwa] *nm (légume)* pea; *(dessin)* (polka) dot; **à p.** *(vêtement)* polka-dot; **petits p.** *Br* (garden) peas, *Am* peas; **p. de senteur** sweet pea; **p. chiche** chickpea

poison [pwazɔ̃] *nm* poison

poisson [pwasɔ̃] *nm* fish; **les Poissons** *(signe)* Pisces; **p. d'avril** April fool; **p. rouge** goldfish ▪ **poissonnerie** *nf* fish shop ▪ **poissonnier, -ère** *nmf* fishmonger

poitrine [pwatrin] *nf* chest; *(seins)* bust; *Culin (de veau)* breast

poivre [pwavr] *nm* pepper ▪ **poivrer** *vt* to pepper ▪ **poivrière** *nf* pepper pot

poivron [pwavrɔ̃] *nm* pepper

pôle [pol] *nm Géog* pole; **p. Nord/Sud** North/South Pole ▪ **polaire** *adj* polar

polémique [pɔlemik] **1** *adj* polemical **2** *nf* heated debate

poli, -e [pɔli] *adj (courtois)* polite (**avec** to *or* with); *(lisse)* polished

police [pɔlis] *nf* police; *Typ & Ordinat* **p. de caractères** font; **p. secours** emergency services ▪ **policier, -ère 1** *adj* **enquête policière** police inquiry; **roman p.** detective novel **2** *nm* policeman, detective

polir [pɔlir] *vt* to polish

politesse [pɔlitɛs] *nf* politeness

politique [pɔlitik] **1** *adj* political **2** *nf (activité, science)* politics *(sing)*; *(mesure)* policy; **faire de la p.** to be in politics **3** *nmf* politician ▪ **politicien, -enne** *nmf Péj* politician

pollen [pɔlɛn] *nm* pollen

polluer [pɔlɥe] *vt* to pollute ▪ **polluant** *nm* pollutant ▪ **pollueur, -euse 1** *adj* polluting **2** *nmf* polluter ▪ **pollution** *nf* pollution

Pologne [pɔlɔɲ] *nf* **la P.** Poland ▪ **polonais, -e 1** *adj* Polish **2** *nmf* **P., Polonaise** Pole **3** *nm (langue)* Polish

polycopier [pɔlikɔpje] *vt* to duplicate

polyester [pɔliɛstɛr] *nm* polyester

polygame [pɔligam] *adj* polygamous

Polynésie [pɔlinezi] *nf* **la P.** Polynesia

polyvalent, -e [pɔlivalɑ̃, -ɑ̃t] **1** *adj (salle)* multi-purpose; *(personne)* versatile **2** *adj & nf* **(école) polyvalente** *Br* = secondary school, *Am* = high school

pommade [pɔmad] *nf* ointment

pomme [pɔm] *nf* (**a**) *(fruit)* apple; *Anat* **p. d'Adam** Adam's apple; **p. de terre** potato; **pommes chips** *Br* (potato) crisps, *Am* (potato) chips; **pommes frites** *Br* chips, *Am* (French) fries; **pommes vapeur** steamed potatoes (**b**) *(d'arrosoir)* rose ▪ **pommier** *nm* apple tree

pompe[1] [pɔ̃p] **1** *nf (machine)* pump; **p. à essence** *Br* petrol *or Am* gas station; **p. à vélo** bicycle pump **2** *nfpl* **pompes funèbres** undertaker's; **entrepreneur des pompes funèbres** *Br* undertaker, *Am* mortician

pompe[2] [pɔ̃p] *nf* **en grande p.** with great ceremony

pomper [pɔ̃pe] **1** *vt (eau, air)* to pump; *(faire monter)* to pump up; *(évacuer)* to pump out **2** *vi* to pump

pompeux, -euse [pɔ̃pø, -øz] *adj* pompous

pompier [pɔ̃pje] *nm* fireman; **voiture des pompiers** fire engine

pompiste [pɔ̃pist] *nmf Br* petrol *or Am* gas station attendant

ponce [pɔ̃s] *nf* **pierre p.** pumice stone

ponctuel, -elle [pɔ̃ktɥɛl] *adj (à l'heure)* punctual; *(unique) Br* one-off, *Am* one-of-a-kind ▪ **ponctualité** *nf* punctuality

ponctuer [pɔ̃ktɥe] *vt* to punctuate (**de** with)

pondre [pɔ̃dr] *vt (œuf)* to lay

poney [pɔne] *nm* pony

pont [pɔ̃] *nm* bridge; *(de bateau)* deck; *Fig* **faire le p.** to make a long weekend of it ▪ **pont-levis** (*pl* **ponts-levis**) *nm* drawbridge

populaire [pɔpylɛr] *adj (personne, gouvernement)* popular; *(quartier, milieu)* working-class; *(expression)* vernacular ▪ **populariser** *vt* to popularize ▪ **popularité** *nf* popularity (**auprès de** with)

population [pɔpylɑsjɔ̃] *nf* population

porc [pɔr] *nm (animal)* pig; *(viande)* pork

porcelaine [pɔrsəlɛn] *nf* china, porcelain

porche [pɔrʃ] *nm* porch

pornographie [pɔrnɔgrafi] *nf* pornography

port [pɔr] *nm* (**a**) *(pour bateaux)* port, harbour; *Ordinat* port (**b**) *(d'armes)* carrying; *(de barbe)* wearing; *(prix)* carriage, postage; *(attitude)* bearing

portable [pɔrtabl] **1** *adj (ordinateur)* portable; *(téléphone)* mobile **2** *nm (ordinateur)* laptop; *(téléphone)* mobile

portail [pɔrtaj] *nm (de jardin)* gate; *(de cathédrale)* portal

portant, -e [pɔrtɑ̃, -ɑ̃t] *adj* **bien p.** in good health

portatif, -ive [pɔrtatif, -iv] *adj* portable

porte [pɔrt] *nf* door, *(de jardin, de ville, de slalom)* gate; **mettre qn à la p.** *(jeter dehors)* to throw sb out; *(renvoyer)* to fire sb; **p. d'embarquement** *(d'aéroport)* (departure) gate; **p. d'entrée** front door

portée [pɔrte] *nf* (**a**) *(de fusil)* range; *Fig* scope; **à la p. de qn** within reach of sb; **à p. de la main** within reach; **hors de p.** out of reach (**b**) *(animaux)* litter (**c**) *(impact)* significance (**d**) *Mus* stave

portefeuille [pɔrtəfœj] *nm Br* wallet, *Am* billfold; *(de ministre, d'actions)* portfolio

portemanteau, -x [pɔrtmɑ̃to] *nm (sur pied)* coat stand; *(crochet)* coat rack

porter [pɔrte] **1** *vt* to carry; *(vêtement, lunettes)* to wear; *(moustache, barbe)* to have; *(trace, responsabilité, fruits)* to bear; *(regard)* to cast; *(inscrire)* to enter; **p. qch à qn** to take/bring sth to sb; **p. bonheur/malheur** to bring good/bad luck; **p. son attention sur qch** to turn one's attention to sth; **tout (me) porte à croire que...** everything leads me to believe that...; **se faire p. malade** to report sick

2 *vi (voix)* to carry; *(coup)* to strike home; **p. sur** *(concerner)* to be about

3 se porter *vpr (vêtement)* to be worn; **se p. bien** to be well; **comment te portes-tu?** how are you?; **se p. candidat** *Br* to stand *or Am* to run as a candidate ▪ **porté, -e** *adj* **p. à croire** inclined to believe; **p. sur qch** fond of sth ▪ **porte-bonheur** *nm inv* (lucky) charm ▪ **porte-clefs** *nm inv* key ring ▪ **porte-monnaie** *nm inv* purse ▪ **porte-parole** *nmf inv* spokesperson (**de** for) ▪ **porte-voix** *nm inv* megaphone

porteur, -euse [pɔrtœr, -øz] **1** *nm (de bagages)* porter **2** *nmf (malade)* carrier; *(de nouvelles, de chèque)* bearer

portier [pɔrtje] *nm* doorkeeper, porter ▪ **portière** *nf (de véhicule, de train)* door ▪ **portillon** *nm* gate

portion [pɔrsjɔ̃] *nf* portion

Porto Rico [pɔrtoriko] *nm ou f* Puerto Rico

portrait [pɔrtrɛ] *nm (peinture, dessin, photo)* portrait; *(description)* description; **faire le p. de qn** to do sb's portrait ▪ **portrait-robot** (*pl* **portraits-robots**) *nm* identikit picture, Photofit®

Portugal [pɔrtygal] *nm* **le P.** Portugal ▪ **portugais, -e 1** *adj* Portuguese **2** *nmf* **P., Portugaise** Portuguese *inv*; **les P.** the Portuguese **3** *nm (langue)* Portuguese

pose [poz] *nf* (**a**) *(de rideau, de papier peint)* putting up; *(de moquette)* laying (**b**) *(pour photo, portrait)* pose; *Phot* exposure; **prendre la p.** to pose

posé, -e [poze] *adj (calme)* composed, staid

poser [poze] **1** *vt* to put down; *(papier peint, rideaux)* to put up; *(mine, moquette, fondations)* to lay; *(bombe)* to plant; *(conditions, principe)* to lay down; **p. qch sur qch** to put sth on sth; **p. une question à qn** to ask sb a question; **p. sa candidature** *(à une élection)* to put oneself forward as a candidate; *(à un emploi)* to apply (**à** for)

2 *vi (modèle)* to pose (**pour** for)

3 se poser *vpr (oiseau, avion)* to land; *(problème, question)* to arise; **se p. sur** *(sujet: regard)* to rest on; **se p. des questions** to ask oneself questions

positif, -ive [pozitif, -iv] *adj* positive

position [pozisjɔ̃] *nf* position; *Fig* **prendre p.** to take a stand (**contre** against)

posséder [pɔsede] *vt (biens, talent)* to possess; *(sujet)* to have a thorough knowledge of; *(langue)* to have mastered ▪ **possession** *nf* possession; **en p. de qch** in possession of sth; **prendre p. de qch** to take possession of sth

possibilité [pɔsibilite] *nf* possibility; **avoir la p. de faire qch** to have the chance *or* opportunity of doing sth

possible [pɔsibl] **1** *adj* possible (**à faire** to do); **il (nous) est p. de le faire** it is possible (for us) to do it; **il est p. que...** *(+ subjunctive)* it is possible that...; **si p.** if possible; **le plus tôt p.** as soon as possible; **autant que p.** as far as possible; **le plus p.** as much/as many as possible; **le moins de détails p.** as few details as possible **2** *nm* **faire (tout) son p.** to do one's utmost (**pour faire** to do)

postal, -e, -aux, -ales [pɔstal, -o] *adj* postal; *(train)* mail

poste[1] [pɔst] *nf (service)* mail, *Br* post; *(bureau)* post office; **la P.** the postal services; **par la p.** by mail, *Br* by post; **p. aérienne** airmail; **p. restante** *Br* poste restante, *Am* general delivery

poste[2] [pɔst] *nm* (**a**) *(lieu, emploi)* post; **être à son p.** to be at one's post; **p. d'essence** *Br* petrol *or Am* gas station; **p. d'incendie** fire point; **p. de police** police station; **p. de secours** first-aid post (**b**) **p. (de radio/télévision)** radio/television set (**c**) *(de standard)* extension

poster[1] [pɔste] *vt (lettre)* to mail, *Br* to post

poster[2] [pɔste] **1** *vt (sentinelle, troupes)* to post, to station **2 se poster** *vpr* to take up a position

poster[3] [pɔstɛr] *nm* poster

postérieur, -e [pɔsterjœr] *adj (dans le temps)* later; *(de derrière)* back; **p. à** after

postérité [pɔsterite] *nf* posterity

postier, -ère [pɔstje, -ɛr] *nmf* postal worker

postillonner [pɔstijɔne] *vi* to splutter

postuler [pɔstyle] **1** *vt Math* to postulate **2** *vi* **p. à un emploi** to apply for a job ▪ **postulant, -e** *nmf* applicant (**à** for)

posture [pɔstyr] *nf* posture

pot [po] *nm* pot; *(en verre)* jar; *(de bébé)* potty; **p. d'échappement** *Br* exhaust pipe, *Am* tail pipe

potable [pɔtabl] *adj* drinkable; **eau p.** drinking water

potage [pɔtaʒ] *nm* soup

potager, -ère [pɔtaʒe, -ɛr] **1** *adj* **jardin p.** vegetable garden; **plante potagère** vegetable **2** *nm* vegetable garden

pot-au-feu [pɔtofø] *nm inv* = boiled beef with vegetables

pot-de-vin [podvɛ̃] (*pl* **pots-de-vin**) *nm* bribe

poteau, -x [pɔto] *nm* post; **p. électrique** electricity pylon; **p. indicateur** signpost; **p. télégraphique** telegraph pole

potelé, -e [pɔtle] *adj* plump, chubby

potence [pɔtɑ̃s] *nf (gibet)* gallows *(sing)*

potentiel, -elle [pɔtɑ̃sjɛl] *adj & nm* potential

poterie [pɔtri] *nf (art, objets)* pottery; *(objet)* piece of pottery ■ **potier, -ère** *nmf* potter

potion [posjɔ̃] *nf* potion

potiron [pɔtirɔ̃] *nm* pumpkin

pot-pourri [popuri] (*pl* **pots-pourris**) *nm (chansons)* medley

pou, -x [pu] *nm* louse (*pl* lice)

poubelle [pubɛl] *nf Br* dustbin, *Am* garbage can; **mettre qch à la p.** to throw sth out

pouce [pus] *nm (doigt)* thumb

poudre [pudr] *nf (poussière, explosif)* powder; **en p.** *(lait)* powdered; *(chocolat)* drinking; **p. à récurer** scouring powder ■ **poudrer 1** *vt* to powder **2 se poudrer** *vpr* to powder one's face ■ **poudreux, -euse 1** *adj* powdery **2** *nf* **poudreuse** *(neige)* powder snow

poulain [pulɛ̃] *nm* foal

poule[1] [pul] *nf (animal)* hen; *Culin* fowl

poule[2] [pul] *nf (groupe)* group

poulet [pulɛ] *nm (animal)* chicken

poulie [puli] *nf* pulley

pouls [pu] *nm Méd* pulse; **prendre le p. de qn** to take sb's pulse

poumon [pumɔ̃] *nm* lung; **à pleins poumons** *(respirer)* deeply

poupée [pupe] *nf* doll

POUR [pur] **1** *prép* for; **p. toi/moi** for you/me; **faites-le p. lui** do it for him, do it for his sake; **partir p. Paris/l'Italie** to leave for Paris/Italy; **elle part p. cinq ans** she's leaving for five years; **elle est p.** she's all for it, she's in favour of it; **p. faire qch** (in order) to do sth; **p. que tu le voies** so (that) you may see it; **p. quoi faire?** what for?; **assez grand p. faire qch** big enough to do sth; **p. affaires** on business; **p. cela** for that reason; **p. ma part** as for me; **jour p. jour/heure p. heure** to the day/hour; **dix p. cent** ten percent

2 *nm* **le p. et le contre** the pros and cons

---

pourboire [purbwar] *nm* tip

pourcentage [pursɑ̃taʒ] *nm* percentage

pourchasser [purʃase] *vt* to pursue

pourparlers [purparle] *nmpl* negotiations, talks

pourquoi [purkwa] **1** *adv & conj* why; **p. pas?** why not? **2** *nm inv* reason (**de** for); **le p. et le comment** the whys and wherefores

pourra, pourrait [pura, purɛ] *voir* **pouvoir 1**

pourrir [purir] *vti* to rot ■ **pourri, -e** *adj (fruit, temps)* rotten ■ **pourriture** *nf* rot

poursuite [pursɥit] **1** *nf (chasse)* pursuit; *(continuation)* continuation; **se lancer à la p. de qn** to set off in pursuit of sb **2** *nfpl Jur* **poursuites (judiciaires)** legal proceedings (**contre** against); **engager des poursuites contre qn** to start proceedings against sb

poursuivre* [pursɥivr] **1** *vt (chercher à atteindre)* to pursue; *(sujet: idée, crainte)* to haunt; *(sujet: malchance)* to dog; *(harceler)* to pester; *(continuer)* to continue, to go on with; *Jur* **p. qn (en justice)** to bring proceedings against sb; *(au criminel)* to prosecute sb **2 se poursuivre** *vpr* to continue, to go on

pourtant [purtɑ̃] *adv* yet, nevertheless; **et p.** and yet

pourtour [purtur] *nm* perimeter

pourvoir* [purvwar] **1** *vt* to provide (**de** with); **être pourvu de** to be provided with **2** *vi* **p. à** *(besoins)* to provide for **3 se pourvoir** *vpr Jur* **se p. en cassation** to take one's case to the Court of Appeal ▪ **pourvoyeur, -euse** *nmf* supplier

pourvu [purvy] **pourvu que** *conj* (**a**) *(condition)* provided (that) (**b**) *(souhait)* **p. qu'elle soit là!** I just hope (that) she's there!

pousse [pus] *nf (croissance)* growth; *(bourgeon)* shoot, sprout

poussée [puse] *nf (pression)* pressure; *(coup)* push; *(d'ennemi)* thrust, push; *(de fièvre)* outbreak

pousser [puse] **1** *vt (presser)* to push; *(moteur)* to drive hard; **p. qn à qch** to drive sb to sth; **p. qn à faire qch** *(sujet: faim)* to drive sb to do sth; *(sujet: personne)* to urge sb to do sth; **p. un cri** to shout; **p. un soupir** to sigh

2 *vi (presser)* to push; *(croître)* to grow; **faire p. qch** *(plante)* to grow sth; **se laisser p. les cheveux** to let one's hair grow

3 se pousser *vpr (pour faire de la place)* to move over ▪ **poussé, -e** *adj (études)* thorough

poussette [pusɛt] *nf Br* pushchair, *Am* stroller

poussière [pusjɛr] *nf* dust; **une p.** a speck of dust ▪ **poussiéreux, -euse** *adj* dusty

poussin [pusɛ̃] *nm (animal)* chick

poutre [putr] *nf (en bois)* beam; *(en acier)* girder

POUVOIR* [puvwar] **1** *v aux (être capable de)* can, to be able to; *(avoir la permission)* can, may, to be allowed; **tu peux entrer** you may *or* can come in

2 *v impersonnel* **il peut neiger** it may snow; **il se peut qu'elle parte** she might leave

3 *nm (puissance, attributions)* power; **au p.** *(parti)* in power; **p. d'achat** purchasing power; **les pouvoirs publics** the authorities

poux [pu] *pl de* **pou**

prairie [preri] *nf* meadow

praline [pralin] *nf* praline

pratique [pratik] **1** *adj (méthode, personne)* practical; *(outil)* handy **2** *nf (application, procédé, coutume)* practice; *(expérience)* practical experience; **la p. de la natation/du golf** swimming/golfing; **mettre qch en p.** to put sth into practice; **dans la p.** *(en réalité)* in practice ▪ **pratiquement** *adv (presque)* practically; *(en réalité)* in practice

pratiquer [pratike] **1** *vt (religion) Br* to practise, *Am* to practice; *(activité)* to take part in; *(langue)* to use; *(sport)* to play; **p. la natation** to go swimming **2** *vi (médecin, avocat) Br* to practise, *Am* to practice ▪ **pratiquant, -e 1** *adj* practising **2** *nmf* practising Christian/Jew/Muslim/*etc*

pré [pre] *nm* meadow

préalable [prealabl] **1** *adj* prior, previous; **p. à** prior to **2** *nm* precondition, prerequisite; **au p.** beforehand

préavis [preavi] *nm* (advance) notice (**de** of); **p. de grève** strike notice; **p. de licenciement** notice of dismissal

précaire [prekɛr] *adj* precarious; *(santé)* delicate ▪ **précarité** *nf* precariousness; **p. de l'emploi** lack of job security

précaution [prekosjɔ̃] *nf (mesure)* precaution; *(prudence)* caution; **par p.** as a precaution; **pour plus de p.** to be on the safe side; **prendre des précautions** to take precautions

précédent, -e [presedɑ̃, -ɑ̃t] **1** *adj* previous **2** *nmf* previous one **3** *nm* precedent; **sans p.** unprecedented ▪ **précéder** *vti* to precede

prêcher [preʃe] *vti* to preach

précieux, -euse [presjø, -øz] *adj* precious

précipice [presipis] *nm* chasm, abyss; *(de ravin)* precipice

précipiter [presipite] **1** *vt (hâter)* to hasten; *(jeter)* to hurl down **2 se précipiter** *vpr (se jeter)* to rush (**vers/sur**

towards/at); *(se hâter)* to rush; **les événements se sont précipités** things started happening quickly ▪ **précipitamment** [-amɑ̃] *adv* hastily ▪ **précipitation** *nf* haste; **précipitations** *(pluie)* precipitation ▪ **précipité, -e** *adj* hasty

précis, -e [presi, -iz] **1** *adj* precise, exact; *(mécanisme)* accurate, precise; **à deux heures précises** at two o'clock sharp *or* precisely **2** *nm (résumé)* summary; *(manuel)* handbook ▪ **précision** *nf* precision; *(de mécanisme, d'information)* accuracy; *(détail)* detail; **donner des précisions sur qch** to give precise details about sth; **demander des précisions sur qch** to ask for further information about sth

préciser [presize] **1** *vt* to specify (**que** that) **2 se préciser** *vpr* to become clear(er)

précoce [prekɔs] *adj (fruit, été)* early; *(enfant)* precocious

préconiser [prekɔnize] *vt* to advocate (**que** that)

précurseur [prekyrsœr] **1** *nm* forerunner, precursor **2** *adj* **signe p.** forewarning

prédécesseur [predesesœr] *nm* predecessor

prédestiné, -e [predestine] *adj* predestined (**à faire** to do)

prédilection [predilɛksjɔ̃] *nf* predilection; **de p.** favourite

prédire* [predir] *vt* to predict (**que** that) ▪ **prédiction** *nf* prediction

prédisposer [predispoze] *vt* to predispose (**à qch** to sth; **à faire** to do) ▪ **prédisposition** *nf* predisposition (**à** to)

préfabriqué, -e [prefabrike] *adj* prefabricated

préface [prefas] *nf* preface (**de** to)

préfecture [prefɛktyr] *nf* prefecture; **la P. de police** police headquarters

préférable [preferabl] *adj* preferable (**à** to)

préférence [preferɑ̃s] *nf* preference (**pour** for); **de p.** preferably; **de p. à** in preference to ▪ **préférentiel, -elle** *adj* preferential

préférer [prefere] *vt* to prefer (**à** to); **p. faire qch** to prefer to do sth; **je préférerais rester** I would rather stay, I would prefer to stay ▪ **préféré, -e** *adj & nmf* favourite

préfet [prefɛ] *nm* prefect *(chief administrator in a 'département')*; **p. de police** = chief commissioner of police

préhistorique [preistɔrik] *adj* prehistoric

préjudice [preʒydis] *nm (à une cause)* prejudice; *(à une personne)* harm; **porter p. à qn** to do sb harm

préjugé [preʒyʒe] *nm* prejudice; **avoir des préjugés** to be prejudiced (**contre** against)

prélasser [prelɑse] **se prélasser** *vpr* to lounge

prélever [prel(ə)ve] *vt (échantillon)* to take (**sur** from); *(somme)* to deduct (**sur** from) ▪ **prélèvement** *nm (d'échantillon)* taking; *(de somme)* deduction; **p. automatique** *Br* direct debit, *Am* automatic deduction; **prélèvements obligatoires** = tax and social security contributions

préliminaire [preliminɛr] **1** *adj* preliminary **2** *nmpl* **préliminaires** preliminaries

prélude [prelyd] *nm* prelude (**à** to)

prématuré, -e [prematyre] **1** *adj* premature **2** *nmf* premature baby

préméditer [premedite] *vt* to premeditate ▪ **préméditation** *nf* premeditation; **meurtre avec p.** premeditated murder

premier, -ère [prəmje, -ɛr] **1** *adj* first; *(enfance)* early; *(page de journal)* front; *(qualité)* prime; *(état)* original; *(danseuse, rôle)* leading; *(marche)* bottom; **le p. rang** the front row; **les trois premiers mois** the first three months; **à la première occasion** at the earliest opportunity; **en p.** firstly; **P. ministre** Prime Minister

2 *nm (étage) Br* first *or Am* second floor; **le p. juin** June the first; **le p. de l'an** New Year's Day

3 *nmf* first (one); **arriver le p.** *ou* **en p.** to arrive first

4 *nf* **première** *(wagon, billet)* first class; *(vitesse)* first (gear); *(événement historique)* first; *(de chaussure)* insole; *Théât* opening night; *Cin* première; *Scol Br* ≃ lower sixth, *Am* ≃ eleventh grade

prémonition [premɔnisjɔ̃] *nf* premonition

prénatal, -e, -als, -ales [prenatal] *adj Br* antenatal, *Am* prenatal

PRENDRE* [prɑ̃dr] **1** *vt* to take (**à qn** from sb); *(attraper)* to catch; *(repas, boisson, douche)* to have; *(nouvelles)* to get; *(air)* to put on; *(bonne)* to take on; **p. qch dans un tiroir** to take sth out of a drawer; **p. qn pour** to take sb for; **p. feu** to catch fire; **p. du temps/une heure** to take time/an hour; **p. de la place** to take up room; **p. du poids/de la vitesse** to put on weight/gather speed; **p. l'eau** *(bateau, chaussure)* to be leaking

2 *vi (feu)* to catch; *(ciment, gelée)* to set; *(greffe, vaccin, plante)* to take; *(mode)* to catch on; **p. sur soi** to restrain oneself

3 se prendre *vpr (médicament)* to be taken; *(s'accrocher)* to get caught; **se p. les pieds dans qch** to get one's feet caught in sth; **s'y p. bien avec qn** to know how to handle sb; **s'en p. à qn** to take it out on sb

prénom [prenɔ̃] *nm* first name ▪ **prénommer** *vt* to name; **il se prénomme Daniel** his first name is Daniel

préoccuper [preɔkype] **1** *vt (inquiéter)* to worry **2 se préoccuper** *vpr* **se p. de qn/qch** to concern oneself with sb/sth ▪ **préoccupant, -e** *adj* worrying ▪ **préoccupation** *nf* preoccupation, concern ▪ **préoccupé, -e** *adj* worried (**par** about)

préparatifs [preparatif] *nmpl* preparations (**de** for) ▪ **préparation** *nf* preparation ▪ **préparatoire** *adj* preparatory

préparer [prepare] **1** *vt* to prepare (**qch pour** sth for); *(examen)* to study for; **p. qch à qn** to prepare sth for sb; **plats tout préparés** ready-cooked meals

2 se préparer *vpr (être imminent)* to be in the offing; *(s'apprêter)* to prepare oneself (**à** *ou* **pour qch** for sth); **se p. à faire qch** to prepare to do sth; **se p. qch** *(boisson)* to make oneself sth

préposé, -e [prepoze] *nmf* employee; *(facteur)* postman, *f* postwoman

préretraite [preratrɛt] *nf* early retirement

près [prɛ] *adv* **p. de qn/qch** near sb/sth, close to sb/sth; **p. de deux ans** nearly two years; **p. de partir** about to leave; **tout p.** nearby (**de qn/qch** sb/sth), close by (**de qn/qch** sb/sth); **de p.** *(suivre, examiner)* closely; **à peu de chose p.** more or less; **à cela p.** except for that; **voici le chiffre à un euro p.** here is the figure, give or take a euro; **calculer au euro p.** to calculate to the nearest euro

présage [prezaʒ] *nm* omen, sign ▪ **présager** *vt* **ça ne présage rien de bon** it doesn't bode well

presbyte [prɛsbit] *adj* long-sighted

presbytère [presbitɛr] *nm* presbytery

prescrire* [preskrir] *vt (médicament)* to prescribe ▪ **prescription** *nf (ordonnance)* prescription

présence [prezɑ̃s] *nf* presence; *(à l'école)* attendance (**à** at); **en p. de** in the presence of; **faire acte de p.** to put in an appearance; **p. d'esprit** presence of mind

présent, -e [prezɑ̃, -ɑ̃t] **1** *adj (non absent, actuel)* present **2** *nm (temps)* present; **à p.** at present, now; **dès à p.** as from now

présenter [prezɑ̃te] **1** *vt (montrer)* to show, to present; *(facture)* to submit; *(arguments)* to present; **p. qn à qn** to introduce sb to sb

2 se présenter *vpr (dire son nom)* to introduce oneself (**à** to); *(chez qn)* to show up; *(occasion)* to arise; **se p. à**

(examen) to take, *Br* to sit for; *(élections)* to run in; *(emploi)* to apply for; *(autorités)* to report to; **ça se présente bien** it looks promising ▪ **présentable** *adj* presentable ▪ **présentateur, -trice** *nmf* presenter ▪ **présentation** *nf* presentation; *(de personnes)* introduction; **faire les présentations** to make the introductions; **p. de mode** fashion show

préserver [prezɛrve] *vt* to protect, to preserve (**de** from) ▪ **préservation** *nf* protection, preservation

présidence [prezidɑ̃s] *nf (de nation)* presidency; *(de firme)* chairmanship ▪ **président, -e** *nmf (de nation)* president; *(de firme)* chairman, *f* chairwoman; **p.-directeur général** *Br* (chairman and) managing director, *Am* chief executive officer; **p. du jury** *(d'examen)* chief examiner; *(de tribunal)* foreman of the jury ▪ **présidentiel, -elle** *adj* presidential

présider [prezide] *vt (réunion)* to chair; *(conseil)* to preside over

presque [prɛsk] *adv* almost, nearly; **p. jamais/rien** hardly ever/anything

presqu'île [prɛskil] *nf* peninsula

pressant, -e [prɛsɑ̃, -ɑ̃t] *adj* urgent, pressing

presse [prɛs] *nf Tech* press; *Typ* (printing) press; **la p.** *(journaux)* the press

pressé, -e [prese] *adj (personne)* in a hurry; *(air)* hurried

pressentir* [presɑ̃tir] *vt (deviner)* to sense (**que** that) ▪ **pressentiment** *nm* presentiment; *(de malheur)* foreboding

pressing [presiŋ] *nm* dry cleaner's

pression [prɛsjɔ̃] *nf Tech* pressure; *(bouton)* snap (fastener); **faire p. sur qn** to put pressure on sb, to pressurize sb

pressuriser [presyrize] *vt (avion)* to pressurize

prestataire [prɛstatɛr] *nmf Ordinat* **p. d'accès** access provider

prestation [prɛstɑsjɔ̃] *nf* (**a**) *(allocation)* benefit; **prestations** *(services)* services; **prestations sociales** *Br* social security benefits, *Am* welfare payments (**b**) *(de comédien)* performance

prestidigitateur, -trice [prɛstidiʒitatœr, -tris] *nmf* conjurer ▪ **prestidigitation** *nf* **tour de p.** conjuring trick

prestige [prɛstiʒ] *nm* prestige ▪ **prestigieux, -euse** *adj* prestigious

présumer [prezyme] *vt* to presume (**que** that); **p. de qch** to overestimate sth

prêt[1], -e [prɛ, prɛt] *adj (préparé)* ready (**à faire** to do; **à qch** for sth); **être fin p.** to be all set ▪ **prêt-à-porter** *nm* ready-to-wear clothes

prêt[2] [prɛ] *nm (somme)* loan

prétendre [pretɑ̃dr] **1** *vt (déclarer)* to claim (**que** that); *(vouloir)* to intend (**faire** to do); **à ce qu'il prétend** according to him **2** *vi* **p. à** *(titre)* to lay claim to **3 se prétendre** *vpr* to claim to be ▪ **prétendu, -e** *adj (progrès)* so-called; *(coupable)* alleged

prétentieux, -euse [pretɑ̃sjø, -øz] *adj* pretentious ▪ **prétention** *nf (vanité)* pretension; *(revendication, ambition)* claim; **sans p.** *(film, robe)* unpretentious

prêter [prɛte] **1** *vt (argent, objet)* to lend (**à** to); *(aide)* to give (**à** to); *(propos, intention)* to attribute (**à** to); **p. attention** to pay attention (**à** to); **p. serment** to take an oath; **p. main-forte à qn** to lend sb a hand **2** *vi* **p. à confusion** to give rise to confusion **3 se prêter** *vpr* **se p. à** *(consentir)* to agree to; *(convenir)* to lend itself to

prétexte [pretɛkst] *nm* excuse, pretext; **sous p. de/que** on the pretext of/that; **sous aucun p.** under no circumstances ▪ **prétexter** *vt* to plead (**que** that)

prêtre [prɛtr] *nm* priest

preuve [prœv] *nf* piece of evidence; **preuves** evidence; **faire p. de qch** to prove sth; **faire p. de courage** to show courage; **faire ses preuves** *(personne)* to prove oneself; *(méthode)* to be tried and tested

prévaloir* [prevalwar] *vi* to prevail (**sur** over)

prévenant, -e [prevnɑ̃, -ɑ̃t] *adj* considerate

prévenir* [prevnir] *vt* (**a**) *(mettre en garde)* to warn; *(aviser)* to inform (**de** of *or* about) (**b**) *(maladie)* to prevent; *(accident)* to avert ▪ **préventif, -ive** *adj* preventive ▪ **prévention** *nf* prevention; **p. routière** road safety

prévisible [previzibl] *adj* foreseeable

prévision [previzjɔ̃] *nf* forecast; **en p. de** in expectation of; **prévisions météorologiques** weather forecast

prévoir* [prevwar] *vt (météo)* to forecast; *(difficultés, retard, réaction)* to expect; *(organiser)* to plan; **la réunion est prévue pour demain** the meeting is scheduled for tomorrow; **comme prévu** as planned; **plus tôt que prévu** earlier than expected; **prévu pour** *(véhicule, appareil)* designed for

prévoyant, -e [prevwajɑ̃, -ɑ̃t] *adj* farsighted ▪ **prévoyance** *nf* foresight

prier [prije] **1** *vi Rel* to pray **2** *vt (Dieu)* to pray to; *(supplier)* to beg; **p. qn de faire qch** to ask sb to do sth; **je vous en prie** *(faites-le)* please; *(en réponse à 'merci')* don't mention it

prière [prijɛr] *nf Rel* prayer; *(demande)* request

primaire [primɛr] **1** *adj* primary; **école p.** *Br* primary school, *Am* elementary school **2** *nm Scol Br* primary *or Am* elementary education; **entrer en p.** to be at *Br* primary *or Am* elementary school

prime [prim] **1** *nf (sur salaire)* bonus; *(d'État)* subsidy; **en p.** *(cadeau)* as a free gift; **p. (d'assurance)** (insurance) premium; **p. de fin d'année** ≃ Christmas bonus; **p. de licenciement** severance allowance; **p. de transport** transport allowance **2** *adj* **de p. abord** at the very first glance

primé, -e [prime] *adj (film, animal)* prizewinning

primer [prime] *vi* to come first; **p. sur qch** to take precedence over sth

primitif, -ive [primitif, -iv] *adj (société, art)* primitive; *(état, sens)* original

primordial, -e, -aux, -ales [primɔrdjal, -jo] *adj* vital (**de faire** to do)

prince [prɛ̃s] *nm* prince ▪ **princesse** *nf* princess ▪ **princier, -ère** *adj* princely ▪ **principauté** *nf* principality

principal, -e, -aux, -ales [prɛ̃sipal, -o] **1** *adj* main, principal; *(rôle)* leading **2** *nm (de collège)* principal, *Br* headmaster, *f* headmistress; **le p.** *(l'essentiel)* the main thing

principe [prɛ̃sip] *nm* principle; **en p.** theoretically, in principle; **par p.** on principle

printemps [prɛ̃tɑ̃] *nm* spring; **au p.** in the spring

priorité [priɔrite] *nf* priority (**sur** over); *Aut* right of way; *Aut* **avoir la p.** to have (the) right of way; *Aut* **p. à droite** right of way to traffic coming from the right; **'cédez la p.'** *Br* 'give way', *Am* 'yield'; **en p.** as a matter of priority ▪ **prioritaire** *adj* **secteur p.** priority sector; **être p.** to have priority; *Aut* to have (the) right of way

pris, -e[1] [pri, priz] **1** *pp de* **prendre 2** *adj (place)* taken; **avoir le nez p.** to have a blocked nose; **être p.** *(occupé)* to be busy; *(candidat)* to be accepted; **p. de** *(peur)* seized with; **p. de panique** panic-stricken

prise[2] [priz] *nf (action)* taking; *(objet saisi)* catch; *(manière d'empoigner)* grip; *(de judo)* hold; *(de tabac)* pinch; **lâcher p.** to lose one's grip; **p. de sang** blood test; *Él* **p. (de courant)** *(mâle)* plug; *(femelle)* socket; *Él* **p. multiple** adaptor; **p. d'otages** hostage-taking

prison [prizɔ̃] *nf* prison, jail; *(peine)* imprisonment; **mettre qn en p.** to put sb in prison, to jail sb ▪ **prisonnier, -ère** *nmf* prisoner; **faire qn p.** to take sb prisoner; **p. de guerre** prisoner of war

privation [privɑsjɔ̃] *nf* deprivation (**de** of); **privations** *(manque)* hardship

privatiser [privatize] *vt* to privatize

▪ **privatisation** *nf* privatization

privé, -e [prive] **1** *adj* private **2** *nm* **le p.** the private sector; *Scol* the private education system; **en p.** in private; **dans le p.** privately; *(travailler)* in the private sector

priver [prive] **1** *vt* to deprive (**de** of) **2** **se priver** *vpr* **se p. de** to do without, to deprive oneself of

privilège [privilɛʒ] *nm* privilege ▪ **privilégié, -e** *adj* privileged

prix [pri] *nm (coût)* price; *(récompense)* prize; **à tout p.** at all costs; **hors de p.** exorbitant; **attacher du p. à qch** to attach importance to sth

probable [prɔbabl] *adj* likely, probable; **peu p.** unlikely ▪ **probabilité** *nf* probability, likelihood; **selon toute p.** in all probability

probant, -e [prɔbɑ̃, -ɑ̃t] *adj* conclusive

probité [prɔbite] *nf* integrity

problème [prɔblɛm] *nm* problem ▪ **problématique** *adj* problematic

procédé [prɔsede] *nm (technique)* process; *(méthode)* method

procéder [prɔsede] *vi (agir)* to proceed; **p. à** *(enquête, arrestation)* to carry out; **p. par élimination** to follow a process of elimination ▪ **procédure** *nf (méthode)* procedure; *(règles juridiques)* procedure; *(procès)* proceedings

procès [prɔsɛ] *nm (criminel)* trial; *(civil)* lawsuit; **faire un p. à qn** to take sb to court

procession [prɔsesjɔ̃] *nf* procession

processus [prɔsesys] *nm* process

procès-verbal [prɔsɛvɛrbal] (*pl* **procès-verbaux** [-o]) *nm (amende)* fine

prochain, -e [prɔʃɛ̃, -ɛn] *adj* next; *(mort, arrivée)* impending ▪ **prochainement** *adv* shortly, soon

proche [prɔʃ] *adj (dans l'espace)* near, close; *(dans le temps)* near, imminent; *(parent, ami)* close; **p. de** near (to), close to; **de p. en p.** step by step; **le P.-Orient** the Middle East ▪ **proches** *nmpl* close relations

proclamer [prɔklame] *vt* to proclaim (**que** that) ▪ **proclamation** *nf* proclamation

procréer [prɔkree] *vi* to procreate ▪ **procréation** *nf* procreation; **p. médicalement assistée** assisted conception

procuration [prɔkyrasjɔ̃] *nf* power of attorney; **par p.** by proxy

procurer [prɔkyre] **1** *vt* **p. qch à qn** *(sujet: personne)* to get sth for sb; *(sujet: chose)* to bring sb sth **2** **se procurer** *vpr* **se p. qch** to obtain sth

prodige [prɔdiʒ] *nm (miracle)* wonder; *(personne)* prodigy; **tenir du p.** to be extraordinary ▪ **prodigieux, -euse** *adj* prodigious

prodiguer [prɔdige] *vt* **p. qch à qn** to lavish sth on sb; **p. des conseils à qn** to pour out advice to sb

production [prɔdyksjɔ̃] *nf* production; *(produit)* product; *(d'usine)* output ▪ **producteur, -trice 1** *nmf* producer **2** *adj* producing; **pays p. de pétrole** oil-producing country ▪ **productif, -ive** *adj* productive ▪ **productivité** *nf* productivity

produire* [prɔdɥir] **1** *vt (marchandise, émission, gaz)* to produce; *(effet, résultat)* to produce, to bring about **2** **se produire** *vpr (événement)* to happen, to occur; *(acteur)* to perform ▪ **produit** *nm (article)* product; *(de vente, de collecte)* proceeds; **p. de beauté** cosmetic; **p. chimique** chemical; **produits ménagers** cleaning products

profane [prɔfan] **1** *adj* secular **2** *nmf* lay person

profaner [prɔfane] *vt* to desecrate

proférer [prɔfere] *vt* to utter

professer [prɔfese] *vt* to profess (**que** that)

professeur [prɔfɛsœr] *nm* teacher; *(à l'université)* professor; **p. principal** *Br* class *or* form teacher, *Am* homeroom teacher

profession [prɔfɛsjɔ̃] *nf* occupation, profession; *(manuelle)* trade; **sans p.** not gainfully employed; **p. libérale**

profession ▪ **professionnel, -elle 1** *adj* professional; *(enseignement)* vocational **2** *nmf* professional

profil [prɔfil] *nm* profile; **de p.** (viewed) from the side ▪ **se profiler** *vpr* to be outlined (**sur** against)

profit [prɔfi] *nm* profit; **tirer p. de qch** to benefit from sth; **mettre qch à p.** to put sth to good use ▪ **profitable** *adj* profitable (**à** to) ▪ **profiter** *vi* **p. de** to take advantage of; **p. de la vie** to make the most of life; **p. à qn** to benefit sb, to be of benefit to sb

profond, -e [prɔfɔ̃, -ɔ̃d] **1** *adj* deep; *(joie, erreur)* profound; *(cause)* underlying; **p. de 2 mètres** 2 metres deep **2** *adv* deep ▪ **profondément** *adv* deeply; *(dormir)* soundly; *(triste, ému)* profoundly; *(creuser)* deep ▪ **profondeur** *nf* depth; **faire 6 mètres de p.** to be 6 metres deep; **à 6 mètres de p.** at a depth of 6 metres

profusion [prɔfyzjɔ̃] *nf* profusion; **à p.** in profusion

programmable [prɔgramabl] *adj* programmable ▪ **programmation** *nf Radio & TV* programme planning; *Ordinat* programming

programmateur [prɔgramatœr] *nm Tech* automatic control (device)

programme [prɔgram] *nm Br* programme, *Am* program; *(de parti politique)* manifesto; *Scol* curriculum; *(d'un cours)* syllabus; *Ordinat* program ▪ **programmer** *vt Ordinat* to program; *Radio, TV & Cin* to schedule ▪ **programmeur, -euse** *nmf* (computer) programmer

progrès [prɔgrɛ] *nm & nmpl* progress; **faire des p.** to make (good) progress ▪ **progresser** *vi* to progress ▪ **progressif, -ive** *adj* progressive ▪ **progression** *nf* progression ▪ **progressiste** *adj & nmf* progressive ▪ **progressivement** *adv* progressively

prohiber [prɔibe] *vt* to prohibit, to forbid ▪ **prohibitif, -ive** *adj* prohibitive ▪ **prohibition** *nf* prohibition

proie [prwa] *nf* prey; **être la p. des flammes** to be consumed by fire

projecteur [prɔʒɛktœr] *nm (de monument, de stade)* floodlight; *(de prison, d'armée)* searchlight; *Théât* spotlight; *Cin* projector

projectile [prɔʒɛktil] *nm* missile

projection [prɔʒeksjɔ̃] *nf (d'objet, de film)* projection; *(séance)* screening

projet [prɔʒɛ] *nm (intention)* plan; *(étude)* project; **faire des projets d'avenir** to make plans for the future; **p. de loi** bill

projeter [prɔʒte] *vt (lancer)* to project; *(liquide, boue)* to splash; *(lumière)* to flash; *(film)* to show; *(ombre)* to cast; *(prévoir)* to plan; **p. de faire qch** to plan to do sth

proliférer [prɔlifere] *vi* to proliferate ▪ **prolifération** *nf* proliferation

prolonger [prɔlɔ̃ʒe] **1** *vt (vie, débat, séjour)* to prolong; *(mur, route)* to extend **2 se prolonger** *vpr (séjour)* to be prolonged; *(réunion)* to go on; *(rue)* to continue ▪ **prolongation** *nf (de séjour)* extension; **prolongations** *(au football)* extra time ▪ **prolongement** *nm (de rue)* continuation; *(de mur)* extension; **prolongements** *(d'affaires)* repercussions

promenade [prɔmənad] *nf (à pied)* walk; *(courte)* stroll; *(avenue)* promenade; **faire une p.** to go for a walk; **faire une p. à cheval** to go for a ride

promener [prɔməne] **1** *vt (personne, chien)* to take for a walk; *(visiteur)* to show around; **p. qch sur qch** *(main, regard)* to run sth over sth **2 se promener** *vpr (à pied)* to go for a walk ▪ **promeneur, -euse** *nmf* stroller, walker

promesse [prɔmɛs] *nf* promise; **tenir sa p.** to keep one's promise

promettre* [prɔmɛtr] **1** *vt* to promise (**qch à qn** sb sth; **que** that); **p. de faire qch** to promise to do sth; **c'est promis** it's a promise **2** *vi Fig* to be promising **3 se promettre** *vpr* **se p. qch** *(à soi-même)* to promise oneself sth; *(l'un l'autre)* to promise each other sth

▪ **prometteur, -euse** *adj* promising

promoteur [prɔmɔtœr] *nm* **p. (immobilier)** property developer

promotion [prɔmosjɔ̃] *nf* (**a**) *(avancement) & Com* promotion; **en p.** *(produit)* on (special) offer; **p. sociale** upward mobility (**b**) *(d'une école) Br* year, *Am* class ▪ **promouvoir*** *vt (personne, produit)* to promote; **être promu** *(employé)* to be promoted (**à** to)

prompt, -e [prɔ̃, prɔ̃t] *adj* prompt; **p. à faire qch** quick to do sth

promulguer [prɔmylge] *vt* to promulgate

prononcer [prɔnɔ̃se] **1** *vt (articuler)* to pronounce; *(dire)* to utter; *(discours)* to deliver; *(jugement)* to pronounce **2 se prononcer** *vpr (mot)* to be pronounced; *(personne)* to give one's opinion (**sur** about *or* on); **se p. pour/contre qch** to come out in favour of/against sth ▪ **prononcé, -e** *adj* pronounced, marked ▪ **prononciation** *nf* pronunciation

pronostic [prɔnɔstik] *nm* forecast; *Méd* prognosis ▪ **pronostiquer** *vt* to forecast

propagande [prɔpagɑ̃d] *nf* propaganda

propager [prɔpaʒe] *vt*, **se propager** *vpr* to spread ▪ **propagation** *nf* spreading

prophète [prɔfɛt] *nm* prophet ▪ **prophétie** [-fesi] *nf* prophecy ▪ **prophétique** *adj* prophetic

propice [prɔpis] *adj* favourable (**à** to); **le moment p.** the right moment

proportion [prɔpɔrsjɔ̃] *nf* proportion; **en p. de** in proportion to; **hors de p.** out of proportion (**avec** to) ▪ **proportionné, -e** *adj* proportionate (**à** to); **bien p.** well-proportioned ▪ **proportionnel, -elle 1** *adj* proportional (**à** to) **2** *nf* **proportionnelle** *(scrutin)* proportional representation

propos [prɔpo] *nm (sujet)* subject; *(intention)* purpose; **des p.** *(paroles)* talk, words; **à p. de qn/qch** about sb/sth; **à p.** *(arriver)* at the right time; **à p.** by the way

proposer [prɔpoze] **1** *vt (suggérer)* to suggest, to propose (**qch à qn** sth to sb; **que** + *subjunctive* that); *(offrir)* to offer (**qch à qn** sb sth; **de faire** to do); **je te propose de rester** I suggest (that) you stay **2 se proposer** *vpr* to offer one's services; **se p. pour faire qch** to offer to do sth; **se p. de faire qch** to propose to do sth ▪ **proposition** *nf* suggestion, proposal; *(offre)* offer; **faire une p. à qn** to make a suggestion to sb

propre[1] [prɔpr] **1** *adj* clean; *(soigné)* neat; **p. comme un sou neuf** spick and span **2** *nm* **mettre qch au p.** to make a fair copy of sth ▪ **proprement** [-əmɑ̃] *adv (avec propreté)* cleanly; *(avec soin)* neatly ▪ **propreté** [-əte] *nf* cleanliness; *(soin)* neatness

propre[2] [prɔpr] **1** *adj (à soi)* own; **mon p. argent** my own money; **être p. à qn/qch** *(particulier)* to be characteristic of sb/sth; **au sens p.** literally **2** *nm* **le p. de** *(qualité)* the distinctive quality of; **au p.** *(au sens propre)* literally ▪ **proprement** [-əmɑ̃] *adv (strictement)* strictly; **à p. parler** strictly speaking; **le village p. dit** the village proper

propriétaire [prɔprijetɛr] *nmf* owner; *(de location)* landlord, *f* landlady; **p. foncier** landowner

propriété [prɔprijete] *nf (fait de posséder)* ownership; *(chose possédée)* property; *(caractéristique)* property; **p. privée** private property

propulser [prɔpylse] *vt* to propel

proscrire* [prɔskrir] *vt* to proscribe, to ban

prospecter [prɔspɛkte] *vt (sol)* to prospect; *(clients)* to canvass

prospectus [prɔspɛktys] *nm* leaflet

prospère [prɔspɛr] *adj* prosperous; *(santé)* glowing ▪ **prospérer** *vi* to prosper ▪ **prospérité** *nf* prosperity

prosterner [prɔstɛrne] **se prosterner** *vpr* to prostrate oneself (**devant** before)

prostituée [prɔstitɥe] *nf* prostitute ▪ **prostitution** *nf* prostitution

protecteur, -trice [prɔtɛktœr, -tris] **1** *nmf* protector; *(mécène)* patron **2** *adj (geste, crème)* protective ▪ **protection** *nf* protection; **de p.** *(écran)* protective; **assurer la p. de qn** to ensure sb's safety ▪ **protectionnisme** *nm Écon* protectionism

protéger [prɔteʒe] **1** *vt* to protect (**de** from; **contre** against) **2 se protéger** *vpr* to protect oneself ▪ **protégé** *nm* protégé ▪ **protégée** *nf* protégée

protestant, -e [prɔtɛstɑ̃, -ɑ̃t] *adj & nmf* Protestant

protester [prɔtɛste] *vi* to protest (**contre** against); **p. de son innocence** to protest one's innocence ▪ **protestataire** *nmf* protester ▪ **protestation** *nf* protest (**contre** against); **en signe de p.** as a protest

prothèse [prɔtɛz] *nf* prosthesis; **p. auditive** hearing aid; **p. dentaire** false teeth

protocole [prɔtɔkɔl] *nm* protocol

prototype [prɔtɔtip] *nm* prototype

prouesse [pruɛs] *nf* feat

prouver [pruve] *vt* to prove (**que** that)

Provence [prɔvɑ̃s] *nf* **la P.** Provence ▪ **provençal, -e, -aux, -ales 1** *adj* Provençal **2** *nmf* **P., Provençale** Provençal

provenir* [prɔvənir] *vi* **p. de** to come from ▪ **provenance** *nf* origin; **en p. de** from

proverbe [prɔvɛrb] *nm* proverb

providence [prɔvidɑ̃s] *nf* providence ▪ **providentiel, -elle** *adj* providential

province [prɔvɛ̃s] *nf* province; **la p.** the provinces; **en p.** in the provinces; **de p.** *(ville)* provincial ▪ **provincial, -e, -aux, -ales** *adj & nmf* provincial

proviseur [prɔvizœr] *nm Br* headmaster, *f* headmistress, *Am* principal

provision [prɔvizjɔ̃] *nf* (**a**) *(réserve)* supply, stock; **provisions** *(nourriture)* shopping; **sac à provisions** shopping bag; **faire des provisions de qch** to stock up on sth (**b**) *(somme)* credit; *(acompte)* deposit

provisoire [prɔvizwar] *adj* temporary; **à titre p.** temporarily

provoquer [prɔvɔke] *vt (incendie, mort)* to cause; *(réaction)* to provoke; *(colère, désir)* to arouse ▪ **provocant, -e** *adj* provocative ▪ **provocateur** *nm* troublemaker ▪ **provocation** *nf* provocation

proximité [prɔksimite] *nf* closeness, proximity; **à p.** close by; **à p. de** close to; **de p.** local

prude [pryd] **1** *adj* prudish **2** *nf* prude

prudent, -e [prydɑ̃, -ɑ̃t] *adj (personne)* cautious, careful; *(décision)* sensible ▪ **prudence** *nf* caution, care; **par p.** as a precaution

prune [pryn] *nf (fruit)* plum ▪ **prunier** *nm* plum tree

pruneau, -x [pryno] *nm* prune

pseudonyme [psødɔnim] *nm* pseudonym

psychanalyse [psikanaliz] *nf* psychoanalysis ▪ **psychanalyste** *nmf* psychoanalyst

psychiatre [psikjatr] *nmf* psychiatrist ▪ **psychiatrie** *nf* psychiatry ▪ **psychiatrique** *adj* psychiatric

psychique [psiʃik] *adj* psychic

psychologie [psikɔlɔʒi] *nf* psychology ▪ **psychologique** *adj* psychological ▪ **psychologue** *nmf* psychologist

psychose [psikoz] *nf* psychosis

pu [py] *pp de* **pouvoir 1**

puant, -e [pɥɑ̃, pɥɑ̃t] *adj* stinking ▪ **puanteur** *nf* stink, stench

public, -ique [pyblik] **1** *adj* public; **dette publique** national debt **2** *nm (de spectacle)* audience; **le grand p.** the general public; **film grand p.** film suitable for the general public; **en p.** in public; *(émission)* before a live audience

publication [pyblikasjɔ̃] *nf (action, livre)* publication ▪ **publier** *vt* to publish

publicité [pyblisite] *nf (secteur)* advertising; *(annonce)* advertisement, advert; *Radio & TV* commercial; **agence de p.** advertising agency; **faire de la**

p. pour qch to advertise sth ▪ **publicitaire 1** *adj* **film p.** promotional film **2** *nmf* advertising executive

puce [pys] *nf (insecte)* flea; *Ordinat* (micro-)chip; **le marché aux puces, les puces** the flea market

pudeur [pydœr] *nf* modesty; **par p.** out of a sense of decency ▪ **pudibond, -e** *adj* prudish ▪ **pudique** *adj* modest

puer [pɥe] **1** *vt* to stink of **2** *vi* to stink

puériculture [pɥerikyltyr] *nf* child care ▪ **puéricultrice** *nf* nursery nurse

puéril, -e [pɥeril] *adj* puerile ▪ **puérilité** *nf* puerility

puis [pɥi] *adv* then; **et p.** *(ensuite)* and then; *(en plus)* and besides

puiser [pɥize] **1** *vt* to draw (**à/dans** from) **2** *vi* **p. dans qch** to dip into sth

puisque [pɥisk(ə)] *conj* since, as

puissant, -e [pɥisɑ̃, -ɑ̃t] *adj* powerful ▪ **puissance** *nf (force, nation) & Math* power; **en p.** *(meurtrier)* potential; *Math* **dix p. quatre** ten to the power of four

puisse(s), puissent [pɥis] *voir* **pouvoir 1**

puits [pɥi] *nm* well; *(de mine)* shaft; **p. de pétrole** oil well

pull-over [pylɔver] (*pl* **pull-overs**), **pull** [pyl] *nm* sweater, *Br* jumper

pulluler [pylyle] *vi (abonder)* to swarm

pulmonaire [pylmɔnɛr] *adj* pulmonary

pulpe [pylp] *nf (de fruits)* pulp

pulvériser [pylverize] *vt (vaporiser)* to spray; *(broyer)* to pulverize ▪ **pulvérisateur** *nm* spray

punaise [pynɛz] *nf (insecte)* bug; *(clou) Br* drawing pin, *Am* thumbtack

punir [pynir] *vt* to punish; **p. qn de qch** *(bêtise, crime)* to punish sb for sth ▪ **punition** *nf* punishment

pupille [pypij] **1** *nf (de l'œil)* pupil **2** *nmf (enfant)* ward

pupitre [pypitr] *nm (d'écolier)* desk; *(d'orateur)* lectern

pur, -e [pyr] *adj* pure; *(alcool)* neat, straight ▪ **pureté** *nf* purity

purée [pyre] *nf* purée; **p. (de pommes de terre)** mashed potatoes, *Br* mash

purge [pyrʒ] *nf (à des fins médicales, politiques)* purge

purger [pyrʒe] *vt (patient)* to purge; *(radiateur)* to bleed; *(peine de prison)* to serve

purifier [pyrifje] *vt* to purify ▪ **purification** *nf* purification; **p. ethnique** ethnic cleansing

puriste [pyrist] *nmf* purist

puritain, -e [pyritɛ̃, -ɛn] *adj & nmf* puritan

pur-sang [pyrsɑ̃] *nm inv* thoroughbred

pus¹ [py] *nm (liquide)* pus, matter

pus², put [py] *voir* **pouvoir 1**

putréfier [pytrefje] *vt*, **se putréfier** *vpr* to putrefy

puzzle [pœzl] *nm* (jigsaw) puzzle

pyjama [piʒama] *nm Br* pyjamas, *Am* pajamas; **un p.** a pair of *Br* pyjamas *or Am* pajamas

pyramide [piramid] *nf* pyramid

Pyrénées [pirene] *nfpl* **les P.** the Pyrenees

Pyrex® [pireks] *nm* Pyrex®; **plat en P.** Pyrex® dish

pyromane [pirɔman] *nmf* arsonist

Qq

Q, q [ky] *nm inv* Q, q

qu' [k] *voir* **que**

quadrillage [kadrijaʒ] *nm (de carte)* grid

quadriller [kadrije] *vt (quartier, ville)* to put under tight surveillance; *(papier)* to mark into squares ▪ **quadrillé, -e** *adj (papier)* squared

quadrupède [k(w)adrypɛd] *adj & nm* quadruped

quadruple [k(w)adrypl] **1** *adj* fourfold **2** *nm* **le q. (de)** *(quantité)* four times as much (as); *(nombre)* four times as many (as) ▪ **quadrupler** *vti* to quadruple ▪ **quadruplés, -es** *nmfpl* quadruplets

quai [kɛ] *nm (de port)* quay; *(de fleuve)* embankment; *(de gare, de métro)* platform

qualification [kalifikɑsjɔ̃] *nf (action, d'équipe, de sportif)* qualification; *(désignation)* description

qualifier [kalifje] **1** *vt (équipe)* to qualify (**pour qch** for sth; **pour faire** to do); *(décrire)* to describe (**de** as) **2 se qualifier** *vpr (équipe)* to qualify (**pour** for) ▪ **qualifié, -e** *adj (équipe)* that has qualified; **q. pour faire qch** qualified to do sth

qualité [kalite] *nf (de personne, de produit)* quality; *(occupation)* occupation; **produit de q.** quality product; **de bonne q.** of good quality; **en q. de** in his/her/*etc* capacity as

quand [kɑ̃] *conj & adv* when; **q. je viendrai** when I come

quant [kɑ̃] **quant à** *prép* as for

quantité [kɑ̃tite] *nf* quantity; **une q., des quantités** *(beaucoup)* a lot (**de** of)

quarante [karɑ̃t] *adj & nm inv* forty; **un q.-cinq tours** *(disque)* a single ▪ **quarantaine** *nf* (**a**) **une q. (de)** *(nombre)* (about) forty; **avoir la q.** *(âge)* to be about forty (**b**) *Méd* quarantine; **mettre qn en q.** to quarantine sb ▪ **quarantième** *adj & nmf* fortieth

quart [kar] *nm* (**a**) *(fraction)* quarter; **q. de litre** quarter litre, quarter of a litre; **q. d'heure** quarter of an hour; **une heure et q.** an hour and a quarter; **il est une heure et q.** it's a quarter *Br* past *or Am* after one; **une heure moins le q.** quarter to one; *Sport* **quarts de finale** quarter finals (**b**) *Naut* **être de q.** to be on watch ▪ **quart-monde** *nm* **le q.** the least-developed countries

quartier [kartje] *nm* (**a**) *(de ville)* district; **de q.** local; **q. général** headquarters (**b**) *(de lune)* quarter; *(de pomme)* piece; *(d'orange)* segment (**c**) *(expression)* **avoir q. libre** to be free

quartz [kwarts] *nm* quartz; **montre à q.** quartz watch

quasi [kazi] *adv* almost

quasiment [kazimɑ̃] *adv* almost

quatorze [katɔrz] *adj & nm inv* fourteen ▪ **quatorzième** *adj & nmf* fourteenth

quatre [katr] *adj & nm inv* four ▪ **quatrième** *adj & nmf* fourth

quatre-vingt [katrəvɛ̃] *adj & nm* eighty; **quatre-vingts ans** eighty years; **q.-un** eighty-one; **page q.** page eighty ▪ **quatre-vingt-dix** *adj & nm inv* ninety

QUE [kə]

que becomes **qu'** before a vowel or mute h.

1 *conj* (**a**) *(complétif)* that; **je pense qu'elle restera** I think (that) she'll stay; **qu'elle vienne ou non** whether she comes or not; **qu'il s'en aille!** let him leave!; **ça fait un an q. je suis là** I've been here for a year

(**b**) *(de comparaison)* than; *(avec 'aussi', 'même', 'tel', 'autant')* as; **plus/moins âgé q. lui** older/younger than him; **aussi sage/fatigué q. toi** as wise/tired as you; **le même q. Pauline** the same as Pauline

(**c**) **(ne...) que** only; **tu n'as qu'un stylo** you only have one pen

2 *adv* **(ce) qu'il est bête!** *(comme)* he's really stupid!

3 *pron relatif (chose)* that, which; *(personne)* that, whom; *(temps)* when; **le livre q. j'ai** the book (that *or* which) I have; **l'ami q. j'ai** the friend (that *or* whom) I have

4 *pron interrogatif* what; **q. fait-il?, qu'est-ce qu'il fait?** what is he doing?; **q. préférez-vous?** which do you prefer?

Québec [kebɛk] *nm* **le Q.** Quebec

quel, quelle [kɛl] **1** *adj interrogatif (chose)* what, which; *(personne)* which; **q. livre préférez-vous?** which *or* what book do you prefer?; **q. est cet homme?** who is that man?; **je sais q. est ton but** I know what your aim is; **je ne sais à q. employé m'adresser** I don't know which clerk to ask

2 *pron interrogatif* which (one); **q. est le meilleur?** which (one) is the best?

3 *adj exclamatif* **q. idiot!** what a fool!

4 *adj relatif* **q. qu'il soit** *(chose)* whatever it may be; *(personne)* whoever it *or* he may be

quelconque [kɛlkɔ̃k] **1** *adj indéfini* any; **donne-moi un livre q.** give me any book **2** *adj (insignifiant)* ordinary

quelque [kɛlk] **1** *adj indéfini* some; **quelques** some, a few; **les quelques amies qu'elle a** the few friends she has **2** *adv (environ)* about, some; **q. peu** somewhat; *Fam* **100 euros et q.** 100 euros and a bit

quelque chose [kɛlkəʃoz] *pron indéfini* something; **q. d'autre** something else; **q. de grand** something big; **q. de plus pratique/de moins lourd** something more practical/less heavy

quelquefois [kɛlkəfwa] *adv* sometimes

quelque part [kɛlkəpar] *adv* somewhere; *(dans les questions)* anywhere

quelques-uns, -unes [kɛlkəzœ̃, -yn] *pron* some

quelqu'un [kɛlkœ̃] *pron indéfini* someone, somebody; *(dans les questions)* anyone, anybody; **q. d'intelligent** someone clever

querelle [kərɛl] *nf* quarrel; **chercher q. à qn** to try to pick a fight with sb ▪ **se quereller** *vpr* to quarrel

question [kɛstjɔ̃] *nf (interrogation)* question; *(affaire)* matter, question; **il n'en est pas q.** it's out of the question; **en q.** in question ▪ **questionnaire** *nm* questionnaire ▪ **questionner** *vt* to question (**sur** about)

quête [kɛt] *nf* (**a**) *(collecte)* collection; **faire la q.** to collect money (**b**) *(recherche)* quest (**de** for); **en q. de** in quest *or* search of ▪ **quêter** [kete] **1** *vt* to seek **2** *vi* to collect money

queue [kø] *nf* (**a**) *(d'animal)* tail; *(de fleur, de fruit)* stalk; *(de train)* rear; **à la q. leu leu** in single file; **q. de cheval** *(coiffure)* ponytail (**b**) *(file) Br* queue, *Am* line; **faire la q.** *Br* to queue up, *Am* to stand in line

QUI [ki] **1** *pron interrogatif (personne)* who; *(en complément)* whom; **q. (est-ce qui) est là?** who's there?; **q. désirez-vous voir?, q. est-ce que vous désirez voir?** who(m) do you want to see?; **à q. est ce livre?** whose book is this?; **je demande q. a téléphoné** I'm asking who phoned

2 *pron relatif* (**a**) *(sujet) (personne)*

who, that; *(chose)* which, that; **l'homme q. est là** the man who's here *or* that's here; **la maison q. se trouve en face** the house which is *or* that's opposite

(**b**) *(sans antécédent)* **q. que vous soyez** whoever you are

(**c**) *(après une préposition)* **la femme de q. je parle** the woman I'm talking about

---

quiconque [kikɔ̃k] *pron (sujet)* whoever; *(complément)* anyone

quille [kij] *nf (de navire)* keel; *(de jeu)* (bowling) pin, *Br* skittle; **jouer aux quilles** to bowl, *Br* to play skittles

quincaillerie [kɛ̃kajri] *nf (magasin)* hardware shop; *(objets)* hardware

quinquennal, -e, -aux, -ales [kɛ̃kenal, -o] *adj* **plan q.** five-year plan ■ **quinquennat** *nm Pol* five-year term (of office)

quintuple [kɛ̃typl] **1** *adj* **q. de** fivefold **2** *nm* **le q. (de)** *(quantité)* five times as much (as); *(nombre)* five times as many (as) ■ **quintupler** *vti* to increase fivefold

quinze [kɛ̃z] *adj & nm inv* fifteen; **q. jours** two weeks, *Br* a fortnight ■ **quinzaine** *nf* **une q. (de)** (about) fifteen; **une q. (de jours)** two weeks, *Br* a fortnight ■ **quinzième** *adj & nmf* fifteenth

quittance [kitɑ̃s] *nf (reçu)* receipt

quitte [kit] *adj* quits (**envers** with); **q. à faire qch** even if it means doing sth; **en être q. pour qch** to get off with sth

quitter [kite] **1** *vt (personne, lieu, poste)* to leave; **ne pas q. qn des yeux** to keep one's eyes on sb **2** *vi* **ne quittez pas!** *(au téléphone)* hold the line! **3 se quitter** *vpr* to part; **ils ne se quittent plus** they are inseparable

---

QUOI [kwa] *pron* what; *(après une préposition)* which; **à q. penses-tu?** what are you thinking about?; **après q.** after which; **de q. manger** something to eat; *(assez)* enough to eat; **de q. écrire** something to write with; **q. que je dise** whatever I say; **q. qu'il en soit** be that as it may; **il n'y a pas de q.!** *(en réponse à 'merci')* don't mention it!; **q.?** what?

---

quoique [kwak] *conj* (al)though; **quoiqu'il soit pauvre** (al)though he's poor

quota [kwɔta] *nm* quota

quotidien, -enne [kɔtidjɛ̃, -ɛn] **1** *adj* daily **2** *nm* daily (paper)

Rr

R, r [er] *nm inv* R, r

rabâcher [rabɑʃe] **1** *vt* to repeat endlessly **2** *vi* to say the same thing over and over again

rabais [rabɛ] *nm* reduction, discount ▪ **rabaisser 1** *vt (dénigrer)* to belittle **2 se rabaisser** *vpr* to belittle oneself

rabattre* [rabatr] **1** *vt (col)* to turn down; *(couvercle)* to close **2 se rabattre** *vpr (se refermer)* to close; *(véhicule)* to pull back in; *Fig* **se r. sur qch** to fall back on sth

rabbin [rabɛ̃] *nm* rabbi

rabougri, -e [rabugri] *adj (personne, plante)* stunted

raccommoder [rakɔmɔde] *vt (linge)* to mend; *(chaussette)* to darn

raccompagner [rakɔ̃paɲe] *vt* to take back

raccord [rakɔr] *nm (dispositif)* connection; *(de papier peint)* join; *(de peinture)* touch-up ▪ **raccordement** [-əmɑ̃] *nm (action, lien)* connection ▪ **raccorder** *vt*, **se raccorder** *vpr* to link up (**à** to)

raccourcir [rakursir] **1** *vt* to shorten **2** *vi* to get shorter ▪ **raccourci** *nm* short cut; **en r.** in brief

raccrocher [rakrɔʃe] **1** *vt (objet tombé)* to hang back up; *(téléphone)* to put down **2** *vi (au téléphone)* to hang up **3 se raccrocher** *vpr* **se r. à qch** to catch hold of sth; *Fig* to cling to sth

race [ras] *nf (ethnie)* race; *(animale)* breed; **chien de r.** pedigree dog ▪ **racial, -e, -aux, -ales** *adj* racial ▪ **racisme** *nm* racism ▪ **raciste** *adj & nmf* racist

rachat [raʃa] *nm (de voiture, d'appartement)* repurchase; *(de firme)* buy-out ▪ **racheter 1** *vt (acheter davantage)* to buy some more; *(remplacer)* to buy another; *(firme)* to buy out; *(faute)* to make up for **2 se racheter** *vpr* to make amends, to redeem oneself

racine [rasin] *nf (de plante, de personne) & Math* root

racler [rɑkle] **1** *vt* to scrape; *(peinture, boue)* to scrape off **2 se racler** *vpr* **se r. la gorge** to clear one's throat ▪ **raclette** *nf (outil)* scraper; *(plat)* raclette *(Swiss dish consisting of potatoes and melted cheese)*

raconter [rakɔ̃te] *vt (histoire, mensonge)* to tell; *(événement)* to tell about; **r. qch à qn** *(histoire)* to tell sb sth; *(événement)* to tell sb about sth; **r. à qn que...** to tell sb that... ▪ **racontars** *nmpl* gossip

radar [radar] *nm* radar; **contrôle r.** radar speed check

rade [rad] *nf* harbour

radeau, -x [rado] *nm* raft

radiateur [radjatœr] *nm* radiator; **r. électrique** electric heater

radiation [radjɑsjɔ̃] *nf Phys* radiation; *(suppression)* removal (**de** from) ▪ **radier** *vt* to strike off (**de** from)

radical, -e, -aux, -ales [radikal, -o] *adj* radical

radieux, -euse [radjø, -øz] *adj (personne, visage, soleil)* radiant; *(temps)* glorious

radio [radjo] **1** *nf* (**a**) *(poste)* radio; *(station)* radio station; **à la r.** on the radio (**b**) *Méd* X-ray; **passer une r.** to have an X-ray **2** *nm (opérateur)* radio operator ▪ **radio-réveil** (*pl* **radios-réveils**) *nm* radio alarm, clock radio

radioactif, -ive [radjoaktif, -iv] *adj* radioactive ▪ **radioactivité** *nf* radioactivity

radiodiffuser [radjodifyse] *vt* to broadcast ▪ **radiodiffusion** *nf* broadcasting

radiographie [radjɔgrafi] *nf (photo)* X-ray; *(technique)* radiography ▪ **radiographier** *vt* to X-ray ▪ **radiologie** *nf Méd* radiology ▪ **radiologue** *nmf (technicien)* radiographer; *(médecin)* radiologist

radiophonique [radjofɔnik] *adj* **émission r.** radio broadcast

radis [radi] *nm* radish

radoucir [radusir] **se radoucir** *vpr (personne)* to calm down; *(temps)* to become milder

rafale [rafal] *nf (vent)* gust; *(de mitrailleuse)* burst

raffermir [rafɛrmir] **1** *vt (autorité)* to strengthen; *(muscles)* to tone up **2 se raffermir** *vpr (muscle)* to become stronger

raffiné, -e [rafine] *adj* refined ▪ **raffinement** *nm* refinement

raffiner [rafine] *vt* to refine ▪ **raffinage** *nm* refining

raffinerie [rafinri] *nf* refinery

rafle [rɑfl] *nf* raid

rafraîchir [rafrɛʃir] **1** *vt (rendre frais)* to chill; *(pièce)* to air; *(raviver)* to freshen up **2** *vi* to cool down **3 se rafraîchir** *vpr (temps)* to get cooler; *(se laver)* to freshen up ▪ **rafraîchissant, -e** *adj* refreshing ▪ **rafraîchissement** *nm (boisson)* cold drink

rage [raʒ] *nf (colère)* rage; *(maladie)* rabies; **faire r.** *(incendie, tempête)* to rage

ragoût [ragu] *nm Culin* stew

raid [rɛd] *nm* raid

raide [rɛd] **1** *adj (rigide, guindé)* stiff; *(côte)* steep; *(cheveux)* straight **2** *adv (grimper)* steeply; **tomber r.** to fall to the ground ▪ **raideur** *nf (rigidité)* stiffness; *(de côte)* steepness ▪ **raidir 1** *vt (bras, jambe)* to brace; *(corde)* to tauten **2 se raidir** *vpr (membres)* to stiffen; *(corde)* to tauten; *(personne)* to tense up

raie [rɛ] *nf (motif)* stripe; *(de cheveux) Br* parting, *Am* part

rail [rɑj] *nm* rail; **le r.** *(chemins de fer)* rail; **r. de sécurité** crash barrier

raisin [rɛzɛ̃] *nm* **raisin(s)** grapes; **r. sec** raisin

raison [rɛzɔ̃] *nf* (**a**) *(faculté, motif)* reason; **la r. de mon absence** the reason for my absence; **la r. pour laquelle...** the reason (why)...; **en r. de** *(cause)* on account of; **à r. de** *(proportion)* at the rate of; **à plus forte r.** all the more so

(**b**) **avoir r.** to be right (**de faire** to do *or* in doing); **donner r. à qn** to agree with sb

raisonnable [rɛzɔnabl] *adj* reasonable

raisonner [rɛzɔne] *vi (penser)* to reason ▪ **raisonnement** *nm (faculté, activité)* reasoning; *(argumentation)* argument

rajeunir [raʒœnir] **1** *vt (moderniser)* to modernize; **r. qn** *(faire paraître plus jeune)* to make sb look younger; *(donner moins que son âge à)* to underestimate how old sb is **2** *vi* to look younger ▪ **rajeunissement** *nm (après traitement)* rejuvenation; *(de population)* decrease in age

rajouter [raʒute] *vt* to add (**à** to)

rajuster [raʒyste] *vt (vêtements, lunettes)* to straighten, to adjust

ralentir [ralɑ̃tir] *vti* to slow down ▪ **ralenti** *nm Cin & TV* slow motion; **au r.** in slow motion; *(travailler)* at a slower pace; **tourner au r.** *(moteur, usine) Br* to tick over, *Am* to turn over ▪ **ralentissement** *nm* slowing down; *(embouteillage)* hold-up

rallier [ralje] **1** *vt (réunir)* to rally; *(regagner)* to return to; **r. qn à qch** *(convertir)* to win sb over to sth **2 se rallier** *vpr* **se r. à** *(avis)* to come round to; *(cause)* to rally to

rallonge [ralɔ̃ʒ] *nf (de table)* extension; *(fil électrique)* extension (lead) ▪ **rallonger** *vti* to lengthen

rallumer [ralyme] **1** *vt (feu, pipe)* to light again; *(lampe)* to switch on again **2 se rallumer** *vpr (lumière)* to come back on; *(incendie)* to flare up again

ramasser [ramɑse] **1** *vt (prendre, réunir)* to pick up; *(ordures, copies)* to collect; *(fruits, coquillages)* to gather **2 se ramasser** *vpr (se pelotonner)* to curl up; *(se relever)* to pick oneself up ▪ **ramassage** *nm (d'ordures)* collection; **r. scolaire** school bus service

rame [ram] *nf (aviron)* oar; *(de métro)* train ▪ **ramer** *vi* to row ▪ **rameur, -euse** *nmf* rower

ramener [ramne] *vt (amener)* to bring back; *(raccompagner)* to take back; *(ordre, calme)* to restore; **r. qch à qch** to reduce sth to sth; **r. qn à la vie** to bring sb back to life

ramollir [ramɔlir] *vt*, **se ramollir** *vpr* to soften

ramoner [ramɔne] *vt (cheminée)* to sweep

rampe [rɑ̃p] *nf (d'escalier)* banister; *(pente)* slope; **r. d'accès** *(de pont)* access ramp

ramper [rɑ̃pe] *vi* to crawl

rancœur [rɑ̃kœr] *nf* rancour, resentment

rançon [rɑ̃sɔ̃] *nf* ransom ▪ **rançonner** *vt* to hold to ransom

rancune [rɑ̃kyn] *nf* spite; **garder r. à qn** to bear sb a grudge ▪ **rancunier, -ère** *adj* spiteful

randonnée [rɑ̃dɔne] *nf (à pied)* hike; *(en vélo)* ride

rang [rɑ̃] *nm (rangée)* row; *(classement, grade)* rank; **par r. de taille** in order of size; **de haut r.** high-ranking; **se mettre en r.** to line up (**par trois** in threes) ▪ **rangée** *nf* row

ranger [rɑ̃ʒe] **1** *vt (papiers, vaisselle)* to put away; *(chambre)* to tidy (up); *(classer)* to rank (**parmi** among) **2 se ranger** *vpr (se disposer)* to line up; *(s'écarter)* to stand aside ▪ **rangé, -e** *adj (chambre)* tidy; *(personne)* steady ▪ **rangement** *nm* putting away; *(de chambre)* tidying (up); **rangements** *(placards)* storage space

ranimer [ranime] *vt (personne) (après évanouissement)* to bring round; *(après arrêt cardiaque)* to resuscitate; *(feu)* to rekindle; *(souvenir)* to reawaken; *(débat)* to revive

rapace [rapas] **1** *nm (oiseau)* bird of prey **2** *adj (personne)* grasping

rapatrier [rapatrije] *vt* to repatriate

râpé, -e [rɑpe] *adj (fromage, carottes)* grated ▪ **râper** *vt (fromage)* to grate; *(bois)* to rasp

rapetisser [raptise] **1** *vt (rendre plus petit)* to make smaller; *(faire paraître plus petit)* to make look smaller **2** *vi (vêtement, personne)* to shrink

rapide [rapid] **1** *adj* fast; *(progrès)* rapid; *(esprit, lecture)* quick **2** *nm (train)* express (train); *(de fleuve)* rapid ▪ **rapidité** *nf* speed

rappel [rapɛl] *nm (de diplomate)* recall; *(d'événement, de promesse)* reminder; *(au théâtre)* curtain call; *(vaccin)* booster; **descendre en r.** *(en alpinisme)* to abseil down

rappeler [raple] **1** *vt (pour faire revenir, au téléphone)* to call back; *(souvenir, diplomate)* to recall; **r. qch à qn** to remind sb of sth **2** *vi (au téléphone)* to call back **3 se rappeler** *vpr* **se r. qn/qch** to remember sb/sth; **se r. que...** to remember that...

rapport [rapɔr] *nm* (**a**) *(lien)* connection, link; **par r. à** compared with; **rapports** *(entre personnes)* relations; **rapports (sexuels)** (sexual) intercourse (**b**) *(profit)* return, yield (**c**) *(compte rendu)* report

rapporter [rapɔrte] **1** *vt (rendre)* to bring back; *(remporter)* to take back; *(raconter)* to report; *(profit)* to yield; **r. de l'argent** to be profitable; *(moralement)* to bring sb sth; **on rapporte que...** it is reported that... **2** *vi (chien)* to retrieve

3 se rapporter *vpr* **se r. à qch** to relate to sth; **s'en r. à qn/qch** to rely on sb/sth

rapprocher [raprɔʃe] **1** *vt (objet)* to move closer (**de** to); *(réconcilier)* to bring together; *(comparer)* to compare (**de** to *or* with)

2 se rapprocher *vpr* to get closer (**de** to); *(se réconcilier)* to be reconciled; *(ressembler)* to be similar (**de** to) ▪ **rapproché, -e** *adj* close; *(yeux)* close-set ▪ **rapprochement** *nm (réconciliation)* reconciliation; *(rapport)* connection

rapt [rapt] *nm* abduction

raquette [rakɛt] *nf (de tennis)* racket; *(de ping-pong)* bat; *(de neige)* snowshoe

rare [rar] *adj* rare; *(argent, main-d'œuvre)* scarce; *(barbe, végétation)* sparse; **c'est r. qu'il pleuve ici** it rarely rains here ▪ **rarement** *adv* rarely, seldom ▪ **rareté** *nf (objet rare)* rarity; *(de main-d'œuvre)* scarcity; *(de phénomène)* rareness

ras, -e [rɑ, rɑz] **1** *adj (cheveux)* close-cropped; *(herbe, barbe)* short; *(mesure)* full; **à r. bord** to the brim; **pull (au) r. du cou** crew-neck sweater **2** *nm* **au r. de, à r. de** level with; **voler au r. du sol** to fly close to the ground **3** *adv (coupé)* short

raser [rɑse] **1** *vt (menton, personne)* to shave; *(barbe, moustache)* to shave off; *(démolir)* to raze to the ground; *(frôler)* to skim **2 se raser** *vpr* to shave ▪ **rasé, -e** *adj* **être bien r.** to be clean-shaven

rasoir [rɑzwar] *nm* razor; *(électrique)* shaver

rassasier [rasazje] *vt (faim, curiosité)* to satisfy

rassembler [rasɑ̃ble] **1** *vt (gens, objets)* to gather (together) **2 se rassembler** *vpr* to gather, to assemble ▪ **rassemblement** [-əmɑ̃] *nm (action, groupe)* gathering

rasseoir* [raswar] **se rasseoir** *vpr* to sit down again

rassis, -e [rasi, -iz] *adj (pain)* stale

rassurer [rasyre] **1** *vt* to reassure **2 se rassurer** *vpr* **rassure-toi** don't worry ▪ **rassurant, -e** *adj* reassuring

rat [ra] *nm* rat

ratatiner [ratatine] **se ratatiner** *vpr* to shrivel up

ratatouille [ratatuj] *nf Culin* **r. (niçoise)** ratatouille

râteau, -x [rɑto] *nm* rake

râtelier [rɑtəlje] *nm (pour outils, pour armes)* rack

rater [rate] *vt (bus, cible, occasion)* to miss; *(travail, gâteau)* to ruin; *(examen)* to fail; *(vie)* to waste ▪ **raté, -e** *nmf* loser

ratifier [ratifje] *vt* to ratify

ration [rɑsjɔ̃] *nf* ration ▪ **rationnement** *nm* rationing

rationaliser [rasjɔnalize] *vt* to rationalize

rationnel, -elle [rasjɔnɛl] *adj* rational

ratisser [ratise] *vt (allée)* to rake; *(feuilles)* to rake up

rattacher [rataʃe] **1** *vt (lacets)* to tie up again; *(région)* to unite (**à** with) **2 se rattacher** *vpr* **se r. à** to be linked to

rattraper [ratrape] **1** *vt* to catch; *(prisonnier)* to recapture; **r. qn** *(rejoindre)* to catch up with sb; **r. le temps perdu** to make up for lost time **2 se rattraper** *vpr (se retenir)* to catch oneself in time; *(après une faute)* to make up for it; **se r. à qch** to catch hold of sth ▪ **rattrapage** *nm Scol* **cours de r.** remedial class

raturer [ratyre] *vt* to cross out, to delete

rauque [rok] *adj (voix)* hoarse

ravages [ravaʒ] *nmpl* devastation; *(du temps, de maladie)* ravages; **faire des r.** to wreak havoc; *(femme)* to break hearts ▪ **ravager** *vt* to devastate

ravaler [ravale] *vt (façade)* to clean

ravi, -e [ravi] *adj* delighted (**de** with; **de faire** to do; **que** that)

ravin [ravɛ̃] *nm* ravine

ravir [ravir] *vt (emporter)* to snatch (**à**

from); *(plaire à)* to delight; **chanter à r.** to sing delightfully ▪ **ravissement** *nm (extase)* ecstasy ▪ **ravisseur, -euse** *nmf* kidnapper

raviser [ravize] **se raviser** *vpr* to change one's mind

ravitailler [ravitaje] **1** *vt (personnes)* to supply; *(avion)* to refuel **2 se ravitailler** *vpr* to get in supplies ▪ **ravitaillement** *nm (action)* supplying; *(d'avion)* refuelling; *(denrées)* supplies

raviver [ravive] *vt (feu, sentiment)* to rekindle; *(douleur)* to revive; *(couleur)* to brighten up

rayer [rɛje] *vt (érafler)* to scratch; *(mot)* to cross out ▪ **rayé, -e** *adj (verre, disque)* scratched; *(tissu, pantalon)* striped ▪ **rayure** *nf (éraflure)* scratch; *(motif)* stripe; **à rayures** striped

rayon [rɛjɔ̃] *nm* (**a**) *(de lumière)* ray; *(de cercle)* radius; *(de roue)* spoke; **dans un r. de** within a radius of; **r. X** X-ray; **r. de soleil** sunbeam (**b**) *(d'étagère)* shelf; *(de magasin)* department; *(de ruche)* honeycomb ▪ **rayonnage** *nm* shelving, shelves

rayonner [rɛjɔne] *vi (avenue, douleur)* to radiate; *(dans une région)* to travel around *(from a central base)*; *(soleil)* to beam; *Fig* **r. de joie** to beam with joy ▪ **rayonnant, -e** *adj (soleil)* radiant; *Fig (visage)* beaming (**de** with) ▪ **rayonnement** *nm (du soleil)* radiance; *(influence)* influence

raz de marée [radmare] *nm inv* tidal wave; **r. électoral** landslide

ré [re] *nm inv (note)* D

réacteur [reaktœr] *nm (d'avion)* jet engine; *(nucléaire)* reactor

réaction [reaksjɔ̃] *nf* reaction; **moteur à r.** jet engine

réagir [reaʒir] *vi* to react (**contre** against; **à** to); *Fig (se secouer)* to shake oneself out of it

réaliser [realize] **1** *vt (projet)* to realize; *(rêve, ambition) Br* to fulfil, *Am* to fulfill; *(bénéfices)* to make; *(film)* to direct; *(comprendre)* to realize (**que** that) **2 se réaliser** *vpr (vœu)* to come true; *(personne) Br* to fulfil *or Am* fulfill oneself ▪ **réalisable** *adj (plan)* workable; *(rêve)* attainable ▪ **réalisateur, -trice** *nmf (de film)* director ▪ **réalisation** *nf (de projet)* realization; *(de rêve)* fulfilment; *(de film)* direction

réalité [realite] *nf* reality; **en r.** in reality

réanimation [reanimasjɔ̃] *nf* resuscitation; **(service de) r.** intensive care unit ▪ **réanimer** *vt* to resuscitate

rebattu, -e [rəbaty] *adj (sujet)* hackneyed

rebelle [rəbɛl] **1** *adj (personne)* rebellious; *(mèche)* unruly **2** *nmf* rebel ▪ **se rebeller** *vpr* to rebel (**contre** against) ▪ **rébellion** *nf* rebellion

rebondir [rəbɔ̃dir] *vi* to bounce; *(par ricochet)* to rebound

rebondissement [rəbɔ̃dismɑ̃] *nm* new development (**de** in)

rebord [rəbɔr] *nm* edge; *(de plat)* rim; *(de vêtement)* hem; **r. de fenêtre** windowsill

reboucher [rəbuʃe] *vt (flacon)* to put the top back on; *(trou)* to fill in again

rebours [rəbur] **à rebours** *adv* the wrong way

rébus [rebys] *nm* rebus

rebut [rəby] *nm* **mettre qch au r.** to throw sth out

rebuter [rəbyte] *vt (décourager)* to put off

récapituler [rekapityle] *vti* to recapitulate

recel [rəsɛl] *nm* receiving stolen goods ▪ **receler, recéler** *vt (mystère, secret)* to conceal; *(objet volé)* to receive; *(criminel)* to harbour

recenser [rəsɑ̃se] *vt (population)* to take a census of ▪ **recensement** *nm (de population)* census

récent, -e [resɑ̃, -ɑ̃t] *adj* recent

récepteur [resɛptœr] *nm (téléphone)* receiver ▪ **réceptif, -ive** *adj* receptive (**à** to) ▪ **réception** *nf (accueil, soirée)* & *Radio* reception; *(de lettre)* receipt; *(d'hôtel)* reception (desk); **dès r. de**

on receipt of; **avec accusé de r.** with acknowledgement of receipt ▪ **réceptionniste** *nmf* receptionist

récession [resesjɔ̃] *nf Écon* recession

recette [rəsɛt] *nf Culin & Fig* recipe (**de** for); *(argent, bénéfice)* takings; **recettes** *(gains)* takings

recevoir* [rəsəvwar] **1** *vt (amis, lettre, proposition, coup de téléphone)* to receive; *(gifle, coup)* to get; *(client)* to see; *(candidat)* to admit; *(station de radio)* to pick up; **r. la visite de qn** to have a visit from sb; **être reçu à un examen** to pass an exam; **être reçu premier** to come first

2 *vi (faire une fête)* to have guests ▪ **receveur, -euse** *nmf (de bus)* (bus) conductor; **r. des Postes** postmaster, *f* postmistress

rechange [rəʃɑ̃ʒ] **de rechange** *adj (pièce)* spare

recharge [rəʃarʒ] *nf (de stylo)* refill ▪ **rechargeable** *adj (briquet)* refillable; *(pile)* rechargeable ▪ **recharger** *vt (fusil, appareil photo, camion)* to reload; *(briquet, stylo)* to refill; *(pile)* to recharge

réchaud [reʃo] *nm* (portable) stove

réchauffer [reʃofe] **1** *vt (personne, aliment)* to warm up **2 se réchauffer** *vpr (personne)* to get warm ▪ **réchauffement** *nm (de température)* rise (**de** in); **le r. de la planète** global warming

rêche [rɛʃ] *adj* rough

recherche [rəʃɛrʃ] *nf* (**a**) *(quête)* search (**de** for); **à la r. de** in search of (**b**) *(scientifique)* research (**sur** into); **faire de la r.** to do research (**c**) **recherches** *(de police)* search, hunt; **faire des recherches** to make inquiries (**d**) *(raffinement)* elegance

rechercher [rəʃɛrʃe] *vt (personne, objet)* to search for; *(emploi)* to look for; *(honneurs)* to seek ▪ **recherché, -e** *adj* (**a**) *(très demandé)* in demand; *(rare)* sought-after; **r. pour meurtre** wanted for murder (**b**) *(élégant)* elegant

rechute [rəʃyt] *nf* relapse ▪ **rechuter** *vi* to have a relapse

récidive [residiv] *nf (de malfaiteur)* repeat *Br* offence *or Am* offense; *(de maladie)* recurrence (**de** of) ▪ **récidiver** *vi (malfaiteur)* to reoffend ▪ **récidiviste** *nmf (malfaiteur)* repeat offender

récif [resif] *nm* reef

récipient [resipjɑ̃] *nm* container

réciproque [resiprɔk] *adj (sentiments)* mutual; *(concessions)* reciprocal

récit [resi] *nm (histoire)* story; *(compte rendu)* account; **faire le r. de qch** to give an account of sth

récital, -als [resital] *nm* recital

réciter [resite] *vt* to recite

réclame [reklam] *nf (publicité)* advertising; *(annonce)* advertisement; **en r.** on special offer

réclamer [reklame] **1** *vt (demander)* to ask for; *(exiger)* to demand; *(nécessiter)* to require **2** *vi* to complain ▪ **réclamation** *nf* complaint; **(bureau des) réclamations** complaints department

réclusion [reklyzjɔ̃] *nf* **r. (criminelle) à perpétuité** life imprisonment

recoin [rəkwɛ̃] *nm (de lieu)* nook

recoller [rəkɔle] *vt (objet cassé)* to stick back together

récolte [rekɔlt] *nf (action)* harvesting; *(produits)* harvest; **faire la r.** to harvest the crops ▪ **récolter** *vt* to harvest

recommandable [rəkɔmɑ̃dabl] *adj* **peu r.** disreputable

recommandation [rəkɔmɑ̃dasjɔ̃] *nf (appui, conseil)* recommendation

recommander [rəkɔmɑ̃de] *vt (appuyer)* to recommend (**à** to; **pour** for); **r. à qn de faire qch** to advise sb to do sth ▪ **recommandé, -e 1** *adj (lettre)* registered **2** *nm* **en r.** registered

recommencer [rəkɔmɑ̃se] *vti* to start *or* begin again ▪ **recommencement** *nm* renewal (**de** of)

récompense [rekɔ̃pɑ̃s] *nf* reward (**pour** *ou* **de** for); *(prix)* award ▪ **récompenser** *vt* to reward (**de** *ou* **pour** for)

réconcilier [rekɔ̃silje] **1** *vt* to reconcile (**avec** with) **2 se réconcilier** *vpr* to become reconciled, *Br* to make it up (**avec** with) ▪ **réconciliation** *nf* reconciliation

reconduire* [rəkɔ̃dɥir] *vt (contrat)* to renew; **r. qn (à la porte)** to show sb out ▪ **reconduction** *nf (de contrat)* renewal

réconfort [rekɔ̃fɔr] *nm* comfort ▪ **réconfortant, -e** *adj* comforting ▪ **réconforter** *vt* to comfort

reconnaissable [rəkɔnɛsabl] *adj* recognizable (**à qch** by sth)

reconnaissant, -e [rəkɔnɛsɑ̃, -ɑ̃t] *adj* grateful (**à qn de qch** to sb for sth) ▪ **reconnaissance** *nf (gratitude)* gratitude (**pour** for); *(de droit, de gouvernement)* recognition; *Mil* reconnaissance; **r. de dette** IOU

reconnaître* [rəkɔnɛtr] **1** *vt (identifier, admettre)* to recognize (**à qch** by sth); *(enfant, erreur)* to acknowledge; *Mil (terrain)* to reconnoitre; **être reconnu coupable** to be found guilty **2 se reconnaître** *vpr (soi-même)* to recognize oneself; *(l'un l'autre)* to recognize each other ▪ **reconnu, -e** *adj* recognized

reconquérir* [rəkɔ̃kerir] *vt (territoire)* to reconquer

reconsidérer [rəkɔ̃sidere] *vt* to reconsider

reconstituer [rəkɔ̃stitɥe] *vt (armée, parti)* to reconstitute; *(crime)* to reconstruct ▪ **reconstitution** *nf (de crime)* reconstruction; **r. historique** historical reconstruction

reconstruire* [rəkɔ̃strɥir] *vt* to rebuild ▪ **reconstruction** *nf* rebuilding

reconvertir [rəkɔ̃vɛrtir] **1** *vt (entreprise)* to convert; *(personne)* to retrain **2 se reconvertir** *vpr (personne)* to retrain ▪ **reconversion** *nf (d'usine)* conversion; *(de personne)* retraining

recopier [rəkɔpje] *vt (mettre au propre)* to copy out; *(faire un double de)* to recopy

record [rəkɔr] *nm & adj inv* record

recoucher [rəkuʃe] **se recoucher** *vpr* to go back to bed

recoudre* [rəkudr] *vt (bouton)* to sew back on; *(vêtement, plaie)* to stitch up

recouper [rəkupe] **1** *vt (couper de nouveau)* to recut; *(confirmer)* to confirm **2 se recouper** *vpr (témoignages)* to tally ▪ **recoupement** *nm* crosscheck; **par r.** by crosschecking

recourber [rəkurbe] *vt*, **se recourber** *vpr* to bend ▪ **recourbé, -e** *adj (bec)* curved

recours [rəkur] *nm* recourse; **avoir r. à** *(chose)* to resort to; *(personne)* to turn to; **en dernier r.** as a last resort ▪ **recourir*** *vi* **r. à** *(moyen, violence)* to resort to; *(personne)* to turn to

recouvrer [rəkuvre] *vt (santé, bien)* to recover; *(vue)* to regain

recouvrir* [rəkuvrir] *vt (revêtir, inclure)* to cover (**de** with); *(couvrir de nouveau)* to re-cover

récréation [rekreasjɔ̃] *nf Scol Br* break, *Am* recess; *(pour les plus jeunes)* playtime

recroqueviller [rəkrɔkvije] **se recroqueviller** *vpr (personne)* to huddle up

recrue [rəkry] *nf* recruit ▪ **recrutement** *nm* recruitment ▪ **recruter** *vt* to recruit

rectangle [rɛktɑ̃gl] *nm* rectangle ▪ **rectangulaire** *adj* rectangular

rectifier [rɛktifje] *vt (calcul, erreur)* to correct; *(compte)* to adjust ▪ **rectification** *nf (de calcul, d'erreur)* correction

recto [rekto] *nm* front; **r. verso** on both sides

rectorat [rɛktɔra] *nm Br* ≃ local education authority, *Am* ≃ board of education

reçu, -e [rəsy] **1** *pp de* **recevoir 2** *adj (idée)* received; *(candidat)* successful **3** *nm (récépissé)* receipt

recueil [rəkœj] *nm (de poèmes, de chansons)* collection (**de** of)

recueillir* [rəkœjir] **1** *vt (argent, renseignements)* to collect; *(personne, animal)* to take in **2 se recueillir** *vpr* to meditate; *(devant un monument)* to stand in silence ▪ **recueillement** *nm* meditation

recul [rəkyl] *nm (d'armée, de négociateur, de maladie)* retreat; *(de canon)* recoil; *(déclin)* decline; **avoir un mouvement de r.** to recoil

reculer [rəkyle] **1** *vi (personne)* to move back; *(automobiliste)* to reverse, *Am* to back up; *(armée)* to retreat; *(épidémie)* to lose ground; *(renoncer)* to back down, to retreat; *(diminuer)* to decline; **faire r. la foule** to move the crowd back
2 *vt (meuble)* to move back; *(paiement, décision)* to postpone ▪ **reculé, -e** *adj (endroit)* remote

reculons [rəkylɔ̃] **à reculons** *adv* backwards

récupérer [rekypere] **1** *vt (objet prêté)* to get back, to recover; *(bagages)* to retrieve; *(forces)* to recover; *(recycler)* to salvage; *Péj (détourner à son profit)* to exploit **2** *vi (reprendre des forces)* to recover ▪ **récupération** *nf (d'objet)* recovery; *(de déchets)* salvage

recycler [rəsikle] **1** *vt (matériaux)* to recycle **2 se recycler** *vpr (personne)* to retrain ▪ **recyclage** *nm (de matériaux)* recycling; *(de personne)* retraining

rédacteur, -trice [redaktœr, -tris] *nmf* writer; *(de journal)* editor ▪ **rédaction** *nf (action)* writing; *(de contrat)* drawing up; *(journalistes)* editorial staff; *(bureaux)* editorial offices

redemander [rədəmɑ̃de] *vt* to ask for more; **il faut que je le lui redemande** *(que je pose la question à nouveau)* I'll have to ask him/her again

redémarrer [rədemare] *vi (voiture)* to start again

redescendre [rədesɑ̃dr] **1** *(aux* **avoir***) vt (objet)* to bring/take back down **2** *(aux* **être***) vi* to come/go back down

redevance [rədəvɑ̃s] *nf (de télévision)* licence fee

redevenir* [rədəvənir] *(aux* **être***) vi* to become again

rediffusion [rədifyzjɔ̃] *nf (de film)* repeat

rédiger [rediʒe] *vt* to write; *(contrat)* to draw up

redire* [rədir] **1** *vt* to repeat **2** *vi* **avoir** *ou* **trouver à r. à qch** to find fault with sth

redoublant, -e [rədublɑ̃, -ɑ̃t] *nmf* pupil repeating a year *or Am* a grade

redoubler [rəduble] **1** *vt* to increase; *Scol* **r. une classe** to repeat a year *or Am* a grade **2** *vi Scol* to repeat a year *or Am* a grade ▪ **redoublement** *nm* increase (**de** in)

redouter [rədute] *vt* to dread (**de faire** doing) ▪ **redoutable** *adj (adversaire, arme)* formidable; *(maladie)* dreadful

redresser [rədrese] **1** *vt (objet tordu)* to straighten (out); *(économie, situation)* to put right; **r. la tête** to hold up one's head **2 se redresser** *vpr (personne)* to straighten up; *(pays, économie)* to recover ▪ **redressement** [-ɛsmɑ̃] *nm* **r. fiscal** tax adjustment

réduction [redyksjɔ̃] *nf* reduction (**de** in); *(rabais)* discount

réduire* [redɥir] **1** *vt* to reduce (**à** to; **de** by); **r. qch en cendres** to reduce sth to ashes; **r. qn à qch** *(misère, désespoir)* to reduce sb to sth **2** *vi (sauce)* to reduce **3 se réduire** *vpr* **se r. à** *(se ramener à)* to come down to ▪ **réduit, -e 1** *adj (prix, vitesse)* reduced **2** *nm (pièce)* small room

réécrire* [reekrir] *vt* to rewrite

rééduquer [reedyke] *vt (personne)* to rehabilitate ▪ **rééducation** *nf (de personne)* rehabilitation; **faire de la r.** to have physiotherapy

réel, -elle [reɛl] *adj* real

réélire* [reelir] *vt* to re-elect

réévaluer [reevalɥe] *vt (monnaie)* to revalue; *(salaires)* to reassess

réexpédier [reɛkspedje] *vt (faire suivre)* to forward; *(à l'envoyeur)* to return

refaire* [rəfɛr] *vt (exercice, travail)* to do again, to redo; *(chambre)* to do up; *(erreur, voyage)* to make again; **r. sa vie** to make a new life for oneself; **r. du riz** to make some more rice

réfectoire [refɛktwar] *nm* dining hall, refectory

référence [referɑ̃s] *nf* reference; **faire r. à qch** to refer to sth

référer [refere] **se référer** *vpr* **se r. à** to refer to

refermer [rəfɛrme] *vt*, **se refermer** *vpr* to close *or* shut again

réfléchir [refleʃir] **1** *vt (image, lumière)* to reflect; **r. que...** to realize that... **2** *vi* to think (**à** *ou* **sur** about) **3 se réfléchir** *vpr* to be reflected ▪ **réfléchi, -e** *adj (personne)* thoughtful; *(action, décision)* carefully thought-out; **tout bien r.** all things considered

reflet [rəflɛ] *nm (image) & Fig* reflection; *(lumière)* glint; **reflets** *(de cheveux)* highlights ▪ **refléter 1** *vt* to reflect **2 se refléter** *vpr* to be reflected

réflexe [reflɛks] *nm & adj* reflex

réflexion [reflɛksjɔ̃] *nf (d'image, de lumière)* reflection; *(pensée)* thought, reflection; *(remarque)* remark; **faire une r. à qn** to make a remark to sb; **r. faite, à la r.** on second *Br* thoughts *or Am* thought

reflux [rəfly] *nm (de marée)* ebb; *(de foule)* backward surge

réforme [refɔrm] *nf* reform ▪ **réformer** *vt (loi)* to reform; *(soldat)* to discharge as unfit

refouler [rəfule] *vt (personnes)* to force *or* drive back; *(étrangers)* to turn away; *(sentiment)* to repress; *(larmes)* to hold back

refrain [rəfrɛ̃] *nm (de chanson)* chorus, refrain

réfrigérateur [refriʒeratœr] *nm* refrigerator

refroidir [rəfrwadir] **1** *vt* to cool (down) **2** *vi (devenir froid)* to get cold; *(devenir moins chaud)* to cool down **3 se refroidir** *vpr (temps)* to get colder ▪ **refroidissement** *nm (de température)* drop in temperature; *(de l'eau)* cooling

refuge [rəfyʒ] *nm* refuge; *(de montagne)* (mountain) hut

réfugier [refuʒje] **se réfugier** *vpr* to take refuge ▪ **réfugié, -e** *nmf* refugee

refus [rəfy] *nm* refusal ▪ **refuser 1** *vt* to refuse (**qch à qn** sb sth; **de faire** to do); *(offre, invitation)* to turn down; *(proposition)* to reject; *(candidat)* to fail; *(client)* to turn away **2 se refuser** *vpr (plaisir)* to deny oneself; **se r. à faire qch** to refuse to do sth

regagner [rəgaɲe] *vt (récupérer)* to regain, to get back; *(revenir à)* to get back to

régaler [regale] **se régaler** *vpr* **je me régale** *(en mangeant)* I'm really enjoying it

regard [rəgar] *nm (coup d'œil, expression)* look; **jeter un r. sur** to glance at

regarder [rəgarde] **1** *vt* to look at; *(émission, film)* to watch; *(considérer)* to consider, to regard (**comme** as); *(concerner)* to concern; **r. qn fixement** to stare at sb

2 *vi (observer)* to look; **r. par la fenêtre** *(du dedans)* to look out of the window

3 se regarder *vpr (soi-même)* to look at oneself; *(l'un l'autre)* to look at each other

régénérer [reʒenere] *vt* to regenerate

régie [reʒi] *nf (entreprise)* state-owned company; *TV (organisation)* production management; *(lieu)* control room

régime [reʒim] *nm (politique)* (form of) government; *(de bananes)* bunch; **r. (alimentaire)** diet; **suivre un r.** to be on a diet

régiment [reʒimɑ̃] *nm (de soldats)* regiment

région [reʒjɔ̃] *nf* region, area ▪ **régional, -e, -aux, -ales** *adj* regional

registre [rəʒistr] *nm* register

réglable [reglabl] *adj* adjustable ▪ **réglage** *nm (de siège, de machine)* adjustment; *(de moteur, de télévision)* tuning

règle [rɛgl] *nf* (**a**) *(principe)* rule; **en r.** *(papiers d'identité)* in order; **en r. générale** as a (general) rule (**b**) *(instrument)* ruler

règlement [rɛgləmɑ̃] *nm* (**a**) *(règles)* regulations (**b**) *(de conflit)* settling; *(paiement)* payment; *Fig* **r. de**

comptes settling of scores ▪ **réglementaire** *adj* in accordance with the regulations; *Mil* **tenue r.** regulation uniform ▪ **réglementation** *nf (règles)* regulations ▪ **réglementer** *vt* to regulate

régler [regle] **1** *vt (problème, conflit)* to settle; *(mécanisme)* to adjust; *(moteur, télévision)* to tune; *(payer)* to pay; **r. qn** to settle up with sb **2** *vi* to pay **3 se régler** *vpr* **se r. sur qn** to model oneself on sb

réglisse [reglis] *nf Br* liquorice, *Am* licorice

règne [rɛɲ] *nm (de souverain)* reign; *(animal, minéral, végétal)* kingdom ▪ **régner** *vi (roi, silence)* to reign (**sur** over); *(prédominer)* to prevail; **faire r. l'ordre** to maintain law and order

regorger [rəgɔrʒe] *vi* **r. de** to be overflowing with

regret [rəgrɛ] *nm* regret; **à r.** with regret; **avoir le r.** *ou* **être au r. de faire qch** to be sorry to do sth ▪ **regrettable** *adj* regrettable ▪ **regretter** [rəgrɛte] *vt* to regret; **r. qn** to miss sb; **je regrette, je le regrette** I'm sorry; **r. que...** *(+ subjunctive)* to be sorry that...

regrouper [rəgrupe] *vt*, **se regrouper** *vpr* to gather together

régulariser [regylarize] *vt (situation)* to regularize

régulier, -ère [regylje, -ɛr] *adj (intervalles, visage)* regular; *(constant)* steady; *(légal)* legal ▪ **régularité** *nf (exactitude)* regularity; *(constance)* steadiness

réhabituer [reabitɥe] **se réhabituer** *vpr* **se r. à qch/à faire qch** to get used to sth/to doing sth again

rein [rɛ̃] *nm* kidney; **les reins** *(dos)* the lower back

reine [rɛn] *nf* queen; **la r. Élisabeth** Queen Elizabeth

réinsertion [reɛ̃sersjɔ̃] *nf* reintegration; **r. sociale** rehabilitation

réintégrer [reɛ̃tegre] *vt (fonctionnaire)* to reinstate; *(lieu)* to return to

rejaillir [rəʒajir] *vi* to spurt out

rejet [rəʒɛ] *nm (refus) & Méd* rejection ▪ **rejeter** *vt (relancer)* to throw back; *(offre, candidature, greffe, personne)* to reject; *(blâme)* to shift (**on** to)

rejoindre* [rəʒwɛ̃dr] **1** *vt (personne)* to meet; *(rue, rivière)* to join; *(lieu)* to reach; *(concorder avec)* to coincide with **2 se rejoindre** *vpr (personnes)* to meet up; *(rues, rivières)* to join up

réjouir [reʒwir] **1** *vt* to delight **2 se réjouir** *vpr* to be delighted (**de** at; **de faire** to do) ▪ **réjoui, -e** *adj* joyful ▪ **réjouissance** *nf* rejoicing; **réjouissances** festivities

relâche [rəlɑʃ] *nf* **faire r.** *Théât & Cin* to be closed; *Naut* to put in (**dans un port** at a port); **sans r.** without a break

relâcher [rəlɑʃe] **1** *vt (corde, étreinte)* to loosen; *(discipline)* to relax; *(prisonnier)* to release **2** *vi Naut* to put into port **3 se relâcher** *vpr (corde)* to slacken; *(discipline)* to become lax; *(employé)* to slack off

relais [rəlɛ] *nm (dispositif émetteur)* relay; *Sport* **(course de) r.** relay (race); **passer le r. à qn** to hand over to sb; **prendre le r.** to take over (**de** from); **r. routier** *Br* transport café, *Am* truck stop (café)

relancer [rəlɑ̃se] *vt (lancer à nouveau)* to throw again; *(rendre)* to throw back; *(production)* to boost; *(moteur)* to restart

relatif, -ive [rəlatif, -iv] *adj* relative (**à** to)

relation [rəlɑsjɔ̃] *nf (rapport)* relationship; *(ami)* acquaintance; **être en r. avec qn** to be in touch with sb; **avoir des relations** *(amis)* to have contacts; **r. (amoureuse)** (love) affair; **relations extérieures** foreign affairs; **relations internationales** international relations

relayer [rəleje] **1** *vt (personne)* to take over from; *(émission)* to relay **2 se relayer** *vpr* to take turns (**pour faire** doing); *Sport* to take over from one another

relevé [rəlve] *nm* list; *(de compteur)* reading; **r. de compte** bank statement; *Scol* **r. de notes** list of *Br* marks or *Am* grades

relève [rəlɛv] *nf* relief; **prendre la r.** to take over (**de** from)

relèvement [rəlɛvmɑ̃] *nm (d'économie, de pays)* recovery; *(de salaires)* raising

relever [rəlve] **1** *vt (ramasser)* to pick up; *(personne)* to help back up; *(pays)* to revive; *(copies)* to collect; *(faute)* to pick out; *(empreinte)* to find; *(défi)* to accept; *(sauce)* to spice up; *(copier)* to note down; *(compteur)* to read; *(relayer)* to relieve; *(augmenter)* to raise; **r. la tête** to look up; **r. qn de ses fonctions** to relieve sb of his/her duties

2 *vi* **r. de** *(dépendre de)* to come under; *(maladie)* to be recovering from

3 se relever *vpr (après une chute)* to get up

relief [rəljɛf] *nm (de paysage)* relief; **en r.** in relief; *Fig* **mettre qch en r.** to highlight sth

relier [rəlje] *vt* to connect, to link (**à** to); *(idées, faits)* to link together; *(livre)* to bind

religion [rəliʒjɔ̃] *nf* religion ▪ **religieuse** *nf (femme)* nun; *(gâteau)* cream puff ▪ **religieux, -euse 1** *adj* religious; **mariage r.** church wedding **2** *nm (moine)* monk

relire* [rəlir] *vt* to reread

reliure [rəljyr] *nf (couverture)* binding; *(art)* bookbinding

reluire* [rəlɥir] *vi* to shine, to gleam; **faire r. qch** to polish sth up

remanier [rəmanje] *vt (texte)* to revise; *(ministère)* to reshuffle ▪ **remaniement** *nm (de texte)* revision; **r. ministériel** cabinet reshuffle

remarier [rəmarje] **se remarier** *vpr* to remarry ▪ **remariage** *nm* remarriage

remarquable [rəmarkabl] *adj* remarkable (**par** for)

remarque [rəmark] *nf* remark; **faire une r.** to make a remark

remarquer [rəmarke] *vt (apercevoir)* to notice (**que** that); *(dire)* to remark (**que** that); **faire r. qch** to point sth out (**à** to); **se faire r.** to attract attention

rembobiner [rɑ̃bɔbine] *vt*, **se rembobiner** *vpr* to rewind

rembourser [rɑ̃burse] *vt (personne)* to pay back; *(billet, frais)* to refund ▪ **remboursement** [-əmɑ̃] *nm* repayment; *(de billet)* refund

remède [rəmɛd] *nm* cure, remedy (**contre** for) ▪ **remédier** *vi* **r. à qch** to remedy sth

remémorer [rəmemɔre] **se remémorer** *vpr* to remember

remercier [rəmɛrsje] *vt (dire merci à)* to thank (**de** *ou* **pour qch** for sth); **je vous remercie d'être venu** thank you for coming ▪ **remerciements** *nmpl* thanks

remettre* [rəmɛtr] **1** *vt (replacer)* to put back; *(vêtement)* to put back on; *(disque)* to put on again; *(différer)* to postpone (**à** until); *(ajouter)* to add (**dans** to); **r. qch à qn** *(lettre)* to deliver sth to sb; *(rapport)* to submit sth to sb; *(démission)* to hand sth in to sb; **r. qn en liberté** to set sb free; **r. qch en question** to call sth into question; **r. qch en état** to repair sth; **r. qch à jour** to bring sth up to date

2 se remettre *vpr* **se r. à qch** to start sth again; **se r. à faire qch** to start to do sth again; **se r. de qch** to recover from sth

remise [rəmiz] *nf* (**a**) *(de lettre)* delivery; **r. à neuf** *(de machine)* reconditioning; **r. en question** questioning; **r. en état** *(de maison)* restoration (**b**) *(rabais)* discount (**c**) *Jur* **r. de peine** reduction of sentence (**d**) *(local)* shed

remontée [rəmɔ̃te] *nf* **r. mécanique** ski lift

remonter [rəmɔ̃te] **1** *(aux* **être***) vi* to come/go back up; *(niveau, prix)* to rise again, to go back up; *(dans le temps)* to go back (**à** to); **r. dans** *(voiture)* to get back in(to); *(bus, train)* to get back on(to); **r. à dix ans** to go back ten years

2 *(aux* **avoir***) vt (escalier, pente)* to come/go back up; *(porter)* to bring/take back up; *(montre)* to wind up; *(relever)* to raise; *(objet démonté)* to put back together, to reassemble; **r. le moral à qn** to cheer sb up ▪ **remonte-pente** *(pl* **remonte-pentes***) nm* ski lift

remords [rəmɔr] *nm* remorse; **avoir des r.** to feel remorse

remorque [rəmɔrk] *nf (de voiture)* trailer ▪ **remorquer** *vt (voiture, bateau)* to tow ▪ **remorqueur** *nm* tug(-boat)

rempart [rɑ̃par] *nm* rampart; **remparts** walls

remplacer [rɑ̃plase] *vt* to replace (**par** with); *(professionnellement)* to stand in for ▪ **remplaçant, -e** *nmf (personne)* replacement; *(enseignant)* substitute teacher, *Br* supply teacher; *(joueur)* substitute ▪ **remplacement** *nm* replacement; **en r. de** in place of

remplir [rɑ̃plir] **1** *vt* to fill (up) (**de** with); *(formulaire)* to fill out, *Br* to fill in; *(promesse)* to fulfil **2 se remplir** *vpr* to fill (up) (**de** with)

remporter [rɑ̃pɔrte] *vt (objet)* to take back; *(prix, victoire)* to win

remuer [rəmɥe] **1** *vt (bouger)* to move; *(terre)* to turn over **2** *vi* to move; *(gigoter)* to fidget

rémunérer [remynere] *vt (personne)* to pay; *(travail)* to pay for ▪ **rémunération** *nf* payment (**de** for)

renaître* [rənɛtr] *vi (personne)* to be born again; *(espoir, industrie)* to revive ▪ **renaissance** *nf* rebirth; *(des arts)* renaissance

renard [rənar] *nm* fox

renchérir [rɑ̃ʃerir] *vi (dire plus)* to go one better (**sur** than)

rencontre [rɑ̃kɔ̃tr] *nf (de personnes)* meeting; *(match) Br* match, *Am* game; **aller à la r. de qn** to go to meet sb ▪ **rencontrer 1** *vt (personne)* to meet; *(difficulté)* to come up against, to encounter; *(trouver)* to come across

2 se rencontrer *vpr* to meet

rendement [rɑ̃dmɑ̃] *nm (de champ)* yield; *(d'investissement)* return, yield; *(de personne, de machine)* output

rendez-vous [rɑ̃devu] *nm inv (rencontre)* appointment; *(amoureux)* date; *(lieu)* meeting place; **donner r. à qn** to arrange to meet sb; **prendre r. avec qn** to make an appointment with sb; **recevoir sur r.** *(médecin)* to see patients by appointment

rendormir* [rɑ̃dɔrmir] **se rendormir** *vpr* to go back to sleep

rendre [rɑ̃dr] **1** *vt (restituer)* to give back, to return (**à** to); *(jugement)* to deliver; *(armes)* to surrender; *(invitation)* to return; *(santé)* to restore; *(exprimer)* to render; *(vomir)* to bring up; **r. célèbre** to make famous; **r. la monnaie à qn** to give sb his/her change; **r. l'âme** to pass away; **r. les armes** to surrender

2 *vi (vomir)* to vomit

3 se rendre *vpr (criminel)* to give oneself up (**à** to); *(soldats)* to surrender (**à** to); *(aller)* to go (**à** to); **se r. à l'évidence** *(être lucide)* to face facts; **se r. malade** to make oneself ill

renfermer [rɑ̃fɛrme] *vt* to contain ▪ **renfermé, -e 1** *adj (personne)* withdrawn **2** *nm* **sentir le r.** to smell musty

renforcer [rɑ̃fɔrse] *vt* to strengthen, to reinforce

renfort [rɑ̃fɔr] *nm* **des renforts** *(troupes)* reinforcements; *Fig* **à grand r. de** with (the help of) a great deal of

renfrogner [rɑ̃frɔɲe] **se renfrogner** *vpr* to scowl

renier [rənje] *vt (ami, pays)* to disown; *(foi)* to deny

renifler [rənifle] *vti* to sniff ▪ **reniflement** [-əmɑ̃] *nm (bruit)* sniff

renne [rɛn] *nm* reindeer

renom [rənɔ̃] *nm* renown; **de r.** *(ouvrage, artiste)* famous, renowned ▪ **renommé, -e** *adj* famous, renowned (**pour** for) ▪ **renommée** *nf* fame, renown

renoncer [rənɔ̃se] *vi* **r. à qch** to give

sth up, to abandon sth; **r. à faire qch** to give up doing sth

renouer [rənwe] **1** *vt (lacet)* to tie again **2** *vi* **r. avec qch** *(tradition)* to revive sth; **r. avec qn** to take up with sb again

renouveau, -x [rənuvo] *nm* revival

renouveler [rənuvəle] **1** *vt* to renew; *(expérience)* to repeat **2 se renouveler** *vpr (incident)* to happen again, to recur; *(cellules, sang)* to be renewed ▪ **renouvelable** *adj* renewable ▪ **renouvellement** [-ɛlmɑ̃] *nm* renewal

rénover [renɔve] *vt (édifice, meuble)* to renovate ▪ **rénovation** *nf (d'édifice, de meuble)* renovation

renseigner [rɑ̃seɲe] **1** *vt* to give some information to (**sur** about) **2 se renseigner** *vpr* to make inquiries (**sur** about) ▪ **renseignement** [-əmɑ̃] *nm* piece of information; **renseignements** information; **les renseignements (téléphoniques)** *Br* directory inquiries, *Am* information; **demander des renseignements** to make inquiries

rentable [rɑ̃tabl] *adj* profitable ▪ **rentabilité** *nf* profitability

rente [rɑ̃t] *nf* (private) income; *(pension)* pension

rentrée [rɑ̃tre] *nf* **r. des classes** start of the new school year

rentrer [rɑ̃tre] **1** *(aux* **être***) vi (entrer)* to go/come in; *(entrer de nouveau)* to go/come back in; *(chez soi)* to go/come (back) home; **r. en France** to return to France; **en rentrant de l'école** on my/his/her/*etc* way home from school; **r. dans qch** *(pénétrer)* to get into sth; *(sujet: voiture)* to crash into sth; **r. dans une catégorie** to fall into a category

2 *(aux* **avoir***) vt (linge, troupeau)* to bring/take in; *(chemise)* to tuck in; *(griffes)* to retract

renverse [rɑ̃vɛrs] **à la renverse** *adv (tomber)* backwards

renverser [rɑ̃vɛrse] **1** *vt (faire tomber)* to knock over; *(liquide)* to spill; *(piéton)* to run over; *(tendance, situation)* to reverse; *(gouvernement)* to overthrow **2 se renverser** *vpr (récipient)* to fall over; *(véhicule)* to overturn

renvoi [rɑ̃vwa] *nm (de marchandise, de lettre)* return; *(d'employé)* dismissal; *(d'élève)* expulsion; *(rot)* belch, burp ▪ **renvoyer*** *vt (lettre, cadeau)* to send back, to return; *(employé)* to dismiss; *(élève)* to expel; *(balle)* to throw back; *(lumière, image)* to reflect

réorganiser [reɔrganize] *vt* to reorganize ▪ **réorganisation** *nf* reorganization

repaître* [rəpɛtr] **se repaître** *vpr Fig* **se r. de qch** to revel in sth

répandre [repɑ̃dr] **1** *vt (liquide)* to spill; *(odeur)* to give off; *(chargement)* to shed; *(bienfaits)* to lavish **2 se répandre** *vpr (nouvelle, peur)* to spread; *(liquide)* to spill; **se r. dans** *(fumée, odeur)* to spread through ▪ **répandu, -e** *adj (opinion, usage)* widespread

reparaître* [rəparɛtr] *vi* to reappear

réparer [repare] *vt (objet, machine)* to repair, to mend; *(faute)* to make amends for; **faire r. qch** to get sth repaired ▪ **réparable** *adj (machine)* repairable ▪ **réparateur, -trice 1** *nmf* repairer **2** *adj (sommeil)* refreshing ▪ **réparation** *nf (action)* repairing; *(résultat)* repair; *(dédommagement)* reparation; **en r.** under repair

repartir* [rəpartir] *(aux* **être***) vi (continuer)* to set off again; *(s'en retourner)* to go back; *(machine)* to start again

répartir [repartir] *vt (poids, charge)* to distribute; *(tâches, vivres)* to share (out); *(classer)* to divide (up); *(étaler dans le temps)* to spread (out) (**sur** over) ▪ **répartition** *nf (de poids)* distribution; *(de tâches)* sharing; *(classement)* division

repas [rəpɑ] *nm* meal

repasser [rəpɑse] **1** *vi* to come/go back; **r. chez qn** to drop in on sb again **2** *vt (montagne, frontière)* to go across again; *(examen)* to take again, *Br* to resit; *(film)* to show again; *(disque,* *cassette)* to play again; *(linge)* to iron ▪ **repassage** *nm* ironing

repêcher [rəpeʃe] *vt (objet)* to fish out

repeindre* [rəpɛ̃dr] *vt* to repaint

répercuter [repɛrkyte] **1** *vt (son)* to reflect; *(augmentation)* to pass **2 se répercuter** *vpr (son, lumière)* to be reflected; *Fig* **se r. sur** to have repercussions on

repère [rəpɛr] *nm* mark; **point de r.** *(espace, temps)* reference point ▪ **repérer 1** *vt (endroit)* to locate **2 se repérer** *vpr* to get one's bearings

répertoire [repɛrtwar] *nm (liste)* index; *(carnet)* (indexed) notebook; *Théât* repertoire

répéter [repete] **1** *vt* to repeat; *(pièce de théâtre, rôle)* to rehearse; **r. à qn que...** to tell sb again that...

2 *vi (redire)* to repeat; *(acteur)* to rehearse

3 se répéter *vpr (radoter)* to repeat oneself; *(événement)* to happen again ▪ **répétition** *nf (redite)* repetition; *Théât* rehearsal; **r. générale** dress rehearsal

répit [repi] *nm* rest, respite; **sans r.** ceaselessly

replacer [rəplase] *vt* to replace, to put back

replanter [rəplɑ̃te] *vt* to replant

repli [rəpli] *nm (de vêtement, de terrain)* fold; *(d'armée)* withdrawal; *(de monnaie)* fall

replier [rəplije] **1** *vt (objet)* to fold up; *(couteau)* to fold away; *(ailes)* to fold; *(jambes)* to tuck up **2 se replier** *vpr (objet)* to fold up; *(armée)* to withdraw

réplique [replik] *nf (réponse)* retort; *(d'acteur)* lines; *(copie)* replica; **sans r.** *(argument)* unanswerable ▪ **répliquer 1** *vt* **r. que...** to reply that... **2** *vi* to reply; *(avec impertinence)* to answer back

répondre [repɔ̃dr] **1** *vi* to answer, to reply; *(avec impertinence)* to answer back; *(réagir)* to respond (**à** to); **r. à qn** to answer sb, to reply to sb; *(avec impertinence)* to answer sb back; **r. à** *(lettre, question, objection)* to answer, to reply to; *(besoin)* to meet; **r. au téléphone** to answer the phone; **r. de qn/qch** to answer for sb/sth

2 *vt (remarque)* to answer *or* reply with; **r. que...** to answer *or* reply that... ▪ **répondeur** *nm* **r. (téléphonique)** answering machine

réponse [repɔ̃s] *nf* answer, reply; *(réaction)* response (**à** to)

reportage [rəpɔrtaʒ] *nm (article, émission)* report; *(métier)* reporting

reporter¹ [rəpɔrte] **1** *vt (objet)* to take back; *(réunion)* to put off, to postpone (**à** until); *(transcrire)* to transfer (**sur** to) **2 se reporter** *vpr* **se r. à** *(texte)* to refer to

reporter² [rəpɔrtɛr] *nm* reporter

repos [rəpo] *nm (détente)* rest; *(tranquillité)* peace

reposer [rəpoze] **1** *vt (objet)* to put back down; *(problème, question)* to raise again; *(délasser)* to rest, to relax; **r. sa tête sur** *(appuyer)* to lean one's head on

2 *vi (être enterré)* to lie; **r. sur** *(bâtiment)* to be built on; *(théorie)* to be based on; **laisser r.** *(liquide)* to allow to settle

3 se reposer *vpr* to rest; **se r. sur qn** to rely on sb ▪ **reposant, -e** *adj* restful, relaxing ▪ **reposé, -e** *adj* rested

repousser [rəpuse] **1** *vt (en arrière)* to push back; *(sur le côté)* to push away; *(attaque, ennemi)* to beat off; *(offre)* to reject; *(dégoûter)* to repel **2** *vi (cheveux, feuilles)* to grow again

reprendre* [rəprɑ̃dr] **1** *vt (objet)* to take back; *(évadé, ville)* to recapture; *(activité)* to take up again; *(vêtement)* to alter; *(corriger)* to correct; **r. de la viande** to take some more meat

2 *vi (recommencer)* to start again; *(affaires)* to pick up; *(continuer de parler)* to go on, to continue

3 se reprendre *vpr (se ressaisir)* to get a grip on oneself; *(se corriger)* to correct oneself; **s'y r. à deux fois** to have another go (at it)

représenter [rəprezɑ̃te] **1** *vt* to represent; *(pièce de théâtre)* to perform **2 se représenter** *vpr (s'imaginer)* to imagine ▪ **représentant, -e** *nmf* representative ▪ **représentatif, -ive** *adj* representative (**de** of) ▪ **représentation** *nf* representation; *Théât* performance

répression [reprɛsjɔ̃] *nf (d'émeute)* suppression; *(mesures de contrôle)* repression ▪ **répressif, -ive** *adj* repressive ▪ **réprimer** *vt (sentiment, révolte)* to suppress

réprimander [reprimɑ̃de] *vt* to reprimand

reprise [rəpriz] *nf (recommencement)* resumption; *(de l'économie)* recovery; *(de locataire)* = money for fixtures and fittings *(paid by outgoing tenant)*; *(de marchandise)* taking back; *(pour nouvel achat)* part exchange, trade-in; **faire une r. à qch** to darn sth; **à plusieurs reprises** on several occasions ▪ **repriser** *vt (chaussette)* to darn

réprobateur, -trice [reprɔbatœr, -tris] *adj* disapproving

reproche [rəprɔʃ] *nm* reproach; **sans r.** beyond reproach ▪ **reprocher** *vt* **r. qch à qn** to blame *or* reproach sb for sth

reproduire* [rəprɔdɥir] **1** *vt (modèle, son)* to reproduce **2 se reproduire** *vpr (animaux)* to reproduce; *(incident)* to happen again ▪ **reproduction** *nf (d'animaux, de son)* reproduction; *(copie)* copy

reptile [rɛptil] *nm* reptile

repu, -e [rəpy] *adj (rassasié)* satiated

république [repyblik] *nf* republic ▪ **républicain, -e** *adj & nmf* republican

répugnant, -e [repyɲɑ̃, -ɑ̃t] *adj* repulsive ▪ **répugner** *vi* **r. à qn** to be repugnant to sb; **r. à faire qch** to be loath to do sth

réputation [repytɑsjɔ̃] *nf* reputation; **avoir la r. d'être franc** to have a reputation for being frank *or* for frankness ▪ **réputé, -e** *adj (célèbre)* renowned (**pour** for)

requête [rəkɛt] *nf* request

requin [rəkɛ̃] *nm (animal)* shark

réquisitionner [rekizisjɔne] *vt* to requisition, to commandeer

rescapé, -e [rɛskape] **1** *adj* surviving **2** *nmf* survivor

réseau, -x [rezo] *nm* network

réservation [rezɛrvasjɔ̃] *nf* reservation, booking

réserve [rezɛrv] *nf (provision, discrétion)* reserve; *(entrepôt)* storeroom; *(de bibliothèque)* stacks; *(de chasse, de pêche)* preserve; *(restriction)* reservation; *Mil* **la r.** the reserve; **en r.** in reserve; **sans r.** *(admiration)* unqualified; **sous r. de** subject to; **sous toutes réserves** without guarantee; **r. naturelle** nature reserve

réserver [rezɛrve] **1** *vt* to reserve; *(garder)* to save, to keep (**à** for); *(marchandises)* to put aside (**à** for); *(sort, surprise)* to hold in store (**à** for) **2 se réserver** *vpr* **se r. pour qch** to save oneself for sth ▪ **réservé, -e** *adj (personne, place, chambre)* reserved

réservoir [rezɛrvwar] *nm (lac)* reservoir; *(cuve)* tank; **r. d'essence** *Br* petrol *or Am* gas tank

résidence [rezidɑ̃s] *nf* residence; **r. secondaire** second home; **r. universitaire** *Br* hall of residence, *Am* dormitory ▪ **résident, -e** *nmf* resident ▪ **résidentiel, -elle** *adj (quartier)* residential ▪ **résider** *vi* to reside; **r. dans** *(consister en)* to lie in

résidu [rezidy] *nm* residue

résigner [reziɲe] **se résigner** *vpr* to resign oneself (**à qch** to sth; **à faire** to doing) ▪ **résignation** *nf* resignation

résistance [rezistɑ̃s] *nf* resistance (**à** to); *Hist* **la R.** the Resistance

résister [reziste] *vi* **r. à** *(attaque, agresseur, tentation)* to resist; *(chaleur, fatigue, souffrance)* to withstand; *(mauvais traitement)* to stand up to ▪ **résistant, -e 1** *adj* tough; **r. à la chaleur** heat-resistant **2** *nmf Hist* Resistance fighter

résolu, -e [rezɔly] **1** *pp de* **résoudre 2**

adj determined, resolute; **r. à faire qch** determined to do sth ▪ **résolution** *nf (décision)* resolution; *(fermeté)* determination

résonance [rezɔnɑ̃s] *nf* resonance

résonner [rezɔne] *vi (cri)* to resound; *(salle, voix)* to echo (**de** with)

résoudre* [rezudr] **1** *vt (problème)* to solve; *(difficulté)* to resolve; **r. de faire qch** to resolve to do sth **2 se résoudre** *vpr* **se r. à faire qch** to resolve to do sth

respect [rɛspɛ] *nm* respect (**pour/de** for) ▪ **respectable** *adj (honorable, important)* respectable ▪ **respecter** *vt* to respect; **r. la loi** to abide by the law; **faire r. la loi** to enforce the law ▪ **respectueux, -euse** *adj* respectful (**envers** to; **de** of)

respirer [rɛspire] **1** *vi* to breathe **2** *vt* to breathe (in) ▪ **respiration** *nf* breathing; *(haleine)* breath

responsable [rɛspɔ̃sabl] **1** *adj* responsible (**de qch** for sth; **devant qn** to sb) **2** *nmf (chef)* person in charge; *(d'organisation)* official; *(coupable)* person responsible (**de** for) ▪ **responsabilité** *nf* responsibility; *(légale)* liability

ressaisir [rəsezir] **se ressaisir** *vpr* to pull oneself together

ressemblance [rəsɑ̃blɑ̃s] *nf* likeness, resemblance (**avec** to) ▪ **ressembler 1** *vi* **r. à** to look like, to resemble **2 se ressembler** *vpr* to look alike

ressentir* [rəsɑ̃tir] *vt* to feel

resserrer [rəsere] **1** *vt (nœud, boulon)* to tighten; *Fig (liens)* to strengthen **2 se resserrer** *vpr (nœud)* to tighten

resservir* [rəsɛrvir] **1** *vi (outil)* to come in useful (again) **2 se resservir** *vpr* **se r. de** *(plat)* to have another helping of

ressort [rəsɔr] *nm (objet)* spring; **du r. de** within the competence of; **en dernier r.** *(décider)* as a last resort

ressortir* [rəsɔrtir] **1** *(aux* **être***) vi (personne)* to go/come back out; *(film)* to be shown again; *(se voir)* to stand out; **faire r. qch** to bring sth out; **il ressort de...** *(résulte)* it emerges from... **2** *(aux* **avoir***) vi (vêtement)* to get out again

ressortissant, -e [rəsɔrtisɑ̃, -ɑ̃t] *nmf* national

ressource [rəsurs] **1** *nfpl* **ressources** *(moyens, argent)* resources; **être sans ressources** to be without means **2** *nf (possibilité)* possibility (**de faire** of doing); **avoir de la r.** to be resourceful; **en dernière r.** as a last resort

ressusciter [resysite] *vi* to rise from the dead

restant, -e [rɛstɑ̃, -ɑ̃t] **1** *adj* remaining **2** *nm* **le r.** the rest, the remainder; **un r. de viande** some leftover meat

restaurant [rɛstɔrɑ̃] *nm* restaurant

restaurateur, -trice [rɛstɔratœr, -tris] *nmf (hôtelier, hôtelière)* restaurant owner; *(de tableaux)* restorer

restaurer [rɛstɔre] **1** *vt (réparer, rétablir)* to restore **2 se restaurer** *vpr* to have something to eat ▪ **restauration** *nf (hôtellerie)* catering; *(de tableau)* restoration

reste [rɛst] *nm* rest, remainder (**de** of); **restes** remains (**de** of); *(de repas)* leftovers; **au r., du r.** moreover, besides

rester [rɛste] *(aux* **être***) vi* to stay, to remain; *(calme, jeune)* to keep, to stay, to remain; *(subsister)* to be left, to remain; **il reste du pain** there's some bread left (over); **il me reste une pomme** I have one apple left; **l'argent qui lui reste** the money he/she has left; **il me reste deux choses à faire** I still have two things to do

restituer [rɛstitɥe] *vt (rendre)* to return (**à** to); *(argent)* to repay ▪ **restitution** *nf (d'objet)* return

restriction [rɛstriksjɔ̃] *nf* restriction; **sans r.** *(approuver)* unreservedly

résultat [rezylta] *nm* result; **avoir qch pour r.** to result in sth ▪ **résulter 1** *vi* **r. de** to result from **2** *v impersonnel* **il en résulte que...** the result of this is that...

résumer [rezyme] **1** *vt (abréger)* to summarize; *(récapituler)* to sum up **2**

se résumer *vpr (orateur)* to sum up; **se r. à qch** *(se réduire à)* to boil down to sth ▪ **résumé** *nm* summary; **en r.** in short

rétablir [retablir] **1** *vt (communications, ordre)* to restore; *(vérité)* to re-establish; *(employé)* to reinstate **2 se rétablir** *vpr (malade)* to recover ▪ **rétablissement** *nm (d'ordre, de dynastie)* restoration; *(de vérité)* re-establishment; *(de malade)* recovery

retard [rətar] *nm (de personne)* lateness; *(sur horaire)* delay; **en r.** late; **en r. sur qn/qch** behind sb/sth; **rattraper** *ou* **combler son r.** to catch up; **avoir du r.** to be late; *(sur un programme)* to be behind (schedule); *(montre)* to be slow; **avoir une heure de r.** to be an hour late; **prendre du r.** *(personne)* to fall behind

retarder [rətarde] **1** *vt (faire arriver en retard)* to delay; *(date, montre, départ)* to put back; **r. qn** *(dans une activité)* to put sb behind **2** *vi (montre)* to be slow; **r. de cinq minutes** to be five minutes slow

retenir* [rətənir] **1** *vt (personne)* to keep; *(eau, chaleur)* to retain; *(cotisation)* to deduct (**sur** from); *(suggestion)* to adopt; *(larmes, foule)* to hold back; *Math (chiffre)* to carry; *(se souvenir de)* to remember; *(réserver)* to reserve; **r. qn prisonnier** to keep sb prisoner; **r. l'attention de qn** to catch sb's attention; **r. qn de faire qch** to stop sb (from) doing sth

2 se retenir *vpr (se contenir)* to restrain oneself; **se r. de faire qch** to stop oneself (from) doing sth; **se r. à qn/qch** to cling to sb/sth

retenue [rətəny] *nf (modération)* restraint; *(de salaire)* deduction; *Scol (punition)* detention

retirer [rətire] **1** *vt* to withdraw; *(faire sortir)* to take out; *(ôter)* to take off; *(éloigner)* to take away; *(aller chercher)* to pick up; **r. qch à qn** *(permis)* to take sth away from sb; **r. qch de qch** *(gagner)* to derive sth from sth **2 se retirer** *vpr* to withdraw (**de** from); *(mer)* to ebb

retomber [rətɔ̃be] *vi* to fall again; *(après un saut)* to land; *(intérêt)* to slacken; **r. dans** *(l'oubli)* to sink back into

retouche [rətuʃ] *nf (de vêtement)* alteration ▪ **retoucher** *vt (vêtement, texte)* to alter; *(photo, tableau)* to touch up

retour [rətur] *nm* return; *(trajet)* return journey; **être de r.** to be back (**de** from); **à mon r.** when I get/got back (**de** from); **r. à l'envoyeur** return to sender; **match r.** return *Br* match *or Am* game

retourner [rəturne] **1** *(aux* **avoir***) vt (matelas, steak)* to turn over; *(terre)* to turn; *(vêtement, sac)* to turn inside out; *(compliment)* to return; **r. qch contre qn** *(argument)* to turn sth against sb; *(arme)* to turn sth on sb

2 *(aux* **être***) vi* to go back, to return

3 se retourner *vpr (pour regarder)* to turn round; *(sur le dos)* to turn over; *(dans son lit)* to toss and turn; *(voiture)* to overturn; *Fig* **se r. contre** to turn against

retrait [rətrɛ] *nm* withdrawal; *(de bagages, de billets)* collection; *(des eaux)* receding; **en r.** *(maison)* set back; **rester en r.** to stay in the background

retraite [rətrɛt] *nf (d'employé)* retirement; *(pension)* (retirement) pension; *(refuge)* retreat, refuge; *(d'armée)* retreat; **prendre sa r.** to retire; **être à la r.** to be retired; **r. anticipée** early retirement ▪ **retraité, -e 1** *adj* retired **2** *nmf* senior citizen, *Br* (old age) pensioner

retraitement [rətrɛtmɑ̃] *nm*

retrancher [rətrɑ̃ʃe] **1** *vt (passage, nom)* to remove (**de** from); *(argent, quantité)* to deduct (**de** from) **2 se retrancher** *vpr (soldats)* to dig in; *Fig* **se r. dans/derrière qch** to hide in/behind sth

retransmettre* [rətrɑ̃smɛtr] *vt* to broadcast ▪ **retransmission** *nf* broadcast

rétrécir [retresir] **1** *vt (vêtement)* to take in **2** *vi (au lavage)* to shrink **3 se rétrécir** *vpr (rue)* to narrow

rétroactif, -ive [retrɔaktif, -iv] *adj* retroactive

rétrograder [retrograde] **1** *vt (fonctionnaire, officier)* to demote **2** *vi (automobiliste)* to change down

rétrospectif, -ive [retrɔspɛktif, -iv] **1** *adj* retrospective **2** *nf* **rétrospective** retrospective

retrouver [rətruve] **1** *vt (objet)* to find again; *(personne)* to meet again; *(forces, santé)* to regain; *(se rappeler)* to recall; *(découvrir)* to rediscover **2 se retrouver** *vpr (être)* to find oneself; *(trouver son chemin)* to find one's way (**dans** round); *(se rencontrer)* to meet; **se r. à la rue** to find oneself homeless

rétroviseur [retrɔvizœr] *nm* rear-view mirror

Réunion [reynjɔ̃] *nf* **la R.** Réunion

réunion [reynjɔ̃] *nf (séance)* meeting; *(d'objets)* collection, gathering; *(jonction)* joining; **être en r.** to be in a meeting; **r. de famille** family gathering

réunir [reynir] **1** *vt (objets)* to put together; *(documents)* to gather together; *(fonds)* to raise; *(amis, famille)* to get together; *(après une rupture)* to reunite; *(avantages, qualités)* to combine; **r. qch à qch** to join sth to sth **2 se réunir** *vpr (personnes)* to meet; **se r. autour de qn/qch** to gather round sb/sth

réussir [reysir] **1** *vt (bien faire)* to make a success of; *(examen)* to pass **2** *vi* to succeed, to be successful (**à faire** in doing); **r. à un examen** to pass an exam ▪ **réussi, -e** *adj* successful ▪ **réussite** *nf* success; *Cartes* **faire des réussites** to play patience

revaloriser [rəvalɔrize] *vt (monnaie)* to revalue; *(salaires, profession)* to upgrade

revanche [rəvɑ̃ʃ] *nf* revenge; *(de match)* return game; **prendre sa r.** to get one's revenge (**sur** on); **en r.** on the other hand

rêve [rɛv] *nm* dream; **faire un r.** to have a dream

réveil [revɛj] *nm (de personnes)* waking; *(pendule)* alarm (clock); **à son r.** on waking

réveiller [reveje] **1** *vt (personne)* to wake (up); *Fig (douleur)* to revive; *Fig (sentiment, souvenir)* to revive **2 se réveiller** *vpr (personne)* to wake (up); *(nature)* to reawaken; *Fig (douleur)* to come back ▪ **réveillé, -e** *adj* awake ▪ **réveille-matin** *nm inv* alarm clock

réveillon [revɛjɔ̃] *nm (repas)* midnight supper; *(soirée)* midnight party *(on Christmas Eve or New Year's Eve)* ▪ **réveillonner** *vi* to see in Christmas/the New Year

révéler [revele] **1** *vt* to reveal (**que** that) **2 se révéler** *vpr (personne)* to reveal oneself; *(talent)* to be revealed; **se r. facile** to turn out to be easy ▪ **révélateur, -trice** *adj* revealing; **r. de qch** indicative of sth ▪ **révélation** *nf (action, découverte)* revelation; *(personne)* discovery; **faire des révélations** to disclose important information

revendiquer [rəvɑ̃dike] *vt* to claim; *(attentat)* to claim responsibility for ▪ **revendication** *nf* claim

revendre [rəvɑ̃dr] *vt* to resell

revenir* [rəvənir] (*aux* **être**) *vi (personne)* to come back, to return; *(date)* to come round again; **le dîner nous est revenu à 50 euros** the dinner cost us 50 euros; **r. cher** to work out expensive; **r. à** *(activité, sujet)* to go back to, to return to; *(se résumer à)* to boil down to; **r. à qn** *(forces, mémoire)* to come back to sb; *(honneur)* to fall to sb; **r. de** *(surprise)* to get over; **r. sur** *(décision, promesse)* to go back on; *(passé, question)* to go back over; **r. sur ses pas** to retrace one's steps

revenu [rəvəny] *nm* income (**de** from); *(d'un État)* revenue (**de** from)

rêver [reve] **1** *vt* to dream (**que** that) **2** *vi* to dream (**de** of; **de faire** of doing)

réverbère [revɛrbɛr] *nm* street lamp

révérence [reverɑ̃s] *nf (respect)* reverence; *(salut)* curtsey
rêverie [rɛvri] *nf* daydream
revers [rəvɛr] *nm (de veste)* lapel; *(de pantalon) Br* turn-up, *Am* cuff; *(d'étoffe)* wrong side; *(de pièce)* reverse; *(coup du sort)* setback; *(au tennis)* backhand; **d'un r. de la main** with the back of one's hand; *Fig* **le r. de la médaille** the other side of the coin
reverser [rəvɛrse] *vt (café, vin)* to pour more; *Fig (argent)* to transfer (**sur un compte** into an account)
réversible [revɛrsibl] *adj* reversible
revêtir* [rəvɛtir] *vt* to cover (**de** with); *(habit)* to don; *(caractère, forme)* to assume; **r. qn** *(habiller)* to dress sb (**de** in) ▪ **revêtement** *nm (surface)* covering; *(de route)* surface
rêveur, -euse [rɛvœr, -øz] **1** *adj* dreamy **2** *nmf* dreamer
revient [rəvjɛ̃] *nm* **prix de r.** *Br* cost price, *Am* wholesale price
revirement [rəvirmɑ̃] *nm (changement) Br* about-turn, *Am* about-face; *(de situation, d'opinion, de politique)* reversal
réviser [revize] *vt (leçon)* to revise; *(machine, voiture)* to service; *(jugement, règlement)* to review ▪ **révision** *nf (de leçon)* revision; *(de machine)* service; *(de jugement)* review
revivre* [rəvivr] **1** *vt (incident)* to relive **2** *vi* to live again; **faire r. qch** to revive sth
revoici [rəvwasi] *prép* **me r.** here I am again
revoilà [rəvwala] *prép* **la r.** there she is again
revoir* [rəvwar] *vt* to see (again); *(texte, leçon)* to revise; **au r.** goodbye
révolte [revɔlt] *nf* revolt ▪ **révolter 1** *vt* to appal **2 se révolter** *vpr* to rebel, to revolt (**contre** against)
révolu, -e [revɔly] *adj (époque)* past; **avoir trente ans révolus** to be over thirty
révolution [revɔlysjɔ̃] *nf (changement, rotation)* revolution ▪ **révolutionner** *vt (transformer)* to revolutionize
revolver [revɔlvɛr] *nm* revolver
revue [rəvy] *nf (magazine)* magazine; *(spécialisée)* journal; *(spectacle)* revue; *Mil* review; **passer qch en r.** to review sth
rez-de-chaussée [redəʃose] *nm inv Br* ground floor, *Am* first floor
Rhin [rɛ̃] *nm* **le R.** the Rhine
rhinocéros [rinɔserɔs] *nm* rhinoceros
Rhône [ron] *nm* **le R.** the Rhône
rhumatisme [rymatism] *nm* rheumatism; **avoir des rhumatismes** to have rheumatism
rhume [rym] *nm* cold; **r. des foins** hay fever
ri [ri] *pp de* **rire**
ricaner [rikane] *vi (sarcastiquement) Br* to snigger, *Am* to snicker; *(bêtement)* to giggle
riche [riʃ] **1** *adj (personne, pays, aliment)* rich; **r. en** *(vitamines, minérai)* rich in **2** *nmf* rich person; **les riches** the rich ▪ **richesse** *nf (de personne, de pays)* wealth; *(d'étoffe, de sol)* richness; **richesses** *(trésor)* riches; *(ressources)* wealth
ricocher [rikɔʃe] *vi* to rebound, to ricochet ▪ **ricochet** *nm* rebound, ricochet; *Fig* **par r.** indirectly
ride [rid] *nf (de visage)* wrinkle ▪ **ridé, -e** *adj* wrinkled ▪ **rider 1** *vt (visage, peau)* to wrinkle; *(eau)* to ripple **2 se rider** *vpr (visage, peau)* to wrinkle
rideau, -x [rido] *nm* curtain; *(métallique)* shutter; *Fig (écran)* screen (**de** of)
ridicule [ridikyl] **1** *adj* ridiculous, ludicrous **2** *nm (moquerie)* ridicule; *(absurdité)* ridiculousness; **tourner qn/qch en r.** to ridicule sb/sth ▪ **ridiculiser 1** *vt* to ridicule **2 se ridiculiser** *vpr* to make a fool of oneself

RIEN [rjɛ̃] **1** *pron* nothing; **il ne sait r.** he knows nothing, he doesn't know anything; **r. du tout** nothing at all; **r. d'autre/de bon** nothing else/good; **r. de tel** nothing like it; **de r.!** *(je vous en* *prie)* don't mention it!; **ça ne fait r.** it doesn't matter; **pour r. au monde** never in a thousand years; **comme si de r. n'était** as if nothing had happened

2 *nm* (mere) nothing, trifle; **un r. de** a little; **en un r. de temps** in no time

---

rieur, -euse [rijœr, -øz] *adj* cheerful

rigide [riʒid] *adj* rigid; *(carton)* stiff; *(éducation)* strict

rigole [rigɔl] *nf (conduit)* channel; *(filet d'eau)* rivulet

rigueur [rigœr] *nf (d'analyse)* rigour; *(de climat)* harshness; *(de personne)* strictness; **être de r.** to be the rule; **à la r.** if need be ▪ **rigoureux, -euse** *adj (analyse)* rigorous; *(climat, punition)* harsh; *(personne, morale, neutralité)* strict

rillettes [rijɛt] *nfpl* potted minced pork

rimer [rime] *vi* to rhyme (**avec** with)

rincer [rɛ̃se] *vt* to rinse; *(verre)* to rinse (out)

ring [riŋ] *nm* (boxing) ring

riposte [ripɔst] *nf (réponse)* retort; *(attaque)* counterattack ▪ **riposter 1** *vt* **r. que...** to retort that... **2** *vi* to counterattack; **r. à** *(attaque)* to counter; *(insulte)* to reply to

rire* [rir] **1** *nm* laugh; **rires** laughter; **le fou r.** the giggles **2** *vi* to laugh (**de** at); *(s'amuser)* to have a good time; *(plaisanter)* to joke; **r. aux éclats** to roar with laughter; **faire qch pour r.** to do sth for a joke *or* laugh

risible [rizibl] *adj* laughable

risque [risk] *nm* risk; **au r. de faire qch** at the risk of doing sth; **à vos risques et périls** at your own risk; **assurance tous risques** comprehensive insurance

risquer [riske] **1** *vt* to risk; *(question)* to venture; **r. de faire qch** to stand a good chance of doing sth **2 se risquer** *vpr* **se r. à faire qch** to dare to do sth ▪ **risqué, -e** *adj (dangereux)* risky; *(osé)* risqué

rivage [rivaʒ] *nm* shore

rival, -e, -aux, -ales [rival, -o] *adj & nmf* rival ▪ **rivaliser** *vi* to compete (**avec** with; **de** in) ▪ **rivalité** *nf* rivalry

rive [riv] *nf (de fleuve)* bank; *(de lac)* shore

riverain, -e [rivərɛ̃, -ɛn] **1** *adj (de rivière)* riverside; *(de lac)* lakeside **2** *nmf (près d'une rivière)* riverside resident; *(près d'un lac)* lakeside resident; *(de rue)* resident

rivière [rivjɛr] *nf* river

riz [ri] *nm* rice; **r. blanc/complet** white/brown rice; **r. au lait** rice pudding ▪ **rizière** *nf* paddy (field), ricefield

RMI [ɛrɛmi] *(abrév* **revenu minimum d'insertion**) *nm Br* ≃ income support, *Am* ≃ welfare

RN *(abrév* **route nationale**) *nf Br* main road, A-road, *Am* (state) highway

robe [rɔb] *nf (de femme)* dress; *(d'ecclésiastique, de juge)* robe; *(pelage)* coat; **r. du soir** evening dress; **r. de chambre** *Br* dressing gown, *Am* bathrobe; **pomme de terre en r. des champs** jacket potato, baked potato

robinet [rɔbinɛ] *nm Br* tap, *Am* faucet

robot [rɔbo] *nm* robot; **r. ménager** food processor

robuste [rɔbyst] *adj* robust

roc [rɔk] *nm* rock

rocaille [rɔkaj] *nf (terrain)* rocky ground; *(de jardin)* rockery ▪ **rocailleux, -euse** *adj* rocky, stony; *(voix)* harsh

roche [rɔʃ] *nf* rock ▪ **rocher** *nm (bloc, substance)* rock ▪ **rocheux, -euse** *adj* rocky

rock [rɔk] **1** *nm (musique)* rock **2** *adj inv* **chanteur/opéra r.** rock singer/opera ▪ **rockeur, -euse** *nmf (musicien)* rock musician

roder [rɔde] *vt (moteur, voiture) Br* to run in, *Am* to break in

rôder [rode] *vi* to be on the prowl ▪ **rôdeur, -euse** *nmf* prowler

rognon [rɔɲɔ̃] *nm* kidney

roi [rwa] *nm* king; **fête des Rois** Twelfth Night

rôle [rol] *nm* role, part; *(de père)* job; **à tour de r.** in turn
romain, -e [rɔmɛ̃, -ɛn] **1** *adj* Roman **2** *nmf* **R., Romaine** Roman **3** *nf* **romaine** *(laitue) Br* cos (lettuce), *Am* romaine
roman [rɔmɑ̃] *nm* novel; *Fig (histoire)* story ▪ **romancier, -ère** *nmf* novelist
romanesque [rɔmanɛsk] *adj* romantic; *(incroyable)* fantastic
romantique [rɔmɑ̃tik] *adj* romantic
romarin [rɔmarɛ̃] *nm* rosemary
rompre* [rɔ̃pr] **1** *vt* to break; *(pourparlers, relations)* to break off **2** *vi (casser)* to break; *(digue)* to burst; *(fiancés)* to break it off **3 se rompre** *vpr (corde)* to break; *(digue)* to burst
ronces [rɔ̃s] *nfpl (branches)* brambles
rond, -e[1] [rɔ̃, -ɔ̃d] **1** *adj* round; *(gras)* plump; **chiffre r.** whole number **2** *adv* **10 euros tout r.** 10 euros exactly **3** *nm (cercle)* circle; **en r.** *(s'asseoir)* in a circle ▪ **rondement** *adv* briskly ▪ **rond-point** (*pl* **ronds-points**) *nm Br* roundabout, *Am* traffic circle
ronde[2] [rɔ̃d] *nf (de soldat)* round; *(de policier)* beat; *(danse)* round (dance); *Mus Br* semibreve, *Am* whole note; **faire sa r.** *(gardien)* to do one's rounds
rondelle [rɔ̃dɛl] *nf (tranche)* slice
ronfler [rɔ̃fle] *vi (personne)* to snore
ronger [rɔ̃ʒe] **1** *vt* to gnaw (at); *(ver, mer, rouille)* to eat into; **r. qn** *(maladie, chagrin)* to consume sb **2 se ronger** *vpr* **se r. les ongles** to bite one's nails ▪ **rongeur** *nm* rodent
ronronner [rɔ̃rɔne] *vi* to purr
roquette [rɔkɛt] *nf Mil* rocket
rosace [rozas] *nf* rosette; *(d'église)* rose window
rosbif [rɔzbif] *nm* **du r.** *(rôti)* roast beef; *(à rôtir)* roasting beef; **un r.** a joint of roast/roasting beef
rose [roz] **1** *adj (couleur)* pink; *(situation, teint)* rosy **2** *nm (couleur)* pink **3** *nf (fleur)* rose ▪ **rosé, -e 1** *adj* pinkish **2** *adj & nm (vin)* rosé
roseau, -x [rozo] *nm* reed
rosée [roze] *nf* dew
rossignol [rɔsiɲɔl] *nm (oiseau)* nightingale
rôti [roti] *nm* **du r.** roasting meat; *(cuit)* roast meat; **un r.** a joint; **r. de bœuf** (joint of) roast beef
rotin [rɔtɛ̃] *nm* rattan
rôtir [rotir] *vti* to roast; **faire r. qch** to roast sth
roue [ru] *nf* wheel; **r. dentée** cogwheel; **être en r. libre** to freewheel; **les deux roues** two-wheeled vehicles
rouge [ruʒ] **1** *adj* red; *(fer)* red-hot **2** *nm (couleur)* red; **le feu est au r.** the (traffic) lights are at red; **r. à lèvres** lipstick
rougeur [ruʒœr] *nf* redness; *(due à la honte)* blush; *(due à l'émotion)* flush; **rougeurs** *(irritation)* rash, red blotches
rougir [ruʒir] **1** *vt (visage)* to redden **2** *vi (de honte)* to blush (**de** with); *(d'émotion)* to flush (**de** with)
rouille [ruj] **1** *nf* rust **2** *adj inv (couleur)* rust(-coloured) ▪ **rouillé, -e** *adj* rusty ▪ **rouiller 1** *vi* to rust **2 se rouiller** *vpr* to rust
rouleau, -x [rulo] *nm (outil, vague)* roller; *(de papier, de pellicule)* roll; **r. à pâtisserie** rolling pin; **r. compresseur** steamroller
roulement [rulmɑ̃] *nm (bruit)* rumbling, rumble; *(de tambour, de tonnerre)* roll; *(ordre)* rotation; **par r.** in rotation; *Tech* **r. à billes** ball bearing
rouler [rule] **1** *vt* to roll; *(crêpe, ficelle, manches)* to roll up **2** *vi (balle)* to roll; *(train, voiture)* to go, to travel **3 se rouler** *vpr* to roll; **se r. dans** *(couverture)* to roll oneself (up) in ▪ **roulant, -e** *adj (escalier)* moving
roulette [rulɛt] *nf (de meuble)* castor; *(de dentiste)* drill; *(jeu)* roulette
roulotte [rulɔt] *nf (de gitan)* caravan
Roumanie [rumani] *nf* **la R.** Romania ▪ **roumain, -e 1** *adj* Romanian **2** *nmf* **R., Roumaine** Romanian **3** *nm (langue)* Romanian
rousse [rus] *voir* **roux**
rousseur [rusœr] *nf* **tache de r.** freckle ▪ **roussi** *nm* **ça sent le r.** there's a smell

of burning ▪ **roussir 1** *vt (brûler)* to scorch, to singe **2** *vi (feuilles)* to turn brown

route [rut] *nf* road (**de** to); *(itinéraire)* way, route; *Fig (chemin)* path; **grand-r., grande r.** main road; **code de la r.** *Br* Highway Code, *Am* traffic regulations; **en r.** on the way, en route; **par la r.** by road; *Fig* **faire fausse r.** to be on the wrong track; **mettre qch en r.** *(voiture)* to start sth (up); **se mettre en r.** to set out (**pour** for); **une heure de r.** *(en voiture)* an hour's drive; **faire r. vers Paris** to head for Paris; **r. départementale** secondary road, *Br* B road; **r. nationale** *Br* main road, A-road, *Am* (state) highway

routier, -ère [rutje, -ɛr] **1** *adj* **carte/sécurité routière** road map/safety; **réseau r.** road network **2** *nm (camionneur)* (long-distance) *Br* lorry *or Am* truck driver; *(restaurant) Br* transport café, *Am* truck stop

routine [rutin] *nf* routine; **contrôle de r.** routine check ▪ **routinier, -ère** *adj* **travail r.** routine work; **être r.** *(personne)* to be set in one's ways

rouvrir* [ruvrir] *vti*, **se rouvrir** *vpr* to reopen

roux, rousse [ru, rus] **1** *adj (cheveux)* red, ginger; *(personne)* red-haired **2** *nmf* redhead

royal, -e, -aux, -ales [rwajal, -jo] *adj (famille, palais)* royal; *(cadeau, festin)* fit for a king; *(salaire)* princely

royaume [rwajom] *nm* kingdom ▪ **Royaume-Uni** *nm* **le R.** the United Kingdom

royauté [rwajote] *nf (monarchie)* monarchy

ruban [rybɑ̃] *nm* ribbon; *(de chapeau)* band; **r. adhésif** sticky *or* adhesive tape

rubis [rybi] *nm (pierre)* ruby; *(de montre)* jewel

rubrique [rybrik] *nf (article de journal)* column; *(catégorie, titre)* heading

ruche [ryʃ] *nf* beehive

rude [ryd] *adj (pénible)* tough; *(hiver, voix)* harsh; *(rêche)* rough

rue [ry] *nf* street; **être à la r.** *(sans domicile)* to be on the streets ▪ **ruelle** *nf* alley(way)

ruer [rɥe] **1** *vi (cheval)* to kick (out) **2** **se ruer** *vpr (foncer)* to rush (**sur** at) ▪ **ruée** *nf* rush; **la r. vers l'or** the gold rush

rugby [rygbi] *nm* rugby ▪ **rugbyman** [rygbiman] (*pl* **-men** [-mɛn]) *nm* rugby player

rugir [ryʒir] *vi* to roar ▪ **rugissement** *nm* roar

rugueux, -euse [rygø, -øz] *adj* rough

ruine [rɥin] *nf (décombres, destruction, faillite)* ruin; **en r.** *(bâtiment)* in ruins; **tomber en r.** *(bâtiment)* to become a ruin ▪ **ruiner 1** *vt (personne, santé, pays)* to ruin **2** **se ruiner** *vpr (perdre tout son argent)* to ruin oneself; *(dépenser beaucoup d'argent)* to spend a fortune ▪ **ruineux, -euse** *adj (goûts, projet)* ruinously expensive; *(dépense)* ruinous; **ce n'est pas r.** it won't ruin me/you/*etc*

ruisseau, -x [rɥiso] *nm* stream; *(caniveau)* gutter ▪ **ruisseler** *vi* to stream (**de** with)

rumeur [rymœr] *nf (murmure)* murmur; *(nouvelle)* rumour

ruminer [rymine] **1** *vt (herbe)* to chew **2** *vi (vache)* to chew the cud

rupture [ryptyr] *nf* breaking; *(de fiançailles, de relations)* breaking off; *(de pourparlers)* breakdown (**de** in); *(dispute)* break-up; **être en r. de stock** to be out of stock

rural, -e, -aux, -ales [ryral, -o] *adj (population)* rural; **vie rurale** country life

ruse [ryz] *nf (subterfuge)* trick; **la r.** *(habileté)* cunning; *(fourberie)* trickery ▪ **rusé, -e** *adj* cunning, crafty

Russie [rysi] *nf* **la R.** Russia ▪ **russe 1** *adj* Russian **2** *nmf* **R.** Russian **3** *nm (langue)* Russian

rythme [ritm] *nm* rhythm; *(de travail)* rate; *(allure)* pace ▪ **rythmé, -e** *adj* rhythmic(al)

Ss

S, s [ɛs] *nm inv* S, s
s' [s] *voir* **se, si**
sa [sa] *voir* **son**[3]
sable [sabl] *nm* sand; **sables mouvants** quicksands
sablé [sable] *nm* shortbread *Br* biscuit *or Am* cookie ▪ **sablée** *adj f* **pâte sablée** shortcrust pastry
sablier [sablije] *nm* hourglass; *Culin* egg timer
saborder [sabɔrde] *vt (navire)* to scuttle
sabot [sabo] *nm (de cheval)* hoof; *(chaussure)* clog; **s. de Denver** wheel clamp
saboter [sabɔte] *vt (machine, projet)* to sabotage ▪ **sabotage** *nm* sabotage ▪ **saboteur, -euse** *nmf* saboteur
sabre [sɑbr] *nm* sabre
sac [sak] *nm* bag; *(grand, en toile)* sack; **s. à main** handbag; **s. à dos** rucksack; **s. de voyage** travelling bag
saccade [sakad] *nf* jerk, jolt; **par saccades** in fits and starts ▪ **saccadé, -e** *adj* jerky
saccager [sakaʒe] *vt (détruire)* to wreak havoc in
sachant, sache(s), sachent [saʃɑ̃, saʃ] *voir* **savoir**
sachet [saʃɛ] *nm* (small) bag; **s. de thé** teabag
sacre [sakr] *nm (de roi)* coronation ▪ **sacrer** *vt (roi)* to crown
sacré, -e [sakre] *adj (saint)* sacred ▪ **sacrement** *nm Rel* sacrament
sacrifice [sakrifis] *nm* sacrifice ▪ **sacrifier 1** *vt* to sacrifice (**à** to) **2** *vi* **s. à la mode** to be a slave to fashion **3 se sacrifier** *vpr* to sacrifice oneself (**pour** for)
sacrilège [sakrilɛʒ] **1** *adj* sacrilegious **2** *nm* sacrilege
sadique [sadik] **1** *adj* sadistic **2** *nmf* sadist
safari [safari] *nm* safari; **faire un s.** to go on safari
safran [safrɑ̃] *nm* saffron
sage [saʒ] **1** *adj (avisé)* wise; *(tranquille)* good **2** *nm* wise man ▪ **sage-femme** (*pl* **sages-femmes**) *nf* midwife ▪ **sagesse** *nf (philosophie)* wisdom; *(calme)* good behaviour
Sagittaire [saʒitɛr] *nm* **le S.** *(signe)* Sagittarius
saigner [seɲe] *vi* to bleed; **s. du nez** to have a nosebleed ▪ **saignant, -e** *adj (viande)* rare
saillant, -e [sajɑ̃, -ɑ̃t] *adj* projecting ▪ **saillie** *nf (partie avant)* projection
sain, -e [sɛ̃, sɛn] *adj* healthy; *(nourriture)* wholesome, healthy; **s. et sauf** safe and sound
saint, -e [sɛ̃, sɛ̃t] **1** *adj (lieu)* holy; *(personne)* saintly; **s. Jean** Saint John; **la Sainte Vierge** the Blessed Virgin **2** *nmf* saint ▪ **Saint-Esprit** *nm* **le S.** the Holy Spirit ▪ **Saint-Sylvestre** *nf* **la S.** New Year's Eve
sainteté [sɛ̃tәte] *nf (de lieu)* holiness; *(de personne)* saintliness
sais [sɛ] *voir* **savoir**
saisie [sezi] *nf (de biens)* seizure; *Ordinat* **s. de données** data capture, keyboarding
saisir [sezir] **1** *vt* to take hold of; *(brusquement)* to grab; *(occasion)* to seize,

to grasp; *(comprendre)* to grasp; *Jur* to seize; *(viande)* to seal **2 se saisir** *vpr* **se s. de qn/qch** to take hold of sb/sth; *(brusquement)* to grab sb/sth ▪ **saisissant, -e** *adj (film)* gripping; *(contraste, ressemblance)* striking

saison [sɛzɔ̃] *nf* season; **en/hors s.** in/out of season; **en haute/basse s.** in the high/low season; **la s. des pluies** the rainy season ▪ **saisonnier, -ère** *adj* seasonal

sait [sɛ] *voir* **savoir**

salade [salad] *nf (laitue)* lettuce; **s. verte** green salad; **s. de fruits** fruit salad; **s. niçoise** salade niçoise

salaire [salɛr] *nm (mensuel)* salary

salarié, -e [salarje] **1** *adj (payé mensuellement)* salaried **2** *nmf (payé mensuellement)* salaried employee; **salariés** *(de société)* employees

sale [sal] *adj* dirty; *(dégoûtant)* filthy ▪ **salement** *adv (se conduire, manger)* disgustingly ▪ **saleté** *nf (manque de soin)* dirtiness; *(crasse)* dirt; **saletés** *(détritus) Br* rubbish, *Am* garbage; **faire des saletés** to make a mess

saler [sale] *vt* to salt ▪ **salé, -e** *adj (goût, plat)* salty; *(aliment)* salted

salir [salir] **1** *vt* to (make) dirty **2 se salir** *vpr* to get dirty ▪ **salissant, -e** *adj (travail)* dirty, messy; *(étoffe)* that shows the dirt

salle [sal] *nf* room; *(très grande, publique)* hall; *(de cinéma) Br* cinema, *Am* movie theater; *(d'hôpital)* ward; **s. à manger** dining room; **s. de bain(s)** bathroom; **s. de classe** classroom; **s. de concert** concert hall; **s. de jeux** *(pour enfants)* games room; *(de casino)* gaming room; **s. de spectacle** auditorium; **s. d'embarquement** *(d'aéroport)* departure lounge; **s. d'opération** *(d'hôpital)* operating *Br* theatre *or Am* room

salon [salɔ̃] *nm* living room, *Br* lounge; *(exposition)* show; **s. de coiffure** hairdressing salon; **s. de thé** tea room

salopette [salɔpɛt] *nf Br* dungarees, *Am* overalls

salubre [salybr] *adj* healthy ▪ **salubrité** *nf* healthiness; **s. publique** public health

saluer [salɥe] *vt* to greet; *(en partant)* to take one's leave of; *(de la main)* to wave to; *(de la tête)* to nod to; *Mil* to salute

salut [saly] **1** *nm* greeting; *(de la main)* wave; *(de la tête)* nod; *Mil* salute; *(sauvegarde)* rescue; *Rel* salvation **2** *exclam Fam* hi!; *(au revoir)* bye!

salutaire [salytɛr] *adj* salutary

samedi [samdi] *nm* Saturday

SAMU [samy] *(abrév* **service d'aide médicale d'urgence**) *nm* emergency medical service

sanctifier [sɑ̃ktifje] *vt* to sanctify

sanction [sɑ̃ksjɔ̃] *nf (approbation, peine)* sanction ▪ **sanctionner** *vt (approuver)* to sanction; *(punir)* to punish

sanctuaire [sɑ̃ktɥɛr] *nm* sanctuary

sandale [sɑ̃dal] *nf* sandal

sandwich [sɑ̃dwitʃ] *nm* sandwich

sang [sɑ̃] *nm* blood ▪ **sang-froid** *nm* self-control; **garder son s.** to keep calm; **tuer qn de s.** to kill sb in cold blood ▪ **sanglant, -e** *adj* bloody

sangle [sɑ̃gl] *nf* strap

sanglier [sɑ̃glije] *nm* wild boar

sanglot [sɑ̃glo] *nm* sob ▪ **sangloter** *vi* to sob

sanguin, -e [sɑ̃gɛ̃, -in] *adj (tempérament)* full-blooded; **vaisseau s.** blood vessel

sanguinaire [sɑ̃ginɛr] *adj* bloodthirsty

sanitaire [sanitɛr] *adj (conditions)* sanitary; *(personnel)* medical; **règlement s.** health regulations

sans [sɑ̃] ([sɑ̃z] *before vowel and mute h) prép* without; **s. faire qch** without doing sth; **s. qu'il le sache** without him *or* his knowing; **s. cela, s. quoi** otherwise; **s. importance/travail** unimportant/unemployed; **s. argent/manches** penniless/sleeveless ▪ **sans-abri** *nmf inv* homeless person; **les s.** the homeless ▪ **sans-faute** *nm inv Fig* **faire un s.** not to put a foot wrong

■ **sans-gêne 1** *adj inv* ill-mannered **2** *nm inv* lack of manners ■ **sans-papiers** *nmf inv* illegal immigrant

santé [sɑ̃te] *nf* health; **en bonne/mauvaise s.** in good/bad health; **(à votre) s.!** *(en trinquant)* cheers!

saoul [su] *adj & nm* = **soûl**

saper [sape] *vt* to undermine; **s. le moral à qn** to sap sb's morale

sapeur-pompier [sapœrpɔ̃pje] (*pl* **sapeurs-pompiers**) *nm* fireman, firefighter

saphir [safir] *nm* sapphire

sapin [sapɛ̃] *nm (arbre, bois)* fir; **s. de Noël** Christmas tree

Sardaigne [sardɛɲ] *nf* **la S.** Sardinia ■ **sarde 1** *adj* Sardinian **2** *nmf* **S.** Sardinian

sardine [sardin] *nf* sardine

sarrasin [sarazɛ̃] *nm (plante)* buckwheat

Satan [satɑ̃] *nm* Satan

satellite [satelit] *nm* satellite; **télévision par s.** satellite television

satiété [sasjete] *nf* **boire/manger à s.** to eat/drink one's fill

satin [satɛ̃] *nm* satin

satire [satir] *nf* satire (**contre** on) ■ **satirique** *adj* satirical

satisfaction [satisfaksjɔ̃] *nf* satisfaction; **donner s. à qn** to give sb (complete) satisfaction ■ **satisfaire* 1** *vt* to satisfy **2** *vi* **s. à qch** *(conditions)* to satisfy sth; *(obligation)* to fulfil sth, *Am* to fulfill sth ■ **satisfaisant, -e** *adj (acceptable)* satisfactory ■ **satisfait, -e** *adj* satisfied (**de** with)

saturer [satyre] *vt* to saturate (**de** with) ■ **saturation** *nf* saturation; **arriver à s.** to reach saturation point

sauce [sos] *nf* sauce

saucisse [sosis] *nf* sausage; **s. de Francfort** frankfurter ■ **saucisson** *nm* (cold) sausage

sauf[1] [sof] *prép* except; **s. erreur** if I'm not mistaken

sauf[2], **sauve** [sof, sov] *adj* **avoir la vie sauve** to be unharmed

saumon [somɔ̃] **1** *nm* salmon **2** *adj inv (couleur)* salmon (pink)

sauna [sona] *nm* sauna

saupoudrer [sopudre] *vt* to sprinkle (**de** with)

saur [sɔr] *adj m* **hareng s.** smoked herring

saura, saurait [sora, sorɛ] *voir* **savoir**

saut [so] *nm* jump, leap; **faire un s.** to jump, to leap; **s. à la corde** *Br* skipping, *Am* jumping rope; **s. à l'élastique** bungee jumping; **s. en hauteur** high jump; **s. en longueur** long jump; **s. en parachute** parachute jump; *(activité)* parachute jumping

sauter [sote] **1** *vt (franchir)* to jump (over); *(mot, repas, classe, ligne)* to skip **2** *vi (personne, animal)* to jump, to leap; *(bombe)* to go off, to explode; *(fusible)* to blow; **faire s. qch** *(pont, mine)* to blow sth up; *(serrure)* to force sth; **s. à la corde** *Br* to skip, *Am* to jump rope; **s. en parachute** to do a parachute jump

sauterelle [sotrɛl] *nf* grasshopper

sautes [sot] *nfpl (d'humeur, de température)* sudden changes (**de** in)

sauvage [sovaʒ] *adj (animal, plante)* wild; *(tribu, homme)* primitive; *(cruel)* savage; *(farouche)* unsociable; *(illégal)* unauthorized ■ **sauvagerie** *nf (insociabilité)* unsociability; *(cruauté)* savagery

sauve [sov] *adj voir* **sauf**[2]

sauvegarde [sovgard] *nf* safeguard (**contre** against); *Ordinat* backup ■ **sauvegarder** *vt* to safeguard; *Ordinat* to save

sauver [sove] **1** *vt (personne)* to save, to rescue (**de** from); *(matériel)* to salvage **2 se sauver** *vpr (s'enfuir)* to run away; *(s'échapper)* to escape ■ **sauvetage** *nm (de personne)* rescue ■ **sauveteur** *nm* rescuer

sauvette [sovɛt] **à la sauvette** *adv (pour ne pas être vu)* on the sly; **vendre qch à la s.** to peddle sth illegally on the streets

sauveur [sovœr] *nm* saviour

savant, -e [savɑ̃, -ɑ̃t] **1** *adj (érudit)*

learned; *(habile)* clever **2** *nm (scientifique)* scientist

saveur [savœr] *nf (goût)* flavour

Savoie [savwa] *nf* **la S.** Savoy

SAVOIR* [savwar] **1** *vt* to know; *(nouvelle)* to have heard; **s. lire/nager** to know how to read/swim; **faire s. à qn que...** to inform sb that...; **à s.** *(c'est-à-dire)* that is, namely; **pas que je sache** not that I know of; **je n'en sais rien** I have no idea, I don't know; **en s. long sur qn/qch** to know a lot about sb/sth

2 *nm (culture)* learning, knowledge ▪ **savoir-faire** *nm inv* know-how

savon [savɔ̃] *nm* soap ▪ **savonnette** *nf* bar of soap ▪ **savonneux, -euse** *adj* soapy

savourer [savure] *vt* to savour ▪ **savoureux, -euse** *adj* tasty

savoyard, -e [savwajar, -ard] **1** *adj* Savoyard **2** *nmf* **S., Savoyarde** Savoyard

saxophone [saksɔfɔn] *nm* saxophone

scalpel [skalpɛl] *nm* scalpel

scandale [skɑ̃dal] *nm* scandal ▪ **scandaleux, -euse** *adj* scandalous ▪ **scandaliser 1** *vt* to scandalize, to shock **2 se scandaliser** *vpr* to be shocked *or* scandalized (**de** by)

Scandinavie [skɑ̃dinavi] *nf* **la S.** Scandinavia ▪ **scandinave 1** *adj* Scandinavian **2** *nmf* **S.** Scandinavian

scanner 1 [skanɛr] *nm* scanner **2** [skane] *vt* to scan

scaphandrier [skafɑ̃drije] *nm* diver

sceau, -x [so] *nm* seal ▪ **sceller** *vt (document)* to seal

scénario [senarjo] *nm* script, screenplay ▪ **scénariste** *nmf* scriptwriter

scène [sɛn] *nf* (**a**) *(de théâtre)* scene; *(plateau)* stage; *(action)* action; **mettre qch en s.** *(pièce)* to stage sth; *(film)* to direct sth; *Fig* **sur la s. internationale** on the international scene (**b**) *(dispute)* scene; **faire une s.** to make a scene; **s. de ménage** domestic quarrel

sceptique [sɛptik] **1** *adj Br* sceptical, *Am* skeptical **2** *nmf Br* sceptic, *Am* skeptic

schéma [ʃema] *nm* diagram ▪ **schématique** *adj* schematic

schizophrène [skizɔfrɛn] *adj & nmf* schizophrenic

scie [si] *nf (outil)* saw ▪ **scier** *vt* to saw

sciemment [sjamɑ̃] *adv* knowingly

science [sjɑ̃s] *nf* science; *(savoir)* knowledge; **sciences humaines** social sciences; **sciences naturelles** biology ▪ **science-fiction** *nf* science fiction ▪ **scientifique 1** *adj* scientific **2** *nmf* scientist

scinder [sɛ̃de] **se scinder** *vpr* to split up (**en** into)

scintiller [sɛ̃tije] *vi* to sparkle; *(étoile)* to twinkle ▪ **scintillement** *nm* sparkling; *(d'étoile)* twinkling

scission [sisjɔ̃] *nf (de parti)* split (**de** in); **s. de l'atome** splitting of the atom

sclérose [skleroz] *nf Méd* sclerosis; *Fig* ossification; **s. en plaques** multiple sclerosis

scolaire [skɔlɛr] *adj* **année s.** school year; **enfant d'âge s.** child of school age ▪ **scolariser** *vt (enfant)* to send to school ▪ **scolarité** *nf* schooling; **pendant ma s.** during my school years

scooter [skuter] *nm* (motor) scooter; **s. des mers** jet ski

score [skɔr] *nm* score

scorpion [skɔrpjɔ̃] *nm* scorpion; **le S.** *(signe)* Scorpio

Scotch® [skɔtʃ] *(ruban adhésif) Br* sellotape®, *Am* scotch tape® ▪ **scotcher** *vt Br* to sellotape, *Am* to tape

scout, -e [skut] *adj & nm* scout

script [skript] *nm (écriture)* printing; *Cin* script

scrupule [skrypyl] *nm* scruple; **sans scrupules** *(être)* unscrupulous; *(agir)* unscrupulously ▪ **scrupuleux, -euse** *adj* scrupulous

scruter [skryte] *vt* to scrutinize

scrutin [skrytɛ̃] *nm (vote)* ballot; *(élection)* poll; *(système)* voting system; **premier tour de s.** first ballot *or* round; **s. majoritaire** first-past-the-post voting system

sculpter [skylte] *vt (statue, pierre)* to sculpt; *(bois)* to carve; **s. qch dans qch** to sculpt/carve sth out of sth ▪ **sculpteur** *nm* sculptor ▪ **sculpture** *nf (art, œuvre)* sculpture

SDF [ɛsdeɛf] *(abrév* **sans domicile fixe***)* *nm* person of no fixed abode

SE [sə]

se becomes **s'** before vowel or mute h.

pron personnel (**a**) *(complément direct)* himself; *(féminin)* herself; *(non humain)* itself; *(indéfini)* oneself, *pl* themselves; **il se lave** he washes himself; **ils** *ou* **elles se lavent** they wash themselves

(**b**) *(indirect)* to himself/herself/itself/oneself; **il se lave les mains** he washes his hands; **elle se lave les mains** she washes her hands

(**c**) *(réciproque)* each other; *(indirect)* to each other; **ils s'aiment** they love each other; **ils** *ou* **elles se parlent** they speak to each other

(**d**) *(passif)* **ça se fait** that is done; **ça se vend bien** it sells well

séance [seɑ̃s] *nf (de cinéma)* showing, performance; *(d'assemblée, de travail)* session

seau, -x [so] *nm* bucket

sec, sèche [sɛk, sɛʃ] **1** *adj* dry; *(fruits, légumes)* dried; *(ton)* curt; **frapper un coup s.** to knock sharply **2** *adv (boire) Br* neat, *Am* straight; *(frapper, pleuvoir)* hard **3** *nm* **à s.** dry; **au s.** in a dry place

sécession [sesesjɔ̃] *nf* secession; **faire s.** to secede

sèche [sɛʃ] *voir* **sec**

sécher [seʃe] **1** *vti* to dry **2 se sécher** *vpr* to dry oneself ▪ **séchage** *nm* drying ▪ **sèche-cheveux** *nm inv* hair dryer ▪ **sèche-linge** *nm inv Br* tumble dryer, *Am* (clothes) dryer

sécheresse [seʃrɛs] *nf (d'air, de sol, de peau)* dryness; *(de ton)* curtness; *(manque de pluie)* drought

séchoir [seʃwar] *nm (appareil)* dryer; **s. à linge** clothes horse

second, -e¹ [səgɔ̃, -ɔ̃d] **1** *adj & nmf* second

2 *nm (adjoint)* second in command; *(étage) Br* second floor, *Am* third floor

3 *nf* **seconde** *Rail* second class; *Scol Br* ≃ fifth form, *Am* ≃ tenth grade; *Aut (vitesse)* second (gear) ▪ **secondaire** *adj* secondary; **école s.** *Br* secondary school, *Am* high school

seconde² [səgɔ̃d] *nf (instant)* second

seconder [sgɔ̃de] *vt* to assist

secouer [səkwe] *vt* to shake; *(poussière)* to shake off; **s. qch de qch** *(enlever)* to shake sth out of sth; **s. la tête** *(réponse affirmative)* to nod (one's head); *(réponse négative)* to shake one's head

secourir [səkurir] *vt* to assist, to help ▪ **secourable** *adj* helpful ▪ **secourisme** *nm* first aid ▪ **secouriste** *nmf* first-aid worker

secours [səkur] *nm* help; *(financier, matériel)* aid; *Mil* **les s.** *(renforts)* relief; **au s.!** help!; **porter s. à qn** to give sb help; **roue de s.** spare wheel

secousse [səkus] *nf* jolt, jerk; *(de tremblement de terre)* tremor

secret, -ète [səkrɛ, -ɛt] **1** *adj* secret; *(cachottier)* secretive **2** *nm* secret; **en s.** in secret, secretly

secrétaire [səkretɛr] *nmf* secretary; **s. d'État** Secretary of State ▪ **secrétariat** *nm (bureau)* secretary's office; *(d'organisation internationale)* secretariat; *(métier)* secretarial work

sectaire [sɛktɛr] *adj & nmf Péj* sectarian

secte [sɛkt] *nf* sect

secteur [sɛktœr] *nm (zone)* area; *Écon* sector; *Él* mains

section [sɛksjɔ̃] *nf* section; *(de ligne d'autobus)* stage; *Mil* platoon ▪ **sectionner** *vt (couper)* to sever

séculaire [sekylɛr] *adj (tradition)* age-old

sécurité [sekyrite] *nf (absence de danger)* safety; *(tranquillité)* security; **S.**

sociale *Br* Social Security, *Am* Welfare; **en s.** *(hors de danger)* safe

séduire* [sedɥir] *vt* to charm; *(plaire à)* to appeal to; *(abuser de)* to seduce ▪ **séduisant, -e** *adj* attractive ▪ **séducteur, -trice** *nmf* seducer, *f* seductress ▪ **séduction** *nf* attraction

ségrégation [segregasjɔ̃] *nf* segregation

seigle [sɛgl] *nm* rye; **pain de s.** rye bread

seigneur [sɛɲœr] *nm Hist (noble, maître)* lord; *Rel* **le S.** the Lord

sein [sɛ̃] *nm* breast; **donner le s. à** *(enfant)* to breastfeed; **au s. de** within

Seine [sɛn] *nf* **la S.** the Seine

séisme [seism] *nm* earthquake

seize [sɛz] *adj & nm inv* sixteen ▪ **seizième** *adj & nmf* sixteenth

séjour [seʒur] *nm* stay; **s. linguistique** language-learning trip; **(salle de) s.** living room ▪ **séjourner** *vi* to stay

sel [sɛl] *nm* salt; *Fig (piquant)* spice; **s. de mer** sea salt; **sels de bain** bath salts

sélectif, -ive [selɛktif, -iv] *adj* selective ▪ **sélection** *nf* selection ▪ **sélectionner** *vt* to select ▪ **sélectionneur** *nm* selector

self [sɛlf] *nm* self-service restaurant

selle [sɛl] *nf (de cheval, de vélo)* saddle

selon [səlɔ̃] *prép* according to; **s. que…** depending on whether…

semaine [səmɛn] *nf* week; **en s.** in the week

semblable [sɑ̃blabl] *adj* similar (**à** to); **de semblables propos** such remarks

semblant [sɑ̃blɑ̃] *nm* **faire s.** to pretend (**de faire** to do)

sembler [sɑ̃ble] **1** *vi* to seem (**à** to); **il (me) semble vieux** he seems *or* looks old (to me); **s. faire qch** to seem to do sth **2** *v impersonnel* **il semble que…** it seems that…; **il me semble que…** it seems to me that…

semelle [səmɛl] *nf (de chaussure)* sole; *(intérieure)* insole

semer [səme] *vt (graines)* to sow; *Fig (poursuivant)* to shake off; *Fig* **semé de** strewn with ▪ **semence** *nf* seed

semestre [səmɛstr] *nm* half-year; *Univ* semester

séminaire [seminɛr] *nm Univ* seminar; *Rel* seminary

semi-remorque [səmirəmɔrk] (*pl* **semi-remorques**) *nm (camion) Br* articulated lorry, *Am* semi(trailer), trailer truck

semoule [səmul] *nf* semolina

sénat [sena] *nm* senate ▪ **sénateur** *nm* senator

sénile [senil] *adj* senile

SENS [sɑ̃s] *nm* (**a**) *(faculté, raison, instinct)* sense; **avoir le s. de l'humour** to have a sense of humour; **avoir du bon s.** to be sensible; **bon sens** common sense

(**b**) *(signification)* meaning, sense; **ça n'a pas de s.** that doesn't make sense

(**c**) *(direction)* direction; *Aut* **s. giratoire** *Br* roundabout, *Am* traffic circle, *Am* rotary; **s. interdit** *ou* **unique** *(rue)* one-way street; **'s. interdit'** 'no entry'; **à s. unique** *(rue)* one-way; **dans le s. des aiguilles d'une montre** clockwise; **dans le s. inverse des aiguilles d'une montre** *Br* anticlockwise, *Am* counterclockwise

---

sensation [sɑ̃sasjɔ̃] *nf* feeling, sensation; **faire s.** to create a sensation

sensé, -e [sɑ̃se] *adj* sensible

sensible [sɑ̃sibl] *adj* sensitive (**à** to); *(douloureux)* tender, sore; *(perceptible)* perceptible; *(progrès)* noticeable ▪ **sensibiliser** *vt* **s. qn à qch** *(problème)* to make sb aware of sth ▪ **sensibilité** *nf* sensitivity

sensuel, -elle [sɑ̃sɥɛl] *adj* sensual ▪ **sensualité** *nf* sensuality

sentence [sɑ̃tɑ̃s] *nf Jur (jugement)* sentence

sentier [sɑ̃tje] *nm* path

sentiment [sɑ̃timɑ̃] *nm* feeling; **avoir le s. que…** to have a feeling that… ▪ **sentimental, -e, -aux, -ales** *adj* sentimental; **vie sentimentale** love life

sentinelle [sɑ̃tinɛl] *nf* sentry

sentir* [sɑ̃tir] **1** *vt (douleur)* to feel; *(odeur)* to smell; **s. le moisi** to smell musty; **s. le poisson** to smell of fish **2** *vi* to smell; **s. bon/mauvais** to smell good/bad **3 se sentir** *vpr* **se s. humilié** to feel humiliated

séparation [separɑsjɔ̃] *nf* separation; *(départ)* parting

séparer [separe] **1** *vt* to separate (**de** from) **2 se séparer** *vpr (couple)* to separate; *(cortège)* to disperse, to break up; **se s. de qn/qch** *(donner, jeter)* to part with sb/sth ▪ **séparé, -e** *adj (distinct)* separate; *(époux)* separated (**de** from)

sept [sɛt] *adj & nm inv* seven

septante [sɛptɑ̃t] *adj (en Belgique, en Suisse)* seventy

septembre [sɛptɑ̃br] *nm* September

septième [sɛtjɛm] *adj & nmf* seventh; **un s.** a seventh

sépulture [sepyltyr] *nf* burial; *(lieu)* burial place

séquelles [sekɛl] *nfpl (de maladie)* after-effects

séquence [sekɑ̃s] *nf* sequence

séquestrer [sekɛstre] *vt* **s. qn** to keep sb locked up

sera, serait [səra, sərɛ] *voir* **être**

Serbie [sɛrbi] *nf* **la S.** Serbia ▪ **serbe 1** *adj* Serbian **2** *nmf* **S.** Serbian

serein, -e [sərɛ̃, -ɛn] *adj* serene

sérénade [serenad] *nf* serenade

sérénité [serenite] *nf* serenity

sergent [sɛrʒɑ̃] *nm Mil* sergeant

série [seri] *nf* series; *(ensemble)* set; **de s.** *(article, voiture)* standard; **fin de s.** discontinued line; **fabrication en s.** mass production; **numéro hors s.** special issue

sérieux, -euse [serjø, -jøz] **1** *adj (personne, doute)* serious; *(de bonne foi)* genuine, serious; *(fiable)* reliable; **de sérieuses chances de…** a good chance of… **2** *nm (application)* seriousness; *(fiabilité)* reliability; **prendre qn/qch au s.** to take sb/sth seriously

seringue [sərɛ̃g] *nf* syringe

serment [sɛrmɑ̃] *nm (affirmation solennelle)* oath; *(promesse)* pledge; **prêter s.** to take an oath; **faire le s. de faire qch** to swear to do sth; *Jur* **sous s.** on *or* under oath

sermon [sɛrmɔ̃] *nm (de prêtre)* sermon ▪ **sermonner** *vt (faire la morale à)* to lecture

séropositif, -ive [seropozitif, -iv] *adj Méd* HIV positive ▪ **séronégatif, -ive** *adj Méd* HIV negative

serpent [sɛrpɑ̃] *nm* snake

serpenter [sɛrpɑ̃te] *vi (sentier)* to meander

serre [sɛr] *nf* greenhouse

serrer [sere] **1** *vt (tenir)* to grip; *(nœud, vis)* to tighten; *(poing)* to clench; **s. la main à qn** to shake hands with sb; **s. qn** *(sujet: vêtement)* to be too tight for sb

2 *vi* **s. à droite** to keep (to the) right

3 se serrer *vpr (se rapprocher)* to squeeze up; **se s. contre** to squeeze up against ▪ **serré, -e** *adj (nœud, vêtement)* tight; *(gens)* packed (together); *(lutte)* close ▪ **serre-tête** *nm inv* headband

serrure [seryr] *nf* lock

serveur, -euse [sɛrvœr, -øz] **1** *nmf* waiter, *f* waitress; *(de bar)* barman, *f* barmaid **2** *nm Ordinat* server

serviable [sɛrvjabl] *adj* helpful, obliging

service [sɛrvis] *nm* service; *(travail)* duty; *(pourboire)* service (charge); *(d'entreprise)* department; *(au tennis)* serve, service; **un s.** *(aide)* a favour; **rendre s.** to be of service (**à qn** to sb); **être de s.** to be on duty; **faire son s. (militaire)** to do one's military service; **s. à café** coffee set; **s. (non) compris** service (not) included; **s. après-vente** aftersales service

serviette [sɛrvjɛt] *nf (pour s'essuyer)* towel; *(sac)* briefcase; **s. de bain/de toilette** bath/hand towel; **s. de table** napkin, *Br* serviette ▪ **serviette-éponge** (*pl* **serviettes-éponges**) *nf* terry towel

servir* [sɛrvir] **1** *vt* to serve (**qch à qn** sb with sth, sth to sb); *(convive)* to wait on

2 *vi* to serve; **s. à qch/à faire qch** to be used for sth/to do *or* for doing sth; **ça ne sert à rien** it's useless, it's no good *or* use (**de faire** doing); **s. de qch** to be used for sth, to serve as sth

3 se servir *vpr (à table)* to help oneself (**de** to); **se s. de qch** *(utiliser)* to use sth

serviteur [sɛrvitœr] *nm* servant

ses [se] *voir* **son²**

session [sesjɔ̃] *nf* session

set [sɛt] *nm (au tennis)* set; **s. de table** place mat

seuil [sœj] *nm (entrée)* doorway; *Fig (limite)* threshold; *Fig* **au s. de** on the threshold of

seul, -e [sœl] **1** *adj (sans compagnie)* alone; *(unique)* only; **tout s.** by oneself, on one's own, all alone; **se sentir s.** to feel lonely *or* alone; **la seule femme** the only woman; **un s. chat** only one cat; **une seule fois** only once; **pas un s. livre** not a single book; **seuls les garçons...** only the boys...

2 *adv* **(tout) s.** *(rentrer, vivre)* by oneself, alone, on one's own; *(parler)* to oneself

3 *nmf* **le s., la seule** the only one; **un s., une seule** only one, one only; **pas un s.** not (a single) one

seulement [sœlmɑ̃] *adv* only; **non s.... mais encore...** not only... but (also)...

sève [sɛv] *nf (de plante)* sap

sévère [sevɛr] *adj* severe; *(parents, professeur)* strict ▪ **sévérité** *nf* severity; *(de parents)* strictness

sévices [sevis] *nmpl* ill-treatment; **s. à enfant** child abuse

sexe [sɛks] *nm (catégorie, sexualité)* sex; *(organes)* genitals ▪ **sexiste** *adj & nmf* sexist ▪ **sexualité** *nf* sexuality ▪ **sexuel, -elle** *adj* sexual

shampooing [ʃɑ̃pwɛ̃] *nm* shampoo; **s. colorant** rinse; **faire un s. à qn** to shampoo sb's hair

shooter [ʃute] *vti (au football)* to shoot

short [ʃɔrt] *nm* (pair of) shorts

SI¹ [si]

si becomes **s'** [s] before **il, ils**.

1 *conj* if; **si je pouvais** if I could; **s'il vient** if he comes; **si j'étais roi** if I were *or* was king; **je me demande si...** I wonder whether *or* if...; **si on restait?** *(suggestion)* what if we stayed?; **si oui** if so; **si non** if not; **si seulement** if only

2 *adv* (**a**) *(tellement)* so; **pas si riche que tu crois** not as rich as you think; **un si bon dîner** such a good dinner; **si bien que...** so much so that...

(**b**) *(après négative)* yes; **tu ne viens pas? – si!** you're not coming? – yes (I am)!

si² [si] *nm inv (note)* B

siamois, -e [sjamwa, -waz] *adj* Siamese; **frères s., sœurs siamoises** Siamese twins

Sicile [sisil] *nf* **la S.** Sicily

SIDA [sida] *(abrév* **syndrome immunodéficitaire acquis**) *nm* AIDS; **virus du S.** AIDS virus

sidérurgie [sidɛryrʒi] *nf* iron and steel industry

siècle [sjɛkl] *nm* century

siège [sjɛʒ] *nm* (**a**) *(meuble, centre) & Pol* seat; *(d'autorité, de parti)* headquarters; **s. social** head office (**b**) *Mil* siege; **faire le s. de** to lay siege to

siéger [sjeʒe] *vi (assemblée)* to sit

sien, sienne [sjɛ̃, sjɛn] **1** *pron possessif* **le s., la sienne, les sien(ne)s** *(d'homme)* his; *(de femme)* hers; *(de chose)* its; **les deux siens** his/her two **2** *nmpl* **les siens** *(sa famille)* one's family **3** *nfpl* **faire des siennes** to be up to one's tricks again

sieste [sjɛst] *nf* siesta; **faire la s.** to have a nap

siffler [sifle] **1** *vi* to whistle; *(avec un sifflet)* to blow one's whistle; *(gaz, serpent)* to hiss

2 *vt (chanson)* to whistle; *(chien)* to whistle at; *Sport (faute, fin de match)* to blow one's whistle for; *(acteur,* *pièce)* to boo; **se faire s.** *(acteur)* to be booed ■ **sifflement** [-əmɑ̃] *nm* whistling; *(de serpent, de gaz)* hissing

sifflet [siflɛ] *nm (instrument)* whistle; **sifflets** *(de spectateurs)* booing ■ **siffloter** *vti* to whistle

sigle [sigl] *nm (initiales)* abbreviation; *(acronyme)* acronym

signal, -aux [siɲal, -o] *nm* signal; **s. d'alarme** alarm signal; **s. lumineux** warning light; **s. sonore** warning sound

signalement [siɲalmɑ̃] *nm* description, particulars

signaler [siɲale] **1** *vt (faire remarquer)* to point out (**à qn** to sb; **que** that); *(par panneau)* to signpost; *(dire à la police)* to report (**à** to) **2 se signaler** *vpr* **se s. par qch** to distinguish oneself by sth

signalisation [siɲalizɑsjɔ̃] *nf (sur les routes)* signposting; **s. routière** *(signaux)* road signs

signature [siɲatyr] *nf* signature; *(action)* signing

signe [siɲ] *nm (indice)* sign, indication; **en s. de protestation** as a sign of protest; **faire s. à qn** *(geste)* to motion (to) sb (**de faire** to do); *(contacter)* to get in touch with sb; **faire s. que oui** to nod (one's head); **faire s. que non** to shake one's head; **s. particulier** distinguishing mark; **s. astrologique** astrological sign

signer [siɲe] **1** *vt* to sign **2 se signer** *vpr* to cross oneself

signification [siɲifikɑsjɔ̃] *nf* meaning ■ **significatif, -ive** *adj* significant, meaningful

signifier [siɲifje] *vt* to mean (**que** that)

silence [silɑ̃s] *nm* silence; *Mus* rest; **en s.** in silence; **garder le s.** to keep quiet *or* silent (**sur** about) ■ **silencieux, -euse 1** *adj* silent **2** *nm (de voiture) Br* silencer, *Am* muffler; *(d'arme)* silencer

silhouette [silwɛt] *nf* outline; *(en noir)* silhouette; *(du corps)* figure

sillonner [sijɔne] *vt (parcourir)* to criss-cross

similaire [similɛr] *adj* similar ■ **similitude** *nf* similarity

simple [sɛ̃pl] *adj (facile, crédule, sans prétention)* simple; *(fait d'un élément)* single; *(employé, particulier)* ordinary ■ **simplicité** *nf* simplicity

simplifier [sɛ̃plifje] *vt* to simplify ■ **simplification** *nf* simplification

simpliste [sɛ̃plist] *adj* simplistic

simuler [simyle] *vt (reproduire)* to simulate; *(feindre)* to feign

simultané, -e [simyltane] *adj* simultaneous

sincère [sɛ̃sɛr] *adj* sincere ■ **sincérité** *nf* sincerity; **en toute s.** quite sincerely

Singapour [sɛ̃gapur] *nm* Singapore

singe [sɛ̃ʒ] *nm* monkey; **grand s.** ape

singulariser [sɛ̃gylarize] **se singulariser** *vpr* to draw attention to oneself

singulier, -ère [sɛ̃gylje, -ɛr] *adj (peu ordinaire)* peculiar, odd ■ **singularité** *nf* peculiarity

sinistre [sinistr] **1** *adj (effrayant)* sinister; *(triste)* grim **2** *nm* disaster; *(incendie)* fire; *Jur (dommage)* damage ■ **sinistré, -e 1** *adj (population, région)* disaster-stricken **2** *nmf* disaster victim

sinon [sinɔ̃] *conj (autrement)* otherwise, or else; *(sauf)* except (**que** that); *(si ce n'est)* if not

sinueux, -euse [sinɥø, -øz] *adj* winding

sinusite [sinyzit] *nf* sinusitis; **avoir une s.** to have sinusitis

siphon [sifɔ̃] *nm* siphon; *(d'évier)* trap, *Br* U-bend

sirène [sirɛn] *nf (d'usine)* siren; *(femme)* mermaid

sirop [siro] *nm* syrup; *(à diluer)* (fruit) cordial; **s. contre la toux** cough mixture

sismique [sismik] *adj* seismic; **secousse s.** earth tremor

site [sit] *nm (endroit)* site; *(pittoresque)* beauty spot; **s. touristique** place of interest; **s. classé** conservation area; *Ordinat* **s. Web** website

sitôt [sito] *adv* **s. que...** as soon as...; **s. levée, elle partit** as soon as she was up, she left; **pas de s.** not for some time

situation [sitɥasjɔ̃] *nf* situation, position; *(emploi)* position; **s. de famille** marital status ▪ **situé, -e** *adj (maison)* situated (**à** in) ▪ **situer 1** *vt (placer)* to situate; *(trouver)* to locate; *(dans le temps)* to set **2 se situer** *vpr (se trouver)* to be situated

six [sis] ([si] *before consonant*, [siz] *before vowel*) *adj & nm inv* six ▪ **sixième** [sizjɛm] **1** *adj & nmf* sixth; **un s.** a sixth **2** *nf Scol Br* ≃ first form, *Am* ≃ sixth grade

sketch [skɛtʃ] *(pl* **sketches***) nm* sketch

ski [ski] *nm (objet)* ski; *(sport)* skiing; **faire du s.** to ski; **s. alpin** downhill skiing; **s. de fond** cross-country skiing; **s. nautique** water skiing ▪ **skiable** *adj (piste)* skiable, fit for skiing ▪ **skier** *vi* to ski ▪ **skieur, -euse** *nmf* skier

slalom [slalɔm] *nm Sport* slalom

slave [slav] **1** *adj* Slav; *(langue)* Slavonic **2** *nmf* **S.** Slav

slip [slip] *nm (d'homme)* briefs, underpants; *(de femme)* panties, *Br* knickers

slogan [slɔgɑ̃] *nm* slogan

Slovaquie [slɔvaki] *nf* **la S.** Slovakia

Slovénie [slɔveni] *nf* **la S.** Slovenia

SMIC [smik] *(abrév* **salaire minimum interprofessionnel de croissance***) nm* guaranteed minimum wage

smoking [smɔkiŋ] *nm (veston, costume)* dinner jacket, *Am* tuxedo

SNCF [ɛsɛnseɛf] *(abrév* **Société nationale des chemins de fer français***) nf* = French national railway company

snob [snɔb] **1** *adj* snobbish **2** *nmf* snob ▪ **snobisme** *nm* snobbery

sobre [sɔbr] *adj* sober ▪ **sobriété** *nf* sobriety

sociable [sɔsjabl] *adj* sociable ▪ **sociabilité** *nf* sociability

social, -e, -aux, -ales [sɔsjal, -o] *adj* social ▪ **socialisme** *nm* socialism ▪ **socialiste** *adj & nmf* socialist

société [sɔsjete] *nf (communauté)* society; *(compagnie)* company; **s. anonyme** *Br* (public) limited company, *Am* corporation ▪ **sociétaire** *nmf (membre)* member

sociologie [sɔsjɔlɔʒi] *nf* sociology ▪ **sociologique** *adj* sociological ▪ **sociologue** *nmf* sociologist

sœur [sœr] *nf* sister; *(religieuse)* sister, nun

sofa [sɔfa] *nm* sofa, settee

soi [swa] *pron personnel* oneself; **chacun pour s.** every man for himself; **chez s.** at home; **cela va de soi** it's self-evident (**que** that) ▪ **soi-même** *pron* oneself

soi-disant [swadizɑ̃] **1** *adj inv* so-called **2** *adv* supposedly

soie [swa] *nf (tissu)* silk

soient [swa] *voir* **être**

soif [swaf] *nf* thirst (**de** for); **avoir s.** to be thirsty

soigner [swaɲe] **1** *vt* to look after, to take care of; *(sujet: médecin) (malade, maladie)* to treat; *(présentation, travail)* to take care over; **se faire s.** to have (medical) treatment
2 se soigner *vpr* to take care of oneself, to look after oneself ▪ **soigné, -e** *adj (personne, vêtement)* neat, tidy; *(travail)* careful

soigneux, -euse [swaɲø, -øz] *adj (attentif)* careful (**de** with); *(propre)* neat, tidy

soin [swɛ̃] *nm (attention)* care; *Méd* **soins** treatment, care; **avoir** *ou* **prendre s. de qch/de faire qch** to take care of sth/to do sth; **avec s.** carefully, with care

soir [swar] *nm* evening; **le s.** *(chaque soir)* in the evening(s); **à neuf heures du s.** at nine in the evening; **repas du s.** evening meal

soirée [sware] *nf* evening; *(réunion)* party

sois, soit[1] [swa] *voir* **être**

soit[2] **1** [swa] *conj (à savoir)* that is (to say); **s.... s....** either... or... **2** [swat] *adv (oui)* very well

soixante [swasɑ̃t] *adj & nm inv* sixty

■ **soixantaine** *nf* **une s. (de)** *(nombre)* (about) sixty; **avoir la s.** *(âge)* to be about sixty

soixante-dix [swasɑ̃tdis] *adj & nm inv* seventy ■ **soixante-dixième** *adj & nmf* seventieth

soixantième [swasɑ̃tjɛm] *adj & nmf* sixtieth

soja [sɔʒa] *nm (plante)* soya; **germes** *ou* **pousses de s.** beansprouts

sol[1] [sɔl] *nm* ground; *(plancher)* floor; *(territoire, terrain)* soil

sol[2] [sɔl] *nm inv (note)* G

solaire [sɔlɛr] *adj* solar; **huile s.** sun(-tan) oil

soldat [sɔlda] *nm* soldier

solde [sɔld] **1** *nm (de compte, à payer)* balance; **en s.** *(acheter)* in the sales, *Am* on sale; **soldes** *(marchandises)* sale goods; *(vente)* (clearance)sale(s) **2** *nf (de soldat)* pay

solder [sɔlde] **1** *vt (articles)* to clear, to sell off; *(compte)* to pay the balance of **2 se solder** *vpr* **se s. par un échec** to end in failure ■ **soldé, -e** *adj (article)* reduced

sole [sɔl] *nf (poisson)* sole

soleil [sɔlɛj] *nm* sun; *(chaleur, lumière)* sunshine; **au s.** in the sun; **il fait s.** it's sunny

solennel, -elle [sɔlanɛl] *adj* solemn

solidaire [sɔlidɛr] *adj* **être s.** *(ouvriers)* to show solidarity (**de** with) ■ **solidarité** *nf (entre personnes)* solidarity

solide [sɔlid] **1** *adj (objet, état)* solid; *(amitié)* strong; *(nerfs)* sound; *(personne)* sturdy **2** *nm (corps)* solid ■ **solidité** *nf (d'objet)* solidity

soliste [sɔlist] *nmf Mus* soloist

solitaire [sɔlitɛr] **1** *adj (par choix)* solitary; *(involontairement)* lonely **2** *nmf* loner; **en s.** on one's own ■ **solitude** *nf* solitude; **aimer la s.** to like being alone

solliciter [sɔlisite] *vt (audience)* to request; *(emploi)* to apply for; **s. qn** *(faire appel à)* to appeal to sb (**de faire** to do) ■ **sollicitation** *nf* request

sollicitude [sɔlisityd] *nf* solicitude, concern

soluble [sɔlybl] *adj (substance, problème)* soluble

solution [sɔlysjɔ̃] *nf (de problème)* solution (**de** to); *(mélange chimique)* solution

sombre [sɔ̃br] *adj* dark; *(triste)* sombre, gloomy; **il fait s.** it's dark

sombrer [sɔ̃bre] *vi (bateau)* to sink; *Fig* **s. dans** *(folie, sommeil)* to sink into

sommaire [sɔmɛr] **1** *adj* summary; *(repas)* basic **2** *nm (table des matières)* contents

somme [sɔm] **1** *nf* sum; **faire la s. de** to add up; **en s., s. toute** in short **2** *nm (sommeil)* nap; **faire un s.** to have a nap

sommeil [sɔmɛj] *nm* sleep; **avoir s.** to feel sleepy; **être en plein s.** to be fast asleep ■ **sommeiller** *vi* to doze

sommelier [sɔməlje] *nm* wine waiter

sommer [sɔme] *vt* **s. qn de faire qch** to summon sb to do sth

sommes [sɔm] *voir* **être**

sommet [sɔmɛ] *nm* top; *(de montagne)* summit, top

sommier [sɔmje] *nm (de lit)* base

sommité [sɔmite] *nf* leading light (**de** in)

somnambule [sɔmnɑ̃byl] *nmf* sleepwalker; **être s.** to sleepwalk

somnifère [sɔmnifɛr] *nm* sleeping pill

somnoler [sɔmnɔle] *vi* to doze

somptueux, -euse [sɔ̃ptɥø, -øz] *adj* sumptuous

son[1] [sɔ̃] *nm (bruit)* sound

son[2] [sɔ̃] *nm (de grains)* bran

son[3], sa, ses [sɔ̃, sa, se]

> **sa** becomes **son** [sɔ̃n] before a vowel or mute h.

adj possessif (d'homme) his; *(de femme)* her; *(de chose)* its; *(indéfini)* one's; **s. père/sa mère** his/her/one's father/mother; **s. ami(e)** his/her/one's friend

sondage [sɔ̃daʒ] *nm (de terrain)* drilling; **s. (d'opinion)** opinion poll

sonder [sɔ̃de] *vt (rivière)* to sound; *(terrain)* to drill; *Fig (personne, l'opinion)* to sound out

songe [sɔ̃ʒ] *nm* dream
songer [sɔ̃ʒe] **1** *vi* **s. à qch/à faire qch** to think of sth/of doing sth **2** *vt* **s. que...** to think that... ▪ **songeur, -euse** *adj* thoughtful, pensive
sonner [sɔne] **1** *vi* to ring; *(cor, cloches)* to sound; **on a sonné (à la porte)** there's someone at the door **2** *vt (cloche)* to ring; *(domestique)* to ring for; *(cor)* to sound; *(l'heure)* to strike
sonnerie [sɔnri] *nf (son)* ring(ing); *(de cor)* sound; *(appareil)* bell; *(de téléphone) Br* ringing tone, *Am* ring
sonnette [sɔnɛt] *nf* bell; **coup de s.** ring; **s. d'alarme** alarm (bell)
sonore [sɔnɔr] *adj (rire)* loud; *(voix)* resonant; **effet s.** sound effect ▪ **sonorité** *nf (de salle)* acoustics; *(de violon)* tone
sont [sɔ̃] *voir* **être**
sophistiqué, -e [sɔfistike] *adj* sophisticated
soporifique [sɔpɔrifik] *adj (médicament, discours)* soporific
sorbet [sɔrbɛ] *nm* sorbet
sorcellerie [sɔrsɛlri] *nf* witchcraft, sorcery ▪ **sorcier** *nm* sorcerer ▪ **sorcière** *nf* witch
sordide [sɔrdid] *adj (acte, affaire)* sordid; *(maison)* squalid
sort [sɔr] *nm (destin)* fate; *(condition)* lot; *(maléfice)* spell
sortant, -e [sɔrtɑ̃, -ɑ̃t] *adj (numéro)* winning; *(député)* outgoing
sorte [sɔrt] *nf* sort, kind (**de** of); **toutes sortes de** all sorts *or* kinds of; **en quelque s.** in a way, as it were; **de (telle) s. que tu apprennes** so that *or* in such a way that you may learn; **faire en s. que...** *(+ subjunctive)* to see to it that...
sortie [sɔrti] *nf (porte)* exit, way out; *(action de sortir)* leaving, exit, departure; *(promenade)* walk; *(de film, de disque)* release; *(de livre)* appearance; **être de s.** to be out; **s. de bain** bathrobe; **s. de secours** emergency exit
sortir* [sɔrtir] **1** *(aux* **être***) vi* to go out, to leave; *(pour s'amuser)* to go out; *(film)* to come out; *(numéro gagnant)* to come up; **s. de** *(endroit)* to leave; *(université)* to be a graduate of; *(famille, milieu)* to come from; *(rails)* to come off; **s. de l'ordinaire** to be out of the ordinary
2 *(aux* **avoir***) vt* to take out (**de** of); *(film, livre)* to bring out
3 se sortir *vpr* **s'en s.** *(malade)* to pull through
SOS [ɛsoɛs] *nm* SOS; **lancer un SOS** to send (out) an SOS
sosie [sozi] *nm* double
sottise [sɔtiz] *nf* foolishness; *(action, parole)* foolish thing
souche [suʃ] *nf (d'arbre)* stump; *(de carnet)* stub, counterfoil; *(de virus)* strain
souci [susi] *nm (inquiétude)* worry, concern; *(préoccupation)* concern (**de** for); **se faire du s.** to worry, to be worried ▪ **se soucier** *vpr* **se s. de** to be worried *or* concerned about ▪ **soucieux, -euse** *adj* worried, concerned (**de qch** about sth)
soucoupe [sukup] *nf* saucer
soudain, -e [sudɛ̃, -ɛn] **1** *adj* sudden **2** *adv* suddenly ▪ **soudaineté** *nf* suddenness
Soudan [sudɑ̃] *nm* **le S.** Sudan
souder [sude] **1** *vt (par alliage)* to solder; *(par soudure autogène)* to weld; **lampe à s.** blowlamp **2 se souder** *vpr (os)* to knit (together) ▪ **soudure** *nf (par alliage)* soldering; *(autogène)* welding
souffle [sufl] *nm (d'air, de vent)* breath, puff; *(respiration)* breathing; *(de bombe)* blast; **reprendre son s.** to get one's breath back ▪ **souffler 1** *vi* to blow; *(haleter)* to puff; **laisser s. qn** *(se reposer)* to give sb time to catch his/her breath **2** *vt (bougie)* to blow out; *(fumée, verre)* to blow; *(faire exploser)* to blast; *(chuchoter)* to whisper
souffrance [sufrɑ̃s] *nf* suffering; **en s.** *(colis)* unclaimed
souffrir* [sufrir] *vi* to suffer; **s. de** to suffer from; **faire s. qn** *(physiquement)*

to hurt sb; *(moralement)* to make sb suffer ▪ **souffrant, -e** *adj* unwell

souhait [swɛ] *nm* wish; **à vos souhaits!** *(après un éternuement)* bless you! ▪ **souhaitable** *adj* desirable ▪ **souhaiter** *vt (bonheur)* to wish for; **s. qch à qn** to wish sb sth; **s. faire qch** to hope to do sth; **s. que...** *(+ subjunctive)* to hope that...

soûl, -e [su, sul] **1** *adj* drunk **2** *nm* **tout son s.** *(boire)* to one's heart's content ▪ **se soûler** *vpr* to get drunk

soulager [sulaʒe] *vt* to relieve (**de** of) ▪ **soulagement** *nm* relief

soulever [sulәve] **1** *vt* to lift (up); *(question)* to raise **2 se soulever** *vpr (personne)* to lift oneself (up); *(se révolter)* to rise up ▪ **soulèvement** [-ɛvmɑ̃] *nm (révolte)* uprising

soulier [sulje] *nm* shoe

souligner [suliɲe] *vt (d'un trait)* to underline; *(faire remarquer)* to emphasize

soumettre* [sumɛtr] **1** *vt (pays, rebelles)* to subdue; *(rapport, demande)* to submit (**à** to); **s. qn à** *(assujettir)* to subject sb to **2 se soumettre** *vpr* to submit (**à** to) ▪ **soumis, -e** *adj (docile)* submissive; **s. à** subject to ▪ **soumission** *nf (à une autorité)* submission; *(docilité)* submissiveness

soupçon [supsɔ̃] *nm* suspicion; **au-dessus de tout s.** above suspicion ▪ **soupçonner** *vt* to suspect (**de** of; **d'avoir fait** of doing) ▪ **soupçonneux, -euse** *adj* suspicious

soupe [sup] *nf* soup; **s. populaire** soup kitchen ▪ **soupière** *nf* (soup) tureen

souper [supe] **1** *nm* supper **2** *vi* to have supper

soupir [supir] *nm* sigh ▪ **soupirer** *vi* to sigh

souple [supl] *adj (corps, personne)* supple; *(branche)* flexible ▪ **souplesse** *nf (de corps)* suppleness; *(de branche)* flexibility

source [surs] *nf* (**a**) *(point d'eau)* spring; **prendre sa s.** *(rivière)* to rise (**à** at) (**b**) *(origine)* source

sourcil [sursi] *nm* eyebrow ▪ **sourciller** *vi Fig* **ne pas s.** not to bat an eyelid

sourd, -e [sur, surd] **1** *adj (personne)* deaf (**à** to); *(douleur)* dull; **bruit s.** thump **2** *nmf* deaf person ▪ **sourd-muet, sourde-muette** (*mpl* **sourds-muets,** *fpl* **sourdes-muettes**) **1** *adj* deaf-and-dumb **2** *nmf* deaf mute

sourire* [surir] **1** *nm* smile; **faire un s. à qn** to give sb a smile **2** *vi* to smile (**à** at)

souris [suri] *nf (animal) & Ordinat* mouse (*pl* mice)

sournois, -e [surnwa, -waz] *adj* sly, underhand

sous [su] *prép (position)* under, underneath, beneath; *(rang)* under; **s. la pluie** in the rain; **nager s. l'eau** to swim underwater; **s. le nom de** under the name of; **s. Charles X** under Charles X; **s. peu** *(bientôt)* shortly

sous-bois [subwa] *nm* undergrowth

sous-chef [suʃɛf] (*pl* **sous-chefs**) *nmf* second-in-command

souscrire* [suskrir] *vi* **s. à** *(payer, approuver)* to subscribe to ▪ **souscription** *nf* subscription

sous-développé, -e [sudevlɔpe] (*mpl* **sous-développés,** *fpl* **sous-développées**) *adj (pays)* underdeveloped

sous-directeur, -trice [sudirɛktœr, -tris] (*pl* **sous-directeurs**) *nmf* assistant manager

sous-entendre [suzɑ̃tɑ̃dr] *vt* to imply

sous-entendu [suzɑ̃tɑ̃dy] (*pl* **sous-entendus**) *nm* insinuation

sous-estimer [suzɛstime] *vt* to underestimate

sous-jacent, -e [suʒasɑ̃, -ɑ̃t] (*mpl* **sous-jacents,** *fpl* **sous-jacentes**) *adj* underlying

sous-louer [sulwe] *vt (sujet: locataire)* to sublet

sous-marin, -e [sumarɛ̃, -in] (*mpl* **sous-marins,** *fpl* **sous-marines**) **1** *adj* underwater **2** *nm* submarine

sous-préfet [suprefɛ] (*pl* **sous-préfets**) *nm* subprefect ▪ **sous-préfecture** *nf* subprefecture

soussigné, -e [susiɲe] *adj & nmf* undersigned; **je s.** I the undersigned

sous-sol [susɔl] (*pl* **sous-sols**) *nm (d'immeuble)* basement; *Géol* subsoil

sous-titre [sutitr] (*pl* **sous-titres**) *nm* subtitle

soustraire* [sustrɛr] **1** *vt* to remove; *Math* to take away, to subtract (**de** from); **s. qn à** *(danger)* to shield *or* protect sb from **2 se soustraire** *vpr* **se s. à** to escape from; *(devoir, obligation)* to avoid ▪ **soustraction** *nf Math* subtraction

soustraitant [sutretɑ̃] *nm* subcontractor

sous-vêtement [suvɛtmɑ̃] *nm* undergarment; **sous-vêtements** underwear

soutenir* [sutənir] *vt* to support, to hold up; *(candidat)* to back; *(thèse)* to defend; *(regard)* to hold; **s. que...** to maintain that... ▪ **soutenu, -e** *adj (attention, effort)* sustained

souterrain, -e [suterɛ̃, -ɛn] **1** *adj* underground **2** *nm* underground passage

soutien [sutjɛ̃] *nm* support; *(personne)* supporter ▪ **soutien-gorge** (*pl* **soutiens-gorge**) *nm* bra

soutirer [sutire] *vt* **s. qch à qn** to extract sth from sb

souvenir[1] [suvnir] *nm* memory, recollection; *(objet)* memento; *(cadeau)* keepsake; *(pour touristes)* souvenir; **en s. de** in memory of

souvenir[2]* [suvnir] **se souvenir** *vpr* **se s. de qn/qch** to remember sb/sth; **se s. que...** to remember that...

souvent [suvɑ̃] *adv* often; **peu s.** seldom; **le plus s.** usually, more often than not

souverain, -e [suvərɛ̃, -ɛn] *nmf* sovereign ▪ **souveraineté** *nf* sovereignty

soviétique [sɔvjetik] *Anciennement* **1** *adj* Soviet; **l'Union s.** the Soviet Union **2** *nmf* Soviet citizen

soyeux, -euse [swajø, -øz] silky

soyons, soyez [swajɔ̃, swaje] *voir* **être**

spacieux, -euse [spasjø, -øz] *adj* spacious, roomy

spaghettis [spageti] *nmpl* spaghetti

sparadrap [sparadra] *nm (pour pansement) Br* sticking plaster, *Am* adhesive tape

spatial, -e, -aux, -ales [spasjal, -o] *adj* **station spatiale** space station; **engin s.** spaceship, spacecraft

spécial, -e, -aux, -ales [spesjal, -o] *adj* special; *(bizarre)* peculiar ▪ **spécialement** *adv (exprès)* specially; *(en particulier)* especially, particularly

spécialiser [spesjalize] **se spécialiser** *vpr* to specialize (**dans** in) ▪ **spécialisation** *nf* specialization ▪ **spécialiste** *nmf* specialist ▪ **spécialité** *nf Br* speciality, *Am* specialty

spécifier [spesifje] *vt* to specify (**que** that)

spécifique [spesifik] *adj* specific

spécimen [spesimɛn] *nm* specimen; *(livre)* specimen copy

spectacle [spɛktakl] *nm* (**a**) *(vue)* sight, spectacle (**b**) *(représentation)* show; **le s.** *(industrie)* show business ▪ **spectateur, -trice** *nmf* spectator; *(au théâtre, au cinéma)* member of the audience; **spectateurs** *(au théâtre, au cinéma)* audience

spectaculaire [spɛktakylɛr] *adj* spectacular

spéculer [spekyle] *vi* to speculate ▪ **spéculateur, -trice** *nmf* speculator ▪ **spéculation** *nf* speculation

spéléologie [speleɔlɔʒi] *nf (activité) Br* potholing, caving, *Am* spelunking

sphère [sfɛr] *nf (boule, domaine)* sphere

spirituel, -elle [spiritɥɛl] *adj (amusant)* witty; *(pouvoir, vie)* spiritual

spiritueux [spiritɥø] *nmpl (boissons)* spirits

splendide [splɑ̃did] *adj* splendid ▪ **splendeur** *nf* splendour

spontané, -e [spɔ̃tane] *adj* spontaneous ▪ **spontanéité** *nf* spontaneity

sport [spɔr] *nm* sport; **faire du s.** to play *Br* sport *or Am* sports; **voiture/**

terrain de s. sports car/ground; **sports de combat** combat sports; **sports d'équipe** team sports; **sports d'hiver** winter sports; **aller aux sports d'hiver** to go skiing; **sports mécaniques** motor sports *(on land, in the air, on water)* ▪ **sportif, -ive 1** *adj (personne)* fond of *Br* sport *or Am* sports; *(esprit)* sporting; *(association, journal, résultats)* sports, sporting; *(allure)* athletic **2** *nmf* sportsman, *f* sportswoman

spot [spɔt] *nm (lampe)* spotlight; **s. publicitaire** commercial

square [skwar] *nm* public garden

squash [skwaʃ] *nm (jeu)* squash

squatter 1 [skwate] *vi* to squat **2** [skwatœr] *nm* squatter ▪ **squatteur, -euse** *nmf* squatter

squelette [skəlɛt] *nm* skeleton

stable [stabl] *adj* stable ▪ **stabiliser** *vt*, **se stabiliser** *vpr* to stabilize ▪ **stabilité** *nf* stability

stade [stad] *nm Sport* stadium; *(phase)* stage

stage [staʒ] *nm (période)* training period; *(cours)* (training) course; **faire un s.** to undergo training; **être en s.** to be on a training course ▪ **stagiaire** *adj & nmf* trainee

stagner [stagne] *vi* to stagnate

stand [stɑ̃d] *nm (d'exposition)* stand, stall; **s. de tir** *(de foire)* shooting range

standard [stɑ̃dar] **1** *nm (téléphonique)* switchboard **2** *adj inv (modèle)* standard ▪ **standardiste** *nmf* (switchboard) operator

standing [stɑ̃diŋ] *nm* standing, status; **immeuble de (grand) s.** *Br* luxury block of flats, *Am* luxury apartment building

station [stɑsjɔ̃] *nf (de métro, d'observation, de radio)* station; *(de ski)* resort; *(d'autobus)* stop; **s. de taxis** *Br* taxi rank, *Am* taxi stand ▪ **station-service** (*pl* **stations-service**) *nf* service station, *Br* petrol *or Am* gas station

stationnaire [stasjɔnɛr] *adj* stationary

stationner [stasjɔne] *vi (être garé)* to be parked ▪ **stationnement** *nm* parking

statistique [statistik] **1** *adj* statistical **2** *nf (donnée)* statistic; **la s.** *(science)* statistics *(sing)*

statue [staty] *nf* statue

statut [staty] *nm (position)* status; **statuts** *(règles)* statutes

steak [stɛk] *nm* steak

sténographie [stenɔgrafi] *nf* shorthand, stenography

stéréo [stereo] *nf* stereo; **en s.** in stereo ▪ **stéréophonique** *adj* stereophonic

stéréotype [stereɔtip] *nm* stereotype ▪ **stéréotypé, -e** *adj* stereotyped

stérile [steril] *adj* sterile; *(terre)* barren ▪ **stérilisation** *nf* sterilization ▪ **stériliser** *vt* to sterilize ▪ **stérilité** *nf* sterility; *(de terre)* barrenness

stéthoscope [stetɔskɔp] *nm* stethoscope

steward [stiwart] *nm (d'avion, de bateau)* steward

stigmatiser [stigmatize] *vt (dénoncer)* to stigmatize

stimuler [stimyle] *vt* to stimulate ▪ **stimulation** *nf* stimulation

stimulus [stimylys] (*pl* **stimuli** [-li]) *nm (physiologique)* stimulus

stipuler [stipyle] *vt* to stipulate (**que** that)

stock [stɔk] *nm* stock (**de** of); **en s.** in stock ▪ **stockage** *nm* stocking ▪ **stocker** *vt (provisions)* to stock

stop [stɔp] **1** *exclam* stop **2** *nm Aut (panneau)* stop sign; *(feu arrière)* brake light, *Br* stoplight ▪ **stopper** *vti* to stop

stratagème [strataʒɛm] *nm* stratagem, ploy

stratège [stratɛʒ] *nm* strategist ▪ **stratégie** *nf* strategy ▪ **stratégique** *adj* strategic

stress [strɛs] *nm inv* stress ▪ **stressant, -e** *adj* stressful ▪ **stressé, -e** *adj* under stress

strict, -e [strikt] *adj (principes, professeur)* strict; *(tenue)* plain; **le s.**

minimum the bare minimum ■ **strictement** [-əmɑ̃] *adv* strictly; *(vêtu)* plainly

strident, -e [stridɑ̃, -ɑ̃t] *adj* shrill, strident

structure [stryktyr] *nf* structure ■ **structural, -e, -aux, -ales** *adj* structural ■ **structurer** *vt* to structure

studieux, -euse [stydjø, -øz] *adj* studious; *(vacances)* devoted to study

studio [stydjo] *nm (de cinéma, de télévision, de peintre)* studio; *(logement) Br* studio flat, *Am* studio apartment

stupéfait, -e [stypefɛ, -ɛt] *adj* amazed, astounded (**de** at *or* by) ■ **stupéfaction** *nf* amazement

stupéfier [stypefje] *vt* to amaze, to astound ■ **stupéfiant, -e 1** *adj* amazing, astounding **2** *nm* drug, narcotic

stupeur [stypœr] *nf (étonnement)* amazement; *(inertie)* stupor

stupide [stypid] *adj* stupid ■ **stupidité** *nf* stupidity; *(action, parole)* stupid thing

style [stil] *nm* style; **meubles de s.** period furniture ■ **stylé, -e** *adj* well-trained ■ **styliste** *nmf (de mode)* designer ■ **stylistique** *adj* stylistic

stylo [stilo] *nm* pen; **s. à bille** ballpoint (pen), *Br* biro®; **s. à encre, s.-plume** fountain pen

su, -e [sy] *pp de* **savoir**

subdiviser [sybdivize] *vt* to subdivide (**en** into) ■ **subdivision** *nf* subdivision

subir [sybir] *vt* to undergo; *(conséquences, défaite, perte, tortures)* to suffer; *(influence)* to be under; **faire s. qch à qn** to subject sb to sth

subit, -e [sybi, -it] *adj* sudden

subjectif, -ive [sybʒɛktif, -iv] *adj* subjective ■ **subjectivité** *nf* subjectivity

subjuguer [sybʒyge] *vt* to subjugate, to subdue; *(envoûter)* to captivate

sublime [syblim] *adj & nm* sublime

submerger [sybmɛrʒe] *vt* to submerge; *Fig (envahir)* to overwhelm; *Fig* **submergé de travail** snowed under with work

submersible [sybmɛrsibl] *nm* submarine

subside [sypsid] *nm* grant, subsidy

subsistance [sybzistɑ̃s] *nf* subsistence

subsister [sybziste] **1** *vi (chose)* to remain; *(personne)* to subsist **2** *v impersonnel* to remain; **il subsiste un doute** there remains some doubt

substance [sypstɑ̃s] *nf* substance; *Fig* **en s.** in essence ■ **substantiel, -elle** *adj* substantial

substituer [sypstitɥe] **1** *vt* to substitute (**à** for) **2 se substituer** *vpr* **se s. à qn** to take the place of sb, to substitute for sb ■ **substitution** *nf* substitution; **produit de s.** substitute (product)

substitut [sypstity] *nm (produit)* substitute (**de** for); *(magistrat)* deputy public prosecutor

subtil, -e [syptil] *adj* subtle ■ **subtilité** *nf* subtlety

subvenir* [sybvənir] *vi* **s. à** *(besoins, frais)* to meet

subvention [sybvɑ̃sjɔ̃] *nf* subsidy ■ **subventionner** *vt* to subsidize

subversif, -ive [sybvɛrsif, -iv] *adj* subversive ■ **subversion** *nf* subversion

suc [syk] *nm (gastrique, de fruit)* juice; *(de plante)* sap

succéder [syksede] **1** *vi* **s. à qn** to succeed sb; **s. à qch** to follow sth, to come after sth **2 se succéder** *vpr (choses, personnes)* to follow one another

succès [syksɛ] *nm* success; **s. de librairie** *(livre)* best-seller; **avoir du s.** to be successful; **à s.** *(auteur, film)* successful

successeur [syksɛsœr] *nm* successor ■ **successif, -ive** *adj* successive ■ **succession** *nf* succession (**de** of; **à** to); *(série)* sequence (**de** of); *(patrimoine)* inheritance, estate; **prendre la s. de qn** to succeed sb

succinct, -e [syksɛ̃, -ɛ̃t] *adj* succinct, brief

succomber [sykɔ̃be] *vi (mourir)* to die; **s. à** *(céder à)* to succumb to

succulent, -e [sykylɑ̃, -ɑ̃t] *adj* succulent

succursale [sykyrsal] *nf (de magasin)* branch; **magasin à succursales multiples** chain store

sucer [syse] *vt* to suck ▪ **sucette** *nf* lollipop; *(tétine) Br* dummy, *Am* pacifier

sucre [sykr] *nm* sugar; *(morceau)* sugar lump; **s. en poudre, s. semoule** *Br* castor *or* caster sugar, *Am* finely ground sugar; **s. d'orge** barley sugar

sucrer [sykre] *vt* to sugar, to sweeten ▪ **sucré, -e** *adj* sweet, sugary; *(artificiellement)* sweetened; *Fig (doucereux)* sugary, syrupy

sucrerie [sykrəri] *nf (usine)* sugar refinery; **sucreries** *(bonbons) Br* sweets, *Am* candy

sucrier [sykrije] *nm (récipient)* sugar bowl

sud [syd] **1** *nm* south; **au s.** in the south; *(direction)* (to the) south (**de** of); **du s.** *(vent, direction)* southerly; *(ville)* southern; *(gens)* from *or* in the south; **l'Afrique du S.** South Africa **2** *adj inv (côte)* south(ern) ▪ **sud-africain, -e** (*mpl* **sud-africains,** *fpl* **sud-africaines**) **1** *adj* South African **2** *nmf* **S., S.-Africaine** South African ▪ **sud-américain, -e** (*mpl* **sud-américains,** *fpl* **sud-américaines**) **1** *adj* South American **2** *nmf* **S., S.-Américaine** South American ▪ **sud-est** *nm & adj inv* south-east ▪ **sud-ouest** *nm & adj inv* south-west

Suède [syɛd] *nf* **la S.** Sweden ▪ **suédois, -e 1** *adj* Swedish **2** *nmf* **S., Suédoise** Swede **3** *nm (langue)* Swedish

suer [sɥe] *vi (personne, mur)* to sweat ▪ **sueur** *nf* sweat; **(tout) en s.** sweating

suffire* [syfir] **1** *vi* to be enough (**à** for); **ça suffit!** that's enough! **2** *v impersonnel* **il suffit de faire qch** one only has to do sth; **il suffit d'une goutte/d'une heure pour faire qch** a drop/an hour is enough to do sth **3 se suffire** *vpr* **se s. à soi-même** to be self-sufficient

suffisance [syfizɑ̃s] *nf (vanité)* conceit

suffisant, -e [syfizɑ̃, -ɑ̃t] *adj (satisfaisant)* sufficient, adequate; *(vaniteux)* conceited ▪ **suffisamment** [-amɑ̃] *adv* sufficiently; **s. de** enough, sufficient

suffoquer [syfɔke] *vti* to choke, to suffocate

suffrage [syfraʒ] *nm Pol (voix)* vote; **s. universel** universal suffrage

suggérer [sygʒere] *vt (proposer)* to suggest (**à** to; **de faire** doing; **que** + *subjunctive* that) ▪ **suggestif, -ive** *adj* suggestive ▪ **suggestion** *nf* suggestion

suicide [sɥisid] *nm* suicide ▪ **se suicider** *vpr* to commit suicide

suie [sɥi] *nf* soot

suinter [sɥɛ̃te] *vi* to ooze ▪ **suintement** *nm* oozing

suis [sɥi] *voir* **être, suivre**

Suisse [sɥis] *nf* **la S.** Switzerland; **S. allemande/romande** German-speaking/French-speaking Switzerland ▪ **suisse 1** *adj* Swiss **2** *nmf* **S.** Swiss; **les Suisses** the Swiss ▪ **Suissesse** *nf* Swiss *inv*

suite [sɥit] *nf (reste)* rest; *(continuation)* continuation; *(de film, de roman)* sequel; *(série)* series, sequence; *(appartement, escorte)* suite; *(cohérence)* order; **suites** *(séquelles)* effects; *(résultats)* consequences; **faire s. (à)** to follow; **donner s. à** *(demande)* to follow up; **par la s.** afterwards; **par s. de** as a result of; **à la s.** one after another; **à la s. de** *(derrière)* behind; *(événement, maladie)* as a result of; **de s.** *(deux jours)* in a row

suivant, -e [sɥivɑ̃, -ɑ̃t] **1** *adj* next, following; *(ci-après)* following **2** *nmf* next (one); **au s.!** next!, next person! ▪ **suivant** *prép (selon)* according to

suivi, -e [sɥivi] *adj (régulier)* regular, steady; *(cohérent)* coherent; **peu/très s.** *(cours)* poorly/well attended

suivre* [sɥivr] **1** *vt* to follow; *(accompagner)* to go with, to accompany; *(cours)* to attend, to go to; **s.**

qn/qch des yeux *ou* **du regard** to watch sb/sth; **s. l'exemple de qn** to follow sb's example; **s. l'actualité** to follow events *or* the news **2** *vi* to follow; **faire s.** *(courrier, lettre)* to forward; **'à s.'** 'to be continued' **3 se suivre** *vpr* to follow each other

sujet[1], -ette [syʒɛ, -ɛt] **1** *adj* **s. à** *(maladie)* subject to; **s. à caution** *(information, nouvelle)* unconfirmed **2** *nmf (personne)* subject

sujet[2] [syʒɛ] *nm* (**a**) *(question)* subject; *(d'examen)* question; **au s. de** about; **à quel s.?** about what? (**b**) *(raison)* cause; **sujet(s) de dispute** grounds for dispute (**c**) *(individu)* subject; **un brillant s.** a brilliant student

super [sypɛr] *nm (supercarburant) Br* four-star (petrol), *Am* premium *ou* high-test gas

superbe [sypɛrb] *adj* superb

supercherie [sypɛrʃəri] *nf* deception

supérette [syperɛt] *nf* convenience store

superficie [sypɛrfisi] *nf* surface; *(dimensions)* area ▪ **superficiel, -elle** *adj* superficial

superflu, -e [sypɛrfly] *adj* superfluous

supérieur, -e [sypɛrjœr] **1** *adj (étages, partie)* upper; *(qualité, air, ton)* superior; **à l'étage s.** on the floor above; **s. à** *(meilleur que)* superior to, better than; *(plus grand que)* above, greater than; **s. à la moyenne** above average; **études supérieures** higher *ou* university studies **2** *nmf* superior ▪ **supériorité** *nf* superiority

supermarché [sypɛrmarʃe] *nm* supermarket

superposer [sypɛrpoze] *vt (objets)* to put on top of each other; *(images)* to superimpose

superproduction [sypɛrprɔdyksjɔ̃] *nf (film)* blockbuster

superpuissance [sypɛrpɥisɑ̃s] *nf Pol* superpower

supersonique [sypɛrsɔnik] *adj* supersonic

superstar [sypɛrstar] *nf* superstar

superstitieux, -euse [sypɛrstisjø, -øz] *adj* superstitious ▪ **superstition** *nf* superstition

superviser [sypɛrvize] *vt* to supervise

supplanter [syplɑ̃te] *vt* to take the place of

suppléer [syplee] *vi* **s. à** *(compenser)* to make up for ▪ **suppléant, -e** *adj & nmf (personne)* substitute, replacement; **(professeur) s.** substitute *or Br* supply teacher

supplément [syplemɑ̃] *nm (argent)* extra charge, supplement; *(de revue, de livre)* supplement; **en s.** extra; **un s. de** *(information, de travail)* extra, additional ▪ **supplémentaire** *adj* extra, additional

supplice [syplis] *nm* torture ▪ **supplier** *vt* **s. qn de faire qch** to beg *or* implore sb to do sth; **je vous en supplie!** I beg *or* implore you!

support [sypɔr] *nm* support; *(d'instrument)* stand

supporter[1] [sypɔrte] *vt (malheur, conséquences)* to bear, to endure; *(chaleur)* to withstand; **je ne peux pas la s.** I can't bear her ▪ **supportable** *adj* bearable; *(excusable, passable)* tolerable

supporter[2] [sypɔrtɛr] *nm (de football)* supporter

supposer [sypoze] *vt* to suppose, to assume (**que** that); *(impliquer)* to imply (**que** that); **à s.** *ou* **en supposant que...** *(+ subjunctive)* supposing (that)... ▪ **supposition** *nf* assumption, supposition

supprimer [syprime] **1** *vt* to get rid of, to remove; *(mot, passage)* to cut out, to delete; *(train)* to cancel; *(tuer)* to do away with; **s. des emplois** to axe jobs; **s. qch à qn** to take sth away from sb

2 se supprimer *vpr (se suicider)* to do away with oneself ▪ **suppression** *nf* removal; *(de mot)* deletion; *(de train)* cancellation; *(d'emplois)* axing

suprématie [sypremasi] *nf* supremacy

suprême [syprɛm] *adj* supreme
sur [syr] *prép* on, upon; *(par-dessus)* over; *(au sujet de)* on, about; **six s. dix** six out of ten; **un jour s. deux** every other day; **six mètres s. dix** six metres by ten; **s. votre gauche** to *or* on your left; **mettre/monter s. qch** to put/ climb on (to) sth
sûr, -e [syr] *adj* sure, certain (**de** of; **que** that); *(digne de confiance)* reliable; *(lieu)* safe; *(goût)* discerning; *(main)* steady; **s. de soi** self-assured; **bien s.!** of course!
surcharge [syrʃarʒ] *nf* (**a**) *(poids)* excess weight; **s. de travail** extra work; **en s.** *(passagers)* extra (**b**) *(correction)* alteration; *(à payer)* surcharge ▪ **surcharger** *vt (voiture, personne)* to overload (**de** with)
surchauffer [syrʃofe] *vt* to overheat
surcroît [syrkrwa] *nm* increase (**de** in); **de s., par s.** in addition
surdité [syrdite] *nf* deafness
surdose [syrdoz] *nf (de drogue)* overdose
surélever [syrelve] *vt* to raise
surestimer [syrɛstime] *vt* to overestimate; *(tableau)* to overvalue
sûreté [syrte] *nf* safety; *(de l'État)* security; *(garantie)* surety; *(de geste)* sureness; **être en s.** to be safe; **mettre qn/qch en s.** to put sb/sth in a safe place; **pour plus de s.** to be on the safe side
surexcité, -e [syrɛksite] *adj* overexcited
surf [sœrf] *nm Sport* surfing; **faire du s.** to surf, to go surfing ▪ **surfer** *vi* **s. sur le Net** to surf the Net
surface [syrfas] *nf* surface; *(étendue)* (surface) area; **faire s.** *(sous-marin)* to surface; **(magasin à) grande s.** hypermarket; **de s.** *(politesse)* superficial
surfait, -e [syrfɛ, -ɛt] *adj* overrated
surgelé, -e [syrʒəle] *adj* frozen ▪ **surgelés** *nmpl* frozen foods
surgir [syrʒir] *vi* to appear suddenly (**de** from)
surhomme [syrɔm] *nm* superman
▪ **surhumain, -e** *adj* superhuman
sur-le-champ [syrləʃɑ̃] *adv* immediately
surlendemain [syrlɑ̃dəmɛ̃] *nm* **le s.** two days later; **le s. de** two days after
surligner [syrliɲe] *vt* to highlight ▪ **surligneur** *nm* highlighter (pen)
surmener [syrməne] *vt*, **se surmener** *vpr* to overwork ▪ **surmenage** *nm* overwork
surmonter [syrmɔ̃te] *vt (être placé sur)* to surmount; *Fig (obstacle, peur)* to overcome
surnaturel, -elle [syrnatyrɛl] *adj & nm* supernatural
surnom [syrnɔ̃] *nm* nickname
surpasser [syrpɑse] **1** *vt* to surpass (**en** in) **2 se surpasser** *vpr* to surpass oneself
surpeuplé, -e [syrpœple] *adj* overpopulated
surplomb [syrplɔ̃] *nm* **en s.** overhanging ▪ **surplomber** *vti* to overhang
surplus [syrply] *nm* surplus
surprendre* [syrprɑ̃dr] *vt (étonner)* to surprise; *(prendre sur le fait)* to catch ▪ **surprenant, -e** *adj* surprising ▪ **surpris, -e** *adj* surprised (**de** at; **que** + *subjunctive* that); **je suis s. de te voir** I'm surprised to see you ▪ **surprise** *nf* surprise; **prendre qn par s.** to catch sb unawares
surréaliste [syrrealist] *adj (poète, peintre)* surrealist
sursaut [syrso] *nm* (sudden) start *ou* jump; **se réveiller en s.** to wake up with a start ▪ **sursauter** *vi* to jump, start
sursis [syrsi] *nm (à l'armée)* deferment; *Fig (répit)* reprieve; **un an (de prison) avec s.** a one-year suspended sentence
surtout [syrtu] *adv* especially; *(avant tout)* above all; **s. pas** certainly not
surveiller [syrveje] *vt (garder)* to watch, to keep an eye on; *(contrôler)* to supervise; *(épier)* to watch ▪ **surveillance** *nf* watch (**sur** over); *(de travaux, d'ouvriers)* supervision; *(de*

police) surveillance ▪ **surveillant, -e** *nmf (de lycée)* supervisor (in charge of discipline); *(de prison)* (prison) guard, *Br* warder

survenir* [syrvənir] *vi* to occur; *(personne)* to turn up

survêtement [syrvɛtmɑ̃] *nm* tracksuit

survie [syrvi] *nf* survival ▪ **survivre*** *vi* to survive (**à qch** sth); **s. à qn** to outlive sb ▪ **survivant, -e** *nmf* survivor

survoler [syrvɔle] *vt* to fly over; *Fig (question)* to skim over

susceptible [sysɛptibl] *adj (ombrageux)* touchy, sensitive; **s. de** *(interprétations)* open to; **s. de faire qch** likely *ou* liable to do sth; *(capable)* able to do sth ▪ **susceptibilité** *nf* touchiness, sensitivity

susciter [sysite] *vt (sentiment)* to arouse; *(ennuis, obstacles)* to create

suspect, -e [syspɛ, -ɛkt] **1** *adj* suspicious, suspect; **s. de qch** suspected of sth **2** *nmf* suspect ▪ **suspecter** *vt (personne)* to suspect (**de qch** of sth; **de faire** of doing)

suspendre [syspɑ̃dr] **1** *vt (accrocher)* to hang (up) (**à** on); *(destituer, interrompre)* to suspend **2 se suspendre** *vpr* **se s. à** to hang from ▪ **suspendu, -e** *adj* **s. à** hanging from; **pont s.** suspension bridge

suspens [syspɑ̃] **en suspens** *adv (affaire, travail)* in abeyance; *(en l'air)* suspended

suspense [syspɛns] *nm* suspense

suspension [syspɑ̃sjɔ̃] *nf (d'hostilités, d'employé, de véhicule)* suspension

suspicion [syspisjɔ̃] *nf* suspicion

suture [sytyr] *nf Méd* **point de s.** stitch

SVP [ɛsvepe] *(abrév* **s'il vous plaît**) please

symbole [sɛ̃bɔl] *nm* symbol ▪ **symbolique** *adj* symbolic; *(salaire, cotisation, loyer)* nominal; **geste s.** symbolic *ou* token gesture ▪ **symboliser** *vt* to symbolize

sympathie [sɛ̃pati] *nf (affinité)* liking; *(condoléances)* sympathy; **avoir de la s. pour qn** to be fond of sb ▪ **sympathique** *adj* nice; *(accueil)* friendly ▪ **sympathiser** *vi* to get along well, *Br* to get on well (**avec** with)

symphonie [sɛ̃fɔni] *nf* symphony

symptôme [sɛ̃ptom] *nm Méd & Fig* symptom

synagogue [sinagɔg] *nf* synagogue

synchroniser [sɛ̃krɔnize] *vt* to synchronize

syndicat [sɛ̃dika] *nm (d'ouvriers)* (*Br* trade *or Am* labor) union; *(de patrons)* association; **s. d'initiative** tourist (information) office ▪ **syndicaliste** *nmf Br* trade *or Am* labor unionist

syndiquer [sɛ̃dike] **1** *vt* to unionize **2 se syndiquer** *vpr (adhérer)* to join a (*Br* trade *or Am* labor) union ▪ **syndiqué, -e** *nmf* (*Br* trade *or Am* labor) union member

syndrome [sɛ̃drom] *nm Méd & Fig* syndrome; **s. immunodéficitaire acquis** acquired immune deficiency syndrome

synthèse [sɛ̃tɛz] *nf* synthesis ▪ **synthétique** *adj* synthetic

synthétiseur [sɛ̃tetizœr] *nm* synthesizer

Syrie [siri] *nf* **la S.** Syria ▪ **syrien, -enne** **1** *adj* Syrian **2** *nmf* **S., Syrienne** Syrian

système [sistɛm] *nm (structure, réseau) & Anat* system; *Ordinat* **s. d'exploitation** operating system ▪ **systématique** *adj* systematic ▪ **systématiquement** *adv* systematically

Tt

T, t [te] *nm inv* T, t
t' [t] *voir* **te**
ta [ta] *voir* **ton**[1]
tabac [taba] *nm* tobacco; *(magasin) Br* tobacconist's (shop), *Am* tobacco store
table [tabl] *nf* (**a**) *(meuble)* table; *(d'école)* desk; **mettre/débarrasser la t.** to set *or Br* lay/clear the table; **être à t.** to be sitting at the table; **à t.!** food's ready!; **t. à repasser** ironing board; **t. de nuit/d'opération** bedside/operating table (**b**) *(liste)* table; **t. des matières** table of contents
tableau, -x [tablo] *nm* (**a**) *(peinture)* picture, painting; *(image, description)* picture; **t. de maître** *(peinture)* old master (**b**) *(panneau)* board; *(liste)* list; *(graphique)* chart; **t. (noir)** (black)board; **t. d'affichage** *Br* notice board, *Am* bulletin board
tabler [table] *vi* **t. sur qch** to count *or* rely on sth
tablette [tablɛt] *nf (de chocolat)* bar, slab; *(de lavabo)* shelf; *(de cheminée)* mantelpiece
tablier [tablije] *nm (vêtement)* apron; *(d'écolier)* smock
tabouret [taburɛ] *nm* stool
tache [taʃ] *nf* mark; *(salissure)* stain ▪ **tacher** *vt*, **se tacher** *vpr (tissu)* to stain
tâche [tɑʃ] *nf* task, job; **tâches ménagères** housework
tâcher [tɑʃe] *vi* **t. de faire qch** to try *or* endeavour to do sth
tacheté, -e [taʃte] *adj* speckled (**de** with)
tact [takt] *nm* tact; **avoir du t.** to be tactful
tactique [taktik] **1** *adj* tactical **2** *nf* tactics *(sing)*; **une t.** a tactic
Tahiti [taiti] *nm* Tahiti ▪ **tahitien, -enne** [taisjɛ̃, -ɛn] **1** *adj* Tahitian **2** *nmf* **T., Tahitienne** Tahitian
taillader [tajade] *vt* to gash
taille[1] [tɑj] *nf* (**a**) *(hauteur)* height; *(dimension, mesure)* size; **de haute t.** *(personne)* tall; **de petite t.** short; **de t. moyenne** medium-sized (**b**) *(ceinture)* waist; **tour de t.** waist measurement
taille[2] [tɑj] *nf* cutting; *(de haie)* trimming; *(d'arbre)* pruning ▪ **tailler** *vt* to cut; *(haie, barbe)* to trim; *(arbre)* to prune; *(crayon)* to sharpen
taille-crayon [tɑjkrɛjɔ̃] *nm inv* pencil sharpener
tailleur [tɑjœr] *nm (personne)* tailor; *(costume)* suit
taire* [tɛr] **1** *vt* to say nothing about **2** *vi* **faire t. qn** to silence sb **3 se taire** *vpr (ne rien dire)* to keep quiet (**sur qch** about sth); *(cesser de parler)* to stop talking, to fall silent; **tais-toi!** be quiet!
Taiwan [tajwan] *nm ou f* Taiwan
talc [talk] *nm* talcum powder
talent [talɑ̃] *nm* talent; **avoir du t.** to be talented ▪ **talentueux, -euse** *adj* talented
talkie-walkie [talkiwalki] (*pl* **talkies-walkies**) *nm* walkie-talkie
talon [talɔ̃] *nm* (**a**) *(de chaussure)* heel; **(chaussures à) talons hauts** high heels, high-heeled shoes; **talons**

aiguilles stiletto heels (**b**) *(de chèque)* stub, counterfoil

tambour [tɑ̃bur] *nm (de machine, instrument de musique)* drum ▪ **tambourin** *nm* tambourine

Tamise [tamiz] *nf* **la T.** the Thames

tamiser [tamize] *vt (farine)* to sift; *(lumière)* to filter

tampon [tɑ̃pɔ̃] *nm* (**a**) *(marque, instrument)* stamp; **t. encreur** ink pad (**b**) *(bouchon)* plug, stopper; *(de coton)* wad, pad; *(pour pansement)* swab; **t. hygiénique** tampon (**c**) *(de train) & Fig* buffer; **état t.** buffer state

tamponner [tɑ̃pɔne] **1** *vt (lettre, document)* to stamp; *(visage)* to dab; *(plaie)* to swab; *(train, voiture)* to crash into **2 se tamponner** *vpr* to crash into each other ▪ **tamponneuses** *adj fpl* **autos t.** Dodgems®

tandem [tɑ̃dɛm] *nm (bicyclette)* tandem; *Fig (duo)* duo

tandis [tɑ̃di] **tandis que** *conj (simultanéité)* while; *(contraste)* whereas, while

tanière [tanjɛr] *nf* den, lair

tank [tɑ̃k] *nm* tank

tanker [tɑ̃kɛr] *nm (navire)* tanker

tanner [tane] *vt (cuir)* to tan ▪ **tanné, -e** *adj (visage)* weather-beaten

---

TANT [tɑ̃] *adv (travailler)* so much (**que** that); **t. de** *(pain, temps)* so much (**que** that); *(gens, choses)* so many (**que** that); **t. de fois** so often, so many times; **t. que** *(autant que)* as much as; *(aussi fort que)* as hard as; *(aussi longtemps que)* as long as; **en t. que** *(considéré comme)* as; **t. mieux!** so much the better!; **t. pis!** too bad!, pity!; **t. mieux pour toi!** good for you!; **t. soit peu** (even) remotely *or* slightly; **un t. soit peu** somewhat; **t. s'en faut** far from it

---

tante [tɑ̃t] *nf* aunt

tantinet [tɑ̃tinɛ] *nm & adv* **un t.** a tiny bit (**de** of)

tantôt [tɑ̃to] *adv* (**a**) **t.....t....** sometimes... sometimes... (**b**) *(cet après-midi)* this afternoon

taon [tɑ̃] *nm* horsefly, gadfly

tapage [tapaʒ] *nm* din, uproar ▪ **tapageur, -euse** *adj (bruyant)* rowdy; *(criard)* flashy

tape [tap] *nf* slap

taper [tape] **1** *vt (frapper)* to hit; *(marteler)* to bang; **t. qch à la machine** to type sth **2** *vi (soleil)* to beat down; **t. du pied** to stamp one's foot; **t. à la machine** to type; **t. sur qch** to bang on sth ▪ **tapant, -e** *adj* **à huit heures tapantes** at eight sharp

tapis [tapi] *nm* carpet; **envoyer qn au t.** *(abattre)* to floor sb; **mettre qch sur le t.** *(sujet)* to bring sth up for discussion; **t. de bain** bath mat; **t. roulant** *(pour marchandises)* conveyor belt; *(pour personnes)* moving walkway

tapisser [tapise] *vt (mur)* to (wall)paper ▪ **tapisserie** *nf (papier peint)* wallpaper; *(broderie)* tapestry

tapoter [tapɔte] **1** *vt* to tap; *(joue)* to pat **2** *vi* **t. sur** to tap (on)

taquin, -e [takɛ̃, -in] *adj* teasing ▪ **taquiner** *vt* to tease ▪ **taquineries** *nfpl* teasing

tard [tar] *adv* late; **plus t.** later (on); **au plus t.** at the latest; **sur le t.** late in life

tarder [tarde] **1** *vi (lettre, saison)* to be a long time coming; **sans t.** without delay; **t. à faire qch** to take one's time doing sth; **elle ne va pas t.** she won't be long **2** *v impersonnel* **il me tarde de le faire** I long to do it

tardif, -ive [tardif, -iv] *adj* late; *(regrets)* belated ▪ **tardivement** *adv* late

tare [tar] *nf (poids)* tare; *Fig (défaut)* defect

targuer [targe] **se targuer** *vpr* **se t. de faire qch** to pride oneself on doing sth

tarif [tarif] *nm (prix)* rate; *(de train)* fare; *(tableau)* price list, *Br* tariff; **plein t.** full price; *(de train, bus)* full fare ▪ **tarification** *nf* pricing

tartare [tartar] *adj* **sauce t.** tartar sauce

tarte [tart] *nf* (open) pie, tart ▪ **tartelette** [-əlɛt] *nf* (small) tart

tartine [tartin] *nf* slice of bread; **t. de**

confiture slice of bread and jam ▪ **tartiner** *vt (beurre)* to spread; **fromage à t.** cheese spread

tas [tɑ] *nm* pile, heap

tasse [tas] *nf* cup; **t. à café** coffee cup; **t. à thé** teacup

tasser [tɑse] **1** *vt* to pack (**dans** into) **2 se tasser** *vpr (se serrer)* to squeeze up; *(sol)* to sink, to collapse; *(se voûter)* to become bowed

tâter [tɑte] *vt* to feel

tâtonner [tɑtɔne] *vi* to grope about ▪ **tâtons** *adv* **avancer à t.** to feel one's way (along); **chercher qch à t.** to grope for sth

tatouer [tatwe] *vt (corps, dessin)* to tattoo; **se faire t.** to get a tattoo ▪ **tatouage** *nm (dessin)* tattoo; *(action)* tattooing

taudis [todi] *nm* slum

taupe [top] *nf (animal, espion)* mole

taureau, -x [tɔro] *nm* bull; **le T.** *(signe)* Taurus ▪ **tauromachie** *nf* bull-fighting

taux [to] *nm* rate; **t. de cholestérol** cholesterol level; **t. d'intérêt** interest rate; **t. de natalité** birth rate

taxe [taks] *nf (impôt)* tax; **t. à la valeur ajoutée** value-added tax ▪ **taxation** *nf* taxation

taxer [takse] *vt (produit, personne, firme)* to tax; **t. qn de qch** to accuse sb of sth ▪ **taxé, -e** *adj (produit)* taxed

taxi [taksi] *nm* taxi

Tchécoslovaquie [tʃekɔslɔvaki] *nf Anciennement* **la T.** Czechoslovakia ▪ **tchèque 1** *adj* Czech; **la République t.** the Czech Republic **2** *nmf* **T.** Czech **3** *nm (langue)* Czech

te [tə]

> **t'** is used before a word beginning with a vowel or h mute.

pron personnel (**a**) *(complément direct)* you; **je te vois** I see you (**b**) *(indirect)* (to) you; **il te parle** he speaks to you; **elle te l'a dit** she told you (**c**) *(réfléchi)* yourself; **tu te laves** you wash yourself

technicien, -enne [tɛknisjɛ̃, -ɛn] *nmf* technician ▪ **technique 1** *adj* technical **2** *nf* technique ▪ **technologie** *nf* technology ▪ **technologique** *adj* technological

teckel [tekɛl] *nm* dachshund

tee-shirt [tiʃœrt] *nm* tee-shirt

teindre* [tɛ̃dr] **1** *vt* to dye; **t. qch en rouge** to dye sth red **2 se teindre** *vpr* **se t. (les cheveux)** to dye one's hair

teint [tɛ̃] *nm (de visage)* complexion; **bon** *ou* **grand t.** *(tissu)* colourfast

teinte [tɛ̃t] *nf* shade, tint ▪ **teinter** *vt* to tint; *(bois)* to stain

teinture [tɛ̃tyr] *nf* dyeing; *(produit)* dye ▪ **teinturerie** [-rri] *nf (boutique)* (dry) cleaner's

---

TEL, TELLE [tɛl] *adj* such; **un t. livre/homme** such a book/man; **de tels mots** such words; **t. que** such as, like; **t. que je l'ai laissé** just as I left it; **laissez-le t. quel** leave it just as it is; **en tant que t., comme t.** as such; **t. ou t.** such and such; **rien de t. que...** (there's) nothing like...; **t. père t. fils** like father like son

---

télé [tele] *nf Fam* TV, *Br* telly; **à la t.** on TV, *Br* on the telly

Télécarte® [telekart] *nf* phone card

télécommande [telekɔmɑ̃d] *nf* remote control ▪ **télécommandé, -e** *adj* remote-controlled

télécommunications [telekɔmynikɑsjɔ̃] *nfpl* telecommunications

télécopie [telekɔpi] *nf* fax ▪ **télécopieur** *nm* fax (machine)

téléfilm [telefilm] *nm* TV movie

télégramme [telegram] *nm* telegram

télégraphe [telegraf] *nm* telegraph ▪ **télégraphique** *adj* **poteau/fil t.** telegraph pole/wire

téléguider [telegide] *vt* to operate by remote control

télépathie [telepati] *nf* telepathy

téléphérique [teleferik] *nm* cable car

téléphone [telefɔn] *nm* (tele)phone; **coup de t.** (phone) call; **passer un coup de t. à qn** to give sb a ring *or* a call; **au t.** on the (tele)phone; **avoir le t.** to be on the (tele)phone; **t. portable** mobile phone; **t. sans fil** cordless phone ▪ **téléphoner 1** *vt (nouvelle)* to (tele)phone (**à** to) **2** *vi* to (tele)phone; **t. à qn** to (tele)phone sb, to call sb (up) ▪ **téléphonique** *adj* **appel t.** telephone call

télescope [teleskɔp] *nm* telescope ▪ **télescopique** *adj* telescopic

télescoper [teleskɔpe] **1** *vt (voiture, train)* to smash into **2 se télescoper** *vpr (voiture, train)* to concertina

télésiège [telesjɛʒ] *nm* chair lift

téléski [teleski] *nm* ski tow

téléspectateur, -trice [telespɛktatœr, -tris] *nmf* (television) viewer

télétravail [teletravaj] *nm* teleworking

téléviser [televise] *vt* to televise ▪ **téléviseur** *nm* television (set) ▪ **télévision** *nf* television; **à la t.** on (the) television; **regarder la t.** to watch (the) television; **programme de t.** television programme

télex [telɛks] *nm (service, message)* telex

telle [tɛl] *voir* **tel** ▪ **tellement** *adv (si)* so; *(tant)* so much; **t. grand que...** so big that...; **crier t. que...** to shout so much that...; **t. de travail** so much work; **t. de soucis** so many worries; **tu aimes ça? – pas t.!** *(pas beaucoup)* do you like it? – not much *or* a lot!; **personne ne peut le supporter, t. il est bavard** nobody can stand him, he's so talkative

tellurique [telyrik] *adj* **secousse t.** earth tremor

téméraire [temerɛr] *adj* reckless ▪ **témérité** *nf* recklessness

témoigner [temwaɲe] **1** *vt (gratitude)* to show (**à qn** (to) sb); **t. que...** *(attester)* to testify that... **2** *vi Jur* to give evidence, to testify (**contre** against); **t. de qch** *(personne, attitude)* to testify to sth ▪ **témoignage** *nm Jur* evidence, testimony; *(récit)* account; **faux t.** *(délit)* perjury; **en t. de qch** as a token of sth

témoin [temwɛ̃] **1** *nm* (**a**) *Jur* witness; **être t. de qch** to witness sth (**b**) *(de relais)* baton **2** *adj* **appartement t.** *Br* show flat, *Am* model apartment

tempérament [tɑ̃peramɑ̃] *nm (caractère)* temperament; **acheter qch à t.** to buy sth on *Br* hire purchase *or Am* on the installment plan

température [tɑ̃peratyr] *nf* temperature; **avoir de la t.** to have a temperature

tempérer [tɑ̃pere] *vt (ardeurs)* to moderate ▪ **tempéré, -e** *adj (climat, zone)* temperate

tempête [tɑ̃pɛt] *nf* storm

tempêter [tɑ̃pete] *vi (crier)* to storm, to rage (**contre** against)

temple [tɑ̃pl] *nm (romain, grec)* temple; *(protestant)* church

temporaire [tɑ̃pɔrɛr] *adj* temporary

temporel, -elle [tɑ̃pɔrɛl] *adj* temporal; *(terrestre)* wordly

---

TEMPS[1] [tɑ̃] *nm (durée, période, moment)* time; *(étape)* stage; **en t. de guerre** in wartime, in time of war; **avoir le t.** to have (the) time (**de faire** to do); **il est t.** it is time (**de faire** to do); **il était t.!** it was about time (too)!; **il est (grand) t. que vous partiez** it's (high) time you left; **ces derniers t.** lately; **de t. en t.** [dətɑ̃zɑ̃tɑ̃], **de t. à autre** [dətɑ̃zaotr] from time to time, now and again; **en t. utile** [ɑ̃tɑ̃zytil] in due course; **en t. voulu** in due course; **en même t.** at the same time (**que** as); **à t.** *(arriver)* in time; **à plein t.** *(travailler)* full-time; **à t. partiel** *(travailler)* part-time; **dans le t.** *(autrefois)* in the old days; **avec le t.** *(à la longue)* in time; **tout le t.** all the time; **de mon t.** in my time; **t. d'arrêt** pause, break; **t. libre** free time

---

temps[2] [tɑ̃] *nm (climat)* weather; **il fait beau/mauvais t.** the weather's fine/bad; **quel t. fait-il?** what's the weather like?

tenace [tənas] *adj* stubborn, tenacious ▪ **ténacité** *nf* stubbornness, tenacity

tenailles [tənɑj] *nfpl (outil)* pincers

tenant, -e [tənɑ̃, -ɑ̃t] **1** *nmf* **le t. du**

titre *(champion)* the title holder **2** *nm (partisan)* supporter (**de** of)

tendance [tɑ̃dɑ̃s] *nf (penchant)* tendency; *(évolution)* trend (**à** towards); **avoir t. à faire qch** to tend to do sth, to have a tendency to do sth

tendre[1] [tɑ̃dr] **1** *vt* to stretch; *(main)* to hold out (**à qn** to sb); *(bras, jambe)* to stretch out; *(cou)* to strain, to crane; *(muscle)* to tense; *(arc)* to bend; *(piège)* to set, to lay; *(filet)* to spread; **t. qch à qn** to hold out sth to sb; *Fig* **t. l'oreille** to prick up one's ears

2 *vi* **t. à qch/à faire qch** to tend towards sth/to do sth

3 se tendre *vpr (rapports)* to become strained ▪ **tendu, -e** *adj (corde)* tight, taut; *(personne, situation, muscle)* tense; *(rapports)* strained

tendre[2] [tɑ̃dr] *adj (personne)* affectionate (**avec** to); *(parole, regard)* tender, loving; *(viande)* tender; *(bois, couleur)* soft; **depuis ma plus t. enfance** since I was a young child ▪ **tendresse** *nf (affection)* affection, tenderness

teneur [tənœr] *nf (de lettre)* content; **t. en alcool** alcohol content (**de** of)

TENIR* [tənir] **1** *vt (à la main)* to hold; *(promesse, comptes, hôtel)* to keep; *(rôle)* to play

2 *vi (nœud)* to hold; *(neige, coiffure)* to last, to hold; *(résister)* to hold out; **t. à qn/qch** to be attached to sb/sth; **t. à faire qch** to be anxious to do sth; **t. dans qch** *(être contenu)* to fit into sth; **t. de qn** to take after sb; **tenez!** *(prenez)* here (you are)!; **tiens!** *(surprise)* well!, hey!

3 *v impersonnel* **il ne tient qu'à vous de le faire** it's up to you to do it

4 se tenir *vpr (avoir lieu)* to be held; *(rester)* to remain; **se t. debout** to stand (up); **se t. droit** to stand up/sit up straight; **se t. par la main** to hold hands; **se t. bien** to behave oneself; **se t. à qch** to hold on to sth

---

tennis [tenis] **1** *nm* tennis; *(terrain)* (tennis) court; **t. de table** table tennis **2** *nmpl Br (chaussures)* tennis shoes

tension [tɑ̃sjɔ̃] *nf* tension; **t. artérielle** blood pressure; **avoir de la t.** to have high blood pressure

tente [tɑ̃t] *nf* tent

tenter[1] [tɑ̃te] *vt (essayer)* to try; **t. de faire qch** to try *or* attempt to do sth ▪ **tentative** *nf* attempt

tenter[2] [tɑ̃te] *vt (faire envie à)* to tempt; **tenté de faire qch** tempted to do sth ▪ **tentant, -e** *adj* tempting ▪ **tentation** *nf* temptation

tenture [tɑ̃tyr] *nf* (wall) hanging; *(de porte)* drape, curtain

tenu, -e [təny] **1** *pp de* **tenir 2** *adj* **t. de faire qch** obliged to do sth; **bien/mal t.** *(maison)* well/badly kept

ténu, -e [teny] *adj (fil)* fine; *(différence)* tenuous; *(voix)* thin

tenue [təny] *nf* (**a**) *(vêtements)* clothes, outfit; **t. de soirée** evening dress (**b**) *(conduite)* (good) behaviour; *(maintien)* posture (**c**) *(de maison, d'hôtel)* running; *(de comptes)* keeping (**d**) **t. de route** *(de véhicule)* road-holding

ter [tɛr] *adj* **4 t.** ≃ 4B

terme [tɛrm] *nm* (**a**) *(mot)* term (**b**) *(date limite)* time (limit); *(fin)* end; **mettre un t. à qch** to put an end to sth; **à court/long t.** *(conséquences, projet)* short-/long-term (**c**) **moyen t.** *(solution)* middle course (**d**) **en bons/mauvais termes** on good/bad terms (**avec qn** with sb) (**e**) *(loyer)* rent; *(jour)* rent day; *(période)* rental period

terminal, -e, -aux, -ales [tɛrminal, -o] **1** *adj* final; *(phase de maladie)* terminal **2** *adj & nf Scol* **(classe) terminale** *Br* ≃ sixth form, *Am* ≃ twelfth grade **3** *nm (d'ordinateur, pétrolier)* terminal

terminer [tɛrmine] **1** *vt* to end; *(achever)* to finish, to complete **2 se terminer** *vpr* to end (**par** with; **en** in) ▪ **terminaison** *nf (de mot)* ending

terminologie [tɛrminɔlɔʒi] *nf* terminology

terminus [tɛrminys] *nm* terminus

terne [tɛrn] *adj (couleur, journée)* dull, drab; *(personne)* dull ▪ **ternir 1** *vt (métal, réputation)* to tarnish; *(meuble, miroir)* to dull **2 se ternir** *vpr (métal)* to tarnish

terrain [terɛ̃] *nm (sol) & Fig* ground; *(étendue)* land; *(à bâtir)* plot, site; *(pour opérations militaires) & Géol* terrain; **un t.** a piece of land; **gagner/perdre du t.** *(armée) & Fig* to give/gain/lose ground; **t. de camping** campsite; **t. de football/rugby** football/rugby pitch; **t. de golf** golf course; **t. de jeu(x)** *(pour enfants)* playground; *(stade) Br* playing field, *Am* athletic field; **t. de sport** *Br* sports ground, *Am* athletic field

terrasse [teras] *nf (balcon, plate-forme)* terrace; *(toit)* terrace (roof); *(de café) Br* pavement *or Am* sidewalk area; **à la t.** outside

terrassement [terasmɑ̃] *nm (travail)* excavation

terrasser [terase] *vt (adversaire)* to floor; *Fig (accabler)* to overcome

terre [tɛr] *nf (matière, monde)* earth; *(sol)* ground; *(opposé à mer, étendue)* land; **terres** *(domaine)* land, estate; *Él Br* earth, *Am* ground; **la t.** *(le monde)* the earth; **la T.** *(planète)* Earth; **à** *ou* **par t.** *(tomber)* to the ground; *(poser)* on the ground; **par t.** *(assis, couché)* on the ground; **sous t.** underground; **t. cuite** (baked) clay, earthenware; **t. battue** *(de court de tennis)* clay ▪ **terre-à-terre** *adj inv* down-to-earth ▪ **terre-plein** (*pl* **terres-pleins**) *nm* (earth) platform; *(de route) Br* central reservation, *Am* median strip

terrer [tere] **se terrer** *vpr (fugitif, animal)* to go to earth

terrestre [terɛstr] *adj (vie, joies)* earthly; **transport t.** land transportation

terreur [tɛrœr] *nf* terror ▪ **terrible** *adj* awful, terrible

terrien, -enne [terjɛ̃, -ɛn] **1** *adj* landowning; **propriétaire t.** landowner **2** *nmf (habitant de la terre)* earthling

terrier [terje] *nm (de lapin)* burrow; *(chien)* terrier

terrifier [terifje] *vt* to terrify ▪ **terrifiant, -e** *adj* terrifying

terrine [terin] *nf (récipient)* terrine; *(pâté)* pâté

territoire [teritwar] *nm* territory ▪ **territorial, -e, -aux, -ales** *adj* territorial

terroir [terwar] *nm (sol)* soil; *(région)* region

terroriser [terɔrize] *vt* to terrorize ▪ **terrorisme** *nm* terrorism ▪ **terroriste** *adj & nmf* terrorist

tertiaire [tersjɛr] *adj* tertiary

tes [te] *voir* **ton**[1]

test [tɛst] *nm* test ▪ **tester** *vt (élève, produit)* to test

testament [tɛstamɑ̃] *nm (document)* will; *Rel* **Ancien/Nouveau T.** Old/New Testament

testicule [tɛstikyl] *nm Anat* testicle

tête [tɛt] *nf* head; *(visage)* face; *(cerveau)* brain; *(de lit, de clou, de cortège)* head; *(de page, de liste)* top, head; *(au football)* header; **à la t. de** *(entreprise, parti)* at the head of; *(classe)* at the top of; **de la t. aux pieds** from head *or* top to toe; **t. nue** bare-headed; **en t.** *(d'une course)* in the lead; *Fig* **perdre la t.** to lose one's head ▪ **tête-à-tête** *nm inv* tête-à-tête; **en t.** in private

téter [tete] *vt (lait, biberon)* to suck; **donner à t. à qn** to feed sb ▪ **tétée** *nf (de bébé)* feed ▪ **tétine** *nf (de biberon) Br* teat, *Am* nipple; *(sucette) Br* dummy, *Am* pacifier

têtu, -e [tety] *adj* stubborn, obstinate

texte [tɛkst] *nm* text; *(de théâtre)* lines ▪ **textuellement** *adv* word for word

textile [tɛkstil] *adj & nm* textile

texture [tɛkstyr] *nf* texture

TGV [teʒeve] (*abrév* **train à grande vitesse**) *nm* high-speed train

Thaïlande [tailɑ̃d] *nf* **la T.** Thailand ▪ **thaïlandais, -e 1** *adj* Thai **2** *nmf* **T., Thaïlandaise** Thai

thé [te] *nm (boisson, réunion)* tea ▪ **théière** *nf* teapot

théâtre [teɑtr] *nm (art, lieu)* theatre; *(œuvres)* drama; **faire du t.** to act ■ **théâtral, -e, -aux, -ales** *adj* theatrical

thème [tɛm] *nm* theme

théologie [teɔlɔʒi] *nf* theology

théorie [teɔri] *nf* theory; **en t.** in theory

théorique [teɔrik] *adj* theoretical

thérapeutique [terapøtik] **1** *adj* therapeutic **2** *nf (traitement)* therapy ■ **thérapie** *nf* therapy

thermal, -e, -aux, -ales [tɛrmal, -o] *adj* **station thermale** spa

thermique [tɛrmik] *adj (énergie, unité)* thermal

thermomètre [tɛrmɔmɛtr] *nm* thermometer

Thermos® [tɛrmɔs] *nm ou f* Thermos® (*Br* flask *or Am* bottle)

thermostat [tɛrmɔsta] *nm* thermostat

thèse [tɛz] *nf (proposition, ouvrage)* thesis

thon [tɔ̃] *nm* tuna (fish)

thym [tɛ̃] *nm (plante, aromate)* thyme

Tibet [tibɛ] *nm* **le T.** Tibet

tic [tik] *nm (contraction)* twitch, tic; *Fig (manie)* mannerism

ticket [tikɛ] *nm* ticket

tiède [tjɛd] *adj* lukewarm, tepid; *(vent, climat)* mild ■ **tiédir** *vti (refroidir)* to cool down; *(réchauffer)* to warm up

tien, tienne [tjɛ̃, tjɛn] **1** *pron possessif* **le t., la tienne, les tien(ne)s** yours; **les deux tiens** your two **2** *nmpl* **les tiens** *(ta famille)* your family

tiens, tient [tjɛ̃] *voir* **tenir**

tiercé [tjɛrse] *nm (pari)* place betting *(on the horses)*; **jouer/gagner au t.** to bet/win on the horses

tiers, tierce [tjɛr, tjɛrs] **1** *adj* third **2** *nm (fraction)* third; *(personne)* third party ■ **Tiers-Monde** *nm* **le T.** the Third World

tige [tiʒ] *nf (de plante)* stem, stalk; *(barre)* rod

tigre [tigr] *nm* tiger ■ **tigresse** *nf* tigress

tilleul [tijœl] *nm (arbre)* lime tree; *(infusion)* lime blossom tea

timbre [tɛ̃br] *nm* (**a**) *(vignette)* stamp; *(pour traitement médicale)* patch (**b**) *(sonnette)* bell (**c**) *(d'instrument, de voix)* tone (quality) ■ **timbrer** *vt (lettre)* to put a stamp on; *(document)* to stamp

timide [timid] *adj (gêné)* shy; *(protestations)* timid ■ **timidité** *nf* shyness

tinter [tɛ̃te] *vi (cloche)* to tinkle; *(clefs, monnaie)* to jingle; *(verres)* to chink

tique [tik] *nf* tick

tir [tir] *nm (sport)* shooting; *(action)* firing, shooting; *(au football)* shot; **t. (forain)** shooting *or* rifle range; **t. à l'arc** archery

tirade [tirad] *nf (au théâtre) & Fig Br* monologue, *Am* monolog

tirage [tiraʒ] *nm* (**a**) *(de journal)* circulation; *(de livre)* print run; *Typ & Phot (impression)* printing (**b**) *(de loterie)* draw; **t. au sort** drawing lots

tirailler [tirɑje] **1** *vt* to pull at; *Fig* **tiraillé entre** *(possibilités)* torn between **2** *vi* **j'ai la peau qui tiraille** my skin feels tight

tire [tir] *nf* **vol à la t.** pickpocketing

tirelire [tirlir] *nf Br* moneybox, *Am* coin bank

tirer [tire] **1** *vt* to pull; *(langue)* to stick out; *(trait, rideaux, conclusion)* to draw; *(balle)* to fire; *(gibier)* to shoot; *(journal, épreuves de livre, photo)* to print; **t. qch de qch** to pull sth out of sth; *(nom, origine)* to derive sth from sth; *(produit)* to extract sth from sth; **t. qn de qch** *(danger, lit)* to get sb out of sth

2 *vi* to pull (**sur** on/at); *(faire feu)* to shoot, to fire (**sur** at); *(cheminée)* to draw; **t. au sort** to draw lots; **t. à sa fin** to draw to a close

3 se tirer *vpr* **se t. de qch** *(travail, problème)* to cope with sth; *(danger, situation)* to get out of sth ■ **tiré, -e** *adj (traits, visage)* drawn ■ **tire-bouchon** (*pl* **tire-bouchons**) *nm* corkscrew

tireur [tirœr] *nm* gunman; **t. d'élite** marksman

tiroir [tirwar] *nm (de commode)* drawer

tisane [tizan] *nf* herbal tea

tisser [tise] *vt* to weave ▪ **tissage** *nm (action)* weaving

tissu [tisy] *nm* material, cloth; *Biol* tissue

titre [titr] *nm (nom, qualité)* title; *Fin* security; *(diplôme)* qualification; **(gros) t.** *(de journal)* headline; **à t. d'exemple** as an example; **à t. exceptionnel** exceptionally; **à t. indicatif** for general information; **à juste t.** rightly; **t. de transport** ticket

titrer [titre] *vt (film)* to title; *(journal)* to run as a headline ▪ **titré, -e** *adj (personne)* titled

tituber [titybe] *vi* to stagger

titulaire [titylɛr] **1** *adj (enseignant)* tenured; **être t. de** *(permis)* to be the holder of; *(poste)* to hold **2** *nmf (de permis, de poste)* holder (**de** of) ▪ **titulariser** *vt (fonctionnaire)* to give tenure to

toast [tost] *nm (pain grillé)* piece *or* slice of toast; *(allocution)* toast; **porter un t. à** to drink (a toast) to

toboggan [tɔbɔgɑ̃] *nm (d'enfant)* slide; *Can (traîneau)* toboggan; *(voie de circulation) Br* flyover, *Am* overpass

toc [tɔk] *nm* **du t.** *(camelote)* trash; **bijou en t.** imitation jewel

toi [twa] *pron personnel* (**a**) *(après une préposition)* you; **avec t.** with you (**b**) *(sujet)* you; **t., tu peux** you may; **c'est t. qui...** it's you who... (**c**) *(réfléchi)* **assieds-t.** sit (yourself) down; **dépêche-t.** hurry up ▪ **toi-même** *pron* yourself

toile [twal] *nf* (**a**) *(étoffe)* cloth; *(à voile, sac)* canvas; **une t.** a piece of cloth *or* canvas; *Théât & Fig* **t. de fond** backdrop; **t. cirée** oil cloth (**b**) *(tableau)* painting, canvas (**c**) **t. d'araignée** (spider's) web, cobweb

toilette [twalɛt] *nf (action)* wash(ing); *(vêtements)* clothes, outfit; **faire sa t.** to wash (and dress); **les toilettes** *(W-C) Br* the toilet(s), *Am* the men's/ladies' room

toit [twa] *nm* roof ▪ **toiture** *nf* roof(ing)

tôle [tol] *nf* sheet metal; **t. ondulée** corrugated iron

tolérer [tɔlere] *vt (permettre)* to tolerate ▪ **tolérable** *adj* tolerable ▪ **tolérance** *nf* tolerance ▪ **tolérant, -e** *adj* tolerant (**à l'égard de** of)

tomate [tɔmat] *nf* tomato

tombe [tɔ̃b] *nf* grave; *(avec monument)* tomb ▪ **tombale** *adj f* **pierre t.** gravestone, tombstone ▪ **tombeau, -x** *nm* tomb

tomber [tɔ̃be] (*aux* **être**) *vi* to fall; *(température)* to drop, to fall; *(vent)* to drop (off); **t. malade** to fall ill; **t. par terre** to fall (down); **faire t.** *(personne)* to knock over; *(gouvernement, prix)* to bring down; **laisser t.** *(objet)* to drop; *Fig* **laisser t. qn** to let sb down; **t. un lundi** to fall on a Monday; **t. sur qch** *(trouver)* to come across sth ▪ **tombée** *nf* **la t. de la nuit** nightfall

tome [tɔm] *nm (livre)* volume

ton[1], ta, tes [tɔ̃, ta, te]

> **ta** becomes **ton** [tɔ̃n] before a vowel or mute h.

adj possessif your; **t. père** your father; **ta mère** your mother; **t. ami(e)** your friend

ton[2] [tɔ̃] *nm (de voix)* tone; *(de couleur)* shade, tone; *Mus (gamme)* key; *(hauteur de son)* pitch ▪ **tonalité** *nf (timbre, impression)* tone; *(de téléphone) Br* dialling tone, *Am* dial tone

tondre [tɔ̃dr] *vt (mouton)* to shear; *(gazon)* to mow ▪ **tondeuse** *nf* shears; *(à cheveux)* clippers; **t. (à gazon)** (lawn)mower

tonifier [tɔnifje] *vt (muscles, peau)* to tone up; *(personne)* to invigorate

tonique [tɔnik] **1** *adj (froid, effet)* tonic, invigorating **2** *nm (médicament)* tonic; *(cosmétique)* tonic lotion

tonnage [tɔnaʒ] *nm (de navire)* tonnage

tonne [tɔn] *nf (poids)* metric ton, tonne

tonneau, -x [tɔno] *nm* (**a**) *(récipient)* barrel, cask (**b**) *(acrobatie)* roll; **faire un t.** to roll over

tonner [tɔne] **1** *vi (canons)* to thunder; *Fig (crier)* to thunder, to rage (**contre**

against) **2** *v impersonnel* **il tonne** it's thundering ▪ **tonnerre** *nm* thunder

tonus [tɔnys] *nm (énergie)* energy, vitality

top [tɔp] *nm (signal sonore)* beep

topographie [tɔpɔgrafi] *nf* topography

toque [tɔk] *nf (de fourrure)* fur hat; *(de jockey)* cap; *(de cuisinier)* hat

torche [tɔrʃ] *nf (flamme)* torch; **t. électrique** *Br* torch, *Am* flashlight

torchon [tɔrʃɔ̃] *nm (à vaisselle)* dish towel, *Br* tea towel

tordre [tɔrdr] **1** *vt* to twist; *(linge, cou)* to wring; *(barre)* to bend **2 se tordre** *vpr* to twist; *(barre)* to bend; **se t. de douleur** to be doubled up with pain; **se t. (de rire)** to split one's sides (laughing); **se t. la cheville** to twist *or* sprain one's ankle ▪ **tordu, -e** *adj* twisted; *(esprit)* warped

tornade [tɔrnad] *nf* tornado

torpille [tɔrpij] *nf* torpedo ▪ **torpiller** *vt (navire, projet)* to torpedo

torrent [tɔrɑ̃] *nm* torrent; *Fig* **un t. de larmes** a flood of tears; **il pleut à torrents** it's pouring (down) ▪ **torrentiel, -elle** *adj (pluie)* torrential

torride [tɔrid] *adj (chaleur)* torrid

torse [tɔrs] *nm Anat* chest; **t. nu** stripped to the waist

tort [tɔr] *nm (dommage)* wrong; *(défaut)* fault; **avoir t.** to be wrong (**de faire** to do, in doing); **être dans son t.** *ou* **en t.** to be in the wrong; **faire du t. à qn** to harm sb; **à t.** wrongly; **à t. ou à raison** rightly or wrongly

torticolis [tɔrtikɔli] *nm* **avoir le t.** to have a stiff neck

tortiller [tɔrtije] **1** *vt* to twist; *(moustache)* to twirl **2 se tortiller** *vpr (ver, personne)* to wriggle

tortionnaire [tɔrsjɔnɛr] *nm* torturer

tortue [tɔrty] *nf Br* tortoise, *Am* turtle; *(de mer)* turtle

torture [tɔrtyr] *nf* torture ▪ **torturer** *vt* to torture

tôt [to] *adv* early; **au plus t.** at the earliest; **le plus t. possible** as soon as possible; **t. ou tard** sooner or later; **je n'étais pas plus t. sorti que...** no sooner had I gone out than...

total, -e, -aux, -ales [tɔtal, -o] *adj & nm* total; **au t.** all in all, in total; *(somme toute)* all in all ▪ **totaliser** *vt* to total ▪ **totalité** *nf* entirety; **la t. de** all of; **en t.** *(détruit)* entirely; *(payé)* fully

totalitaire [tɔtalitɛr] *adj (État, régime)* totalitarian

touche [tuʃ] *nf (de clavier)* key; *(de téléphone)* (push-)button; *(au football & au rugby)* throw-in; **téléphone à touches** push-button phone; **une t. de** *(un peu de)* a touch *or* hint of

toucher [tuʃe] **1** *nm (sens)* touch; **au t.** to the touch **2** *vt* to touch; *(paie)* to draw; *(chèque)* to cash; *(émouvoir)* to touch, to move; *(concerner)* to affect **3** *vi* **t. à** to touch; *(sujet)* to touch on; *(but, fin)* to approach **4 se toucher** *vpr (lignes, mains)* to touch ▪ **touchant, -e** *adj (émouvant)* moving, touching

touffe [tuf] *nf (de cheveux, d'herbe)* tuft ▪ **touffu, -e** *adj (barbe, haie)* thick, bushy

toujours [tuʒur] *adv (exprime la continuité, la répétition)* always; *(encore)* still; **pour t.** for ever

tour[1] [tur] *nf (bâtiment) & Ordinat* tower; *(immeuble)* tower block, high-rise; *Échecs* castle, rook

tour[2] [tur] *nm* (**a**) *(mouvement, ordre, tournure)* turn; *(de magie)* trick; *(excursion)* trip, outing; *(à pied)* stroll, walk; *(en voiture)* drive; **t. (de piste)** *(de course)* lap; **de dix mètres de t.** ten metres round; **faire le t. de** to go round; **faire le t. du monde** to go round the world; **faire un t.** *(à pied)* to go for a stroll *or* walk; *(en voiture)* to go for a drive; **à t. de rôle** in turn; **t. à t.** in turn, by turns (**b**) *Tech* lathe; *(de potier)* wheel

tourbillon [turbijɔ̃] *nm (de vent)* whirlwind; *(d'eau)* whirlpool; *(de sable)* swirl ▪ **tourbillonner** *vi* to whirl

tourisme [turism] *nm* tourism; **faire du t.** to do some touring ▪ **touriste** *nmf* tourist ▪ **touristique** *adj* **guide/menu t.** tourist guide/menu; **route t., circuit t.** scenic route

tourmenter [turmɑ̃te] **1** *vt* to torment **2 se tourmenter** *vpr* to worry

tournage [turnaʒ] *nm (de film)* shooting, filming

tournant [turnɑ̃] *nm (de route)* bend; *Fig (moment)* turning point (**de** in)

tourne-disque [turnədisk] (*pl* **tourne-disques**) *nm* record player

tournée [turne] *nf (de facteur, de boissons)* round; *(spectacle)* tour; **faire sa t.** to do one's rounds; **faire la t. de** *(magasins, musées)* to go to, *Br* to go round

tourner [turne] **1** *vt* to turn; *(film)* to shoot, to make; *(difficulté)* to get round; **t. qn/qch en ridicule** to ridicule sb/sth

2 *vi* to turn; *(tête, toupie)* to spin; *(Terre)* to revolve, to turn; *(moteur, usine)* to run; *(lait)* to go off; **t. autour de** *(objet)* to go round; *(maison, personne)* to hang around; *(question)* to centre on; **t. bien/mal** *(évoluer)* to turn out well/badly; **t. au froid** *(temps)* to turn cold

3 se tourner *vpr* to turn (**vers** to, towards)

tournesol [turnəsɔl] *nm* sunflower

tournevis [turnəvis] *nm* screwdriver

tourniquet [turnikɛ] *nm (barrière)* turnstile; *(pour arroser)* sprinkler

tournoi [turnwa] *nm (de tennis) & Hist* tournament

tournoyer [turnwaje] *vi* to swirl (round)

tournure [turnyr] *nf (expression)* turn of phrase; **t. d'esprit** way of thinking; **t. des événements** turn of events

Toussaint [tusɛ̃] *nf* **la T.** All Saints' Day

tousser [tuse] *vi* to cough

TOUT, TOUTE, TOUS, TOUTES [tu, tut, tu, tut] **1** *adj* all; **tous les livres** all the books; **t. l'argent/le temps/le village** all the money/time/village; **toute la nuit** all night, the whole (of the) night; **tous (les) deux** both; **tous (les) trois** all three

2 *adj indéfini (chaque)* every, each; *(n'importe quel)* any; **tous les ans/jours** every *or* each year/day; **tous les deux mois** every two months, every second month; **tous les cinq mètres** every five metres; **t. homme** [tutɔm] every *ou* any man

3 *pron pl* **tous** [tus] all; **ils sont tous là, tous sont là** they're all there

4 *pron m sing* **tout** everything; **dépenser t.** to spend everything, to spend it all; **t. ce qui est là** everything that's here; **t. ce que je sais** everything that *or* all that I know; **en t.** *(au total)* in all

5 *adv (tout à fait)* quite; *(très)* very; **t. simplement** quite simply; **t. petit** very small; **t. neuf** brand new; **t. seul** all alone; **t. droit** straight ahead; **t. autour** all around, right round; **t. au début** right at the beginning; **le t. premier** the very first; **t. au plus/moins** at the very most/least; **t. en chantant** while singing; **t. rusé qu'il est** *ou* **soit** however sly he may be; **t. à coup** suddenly, all of a sudden; **t. à fait** completely, quite; **t. de suite** at once

6 *nm* **le t.** everything, the lot; **un t.** a whole; **le t. est que...** *(l'important)* the main thing is that...; **pas du t.** not at all; **rien du t.** nothing at all; **du t. au t.** *(changer)* entirely, completely

---

toutefois [tutfwa] *adv* nevertheless, however ▪ **tout-puissant, toute-puissante** (*mpl* **tout-puissants,** *fpl* **toutes-puissantes**) *adj* all-powerful ▪ **tout-terrain 1** (*pl* **tout-terrains**) *adj* **véhicule t.** off-road *or* all terrain vehicle; **vélo t.** mountain bike **2** *nm* **faire du t.** to do off-road racing

toux [tu] *nf* cough

toxicomane [tɔksikɔman] *nmf* drug addict ▪ **toxicomanie** *nf* drug addiction

toxique [tɔksik] *adj* poisonous, toxic

trac [trak] *nm* **le t.** *(peur)* the jitters; *(de candidat)* exam nerves; *(d'acteur)* stage fright; **avoir le t.** to be nervous

trace [tras] *nf (quantité, tache, vestige)* trace; *(marque)* mark; *(de fugitif)* trail; **traces** *(de bête, de pneus)* tracks; **traces de pas** footprints; **disparaître sans laisser de traces** to disappear without trace

tracer [trase] *vt (dessiner)* to draw; *(écrire)* to trace; **t. une route** to mark out a route; *(frayer)* to open up a route ▪ **tracé** *nm (plan)* layout; *(ligne)* line

tract [trakt] *nm* leaflet

tractations [traktɑsjɔ̃] *nfpl* dealings

tracter [trakte] *vt* to tow

tracteur [traktœr] *nm* tractor

tradition [tradisjɔ̃] *nf* tradition ▪ **traditionnel, -elle** *adj* traditional

traduire* [tradɥir] *vt* to translate (**de** from; **en** into) ▪ **traducteur, -trice** *nmf* translator ▪ **traduction** *nf* translation

trafic [trafik] *nm (automobile, ferroviaire)* traffic; *(de marchandises)* traffic, trade ▪ **trafiquant, -e** *nmf* trafficker, dealer

tragédie [traʒedi] *nf (pièce de théâtre, événement)* tragedy ▪ **tragique** *adj* tragic; **prendre qch au t.** *(remarque)* to take sth too much to heart

trahir [trair] **1** *vt* to betray; *(secret)* to give away, to betray; *(sujet: forces)* to fail **2 se trahir** *vpr* to give oneself away ▪ **trahison** *nf* betrayal; *(crime)* treason

train [trɛ̃] *nm* (**a**) *(de voyageurs, de marchandises)* train; **t. à grande vitesse** high-speed train; **t. corail** express train; **t. couchettes** sleeper (**b**) **en t.** *(en forme)* on form; **être en t. de faire qch** to be (busy) doing sth (**c**) *(allure)* pace; **t. de vie** life style (**d**) *(de pneus)* set; *(de péniches, de véhicules)* string (**e**) **t. d'atterrissage** *(d'avion)* undercarriage

traînard, -e [trɛnar, -ard] *nmf Br* slowcoach, *Am* slowpoke

traîne [trɛn] *nf (de robe)* train

traîneau, -x [trɛno] *nm* sleigh, *Br* sledge, *Am* sled

traînée [trɛne] *nf (de peinture, dans le ciel)* streak

traîner [trɛne] **1** *vt* to drag; *(wagon)* to pull

2 *vi (jouets, papiers)* to lie around; *(s'attarder)* to lag behind, to dawdle; *(errer)* to hang around; *(subsister)* to linger on; **t. par terre** *(robe)* to trail (on the ground); **t. en longueur** to drag on

3 se traîner *vpr (avancer)* to drag oneself (along); *(par terre)* to crawl; *(durer)* to drag on ▪ **traînant, -e** *adj (voix)* drawling

traire* [trɛr] *vt (vache)* to milk

trait [trɛ] *nm* line; *(en dessinant)* stroke; *(caractéristique)* feature, trait; **traits** *(du visage)* features; **d'un t.** *(boire)* in one gulp, in one go; **avoir t. à qch** to relate to sth

traite [trɛt] *nf (de vache)* milking; *(lettre de change)* bill, draft; **d'une (seule) t.** *(sans interruption)* in one go; **t. des Noirs** slave trade

traité [trete] *nm (accord)* treaty; *(ouvrage)* treatise (**sur** on); **t. de paix** peace treaty

traiter [trete] **1** *vt (se comporter envers, soigner)* to treat; *(problème, sujet)* to deal with; *(marché)* to negotiate; *(matériau, produit)* to treat, to process; **t. qn de tous le noms** to call sb all the names under the sun

2 *vi* to negotiate, to deal (**avec** with); **t. de** *(sujet)* to deal with ▪ **traitement** [trɛtmɑ̃] *nm (de personne, de maladie)* treatment; *(de matériau)* processing; *(gains)* salary; **t. de données/de texte** data/word processing; **machine à t. de texte** word processor

traiteur [trɛtœr] *nm (fournisseur)* caterer; **chez le t.** at the delicatessen

traître [trɛtr] **1** *nm* traitor; **en t.** treacherously **2** *adj (dangereux)* treacherous; **être t. à une cause** to be a traitor to a cause ▪ **traîtrise** *nf* treachery

trajectoire [traʒɛktwar] *nf* path, trajectory

trajet [traʒɛ] *nm* journey; *(distance)* distance; *(itinéraire)* route

tramer [trame] **se tramer** *vpr* **il se trame**

quelque chose something's afoot

trampoline [trɑ̃pɔlin] *nm* trampoline

tramway [tramwɛ] *nm Br* tram, *Am* streetcar

tranche [trɑ̃ʃ] *nf (morceau)* slice; *(bord)* edge; *(partie)* portion; *(de salaire, d'impôts)* bracket; **t. d'âge** age bracket

tranchée [trɑ̃ʃe] *nf* trench

trancher [trɑ̃ʃe] **1** *vt* to cut; *(difficulté, question)* to settle **2** *vi (décider)* to decide; *(contraster)* to contrast (**sur** with) ▪ **tranchant, -e 1** *adj (couteau)* sharp; *(ton)* curt **2** *nm* (cutting) edge; *Fig* **à double t.** double-edged ▪ **tranché, -e** *adj (couleurs)* distinct; *(opinion)* clear-cut

tranquille [trɑ̃kil] *adj* quiet; *(mer)* calm, still; *(esprit)* easy; **avoir la conscience t.** to have a clear conscience; **soyez t.** don't worry; **laisser qn/qch t.** to leave sb/sth alone

tranquilliser [trɑ̃kilize] *vt* to reassure ▪ **tranquillisant** *nm* tranquillizer

tranquillité [trɑ̃kilite] *nf* (peace and) quiet; *(d'esprit)* peace of mind

transaction [trɑ̃zaksjɔ̃] *nf (opération)* transaction; *Jur* compromise

transatlantique [trɑ̃zatlɑ̃tik] **1** *adj* transatlantic **2** *nm (paquebot)* transatlantic liner; *(chaise)* deckchair ▪ **transat** *nm (chaise)* deckchair

transcrire* [trɑ̃skrir] *vt* to transcribe ▪ **transcription** *nf* transcription; *(document)* transcript

transe [trɑ̃s] *nf* **en t.** *(mystique)* in a trance; *(excité)* very excited; **entrer en t.** to go into a trance

transférer [trɑ̃sfere] *vt* to transfer (**à** to) ▪ **transfert** *nm* transfer

transformer [trɑ̃sfɔrme] **1** *vt* to transform; *(maison, au rugby)* to convert; *(matière première)* to process; **t. qch en qch** to turn sth into sth **2 se transformer** *vpr* to change, to be transformed (**en** into) ▪ **transformateur** *nm Él* transformer ▪ **transformation** *nf* change, transformation; *(de maison)* alteration

transfuge [trɑ̃sfyʒ] *nmf* defector

transfusion [trɑ̃sfyzjɔ̃] *nf* **t. (sanguine)** (blood) transfusion

transgresser [trɑ̃sgrese] *vt (ordres)* to disobey; *(loi)* to infringe

transi, -e [trɑ̃zi] *adj (personne)* numb with cold

transiger [trɑ̃ziʒe] *vi* to compromise

transistor [trɑ̃zistɔr] *nm* transistor

transit [trɑ̃zit] *nm* transit; **en t.** in transit

transition [trɑ̃zisjɔ̃] *nf* transition ▪ **transitoire** *adj (qui passe)* transient; *(provisoire)* transitional

transmettre* [trɑ̃smɛtr] **1** *vt (message, héritage)* to pass on (**à** to); *Radio & TV (informations)* to transmit; *(émission)* to broadcast **2 se transmettre** *vpr (maladie, tradition)* to be passed on ▪ **transmetteur** *nm (appareil)* transmitter ▪ **transmission** *nf* transmission

transparaître* [trɑ̃sparɛtr] *vi* to show (through)

transparent, -e [trɑ̃sparɑ̃, -ɑ̃t] *adj* clear, transparent ▪ **transparence** *nf* transparency; **voir qch par t.** to see sth showing through

transpercer [trɑ̃spɛrse] *vt* to pierce

transpirer [trɑ̃spire] *vi (suer)* to sweat, to perspire ▪ **transpiration** *nf* perspiration

transplanter [trɑ̃splɑ̃te] *vt (organe, plante)* to transplant

transport [trɑ̃spɔr] *nm (action)* transport, transportation (**de** of); **transports** *(moyens)* transport; **transports en commun** public transport; **moyen de t.** means of transport

transporter [trɑ̃spɔrte] *vt (passagers, troupes, marchandises)* to transport, to carry ▪ **transporteur** *nm* **t. (routier)** *Br* haulier, *Am* trucker

transposer [trɑ̃spoze] *vt* to transpose ▪ **transposition** *nf* transposition

trapèze [trapɛz] *nm (de cirque)* trapeze

trappe [trap] *nf (de plancher)* trap door

trappeur [trapœr] *nm* trapper

trapu, -e [trapy] *adj (personne)* stocky, thickset

traquer [trake] *vt* to hunt (down)

traumatiser [tromatize] *vt* to traumatize ▪ **traumatisant, -e** *adj* traumatic ▪ **traumatisme** *nm (choc)* trauma

travail, -aux [travaj, -o] *nm (activité, lieu)* work; *(à effectuer)* job, task; *(emploi)* job; *(façonnage)* working (**de** of); *(ouvrage, étude)* work, publication; *Écon & Méd* labour; **travaux** work; *(dans la rue) Br* roadworks, *Am* roadwork; *(aménagement)* alterations; *Scol & Univ* **travaux pratiques** practical work; *Scol & Univ* **travaux dirigés** tutorial; *Scol* **travaux manuels** handicrafts; **travaux ménagers** housework

travailler [travaje] **1** *vi (personne)* to work (**à qch** on sth); *(bois)* to warp **2** *vt (discipline, rôle, style)* to work on; *(façonner)* to work ▪ **travailleur, -euse 1** *adj* hard-working **2** *nmf* worker

travailliste [travajist] *Pol* **1** *adj* Labour **2** *nmf* member of the Labour party

travers [travɛr] **1** *prép & adv* **à t.** through; **en t. (de)** across **2** *adv* **de t.** *(chapeau, nez)* crooked; **j'ai avalé de t.** it went down the wrong way

traverser [traverse] *vt* to cross; *(foule, période, mur)* to go through ▪ **traversée** *nf (voyage)* crossing

travesti [travɛsti] *nm (acteur)* female impersonator; *(homosexuel)* transvestite

travestir [travɛstir] *vt* to disguise

trébucher [trebyʃe] *vi* to stumble (**sur** over); **faire t. qn** to trip sb (up)

trèfle [trɛfl] *nm (plante)* clover; *Cartes (couleur)* clubs

treillis [trɛji] *nm* (**a**) *(treillage)* lattice(-work); *(en métal)* wire mesh (**b**) *(tenue militaire)* combat uniform

treize [trɛz] *adj & nm inv* thirteen ▪ **treizième** *adj & nmf* thirteenth

tréma [trema] *nm* di(a)eresis

trembler [trɑ̃ble] *vi* to shake, to tremble; *(de froid, peur)* to tremble (**de** with); *(flamme, lumière)* to flicker; *(voix)* to tremble, to quaver; *(avoir peur)* to be afraid (**que** + *subjunctive* that); **t. pour qn** to fear for sb ▪ **tremblement** [-əmɑ̃] *nm (action, frisson)* shaking, trembling; **t. de terre** earthquake ▪ **trembloter** *vi* to quiver

tremper [trɑ̃pe] **1** *vt* to soak, to drench; *(plonger)* to dip (**dans** in); *(acier)* to temper **2** *vi* to soak; **faire t. qch** to soak sth; *Péj* **t. dans** *(participer)* to be mixed up in

tremplin [trɑ̃plɛ̃] *nm* springboard

trente [trɑ̃t] *adj & nm inv* thirty; **un t.-trois tours** *(disque)* an LP; **se mettre sur son t. et un** to get all dressed up ▪ **trentaine** *nf* **une t. (de)** *(nombre)* (about) thirty; **avoir la t.** *(âge)* to be about thirty ▪ **trentième** *adj & nmf* thirtieth

très [trɛ] ([trɛz] *before vowel or mute h*) *adv* very; **t. aimé/critiqué** *(with past participle)* much *or* greatly liked/criticized

trésor [trezɔr] *nm* treasure; **le T. (public)** *(service)* public revenue (department); *(finances)* public funds; **des trésors de patience** boundless patience ▪ **trésorerie** [-rri] *nf (bureaux d'un club)* accounts department; *(gestion)* accounting; *(capitaux)* funds ▪ **trésorier, -ère** *nmf* treasurer

tressaillir* [tresajir] *vi (frémir)* to shake, to quiver; *(de joie, de peur)* to tremble (**de** with); *(sursauter)* to jump, to start

tresse [trɛs] *nf (cordon)* braid; *(cheveux) Br* plait, *Am* braid ▪ **tresser** [trese] *vt* to braid; *Br (cheveux)* to plait, *Am* to braid

trêve [trɛv] *nf (de combat)* truce

tri [tri] *nm* sorting (out); **faire le t. de** to sort (out); **(centre de) t.** *(des postes)* sorting office ▪ **triage** *nm* sorting (out)

triangle [trijɑ̃gl] *nm* triangle ▪ **triangulaire** *adj* triangular

tribord [tribɔr] *nm (de bateau, d'avion)* starboard

tribu [triby] *nf* tribe ▪ **tribal, -e, -aux, -ales** *adj* tribal

tribunal, -aux [tribynal, -o] *nm Jur* court; *(militaire)* tribunal

tribune [tribyn] *nf (de salle publique)* gallery; *(de stade)* (grand)stand; *(d'orateur)* rostrum

tribut [triby] *nm* tribute (**à** to)

tricher [triʃe] *vi* to cheat ▪ **tricherie** *nf* cheating, trickery ▪ **tricheur, -euse** *nmf* cheat, *Am* cheater

tricolore [trikɔlɔr] *adj (cocarde)* red, white and blue; **le drapeau/l'équipe t.** the French flag/team

tricot [triko] *nm (activité, ouvrage)* knitting; *(chandail)* sweater, *Br* jumper; *(ouvrage)* piece of knitting; **en t.** knitted; **t. de corps** *Br* vest, *Am* undershirt ▪ **tricoter** *vti* to knit

trier [trije] *vt (lettres)* to sort; *(vêtements)* to sort through

trilingue [trilɛ̃g] *adj* trilingual

trimestre [trimɛstr] *nm* quarter; *Scol* term; *Scol* **premier/second/troisième t.** *Br* autumn *or Am* fall/winter/summer term ▪ **trimestriel, -elle** *adj (revue)* quarterly; **bulletin t.** end-of-term *Br* report *or Am* report card

Trinité [trinite] *nf* **la T.** *(fête)* Trinity; *(dogme)* the Trinity

trinquer [trɛ̃ke] *vi* to chink glasses; **t. à la santé de qn** to drink to sb's health

trio [trijo] *nm (groupe) & Mus* trio

triomphe [trijɔ̃f] *nm* triumph (**sur** over) ▪ **triomphal, -e, -aux, -ales** *adj* triumphal ▪ **triomphant, -e** *adj* triumphant ▪ **triompher** *vi* to triumph (**de** over); *(jubiler)* to be jubilant

triple [tripl] **1** *adj* treble, triple; *Sport* **t. saut** triple jump **2** *nm* **le t.** three times as much (**de** as) ▪ **tripler** *vti* to treble, to triple ▪ **triplés, -es** *nmfpl* triplets

triste [trist] *adj* sad; *(sinistre)* dreary; *(lamentable)* unfortunate ▪ **tristesse** *nf* sadness; *(du temps)* dreariness

trivial, -e, -aux, -ales [trivjal, -o] *adj* coarse, vulgar

troc [trɔk] *nm* exchange; *(système économique)* barter

trois [trwɑ] *adj & nm inv* three; **les t. quarts (de)** three-quarters (of) ▪ **troisième 1** *adj & nmf* third; **le t. âge** *(vieillesse)* the retirement years; **personne du t. âge** senior citizen **2** *nf Scol* **la t.** *Br* ≃ fourth year, *Am* ≃ eighth grade; *Aut (vitesse)* third gear ▪ **troisièmement** *adv* thirdly

trombe [trɔ̃b] *nf* **trombe(s) d'eau** *(pluie)* rainstorm, downpour

trombone [trɔ̃bɔn] *nm (instrument)* trombone; *(agrafe)* paper clip

trompe [trɔ̃p] *nf (d'éléphant)* trunk; *(d'insecte)* proboscis; *(instrument de musique)* horn

tromper [trɔ̃pe] **1** *vt (abuser)* to fool (**sur** about); *(être infidèle à)* to be unfaithful to; *(échapper à)* to elude

2 se tromper *vpr* to be mistaken; **se t. de route** to take the wrong road; **se t. de jour** to get the day wrong ▪ **tromperie** [-pri] *nf* deceit, deception ▪ **trompeur, -euse** *adj (apparences)* deceptive, misleading; *(personne)* deceitful

trompette [trɔ̃pɛt] *nf* trumpet ▪ **trompettiste** *nmf* trumpet player

tronc [trɔ̃] *nm (d'arbre) & Anat* trunk; *(boîte)* collection box

tronçon [trɔ̃sɔ̃] *nm* section ▪ **tronçonner** *vt* to cut into sections

trône [tron] *nm* throne ▪ **trôner** *vi Fig (vase, personne)* to occupy the place of honour

trop [tro] *adv (avec adjectif, adverbe)* too; *(avec verbe)* too much; **t. dur/loin** too hard/far; **t. fatigué pour jouer** too tired to play; **lire t.** to read too much; **t. de sel** too much salt; **t. de gens** too many people; **du fromage en t.** too much cheese; **un verre en t.** one glass too many; **t. souvent** too often; **t. peu** not enough ▪ **trop-plein** (*pl* **trop-pleins**) *nm (excédent)* overflow; *(dispositif)* overflow pipe

trophée [trɔfe] *nm* trophy

tropique [trɔpik] *nm* tropic; **sous les tropiques** in the tropics ▪ **tropical, -e, -aux, -ales** *adj* tropical

troquer [trɔke] *vt* to exchange (**contre** for)

trot [tro] *nm* trot; **aller au t.** to trot ▪ **trotter** *vi (cheval)* to trot

trottoir [trɔtwar] *nm Br* pavement, *Am* sidewalk

trou [tru] *nm* hole; *(d'aiguille)* eye; *Fig* **t. de mémoire** memory lapse

trouble [trubl] **1** *adj (liquide)* cloudy; *(image)* blurred; *(affaire)* shady **2** *adv* **voir t.** to see things blurred **3** *nm (désarroi)* distress; *(désordre)* confusion; **troubles** *(de santé)* trouble; *(révolte)* disturbances, troubles

troubler [truble] **1** *vt* to disturb; *(vue)* to blur; *(liquide)* to make cloudy; *(esprit)* to unsettle; *(projet)* to upset; *(inquiéter)* to trouble **2 se troubler** *vpr (liquide)* to become cloudy; *(personne)* to become flustered ▪ **troublant, -e** *adj (détail)* disturbing, disquieting

trouer [true] *vt* to make a hole/holes in

troupe [trup] *nf (de soldats)* troop; *(de théâtre)* company, troupe

troupeau, -x [trupo] *nm (de vaches)* herd; *(de moutons)* flock

trousse [trus] *nf (étui)* case, kit; *(d'écolier)* pencil case; **t. à pharmacie** first-aid kit; **t. de toilette** toilet bag

trousseau, -x [truso] *nm (de mariée)* trousseau; **t. de clefs** bunch of keys

trouvaille [truvaj] *nf* (lucky) find

trouver [truve] **1** *vt* to find; **aller t. qn** to go and see sb; **je trouve que…** I think that…; **comment la trouvez-vous?** what do you think of her?
2 se trouver *vpr* to be; *(être situé)* to be situated; **se t. dans une situation difficile** to find oneself in a difficult situation; **se t. mal** *(s'évanouir)* to faint; **se t. petit** to consider oneself small
3 *v impersonnel* **il se trouve que…** it happens that…

trucage [trykaʒ] *nm* = **truquage**

truffe [tryf] *nf (champignon, confiserie)* truffle; *(de chien)* nose

truffer [tryfe] *vt (remplir)* to stuff (**de** with)

truite [trɥit] *nf* trout

truquer [tryke] *vt (photo)* to fake; *(élections, match)* to rig ▪ **truquage** *nm (de cinéma)* (special) effect; *(action)* faking; *(d'élections)* rigging ▪ **truqué, -e** *adj (élections, match)* rigged; **photo truquée** fake photo

trust [trœst] *nm Com (cartel)* trust

tsar [dzar] *nm* tsar, czar

tsigane [tsigan] **1** *adj* gipsy **2** *nmf* **T.** gipsy

tu[1] [ty] *pron personnel* you *(familiar form of address)*

tu[2] [ty] *pp de* **taire**

tuba [tyba] *nm (instrument de musique)* tuba; *(de plongée)* snorkel

tube [tyb] *nm* tube; **t. à essai** test tube

tuer [tɥe] **1** *vt* to kill **2 se tuer** *vpr* to kill oneself; *(dans un accident)* to be killed ▪ **tuerie** *nf* slaughter ▪ **tueur, -euse** *nmf* killer

tulipe [tylip] *nf* tulip

tumeur [tymœr] *nf* tumour

tunique [tynik] *nf* tunic

Tunisie [tynizi] *nf* **la T.** Tunisia ▪ **tunisien, -enne 1** *adj* Tunisian **2** *nmf* **T., Tunisienne** Tunisian

tunnel [tynɛl] *nm* tunnel; **le t. sous la Manche** the Channel Tunnel

turban [tyrbɑ̃] *nm* turban

turbulent, -e [tyrbylɑ̃, -ɑ̃t] *adj (enfant)* boisterous

Turquie [tyrki] *nf* **la T.** Turkey ▪ **turc, turque 1** *adj* Turkish **2** *nmf* **T., Turque** Turk **3** *nm (langue)* Turkish

turquoise [tyrkwaz] *adj inv* turquoise

tuteur, -trice [tytœr, -tris] **1** *nmf (de mineur)* guardian **2** *nm (bâton)* stake, prop

tutoyer [tytwaje] *vt* **t. qn** to address sb using the familiar "tu" form ▪ **tutoiement** *nm* = use of the familiar "tu" instead of the more formal "vous"

tutu [tyty] *nm* tutu

tuyau, -x [tɥijo] *nm* pipe; **t. d'arrosage** hose(pipe); **t. d'échappement** *(de véhicule)* exhaust (pipe)

TVA [tevea] *(abrév* **taxe à la valeur ajoutée***) nf* VAT

type [tip] **1** *nm (genre)* type; *Fig* **le t. même de** the very model of **2** *adj inv* typical; **lettre t.** standard letter ▪ **typique** *adj* typical (**de** of)

typographie [typɔgrafi] *nf* typography, printing

tyran [tirɑ̃] *nm* tyrant ▪ **tyrannie** *nf* tyranny ▪ **tyranniser** *vt* to tyrannize

tzigane [tzigan] *adj & nmf* = **tsigane**

Uu

U, u [y] *nm inv* U, u

UE [yø] (*abrév* **Union européenne**) *nf* EU

Ukraine [ykrɛn] *nf* **l'U.** the Ukraine

ulcère [ylsɛr] *nm* ulcer

ULM [yɛlɛm] (*abrév* **ultraléger motorisé**) *nm inv Aviat* microlight

ultérieur, -e [ylterjœr] *adj* later, subsequent (**à** to) ▪ **ultérieurement** *adv* later (on), subsequently

ultimatum [yltimatɔm] *nm* ultimatum; **lancer un u. à qn** to give sb *or* issue sb with an ultimatum

ultime [yltim] *adj* last; *(préparatifs)* final

ultramoderne [yltramodɛrn] *adj* high-tech

ultrason [yltrasɔ̃] *nm* ultrasound

ultraviolet, -ette [yltravjɔlɛ, -ɛt] *adj & nm* ultraviolet

UN, UNE [œ̃, yn] **1** *article indéfini* a; *(devant voyelle)* an; **une page** a page; **un ange** [œ̃nɑ̃ʒ] an angel

2 *adj* one; **la page un** page one; **un kilo** one kilo; **un par un** one by one

3 *pron & nmf* one; **l'un** one; **les uns** some; **le numéro un** number one; **j'en ai un** I have one; **l'un d'eux, l'une d'elles** one of them; *Journ* **la une** the front page, page one

---

unanime [ynanim] *adj* unanimous ▪ **unanimité** *nf* unanimity; **à l'u.** unanimously

uni, -e [yni] *adj (famille, couple)* close; *(couleur, étoffe)* plain

unième [ynjɛm] *adj* first; **trente et u.** thirty-first; **cent u.** hundred and first

unifier [ynifje] *vt* to unify ▪ **unification** *nf* unification

uniforme [ynifɔrm] **1** *adj (expression)* uniform; *(sol)* even; *(mouvement)* regular **2** *nm* uniform ▪ **uniformément** *adv* uniformly ▪ **uniformiser** *vt* to standardize ▪ **uniformité** *nf (de couleurs)* uniformity; *(monotonie)* monotony

unilatéral, -e, -aux, -ales [ynilateral, -o] *adj (décision)* unilateral; *(contrat)* one-sided; *(stationnement)* on one side of the road/street only

union [ynjɔ̃] *nf (de partis, de consommateurs)* union, association; *(entente)* unity; *(mariage)* marriage; **l'U. européenne** the European Union; **u. monétaire** monetary union; **u. libre** cohabitation

unique [ynik] *adj* (**a**) *(fille, fils)* only; *(espoir, souci)* only, sole; *(prix, parti, salaire, marché)* single (**b**) *(exceptionnel)* unique; **u. en son genre** completely unique ▪ **uniquement** *adv* only, just

unir [ynir] **1** *vt (personnes, territoires)* to unite; *(marier)* to join in marriage; *(efforts, qualités)* to combine (**à** with) **2 s'unir** *vpr (s'associer)* to unite; *(se marier)* to be joined in marriage; **s'u. à qn** to join forces with sb

unitaire [ynitɛr] *adj (prix)* per unit

unité [ynite] *nf (de mesure, élément, régiment)* unit; *(cohésion)* unity; **u. de longueur** unit of measurement

univers [ynivɛr] *nm* universe; *Fig* world ▪ **universel, -elle** *adj* universal

université [ynivɛrsite] *nf* university; **à**

l'u. *Br* at university, *Am* in college ▪ **universitaire 1** *adj* **ville/restaurant u.** university town/refectory **2** *nmf* academic

uranium [yranjɔm] *nm* uranium

urbain, -e [yrbɛ̃, -ɛn] *adj* urban ▪ **urbaniser** *vt* to urbanize ▪ **urbanisme** *nm Br* town planning, *Am* city planning

urgent, -e [yrʒɑ̃, -ɑ̃t] *adj* urgent ▪ **urgence** *nf (de décision, de tâche)* urgency; *(cas d'hôpital)* emergency; **d'u.** urgently; *Pol* **état d'u.** state of emergency; **(service des) urgences** *(d'hôpital) Br* casualty (department), *Am* emergency room

urne [yrn] *nf (vase)* urn; *(pour voter)* ballot box; **aller aux urnes** to go to the polls

Uruguay [yrygwe] *nm* **l'U.** Uruguay

usage [yzaʒ] *nm (utilisation)* use; *(coutume)* custom; *(de mot)* usage; **faire u. de qch** to make use of sth; **d'u.** *(habituel)* customary; **à l'u. de** for (the use of); **hors d'u.** out of order ▪ **usagé, -e** *adj (vêtement)* worn; *(billet)* used ▪ **usager** *nm* user

user [yze] **1** *vt (vêtement)* to wear out; *(personne)* to wear down; *(consommer)* to use (up) **2** *vi* **u. de qch** to use sth **3 s'user** *vpr (tissu, machine)* to wear out; *(talons, personne)* to wear down ▪ **usé, -e** *adj (tissu)* worn out; *(sujet)* stale; *(personne)* worn out; **eaux usées** dirty *or* waste water

usine [yzin] *nf* factory; **u. à gaz** gasworks; **u. métallurgique** ironworks

ustensile [ystɑ̃sil] *nm* implement, tool; **u. de cuisine** kitchen utensil

usuel, -elle [yzɥɛl] *adj* everyday

usure [yzyr] *nf (de pneu)* wear

usurper [yzyrpe] *vt* to usurp

utile [ytil] *adj* useful (**à** to)

utiliser [ytilize] *vt* to use ▪ **utilisateur, -trice** *nmf* user ▪ **utilisation** *nf* use ▪ **utilité** *nf* usefulness; **d'une grande u.** very useful

utilitaire [ytilitɛr] *adj* utilitarian

utopie [ytɔpi] *nf (idéal)* utopia; *(projet, idée)* utopian plan/idea ▪ **utopique** *adj* utopian

UV [yve] *(abrév* **ultraviolet***) nm inv* UV

Vv

V, v [ve] *nm inv* V, v

va [va] *voir* **aller**[1]

vacances [vakɑ̃s] *nfpl Br* holiday(s), *Am* vacation; **partir en v.** to go on *Br* holiday *or Am* vacation; **les grandes v.** the summer *Br* holidays *or Am* vacation ▪ **vacancier, -ère** *nf Br* holidaymaker, *Am* vacationer

vacant, -e [vakɑ̃, -ɑ̃t] *adj* vacant

vacarme [vakarm] *nm* din, uproar

vaccin [vaksɛ̃] *nm* vaccine; **faire un v. à qn** to vaccinate sb ▪ **vaccination** *nf* vaccination ▪ **vacciner** *vt* to vaccinate; **se faire v.** to get vaccinated (**contre** against)

vache [vaʃ] *nf* cow; **maladie de la v. folle** mad cow disease

vaciller [vasije] *vi* to sway; *(flamme, lumière)* to flicker

vagabond, -e [vagabɔ̃, -ɔ̃d] *nmf (clochard)* vagrant, tramp ▪ **vagabonder** *vi* to roam, to wander

vague[1] [vag] *adj* vague; *(regard)* vacant; *(souvenir)* dim, vague

vague[2] [vag] *nf (de mer) & Fig* wave; **v. de chaleur** heat wave; **v. de froid** cold spell *or* snap

vaille, vailles *voir* **valoir**

vain, -e [vɛ̃, vɛn] *adj (sans résultat)* futile; *(vaniteux)* vain; **en v.** in vain ▪ **vainement** *adv* in vain

vaincre* [vɛ̃kr] *vt (adversaire)* to defeat; *Fig (maladie, difficulté)* to overcome ▪ **vaincu, -e** *nmf* defeated man/woman; *(de match)* loser ▪ **vainqueur** *nm* victor; *(de match)* winner

vais [ve] *voir* **aller**[1]

vaisseau, -x [vɛso] *nm Anat* vessel; *(bateau)* ship, vessel; **v. spatial** spaceship

vaisselle [vɛsɛl] *nf* crockery; **faire la v.** to do the washing up, to do the dishes

valable [valabl] *adj (billet, motif)* valid

valet [valɛ] *nm Cartes* jack; **v. de chambre** valet

valeur [valœr] *nf (prix, qualité)* value; *(mérite)* worth; **avoir de la v.** to be valuable; **mettre qch en v.** *(faire ressortir)* to highlight sth; **objets de v.** valuables

valide [valid] *adj (personne)* fit, able-bodied; *(billet)* valid ▪ **valider** *vt* to validate; *(titre de transport)* to stamp ▪ **validité** *nf* validity

valise [valiz] *nf* suitcase; **faire ses valises** to pack (one's bags)

vallée [vale] *nf* valley

valoir* [valwar] **1** *vi (avoir pour valeur)* to be worth; *(s'appliquer)* to apply (**pour** to); **v. mille euros/cher** to be worth a thousand euros/a lot; **il vaut mieux rester** it's better to stay; **il vaut mieux que j'attende** I'd better wait; **faire v. qch** *(faire ressortir)* to highlight sth; *(droit)* to assert sth **2** *vt* **v. qch à qn** *(ennuis)* to bring sb sth **3 se valoir** *vpr (objets, personnes)* to be as good as each other

valse [vals] *nf* waltz

valve [valv] *nf* valve

vampire [vɑ̃pir] *nm* vampire

vandale [vɑ̃dal] *nmf* vandal ▪ **vandalisme** *nm* vandalism

vanille [vanij] *nf* vanilla

vanité [vanite] *nf (orgueil)* vanity

▪ **vaniteux, -euse** *adj* vain, conceited
vanter [vɑ̃te] **1** *vt* to praise **2 se vanter** *vpr* to boast, to brag (**de** about, of)
vapeur [vapœr] *nf* **v. (d'eau)** steam; **cuire qch à la v.** to steam sth
vaporiser [vapɔrize] *vt* to spray ▪ **vaporisateur** *nm (appareil)* spray
vaquer [vake] *vi* **v. à qch** to attend to sth; **v. à ses occupations** to go about one's business
varappe [varap] *nf* rock-climbing
variable [varjabl] **1** *adj* variable; *(humeur, temps)* changeable **2** *nf* variable ▪ **variation** *nf* variation
varicelle [varisɛl] *nf* chickenpox
varier [varje] *vti* to vary (**de** from) ▪ **varié, -e** *adj (diversifié)* varied
variété [varjete] *nf* variety
variole [varjɔl] *nf* smallpox
vas [va] *voir* **aller**[1]
vase[1] [vaz] *nm (récipient)* vase
vase[2] [vaz] *nf (boue)* mud, silt
vaste [vast] *adj* vast, huge
Vatican [vatikɑ̃] *nm* **le V.** the Vatican
vaut [vo] *voir* **valoir**
veau, -x [vo] *nm (animal)* calf; *(viande)* veal
vécu, -e [veky] **1** *pp de* **vivre 2** *adj (histoire)* real-life **3** *nm* real-life experience
vedette [vədɛt] *nf* (**a**) *(acteur)* star; **être en v.** *(dans un spectacle)* to top the bill (**b**) *(bateau)* launch
végétal, -e, -aux, -ales [veʒetal, -o] **1** *adj* **huile végétale** vegetable oil **2** *nm* plant ▪ **végétalien, -enne** *nmf* vegan ▪ **végétarien, -enne** *adj & nmf* vegetarian ▪ **végétation** *nf* vegetation
véhément, -e [veemɑ̃, -ɑ̃t] *adj* vehement ▪ **véhémence** *nf* vehemence
véhicule [veikyl] *nm* vehicle; **v. tout-terrain** off-road *or* all-terrain vehicle
veille [vɛj] *nf* (**a**) *(jour précédent)* **la v.** the day before (**de qch** sth); **la v. de Noël** Christmas Eve; **à la v. de qch** *(événement)* on the eve of sth (**b**) *(état)* wakefulness
veillée [veje] *nf (soirée)* evening
veiller [veje] **1** *vi* to stay up *or* awake; **v. à qch** to see to sth; **v. à ce que...** *(+ subjunctive)* to make sure that...; **v. sur qn** to watch over sb **2** *vt (malade)* to sit up with
veine [vɛn] *nf Anat, Bot & Géol* vein
véliplanchiste [veliplɑ̃ʃist] *nmf* windsurfer
vélo [velo] *nm* bike, bicycle; *(activité)* cycling; **faire du v.** to cycle, to go cycling; **v. tout-terrain** mountain bike ▪ **vélomoteur** *nm* moped
velours [vəlur] *nm* velvet; **v. côtelé** corduroy ▪ **velouté, -e 1** *adj* velvety **2** *nm* **v. d'asperges** cream of asparagus soup
velu, -e [vəly] *adj* hairy
venaison [vənɛzɔ̃] *nf* venison
vendange [vɑ̃dɑ̃ʒ] *nf (récolte)* grape harvest; *(raisin récolté)* grapes (harvested); **vendanges** *(période)* grape-harvesting time; **faire les vendanges** to harvest *or* pick the grapes ▪ **vendanger** *vi* to pick the grapes ▪ **vendangeur, -euse** *nmf* grape picker
vendre [vɑ̃dr] **1** *vt* to sell; **v. qch à qn** to sell sb sth, to sell sth to sb; **v. qch 10 euros** to sell sth for 10 euros; **'à v.'** 'for sale' **2 se vendre** *vpr* to be sold; **ça se vend bien** it sells well ▪ **vendeur, -euse** *nmf (de magasin) Br* sales *or* shop assistant, *Am* sales clerk; *(non professionnel)* seller
vendredi [vɑ̃drədi] *nm* Friday; **V. saint** Good Friday
vénéneux, -euse [venenø, -øz] *adj* poisonous
vénérable [venerabl] *adj* venerable
venger [vɑ̃ʒe] **1** *vt* to avenge **2 se venger** *vpr* to get one's revenge (**de qn** on sb; **de qch** for sth) ▪ **vengeance** *nf* revenge, vengeance
venin [vənɛ̃] *nm* poison, venom ▪ **venimeux, -euse** *adj* poisonous, venomous

VENIR* [vənir] **1** *(aux* **être**) *vi* to come (**de** from); **v. faire qch** to come to do sth; **viens me voir** come and see me; **je viens/venais d'arriver** I've/I'd just arrived; **les jours qui viennent**

the coming days; **faire v. qn** to send for sb

2 *v impersonnel* **s'il venait à pleuvoir** if it happened to rain

---

vent [vɑ̃] *nm* wind; **il y a** *ou* **il fait du v.** it's windy

vente [vɑ̃t] *nf* sale; **en v.** *(en magasin)* on sale; **mettre qch en v.** to put sth up for sale; **v. aux enchères** auction (sale); **v. par correspondance** mail order

ventilateur [vɑ̃tilatœr] *nm (électrique)* fan ▪ **ventilation** *nf* ventilation ▪ **ventiler** *vt* to ventilate

ventre [vɑ̃tr] *nm* stomach, belly; **à plat v.** flat on one's face; **avoir du v.** to have a paunch; **avoir mal au v.** to have a sore stomach

ventriloque [vɑ̃trilɔk] *nmf* ventriloquist

venu, -e [vəny] **1** *pp de* **venir 2** *adj* **bien v.** *(à propos)* timely; **mal v.** untimely **3** *nmf* **nouveau v., nouvelle venue** newcomer; **le premier v.** anyone **4** *nf* **venue** *(de personne, de printemps)* coming

ver [vɛr] *nm* worm; *(larve)* grub; *(de fruits, de fromage)* maggot; **v. de terre** (earth)worm; **v. à soie** silkworm

véranda [verɑ̃da] *nf* veranda(h); *(en verre)* conservatory

verbe [vɛrb] *nm* verb

verdict [vɛrdikt] *nm* verdict

verdir [vɛrdir] *vti* to turn green ▪ **verdure** *nf (végétation)* greenery

verger [vɛrʒe] *nm* orchard

verglas [vɛrgla] *nm Br* (black) ice, *Am* glaze ▪ **verglacé, -e** *adj (route)* icy

véridique [veridik] *adj* truthful

vérifier [verifje] **1** *vt* to check, to verify; *(comptes)* to audit **2 se vérifier** *vpr* to prove correct ▪ **vérifiable** *adj* verifiable ▪ **vérification** *nf* checking, verification; *(de comptes)* audit(ing)

véritable [veritabl] *adj (histoire, ami)* true, real; *(cuir, or, nom)* real, genuine; *(en intensif)* real

vérité [verite] *nf (de déclaration)* truth; *(sincérité)* sincerity; **en v.** in fact; **dire la v.** to tell the truth

verni, -e [vɛrni] *adj (meuble, parquet)* varnished

vernir [vɛrnir] *vt (bois)* to varnish; *(céramique)* to glaze ▪ **vernis** *nm* varnish; *(pour céramique)* glaze; **v. à ongles** nail polish *or Br* varnish ▪ **vernissage** *nm (d'exposition)* opening

verra, verrait [vera, verɛ] *voir* **voir**

verre [vɛr] *nm (substance, récipient)* glass; **prendre un v.** to have a drink; **v. de bière** glass of beer; **v. à bière/à vin** beer/wine glass; **v. de contact** contact lens ▪ **verrière** *nf (toit)* glass roof

verrou [vɛru] *nm* bolt; **fermer qch au v.** to bolt sth; **sous les verrous** behind bars

verrouiller [vɛruje] *vt (porte)* to bolt; *(quartier)* to seal off

verrue [vɛry] *nf* wart; **v. plantaire** verruca

vers[1] [vɛr] *prép (direction)* toward(s); *(approximation)* around, about

vers[2] [vɛr] *nm (de poème)* line; **des vers** *(poésie)* verse

versant [vɛrsɑ̃] *nm* slope, side

verse [vɛrs] **à verse** *adv* **la pluie tombait à v.** the rain was coming down in torrents

Verseau [vɛrso] *nm (signe)* Aquarius

verser [vɛrse] *vt* to pour (out); *(larmes, sang)* to shed; *(argent)* to pay (**sur un compte** into an account) ▪ **versement** *nm* payment

version [vɛrsjɔ̃] *nf (de film, d'incident)* version; *Cin* **en v. originale** in the original language; **en v. française** dubbed *(into French)*

verso [vɛrso] *nm* back (of the page); **'voir au v.'** 'see overleaf'

vert, verte [vɛr, vɛrt] **1** *adj* green; *(pas mûr)* unripe; **aller en classe verte** to go on a school trip to the countryside **2** *nm* green; *Pol* **les Verts** the Greens

vertical, -e, -aux, -ales [vertikal, -o] *adj & nf* vertical; **à la verticale** vertically

vertige [vɛrtiʒ] *nm (étourdissement)*

(feeling of) dizziness *or* giddiness; *(peur du vide)* vertigo; **vertiges** dizzy spells; **avoir le v.** to be *or* feel dizzy *or* giddy ▪ **vertigineux, -euse** *adj (hauteur)* giddy, dizzy

vertu [vɛrty] *nf* virtue; **en v. de** in accordance with ▪ **vertueux, -euse** *adj* virtuous

verveine [vɛrvɛn] *nf (plante)* verbena; *(tisane)* verbena tea

vessie [vesi] *nf* bladder

veste [vɛst] *nf* jacket, coat

vestiaire [vɛstjɛr] *nm (de théâtre)* cloakroom; *(de piscine, de stade)* changing room, *Am* locker room

vestibule [vɛstibyl] *nm* (entrance) hall

vestiges [vɛstiʒ] *nmpl (ruines)* remains; *(traces)* relics

veston [vɛstɔ̃] *nm* (suit) jacket

vêtement [vɛtmɑ̃] *nm* garment, article of clothing; **vêtements** clothes; **vêtements de sport** sportswear

vétéran [veterɑ̃] *nm* veteran

vétérinaire [veterinɛr] **1** *adj* veterinary **2** *nmf* vet, *Br* veterinary surgeon, *Am* veterinarian

vêtir* [vetir] *vt*, **se vêtir** *vpr* to dress

veto [veto] *nm inv* veto; **opposer son v. à qch** to veto sth

vêtu, -e [vety] *adj* dressed (**de** in)

vétuste [vetyst] *adj* dilapidated

veuf, veuve [vœf, vœv] **1** *adj* widowed **2** *nm* widower **3** *nf* widow

veuille(s), veuillent [vœj] *voir* **vouloir**

veut, veux [vø] *voir* **vouloir**

vexer [vɛkse] **1** *vt* to upset, to hurt **2 se vexer** *vpr* to get upset (**de** at)

VF [veɛf] (*abrév* **version française**) *nf* **film en VF** film dubbed into French

viable [vjabl] *adj (entreprise, enfant)* viable

viaduc [vjadyk] *nm* viaduct

viande [vjɑ̃d] *nf* meat

vibrer [vibre] *vi* to vibrate; *(être ému)* to be stirred (**de** with); **faire v. qn** to stir sb ▪ **vibrant, -e** *adj (hommage)* stirring ▪ **vibration** *nf* vibration

vice [vis] *nm (perversité)* vice; *(défectuosité)* defect

vice versa [vis(e)versa] *adv* vice versa

vicié, -e [visje] *adj (air, atmosphère)* polluted

vicieux, -euse [visjø, -øz] *adj (pervers)* depraved; *(perfide)* underhand

victime [viktim] *nf* victim; *(d'accident)* casualty; **être v. de** *(accident, attentat)* to be the victim of

victoire [viktwar] *nf* victory; *(en sport)* win ▪ **victorieux, -euse** *adj* victorious; *(équipe)* winning

vidange [vidɑ̃ʒ] *nf* emptying, draining; *(de véhicule)* oil change ▪ **vidanger** *vt* to empty, to drain

vide [vid] **1** *adj* empty **2** *nm (espace)* empty space; *(d'emploi du temps)* gap; *Phys* vacuum; **regarder dans le v.** to stare into space; **emballé sous v.** vacuum-packed; **à v.** empty

vidéo [video] *adj inv & nf* video ▪ **vidéocassette** *nf* video (cassette) ▪ **vidéoclip** *nm* video

vider [vide] *vt*, **se vider** *vpr* to empty ▪ **vide-ordures** *nm inv Br* rubbish *or Am* garbage chute ▪ **videur** *nm (de boîte de nuit)* bouncer

vie [vi] *nf* life; *(durée)* lifetime; **en v.** living; **à v., pour la v.** for life

vieil, vieille [vjɛj] *voir* **vieux**

vieillard [vjɛjar] *nm* old man; **les vieillards** old people ▪ **vieillerie** *nf (objet)* old thing ▪ **vieillesse** *nf* old age

vieillir [vjejir] **1** *vi* to grow old; *(changer)* to age; *(théorie, mot)* to become old-fashioned **2** *vt* **v. qn** *(vêtement)* to make sb look old(er) ▪ **vieilli, -e** *adj (démodé)* old-fashioned ▪ **vieillissant, -e** *adj* ageing ▪ **vieillissement** *nm* ageing

vieillot, -otte [vjɛjo, -ɔt] *adj* old-fashioned

Vienne [vjɛn] *nm ou f* Vienna

viens, vient [vjɛ̃] *voir* **venir**

vierge [vjɛrʒ] **1** *adj (femme, neige)* virgin; *(feuille de papier, film)* blank; **être v.** *(femme, homme)* to be a virgin **2** *nf* virgin; **la V.** *(signe)* Virgo

Viêt-nam [vjɛtnam] *nm* **le V.** Vietnam ▪ **vietnamien, -enne 1** *adj* Vietnamese **2** *nmf* **V., Vietnamienne** Vietnamese

vieux, vieille, vieux, vieilles [vjø, vjej]

> **vieil** is used before masculine singular nouns beginning with a vowel or mute h.

1 *adj* old; **être v. jeu** *(adj inv)* to be old-fashioned; **se faire v.** to get old **2** *nm* old man; **les vieux** old people **3** *nf* **vieille** old woman

vif, vive [vif, viv] **1** *adj (personne)* lively; *(imagination)* vivid; *(intelligence, vent, douleur)* sharp; *(intérêt, satisfaction)* great; *(couleur, lumière)* bright; *(froid)* biting; *(pas, mouvement)* quick; **brûler qn v.** to burn sb alive **2** *nm* **entrer dans le v. du sujet** to get to the heart of the matter; **à v.** *(plaie)* open

vigilant, -e [viʒilɑ̃, -ɑ̃t] *adj* vigilant ▪ **vigilance** *nf* vigilance

vigile [viʒil] *nm* watchman

vigne [viɲ] *nf (plante)* vine; *(plantation)* vineyard ▪ **vigneron, -onne** [-ərɔ̃, -ɔn] *nmf* wine grower ▪ **vignoble** *nm* vineyard; *(région)* vineyards

vignette [viɲɛt] *nf (de véhicule)* road tax sticker, *Br* ≃ road tax disc; *(de médicament)* label *(for reimbursement by Social Security)*

vigueur [vigœr] *nf* vigour; **entrer en v.** *(loi)* to come into force ▪ **vigoureux, -euse** *adj (personne)* vigorous

vilain, -e [vilɛ̃, -ɛn] *adj (laid)* ugly; *(peu sage)* naughty

villa [vila] *nf* villa

village [vilaʒ] *nm* village ▪ **villageois, -e** *nmf* villager

ville [vil] *nf* town; *(grande)* city; **aller/être en v.** to go (in)to/be in town; **v. d'eaux** spa (town)

vin [vɛ̃] *nm* wine ▪ **vinicole** *adj (région)* wine-growing

vinaigre [vinɛgr] *nm* vinegar ▪ **vinaigrette** *nf (sauce)* vinaigrette, *Br* French dressing, *Am* Italian dressing

vingt [vɛ̃] ([vɛ̃t] *before vowel or mute h and in numbers 22–29*) *adj & nm inv* twenty; **v. et un** twenty-one ▪ **vingtaine** *nf* **une v. (de)** *(nombre)* about twenty ▪ **vingtième** *adj & nmf* twentieth

viol [vjɔl] *nm* rape; *(de lieu)* violation ▪ **violation** *nf* violation ▪ **violer** *vt (femme)* to rape ▪ **violeur** *nm* rapist

violent, -e [vjɔlɑ̃, -ɑ̃t] *adj* violent; *(effort)* strenuous ▪ **violence** *nf* violence; **acte de v.** act of violence

violet, -ette [vjɔlɛ, -ɛt] **1** *adj & nm (couleur)* purple **2** *nf* **violette** *(fleur)* violet

violon [vjɔlɔ̃] *nm* violin ▪ **violoncelle** *nm* cello ▪ **violoncelliste** *nmf* cellist ▪ **violoniste** *nmf* violinist

vipère [vipɛr] *nf* adder, viper

virage [viraʒ] *nm (de route)* bend

virer [vire] **1** *vi* to turn; **v. au bleu** to turn blue **2** *vt Fin (somme)* to transfer (**à** to) ▪ **virement** *nm Fin* transfer

virgule [virgyl] *nf (ponctuation)* comma; *Math* (decimal) point; **2 v. 5** 2 point 5

viril, -e [viril] *adj* virile; *(force)* male ▪ **virilité** *nf* virility

virtuel, -elle [virtɥɛl] *adj* potential; *(image)* virtual; **réalité virtuelle** virtual reality

virtuose [virtɥoz] *nmf* virtuoso

virulent, -e [virylɑ̃, -ɑ̃t] *adj* virulent

virus [virys] *nm Méd & Ordinat* virus

vis[1] [vi] *voir* **vivre, voir**

vis[2] [vis] *nf* screw

visa [viza] *nm (de passeport)* visa

visage [vizaʒ] *nm* face

vis-à-vis [vizavi] **1** *prép* **v. de** *(en face de)* opposite; *(envers)* towards **2** *nm inv (personne)* person opposite

viser [vize] **1** *vt (cible)* to aim at; *(concerner)* to be aimed at **2** *vi* to aim (**à** at); **v. à faire qch** to aim to do sth

visible [vizibl] *adj* visible ▪ **visibilité** *nf* visibility

visière [vizjɛr] *nf (de casquette)* peak; *(en plastique)* eyeshade; *(de casque)* visor

vision [vizjɔ̃] *nf (conception, image)* vision; *(sens)* sight ▪ **visionnaire** *adj & nmf* visionary ▪ **visionner** *vt (film)* to view

visite [vizit] *nf* visit; *(personne)* visitor; *(examen)* inspection; **rendre v. à qn** to visit sb; **avoir de la v.** to have a visitor/visitors; **v. médicale** medical examination; **v. guidée** guided tour ▪ **visiter** *vt (lieu touristique, patient)* to visit ▪ **visiteur, -euse** *nmf* visitor

vison [vizɔ̃] *nm* mink

visqueux, -euse [viskø, -øz] *adj* viscous; *(surface)* sticky

visser [vise] *vt* to screw on

visuel, -elle [vizɥɛl] *adj* visual ▪ **visualiser** *vt* to visualize

vit [vi] *voir* **vivre, voir**

vital, -e, -aux, -ales [vital, -o] *adj* vital ▪ **vitalité** *nf* vitality

vitamine [vitamin] *nf* vitamin

vite [vit] *adv (rapidement)* quickly, fast; *(sous peu)* soon; **v.!** quick(ly)!

vitesse [vitɛs] *nf* speed; *(de moteur)* gear; **à toute v.** at top full speed

viticole [vitikɔl] *adj (région)* wine-growing ▪ **viticulteur** *nm* wine grower ▪ **viticulture** *nf* wine growing

vitre [vitr] *nf* (window)pane; *(de véhicule, de train)* window ▪ **vitrage** *nm (vitres)* windows ▪ **vitrail, -aux** *nm* stained-glass window ▪ **vitré, -e** *adj* **porte vitrée** glass door ▪ **vitrier** *nm* glazier

vitrine [vitrin] *nf (de magasin)* (shop) window; *(meuble)* display cabinet

vivace [vivas] *adj (plante)* perennial ▪ **vivacité** *nf* liveliness; *(d'imagination)* vividness; *(d'intelligence)* sharpness; *(de couleur)* brightness; *(emportement)* petulance; **v. d'esprit** quick-wittedness

vivant, -e [vivɑ̃, -ɑ̃t] **1** *adj (en vie)* alive, living; *(récit, rue, enfant)* lively; *(être, matière)* living **2** *nm* **de son v.** in one's lifetime; **les vivants** the living

vive[1] [viv] *voir* **vif**

vive[2] [viv] *exclam* **v. le roi!** long live the king!

vivement [vivmɑ̃] *adv* quickly; *(répliquer)* sharply; *(regretter)* deeply

vivier [vivje] *nm* fish pond

vivifier [vivifje] *vt* to invigorate

vivisection [vivisɛksjɔ̃] *nf* vivisection

vivre* [vivr] **1** *vi* to live; **elle vit encore** she's still alive *or* living; **faire v. qn** *(famille)* to support sb; **v. vieux** to live to be old; **v. de** *(fruits)* to live on; *(travail)* to live by **2** *vt (vie)* to live; *(aventure, époque)* to live through; *(éprouver)* to experience ▪ **vivres** *nmpl* food, supplies

VO [veo] *(abrév* **version originale***) nf* **film en VO** film in the original language

vocal, -e, -aux, -ales [vɔkal, -o] *adj* vocal

vocation [vɔkɑsjɔ̃] *nf* vocation, calling

vociférer [vɔsifere] *vti* to shout angrily

vœu, -x [vø] *nm (souhait)* wish; *(promesse)* vow; **faire un v.** to make a wish; **tous mes vœux!** best wishes!

vogue [vɔg] *nf* fashion, vogue; **en v.** in vogue

voici [vwasi] *prép* here is/are; **me v.** here I am; **v. dix ans** ten years ago; **v. dix ans que...** it's ten years since...

voie [vwa] *nf (route)* road; *(rails)* track, line; *(partie de route)* lane; *(chemin)* way; *(de gare)* platform; *(de communication)* line; *(moyen)* means, way; **pays en v. de développement** developing country; **v. sans issue** dead end

voilà [vwala] *prép* there is/are; **les v.** there they are; **le v. parti** he has left now; **v. dix ans** ten years ago; **v. dix ans que...** it's ten years since...

voile[1] [vwal] *nm (étoffe, coiffure)* veil ▪ **voilé, -e** *adj (femme, allusion)* veiled; *(photo, lumière)* hazy ▪ **voiler** [vwale] **1** *vt (visage, vérité)* to veil **2 se voiler** *vpr (personne)* to wear a veil; *(ciel)* to cloud over

voile[2] [vwal] *nf (de bateau)* sail; *(sport)* sailing; **faire de la v.** to sail ▪ **voilier** *nm* sailing boat; *(de plaisance)* yacht

voiler [vwale] *vt*, **se voiler** *vpr (roue)* to buckle

VOIR* [vwar] **1** *vt* to see; **faire v. qch** to show sth; **v. qn faire qch** to see sb do/doing sth

2 *vi* to see; **fais v.** let me see, show me; **ça n'a rien à v. avec ça** that's got nothing to do with that

3 se voir *vpr (soi-même)* to see oneself; *(se fréquenter)* to see each other; *(objet, attitude)* to be seen; *(reprise, tache)* to show

voisin, -e [vwazɛ̃, -in] **1** *adj (pays, village) Br* neighbouring, *Am* neighboring; *(maison, pièce)* next (**de** to); *(état)* similar (**de** to) **2** *nmf Br* neighbour, *Am* neighbor ■ **voisinage** *nm (quartier, voisins) Br* neighbourhood, *Am* neighborhood; *(proximité)* closeness, proximity ■ **voisiner** *vi* **v. avec** to be side by side with

voiture [vwatyr] *nf* car; *(de train)* carriage, *Br* coach, *Am* car; **en v.!** *(dans le train)* all aboard!; **v. de course** racing/private car

voix [vwa] *nf* voice; *(d'électeur)* vote; **à v. basse** in a whisper; **à haute v.** aloud

vol [vɔl] *nm* (**a**) *(d'avion, d'oiseau)* flight; *(groupe d'oiseaux)* flock, flight; **attraper qch au v.** to catch sth in the air (**b**) *(délit)* theft; **v. à main armée** armed robbery

volaille [vɔlɑj] *nf* **la v.** poultry; **une v.** a fowl

volatiliser [vɔlatilize] **se volatiliser** *vpr* to vanish into thin air

volcan [vɔlkɑ̃] *nm* volcano ■ **volcanique** *adj* volcanic

voler[1] [vɔle] *vi (oiseau, avion)* to fly ■ **volant** *nm (de véhicule)* (steering) wheel; *(de badminton)* shuttlecock; *(de jupe)* flounce ■ **volée** *nf (de flèches)* flight; *(de coups)* thrashing

voler[2] [vɔle] **1** *vt (prendre)* to steal (**à** from); **v. qn** to rob sb **2** *vi (prendre)* to steal

volet [vɔlɛ] *nm (de fenêtre)* shutter; *(de programme)* section, part

voleur, -euse [vɔlœr, -øz] *nmf* thief; **au v.!** stop thief!

volière [vɔljɛr] *nf* aviary

volley-ball [vɔlebol] *nm* volleyball ■ **volleyeur, -euse** *nmf* volleyball player

volontaire [vɔlɔ̃tɛr] **1** *adj (geste, omission)* deliberate; *(travail)* voluntary; *(opiniâtre) Br* wilful, *Am* willful **2** *nmf* volunteer ■ **volontairement** *adv (spontanément)* voluntarily; *(exprès)* deliberately

volontariat [vɔlɔ̃tarja] *nm* voluntary work

volonté [vɔlɔ̃te] *nf (faculté, intention)* will; *(détermination)* willpower; *(souhait)* wish; **bonne v.** willingness; **mauvaise v.** unwillingness; **à v.** *(quantité)* as much as desired

volontiers [vɔlɔ̃tje] *adv* gladly, willingly; **v.!** *(oui)* I'd love to!

volte-face [vɔltəfas] *nf inv* **faire v.** to turn round; *Fig* to do a U-turn

voltiger [vɔltiʒe] *vi (feuilles)* to flutter

volume [vɔlym] *nm (de boîte, de son, livre)* volume ■ **volumineux, -euse** *adj* bulky, voluminous

volupté [vɔlypte] *nf* sensual pleasure ■ **voluptueux, -euse** *adj* voluptuous

vomir [vɔmir] **1** *vt* to bring up, to vomit **2** *vi* to vomit, *Br* to be sick ■ **vomissements** *nmpl* **avoir des v.** to vomit

vont [vɔ̃] *voir* **aller**[1]

vorace [vɔras] *adj* voracious

vos [vo] *voir* **votre**

vote [vɔt] *nm (action)* vote, voting; *(suffrage)* vote; *(de loi)* passing; *Br* **bureau de v.** polling station, *Am* polling place ■ **votant, -e** *nmf* voter ■ **voter 1** *vt (loi)* to pass; *(crédits)* to vote **2** *vi* to vote

votre, vos [vɔtr, vo] *adj possessif* your ■ **vôtre 1** *pron possessif* **le** *ou* **la v., les vôtres** yours; **à la v.!** cheers! **2** *nmpl* **les vôtres** *(votre famille)* your family

voudra, voudrait [vudra, vudrɛ] *voir* **vouloir**

vouer [vwe] **1** *vt (promettre)* to vow (**à** to); *(consacrer)* to dedicate (**à** to) **2 se**

vouer *vpr* **se v. à** to dedicate oneself to

VOULOIR* [vulwar] *vt* to want (**faire** to do); **je veux qu'il parte** I want him to go; **v. dire** to mean (**que** that); **je voudrais un pain** I'd like a loaf of bread; **je voudrais rester** I'd like to stay; **je veux bien attendre** I don't mind waiting; **voulez-vous me suivre** will you follow me; **si tu veux** if you like *or* wish; **en v. à qn d'avoir fait qch** to be angry with sb for doing sth; **v. du bien à qn** to wish sb well; **sans le v.** unintentionally

---

voulu, -e [vuly] *adj (requis)* required; *(délibéré)* deliberate, intentional

vous [vu] *pron personnel* (**a**) *(sujet, complément direct)* you; **v. êtes ici** you are here; **il v. connaît** he knows you

(**b**) *(complément indirect)* (to) you; **il v. l'a donné** he gave it to you, he gave you it

(**c**) *(réfléchi)* yourself, *pl* yourselves; **v. v. lavez** you wash yourself/yourselves

(**d**) *(réciproque)* each other; **v. v. aimez** you love each other ▪ **vous-même** *pron* yourself ▪ **vous-mêmes** *pron pl* yourselves

voûte [vut] *nf (arch)* vault ▪ **voûté, -e** *adj (personne)* bent, stooped

vouvoyer [vuvwaje] *vt* **v. qn** to address sb as "vous" ▪ **vouvoiement** *nm* = use of the formal "vous" instead of the more familiar "tu"

voyage [vwajaʒ] *nm* trip, journey; *(par mer)* voyage; **aimer les voyages** to like *Br* travelling *or Am* traveling; **faire un v., partir en v.** to go on a trip; **être en v.** to be (away) *Br* travelling *or Am* traveling; **bon v.!** have a pleasant trip!; **v. de noces** honeymoon; **v. organisé** (package) tour ▪ **voyager** *vi* to travel ▪ **voyageur, -euse** *nmf Br* traveller, *Am* traveler; *(passager)* passenger; **v. de commerce** *Br* travelling *or Am* traveling salesman, *Br* commercial traveller ▪ **voyagiste** *nm* tour operator

voyant, -e[1] [vwajɑ̃, -ɑ̃t] **1** *adj (couleur)* gaudy, loud **2** *nm (signal)* (warning) light; *(d'appareil électrique)* pilot light

voyant, -e[2] [vwajɑ̃, -ɑ̃t] *nmf* clairvoyant

voyou [vwaju] *nm* hooligan

vrac [vrak] **en vrac** *adv (en désordre)* in a muddle; *(au poids)* loose

vrai [vrɛ] *adj* true; *(réel)* real; *(authentique)* genuine ▪ **vraiment** *adv* really

vraisemblable [vrɛsɑ̃blabl] *adj (probable)* likely, probable; *(crédible)* credible ▪ **vraisemblablement** *adv* probably ▪ **vraisemblance** *nf* likelihood; *(crédibilité)* credibility

vrombir [vrɔ̃bir] *vi* to hum ▪ **vrombissement** *nm* hum(ming)

VTT [vetete] (*abrév* **vélo tout terrain**) *nm inv* mountain bike

vu, -e[1] [vy] **1** *pp de* **voir 2** *adj* **bien vu** well thought of; **mal vu** frowned upon **3** *prép* in view of; **vu que...** seeing that...

vue[2] [vy] *nf (sens)* (eye)sight; *(panorama, photo)* view; **en v.** *(proche)* in sight; *(en évidence)* on view; *Fig (personne)* in the public eye; **avoir qn/qch en v.** to have sb/sth in mind; **à v.** *(tirer)* on sight; *(payable)* at sight; **à première v.** at first sight; **à v. d'œil** *(grandir)* visibly; **de v.** *(connaître)* by sight; **v. d'ensemble** overall view

vulgaire [vylgɛr] *adj (grossier)* vulgar; *(ordinaire)* common ▪ **vulgariser** *vt* to popularize ▪ **vulgarité** *nf* vulgarity

vulnérable [vylnerabl] *adj* vulnerable ▪ **vulnérabilité** *nf* vulnerability

Ww

W, w [dubləve] *nm inv* W, w

wagon [vagɔ̃] *nm (de voyageurs)* carriage, *Br* coach, *Am* car; *(de marchandises) Br* wagon, *Am* freight car ■ **wagon-lit** (*pl* **wagons-lits**) *nm* sleeping car, sleeper ■ **wagon-restaurant** (*pl* **wagons-restaurants**) *nm* dining *or* restaurant car

Walkman® [wɔkman] *nm* Walkman®, personal stereo

wallon, -onne [walɔ̃, -ɔn] **1** *adj* Walloon **2** *nmf* **W., Wallonne** Walloon

watt [wat] *nm Él* watt

w-c [(dublə)vese] *nmpl Br* toilet, *Am* bathroom

week-end [wikɛnd] (*pl* **week-ends**) *nm* weekend; **partir en w.** to go away for the weekend

whisky [wiski] (*pl* **-ies** *ou* **-ys**) *nm Br* whisky, *Am* whiskey

wysiwyg [wiziwig] *adj & nm Ordinat* WYSIWYG

Xx

X, x [iks] *nm inv* (*lettre, personne ou nombre inconnus*) X, x; **x fois** umpteen times

xénophobe [gsenɔfɔb] *adj* xenophobic ■ **xénophobie** *nf* xenophobia

xylophone [gsilɔfɔn] *nm* xylophone

Yy

Y, y[1] [igrɛk] *nm inv* Y, y

y[2] [i] **1** *adv* there; *(dedans)* in it/them; *(dessus)* on it/them; **elle y vivra** she'll live there; **j'y entrai** I entered (it); **allons-y** let's go **2** *pron* **j'y pense** I'm thinking about it; **je m'y attendais** I was expecting it; **ça y est!** that's it!

yacht [jɔt] *nm* yacht

yaourt [jaurt] *nm* yoghurt

Yémen [jemɛn] *nm* **le Y.** Yemen

yen [jɛn] *nm* yen

yeux [jø] *voir* **œil**

yoga [jɔga] *nm* yoga; **faire du y.** to do yoga

yog(h)ourt [jɔgurt] *nm* = **yaourt**

Yo-Yo® [jojo] *nm inv* yo-yo

Zz

Z, z [zɛd] *nm inv* Z, z
Zaïre [zair] *nm* **le Z.** Zaïre
zèbre [zɛbr] *nm* zebra
zèle [zɛl] *nm* zeal; **faire du z.** to overdo it ■ **zélé, -e** *adj* zealous
zéro [zero] *nm (chiffre)* zero, *Br* nought; *(de numéro de téléphone) Br* 0 [əʊ], *Am* zero; *(température)* zero; *Fig (personne)* nonentity; **deux buts à z.** *(au football) Br* two nil, *Am* two zero
zeste [zɛst] *nm* **un z. de citron** a piece of lemon peel
zigzag [zigzag] *nm* zigzag; **en z.** *(route)* zigzag(ging) ■ **zigzaguer** *vi* to zigzag
Zimbabwe [zimbabwe] *nm* **le Z.** Zimbabwe
zinc [zɛ̃g] *nm (métal)* zinc
zipper [zipe] *vt Ordinat* to zip
zodiaque [zɔdjak] *nm* zodiac; **signe du z.** sign of the zodiac
zone [zon] *nf* zone; **de seconde z.** second-rate; **z. industrielle** industrial *Br* estate *or Am* park; **z. fumeurs/non-fumeurs** smoking/no-smoking area
zoo [zo(o)] *nm* zoo ■ **zoologie** *nf* zoology ■ **zoologique** *adj* zoological; **parc z.** zoo
zoom [zum] *nm (objectif)* zoom lens